中国循环经济年鉴

(2009)

总 第 2 卷

主编　解振华

中国财政经济出版社
北京

图书在版编目（CIP）数据

中国循环经济年鉴.2009/解振华主编.
—北京：中国财政经济出版社，2009.12.
ISBN 978-7-5095-1947-9

Ⅰ.中…Ⅱ.解ⅰ.解…Ⅲ.自然资源—资源经济学
—中国—2009—年鉴Ⅳ.F124.5-54
中国版本图书馆CIP数据核字（2009）第243881号

中国财政经济出版社 出版
URL:http://www.cfeph.cn
E-mail:cfeph@cfeph.cn

社址：北京市海淀区阜成路甲28号　　邮政编码：100142
发行处电话：010-84119310　发行处电子信箱：gzp1616@126.com
北京财经书店　　电话：010-64033436
廊房市华玺印务有限公司印刷　　各地新华书店经销
787×1092毫米16开　　印张：48.5　　字数：180千字
2009年12月北京第1版　　2009年12月北京第1次印刷
定价：300元
ISBN978-7-5095-1947-9
（图书出现印装问题，本社负责调换）

《中国循环经济年鉴》编辑委员会

编辑部主任： 孟赤兵
编辑部副主任： 药在坪
编　　辑： 陈迎超　郭爱芬　姜　楠
制作总监： 张　之
版式设计制作： 姜　楠　张　之
彩页设计： 姜　楠　李文风
封面设计： 姜　楠

特约编审/撰稿（以姓氏笔划为序）：

于学军	马忠林	么　新	王　勇	王　宁	王　农	王为明
井庆涛	王希库	王景虎	方　放	尹中华	方学兵	邓润亚
邓雅俐	卢　建	田国栋	史佩钊	代春鹏	朱雅雄	刘万青
刘卫国	刘树洲	刘美霞	刘洪娥	刘新锋	石丽娜	闫启平
江晓乐	许　石	孙于萍	孙芹先	严金舫	杨　浅	李也桃
李长锁	李永亮	李向群	李明玉	李彩红	杨泽世	杨富廷
李　荣	李闽忠	李振军	李晓燕	李海燕	李富元	吴　迪
吴国振	沈　洁	宋宏星	辛建国	张　虹	张　斌	张　澄
张子荣	张世彤	张建华	陈　凯	武洁青	林光南	林银川
林斌忠	柳克勋	罗恩华	金跃萍	金敬撑	周　霖	周子华
房建国	赵　义	赵怀勇	钟　文	姜志祥	姚　鑫	袁千禾
贾广义	柴川阳	晏一平	钱　玲	倪前龙	徐　勇	徐　淼
徐金利	徐祖春	徐晓临	徐晓燕	栾　飞	高　红	郭聿维
唐　弢	陶　明	陶艳芳	黄　导	黄亚平	黄建梅	黄胜彪
曹立克	曹庆鑫	曹洪儒	崔　飙	隋宪章	董　超	董元发
韩兵祥	喻颍杰	焦广辉	温日明	裴令革	谭吉林	谌　兵
魏　巍						

编 辑 说 明

一、《中国循环经济年鉴》是全面记载我国循环经济历史的大型典籍类工具书，坚持以毛泽东思想、邓小平理论和“三个代表”重要思想为指导，贯彻落实科学发展观，为推动循环经济发展服务。

二、《中国循环经济年鉴 2008》出版发行以来，受到了各方面的欢迎和赞许，给了我们继续努力编辑出版《中国循环经济年鉴》以巨大鼓舞和鞭策。

三、《中国循环经济年鉴 2009》（以下简称《年鉴2009》）内容是2008年中国循环经济的发展状况，采用文章、条目、报表和图片相结合的体例。

四、《年鉴2009》具有以下特点：载入的事件、信息、数据、资料、图片等均来自官方和公开出版物，具有权威性、真实性；内容比较全面、系统、完整，从中央到地方，以至企业、园区、各个行业、领域，言论、重大活动和事件、法规、政策、科技、典型案例，多层次、全方位，涉及循环经济的各个方面，丰富、翔实；收录了近700幅反映我国循环经济的图片，使之具有较强的可视性、生动性和可读性。

五、《年鉴2009》与《中国循环经济年鉴 2008》相比，加大了循环经济试点单位和循环经济实践的载述，从而提升了交流与借鉴的价值。

六、《年鉴2009》的编辑出版得到了国务院有关部委（局），各省、自治区、直辖市、计划单列市、新疆生产建设兵团发改委（经委），国家各重点行业及其协会、循环经济试点与实践单位、专家学者的大力支持，在此深表感谢！

七、《中国循环经济年鉴》编辑部设在北京现代循环经济研究院(gzp1616@126.com)。由于缺乏经验，水平有限，对于书中存在的疏漏乃至错误，敬请读者不吝指正。

Illustration

1. The China Circular Economy Yearbook is a large-sized reference book to comprehensively record circular economy history in our country. It is always edited with Mao Zedong Thought, Deng Xiao-ping Theory and the Important Thought of Three Represents as guidance, to implement Scientific Outlook on Development and to serve the circular economy promotion.

2. The China Circular Economy Yearbook 2008 has been widely welcomed and appreciated since its publication. For this, we are greatly encouraged and driven to hardly improve the edition and publication of the China Circular Economy Yearbook.

3. The basic content of the China Circular Economy Yearbook 2009 (hereinafter refer to as the Yearbook 2009) is the development of the Chinese circular economy in 2008. The text mode to combine articles, entries, forms and pictures is adopted in the Yearbook.

4. The Yearbook 2009 has some distinct characteristics, such as: It has authority and reality for all the affairs, information, data, materials and pictures inside come from official resources or publications; It has comprehensive, systematic and full content covering from the center to regions and including enterprises, parks, every industries, areas, sayings, important activities and affairs, laws, policies, sciences and typical cases; It involves in every aspects of the circular economy from different levels and all orientations; It collects nearly 700 pictures reflecting the circular economy in our country and hence is interesting to see and read.

5. Comparing the China Circular Economy Yearbook 2008, more communication and reference value is gained by increasing the stating of circular economy experimental units and practices in this Yearbook.

6. During the edition of the Yearbook 2009, it is highly appreciated the strong support from the ministries and commissions of the State Department, every province, municipalities, cities directly under the central government, cities specifically designated in the state plan, the Development and Reform Commission of Xinjiang Production and Construction Corps of CPLA, every national important industries and their associations, circular economy experimental units and specialists and scholars.

7. The newsroom of the Yearbook is located in Beijing Modern Research Institute of Recycling Economy. Because of lack of experiences and limited level, please do not hesitate to point out and amend the omissions and errors in the Yearbook.

目录 Contents

党和国家领导人重要论述

中共中央总书记、国家主席
胡锦涛重要论述

在安徽省考察时的谈话

人类让核聚变发电，拥有用之不竭的清洁能源，我与你们的心情一样，充满期待。在本世纪中叶建成核聚变，有希望，但能否实现，还需要人类共同努力，需要我们作出贡献。中国拿出10亿美元参与国际项目，过去从没有过。这一是因为改革开放，国力提高，二是因为我们的科学家争气，我们才有可能平等地参与国际合作。

（2008年1月12日）

在中共中央政治局第三次集体学习时的讲话

要加快转变经济发展方式，着力推动经济社会又好又快发展。加快转变经济发展方式是关系国民经济全局紧迫而重大的战略任务，也是实现未来经济目标的关键措施。

要着力建设生态文明，发展循环经济，加强节能减排，建设资源节约型、环境友好型社会。

（2008年2月29日）

参加十一届全国人大一次会议江苏代表团审议时的讲话

党的十七大第一次明确提出要建设生态文明，标志着我们对社会主义现代化建设规律的认识进一步深化。要认真贯彻节约资源和保护环境的基本国策，真正把建设资源节约型、环境友好型社会放在工业化、现代化发展战略的突出位置，推动生态文明观念进一步深入人心，推动节能减排、污染防治等重点工作落实，推动可持续发展体制机制尽快形成。

（2008年3月5日）

在中国科学院第十四次院士大会和中国工程院第九次院士大会上的讲话

当前，尤其要科学分析我国全面参与经济全球化的新机遇新挑战，全面认识工业化、信息化、城镇化、市场化、国际化深入发展的新形势新任务，深刻把握我国发展面临的新课题新矛盾，大力推进经济发展方式转变，大力推进经济结构战略性调整，从根本上改变我国人均劳动生产率低、产品附加值低以及经济增长物耗高、能耗高、生态环境代价高的状况。要更加关注能源、水资源、环境保护、全球气候变化问题……

（2008年6月23日）

在秘鲁利马召开的2008年亚太经合组织工商领导人峰会上的演讲

中国将坚持节约资源和保护环境的基本国策，提倡绿色生产方式和生活方式，提高资源利用效率，控制污染物排放总量，努力形成集约发展、清洁发展的国民经济体系，实现自然生态系统和社会经济系统良性循环。

（2008年11月21日）

在秘鲁利马亚太经合组织第十六次领导人非正式会议上的讲话

我们应该树立和落实互利合作、多元发展、协调保障的新能源安全观，加强能源开发利用的互利合作和政策协调，实现能源供应全球化和多元化，努力构建先进的能源技术研发和推广体系，倡导增加使用清洁能源和可再生能源，为维护世界能源安全作出不懈努力。中国政府高度重视能源安全问题，努力构筑稳定、经济、清洁、安全的能源供应体系，并致力于建设资源节约型、环境友好型社会，实现可持续发展。

（2008年11月22日）

在中共中央召开党外人士座谈会上的讲话

要把保增长、扩内需、调结构有机结合起来，把国际金融危机对经济结构调整形成的压力转化为动力，变挑战为机遇，加大产业结构调整力度，大力发展循环经济，努力形成新的经济增长点和新的竞争优势。

（2008年11月8日）

在中共中央政治局第九次集体学习时的讲话

实现科学发展，关键是要确立和实施科学发展方式。我们必须把加快转变发展方式、增强发展可持续性作为一项紧迫的战略任务切实抓紧抓好。要坚持走中国特色自主创新道路，坚持走中国特色新型工业化道路，坚持把建设资源节约型、环境友好型社会放在工业化、现代化发展战略的突出位置，加快形成城乡经济社会发展一体化新格局。

（2008年11月29日）

中共中央政治局常委、全国人大常委会委员长
吴邦国重要论述

参加十一届全国人大一次会议安徽代表团审议政府工作报告时的讲话

科学发展是发展中国特色社会主义的基本要求，是实现经济社会又好又快发展的根本途径。要始终坚持把发展作为党执政兴国的第一要务，紧紧抓住经济建设这个中心，加快转变经济发展方式，完善社会主义市场经济体制，着力提高自主创新能力，着力完善宏观调控体系，着力加强资源节约和生态环境保护，坚持好字优先，在好字上下功夫、见成效、上水平，为发展中国特色社会主义打下坚实的物质基础。

(2008年3月5日)

全国人民代表大会常务委员会工作报告（节录）

推动转变经济发展方式。加快转变经济发展方式，推动产业结构优化升级，是关系国民经济全局紧迫而重大的战略任务。但反映经济结构的4个指标中，服务业增加值、服务业就业、研发经费等3个指标没有达到预期进度要求；单位国内生产总值能源消耗、主要污染物排放总量等两个主要约束性指标与规划目标差距较大。这在很大程度上表明，我国经济发展方式尚未根本转变，产业结构仍以工业为主导，需求结构仍以出口和投资为主导，资源环境压力加重、扩大就业难度加大、消费不足等问题依然突出。

(2008年3月9日)

在贵州考察时的谈话

要优化产业结构，发展循环经济，推进清洁生产，加强资源综合利用，发展特色农业，遏制石漠化趋势，保住贵州的青山绿水。

(2008年5月6～9日)

在内蒙古自治区考察工作时的讲话

生态环境保护和建设，是任何时候都不能放松的一项重要工作。同时要加强资源综合利用，大力发展循环经济，着力推进节能减排，在保护生态环境的前提下发展经济，努力实现生态不断改善、经济持续发展的良性循环。

(2008年7月7～10日)

中共中央政治局常委、国务院总理
温家宝重要论述

在全国人大十一届一次会议上作的《政府工作报告》（节录）

今年是完成“十一五”节能减排约束性目标的关键一年，务必增强紧迫感，加大攻坚力度，力求取得更大成效。

一是落实电力、钢铁、水泥、煤炭、造纸等行业淘汰落后生产能力计划。建立淘汰落后产能退出机制，完善和落实关闭企业的配套政策措施。

二是抓好重点企业节能和重点工程建设。加快十大重点节能工程实施进度。提高城镇污水处理能力，力争用两年时间在36个大城市率先实现污水的全部收集和处理。适当提高排污费、污水处理费和垃圾处理费标准。完善和严格执行建筑标准，大力推进墙体材料革新和建筑节能。稳步推进城镇供热体制和市政公用事业改革。

三是开发和推广节约、替代、循环利用资源和治理污染的先进适用技术，实施节能减排重大技术和示范工程。大力发展节能服务产业和环保产业。开发风能、太阳能等清洁、可再生能源。

四是做好“三河三湖”、南水北调水源及沿线、三峡库区和松花江等重点流域污染防治工作，实施渤海环境保护总体规划。提高重点流域水污染物的国家排放标准。

五是加强农村饮用水水源地保护，推进农村生活污染治理，控制农业面源污染。

六是鼓励和支持发展循环经济，促进再生资源回收利用。全面推行清洁生产。

七是加强土地、水、草原、森林、矿产等资源的保护和节约集约利用，严厉查处乱采滥挖矿产资源等违法违规行为。搞好海洋资源保护和合理利用，发展海洋经济。加强气象、地震、测绘基础研究和能力建设。

八是实施应对气候变化国家方案，加强应对气候变化能力建设。九是完善能源资源节约和环境保护奖惩机制。十是增强全社会生态文明观念，动员全体人民更加积极投身于资源节约型、环境友好型社会建设。

（2008年3月5日）

在节能减排工作领导小组会议上的讲话

2007年，各地区、各部门认真贯彻落实党中央、国务院的部署，把节能减排作为调整经济结构、转变发展方式的重要抓手和突破口，节能减排取得积极进展。但目前形势仍然十分严峻，突出表现在经济增长速度偏快，特别是高耗能、高排放行业增长仍然过快，服务业增加值占GDP比重、高技术制造业增加值占工业增加值比重下降，产业结构重型化的格局没有改变。实现五年节能减排目标，任务相当艰巨。

今年是实现“十一五”节能减排约束性目标的关键一年，必须下更大决心，花更大力气，打好节能减排攻坚战，务求使节能减排工作取得突破性进展。要以科学发展观为指导，把节能减排作为促进科学发展的重要抓手，强化责任考核，加快结构调整，完善政策机制，突出重点领域，加大资金投入，推进法制建设，搞好宣传教育，加强综合协调，使节能减排综合性工作方案的各项措施落到实处，尽快形成以政府为主导、企业为主体、全社会共同推进的节能减排工作格局，充分发挥市场机制作用，加快建设资源节约型、环境友好型社会，促进国民经济又好又快发展。

为实现今年节能减排的目标任务，必须明确工作重点：（一）强化目标责任评价考核。（二）坚决遏制高耗能、高排放行业过快增长。（三）加快淘汰落后生产能力。（四）加大节能减排重点工程实施力度。（五）抓好重点领域节能。（六）加快节能减排技术开发和推广。全面启动水体污染治理与控制重大科技专项。在重点行业和领域推广一批潜力大、应用面广的重大节能减排技术。（七）加快推进循环经济发展。组织编制重点行业和重点领域循环经济发展规划，研究制定鼓励循环经济发展的政策，建立健全循环经济统计制度。（八）强化重点污染源监管。公布今年需开工建设的烟气脱硫电厂名单，年终公布建设情况。尽快建立全国城镇污水处理管理信息系统，城镇排水和污水处理厂在线监测系统、核查督察及评估通报制度，强化城市排水许可制度和污水处理特许经营制度。113个环保重点城市地表水集中式饮用水源地主要指标达标率达到100%。（九）实施有利于节能减排的经济政策。适时理顺资源性产品价格，完善生物质能发电价格管理办法，推进环保收费改革。适时启动矿产资源有偿使用制度改革。（十）完善节能减排法规和标准。（十一）加强节能减排工作的监督检查和行政执法。（十二）组织开展“节能减排全民行动”。

（2008年7月1日）

在国务院常务会议上的讲话

随着工业化、城镇化加速发展，能源供应紧张已成为制约经济社会发展的重要因素。与此同时，我国能源消费不合理、利用效率低的状况仍然比较严重，国家机关、企事业单位、大型公共建筑、城市景观以及家庭用电等方面还存在许多浪费现象，节约潜力很大。解决我国能源问题，必须坚持节约与开发并举、节约优先的方针，把节油节电工作摆在更加突出的位置。

要突出重点，抓住汽车、锅炉、电机系统、空调、照明等应用面广、潜力大、见效快的关键领域，采取综合配套措施，形成有效的激励机制，大幅度提高能源利用效率。一要抓好汽车节油。严格执行车辆淘汰制度，对节能环保型汽车实行消费税优惠政策，提高大排量汽车消费税率，大力发展公共交通。二要抓好锅炉节油。把关停燃油发电机组作为关停小火电的重点，加大对节约和替代石油项目的支持力度。三要抓好电机系统节电。制定低效落后电机及拖动设备淘汰目录和淘汰计划，加快淘汰进度。鼓励使用节能专用设备，实施节能改造。四要抓好空调节电。实行鼓励消费者购买高效节能空调的财税政策。五要抓好照明节电。加大高效照明产品推广力度，今明两年大中城市政府机关、城市道路照明、宾馆饭店、公共场所等全部淘汰低效照明产品。六要抓好办公节能。会议要求，要突出抓好重点用电用油单位的节能工作，加强电力需求侧管理，落实节油节电的价格政策，依法查处各种浪费石油和电力的行为，保证各项节能措施的落实。

节约能源是全体人民的共同责任。会议决定在全国开展全民节能行动，主要包括开展能源紧缺体验活动、每周少开一天车、严格控制室内空调温度、减少电梯使用、控制路灯和景观照明、普及使用节能产品、使用节能环保购物袋、减少使用一次性用品、夏季公务活动着便装、培养良好节约习惯等10项举措。要通过深入开展全民节能行动，进一步增强能源忧患意识和节能意识，在全社会大力倡导节约型生产方式、消费模式和生活方式，促进经济社会可持续发展。

国家机关、事业单位和团体组织等公共机构带头节能，对增进全社会节能意识具有重要的引导和示范意义。为推动公共机构节约能源，提高公共机构能源利用效率，有必要制定《公共机构节能条例》。条例草案明确了公共机构及其负责人在节能工作中的责任，规定公共机构应建立健全节能管理规章制度，提高节能管理水平，及时发现和纠正能源浪费现象，并接受社会监督。

（2008年7月23日）

在“联合国千年发展目标高级别会议”的主旨发言

在未来五年内，为发展中国家援建100个小水电、太阳能、沼气等小型清洁能源项目。

（2008年9月25日）

在“2008年夏季达沃斯论坛”上的讲话

我们要继续深化经济体制改革。进一步完善基本经济制度，健全市场体系；深化财税、金融体制改革，完善宏观调控体系。当前，特别要加快资源性产品价格形成机制改革，更好地发挥市场在资源配置中的基础性作用；……建立健全资源有偿使用制度和生态环境补偿机制，适时推进资源税制度改革.

（2008年9月27日）

在全党深入学习实践科学发展观活动动员大会暨省部级主要领导干部专题研讨班上的报告

……

四、必须坚持资源节约和环境保护的基本国策，增强可持续发展能力

科学发展观的基本要求是全面协调可持续。贯彻落实科学发展观，必须坚持走生产发展、生活富裕、生态良好的文明发展道路，建设资源节约型、环境友好型社会，实现速度和结构质量效益相统一、经济发展与人口资源环境相协调，使人民群众在良好生态环境中生产生活，实现经济社会永续发展。

资源环境是人类赖以生存发展的基本条件。自然资源大都具有不可再生性，而生态环境一旦遭到破坏，恢复难度很大，付出代价很高，有些甚至是不可逆的。我国人均资源相对紧缺，环境承载能力较弱。随着经济总量扩大和人口不断增加，能源、淡水、土地、矿产等战略性资源不足的矛盾越来越尖锐，特别是石油的对外依存度越来越高。长期形成的高投入、高消耗、高污染、低产出、低效益的状况仍未根本改变，由此带来的水质、大气、土壤等污染严重，化学需氧量、二氧化硫等主要污染物的排放量居世界前列。不解决好这些问题，我们的资源支撑不住，环境容纳不下，社会承受不起，经济发展也不可持续。今天的人们，只要还有一点长远眼光，还在为子孙后代的福祉考虑，就必须改变不可持续的生产和消费方式，以较小的资源环境代价，赢得较快的、更长久的发展。

近几年来，国家出台了一系列节约环保的政策措施，正在收到积极成效，但是任务仍然十分艰巨。发达国家在两百多年工业化过程中分阶段出现的资源环境问题，我国现阶段集中显现出来；发达国家在经济高度发达后花几十年解决的问题，我们要在五到十年里逐步解决，难度之大前所未有。加强资源节约和环境保护，犹如逆水行舟，不进则退。我们必须把这两项工作融入经济社会发展全局，切实抓紧抓好，努力实现节约发展、清洁发展、可持续发展。一是统筹推进经济社会发展与资源节约、环境保护。国内外经验表明，资源节约的发展模式、山川秀美的生态环境正在成为新的竞争优势。节约资源就是增强发展后劲，保护环境就是保护生产力，这不仅对发达地区十分重要，对欠发达地区同样不可或缺。在社会主义现代化进程中，必须把经济社会发展与资源节约、环境保护统筹考虑，将资源接续能力、生态环境容量作为经济建设的重要依据，推动经济社会发展与资源节约、环境保护相互协调、相互促进。二是构建资源节约和环境友好的国民经济体系和社会组织体系。现代国民经济体系的各个领域，都不同程度地利用资源、影响环境，单独在某一个或几个方面推行节约环保，难以从根本上缓解资源环境对经济发展的制约。这就需要我们从更高的层面、更广阔的范围，全面系统地落实资源节约和环境保护的基本国策。在生产、建设、流通、消费等各个环节，工业、农业、交通运输、建筑、服务等各个领域，加强资源综合利用，强化生态环境保护，大力发展循环经济；在社会组织的各个方面，推行有利于节约资源、保护环境的生产方式、生活方式和消费模式。三是解决资源浪费和环境污染的突出问题。重点抓好节能、节水、节地、节材，降低单位产出的能源资源消耗。特别要搞好工业、交通和建筑节能，加快淘汰高耗能、高排放行业的落后生产能力；发展清洁能源和可再生能源。要把水、空气、土壤污染防治作为重中之重，降低污染物排放总量，落实重点流域和区域污染防治任务，提高城市污水、垃圾处理能力，加强水源地保护和农村面源污染防治。四是健全节约资源、保护环境的长效机制。要逐步建立政府引导、法规支撑、企业为主、公众参与的运行机制。各级党委政府要把节约环保作为促进科学发展的硬任务、考核各级干部的硬指标，实行有利于节约环保的财税、价格政策，完善节能减排指标体系、监测体系和考核体系。健全节约环保的法律法规和标准体系。企业必须严格执行环境法规和排放标准。要把节约环保纳入国民教育体系，使之成为全体公民和全社会的自觉行动。五是积极应对气候变化问题。我国作为一个负责任的大国，必须在减排问题上采取切实有效的行动。

(2008年9月20日，同年11月1日《求是》杂志以

《关于深入贯彻落实科学发展观的若干重大问题》为题全文发表)

在应对气候变化技术开发与转让高级别研讨会上的讲话

更加注重推进经济发展方式转变和经济结构调整，鼓励采用节约能源资源的生产方式和消费模式。四是通过加大政策引导和资金投入，大力发展水能、核能、风能及农村沼气等清洁能源和可再生能源。深化能源资源领域的价格、财税体制改革，既注重发挥政府的引导作用，又充分运用市场调节机制，促进全社会节约能源资源。中国政府将坚定不移地推行有利于节约能源资源、保护环境的生产方式、生活方式和消费模式，建设低投入、高产出，低消耗、少排放，能循环、可持续的国民经济体系，推动整个社会走上生产发展、生活富裕、生态良好的可持续发展道路。

(2008年11月7日)

中共中央政治局常委、国家副主席
习近平重要论述

在中央党校2008年春季学期开学典礼上的讲话

我们要站在新的历史起点上，科学分析我国全面参与经济全球化的新机遇新挑战，深刻把握我国发展面临的新课题新矛盾，加快转变经济发展方式，走中国特色新型工业化道路，坚持创新驱动、坚持城乡统筹、坚持节约资源和保护环境、坚持内外协调、坚持改善民生，促进经济增长由主要依靠投资、出口拉动向依靠消费、投资、出口协调拉动转变，由主要依靠第二产业带动向依靠第一、第二、第三产业协同带动转变，由主要依靠增加物质资源消耗向主要依靠科技进步、劳动者素质提高、管理创新转变。

（2008年3月1日）

参加山西代表团审议政府工作报告时的发言

加快建立充分反映市场供求关系、资源牺牲程度、环境损害成本的资源要素价格形成体制，大力发展循环经济，努力形成具有山西特点的节约能源资源、保护生态环境的产业结构增长方式、消费模式，增强可持续发展的活力。

（2008年3月10日）

在亚洲协会第十八届企业年会上的主旨演讲

中国高度重视发展和可持续发展，把发展作为解决中国所有问题的关键，坚持走和平发展道路，聚精会神搞建设、一心一意谋发展。经过30年不懈努力，现在中国经济总量已跃居世界第四位，2007年对世界经济增长的贡献率超过10%，对国际贸易增长的贡献率超过12%。进入新世纪，我们总结自己的发展实践，借鉴国外的发展经验，适应新的发展要求，提出了以人为本、全面协调可持续发展的科学发展观，努力建设资源节约型、环境友好型社会，已在节能降耗和污染减排等方面取得一些进展，但目前经济增长付出的资源和环境代价依然过大。中国正按科学发展观要求，加快发展循环经济，推动建立可持续发展体制机制，形成节约能源资源和保护生态环境的产业结构、增长方式、消费模式。

（2008年5月29日）

在沙特阿拉伯吉达国际能源会议上的讲话

能源是人类赖以生存和发展的重要物质基础，人类文明每一次重大进步都伴随着能源的改进和更替，能源的合理开发利用和可持续发展对世界经济和人类社会发展具有重大意义。

能源问题是全球性问题。促进世界能源供求平衡、维护世界能源安全，是世界各国共同面临的紧迫任务。为保障全球能源安全，国际社会应该树立和落实互利合作、多元发展、协同保障的新能源安全观。

中国是世界上最大的发展中国家，既是能源消费大国，也是能源生产大国。中国的能源主要靠国内供应，多年来能源自给率一直保持在90%左右。近年来，随着中国经济社会快速发展，中国能源消费增长较快，但总体水平依然较低，人均能源消费水平只相当于世界平均水平的84%，人均石油消费只相当于世界平均水平的二分之一，石油人均进口量只相当于世界平均水平的37%。

中国是国际能源合作负责任的积极参与者，在国际能源合作中发挥着建设性作用。中国将坚持走科学发展道路，坚持节约发展、清洁发展、安全发展，实行可持续的能源战略，努力为促进世界能源可持续发展、维护世界能源安全作出积极贡献。我们在能源发展中将始终遵循以下原则。

第一，坚持节约优先。中国将坚持实行能源开发和节约并举、节约优先的方针，积极转变经济发展方式，加快调整经济和产业结构，大力开展节能技术和节能产品研发推广，大力发展循环经济，不断提高能源使用效率，加快形成节约能源资源和保护生态环境的产业结构、增长方式、消费模式。中国已明确提出到2010年单位国内生产总值能源消耗比2005年降低20%左右的目标，我们将采取一切措施实现这一目标。各位知道，今年6月20日，我国调整了成品油价格，这有利于增加国内成品油供给，保障市场供应，并促进石油资源节约。

第二，坚持立足国内。中国将坚持依靠国内增加能源供给，稳步提高供给能力，满足经济社会发展和人民生活改善对能源的需求。中国作为能源需求结构以煤炭为主的国家，国内能源供应仍有巨大潜力。中国煤炭资源丰富，大量水电资源尚未开发，核电、风力发电、生物质发电刚刚起步，还有很大发展余地。燃料乙醇、甲醇、二甲醚以及煤炭液化等替代能源发展前景广阔。

第三，坚持多元发展。中国将有序发展煤炭，积极发展电力，加快发展石油天然气，鼓励开发煤层气，大力发展水电、风电、太阳能等可再生能源，积极推进核电建设，合理发展替代能源，优化能源结构，实现多种能源互补，保证能源稳定供应。

第四，坚持依靠科技。中国将大力推进能源领域的科技进步和创新，增强自主创新能力，突破能源发展技术瓶颈，开创能源开发利用新途径，增强发展后劲。

第五，坚持保护环境。中国将着力建设生态文明，以建设资源节约型、环境友好型社会为目标，兼顾经济性和清洁性的双重要求，积极促进能源与环境协调发展，在发展中实现保护、在保护中促进发展。

（2008年6月22日）

在关于四川汶川地震灾区重建材料上的批示

用循环经济理念指导灾后重建工作，可作为科学发展观试点活动的探索性举措。

（2008年7月）

中共中央政治局常委、国务院副总理
李克强重要论述

在全国农村环境保护工作电视电话会议上的讲话

着力防治工农业生产污染。工矿企业环境污染和生态破坏，已经成为影响农村生态环境的突出问题，应当继续采取措施逐步加以解决。要落实环评制度，坚持环保标准，加强环境监管，制止企业违规排放。同时，要加大节能减排力度，发展循环经济，从源头上减少污染排放。惟有净土，方能洁食。要在认真做好全国土壤污染调查的基础上，加强对工农业用地的环境监测和评估，通过技术、工程等多种手段，积极防治土壤污染。同时，要加强畜禽和水产养殖污染防治，积极推广测土配方施肥，鼓励使用高效低毒低残留农药，防治农业和农村面源污染，建设清洁田园。

稳步推进农村环境综合整治。要继续推进生态示范创建工作，搞好生活垃圾处理，发展清洁能源，加强绿化美化，对经过建设生态环境达到标准的村镇，实行“以奖代补”。

(2008年7月24日)

在山西考察时的谈话

缓解当前能源供求矛盾，维护长远能源供应安全，既要增加有效供给，更要强化节约，加强需求侧管理。必须坚持开发与节约并举。要坚持走可持续发展道路，进一步采取有效措施，切实加强节油节电节煤节气工作。企业要强化节能改造，发展循环经济，推行清洁生产。全社会要进一步增强能源忧患意识和节约意识，从我做起，自觉行动，形成节约型生产方式、消费模式和生活方式。结构调整是节能减排的根本措施，要完善政策、健全机制，优化提升产业结构，控制高耗能产业发展，促进经济发展方式加快转变。

(2008年7月28～29日)

在内蒙古自治区考察时的谈话

在新的起点上继续前进，必须走科学发展的道路，推动集约发展、循环发展、和谐发展，适应国内外市场变化，着力推进产业结构优化升级。加快发展循环经济，推广清洁生产，厉行节能减排，着力提升发展质量和水平。

(2008年8月28～30日)

在中国环境与发展国际合作委员会2008年年会开幕式上的讲话

加强环境保护，需要加大生态环境建设力度。我们将进一步增加节能环保投入，加快城镇污水处理设施、垃圾处理设施、污水管网和重点流域水污染防治工程建设，加强重点防护林和天然林保护工程建设，加强国家十大重点节能工程、循环经济和重点流域工业污染治理工程建设，推动环境保护不断取得新成效。

节能环保涉及千家万户，关系人民切身利益，需要全民参与。中国正在推进生态文明建设，开展全民节能行动，在全社会推行节油、节电、节水等措施。我们将进一步加大社会动员力度，增强全社会的资源环境忧患意识，使节能环保成为每个单位、每个家庭、每个公民的自觉行动，让生态文明观念深入人心，全面建设资源节约型、环境友好型社会。

（2008年11月12日）

在全国发展和改革工作会议上的讲话

继续抓好节能减排、污染治理和循环经济工作，有效提高我国经济的可持续发展能力。

（2008年12月14日）

在中国－印尼第三次能源论坛上的致辞

我们高度重视推动节能减排、提高能源效率。中国节能环保产业刚刚起步，发展潜力很大。增加这方面的投入，对于改善环境质量、培育新的经济增长点都具有重要作用。我们将继续加强节能减排和生态环境建设，推进重点节能工程，实施循环经济重大示范项目，并将其作为下一步政府投资的重点。深入开展全民节能行动，进一步强化水和大气污染治理，积极防治能源生产和消费中产生的环境污染和生态破坏，控制温室气体排放，推进资源节约型、环境友好型社会建设。

我们高度重视用改革的办法解决能源发展中存在的问题。最近，中国实施了成品油价格形成机制改革，较大幅度地降低了成品油价格；同时，公布了成品油税费改革的方案，在清理和取消交通收费的前提下，提高成品油消费税的税额。这项重大改革旨在理顺价格、在更大程度上发挥市场配置资源的基础性作用，规范税费、促进能源节约和环境保护。我们将继续深化能源等资源性产品价格改革，加快建立能够反映市场供求关系、资源稀缺程度和环境损害成本的资源要素价格形成机制。

（2008年12月22日）

国务院部委和地方领导讲话

在汽车零部件再制造试点启动仪式上的讲话（节录）

国家发展和改革委员会副主任　解振华

汽车产业的发展是工业化的基本特征之一，我国已经迈入汽车社会，今后汽车的保有量和报废量以及维修所需零部件的数量都会大幅度增长。如何有效地回收利用好废旧汽车中的可再生资源，是汽车工业可持续发展面临的一项重大课题。

在欧美发达国家，废旧机电产品再制造已有几十年的发展历史，其中再制造发动机占其维修配件市场的85%以上，再制造已经成为一个重要的产业。实践证明，再制造是实现循环经济“减量化、再利用、资源化”三原则的重要途径。特别是对旧汽车零部件进行再制造和再使用，可以从源头减少资源消耗和环境污染，并从根本上改变人们的消费观念，它不仅能够提升传统产业的竞争力，还可以提供大量的就业机会，增强可持续发展能力，具有显著的经济效益、环境效益和社会效益。

我国再制造事业还处于初级阶段，与国外存在很大差距，除再制造技术水平需要逐步提高外，还要建立相应的支持、鼓励政策和机制，同时还要确保产品质量，保障人民群众的生命安全。在这种情况下，国家决定通过试点，为全面推进我国再制造提供实践经验。

汽车零部件再制造试点的正式启动，标志着我国循环经济发展增加了一个新的内容，但汽车零部件再制造在我国的社会认知度和原料来源都有限的现实下，不宜求多求快，而要高度重视产品质量，循序渐进，精益求精，确保汽车零部件产业稳定、有序、健康发展。

试点企业要高度重视试点工作，加强组织领导、建立责任制，把责任落实到人；建立规范的再制造管理制度，完善生产操作规程、技术标准和安全环保措施；切实加强再制造产品质量管理和售后服务，健全再制造产品信息管理制度，自觉维护市场秩序，对社会负责，对广大消费者负责；大力推进自主创新与科技进步，确保再制造水平不断提高。他赞赏试点企业主动向社会做出承诺的做法。

关于今后如何推动再制造事业的发展，关键是有关部门要认真做好协调和服务工作，一是要加强组织协调；二是要完善法律法规；三是要做好汽车零部件再制造产业发展规划；四是要支持企业开展技术研发、推广与应用；五是要研究制定鼓励政策；六是要广泛宣传再制造；七是要建立汽车零部件再制造标识制度；八是要加大监管力度。

希望相关单位在科学发展观指导下，抓住机遇、扎实工作、开拓创新，及时推广试点取得的经验，树立先进典型，在加快汽车零部件再制造产业化进程的基础上，积极探索矿山机械、钢轨、机床等产品的再制造，为使我国循环经济形成较大规模做出应有贡献。

（2008年3月21）

落实科学发展观　大力发展循环经济

——在“发展循环经济加速安徽崛起论坛”上的讲话

国家发展和改革委员会副主任　解振华

改革开放以来，我国经济社会发展取得了举世瞩目的成就，经济实力大幅提升，人民生活显著改善。但是，由于我国经济长期形成的结构性矛盾和粗放型增长方式尚未根本改变，经济增长付出的资源环境代价过大，成为可持续发展面临的最重要制约因素。

进入新世纪新阶段，党中央立足社会主义初级阶段这一基本国情，总结我国发展实践，借鉴国外发展经验，适应新的发展要求，提出了科学发展观的重大战略思想。党的十六届五中全会明确：“要把节约资源作为基本国策，发展循环经济，保护生态环境，加快建设资源节约型、环境友好型社会。”党的十七大提出，“建设生态文明，基本形成节约能源资源和保护生态环境的产业结构、增长方式、消费模式”，并把“循环经济形成较大规模”作为实现全面建设小康社会目标基础上提出的更高要求。

循环经济是最大限度地利用资源和保护环境的经济发展模式。加快推进循环经济发展，是落实科学发展观的重大举措，是建设资源节约型、环境友好型社会的有效途径，是解决资源环境瓶颈约束的根本性措施，是实现经济又好又快发展的必然选择。

国家“十一五”规划纲要把发展循环经济作为“十一五”的重大战略任务，将单位GDP能耗降低20%左右、主要污染物排放总量减少10%作为约束性目标。国务院印发了《关于加快发展循环经济的若干意见》，这是我国发展循环经济的纲领性文件。国务院召开常务会议，专题研究部署发展循环经济工作。近年来，有关部门和地方政府按照党中央、国务院的部署，把发展循环经济作为调整经济结构、转变发展方式的重要抓手，放在更加突出的位置，采取一系列措施，取得积极进展，短短几年时间，循环经济从理念变为行动，在全国范围内得到迅速发展。

一是立法取得显著进展。新修订的《节约能源法》已正式颁布实施；《循环经济法》已经全国人大常委会第二次审议，有望今年出台；有关配套法规正在抓紧制定，《废弃电子电器回收处理管理条例》即将颁布。北京、上海、山东、安徽等17个省市制定了发展循环经济的地方性法规和一些重要文件。

二是政策体系逐步完善。国家相继出台了一系列促进循环经济发展的经济政策，如将差别电价收入留给地方政府，用于结构调整和节能减排，下调小火电机组上网电价，出台鼓励生物质能、风能、太阳能、垃圾发电政策。中央财政设立节能减排专项资金，对符合条件的企业技术改造项目，通过“以奖代补”方式给予支持。修订调整了《资源综合利用目录》和税收优惠政策，提高生活垃圾、污水处理收费及排污收费标准，增加了木制一次性筷子、实木地板等产品消费税等等，最近又研究出台了鼓励利用电石渣生产水泥政策。与国家开发银行建立了支持循环经济发展的合作机制，目前已对循环经济重点项目给予政策性贷款支持。

三是示范试点工作深入开展。经国务院批准，2005年以来我委会同有关部门先后开展了两批循环经济示范试点。组织专家对示范试点单位实施方案及规划开展论证和评审工作。2006、2007年安排国债资金20多亿元，对循环经济重点项目给予支持。出台了《汽车零部件再制造试点管理办法》，废旧家电回收利用试点进展顺利。在国家循环经济试点工作引导下，全国大部分省市也结合本地区实际开展了循环经济试点工作。

四是技术支撑作用逐步增强。通过引进、消化、吸收和自主创新，形成了一批具有自主知识产权的先进技术，特别是开发、示范和推广了一批对行业有重大带动作用的共性和关键链接技术。纯低温余热发电、干法熄焦、高炉炉顶压差发电、钢渣水渣综合利用、电石渣干法制水泥、高炉回转炉消纳社会废物等一批先进适用技术得到广泛应用；汽车零部件等机械装备再制造技术，已处于国际领先水平；一批成熟的农业循环经济技术也在广大农村得到推广应用。

五是基础工作得到加强。我委会同有关部门发布了循环经济评价指标体系，为编制循环经济发展规划奠定了基础。编制发布钢铁、有色金属、建材等行业循环经济支撑技术。标准体系建设也取得新进展。到目前为止，已发布火电、磷肥、铅锌、轮胎、包装行业等24个清洁生产评价指标体系和25项行业清洁生产标准。组织对钢铁、有色金属、煤炭、氯碱、水泥五个行业和天津开发区、苏州高新区、蒙西园区三类工业园区发展循环经济模式研究。

六是循环经济模式初步形成。在循环经济试点的基础上，探索企业、企业间或园区、社会三个层面的循环经济发展模式。在高耗能、高排放行业不同工艺流程的企业，在不同类型的产业园区初步形成了各具特色的循环经济发展模式。根据不同的土地、资源情况和农业生产条件，也积极探索了农业循环经济发展模式。

七是循环经济理念逐步深入人心。近几年围绕大力发展循环经济主题，开展了形式多样的系列宣传教育活动，各类媒体加大了循环经济理念、实践和先进典型经验的宣传力度。通过论坛、培训、技术交流会、展览会及普及宣传等，循环经济理念逐步深入人心，社会氛围愈加浓厚。

经过各方面的努力，我国循环经济发展取得积极成效，试点单位资源消耗、污染物排放大幅度降低，经济和环境效益明显提高，出现了一大批循环经济的典型。重点行业单位产值能耗物耗逐步降低，资源循环利用水平和“三废”综合利用率有较大提高，污染物排放得到一定程度的控制。2007年，我国能源产出率为8621元/吨标准煤，同比增长3.7%，工业固体废弃物综合利用率已达62.8%，同比增长2.6%；万元工业增加值用水是144立方米，同比下降6.5%；城市垃圾无害化处理率为56%，同比增加4个百分点；钢产量近四分之一来源于废钢，水泥原料的20%来自于固体废物，纸浆产量近三分之一的原料来自再生资源。

在取得成绩的同时，我们也清醒地看到，目前我国发展循环经济的法律法规体系尚未健全，鼓励发展循环经济的政策机制还不完善，循环经济统计监测、考核制度及标准体系不完善，缺乏循环经济技术支撑。为加快循环经济发展，我们将采取以下措施：

一是加快立法进程。《循环经济法》将于今年出台，今明两年，我委将按照《循环经济法》的要求，抓好配套法规的研究制定。近期抓紧研究提出废旧轮胎、包装物回收利用、汽车零部件等机电产品再制造、餐厨垃圾资源化管理办法等配套法规。建立和完善生产者责任延伸制度。

二是加强规划指导。在对“十一五”规划中期评估的基础上，切实落实好规划纲要中提出的发展循环经济的重点任务。抓紧编制循环经济发展总体规划大纲，组织编制重点行业、再生资源集散市场建设、示范试点省市的循环经济发展规划。

三是继续深化示范试点。对第一批循环经济试点进行全面系统总结，加强分类指导，宣传先进典型，加大支持力度，强化监督管理。做好第二批试点单位循环经济实施方案和规划以及汽车零部件再制造试点实施方案的评审论证，继续扩大规模和范围，利用国债资金对重点项目给予支持。

四是加快建立技术创新体系。建立以企业为主体、市场为导向的循环经济技术创新体系，提高我国循环经济技术支撑和创新能力。在循环经济高技术产业化专项中，组织实施一批循环经济关键和共性技术开发、重大技术装备产业化示范项目；研究制定国家重点循环经济技术目录，加快循环经济先进实用技术推广；积极支持建立循环经济技术服务体系。

五是完善政策机制。充分运用价格、财税、金融等政策，完善促进循环经济发展的激励机制。继续推进资源性产品价格改革，近期重点研究出台鼓励脱硫石膏综合利用、烟气脱硫制酸，鼓励水泥、钢铁企业消纳废弃物，鼓励利用煤矸石、余热余压和低热值燃料发电的政策，鼓励废水“零”排放的排污收费政策，推动再制造产业发展的鼓励政策。研究建立循环经济发展专项资金。

六是夯实循环经济基础。继续加强物质流分析等循环经济基础理论研究，逐步建立健全“可量化、可操作、可监督、可考核”的循环经济统计制度和评价考核体系。会同有关部门制定汽车零部件再制造、食品废物资源化等技术规范，完善再利用产品标识制度。

七是加强宣传培训和国际合作。通过多种形式，在全社会广泛传播循环经济发展理念及在科学发展中的重要作用，加大先进典型的宣传力度，带动更多企业、园区走循环经济发展之路。加强国际合作，今年拟举办中国国际循环经济成果交易博览会，举办中美再制造产业发展论坛、中日“零”排放论坛，组织实施中日循环型城市合作，加强中德、中英之间就循环经济方面的合作，把国外好的经验引进进来，把我国的成功经验推广出去。

安徽省委、省政府高度重视循环经济发展工作，是比较早开展了循环经济理论实践和探索的省份之一，先后出台了《安徽省加快发展循环经济的若干意见》、《安徽省“十一五”循环经济发展规划和2020年目标纲要》，省发改委专门成立了循环经济处，指导和推进全省循环经济发展。继铜陵市等三家单位被列为国家第一批循环经济试点后，又有淮北市、阜阳市阜南县、界首市田营循环经济工业区、马鞍山钢铁股份有限公司、皖北煤电集团有限责任公司等被列入国家第二批循环经济示范试点。全国14家汽车零部件再制造试点企业中，安徽就有奇瑞汽车、江淮汽车两家企业。近两年，安徽省在推进农业循环经济发展方面，取得积极进展，去年4月，国家发改委在阜阳市举办了农业循环经济与新农村建设培训班，取得良好效果。安徽在落实科学发展观，发展循环经济方面确实有很多做法值得学习和推广。

铜陵市作为国家第一批循环经济试点城市，积极探索资源型城市加快发展循环经济的途径，加强对发展循环经济的组织领导，把提高资源利用效率和降低污染物排放作为工作的着力点。2007年，铜陵市单位GDP能耗同比下降4.4%，完成节能目标；工业用水重复利用率和工业固体废物综合利用率分别达93%、73%以上，远高于国家平均水平；资源综合利用产值已超过15亿元。

安徽省举办这个论坛非常重要，崛起，需要创新！创新，需要进一步解放思想，打破传统发展模式，充分考虑本地的资源禀赋和自然条件，因地制宜地发展特色产业和特色经济，走循环经济发展之路，实现区域振兴和跨越式发展。希望安徽省按照党的“十七大”精神，以改革创新精神继续做好循环经济这篇大文章。要组织实施好循环经济发展规划，在编制和实施各项发展规划时充分体现发展循环经济的要求；将发展循环经济与区域经济发展、与节能减排、与经济结构调整紧密结合；不断完善促进循环经济发展的政策机制，加大资金投入，加快减量化、再利用、资源化技术的开发示范和推广应用；发挥各方面的积极性，广泛动员全民，形成发展循环经济的良好氛围。列入国家循环经济试点的单位，要精心组织实施循环经济试点实施方案。争取率先完成节能减排目标。在抓好国家循环经济试点的同时，抓好省级、市级循环经济试点，充分发挥典型示范作用，带动安徽省循环经济形成较大规模。希望与会的专家、学者各抒已见，为安徽省循环经济发展出谋划策。

（2008年7月26日）

在全国循环农业建设现场经验交流会上的讲话（节录）

农业部副部长　张姚林

一、全国循环农业建设取得明显成效

党中央、国务院高度重视循环农业建设工作，从2004年起，连续五年中央一号文件都明确要求大力发展循环农业。党的十七届三中全会也明确指出，要按照建设生态文明的要求，发展节约型农业、循环农业、生态农业，加强生态环境保护，促进农业可持续发展。为贯彻落实中央决定部署，从2007年开始，农业部启动实施了循环农业促进行动，各地积极采取措施，大力推进循环农业建设，涌现了一批成熟的技术和模式。湖南省临醴县发展以农村清洁工程为重点的循环农业，不仅村容村貌大为改观，农民生态文明意识明显提升，而且实现了农业生产无害化、经济发展高效化。湖北省成丰县小村乡大力推行“猪－沼－茶”、“猪－沼－菜”、“猪－沼－药”等循环农业模式，带动了以茶叶、药材为主的特色产业发展，农民收入大幅增加。2007年，10个循环农业示范市建设启动实施后，示范地政府成立了领导小组和工作机构，编制了发展规划，采取积极措施，取得了明显成效。

一是农村沼气进入快速发展期。发展农村沼气是建设循环农业的重要抓手。农村沼气不仅能有效解决农村环境污染问题，还能提供清洁能源和有机肥源，改善农村生产生活条件，受到了各级政府和广大农民群众的普遍欢迎。近年来，中央及地方加大了投入力度，农村沼气进入大规模普及的快速发展时期。截止到2007年底，中央已累计投资80亿元，农村户用沼气达2650万户，年产沼气102亿立方米，相当于替代1600万吨标准煤，可为农户直接增收节支130亿元。最近，中央专门安排追加投资30亿元用于发展农村沼气，并提高了户用和大中型沼气工程项目补助标准，将直接带动今年新增户用沼气超过500万户。

二是农村清洁工程建设成为新的亮点。从2005年开始，农业部连续4年在湖南、四川等省开展农村清洁工程示范工作，从示范效果看，农村清洁工程投资少、见效快，技术简单实用、农民易于接受，是短期内改善农村面貌的有效途径。目前，全国已建成1000多个农村清洁工程示范村，示范村内秸秆、粪便、生活垃圾、污水等有机废弃物处理利用率达到90%以上，基本实现垃圾定点存放、畜禽圈养，村容整洁、道路硬化、庭院美化。目前，农村清洁工程已被列为《环渤海环境治理规划》和《太湖流域水环境综合治理方案》等重点区域环境污染治理规划的重要内容，成为循环农业建设一个新的亮点。

三是农业农村节能减排工作扎实推进。为贯彻落实国家关于节能减排的总体要求，农业部专门下发了《关于加强农业和农村节能减排工作的意见》，发布了《农业和农村节能减排十大技术》。今年9月，农业部在10个循环农业示范市联动开展了“节能减排农村行”活动，广泛发动群众，宣传推广节能减排技术。按照国务院的统一部署，启动了农业污染源普查，重点对种植业、畜禽养殖业、水产养殖业和重点区域农村生活等污染源进行了全面普查，初步摸清了农业污染源底数。在太湖、滇池、巢湖、三峡库区等重点区域，开展了农业面源污染综合防治技术示范，建立了一批示范区。

四是秸秆综合利用稳步发展。在坚持优先满足农业和畜牧业需要的同时，加强了秸秆气化、固化成型、秸秆沼气等新型能源利用。据测算，目前小麦、玉米、水稻等主要农作物秸秆机械化还田面积达到3亿亩以上，秸秆青贮、氨化量达到2.5亿吨，约占秸秆总量的1／3以上。今年，在全国共推广秸秆气化200处、秸秆户用沼气5万户、秸秆沼气集中供气3000处、秸秆固化成型50处。最近，国务院办公厅发布了《关于加快推进农作物秸秆资源综合利用的意见》，进一步明确了下一步工作思路和重点。

五是农业资源保护得到加强。农业野生植物资源保护工作进展顺利，对列入《国家重点保护野生植物名录（第一批）》的农业野生植物资源进行了调查和抢救性收集，保存农业野生植物资源3000多份，建成106个野生稻、野生大豆、野生茶、野生兰花等重要农业野生植物原生境保护区，开展了野生稻、野生大豆的抗病、抗寒等优异性状鉴定评价。连续5年开展外来入侵生物灭除行动，发动群众3000多万人次，铲除外来入侵生物5000多万亩。颁布了《农业重大有害生物和外来生物入侵突发事件应急预案》，强化了外来入侵生物监测预警，确保早发现、早灭除，严格控制外来入侵生物扩散和蔓延。

在着力发展循环农业的过程中，各地积累了一些好的经验和做法，那就是必须从改善生产生活条件入手，解决农民最关心、最迫切、最实际的现实问题；必须拓展农业功能，延长农业产业链条，调整优化农业产业结构，促进农业增效和农民增收；必须寓生态建设于农民增收之中，让农民成为循环农业建设的主体，调动农民的积极性和主动性。对这些经验和做法，我们要在今后工作中持之以恒地坚持下去。

二、充分认识新形势下发展循环农业的重要意义

今年以来，我们面临着极其复杂的国内外形势，遭受了低温雨雪冰冻灾害和汶川特大地震的严重破坏，遭遇了百年一遇的全球性金融危机的突然冲击，承受了国际油价、粮价剧烈波动的严重影响。面对罕见的灾难，面对严重的危机，在党中央、国务院的正确领导下，全国人民不畏艰险，迎难而上，各项工作都取得了很大成绩。特别是农业和农村发展取得了重要突破，粮食总产量今年将超过1998年的历史最高水平，农民收入也继续保持较快增长。粮食连续五年增产，这是改革开放以来没有过的；农民收入连续五年实际增长6%以上，这是1985年以来所没有的。农业农村的好形势，对保持经济社会发展大局的稳定提供了重要支撑，也为我们应对当前国内外复杂局面奠定了坚实的基础。

与此同时，我们也要清醒地看到，正如党的十七届三中全会强调指出的那样，当前，我国农业基础仍然薄弱，最需要加强；农村发展仍然滞后，最需要扶持；农民增收仍然困难，最需要扶持。特别是农业农村经济发展方式还很粗放，资源浪费严重、环境污染加剧等问题日益突出，农业农村经济持续健康发展越来越受到资源环境的制约，农业综合生产能力和生产水平登上新台阶的难度加大，实现国家粮食安全和主要农产品供求平衡的压力增大。应对新情况，化解新矛盾，迎接新挑战，必须要以科学发展观为指导，紧紧围绕转变农业发展方式，进一步加快循环农业建设，以提高资源利用效率和生态环境保护为核心，以节地、节水、节肥、节药、节种、节能、资源综合循环利用和农业生态环境建设保护为重点，大力推广应用节约型的耕作、播种、施肥、施药、灌溉与旱作农业、集约生态养殖、秸秆综合利用等节约型技术，大力推广应用减少农业面源污染、减少农业废弃物生成、注重水土保持和生态建设等环保型技术，大力培养农民和农业企业的资源节约和环境保护观念，大力发展有利于节约资源和保护环境的农业形态，促进农业农村经济社会持续健康快速发展。

第一，这是深入贯彻落实科学发展观、实现经济社会协调可持续发展的迫切需要。科学发展观要求必须统筹人与自然和谐发展，建立资源节约型、环境友好型社会。农业不仅是迄今为止人类生产食品的唯一产业，而且是人类与自然之间的重要桥梁和纽带，因此，发展循环农业在整个社会、经济循环中具有基础性地位和作用。我国是农业大国，大多数居民还居住在农村、绝大多数自然资源开发利用也发生在农村。农业的产业特性决定了，农业是一个对自然资源和环境依赖性很强的产业，是一个占用和消耗自然资源较多的产业。一方面，农业生产活动对资源和环境的影响很大；另一方面，农业生产投入品生产需要消耗大量资源。这充分说明，统筹人与自然和谐发展，实现人与自然可持续发展，农业是一个重

点。这就要求必须加快建设循环农业，在提高农业生产能力的同时，注重数量与质量、速度与效益的有机结合，充分考虑资源环境承受能力，实现农业农村进而实现经济社会全局的可持续发展。

第二，这是转变农业发展方式、建设现代农业的重要途径。建设现代农业，就是改造传统农业、不断发展农村生产力的过程，就是转变农业发展方式的过程。发展循环农业，就是要改变以往农业发展过度依赖土地资源和大量增加物质投入的发展模式，用循环经济理念指导农业生产，实现资源利用节约化、生产过程清洁化、产业链条生态化、废物循环再生化，提升土地产出率和资源利用效率。从目前情况看，我国农业生产经营方式还比较粗放，发展资源节约型、环境友好型农业的空间很大。比如在用肥方面，测算表明，在现有技术水平下，如果将化肥利用率提高5个百分点，每年可节约化肥231.9万吨；将有机肥与无机肥施用比例恢复到0.45：0.55，每年可替代化肥386.4万吨。因此，发展循环农业是缓解我国农业农村经济发展资源环境约束的有效手段，是推进现代农业建设的重要途径。

第三，这是保障社会和谐、推进社会主义新农村建设的民生工程。关注民生、保障民生、改善民生，让广大人民群众共享改革发展成果发展的着眼点和落脚点。加强农村生态环境保护、建设村容整洁的社会主义新农村是一项惠及亿万农民群众的重大民生工程、民心工程。改革开放以来，我国农村发生了翻天覆地的变化，农民生活水平有了大幅度提高，但由于长期以来城乡二元体制的影响，农村基础设施建设严重滞，农村生态环境形势总体上仍然比较严峻，水土流失、土地沙化、生态功能退化等状况还在发展，工业“三废”对农业的污染正由局部向整体蔓延，严重威胁着农产品产地环境安全，直接影响着广大农民群众的身体健康。发展循环农业，通过对废弃物的资源化利用和防治工业“三废”污染，变废为宝，化害为利，能够彻底解决农村脏乱差问题、改善农民生产生活环境、保障农产品质量安全，这对于保障社会和谐、推进社会主义新农村建设具有重要意义。

第四，这是实现农业增效、促进农民增收的有效手段。农业基础仍然薄弱，农村发展仍然滞后，农民增收仍然困难，这是我国当前最大的国情。从目前农业发展情况来看，农业是一个弱质产业，资源利用效率不高、产业链条不完整、增值空间不大，对农民增收贡献有限。在资源和市场双重约束下，拓展农业功能、延伸农业产业链条是实现农业增效、农民增收的必然选择。发展循环农业，一方面通过资源、能源的梯级利用，建立多层次、多功能的综合生产体系，充分挖掘出农业内部增值潜力，增加了附加值，提高了农业的质量和效益。另一方面，通过强化相关产业的有机衔接，延伸农业产业链条，拓展农业发展空间，增加农民就业机会，从而为农业增效、农民增收提供有效途径。

总之，如果继续走粗放式的农业发展道路，对农村污染再不加以严格治理，环境容纳不下、社会承受不起，发展持续不了。我们必须深刻认识新形势下发展循环农业的极端重要性和紧迫性，以高度的责任心和强烈的使命感，切实把这项事关全局的工作抓紧抓好抓出成效。

三、努力开创循环农业建设新局面

循环农业既是农业发展新的理念和策略，发展循环农业，关键要在“节约、保护、拓展”上下功夫。在发展理念上，要从大生态、大农业的角度出发，用循环经济的思路指导农业生产，优化配置资源，提高资源利用效率，建立有利于节约资源和保护环境的生产生活方式；在发展方式上，要减少化肥、农药的过度投入，解决农业生产过程中造成的面源污染，实现清洁生产，推进农作物秸秆、农村生活垃圾和污水、畜禽粪便等废弃物资源的循环利用，解决农村脏乱差；在功能拓展上，要大力发展生物质产业，加快推进农村沼气建设，开展秸秆能源化、饲料化、肥料化等综合利用，发展农村服务业，壮大集体经济，增加农民就业。具体要抓好以下几方面工作：

第一，加快普及农村沼气。当前沼气项目投资规模大、发展速度快、建设任务重是过去没有过的，特别是完成今年新增30亿沼气项目，时间紧，任务重，要求高，必须强化各级政府的责任主体和农业部门的实施主体作用，及时部署和启动，一级抓一级，确保任务、资金、进度和责任到位，确保中央拉动内需政策落到实处。我部已派出监督检查组，正在对各地项目进展情况开展重点检查。沼气项目“三分建、七分管”，建设任务完成后，后续建设任务更加繁重，要进一步强化服务，加强服务体系建设，推进专业服务、菜单服务、托管服务等多种服务形式，培育沼气专业合作组织，不断提高服务能力和水平。要认真做好“十二五”规划的编制工作，开好头、起好步，坚持建设、管理、综合利用并重的思路，把体系建设、能力建设、新产品新技术推广作为规划重点，努力使工程建设、后续服务和行业管理三系配套，不断提高农村沼气发展水平，加快普及农村沼气。

第二，尽快启动农村清洁工程。这是党的十七届三中全会明确提出的一项任务，中办、国办已通知要求由农业部负责牵头落实。各级农业部门要增强工作的敏感性、主动性和前瞻性，从贯彻落实科学发展观和推进社会主义新农村建设的高度，来认识这项工作，重视这项工作，抓好这项工作。要抓紧编制农村清洁工程建设规划，明确发展目标和工作重点，争取列入当地国民经济与社会发展规划。要积极争取地方财政、发展改革委等部门的支持，加大资金投入力度，扩大建设规模和范围。

第三，强化农业资源环境监管。目前，我国食品质量安全状况总体上是好的，但我们绝不能掉以轻心，特别是如果产地安全管理，一旦出了问题，责任尤其重大。各地要采取切实有效措施，贯彻实施好《农产品产地安全管理办法》，尽快启动农产品产地环境监测普查，摸清农产品产地污染底数，开展农产品禁止生产区划分工作，加大农产品产地污染事故处理力度，保障农产品质量安全。要按照《农业重大有害生物和外来生物入侵突发事件应急预案》的要求，开展外来入侵生物调查，强化监测预警和风险评估，积极做好灭除工作，控制外来入侵生物的扩散和蔓延。

第四，大力推进秸秆综合利用。秸秆综合利用是种植业和养殖业持续发展以及农村新型能源化的重要物质基础，是农民增收的重要渠道。要按照《国务院办公厅关于加快推进农作物秸秆综合利用的意见》文件精神，以秸秆肥料化、饲料化、新型能源化为主攻方向，通过政策引导、技术创新、项目带动和效益拉动，优化秸秆“五料”（肥料、饲料、燃料、食用菌基料、工业原料）利用结构。要大力推进秸秆直接还田、过腹还田，不断提高秸秆利用率。要加快秸秆能源化利用步伐，在有条件的地方探索建设一批大型生物质综合利用工程，通过产气、积肥同步，种植、养殖并举，延长秸秆综合利用链条，促进农村新型能源和循环农业发展。明年农业部要在十三个省开展秸秆沼气项目试点，为全面开展秸秆能源化利用探索路子，积累经验。

第五，切实加强组织领导。各级农业部门要把循环农业建设摆上重要位置，作为一项重要任务来抓，保证能源环保工作的机构编制、工作经费、办公条件。要完善体制机制，加强农村能源、农业环保体系的整合，形成相互协作、相互促进的良好机制。要加强人员培训，提升业务素质，培养造就懂政策、会技术、善服务的农业资源环境保护和农村能源建设队伍。要适应现代公共管理主体多元化、模式多样化、管理市场化、服务社会化的发展趋势，抓紧制定扶持循环农业发展的政策法规，鼓励企业、社会中介服务组织参与循环农业建设。要切实抓好循环农业技术试点示范，培育循环农业建设典型，认真总结成功经验和模式，探索以点带面、整体推进的有效形式，充分发挥示范带动作用。要加强对农村沼气、农村清洁工程、测土配方施肥等项目的整合力度，稳步推进循环农业向纵深发展。

（2008年12月16日）

2008年北京市政府工作报告（节录）

继续做好节能减排和循环经济发展工作。建立市、区县政府节能降耗减排工作责任制，落实国家节能减排统计监测及考核实施方案和办法。继续调整退出高污染、高能耗、高水耗企业，支持首钢完成年度压产任务，推进化工二厂、有机化工厂搬迁，关停二热、三热的小火电机组。加强石化、建材、电力等重点行业的资源消耗管理、污染预防和全过程控制，完善能耗、水耗指导指标和监测平台。严格执行新增建筑节能设计标准，加强大型公建的能耗控制，推进既有建筑及供热系统节能改造，继续实施郊区新城集中供热工程。抓好清洁能源和可再生能源重点项目建设。完善用水计划、定额管理和超定额累进加价制度，发展节水灌溉10万亩。加快污水和再生水管网建设，对现有污水处理设施进行扩容改造。加强回收利用体系建设，积极推行垃圾分类收集和处理，推进再生资源产业化。搞好循环经济示范项目，加强产业园区生态建设。各级政府要带头树立资源节约意识，落实节能减排任务；加强宣传和引导，形成全社会节能减排的良好风尚。

2008年上海市政府工作报告（节录）

大力推进资源节约和综合利用。全面实施“批项目、核能耗”制度，严格控制高耗能建设项目。健全强制性能效标准，落实能效标识制度，严把高耗能产品市场准入关。积极实施重点节能工程，强化节能目标责任考核，切实加强工业、交通、建筑、居民生活等重点领域和重点用能单位的节能管理。积极推进节能科技进步，大力提高能源利用效率。优化能源结构，建成液化天然气一期工程等能源项目，积极推进新能源和可再生能源开发利用，健全能源安全保障体系。加大水源地规划、建设和保护力度，加快节水型社会建设。切实节约原材料。全面推进清洁生产。积极发展循环经济，促进循环经济形成规模和特色。

2008年天津市政府工作报告（节录）

大力发展循环经济，建设国家循环经济试点城市。加快北疆电厂等循环经济示范区建设，完善现代化工、冶金等循环经济产业链。集中力量建设好中新天津生态城。保护湿地、森林、河流、近岸海域等生态资源。全面提高水、大气、土壤、噪声等污染防治水平。城市生活污水全部实现集中处理，环境空气质量二级和二级以上良好天数稳定在83%以上，城市生活垃圾无害化处理率达到92%，建成区绿化覆盖率达到42%，林木覆盖率达到22%。巩固创建国家环境保护模范城市成果，建设国家卫生城市和园林城市，中心城区和滨海新区核心区率先建成生态区。

2008年重庆市政府工作报告（节录）

加强节能减排工作，改善生态环境，直接关系城市发展品质。五年单位生产总值能耗下降20%，全社会化学需氧量和二氧化硫排放量分别下降10%和15%。健全节能减排统计、监测、考评体系。实施十大重点节能工程，建成一批循环型企业和循环型园区。到2012年，主城区空气质量优良天数达到305天；全市城镇生活污水集中处理率达到80%、生活垃圾无害化处理率达到90%。强化次级河流污染综合防治和农村面源污染治理。植树造林500万亩。

2008年山西省政府工作报告（节录）

用循环经济模式改造、重塑传统产业。循环经济是减少废弃物排放量，并使废弃物资源化和再利用的经济形态，是节约资源、减少污染、提高效益的新模式，它能够使企业和社会实现双赢。要以循环经济的理念重新审视和完善我省经济社会发展有关思路和规划，下大力气把发展循环经济作为改造传统产业的主要途径加以推进。坚持"加强领导、规划先行、健全机制、狠抓重点、政策引导、技术推动、加大投入、全民行动"的方针，综合运用经济、法律、行政手段，制定并实施循环经济总体发展规划，从省域经济的角度，坚持规模经济与循环经济的内在统一，布局全省循环经济发展的基本方向、重点领域和重大项目。编制实施煤炭、焦炭、冶金、电力、化工、建材等重点行业的循环经济推进计划。作为全国循环经济试点省，我们要积极推进循环经济试点单位的各项工作。大力推进全省工业产值排序前100位企业和100户污染较重的非工业企业发展循环经济。推进废渣利用，重点用煤矸石发电、粉煤灰生产建材、钢渣镁渣制造水泥。推进废气利用，重点是煤矿瓦斯气和焦炉排空煤气的利用。推进工业废水零排放，实现废水在企业内部处理后循环利用。既要采取贴息入股、税收优惠、电价优惠、同等条件优先供地、政府优先采购循环经济产品等政策措施，鼓励支持企业发展循环经济；又要实施资源价格累进、环保收费累进等经济措施，形成倒逼机制，促使企业走上发展循环经济的轨道。

2008年河北省政府工作报告（节录）

实行节约、集约、循环、生态保护并举。一是推进资源能源节约集约和综合利用。强化对工业园区投资强度、容积率、建筑密度、绿地率等指标控制，推动土地集约使用和节能减排设施共享。加强矿产资源开发的规划管理，全面实施探矿权、采矿权设置方案制度，严厉打击违法勘探和开采行为。制定有效措施，确保开采过程中防止污染，开采过后恢复植被。加快发展应用太阳能、风能、生物质能等新能源和绿色能源。积极推进农业节水，有效调控城市用水。二是大力发展循环经济。实施煤炭、建材、电力等行业循环经济推进计划，在钢铁、石化等重点行业设立循环经济高技术产业化专项，搞好曹妃甸工业区等国家级循环经济试点，全省试点单位从51个扩大到100个。三是加强生态环境保护。着力解决重点区域流域的污染问题，列入"十一五"规划的89个城镇污水处理厂全部开工建设，所有设区市和县城3年内都要建成使用污水处理厂和垃圾处理场。实施烟气排放治理攻坚和城市环境空气质量达标行动，完成25个电厂的脱硫改造任务。推进畜禽水产养殖污染治理，控制农业面源污染。推进生态省建设，继续实施京津风沙源治理、首都水资源可持续利用、太行山绿化等重大生态工程，切实搞好森林、湿地、野生动植物等资源保护。

曹妃甸工业区按照循环经济理念，抓紧谋划推进一批起点高、符合规划要求的重大产业龙头项目，加快产业聚集。沧州渤海新区重点推进港口规划建设，加快港路水电等基础设施建设，引进建设一批高水平产业项目。

2008年内蒙古自治区政府工作报告（节录）

通过发展服务业、非资源型产业、循环经济和淘汰落后产能等措施，实现结构性节能减排。开发推广节约、循环利用资源和治理污染的先进适用技术，加大对现有工艺、设备技术改造，实现技术性节能减排。加快实施重点节能减排工程，建设循环经济园区，完成大中型火电机组和非电行业脱硫改造，大力开发太阳能、风能、生物质能等可再生清洁能源和新能源，加强污水、垃圾处理设施建设和运行管理，实现工程性节能减排。同时，抓好建筑、交通运输等其它领域的节能环保工作。实施有利于节能减排的价格、财税和金融政策，使节能减排要求与企业切身利益更加紧密地结合起来。强化工作责任，把节能减排目标完成情况作为检验工作成效的重要标准和考核评价的重要内容，实行严格的问责制和一票否决制。加强宣传教育，增强全社会节能环保意识，深入开展节能减排全民行动。

2008年辽宁省政府工作报告（节录）

生态省建设扎实推进，资源节约型、环境友好型社会建设取得明显成效。万元生产总值能耗下降20%以上，化学需氧量、二氧化硫排放量下降12%。重点企业全部实现清洁生产，循环经济形成规模。城市污水处理率达到70%，城市空气质量优良天数稳定在85%以上。土地、矿产等资源的节约集约利用水平进一步提高。辽西北地区生态治理取得突破性进展。森林覆盖率达到37%。

2008年吉林省政府工作报告（节录）

加强能源资源节约和生态环境保护，建设资源节约型和环境友好型社会。完善政策体系，强化激励约束机制，实施一批节约能源、利用资源、保护环境和生态建设重大工程。发展循环经济。推进清洁生产。开发清洁能源。加强松花江等流域水污染防治，落实让松花江休养生息的各项政策措施，保护好我们的“母亲河”。节约水资源，搞好水源地保护。大中城市全部实现污水统一收集和集中处理。加强气候变化应对和防灾减灾工作。实施退耕还林还草、荒漠化治理和城乡绿化美化等工程，推进生态省建设。

黑龙江省政府工作报告（节录）

未来五年，要突出人与自然和谐，生态文明建设实现新突破。初步形成节约能源资源和保护生态环境的产业结构、增长方式、消费模式，循环经济形成一定规模，生态环境和城乡人居环境进一步改善。

2008年全省经济社会发展的主要目标是：万元生产总值综合能耗下降4.5%以上，化学需氧量排放量下降1.2%以上，二氧化硫排放量略有下降。

大力发展循环经济，搞好废弃污染物综合利用，积极发展清洁能源和可再生能源，培育和发展节能环保型产业，降低资源消耗和环境污染。抓好七台河市国家第二批循环经济试点工作。健全节能减排工作监督和奖惩机制，加强节能减排统计监测工作。落实节能减排工作责任制，各级政府要对本辖区的节能减排负总责，努力完成节能减排阶段性目标。坚持生态立省，推进自然保护区、生态功能区建设与生物多样性保护工作，加快森林生态、草地生态、水源生态等各生态要素的保护与建设，抓好耕地、湿地和天然林保护、退耕还林还草、“三化”草原改良、“三北”防护林四期、水土流失治理等工程。完成人工造林80万亩，封山育林40万亩，水土流失治理240万亩，组织开展生态农户建设167万户。

2008年山东省政府工作报告（节录）

加快发展循环经济和环保产业，全面推行清洁生产，搞好可再生资源的综合利用。加强节约用水，发展海水淡化和直接利用。加快调整能源结构，优化发展燃煤火电，重点发展太阳能、生物质能、风能、地热能等可再生能源，推进海阳核电建设，构建稳定安全、高效清洁能源体系。加强水、大气和土壤污染防治，突出搞好五大重点流域水污染治理和城市污水处理，继续抓好“两湖一河”碧水行动，积极防治农业面源污染。加大燃煤电厂脱硫、水泥粉尘和机动车尾气治理力度。加强自然保护区、生态功能保护区和湿地建设，大力开展国土绿化，加强近海污染源综合治理和资源修复，搞好水土保持和饮用水源地保护。综合运用市场、法律、科技和必要的行政手段，加快形成有利于节约能源资源和保护生态环境的体制机制，建立健全资源有偿使用制度和生态补偿机制。强化新建项目环境影响评价、节能评估和“三同时”管理，实行节能环保目标责任制，加大执法监察和考核力度。

2008年安徽省政府工作报告（节录）

强化能源资源节约和生态环境保护，增强可持续发展能力。牢固树立生态文明观念，推进“生态安徽”建设，形成节约能源资源和保护生态环境的产业结构、增长方式、消费模式，加快建设资源节约型、环境友好型社会。

加强能源资源节约。构建科学合理的能源资源利用体系，强化能源、水、矿产等资源的有序开发和集约利用，提高能源资源利用效率。切实保护耕地，节约集约用地，有效保障发展。发展节能型、生态型和环保型产业，推广应用能源资源节约和综合利用的新技术、新工艺、新设备，积极开发新能源和可再生能源。大力发展循环经济，推行清洁生产，培育一批循环经济型企业、园区和城市。

2008年江苏省政府工作报告（节录）

加大节能减排攻坚力度。坚持结构调整、技术进步、加强管理“三管齐下”，深入推进节能减排。

提高建设项目节能环保准入门槛和重点区域、重点行业污染物排放标准，严格控制新上高能耗项目，努力从源头上节能减排。突出工业节能，切实抓好冶金、建材、化工、电力、纺织等五个重点行业和年耗能5000吨标准煤以上重点企业的节能降耗，坚决淘汰污染严重的项目和企业，今年底提前一年完成关闭“小化工”的三年计划。实施“上大压小”，年内关停小火电机组150万千瓦以上。深入开展节能减排科技支撑行动，加快实施节能减排技术改造工程，在重点耗能行业、企业推广节能减排技术。积极发展环保产业，推行清洁生产，扩大循环经济试点。整体推进建筑节能、交通节能和政府机关等公共机构节能。推广应用节能减排先进管理模式，完善和落实相关考核、统计体系，强化目标责任制，加大执法力度。全面落实新的环境价格政策，扩大排污权交易试点范围。

2008年浙江省政府工作报告（节录）

围绕促进经济又好又快发展，在转变经济发展方式、完善社会主义市场经济体制上取得重大进展。进一步探索具有浙江特点的农业现代化道路，加快发展高效生态农业。进一步探索具有浙江特点的可持续发展道路，加快建设生态文明，全面构建资源节约型和环境友好型社会，积极发展循环经济，初步形成节约能源资源和保护生态环境的产业结构、增长方式和消费模式。

实施资源节约与环境保护行动计划。建立以政府为主导、企业为主体、全社会共同推进的资源节约与环境保护工作格局，全面实施节能减排综合性工作方案，推进土地节约集约利用和节水节材工作，初步建立科学合理的能源资源利用体系，基本解决突出的环境污染问题，确保完成节能减排任务，使全省能源资源利用效率、环境保护能力和生态环境质量继续居全国领先水平。

2008年福建省政府工作报告（节录）

加强节能减排和生态文明建设。一是强化节能工作，深入贯彻节能法，建立健全投资项目节能评估和审查制度，完善差别电价政策，推行合同能源管理，推动企业节能技术改造，抓好重点领域和重点企业节能；办好第二届海峡绿博会，推进机关办公建筑和大型公共建筑节能；开展第二次全国经济普查和第一次全国污染源普查，加强节能统计和监测；发展清洁能源和可再生能源。二是强化资源综合利用，推进循环经济示范园区和示范项目建设，推动“三废”综合利用，开发和推广节约、替代、循环利用的先进适用技术，鼓励产品生态设计和使用再生材料，推广新型墙体材料和散装水泥。三是强化污染减排，严格执行环境影响评价和环保“三同时”制度，从源头加强污染防控；完善减排激励约束机制，加快减排设施建设，严格实行二氧化硫、化学需氧量重点排放企业在线监控，依法依规严肃查处超标排放企业；全面取缔关闭“十五小”、“新五小”企业；加快污水处理厂和配套管网建设，推进垃圾资源化利用和集中无害化处理。

2008年江西省政府工作报告（节录）

大力实施绿色生态江西建设工程，着力提升生态文明水平。科学划定、合理布局畜禽禁养区、限养区和宜养区，控制化肥、农药使用，切实减少农村面源污染。加大生态环境治理力度，组织开展全省污染源普查；扎实推进工业园区污水达标排放、“五河”源头保护区污染物零排放、设区市中心城区有毒有害气体排放处理等“七项专项整治行动”。加大生态环境建设力度。精心实施好矿山和道路沿线山体复绿、城镇饮用水源保护、水和空气质量达标升级等“十大生态环境工程”。在赣州、宜春、萍乡、鹰潭、景德镇等城市建成一批污水处理厂和垃圾、危险废物、医疗废物处理场。抓好九江出口加工区、南昌高新技术开发区等10个生态工业园建设试点。推进3个生态市、11个生态示范县和20个省级环境优美乡镇建设。支持萍乡成为国家首批资源枯竭型转型试点城市。继续推进“山江湖”工程。治理水土流失面积300万亩。全省完成植树造林300万亩以上。建立健全生态环境保护长效管理机制和激励机制。省财政安排5000万元，对“五河”源头和东江源生态环境保护成绩显著的县给予奖励；安排4000万元，对污水处理达标的地区给予奖励。将生态公益林补偿标准提高到每亩8元。建立健全污染减排考核制，对考核不达标的地区和园区实行区域限批，考核不达标的企业责令限期整改，整改不合格的停产停业直至关闭。坚决实行生态环境绩效评价制、环境事故领导问责制和评先创优生态环境“一票否决”制。今年主要河流、湖泊水质监测断面Ⅰ－Ⅲ类水质保持在78%左右，化学需氧量排放量削减3.1万吨，二氧化硫排放量削减4.3万吨。

2008年广东省政府工作报告（节录）

必须坚持科学调控促进可持续发展。我们根据人口多、资源少、能源缺的实际，大力推进新型工业化，加快转变发展方式，走科技含量高、经济效益好、资源消耗低、环境污染少、人力资源优势得到充分发挥的发展新路子，努力构建资源节约和环境友好型社会。狠抓节能减排和节约集约用地，加快发展循环经济，促进生产、流通、消费各环节资源能源的高效利用。加强生态环境保护，狠抓环境综合整治，不断改善城乡居民生产生活环境。认真落实计划生育基本国策，稳定低生育水平，提高人口综合素质，促进人口资源环境相协调。

着力抓好节能减排。落实节能减排工作责任制，强化执法监察。加快制订和实施促进节能减排的市场准入标准、强制性能效标准和环保标准。严格限制新上高耗能、高耗水、高污染项目，加快淘汰落后生产能力，确保按计划完成小火电、小钢铁、小水泥等关停任务。鼓励发展能源资源消耗低、附加值高的产业。开展资源综合和循环利用，重点支持能源资源节约和综合利用新技术、新工艺、新设备的研究开发。积极开发应用新能源和可再生能源。以节电为突破口，推进建筑、商业、交通等节能，着力提高全社会节能水平。深入推进企业、园区、城市三个层面的循环经济试点。推行清洁生产，积极发展环保产业。探索建立排污权交易等市场化新机制。在全社会树立节约意识，提倡政府绿色采购。

2008年广西壮族自治区政府工作报告（节录）

要把节能减排作为转变经济发展方式、促进科学发展的重要抓手，尽快形成以政府为主导、企业为主体、全社会共同推进的工作格局。强化节能减排目标责任制，尽快建立实施我区节能减排统计体系、监测体系和考核评价体系，实施节能减排工作问责制和一票否决制。把节能减排指标完成情况纳入各地经济社会发展的综合评价体系，作为政绩考核的重要内容。完善政策措施，建立健全节能减排激励机制、约束机制和淘汰落后产能退出保障及补偿机制。今年自治区财政将加大对节能减排资金的投入，各级财政也要加大节能减排投入力度。着力推进重点行业、重点企业和重点领域节能减排，加强城镇、工业园区垃圾和污水处理设施建设，控制高耗能、高排放行业增长，抓好企业技术改造，确保高排放企业实现治污减排。坚决淘汰落后生产能力和工艺，关闭污染治理无望小企业。深入开展节能减排全民行动，加强宣传教育，提高全社会节能减排意识，使节能减排成为全社会的自觉行动。抓好植树造林、封山育林、退耕还林、防护林、水源地保护、石漠化治理和水土保持等生态保护工程建设。加强能源资源节约，发展循环经济，推行清洁生产。集约节约用地。坚持计划生育基本国策，严格控制政策外生育，统筹解决人口问题。

2008年海南省政府工作报告（节录）

实施节能减排综合治理。落实我省《节能减排综合性工作方案》，严格控制新上高污染、高耗能项目，对重点行业、重点企业排放实施重点监控和治理，推行清洁生产。加快太阳能、风能和生物质能源的开发利用，推广节电、节水、节地、节材和资源综合利用技术，广泛应用新型建筑材料。积极发展沼气、余热利用、粉煤灰回收利用、糖业废物利用等循环经济，支持国家示范试点的昌江循环经济工业区发展。有效防治农业面源污染。完善法规政策，提高能源资源利用效率。

2008年湖南省政府工作报告（节录）

大力发展循环经济。大力推行清洁生产、绿色生产和绿色消费，构建资源循环式利用、企业循环式生产、产业循环式组合、社会循环式消费的良性互动发展模式，促进经济社会可持续发展。抓好株冶、智成化工、汨罗循环经济工业园和永兴县、株洲清水塘工业区、泰格林纸集团等国家循环经济试点。推进工业废物综合利用和再生资源循环利用，建立县级以上城市垃圾收集系统，实施工业废水达标排放工程。

2008年湖北省政府工作报告（节录）

加快推进经济结构调整和经济发展方式转变。……把建设资源节约型、环境友好型社会放在工业化、现代化发展战略的突出位置，认真实施节能减排行动计划。积极推进重点行业、重点企业和重点工程的节能减排工作，加快淘汰落后产能。大力发展循环经济。继续抓好一批重点生态工程建设。加强三峡库区、南水北调中线水源区等重点区域的水资源保护和水污染治理。加强地质灾害防治工作。大力发展环保产业。在全社会大力倡导节约、环保、文明的生产方式和消费模式，使节约资源、保护环境成为全省人民的自觉行动。

认真总结循环经济试点经验，以工业园区为重点，以资源综合利用、废弃物循环利用、动植物互利共生、热电联产和产业产品链延伸等为主要形式，继续推进一批循环经济示范项目建设。完善资源开发利用补偿机制和生态环境恢复补偿机制，加强水利、林业等建设，促进生态修复。严格市场准入，坚决不准新上不符合节能环保标准的项目，在建项目环保设施不配套的一律不准投产，努力从源头上控制环境污染。认真落实国务院新修订的禁止类和限制类项目用地的规定。按照开发整理造地、集约节约用地、重点保障工业项目用地原则，严格执行土地利用总体规划和年度计划。加强荒地开发、废弃地整理、迁村腾地等工作，挖掘新造耕地潜力。严格执行节约集约用地标准，提高土地利用效率和集约化程度。

2008年河南省政府工作报告（节录）

新增农村户用沼气50万户。

加强环境污染治理。抓好重点流域、区域和行业的环境综合整治。继续加强对贾鲁河、惠济河、卫河流域污染专项整治。编制113个饮用水源地保护规划。对不符合环保要求的项目实施搬迁、停产或限期治理，完成150家铁合金、棕刚玉、电石等企业的污染治理。各类燃煤机组全部建成脱硫设施并达标稳定运行。全面推进污水处理厂配套管网建设，确保实现稳定运行、达标排放。省辖市污水处理厂全部加装脱氮装置。加快部分省辖市第二污水处理厂规划建设，实施一批城市污水管网和垃圾处理场升级改造工程。加快建立城乡垃圾收集清运处理系统。实施农村小康环保行动计划。控制和治理农村面源污染。推动污水、垃圾处理产业化，加快发展环保产业。

大力发展循环经济。编制实施循环经济推进方案，用好国家循环经济试点省政策，全面推动资源型工业和农业领域的循环经济发展。加快示范企业、示范技术、示范园区等循环经济示范工程建设。积极推广水泥行业低温余热发电、城市中水回用、矿井瓦斯抽采、发电余热制冷等先进技术。着力培育一批再生资源循环利用企业，大力推进废旧资源再生利用。

2008年四川省政府工作报告（节录）

加强节能减排。加大工作力度，务求在降低单位生产总值能耗、减少二氧化硫和化学需氧量排放上取得新成效。强化政府主导和企业主体责任，完善激励和约束机制，抓好重点领域节能减排，加快节能减排技术研发和推广应用。

大力发展循环经济，推行清洁生产。进一步淘汰落后生产能力。加强效能标准和节能计量工作，积极开发生物质能源。加强工业节能，延伸重化工业产业链，提高装备和工艺技术水平，降低综合能耗，完成列入国家和省节能行动的239户企业节能目标。

注重抓好建筑、交通运输、商用和民用、农村、政府机构等领域的节能。做好节水、节材等工作。加强对岷江、沱江、嘉陵江及金沙江等流域的污染治理，挂牌整治260家工业污染企业和规模化畜禽养殖企业。加快污水处理厂、垃圾处理厂及配套设施建设，提高城市污水处理能力、中水回用能力和垃圾无害化处理率。加强饮用水源地监督管理，确保饮水安全。大力推进战略性环境影响评价。搞好第一次污染源普查和土壤污染调查。

2008年云南省政府工作报告（节录）

要进一步加强资源节约，坚持开发节约并重，继续整合资源，促进能源、矿产资源节约和高效利用。推进重点耗能行业、重点耗能企业以及重点用能设备、重点耗能产品的节能降耗工作。发展循环经济，加快试点园区、试点县、试点企业和重大示范项目建设。开发推广节约、替代、循环利用和治理污染的先进适用技术，发展清洁能源和可再生能源，推进节能、节水、节地、节材和资源综合利用、循环利用。严格执行国家产业政策，探索建立落后产能退出机制，依法淘汰落后生产能力。推行清洁生产，倡导绿色消费。

打好节能减排攻坚战、持久战。今年要把节能减排目标完成情况作为领导干部政绩考核的重要内容，完成能耗降低目标，二氧化硫、化学需氧量在2007年基础上都要削减2%。制定黄磷、电石、钢铁等重点“双高”产品生产总量控制计划，强化对火电脱硫项目建设和运行的监管。淘汰149条水泥、生铁、黄磷、焦炭落后生产线或生产装置，实施80个产能削减项目，推广10项节能减排技术。大力推进清洁生产，实施20个强制性审核项目。加强县城以上城镇污水处理和垃圾处理设施建设，城镇污水处理率达到42%，生活垃圾无害化处理率达到35%。建立和完善能耗统计指标体系、监测体系和考核体系，强化监管和督查，推进全民节能，确保工作取得重大进展。

2008年贵州省政府工作报告（节录）

坚持环境与发展综合决策，全面推行清洁生产，严格环境执法，切实加强水、大气、土壤等污染防治，使主要污染物排放总量控制在国家下达的指标范围内，真正让人民群众喝上干净的水、呼吸清新的空气、有更好的工作和生活环境。建立健全有利于资源节约和综合利用的激励约束机制，继续实施“521”节能降耗工程，鼓励企业采用有利于节能降耗的设备和技术，加快淘汰高耗能、高耗水、高耗材的工艺、设备和产品，确保单位生产总值物耗能耗稳定下降。加快电力、煤炭、化工、冶金等重点行业废物规模化利用和产业化发展，提高资源综合利用水平。大力支持循环经济试点，继续实施一批循环经济建设项目，特别要抓好资源型产业集聚区的循环经济建设。深入开展形式多样的保护生态环境和节约资源宣传活动，大力倡导节约、环保、文明的生产方式和消费模式，使建设资源节约型、环境友好型社会成为全社会的自觉行动，使生态文明建设深入人心、蔚成风气。

2008年西藏自治区政府工作报告（节录）

建设生态文明，促进人与自然的和谐。实施西藏生态安全屏障保护与建设工程。推进重要生态功能区、重点资源开发区和生态良好区的生态保护与建设，规范自然保护区建设。加强气候变化对策研究。加强对草场的保护与建设，有效遏制草原退化沙化，防止水土流失。加大对森林资源的保护力度，切实抓好造林绿化工作，实施防沙治沙工程。建立和完善生态补偿机制。加强矿产资源开发管理，落实矿产开发环境影响评价制度。加强水资源统一管理和集中式饮用水源地保护。建成七地市的污水处理厂和重点县城垃圾处理设施。继续实施薪柴替代工程，适宜地区农户基本普及沼气。加大节地、节材、节能、节水、资源综合利用力度，认真落实节能减排各项措施。严格环境执法与监管。从每个单位、每个家庭做起，建设资源节约型、环境友好型社会。

2008年陕西省政府工作报告（节录）

加强资源节约和环境保护，努力建设生态文明。

建设西部强省，必须努力形成节约资源和保护环境的产业结构、增长方式、消费模式,全面完成节能减排和生态建设的各项目标任务，在建设资源节约型、环境友好型社会方面迈出新步伐。

打好节能减排攻坚战。抓紧实施节能减排综合性工作方案，健全统计监测考核体系，重点抓好200户能耗大户和一批中小企业，加速淘汰火电、钢铁、水泥、造纸、焦炭等高耗能、高污染行业的落后产能。2008年关闭小火电装机35万千瓦，淘汰小焦化和兰炭产能900万吨，淘汰水泥产能390万吨。大力推广使用清洁能源，“十一五”期间水电、风能、生物能的发电装机容量达到227万千瓦，形成节约359万吨标准煤的能力。推进农业节水技术改造工程，到2010年，新增节水灌溉面积670万亩，亩均灌溉用水量减少20－40立方米；实施160项工业节水重点工程，三年内使单位产品用水指标基本达到全国平均水平；加大城市供水管网改造力度，搞好西安、榆林等2个国家级和8个省级节水型城市试点建设；健全总量控制与定额管理相结合的用水管理制度,2008年完成水价“三步走”改革。实行更为严格的用地制度，制定陕西省建设用地控制指标，从2008年起试行节约集约用地评价考核制度。实施城乡建设用地存量挖潜改造工程，抓紧清理城镇闲置土地，2008年腾退、盘活、置换建设用地1.5万亩，完成土地整理和复垦25万亩，新增耕地7.5万亩。继续开展循环经济试点，建立再生资源生产基地和回收网络，促进资源节约使用和废物综合利用。

2008年甘肃省政府工作报告（节录）

着力转变经济发展方式，壮大特色优势产业。加快科技创新体系建设，突出抓好能源、水和矿产资源、环境、农业、制造业、信息产业及现代服务业、新材料、生物技术、人口与健康及公共安全等9个重点领域的科技创新，组织实施11个重大专项。全面加强安全生产、清洁生产和节约生产，大力实施节能减排工程项目。充分利用我省作为全国循环经济试点省份的机遇，加快发展循环经济。推进资源型城市经济转型，努力实现可持续发展。

强化节能减排工作，促进资源有序开发利用。落实节能减排工作责任制，建立以政府为主导、企业为主体、全社会共同推进的工作格局，严格市场准入，加强制度约束和监管，确保完成节能减排目标任务。

加强重点行业和企业的节能降耗。推进有色和黑色冶金、煤炭、电力等7个重点行业和160户年耗能万吨标准煤以上企业的节能降耗技术改造。加快燃煤锅炉改造、区域热电联产、新能源和可再生能源开发利用等十大节能工程建设进度，淘汰一批高耗能、高污染小企业。加强建筑节能。开发推广资源节约、替代和循环利用技术，抓好6个市区、4个园区、20户重点企业的循环经济试点和100户企业的清洁生产试点，带动全社会节能降耗。

2008年青海省政府工作报告（节录）

到2012年，要努力实现六大目标：生态文明建设迈出新步伐。实施生态立省战略，全面推进生态保护、生态经济和生态文化。重点生态保护和建设工程初见成效，三江源自然保护区等重点区域生态功能加快修复，环境污染得到有效治理，主要污染物排放量明显减少，生态环境更加宜人。在国家支持下建立起资源有偿使用和生态合理补偿机制，初步形成节约能源资源和保护生态环境的产业结构、消费模式和发展方式。

大力发展循环经济。编制和实施柴达木循环经济试验区产业规划，推进建设一批优势资源与强势企业、优势资本、先进技术相结合的循环产业项目。国家已经批准西宁经济技术开发区为第二批循环经济试点园区，要抓紧编制实施方案，同时加快推进民和工业园区建设，促进新型材料、新能源、装备制造等产业集聚发展，更好地发挥园区在建设循环工业体系中的载体作用。建立健全资源有偿使用制度，完善矿产资源选优配置、二次配置机制，规范矿产资源开发，促进资源综合循环利用。

2008年宁夏回族自治区政府工作报告（节录）

要在发展的理念上突出绿色环保，发展的价值上突出以人为本，发展的模式上突出循环经济。坚持把资源优势转化为经济优势。

突出抓好技术进步和节能减排，力促工业结构升级换代。每年工业技改投资必须以20%以上的速度递增，重点行业和重点企业至少每5年完成一轮大的技术改造，力争技术进步对工业增长的贡献率达50%以上。推进信息技术在企业管理、设计、营销中的应用，以信息化带动工业化。打好节能减排攻坚战，实行市、县（区）领导和企业负责人责任制，抓好69户重点企业的节能降耗和74户重点企业的污染治理。坚决关闭淘汰一切不符合国家产业政策的小企业，大力推进冶金、建材、医药、造纸等传统产业升级换代。抓好石嘴山和宁东（太阳山）基地国家级循环经济示范城市、示范园区建设。在全社会普及节能减排知识，推广节能减排技术，力促我区工业走上低消耗、低排放、高增长、高效益的科学发展道路。

2008年新疆维吾尔族自治区政府工作报告（节录）

大力发展循环经济。突出抓好耗能大、效率低的行业节能减排工作坚决淘汰落后生产能力。加大循环经济标准化建设试点推广应用节能降耗技术在重点行业建设一批节能节水、资源综合利用项目。加快可再生能源的开发利用。提高采矿回采率、选矿和冶炼回收率、生产生活废弃物再利用程度。大力发展节水工业。加强环境污染防治的基础设施建设。以乌鲁木齐为重点抓好大气污染综合治理改善城市空气质量加强乌鲁木齐河的治理确保饮用水安全。创造生态和谐、可持续发展良好环境实现经济社会发展与碧水、青山、蓝天同在。

政策文献

中共中央、国务院有关会议和文件

中共中央关于推进农村改革发展若干重大问题的决定（节录）

（2008年10月12日中国共产党第十七届中央委员会第三次全体会议通过）

健全农业生态环境补偿制度，形成有利于保护耕地、水域、森林、草原、湿地等自然资源和农业物种资源的激励机制。

发展现代农业，必须按照高产、优质、高效、生态、安全的要求，加快转变农业发展方式，推进农业科技进步和创新，加强农业物质技术装备，健全农业产业体系，提高土地产出率、资源利用率、劳动生产率，增强农业抗风险能力、国际竞争能力、可持续发展能力。要明确目标、制定规划、加大投入，集中力量办好关系全局、影响长远的大事。

推广节水灌溉，搞好旱作农业示范工程。

促进农业可持续发展。按照建设生态文明的要求，发展节约型农业、循环农业、生态农业，加强生态环境保护。继续推进林业重点工程建设，延长天然林保护工程实施期限，完善政策、巩固退耕还林成果，开展植树造林，提高森林覆盖率。实施草原建设和保护工程，推进退牧还草，发展灌溉草场，恢复草原生态植被。强化水资源保护。加强水生生物资源养护，加大增殖放流力度。推进重点流域和区域水土流失综合防治，加快荒漠化石漠化治理，加强自然保护区建设。保护珍稀物种和种质资源，防范外来动植物疫病和有害物种入侵。多渠道筹集森林、草原、水土保持等生态效益补偿资金，逐步提高补偿标准。积极培育以非粮油作物为原料的生物质产业，推进农林副产品和废弃物能源化、资源化利用。推广节能减排技术，加强农村工业、生活污染和农业面源污染防治。

……

加强农村基础设施和环境建设。推进农村能源建设，扩大电网供电人口覆盖率，推广沼气、秸秆利用、小水电、风能、太阳能等可再生能源技术，形成清洁、经济的农村能源体系。实施农村清洁工程，加快改水、改厨、改厕、改圈，开展垃圾集中处理，不断改善农村卫生条件和人居环境。推进广电网、电信网、互联网“三网融合”，积极发挥信息化为农服务作用。发展农村邮政服务。健全农村公共设施维护机制，提高综合利用效能。

国务院2008年工作要点(摘录)

……

（七）加强农业和农村基础设施建设。搞好灌区改造和小型农田水利建设，大力发展节水灌溉。加大土地开发整理复垦力度，搞好中低产田改造，提高耕地质量，建设一批高标准农田。今年增加500万沼气用户，支持建设一批大中型沼气项目。

四、加大节能减排和环境保护力度，做好产品质量安全工作

（十九）加大节能减排和环境保护力度。落实电力、钢铁、水泥、煤炭、造纸等行业淘汰落后产能计划，建立落后产能淘汰退出机制，完善和落实关闭企业的配套政策措施，加强这些行业先进生产能力建设。抓好重点企业节能，加快十大重点节能工程实施进度。提高城镇污水处理能力，尽快在36个大城市率先实现污水全部收集和处理。适当提高排污费、污水处理费和垃圾处理费标准。完善和严格执行建筑标准，大力推进墙体材料革新和建筑节能。稳步推进城镇供热体制和市政公用事业改革。加大科技支撑力度，开发和推广节约、替代、循环利用资源和治理污染的先进适用技术，实施节能减排重大技术和示范工程。开发风能、太阳能等清洁、可再生能源。大力发展节能服务产业和环保产业。做好"三河三湖"、南水北调水源及沿线、三峡库区和松花江等重点流域水污染防治工作，实施渤海环境保护总体规划。提高重点流域污染物排放的国家标准。加强农村饮用水水源地保护，推进农村生活污染治理，严格控制农村地区工业污染，加强畜禽、水产养殖污染治理，控制农业面源污染。鼓励和支持发展循环经济，促进再生资源回收利用。全面推行清洁生产。保护和合理利用资源，严厉查处乱采滥挖矿产资源等违法违规行为。发展海洋经济。加强气象、地震、测绘基础研究和能力建设。实施应对气候变化国家方案，加强应对气候变化能力建设。完善能源资源节约和环境保护奖惩机制。执行节能减排统计、监测及考核制度，健全审计、监察体系，强化节能减排工作责任制。（发展改革委、环境保护部牵头）

（二十）大力推进节约集约用地。严格实行工业用地和经营性用地招标拍卖挂牌出让制度，全面落实工业用地最低价标准。加强土地储备管理，规范土地前期开发，依法查处闲置土地。健全建设用地标准体系，严格执行新修订的土地使用标准，修订城镇土地等别和划拨用地目录，开展土地集约利用潜力评价和考核。鼓励存量挖潜，探索建立节约集约用地激励机制。严格执行农村集体建设用地法律和政策，规范城乡建设用地增减挂钩试点，控制集体建设用地使用权流转范围。严肃查处"以租代征"土地违法违规行为。（国土资源部牵头）

（二十三）深化财税体制改革。改革资源税费制度，完善资源有偿使用制度和生态环境补偿机制。

（2008年3月29日）

国务院办公厅关于深入开展全民节能行动的通知

国办发〔2008〕106号

各省、自治区、直辖市人民政府，国务院各部委、各直属机构：

节约资源和保护环境是我国的基本国策。为缓解能源供应紧张状况，保护生态环境，进一步增强全民能源忧患意识和节能意识，建设资源节约型和环境友好型社会，经国务院同意，现就开展全民节能行动有关事项通知如下：

一、增强全民节能意识

人口众多、能源资源相对不足、环境承载能力较弱，是我国的基本国情之一。近年来，为实现“十一五”节能减排目标，保障国家能源安全，促进经济社会可持续发展，国家制定了一系列促进节能的政策措施，取得了一定成效。但是，浪费能源的现象仍然比较严重，如一些地方城市建设贪大求洋，汽车消费追求大排量，住房消费追求大面积，装修装饰追求豪华，大量使用一次性用品，产品过度包装等，不仅造成需求的不合理增长，而且加剧了能源供应紧张状况，加重了环境污染，助长了不良社会风气。开展全民节能，关系到我国经济社会的持续健康发展，关系到人民群众的切身利益，体现全民族的文明素质。要从全局和战略的高度，充分认识深入开展全民节能行动的重大意义，增强紧迫感和危机感，广泛动员全民节能，把节能变成全体公民的自觉行动。

二、全民节能行动的主要内容

（一）开展能源紧缺体验。各级节能主管部门要会同有关部门，在每年的全国节能宣传周期间组织开展主题鲜明、形式多样的能源紧缺体验活动，强化节能意识。地方各级人民政府和国务院各部门主要负责人每年都要参加一次能源紧缺体验活动。

（二）每周少开一天车。除特殊公务车外，各级行政机关、社会团体、事业单位和国有企业的公务车按牌号尾数每周少开一天，星期一至星期五停开公务车牌号尾数分别为1和6、2和7、3和8、4和9、5和0。同时要加快推进公务车改革。倡导其他单位和个人参照上述原则每周少开一天车，更多选乘公共交通工具出行。

（三）严格控制室内空调温度。除有特定要求并经批准外，公共建筑夏季室内空调温度设置不得低于26摄氏度，冬季室内空调温度设置不得高于20摄氏度。倡导居民参照上述标准设置空调温度。

（四）减少电梯使用。各级行政机关办公场所三层楼以下（含三层）原则上停开电梯，非高峰时段减少运转台数。提倡高层建筑电梯分段运行或隔层停开，短距离上下楼层不乘电梯，尽量减少电梯使用。

（五）控制路灯和景观照明。在保证车辆、行人安全的前提下，合理开启和关闭路灯，试行间隔开灯，推广使用可再生能源路灯。在用电高峰时段，城市景观照明、娱乐场所霓虹灯等要减少用电。各级行政机关、公共场所应关闭不必要的夜间照明，除重大的庆祝活动外，一律关闭景观照明。

（六）普及使用节能产品。鼓励和引导消费者购买使用能效标识2级以上或有节能产品认证标志的空调、冰箱等家用电器，鼓励购买节能灯、节能环保型小排量汽车。各级行政机关要优先采购节能产品，认真落实强制采购节能产品的有关规定。

（七）使用节能环保购物袋。严格执行限制生产销售使用塑料购物袋的有关规定，提倡重拎布袋子、菜篮子，重复使用节能环保购物袋，减少石油用量，保护生态环境。

（八）减少使用一次性用品。提倡不使用一次性筷子、纸杯、签字笔等。各级行政机关要带头减少使用一次性用品。各类宾馆饭店不主动提供一次性洗漱用品。采取有效措施治理过度包装，积极抵制过度包装产品。

（九）夏季公务活动着便装。每年夏季，除重大外事活动及有特殊要求以外，公务活动一律着便装。

（十）培养自觉节能习惯。提倡单位、家庭在夏季用电高峰时段每天少开一小时空调、晚开半小时电灯，尽量使用自然光照明，随手关灯，杜绝白昼灯、长明灯。及时关闭办公设备和家用电器，减少待机能耗。

三、加大宣传力度

要采取多种形式，大张旗鼓地宣传能源供求紧张形势和节能重要意义，普及节能知识和方法，宣传节能政策，推介节能新技术、新产品，宣传节能先进典型，大力倡导节俭文明的社会风尚，形成全民节能的强大声势和浓厚氛围。

新闻宣传部门要会同发展改革委等部门制订全民节能宣传方案，纳入重大主题宣传活动。各地区、各部门要统筹做好开展全民节能行动的有关宣传工作。各级节能主管部门要会同有关部门组织好集中宣传和日常宣传。各新闻媒体要制订具体的宣传报道方案，在重要时段、重要版面增加报道频次，强化深度报道，加大节能公益广告宣传力度，曝光浪费能源现象，充分发挥舆论监督作用。积极组织推动在工矿企业、学校、社区广泛开展节能宣传教育和节能科普活动。

四、加强组织协调和监督检查

发展改革委要会同有关部门和单位组织开展全民节能行动，并加强对各地区、各部门开展全民节能行动的指导和协调。地方各级节能主管部门要会同有关部门组织好本地区全民节能行动，会同质检、工商等部门加强对室内空调温度控制、生产销售使用塑料购物袋、能效标识、过度包装等的监督检查。各级节能监察机构要加强日常监督，确保各项措施真正落到实处。

国务院办公厅

二〇〇八年八月一日

国务院关于印发汶川地震灾后恢复重建总体规划的通知

国发〔2008〕31号

各省、自治区、直辖市人民政府，国务院各部委、各直属机构：

《汶川地震灾后恢复重建总体规划》已经国务院同意，现印发给你们，请认真贯彻执行。

汶川地震灾后恢复重建关系到灾区群众的切身利益和灾区的长远发展，必须全面贯彻落实科学发展观，坚持以人为本、尊重自然、统筹兼顾、科学重建。各地区、各有关部门要充分认识恢复重建任务的艰巨性、复杂性和紧迫性，树立全局意识，切实加强组织领导，全面做好恢复重建的各项工作。

国　务　院

二〇〇八年九月十九日

汶川地震灾后恢复重建总体规划(节录)

厉行节约，保护耕地。要坚持按标准进行恢复重建，不超标准，不盲目攀比，不铺张浪费。尽量维修加固原有建筑和设施，尽量统建共用设施和用房。规划建设城镇、村庄和产业集聚区，要体现资源节约、环境友好的要求。坚持节约和集约利用土地，严格保护耕地和林地。

……

坚持节约集约用地，保护耕地特别是基本农田，各类重建项目都要尽量不或少占用农用地，充分利用原有建设用地和废弃地、空旷地。

……

增加循环经济产业集聚区的用地，适度扩大少数国家级和省级开发区的用地。

……

恢复重建受损污水处理厂和污水管网。没有污水处理设施的城镇，应在恢复重建其他市政设施时同步规划建设污水管网。污水较易汇集的城镇，可共用污水处理系统；县城应按雨污分流进行规划和建设。

……

坚持节能减排，发展循环经济。抓好工业节能、节水、节地、节材，重点抓好高耗能企业节能减排，推广清洁生产技术和工艺。加强废旧建筑材料、建筑垃圾等废弃物的综合利用。支持利用建筑垃圾、工业固体废弃物、煤矸石等开发环保建材产品，发展新型墙体材料。

……

新设立的循环经济产业集聚区成都、德阳、绵阳、广元、天水、汉中循环经济产业集聚区

……

生态环境的恢复重建，要尊重自然、尊重规律、尊重科学，加强生态修复和环境治理，促进人口、资源、环境协调发展。

生态修复坚持自然修复与人工治理相结合，以自然修复为主，加快推进林权制度改革。做好天然林保护、退耕还林、退牧还草、封山育林、人工造林和小流域综合治理，恢复受损植被。在岷江、嘉陵江、涪江上游地区和白龙江流域实施生态修复工程，逐步恢复水源涵养、水土保持等生态功能。恢复重建种苗生产基地、森林防火、林业有害生物及生态监测、动植物病害防控设施和林区基础设施。在龙门山断裂带中心区域划定特殊保护区域，以保护珍稀濒危动植物、独特地质地貌和震后新景观为主体功能，兼顾旅游业和其他不影响主体功能的产业发展。加强各级自然保护区、风景名胜区、森林公园和地质公园保护设施的恢复重建。具有较高知名度和较大保护价值，受损严重、安全性差的各类保护区，要以保护为主，影响保护对象的生产设施等原则上不予恢复。恢复重建卧龙、白水江等大熊猫自然保护区，异地新建卧龙大熊猫繁育研究基地，做好大熊猫及其栖息地的监测，建立大熊猫主食竹开花预警监测系统。

……

加强对污染源和环境敏感区域的监督管理，做好水源地和土壤污染治理、废墟清理、垃圾无害化处理、危险废弃物和医疗废弃物处理。

中国应对气候变化的政策与行动(摘录)

中华人民共和国国务院新闻办公室
2008年10月 · 北京

……

四、减缓气候变化的政策与行动

中国积极推进减缓气候变化的政策和行动，在调整经济结构，转变发展方式，大力节约能源、提高能源利用效率、优化能源结构，植树造林等方面采取了一系列政策措施，取得了显著成效。

（一）调整经济结构，促进产业结构优化升级

中国政府注重经济结构的调整和经济发展方式的转变，制定和实施了一系列产业政策和专项规划，将降低资源和能源消耗作为产业政策的重要组成部分，推动产业结构的优化升级，努力形成“低投入、低消耗、低排放、高效率”的经济发展方式。

——促进服务业加快发展。2007年发布《关于加快发展服务业的若干意见》，提出到2010年服务业增加值占GDP的比重比2005年提高3个百分点，明确了支持服务业关键领域、薄弱环节和新兴行业发展的政策。旅游、金融、物流等现代服务业蓬勃发展。

——做强做大高技术产业。加快培育符合节能减排要求的新兴产业。信息、生物、航空航天、新能源、新材料、海洋等高新技术产业加快发展，振兴装备制造业成效显著，基础设施基础产业建设取得长足进展。

——加快淘汰落后产能。2007年发布13个行业“十一五”淘汰落后产能分地区、分年度计划。2007年关停小火电机组1438万千瓦，淘汰落后炼铁产能4659万吨、落后炼钢产能3747万吨、落后水泥5200万吨，关闭了2000多家不符合产业政策、污染严重的造纸企业和一批污染严重的化工、印染企业，累计关闭各类小煤矿1.12万处。

——遏制高耗能、高排放行业过快增长。出台新开工项目管理的相关政策规定，相继制定发布了高耗能行业市场准入标准，提高节能环保准入门槛，采取调整出口退税、关税等措施，抑制“两高一资”（高耗能、高排放、资源型）产品出口。高耗能行业增速呈逐步回落趋势。

（二）大力节约能源，提高能源利用效率

中国政府高度重视能源节约问题，把节约资源作为基本国策，长期坚持开发与节约并举，节约优先的方针。中国第十一个五年规划《纲要》（2006～2010年）把建设资源节约型、环境友好型社会作为一项重大的战略任务，提出到2010年单位GDP能耗比2005年降低20%左右，并作为重要的约束性指标。

——把节能减排放在更加突出的位置。国务院成立了节能减排工作领导小组，印发了《节能减排综合性工作方案》，全面部署节能减排工作。

——建立节能减排目标责任制。国务院印发了《节能减排统计监测及考核实施方案和办法》，明确对各省（自治区、直辖市）和重点企业能耗及主要污染物减排目标完成情况进行考核，实行严格的问责制。

——加快实施重点节能工程。2006年国家利用国债和中央预算内投资支持节能重点项目111个，形

成1010万吨标准煤的节能能力。2007年国家利用国债和中央预算内投资以及中央财政资金，支持重点节能工程项目681个，形成2550万吨标准煤的节能能力；各级地方政府引导的企业节能技术改造形成6000多万吨标准煤的节能能力。2006～2010年，通过实施十大重点节能工程可形成约2.4亿吨标准煤的节能能力。采用财政补贴推广使用节能灯5000万只的任务已在各地组织实施，近三年将推广使用节能灯1.5亿只以上。

——推动重点领域节能减排。开展千家企业节能行动，推动企业开展能源审计、编制节能规划，公告企业能源利用状况，启动重点耗能企业能效水平对标活动。积极推广节能省地环保型建筑和绿色建筑，新建建筑严格执行强制性节能标准，加快既有建筑节能改造，1.5亿平方米供热计量和节能改造任务分解到了各地区，在24个省市启动国家机关办公建筑和大型公共建筑节能监管体系试点工作。继续完善和严格执行机动车燃料消耗量限值标准。中央国家机关开展了空调、照明、锅炉系统节能诊断和改造，完成了办公区所有非节能灯具的改造。

——提高能源开发转换效率。电力、煤炭领域推广使用高效节能设备，加快淘汰小火电、小煤矿。2007年，6000千瓦及以上火电机组供电煤耗由1980年的每千瓦时448克标准煤下降到370克标准煤；单位原煤产量能耗比上年下降5.9%，电耗下降了5.1%。

——实施有利于节能的经济政策。调整部分矿产品资源税，适时调整成品油、天然气价格，实行节能发电调度的政策，下调小火电上网电价，加大差别电价实施的力度，出台支持企业节能技术改造、高效照明产品推广、建筑供热计量及节能改造等资金管理办法。出台鼓励节能环保小排量汽车、限制塑料购物袋等政策。建立政府强制采购节能产品制度。

——加强法制建设。修订《节约能源法》。国务院办公厅下发《关于严格执行公共建筑空调温度控制标准的通知》。2007年来，发布火电、烧碱等22项高耗能产品能耗限额强制性国家标准。安排电动机、节能灯等16类终端用能产品的监督抽查。各地节能主管部门和节能监察机构依法开展节能行政执法。

经过全社会的共同努力，2006年和2007年全国单位GDP能耗分别下降1.79%和3.66%。2007年电力、钢铁、建材、化工等行业年耗能1万吨标准煤以上重点企业35种主要产品单位综合能耗指标中，下降的有33项，上升的只有2项，节能3830万吨标准煤。2006年和2007年累计节能1.47亿吨标准煤。

（三）发展可再生能源，优化能源结构

2005年颁布《可再生能源法》，制定可再生能源优先上电网、全额收购、价格优惠及社会分摊的政策，建立可再生能源发展专项资金，支持资源评价与调查、技术研发、试点示范工程建设和农村可再生能源开发利用。截至2007年底，中国水电装机容量达到1.45亿千瓦，年发电量4829亿千瓦时，电力装机和发电量均居世界第一位，其中2006年、2007年两年平均新增装机2600万千瓦，年均增长12%。风电规模成倍增长，装机容量超过600万千瓦，居世界第五位，其中2006年、2007年新增装机305万千瓦，年均增长148%。太阳能热水器集热面积达到1.1亿平方米，多年位居世界第一。生物质发电装机容量约为300万千瓦，生物燃料乙醇年生产能力超过120万吨。核电装机906万千瓦，比2006年增长30.5%。煤炭在一次能源消费中的比重由1980年的72.2%下降到2007年的69.4%，水电、风电和核电的比重由4%提高到7.2%。可再生能源总利用量约为2.2亿吨标准煤（包括大水电）。

根据国家《可再生能源中长期发展规划》和《核电中长期发展规划》，中国将继续积极推进水电流域梯级综合开发，在做好环境保护和移民安置工作的前提下，加快大型水电建设，因地制宜开发中小型水电。加快风电发展速度，以规模化带动产业化，提高风电设备研发和制造能力，努力建设若干百万千瓦级的风电场和千万千瓦级的风电基地。以生物质发电、沼气、生物质固体成型燃料和液体燃料为重点，大力推进生物质能源的开发和利用。积极发展太阳能发电和太阳能热利用，加强新能源和替代能源的研发与应用。不断加强对煤层气和矿井瓦斯的利用，发展以煤层气为燃料的小型分散电源。中国积极发展核电，推进核电体制改革和机制创新，努力建立以市场为导向的核电发展机制；加强核电设备研发和制造能力，提高引进消化吸收及再创新能力；加强核电运行与技术服务体系建设，加快人才培训；实施促进核电发展的税收优惠和投资优惠政策；完善核电安全保障体系，加快法律法规建设。中国还将进一步推进煤炭清洁利用，发展大型联合循环机组和多联产等高效、洁净发电技术，研究二氧化碳捕获与封存技术。

（四）发展循环经济，减少温室气体排放

中国政府高度重视发展循环经济，积极推进资源利用减量化、再利用、资源化，从源头和生产过程减少温室气体排放。近年来，循环经济从理念变为行动，在全国范围内得到迅速发展。国家制定《清洁生产促进法》、《固体废物污染环境防治法》、《循环经济促进法》、《城市生活垃圾管理办法》等法律法规，发布《关于加快发展循环经济的若干意见》，提出发展循环经济的总体思路、近期目标、基本途径和政策措施，并发布循环经济评价指标体系。《废弃电子电器回收处理管理条例》即将颁布。

迄今已实施了两批国家循环经济示范试点，初步探索形成企业、企业间或园区、社会三个层面的循环经济发展模式，废旧家电回收处理和汽车零部件再制造试点取得积极进展。完善废弃物综合利用和再生资源回收利用的税收优惠政策，加大国债和中央预算内投资对发展循环经济重点项目的支持力度。通过引进、消化、吸收和自主创新，形成了一批具有自主知识产权的先进技术，特别是开发、示范和推广了一批对行业有重大带动作用的共性和关键技术。纯低温余热发电、干法熄焦、高炉炉顶压差发电、电石渣干法制水泥、高炉和回转窑消纳社会废物等一批适用技术得到广泛应用。2005年，中国钢、有色金属、纸浆等产品近三分之一左右的原料来自再生资源，水泥原料的20%、墙体材料的40%来自于工业固体废物。半导体制造、封装过程降低温室气体排放也取得明显成效，电子信息产品制造过程温室气体排放处于较低水平。

制定促进填埋气体回收利用的激励政策，发布《城市生活垃圾处理及污染防治技术政策》以及《生活垃圾卫生填埋技术规范》等行业标准，推动垃圾填埋气体的收集利用，减少甲烷等温室气体的排放。研究推广先进的垃圾焚烧、垃圾填埋气体回收利用技术，发布相关技术规范，完善垃圾收运体系，开展生活垃圾分类收集，提高垃圾的资源综合利用率，推动垃圾处理产业化发展，加强垃圾处理企业运行监管，垃圾无害化处理率由1990年的2.3%提高到2006年的52%。

（五）减少农业、农村温室气体排放

近年来，中国在减少农业和农村温室气体排放方面取得积极进展。迄今已在全国1200个县开展了测土配方施肥行动，引导农民科学施肥，减少农田氧化亚氮排放；推广以秸秆覆盖、免耕等为主要内容的保护性耕作，发展秸秆养畜、过腹还田，增加土壤有机碳含量；建立了草原生态补偿机制，落实草畜平衡、禁牧休牧轮牧制度，控制草原载畜量，避免草场退化。同时，大力发展农村沼气，推广太阳能、省柴节煤炉灶等农村可再生能源技术。截至2007年底，全国户用沼气达到2650多万户，每年可以替代近1600万吨标准煤，相当于减排二氧化碳4400万吨。全国已建养殖场沼气工程2.66万处，推广农村太阳能热水器4286万平方米、太阳房1468万平方米、太阳灶112万台、小型风力发电机20多万台，建成一批秸秆气化、固化示范点，累计推广省柴节煤炉灶1.51亿户、节能炉3471万户。

（六）推动植树造林，增强碳汇能力

自上世纪80年代以来，中国政府通过持续不断地加大投资，平均每年植树造林400万公顷。同时，国家还积极动员适龄公民参加全民义务植树。截至2007年底，全国共有109.8亿人次参加义务植树，植树515.4亿株。近几年，通过集体林权制度改革等措施，调动了广大农民参与植树造林、保护森林的积极性。目前，全国人工林面积达到了0.54亿公顷，蓄积量15.05亿立方米，森林覆盖率由上世纪80年代初期的12%提高到目前的18.21%。

2006年中国城市园林绿地面积达到132万公顷，绿化覆盖率为35.1%。据估算，1980～2005年中国造林活动累计净吸收约30.6亿吨二氧化碳，森林管理累计净吸收16.2亿吨二氧化碳，减少毁林排放4.3亿吨二氧化碳，有效增强了温室气体吸收汇的能力。

（七）加大研发力度，科学应对气候变化

——将应对气候变化纳入科学发展规划之中。2006年颁布《国家中长期科学和技术发展规划纲要》，把能源和环境确定为科学技术发展的重点领域，把全球环境变化监测与对策明确列为环境领域的优先主题之一。2007年制定《中国应对气候变化科技专项行动》，提出了应对气候变化科技工作在“十一五”期间的阶段性目标和到2020年的远期目标，对气候变化的科学问题、控制温室气体排放的技术研发、适应气候变化的技术和措施、应对气候变化的重大战略与政策等方面进行了重点部署。

——加强人才与基地建设。经过近20年的努力，中国在气候变化领域初步形成了一支跨领域、跨学科的从事基础研究和应用研究的专家团队，取得一批开创性的研究成果，为中国应对气候变化提供了重要的科技支撑。建成一批国家级科研基地，基本建成国家气候监测网等大型观测网络体系。加强应对气候变化先进技术的研发和示范，产学研结合加快了先进技术产业化步伐。

——不断加大对气候变化相关科技工作的资金投入。建立了相对稳定的政府资金渠道，并多渠道筹措资金，吸引社会资金投入气候变化的科技研发领域。“十五”（2001—2005年）期间，中国通过攻关计划、863计划和973计划等国家科技计划投入应对气候变化科技经费逾25亿元。截至2007年底，“十一五”国家科技计划（2006—2010年）已安排节能减排和气候变化科技经费逾70亿元。此外，还通过其他渠道投入大量资金用于气候变化的科技研发。

——科技研发重点领域。中国已确定将重点研究的减缓温室气体排放技术包括：节能和提高能效技术，可再生能源和新能源技术，主要行业二氧化碳和甲烷等温室气体的排放控制与处置利用技术，生物与工程固碳技术，煤炭、石油和天然气清洁、高效开发和利用技术，先进煤电、核电等重大能源装备制造技术，二氧化碳捕集、利用与封存技术，农业和土地利用方式控制温室气体排放技术等。

……

五、适应气候变化的政策与行动

中国在农业、森林与其他自然生态系统、水资源等领域，以及海岸带及沿海地区等脆弱区，积极实施适应气候变化的政策和行动，取得了积极成效。

（一）农业

国家制定并实施《农业法》、《草原法》、《渔业法》、《土地管理法》、《突发重大动物疫情应急条例》、《草原防火条例》等法律法规，努力建立和完善农业领域适应气候变化的政策法规体系。加强农业基础设施建设，开展了农田水利基本建设，扩大农业灌溉面积、提高灌溉效率和农田整体排灌能力，推广旱作节水技术，增强农业防灾抗灾减灾和综合生产能力。实施“种子工程”，培育产量高、品质优良的抗旱、抗涝、抗高温、抗病虫害等抗逆品种。

中国将进一步加大优良品种推广力度，提高良种覆盖度。强化重大动物疫病防控，建立和完善动物防疫体系，加强动物疫病监测预警，提高动物疫病的预防和控制能力。开展草原退牧还草，草场围栏，人工草场建设，加强草原防火基础设施建设，保护和改善草原生态环境。开展水生生物养护行动，保护水生生物资源和水生生态环境。

（二）森林等自然生态系统

多年来，中国通过制定并实施《森林法》、《野生动物保护法》、《水土保持法》、《防沙治沙法》和《退耕还林条例》、《森林防火条例》、《森林病虫害防治条例》等相关法律法规，努力保护森林和其他自然生态系统。国家正在积极制定自然保护区、湿地、天然林保护等相关法律法规，推动全面实施全国生态环境建设和保护规划。

中国将进一步加强林地、林木、野生动植物资源保护管理，继续推进天然林保护、退耕还林还草、野生动植物自然保护区、湿地保护工程，推进森林可持续经营和管理，开展水土保持生态建设。建立健全国家森林资源与生态状况综合监测体系。完善和强化森林火灾、病虫害评估体系和应急预案以及专业队伍建设，实施全国森林防火、病虫害防治中长期规划，提高森林火灾、病虫害的预防和控制能力。改善、恢复和扩大物种种群和栖息地，加强对濒危物种及其赖以生存的生态系统保护。加强生态脆弱区域、生态系统功能的恢复与重建。

（三）水资源

中国制定并实施《水法》、《防洪法》、《河道管理条例》等法律法规，编制完成了全国重要江河流域的防洪规划等水利规划，初步建立起适合国情的水利政策法规体系和水利规划体系，初步建成了大江大河流域防洪减灾体系、水资源合理配置体系和水资源保护体系。同时，大力推进水土流失综合治理，截至2007年底，全国累计初步治理水土面积约100万平方公里，有效保护水土资源，改善了生态环境。

中国将加快全国水资源综合规划、流域综合规划等规划的编制工作，制订主要江河流域水量分配方案，加快实施南水北调等跨流域调水工程，优化水资源配置格局，提高特殊干旱情况下应急供水保障能力。加强水资源统一管理和统一调度，建立国家初始水权分配制度、水权转让制度以及水资源节约和保护制度。加强大江大河防洪工程建设和山洪灾害防治体系建设，基本建成以水库、河道、堤防、蓄滞洪区为主的大江大河防洪减灾工程体系和以管理措施为主的山洪灾害防治体系，进一步完善国家防汛抗旱指挥系统，建立洪水风险管理制度，提高抵御洪涝灾害的能力。对于生态严重恶化的流域，实施地下水限采，努力控制地下水超采，采取积极措施予以修复和保护。进一步加强气候变化对中国水资源的影响研究，加强大气水、地表水、土壤水和地下水的转化机制和优化配置技术研究，加强污水再生利用技术、海水淡化技术的研究、开发与推广。

六、提高全社会应对气候变化意识

……

循环经济代表着未来经济的发展方向。国家把发展循环经济作为重要选择，在全社会大力提倡。近年来，围绕大力发展循环经济主题，开展了形式多样的系列宣传教育活动，使循环经济理念逐步深入人心，社会氛围更加浓厚。

国家发改委政策文件

国家发展改革委办公厅关于组织开展汽车零部件再制造试点工作的通知

发改办环资〔2008〕523号

各省、自治区、直辖市发展改革委、经贸委（经委），有关企业和单位：

为贯彻落实科学发展观，推进循环经济发展，加快建设资源节约型、环境友好型社会，根据国务院领导批示精神，我们研究提出了《汽车零部件再制造试点方案》，并报请国务院领导同意。近期，我委在各地推荐的基础上，选择确定了一批整车（机）生产企业和汽车零部件再制造企业开展汽车零部件再制造试点。现将开展汽车零部件再制造试点工作的有关要求、汽车零部件再制造试点企业名单和《汽车零部件再制造试点管理办法》印发给你们，请抓紧组织开展试点工作。

一、开展试点工作的必要性

再制造是把废旧产品恢复到像原产品一样的技术性能和产品质量的生产工艺流程，即主要以机电产品（装备）等废旧工业制成品为原料，在基本不改变产品结构和材质的情况下，运用高科技的清洗工艺、修复技术或利用新材料、新技术，进行专业化、批量化修复和改造，使得该产品在主要技术性能和安全质量等方面能够达到与同类原产品相同的标准要求。

再制造是实现循环经济“减量化、再利用、资源化”三原则中再利用原则的重要途径，也是实现废旧机电产品循环利用的关键措施。对废旧机电产品进行再制造，能够有效降低资源能源消耗、减少废弃物排放，有利于转变传统的“开采－冶炼－制造－废弃”的传统线性增长方式，形成“资源－产品－废弃物－再生资源”的循环经济发展模式，是汽车行业加快建设资源节约型、环境友好型社会的具体措施。

发展汽车零部件再制造产业，对旧汽车产品进行再制造，是我国汽车工业快速发展的需要，有利于积极为WTO关于再制造汽车产品市场准入谈判准备应对措施，有利于解决国内就业问题，还有利于充分利用旧产品中蕴含的再生资源，更为有效地发挥我国的制造业优势。

目前，汽车零部件再制造产业发展还面临政策法规、技术标准、思想观念等诸多方面的制约。组织开展汽车零部件再制造试点，为全面积极推进我国汽车零部件再制造产业发展提供实践机会，具有十分重要的意义。

二、试点工作的总体目标

开展汽车零部件再制造试点工作的总体目标是：通过2–3年试点，探索推进汽车零部件再制造产业发展的政策、管理制度和监管体系，开展国内旧汽车零部件交易和再制造产品销售等方面相关经验及应对措施研究，为相关管理政策和法规的调整提供依据，为建立再制造相关技术标准、市场准入条件、流通监管体系等积累经验。

三、试点工作的范围和主要内容

开展再制造试点的汽车零部件产品范围暂定为：发动机、变速箱、发电机、起动机、转向器五类产品。

试点工作拟在汽车制造行业选择有代表性的整车（机）生产企业和具备再制造基础的零部件生产企业开展，探索旧零部件回收、再制造生产以及再制造零部件产品流通等方面的相关经验及监管措施。

四、试点基本原则

试点工作按照《汽车零部件再制造试点管理办法》（见附件二）确定的有关原则和程序开展。

（一）暂不允许再制造企业从报废汽车拆解企业收购“五大总成”进行再制造，其他零部件按照《报废汽车回收管理办法》相关规定执行。

（二）再制造产品原则上不得低于同类原产品新件的质量保修期。

（三）零部件再制造企业不得回收或再制造未获得授权的其它企业产品。

（四）再制造产品应进入汽车生产企业售后服务系统进行流通，不得直接向社会零售市场销售。

（五）再制造企业应获得可再制造旧件的原生产企业的商标使用权。

五、试点工作有关要求

（一）加强组织领导，完善试点工作方案。各试点企业要成立再制造试点工作领导小组，将试点任务落实到具体实施单位，并按照《国家发展改革委办公厅关于组织开展汽车零部件再制造试点工作的通知》的要求，进一步完善试点方案，于2008年4月底前通过地方发展改革委、经贸委（经委）报我委（环资司）。我委将组织专家对试点工作方案进行审查论证。工作方案逾期不报不予受理，审查论证未通过，视情况取消其试点资格。地方发展改革委、经贸委（经委）要做好试点工作方案编制的组织协调和上报工作。

（二）零部件再制造试点企业要抓紧进行技术改造，抓好技术攻关和先进适用技术推广应用；加大投资力度，提升再制造所需要的拆解、清洗、加工、装配、检测等方面的技术装备水平；制定再制造产品质量标准和生产规范，尽快形成产业规模。再制造试点企业在本通知下发之日起一年内要通过第三方的质量体系和环境保护体系审核。

（三）加强监督检查。在试点工作启动后，试点企业应于每年度1月底和7月底分别将上年度和上半年再制造产品生产和销售种类、数量经过地方发改委、经贸委（经委）报我委（环资司）。有关省（区、市）发展改革委、经贸委（经委）要对试点工作进展组织阶段性评估和监督检查，加强对试点工作的跟踪和指导，加强对可再制造旧件回收的监管，健全再制造产品信息管理制度。对试点中出现的新情况、新问题及时研究解决，对一些带有普遍性的政策问题，要在深入调研分析的基础上，及时向国家有关部门提出建议。

（四）加大支持力度。对再制造试点企业提出的再制造相关重点建设项目，国家和地方有关部门将予以适当支持。对试点工作方案论证审查中确定的重点支持项目，试点企业要加快编制项目可行性研究报告，积极做好资金、用地、环评等项目前期准备工作。有关省（区、市）发展改革委、经贸委（经委），要加强项目论证和组织申报工作，加强对再制造试点工作的支持。

六、试点工作的组织领导

我委将会同有关部门成立试点工作领导小组，负责组织、指导试点工作，协调解决相关问题。成立试点工作专家组，对试点工作提供技术指导和支持，研究起草再制造企业资质要求和再制造产品市场准入条件等有关规定。相关部门根据各自职能为试点工作创造条件，抓紧研究制定税收优惠等相关政策，出台法规和标准，支持技术开发和产业化示范，建立技术咨询和产业服务体系，优先安排相关重点项目并给予必要的资金支持。行业协会等中介机构要积极做好技术咨询服务。

我委在试点工作实施中将组织专家对试点进展情况进行跟踪管理并进行评估和总结，会同有关部门结合试点工作抓紧研究修改有关法律法规，加快研究建立汽车零部件再制造企业市场准入制度，完善汽车零部件再制造企业的资质管理，尽快建立再制造产品认证、标识、计算机信息化管理系统，建立再制造产品质量监督管理体系，进一步规范再制造产品流通。

附件：一、汽车零部件再制造试点企业名单

二、汽车零部件再制造试点管理办法

国家发展和改革委员会办公厅

二〇〇八年三月二日

附件一：

汽车零部件再制造试点企业名单

一、汽车整车生产企业

中国第一汽车集团公司

安徽江淮汽车集团有限公司

奇瑞汽车有限公司

二、零部件再制造试点企业

上海大众联合发展有限公司（上海大众汽车有限公司授权）

潍柴动力（潍坊）再制造有限公司（潍柴动力股份有限公司授权）

武汉东风鸿泰控股集团有限公司（东风汽车公司授权）

广州市花都全球自动变速箱有限公司（东风悦达起亚汽车有限公司等授权）

济南复强动力有限公司（中国重型汽车集团有限公司授权）

广西玉柴机器股份有限公司

东风康明斯发动机有限公司

柏科（常熟）电机有限公司

陕西法士特汽车传动集团有限责任公司

浙江万里扬变速器有限公司

中国人民解放军第六四五六工厂

附件二：

汽车零部件再制造试点管理办法

第一章　总则

第一条　为加快建立与报废汽车回收利用相衔接的汽车零部件再制造管理制度，加强汽车零部件再制造试点企业管理，规范旧汽车零部件再制造行为和市场秩序，有效利用旧汽车零部件资源，根据《国务院关于加快发展循环经济的若干意见》、《国务院关于做好建设节约型社会近期工作的通知》及有关规定制定本办法。

第二条　本办法所称汽车零部件再制造是指把旧汽车零部件通过拆解、清洗、检测分类、再制造加工或升级改造、装配、再检测等工序后恢复到像原产品一样的技术性能和产品质量的批量化制造过程。

第三条　本办法适用于国家批准的汽车零部件再制造试点企业相关行为和再制造产品的管理。

第四条　国家和地方鼓励消费者和公共机构优先使用再制造产品，加强宣传，逐步提高消费者对再制造产品的认识，扩大再制造产品的市场规模并积极推动再制造汽车零部件产品国际贸易。

第五条　国家和地方要支持汽车整车生产企业通过售后服务体系回收旧汽车零部件用于再制造；加快制定鼓励汽车零部件再制造产业发展的财税政策；调整有关产业政策；支持和引导汽车零部件再制造产业良性发展。

第二章　再制造试点企业的管理

第六条　国家发展改革委负责组织实施汽车零部件再制造试点的指导、协调和监督管理工作。

第七条　开展汽车零部件再制造试点的整车（机）企业和零部件再制造企业由国家发展改革委按照有关程序确定。零部件再制造企业应当符合下列条件：

（一）具备拆解、清洗、制造、装配、产品质量检测等方面的技术装备和生产能力；

（二）具备产品再制造的相关技术质量标准和生产规范；

（三）具备检测鉴定旧汽车零部件主要性能指标的技术手段和能力；

（四）具有污染防治设施和能力，并满足相关废物处理等环保要求；

（五）通过第三方的质量管理体系和环境管理体系审核。

（六）法律法规及有关主管部门规定的其它条件。

再制造非本企业生产的产品须取得原生产企业的授权。

第八条　列入试点的零部件再制造企业，应在工商行政主管部门注册登记，领取营业执照或变更经营业务范围后，方可从事汽车零部件再制造业务。

第三章　可再制造旧件的管理

第九条　零部件再制造试点企业通过其自身或授权企业原产品的销售或售后服务网络回收旧汽车零部件进行再制造。

第十条　零部件再制造试点企业从有资质的报废汽车回收拆解企业收购旧汽车零部件用于再制造，应当符合《报废汽车回收管理办法》相关规定。

第十一条　零部件再制造试点企业利用国际贸易进口国外旧汽车零部件进行再制造的，应当符合国家有关产业政策、进口废物环保控制及海关、质检等相关规定，防止汽车有毒有害废物进口。

第四章　再制造产品及市场流通的监督管理

第十二条　试点期间进行再制造的汽车零部件产品范围暂定为发动机、变速器、发电机、转向器和起动机五类产品。

第十三条　再制造产品不得用于新车生产。

第十四条　再制造产品的技术性能和安全质量应当符合原产品相关标准的要求。再制造产品的保修标准和责任应当达到原产品同样的要求。

第十五条　再制造企业和授权企业对再制造产品的质量共同负责，承担相应保修责任和售后服务。

第十六条　再制造产品除保留授权企业商标外，应加注再制造企业商标。

第十七条　再制造产品包装上应有明确的“再制造产品”说明。再制造产品应在外部醒目位置标明“再制造”标志并能永久保留。在国家建立统一的标志制度后，再制造产品应按照标志制度的有关规定进行标识。

第十八条　对发动机进行再制造时，原产品编号作废。发动机再制造企业应按照有关管理规定对再制造发动机重新编号，并做好编号更换记录。

第十九条　更换使用再制造发动机应当严格执行发动机更换有关规定。用户持再制造发动机销售发票和产品合格证等相关材料及时到公安交通管理部门申请变更车辆注册信息。

第二十条　再制造产品销售企业、汽车维修企业在销售、使用再制造产品时有责任主动向消费者说明产品为再制造产品，并提供再制造产品的质量合格证明和售后质量保修证明。

第二十一条　通过试点逐步建立汽车零部件再制造产品信息管理制度。再制造试点企业应建立再制造产品信息系统，为政府和行业提供相关数据信息。

第二十二条　国家发展改革委会同质检等有关部门建立再制造企业及产品定期检查和随机抽查制度，检查不合格企业应限期整改，连续两次检查或抽查不合格的，取消其试点资格。

第二十三条　工商等有关部门依据职责对汽车零部件再制造企业经营活动进行监管，对未取得汽车零部件再制造企业资质许可擅自从事相关生产活动的应依法查处。

第二十四条　环境保护等有关部门依据职责对汽车零部件再制造企业生产活动进行监管，防止造成环境污染。

第二十五条　再制造企业有违规违法行为或造成重大经济损失的，按照相关法律法规进行处罚。

第五章　附则

第二十六条　本办法自颁布之日起实施。

第二十七条　本办法由国家发展改革委负责解释。

国家发改委办公厅
关于鼓励利用电石渣生产水泥有关问题的通知

发改办环资〔2008〕981号

各省、自治区、直辖市及计划单列市、新疆生产建设兵团发展改革委、经贸委（经委），国务院有关部门办公厅，有关行业协会及单位：

利用电石渣生产水泥是电石渣资源化最成熟、最经济的方法，既可节约水泥生产所用的天然石灰石资源，降低水泥成本，又可减少二氧化碳排放和废物堆存造成的污染，具有良好的经济效益、社会效益和环境效益，符合发展循环经济的要求。鉴于此，为鼓励电石渣综合利用，促进循环经济发展，国家将对全部利用电石渣替代天然石灰石生产水泥项目的规模和工艺放宽限制。现将有关事项通知如下：

一、现有电石法聚氯乙烯生产装置配套建设的电石渣制水泥生产装置规模，不受产业政策所定规模的限制，但须达到1000吨/日及以上。同时鼓励规模较小的电石法聚氯乙烯企业通过与周边水泥企业或其他可消纳电石渣的企业合作，使电石渣得到充分利用。

二、新建、改扩建电石法聚氯乙烯项目，必须同时配套建设电石渣生产水泥等电石渣综合利用装置，其电石渣生产水泥装置单套生产规模必须达到2000吨/日及以上。

三、现有电石渣水泥生产线可以采用湿磨干烧生产工艺进行改造，新建电石渣水泥生产线装置必须采用新型干法水泥生产工艺。

四、利用电石渣生产水泥的企业，经国家循环经济主管部门认定后，可享受国家资源综合利用税收优惠政策。

国家发展和改革委员会办公厅

二〇〇八年四月三十日

国家发展改革委财政部关于下达财政补贴高效照明产品推广任务（第一批）的通知

发改环资〔2008〕1127号

有关省、自治区、直辖市及计划单列市、新疆生产建设兵团发展改革委、经贸委（经委）、财政厅（局），铁道部：

根据《国务院关于印发节能减排综合性工作方案的通知》（国发〔2007〕15号）和国家应对气候变化及节能减排工作领导小组第一次会议精神，财政部、国家发展改革委联合印发了《高效照明产品推广财政补贴资金管理暂行办法》（财建〔2007〕1027号，以下简称《办法》）。

根据《办法》，依据各地区上报的高效照明产品需求量，综合考虑各地工作基础、配套措施等情况，编制了《财政补贴高效照明产品推广任务》（第一批，见附件一），共5000万只，现下达给你们。同时，编制了《财政补贴高效照明产品推广实施指南》（见附件二）；通过统一招标确定了高效照明产品中标企业、产品规格型号、协议供货价格，明确了地区、部门推广任务承担企业（见附件三）。

各地区、有关部门要高度重视这项工作，切实加强组织领导。各地发改委或经贸委（经委）要按照本地区承担的推广任务量和具体调查统计情况，会同财政部门在5月底前制定实施方案，报国家发展改革委、财政部备案，并据此组织开展高效照明产品推广和财政补贴资金的申请工作。实施方案制订过程中，要结合本地区实际情况，集中在1-2个地市和行业先行，同时要与承担任务的推广企业充分沟通，确保方案的客观性和可操作性。推广工作开展过程中，各地发改委或经贸委（经委）要加强与财政部门的沟通，按照职责分工，密切合作；要协调妇联等相关单位参与进社区的推广活动；要加大力度搞好宣传和培训，力争在10月底前完成此次下达的推广任务。铁道部也要参照上述要求组织完成好铁路系统的推广任务。

附件：一、财政补贴高效照明产品推广任务（第一批）

二、财政补贴高效照明产品推广实施指南

三、财政补贴高效照明产品推广任务承担企业（分发地方）

国家发展改革委

财政部

二〇〇八年五月九日

国家发改委
关于将超薄塑料购物袋列入淘汰类产业目录的公告

2008年第33号

按照《国务院办公厅关于限制生产销售使用塑料购物袋的通知》（国办发〔2007〕72号）关于“从2008年6月1日起，在全国范围内禁止生产、销售、使用厚度小于0.025毫米的塑料购物袋”的要求，在《产业结构调整指导目录（2005年本）》（国家发展改革委令2005年第40号）的“第三类淘汰类，二、落后产品，（八）轻工”中增加一条：9.厚度小于0.025毫米的塑料购物袋（2008年6月1日）。现予以公告。

中华人民共和国国家发展和改革委员会

二〇〇八年五月十三日

运用循环经济理念指导灾后重建工作的建议

国家发改委环资司

2008年6月

2008年6月，中共中央政治局常委、中央书记处书记、国家副主席习近平同志在一份内部材料上批示：用循环经济理念指导灾后重建工作，可作为科学发展观试点活动的探索性举措。灾后重建工作将为科学发展观学习与实践活动提供宽阔的平台。借鉴发达国家灾后重建的经验，用循环经济理念指导灾后重建具有重要意义。国家发改委资源节约和环境保护司对此进行了认真研究，向国务院提出了建议。灾区各级党委和各有关部门要认真学习贯彻习近平同志的批示精神，坚持以科学发展观为指导，树立循环经济理念，借鉴发达国家有关经验，扎实做好灾后重建工作。要紧密结合灾后重建工作，切实开展好深入学习实践科学发展观活动试点工作，在灾后重建实践中深入贯彻落实科学发展观，把学习实践活动的成效体现到按照科学发展观要求做好灾后重建的有关工作中来。

一、发达国家灾后重建的主要做法和经验

（一）日本：1995年1月17日，日本阪神淡路发生了7.3级大地震，震区大部分房屋倒塌，近6500人遇难，其中兵库县是受害最严重的省份之一。兵库县以“建设人与自然、人与人、人与社会和谐共处”的基本理念指导灾后重建工作。

——灾后复兴与循环型社会同步建设。兵库县政府制定了“阪神淡路大地震复兴计划——兵库不死鸟计划”，实施了“创造性复兴”战略。灾后重建计划用三年时间将灾民住房、基础设施及产业“紧急恢复”到震前水平；用五年时间创造具有特色的产业和就业机会，建设资源共享、共同生活、具有活

力的社区，实现人与环境共生的可持续发展；最后三年巩固成果，面向未来，对灾后重建工作进行评价和改进。灾后复兴将可持续发展，建设循环型社会作为重要内容，地震发生后6个月，兵库县就制定了《关于保护环境和创造环境条例》，目的是保护生态环境，促进资源循环利用，构建人与自然和谐共生的可持续发展社会。还先后出台了“兵库循环型社会蓝图”、“兵库循环型产业园设想”，“推进可持续生活方式”等，取得良好成果。目前，兵库县已走在日本循环型社会建设的前列。

——促进废弃物的循环利用。兵库县制定了震灾废弃物妥善处理与资源化计划，将“减量化、再使用、资源化”的循环经济理念，体现在灾后大量废弃物紧急处理、建筑物大规模解体和恢复、基础设施全面重建、产业创造性复兴的全过程。日本灾后近2000万吨地震废弃物得到有效利用，其中瓦砾等不易回收的废弃物资源化率达到51%。2006年，日本建筑废弃物循环利用率已高达95%。

——建筑节能得到较快发展。兵库县实施复兴计划的第三年，共建造了16.9万户安全、舒适的住宅。重建普遍使用保温隔热、抗震防灾的再生建材、轻型建材；采用隔热、防水、防止太阳辐射的屋顶及墙体涂料；使用节能灯，实施楼宇自控节能；实施公用建筑清洁能源示范工程；建设充分利用可再生能源的超低能耗建筑；将传统节能技术与独具风格的民族建筑融合等一系列措施，灾后建筑能耗逐年下降。

——调整产业结构减少对外部资源的依赖。震前，兵库县是一个以化工、制造、钢铁、橡胶等高能耗的传统产业为主的地区，兵库县利用重建的机会，大力调整产业结构，转向以服务业、电子、环保产业、医疗器械、食品类产业等低能耗、高科技的现代化产业，转型不仅使灾区经济恢复活力，为灾民提供更多就业机会，还减少了对外部资源的依赖。

（二）美国：1989年旧金山和1994年洛杉矶震灾后，美国政府十分重视灾后废弃物的资源化，制定了再生利用计划，使60%的废建筑、瓦砾等灾后废弃物得到了资源化利用。美国将建筑废弃物分级利用：一是低级利用，废弃物现场分拣后，做一般性回填用等，占建筑垃圾循环利用量的50%左右；二是中级利用，将废弃物用作建筑物或道路的基础材料，或经处理厂加工，再制成各种建筑用骨料、砖瓦等，约占建筑垃圾循环利用量的40%；三是高级利用，将建筑垃圾还原成水泥、沥青、“资源保护屋”示范工程等再利用方式。2006年，美国建筑废弃物循环利用率已达70%以上。

二、用循环经济理念指导灾后重建工作的几点建议

在科学发展观指导下，根据灾区资源禀赋、地理特征、地质条件、气象气候、经济状况、社会文化环境等，借鉴发达国家灾后重建经验，建设体现生态文明的新城镇、新农村。按照循环经济理念，树立新的资源观，以提高资源利用效率，促进废弃物循环利用为核心，建设资源节约型、环境友好型社会，促进灾区经济、社会和环境全面、协调、可持续发展。

（一）用循环经济理念指导编制灾后重建总体规划

要把发展循环经济，建设资源节约型、环境友好型社会作为编制重建规划的重要指导原则。按照产业体系共生、基础设施共享、人居环境和谐的原则，根据当地资源禀赋及工业基础等实际情况，优化城乡产业结构和总体布局，建立或重建完整、高效、合理的产业链；按照建设社会主义新农村和城镇化发展要求规划住宅建设；按照人与自然和谐发展的要求搞好生态恢复；按照资源节约和保护环境的要求，建设供电、供热、供水及污水、垃圾收集处理等基础设施，进一步提高资源配置效率和城市基础设施的共享度；按照节约用地的要求，加强空间约束，统一规划重大产业发展项目、基础设施项目、社会事业项目，提高用地效益。大力发展生态旅游及关联产业，逐步实现生产、生活和旅游设施融合的目标，力争把灾区建成我国发展循环经济的典型，资源节约型、环境友好型社会建设的样板。

（二）突出抓好灾后废弃物处置及资源化利用

地震灾害产生的建筑废弃物数量巨大，成份复杂，生活垃圾、日常用品、动物尸体混杂，有毒有害物质并存，危害严重。要按照减量化、再利用、资源化的原则，分阶段、分步骤开展废墟清理和废物利用。针对粪便、废弃临时救灾物资、建筑废弃物、道路桥梁废弃物、损坏生活用品、厂矿企业废弃物等，按照先后顺序分为立即处置类、集中安放或处置类、可再使用或保管类、可直接回收利用类、可资源化利用类等，在灾区内尽最大可能减量处理后逐步加以利用。每一个环节都要注意防止二次污染的发生。要制定灾后废弃物再生利用设备紧急调配、合理使用计划，开展技术与信息共享，每个村镇以上行政单位要指定一个集中安放场所；建立大型破碎、分类回收装置共用和租赁制度；按照废弃物的产生量和交通情况，建设一批较大规模的建筑垃圾资源化处理厂。道路、桥梁废弃物、残留物也要尽最大可能进行分类回收和有效利用，利用移动式设备，就地取材，边回收、边再生、边利用。

（三）建设资源节约型基础设施

基础设施共享是减少资源能源消耗的重要措施。公用设施建设要考虑提高资源利用效率，避免重复投资。改变由各企业、各单位自建分散的、小而全的公用配套设施的传统模式，实现小城镇及工业园区的公用辅助设施资源共享。根据区内主体项目对水、电、气的需求，统一规划和集中建设污水处理厂、热电联供厂、天然气管网等项目，形成集约使用的供水、供电、供热、供气为一体的公用工程。按照灾后基础设施重建与循环经济设施同步建设的思路，恢复区域经济活力。污水处理设施及城市管网设计，要同时考虑雨水收集、中水回用系统，推动公共建筑、生活小区、住宅节水和中水回用设施建设，提高水资源利用率；完善再生资源回收、分类、加工、利用体系，有重点、有步骤地培育区域静脉产业；鼓励可消纳工业及城市废弃物的水泥厂、建材厂、垃圾发电厂、钢铁厂的建设或重建，促进循环经济形成较大规模。

（四）着力建设生态产业体系

以资源节约、环境友好为目标，建设生态工业体系。根据灾区现有工业基础，结合当地产业发展规划，推进产业体系共生。通过生态设计实现源头减量，通过清洁生产实现过程节约，通过废渣、废气资源化、废水再利用实现综合利用、循环利用，减少废物产生和排放。产业发展注重“加链补环”，完善和延长产业链，形成产业联系紧密、空间布局合理、资源深度整合、区域特色明显、基础设施共享的产业发展新格局。重建过程中要重视循环经济工业园区的布局和建设，从企业生产之间、以及生产者和消费者之间循环共生的角度重新设计生态工业链；在产业结构调整和土地置换过程中，按照循环经济的要求整合被地震破坏了的分散型产业。要广泛采用新工艺、新设备、新技术，减少工业园区资源消耗，提高综合利用能力。重点推进灾后循环型农业和农村建设。发挥当地资源优势，建设循环型农业、林业和畜牧业，形成合理布局和共生互补的产业结构，推进现代农业建设，夯实社会主义新农村建设的经济基础；农业加工园区要对农副产品深加工的副产品和有机废弃物进行深度加工，循环利用；大力推进农业废弃物资源化利用，对藏、中草药废弃物进行再生利用、变废为宝，化害为利；统一建设分散式治污和废弃物资源化设施，改善农村环境，促进废弃物综合利用。

（五）全面推行节能环保绿色建筑

严格执行建筑节能设计标准。灾后重建要把推进建筑节能作为重要方面，严格按照节能65%的标准进行建筑物的设计和施工；广泛采用节能节水设备，采取节能、节水控制措施；抓紧制定灾区建筑节能实施细则。坚持节约、集约用地，制定农村居民用房标准。灾后重建必须坚持集约用地的原则，抓紧制定和实施小城镇建设和农村用房建筑设计标准，在保证抗震防灾的前提下，结合社会主义新农村建设和城镇化发展对农村居民住宅的有关要求，提出具体的建设用地标准。广泛采用新型建筑材料。按照抗震、轻质、耐用、就地取材、造价低廉的要求，尽可能采用新型建筑材料；鼓励利用灾后产生的废石、废渣、离散泥沙等生产建筑材料，避免使用粘土资源，减少土地破坏。引入市场机制，出台优惠政策，依托当地利用废弃物生产建材的企业，扩大现有“绿色建材”企业的生产能力，吸引更多外地企业和技术进入灾区；鼓励机关、学校等公共场所率先使用再生材料制造的建筑产品。发展新能源和可再生能源。根据当地资源条件，尽可能使用太阳能、生物质能、水能等可再生能源；城市采用集中供冷、供热、地源热泵等高效节能设施；乡镇采用被动式太阳房、太阳能热水器、太阳灶；农村住宅要配套建设沼气池，推进畜禽养殖废弃物、农业废弃物的循环利用。

（六）加快推进人居环境和谐

重建家园和生态恢复要同步进行，要高度重视塌方、山崩、地裂等的危害，在家园重建的同时致力于生态恢复。鼓励使用塌方、滑坡、泥石流等散落的山石、泥沙进行建设。对于灾后没有进行清理、加固、生态化修复或资源化利用的地区，禁止开采天然石膏、山石、泥沙、粘土。大力开展绿化造林活动，切实做好九寨沟等地古树名木、林地林木和自然地貌的保护与管理；要充分考虑大气和水的环境容量，生态恢复和生态社区的建设情况，土地资源和人口的承载力，绿地系统的平衡关系等人与自然的和谐。居住设施选址要充分考虑地形地貌、地质条件，注重建筑和环境的协调，注重人与自然的和谐，体现独具民族特色、民居风格，倡导建设资源节约型、环境友好型生产方式和消费模式，实现生态文明建设目标。

国家发改委办公厅关于进一步做好贯彻落实《国务院办公厅关于限制生产销售使用塑料购物袋的通知》有关工作的通知

发改办环资〔2008〕1554号

各省、自治区、直辖市及计划单列市、副省级省会城市、新疆生产建设兵团发展改革委、经贸委（经委）、物价局：

为进一步贯彻落实好《国务院办公厅关于限制生产销售使用塑料购物袋的通

知》（国办发〔2007〕72号，以下简称《通知》）要求，现就进一步做好全国限制生产、销售、使用塑料购物袋有关工作，通知如下：

一、认真落实禁止生产销售使用超薄塑料购物袋政策

认真贯彻落实国家发展改革委2008年第33号公告，加强对超薄塑料购物袋

生产行为监管，从源头上对超薄塑料购物袋生产进行遏制。加强调研，摸清本行政区域内塑料袋生产企业有关情况，及时了解和掌握有关生产企业转产、停产情况，核实超薄塑料购物袋生产是否得到有效遏制。加强对生产企业的引导，建立塑料购物袋生产企业产品质量监督机制、督促企业严格按国家标准组织生产，保证塑料购物袋的质量。积极推动和抓好超薄塑料袋的禁止流通、使用工作。

二、认真落实塑料购物袋有偿使用政策

认真贯彻落实《商品零售场所塑料购物袋有偿使用管理办法》，加强对塑料购物袋有偿使用和明码

标价行为的督查，积极推进塑料购物袋有偿使用工作。在抓好超市、商场塑料购物袋有偿使用工作基础上，继续加强集贸市场、零售摊贩、个体工商户等薄弱环节塑料购物袋有偿使用工作。

三、做好限产限售限用塑料购物袋政策的宣传工作

限产限售限用塑料购物袋政策涉及到居民消费模式的根本革命和消费观念的根本转变，国内外都高度关注，要进一步加大宣传力度，努力营造限产限售限用塑料购物袋的良好氛围。组织电视媒体播放公益广告，开展系列宣传报道，重点宣传对国务院办公厅《通知》精神的贯彻落实情况、商场超市有偿使用先进典型、社区、集贸市场落实情况，以及不符合安全标准的超薄塑料袋生产和使用所带来的健康和环境问题等；在各大超市等重点场所张贴告示或宣传画。

四、加强对限产限售限用塑料购物袋政策有关问题研究

对涉及到相应政策调整带来的其它问题要高度重视，注重调查研究，发现并解决问题，积极研究引导，确保国务院办公厅《通知》精神的落实，避免或减少引发的社会问题。加强城市垃圾分类收集，加强经济适用的生活垃圾袋替代产品开发利用，积极推进废弃塑料袋等薄膜制品的回收利用工作。

请各地将落实国务院办公厅《通知》情况、采取的措施、取得的成效等有关工作进展情况于8月底前报我委。对贯彻落实国务院《通知》过程中出现的有关问题要及时报告。

国家发展和改革委员会办公厅

二〇〇八年七月十一日

国家发展改革委 中宣部 商务部 国家工商总局 国家质检总局 关于进一步规范月饼包装节约资源保护环境的通知

发改环资〔2008〕2125号

各省、自治区、直辖市及计划单列市、副省级省会城市、新疆生产建设兵团发展改革委、经贸委（经委）、物价局、党委宣传部、商务主管部门、工商局、质量技术监督局，有关行业协会：

为规范月饼包装，抵制奢华之风，加快建设资源节约型、环境友好型社会，现就进一步规范月饼包装，节约资源，保护环境有关事项通知如下：

一、充分认识规范月饼包装的重要性和紧迫性

近年来，月饼过度包装及搭售之风引起社会各方面广泛关注。月饼过度包装主要表现为包装层次过多、选材用料过度、装潢设计奢华、包装成本过高等。伴随过度包装的还有销售月饼搭售其它商品。这既不符合消费者的愿望，又助长奢华之风，与建设资源节约型、环境友好型社会的要求背道而驰，必须采取有力措施从根本上进行治理。近年来，有关部门对月饼过度包装进行了规范，“天价”月饼得到有效遏制，搭售之风和过度包装明显减少，月饼包装整体趋于理性。但在一些销售场所，特别是高档饭店、酒楼月饼过度包装和搭售现象仍不同程度存在。反对过度包装，抵制奢华之风，是建设资源节约型、环境友好型社会，建设社会主义精神文明的迫切需要。

二、加大宣传力度

要充分发挥新闻媒体的舆论导向和监督作用，进一步宣传节约资源、保护环境基本国策，宣传过度包装对资源环境的不良影响，提高全社会的资源意识、节约意识和环保意识，提倡简约包装，引导人们树立节俭、理性、可持续的消费理念，对商家过度包装行为进行曝光，形成自觉抵制过度包装和奢华浪费的良好氛围。

三、强化执法监督

各级质检部门要对月饼生产单位以及宾馆、饭店和酒楼等生产月饼的单位开展专项执法检查，将月饼强制性国家标准中规定的包装要求作为监督抽查的重点项目，加大对包装不符合国家强制性标准要求的违法行为的查处力度，对抽查中产品质量不合格和包装不符合规定要求的生产企业依法处理、限期整改。

各级工商部门要以高档宾馆饭店、酒楼、商场、超市为重点，加强对流通环节月饼经营者的监督检查，督促其严格落实索证索票、进货台帐制度，严把月饼市场准入关；要加强对月饼市场的日常巡查和质量监管，及时退市过度包装等不合格月饼，依法查处月饼质量不合格和强制搭售等侵害消费者合法权益的违法行为。

各级物价部门要对月饼销售是否明码标价、标价内容是否真实明确，是否存在价格欺诈、牟取暴利等不正当价格行为进行重点检查。

认真做好价格“12358”、工商“12315”、质检“12365”举报电话的值守工作，及时受理和处理群众反映的问题。

四、加强行业自律

月饼生产和流通企业要严格执行国家相关标准和规定，自觉履行社会责任，不生产、不采购、不销售过度包装月饼，不搭售其它商品，杜绝过度包装月饼进入流通环节。要充分发挥行业协会的作用，引导生产和销售企业严格自律，规范包装，开展废弃包装物的回收利用。

五、加强协调配合

各级发展改革、经贸（经委）、商务、工商、质检、价格等部门要各司其责，通力协作、密切配合，抓好贯彻落实和监督检查。

国家发展改革委　中宣部　商务部
国家工商总局　国家质检总局
二〇〇八年八月十五日

国家发展改革委办公厅关于组织参观循环经济博览会并参加“中日循环型城市论坛”的通知

发改办环资〔2008〕2174号

各省、自治区、直辖市及计划单列市、副省级省会城市、新疆生产建设兵团发展改革委、经贸委(经委)：

经国务院批准，“2008首届中国国际循环经济成果交易博览会”（以下简称“博览会”）将于2008

年10月23至25日在青岛举办，同时在博览会期间还将举办“中日循环型城市论坛”。现将有关事项通知如下：

一、关于博览会的参观组织

博览会是经国务院批准，由我委、科学技术部、环境保护部、住房和城乡建设部、农业部、商务部、国务院国有资产监督管理委员会、中国国际贸易促进委员会和山东省人民政府、青岛市人民政府联合主办的循环经济展览交易会。博览会旨在展示近年来落实科学发展观发展循环经济的成果，搭建循环经济展示、交流、合作平台，全面推广和应用能源资源节约与环境保护技术与装备，形成国内外循环经济技术与装备合作的平台。

（一）博览会展示的主要内容：首届博览会将重点展示再生资源回收利用，废水、废渣、废气等资源综合利用，节能、节水、节材、节地等资源节约，风能、太阳能、水能、海洋能、生物质能等新能源开发和利用，环保产业领域的技术、装备与产品；国家循环经济示范试点单位在城市发展、产业园区规划、重点行业和领域及节能降耗技术、装备和资源循环利用项目的成果和典型案例；境外相关领域的行业和企业在资源综合利用、节能、环保、新能源等方面的先进技术、设备以及研究成果；循环经济在日常生活中的应用等。展示规模将达到近30000平方米。同时，博览会还将组织专题论坛，围绕《循环经济促进法》贯彻执行等热点问题展开研讨，通过举办“境内外企业合作对口洽谈会”等形式促进循环经济项目与资金对接，加强国际间合作。

（二）参观组织工作有关要求：为进一步做好循环经济发展相关工作，根据组委会要求，请各单位积极组织相关单位和企业参观博览会。

二、关于参加中日循环型城市论坛

（一）论坛主要内容：我委介绍我国循环经济发展进展情况；全国人大环资委解读《循环经济促进法》；日本经产省及有关专家介绍日本循环型社会建设最新动态；中日循环型城市合作组对单位报告工作进展情况并介绍经验；探讨中日加强循环经济合作等。

（二）论坛主办单位：

中方：国家发展和改革委员会、青岛市人民政府；

日方：经济产业省、北九州市。

（三）论坛参加人员：各省、自治区、市及计划单列市、新疆生产建设兵团发展改革委、经贸委（经委）相关负责人；国家第一批和第二批循环经济试点城市相关部门负责人；相关领域的专家学者。

（四）论坛时间、地点：

时间：2008年10月23日13：30—18：00，会期半天；

地点：青岛海景花园大酒店，地址：青岛市南区彰化路2号，酒店联系人：王英莉，手机：13853225617，酒店总机：（0532）85875777，传真：（0532）85894031。

三、其他事项（略）

国家发展和改革委员会办公厅

二〇〇八年十月六日

关于征集汽车零部件再制造产品标志的启事

为贯彻《中华人民共和国循环经济促进法》，尽快建立全国统一的汽车零部件再制造产品标志，便于消费者识别汽车零部件再制造产品，规范市场行为，保护消费者利益，推进汽车零部件再制造试点工作，国家发展改革委环资司决定面向社会公开征集汽车零部件再制造产品标志设计方案。欢迎专业人士与公众积极参与征集活动。

一、标志图案的有关要求

1．标志用彩色图案设计，有一定的构成规则、文化内涵，图案寓意贴切、清晰流畅、简明大方，视觉冲击力强。标志图案中应包含简洁的中文或英文标识。

2．标志要突出汽车零部件再制造的概念，体现循环利用、绿色制造的理念。

3．标志颜色原则上不超过3种，标准色应醒目、明快，有易区别汽车零部件新品的感观。

4．标志设计应属自主创意，提交的设计方案均属原创且尚未公开发表，无抄袭、模仿等侵权行为。

5．每幅应征作品需附800字以内标志图案创意的说明。

6．应征稿为A4规格的电脑彩稿或彩色文稿，图样要求彩色和黑白各3份。

二、评选及奖励办法

1．评选：由国家发展改革委环资司组织专家对应征作品进行统一评审。

2．奖励：本次活动奖励资金共15000元，其中设：中标奖一项，奖金5000元；一等奖一项，奖金2000元；二等奖三项，奖金1000元；入围奖十项，奖金500元；鼓励奖，对前500名投稿者，赠送纪念品一件。

3．评选结果将在国家发展改革委等政府网站和中国经济导报、中国环境报公布公示一周后正式公布。

国家发展改革委环资司

二〇〇八年十月二十日

国家发展改革委办公厅 全国人大环资委办公室 环境保护部办公厅关于举办学习《循环经济促进法》电视大赛的函

发改办环资〔2008〕2542号

各省、自治区、直辖市及计划单列市、副省级省会城市、新疆生产建设兵团发展改革委、经贸委（经委）、人大环资委（相关委员会）、环保局（厅），国务院有关部门办公厅：

十一届全国人大常委会第四次会议表决通过了《循环经济促进法》，该法将于2009年1月1日起施行。结合深入学习实践科学发展观活动，更好地普及和宣传我国《循环经济促进法》，动员全民进一步提高认识，营造实施《循环经济促进法》的良好社会氛围，调动各方参与循环经济建设的积极性，国家发展改革委、全国人大环资委、环境保护部定于2008年11月—12月举办学习《循环经济促进法》电视大赛活动。

该活动在国家发展改革委所属的中国经济导报社设立学习《循环经济促进法》电视大赛组委会，具体工作由组委会承担。

国家发展改革委办公厅
全国人大环资委办公室
环境保护部办公厅
二〇〇八年十一月七日

关于请报送循环经济试点进展情况暨开展2008年度总结工作的通知

发改办环资〔2008〕2487号

国家循环经济示范试点单位：

为及时了解和总结国家循环经济示范试点工作进展情况，加强分类指导，推广典型经验，完善促进循环经济发展的政策措施，按照我委已建立的循环经济试点进展情况报告制度要求（发改环资〔2007〕813号），需将你单位发展循环经济工作的情况进行年度总结。现将有关事项通知如下：

一、请各单位对2005年开展循环经济试点工作至今的进展情况和2008年度循环经济试点进展情况进行总结，并分别于2008年12月15日前和2009年3月15日之前报送我委（资源节约和环境保护司），并抄报所在地省、自治区、直辖市及计划单列市发展改革委、经贸委（经委）。

二、报告内容参见附件《循环经济试点工作年度总结报告编制大纲》。

三、报送方式：试点单位需报送书面报告材料一份，并将电子版发送至：xhjjc@ndrc.gov.cn。

附件：循环经济试点工作年度总结报告编制大纲

国家发展和改革委员会办公厅
二〇〇八年十一月十三日

循环经济试点工作年度总结报告编制大纲

根据《循环经济促进法》和《关于组织开展循环经济试点（第一批）工作的通知》（发改环资〔2005〕2199号）、《关于组织开展循环经济示范试点（第二批）工作的通知》（发改环资〔2007〕3420号），结合本单位循环经济发展实际，开展年度工作总结。

一、试点工作开展基本概况

概述总结循环经济发展和工作进展的情况，内容主要包括：试点单位基本情况，开展循环经济取得的主要成绩、主要任务及重点工作的完成情况，重点项目及关键技术实施的总体效果，以及存在的主要问题等（企业、园区、重点领域试点单位不超过1000字，省市不超过1500字）。

二、循环经济指标完成情况

（一）按照附件一的要求，根据自身情况，填写循环经济评价指标完成情况表；

（二）简述节能减排任务完成情况；

（三）对主要循环经济评价指标完成情况进行分析说明；

（四）对不能完成或难以统计填写的指标说明理由并提出解决方案。

三、主要任务和重点项目的进展情况

（一）说明主要任务和重点工作落实情况；

（二）说明重点项目（国债投资项目及其它投资项目）进展情况，并参照附件二列表分析重点项目资金投入效益；

（三）说明落后产能淘汰情况；

（四）说明循环经济重大关键技术开发和推广（应用）情况。

四、发展循环经济保障体系建设情况

（一）说明组织建设情况；

（二）根据《循环经济促进法》及国务院文件的具体要求描述法律法规及相关国家政策的执行情况；

（三）概括地方法规政策的完善情况，并参照附件三列表（仅省市、园区）说明；

（四）说明激励和约束机制建立情况；

（五）说明其他保障措施。

五、循环经济试点的典型经验

在试点工作中解决了哪些关键问题，在组织协调、政策配套、资金筹措、技术创新及其它方面有哪些成功做法。

六、下一年度推动循环经济试点工作的计划

七、发展循环经济存在的主要问题和建议

八、其它需要说明的情况

工业和信息化部政策文件

关于落实国务院《2008年节能减排工作安排》进一步加强工业和通信业节能减排工作的意见

工信部节〔2008〕203号

按照国务院《2008年节能减排工作安排》、《国务院关于进一步加强节油节电工作的通知》和《国务院办公厅关于深入开展全民节能行动的通知》精神，结合我部“三定”规定和工作分工，现就进一步加强工业和通信业节能减排工作提出如下意见：

一、充分认识工业节能减排工作的重要性和紧迫性

工业是我国最主要的能源消耗和污染排放行业，工业能源消费量约占全国能源消费总量的70%，主要污染物化学需氧量、二氧化硫排放量分别占全国排放总量的38%和86%，而工业增加值占GDP的比重仅为44%。2007年，全国规模以上工业万元增加值能耗同比降低5.46%，高于万元GDP能耗降低幅度1.8个百分点，按照单位增加值能耗计算，规模以上工业全年节能约1亿吨标准煤，工业节能取得积极进展。2007年万元工业增加值能耗比2005年下降7.72%，同期万元国内生产总值能耗下降5.38%，但与“十一五”降低20%的节能目标要求尚有较大差距。

目前，我国正处于工业化、城镇化加快发展阶段，工业结构重型化趋势仍没有得到扭转，高耗能行业和部分高耗能产品增速仍然较快，结构性矛盾和问题仍很突出。今年是完成“十一五”节能减排目标的攻坚年，做好工业特别是“两高”（高耗能、高排放）行业的节能减排工作，关系到“十一五”国家节能减排总体目标的实现。各级工业行业管理部门，必须增强对工业节能减排工作重要性和紧迫性的认识，加快经济结构调整和发展方式转变，进一步加强工业节能减排工作，提高能源利用效率，减少环境污染排放，力争做到增产不增能、增效不增污，真正立足于节约资源、保护环境谋划发展，为完成“十一五”节能减排目标，促进国民经济又好又快发展做出贡献。

二、工业节能减排的主要工作任务

按照国务院《2008年节能减排工作安排》和工作分工要求，工业领域要突出抓好重点行业、重点企业、重点产品（设备）和重点工程的节能减排工作，通过制定规划、政策和标准，指导工业行业切实做好工业和通信业节能减排工作。

（一）加快工业结构调整步伐，坚决淘汰落后生产能力。一是严格执行新开工项目节能环保管理规定。研究建立工业、通信业固定资产投资项目节能评估和审查制度，开展重点项目节能评估和审查试点工作，试行重大项目环境影响评价行业预审制度，加强能源消费和环境污染的源头控制。二是近期出台《产业结构调整指导目录》（修订）。制（修）订黄磷、铁合金、焦化、水泥等行业准入标准，严格控制“两高”行业新建固定资产投资项目，对符合条件的现有企业实行公告制度。三是抓紧落实钢铁、水泥、平板玻璃、电解铝、铁合金、电石、造纸、酒精、味精、柠檬酸等行业淘汰落后产能计划。研究制定落后产品、工艺、设备淘汰名录，建立落后产能退出机制，禁止落后生产能力异地转移。四是加快发展电子信息等高技术产业，提升传统产业技术水平和技术含量。加强重点耗能行业和领域的信息技术推广应用工作，推动工业化与信息化融合，加快信息技术在传统工业领域的应用，以汽车电子、机床电子、医疗电子等领域为重点，加快应用电子产业发展，大力实施“倍增计划”，抓好信息技术应用试点和示范工作。

（二）强化重点用能企业目标责任考核，开展工业园区节能减排考核试点。一是加强重点用能企业考核。各级工业节能主管部门要把节能目标按年度分解、落实到重点行业、重点企业，完善重点企业评价考核标准和考核办法，落实目标责任制，对考核结果为完成以上等级的企业，予以表扬和奖励，对未完成等级的企业，停止核准、审批和备案其高耗能投资项目。二是建立监督检查制度。加强对重点用能企业的节能目标完成情况和节能工作进展情况的监督检查，按行业定期公布重点用能企业单位产品能耗指标。三是研究建立适合国家工业园区的节能减排考核指标体系。逐步将节能减排工作纳入国家经济技术开发区、高新技术开发区和循环经济试点园区的考核。

（三）加强节油节电工作，重点推进汽车、工业窑炉、电机、家电等产品的节能减排。一是进一步完善汽车燃油经济性标准。研究制定更加严格的乘用车和轻型商用车燃料消耗量限值标准，抓紧出台重型商用车燃料消耗量限值标准，建立并实施强制性汽车燃料消耗量申报、公告、标识制度。加大节能环保和新型动力汽车的研发投入，逐步提高新一代节能环保车比例。二是通过政策措施，逐步停用工业窑炉使用燃料油，大力采用新工艺、新技术，降低原料油消耗。三是制定和完善高效节能电机产品标准。推广高效节能电机及相关设备，制订低效落后电机及拖动设备淘汰目录和淘汰计划，推广电机系统变频调速、自动控制等先进技术和设备。四是严格执行国家强制性空调能效标准。促进高效节能空调市场份额的逐年增长，严格实施空调能效标识制度。加快以降低成本、提高质量为主的节能照明产品生产企业的技术改造，淘汰低效照明产品生产。

（四）加强行业指导，促进企业节能减排技术进步。一是推动重点用能行业节能工作向纵深发展。组织开展钢铁、有色、化工、建材、机械等重点用能行业能效对标活动，培育一批行业对标先进典型，建立主要行业能效对标指标体系和标准。二是制定并实施重点用能行业节能技术政策。支持节能减排新技术、新产品及新装备的研究开发和推广应用，积极开展企业节能减排科技示范，加快建立工业节能减排技术创新体系与服务体系。三是积极开展“两高”企业节能减排信息化应用试点和示范推广。编制发布《节能降耗电子信息技术、产品与应用方案推荐目录》，支持典型方案的推广，培育一批行业节能减排信息技术应用典型。研究制定《关于加快节能减排信息技术应用的指导意见》，利用信息化技术加快“两高”行业技术改造，提高能源利用效率和减少污染排放。四是开展企业节能管理体系试点工作。建立重点用能企业能源利用状况报告制度，完善节能管理制度，加强用能设备计量和检测，开展重点用能企业能源管理负责人和专职人员培训工作。五是组织编制钢铁、有色、化工、建材等行业节能减排重点工程专项规划。推广一批节能潜力大、应用面广的重大节能减排技术，促进企业节能技术改造。六是重点支持工业领域重大节能示范工程和节能新产品、新技术、新设备、新材料的推广应用、重点流域工业水污染治理和节能环保能力建设，组织实施钢铁企业烧结烟气脱硫示范工程建设。

（五）加快推进工业循环经济发展，开展清洁生产先进企业创建活动。一是组织编制钢铁、有色、化工、建材、制糖等重点行业推进循环经济发展规划，组织实施循环经济高技术产业化重大专项，创建一批工业企业循环经济先进典型。二是研究制定利用电石渣生产水泥、烟气脱硫制酸、脱硫石膏综合利用、尾矿综合利用以及余热余压和低热值燃料发电、以及再制造产业发展的鼓励政策。三是支持国家各类工业园区和工业集中区、生态工业示范园区开展节能、清洁生产、综合利用示范工程。四是组织编制《工业清洁生产审核指南编制通则》，发布甲醇、乙烯、聚氨酯、玻璃、洗涤用品、肉类加工业等行业的清洁生产评价指标体系，开展清洁生产先进企业创建工作。

（六）加强行业技术创新，推动节能技术服务。一是组织编制并实施围绕节能减排的重大产业技术研发计划，重点解决制约产业发展的技术瓶颈问题。二是大力推广合同能源管理、能源需求侧管理和节能自愿协议等节能新机制，支持面向传统产业节能减排的电子信息企业开展节能服务。开展能源需求侧管理的政策研究和监督实施，采取经济和必要的行政手段，协调重点行业加强电力需求侧管理，倡导重点行业改变用电方式，提高用电效率。开展钢铁、建材等行业节能自愿协议试点工作，研究制定节能自愿协议办法和奖励措施。继续推进节能服务和合同能源管理在工业、通信业的应用。三是加强对量大面广的中小企业节能减排工作的指导和监督。研究加快淘汰能耗高、污染重、档次低的落后中小企业办法，依法关停一批达不到产品能耗限额标准和环保要求的企业，探索建立中小企业市场退出机制。

（七）依法推动行业节能减排，实施有利于节能减排的经济政策。一是加大力度宣传贯彻《节约能源法》、《循环经济促进法》，在有效发挥经济和行政手段推进节能的同时，充分运用法律手段实现“依法节能”，配合有关部门抓紧制定《节约能源法》、《循环经济促进法》配套法规。二是建立并完善行业节能减排标准体系，加大资源节约和综合利用等领域标准研究制定。组织制（修）订一批高耗能产品能耗限额标准、用能产品能效标准及用水器具节水标准，推动用能产品技术进步。三是配合有关部门推进资源税和矿产资源税补偿制度改革，落实企业所得税优惠政策目录，积极参与企业新购入的节能和环保设备增值税抵扣政策研究。四是引导金融机构加大对节能减排技术改造的信贷支持，支持符合条件的企业发行节能减排方面的企业债券，支持节能减排的财政、金融和税收政策研究。

（八）加强行业节能监管，加大节能减排监督检查力度。一是对各级工业行业管理部门落实国务院节能减排综合性工作方案和节能工作进展情况开展督促检查。加大对重点行业、重点企业节能减排经常性监督检查力度，充分发挥各地节能监察中心（总队、大队）的作用，严肃查处违反国家有关法律法规的案件。二是加快建立行业节能减排监管体系，逐步形成政策制订与政策执行相分离、节能管理与节能监察相分离、节能监察与节能服务相分离的节能管理体系。

（九）组织开展“节能减排全民行动”。配合有关部门开展好“节能减排全民行动”，推动工业和通信业各领域机关、企事业单位节能减排行动。各级机关要高度重视节能减排工作，带头厉行节约，开展每周少开一天车、严格控制室内空调温度、减少电梯使用、减少使用一次性用品等活动，在建设节能环保型机关中发挥表率作用，自觉接受社会和群众的监督。各级机构要结合本部门的实际情况，制定切实可行的机关节能减排工作实施方案，明确目标、工作重点和实施步骤，从职工个人、单位管理和履行政府职能等不同层面提出明确要求，使节能减排在工作、生活的各个方面得到充分体现。

三、加强节能减排工作的组织领导

各级相关机构要从战略和全局高度，切实抓好节能减排工作，加强组织领导，落实目标责任制，结合自身实际情况，抓紧制定具体实施方案，明确职责分工，做到责任到位、措施到位、投入到位、监管到位，通过制定并实施规划、政策和标准，推动行业节能减排各项工作向纵深发展，为全面完成“十一五”节能减排目标，推动工业和通信业领域节能减排工作再上新台阶做出应有的贡献。

二OO八年九月五日

财政部和国家税务总局政策文件

财政部 国家税务总局 国家发展改革委
关于公布资源综合利用企业所得税优惠目录(2008年版)的通知

财税〔2008〕117号

各省、自治区、直辖市、计划单列市财政厅（局）、国家税务局、地方税务局、发展改革委、经贸委（经委），新疆生产建设兵团财务局：

《资源综合利用企业所得税优惠目录（2008年版）》，已经国务院批准，现予以公布，自2008年1月1日起施行。2004年1月12日国家发展改革委、财政部、国家税务总局发布的《资源综合利用目录（2003年修订）》同时废止。

附件：资源综合利用企业所得税优惠目录（2008年版）

财政部
国家税务总局
国家发展和改革委员会
二○○八年八月二十日

附件：

资源综合利用企业所得税优惠目录（2008年版）

类别	序号	综合利用的资源	生产的产品	技术标准
一、共生、伴生矿产资源	1	煤系共生、伴生矿产资源、瓦斯	高岭岩、铝钒土、膨润土，电力、热力及燃气	1．产品原料100%来自所列资源 2．煤炭开发中的废弃物 3．产品符合国家和行业标准
	2	煤矸石、石煤、粉煤灰、采矿和选矿废渣、冶炼废渣、工业炉渣、脱硫石膏、磷石膏、江河(渠)道的清淤(淤沙)、风积沙、建筑垃圾、生活垃圾焚烧余渣、化工废渣、工业废渣	砖(瓦)、砌块、墙板类产品、石膏类制品以及商品粉煤灰	产品原料70%以上来自所列资源
	3	转炉渣、电炉渣、铁合金炉渣、氧化铝赤泥、化工废渣、工业废渣	铁、铁合金料、精矿粉、稀土	产品原料100%来自所列资源

二、废水(液)、废气、废渣	4	化工、纺织、造纸工业废液及废渣	银、盐、锌、纤维、碱、羊毛脂、聚乙烯醇、硫化钠、亚硫酸钠、硫氰酸钠、硝酸、铁盐、铬盐、木素磺酸盐、乙酸、乙二酸、乙酸钠、盐酸、粘合剂、酒精、香兰素、饲料酵母、肥料、甘油、乙氰	产品原料70%以上来自所列资源
	5	制盐液(苦卤)及硼酸废液	氯化钾、硝酸钾、溴素、氯化镁、氢氧化镁、无水硝、石膏、硫酸镁、硫酸钾、肥料	产品原料70%以上来自所列资源
	6	工矿废水、城市污水	再生水	1．产品原料100%来自所列资源 2．达到国家有关标准
	7	废生物质油，废弃润滑油	生物柴油及工业油料	产品原料100%来自所列资源
	8	焦炉煤气、化工、石油(炼油)化工废气、发酵废气、火炬气、炭黑尾气	硫磺、硫酸、磷铵、硫铵、脱硫石膏，可燃气、轻烃、氢气，硫酸亚铁、有色金属，二氧化碳、干冰、甲醇、合成氨	
	9	转炉煤气、高炉煤气、火炬气以及除焦炉煤气以外的工业炉气，工业过程中的余热、余压	电力、热力	
三、再生资源	10	废旧电池、电子电器产品	金属(包括稀贵金属)、非金属	产品原料100%来自所列资源
	11	废感光材料、废灯泡(管)	有色(稀贵)金属及其产品	产品原料100%来自所列资源
	12	锯末、树皮、枝丫材	人造板及其制品	1．符合产品标准 2．产品原料100%来自所列资源
	13	废塑料	塑料制品	产品原料100%来自所列资源
	14	废、旧轮胎	翻新轮胎，胶粉	1．产品符合GB9037和GB14646标准；2．产品原料100%来自所列资源；3．符合GB／T19208等标准规定的性能指标。
	15	废弃天然纤维；化学纤维及其制品	造纸原料、纤维纱及织物、无纺布、毡、粘合剂、再生聚酯	产品原料100%来自所列资源
	16	农作物秸秆及壳皮(包括粮食作物秸秆、农业经济作物秸秆、粮食壳皮、玉米芯)	代木产品，电力、热力及燃气	产品原料70%以上来自所列资源

财政部关于印发《秸秆能源化利用补助资金管理暂行办法》的通知

财建〔2008〕735号

各省、自治区、直辖市、计划单列市财政厅（局），新疆生产建设兵团财务局：

为加快推进秸秆能源化利用，培育秸秆能源产品应用市场，根据《中华人民共和国可再生能源法》、《国务院办公厅关于加快推进农作物秸秆综合利用的意见》（国办发〔2008〕105号）、《财政部关于印发〈可再生能源发展专项资金管理暂行办法〉的通知》（财建〔2006〕237号），中央财政将安排资金支持秸秆产业化发展。为加强财政资金管理，提高资金使用效益，我们制定了《秸秆能源化利用补助资金管理暂行办法》，现印发给你们，请遵照执行。

附件：秸秆能源化利用补助资金管理暂行办法

财政部

二〇〇八年十月三十日

附件：

秸秆能源化利用补助资金管理暂行办法

第一章　总则

第一条　根据《中华人民共和国可再生能源法》、《国务院办公厅关于加快推进农作物秸秆综合利用的意见》（国办发〔2008〕105号）、《可再生能源发展专项资金管理暂行办法》(财建〔2006〕237号)，中央财政安排补助资金支持秸秆能源化利用。为规范资金管理，提高使用效益，特制定本办法。

第二条　本办法所指秸秆包括水稻、小麦、玉米、豆类、油料、棉花、薯类等农作物秸秆以及农产品初加工过程中产生的剩余物。

第三条　补助资金实行公开、透明原则，接受社会各方面监督。

第二章　支持对象和方式

第四条　支持对象为从事秸秆成型燃料、秸秆气化、秸秆干馏等秸秆能源化生产的企业。

对企业秸秆能源化利用项目中属于并网发电的部分，按国家发展改革委《可再生能源发电价格和费用分摊管理试行办法》（发改价格〔2006〕7号）规定享受扶持政策，不再给予专项补助。

第五条　补助资金主要采取综合性补助方式，支持企业收集秸秆、生产秸秆能源产品并向市场推广。

第三章　支持条件

第六条　申请补助资金的企业应满足以下条件：

（一）企业注册资本金在1000万元以上。

（二）企业秸秆能源化利用符合本地区秸秆综合利用规划。

（三）企业年消耗秸秆量在1万吨以上（含1万吨）。

（四）企业秸秆能源产品已实现销售并拥有稳定的用户。

第四章　补助标准

第七条　对符合支持条件的企业，根据企业每年实际销售秸秆能源产品的种类、数量折算消耗的秸秆种类和数量，中央财政按一定标准给予综合性补助。

第五章　资金申报和下达

第八条　企业在申报时，应按要求填报秸秆能源化利用财政补助资金申请报告及申请表（格式见附件），并提供以下材料：

（一）秸秆收购情况，包括：收购秸秆的品种、数量、价格及水分含量等有关凭证。

（二）秸秆能源产品产销情况，包括：各类产品产量、销量及销售价格等，并提供销售发票等凭证。

（三）秸秆能源产品质量及检测报告。

（四）与用户签订的秸秆能源产品长期供应协议。

（五）单位产品能耗、环保、安全等有关材料。

第九条　申报企业按属地原则将资金申请报告及相关材料报所在地财政部门，省级财政部门组织检查、核实并汇总后，于每年3月31日前报财政部。

第十条　财政部组织相关专家对申报材料进行审查，核定补助金额，并按规定下达预算、拨付补助资金。

第六章监督管理

第十一条　财政部委托财政投资评审机构等单位对企业申报材料进行实地抽查，对弄虚作假、虚报冒领财政补助资金的企业，将扣回补助资金，并取消企业申请财政补助资金的资格；对申报材料问题较多、监督检查不力的地区，将暂停该地区申请财政补助资金的资格。

第十二条　补助资金必须专款专用，任何单位不得以任何理由、任何形式截留、挪用。对违反规定的，按照《财政违法行为处罚处分条例》（国务院令第427号）规定处理。

第七　章　附则

第十三条　本办法由财政部负责解释。

第十四条　本办法自印发之日起施行。

附件：

财政部　国家税务总局
《关于资源综合利用及其他产品增值税政策的通知》

财税〔2008〕156号

各省、自治区、直辖市、计划单列市财政厅（局）、国家税务局，财政部驻各省、自治区、直辖市、计划单列市财政监察专员办事处，新疆生产建设兵团财务局：

为了进一步推动资源综合利用工作，促进节能减排，经国务院批准，决定调整和完善部分资源综合利用产品的增值税政策。同时，为了规范对资源综合利用产品的认定管理，需对现行相关政策进行整合。现将有关资源综合利用及其他产品增值税政策统一明确如下：

一、对销售下列自产货物实行免征增值税政策：

（一）再生水。再生水是指对污水处理厂出水、工业排水（矿井水）、生活污水、垃圾处理厂渗透（滤）液等水源进行回收，经适当处理后达到一定水质标准，并在一定范围内重复利用的水资源。再生水应当符合水利部《再生水水质标准》（SL368—2006）的有关规定。

（二）以废旧轮胎为全部生产原料生产的胶粉。胶粉应当符合GB/T19208—2008规定的性能指标。

（三）翻新轮胎。翻新轮胎应当符合GB7037—2007、GB14646—2007或者HG/T3979—2007规定的性能指标，并且翻新轮胎的胎体100%来自废旧轮胎。

（四）生产原料中掺兑废渣比例不低于30%的特定建材产品。

特定建材产品，是指砖（不含烧结普通砖）、砌块、陶粒、墙板、管材、混凝土、砂浆、道路井盖、道路护栏、防火材料、耐火材料、保温材料、矿（岩）棉。

二、对污水处理劳务免征增值税。污水处理是指将污水加工处理后符合GB18918—2002有关规定的水质标准的业务。

三、对销售下列自产货物实行增值税即征即退的政策：

（一）以工业废气为原料生产的高纯度二氧化碳产品。高纯度二氧化碳产品，应当符合GB10621—2006的有关规定。

（二）以垃圾为燃料生产的电力或者热力。垃圾用量占发电燃料的比重不低于80%，并且生产排放达到GB13223—2003第1时段标准或者GB18485—2001的有关规定。

所称垃圾，是指城市生活垃圾、农作物秸秆、树皮废渣、污泥、医疗垃圾。

（三）以煤炭开采过程中伴生的舍弃物油母页岩为原料生产的页岩油。

（四）以废旧沥青混凝土为原料生产的再生沥青混凝土。废旧沥青混凝土用量占生产原料的比重不低于30%。

（五）采用旋窑法工艺生产并且生产原料中掺兑废渣比例不低于30%的水泥（包括水泥熟料）。

1.对经生料烧制和熟料研磨工艺生产水泥产品的企业，掺兑废渣比例计算公式为：

掺兑废渣比例=（生料烧制阶段掺兑废渣数量+熟料研磨阶段掺兑废渣数量）÷（生料数量+生料烧制和熟料研磨阶段掺兑废渣数量+其他材料数量）×100%

2.对外购熟料经研磨工艺生产水泥产品的企业，掺兑废渣比例计算公式为：

掺兑废渣比例=熟料研磨过程中掺兑废渣数量÷（熟料数量+熟料研磨过程中掺兑废渣数量+其他材料数量）×100%

四、销售下列自产货物实现的增值税实行即征即退50%的政策：

（一）以退役军用发射药为原料生产的涂料硝化棉粉。退役军用发射药在生产原料中的比重不低于90%。

（二）对燃煤发电厂及各类工业企业产生的烟气、高硫天然气进行脱硫生产的副产品。副产品，是指石膏（其二水硫酸钙含量不低于85%）、硫酸（其浓度不低于15%）、硫酸铵（其总氮含量不低于18%）和硫磺。

（三）以废弃酒糟和酿酒底锅水为原料生产的蒸汽、活性炭、白碳黑、乳酸、乳酸钙、沼气。废弃酒糟和酿酒底锅水在生产原料中所占的比重不低于80%。

（四）以煤矸石、煤泥、石煤、油母页岩为燃料生产的电力和热力。煤矸石、煤泥、石煤、油母页岩用量占发电燃料的比重不低于60%。

（五）利用风力生产的电力。

（六）部分新型墙体材料产品。具体范围按本通知附件1《享受增值税优惠政策的新型墙体材料目录》执行。

五、对销售自产的综合利用生物柴油实行增值税先征后退政策。

综合利用生物柴油，是指以废弃的动物油和植物油为原料生产的柴油。废弃的动物油和植物油用量占生产原料的比重不低于70%。

六、对增值税一般纳税人生产的粘土实心砖、瓦，一律按适用税率征收增值税，不得采取简易办法征收增值税。2008年7月1日起，以立窑法工艺生产的水泥（包括水泥熟料），一律不得享受本通知规定的增值税即征即退政策。

七、申请享受本通知第一条、第三条、第四条第一项至第四项、第五条规定的资源综合利用产品增值税优惠政策的纳税人，应当按照《国家发展改革委

财政部

国家税务总局关于印发<国家鼓励的资源综合利用认定管理办法>的通知》（发改环资〔2006〕1864号）的有关规定，申请并取得《资源综合利用认定证书》，否则不得申请享受增值税优惠政策。

八、本通知规定的增值税免税和即征即退政策由税务机关，增值税先征后退政策由财政部驻各地财政监察专员办事处及相关财政机关分别按照现行有关规定办理。

九、本通知所称废渣，是指采矿选矿废渣、冶炼废渣、化工废渣和其他废渣。废渣的具体范围，按附件2《享受增值税优惠政策的废渣目录》执行。

本通知所称废渣掺兑比例和利用原材料占生产原料的比重，一律以重量比例计算，不得以体积计算。

十、本通知第一条、第二条规定的政策自2009年1月1日起执行，第三条至第五条规定的政策自2008年7月1日起执行，《财政部

国家税务总局关于对部分资源产品免征增值税的通知》（财税字〔1995〕44号）、《财政部

国家税务总局关于继续对部分资源综合利用产品等实行增值税优惠政策的通知》（财税字〔1996〕20号）、《财政部

国家税务总局关于部分资源综合利用及其他产品增值税政策问题的通知》（财税〔2001〕198号）、《财政部国家税务总局关于部分资源综合利用产品增值税政策的补充通知》（财税〔2004〕25号）、《国家税务总局关于建材产品征收增值税问题的批复》（国税函〔2003〕1151号）、《国家税务总局对利用废渣生产的水泥熟料享受资源综合利用产品增值税政策的批复》（国税函〔2003〕1164号）、《国家税务总局关于企业利用废渣生产的水泥中废渣比例计算办法的批复》（国税函〔2004〕45号）、《国家税务总局关于明确资源综合利用建材产品和废渣范围的通知》（国税函〔2007〕446号）、《国家税务总局关于利用废液（渣）生产白银增值税问题的批复》（国税函〔2008〕116号）相应废止。

附件：1.享受增值税优惠政策的新型墙体材料目录

2.享受增值税优惠政策的废渣目录

财政部　国家税务总局

二〇〇八年十二月九日

附件1

享受增值税优惠政策的新型墙体材料目录

一、砖类

（一）非粘土烧结多孔砖（符合GB13544-2000技术要求）和非粘土烧结空心砖（符合GB13545—2003技术要求）。

（二）混凝土多孔砖（符合JC943-2004技术要求）。

（三）蒸压粉煤灰砖（符合JC239-2001技术要求）和蒸压灰砂空心砖（符合JC/T637-1996技术要求）。

（四）烧结多孔砖（仅限西部地区，符合GB13544-2000技术要求）和烧结空心砖（仅限西部地区，符合GB13545—2003技术要求）。

二、砌块类

（一）普通混凝土小型空心砌块（符合GB8239-1997技术要求）。

（二）轻集料混凝土小型空心砌块（符合GB15229-2002技术要求）。

（三）烧结空心砌块（以煤矸石、江河湖淤泥、建筑垃圾、页岩为原料，符合GB13545—2003技术要求）。

（四）蒸压加气混凝土砌块（符合GB/T11968-2006技术要求）。

（五）石膏砌块（符合JC/T698-1998技术要求）。

（六）粉煤灰小型空心砌块（符合JC862-2000技术要求）。

三、板材类

（一）蒸压加气混凝土板（符合GB15762-1995技术要求）。

（二）建筑隔墙用轻质条板（符合JG/T169-2005技术要求）。

（三）钢丝网架聚苯乙烯夹芯板（符合JC623-1996技术要求）。

（四）石膏空心条板（符合JC/T829-1998技术要求）。

（五）玻璃纤维增强水泥轻质多孔隔墙条板（简称GRC板，符合GB/T19631-2005技术要求）。

（六）金属面夹芯板。其中：金属面聚苯乙烯夹芯板（符合JC689-1998技术要求）；金属面硬质聚氨酯夹芯板（符合JC/T868-2000技术要求）；金属面岩棉、矿渣棉夹芯板（符合JC/T869-2000技术要求）。

（七）建筑平板。其中：纸面石膏板（符合GB/T9775-1999技术要求）；纤维增强硅酸钙板（符合JC/T564-2000技术要求）；纤维增强低碱度水泥建筑平板（符合JC/T626-1996技术要求）；维纶纤维增强水泥平板（符合JC/T671-1997技术要求）；建筑用石棉水泥平板（符合JC/T412技术要求）。

四、符合国家标准、行业标准和地方标准的混凝土砖、烧结保温砖（砌块）、中空钢网内模隔墙、复合保温砖（砌块）、预制复合墙板（体），聚氨酯硬泡复合板及以专用聚氨酯为材料的建筑墙体。

附件二：

享受增值税优惠政策的废渣目录

本通知所述废渣，是指采矿选矿废渣、冶炼废渣、化工废渣和其他废渣。

一、采矿选矿废渣，是指在矿产资源开采加工过程中产生的废石、煤矸石、碎屑、粉末、粉尘和污泥。

二、冶炼废渣，是指转炉渣、电炉渣、铁合金炉渣、氧化铝赤泥和有色金属灰渣，但不包括高炉水渣。

三、化工废渣，是指硫铁矿渣、硫铁矿煅烧渣、硫酸渣、硫石膏、磷石膏、磷矿煅烧渣、含氰废渣、电石渣、磷肥渣、硫磺渣、碱渣、含钡废渣、铬渣、盐泥、总溶剂渣、黄磷渣、柠檬酸渣、脱硫石膏、氟石膏和废石膏模。

四、其他废渣，是指粉煤灰、江河（湖、海、渠）道淤泥、淤沙、建筑垃圾、城镇污水处理厂处理

污水产生的污泥

财政部　国家税务总局
关于再生资源增值税政策的通知

财税〔2008〕157号

各省、自治区、直辖市、计划单列市财政厅（局）、国家税务局，财政部驻各省、自治区、直辖市、计划单列市财政监察专员办事处，新疆生产建设兵团财务局：

为了促进再生资源的回收利用，促进再生资源回收行业的健康有序发展，节约资源，保护环境，促进税收公平和税制规范，经国务院批准，决定调整再生资源回收与利用的增值税政策，现通知如下：

一、取消“废旧物资回收经营单位销售其收购的废旧物资免征增值税”和“生产企业增值税一般纳税人购入废旧物资回收经营单位销售的废旧物资，可按废旧物资回收经营单位开具的由税务机关监制的普通发票上注明的金额，按10%计算抵扣进项税额”的政策。

二、单位和个人销售再生资源，应当依照《中华人民共和国增值税暂行条例》（以下简称增值税条例）、《中华人民共和国增值税暂行条例实施细则》及财政部、国家税务总局的相关规定缴纳增值税。但个人（不含个体工商户）销售自己使用过的废旧物品免征增值税。增值税一般纳税人购进再生资源，应当凭取得的增值税条例及其细则规定的扣税凭证抵扣进项税额，原印有“废旧物资”字样的专用发票停止使用，不再作为增值税扣税凭证抵扣进项税额。

三、在2008年12月31日前，各地主管税务机关应注销企业在防伪税控系统中“废旧物资经营单位”的档案信息，收缴企业尚未开具的专用发票，重新核定企业增值税专用发票的最高开票限额和最大购票数量，做好增值税专用发票的发售工作。

四、在2010年底以前，对符合条件的增值税一般纳税人销售再生资源缴纳的增值税实行先征后退政策。

（一）适用退税政策的纳税人范围。

适用退税政策的增值税一般纳税人应当同时满足以下条件：

1.按照《再生资源回收管理办法》（商务部令2007年第8号）第七条、第八条规定应当向有关部门备案的，已经按照有关规定备案；

2.有固定的再生资源仓储、整理、加工场地；

3.通过金融机构结算的再生资源销售额占全部再生资源销售额的比重不低于80%。

4.自2007年1月1日起，未因违反《中华人民共和国反洗钱法》、《中华人民共和国环境保护法》、《中华人民共和国税收征收管理法》、《中华人民共和国发票管理办法》或者《再生资源回收管理办法》受到刑事处罚或者县级以上工商、商务、环保、税务、公安机关相应的行政处罚（警告和罚款除外）。

（二）退税比例。

对符合退税条件的纳税人2009年销售再生资源实现的增值税，按70%的比例退回给纳税人；对其2010年销售再生资源实现的增值税，按50%的比例退回给纳税人。

（三）纳税人申请退税时，除按有关规定提交的相关资料外，应提交下列资料：

1.按照《再生资源回收管理办法》第七条、第八条规定应当向有关部门备案的，商务主管部门核发的备案登记证明的复印件；

2.再生资源仓储、整理、加工场地的土地使用证和房屋产权证或者其租赁合同的复印件；

3.通过金融机构结算的再生资源销售额及全部再生资源销售额的有关数据及资料。为保护纳税人的商业秘密，不要求纳税人提交其与客户通过银行交易的详细记录，对于有疑问的，可到纳税人机构所在地等场所进行现场核实。

4.自2007年1月1日起，未因违反《中华人民共和国反洗钱法》、《中华人民共和国环境保护法》、《中华人民共和国税收征收管理法》、《中华人民共和国发票管理办法》或者《再生资源回收管理办法》受到刑事处罚或者县级以上工商、商务、环保、税务、公安机关相应的行政处罚（警告和罚款除外）的书面申明。

（四）退税业务由财政部驻当地财政监察专员办事处及负责初审和复审的财政部门按照本通知及相关规定办理。

1.退税申请办理时限。（1）纳税人一般按季申请退税，申请退税金额较大的，也可以按月申请，具体时限由财政部驻当地财政监察专员办事处确定；（2）负责初审的财政机关应当在收到退税申请之日起10个工作日内，同时向负责复审和终审的财政机关提交初审意见；（3）负责复审的财政机关应当在收到初审意见之日起5个工作日内向负责终审的财政机关提交复审意见；（4）负责终审的财政机关是财政部驻当地财政监察专员办事处，其应当在收到复审意见之日的10个工作日内完成终审并办理妥当有关退税手续。

2.负责初审的财政机关对于纳税人第一次申请退税的，应当在上报初审意见前派人到现场审核有关条件的满足情况；有特殊原因不能做到的，应在提交初审意见后2个月内派人到现场审核有关条件的满足情况，发现有不满足条件的，及时通知负责复审或者终审的财政机关。

3.负责初审、复审的财政机关应当定期（自收到纳税人第一次退税申请之日起至少每12个月一次）向同级公安、商务、环保和税务部门及人民银行对纳税人申明的内容进行核实，对经查实的与申明不符的问题要严肃处理。凡问题在初次申请退税之日前发生的，应当追缴纳税人此前骗取的退税款，根据《财政违法行为处罚处分条例》的相关规定进行处罚，并取消其以后申请享受本通知规定退税政策的资格；凡问题在初次申请退税之日后发生的，取消其刑事处罚和行政处罚生效之日起申请享受本通知规定退税政策的资格。

五、报废船舶拆解和报废机动车拆解企业，适用本通知的各项规定。

六、本通知所称再生资源，是指《再生资源回收管理办法》（商务部令2007年第8号）第二条所称的再生资源，即在社会生产和生活消费过程中产生的，已经失去原有全部或部分使用价值，经过回收、加工处理，能够使其重新获得使用价值的各种废弃物。上述加工处理，仅指清洗、挑选、整理等简单加工。

七、各级国家税务机关要加强与财政、公安、商务、环保、人民银行等部门的信息沟通，加强对重点行业的纳税评估，采取有效措施，强化对再生资源的产生、回收经营、加工处理等各个环节的税收管理，堵塞偷逃税收的漏洞，保证增值税链条机制的正常运行。

八、本通知自2009年1月1日起执行。《财政部国家税务总局关于废旧物资回收经营业务有关增值税政策的通知》（财税〔2001〕78号）、《国家税务总局关于加强废旧物资回收经营单位和使用废旧物资生产企业增值税征收管理的通知》（国税发〔2004〕60号）、《国家税务总局关于中国再生资源开发公司废旧物资回收经营业务中有关税收问题的通知》（国税函〔2004〕736号）、《国家税务总局关于中国再生资源开发公司废旧物资回收经营业务有关增值税问题的批复》（国税函〔2006〕1227号）、《国家税务总局关于加强海关进口增值税专用缴款书和废旧物资发票管理有关问题的通知》（国税函〔2004〕128号）关于废旧物资发票管理的规定、《国家税务总局关于加强废旧物资增值税管理有关问题的通知》（国税函〔2005〕544号）、《国家税务总局关于废旧物资回收经营企业使用增值税防伪税控一机多票系统开具增值税专用发票有关问题的通知》（国税发〔2007〕43号）同时废止。

财政部　国家税务总局

二〇〇八年十二月九日

环境保护部政策文件

关于进一步加强重点企业清洁生产审核工作的通知

环发[2008]60号

各省、自治区、直辖市环境保护局（厅），新疆生产建设兵团环境保护局：

当前，全国污染减排任务十分艰巨。国务院颁布的《节能减排综合性工作方案》对推行清洁生产工作提出明确要求，原国家环保总局印发的《“十一五”主要污染物总量减排核查办法（试行）》和《主要污染物总量减排核查细则（试行）》，明确规定了通过清洁生产核算化学需氧量（COD）、二氧化硫（SO2）总量减排量的办法。为进一步发挥清洁生产在污染减排工作中的重要作用，加强重点企业的清洁生产审核工作，现通知如下：

一、明确环保部门在重点企业清洁生产审核工作中的职责和作用

清洁生产审核是实施清洁生产的前提和基础，督促重点企业实施强制性清洁生产审核，有效促进污染减排目标的实现，是环保部门的职责和任务。各级环保部门要依照《清洁生产促进法》的规定，监督污染物排放超过国家和地方规定的排放标准或者超过经有关地方人民政府核定的污染物排放总量控制指标的企业（通称“双超”企业），以及使用有毒、有害原料进行生产或者在生产中排放有毒、有害物质的企业（通称“双有”企业，需重点审核的有毒有害物质名录见附件一及原国家环保总局环发〔2005〕151号文），实施强制性清洁生产审核。

各省（自治区、直辖市）及新疆生产建设兵团环境保护局（厅）要按照原国家环保总局《关于印发重点企业清洁生产审核程序的规定的通知》（环发〔2005〕151号）要求公布重点企业名单，督促企业按期实施清洁生产审核，组织对重点企业清洁生产审核评估、验收，促进污染减排目标的完成。各地公布的重点企业名单和数量，要充分满足当地主要污染物减排计划和指标的要求。地方环保部门应将重点企业清洁生产审核工作纳入当地政府年度考核体系，积极推进重点企业清洁生产审核工作的开展。

“十一五”期间，地方各级环保部门要围绕火电、钢铁、有色、电镀、造纸、建材、石化、化工、制药、食品、酿造、印染等重污染行业和“三河三湖”等重点流域，加快推进强制性清洁生产审核。各地也可以根据污染减排工作的需要，将国家、省级环保部门确定的污染减排重点污染源企业纳入强制性清洁生产审核的范围。

二、抓好重点企业清洁生产审核、评估和验收

我部监督和管理全国重点企业强制性清洁生产审核、评估和验收工作，将逐步建立重点企业清洁生产审核公报制度。

各省（自治区、直辖市）及新疆生产建设兵团环境保护局（厅）要按照《重点企业清洁生产审核评估、验收实施指南》（见附件二）的要求，开展重点企业强制性清洁生产审核评估与验收工作，并以此作为核算清洁生产形成的COD、SO2减排量各项参数的依据。

各省（自治区、直辖市）及新疆生产建设兵团环境保护局（厅）应于每年3月31日之前将本辖区内重点企业清洁生产审核、评估与验收工作的情况报送我部。

三、加强清洁生产审核与现有环境管理制度的结合

各级环保部门要加强清洁生产审核与现有环境管理制度的结合。新、改、扩建项目进行环境影响评价时要考虑清洁生产的相关要求；限期治理企业应同时进行强制性清洁生产审核，并通过评估、验收；通过清洁生产审核评估、验收的企业，其清洁生产审核结果应作为核准排污许可证载明的排污量的依据。未能按期完成减排任务的企业，要实行强制性清洁生产审核，确保完成减排任务。

四、规范管理清洁生产审核咨询机构，提高审核质量

各省（自治区、直辖市）及新疆生产建设兵团环境保护局（厅）要加强对清洁生产审核咨询机构及人员的管理。清洁生产审核咨询机构应按照机构申请、专家评审、省级环保部门推荐、对外公示的程序确定。

对清洁生产审核咨询机构进行定期评审，表彰优秀的清洁生产审核咨询机构。评审内容可包括咨询机构履行合同情况，在清洁生产审核各阶段所起的作用，根据物料、水平衡和能量平衡发现企业清洁生产潜力，独立提出清洁生产方案的能力及清洁生产审核绩效评估。发现咨询机构不按规定内容、程序进行清洁生产审核，弄虚作假，或者技术服务能力达不到要求的，在两年内不得开展企业清洁生产审核咨询服务，并在当地主要媒体上公告。

五、重点企业清洁生产审核的奖惩措施

企业通过清洁生产审核评估，其清洁生产审核费用、实施清洁生产方案费用优先享受地方各级政府固定资产投资、技改资金、清洁生产专项资金、污染减排专项资金和环保专项资金的支持。

对公布应开展强制性清洁生产审核的企业，拒不开展清洁生产审核、不申请评估、验收或评估、验收“不通过”的，视情况由省级环保部门在地方主要媒体公开曝光，要求其重新进行清洁生产审核、评估和验收，并依法进行处罚。

我部将组织对全国重点企业清洁生产审核工作的督导和抽查。对未按要求公布重点企业名单，不能及时组织实施重点企业清洁生产审核及评估、验收工作，不能按时上报本辖区重点企业清洁生产工作总结以及下一年度重点企业清洁生产审核工作计划的地方环保部门，将予以通报。

附件：一.需重点审核的有毒有害物质名录（第二批）

二.重点企业清洁生产审核评估、验收实施指南（试行）

环境保护部

二〇〇八年七月一日

附件一：

需重点审核的有毒有害物质名录（第二批）

序号	物质名称	物质来源
1	精（蒸）馏残渣	炼焦制造、基础化学原料制造—有机化工及其他非特定来源
2	感光材料废物	印刷、专用化学产品制造、电子元件制造
3	含金属羰基化合物	在金属羰基化合物生产以及使用过程中产生的含有羰基化合物成分的废物、精细化工产品生产—金属有机化合物的合成
4	有机磷化合物废物	有机化工行业

5	含醚废物	有机生产、配制过程中产生的醚类残液、反应残余物、废水处理污泥及过滤渣
6	废矿物油	天然原油和天然气开采、精炼石油产品的制造、船舶及浮动装置制造及其他非特定来源
7	废乳化液	从工业生产、金属切削、机械加工、设备清洗、皮革、纺织印染、农药乳化等过程产生的混合物
8	废酸	无机化工、钢的精加工过程中产生的废酸性洗液、金属表面处理及热处理加工、电子元件制造
9	废碱	毛皮鞣制及制品加工、纸浆制造及其他非特定来源
10	废催化剂	石油炼制、化工生产、制药过程
11	石棉废物	石棉采选、水泥及石膏制品制造、耐火材料制品制造、船舶及浮动装置制造
12	含有机卤化物废物	有机化工、无机化工
13	农药废物	杀虫、杀菌、除草、灭鼠和植物生物调节剂的生产
14	多溴二苯醚（PBDE）多溴联苯（PBB）废物	电子信息产品制造业及其他非特定来源

附件二：

重点企业清洁生产审核评估、验收实施指南（试行）

一、总则

第一条　为了指导重点企业有效开展清洁生产，规范清洁生产审核行为，确保取得清洁生产实效，根据《中华人民共和国清洁生产促进法》、《清洁生产审核暂行办法》、《重点企业清洁生产审核程序的规定》制定本指南。

第二条　本指南所称清洁生产审核评估是指按照一定程序对企业清洁生产审核过程的规范性，审核报告的真实性，以及清洁生产方案的科学性、合理性、有效性等进行评估。

本指南所称清洁生产审核验收是指企业通过清洁生产审核评估后，对清洁生产中/高费方案实施情况和效果进行验证，并做出结论性意见。

第三条　本指南适用于《清洁生产促进法》中规定的“污染物排放超过国家和地方规定的排放标准或者超过经有关地方人民政府核定的污染物排放总量控制指标的企业；使用有毒、有害原料进行生产或者在生产中排放有毒、有害物质的企业”，也适用于国家和省级环保部门根据污染减排工作需要确定的重点企业。

第四条　环境保护部负责监督管理全国重点企业清洁生产审核评估与验收工作。各省（自治区、直辖市）及新疆生产建设兵团环保部门组织专家或委托相关机构，开展辖区内重点企业清洁生产审核评估与验收工作。环境保护部组织有关技术支持单位和专家对各省（自治区、直辖市）及新疆生产建设兵团环保部门开展的辖区内重点企业清洁生产审核评估与验收工作进行指导、督查，对各省清洁生产审核评估机构的评估、验收能力进行考核。

二、重点企业清洁生产审核评估

第五条　申请清洁生产审核评估的企业必须具备以下条件：

1．完成清洁生产审核过程，编制了《清洁生产审核报告》。

2．基本完成清洁生产无/低费方案。

3．技术装备符合国家产业结构调整和行业政策要求。

4．清洁生产审核期间，未发生重大及特别重大污染事故。

第六条　申请清洁生产审核评估的企业需提交的材料：

1．企业申请清洁生产审核评估的报告。

2．《清洁生产审核报告》。

3．有相应资质的环境监测站出具的清洁生产审核后的环境监测报告。

4．协助企业开展清洁生产审核工作的咨询服务机构资质证明及参加审核人员的技术资质证明材料复印件。

第七条　申请评估企业向当地环保部门提出评估申请（企业需在上交清洁生产审核报告后一个月内提交评估申请）；当地环保部门对申请企业的条件、提交的材料进行初审，初审合格后，将材料逐级上报。省级环保部门组织专家或委托相关机构对初审合格的企业进行材料审查、现场评估，并形成书面意见，定期在当地主要媒体上公布通过清洁生产审核评估的企业名单。

第八条　重点企业清洁生产审核评估过程

1．阅审企业清洁生产审核报告等有关文字资料。

2．召开评估会议，企业主管领导介绍企业基本情况、清洁生产审核初步成果、无/低费方案实施情况、中/高费方案实施情况及计划等；企业清洁生产审核主要人员介绍清洁生产审核过程、清洁生产审核报告书主要内容等。

3．资料查询及现场考察，主要内容为无/低费和已实施中/高费方案实施情况，现场问询，查看工艺流程、企业资源能源消耗、污染物排放记录、环境监测报告、清洁生产培训记录等。

4．专家质询，针对清洁生产审核报告及现场考察过程中发现的问题进行质询。

5．根据现场考察结果以及报告书质量，对企业清洁生产审核工作进行评定，并形成评估意见。

第九条　重点企业清洁生产审核评估标准和内容：

1．领导重视、机构健全、全员参与，进行了系统的清洁生产培训。

2．根据源头削减、全过程控制原则进行了规范、完整的清洁生产审核，审核过程规范、真实、有效，方法合理。

3．审核重点的选择反映了企业的主要问题，不存在审核重点设置错误，清洁生产目标的制定科学、合理，具有时限性、前瞻性。

4．提交了完整、详实、质量合格的清洁生产审核报告，审核报告如实反映了企业的基本情况，对企业能源资源消耗，产排污现状，各主要产品生产工艺和设备运行状况，以及末端治理和环境管理现状进行了全面的分析，不存在物料平衡、水平衡、能源平衡、污染因子平衡和数据等方面的错误。

5．企业在清洁生产审核过程中按照边审核、边实施、边见效的要求，及时落实了清洁生产无/低费方案。

6．清洁生产中/高费方案科学、合理、有效，通过实施清洁生产中/高费方案，预期效果能使企业在规定的期限内达到国家或地方的污染物排放标准、核定的主要污染物总量控制指标、污染物减排指标；对于已经发布清洁生产标准的行业，企业能够达到相关行业清洁生产标准的三级或三级以上指标的要求。

7．企业按国家规定淘汰明令禁止的生产技术、工艺、设备以及产品。

第十条　评估结果分为“通过”和“不通过”两种。对满足第九条全部要求的企业，其评估结果为“通过”。有下列情况之一的，评估不通过：

1．不满足第九条要求中的任何一条。

2．清洁生产审核报告质量上存在重大问题，主要指：

（1）审核重点设置错误或清洁生产目标设置不合理。

（2）没有对本次审核范围做全面的清洁生产潜力分析。

（3）数据存在重大错误，包括相关数据与环境统计数据偏差较大情况。

3．企业没有按国家规定淘汰明令禁止的生产技术、工艺、设备以及产品。

4．在清洁生产审核过程中弄虚作假。

三、重点企业清洁生产审核验收

第十一条　申请清洁生产审核验收的企业必须具备以下条件：

1．通过清洁生产审核评估后按照评估意见所规定的验收时间，综合考虑当地政府、环保部门时限要求提出验收申请（一般不超过两年）。

2．通过清洁生产审核评估之后，继续实施清洁生产中/高费方案，建设项目竣工环保验收合格3个月后，稳定达到国家或地方的污染物排放标准、核定的主要污染物总量控制指标、污染物减排指标。

第十二条　申请验收企业需填报《清洁生产审核验收申请表》（附表），连同清洁生产审核报告、环境监测报告、清洁生产审核评估意见、清洁生产审核验收工作报告报送各省（自治区、直辖市）及新疆生产建设兵团环保部门，各省（自治区、直辖市）及新疆生产建设兵团环保部门组织验收。

第十三条　重点企业清洁生产审核验收过程

1．审阅第十二条所列有关文件资料；

2．资料查询及现场考察，查验、对比企业相关历史统计报表（企业台账、物料使用、能源消耗等基本生产信息）等，对清洁生产方案的实施效果进行评估并验证，提出最终验收意见。

第十四条　重点企业清洁生产审核验收标准和内容：

1．清洁生产审核验收工作报告如实反映了企业清洁生产审核评估之后的清洁生产工作。企业持续实施了清洁生产无/低费方案，并认真、及时地组织实施了清洁生产中/高费方案，达到了“节能、降耗、减污、增效”的目的。

2．根据源头削减、全过程控制原则实施了清洁生产方案，并对各清洁生产方案的经济和环境绩效进行了详实统计和测算，其结果证明企业通过清洁生产审核达到了预期的清洁生产目标。

3．有资质的环境监测站出具的监测报告证明自清洁生产中/高费方案实施后，企业稳定达到国家或地方的污染物排放标准、核定的主要污染物总量控制指标、污染物减排指标。对于已经发布清洁生产标准的行业，企业达到相关行业清洁生产标准的三级或三级以上指标的要求。

4．企业生产现场不存在明显的跑、冒、滴、漏等现象。

5．报告中体现的已实施的清洁生产方案纳入了企业正常的生产过程。

第十五条　验收结果分为“通过”和“不通过”两种。对满足第十四条全部要求的企业，其验收结果为“通过”。有下列情况之一的，验收不通过：

1．不满足第十四条中的任何一条。

2．企业在方案实施过程中弄虚作假，虚报环境和经济效益的，包括相关数据与环境统计数据偏差较大情况。

四、重点企业清洁生产审核评估与验收费用

第十六条　各省（自治区、直辖市）及新疆生产建设兵团环保部门安排不低于10%的环保专项资金用于重点企业的清洁生产审核评估、验收，积极争取各级发展和改革部门、财政部门和经济贸易部门对重点企业清洁生产审核评估与验收费用的支持。

五、清洁生产审核评估、验收的监督和管理

第十七条　环境保护部负责对全国的重点企业清洁生产审核工作进行监督和管理，定期对全国重点企业清洁生产审核评估、验收工作情况及评估、验收的相关机构进行抽查，并通过主要媒体向社会公告监督、抽查情况。

第十八条　各省（自治区、直辖市）及新疆生产建设兵团环保部门每年按要求将本辖区开展清洁生产审核评估、验收工作情况报送环境保护部。

第十九条　承担清洁生产审核的相关机构和专家要执行回避制度，不得对其曾经提供过清洁生产审核的企业进行评估、验收。

第二十条　公布开展强制性清洁生产审核的企业，拒不开展清洁生产审核、不申请评估、验收或评估、验收“不通过”的，视情况由各省（自治区、直辖市）及新疆生产建设兵团环保部门在地方主要媒体公开曝光，要求其重新进行清洁生产审核、评估和验收，依法进行处罚。

六、附则

第二十一条　本指南引用的有关规定，如有修改，按修改的执行。

第二十二条　本办法由环境保护部负责解释，自发布之日起施行。

商务部政策文件

商务部关于在商务领域开展适度包装、节约资源专项工作的通知

商改发[2008]288号

各省、自治区、直辖市、计划单列市及新疆生产建设兵团商务主管部门：

为节约资源，保护环境，进一步规范市场秩序，维护消费者权益，从流通环节制止月饼、茶叶、酒类、保健品、化妆品等商品过度包装现象，根据国务院关于抑制商品过度包装、加强节约工作有关精神，商务部定于今年第三季度在商务领域组织开展以“适度包装、节约资源”为主题的抑制商品过度包装专项工作，现就有关事项通知如下：

一、高度重视抑制商品过度包装工作

近年来，商品过度包装问题日益突出，不但造成了资源浪费，也扰乱了正常的市场秩序，消费者对此反映强烈。抑制商品过度包装，既是贯彻落实科学发展观的重要举措，也是建设资源节约型、环境友好型社会的重要工作。地方各级商务主管部门要高度重视，充分认识商品过度包装所造成的浪费资源、污染环境、损害消费者利益，以及助长奢侈浪费、畸形消费不正之风等严重后果，切实发挥流通环节的引导作用，进一步加强对商品市场的监督管理，动员各方面力量，做好商品过度包装的综合治理工作。

二、充分发挥流通环节的引导作用

各地商务主管部门要积极引导流通企业严格执行国家相关标准和规定要求，不生产、不采购、不销售过度包装商品，不搭售无关商品。同时，要积极引导商品生产与流通企业在适度包装、科学定价、合理营销等方面通力合作，充分发挥流通环节对生产环节的引导作用，形成遏制过度包装的良好基础，杜绝过度包装商品进入流通环节。对重点流通企业，要密切联系、加强监督，切实把抑制商品过度包装工作落到实处。

三、组织开展社会倡议和新闻宣传活动

为扩大社会影响，商务部拟于8月中旬组织相关行业协会开展以“适度包装，节约资源”为主题的社会倡议活动，倡导厂家不生产、商家不销售、消费者不购买过度包装商品。各地商务主管部门要充分发挥行业组织在加强行业自律、规范市场行为等方面的积极作用，组织开展社会倡议活动，引导商品经营者的包装销售行为。同时，要充分发挥新闻媒体和社会舆论的监督作用，大力宣传适度包装对节约资源、保护环境、促进经济持续发展方面的重大意义，为整个专项工作开展营造良好的社会舆论氛围。

四、做好相关标准、法规的贯彻落实工作

自《月饼》（GB19855-2005）发布实施以来，各地高度重视，认真贯彻执行，过度包装现象明显减少。为进一步抑制商品过度包装现象，商务部正在组织制订《预包装食品包装规范》、《制止商品过

度包装管理办法》，有关部门也正在组织制订《限制商品过度包装—食品和化妆品要求》国家标准，这些标准和规章的出台，将为加强监督执法提供基础和依据。各地商务主管部门要在总结经验的基础上，联合有关部门进一步加强市场监管，严格执行国家发展改革委、商务部、工商总局、质检总局发布的关于规范月饼价格、质量、包装及搭售等行为的《公告》（2005年第33号）、《月饼》国家标准和即将出台的各项标准、规章，指导生产者按照标准要求组织生产，指导商家采购和销售符合国家和行业相关包装标准的商品。

五、认真组织开展整治商品过度包装的专项检查

各地商务主管部门要联合当地工商、质检等有关部门，积极组织开展抑制商品过度包装的专项检查。在8月下旬至9月上旬，对商品零售场所、饭店（酒店）等经营单位执行月饼等商品包装标准情况进行专项检查，发现违反有关规定生产、销售过度包装商品的，依法予以下架处理。请于9月18日前将检查情况报商务部。商务部将组织督查组，赴各地督查专项工作开展情况。

特此通知

商务部

二〇〇八年七月三十日

商务部办公厅关于进一步开展创建绿色饭店活动的通知

各省、自治区、直辖市、计划单列市及新疆生产建设兵团商务主管部门：

《绿色饭店》(GB\T21084-2007)国家标准已于2008年3月1日起正式实施。绿色饭店标准要求有关企业在规划、建设和经营过程中，以节约资源、保护环境、安全健康为理念，以科学的设计和有效的管理、技术措施为手段，以资源效率最大化、环境影响最小化为目标，为消费者提供安全、健康的服务。创建绿色饭店是住宿业贯彻落实科学发展观的实践活动，对推动住宿业节约资源、保护环境具有重要意义。2005年商务部等六部门印发《关于开展创建绿色饭店活动的通知》（商改发[2005]655号）以来，各地创建绿色饭店活动积累了一定经验。为指导住宿业进一步开展创建绿色饭店活动，现将有关事项通知如下：

一、重要意义

创建绿色饭店，是新形势下深入学习实践科学发展观，深入贯彻落实党中央、国务院关于建设资源节约型和环境友好型社会的有关要求，应对当前国际经济危机，扩大消费需求的客观需要；是引导住宿行业深入开展节能减排行动，转变发展方式，提升行业竞争力的重要途径；也是带动全社会形成勤俭节约、适度消费理念，营造节约型社会良好氛围的有效方式。因此，创建绿色饭店对促进住宿业全面、协调、可持续发展具有十分重要的意义。各地商务主管部门要充分认识创建绿色饭店活动的重要性和紧迫性，进一步采取有效措施，推动创建绿色饭店活动健康有序开展。

二、活动目标和内容

从住宿业中社会普遍关心的资源节约、环境保护、循环利用、食品用品安全、节能管理、健康管理、适度消费等方面入手，大力开展节能减排，倡导绿色消费，积极推动节能、环保技术及产品、用品在住宿业的推广应用，力争到2012年全国创建1万家绿色饭店，实现全行业节水20%、节电20%、减排二氧化碳4.5万吨。

（一）引导宣传。充分发挥行业协会作用，要把宣传创建绿色饭店活动与开展商贸领域节能减排活动有机结合起来，通过开展形式多样的活动，以及搭建各种展览、展示平台，营造住宿企业节约资源、保护环境和创建绿色饭店的社会氛围，使创建绿色饭店活动成为广大企业的自觉行动，逐步形成企业积极主动创建、社会大力支持创建、消费者拥护配合创建绿色饭店的良好局面。

（二）技术交流。各地商务主管部门要根据本地实际情况，会同有关部门研究制订配套政策、措施、办法，引导和鼓励企业广泛采用新的节能设备和建筑材料，不断提高节能减排新产品、新技术的利用率。要支持行业协会抓好示范引导、技术推广、经验交流等方面工作，积极推介应用效果好、质量上乘可靠、适合住宿企业实际情况的节能减排新产品、新技术，特别要推进节能潜力较大的空调、电梯、照明等设备的技术改进；积极组织节能降耗、食品安全、工程管理等方面的技术和管理培训，提高住宿企业管理人员创建绿色饭店的技术水平和应用能力。

（三）协调推进。各地商务主管部门要积极协调有关方面，形成相互配合、协调联动的高效运作机制，帮助企业解决创建工作中遇到的实际困难，鼓励和保护企业创建绿色饭店活动的积极性，提高企业创建绿色饭店的参与率。要在广泛动员住宿企业开展创建活动的基础上，针对不同业态住宿企业的特点，抓住重点，逐步推进，务求实效。

（四）经验推广。各地商务主管部门要及时总结创建绿色饭店活动的成功经验，组织经验交流和推广。要对在开展绿色饭店活动中的先进企业和先进个人给予表彰，宣传和推广先进经验。

三、组织领导

各地商务主管部门要会同有关部门、行业协会，认真组织开展创建绿色饭店活动，推动创建绿色饭店活动深入有序地展开。中国饭店协会要会同有关方面组成全国绿色饭店工作委员会，负责开展绿色饭店的具体工作。各地可参照全国绿色饭店工作委员会的架构设立地方绿色饭店创建机构，在全国绿色饭店工作委员会指导下开展创建绿色饭店工作。活动中的有关情况和问题请及时报商务部（商贸服务管理司）。

特此通知

二〇〇八年十一月二十四日

城乡建设部政策文件

关于做好2008年建设领域节能减排工作的实施意见

建科[2008]160号

各省、自治区建设厅，直辖市建委，计划单列市建委（建设局），新疆生产建设兵团建设局：

为贯彻落实《民用建筑节能条例》和《国务院关于进一步加强节油节电工作的通知》（国发[2008]23号）、《国务院办公厅关于印发2008年节能减排工作安排的通知》（国办发[2008]80号）、《国务院办公厅关于深入开展全民节能行动的通知》（国办发[2008]106号）文件精神，确保实现“十一五”节能减排规划目标，现就做好2008年建设领域节能减排工作，提出以下实施意见。

一、工作目标和总体要求

（一）节能目标。到2008年年底，建设领域实现节约1600万吨标准煤目标，其中：新建建筑执行节能强制性标准，实现节能800万吨标准煤；深化供热体制改革，对北方采暖地区既有建筑实施热计量及节能改造，实现节能300万吨标准煤；加强国家机关办公建筑和大型公共建筑节能运行管理与改造，实现节能200万吨标准煤。发展太阳能、浅层地能、生物质能等可再生能源应用在建筑中应用，实现替代常规能源300万吨标准煤。

（二）减排目标。到2008年年底，新增城市污水处理能力1200万吨/日，力争用两年时间在36个大中城市率先实现污水的全部收集和处理。加强城镇垃圾处理场建设运行的监管。

（三）总体要求。认真贯彻《民用建筑节能条例》和《国务院关于进一步加强节油节电工作的通知》（国发[2008]23号）、《国务院办公厅关于印发2008年节能减排工作安排的通知》（国办发[2008]80号）、《国务院办公厅关于深入开展全民节能行动的通知》（国办发[2008]106号）文件精神，以科学发展观为指导，把节能减排作为转变建设领域增长方式的重要抓手，强化责任考核，完善体制机制，突出重点工作，搞好宣传教育，充分发挥市场机制作用，使节能减排综合性工作方案提出的各项任务落到实处。

二、抓好重点领域节能减排工作

（一）坚决遏制高耗能、高排放行业过快增长。在城市规划编制中应体现符合当地可持续发展要求，将资源和环境保护要求作为强制性内容。对不符合民用建筑节能强制性标准的工程建设项目，不予发放建设工程规划许可证和通过施工图审查，不得发放施工许可证。继续督促和指导地方切实调整住房供应结构，增加中小套型普通商品住房的供应比重。

（二）全力抓好新建建筑节能工作，提高节能水平。各地住房和城乡建设主管部门要继续强化新建建筑执行节能标准的监管，把做好有关建筑节能的设计、施工、质量验收标准、《建筑节能施工监督导则》、《绿色施工导则》的贯彻落实作为质量检查、节能专项检查工作的重点，力争2008年底全国新建建筑施工阶段执行节能强制性标准的比例达到80%以上。要积极推广节能省地环保型建筑和绿色建筑。有条件地区要研究制定新建建筑节能65%的强制性标准，并颁布实施。认真贯彻《民用建筑节能信息公示办法》，对新建（改建、扩建）和进行节能改造的民用建筑，要对其节能性能、节能措施、保护要求等进行公示。要按照《民用建筑能效测评标识管理暂行办法》，选择一批建筑开展能效测评标识试点。

（三）继续推动可再生能源在建筑中规模化应用工作。各地住房和城乡建设主管部门应把应用可再生能源作为转变建筑用能结构的重要抓手，组织对本地区可再生能源资源条件和应用潜力进行调查评估，通过组织示范项目等方式进行推广应用，要积极研究强制性推广政策和鼓励推广的经济政策。承担财政部、住房和城乡建设部可再生能源建筑应用示范项目的地区，要加强示范项目的管理，确保实现预期节能环保效益。要加快制定可再生能源建筑应用的标准规范和技术文件。

（四）深化供热体制改革，推动北方采暖地区既有建筑供热计量及节能改造。各地要继续推动采暖费补贴“暗补”变“明补”改革，并同步建立个人热费帐户。认真落实国家发展改革委、建设部印发的《城市供热价格管理暂行办法》和我部印发的《民用建筑供热计量管理办法》、《北方采暖地区既有居住建筑供热计量及节能改造技术导则》等文件精神，完善供热价格形成机制，实行按用热量计量收费制度。各级住房和城乡建设主管部门应会同有关部门，研究制定按用热量计量收费的实施办法。我部确定的12个供热计量示范城市，要加大工作力度，确保完成今年的供热计量示范任务。要贯彻《关于推进北方采暖地区既有居住建筑供热计量及节能改造工作的实施意见》、《北方采暖地区既有居住建筑供热计量及节能改造专项资金管理暂行办法》等文件精神，尽快落实第一批改造项目，确保在2008年采暖季前完成。

（五）做好国家机关办公建筑和大型公共建筑节能监管体系建设工作。我部和财政部确定的24个示范省市住房和城乡建设主管部门要继续按照《国家机关办公建筑和大型公共建筑节能监管体系建设实施方案》要求，完成国家机关办公建筑和大型公共建筑能耗统计、能源审计、能效公示任务。北京、天津、深圳要加快推动动态能耗监测平台建设任务，完成分项计量装置安装任务。各地住房和城乡建设主管部门要会同教育主管部门做好《关于进一步推进高等学校节约型校园建设加强节能节水工作的意见》的贯彻落实工作，尽快确定第一批高等学校开展节约型校园示范。

（六）强化公共建筑空调节电管理。新建公共建筑使用中央空调系统的，应对空调系统进行优化设计，空调系统建成后应进行能效测评。投入运行的公共建筑，应建立空调系统运行管理制度，优化空调运行模式。鼓励并扶持专业节能服务机构采用合同能源管理方式，对中央空调系统实施节能改造。各地住房和城乡建设主管部门要贯彻落实《公共建筑室内温度控制办法》，积极推广使用变频、变风量、流量可调系统、太阳能采暖制冷、地源热泵、余热源热泵、高效冷却塔和高效换热器等节能新技术、新设备，提高空调运行效率。

（七）做好墙体材料革新工作。各级住房和城乡建设主管部门应切实履行职责，抓好新型墙体材料推广与禁止使用实心粘土砖工作。推广应用保温隔热性能好、轻质、利废、环保的新型墙体材料。大力推广高强钢、高性能混凝土等新型建筑材料。确保2008年底前第二批256个城市完成禁止使用实心粘土砖目标。认真贯彻《关于加强建筑节能材料和产品质量监督管理的通知》（建科[2008]147号），会同同级工商、质检部门认真做好建筑节能材料生产、流通、使用环节的质量监督管理。

（八）加大轨道交通的规划建设力度。科学规范轨道交通线网规划、建设规划的编制，完善并落实轨道交通与步行、自行车交通的衔接规划，建立安全、连续、舒适、畅通的轨道交通与行人、非机动车通行系统，充分发挥轨道交通网络效益。

（九）加强城市照明节约用电管理。各地要科学制定城市照明规划，合理划分城市照明等级，确保以道路照明为主的功能照明，严格控制装饰性景观照明。功能照明建设项目要严格按照照明设计标准及照明能耗密度标准进行设计和建设。

（十）加强城镇污水处理设施建设运行的指导和监管。我部将按照《全国城镇污水处理及再生利用设施建设"十一五"规划》要求，组织和指导各地加快城镇污水处理设施建设，争取今、明两年在36个重点城市实现全部污水的收集和处理。建立并完善城镇污水处理信息报告、核查督察和评估通报制度。按照《全国城镇污水处理信息报告、核查和评估办法》，建立并完善运行项目每月一报，在建项目每季度一报；每季度一次信息通报，每半年、全年一次评估报告制度；建立和完善国家、省、市三级城镇污水处理核查督察体系。建立全国城镇污水处理信息管理系统及城镇排水和污水处理厂在线监测系统，完善"全国城镇污水处理管理信息系统"，加强对36个重点城市，以及重点流域城镇污水处理设施建设运行的监督管理。

三、加快推进建设领域循环经济发展

（一）推进节水型城市创建工作。我部将按照《节水型城市申报与考核办法》和《节水型城市考核标准》，组织开展对2008年节水型城市申报、评审、现场考核、公示和审定工作。开展节水先进县（区）考核指标和办法研究工作。各地要以创建节水型城市为载体，加强对城市节水工作的指导、监督，要明确城市节水的目标、任务和重点。缺水城市及南水北调工程受水城市在"十一五"期间要努力建设节水型城市。

（二）大力提倡水资源节约项目实施。各地要加强再生水的科学开发和利用，引导工业、农业、城市绿化、市政环卫、生态景观及公共建筑等加大使用再生水力度。沿海和缺水地区应因地制宜地推进海水、雨水等非常规水源的利用。各地要加快技术改造，依法淘汰耗水量大、技术落后的生产工艺和设备，限期更换公共建筑中使用的不符合节水标准的用水器具。新建（改建、扩建）建筑工程的用水器具应符合《节水型生活用水器具》标准。

（三）加强城镇垃圾处理场建设运行的监管。县级以上城市要建立健全垃圾收集系统，逐步配套实施分类运输和分类处理。全面推进城市生活垃圾分类体系建设，充分回收垃圾中废旧资源，实现垃圾减量化。鼓励有条件地区利用生活垃圾焚烧发电和供热。2008年前，在全国372个垃圾填埋场，选择一批开展建设生活垃圾填埋气体发电利用项目，实现垃圾资源化。积极推进城市生活垃圾无害化处理设施建设，新建城市垃圾无害化处理场要统筹考虑周边乡村的生活垃圾处理，实现垃圾无害化，对于未达到无害化标准的生活垃圾填埋场，在2008年底前要全部整改达标。

四、积极推动建设领域节能减排体制机制建设

（一）认真贯彻《民用建筑节能条例》。《民用建筑节能条例》将于10月1日开始实施。各地住房和城乡建设部门要充分认识贯彻《民用建筑节能条例》的重大意义，加强学习、宣传、贯彻工作的组织领导，充分利用各种媒体，加大宣传力度，为条例实施创造良好的社会氛围。各地要结合本地实际，制定切实可行的《条例》贯彻实施方案，加快推进建筑节能各项工作。

（二）健全建设领域节能减排法规制度和政策措施。各地要认真贯彻落实《节约能源法》、《水污染防治法》、《民用建筑节能条例》确立的法律制度，并结合本地实际，研究制定配套的地方法规和规范文件。各地区要继续完善建筑节能技术标准体系，抓紧制定本地区大型公共建筑能耗限额标准。探索政府引导和市场机制推动相结合的方法和机制，研究制定推进节能省地型建筑和绿色建筑、既有建筑节能改造、可再生能源建筑应用的经济激励政策。研究完善促进城市节水的水价管理办法和污水、垃圾处理费用征管机制。加快北方地区供热计量收费制度的建立和实施。加快推行合同能源管理，鼓励和扶持建筑节能服务公司发展。在既有建筑节能改造等方面推行清洁生产机制。

（三）加快建设领域节能减排技术开发和推广。全面启动水体污染治理与控制重大科技专项。组织实施建设领域节能减排有关重大科技攻关项目。广泛开展节能减排国际合作，引进国外先进技术和管理经验。

（四）强化节能减排目标责任评价考核。各省级住房和城乡建设主管部门要研究建立建设领域节能减排统计、监测和考核体系，严格落实节能减排目标责任制和问责制，组织开展节能减排专项检查督察，对本地区住房和城乡建设部门落实国务院节能减排综合性工作方案的情况进行督察，及时向住房和城乡建设部报告。住房和城乡建设部下半年将组织开展建筑节能、供热体制改革、污水处理厂和生活垃圾处理设施运行管理的专项检查行动，严肃查处各类违法违规行为和事件。

（五）加强宣传，营造良好节能减排社会氛围。各地住房和城乡建设主管部门要配合有关部门做好“节能减排全民行动”，组织开展系列宣传活动，制定专门宣传方案，广泛宣传建设领域节能减排的重要性。做好每年一度的全国节能宣传周、全国城市节水宣传周、中国城市公共交通周及无车日等宣传活动。各级住房和城乡建设主管部门对在节能降耗和污染减排工作中做出突出贡献的单位和个人予以表扬和奖励。

中华人民共和国住房和城乡建设部

二〇〇八年九月五日

地方政策文件

北京市加快发展循环经济建设资源节约型环境友好型城市2008年行动计划

北京市发展改革委

2008年是全面落实党的十七大精神的开局之年，是实施“十一五”规划的重要之年，是奥运举办之年。为贯彻落实科学发展观，推动首都经济又好又快发展，将北京建设成为资源节约型和环境友好型城市，确保实现节能减排目标，特制定本计划。

一、总体思路和目标

认真贯彻党的十七大精神，以科学发展观为指导，紧紧围绕奥运环境保障要求和本市“十一五”节能减排目标，以提高能源资源利用效率和减少污染物排放为核心，加快“以退促降”向“内涵促降”转变，把结构调整、技术进步与制度创新作为节能减排的主要动力，充分发挥政策引导、监察约束和宣传教育作用，以综合手段深入推动节能减排工作，集中实施一批节能减排重大项目，研究制订一批有利于节能减排的鼓励政策，确保完成年度目标。

2008年，要实现单位国内生产总值（GDP）能耗下降5%、单位GDP水耗下降4%、化学需氧量（COD）排放量下降4%、二氧化硫（SO2）排放量下降10%.

二、深化实施十大工程

（一）产业结构调整工程。根据北京城市性质、功能和资源优势，全面推动产业结构优化升级，重点推进生产性服务业、文化创意产业和高技术产业，发展适合首都特点的现代制造业。

加快金融服务、科技服务、信息服务、商务服务、现代物流、教育培训等重点行业发展。着力完善六大高端产业功能区、十个文化创意产业集聚区、四大金融后台服务区、四大物流基地等产业园区基础设施、信息通信、商务服务等生产、生活配套服务体系，推动生产性服务业和文化创意产业集聚化发展；大力推动蛋白质科技基础设施、微软（中国）研发大厦、中国移动北京生产基地、大唐TD-SCDMA实验网、新国际展览中心、现代汽车第二生产厂区、福田-康明斯发动机生产线等重大项目建设。

加快退出一批不符合首都功能定位的劣势产业。推进首钢压产和北京东方石化有限公司有机化工厂、北京化二股份公司、北京化工集团大有公司等企业停产搬迁；退出40家高耗能、高耗水、高污染企业；实施“上大压小”方案，关停华电北京热电有限公司、北京京丰热电厂小火电机组35万千瓦；做好房山区、门头沟区煤矿关闭调整后替代产业扶持工作。

（二）新技术新产品推广工程。制订节能减排技术推广计划，推广一批、示范一批、研究一批节能减排共性和关键技术。

大力推广供暖系统节能、空调系统节能、余热余压利用、雨洪利用、除尘脱硫、膜处理等成熟技术。开展100台锅炉环境温度补偿、烟气余热回收等供暖系统节能改造工程；完成30个空调系统节能改造项目；实施房山立马水泥厂、北京太行前景水泥有限公司的余热余压利用项目；完成机关、学校及住宅小区雨水回收项目200项，集雨400万立方米；采用膜技术实施一批城区污水处理厂升级改造和新城中水厂建设。

积极开展高温空气燃烧技术、热电冷三联供、混合动力汽车等先进技术的示范项目。加快推广高温空气燃烧技术，扩大采用高温空气燃烧技术的锅炉供暖面积；建设北京南站、北京会议中心9号楼、中关村软件园等热电冷三联供示范项目；在奥运村使用50辆电动车，在西城区试点推广小型环卫用车改用电动车，在公交系统推广应用混合动力汽车。

加强对适合本市的节能减排先进适用技术的跟踪研究。开展对生物质废物资源化重大装备技术、垃圾填埋气综合利用关键技术、生活垃圾焚烧飞灰资源化利用技术、矿山废弃物资源化利用技术、华能热电厂二氧化碳捕集示范项目、热力站节能降耗关键技术等研究。

（三）奥运环境保障与污染减排工程。组织落实本市第十四阶段控制大气污染措施，加大夜间机动车污染治理和实施奥运期间空气保障应急措施力度；完成各燃煤电厂烟气脱硝工程并投入运营；推进5万户平房电采暖改造；淘汰更新老旧公交车1500辆、出租汽车2000辆；公交、环卫、邮政等行业完成2300辆“黄标车”淘汰和2600辆“黄标车”治理；完成加油站、油罐车和储油库油气回收治理；完成五环路内及奥运场馆周边重点地区裸露地面绿化、硬化治理；实施市级和19个区县级监控中心建设，实现对全市重点污染源的自动监测。

加大水源地保护力度，对重要地表水源区60个村实施以污水、垃圾处理为重点的环境整治，完成26条小流域共320平方公里的综合治理。开展跨区域合作，在张家口、承德地区继续实施6867公顷“稻改旱”工程。加快建设一批中水厂，完成昌平、门头沟、延庆中水厂建设，启动清河中水厂二期工程、平谷中水厂二期工程建设，推进高碑店中水厂、卢沟桥中水厂、小红门中水厂、通州河东中水厂建设前期工作；将定福庄区域污水调往高碑店污水处理厂处理。加大河湖治理力度，启动丰台南城地区水系、温榆河等重点水域水质改善工程，完成永定河（卢沟桥至三家店段）和清河（清河闸至下清河闸段）综合整治工程。

实施京津风沙源治理3.93万公顷，水源保护林1333公顷，恢复关停废弃矿山植被1333公顷；完成667公顷第一道绿化隔离带郊野公园建设，实施1333公顷第二道绿化隔离地区绿化；启动通州区、顺义区、密云县、延庆县、昌平区5个万亩滨河森林公园建设；新建京平、京津二通道、机场南线100公里生态景观大道；建设1万平方米以上公园绿地80公顷，力争完成城市绿化面积600公顷。

（四）政府机构节能工程。完成32家政府机构节能诊断并实施改造，完成照明、变配电、通风3个系统10项节能技术改造；强化54家已完成计量改造政府机构的用电、用热在线监测，形成能耗分析报告，指导政府机构用能行为。

（五）大型公建节能工程。在部分商场超市和宾馆饭店引入合同能源管理模式，实施节能改造试点；开展12家医院节能改造；完成800万平方米大型公建低成本改造；开展250万平方米国家机关和公益性事业单位建筑物节能改造；完成10万平方米城镇住宅节能改造。

（六）高耗能行业节能工程。完成国家“千家企业节能行动”中在京10家企业的36项设备节能改造；完成50家年耗能2万吨标煤以上用能企业的能源审计，重点推进电机、变压器等用能设备的更新改造；开展50家企业清洁生产审核，完成水泥和化学原料药两个行业的审核工作；扩大工业重点用能大户在线监测范围，对年耗能1万吨标煤以上的企业用电全部实现在线监测。

（七）绿色照明工程。加强政府引导和资金投入力度，积极推广高效照明产品。完成奥运签约宾馆、饭店和奥运场馆及周边道路等设施绿色照明工程；首都功能核心区的公共服务设施及居民家庭实现绿色照明。

（八）可再生能源示范工程。实施一批太阳能利用工程，在农村地区继续安装2万盏太阳能路灯，在顺义、平谷、延庆、门头沟等区县示范建设阳光校园工程和农村太阳能集中浴室工程；推进一批生物质能利用工程，在延庆县、怀柔区和密云县建设秸秆集中气化工程，新建50座生物质集中供气工程，在平谷、密云、延庆等区县乡镇试点推广生物质型煤集中采暖工程，力争新增200万平方米以上的供热面积；建设一批热泵供暖工程，在适宜地区全面推广热泵供暖工程，力争全年新增500万平方米热泵供暖面积；加快发展风力发电，启动官厅风电场二期5万千瓦工程建设。

（九）水资源节约工程。扩大工业、农业、环境利用再生水。全年利用再生水6亿立方米，再生水利用率达到60%，逐步成为农业灌溉、河湖生态、工业冷却用水的主要水源。在通州区、密云县建设6667公顷再生水灌区，全市再生水灌溉面积达到3.67万公顷以上；建设东南郊农村水网，拦蓄利用城市雨洪水和再生水；启动清河中水西调工程，利用中水补充河湖景观水。

加强节水管理。开展6667公顷高效农业节水灌溉工程，使全市农业节水灌溉面积达到26万公顷，实施节水灌溉面积比例达到85%；进一步提高节水器具的普及率，学校、医院、商场、机关等单位的公共浴室采用智能节水控制系统。

（十）资源综合利用工程。强化资源综合利用企业认定管理，提高固体废弃物综合利用水平；推进煤矸石在市政道路建设中的利用和尾矿砂在混凝土中的应用；建成清河污泥干化项目，启动北京水泥厂和高碑店污泥干化处理项目。

进一步完善和推进城区再生资源回收体系的产业化发展。启动远郊区县再生资源回收体系建设，重点加强规范站点、物流配送、专业分拣、厂商直挂4个环节，对现有回收站点的规范管理率力争达到60%；加强再生资源回收体系建设与生活垃圾管理的资源整合，建立再生资源回收数据与垃圾分类收集处理统计数据对接平台，推进再生资源回收与有条件的密闭式清洁站搭载工作。

加快建设一批生活垃圾处理设施。完成安定填埋场二期工程、董村综合处理厂建设，力争南宫、高安屯餐厨垃圾处理厂开工，推进阿苏卫、六里屯生活垃圾焚烧厂和梁家务生活垃圾填埋场建设；实施全市正规垃圾处理设施渗沥液改造工程和六环路内所有非正规垃圾场整治；重点镇建成垃圾转运站并配备垃圾运输车，完善相应的管护机制；推进大兴和通州2座大型垃圾转运站建设；建成电子废弃物回收处置示范工程。

三、继续夯实三项基础

（一）加强统计基础工作。贯彻《北京市加强能源统计监测工作实施意见》；研究建立全市能源统计监测体系和每半年进行全市能源总体情况分析评价的机制；加强能源统计数据分析，定期出台能源形势监测分析报告；完善现行的二、三产业规模以上能源统计制度；建立规模以下工业和批发零售业、餐饮住宿业季度能源消费抽样调查制度，建立成品油批发零售季报制度；规范能源供应单位统计制度；开展重点用能单位能源数据统计执法检查；做好污染源普查，开展噪声污染的摸底调查、科学评价。

（二）强化分类计量。制订本市能源分类计量管理办法；监督和督促用能单位合理配备能源计量器具；对年耗能万吨标煤以上的159家用能单位进行能源计量检测，督促用能单位完成能源计量工作的整改落实。

（三）提高监测能力。研究整合全市能源统计信息，初步形成全市能源统计监测体系总体框架；完善能耗监测平台建设，在实现对市级政府机构和年耗能2万吨标煤以上用能企业在线监测的基础上，逐步扩大到大型公建监测；完善环境监测体系，逐步形成对重点污染源实施在线监测的能力。

四、完善六大保障体系

（一）法规政策体系。节能方面，做好修订《北京市实施〈中华人民共和国节约能源法〉办法》的前期工作，健全资金投入机制，设立节能专项资金，研究调整资源类产品价格，推进热计量价格试点工作；减排方面，落实本市第十四阶段控制大气污染措施，加强本市应对气候变化的前期研究，做好修订《北京市实施〈中华人民共和国大气污染防治法〉办法》和《北京市实施〈中华人民共和国水污染防治法〉办法》的前期工作，制订本市贯彻落实《国家鼓励的资源综合利用认定管理办法》实施细则、清洁生产中长期规划、餐厨垃圾项目建设规划和建筑垃圾处置实施方案等，制订社会高排放车辆更新淘汰及主要污染物减排的经济激励政策。

（二）指标标准体系。率先执行国Ⅳ阶段机动车排放标准；研究调整垃圾、污水收费方式和标准，完善相关机制；制订本市固定资产投资项目节能专篇操作规范、生物质固硫型煤地方标准和低压用户电气装置安装规程等地方标准；研究编制太阳能光伏室外照明装置、政府机构能耗定额、满足水环境容量的污水处理标准、北京市城市雨水排除系统规划设计等地方标准。

（三）评价考核体系。建立应对气候变化及节能减排协调机制，统筹协调解决全市节能减排的重大问题；出台本市节能减排统计、监测、考核实施方案及办法；加强重点耗能企业监管考核；研究制订循环经济试点管理办法；完善固定资产投资项目节能评估和审查工作；定期公布各区县的空气质量、水环境质量和污染减排情况，落实各区县属地管理责任。

（四）监督执法体系。加强对年耗能5000吨标煤以上用能单位的节能执法监察，对企业和单位开展执行国家淘汰或限制使用的用能产品、设备、工艺和材料目录情况的检查；对固定资产投资项目在设计、施工环节落实节能评估和审查意见情况实施监察；强化对强制性能效标识实施情况和新建、改造建筑工程节能的监管力度；实施重点工程重要建筑材料品种采购备案工作试点，建立可追溯的建筑材料供应单位信息库；加大环境监察执法力度，开展环保专项行动。

（五）市场服务体系。利用市场化机制推动本市节能减排工作开展，培育专业服务市场和中介体系，搭建合同能源管理推广平台；完善清洁生产和能源审计、节能评估服务平台；推进清洁发展机制（CDM）项目合作，制订发展规划，研究设立碳交易市场；密切与周边省区市环境合作，完善协调机制，采取协调行动，促进空气质量同步改善。

（六）宣传教育体系。进一步公开环境信息，完善官方网站和环保公众网的信息披露机制和公众互动机制，畅通政府与群众的沟通渠道；办好“2008中国北京国际节能环保展”；继续推进“节能减排进奥运”、“节能医生进企业”等系列活动，开展“少开一天车”等活动，鼓励公众参与；评选市级“绿色学校”、“绿色家庭”等；印制绿色奥运系列宣传册，在赛时向广大市民及媒体免费发放；利用各种媒体，进行贯穿全年、受众面广的宣传教育；发挥行业协会、中介机构作用，做好宣传培训、技术推广、信息咨询等工作；积极开展政府机构、工业企业、大型公建节能减排专业培训；表彰、奖励节能先进单位和个人，弘扬“节约也是发展”的先进文化理念。

（二〇〇八年三月）

山西省人大常委会加快发展循环经济的决定（节录）

(2008年9月25日山西省第十一届人民代表大会常务委员会第六次会议通过)

加快发展循环经济，是全面贯彻落实科学发展观，转变经济发展方式，建设资源节约型和环境友好型社会，实现经济社会可持续发展的有效途径和必然选择。这对于我省加快建设新型能源和工业基地，构建充满活力、富裕文明、和谐稳定、山川秀美的新山西具有重要的现实意义和战略意义。

一、加快发展循环经济的重要性和紧迫性（略）

二、加快发展循环经济的指导思想和基本原则

(三)发展循环经济要全面贯彻落实科学发展观，坚持以党的十七大精神为指引，按照省委提出的走出“四条路子”，实现“三个跨越”的战略部署，以煤炭、焦炭、冶金、电力、化工、建材等传统产业优化升级为重点，以提高能源资源利用效率和保护生态环境为目标，以科技创新和制度创新为动力，以法制建设为保障，转变经济发展方式，形成有利于节约能源资源、降低废弃物排放的生产方式和消费方式，实现经济社会的可持续发展和人与自然的和谐发展。

(四)发展循环经济要坚持减量化、再利用、资源化的原则。严格遵循统筹规划、合理布局、因地制宜、注重实效、政府推动、市场引导、企业实施、公众参与的方针。在企业、园区、社区、区域等层次着力推进资源循环式利用、产业循环式组合、区域循环式开发，建立从资源开采、生产消耗、社会消费、废物产生、回收利用全过程的良性循环，形成具有我省地方特色、产业特色的循环经济发展模式。

三、加快发展循环经济的重点内容和基本要求

(五)发展循环经济要加快产业结构调整和区域布局优化。要坚持在调整产业结构中发展循环经济，在发展循环经济中实现产业结构的优化升级。要根据资源环境条件和区域特点，用循环经济发展理念指导区域发展。着力推动煤炭、焦炭、冶金、电力、化工、建材等传统产业的新型化进程，构建产业循环经济链。加强水资源保护，提高水资源的分类利用和循环利用。严格保护耕地，推进土地集约利用，增强建设用地容积率。加快可再生能源的发展。产业园区和重化工业集中区，要明确规定土地、能源、水资源利用及废物排放综合控制指标，围绕核心资源发展相关产业，发挥产业积聚和工业生态效应，形成能源资源高效循环利用的产业循环经济体系。

(六)发展循环经济要大力推进资源节约，减少能源资源消耗。要统筹规划矿产资源开发，严格执行开采回采率、采矿贫化率、选矿回收率、矿山水循环利用率和土地复垦率等指标的规定。对重要的资源实行保护性开采，提高资源综合回收利用率。要提高淘汰落后产能的标准，扩大淘汰落后产能的范围，加快对高耗能、高耗水、高污染行业落后产能的淘汰步伐，坚决取缔和关闭落后生产设备和工艺装置。要下决心淘汰重要生态功能保护区、水源地及其汇水区、城市中心区的落后产能，严格禁止落后产能的流动转移，实现源头控制。

(七)发展循环经济要与推进清洁生产、保护环境相结合，实现由末端治理向污染预防和生产全过程控制转变。推动不同行业合理延长产业链，最大限度实现废物资源化和再生资源回收利用。加快再生资源设施建设，以及城市垃圾、污泥减量化和资源化利用，降低废物最终处置量。新建、改建、扩建建设项目和各类产业园区，必须符合本区域主要污染物排放、建设用地和用水总量控制指标。要严格环境影响评价，采取生态保护和污染控制措施，确保本区域环境质量达标。

(八)发展循环经济要加快与循环经济密切相关的服务业和高新技术产业的发展。要全力推进现代服务业发展，拓展服务业在产品、服务、信息、管理等方面的环状连接。积极扶持生态服务业、生态旅游业发展，提高旅游景区生态建设和环境治理能力。加快物流业、信息服务业发展，以物流、信息流带动循环经济发展。积极支持发展为循环经济服务的金融投资、知识产权、法律服务、会计审计等中介服务业。加快用高新技术和先进适用技术改造提升传统产业，培育和壮大经济效益好、带动作用强的优势骨干企业群，做大做强新兴优势产业，实现产业结构的优化升级和循环发展。

(九)发展循环经济要大力发展现代农业。要以发展生态农业、畜牧养殖、农产品加工为重点，构建农业产业循环链。建立以专用化、区域化、特色化、品牌化、优质化为特色的农产品基地，发展种养加复合型的循环农业。要重视发展节水农业，提高用水效率。要大力发展以沼气和秸秆利用为主的能源环保工程，实现农业和农村废弃物资源化、再利用，降低自然资源消耗，促进农业生态系统物质、能量的良性循环。

(十)发展循环经济要立足省情、重点突破、园区带动、有序推进。选择对循环经济有显著推动作用和示范意义较大的重点行业、重点领域、产业园区和城市社区组织开展循环经济示范，探索发展循环经济的有效模式。通过示范，总结经验，完善促进再生资源循环利用、降低污染排放的政策措施，构建产业循环链和社会循环体系，实现社会生活和生态环境的协调发展。

四、加快建立和完善发展循环经济的政策机制

(十一)发展循环经济要加强宏观管理、统筹规划。要制定突出资源特色、产业特色、重点领域的循环经济发展规划。省人民政府要编制发展循环经济的总体规划和分阶段推进计划，并纳入国民经济和社会发展规划及年度计划。各市、县人民政府及有关部门编制的各类区域规划、城市总体规划，以及矿产资源可持续利用、节能、节水、资源综合利用等专项规划，要明确对资源消耗、节约、循环利用、废物排放和环境保护的目标、重点和政策措施。

(十二)发展循环经济要加强相关制度和评价指标体系建设。建立和完善适应循环经济发展的管理认证制度、统计监测制度、信息公开制度、评价考核制度、生态补偿制度、环境容量管制制度、清洁生产审核制度、企业责任延伸制度等。要严格各项制度的考核，实行动态管理，评价指标完成情况要作为对各级政府及其负责人考核评价的内容。

(十三)发展循环经济要加大政府性资金的支持力度，确保政府性循环经济专项投资的不断增长。各级政府要切实增加发展循环经济的投入，制定支持循环经济发展的财政政策，对发展循环经济的重大项目和技术开发、产业化示范项目，政府要给予直接投资或资金补助、贷款贴息等支持。加大对企业符合循环经济要求的污染防治项目的投入力度；要加快研究建立促进节能、节水产品和节能省地型建筑推广的激励政策，鼓励和支持企业开展能源转化和废弃物利用。发挥政府对发展循环经济的推动和引导作用，鼓励不同经济成分和各类投资主体以多种形式参与循环经济项目建设。各类金融机构应加大对循环经济、清洁生产、节能减排、技术改造等重点项目的信贷支持，积极为重点行业、重点领域的循环经济发展提供融资服务。

(十四)发展循环经济要发挥价格调节作用，实行鼓励循环经济发展的价格政策。要研究建立能够反映资源性产品供求关系的价格机制，研究制定高耗能产业差别电价政策、新能源电价补贴政策、水资源费征收政策、污水处理价格政策、排污和垃圾处理收费政策，积极推进阶梯式水价、超计划超定额用水加价制度。合理调整水、热、电、天然气等价格，促进资源的合理开发、节约使用、高效利用和有效保护。

五、加快发展循环经济的技术开发和标准体系建设

(十五)发展循环经济要加快技术支撑体系建设，提升循环经济发展能力。

(十六)发展循环经济要建立相应的人才智力支撑体系和技术咨询服务体系。

(十七)发展循环经济要制定和完善相关的标准体系。

六、加强发展循环经济的组织领导和监督管理

(十八)加快发展循环经济要摆上位置、狠抓落实。

(十九)加强循环经济发展的法制建设。

(二十)依法加强循环经济发展的监督管理。

(二十一)各级人大及其常委会要加强对循环经济发展的监督。定期听取本级人民政府关于循环经济发展情况的报告，监督检查循环经济相关法律法规贯彻执行情况，加强对我省循环经济总体规划及各专项规划实施进度的监督检查，加大对循环经济发展过程中重点、难点问题的监督检查力度，依法推进全省循环经济又好又快发展。

(二十二)加快发展循环经济是全省人民的共同责任。

重庆市人民政府关于加快全市再生资源回收体系建设的意见（节录）

2008年2月3号

一、充分认识再生资源回收体系建设的重大意义（略）

二、总体要求和工作目标

（一）总体要求

以邓小平理论和“三个代表”重要思想为指导，认真贯彻党的十六大、十六届五中全会和十七大精神，树立和落实科学发展观，紧紧围绕建设资源节约型和环境友好型社会的要求，在充分利用、规范和整合现有再生资源回收渠道的基础上，统一规划，合理布局，规范建设，形成以社区回收网络为基础，集散交易市场为核心，加工利用为目的，点面结合，三位一体的再生资源回收网络体系，逐步提高回收集散加工能力，促进再生资源行业健康有序发展。

（二）工作目标

通过构建再生资源回收体系，完善再生资源回收的法规、标准和政策，形成再生资源回收促进体系，建立回收企业和个人的从业资格培训体系，使城市90%以上回收人员纳入规范化管理，90%以上的社区设立规范的回收站点，90%以上的再生资源进入指定市场进行规范化的交易和集中处理，生产性废旧金属形成集中回收–加工–再生循环链条。争取用5年时间，建成较为完善的再生资源回收体系，再生资源主要品种回收率达到80%，实现再生资源回收的产业化。

三、工作原则

（一）政府引导，市场运作。再生资源回收体系建设是一项涉及方方面面的系统工程，带有社会公益性质，应纳入政府的宏观管理和调控，充分发挥各方面的作用，逐步形成政府引导支持、企业投入、市场运作、社会参与的发展机制。

（二）节约资源，保护环境。以有利于提高再生资源回收率，有利于保护环境，有利于方便居民生活，有利于行业管理为出发点，以企业和集散市场为载体，逐步形成布局合理、网络健全、设施适用、服务功能齐全、管理科学的再生资源回收网络体系。为建设资源节约型、环境友好型社会发挥应有的积极作用。

（三）示范带动，循序渐进。按照先试点、后推广，先局部、再全局的原则，统一规划、分步实施。在总结示范试点地区、试点单位经验的基础上，逐步推开，形成辐射带动效应。

（四）加强管理，规范经营。坚持建设与管理并重的原则，建设中加强管理，管理中推进建设。通过健全法制和加强监管，切实解决回收行业环境污染、偷盗销赃、逃避监管和无序竞争等问题。

四、工作重点

（一）制订实施方案。各区县（自治县）人民政府、市政府有关部门要根据本意见，结合本地区、本部门实际情况，制订本地区、本部门再生资源回收体系建设的工作目标、工作方案，采取切实有效的措施，加快建设再生资源回收体系，促进再生资源回收行业的发展。

（二）完善管理机制。加快《重庆市再生资源回收管理条例》的立法调研论证及起草工作，抓紧制定废旧金属收购行业管理规范和多种形式的回收市场管理措施，形成法规、标准及政策等在内的再生资源回收促进体系；制定实施再生资源回收体系建设规划；充分发挥行业协会等中介机构的作用，加强行业自律。

（三）加强网络建设

1．建设社区回收网络。

按照统一规划、合理布局、方便交售、绿色环保的原则，依据城市每1000～1500户居民设置一个回收站点，乡、镇每1500～2000户居民设置一个简易收购站点或固定收购站点的标准，结合城市社区商业“双进工程”和农村市场“双建工程”，由各区县（自治县）商贸行政管理部门牵头，会同市政、工商、公安、供销社等部门及街道（镇、乡）、社区，编制本地区回收站（亭）的数量和布局规划，报同级人民政府审定后实施，并报市商委备案。

工商行政管理部门在办理再生资源回收站（亭）工商营业执照时，应向所在区县（自治县）商贸行政管理部门征求是否符合规划的书面意见。回收站（亭）应与再生资源集散交易市场紧密衔接，社区回收网络建设单位要配备统一标识的专用运输车，及时将收购的废旧物运出城区，回收物日收日清，原则上不在回收站点存储，尽量减少对居民生活环境的污染；应按照“七统一、一规范”的原则，统一规划、统一标识、统一服饰、统一指导收购价格、统一计量工具、统一车辆、统一管理，规范经营服务行为。

2．建设非居民区再生资源回收网络。

对企事业单位即非居民区再生资源的回收，采取回收企业定时、定点上门回收的方式，由统一标识、封闭式分类回收车运输至集散市场。从事运输回收的人员需经过岗位培训，统一着装，规范作业。

3．建设生产性废旧金属回收网络。

选择有一定经营规模、经营规范的回收企业负责回收，形成生产性废旧金属回收网络，逐步提高生产性废旧金属回收企业的技术水平和初加工能力，促进其与以废旧金属为原料的加工利用企业形成产业链，实现回收行业的产业化。

4．建设再生资源集散交易市场。

市商委牵头会同市规划、国土、工商等部门和有关区县（自治县）人民政府在规范现有集散市场的基础上，规划设置再生资源集散交易市场，逐步形成集散功能分明、科学有序的再生资源市场。设立再生资源集散交易市场，应取得市商委的批准文件。市场的设立需符合环保和公安消防有关要求，与居民区相对隔离，且便于运输，具有一定的规模；市场应同时具有储存、集散、初级加工、交易、信息收集发布等功能；市场内每个摊位经营面积不应低于100平方米，储存场地相对固定，有围墙隔断，避免造成二次污染。

（四）培育龙头企业

市政府有关部门和区县（自治县）人民政府要通过企业申报、组织专家实地考察、论证等方式，选择确定重点支持、培育的龙头企业及其建设项目。支持、引导龙头企业以资本或生产为纽带，以整合网络资源为基础，以建设项目为核心，以标准化和规范化为手段，以资源化和无害化为目标，有步骤地实施回收体系建设。

（五）加强教育培训

市商委要牵头制定从业人员服务规范，发挥行业协会的职能和作用，依据相关法规，针对回收行业特点，组织专家和有关专业技术人员制订培训教材和培训方案，组织开展再生资源回收行业从业人员教育培训，全面提高从业人员的素质，提高行业服务水平。

五、保障措施

（一）加强组织领导。

（二）加大政策支持力度。

（三）做好试点及推广工作。

（四）加强监督检查。

（五）做好宣传工作。

法律法规

全国人大、国务院法律法规

中华人民共和国循环经济促进法

（中华人民共和国第十一届全国人民代表大会常务委员会第四次会议于2008年8月29日通过，自2009年1月1日起施行）

第一章　总则

第一条　为了促进循环经济发展，提高资源利用效率，保护和改善环境，实现可持续发展，制定本法。

第二条　本法所称循环经济，是指在生产、流通和消费等过程中进行的减量化、再利用、资源化活动的总称。

本法所称减量化，是指在生产、流通和消费等过程中减少资源消耗和废物产生。

本法所称再利用，是指将废物直接作为产品或者经修复、翻新、再制造后继续作为产品使用，或者将废物的全部或者部分作为其他产品的部件予以使用。

本法所称资源化，是指将废物直接作为原料进行利用或者对废物进行再生利用。

第三条　发展循环经济是国家经济社会发展的一项重大战略，应当遵循统筹规划、合理布局，因地制宜、注重实效，政府推动、市场引导，企业实施、公众参与的方针。

第四条　发展循环经济应当在技术可行、经济合理和有利于节约资源、保护环境的前提下，按照减量化优先的原则实施。

在废物再利用和资源化过程中，应当保障生产安全，保证产品质量符合国家规定的标准，并防止产生再次污染。

第五条　国务院循环经济发展综合管理部门负责组织协调、监督管理全国循环经济发展工作；国务院环境保护等有关主管部门按照各自的职责负责有关循环经济的监督管理工作。

县级以上地方人民政府循环经济发展综合管理部门负责组织协调、监督管理本行政区域的循环经济发展工作；县级以上地方人民政府环境保护等有关主管部门按照各自的职责负责有关循环经济的监督管理工作。

第六条　国家制定产业政策，应当符合发展循环经济的要求。

县级以上人民政府编制国民经济和社会发展规划及年度计划，县级以上人民政府有关部门编制环境保护、科学技术等规划，应当包括发展循环经济的内容。

第七条　国家鼓励和支持开展循环经济科学技术的研究、开发和推广，鼓励开展循环经济宣传、教育、科学知识普及和国际合作。

第八条　县级以上人民政府应当建立发展循环经济的目标责任制，采取规划、财政、投资、政府采购等措施，促进循环经济发展。

第九条　企业事业单位应当建立健全管理制度，采取措施，降低资源消耗，减少废物的产生量和排放量，提高废物的再利用和资源化水平。

第十条　公民应当增强节约资源和保护环境意识，合理消费，节约资源。

国家鼓励和引导公民使用节能、节水、节材和有利于保护环境的产品及再生产品，减少废物的产生量和排放量。

公民有权举报浪费资源、破坏环境的行为，有权了解政府发展循环经济的信息并提出意见和建议。

第十一条　国家鼓励和支持行业协会在循环经济发展中发挥技术指导和服务作用。县级以上人民政府可以委托有条　件的行业协会等社会组织开展促进循环经济发展的公共服务。

国家鼓励和支持中介机构、学会和其他社会组织开展循环经济宣传、技术推广和咨询服务，促进循环经济发展。

第二章　基本管理制度

第十二条　国务院循环经济发展综合管理部门会同国务院环境保护等有关主管部门编制全国循环经济发展规划，报国务院批准后公布施行。设区的市级以上地方人民政府循环经济发展综合管理部门会同本级人民政府环境保护等有关主管部门编制本行政区域循环经济发展规划，报本级人民政府批准后公布施行。

循环经济发展规划应当包括规划目标、适用范围、主要内容、重点任务和保障措施等，并规定资源产出率、废物再利用和资源化率等指标。

第十三条　县级以上地方人民政府应当依据上级人民政府下达的本行政区域主要污染物排放、建设用地和用水总量控制指标，规划和调整本行政区域的产业结构，促进循环经济发展。

新建、改建、扩建建设项目，必须符合本行政区域主要污染物排放、建设用地和用水总量控制指标的要求。

第十四条　国务院循环经济发展综合管理部门会同国务院统计、环境保护等有关主管部门建立和完善循环经济评价指标体系。

上级人民政府根据前款规定的循环经济主要评价指标，对下级人民政府发展循环经济的状况定期进行考核，并将主要评价指标完成情况作为对地方人民政府及其负责人考核评价的内容。

第十五条　生产列入强制回收名录的产品或者包装物的企业，必须对废弃的产品或者包装物负责回收；对其中可以利用的，由各该生产企业负责利用；对因不具备技术经济条　件而不适合利用的，由各该生产企业负责无害化处置。

对前款规定的废弃产品或者包装物，生产者委托销售者或者其他组织进行回收的，或者委托废物利用或者处置企业进行利用或者处置的，受托方应当依照有关法律、行政法规的规定和合同的约定负责回收或者利用、处置。

对列入强制回收名录的产品和包装物，消费者应当将废弃的产品或者包装物交给生产者或者其委托回收的销售者或者其他组织。

强制回收的产品和包装物的名录及管理办法，由国务院循环经济发展综合管理部门规定。

第十六条　国家对钢铁、有色金属、煤炭、电力、石油加工、化工、建材、建筑、造纸、印染等行业年综合能源消费量、用水量超过国家规定总量的重点企业，实行能耗、水耗的重点监督管理制度。

重点能源消费单位的节能监督管理，依照《中华人民共和国节约能源法》的规定执行。

重点用水单位的监督管理办法，由国务院循环经济发展综合管理部门会同国务院有关部门规定。

第十七条　国家建立健全循环经济统计制度，加强资源消耗、综合利用和废物产生的统计管理，并将主要统计指标定期向社会公布。

国务院标准化主管部门会同国务院循环经济发展综合管理和环境保护等有关主管部门建立健全循环经济标准体系，制定和完善节能、节水、节材和废物再利用、资源化等标准。

国家建立健全能源效率标识等产品资源消耗标识制度。

第三章　减量化

第十八条　国务院循环经济发展综合管理部门会同国务院环境保护等有关主管部门，定期发布鼓励、限制和淘汰的技术、工艺、设备、材料和产品名录。

禁止生产、进口、销售列入淘汰名录的设备、材料和产品，禁止使用列入淘汰名录的技术、工艺、设备和材料。

第十九条　从事工艺、设备、产品及包装物设计，应当按照减少资源消耗和废物产生的要求，优先选择采用易回收、易拆解、易降解、无毒无害或者低毒低害的材料和设计方案，并应当符合有关国家标准的强制性要求。

对在拆解和处置过程中可能造成环境污染的电器电子等产品，不得设计使用国家禁止使用的有毒有害物质。禁止在电器电子等产品中使用的有毒有害物质名录，由国务院循环经济发展综合管理部门会同国务院环境保护等有关主管部门制定。

设计产品包装物应当执行产品包装标准，防止过度包装造成资源浪费和环境污染。

第二十条　工业企业应当采用先进或者适用的节水技术、工艺和设备，制定并实施节水计划，加强节水管理，对生产用水进行全过程控制。

工业企业应当加强用水计量管理，配备和使用合格的用水计量器具，建立水耗统计和用水状况分析制度。

新建、改建、扩建建设项目，应当配套建设节水设施。节水设施应当与主体工程同时设计、同时施工、同时投产使用。

国家鼓励和支持沿海地区进行海水淡化和海水直接利用，节约淡水资源。

第二十一条　国家鼓励和支持企业使用高效节油产品。

电力、石油加工、化工、钢铁、有色金属和建材等企业，必须在国家规定的范围和期限内，以洁净煤、石油焦、天然气等清洁能源替代燃料油，停止使用不符合国家规定的燃油发电机组和燃油锅炉。

内燃机和机动车制造企业应当按照国家规定的内燃机和机动车燃油经济性标准，采用节油技术，减少石油产品消耗量。

第二十二条　开采矿产资源，应当统筹规划，制定合理的开发利用方案，采用合理的开采顺序、方法和选矿工艺。采矿许可证颁发机关应当对申请人提交的开发利用方案中的开采回采率、采矿贫化率、选矿回收率、矿山水循环利用率和土地复垦率等指标依法进行审查；审查不合格的，不予颁发采矿许可证。采矿许可证颁发机关应当依法加强对开采矿产资源的监督管理。

矿山企业在开采主要矿种的同时，应当对具有工业价值的共生和伴生矿实行综合开采、合理利用；对必须同时采出而暂时不能利用的矿产以及含有有用组分的尾矿，应当采取保护措施，防止资源损失和生态破坏。

第二十三条　建筑设计、建设、施工等单位应当按照国家有关规定和标准，对其设计、建设、施工的建筑物及构筑物采用节能、节水、节地、节材的技术工艺和小型、轻型、再生产品。有条　件的地区，应当充分利用太阳能、地热能、风能等可再生能源。

国家鼓励利用无毒无害的固体废物生产建筑材料，鼓励使用散装水泥，推广使用预拌混凝土和预拌砂浆。

禁止损毁耕地烧砖。在国务院或者省、自治区、直辖市人民政府规定的期限和区域内，禁止生产、销售和使用粘土砖。

第二十四条　县级以上人民政府及其农业等主管部门应当推进土地集约利用，鼓励和支持农业生产者采用节水、节肥、节药的先进种植、养殖和灌溉技术，推动农业机械节能，优先发展生态农业。

在缺水地区，应当调整种植结构，优先发展节水型农业，推进雨水集蓄利用，建设和管护节水灌溉设施，提高用水效率，减少水的蒸发和漏失。

第二十五条　国家机关及使用财政性资金的其他组织应当厉行节约、杜绝浪费，带头使用节能、节水、节地、节材和有利于保护环境的产品、设备和设施，节约使用办公用品。国务院和县级以上地方人民政府管理机关事务工作的机构会同本级人民政府有关部门制定本级国家机关等机构的用能、用水定额指标，财政部门根据该定额指标制定支出标准。

城市人民政府和建筑物的所有者或者使用者，应当采取措施，加强建筑物维护管理，延长建筑物使用寿命。对符合城市规划和工程建设标准，在合理使用寿命内的建筑物，除为了公共利益的需要外，城市人民政府不得决定拆除。

第二十六条　餐饮、娱乐、宾馆等服务性企业，应当采用节能、节水、节材和有利于保护环境的产品，减少使用或者不使用浪费资源、污染环境的产品。

本法施行后新建的餐饮、娱乐、宾馆等服务性企业，应当采用节能、节水、节材和有利于保护环境的技术、设备和设施。

第二十七条　国家鼓励和支持使用再生水。在有条　件使用再生水的地区，限制或者禁止将自来水作为城市道路清扫、城市绿化和景观用水使用。

第二十八条　国家在保障产品安全和卫生的前提下，限制一次性消费品的生产和销售。具体名录由国务院循环经济发展综合管理部门会同国务院财政、环境保护等有关主管部门制定。

对列入前款规定名录中的一次性消费品的生产和销售，由国务院财政、税务和对外贸易等主管部门制定限制性的税收和出口等措施。

第四章　再利用和资源化

第二十九条　县级以上人民政府应当统筹规划区域经济布局，合理调整产业结构，促进企业在资源综合利用等领域进行合作，实现资源的高效利用和循环使用。

各类产业园区应当组织区内企业进行资源综合利用，促进循环经济发展。

国家鼓励各类产业园区的企业进行废物交换利用、能量梯级利用、土地集约利用、水的分类利用和循环使用，共同使用基础设施和其他有关设施。

新建和改造各类产业园区应当依法进行环境影响评价，并采取生态保护和污染控制措施，确保本区域的环境质量达到规定的标准。

第三十条　企业应当按照国家规定，对生产过程中产生的粉煤灰、煤矸石、尾矿、废石、废料、废气等工业废物进行综合利用。

第三十一条　企业应当发展串联用水系统和循环用水系统，提高水的重复利用率。

企业应当采用先进技术、工艺和设备，对生产过程中产生的废水进行再生利用。

第三十二条　企业应当采用先进或者适用的回收技术、工艺和设备，对生产过程中产生的余热、余压等进行综合利用。

建设利用余热、余压、煤层气以及煤矸石、煤泥、垃圾等低热值燃料的并网发电项目，应当依照法律和国务院的规定取得行政许可或者报送备案。电网企业应当按照国家规定，与综合利用资源发电的企业签订并网协议，提供上网服务，并全额收购并网发电项目的上网电量。

第三十三条　建设单位应当对工程施工中产生的建筑废物进行综合利用；不具备综合利用条　件的，应当委托具备条　件的生产经营者进行综合利用或者无害化处置。

第三十四条　国家鼓励和支持农业生产者和相关企业采用先进或者适用技术，对农作物秸秆、畜禽粪便、农产品加工业副产品、废农用薄膜等进行综合利用，开发利用沼气等生物质能源。

第三十五条　县级以上人民政府及其林业主管部门应当积极发展生态林业，鼓励和支持林业生产者和相关企业采用木材节约和代用技术，开展林业废弃物和次小薪材、沙生灌木等综合利用，提高木材综合利用率。

第三十六条　国家支持生产经营者建立产业废物交换信息系统，促进企业交流产业废物信息。

企业对生产过程中产生的废物不具备综合利用条　件的，应当提供给具备条　件的生产经营者进行综合利用。

第三十七条　国家鼓励和推进废物回收体系建设。

地方人民政府应当按照城乡规划，合理布局废物回收网点和交易市场，支持废物回收企业和其他组织开展废物的收集、储存、运输及信息交流。

废物回收交易市场应当符合国家环境保护、安全和消防等规定。

第三十八条　对废电器电子产品、报废机动车船、废轮胎、废铅酸电池等特定产品进行拆解或者再利用，应当符合有关法律、行政法规的规定。

第三十九条　回收的电器电子产品，经过修复后销售的，必须符合再利用产品标准，并在显著位置标识为再利用产品。

回收的电器电子产品，需要拆解和再生利用的，应当交售给具备条　件的拆解企业。

第四十条　国家支持企业开展机动车零部件、工程机械、机床等产品的再制造和轮胎翻新。

销售的再制造产品和翻新产品的质量必须符合国家规定的标准，并在显著位置标识为再制造产品或者翻新产品。

第四十一条　县级以上人民政府应当统筹规划建设城乡生活垃圾分类收集和资源化利用设施，建立和完善分类收集和资源化利用体系，提高生活垃圾资源化率。

县级以上人民政府应当支持企业建设污泥资源化利用和处置设施，提高污泥综合利用水平，防止产生再次污染。

第五章　激励措施

第四十二条　国务院和省、自治区、直辖市人民政府设立发展循环经济的有关专项资金，支持循环经济的科技研究开发、循环经济技术和产品的示范与推广、重大循环经济项目的实施、发展循环经济的信息服务等。具体办法由国务院财政部门会同国务院循环经济发展综合管理等有关主管部门制定。

第四十三条　国务院和省、自治区、直辖市人民政府及其有关部门应当将循环经济重大科技攻关项目的自主创新研究、应用示范和产业化发展列入国家或者省级科技发展规划和高技术产业发展规划，并安排财政性资金予以支持。

利用财政性资金引进循环经济重大技术、装备的，应当制定消化、吸收和创新方案，报有关主管部门审批并由其监督实施；有关主管部门应当根据实际需要建立协调机制，对重大技术、装备的引进和消化、吸收、创新实行统筹协调，并给予资金支持。

第四十四条　国家对促进循环经济发展的产业活动给予税收优惠，并运用税收等措施鼓励进口先进的节能、节水、节材等技术、设备和产品，限制在生产过程中耗能高、污染重的产品的出口。具体办法由国务院财政、税务主管部门制定。

企业使用或者生产列入国家清洁生产、资源综合利用等鼓励名录的技术、工艺、设备或者产品的，按照国家有关规定享受税收优惠。

第四十五条　县级以上人民政府循环经济发展综合管理部门在制定和实施投资计划时，应当将节能、节水、节地、节材、资源综合利用等项目列为重点投资领域。

对符合国家产业政策的节能、节水、节地、节材、资源综合利用等项目，金融机构应当给予优先贷款等信贷支持，并积极提供配套金融服务。

对生产、进口、销售或者使用列入淘汰名录的技术、工艺、设备、材料或者产品的企业，金融机构不得提供任何形式的授信支持。

第四十六条　国家实行有利于资源节约和合理利用的价格政策，引导单位和个人节约和合理使用水、电、气等资源性产品。

国务院和省、自治区、直辖市人民政府的价格主管部门应当按照国家产业政策，对资源高消耗行业中的限制类项目，实行限制性的价格政策。

对利用余热、余压、煤层气以及煤矸石、煤泥、垃圾等低热值燃料的并网发电项目，价格主管部门按照有利于资源综合利用的原则确定其上网电价。

省、自治区、直辖市人民政府可以根据本行政区域经济社会发展状况，实行垃圾排放收费制度。收取的费用专项用于垃圾分类、收集、运输、贮存、利用和处置，不得挪作他用。

国家鼓励通过以旧换新、押金等方式回收废物。

第四十七条　国家实行有利于循环经济发展的政府采购政策。使用财政性资金进行采购的，应当优先采购节能、节水、节材和有利于保护环境的产品及再生产品。

第四十八条　县级以上人民政府及其有关部门应当对在循环经济管理、科学技术研究、产品开发、示范和推广工作中做出显著成绩的单位和个人给予表彰和奖励。

企业事业单位应当对在循环经济发展中做出突出贡献的集体和个人给予表彰和奖励。

第六章　法律责任

第四十九条　县级以上人民政府循环经济发展综合管理部门或者其他有关主管部门发现违反本法的行为或者接到对违法行为的举报后不予查处，或者有其他不依法履行监督管理职责行为的，由本级人民政府或者上一级人民政府有关主管部门责令改正，对直接负责的主管人员和其他直接责任人员依法给予处分。

第五十条　生产、销售列入淘汰名录的产品、设备的，依照《中华人民共和国产品质量法》的规定处罚。

使用列入淘汰名录的技术、工艺、设备、材料的，由县级以上地方人民政府循环经济发展综合管理部门责令停止使用，没收违法使用的设备、材料，并处五万元以上二十万元以下的罚款；情节严重的，由县级以上人民政府循环经济发展综合管理部门提出意见，报请本级人民政府按照国务院规定的权限责令停业或者关闭。

违反本法规定，进口列入淘汰名录的设备、材料或者产品的，由海关责令退运，可以处十万元以上一百万元以下的罚款。进口者不明的，由承运人承担退运责任，或者承担有关处置费用。

第五十一条　违反本法规定，对在拆解或者处置过程中可能造成环境污染的电器电子等产品，设计使用列入国家禁止使用名录的有毒有害物质的，由县级以上地方人民政府产品质量监督部门责令限期改正；逾期不改正的，处二万元以上二十万元以下的罚款；情节严重的，由县级以上地方人民政府产品质量监督部门向本级工商行政管理部门通报有关情况，由工商行政管理部门依法吊销营业执照。

第五十二条　违反本法规定，电力、石油加工、化工、钢铁、有色金属和建材等企业未在规定的范围或者期限内停止使用不符合国家规定的燃油发电机组或者燃油锅炉的，由县级以上地方人民政府循环经济发展综合管理部门责令限期改正；逾期不改正的，责令拆除该燃油发电机组或者燃油锅炉，并处五万元以上五十万元以下的罚款。

第五十三条　违反本法规定，矿山企业未达到经依法审查确定的开采回采率、采矿贫化率、选矿回收率、矿山水循环利用率和土地复垦率等指标的，由县级以上人民政府地质矿产主管部门责令限期改正，处五万元以上五十万元以下的罚款；逾期不改正的，由采矿许可证颁发机关依法吊销采矿许可证。

第五十四条　违反本法规定，在国务院或者省、自治区、直辖市人民政府规定禁止生产、销售、使用粘土砖的期限或者区域内生产、销售或者使用粘土砖的，由县级以上地方人民政府指定的部门责令限期改正；有违法所得的，没收违法所得；逾期继续生产、销售的，由地方人民政府工商行政管理部门依法吊销营业执照。

第五十五条　违反本法规定，电网企业拒不收购企业利用余热、余压、煤层气以及煤矸石、煤泥、垃圾等低热值燃料生产的电力的，由国家电力监管机构责令限期改正；造成企业损失的，依法承担赔偿责任。

第五十六条　违反本法规定，有下列行为之一的，由地方人民政府工商行政管理部门责令限期改正，可以处五千元以上五万元以下的罚款；逾期不改正的，依法吊销营业执照；造成损失的，依法承担赔偿责任：

(一)销售没有再利用产品标识的再利用电器电子产品的；

(二)销售没有再制造或者翻新产品标识的再制造或者翻新产品的。

第五十七条　违反本法规定，构成犯罪的，依法追究刑事责任。

第七章　附则

第五十八条　本法自2009年1月1日起施行。

公共机构节能条例

（2008年7月23日国务院第18次常务会议通过，自2008年10月1日起施行）

第一章　总则

第一条　为了推动公共机构节能，提高公共机构能源利用效率，发挥公共机构在全社会节能中的表率作用，根据《中华人民共和国节约能源法》，制定本条　例。

第二条　本条　例所称公共机构，是指全部或者部分使用财政性资金的国家机关、事业单位和团体组织。

第三条　公共机构应当加强用能管理，采取技术上可行、经济上合理的措施，降低能源消耗，减少、制止能源浪费，有效、合理地利用能源。

第四条　国务院管理节能工作的部门主管全国的公共机构节能监督管理工作。国务院管理机关事务工作的机构在国务院管理节能工作的部门指导下，负责推进、指导、协调、监督全国的公共机构节能工作。

国务院和县级以上地方各级人民政府管理机关事务工作的机构在同级管理节能工作的部门指导下，负责本级公共机构节能监督管理工作。

教育、科技、文化、卫生、体育等系统各级主管部门在同级管理机关事务工作的机构指导下，开展本级系统内公共机构节能工作。

第五条　国务院和县级以上地方各级人民政府管理机关事务工作的机构应当会同同级有关部门开展公共机构节能宣传、教育和培训，普及节能科学知识。

第六条　公共机构负责人对本单位节能工作全面负责。

公共机构的节能工作实行目标责任制和考核评价制度，节能目标完成情况应当作为对公共机构负责人考核评价的内容。

第七条　公共机构应当建立、健全本单位节能管理的规章制度，开展节能宣传教育和岗位培训，增强工作人员的节能意识，培养节能习惯，提高节能管理水平。

第八条　公共机构的节能工作应当接受社会监督。任何单位和个人都有权举报公共机构浪费能源的行为，有关部门对举报应当及时调查处理。

第九条　对在公共机构节能工作中做出显著成绩的单位和个人，按照国家规定予以表彰和奖励。

第二章　节能规划

第十条　国务院和县级以上地方各级人民政府管理机关事务工作的机构应当会同同级有关部门，根据本级人民政府节能中长期专项规划，制定本级公共机构节能规划。

县级公共机构节能规划应当包括所辖乡（镇）公共机构节能的内容。

第十一条　公共机构节能规划应当包括指导思想和原则、用能现状和问题、节能目标和指标、节能重点环节、实施主体、保障措施等方面的内容。

第十二条　国务院和县级以上地方各级人民政府管理机关事务工作的机构应当将公共机构节能规划

确定的节能目标和指标，按年度分解落实到本级公共机构。

第十三条　公共机构应当结合本单位用能特点和上一年度用能状况，制定年度节能目标和实施方案，有针对性地采取节能管理或者节能改造措施，保证节能目标的完成。

公共机构应当将年度节能目标和实施方案报本级人民政府管理机关事务工作的机构备案。

第三章　节能管理

第十四条　公共机构应当实行能源消费计量制度，区分用能种类、用能系统实行能源消费分户、分类、分项计量，并对能源消耗状况进行实时监测，及时发现、纠正用能浪费现象。

第十五条　公共机构应当指定专人负责能源消费统计，如实记录能源消费计量原始数据，建立统计台账。

公共机构应当于每年3月31日前，向本级人民政府管理机关事务工作的机构报送上一年度能源消费状况报告。

第十六条　国务院和县级以上地方各级人民政府管理机关事务工作的机构应当会同同级有关部门按照管理权限，根据不同行业、不同系统公共机构能源消耗综合水平和特点，制定能源消耗定额，财政部门根据能源消耗定额制定能源消耗支出标准。

第十七条　公共机构应当在能源消耗定额范围内使用能源，加强能源消耗支出管理；超过能源消耗定额使用能源的，应当向本级人民政府管理机关事务工作的机构作出说明。

第十八条　公共机构应当按照国家有关强制采购或者优先采购的规定，采购列入节能产品、设备政府采购名录和环境标志产品政府采购名录中的产品、设备，不得采购国家明令淘汰的用能产品、设备。

第十九条　国务院和省级人民政府的政府采购监督管理部门应当会同同级有关部门完善节能产品、设备政府采购名录，优先将取得节能产品认证证书的产品、设备列入政府采购名录。

国务院和省级人民政府应当将节能产品、设备政府采购名录中的产品、设备纳入政府集中采购目录。

第二十条　公共机构新建建筑和既有建筑维修改造应当严格执行国家有关建筑节能设计、施工、调试、竣工验收等方面的规定和标准，国务院和县级以上地方人民政府建设主管部门对执行国家有关规定和标准的情况应当加强监督检查。

国务院和县级以上地方各级人民政府负责审批或者核准固定资产投资项目的部门，应当严格控制公共机构建设项目的建设规模和标准，统筹兼顾节能投资和效益，对建设项目进行节能评估和审查；未通过节能评估和审查的项目，不得批准或者核准建设。

第二十一条　国务院和县级以上地方各级人民政府管理机关事务工作的机构会同有关部门制定本级公共机构既有建筑节能改造计划，并组织实施。

第二十二条　公共机构应当按照规定进行能源审计，对本单位用能系统、设备的运行及使用能源情况进行技术和经济性评价，根据审计结果采取提高能源利用效率的措施。具体办法由国务院管理节能工作的部门会同国务院有关部门制定。

第二十三条　能源审计的内容包括：

（一）查阅建筑物竣工验收资料和用能系统、设备台账资料，检查节能设计标准的执行情况；

（二）核对电、气、煤、油、市政热力等能源消耗计量记录和财务账单，评估分类与分项的总能耗、人均能耗和单位建筑面积能耗；

（三）检查用能系统、设备的运行状况，审查节能管理制度执行情况；

（四）检查前一次能源审计合理使用能源建议的落实情况；

（五）查找存在节能潜力的用能环节或者部位，提出合理使用能源的建议；

（六）审查年度节能计划、能源消耗定额执行情况，核实公共机构超过能源消耗定额使用能源的说明；

（七）审查能源计量器具的运行情况，检查能耗统计数据的真实性、准确性。

第四章　节能措施

第二十四条　公共机构应当建立、健全本单位节能运行管理制度和用能系统操作规程，加强用能系统和设备运行调节、维护保养、巡视检查，推行低成本、无成本节能措施。

第二十五条　公共机构应当设置能源管理岗位，实行能源管理岗位责任制。重点用能系统、设备的操作岗位应当配备专业技术人员。

第二十六条　公共机构可以采用合同能源管理方式，委托节能服务机构进行节能诊断、设计、融资、改造和运行管理。

第二十七条　公共机构选择物业服务企业，应当考虑其节能管理能力。公共机构与物业服务企业订立物业服务合同，应当载明节能管理的目标和要求。

第二十八条　公共机构实施节能改造，应当进行能源审计和投资收益分析，明确节能指标，并在节能改造后采用计量方式对节能指标进行考核和综合评价。

第二十九条　公共机构应当减少空调、计算机、复印机等用电设备的待机能耗，及时关闭用电设备。

第三十条　公共机构应当严格执行国家有关空调室内温度控制的规定，充分利用自然通风，改进空调运行管理。

第三十一条　公共机构电梯系统应当实行智能化控制，合理设置电梯开启数量和时间，加强运行调节和维护保养。

第三十二条　公共机构办公建筑应当充分利用自然采光，使用高效节能照明灯具，优化照明系统设计，改进电路控制方式，推广应用智能调控装置，严格控制建筑物外部泛光照明以及外部装饰用照明。

第三十三条　公共机构应当对网络机房、食堂、开水间、锅炉房等部位的用能情况实行重点监测，采取有效措施降低能耗。

第三十四条　公共机构的公务用车应当按照标准配备，优先选用低能耗、低污染、使用清洁能源的车辆，并严格执行车辆报废制度。

公共机构应当按照规定用途使用公务用车，制定节能驾驶规范，推行单车能耗核算制度。

公共机构应当积极推进公务用车服务社会化，鼓励工作人员利用公共交通工具、非机动交通工具出行。

第五章　监督和保障

第三十五条　国务院和县级以上地方各级人民政府管理机关事务工作的机构应当会同有关部门加强对本级公共机构节能的监督检查。监督检查的内容包括：

（一）年度节能目标和实施方案的制定、落实情况；

（二）能源消费计量、监测和统计情况；

（三）能源消耗定额执行情况；

（四）节能管理规章制度建立情况；

（五）能源管理岗位设置以及能源管理岗位责任制落实情况；

（六）用能系统、设备节能运行情况；

（七）开展能源审计情况；

（八）公务用车配备、使用情况。

对于节能规章制度不健全、超过能源消耗定额使用能源情况严重的公共机构，应当进行重点监督检查。

第三十六条　公共机构应当配合节能监督检查，如实说明有关情况，提供相关资料和数据，不得拒绝、阻碍。

第三十七条　公共机构有下列行为之一的，由本级人民政府管理机关事务工作的机构会同有关部门责令限期改正；逾期不改正的，予以通报，并由有关机关对公共机构负责人依法给予处分：

（一）未制定年度节能目标和实施方案，或者未按照规定将年度节能目标和实施方案备案的；

（二）未实行能源消费计量制度，或者未区分用能种类、用能系统实行能源消费分户、分类、分项计量，并对能源消耗状况进行实时监测的；

（三）未指定专人负责能源消费统计，或者未如实记录能源消费计量原始数据，建立统计台账的；

（四）未按照要求报送上一年度能源消费状况报告的；

（五）超过能源消耗定额使用能源，未向本级人民政府管理机关事务工作的机构作出说明的；

（六）未设立能源管理岗位，或者未在重点用能系统、设备操作岗位配备专业技术人员的；

（七）未按照规定进行能源审计，或者未根据审计结果采取提高能源利用效率的措施的；

（八）拒绝、阻碍节能监督检查的。

第三十八条　公共机构不执行节能产品、设备政府采购名录，未按照国家有关强制采购或者优先采购的规定采购列入节能产品、设备政府采购名录中的产品、设备，或者采购国家明令淘汰的用能产品、设备的，由政府采购监督管理部门给予警告，可以并处罚款；对直接负责的主管人员和其他直接责任人员依法给予处分，并予通报。

第三十九条　负责审批或者核准固定资产投资项目的部门对未通过节能评估和审查的公共机构建设项目予以批准或者核准的，对直接负责的主管人员和其他直接责任人员依法给予处分。

公共机构开工建设未通过节能评估和审查的建设项目的，由有关机关依法责令限期整改；对直接负责的主管人员和其他直接责任人员依法给予处分。

第四十条　公共机构违反规定超标准、超编制购置公务用车或者拒不报废高耗能、高污染车辆的，对直接负责的主管人员和其他直接责任人员依法给予处分，并由本级人民政府管理机关事务工作的机构依照有关规定，对车辆采取收回、拍卖、责令退还等方式处理。

第四十一条　公共机构违反规定用能造成能源浪费的，由本级人民政府管理机关事务工作的机构会同有关部门下达节能整改意见书，公共机构应当及时予以落实。

第四十二条　管理机关事务工作的机构的工作人员在公共机构节能监督管理中滥用职权、玩忽职守、徇私舞弊，构成犯罪的，依法追究刑事责任；尚不构成犯罪的，依法给予处分。

第六章　附则

第四十三条　本条　例自2008年10月1日起施行。

民用建筑节能条例

（2008年7月23日国务院第18次常务会议通过，自2008年10月1日起施行）

第一章　总则

第一条　为了加强民用建筑节能管理，降低民用建筑使用过程中的能源消耗，提高能源利用效率，制定本条　例。

第二条　本条　例所称民用建筑节能，是指在保证民用建筑使用功能和室内热环境质量的前提下，降低其使用过程中能源消耗的活动。

本条　例所称民用建筑，是指居住建筑、国家机关办公建筑和商业、服务业、教育、卫生等其他公共建筑。

第三条　各级人民政府应当加强对民用建筑节能工作的领导，积极培育民用建筑节能服务市场，健全民用建筑节能服务体系，推动民用建筑节能技术的开发应用，做好民用建筑节能知识的宣传教育工作。

第四条　国家鼓励和扶持在新建建筑和既有建筑节能改造中采用太阳能、地热能等可再生能源。

在具备太阳能利用条　件的地区，有关地方人民政府及其部门应当采取有效措施，鼓励和扶持单位、个人安装使用太阳能热水系统、照明系统、供热系统、采暖制冷系统等太阳能利用系统。

第五条　国务院建设主管部门负责全国民用建筑节能的监督管理工作。县级以上地方人民政府建设主管部门负责本行政区域民用建筑节能的监督管理工作。

县级以上人民政府有关部门应当依照本条　例的规定以及本级人民政府规定的职责分工，负责民用建筑节能的有关工作。

第六条　国务院建设主管部门应当在国家节能中长期专项规划指导下，编制全国民用建筑节能规划，并与相关规划相衔接。

县级以上地方人民政府建设主管部门应当组织编制本行政区域的民用建筑节能规划，报本级人民政府批准后实施。

第七条　国家建立健全民用建筑节能标准体系。国家民用建筑节能标准由国务院建设主管部门负责组织制定，并依照法定程序发布。

国家鼓励制定、采用优于国家民用建筑节能标准的地方民用建筑节能标准。

第八条　县级以上人民政府应当安排民用建筑节能资金，用于支持民用建筑节能的科学技术研究和标准制定、既有建筑围护结构和供热系统的节能改造、可再生能源的应用，以及民用建筑节能示范工程、节能项目的推广。

政府引导金融机构对既有建筑节能改造、可再生能源的应用，以及民用建筑节能示范工程等项目提供支持。

民用建筑节能项目依法享受税收优惠。

第九条　国家积极推进供热体制改革，完善供热价格形成机制，鼓励发展集中供热，逐步实行按照用热量收费制度。

第十条　对在民用建筑节能工作中做出显著成绩的单位和个人，按照国家有关规定给予表彰和奖励。

第二章　新建建筑节能

第十一条　国家推广使用民用建筑节能的新技术、新工艺、新材料和新设备，限制使用或者禁止使用能源消耗高的技术、工艺、材料和设备。国务院节能工作主管部门、建设主管部门应当制定、公布并及时更新推广使用、限制使用、禁止使用目录。

国家限制进口或者禁止进口能源消耗高的技术、材料和设备。

建设单位、设计单位、施工单位不得在建筑活动中使用列入禁止使用目录的技术、工艺、材料和设备。

第十二条　编制城市详细规划、镇详细规划，应当按照民用建筑节能的要求，确定建筑的布局、形状和朝向。

城乡规划主管部门依法对民用建筑进行规划审查，应当就设计方案是否符合民用建筑节能强制性标准征求同级建设主管部门的意见；建设主管部门应当自收到征求意见材料之日起10日内提出意见。征求意见时间不计算在规划许可的期限内。

对不符合民用建筑节能强制性标准的，不得颁发建设工程规划许可证。

第十三条　施工图设计文件审查机构应当按照民用建筑节能强制性标准对施工图设计文件进行审查；经审查不符合民用建筑节能强制性标准的，县级以上地方人民政府建设主管部门不得颁发施工许可证。

第十四条　建设单位不得明示或者暗示设计单位、施工单位违反民用建筑节能强制性标准进行设计、施工，不得明示或者暗示施工单位使用不符合施工图设计文件要求的墙体材料、保温材料、门窗、采暖制冷系统和照明设备。

按照合同约定由建设单位采购墙体材料、保温材料、门窗、采暖制冷系统和照明设备的，建设单位应当保证其符合施工图设计文件要求。

第十五条　设计单位、施工单位、工程监理单位及其注册执业人员，应当按照民用建筑节能强制性标准进行设计、施工、监理。

第十六条　施工单位应当对进入施工现场的墙体材料、保温材料、门窗、采暖制冷系统和照明设备进行查验；不符合施工图设计文件要求的，不得使用。

工程监理单位发现施工单位不按照民用建筑节能强制性标准施工的，应当要求施工单位改正；施工单位拒不改正的，工程监理单位应当及时报告建设单位，并向有关主管部门报告。

墙体、屋面的保温工程施工时，监理工程师应当按照工程监理规范的要求，采取旁站、巡视和平行检验等形式实施监理。

未经监理工程师签字，墙体材料、保温材料、门窗、采暖制冷系统和照明设备不得在建筑上使用或者安装，施工单位不得进行下一道工序的施工。

第十七条　建设单位组织竣工验收，应当对民用建筑是否符合民用建筑节能强制性标准进行查验；对不符合民用建筑节能强制性标准的，不得出具竣工验收合格报告。

第十八条　实行集中供热的建筑应当安装供热系统调控装置、用热计量装置和室内温度调控装置；公共建筑还应当安装用电分项计量装置。居住建筑安装的用热计量装置应当满足分户计量的要求。

计量装置应当依法检定合格。

第十九条　建筑的公共走廊、楼梯等部位，应当安装、使用节能灯具和电气控制装置。

第二十条　对具备可再生能源利用条　件的建筑，建设单位应当选择合适的可再生能源，用于采暖、制冷、照明和热水供应等；设计单位应当按照有关可再生能源利用的标准进行设计。

建设可再生能源利用设施，应当与建筑主体工程同步设计、同步施工、同步验收。

第二十一条　国家机关办公建筑和大型公共建筑的所有权人应当对建筑的能源利用效率进行测评和标识，并按照国家有关规定将测评结果予以公示，接受社会监督。

国家机关办公建筑应当安装、使用节能设备。

本条　例所称大型公共建筑，是指单体建筑面积2万平方米以上的公共建筑。

第二十二条　房地产开发企业销售商品房，应当向购买人明示所售商品房的能源消耗指标、节能措施和保护要求、保温工程保修期等信息，并在商品房买卖合同和住宅质量保证书、住宅使用说明书中载明。

第二十三条　在正常使用条　件下，保温工程的最低保修期限为5年。保温工程的保修期，自竣工验收合格之日起计算。

保温工程在保修范围和保修期内发生质量问题的，施工单位应当履行保修义务，并对造成的损失依法承担赔偿责任。

第三章　既有建筑节能

第二十四条　既有建筑节能改造应当根据当地经济、社会发展水平和地理气候条　件等实际情况，有计划、分步骤地实施分类改造。

本条　例所称既有建筑节能改造，是指对不符合民用建筑节能强制性标准的既有建筑的围护结构、供热系统、采暖制冷系统、照明设备和热水供应设施等实施节能改造的活动。

第二十五条　县级以上地方人民政府建设主管部门应当对本行政区域内既有建筑的建设年代、结构形式、用能系统、能源消耗指标、寿命周期等组织调查统计和分析，制定既有建筑节能改造计划，明确节能改造的目标、范围和要求，报本级人民政府批准后组织实施。

中央国家机关既有建筑的节能改造，由有关管理机关事务工作的机构制定节能改造计划，并组织实施。

第二十六条　国家机关办公建筑、政府投资和以政府投资为主的公共建筑的节能改造，应当制定节能改造方案，经充分论证，并按照国家有关规定办理相关审批手续方可进行。

各级人民政府及其有关部门、单位不得违反国家有关规定和标准，以节能改造的名义对前款规定的既有建筑进行扩建、改建。

第二十七条　居住建筑和本条　例第二十六条　规定以外的其他公共建筑不符合民用建筑节能强制性标准的，在尊重建筑所有权人意愿的基础上，可以结合扩建、改建，逐步实施节能改造。

第二十八条　实施既有建筑节能改造，应当符合民用建筑节能强制性标准，优先采用遮阳、改善通风等低成本改造措施。

既有建筑围护结构的改造和供热系统的改造,应当同步进行。

第二十九条　对实行集中供热的建筑进行节能改造，应当安装供热系统调控装置和用热计量装置；对公共建筑进行节能改造，还应当安装室内温度调控装置和用电分项计量装置。

第三十条　国家机关办公建筑的节能改造费用，由县级以上人民政府纳入本级财政预算。

居住建筑和教育、科学、文化、卫生、体育等公益事业使用的公共建筑节能改造费用，由政府、建筑所有权人共同负担。

国家鼓励社会资金投资既有建筑节能改造。

第四章　建筑用能系统运行节能

第三十一条　建筑所有权人或者使用权人应当保证建筑用能系统的正常运行，不得人为损坏建筑围护结构和用能系统。

国家机关办公建筑和大型公共建筑的所有权人或者使用权人应当建立健全民用建筑节能管理制度和操作规程，对建筑用能系统进行监测、维护，并定期将分项用电量报县级以上地方人民政府建设主管部门。

第三十二条　县级以上地方人民政府节能工作主管部门应当会同同级建设主管部门确定本行政区域内公共建筑重点用电单位及其年度用电限额。

县级以上地方人民政府建设主管部门应当对本行政区域内国家机关办公建筑和公共建筑用电情况进行调查统计和评价分析。国家机关办公建筑和大型公共建筑采暖、制冷、照明的能源消耗情况应当依照法律、行政法规和国家其他有关规定向社会公布。

国家机关办公建筑和公共建筑的所有权人或者使用权人应当对县级以上地方人民政府建设主管部门的调查统计工作予以配合。

第三十三条　供热单位应当建立健全相关制度，加强对专业技术人员的教育和培训。

供热单位应当改进技术装备，实施计量管理，并对供热系统进行监测、维护，提高供热系统的效率，保证供热系统的运行符合民用建筑节能强制性标准。

第三十四条　县级以上地方人民政府建设主管部门应当对本行政区域内供热单位的能源消耗情况进行调查统计和分析，并制定供热单位能源消耗指标；对超过能源消耗指标的，应当要求供热单位制定相应的改进措施，并监督实施。

第五章　法律责任

第三十五条　违反本条　例规定，县级以上人民政府有关部门有下列行为之一的，对负有责任的主管人员和其他直接责任人员依法给予处分；构成犯罪的，依法追究刑事责任：

（一）对设计方案不符合民用建筑节能强制性标准的民用建筑项目颁发建设工程规划许可证的；

（二）对不符合民用建筑节能强制性标准的设计方案出具合格意见的；

（三）对施工图设计文件不符合民用建筑节能强制性标准的民用建筑项目颁发施工许可证的；

（四）不依法履行监督管理职责的其他行为。

第三十六条　违反本条　例规定，各级人民政府及其有关部门、单位违反国家有关规定和标准，以节能改造的名义对既有建筑进行扩建、改建的，对负有责任的主管人员和其他直接责任人员，依法给予处分。

第三十七条　违反本条　例规定，建设单位有下列行为之一的，由县级以上地方人民政府建设主管部门责令改正，处20万元以上50万元以下的罚款：

（一）明示或者暗示设计单位、施工单位违反民用建筑节能强制性标准进行设计、施工的；

（二）明示或者暗示施工单位使用不符合施工图设计文件要求的墙体材料、保温材料、门窗、采暖制冷系统和照明设备的；

（三）采购不符合施工图设计文件要求的墙体材料、保温材料、门窗、采暖制冷系统和照明设备的；

（四）使用列入禁止使用目录的技术、工艺、材料和设备的。

第三十八条　违反本条　例规定，建设单位对不符合民用建筑节能强制性标准的民用建筑项目出具竣工验收合格报告的，由县级以上地方人民政府建设主管部门责令改正，处民用建筑项目合同价款2%以上4%以下的罚款；造成损失的，依法承担赔偿责任。

第三十九条　违反本条　例规定，设计单位未按照民用建筑节能强制性标准进行设计，或者使用列入禁止使用目录的技术、工艺、材料和设备的，由县级以上地方人民政府建设主管部门责令改正，处10万元以上30万元以下的罚款；情节严重的，由颁发资质证书的部门责令停业整顿，降低资质等级或者吊销资质证书；造成损失的，依法承担赔偿责任。

第四十条　违反本条　例规定，施工单位未按照民用建筑节能强制性标准进行施工的，由县级以上地方人民政府建设主管部门责令改正，处民用建筑项目合同价款2%以上4%以下的罚款；情节严重的，由颁发资质证书的部门责令停业整顿，降低资质等级或者吊销资质证书；造成损失的，依法承担赔偿责任。

第四十一条　违反本条　例规定，施工单位有下列行为之一的，由县级以上地方人民政府建设主管部门责令改正，处10万元以上20万元以下的罚款；情节严重的，由颁发资质证书的部门责令停业整顿，降低资质等级或者吊销资质证书；造成损失的，依法承担赔偿责任：

（一）未对进入施工现场的墙体材料、保温材料、门窗、采暖制冷系统和照明设备进行查验的；

（二）使用不符合施工图设计文件要求的墙体材料、保温材料、门窗、采暖制冷系统和照明设备的；

（三）使用列入禁止使用目录的技术、工艺、材料和设备的。

第四十二条　违反本条　例规定，工程监理单位有下列行为之一的，由县级以上地方人民政府建设主管部门责令限期改正；逾期未改正的，处10万元以上30万元以下的罚款；情节严重的，由颁发资质证书的部门责令停业整顿，降低资质等级或者吊销资质证书；造成损失的，依法承担赔偿责任：

（一）未按照民用建筑节能强制性标准实施监理的；

（二）墙体、屋面的保温工程施工时，未采取旁站、巡视和平行检验等形式实施监理的。

对不符合施工图设计文件要求的墙体材料、保温材料、门窗、采暖制冷系统和照明设备，按照符合施工图设计文件要求签字的，依照《建设工程质量管理条　例》第六十七条　的规定处罚。

第四十三条　违反本例规定，房地产开发企业销售商品房，未向购买人明示所售商品房的能源消耗指标、节能措施和保护要求、保温工程保修期等信息，或者向购买人明示的所售商品房能源消耗指标与实际能源消耗不符的，依法承担民事责任；由县级以上地方人民政府建设主管部门责令限期改正；逾期未改正的，处交付使用的房屋销售总额2%以下的罚款；情节严重的，由颁发资质证书的部门降低资质等级或者吊销资质证书。

第四十四条　违反本条　例规定，注册执业人员未执行民用建筑节能强制性标准的，由县级以上人民政府建设主管部门责令停止执业3个月以上1年以下；情节严重的，由颁发资格证书的部门吊销执业资格证书，5年内不予注册。

第六章　附则

第四十五条　本条　例自2008年10月1日起施行。

国务院部委规章

商务部　国家发展改革委　国家工商总局
商品零售场所塑料购物袋有偿使用管理办法

二〇〇八年五月十五日

第一条　为节约资源、保护生态环境，引导消费者减少使用塑料购物袋，制订本办法。

第二条　本办法所称商品零售场所是指向消费者提供零售服务的各类超市、商场、集贸市场。

本办法所称塑料购物袋是指由商品零售场所提供的，用于装盛消费者所购商品，具有提携功能的塑料袋。但不包括商品零售场所基于卫生及食品安全目的，用于装盛散装生鲜食品、熟食、面食等商品的塑料预包装袋。

塑料购物袋的材质及技术要求由国家相关标准予以规范。

第三条　商品零售场所应当依据本办法向消费者有偿提供塑料购物袋。

第四条　商务主管部门、价格主管部门、工商行政管理部门依照有关法律法规，在各自职责范围内对商品零售场所塑料购物袋有偿使用过程中的经营行为进行监督管理。

第五条　商品零售场所对塑料购物袋应当依法明码标价。

第六条　商品零售场所可自主制定塑料购物袋价格，但不得有下列行为：

（一）低于经营成本销售塑料购物袋；

（二）不标明价格或不按规定的内容方式标明价格销售塑料购物袋；

（三）采取打折或其他方式不按标示的价格向消费者销售塑料购物袋；

（四）向消费者无偿或变相无偿提供塑料购物袋。

第七条　商品零售场所应当在销售凭证上单独列示消费者购买塑料购物袋的数量、单价和款项。

以出租摊位形式经营的集贸市场对消费者开具销售凭证确有困难的除外。

第八条　商品零售场所应向依法设立的塑料购物袋生产厂家、批发商或进口商采购塑料购物袋，并索取相关证照，建立塑料购物袋购销台账，以备查验。

第九条　商品零售场所不得销售不符合国家相关标准的塑料购物袋。

第十条　商品零售场所应采取措施，为消费者自带购物袋、购物篮购物提供便利。

第十一条　鼓励商品零售场所提供符合相关质量标准和环保要求的塑料购物袋替代品。

第十二条　以出租摊位形式经营的集贸市场，可以由开办单位或经其批准在市场内设立的专营（或兼营）塑料购物袋经营摊位实行塑料购物袋统一采购、销售。

第十三条　商品零售场所的经营者对违反本办法有关规定的行为承担相应责任。

下列商品零售场所，由开办单位或出租单位对违反本办法有关规定的行为承担相应责任：

（一）以出租摊位形式经营的集贸市场；

（二）场内外租超市、柜台；

（三）大型超市、商场引厂进店的经营摊位。

第十四条　商品零售场所的经营者、开办单位或出租单位违反本办法第六条　有关价格行为和明码标价规定的，由价格主管部门责令改正，并可视情节处以5000元以下罚款。

第十五条　商品零售场所的经营者、开办单位或出租单位违反本办法第六条　有关竞争行为和第七条　规定的，由工商行政管理部门责令改正，并可视情节处以10000元以下罚款。

第十六条　商品零售场所经营者、开办单位或出租单位违反本办法第八条　规定的，由工商行政管理部门责令改正，并可视情节处以20000元以下罚款。

第十七条　商品零售场所经营者、开办单位或出租单位违反本办法第九条　规定的，由工商行政管理部门依据《中华人民共和国产品质量法》等法律法规予以处罚。

第十八条　商品零售场所经营者、开办单位或出租单位因违反本办法相关规定受到处罚的，商务主管部门、价格主管部门和工商行政管理部门可将处罚情况向社会公告。

第十九条　鼓励新闻媒体对违反本办法规定的行为进行舆论监督。

任何单位或个人可向当地商务主管部门、价格主管部门和工商行政管理部门举报违反本办法规定的行为。

第二十条　各省、自治区、直辖市人民政府商务主管部门可会同同级价格主管、工商行政管理部门依据本办法制订实施细则，经同级人民政府批准后实施，并报商务部、国家发展和改革委员会、国家工商行政管理总局备案。

第二十一条　本办法由商务部、国家发展和改革委员会、国家工商行政管理总局负责解释。

第二十二条　本办法自2008年6月1日起实施。

商品零售场所塑料购物袋有偿使用有关问题的处理意见

《商品零售场所塑料购物袋有偿使用管理办法》（商务部、发展改革委、工商总局2008年第8号令，以下简称《办法》）发布以来，陆续有地方商务、工商行政管理部门及企业提出一些问题。为确保《办法》顺利、有效实施，现就有关问题提出如下意见：

一、《办法》第二条　所称商品零售场所是指所有提供商品零售服务的企业和个体工商户经营场所。

二、《办法》第二条　所称用于装盛生鲜等食品的塑料预包装袋不得具有提携功能，且须符合食品包装相关标准。

三、除食品外，其他商品进入零售渠道前，由商品生产者提供、随附于单件（组）商品、且符合国家相关标准要求的塑料包装袋可视为预包装袋。

四、在4月16日《塑料购物袋的环保、安全和标识通用技术要求》（GB21660-2008，6月1日实施，以下简称《要求》）公布之前向生产企业（批发商、进口商）采购，且符合《要求》中安全卫生与厚度规定，但未印制标识、环保声明和安全性声明的塑料购物袋，凭采购凭证可继续销售、使用至2008年9月30日。

五、基于食品安全和卫生等方面的考虑，商品零售场所向顾客提供的各种材质的袋制品，应向依法设立的生产厂家、批发商或进口商采购，并索取相关证照，建立相应的购销台帐，以备查验。与此同时，商品零售场所不得接受任何机构、组织和个人免费或有偿提供的来历不明、相关标示不全、图案文字不符合国家相关标准和规定的各类袋制品。

商务部办公厅
国家发展改革委办公厅
工商总局办公厅
二〇〇八年七月四日

地方规章

天津市生活废弃物管理规定

第一章 总则

第一条 为加强本市生活废弃物的管理，保障人民群众身体健康，提高市容环境质量，促进经济和社会协调发展，根据国家和本市有关法律、法规规定，结合本市实际情况，制定本规定。

第二条 本规定适用于本市辖区内生活废弃物的产生、清扫、收集、运输、处置及相关管理活动。

第三条 市市容环境管理委员会负责全市生活废弃物收集、运输和处置的统一监督管理工作。

市生活废弃物行业管理部门和区、县市容环境卫生行政管理部门（以下统称市容环境行政管理部门）按照职责分工负责日常管理工作。

建设、规划、国土房管、环保、工商、公安、交通、经济、卫生、质量监督、园林等有关管理部门按照各自职责，协同实施本规定。

第四条 本规定所称生活废弃物包括居民生活垃圾、单位生活垃圾、道路清扫垃圾、公共场所垃圾、商业摊点垃圾、集贸市场垃圾、餐饮垃圾、建筑垃圾等废弃物。

第五条 本市对生活废弃物的治理，实行无害化、资源化、减量化和谁产生谁负责的原则，逐步实行分类收集，推行生活废弃物的综合处置，促进生活废弃物的循环再利用。

第六条 市市容环境管理委员会会同市规划、建设、环保等有关部门，依据城市总体规划与国民经济和社会发展计划，编制本市生活废弃物治理规划。

第七条 市和区、县市容环境行政管理部门负责所辖区域生活废弃物处理基础设施建设的管理工作，统筹安排生活废弃物收集、处置设施的布局、用地和规模。

新建扩建项目和旧区改造项目的开发建设单位以及机场、码头、车站、公园、商店等公共设施、场所的经营管理单位，应当按照本市生活废弃物治理规划和相关规定，配套建设生活废弃物收集设施。

第八条 本市采取有利于生活废弃物综合利用的经济、技术政策和措施，提高生活废弃物治理的科学技术水平，鼓励对生活废弃物实行充分回收和循环利用。

第九条 本市鼓励国内外单位和个人对生活废弃物的收集、运输和处理进行投资经营，鼓励国内外单位和个人采用高科技手段对生活废弃物进行处置和再利用。

市和区、县人民政府应给予资金、技术、税费、补贴等方面的支持政策，并逐步实现投资主体多元化、运营主体企业化、经营运作市场化、政府监管法制化。

第十条 产生生活废弃物的单位和个人，应当缴纳生活废弃物处理费。生活废弃物处理费的标准和收费办法由市市容环境管理委员会会同市物价局、市财政局制定后向社会公布。

第十一条　各级教育和宣传部门应当加强生活废弃物治理常识的普及宣传，增强公众维护市容环境的责任和意识。

第十二条　市和区、县人民政府应当对在生活废弃物的收集、运输、处置工作中做出显著成绩的单位和个人给予表彰奖励。

第二章　一般规定

第十三条　产生生活废弃物的单位和个人应当按照市容环境行政管理部门规定的时间、地点和方式投放生活废弃物，不得随意倾倒、抛撒和堆放生活废弃物。

第十四条　产生生活废弃物的单位应当向所在地的区、县市容环境行政管理部门如实申报废弃物的种类、数量和存放地点等事项。

区、县市容环境行政管理部门应对申报的事项进行核准。

第十五条　任何单位和个人不得将工业废弃物、医疗废弃物、危险废弃物混入生活废弃物中或投放到生活废弃物容器、转运站、处理厂（场）内。

第十六条　收集、运输生活废弃物的，应当按照市容环境行政管理部门的统一调配要求，在规定的时间和地点将生活废弃物收运至生活废弃物转运站、处理厂（场）。

第十七条　运输生活废弃物的，应当使用全密闭运输专用车辆，防止撒漏、渗漏。

废弃物运输车辆应做到车容整洁、标志清晰、车体完整，并具备与所运输废弃物性质相适应的条件和设施。

第十八条　生活废弃物转运站、处理厂（场）因故不能接纳生活废弃物，运输单位应当按照市容环境行政管理部门的转移调配要求，将生活废弃物运送到指定的其他转运站、处理厂（场）进行处理。

第十九条　生活废弃物转运站、处理厂（场）进行转运或处理生活废弃物，应当符合环境卫生标准和环境保护要求，并接受市容环境行政管理部门的监督检查。

第二十条　生活废弃物转运站、处理厂（场）应当安装除臭、降尘装置，对生活废弃物及时进行无害化处理，并保持其正常运行。

任何单位和个人不得在生活废弃物转运站、处理厂（场）捡拾废弃物。

第二十一条　从事生活废弃物经营性清扫、收集、运输的企业，应当向所在地的区、县市容环境行政管理部门申请取得生活废弃物经营性清扫、收集、运输服务许可证；从事生活废弃物经营性处置的企业，应当向市市容环境管理委员会申请取得生活废弃物经营性处置服务许可证。

市或区、县市容环境行政管理部门应当通过招投标等公平竞争方式，在法定期限内作出生活废弃物经营性清扫、收集、运输、处置服务许可的决定，向中标人颁发生活废弃物经营性清扫、收集、运输、处置服务许可证。

未取得生活废弃物经营性清扫、收集、运输、处置服务许可证的企业，不得从事生活废弃物经营性清扫、收集、运输、处置活动。

第二十二条　从事生活废弃物经营性清扫、收集、运输服务的企业，应当具备以下条件：

（一）具备企业法人资格，从事生活废弃物清扫、收集的企业注册资本不少于人民币100万元，从事生活废弃物运输的企业注册资本不少于人民币300万元；

（二）机械清扫能力达到总清扫能力的20%以上，机械清扫车辆（包括洒水车和清扫保洁车辆）应当具有自动洒水、防尘、防遗撒、安全警示功能，并安装车辆行驶及清扫过程记录仪；

（三）生活废弃物收集应当采用全密闭运输工具，收集工具应当具有分类收集功能；

（四）生活废弃物运输应当采用全密闭自动卸载车辆，车辆应当具有防臭味扩散、防遗撒、防渗沥液滴漏功能，并安装行驶及装卸记录仪；

（五）有与取得生活废弃物经营性处置服务许可证的企业签订的处置协议；

（六）具有健全的技术、质量、安全和监测管理制度并得到有效执行；

（七）具有合法的道路运输经营许可证、车辆行驶证；

（八）具有固定的办公及机械、设备、车辆存放场所。

第二十三条　从事生活废弃物经营性处置服务的企业，应当具备以下条件：

（一）具备企业法人资格，规模小于100吨/日的卫生填埋场和堆肥厂的注册资本不少于人民币500万元，规模大于100吨/日的卫生填埋场和堆肥厂的注册资本不少于人民币5000万元，焚烧厂的注册资本不少于人民币1亿元，餐饮废弃物处置厂注册资本不少于人民币1000万元；

（二）卫生填埋场、堆肥厂、餐饮废弃物处置厂和焚烧厂应取得环境影响报告书，并取得规划许可文件；

（三）采用的技术、工艺符合国家有关标准；

（四）有至少5名具有初级以上专业技术职称的人员，其中包括环境工程、机械、环境监测等专业的技术人员，技术负责人具有5年以上生活废弃物处理工作经历，并具有中级以上专业技术职称；

（五）具有完善的工艺运行、设备管理、环境监测与保护、财务管理、生产安全、计量统计等方面的管理制度并得到有效执行；

（六）生活废弃物处理设施配备沼气检测仪器，配备环境监测设施如渗沥液监测井、尾气取样孔，安装在线监测系统等监测设备；

（七）具有完善的生活废弃物渗沥液、沼气的利用和处理技术方案，卫生填埋场对不同生活废弃物进行分区填埋方案，生活废弃物处理的渗沥液、沼气、焚烧烟气、残渣等处理残余物达标处理排放方案；

（八）有控制污染和突发事件的应急方案。

第二十四条　从事生活废弃物经营性清扫、收集、运输的企业，未经市容环境行政管理部门批准，不得擅自停业、歇业。确需停业、歇业的，应当提前6个月向所在地的区、县市容环境行政管理部门报告，经同意后方可停业或者歇业。

第二十五条　任何单位或个人不得擅自闲置、拆除或关闭生活废弃物处置设施、场所。确需闲置、拆除或关闭的，必须经市市容环境管理委员会和市环境保护局核准，并采取措施，防止污染环境。

申请闲置、拆除或关闭生活废弃物处置设施、场所的，应当提交以下材料：

（一）书面申请；

（二）权属关系证明材料；

（三）丧失使用功能或其使用功能被其他设施替代的证明；

（四）防止污染环境的方案；

（五）拟闲置、拆除或关闭设施、场所的现状图及拆除方案；

（六）因实施城市规划需要闲置、拆除或关闭的，还应当提供规划、建设主管部门的批准文件。

第二十六条　市市容环境管理委员会应当会同有关部门制定生活废弃物清扫、收集、运输和处置应急预案，建立生活废弃物应急处理系统，确保紧急或者特殊情况下生活废弃物的正常清扫、收集、运输和处置。

从事生活废弃物经营性清扫、收集、运输和处置的企业，应当制定突发事件生活废弃物污染防范的应急方案，并报所在地的区、县市容环境行政管理部门备案。

第二十七条　生活废弃物的处置实行特许经营制度，由市市容环境管理委员会按照本市市政公用设施特许经营管理的有关规定组织实施。

第三章　建设工程废弃物管理

第二十八条　建设工程废弃物是指城镇范围内的施工单位在各类工程施工过程中产生的渣土、弃料及其他工程废弃物。

第二十九条　市和区、县市容环境行政管理部门应当对用于消纳、处置建设工程废弃物的场所进行统一规划、建设和管理。

第三十条　产生建设工程废弃物的单位，应当申请办理建设工程废弃物处置核准手续。市容环境行政管理部门应当自接到申请之日起7日内作出决定。对于作出批准决定的，颁发建设工程废弃物处置核准证明。

第三十一条　运输建设工程废弃物的，应当随车携带建设工程废弃物处置核准证明，按照市容环境行政管理部门批准的时间、路线、数量，将建设工程废弃物运送到指定的消纳场所，不得丢弃、撒漏，不得超出核准范围承运建设工程废弃物。

第三十二条　产生建设工程废弃物的单位应当及时清运建设工程废弃物，在工程竣工验收前，应将所产生的建设工程废弃物全部清除，防止污染环境。

第三十三条　单位或个人修缮、装修房屋产生的零星建设工程废弃物，应当实行袋装密闭收集，及时运送到市容环境行政管理部门指定的地点，或者委托环境卫生服务单位有偿代为运输。环境卫生服务单位应当自接受委托之日起3日内清运完毕。

第三十四条　运输建设工程废弃物应当使用密闭车辆；建设、施工单位不得将建设工程废弃物交给未经核准从事运送建设工程废弃物的单位和个人运输。

第三十五条　运输建设工程废弃物的车辆驶出施工场地和消纳场地前，应当冲洗车体，确保净车出场。

第三十六条　任何单位和个人不得将建设工程废弃物混入其他生活废弃物中，不得将危险废弃物混入建设工程废弃物，不得擅自设置接纳建设工程废弃物的场地。

第四章　餐饮废弃物管理

第三十七条　餐饮废弃物是指食品生产加工、饮食服务、单位供餐等活动过程中产生的食物残渣、残液和废弃食用油脂等废弃物。

前款所称废弃食用油脂，是指不可再食用的动植物油脂和各类油水混合物。

第三十八条　餐饮废弃物应当实行单独收集，不得将餐饮废弃物混入其他生活废弃物。

餐饮废弃物产生单位应当设置符合规定的容器，用于存放餐饮废弃物；产生废弃食用油脂的，还应当安装油水分离器或者隔油池等污染防治设施。

第三十九条　餐饮废弃物产生单位自行收运其产生的餐饮废弃物的，应当符合市容环境行政管理部门规定的收运条　件，并向市容环境行政管理部门备案。

第四十条　餐饮废弃物产生单位自行处置其产生的餐饮废弃物的，应当具备市容环境行政管理部门规定的处置条　件，并应经市市容环境管理委员会同意。

第四十一条　餐饮废弃物产生单位不具备市容环境行政管理部门规定的收运、处置条　件的，应当委托取得生活废弃物经营性收集、运输、处置服务许可证的餐饮废弃物专业单位进行收运、处置，并按规定向受委托的专业单位支付收运、处置费用。

市市容环境管理委员会应当通过招投标等方式确定餐饮废弃物的专业收运、处置单位。

第四十二条　餐饮废弃物专业处置单位应当对餐饮废弃物进行无害化处理，建立处理台账，每月向市容环境行政管理部门报告上月处置的餐饮废弃物来源、数量等情况，并接受市容环境行政管理部门的监督管理。

第四十三条　在餐饮废弃物收集、运输、处置过程中，禁止下列行为：

（一）擅自从事餐饮废弃物的收集、运输、处置；

（二）将餐饮废弃物混入其他生活废弃物中进行收运；

（三）将餐饮废弃物作为畜禽饲料；

（四）将餐饮废弃物交由未取得生活废弃物经营性收集、运输、处置服务许可证的单位进行收集、运输、处置；

（五）将废弃食用油脂加工后作为食用油使用或销售；

（六）将餐饮废弃物裸露存放。

第五章　法律责任

第四十四条　违反本规定，有下列行为之一的，责令限期改正；逾期不改正的，处200元以上2000元以下罚款；情节严重的，处2000元以上1万元以下罚款：

（一）未按照规定的时间、地点和方式投放生活废弃物，随意倾倒、抛撒和堆放生活废弃物的；

（二）生活废弃物的产生单位未申报或未如实申报其废弃物的种类、数量和存放地点等事项的；

（三）将工业废弃物、医疗废弃物、危险废弃物混入生活废弃物中或投放到生活废弃物容器、转运站、处理厂（场）内的；

（四）在生活废弃物转运站、处理厂（场）捡拾废弃物的；

（五）从事生活废弃物经营性清扫、收集、运输和处置的企业，未制定突发事件生活废弃物防范应急方案或未将其进行备案的；

（六）将建设工程废弃物交由未经核准的单位和个人运输的；

（七）运送建设工程废弃物的车辆车体不洁，沿途丢弃、撒漏的；

（八）将建设工程废弃物、餐饮废弃物混入其他生活废弃物的；

（九）产生废弃食用油脂的单位，未按照规定安装油水分离器或隔油池等污染防治设施的；

（十）餐饮废弃物产生单位不具备市容环境行政管理部门规定的收运条件擅自自行收运或未定期备案的；

（十一）餐饮废弃物产生单位不具备市容环境行政管理部门规定的处置条件擅自自行处置的。

第四十五条　违反本规定，有下列行为之一的，责令限期改正，并处1000元以上1万元以下罚款；情节严重的，处1万元以上3万元以下罚款；造成损失的，依法承担赔偿责任：

（一）未按照市容环境行政管理部门的统一调配要求将生活废弃物运送到指定的转运站、处理厂（场）的；

（二）生活废弃物转运站、处理厂（场）未安装除臭、降尘装置或未保证除臭、降尘装置正常运行的；

（三）生活废弃物转运站、处理厂（场）转运、处置生活废弃物未达到环境卫生标准的；

（四）从事生活废弃物经营性清扫、收集、运输的企业，未经批准擅自停业、歇业的；

（五）未按照市容环境行政管理部门批准的时间、路线、数量将建设工程废弃物运送到指定的处置场所的；

（六）随意丢弃、撒漏及超出核准范围承运建设工程废弃物的；

（七）涂改、倒卖、出租、出借或者以其他形式非法转让生活废弃物经营性清扫、收集、运输、处置服务许可证和建设工程废弃物排放处置行政许可文件的。

第四十六条　违反本规定第二十一条　第三款规定，未经批准擅自从事生活废弃物经营性清扫、收集、运输或者处置活动的，责令停止违法行为，并处以3万元罚款。

第四十七条　违反本规定第二十五条　规定，擅自闲置、拆除或关闭生活废弃物处置设施、场所的，责令限期改正，并可处以5万元以上10万元以下罚款。造成损失的，依法承担赔偿责任。

第四十八条　违反本规定第四十三条　规定的，责令限期改正，处3000元以上3万元以下罚款；其中，违反第（一）、（三）项的，由其所在地的区、县人民政府依法予以取缔。

第四十九条　单位和个人未按规定缴纳生活废弃物处理费的，责令限期改正；逾期不改正的，对单位可处以应交生活废弃物处理费3倍以下且不超过3万元的罚款，对个人可处以应交生活废弃物处理费3倍以下且不超过1000元的罚款。拖欠生活废弃物处理费的，可以按照每日3‰加收滞纳金；拒不缴纳的，依法申请人民法院执行。

第五十条　本规定的行政处罚由城市管理综合执法机构实施。

市容环境行政管理部门应当加强对生活废弃物收集、运输和处置活动的监督检查，对违法收集、运输、处置生活废弃物的，可以会同环保、工商、公安、交通、卫生、质监等相关管理部门联合进行查处。

被检查的单位或者个人应当如实反映情况，提供与检查内容有关的资料，不得弄虚作假或者隐瞒事实，不得拒绝或者阻挠执法人员的检查。

第五十一条　当事人对行政处罚决定不服的，可依法提起行政复议和行政诉讼，当事人逾期不申请复议也不向人民法院起诉又不履行处罚决定的，由作出处罚决定的机关申请人民法院强制执行。

第六章　附则

第五十二条　本规定自2008年5月1日起施行。

天津市人民政府

二〇〇八年三月十二日

深圳市循环经济统计与核算管理办法

（2007年9月）

第一条　为规范循环经济统计与核算的方法与标准，收集整理与核算循环经济基础数据，提供宏观管理和决策的依据，根据《中华人民共和国统计法》、《深圳经济特区统计条例》和《深圳经济特区循环经济促进条　例》、《中共深圳市委深圳市人民政府关于全面推进循环经济发展的决定》（深发〔2006〕9号），制定本办法。

第二条　循环经济统计与核算的范围

循环经济统计与核算范围为《循环经济综合评价指标体系》涉及的发展循环经济软、硬基础环境建设和经济发展、社会生活、政府建设、资源效益、环境效益、生态安全等方面指标。

第三条　循环经济统计 与核算的方法

（一）建立全面调查与非全面调查相结合的统计调查制度。根据《循环经济综合评价指标体系》和国家有关部委相关统计报表制度，制定深圳市循环经济统计调查制度。法律法规对制定统计调查制度另有规定的，从其规定。

（二）建立部门统计调查制度。各部门根据职能分工负责循环经济统计调查任务的组织实施，定期向市统计局提供本部门循环经济统计资料。

（三）建立循环经济统计信息系统。构建全市循环经济统计信息资源共享平台，实现全市各部门循环经济统计信息互通共享。

第四条　循环经济统计与核算的职责分工

各相关职能部门必须认真履行各自的部门统计职责。市统计局负责总体协调、能源综合统计以及相关统计调查制度的制订，统计数据的汇总和发布工作；市环保局负责环境污染、环境质量等统计；市发展改革局牵头负责节能等统计；市贸工局负责资源综合利用、对外贸易等统计；市水务局负责水资源循环、水环境等统计；市城管局负责绿化等统计；市国土房产局负责建设用地等统计；市建设局负责建筑物能源消耗、燃气供应量等的统计。其他有关职能部门和各区政府按照市政府具体工作方案的分工履行循环经济统计与核算的职责。

第五条　循环经济统计与核算资料的评估

由市统计局、发展改革局、贸工局、国土房产局、建设局、规划局、水务局、环保局、城管局等职能部门联合组成评估小组，对进行循环经济统计与核算的统计调查相关数据进行评估，提出评估意见。

第六条　循环经济统计与核算的经费安排

循环经济统计与核算的调查经费由市区财政分别负担，并列入相应年度的财政预算。

第七条　循环经济统计与核算的资料公布

循环经济统计与核算的资料由市统计局根据《中华人民共和国统计法》、《深圳经济特区统计条例》的有关规定统一发布。

辽宁省阜新市农业循环经济管理办法(暂行)

(2008年1月)

第一条　阜新市被国家列为第一批发展农业循环经济示范市，为确保阜新市循环农业发展各项任务指标的完成，积极推进阜新循环农业的发展，提高农业资源利用率，促进农业增效、农民增收，加快循环农业快速发展，推进农业和农村节能减排工作，根据《国务院关于加快发展循环经济的若干意见》（国发〔2005〕22号）和《农业部关于实施发展现代农业重点行动的意见》（农发〔2007〕2号）以及农业部《循环农业促进行动实施方案》的要求，制定本办法。

第二条　本办法中的管理对象，是指阜新市辖区范围内承担发展循环经济项目的县（区）政府及其从事农业循环经济的企业。

第三条　本办法中确定的任务指标主要依据《阜新市农业循环经济发展规划》和《阜新市发展农业循环经济实施方案》确定的总体规划目标以及年度计划指标。对每个循环经济链条　中所涉及的项目内容、评价标准、完成时限均依据总体规划及实施方案。

管理范围依据上述任务目标确定。

第四条　成立组织机构。为推进阜新市农业循环经济的顺利实施，市政府成立农业循环经济领导小组。各承担项目的县区，要成立专门的组织机构，要有专门从事此项工作的机构和管理人员，两县人员编制不得少于6人，各区不得少于2人。

第五条　整合项目资金。各县区应采取必要的措施，整合资金，集中用于农业循环经济发展。

第六条　制定规划和实施方案。各县区要根据《阜新市农业循环经济发展规划》及《阜新市发展农业循环经济实施方案》的总体要求，制定本区域内的规划和实施方案。

第七条　各承担项目的县区规划完成的任务指标和实施进度不能低于《阜新市发展农业循环经济实施方案》中确立的任务目标。

第八条市政府将发展农业循环经济的任务指标作为农业及农村经济工作的重要内容，加大监督考核力度。

第九条　建立农业循环经济项目年度考核制度，阜新市辖区内各承担农业循环经济发展项目的县（区），每半年要向市农业循环经济领导小组办公室报告一次进展情况。市农业循环经济领导小组于年末前组织成员单位负责对各县（区）农业循环经济项目完成情况进行检查验收。同时将各承担单位项目完成情况向市委、市政府报告。对于未完成任务的县（区）和单位给予通报批评，同时取消市级以上项目资金的支持。

第十条　市政府设立循环经济发展资金，每年拿出部分资金专门用于扶持和鼓励从事农业循环经济工作的企业和单位。

第十一条　建立项目扶持与奖励制度

1.依据国家有关文件和《阜新市发展农业循环经济实施方案》的要求，按时下发项目补助资金。

2.对于完成年度任务指标的县区给予适当奖励。

第十二条　考核评价标准。市农业循环经济领导小组办公室对各县区农业循环经济工作进行考核，采取100分考核制，全部完成得满分。

1、.任务指标完成情况（满分40分）

任务指标全部完成的得满分，未完成任务指标的不得分。

2.组织机构、人员落实情况（满分20分）

已成立机构、人员编制到位的得满分，未成立专门机构或人员编制未到位的不得分。

3.制定规划和实施方案（满分10分）

制定《规划》和《实施方案》的得满分，未制定的不得分。

4.项目配套资金（满分20分）

有项目配套资金的得满分，没有或不足的不得分。

5.工作汇报（满分10分）

各县区每半年向市农业循环经济领导小组汇报一次工作进展情况，按照要求及时汇报的得满分，不及时或不汇报的不得分。

第十三条　本办法由市农业循环经济领导小组办公室负责解释。

第十四条　本办法自下发之日起施行。

国务院部委局
循环经济特稿

以环境保护为中心
大力推动循环经济发展

环境保护部

按照党的十七大提出的“建设资源节约型、环境友好型社会，建设生态文明，基本形成节约能源资源和保护生态环境的产业结构、增长方式和消费模式。循环经济形成较大规模，可再生能源比重显著上升。主要污染物得到有效控制，生态环境质量明显改善”的要求，为了促进粗放型增长方式的转变，从根本上缓解环境污染的压力，环境保护部在以往的工作基础上，在各直属单位和省市环保局的大力支持和配合下，以建设资源节约型和环境友好型社会为目的，从试点示范入手，积极倡导、稳步推广循环经济，为我国由在部分地区示范性地发展循环经济理念到向全国范围、多层面的推广循环经济实践奠定了较好的基础，同时也为循环经济的理论研究和法律法规建设做了大量基础性的工作。

2008年，环境保护部从解决工业污染和城市污染入手，通过推动清洁生产、建立生态工业园区、建设环境友好型社会等多种途径，在全国范围内，从企业、区域和社会三个层面，在执行政策法规、试点示范、国际合作、人员培训等方面，开展了大量的工作，推动循环经济，取得了良好的效果。

一、参与和组织编制循环经济法律、法规及其他政策性文件

（一）积极参与了《循环经济促进法》的制订工作。2008年8月第十一届全国人民代表大会常务委员会第四次会议通过了《中华人民共和国循环经济促进法》，社会各界盼望多年的《循环经济促进法》正式出台，并将于2009年1月1日起施行。从此，循环经济有了专门的法律保障，这标志着中国促进循环经济的发展有了法律依据，纳入了法制化和规范化管理的轨道。循环经济促进法中明确了我国环境保护行政主管部门在发展循环经济工作中的职责和任务，从发展循环经济实现可持续发展的角度对我国的环境保护工作提出了新的要求。加自己工作

2008年 5月20日，国家生态工业试点工作会议在天津召开

（二）国家生态工业示范园区的建设和管理工作是环境保护部发展循环经济，在区域层次开展循环经济试点示范工作的具体实践。为了加强对循环经济工作的技术指导，根据生态工业园区建设的发展态势和现阶段的要求，启动了对《综合类生态工业园区标准（试行）》（HJ/T274-2006）的修订工作。为指导和规范国家生态工业示范园区规划的编制，环境保护部组织编制了《生态工业园区建设规划编制

指南》（HJ/T409—2007），该标准于2007年底发布，2008年4月正式实施。

（三）为加强循环经济发展模式的研究和指导，组织编制并发布了《钢铁工业发展循环经济环境保护导则》（HJ465—2009）和《铝工业发展循环经济环境保护导则》（HJ466—2009），《盐化工发展循环经济环境保护导则》、《综合类园区发展循环经济环境保护导则》和《煤化工行业发展循环经济环境保护导则》等循环经济相关管理标准也即将发布。

国家环保部长周生贤考察成都第四污水处理厂

（四）为促进行业发展循环经济、实现资源能源利用效率最大化，环境保护部把行业资源再循环指标体系的建立列入环境标准年度制修订项目计划之中，组织启动了《生态工业支撑技术评估指标体系钢铁》、《造纸行业资源再循环指标体系》、《台式计算机行业资源再循环指标体系》、《酒精行业资源再循环指标体系》和《炼焦行业资源再循环指标体系》等5项环境标准的编制工作。

国家环境保护部副部长吴晓青考察污水处理工程

（五）为贯彻实施《中华人民共和国环境保护法》、《中华人民共和国清洁生产促进法》和《国务院节能减排综合性工作方案》，提高行业准入门槛和企业清洁生产水平，组织编制并已发布了41项行业清洁生产标准，涉及钢铁、有色、石化、煤炭、造纸、建材、酿造、制革、纺织等重点污染行业。2008年正式发布了《清洁生产标准制定技术导则》等标准，启动了首批清洁生产审核指南的编制，并发布了钢铁、化纤、电石等14个行业清洁生产标准。

（六）为了积极推进生态文明建设。印发了《环境保护部关于推进生态文明建设的指导意见》，批准广东省深圳市等6个市（县）开展生态文明建设试点工作。

二、严格环境准入，淘汰落后产能，推进循环经济相关工作

环境保护部通过严格淘汰落后技术、工艺和装备，提高节能环保市场准入门槛，严格执行项目开工建设的相关政策规定，促进了产业调整和工业园区走循环经济之路，并取得了显著成效。

（一）积极引导各类建设项目采用清洁生产工艺，切实推进了污染物减量化、再利用、资源化工作；结合有关建设项目环评审查，对内蒙古、陕西、山西等地区“两高一资”项目集聚的重点工业园区进行了调研，了解各地开展循环经济工作，加强资源综合利用，环评执行率以及“三同时”制度执行情况。

（二）继续开展环保专项行动，对造纸企业开展后督察，淘汰落后产能，加快节能减排，促进产业结构调整。专项行动期间，全国共出动执法人员160余万人次，检查企业70万多家次，共对1.5万件环境违法问题进行立案查处，结案1.1万余件。2008年新关闭污染严重的造纸企业641家，合计淘汰落后制浆能力约55万吨，淘汰落后造纸能力590多万吨，预计造纸行业减排COD约20万吨。目前正常生产的造纸企业中有68%为废纸造纸，大大降低了禾草、芦苇、蔗渣等原料生产纸浆工艺中产生的严重污染，提高了废纸重复利用的效率，循环经济水平得到提高。

三、深化循环经济试点工作

（一）召开国家生态工业园区工作会议。2007年4月，环境保护部与商务部、科技部联合发布了《关于开展国家生态工业示范园区建设工作的通知》，推动国家级开发区生态化改造工作。2008年5月。为了更好地推动循环经济在我国工业园区中的发展，环境保护部会同商务部和科技部在天津召开了国家生态工业园区工作会议。会议交流了各地生态工业园区建设经验，讨论了现存问题，研究部署了今后工作。会议的成功举办，标志着国家生态工业示范园区建设工作在全国范围内已全面展开。

（二）树立国家生态工业示范园区建设典范。2008年上半年，由环境保护部、商务部和科技部组成的国家生态工业示范园区建设领导小组办公室（以下简称“办公室”）完成了首批国家生态工业示范园区验收和命名工作。苏州工业园区、苏州高新技术产业开发区和天津经济技术开发区通过5年的建设，已达到了目前国家生态工业示范园区的各项要求，形成了符合园区特点的生态工业发展模式，积累了大量先进经验，成为我国首批国家生态工业示范园区。

（三）积极推进国家生态工业示范园区建设，循环经济试点的工作不断深入。2008年，国家生态工业示范园区建设领导小组（环境保护部、商务部、科技部）批准了上海金桥出口加工区、南京经济技术开发区、天津新技术产业园区华苑产业区、昆明高新技术产业开发区、北京经济技术开发区、萧山经济技术开发区、广州开发区等七个园区开展国家生态工业示范园区建设。截止到2008年底，已批准了33个园区开展国家生态工业示范园区建设，其中3个园区已正式得到了国家生态工业示范园区的命名，其中行业类园区9个，综合类园区23个，静脉产业类园区1个；西部地区5个；中部地区3个；东部地区25个。循环经济试点以点带面，辐射到全国范围。各园区为实现建设规划的总体目标，通过项目实施、完善相应支持政策等途径，在对区域循环经济发展起到了良好的示范作用。

（四）积极开展生态省、生态县（市、区）、生态村等生态示范区试点工作的开展，2008年，环境保护部命名北京市密云县、延庆县，江苏省太仓市，山东省荣成市，广东省深圳市盐田区为国家生态县（市、区）。命名了第七批全国环境优美乡镇和第一批国家级生态村。截止到目前，已命名全国生态示范区六批389个，生态省8个（海南、吉林、黑龙江、浙江、山东、安徽、江苏和福建省）、生态市（区、县）11个。全国生态示范区建设试点自启动以来，发展迅速，在推进试点地区经济、社会和环境保护协调发展的同时，对周边地区产生了良好的辐射作用，使生态示范区建设成为区域社会、经济可持续发展的一种理想载体和组织形式。

2008年3月27日，国家环保部挂牌

四、进一步加强清洁生产工作力度

（一）为了充分发挥重点企业清洁生产审核在促进节能减排目标中的作用，环境保护部组织编制并发布了《关于进一步加强重点企业清洁生产审核工作的通知》，明确了环保部门在重点企业清洁生产审核工作中的职责和任务；组织编制并发布了《重点企业清洁生产审核评估验收实施指南》和《第二批需要重点审核的有毒有害物质名录》。拓宽了重点企业清洁生产审核的范围，全面启动了重点企业清洁生产审核评估、验收工作，统计汇总全国重点企业清洁生产审核开展情况，发布了《关于2007年度全国重点企业清洁生产审核情况的通报》。

（二）重点推进“锰三角环境评估及跨界环境污染综合防治对策”项目，该项目主要内容包括清水江湘黔交界断面水质自动监测站建设和两家企业的锰渣堆放示范工程以及电解锰企业“高浓度锰液铬液回收”清洁生产技术研发等。目前水质自动监测站和锰渣安全堆放场已经基本建成，电解锰企业“高浓度锰液铬液回收技术”等清洁生产技术研发成功，“电解锰废水处理及资源化”清洁生产技术已完成中试。

（三）为了加强对重点企业清洁生产审核的宣传，在组织召开了“全国重点企业清洁生产审核交流会”之后，对研讨会进行了总结，筛选出企业清洁生产审核工作开展得较好的清洁生产审核机构和具有明显效果的典型企业，于2009年1月连续5天在中国环境报上进行专题报道和广泛宣传，提高全民对清洁生产的认识，引导重点企业积极主动开展清洁生产审核。

五、倡导环境友好的消费方式，推动可持续消费与绿色采购

按照《国务院关于落实科学发展观加强环境保护的决定》中“在消费环节，要大力倡导环境友好的消费方式，实行环境标识、环境认证和政府绿色采购制度”的要求。进一步扩大环境标志产品政府采购范围，确保环境标志认证产品的有效性和准确性。2008年7月，会同财政部发布了第三批《环境标志产品政府采购清单》，并就强制政府绿色采购与财政部进行了协商；共有19个产品类别，进入清单的企业达到760家，产品型号7000多个。

为配合政府绿色采购制度实施，加快了环境标志标准的制订步伐，积极推动环境标志认证发展，完善了环境标志的管理制度，规范了环境标志的使用行为；发布了《中国环境标志使用管理办法》、《环境标志产品技术要求建筑装饰装修工程》等5项环境标志产品标准；组织编制了《环境标志产品标准发展规划》、《环境标志标准总体规划》。

六、围绕工作重点，积极做好循环经济领域国际合作

不断加强与美国、欧盟等发达国家，俄罗斯、日本、韩国、东盟等周边国家，以及广大发展中国家在资源综合利用、可持续能源、清洁生产、污染防治、废物回收及再生利用等领域的交流与合作，通过实施履约项目、借鉴理念和机制，推动我国的循环经济发展。

在国际会议方面，2008年6月，环境保护部、财政部、联合国环境规划署、欧盟委员会在北京联合主办了“可持续消费国际研讨会”，中外代表300多人参加会议。会议围绕“可持续消费与绿色采购”主题进行了全面的研讨，具有较大的国际影响力。10月，在青岛举办了第四届中日韩循环经济研讨会。2008年，环境保护部邀请国际锰业协会、南非MMC公司电解锰专家与环保部清洁生产中心进行座谈、交流电解锰行业清洁生产技术和污染治理技术。2008年，环境保护部选派环保部清洁生产中心人员参加了国际锰业协会在三亚举行的“08国际锰业年会”，进一步调研了国内外电解锰行业清洁生产技术和污染治理技术。

中法企业将联手建造的青岛静脉产业园

在开展国际合作项目方面，2008年启动了为期5年的“中日技术合作推进循环经济”项目。开展了中挪双边合作水泥窑危废共处置项目；积极履行《关于消耗臭氧层物质的蒙特利尔议定书》，探索建立了消耗臭氧层物质回收体系，初步展开了废旧汽车消耗臭氧层物质的回收；在中欧生物多样性项目中制定的《中国生物多样性保护战略和行动计划》中，充分考虑了生物多样性保护与循环经济的关系，贯彻了生物多样性保护与可持续利用是循环经济基础的理念。

七、人员培训工作及循环经济科学研究和队伍建设

（一）加大清洁生产审核培训和研讨力度。2008年1月环境保护部分别在厦门、北京各举办了一期全国部分省、市环保局清洁生产管理人员培训班，从清洁生产政策、法规，清洁生产审核知识，重点企业清洁生产审核程序规定以及重点企业清洁生产审核评估、验收实施方案等方面对学员进行了培训。10月召开了“全国重点企业清洁生产审核研讨会”，来自各省市环保系统的清洁生产管理人员、清洁生产审核咨询机构代表及企业代表近200余人学习和研讨了环境保护部颁布的《关于进一步加强重点企业清洁生产审核工作的通知》，探讨了国家重点企业清洁生产审核推行体系方案等议题。加强了国家清洁生产审核师的培训工作，2008年共举办了56期培训班，培训学员约3000人。

（二）将循环经济培训纳入2008年全国性环保业务系列培训工作中。先后于6月、7月举办的专职党员干部培训班、第2、3期地市级环保局长培训班进行了有关内容的培训，并组织全体学员参观了曹妃甸循环经济工业示范园区。环境保护部中日友好环境保护中心和日本国际协力机构联合主办了2008年中日技术合作循环经济与节能减排培训班两期，共培训来自各地学员98人。同时，有重点地支持地方省委组织部和环保局将循环经济相关内容纳入党政领导干部环保培训。

（三）为了推进全国重点企业清洁生产审核工作，环境保护部于2008年12月对全国重点企业清洁生产审核工作进行了抽查。检查重点内容包括各省重点企业名单确定及公布情况、重点企业清洁生产审核评估及验收情况、清洁生产审核中高费方案落实情况以及重点企业清洁生产审核评估工作中存在的问题。

（四）积极组织绿色采购的培训工作。全年组织了10余次环境标志培训班，参加培训人员200多人。

（五）召开研讨会推进核行业资源循环再利用。支持中国核学会辐射防护分会于2008年7月在北京召开了“循环经济”学术研讨会，交流研讨了核电站废物循环再利用、核设施退役与固体废物循环再利用、铀矿冶废物循环再利用、核行业水的循环再利用、放射源的回收再利用以及循环经济相关法规标准等。

（六）召开论坛交流生态省建设经验。环境保护部和安徽省人民政府在黄山市组织召开了“生态文明暨第五届生态省建设论坛”，14个开展生态省建设的省（自治区、直辖市）和陕西、云南等省、市的代表交流了推进生态省（区、市）建设的做法和经验，国家有关部门和各有关地区代表、专家学者约150人参加了论坛。

科技创新强力推动循环经济发展

国家科学技术部

科技创新是支撑和引领循环经济发展的关键，是推动循环经济发展的核心动力。《国家中长期科学技术发展规划纲要（2006-2020年）》将引导和支撑循环经济发展作为环境领域科技体系建设的主要思路之一，加快构建循环经济技术支撑体系已成为国家科技发展环境领域的重中之重。目前，我国已初步形成了涵盖循环经济理论与方法、关键与共性技术、行业与区域实践模式、政策与机制决策支撑、创新能力与平台建设的循环经济科学技术发展体系，研发、推广和储备了一批清洁生产、废弃物资源化利用、产业生态链接、环境友好产品设计、决策支撑等循环经济核心技术，在我国特色资源节约利用与综合利用、重污染行业节能减排与清洁生产、重点区域可持续发展及重点工程的生态环境保护中得到产业化应用，培育和发展了一批快速增长的循环经济新兴产业，为我国循环经济大规模发展、实现重点行业与区域资源节约、环境保护、经济发展相协调提供了阶段性科技支撑。

充分发挥科技创新的支撑与引领作用，加快了我国循环经济发展由理念和理论完善到模式实践、由试点示范到规模化发展的转变。自2005年以来，国家先后启动了两批循环经济试点，大力发展循环经济成为各级政府建设资源型社会与环境友好型社会的重要措施与手段，多个省市先后制定了循环经济发展总体规划，全面部署和推进循环经济发展。与此同时，为应对全球金融危机影响，钢铁、有色、石化、轻工等传统产业调整振兴规划已将推动循环经济发展作为产业升级与结构调整，实现节能、环保、增效目标的核心措施，循环经济大规模发展已走入快速化轨道。

《循环经济促进法》强调发展循环经济必须坚持技术可行、经济合理、资源节约、环境保护的原则，对循环经济科技创新工作提出了更高、更具体的要求。

一、循环经济科技创新取得较大突破，为我国循环经济大规模发展奠定了较好基础

（一）循环经济理论研究逐步具体化，支撑了我国循环经济法律政策的制定

伴随我国循环经济建设从理念走向实践，循环经济理论框架及实践模式研究逐步深入，重要资源物质流分析、清洁生产与循环经济指标体系、区域综合集成技术等循环经济理论与方法的研究工作取得一定进展，初步形成了具有我国特色的循环经济理论与方法体系。相关理论成果已应用于国家重大决策制定、循环经济试点建设，支撑了我国《循环经济促进法》颁布及实施，为初步构建具有我国特色的资源节约与环境友好一体化循环经济技术体系奠定了理论基础。

如，我国在绿色GDP核算体系的理论和实践方面取得了显著进展，较早进行了区域性和全国性环境污染损失测算。2006年9月，国家环保总局和国家统计局联合发布了《中国绿色国民经济核算研究报告

2004》，是我国第一次因环境污染调整GDP核算，标志着中国绿色国民经济核算研究取得了阶段性成果，为世界绿色GDP核算做出了中国特有的贡献。在清洁生产指标体系方面，完成了石油炼制、制革等50多个行业清洁生产标准制定工作，并应用于企业清洁生产审核，极大推动了企业清洁生产。在物质流分析与生态产品设计方面，中国科学院、四川大学、清华大学、北京工业大学等单位的研究工作已经取得较大进展，引起了国际学术界的关注。

（二）循环经济科技创新推动环境污染治理从末端向过程削减的根本性转变，有力支撑了重污染行业节能减排目标实现与产业技术升级。

在“十一五”期间，科技部以落实国务院《节能减排综合性工作方案》，实施《节能减排科技专项行动方案》为抓手和目标，针对重点行业、重点园区，开展了以节能减排与产业清洁化升级为目标导向的循环经济技术研发与集成示范，取得循环型钢铁企业技术模式、铬盐生态工业技术模式、清洁制革与绿色产业链技术模式等一批自主创新循环经济技术模式，并实现了产业化转化，有力支撑了我国传统行业节能减排目标实现、产业清洁技术升级与环境保护方式的转变。

1.针对我国钢铁企业普遍存在的资源利用率低、能耗高和环境污染严重等突出问题，在国家科技支撑重大项目“清洁生产与循环经济关键技术与示范”等科技项目的支持下，依托济南钢铁有限公司，在铁碳资源高效利用、能量/水梯级利用、废物资源化利用等循环经济关键技术研发方面取得重大突破，凝炼形成了资源高效利用的循环型钢铁企业新模式。在实现钢铁企业节能减排的同时，还消纳了大量社区废水、废旧塑料、含铬废渣等社会废弃物，有力促进了钢铁工业技术升级。该模式通过在济南钢铁有限公司大规模示范，资源环境与经济综合效益显著，实现吨钢可比能耗降低10%以上，年消纳社会废水150万吨，减排CO2150万吨、大幅度减少了废水、废气、废渣、粉尘等污染物排放。该模式在钢铁企业大规模产业化推广，将对我国钢铁行业振兴具有重大示范和带动作用。

2.铝行业是我国优质资源紧缺、能源消耗巨大的典型代表。为缓解资源环境对行业可持续发展的制约，现已形成从铝土矿冶炼到铝产品转化全过程的铝行业循环经济技术模式，获得2007年国家科技进步一等奖。如，在铝土矿冶炼生产中，针对我国低品位特色铝土矿资源自主研发的选矿拜耳法氧化铝生产技术的推广应用已形成年产60万吨氧化铝的生产能力，与传统联合法相比建设投资节省15–20%，生产成本约降低10%，生产能耗约降低50%。该技术推广后可以经济利用约20亿吨的中低品位铝土矿，使我国铝土矿资源保障年限由10年提高到60年。在氧化铝电解过程，抗氧化低电阻炭素阳极制备等技术的突破使冶炼过程节能减排达10%以上。铝行业循环经济技术模式有力地推动了我国铝工业由完全依赖技术引进型向技术出口的重大变革，近3年技术出口创利税100亿元以上。

3.针对传统重污染铬盐行业的资源、环境急待解决的突出问题。中国科学院过程工程研究所在国家科技计划重大项目和中科院知识创新重大项目支持下，自主创新，在国内外首次突破了铬化工清洁生产与循环经济集成技术，实现了铬铁矿亚熔盐高效清洁转化、反应分离耦合、介质再生循环、产品转化短流程、铬渣源头减量并生产高值脱硫剂等原创性核心技术，建立了铬化工/煤化工/建材耦合的生态工业模式，并扩展到城市循环经济建设，获2005年国家技术发明二等奖。与传统工艺相比，该技术模式能耗下降20%以上，资源利用率提高20%以上，铬渣源头减量80%并通过产业链接首次实现了铬渣零排放，解决了铬渣污染的国际环保难题。该技术模式现已形成技术研发、平台建设、产业转化基地完整的创新体系，已建成的1万吨/年铬盐清洁生产示范工程，生产成本与产品质量明显优于传统工艺。铬盐生态工业模式的推广将解决传统铬盐行业污染难题，加速现有铬盐产业升级改造，引领国际铬盐行业技术革命。湿法冶金清洁生产技术国家工程实验室的成立，为铬盐生态工业技术大规模产业化推广提供了强大的研发平台与基地支撑。

4.化工行业以节能、节水、废物循环利用为核心的循环经济技术模式，为行业节能减排增效提供了技术支撑与实践模式。如，新疆天业集团通过新型电石生产技术与电石渣生产水泥工艺的创新，搭建了资源加工（煤、盐、石灰石）–电力–电石–聚氯乙烯–节水器材的生态产业链，构建了多产业链接与耦合的基础化工业循环经济技术模式，该技术模式与实践经验在全国化工行业循环经济交流会上得到重点推介。石化全行业推广了污水分质循环利用技术并取得良好效果。以镇海炼化为例，2007年累计回用污水513万吨，吨油新鲜水耗量仅0.362吨，与国内平均水平0.69吨相比，镇海炼化一年将节约3/4个西湖水量，节水效益显著。鲁北化工集团创立了磷铵—硫酸—水泥生态产业链、水产养殖—制卤提溴—结晶产盐以及苦卤提取钾镁生态产业链、煤矸石清洁发电与盐碱联产生态产业链，使企业资源利用率达到95.6%，主要产品成本降低了30～50%，形成了基础化工、海洋化工耦合的循环经济模式。

5.我国是传统皮革大国，但制革过程污染严重。针对制革污染严重问题，四川大学成功开发了以无硫化钠保毛脱毛技术、无石灰浸碱技术、无氨脱灰技术等为核心的清洁制革循环经济技术模式。目前我国已经有15个猪、牛、羊皮制革企业采用该项成果，累计产值达10亿元，制革新鲜水用量减少30%，氨氮、污泥减少80–90%，废水中的COD、BOD、SS等平均降低40%，完全消除了硫化钠、石灰污染。2008年，国家批准建立了制革清洁技术国家工程实验室，有力地促进该成果的进一步优化完善和推广辐射，预计该技术模式5年内将在全国70%以上制革企业推广应用，从根本上解决制革全行业污染问题。

（三）循环经济科技创新推进了区域特色资源可持续开发、循环型产业培育与环境保护，显著提高了典型区域可持续发展能力。

以城市垃圾与大宗工业废物循环利用、区域特色资源可持续开发为切入点，初步构建了以资源节约、污染集成控制、新型产业培育为核心的区域循环经济技术模式，有力支撑了典型区域可持续发展。

1.废旧产品与城市垃圾循环利用技术取得重大突破，为“城市矿山”新资源的大规模工业化开发利用奠定了技术基础。如，我国自主研制的二段往复炉排式城市生活垃圾焚烧发电系统，正成为国内城市垃圾焚烧发电处理的主流技术设备，二次污染物排放达到欧盟排放标准，按照吨垃圾发电350kWh，按照年人均家庭用电145kWh和人均年产生垃圾365kg计算，如果全部生活垃圾用来发电则可产生128kWh，与其消耗的电量相近，作为替代能源，可以大大减少煤炭和石油的发电消耗量。该设备现已投入运行和在建工程27个，大规模产业化推广后，将极大改变我国城市垃圾焚烧发电技术依赖进口的局面，并有效缓解我国垃圾处理及能源替代问题。针对高技术产业密集特点，在国家科技计划支持下，苏州市加大了电子废物回收网络建设与循环利用技术研发与工程化，解决了高技术产业废物处理问题，在城市区域建立了循环经济静脉产业模式，具有较好的推广示范意义。

2.大宗工业废物资源化利用技术产业化取得重大进展，为区域循环经济生态产业链构建提供了核心技术支撑。我国工业固体废物每年排放量约10亿吨，综合利用率仅60%，资源浪费与环境污染严重。如工业固体废物综合利用率提高1个百分点，每年将减少1000万吨污染物排放，经济效益与环保潜力巨大。

针对多金属废物，突破了新型高效预处理、浮选分离、磁选深加工等一系列核心技术，显著推动了工业固体废弃物有价组份深度利用，实现了跨行业生态链接。如，钢铁先进企业氧化铁皮、含铁尘泥、高炉渣、转炉等钢铁冶金废渣综合利用率达到97%以上，形成了建筑材料、磁性材料、耐火材料、化工原料、冶金辅料等非钢支柱产业，显著推动了钢铁产业结构优化。

针对高铝粉煤灰废物，研发了具有自主知识产权的高铝粉煤灰生产铝硅系列合金与氧化铝资源循环利用技术，搭建了煤炭–电力–有色金属–建材的循环经济技术模式，完成了3000吨/年示范工程建设。该技术模式推广后每年可处理火电厂高铝粉煤灰3600万吨，循环利用电厂废水16000万吨，消化附近化工企业电石渣2000万吨，节约标煤1600万吨，减少CO2排放720万吨，将突破国内外传统的粉煤灰利用领域，开辟粉煤灰资源化利用的新途径。按照鄂尔多斯盆地煤炭储量，煤炭蕴含的铝资源相当于我国优质铝土矿储量，该项技术模式全面推广实施后，将有效缓解我国原生优质铝土矿资源紧缺的局面。

重点区域特色资源可持续开发利用与环境污染集成控制模式研发取得成效。为根本性解决南水北调中线工程水源区黄姜种植生态破坏、皂素加工废水污染、皂素高附加值产品开发等特色资源可持续开发技术瓶颈，国家科技计划组织实施了库区黄姜种植生态治理、黄姜加工清洁生产、皂素新药品研制等科技攻关，形成了生态治理–产业技术升级–惠及民生为一体的区域特色资源循环经济发展技术模式，预计2009年将建成年产300吨黄姜皂素和2000吨乙醇生产线，并实现规模化生产，为水源区实施大规模黄姜产业升级提供示范模式，届时将有效提高水源区黄姜支柱产业可持续发展能力，解决库区近200万农民生活来源、确保“一江清水送北京”重大调水工程顺利实施。

为有力支撑“长–株–潭”城市群“两型”社会建设的破题与实践，发展循环经济被列为该地区两型社会建设的重大举措。以湖南省株洲市清水塘工业区为例，通过重金属废水生物处理与循环利用、冶炼烟气二氧化硫回收与保险粉生态产业链接、钛白粉副产物循环利用等核心技术的突破，形成了冶金化工重污染工业区循环经济技术模式，并实现区域推广。该技术模式推广应用，2007年实现新增产值30多亿元，减排废渣80万吨，减排二氧化硫3万吨，减排重金属废水540万吨，对于湘江流域生态环境综合治理及“长–株–潭”城市群“两型”社会建设提供了有效技术模式与实践。

四川攀枝花地区我国战略特色资源钒钛磁铁矿储量巨大，但传统技术有价组份综合利用低，废弃物排放量巨大，目前当地几千万吨堆存废弃物造成了严重的环境污染和资源浪费，制约了区域可持续发展。攀枝花地区以攀钢集团为核心，经过多年特色资源综合利用技术攻关，形成了钢铁产业、钒产业、钛产业、废弃物资源化利用、化工产业耦合共生的生态产业体系，建立了低品位钒钛磁铁矿的资源节约与综合利用循环经济技术体系与模式，为区域可持续发展提供了保障。

（四）循环经济科技创新支撑了再生资源、环保装备、清洁生产技术服务等循环经济新型产业的发展。

对于环保产业发展作出巨大贡献。目前，我国环保产业已形成门类齐全、规模显著的新兴产业体系，年均增长速度达25%，预计2010年环保产业年产值达到8800亿，其中资源循环利用产业产值6600亿元，环保装备产值1200亿元，环境服务产值预计1000亿元。循环经济科技创新将进一步推动环保产业大规模发展，不仅为我国经济结构战略性调整提供了新的经济增长点，还将提供巨大的就业机会。

科技创新有效支撑了再生资源产业的蓬勃发展。由于全球资源供应日趋紧张，近年来世界主要发达国家纷纷投入巨额资金，制定优惠政策，提供技术支持，促进了资源再生产业快速发展。目前再生资源产业已成为全球发展最快的新兴产业。“十一五”以来，针对废旧机电产品、再生金属、废旧轮胎等主要再生资源循环利用，我国先后突破了典型废物整理打包、预处理、清洁冶炼加工、污染物集中处理、高附加值产品加工等关键技术与设备，并迅速得到产业化推广应用，带动了再生资源产业的快速发展。如在汽车零部件再制造方面突破了纳米喷涂、微脉冲冷焊等多项表面工程技术，使废旧零部件再制造率由73%提升到90%，达到国际领先水平。

科技创新是我国环保装备产业化逐步占据国内市场主体地位的关键因素。目前，大气污染监测与控制设备研发与产业化取得明显进展。如，针对大气污染监测，城市空气质量自动监测系统目前已装备12

个省区的160个城市空气质量自动站，监测数据应用于全国空气质量监测预报。国电龙源环保公司研制出湿法脱硫系统技术和设备，国产化率达95%以上，大幅度降低了湿法脱硫的工程造价（从2000元/kW降到150元/kW），已投运项目共计58个，总容量为34666MW，累计减排二氧化硫255万吨，为企业减少排污费16.1亿元；大中型燃煤工业锅炉烟气脱硫技术与设备推广应用到21个烟气脱硫成套化示范工程，承接脱硫工程160多台套，成果创产值达1.7亿元，市场占有率进入国内同类企业前列，夯实了脱硫环保产业发展的技术基础。

循环经济技术服务产业迅速发展，清洁生产审核认证、节能减排技术服务、规划咨询等循环经济技术服务产业发展迅速，每年以30%的速度快速增长，极大拓宽了我国环境服务业范畴与理念。特别是颁布实施的《循环经济促进法》，明确鼓励和支持中介机构、学会和其他社会组织开展循环经济宣传、技术推广和咨询服务，将极大促进循环经济服务产业的发展。

（五）循环经济科技走进千家万户，带动了生活方式与消费模式可持续转变。

在推动民众参与消费模式转变方面，循环经济要求实现生产和生活消费过程的生态转型与循环利用，涉及到每一个人、家庭、企业、社区和城市乡村，只有形成循环经济文化，我国经济社会才能实现真正的可持续发展。科技部积极开展循环经济科技走进企业、社区、农村等活动，以循环经济理念倡导可持续生产与消费模式的转变，推动全民参与循环经济，将个人生活与产品全生命周期相联系。如通过绿色食品、生态时装、绿色家电、节能汽车、生态房屋、生态旅游产品的开发与认证，倡导消费者在消费时选择有助于公众健康和循环利用的绿色产品，在惠及民生的同时并带动绿色消费产业的形成。内蒙古以沼气、太阳能利用为核心技术，通过研究和示范将沼气建设、太阳能利用与农牧业生态建设、新农村新牧区建设结合，形成了适合内蒙古不同生态类型区、不同经济发展条件的六种沼气与太阳能利用相集成的循环经济新模式。

二、存在问题

（一）循环经济科技发展需突出统筹部署与集中攻关

按照国务院有关发展循环经济的部署，中央各部门、地方各级政府先后启动了各类循环经济试点，高度重视循环经济科技创新能力建设，科技创新始终在循环经济实践探索中扮演着重要角色。但由于目前缺乏国家层面的循环经济科技创新总体部署及各部门及相关社会力量的有效沟通与协商，各种科技创新活动目标分散，缺乏协作分工，未能形成重大循环经济技术瓶颈与产业化推广的团队攻关局面，科技创新整体支撑作用未能充分显现。按照《循环经济促进法》要求，急需加强我国循环经济科技创新顶层设计与总体部署，凝炼目标，突出重点，加快建立以资源节约、环境保护、提高经济效益为核心链条的循环经济科技创新体系。

（二）循环经济集成创新能力尚不能满足循环经济大规模发展的需求

通过多年支持，我国已取得了一大批循环经济关键技术、模式及产品的突破，但与当前国家“保增长、惠民生”战略部署对循环经济大规模发展提出的总体要求尚存在一定差距，急需尽快系统总结现有技术模式实践经验，加大对制约经济效益的关键技术环节攻关力度，通过优化集成与整体设计，进一步提高发展循环经济的资源环境与经济的综合效益，突出集成创新与模式实践在循环经济科技创新成果转化中的核心支撑地位，引领循环经济技术革命在我国的形成，带动循环经济规模化发展。

（三）循环经济科技创新载体建设有待加强

循环经济科技发展具有多行业多学科交叉的特点，并处于迅速发展阶段，以科技创新平台、人才团队、实践基地、推广服务体系等为核心的国家层面创新载体建设滞后于循环经济规模化发展需求，导致研究机构科技成果推广转化率低，同时各种循环经济试点建设因先进适用技术储备不足而示范带动作用不突出，急需搭建多种形式的循环经济科技创新平台与实践基地，打通技术创新与市场需求、技术研发与产业化转化的渠道，加快提高循环经济科技创新与成果推广能力。

（四）激励循环经济科技持续创新配套政策需完善

我国已先后颁布《关于加快发展循环经济的若干意见》、《循环经济促进法》等政策法规，强力推动了循环经济发展。但由于相关配套措施、标准规范、评价体系等仍在陆续完善中，特别是对循环经济技术缺乏"可操作、可考核、可量化"评价体系，技术创新在推动循环经济发展中的作用与定位不明确，导致激励循环经济技术创新的财政、税收等相关鼓励政策较模糊，企业、地方发展循环经济热情很高，但对技术创新缺乏较大投入，在一定程度上影响了全社会共同参与循环经济科技创新局面的形成。

四、今后工作的设想与建议

（一）健全国家循环经济统筹协调机制。

为集中全社会力量推动循环经济发展，要健全国家循环经济发展统筹协调机制，强化国家循环经济发展总体布局，尽早设立循环经济发展专项财政资金，统筹协调和调动各部门及地方循环经济资源，突出重点，形成合力，推进我国循环经济大规模发展；建立国家–地方–企业–社会联动的循环经济责任与激励机制，倡导全民可持续生产与可持续消费模式。

（二）提高循环经济科技创新与产业化推广能力。

持续提高循环经济科技创新能力必须立足当前，兼顾中长期，按照《规划纲要》、《循环经济促进法》相关部署与要求，开展循环经济科技创新规划研究工作，突出循环经济在国家科技发展的重要地位与着力点，加快推动循环经济科技创新实现跨越式发展，支撑和服务可持续发展战略实施。

（三）突出循环经济科技创新的示范带动作用。

建立健全循环经济科技创新平台，突出循环经济科技示范带动作用，加快建立一批以实验室、工程中心、技术联盟等为核心载体的国家级循环经济科技创新平台，加快形成循环经济科技创新与技术共享服务体系。

（四）完善循环经济科技创新的激励机制与投入机制。

建立健全循环经济科技创新激励机制是持续提高技术创新能力和促进科技成果产业化推广的引擎，要加快建立多渠道循环经济资金投入机制，积极引导企业资金、风险基金、金融投资等资本对循环经济科技发展的投资，组织实施循环经济重大技术与产业化推广，有效支撑循环经济大规模发展。

大力发展循环农业
实现农业可持续发展

农业部

发展循环农业既是农业发展新的理念和策略，更是一种新的增长方式。其核心是运用可持续发展思想、循环经济理论与产业链延伸的理念，重点在“节约、保护、利用、拓展”四个环节下功夫，实现农业由单向式资源利用向循环梯级利用、集约高耗型向节约高效型转变，拓展和延伸农业产业链条，推进农业生产清洁化、农村废弃物资源化，从根本上转变农民生产生活方式，推动农业增长方式转变，建设优质、高效、高产和生态安全的现代农业。党中央、国务院高度重视循环农业建设工作，党的十七届三中全会明确提出，要大力发展节约型农业、循环农业、生态农业，加强生态环境保护。连续几年的中央一号文件都明确提出要大力发展循环农业的要求。我部启动实施循环农业促进行动以来，各地积极采取措施，大力推进循环农业建设，涌现了一批成熟的技术和模式。

一、循环农业示范市成效明显

在推进循环农业促进行动工作中，选择了河北邯郸、山西晋城、辽宁阜新、山东淄博、河南洛阳、湖北恩施、湖南常德、江西吉安、广西桂林、甘肃天水等10个地市州开展循环农业示范市建设，在点上整合放大。在地市范围内，引导出台扶持发展循环农业的相关政策，从大产业、大生态、大农村的角度，把农村沼气、乡村清洁工程、测土配方施肥、保护性耕作、科技入户等项目进行整合，使循环农业与农民生活、农业生产、生态环境建设紧密结合起来，拉长功能链条。目前，湖南常德、辽宁阜新、山东淄博、江西吉安等已经编制《循环农业发展规划》，成立了循环农业试点工作领导小组。循环农业示范市建设进展顺利，各地出现了一批成熟的技术模式，湖南省临醴县发展以农村清洁工程为重点的循环农业，不仅村容村貌得到大为改观，农民的生态文明意识明显提升，而且实现了农业生产无害化、经济发展高效化。湖北省咸丰县小村乡大力推行“猪—沼—茶”、“猪—沼—菜”、“猪—沼—药”等循环农业模式，带动了以茶叶、药材为主的特色产业发展，农民收入大幅增加。

2008年12月19日全国循环农业现场会在湖南省常德市召开

二、农村沼气又好又快发展

2008年，国家进一步加大农村沼气

农业部副部长张桃林在湖南调研循环型农业

建设力度，组织实施农村沼气国债项目，建设户用沼气池，带动农户改厨、改厕、改圈，因地制宜推广北方“四位一体”和南方“猪—沼—果”等能源生态模式。2006–2008年全国新增户用沼气1250多万户，到2008年底全国农村户用沼气已达到3050万户，年产沼气约120亿立方米，为农户直接增收节支150亿元。同时，到2008年底，各类农业废弃物沼气工程达到3.95万处，年产沼气5.26亿立方米。2008年底和2009年初，中央拉动内需新增投资80亿元。各地千方百计推进项目建设，截至2009年4月底，2008年底30亿沼气投资项目，中央投资完成96%，项目开工率82%，完工率73%。新增30亿沼气投资拉动内需效果显著，采购水泥、钢材等建材合计22.36亿元，全国参与施工人员约120万人，增加农民劳务收入4.9亿元。已成为当今世界参与开发人数最多、最为现实的生物质能源。

三、农村清洁工程稳步推进

党的十七届三中全会明确提出，要“实施农村清洁工程，加快改水、改厨、改厕、改圈，开展垃圾集中处理，不断改善农村卫生条件和人居环境”，农业部专门制定了《全国农村清洁工程建设规划》。农村清洁工程以村为基本单元，建设秸秆、粪便、生活垃圾、污水等有机废弃物处理设施，建立物业化服务体系，推进人畜粪便、生活垃圾、污水的资源化利用。目前，已在北京、河北、山东、四川、湖南、安徽等13个省市建成乡村清洁工程示范村1000多个，示范村的生活垃圾和污水处理率、农作物秸秆利用率达到90%以上。乡村清洁工程投资少、见效快、效果好，不仅有效解决了农村环境污染问题，改善了农村生产生活条件，而且促进了农业增效、农民增收，受到了当地政府和群众的普遍欢迎。河北、湖南、湖北、重庆等省市专门安排乡村清洁工程专项资金，把乡村清洁工程作为社会主义新农村建设的重要内容来抓。湖南省把乡村清洁工程写入省委1号文件，安排资金2000多万元；甘肃省要求新农村建设点必须要有乡村清洁工程内容，并作为一把手工程来抓，已经成为政府重视、农民欢迎的亮点工程。

四、节约型农业技术广泛应用

2008年全国农机总动力达到8.2亿瓦，机耕、机播（栽）和机收综合机械化水平45%左右。但是，总体上我国农业机械的性能差、能耗高，30%以上农用拖拉机使用年限超过10年，单位能耗超过标准20–30%。渔船耗油占捕捞成本的70%以上，是发达国家3倍左右，农业机械节能减排潜力大。2008年化肥施用量约为5000万吨，其中氮肥每年使用量达2200万吨，当季利用率仅有35%，与发达国家相比差10个百分点。按照生产1吨氮肥需消耗1.4吨标准煤计算，如果氮肥利用率提高1个百分点，全国就可少消耗250万吨标准煤。农业投入品节能减排潜力大。2008年，大力推广节能型太阳能蔬菜大棚及畜禽舍技术，高温和高湿地区推广地热交换降温或加热系统，切实做好设施农业及畜牧业节能工作。

宁波循环农业

大力发展节油、节电、节煤等农业机械和渔业机械技术及设备，完善标准，强化检测，加快高能耗机械的报废和更新换代，降低农业装备能耗。大力推广节肥节药节水技术，进一步扩大了测土配方施肥的补贴项目的实施范围和规模，对取土、测土、田间试验、仪器设备、数据库建立等给予补贴，推广化肥机械化深施、精准化施肥、诊断施肥和水肥一体化等技术，大力推进农家肥、畜禽粪便等有机肥料资源的综合利用，提高肥料利用率。在1200个县实施测土配方施肥项目，为1亿农户提供技术服务，推广测土配方施肥6亿亩以上。禁止销售和使用甲胺磷等5种高毒有机磷农药，推广应用高效、低毒、低残留农药新品种，淘汰“跑、冒、滴、漏”的植保机械，加快高效节药机械研发，推广低容量喷雾技术，提高农药利用率。大力发展旱作节水农业，改革大水漫灌方式，推广抗旱坐水种、膜下滴灌、行走式灌溉等旱作节水技术，建立节水型灌溉制度。大力推广保护性耕作，组织实施保护性耕作示范项目，选择适用的保护性耕作机具，推广秸秆覆盖地表、田间催腐堆肥、免少耕播种、深松及病虫草害综合控制技术，减少作业工序。在南方水稻产区，推广秸秆还田腐熟、墒沟埋草等技术，发展稻田保护性耕作。

全州“稻—灯—鱼—菇”基地

五、生物质能开发稳步发展

我国农村每年生产秸秆7亿多吨，禽畜粪便约30亿吨，同时农村每天产生生活垃圾近100万吨。科学有效地利用这些资源，既可开发可再生能源，又能减少污染排放，消除脏、乱、差。同时，我国还有部分荒山、荒坡和盐碱地可用于种植非粮能源作物，太阳能、风能、微水电资源也十分丰富。2008年，在粮食主产区，尤其是机场周边、高速公路沿线等地，稳步推进秸秆气化点建设。开展秸秆沼气（生物气化）试点示范，继续扩大户用秸秆沼气的示范规模，并建设一批秸秆沼气集中供气工程。开发经济实用的秸秆固化技术和设备，以农村居民炊事和取暖为重点，建设一批秸秆固化成型示范点。在有条件的地区，鼓励企业建设大型生物质固体成型燃料加工厂，建立收储、加工、配送体系，为农村居民提供生物质商品燃料。据测算，2008年小麦、玉米、水稻等主要农作物秸秆机械化还田面积达到3亿亩以上，秸秆青贮、氨化量达到2.5亿吨，约占秸秆总量的1/3以上。在坚持优先满足农业和畜牧业需要的同时，加强了秸秆气化、固化成型、秸秆沼气等新型能源利用。到2008年底，全国已建秸秆气化（热解）站856处，年消耗秸秆30万吨；秸秆沼气集中供气站或联户供气设施150处；累计推广秸秆成型燃料示范点102处，年产成型燃料量约20万吨；加大以秸秆等为原料纤维素生物燃料（第二

生活污水净化池

农村沼气

北京市延庆县康庄镇生态循环农业示范基

代生物质燃料）的研发和示范，已建设5个百吨级以上的示范厂。经过30多年努力，已累计推广省柴节煤灶1.46亿户、节能炕2049万铺、生物质炉3300万个。传统“老虎灶”秸秆燃烧热效率仅10%，省柴节煤炉灶的推广，使秸秆的热效率提高到20左右，形成年节约7000万吨标准煤的节能能力，被誉为全球涉及人口最多的节能减排工程。农村太阳能、小风电等技术广泛应用，到2008年底全国太阳能热水器保有量达4750万平方米、户用太阳灶135万台、农户太阳房1590万平方米，小型风力发电装机31370千瓦。

六、草地资源得到有效保护

2008年，全国累计种草保留面积4.3亿亩，草原围栏面积超过9.26亿亩，禁牧休牧轮牧草原面积达到14.8亿亩。全国草原承包面积已达34.3亿亩，占可利用草原面积的71.5%，有效地保护了草原生态环境。继续开展草原保护工程，建设草原围栏7842万亩、退化草原补播2353万亩。实施京津风沙源治理工程，治理退化草原354万亩。草原生态建设工程效益显著，植被盖度平均提高了16个百分点，植被高度提高63%，鲜草产量提高80%。全国各地继续积极推进草原利用方式的转变，推行禁牧、休牧和划区轮牧，加快人工草地建设和天然草原改良步伐，实施舍饲圈养，减轻天然草原放牧压力，草畜平衡状况有所改善，全国重点天然草原的牲畜超载率为33%左右，较上年下降1个百分点。

七、加强了农业生物资源保护

2008年，为贯彻落实《中国水生生物资源养护行动纲要》，农业部颁布了《国家重点保护经济水生动植物资源名录（第一批）》，包括水生经济物种166个。建立了首批40个国家级水产种质资源保护区，初步构建了水产种质资源保护区网络，对保护国家重点保护经济水生动植物和地方珍稀特有水生物种及其栖息繁衍场所将发挥重要作用。在湖北省开展了“拯救珍稀野生动物，建设长江和谐家园”为主题的长江珍稀水生动物增殖放流活动。在青岛举办了黄渤海生物资源增殖放流活动。全国共计增殖鱼、虾、贝等苗种计194.6亿尾（粒），比上年增加18.7%。积极开展外来入侵生物防治，组织了20种危险性农业入侵植物普查，建立外来入侵物种的信息数据库，对10种重大危险农业外来入侵开展了综合防治，有效遏制了外来入侵生物的扩散和蔓延。开展了重要野生植物资源调查，发现了具有重要保护价值的野生植物分布点7个，新建了16个野生茶树、兰花、野生果树原生境保护点。

地方循环经济

北京市循环经济

北京市发展和改革委员会

2008年，北京市作为国家循环经济试点城市，按照循环经济发展的指导思想和基本原则，围绕“绿色奥运、科技奥运、人文奥运”三大理念，综合运用法规约束、技术支撑、行政调控、市场引导等多种手段，全面推进循环经济工作开展，取得了明显的进展和成效。

2008年，北京市经济社会发展继续延续“十一五”以来的“一增三降”的良好态势（GDP持续增长，COD、SO_2排放、单位能耗持续下降）。根据国家统计局初步核定数据，全市万元GDP能耗为0.66吨标准煤，同比下降7.36%，万元GDP水耗为36.83立方米，同比下降6.9%；经国家环境保护部核定，2008年全市二氧化硫和化学需氧量排放量分别下降18.8%和4.9%，均超额完成任务；全年空气质量达标天数累计达274天，占74.9%，超过年度目标18天；城八区垃圾无害化处理率达到100%，郊区达到85%，城八区污水处理率达到93%，再生水利用率达到57%。

一、主要任务和重点项目进展

（一）推进循环经济试点

落实国家循环经济试点城市建设要求，出台了《北京市循环经济试点工作实施意见》，在区县、园区、企业三个层面逐步开展试点工作，评选出首批24家市级试点单位；结合发布生态工业园建设指导意见，评选出密云开发区、林河开发区和大兴生物医药基地首批三家生态工业园试点，深入推进了循环经济发展。

（二）加大循环经济新技术推广力度

2008年4月发布《北京市2008年节能节水减排技术推广计划》，确定绿色照明、供暖锅炉系统节能、太阳能利用、膜处理等17类87项技术、产品予以推广。并通过制定计划、能评推荐、展会推介和重点项目示范等多种方式，大力推广节能新技术新产品。在节能评估过程中，对固定资产投资项目积极推荐采用节能新技术，2008年评估的126个项目中，84个项目采用了可再生能源和节能新技术新产品。在2008中国北京国际节能环保展览会上，展示推介了80多项节能环保先进技术。在奥运场馆建设中广泛应用示范先进的空调采暖、高效节能光源与控制、中水利用系统和水处理系统、太阳能光伏发电等新技术，实施了358个“绿色奥运”

北京市发改委“加快发展循环经济建设资源节约型环境友好型城市2008年行动计划”新闻发布会

项目。

（三）推动产业结构优化升级

根据首都城市的性质、功能和资源优势，全面推动产业结构优化升级。重点推进生产性服务业、文化创意产业和高技术产业，发展适合首都特点的现代制造业。加快金融服务、科技服务、信息服务、商务服务、现代物流、教育培训等一批重点行业发展，不断拓宽服务业发展的深度和广度；着力完善六大高端产业功能区、十个文化创意产业集聚区、四大金融后台服务区、四大物流基地等一批产业园区基础设施、信息通信、商务服务等生产、生活配套服务体系，推动生产性服务业和文化创意产业集聚化发展；大力推动蛋白质科技基础设施、微软(中国)研发大厦、中国移动北京生产基地、大唐TD-SCDMA实验网、新国际展览中心、现代二第工厂、福田——康明斯发动机生产线等一批重大项目建设。

（四）严格实行落后产能淘汰制度，退出“三高”企业

加快退出一批不符合首都功能定位的劣势产业，实现首钢压产400万吨，有机、化二、大有等企业停产搬迁；实施“上大压小”方案，关停二热、三热小火电机组35万千瓦；组织退出了小造纸、小印染、小铸造等7个行业，淘汰了水泥机立窑生产线等落后工艺设备。2008年，对主动退出并通过验收且符合奖励标准的42家企业给予了奖励，退出企业，每年可节约能源9.01万吨标准煤。

（五）狠抓大气污染防治，确保奥运空气质量达标

2008年，紧紧围绕奥运空气质量保障工作，申奥环保承诺全部兑现。中心城区平房区6.1万户居民采暖小煤炉改用清洁能源；淘汰治理了黄标车1.1万辆，更新环保型公交车2349辆，出租汽车2941辆；完成华能、京能、高井、国华四大燃煤电厂烟气脱硝工程并投运；完成全市1462座加油站、1387辆油罐车和52座储油库油气回收治理；加大夜间机动车污染治理以及实施奥运期间空气保障应急措施。

（六）加快污水处理设施建设，推进水资源循环利用

城八区建成海淀温泉和永丰两座再生水厂，累计达到8座，生产能力达到31万方/日；推进清河二期、卢沟桥等2座再生水厂前期工作。郊区新城建成亦庄再生水厂，累计达到5座，生产能力24万方/日；开工建设延庆、昌平和门头沟等3座再生水厂，实现每个水源地新城高品质再生水厂全部开工建设。城八区污水处理率和郊区污水处理率分别比达到93%和48%，同比分别提高1个和4.5个百分点。

（七）加快垃圾处理设施建设，强化固废处置和监管

完成了高安屯垃圾焚烧厂、阿苏卫综合处理厂建设，按计划推进董村分类垃圾综合处理厂、阿苏卫垃圾焚烧厂建设；建成南宫餐厨垃圾处理厂，155家单位实现餐厨垃圾集中处理，资源化水平进一步提高；完成全市正规垃圾处理设施渗沥液改造工程和六环路内所有非正规垃圾场整治；北京危险废物处置中心建设工程竣工并投入试运行。

循环经济助推北京绿色奥运的圆满实现

（八）实施一批节能工程，切实提高能源利用效率

开展32家政府机构和12家医

减少蒸汽消耗45698万吨，节省2000多吨煤，每年可回收近300万万投资。将酒糟里的酵母制成饲料出售，每年可获利1000万元

院、商场等大型公建节能改造；完成800万平方米大型公建低成本改造；完成47.22万平方米城镇住宅节能改造；完成国家“千家企业节能行动”中在京10家企业的36项设备节能改造；实施了通州、延庆等新城9个大型集中供热中心工程，整合200座分散燃煤锅炉房。

（九）推进郊野公园建设，基本实现郊野公园绕京城

建成15处共1万亩郊野公园，全部免费向市民开放。2008年新开工建设19处共1.8万亩郊野公园。建成后连同现有公园一起，沿东北五环和西南四环形成了60余处近7万亩的公园环带，平均每隔3公里一处，初步实现郊野公园绕京城。全市绿化覆盖率达到43.5%，比上年提高了0.5个百分点。

（十）推进城市水环境治理，完善“三环碧水绕京城”格局

完成清河、二道沟、北环水系等市管骨干河道以及奥运承载区河湖水系治理。继续推进“清水朝阳”建设。启动永定河卢三段生态治理修复工程，加快改善门头沟、石景山和丰台等西部地区的整体生态环境。启动金河及北长河治理工程，解决团城湖调节池周边污染问题，保障南水北调水质安全。

二、构建循环经济保障体系

制定年度计划和阶段性措施。制定了2008年《加快发展循环经济，建设资源节约型环境友好型城市行动计划》，发布了第十四、十五阶段控制大气污染措施和奥运会、残奥会期间空气保障措施。通过制定发布计划、措施，明确了北京市循环经济工作的方向、目标和任务。

（一）出台政策法规

2008年北京市完成了《北京市实施<中华人民共和国节约能源法>办法》（修订）立项论证工作，并将其列入2009年市政府立法工作计划；发布了《北京市循环经济试点工作实施意见》、《北京市建筑节能2008年行动计划》、《北京市既有建筑节能改造项目管理办法》、《公共建筑室内温度控制管理办法》等政策性文件；研究制定了“北京市合同能源管理项目扶持办法”，即将印发实施。

（二）实施目标考核

2008年初，市政府下发了北京市《节能减排统计监测及考核实施方案和意见办法》，完成对区县和重点用能企业2007年节能目标考核工作；将“十一五”期间万元GDP能耗下降20%的目标分解到各年度、区县、产业和重点耗能企业，与各区县政府、北京经济技术开发区管委会签订了节能目标责任书和主要污染物总量削减责任书。同时，与50家重点耗能企业签订了节能目标责任书。

（三）加强监督执法

2008年，对80家公共建筑室内空调温度、100家重点用能单位的200个案件实施了节能监察，委托6家节能监测机构对250台主要用能设备进行了节能监测；开展了“全市重点用能单位使用国家明令淘汰用能设备专项检查”，联合市质量技术监督局稽查大队和市工商行政管理局消保处对北京市家用电冰箱、电冰柜、房间空气调节器等家用电器产品的能效标识使用情况实施了专项执法监督检查等执法监察工作。开展环保专项行动，对重点污染源进行联合执法检查，查处了145件环境违法问题，挂牌督办解决了48件群众反映比较强烈的污染案件。

（四）开展节能评估审查工作

严把能耗增长源头关，在全国率先对固定资产投资项目进行节能评估、审查和登记。2007年4月1日出台《北京市固定资产投资项目节能评估和审查管理办法（试行）》，截至2008年底，已完成对301个项目的节能评估审查，新上项目年耗能量净核减6.3%、合计16.8万吨标煤。

京能热电厂脱硫工程

（五）制定实施经济激励政策

制定发布了《北京市区域污染减排奖励暂行办法》，已向有关区县政府、市水务局下拨奖励资金5751万元；制定发布了《关于鼓励退出“高污染、高耗能、高耗水”企业奖励资金管理暂行办法》，已有50家企业申请退出“三高”企业，对符合条件的42家企业给予4930万元奖励；2008年组织认定了150家资源综合利用企业，被认定企业产值合计75.5亿元，获得增值税和所得税减免共计2540万元。

（六）建立健全宣传教育体系

已将“北京节能环保展”，“节能医生”系列、“节能小天使”系列公益广告打造为品牌宣传活动。组织“节能、节水教育进课堂”、“百户节水家庭评选”、“少开一天车”等大型公益活动，播出《北京节能减排在行动》等主题宣传片，发出《关于在全市党政机关进一步开展节能节水活动的倡议》，对全市各机构的主管领导和管理人员开展节能减排知识培训，逐步建立起展览会、宣传周、主题活动、媒体宣传、教育培训等全方位多角度的节能减排宣传教育体系。

三、发展循环经济典型经验

一是推广节能灯500万只，探索解决节能产品推广难题。变补贴生产环节为补贴销售环节，中央和市政府共投入资金5000万元直接补贴给消费者，通过供货价格竞标和财政补贴双重作用，大幅降低产品销售价格，一元节能灯照亮寻常百姓家，有力拉动绿色消费；变单方推广为多方合力推广，政府制定政策、组织协调，供货商主动营销、上门服务，基层组织积极配合、宣传动员，有效地开拓了大规模推广节能产品的运作模式；变市民被动接受为主动参与，资金补贴、质量保证，周到服务，引来市民踊跃购买，家庭节电小账与社会节能大账共赢，实现节能产品推广与政府为民办实事有机结合。城四区基本实现绿色照明，年可节电2亿度，节约电费约1.2亿元，半年即可收回投资，相当于年节约7.6万吨标煤，减排20.5万吨CO_2。

二是加强机制创新，初步形成了发展循环经济长效管理机制。更加注重统筹协调，通过几年努力，突破以往部门条块分割，将统筹推进循环经济工作和现有部门分工体系有机结合，建立起统一管理、分级负责，分工配合、相互协调的节能管理体制；更加注重制度化推进，加大政府管理机制创新，初步建立起政策引导、评价考核、监督执法、宣传动员、市场服务等综合配套、系统联动的八大机制；更加注重长效管理，每年制定行动计划和阶段性大气污染控制措施，保持政策制定、能力建设、基础保障等工作的连续性，适时将奥运临时措施常态化，基本形成了“前端引导，过程推进，全程监管”的循环经济长效管理机制。

四、存在的主要问题及障碍

尽管北京市在发展循环经济方面做了大量工作，已经具备了一定基础，但仍然存在一些困难和问题，主要表现在：

一是第三产业和生活能耗比重快速增加。从2006年开始，北京市第二产业能耗总量基本保持不变，而第三产业能耗却从2006年占全市的36.1%上升到2007年的38%，总量和占比持续增加，三产和生活能耗总量已超过全市能源消费的一半，呈现快速增加的趋势。因此，在继续抓好二产节能的前提下，需重点关注和挖掘三产和生活领域的节能潜力。

二是新技术新产品的应用和推广还面临着较大制约和障碍。一方面，许多新技术、新产品还停留在试点示范阶段，没有得到广泛应用；另一方面，市场推广的技术产品受到初期成本较高、市场认知度较低的制约，企业研发、运用节能减排技术的动力不足，亟需通过有效措施增强科技进步的支撑与引领作用。

三市场化机制尚需完善。当前，节能减排工作缺乏行之有效的激励约束机制和市场服务体系，财税、价格、金融政策尚不健全；另外，节能环保服务企业多数处于成长期，缺少企业资信记录，难以满足银行和贷款担保的要求，用户对节能减排市场化模式的认知程度较低，制约了节能环保产业的发展。

四是市民对环境要求提高和设施能力相对滞后的矛盾越来越大。一方面，奥运会的成功举办，市民对城市环境建设的要求越来越高；另一方面，随着城市规模的快速扩大和人口持续增加，北京市大部分的基础设施，如垃圾、污水处理设施都在超负荷运行，配套设施及运行跟不上，亟需加快建设。另外，在环境建设中，全局利益和局部利益的矛盾逐步显现，诸如垃圾处理设施建设选址难的问题日益突出。

五、2009年度推动循环经济发展的工作计划

坚持以科学发展观统领全年工作，紧紧围绕建设“人文北京、科技北京、绿色北京”的要求，切实将推动循环经济与促进经济平稳较快发展有机结合起来，以提高能源资源利用效率和环境质量为核心，通过结构优化、技术进步、机制创新、项目推进等综合措施，加快转变经济发展方式，逐步形成有利于节能环保的产业结构、生产方式和消费模式，确保完成年度目标。

（一）完善六大机制

政策引导机制。通过健全法规政策，运用财税、信贷、价格等经济杠杆，引导社会主体积极参与节能减排。修订出台《北京市实施<中华人民共和国节约能源法>办法》、《北京市应对气候变化方案》等。安排节能减排专项资金1亿元。探索建立水源保护区生态补偿机制；落实“绿色信贷”政策，支持企业加大节能减排投入。扎实做好资源价格改革工作。

高碑店污水处理厂鸟瞰图

评价考核机制。把节能减排目标完成情况作为考核领导干部的重要内容，发挥目标评价价值导向作用。继续开展区县及部分重点用能企业的年度节能目标考核工作；建立公共机构节能目标责任制，将交通节能指标纳入节能减排目标责任考核的范围。健全完善环境保护目标考核体制。把环境质量、污染减排情况、环境群体性事件防范处置情况

等纳入考核体系，并定期公布，推动各区县、市有关部门环保任务的落实。

监督监测机制。加强节能环保监督执法，完善能耗和重点污染源监测平台，督促全社会认真实施国家有关节能减排的法律法规和约束性规定。加强节能监察执法，尽快建立区县节能监察执法队伍。继续开展整治违法排污企业保障群众健康环保专项行动，着力解决噪声污染扰民、垃圾填埋场污染等问题；加强部门能源统计信息资源整合，初步建成全市统一、信息共享的能源统计监测平台。

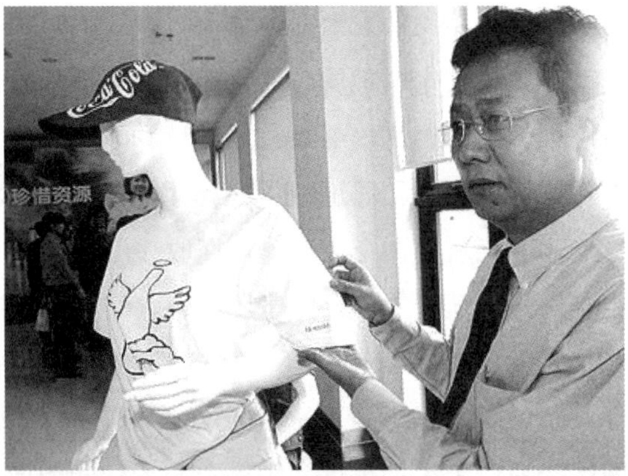

北京盈创再生资源有限公司利用再生塑料（PET）制作的T恤衫

标准准入机制。针对各类应用对象、细分领域，严格规范能源使用及污染物排放标准。严格执行《北京市产业结构调整目录》，提高产业准入门槛；严格执行环评、能评制度，控制污染物和能耗源头增长编制《混凝土搅拌站和构件厂布局发展规划》，发布《预拌混凝土绿色生产管理规程》；研究制定锅炉节能监管工作规范和能效测试规范。

市场服务机制。通过培育节能减排市场服务机构，引导节能服务产业规范发展。出台合同能源管理资金支持办法，支持用能单位采用合同能源管理方式进行节能改造和运行管理；充分发挥北京节能环保促进会、北京环境交易所等专业行业协会作用，搭建中介服务平台，推荐一批专业服务机构，建立以市场为手段的生态环境长效合作机制。

宣传动员机制。健全展览会、高层论坛、主题活动、媒体宣传、教育培训等全方位多角度的节能减排宣传动员体系，提高全社会节能环保意识，动员全民自觉行动。继续办好中国北京国际节能环保展览会，增强展会品牌和影响力；继续打造“节能警察”、“节能医生”、“节能管家”、“节能小天使”、节能减排义务宣传员、“节能大篷车”等系列品牌宣传活动。

（二）实施十大工程

循环经济示范工程。根据已出台的《北京市推动循环经济试点工作实施方案》，推进北京市循环经济试点单位建设，努力培育1至2个试点区县，2至3个试点城镇，3至5个试点园区，10至15个试点企业，使其成为建设循环经济试点城市的带动力量。结合发布生态工业园建设指导意见，开展第二批生态工业园试点，扩大试点范围，提高开发区生态化水平。

产业结构调整工程。优先发展一批服务主导型、创新驱动型和生态友好型的绿色产业，继续推进六大功能区、四大金融后台服务区、循环经济园区等基础设施和配套服务体系建设，促进蛋白质设施等重大科技基础设施建设。加快淘汰退出一批高耗能、高耗水、高污染产业，重点抓好40家“三高”企业退出，淘汰年产能20万吨以下的水泥生产企业，淘汰全市污染严重的生产稀释剂、涂料、黏合剂等小化工企业和铸造冲天炉、单段煤气发生炉等生产工艺及设备。

新技术推广工程。制订2009年节能减排技术推广计划，通过项目推进方式，继续大力推广新技术。推进100台以上锅炉气候补偿、水力平衡、烟气余热回收等供暖系统节能改造工程；在餐饮街、高校集中区、大型度假培训中心等餐厨垃圾产生集中的地区，利用生化处理技术积极推进餐厨垃圾资源化处理；力争新增热泵供暖面积500万平方米；继续加快推广高温空气燃烧技术，扩大采用高温空气燃烧技术的锅炉供暖面积；实施北京水泥厂水泥窑处置污泥项目；投用1000辆混合动力和纯电动的节能环保汽车开展示范运营。

固体废弃物处置工程。加快建设一批垃圾处理设施，重点推进垃圾焚烧设施和区县垃圾转运设施的建设。完成安定填埋场二期、西田阳垃圾填埋场二期、高安屯餐厨垃圾处理厂的建设；推进阿苏卫等生活垃圾焚烧厂，高安屯综合处理厂和东小口等餐厨垃圾处理厂的建设；加大通州梁家务综合处理厂前期工作，推进朝阳和通州2座大型垃圾转运站建设。

2009年新建两个废聚酯瓶回收中心，进一步提高矿山废石、煤矸石的利用量，完成废旧家电及电子废弃物处置项目主体厂房建设任务，建设电子废物印刷电路板处置项目。

大气污染治理工程。认真实施第十五阶段控制大气污染措施，努力突破大气污染防治瓶颈，实现空气质量的持续改善。全面完成城市核心区内文物保护区平房采暖小煤炉改用清洁能源工程，启动中心城区20吨以上大型燃煤锅炉房实施清洁能源改造及能力扩建，解决中心城区热源能力极度匮乏和环境问题；推进10个新城集中供热工程；开展以推行“绿色施工”为主的工地扬尘污染防治。

水污染治理和水资源节约工程。稳步推进北苑污水处理厂等一批污水处理设施建设，市区污水处理率提高到94%。加快清河二期、卢沟桥、丰台河西等再生水厂及利用工程建设，利用现有河湖水系输送、存储和分配，同步满足城市环境及沿线绿化等市政用水需求。重点实施永定河和温榆河“两带”等城市河湖水系治理。年利用再生水6.5亿立方米。

建筑节能工程。加强公共机构节能，制定公共机构节能规划，明确年度节能目标和实施方案；完成30家市级国家机关办公用房节能改造；开展市级公共机构网络机房等耗能重点部位用能情况调查诊断，对具备条件的进行节能改造；组织对20万平方米城镇住宅和252万平方米普通公共建筑围护结构进行节能改造。支持引导部分商场超市采取合同能源管理方式进行节能改造。

工业和交通节能工程。推进166家重点用能单位的700台低效电机和400台变压器更换改造工作；制定北京地区能效电厂推广政策，实施能效电厂项目。继续推动智能交通管理系统建设，将综合覆盖率由目前的30%提高到45%。从2009年起每年凡达到报废期老旧公交车的更新要优先采用清洁燃料或新能源汽车。

绿色照明工程。继续大力推广高效照明产品，在四个以上区县推广1000万只以上高效光源，城八区基本实现绿色照明，并在全市市级公共机构全部淘汰低效照明产品。在道路照明和夜景景观照明等城市照明领域推广使用LED等高效照明产品，选取4条城区市政道路和1个公园示范应用。

生态环境建设工程。启动实施京冀生态水源保护林建设和森林保护合作项目；继续推进京津风沙源60万亩治理工程，平原治沙6.5万亩，关停废弃矿山植被恢复3万亩；逐步启动通州、密云、延庆等11个新城滨河森林公园建设，利用代征绿地推进城市生态休闲公园建设；开展一道1000亩、二道3万亩绿化隔离地区建设，新建郊野公园10处1万亩；实施五环路以内露天停车场绿化的试点工作。

国家循环经济试点市

上海市循环经济

上海市发展和改革委员会

2008年在上海市委、市政府坚强领导下，全面贯彻落实科学发展观，加快转变发展方式，全市上下共同努力，围绕实现“十一五”规划确定的节能减排和生态环境建设等目标，紧紧抓住“保增长、扩内需、调结构”给循环经济发展带来的机遇，着力推进能源资源节约和环境保护，全市循环经济工作向纵深稳步推进。

一、积极推进材料节约和废弃物利用，资源综合利用水平进一步提高

（一）提高工业废弃物和大件废弃物等的资源化利用水平

一是对工业废弃物做到高效率处置，变废为宝。一方面，上海继续保持在电厂粉煤灰、冶炼钢渣、燃煤炉渣等固体废弃物的综合利用领域的优势，另一方面，对燃煤电厂实施脱硫工程后产生的大量脱硫石膏等新型工业废弃物进行研究。二是对电子废弃物、汽车废旧发动机、废旧轮胎等大件废弃物进行处置。深化探索汽车发动机再制造的产业化，目前已在嘉定、宝山、浦东新区建成电子废弃物和旧家电处理示范基地，形成了一批现代化电子废弃物综合利用企业和汽车发动机再制造企业。三是对污泥、飞灰、医疗废物等危险废物的集约化处置。借鉴国内外发达城市的成功经验，结合上海城市水环境特点及本市环保三年行动计划，实施多项污泥处理工程。针对苏州河底泥疏浚工程，研发了水分离与机械相结合的底泥与杂物的分离技术，将其作为填方土在东海大堤内造地200亩，首次实现大规模疏浚和安全处置与土地利用。着力打造“危险废物与医疗废物集约化处置循环经济产业基地”，为上海市危险废物管理水平及上海城市环境安全提供有力保障。四是大力推广散装水泥和商品砂浆，2008年水泥散装率达到96.11%。

（二）提高农业废弃物的资源化利用水平

围绕生态农业建设，推进化肥和农药减量化、秸杆综合利用以及畜禽粪便无害化处理工作。2008年底，全市郊区已建成有机肥生产企业40家，年处理鲜粪能力70万吨，生产商品有机肥18万吨。大力推进秸秆综合利用，机械化还田面积从04年的145万亩增加到08年的168万亩，还田率从61%提高到65.9%。逐步推进净菜入市，将蔬菜的老叶、边皮根茎等废弃物，经过加工后作为肥料还田，既减少了环境污染，又增加了土壤有机质。

国家循环经济试点伟翔环保科技

（三）推进生活垃圾资源化利用和包装减量化

进一步推进垃圾回收和资源化利用，截止2008年，通过垃圾分类收集，已回收物料量约为112.52万吨。在部分区县还开针对一些回收价值较低的物料，如废玻璃等开展了专项分类回收。同时，利用垃圾末端综合处理设施，采用机械和人工分拣相结合，进一步提高资源回收利用量。如浦东美商生化处理厂，2008年处理垃圾量37.31万吨，分拣回收各类废旧物资8.95万吨。已在全市中心城区近5000个小区开展生活垃圾分类收集，覆盖面超过65%。同时，继续推进月饼等适度包装，减少包装废弃物的产生。积极执行国家“限塑令”，禁止商场、百货公司、大卖场以及农贸市场的超薄塑料袋使用，积极研发可降解、绿色环保的替代物品。

（四）加强再生资源回收体系建设

上海市是第一批列入商务部重点推进再生资源回收体系建设的试点城市。目前，本市已规划实施点、站、场三级回收网络，建立再生资源回收270个交投站、2个分拣场和939家生产性废旧金属收购点，每年约可回收各类再生资源达540多万吨。建设了上海电子废弃物交投中心，力争实现电子废弃物集中交投，规范处置。按照总量控制，合理布局，将本市原来4330家从事生产性废旧金属收购的企业（经营者）压缩调整到939家，实现了布点合理，收购规范。建设新锦华“在线收废”联网交投，利用具有网络信息中心与呼叫中心功能为一体的电子信息平台，构筑废旧物资回收网络。2008年8月4日，本市9个中心城区新锦华“在线收废”联网全部开通，收废网络覆盖中心城区71个街道77个回收站。

二、深化循环经济试点工作，加快推进各级开发区生态工业园区创建

截至2008年，上海市、上海化工区、上海新格公司、莘庄工业区、宝钢股份有限公司、伟翔环保科技有限公司等6家单位分二批被列为国家循环经济试点单位，上海大众联合发展有限公司被列为全国11家再制造试点企业之一。上海莘庄工业区加强资源集成共享和引入“补链”企业，合理构建和完善产品链，建立物质流动和循环利用的渠道和机制，同时强化绿色招商，加强入园项目管理。上海大众联合发展有限公司加强校、企、研联合，促进产业自主创新，并积极参与国家在制造领域相关标准的制定。

在积极推进国家层面试点工作的同时，上海还结合自身特点组织开展了市级层面循环经济试点工作。确定了28家试点单位并开展了试点方案编制实施等相关工作。

与此同时，上海积极开展国家生态工业示范园区创建工作，重点推进各国家级开发区创建生态工业示范园区，鼓励具备条件的综合类及行业类市级开发区积极参与创建，创造条件推进静脉产业示范园区的建设。2007年，莘庄工业园区成为本市首家获批创建的园区，目前已有3家通过国家规划评审展开创建，还有一批园区已提出或准备向国家申报。

三、“盘活存量、管住增量、控制总量”，全面推进节能减排

一是推进一批重大节能减排项目和工程。大力推进产业结构调整，全年完成产业结构调整项目522个，实现节能能力约130万吨，启动节能技改项目188项，实现节能能力约60万吨。重点推进燃煤工业锅炉节能工程，全面调查了解1300台4蒸吨/小时以上燃煤工业锅炉情况。大力推进建筑交通领域节能减排，加快既有建筑节能改造，改造后达到50%节能标准的既有建筑面积为73万平方米。实施“浦江智谷商务园”等试点示范项目，推动可再生资源能源与建筑一体化。加强公交车报废更新和新能源汽车推广的支持力度，全年完成老旧公交车更新1750辆。加快污染减排重大工程建设，完成了622.5万千瓦（约占“十一五”改造任务的80%）燃煤机组脱硫设施建设和168试运行；完成10座污水处理厂共240万吨/天能力的建设工程，建成了571公里污水收集管网，完成白龙港污水处理厂升级改造和扩容工程，关停

了吴泾化工厂合成氨生产线、上海焦化厂4#焦炉等高耗能、高污染设施以及一批化工、造纸、机械、纺织印染、医药等污染企业。

二是出台实施了一批重大政策。市政府颁布实施了《上海市节能减排统计、监测及考核实施方案和办法》、《上海市节能减排专项资金管理办法》、《上海市固定资产投资项目节能评估和审查管理暂行办法》三项重要政策，制定出台了八项节能减排专项资金实施细则，并安排了节能减排专项资金。

三是完善法规标准体系建设和监管制度。结合贯彻落实国家新修订的《节约能源法》，组织开展了《上海市节约能源条例》修订工作。研究制定了《2007—2010年上海市资源节约和综合利用标准化工作行动计划》，完成“节能环保型小排量汽车技术条件”制定、启动“冷却塔能效限定值、能源效率等级及节能评价值”、“中央空调系统节能评价值及计算方法”等地方标准的研制。进一步加强重点用能单位管理，与重点用能单位签订目标责任书，基本完成1万吨标煤以上重点用能单位的能源审计。加强能效标识管理，鼓励相关企业开展节能产品认证工作。同时，严格执行“批项目、核能耗”和“批项目、核总量”制度，加强污染减排协调工作机制，加大监督核查力度，完成了全市47座已建污水处理厂在线监测设备的安装和联网，170多套大气重点源在线监测系统基本联网，确保污水处理厂和电厂脱硫设施稳定发挥减排效益。

四是推进节能服务产业发展。上海全年共开展合同能源管理项目70多项，节能量约5万吨标准煤。积极推动组建有实力的大型能源服务公司，注册资金达5000万的申能能源服务公司于2008年1月挂牌成立。成立了上海环境能源交易所，起步探索节能减排、环境保护与能源领域的权益交易。有序稳妥推进资源环境价格改革，两次疏导电价突出矛盾，稳妥实施居民用户燃气调价方案，鼓励能源节约。

五是推动全社会节能减排。加强节约资源基本国策的宣传教育，办好全国节能宣传周等各项活动。市政府办公厅牵头制定了《本市关于深入开展全民节能行动的通知》，市机管局通过改装自动门、加强公务用车管理、调度优化电梯运行等方式，积极推进机关节能。市妇联组织开展了“节能减排家家行”活动，市总工会牵头成立了职工节能减排义务监督员队伍，市经团联倡导开展节能减排小组（JJ小组）活动。同时发挥学校、社区的优势和作用，有效推进“百万节能灯进社区”、“绿色家园迎世博”、“居家节能知识宣传社区行”、“废旧电池回收”等活动，发动全社会力量参与节能减排和循环经济工作，收到了良好的宣传效果。

经过努力，2008年，上海单位GDP能耗实现下降3.78%，完成了全年计划指标，“十一五”前三年全市单位GDP能耗累计下降11.67%；SO_2和COD排放总量在2007年基础上分别削减10.39%和9.41%。

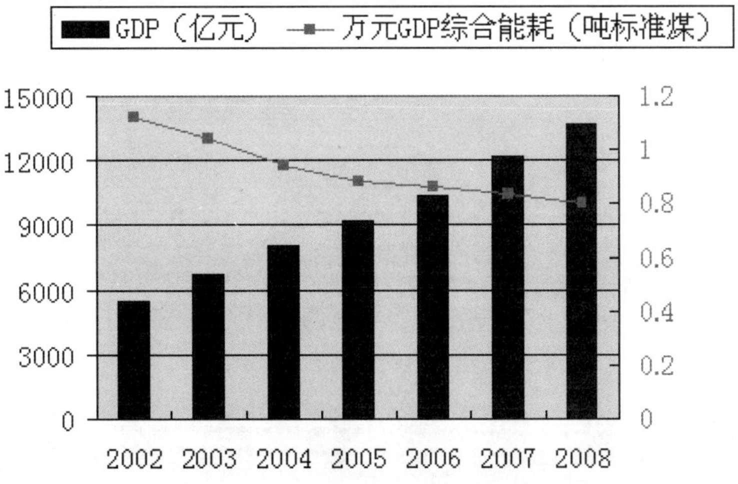

图1　2002－2008年上海市单位GDP能耗图

2008年11月21日，“上海市可再生能源中长期规划研究”院士（专家）咨询会召开

四、强化水资源开发、利用、节约和保护，推进节水型社会建设

一是加强取水许可管理，坚持计划用水。严格执行取水许可审批制度，开展用水定额管理，完善用水计量和统计制度建设。2008年，完成学校、旅馆和医院等主要非工业行业的用水定额修编，并以地方标准的形式颁布。同时，在节水工作中对非居民用水坚持实行用水计划考核，制定了《上海市用水计划指标核定管理规定》，做好超计划加价水费的征收工作。

二是加强基础节水管理，完善节水管理网络。进一步夯实节水基础管理，已形成由市、区（县）节水管理部门、用水单位组成的三级管理网络，统一管理，归口负责。实施用水情况月报制、开展节水业务培训、创建“节水型企业（单位）”和水平衡测试等。

三是实施供水管网改造，大力推广节水器具。全面推进集约化供水和供水管网改造，降低管网漏失率，提高水资源利用效率和效益。已完成全市1722公里管道改造工程，关闭乡镇水厂70余座，集约化供水总面积达到1450平方公里，郊区30−40%漏失率降到20%以内。对用水单位淘汰落后的便器水箱配件，在学校、宾馆和医院的集中浴室推广安装IC卡智能型淋浴计量器具，累计已安装13700套，年节水量49.7万立方米。同时，在浦东新区、普陀区、虹口区、杨浦区和闵行区等中心城区累计更换大流量便器近17万套，年节水量约250万立方米。

四是开展非传统水源利用，加强示范试点建设。高度重视非传统水源的利用，结合建设部康居小区示范工程的要求，在部分新建居住小区开展中水回用试点，探索用河水、管道雨水浇灌道路两侧绿地试点，为上海市河水的景观利用积累经验，全面启动节水型小区、校区、企业、工业园区和节水型区县建设，大力推进浦东新区和青浦区国家级节水型社会试点建设，重点加强试点地区的制度建设、规划实施和专题研究等工作。

2008年，上海万元GDP用水量由2005年的125立方米下降到87立方米；万元工业增加值用水量由2005年的197立方米下降到138立方米；工业用水重复利用率达到81.8%。由于产业结构调整及节水型社会建设的不断推进，上海市万元GDP用水量指标已提前3年完成“十一五”提出的下降到105立方米的目标。

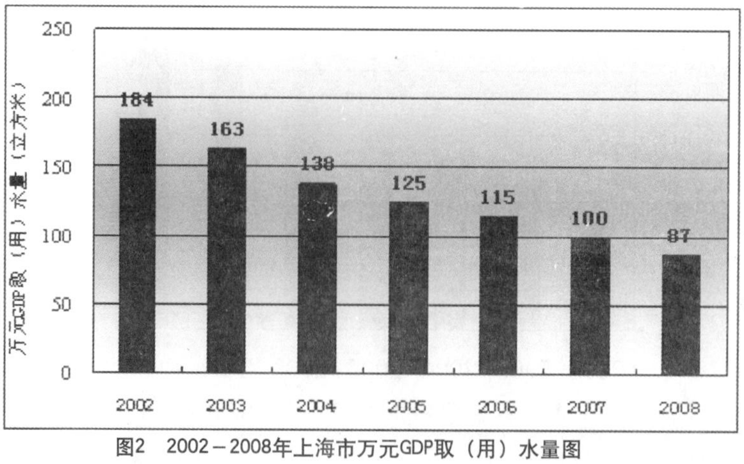

图2　2002－2008年上海市万元GDP取（用）水量图

五、“盘活存量、用好增量”，提升土地资源节约集约水平

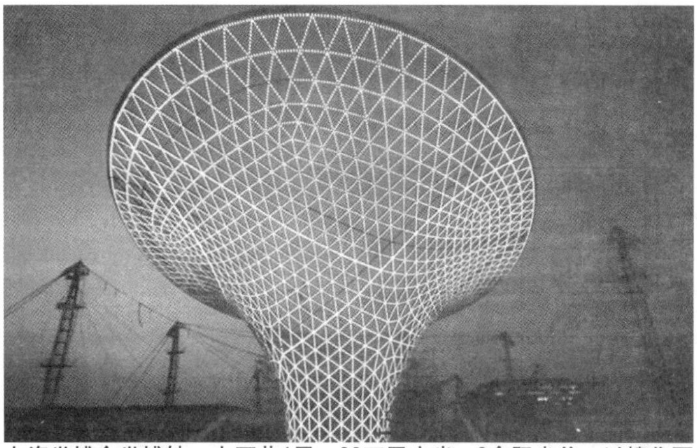

上海世博会世博轴，上下共4层，28万平方米，6个阳光谷，以搜集雨水、采集阳光，供所有的道路照明。上海世博会交通工具、使用了混合能源；对浦江水循环利用

一是科学指导产业发展集约节约用地。截止2008年，上海在“十一五”期间基本建立了各类项目用地定额标准体系及开发区用地评估考核机制。先后制定了《工业用地指南》、《上海市社会事业用地指南》、《上海市基础设施用地指南》和《上海市新农村建设有关设施用地指南》等用地规范。运用定额标准，加强了特别是产业用地的科学导向，为提高土地利用效率提供了量化依据。初步建立了土地利用绩效评价体系，并对41个国家级开发区的土地利用绩效实施了评价。

二是大力提升土地资源的综合利用效益。全社会对集约、综合和立体利用土地的发展方式和意识有了进一步增强。土地投资强度逐年提高，全市开发区土地投资强度由2004年31亿元/平方公里提升到2008年41亿元/平方公里；全市开发区土地产出率由2004年45亿元/平方公里提升到2008年的59亿元/平方公里，其中国家级开发区更是达到112亿元/平方公里。

三是土地节约集约和“调结构、促转型”的互动效应显现。结合产业结构调整升级工作的不断深入，对各类产业用地严格实施“批项目、核土地”，提高项目准入门槛。通过厂房加层、改扩建、“腾龙换鸟”等措施，优化产业结构和产业布局，盘活存量工业用地，提高工业用地的产出水平。截止2008年，盘活闲置低效土地2万余亩，改扩建厂房300多万平方米。同时，在开发区转型过程中，加大了以土地综合集约利用为特征的现代服务业、生产性服务业功能区和创意产业园的比重，逐步形成了以科技研发为主的生产性服务业。

六、上海发展循环经济的下一步考虑

下一步，上海将以科学发展观为指导，充分发挥市场机制配置资源的基础性作用，以2010上海世博会的举办为契机，结合建设国际经济、金融、航运、贸易中心的城市总体定位，统筹人口、产业、基础设施、资源和环境五大要素的协调发展，顺应“向服务经济为主的产业结构”转型的整体趋势，打造以金融、航运为中心的生态大都市，构建符合上海市情的循环经济发展模式。

一是继续抓好节能减排和清洁生产工作。继续加大力度推进产业结构调整，优化能源结构。加快实施重点节能技术改造项目，推进能量系统优化、电机系统改造、绿色照明等重点节能工程。积极推进能源结构调整，进一步增加天然气资源和市外电力供应，不断提高清洁能源的消费比重，加快可再生能源的开发利用。加强机制体制创新，推进合同能源管理，推进本市节能服务产业发展。做好老旧汽车淘汰、节能空调、节能照明补贴等节能产品推广工作。加大既有建筑的节能改造力度，推进可再生能源与建筑一体化的试点示范项目建设。实施公交优先战略，加大公交车的更换力度，优化综合交通组织管理。着力推进燃煤电厂脱硫、污水处理厂（及管网）等污染减排重点项目建设，强化污染减排监管。

同时，以钢铁、化工、有色、医药等行业和“双超”、“双有”企业为重点，通过绿色设计、工艺改造、污染治理等多种手段推动，继续开展企业清洁生产强制性审核，扩大清洁生产试点范围，加大推

进清洁生产力度。

二是继续推进节水节地节材等资源节约工作。加强计划用水管理，完善用水计量和统计制度建设。推广节水技术和节水型器具。推进集约供水，减少管网漏失。加强地下水、非传统水资源开发，促进水资源综合利用。积极推进水价改革，理顺水价体系。发展节水型工业、服务业和社区，基本形成郊区集约化供水框架，继续推进节水型社会建设。加强土地资源需求调控和管理，节约集约利用土地。加大农村集体建设用地的开发利用。推进墙体材料革新和商品砂浆等利用，积极推进新建住宅实施全装修，重点解决粉煤灰和脱硫石膏等废弃物的综合利用。加紧建设外高桥、石洞口电厂余热煅烧脱硫石膏示范基地和白龙港资源综合利用基地等3个固体废弃物循环利用示范基地，完成科研、标准和工程示范应用。继续深入开展绿色旅游饭店创建评定工作；组织制定并实施规范商品合理包装的地方标准。

三是继续提升资源综合利用能力和水平。通过完善静脉产业平台，进一步规范工业废弃物市场和建设工业废弃物处理园区，积极搭建资源综合利用平台和网络，鼓励企业之间资源综合延伸利用，进一步推动工业废弃物的减量化、资源化、再利用；稳步推进汽车发动机等机电产品再制造，逐步扩大再制造零部件范围；重点推进电子废弃物、废旧轮胎等大件废弃物综合利用；完善废旧物资回收网络以及“在线收废”网络建设，加快推进回收体系建设和完善。提高农林垃圾和生活垃圾的资源化利用和无害化处置，建立生活垃圾总量控制机制，完善生活垃圾收费制度。以分类为抓手，以强化专项垃圾管理为突破口，完善生活垃圾“大分流、小分类”管理体系，大力发展焚烧及生化综合处理，提高各类垃圾无害化处理过程中的资源化利用率和利用水平。继续推进农作物秸秆机械化还田、畜禽粪便的资源化、生态化利用和商品有机肥的推广。研究拓展污水处理厂污泥安全处置和资源化利用途径，提高污泥的资源化处理水平。

四是继续深化循环经济试点和生态园区创建工作。按照建设国家循环经济试点城市的要求，加强对国家层面循环经济试点单位的跟踪和指导，及时总结经验并加以推广，扩大其示范功能。积极组织市级循环经济试点单位开展试点相关工作，探索区县、园区、社区、企业等不同层次和领域的循环经济发展模式。指导支持汽车零部件再制造、节水型社会等专项试点工作，力求在为这些领域的标准制定、模式推广积累经验。同时，加快推进各级开发区生态工业园区创建，建设生态文明，推动各级开发区生态化改造和产业升级。

五是研究推进低碳经济发展。通过技术创新、制度创新，探索研究碳审计和低碳产品认证。研究和制定企业碳减排推进机制，构筑低碳经济发展的政策框架，宣传低碳经济概念，创造发展城市低碳经济的社会环境。以举办世博会为契机，建立临港新城、崇明岛、虹桥枢纽功能区的“低碳经济实践区”，促进低碳技术的集成应用，带动上海城市低碳经济的发展。

六是继续促进完善循环经济发展的法律法规和政策体系。做好《循环经济促进法》的宣贯工作并开展本市循环经济条例立法调研工作；研究制定支持循环经济发展的政策体系，制定和完善分行业的能耗、水耗、土地占用标准。进一步深化资源类价格改革。落实国家现有税收政策的同时，加大地方财力资金支持。落实本市节能减排专项资金政策，按照循环经济发展和资源综合利用的专项资金扶持暂行办法，支持一批循环经济项目的发展。积极申报国家资源综合利用等支持项目。

国家循环经济试点市

天津市循环经济

天津市发展和改革委员会

天津作为老工业城市和资源短缺型城市，发展循环经济对于转变经济发展方式，调整优化产业布局和结构，实现胡锦涛总书记来津考察时提出的“两个走在全国前列、一个排头兵”的要求具有重要意义。

近年来，天津市委、市政府高度重视循环经济发展，认真贯彻落实党中央、国务院关于发展循环经济的部署和安排，采取一系列有力措施，各项工作取得了积极进展。特别是2007年12月天津市被国家发展改革委等六部委列入全国第二批循环经济示范试点城市以来，天津以建设国家循环经济示范试点城市为契机，把发展循环经济作为深入学习实践科学发展观的重要举措，积极做好循环经济试点城市的各项工作，通过规划引导、政策激励、试点带动、资金支持，全面推进试点城市建设，取得显著成效。

一、天津市循环经济试点实施方案通过审核论证

按照国家发展改革委的统一部署和天津市委、市政府的要求，天津市发展改革委会同各有关部门和科研院所，编制完成《天津市循环经济试点实施方案（2008～2012年）》（以下简称《实施方案》），明确了天津市近5年发展循环经济的指导思想、发展目标、总体思路、主要任务和重点工作，并提出要着力实施循环经济“11253”工程。

2008年10月7日，国家发展改革委副主任解振华在天津主持召开了《实施方案》论证会。天津市常务副市长杨栋梁、国家发展改革委等六部委相关负责同志及相关领域的院士、专家参加了会议。《实施方案》顺利通过论证。与会专家和国家各部门对《实施方案》给予充分肯定，认为天津市发展循环经济工作起步早、认识高、抓得紧、成效好，《实施方案》符合国家发展改革委的相关要求，符合天津市情，符合科学发展观，指导思想明确、思路清晰、资料翔实、内容全面、可操作性强，有自己的特色，特别是结合区域经济理论对循环经济的发展模式和空间布局等进行了有益探索。

天津市循环经济试点实施方案论证会

按照《天津市循环经济试点实施方案（2008～2012年）》的总体安排，自2008年起，我市要着力实施循环经济“11253”工程，即到2012年建设100个国家级、市级循环

经济试点（企业、园区、小城镇、社区等），建成1个覆盖全市、辐射周边、连通国际的再生资源回收网络，搭建20条具有较大规模、较高水平、特色鲜明的循环经济产业链骨架，培育完善园区和企业等发展循环经济的5种模式，建立和完善人才技术、政策法规、生态保障3大循环经济支撑体系，带动天津市循环经济的深入发展。

二、积极开展中日循环型城市合作，为试点城市建设提供有益借鉴

2008年5月，在国家主席胡锦涛和日本前首相福田康夫的共同见证下，天津市和日本北九州市交换了两市开展中日循环型城市合作备忘录，并将建设子牙循环经济产业区作为合作的一项重要内容。为推动合作取得积极进展，相继成立了天津市与北九州市开展中日循环型城市合作领导小组和合作委员会，并多次组织召开会议推进合作。北九州市环境局多次来我市就循环型城市法律法规、静脉产业园区建设经验进行交流。我市有关部门和子牙园区共12人赴日，对日本生态工业园的规划、建设与管理进行了为期10天的专题培训。围绕我市提供的技术引进等合作项目，日本日中经济协会、日本国际贸易促进会等多次带领有关企业来津考察，与我市有关企业进行了对接，充分探讨了技术合作的可能性。子牙循环经济产业区还借助中日循环型城市合作的契机，在借鉴日本生态工业园成功经验的基础上，编制了《天津子牙循环经济产业区总体规划》，为园区科学发展奠定了坚实基础。

中日循环型城市的合作，对我市循环经济发展中的体制机制创新、政策法规进一步完善以及静脉产业发展起到了积极推动作用，有利于天津借鉴国际先进经验，探索符合自身特点的循环经济发展模式，高起点、高标准、高水平地建设循环经济试点城市。

三、完善循环经济政策法规保障体系，循环经济发展环境进一步优化

为加快推动循环经济发展，2008年，我市出台了《天津市清洁生产促进条例》、《天津市生活废弃物管理规定》、《天津市城市管理规定》、《天津市土地开发整理管理规定》、《天津市照明设施管理标准（试行）》、《天津市节能目标责任评价考核实施方案》等一系列法规、规范性文件。开展了《天津市循环经济促进条例》的立法准备工作，研究起草了《天津市循环经济工业园区管理办法》，制定了《关于加快天津子牙循环经济产业区发展的若干意见》，从各方面加大对发展循环经济的法规政策支持力度，不断优化循环经济的发展环境。

四、用好专项资金，大力支持循环经济项目建设

从2007年开始，我市设立了2000万元发展循环经济专项资金，通过发挥循环经济专项资金的支持引导作用，调动各方面发展循环经济的积极性，有效推动了循环经济试点园区、企业建设，促进了全市的循环经济发展。2008年重点支持了15个采用先进技术、延伸循环经济产业链、经济社会效益好、具有行业示范和引导作用的工业、农业、服务业、建筑业循环经济项目。通过上述项目建设，实现新增年销售收入57048.5万元，新增利税20340.5万元、新增发电量1.11亿度，同时具有年节煤2.69万吨、节水79.3万吨、减少二氧化碳排放16.9万吨的良好社会效益和环境效益。我市经济技术开发

2008首届中国国际循环经济成果交易博览会——天津展区

区、保税区等单位也分别设立了发展循环经济方面的专项资金，对符合要求的循环经济项目给予重点支持，极大地调动了企业发展循环经济的积极性。

五、循环经济试点范围不断扩大，示范作用更加突出

在认真总结2005年以来开展试点工作经验的基础上，2008年，我市继续大力推进国家级和市级循环经济试点工作，并取得较好成效。

按照国家发展改革委的有关要求，我市积极推进国家级循环经济示范试点工作。子牙循环经济产业区，已开发面积2.6平方公里，截至2008年底入驻企业120家，年拆解加工能力150万吨，可向市场提供原材料铜40万吨、铝15万吨、铁20万吨、橡塑材料20万吨，以及其他材料，形成了覆盖全国各地的较大的有色金属原材料市场。园区建立了海关、检验检疫、环保、园区“四位一体”联合监管体制，成为设施完善、功能齐全、保障有力、物流畅通、环境优良的静脉产业园区。为进一步推动园区科学发展，我市在国家发展改革委的指导下，邀请国内外知名规划咨询机构，着手编制园区总体发展规划，提出近期规划30平方公里，远期规划50平方公里，构建“一心、两带、三轴、三区”的空间结构，重点发展废旧机电产品拆解加工业、废旧家电和电子信息产品拆解加工业、报废汽车拆解加工业，废旧轮胎及塑料拆解加工业、新能源和节能环保产业五大产业，全力打造国际一流循环经济产业示范区、国家级循环经济产业带动基地和中国北方地区的“城市矿山”。

在积极推进国家级试点的同时，我市按照构建生态工业、生态农业、绿色服务业三次产业互动循环经济发展格局的总体思路，重点培育了一批工业、农业、服务业领域的园区、企业和小城镇作为市级循环经济试点，推进全市循环经济示范试点工作向系统化、科学化方向发展。2008年4月，华苑产业区、华明示范小城镇等8个第一批市级循环经济试点单位向社会公布。其中，华明示范镇在“以宅基地换房”方式建设示范小城镇过程中，按照“三步节能”的标准建设住宅，并实施了太阳能、地热供暖、污水处理、中水利用、雨水回收、生态绿化、环保电瓶车和垃圾不落地等循环经济项目，形成了土地集约利用、农民生态型集中居住、产业生态化的小城镇循环经济发展体系，已成功入选2010年上海世博会城市最佳实践展区。

加快建设中的天津北疆发电厂

2008年7月，天津石化公司烯烃部乙烯裂解炉增加空气预热器改造工程全部投入运行，年节约燃料气量为1820吨，每年可创效182万元

同时，我市开展了第二批市级试点的申报和筛选工作。作为对第一批试点的深化和补充，第二批市级试点的范围得到了丰富和拓展，涵盖工业园区、企业、小城镇，化工、钢铁、建筑、医药、食品、造纸、环保、服务业、农业等诸多领域和行业的30余个单位，正按要求开展循环经济试点实施方案的编制评审工作。其中，天津市塘沽区裕川建筑材料制品有限公司，利用工业固废（炉渣、液态渣、粉

煤灰等）及污水生产新型墙体材料。公司于2007年建成国内首条自动化建筑垃圾综合处理生产线，投产至今生产的各类建材产品被广泛应用于滨海新区的开发建设之中，市场反映良好。

通过示范试点建设，我市形成了“泰达”、“子牙”、“临港”、“北疆”、“华明”等5种特色鲜明的循环经济发展模式，并正在全市范围内推广。

六、成立天津市循环经济促进中心，加快循环经济技术研发与推广

2008年9月16日，天津市首家市级循环经济促进与研发机构——天津市循环经济促进中心（以下简称中心）在天津理工大学揭牌成立。中心挂靠在天津理工大学，是以加快循环经济技术研发与推广为宗旨，跨学科、跨专业的理论与实践并举的开放性研究平台。中心将发挥天津理工大学的技术人才优势，构建天津市循环经济的研究基地、服务基地、国际合作基地和高层次人才的培养基地。中心自成立以来，先后完成了“天津市循环经济试点城市实施方案”、“天津市子牙循环经济产业区产业发展规划”、“天津中新生态城产业结构研究”、“天津市及周边地区循环经济试点问题的研究”以及天津市所辖区县主要循环经济示范园区、试点企业的实施方案20余项，对天津市循环经济发展起到了重要促进作用。

七、狠抓节能减排，高标准完成目标任务

2008年，我市先后出台了《天津市迎奥运环境空气质量保障工作实施方案》、《天津市2008年化学需氧量减排工作方案》等文件，颁布实施了《天津市污水综合排放标准》。在重点行业和千家企业实施了高压无功补偿、空气预热气余热回收等“十大重点节能工程”项目，完成了17个污水处理厂建设项目和国华盘山发电有限责任公司等一批烟气脱硫减排项目。在工业领域积极推进高标准、深层次结构调整，全市规模以上工业中，高新技术产业占到28%。同时，严格执行节能环保“一票否决”制，从源头上杜绝高耗能、高污染项目建设，淘汰和关停了一批落后产能和工艺。2008年，经国家核定，我市全年万元生产总值能耗为0.947吨标煤/万元，同比下降6.85%，三年累计下降14.94%，降幅连续三年居全国前三位；主要污染物二氧化硫排放量为24.01万吨，同比下降1.90%，比2005年下降9.41%；化学需氧量排放量为13.31万吨，同比下降3.03%，比2005年下降8.81%。超额完成了2008年度市委市政府确定的节能减排工作目标。

八、滨海新区龙头带动，循环经济发展成效显著

位于天津东部的滨海新区，规划面积2270平方公里，地理位置优越，自然资源丰富，科技人才密集，产业基础雄厚，交通通讯便捷，具有集国际化港口、高度开放的功能区和大片可供开发土地于一体的综合优势，拥有世界吞吐量第五的综合性港口。2008年，新区实现生产总值3102.24亿元，增长23.1%。目前，天津正以滨海新区开发开放为龙头，加快建设国际港口城市、北方经济中心和生态城市。

天津东丽区华明示范镇—太阳能利用

滨海新区把发展循环经济作为经济社会发展的重要指导原则，全力建设生态产业园区，发展循环经济产业链，取得了显著成果。天津经济技术开发区和北疆电厂是国家首批循环经济试点单位，创造了著名的“泰达模式”和

"北疆模式"，是滨海新区发展循环经济、走新兴工业化道路的重要示范基地。2008年，天津经济技术开发区顺利通过了国家级生态工业园验收，主要经济指标连续11年在全国开发区中保持领先，环境质量保持良好稳定，资源能源利用效率不断提高，万元工业增加值水耗5.34立方米、能耗154.33公斤标煤，处于国内先进水平。北疆电厂一期工程建设2×1000MW机组和20万吨/日海水淡化装置，总投资约123亿元，于2010年投产后，每年可提供110亿千瓦时电能、6570万吨淡化水；海水淡化后的浓缩盐水引入制盐场，每年可增加50万吨产盐量，节约22平方公里的盐田用地；发电环节产生的粉煤灰等废弃物每年可生产150万立方米的建材，构筑起集发电、海水淡化、制盐、节约用地、废弃物资源化再利用五位一体的循环经济产业链。

滨海新区还积极探索发展循环经济、节约能源资源、保护生态环境的新途径。2008年9月，在新区设立了天津排放权交易所，利用市场化手段和金融创新方式促进节能减排，并于12月成功组织了全国第一笔基于互联网的二氧化硫排放指标电子竞价交易。中国和新加坡合作共建的中新天津生态城的开发建设已经全面启动，生态城建设遵循循环经济理念，运用世界先进的城市建设技术，积极建设成为综合性的生态环保、节能减排、绿色建筑、循环经济等技术创新和应用推广的平台，国家级环保教育研发、交流展示中心和生态型产业基地，参与国际生态环境发展事务的窗口和生态宜居的示范新城。

九、加快建设"节水型城市"

我市是国家建设部、国家发展改革委命名的"国家节水型城市"。2008年继续大力推进节水建设，出台了《天津市超计划用水累进加价水费征收管理规定》，对超计划用水加价收费的程序、额度及减免要求作了具体规定，为计划用水管理提供了更有力的法规依据。同时，修订了《节水型企业（单位）标准》，制定出台了《节水型居民生活小区标准》、《节水型生态校园标准》等技术标准，为节水工作提供了科学依据。

在工业节水方面，通过工艺改造和节水器具推广与使用、计划用水管理等措施，重点在电力、冶金、石化等行业开展"节水减排"示范项目推广，工业用水重复利用率达到94.04%（含电力），工业节水居国内领先水平。

在农业节水方面，围绕农业结构调整和农业设施建设，因地制宜，推广节水灌溉技术，全市节水灌溉面积占有效灌溉面积的66%，灌溉水利用系数达到0.63。

在公共用水方面，大力推行节水器具，市有关部门制定发布了节水器具名录和淘汰用水器具名录。在全市36所高校推广使用IC卡智能节水技术和落实节水奖惩机制，节水效果显著。

十、积极开展建筑节能

天津市是全国率先实施新建居住建筑三步节能技术标准的城市之一。2008年建成三步节能住宅1300万平方米，累计建成三步节能住宅4100万平方米，共建成节能住宅9949万平方米，占城镇住宅总量的57%；对104栋国家机关办公建筑和大型公共建筑进行用能分项计量，建成能耗采集平台。同时，根据我市可再生能源的状况，组织大学和科研部门开展太阳能、土壤能、海水能、污水能等可再生能源应用技

泰达时尚广场——再生水人工景观湖

天津子牙循环经济产业区—园区海关验放中心

术研究，培育了一支专业技术力量，为推进天津可再生能源建筑应用奠定了较好的基础。自2006年开始，每年实施20项绿色、低能耗建筑试点示范项目，2008年以滨海新区中新生态城为核心，大力推进生态建筑和绿色建筑建设。

十一、大力推进资源综合利用

2008年，我市继续大力推动工业废物资源化利用，全市工业固体废物综合利用率达到98%以上，利用钢渣、碱渣、粉煤灰生产优质建筑砌砖、水泥、环保烧砖及工程土，综合利用率达到100%。加大城市基础设施投入，推动废物末端处理资源化，已投入运营的双港垃圾焚烧发电厂（1200吨/日）和青光垃圾焚烧发电厂（600吨/日），年处理生活垃圾60万吨，2008年发电量达到1.9亿千瓦时，实现了生活垃圾的高效利用。

在文明生态村创建、设施农业建设及农业节能减排等工作中，积极推进秸秆资源的综合利用，秸秆肥料化、饲料化、工业化和能源化利用取得一定成效。开展了秸秆户用沼气、秸秆沼气集中供气工程、秸秆固化成型燃料及炉具的示范推广，全市建设了56处秸秆热解气化工程。

再生资源回收体系建设也得到了较快发展。目前，全市从事再生资源经营企业超过2000家，从业人员3万余人，并形成了“滨海英驰”废钢不锈、“万家利”“绿天使”社区回收、“海泰”沥青等多个具有一定影响力的再生资源品牌；回收站点4971个；西青区、北辰区、塘沽区等5个分拣加工中心已建设改造完毕并投入运营；年废物回收总量达540万吨，营销规模225亿元；建成了11个专业集散交易中心，打造了废不锈钢、废旧金属、废旧电器等十几个产业链条，初步形成了再生资源回收的网络布局。

十二、加强宣传培训，营造循环经济发展的良好氛围

2008年，我市进一步加大宣传力度，充分利用媒体等多种渠道，大力宣传循环经济，倡导生态文明，努力营造全社会理解、支持和自觉参与循环经济建设的良好氛围。先后组织了城市节水宣传周、节能周和科普日等活动，在全市范围内开展丰富多彩的宣传活动。利用2006年建成的1500平方米的建筑节能展览厅，长期展示建筑节能和减排的新技术、新理念，创建永久性展览媒体，参观人数累计已达3万人次。举办20期建筑节能技术培训，培训人数1万人以上。还组团参加了在青岛市举办的“2008首届中国国际循环经济成果交易博览会”，充分展示了近年来循环经济的发展成果，我市展区荣获优秀组织奖、优秀展示奖。

积极做好《循环经济促进法》宣传贯彻工作。市发展改革委与南开大学“985工程”循环经济哲学社会科学创新基地于2008年12月联合举办了《循环经济促进法》宣传培训会。天津市发展循环经济建设节约型社会领导小组成员单位、各区县发展改革委、国家和市级循环经济示范试点单位等100余人参加了培训，取得了良好效果。

国家循环经济试点市

重庆市循环经济

重庆市发展和改革委员会

2008年，重庆市以科学发展观为指导，认真贯彻落实《中华人民共和国循环经济促进法》、《国务院关于加快发展循环经济的若干意见》等法规和文件精神，以我市被国家批准为首批循环经济试点城市为契机，把发展循环经济工作融入到落实胡锦涛总书记对重庆市社会经济发展“314”总体部署和“扩内需、保增长、调结构、惠民生”的宏观调控政策中，以开展产业结构调整、节能减排、资源综合利用、工业环保和发展循环经济试点（企业、园区、县区）为切入点，抓紧建立促进我市循环经济发展的体系和机制，全力推进循环经济工作，促进城乡统筹发展，取得了较好的成绩。全市在企业、园区、社会三个层面上以点带面，层层推进循环经济发展的格局正在形成中。

一、重庆市循环经济发展概况

（一）节能降耗

2008年全市万元GDP能耗、万元工业增加值能耗分别为1.267吨标准煤、2.106吨标准煤，比2007年分别下降了4.97%、10.41%，两项指标分别超计划0.4和3.9个百分点。

（二）污染物减排

2008年全市二氧化硫和化学需氧量减排目标分别为2.93万吨和0.54万吨，减排率分别为3.5%、2%。二氧化硫实际减排4.38万吨、减排率5.3%，化学需氧量实际减排0.96万吨、减排率3.8%。两项指标均超计划减排1.8个百分点

（三）水资源节约

2008年全市万元GDP取水量下降到约150立方米，同比下降20.2%，万元工业增加值用水量下降到约198立方米，同比下降26%。全市灌溉水利用系数从2005年的0.39提高到2008年的0.41，提高了农业用水效率。

（四）再生资源利用

2008年全市再生资源回收总量达到300万吨，同比增长10%，其中：回收废钢铁143万吨、废有色金属16万吨、废塑料42万吨、废纸88万吨，回收经营

2008年3月，重庆古杉生物能源有限公司年产5万吨生物柴油项目在重庆（长寿）化工园区正式奠基

总额80亿元，同比增长18%；回收报废汽车1万辆，拆解废钢量1.57万吨。全市已培育再生资源回收龙头企业22个，通过新建或改造提升，建成“七统一、一规范”的再生资源回收站（点）491个、分拣中心14个、市场3个，配备专用回收车辆78辆。

（五）工业固体废物利用

2008年全市重点煤矿煤矸石利用量为270万吨，利用率77.3%；电厂粉煤灰（炉渣）利用量529.65万吨，利用率86%；脱硫石膏利用量136万吨，利用率76%。全市工业固体废物利用量突破1800余万吨，利用率达到79%。

（六）农村新能源发展

2008年在全市33个区县实施生态家园富民工程，新增农村户用沼气13万座，累计达94万座，年产沼气3.6亿立方，折合标煤25.7万吨。投资1.5亿元建设了存栏3000头猪以上的大中型沼气工程114处。在永川、南川等区县推广太阳能热水器8000余台。

（七）市政减排

2008年全市建成城市垃圾处理场6座（累计建成32座），新增生活垃圾处理能力1433吨/日。2008年全市共无害化处理生活垃圾338万吨，较2007年新增无害化处理量近60万吨，主城、库区垃圾无害化处理率分别达到94.1%、93.3%，全市生活垃圾平均无害化处理率已达到的77.8%。建成李家沱、大渡口等城市污水处理厂10座（累计建成50座），新增生活污水处理能力22.2万吨/日。全市城市生活污水处理率已达72%。

二、循环经济保障体系建设

（一）建立了循环经济试点工作组织机构

市政府成立了以黄奇帆常务副市长为组长，市经信委、市发改委、市科委、市建委、市环保局、市财政局、市商委、市统计局、市国土房管局、市水利局、市市政委、市农委等市级部门为成员的循环经济试点工作领导小组，领导小组办公室设在市经信委。领导小组各成员单位落实专人负责循环经济工作，建立循环经济试点工作协调机制，明确职责分工。

（二）完善发展循环经济的规范性文件

在已出台地方法规、标准和规范性文件的基础上，2008年，我市配套完善了《重庆市固定资产投资项目节约能源评估和审查办法》、《重庆市超限额使用能源加价收费管理办法》、《重庆市单位GDP能耗统计指标体系实施方案和重庆市单位GDP能耗监测体系实施方案》、《重庆市建筑能效测评与标识管理办法》等发展循环经济的规范性文件。

重庆云天化实施发展循环经济规划，大力开展资源循环利用

（三）建立了节能减排三大基础体系

一是统计体系。在重点行业新增能源消费统计指标，建立部门能源统计报表制度，实现重点用能企业能耗数据网上直报。建立市、区两级主要污染物总量减排统计合作机制，形成定期协调会议制度，建立重点减排企业月报制度。

二是监测体系。完善了覆盖全社会的能源消费统计监测体系，对70余户企业200多套重点用能设备实施了节能监测。建立重点减排项目按月监察监测制度，360余户重点污染源和年度主要减排项目纳入监察监测范围。完成176套污染源在线监测设备安装工作。

三是考核体系。市政府印发了《重庆市节能目标责任评价考核办法》，节能减排指标纳入了党政一把手环保实绩考核。市节能减排办每年都对40个区县政府和节能减排重点企业实施考核，对未完成年度减排目标任务的区县实行区域限批。2008年就对碳酸锶污染扰民严重的铜梁县和大足县实行了区域限批。

长寿化工园区

（四）探索建立激励和约束机制

激励机制方面：一是设立市级节能专项资金，并建立了随财政收入增长比例同比例增加的机制，促进了全市循环经济、节能技术研发推广、宣传培训以及重点项目的实施；二是建立表彰奖励制度，在全市每年召开的节能减排大会上，对发展循环经济、节能减排作出贡献的单位和个人，以市政府名义予以表彰

约束机制方面：一是按照年度节能减排考核结果，对未完成节能减排目标的区县，扣减下一年度财政转移支付，并实施环境区域限批；二是制定了《重庆市超限额使用能源加价收费管理办法》，对水泥等产品用能实行超限额使用能源加价收费，用价格杠杆引导企业节能降耗。三是按照《重庆市固定资产投资项目节约能源评估和审查办法》，对未通过节能审查的项目一律不准审批、核准和建设，能源供应单位不得供应能源。

三、主要工作措施

（一）把抓好试点工作作为发展循环经济的突破口

重庆市将发展循环经济作为城乡统筹的重要内容，通过深入开展循环经济试点工作，全市已初步形成了农工业发展相结合的“桂楼‘猪—沼—菜’模式”、“三峡果业‘柑桔皮渣-果肉纤维-柑桔芳香剂-果汁、柑桔皮渣-饲料-养殖业’模式”，工业企业“长寿化工公司模式”，废物利用企业“同兴垃圾发电模式”、“长江造型铸造废砂利用模式”等一批具有重庆地方特色的循环经济试点示范模式，在促进库区农民增收、治理农村面源污染、减少资源能源消耗、提高废弃物利用率等方面取得一定成效。

重庆桂楼实业公司以生猪养殖场为依托，推行“龙头企业＋农户”管理，打造“猪—沼—菜”种养循环经济模式，实现养猪场废弃物的综合治理，生猪产业各环节资源得到良性循环利用，带动公司附近1000余户农户就业增收。

三峡果业集团是库区的一家市级循环经济试点单位，通过实施一批循环经济项目，打造“柑桔皮渣-果肉纤维-柑桔芳香剂-果汁、柑桔皮渣-饲料-养殖业”的循环经济模式，实现“变废为宝、化害为利”，提高了柑橘综合利用效率，每年减少5万余吨果渣等废弃物排放。

长寿化工有限公司按照“减量化、再利用、资源化”循环经济原则，认真开展企业内部清洁生产审核，加大循环经济和节能减排项目资金投入，实现了主要污染物综合利用。每年减排废水263万吨，回收利用二氯丁烯2400吨、氯丁二烯600吨、废硫酸1.5万吨、其它有机物2700吨。企业万元产值能耗下降到1.53吨标煤，三废综合利用率提高到53%，达到行业领先水平。

重庆同兴垃圾处理有限公司引进德国马丁公司的SITY2000型逆推式倾斜炉排垃圾焚烧炉，解决目前棘手的城市垃圾问题，变废为宝，向垃圾要热能，向垃圾要电力，取得了很大成功。公司日处理垃圾1200～1300吨，每吨垃圾发电量约228kWh。2008年作为重庆市发展循环经济的示范项目参加在青岛举办的首届循环经济成果展，受到社会的广泛关注和好评。

重庆长江造型材料有限责任公司自主研发了机械处理、二次焙烧节能型废砂再生设备和技术，年回收加工废弃铸造砂6万吨，为重庆汽摩生产厂家提供铸造用砂，有效的解决了铸造废砂堆放引发的污染问题。

（二）把优化产业结构作为发展循环经济的主要途径

一是大力发展低能耗低污染产业。通过大力发展低能耗、低污染、高附加值的信息产业、创意产业、现代服务业和装备制造业等，促进产业结构优化。截止2008年底，全市低能耗低污染产业产值占全市工业产值的比重达到70.1%。

二是加快淘汰落后产能。我市加快了火电、钢铁、水泥等行业落后产能淘汰工作。2008年，全市关停小火电机组6台，装机容量4.35万千瓦；淘汰落后钢铁产能350万吨，关闭炼钢炉28座；淘汰落后水泥产能205万吨。

三是建立了落后产能退出机制。在加快淘汰落后产能的同时，在不同行业建立了相应的退出机制。在电力行业淘汰落后产能工作中，制定了职工安置、电量指标转让、土地出让金返回等多项小火电关停政策。在《关于促进水泥工业结构调整实施意见的通知》（渝办发〔2008〕353号）中，制定了淘汰落后水泥产能资金补助的政策。在钢铁行业，对实施关停和淘汰落后钢铁生产能力的12户企业，制定了土地出让金返还、财政返还、配套费减免、人员安置等优惠政策，调整优化全市钢铁产业结构，提升钢铁行业整体水平。

（三）把推进节能减排作为发展循环经济的首要任务

通过大力推进节能减排工作，促进重点地区、重点领域和重点企业发展循环经济，并取得积极成效。

1.重点地区

加大6个经济总量大、节能减排任务重的重点区县节能减排工作的指导，重点地区的工作各具特色。大渡口区对节能项目、产品、设备给予一定的税收减免，对完成节能目标的企业给予奖励。万州区建立区级节能专项资金，支持节能技术改造、节能产品和新技术推广，狠抓工程，加强管理，大力推进总量减排工作。

2.重点领域

在政府机关，建立了建筑节能监测平台建设，对57个办公建筑和大型公共建筑能源消耗情况进行了审计和公示。实施了市规划局等部门的节能示范改造。完善机关资源消费状况统计报表制度，实现市级各单位能耗数据软件报送。

在工业领域，建材行业淘汰落后产能，在新型干法水泥生产中配套建设水泥低温余热发电；煤炭行业整合小煤窑204个；冶金行业在重钢环保搬迁中发展循环经济和清洁生产；电力行业关停小火电，贯彻节能发电调度，优先安排水电和大容量火电机组发电。

在建筑领域，率先在全国实行建筑能效测评标识制度，提高建筑节能标准执行率，初步设计建筑节能标准执行率92%，竣工阶段执行率85%。加强建筑节能技术推广，认定推广了73项建筑节能技术。

在交通领域，制定了《交通行业节能减排工作指导意见》，主城区6000辆公交客运车辆安装了GPS调度系统，完善出租客运企业GPS监管平台和水上交通信息管理系统。启动了“十城千辆”节能型汽车示范城市活动。

在市政领域，开展了城市照明、城镇污水、城镇生活垃圾的基础数据调查。实施LED隧道灯工程、旧灯源改造工程、路灯智能控制系统、污泥制肥等12项示范工程。

在商业领域，加强“限塑令”执行情况的监督检查，开展“零售业节能行动”，开展了大型商场、超市的能耗审计。

3.重点企业

强化节能减排基础管理，完成了74户重点用能企业能源审计和节能规划编制工作，完成了55家重点企业的强制性清洁生产审核。各重点用能企业与市质监局签订了《共同推进耗能企业能源计量工作责任书》。重点企业加强了内部组织机构建设，强化了目标管理，建立了激励机制和约束机制。对燃煤电厂(含热电联产)进行了专项检查,对电厂中控系统、在线监测系统等不符合要求的企业下达的限期治理要求。

（四）把资源综合利用作为发展循环经济的重要内容

一是工业固体废弃物利用方面。按照国家《资源综合利用认定管理办法》，加强对资源综合利用企业的认定工作，认真落实资源综合利用优惠政策，以此带动废弃资源的综合利用工作。积极开展以煤矸石、粉煤灰利用为重点的固体废物资源化，带动了烟气脱硫石膏、高炉水渣、冶炼钢渣，以及尾矿渣等工业固体废弃物的综合利用。

二是再生资源回收利用方面。市政府出台了《关于加快全市再生资源回收体系建设的意见》，对再生资源回收体系建设工作作了全面部署，制定了相关税费减免、资金补助等扶持政策，并把再生资源回收体系建设纳入到城乡统筹商贸发展6大网络体系建设中。目前，全市已基本形成以供销社及各级物资回收公司为主体，私营企业和个体经营为补充的废旧物资回收网络。

三是加强市政污水处理厂尾水、污泥和中水的循环利用。开展污水处理厂尾水发电项目，目前我市鸡冠石污水处理厂尾水发电项目已建设完成，正在进行设备调试。项目总投资2438万元，装机1×0.16万千瓦，年发电量880万千瓦时。困扰我市多年的污水处理厂污泥已成功应用于拉法基公司的水泥生产，年处理量4万吨，可解决日处理量30万吨污水处理厂产生的污泥。

（五）把强化工业环保措施作为发展循环经济重要抓手

一是加快推进主城污染企业搬迁，改善主城区环境质量。为改善主城区环境质量，消除安全隐患，我市自2002年实施主城区环境污染安全隐患重点企业有计划、有组织搬迁以来，共计5批企业纳入市政

重庆市庆市开县长沙镇福城村一组刘丰银大娘正在用沼气生火做饭

再生资源回收

府搬迁计划范围、享受搬迁鼓励优惠政策、限期2012年前全部实施搬迁，加上纳入搬迁范围的重钢集团全资子公司和控股子公司，共有165户企业纳入了搬迁范围。2008年，完成重庆天厨味精厂等20户企业搬迁工作，累计完成69户企业搬迁工作。

至2008年，已完成搬迁的这批企业平均年销售收入由搬迁前的1.2亿元增长到1.8亿元，增长50%；平均年万元产值能耗由1.62吨标准煤下降到0.58吨标准煤，下降64%；年削减化学需氧量5950吨；年削减二氧化硫8100吨。

二是加强工业园区污染集中治理，改善水环境质量。我市制定了居住向城镇集中，土地向集约化经营集中，产业向园区集中的“三集中”政策，加大了企业污染治理力度。依托工业园区，建设电镀集中加工区，对全市电镀企业进行整合。按照我市电镀行业“淘汰一批、治理一批、规划发展一批、园区集中一批”的产业发展总体思路，对我市135户电镀加工企业进行了整治。设立了江北区港城工业园区、长寿晏家工业园区和沙坪坝区凤凰镇等3户市首批电镀工业集中加工区。目前，江北区港城工业园区电镀集中加工区已基本建成；长寿晏家工业园区电镀集中加工区正在施工；沙坪坝区凤凰镇电镀集中加工区正在开展编制方案、落实用地等工作。对28户工艺落后，既治理达标无望又无力搬迁的企业进行关停。

三是有序开展清洁生产审核，改善企业环境质量。清洁生产是发展循环经济重要载体，是改善企业内部环境的有效途径。重庆市采取自愿和强制审核相结合的方式，推进企业开展清洁生产审核工作，促进已审核企业从污染物末端治理向源头削减和生产全过程控制的转变。2008年，全市开展清洁生产审核企业70家，其中自愿开展清洁生产审核企业9家，共拟订中高费清洁生产技改方案236个，完成了59家企业的清洁生产审核验收，实现节能量1.92万吨标煤/年，节水8500万吨/年，减排COD1500吨/年，减排二氧化碳2700吨/年。

四、2009年发展循环经济工作思路

《国务院关于推进重庆市统筹城乡改革和发展的意见》（国发〔2009〕3号）对重庆市循环经济发展提出了“积极开展循环经济试点，做好工业园区循环经济发展规划，把重庆建成中西部地区发展循环经济的示范区”的新要求。为此，为加快全市循环经济发展，探索发展循环经济的有效模式，2009年全市将重点推进以下工作：

一是做好《重庆市循环经济促进条例》（草案）立法调研与起草工作，争取尽快出台，为发展循环经济提供法规保障；二是加强对列入国家和市循环经济试点单位工作的监督、检查和指导，确保试点工作按期完成；三是认真总结推广第一批市级循环经济试点工作的经验和做法，组织开展第二批市级循环经济试点工作；四是修订完善《重庆市第十一个五年发展循环经济规划》，全面推进循环经济的深入开展；五是加强循环经济技术支持体系的开发和研究，为发展循环经济提供技术支撑；六是进一步做好循环经济宣传和培训工作，营造循环经济健康发展的社会氛围。

河北省循环经济

河北省发展和改革委员会

2008年，按照省委、省政府的统一部署，河北省上下把发展循环经济作为落实科学发展观，构建和谐社会的重大举措，作为调整经济结构、转变发展方式的突破口，作为加强和改善宏观调控的着力点，大力推进节能减排，强化目标责任，严格考核奖惩，促进循环经济加快发展。2008年，全省万元GDP能耗1.727吨标准煤，同比降低6.29%，降幅高于计划目标1.79个百分点，分别比前两年扩大3.11个和2.18个百分点，超额完成年度目标任务。

一、大力推进结构调整，建设节约型产业体系

一是大力发展低耗能产业。把发展现代服务业、高新技术产业和装备制造业作为促进产业升级的战略举措，明确发展重点和具体政策措施，切实加快发展步伐。

二是严把新上项目准入关。按照《河北省固定资产投资项目节能评估和审查暂行办法》的规定，严控新上“两高一资”项目；严格执行规划环评、建设项目环评和“三同时”制度，提高企业准入的环境要求。

三是加快淘汰落后产能。综合运用经济、法律、行政等手段，加大落后产能淘汰力度。层层签订关停淘汰落后产能责任书，把淘汰任务落实到相关企业。探索等量替代、政府补贴、税费减免等淘汰退出机制，鼓励企业早淘汰、多淘汰。对未能按期淘汰的，实行强制断电、限期拆除等措施，迫使落后产能尽快退出市场。全年共淘汰炼铁能力671万吨、水泥产能1688万吨、平板玻璃产能1656万重量箱、焦炭产能212万吨，替代小火电机组容量144万千瓦。通过实施差别电价和阶梯水价、等量替代等措施，促使一批落后产能退出市场。

四是积极推行清洁生产。以钢铁、石化、建材等高消耗行业为重点，通过实施“三定一改”（定能耗限额、用水定额、污染物排放指标，开展综合节能节水和废弃物综合利用技术改造），加快推进“四节一利用”（节能、节水、节地、节材，废弃物循环利用），从源头和全过程充分利用资源，减少废弃物的产生和排放，实现资源消耗“减量化”。

2007年5月，河北省省长郭庚茂（右三）考察三友集团

五是优化资源配置，培育循环经济示范基地。突出抓好曹妃甸循环经济示范区、冀衡集团、西柏坡发电厂、石家庄市物资回收总公司、邯郸市、唐山三友化纤公司等6个国家级

试点和100个省级试点单位，支持试点单位探索资源能源循环式利用的有效模式。

二、积极发展生态农业，建立循环农业产业模式

一是以建设生态农业试点县、示范区为突破口，在27个生态农业试点市、县和400多个涵盖山、坝、平原、丘陵、盐碱、干旱等不同生态类型区开展试点，探索符合我省实际的生态农业建设模式，建设循环农业示范区。总结推广牛（猪）－沼－粮（菜、果）；林－草－牧－菌－肥；粮（菜、果）－秸秆－肥；粮（菜、果）－秸秆－菌－肥五种农业生态模式，为循环农业的发展奠定基础。

二是大力推广节水灌溉、水肥一体化、病虫害综合防治、农业废弃物综合利用技术。组织实施“百万农户沼气建设行动计划”，通过普及推广户用沼气池，建设省部级乡村清洁循环利用工程，提高农村生活污水处理利用率和秸秆综合利用率。

三、加快发展服务业，培育高技术产业

把发展现代服务业、高新技术产业和装备制造业作为促进循环经济发展的战略举措，切实加快发展步伐。2008年，服务业增加值增速高于GDP增速1个百分点，高新技术产业、装备制造业增加值增速分别高于规模以上工业增速1.7个和5.3个百分点。

一是深入实施《河北省服务业振兴规划》，大力发展信息服务、金融保险、商务、科研与技术服务等现代服务业。进一步放宽市场准入，鼓励各种非公有制经济在更广领域和更深层次上参与服务业发展。

二是以产业、基地、园区和项目为载体，着力推进电子信息、生物、新材料、新能源、先进制造、航空航天等六大高新技术行业的跨越式增长。重点支持石家庄国家生物产业基地、保定新能源国家高新技术产业基地和廊坊信息产业基地等三个具有较强优势的高新技术产业基地建设，加速延伸产业链，提升基地产业集聚优势和市场竞争力。

三是围绕产业链条构建优势产业发展，大力推进高新技术产业园区和特色产业基地建设。以提升自主创新能力为核心，推进高新区“二次创业”；在石家庄、保定两个国家级高新区开展创新型科技园区建设试点。启动省级高新技术产业示范区建设，发展一批高新技术产业集聚区，培育建设10～15家国家级高新技术特色产业基地，使我省区域特色产业基地达到55家以上。积极推动保定能源、石家庄半导体照明、廊坊电子信息、唐山装备制造、邯郸新材料、承德仪器仪表、沧州精细化工、张家口和秦皇岛工程机械等产业基地建设，努力构建风机设备、太阳能电池、半导体照明、仪器仪表等产业链，推进相关产业又好又快发展。

开滦煤矿工业污水处理厂

邯郸钢铁节能减排力促循环经济

四、强化科技创新，构建循环经济技术支撑体系

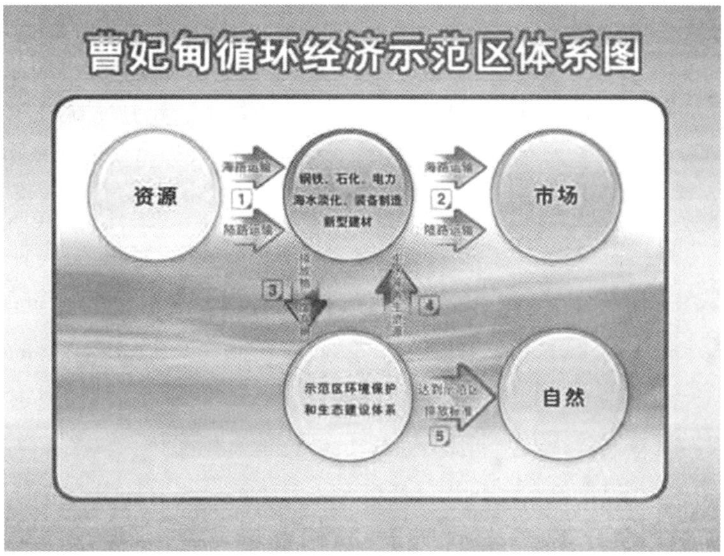

一是围绕生态农业发展，大力推进农业领域科技进步。把农产品高产、优质、高效、生态、安全生产作为农业科技创新的着力点，大力开展农产品质量安全控制与重大病虫害防治技术、农业资源与环境保护关键技术研究开发，提高农产品生产安全质量水平，保护农业生态环境。以山区生态环境建设和山区新农村建设为核心，以创新体系、示范基地和特色产业科技园区建设为抓手，培育山区特色优势支柱产业，促进山区现代化农业发展和生态改善。开展农艺节水和管理节水技术集成研究与示范，实施灌溉农田减蒸降耗节水和白洋淀农业面源污染综合治理等重大技术项目。

二是把节约资源、环境保护、产业链接等循环经济共性和关键技术的研发列入全省科技开发和产业化计划，提高循环经济技术支撑能力。研究制定发展循环经济的技术政策，积极做好循环经济核心技术的引进、消化和吸收工作，努力突破制约循环经济发展的技术瓶颈。充分发挥企业自主创新的主体作用，增强发展循环经济的自主创新能力。大力开发工业固体废弃物综合利用、矿山尾矿整体利用技术，钢铁、电力、石化、造纸等行业产业链接技术，海水淡化和综合利用技术及废旧家电与电子产品回收处理技术等，加快发展循环经济新工艺、新技术、新设备的推广和应用。

五、狠抓重点环节，强化节能减排措施

一是实施“双三十”行动。选择能耗高、排放大的30个县（市、区）和30家企业，在省十一届人大一次会议上做出承诺，三年内确保完成节能减排任务，否则县（市、区）长自动引咎辞职，国有企业法人代表就地免职，民营企业停产整顿。省发展改革委会同有关部门逐一确定“双三十”单位三年考核目标、年度工作任务和实施方案，在项目立项、资金扶持等方面予以倾斜，并对其实行省直接考核，每季度一调度，每半年一通报，每年度一考核，有力地促进了各单位既定措施的落实。2008年，“双三十”单位竣工节能项目338项，形成年节能能力310万吨标准煤。二是推进重点市节能。唐山、邯郸、邢台、张家口四个设区市，2007年单位GDP能耗均高于2吨标准煤，能源消费量占全省的60%。对此，省发改委派出工作组，帮助其对照目标任务，完善工作方案，强化推进措施。2008年，这四个重点市万元GDP能耗降低率及累计降低进度均居全省前列。三是实施“双百”企业节能工程。坚持把钢铁、化工、建材、电力、煤炭、石化六大高耗能行业节能作为重点，在抓好112家列入国家“千家企业节能行动”

电谷锦江国际酒店成为我国首座大面积、多角度应用太阳能光伏发电的建筑一体化示范项目，这座太阳能大厦每年可发电26万度

节能重点企业的同时，又选取109家年耗能10万吨标准煤以上的企业，实施“双百”企业节能工程，加大监察力度，开展能源审计，组织能效对标，实施节能改造。2008年，“双百”企业实现节能量383万吨标准煤，对规模以上工业万元增加值能耗下降起到明显拉动作用。四是实施“十大节能工程”。对重点节能项目，在争取国家资金、省级专项资金安排、项目审批立项、优惠政策落实等方面予以优先支持。增加省级节能技术改造财政奖励资金投入，进一步调动企业节能技改积极性。2008年，争取国家节能专项资金3.2亿元，支持节能项目67项，年可节能234万吨标准煤；省级财政安排专项资金5700万元，支持节能项目77项，年可节能124万吨标准煤。五是出台“九项措施”。针对2007年上半年我省能耗降低率低于年度计划的严峻形势，省政府在抓好既定部署落实的同时，研究出台了进一步推进节能减排的“九项措施”，主要包括实行区域禁（限）批、实施行业退出、加大淘汰落后力度、强化工程措施、年内对“双高”项目实行限（禁）批、严格监控考核、机关带头节能、开展全民节能行动、曝光一批反面典型等，以确保完成全年目标任务并力争实现全省节能形势的根本性好转。

六、完善政策法规，健全市场机制

一是依规加强监督管理。出台了《河北省节能监察办法》，督导秦皇岛等7个设区市成立节能监察中心，全省11个设区市节能监察机构已全部建立；安排300万元专款对人员到位、运作规范的6个市节能监察中心给予补助，促其提高节能执法能力和水平。在加强对“双百”节能重点企业跟踪监察的同时，由省节能监察中心对“双百”企业之外的814家年耗能万吨标准煤以上的重点企业实施节能监察，对企业能源管理、统计基础、计量设施、淘汰落后和设备能效等情况进行督查，依法规范企业用能行为。

二是加大财税扶持力度。认真落实国家资源综合利用税收优惠政策，2008年共为企业减免税赋5亿多元。省级财力尽管受保障奥运、对口支援灾区等增支因素影响十分紧张，但节能专项资金预算比上年增长30%以上，年底又再次追加1000万元。筹集电力需求侧专项资金7606万元，对变频调速、谐波治理、蓄冷蓄热、绿色照明、热泵等项目进行补贴，带动社会投资3.6亿元，年可节电2亿千瓦时。

国家循环经济试点省

山西省循环经济

山西省发展和改革委员会

2007年11月，经报请国务院同意，国家发改委等六部委局联合将山西省确定为国家第二批循环经济试点省。2008年，全省各部门认真贯彻落实科学发展观，紧紧抓住国家将我省确定为循环经济试点省的机遇，采取有效措施，大力发展循环经济，各项工作取得积极进展。

一、试点工作开展基本概况

山西由于独特的矿产资源优势，长期以来逐步发展形成了以能源原材料为主导和支柱的产业结构，形成了山西独特的比较优势产业。工业经济比重占全省生产总值的比重达54.4%，煤炭、焦炭、冶金、电力四大传统产业产值占到工业总值的80%，这种产业结构为全国的发展做出了历史性贡献，但同时由于技术、管理水平的落后导致资源消耗强度大、能源利用效率低、环境污染和生态破坏严重等一系列突出问题，增长和发展所付出的代价十分沉重。

2008年，山西省委、省政府紧紧抓住国家将山西省确定为循环经济试点省的历史机遇，把加快转变经济发展方式摆在了更加突出的位置，明确了“加强领导、规划先行、健全机制、狠抓重点、政策引导、技术推动、加大投入、全民行动”的工作方针，明确了“以发展循环经济为主要途径，着力推进煤炭、焦炭、冶金和电力等传统产业改造提升”的主要任务。成立了山西省循环经济专家服务团，编制完成了《山西省循环经济总体规划》，开展“山西省循环经济发展战略研究”课题研究，组织“山西省发展循环经济推进节能减排全民行动”，加大对循环经济项目的支持力度，有序推进国家及省级循环经济试点工作。

循环经济工作初见成效。关键技术实施的总体效果得到显现，重点推进了变频调速、炉外精炼、化肥生产“两水闭路循环”、余热余压发电、中水回用、绿色照明、蓄热式加热炉、干法熄焦、煤矸石综合利用、矿井废水再利用等循环经济关键技术。大力开展以煤矸石、焦炉煤气、粉煤灰、矿井废水为重点的资源综合利用产业，推进一批重大项目建设。节能减排成效显著。

2008年4月国家发展改革委会同山西省人民政府联合召开山西省循环经济发展规划论证会

二、2008年主要任务进展情况

（一）主要任务及重点工作完成情况

编制完成《山西省循环经济发展总体

山西省委书记张宝顺（左一）在交城县生态工业区调研

山西省省长王君（左二）在交城县生态工业区利虎玻璃有限公司调研循环经济

规划》。为了扎实推进循环经济发展，我省组织有关专家经过认真调研，从山西省情出发，历时半年时间，编制完成了《山西省循环经济发展总体规划》。《总体规划》通过建设煤炭、电力、化工、钢铁、铝镁、建材、农业等产业循环经济体系和发展模式，创新性地提出了发展循环经济前后的物流、能流、水平衡图，阐述了发展目标、主要任务和支撑保障措施，并提出了争取国家支持的一揽子政策建议。国家发改委于2008年4月28日组织国内著名院士、专家，对山西省的《总体规划》进行了论证，2008年7月28日牛仁亮副省长又组织院士、专家进行了评审，9月28日，解振华副主任再次听取了山西省关于《总体规划》修改情况的汇报，明确表示将我省的《总体规划》在国家发改委内相关司局征求意见并经委务会讨论后，由环资司予以批复，并将举全委之力支持山西省的循环经济建设。《总体规划》经修改完善后，山西省人民政府和省发改委分别以晋政函〔2008〕134号和晋发改城环发〔2008〕418号上报国家发展和改革委"关于上报《山西省循环经济发展总体规划》（送审稿）的请示"。同时由省政府向国务院上报，请求国务院对《总体规划》予以批复。

进一步开展理论研究。省发展和改革委员会配合省委政研室开展"山西省循环经济发展战略研究"课题研究，对国内外循环型社会推进战略进行分析研究，重点建立和完善煤炭、焦炭、电力、冶金、化工、建材等领域的资源循环利用体系和机制。

开展多种形式的宣传教育。由省委宣传部和省发改委联合组织了"山西省发展循环经济推进节能减排全民行动"和"鹳雀楼杯"青少年大型系列活动；省发展和改革委员会以"大力发展循环经济、改造提升传统产业、努力构建和谐山西"为主题，组织参加了"2008首届中国国际循环经济成果交易博览会"，共组织参展单位包括国家及省级试点企业20余家，并以整体形象搭建山西省馆，集中展示了全省循环经济试点工作取得的经验和成果。

扎实推进试点工作。省循环节约办已组织专家对54家省级试点单位的实施方案进行了论证，并协助国家发改委对6户国家级试点单位的实施方案进行了论证。各试点单位正按照"实施方案"，有序推进循环经济发展。同时，全省2008年共安排煤炭可持续发展基金13亿元，围绕重大共性技术和关键技术的推广应用，在资源综合利用、再生物资回收利用、新技术产业化应用等循环经济发展的重点领域，先后建设了一批工业废水和城市污水资源化项目及煤矸石、焦炉煤气、煤层气等资源综合利用项目。

（二）淘汰落后产能

省政府将淘汰落后指标层层分解到各市、县、企业和具体设施，明确淘汰落后产能的实施主体和责任。省政府2008年安排淘汰落后专项补助资金5亿元。据统计，2008年前三季度共淘汰钢铁落后产能1298万吨，电力装机52.2万千瓦，焦炭产能524万吨，水泥产能396万吨，电石铁合金产能54万吨。通过淘汰落后产能，为发展新型产业和实现传统产业改造升级提供了巨大的发展空间。

（三）循环经济重大关键技术推广应用情况

2008年，在煤炭伴生矿物利用、清洁生产及环境友好型材料等相关领域均取得了技术突破。山西焦煤集团对所属选煤厂实施无压三产品重介旋流器选煤工艺技术改造工程，精煤回收率平均提高5个百分点，在入洗原煤总量不变的情况下，提高精煤产量100余万吨/年；为降低产品水分，提高精煤品质，引进国内先进的快开式隔膜压滤机设备，对马兰矿、镇城底矿、屯兰矿选煤厂煤泥水系统和精煤脱水系统进行技术升级改造，提高了产品价值；潞安集团已成功开发具有绿色内涵的综采放顶煤回采工艺技术，作为主导采煤技术并在不断发展和完善，万吨掘进率降低25%以上、万吨铺网率降低90%以上、万吨能耗降低30%以上、工作面回采工效提高40%以上；山西蓝天环保设备集团公司与北京航空航天大学金属材料研究所合作开发，成功地利用煤矸石制取铝硅多元复合新型材料，开辟了煤矸石利用的新途径；吕梁广厦特种建材有限公司依托自身的技术开发力量，完成了以GHPC系列绿色高性能水泥外加剂关键技术的产业化，为水泥生产中减少水泥熟料配入量和高掺入工业废渣的高性能外加剂提供了示范，已成功应用于卦山水泥厂，并已通过联合国CDM项目的认证和支持。

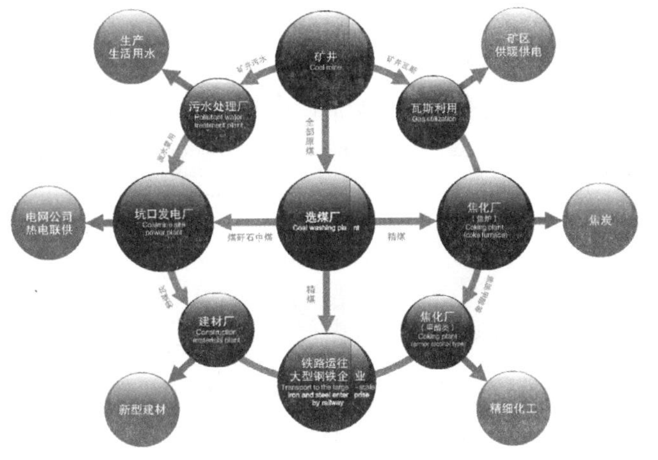

山西焦煤集团循环经济示意图

（四）有效推进节能工作

2008年，山西省进一步加大重点耗能企业的监管力度，确定了996户重点企业，其2007年能源消费量占全省工业总能耗的89.3%。组织重点用能单位700余人次进行了节能法律法规、政策及统计等内容的知识培训，先后召开了冶金、电力、化工、建材和金属镁行业的节能降耗现场经验交流会。积极做好10大重点节能工程项目建设，共投入4.2亿元，支持建设了一批重点节能项目。2008年，全省社会领域节能工作按照《山西省加快推进社会领域节能实施方案》提出的8个重点领域和23项重点措施，重点实施以户用沼气和大中型沼气为主的农村沼气工程10万户；墙体保温、热计量分户改造等建筑节能改造18个项目共150万平方米；污水源热泵供热制冷项目等可再生能源利用项目3个共49万平方米；支持了太原市天然气公司等22座加气站建设项目，实施出租车、公交车改烧LNG、CNG和甲醇燃料1.7万辆；实施太原三桥大厦等共14个商贸流通企业节能综合改造工程；重点支持建设了省粮食局等共10.6万平方米机关建筑节能改造；在集中供热等市政公共服务业节能方面，重点实施了太原市集中供热工程（二电厂）等共24个项目、总供热面积7000万平方米的热电联产和大型锅炉房供热项目；通过申请国家财政奖励资金，支持建设了太原市热力公司电机及除渣系统节能改造、太原市自来水公司电机变频改造、忻州市南城区供热节能技术改造等3个项目；实施高效照明推广工程，全年共推广398万支高效照明产品、30万只4W的LED室内照明产品和1万盏大功率LED道路照明产品，支持建设了长治市等14个城市道路太阳能LED照明示范工程；加大社会领域节能宣传引导力度，组织实施了“山西省发展循环经济推进节能减排全民行动”和“全民节能行动”等大型主题宣传活动，并于2008年9月5日组织实施了我省第一个能源体验日。通过工程技术措施，2008年社会领域节能重点工程预计可实现节能量140万吨以上。

三、发展循环经济保障体系建设情况

(一)加强组织建设

各市按照省政府的统一要求，均成立了与“山西省发展循环经济建设资源节约型社会工作领导组”相应的领导组和办事机构。同时，由省发改委倡导，相关行业和企业、科研院所着手筹建山西省循环经济促进会，作为一个非营利性的民间社团，旨在担当起政府与企业、园区、城市和社区之间发展循环经济的纽带和桥梁，更好地协助政府推动循环经济发展。

（二）严格贯彻执行国家有关法律法规

宣传贯彻《循环经济促进法》。在省发改委创办的“循环经济工作动态上”连续三期对《循环经济促进法》进行解读，省循环节约办公室积极组织试点单位报名参加国家发改委和全国人大环资委组织的全国“学习循环经济促进法电视大赛”活动，全省参加笔试赛人数达到3万余人，山西焦煤集团有限责任公司代表队和太钢集团代表队分别获得华北分赛区现场口答赛的第二、三名。

按照国务院关于《节能减排综合性工作方案》的要求，制定了分行业、分领域的节能具体措施，强化节能指标的刚性约束。针对建立和完善煤炭、焦炭、电力、冶金、化工、建材等领域的资源循环利用体系和机制，相继出台、开展了固定资产投资项目的能耗评价制度，分行业的能源价格差别制度；在社会领域实施了节能十大工程，开展了力度空前的区域环境集中整治行动，启动了重点企业污染源自动监控系统，加速节能先进工艺和先进技术的交流等。

（三）完善地方法规政策

省政府制订了一系列相关文件，从各方面加大对发展循环经济、推进节能减排的政策引导力度。为贯彻落实《国务院关于印发节能减排综合性工作方案的通知》(国发〔2007〕15号)、《山西省节能减排综合性工作方案》(晋政发〔2007〕32号)精神，加快推进社会领域节能，完成“十一五”节能目标，为了努力营造全社会节约能源的氛围，推动经济更好更快发展，制订了《山西省加快推进社会领域节能工作实施方案》（晋政办发[2008]78号）。为深入贯彻《公共机构节能条例》（国务院令第531号）和《国务院办公厅关于深入开展全民节能行动的通知》（国办发〔2008〕106号），积极推动正在开展的全省全民节能行动，制订了《山西省人民政府办公厅关于全省各级行政机关积极参与全民节能行动的通知》（晋政办发[2008]78号），要求各级行政机关积极参与，并充分发挥模范带头作用。

山西省人大第十一届代表大会常务委员会第六次会议讨论通过了《关于加快发展循环经济的决定》。动员全省人民进一步解放思想，形成共识，按照省委确定的重大战略决策和部署，抓住机遇、迎接挑战，采取更加扎实有效的措施，加快循环经济发展。同时，省发改委也加快了《山西省循环经济经济促进条例》的起草进程，在数次调研的基础上，“条例”的初稿已经草就，正在予以修改完善。

义望铁合金厂利用煤矸石发电，大大节约了成本，降低了能源消耗

四、典型项目进展顺利

西山煤电屯兰瓦斯发电项目、安泰集团80万吨/年矿渣粉磨项目、阳泉铝业股份有限公

司年产5万吨再生铝项目、山西泰尔新型材料有限公司电热还原煤矸石年产3万吨铝硅多元复合新型材料生产线建设项目、平朔煤炭工业公司粉煤灰资源化利用半工业化试验项目、三佳煤化有限公司余热发电等一批循环经济重点项目先后立项，土建工程全面开工，部分项目已完成主体建设。

潞安集团采用我国完全自主知识产权的16万吨/年煤基合成油示范项目，已经于2008年9月底建成出油。以焦炉煤气联产甲醇、二甲醚，利用焦油和粗苯进行精细加工，生产市场需要的各种高附加值产品，实现了产业化升级，年产60万吨甲醇、40万吨二甲醚、30万吨焦油项目正在建设；同煤集团塔山园区与塔山煤矿相配套的选煤厂、铁路专用线、4×5万千瓦资源综合利用电厂、煤气联产5万吨/年甲醇、一期1万吨高岭土加工厂、一期1亿块粉煤灰砖厂先后投入运营。2×60万千瓦塔山电厂1号机组2008年7月已并网发电、园区污水处理厂8月投入使用，二期5万吨/年高岭土加工厂、日产4500吨水泥熟料生产线、一期1.2亿块/年煤矸石砖厂、一期60万吨/年甲醇及深加工项目已开工建设。山西焦煤西山煤电集团对古交生活污水处理厂和矿井污水处理厂实施技术改造，生活污水处理能力提高到20000吨/日、深度处理能力达到318.6万吨/年，可将古交矿区的工业废水、矿井污水和生活污水经深度处理后，作为古交电厂锅炉循环补水水源，节约了宝贵的水资源。矿井污水处理能力达到35900吨/日，确保满足排放标准，大部分复用于井下生产、地面清洁和绿化。屯兰矿和西曲矿污水处理厂改造工程已竣工，形成污水处理能力9400吨/日。

五、取得的主要成效

万元GDP能耗下降趋势加快。2008年前半年，我省万元GDP综合能耗降幅已经进入全国各省区先进行列，前三季度降幅均在5%以上，预计全年降幅将接近年度降幅5.6%。

污染减排成效显著。继续实施“蓝天碧水”工程，加大了对城市供热、污水和垃圾处理项目建设的支持力度，11个市（建成区）和大运路及汾河流域的32个县（市）城镇环境基础设施建设及管理取得长足进展。共拆除城市区域2510台分散燃煤小锅炉，新增集中供热约4300万平米，实现700余台套的燃煤工业炉窑、45万户居民燃煤炉灶的天然气、煤层气等清洁能源替代，新增污水处理能力25.2万吨/日。二氧化硫较上年净减排7.83万吨，累计完成“十一五”减排目标的97.8%；COD较上年净减排1.54万吨，累计完成“十一五”减排目标的55.3%。11个重点城市Ⅱ级以上天数均超过300天。各城市的污水处理率达到60.0%，生活垃圾无害化处理率达到35.3%，集中供热普及率达到57.8%。

传统产业新型化进程加快。采用高新技术、新设备和新工艺，进一步改造提升煤炭、焦化、冶金、电力“四老”传统产业的技术和装备水平，煤炭行业资源回收率达到49.7%，原煤入洗率达到60%，大机焦比例达到86%，电力装机达到3100万千瓦，不锈钢产能达到300万吨。新兴产业规模化取得积极进展，装备制造业、煤化工大工业中的比重提高到7%和5%，工业内部结构初步趋向改善。

六、下一步工作思路

下一步，将把工作重点放在用循环经济理念优化改造以煤为主的特色产业链，夯实基础，圆满完成试点工作的各项任务。

山西金桃园煤焦化集团公司引进韩国污水处理设备，废水实行循环利用，实现了清洁生产

一是召开全省循环经济动员大会进行工作部署。对《总体规划》提出的目标和各项指标进行细化分解，将各项特征指标分年度分解到各个地市和有关部门，由省政府与各地市签订目标责任书，每年年底前考核。

二是健全法律法规，完善保障措施。贯彻落实《循环经济促进法》，结合全省实际，开展《山西省循环经济促进条例》立法的前期工作。建立试点单位工作进展情况阶段性督查制度，促进试点经验的总结、交流与推广；加强对试点工作的跟踪和指导。

三是建立山西省循环经济发展评价指标体系及相应的统计方法制度。将生态环境损失、资源损耗代价、资源综合利用、污染物减排等特征性指标纳入经济发展统计指标体系，并以此为基础，将循环经济推进工作纳入到各级政府领导干部的政绩考核范围，做到层层有责任，逐级抓落实。

四是继续支持循环经济发展中有重大推广意义的共性和关键技术。力求在煤化工、煤制油、煤层气和焦炉煤气的综合利用技术方面率先取得突破，为资源型省份发展循环经济提供可靠的技术保障。

五是编制资源综合利用专项规划。针对全省排放量较大的煤矸石、粉煤灰等工业固体废物，编制大宗废弃物综合利用规划，指导今后几年全省资源综合利用的方向和途径。

六是大力支持静脉产业的发展。以废电池、废塑料、废钢铁等为突破口，对重大静脉产业项目实行用地优先、贷款优先、产品市场准入优先、政府采购优先和税收减免、政府贴息等支持政策，促进其加快发展。

七是继续加大宣传力度。继续会同有关部门和媒体组织开展循环经济系列宣传活动，把节约资源、保护环境变成全体公民的自觉行动。加强全省各市县、行业、企业循环经济培训，在全社会普及循环经济发展理念和相关知识，培育生态道德观念，提高全社会资源节约意识。

内蒙古自治区循环经济

内蒙古自治区经济委员会

一、循环经济工作进展情况

（一）循环经济总体进展情况

随着“十五”期间我区经济开发建设和生产规模的不断扩大，环境、资源和经济快速发展的矛盾开始凸现。对此，自治区党委和政府给予了高度重视，并在十届人大三次会议的《政府工作报告》中全面提出了发展循环经济的理念。同时，进一步提出了将经济快速发展与循环经济的发展模式相结合。树立科学发展观，转变增长方式，发展循环经济，促进经济社会的可持续发展，已经成为全区各级政府和企业的共识。2006年，自治区人民政府成立了由分管主席任组长，经委任副组长，自治区有关部门参加的自治区工业循环经济示范区工作领导小组。2006年5月，制定出台了《内蒙古自治区人民政府关于建设工业循环经济示范区的指导意见》（内政字〔2006〕142号），成为“十一五”期间指导自治区循环经济工作的纲领性文件。到2008年底，我区共有7户企业和工业园区列入国家循环经济试点单位，30户企业和工业园区成为了自治区循环经济试点单位（其中企业19个，工业园区18个），涉及钢铁、有色、建材、化工、电力、煤炭、医药、农畜产品加工业和高新技术产业等9个重点行业，覆盖全区11个盟市。我区发展循环经济工作已初具规模，企业、产业、园区、地区等各个层面的循环经济格局正在逐步形成，发展循环经济的机制正在建立，为今后加快循环经济发展奠定了良好的基础。

（二）循环经济试点示范

一是循环经济试点示范企业（园区）取得显著成效。2008年全区37个循环经济试点示范园区（企业）实现工业增加值955.98亿元，约占全区工业增加值的25.17%；已完成循环产业链重点项目72项，累计完成投资586.15亿元；共实现节能448.60万吨标煤，节电2.95亿度，工业固体废物减排量834.11万吨，工业废水减排量216.68亿立方米，二氧化硫减排量23.91万吨，COD减排量6.62万吨；共完成工业固体废物利用量3995.08万吨、工业废水利用量70954.74亿立方米。这些试点示范企业（园区）在发展循环经济的基础工作方面，包括节能减排、清洁生产、资源综合利用、环境保护等资源节约工作取得了显著成效。同时带动了全区一大批园区和企业开展循环经济。

二是循环经济试点单位的基础管理工作得到全面加强。从培育试点、评审试点单位循环经济实施方案、推广试点单位工作经验、对各级循环经济试点单位进行跟踪管理服务等方面，全面推进循环经济工作。

二、发展循环经济的主要措施

（一）健全法制法规

为了进一步规范资源开发利用工作，推动我区循环经济发展，逐步构建环境保护、资源节约型经济发展模式，自治区先后出台了有关发展新型墙体材料、散装水泥管理、综合利用电厂认定管理、禁止使用粘土砖、实行电耗最高限额管理、整顿和规范矿产资源开发秩序、清洁生产审核咨询服务、循环经济示范区的指导意见、循环经济专项资金管理等地方性法规和政策，为自治区循环经济法规体系的建立奠定了良好基础。

（二）加大资源综合利用力度

积极推进循环经济工作，资源综合利用率不断提高，利用废物的范围进一步拓宽。目前已利用的废物扩展到炉渣、粉煤灰、煤矸石、洗中煤、页岩、风积沙、尾矿、废轮胎、杂骨、林业三剩物、沙柳、余热、二氧化碳、二氧化硫等十几种类，利用废物生产的产品品种不断增多，如水泥、墙体材料、纤维板、胶制品、电力以及纳米碳酸钙、超细煅烧高岭土等高科技产品，产品档次及附加值也明显提高。在开展资源综合利用的同时，也带动了相关产业的发展。主要措施有：

一是加强和完善制度建设，结合自治区实际制定了《内蒙古自治区资源综合利用认定管理办法实施细则》。配套《实施细则》制订了资源综合利用产品、工艺（技术）申报及认定规程。对认定的综合利用企业要求建立健全各项管理制度和报表报送制度，对认定合格的综合利用企业实行公示制度。加强相关部门间信息沟通和协调工作，认真落实好国家鼓励资源综合利用的优惠政策。

二是制定《内蒙古自治区“十一五”资源综合利用规划》，提出了我区资源综合利用的指导思想、发展目标、重点领域、重点工程和保障措施，指导和推动了自治区资源综合利用工作。

三是开展了重点领域的资源综合利用工作。结合全区重点行业结构调整规划，促进电力行业健康发展和粉煤灰综合利用工作，开展了粉煤灰综合利用调研，召开了粉煤灰综合利用现场经验交流会。起草了《内蒙古自治区粉煤灰综合利用管理办法》。

四是地区资源综合利用工作成效显著。包头市和乌海市为了推动和规范粉煤灰、煤矸石综合利用，先后出台了当地粉煤灰、煤矸石综合利用管理办法。包头市通过招商引资和现有项目的扩能改造，加大粉煤灰新型建材项目的建设，极大的利用了粉煤灰。鄂尔多斯市积极引导企业开展资源综合利用工作，不断拓宽综合利用领域，取得了积极成效。

截止2008年，我区认定的资源综合利用企业达209户，实现工业增加值10.6亿元，综合利用粉煤灰、煤矸石等工业废渣925万吨，综合利用沙柳、林业“三剩物”等152万立方米。

（三）推行清洁生产

自治区制定了《内蒙古自治区清洁生产审核咨询服务暂行规范》，组织开展了6期清洁生产培训工作。自治区已对污染物排放超过国家和地方排放标准的共两批101户企业进行强制性清洁生产审核。

2008年，已完成强制性清洁生产企业审核29户，自愿性清洁生产审核4户。全年共实施清洁生产方案（技术）404个，其中无/低费方案327个，中/高费方案77个；共投入资金1.86亿元，实现效益2.07亿元，环境效益达到国家和自治区排放标准；实现节电2787.23万度，节水116.82万吨，节标煤4.14万吨，节汽3.39万吨，节材10.96万吨，减少废水65.64万立方米，减少二氧化硫5.27万吨，减少固体废弃物17.81万吨，减少COD17.97吨。

（四）加快节能降耗

多方举措，强化推进，自治区节能工作总体呈现出持续向好的态势。2008年，全区万元GDP能耗继2006、2007年分别下降2.5%、4.5%后，2008年再降6.34%，超额27%完成了年度节能目标。“十一五”前3年万元GDP能耗累计降低12.8%，完成进度目标的55.1%。主要工作措施有：

1.强化节能目标责任制。自治区节能现场评价考核工作组分别对各盟市2007年节能目标完成情况和节能工作进展情况进行了现场评价考核，对考核结果进行了通报。同时，将考核结果报党委组织部作为盟市党政领导班子工作实绩考核的重要内容。

2.严格执行固定资产投资节能评估审查制度。将节能评估作为固定资产投资项目核准、备案的前置条件，严把项目入口关。自治区建立了节能评估专家库，组织认定了节能技术服务机构47个。

3.完善工作协调机制，健全节能统计管理制度。自治区和12个盟市全部成立了能源统计机构，建立了能耗统计指标体系、调查体系和监测体系，完善了能源生产、流通、消费统计制度，对640户重点工业耗能企业实行按月监测，为3400多户规模以上工业企业建立了能源统计台帐，制定了相应的统计方法，实行能耗季度核算和数据质量评估制度。

4.加强组织领导，加大淘汰落后产能力度。自治区成立了淘汰落后产能工作协调小组，与各盟市签订了《淘汰落后产能任务书》，对淘汰落后产能企业进行确认并公示，接受社会监督。对各盟市淘汰落后产能情况进行按月调度，对全区淘汰落后产能工作进行专项检查。制定落后产能退出补偿资金方案，对已验收合格的淘汰企业，下发补偿资金9487万元。2008年全面完成了规定的淘汰任务。

5.组织实施重点节能工程。以国家“十大节能工程”和自治区“100项节能技术”为重点，积极争取国家扶持资金。

6.积极开发推广节能技术。围绕工业窑炉改造、矿热炉节能改造、工业废水利用、煤炭提质深加工、可再生能源应用、工业清洁生产等，开展重大科技专项攻关，着力解决自治区节能中的关键共性技术。内蒙古庆华集团公司承担的焦炉煤气、还原铁煤气回收利用制甲醇和200万吨焦化项目干熄焦工艺，实现了资源循环利用。内蒙古蒙发科技开发有限公司承担的优质饲草太阳能干燥装备研发项目，实现了太阳能代替电能干燥饲草。锡林浩特市新源科技开发有限公司承担的风力提水机研发项目，以风能作为动力提水，解决了广大牧区用水需要。推广微油点火稳燃技术、电石炉废气锅炉除尘技术等节能关键技术，有效的节约了能源。

7.抓好重点用能企业节能管理工作。2008年我区年耗能5000吨标煤以上的工业企业976户，耗能1.01亿吨，占工业用能的97.6%；年耗能10万吨标煤以上的企业144户，耗能8121万吨标煤，占全区工业用能的78.6%。我区将年耗能5000吨标煤以上企业纳入节能监督体系，将年耗能10万吨标煤以上企业的节能目标，落实到各盟市，实行包联制。对33户国家重点耗能企业、50户自治区重点耗能企业和新增10万吨标煤以上重点耗能企业开展节能目标责任评价考核，并实行挂牌督办，分级管理。督促重点用能企业落实节能管理措施，引导企业选择先进适用的节能技术，深入开展能效水平对标活动。通过采取以上措施，企业节能意识进一步提高，能源管理工作不断加强，33户国家重点耗能企业和50户自治区重点耗能企业全部设立了能源管理岗位，进出用能单位能源计量器具综合配备率达到99.34%，主要次级用能单位能源计量器具综合配备率达到96.99%，重点耗能设备能源计量器具综合配备率达到93.62%，三级能源计量器具的总体检定合格率均接近100%。2008年33户国家重点耗能企业完成节能量104.79万吨标煤，全部完成年度节能目标。

8.加强节能监察能力建设。目前，自治区和盟市两级都成立了节能监察机构，形成了“1+12”的节能监察管理体系，现有节能监察人员120余人。经过两年多的建设，两级节能监察中心的人员素质、装备水平明显提高。在能源审计、挂牌督办、用能企业主要用能设备能效检测、综合利用电厂（机组）检测等工作中发挥了重要的作用。

9.广泛开展节能宣传培训。

（五）加大财政支持力度

为了鼓励和支持我区节能减排、循环经济工作的发展，自治区组织申报了一批节能、节水、循环经济、清洁生产、资源综合利用国债项目，2008年共有30个项目被国家确定为国债备选项目。2008年共有44个项目得到国债资金补贴，补贴资金总额29115万元。项目建成后可年实现节能155万吨标煤，减排二氧化碳4.5万吨，减少固体废弃物531万吨。

三、基本经验和典型

（一）基本经验

循环经济发展的格局初步形成。乌海市编制了《乌海市循环经济发展规划》；包头市出台了《发展循环经济指导意见》；鄂尔多斯市在企业发展、园区建设和整体经济三个层面（即点—线—面）推进循环经济，以促进经济发展方式的战略转型；阿拉善盟按照生态建设的要求，根据实际确定发展循环经济三种模式，即“企业层面小循环，区域层面中循环，产业层面大循环”，形成企业内和产业间以及区域间协调发展的格局；巴彦淖尔市大力发展绿色农业，在农户实施“四位一体”生态家园建设工程，即种植业促养殖业，养殖业带动沼气建设，沼气供给农民生活用能。

地方循环经济模式形成。自治区着力打造以乌海市为核心区，跨鄂尔多斯市鄂托克旗和阿拉善盟乌斯太地区的“小金山角”地区循环经济示范区。引导该区域依托丰富的煤炭等资源优势，发展能源、化工、建材、特色冶金等特色产业集群。以煤炭为基础，以电力为龙头，形成煤、电、特色冶金产业链；以原煤、精煤为代谢核心，发展煤化工、煤焦化工产业链；以煤系高岭土、煤矸石、粉煤灰、炉窑尾气为废物代谢核心，发展二氧化碳基可降解塑料、超细超白高岭土、纳米材料等高新技术产品和新型墙体材料。氯碱化工产业链：以原盐为基础，发展盐深加工产品，延伸金属钠、液氯、多晶硅等产品产业链。“小金山角”循环经济示范效应已成为鄂尔多斯、乌海、阿拉善经济发展的重要发展模式。

（二）典型模式及案例

通过循环经济发展战略的实施和培育、树立了一批循环经济试点示范企业和工业园区，形成了包钢、蒙西高新技术园区和包头铝业、乌兰水泥、伊东、庆华、塞飞亚、亿利资源、中电投蒙东能源集团、蒙牛乳业（集团）以及阿拉善经济开发区、锡林郭勒盟多伦新型工业化化工区大唐国际（呼和浩特）资源综合利用基地等一批发展循环经济的典型模式和案例。

包头钢铁公司通过发展循环经济的实践，不仅完善优化了“板、管、轨、线”四条精品线，而且使高炉、焦炉煤气、余热、余压、钢铁渣、干熄焦技术、工业污水等得到充分利用，实现了“减排化、资源化、再利用化”。

包头铝业集团按照发展循环经济思路，拓宽产品品种，延长产业链，逐步形成了以铝冶炼为基础、铝基系列产品为主导，发展精铝及其深加工产品，建设连续加工生产体系。形成了国家重要的铝合金加工基地。

乌兰水泥集团按照循环经济发展理念，在发展主业的同时，积极开展余热余压发电、城市污水处理及利用、污泥垃圾发电、灰渣利用等项目的配套实施，将企业的生产体系与城市的基础设施有机结合，形成了典型的循环经济发展模式，受到国家好评。

蒙西高新技术园区利用基础设施完善、发展空间大的优势，集聚了9户实力较强的企业和高新技术产品。按照循环经济发展理念，在延长产业链的同时，将不同的产业通过资源循环利用紧密结合。同时，利用开发粉煤灰提取氧化铝、窑尾二氧化碳生产可降解塑料等开创性技术，使水泥、焦化、建筑材料产业与矸石、煤气、二氧化碳、粉煤灰、余热的利用形成一个循环利用的网络，使蒙西园区成为资源综合利用与经济、环境共赢的循环经济典型园区。

内蒙古伊东集团按照循环经济的理念规划建设产业基地，围绕着煤炭开采等资源产业发展相关产业，基地内主要产业将以全国首家采用不粘结煤、干馏工艺制气生产甲醇的年产120万吨干馏煤综合利用工程为煤炭深加工产业链主线，通过上下游产业链的互补和延伸，构建“减量化、再利用、资源化”的高效循环利用的产业链，实现以“资源—产品—再生资源”为特征的“基地大循环、企业小循环”循环经济发展模式。

内蒙古庆华集团按照“发展煤、延伸煤、超越煤”的战略目标进行煤炭资源的深加工，在循环产业链项目的选择上始终遵循从原料到产品再到三废资源的综合利用的原则，不断完善煤化工循环经济产业链条，目前已经形成了“煤炭洗选-炼焦-化工-建材-物流”循环经济产业链，原料、生产、消耗相互关联、梯级利用，达到了资源的低投入、高产出、少排放、能循环、可持续的发展要求，实现了废水、废气、废渣三废资源的综合利用，解决了经济发展与环境保护带来的矛盾。循环产业链将各项目有机结合，实现了循环利用和节能降耗的目的。

内蒙古塞飞亚集团“种、养、加、能、肥”一体化的循环经济产业链，把养殖场的鸭粪便、加工厂的污水收集并输送到沼气站，用先进的工艺技术装备使用鸭粪便及污水发酵产生沼气，所产沼气发电上网或自用，所产沼渣、沼液用来生产固体和液体的生物有机肥料。肥料用于蔬菜、玉米种植，公司回收玉米生产饲料发展养鸭，鸭粪便及加工厂污水再回收用于生产沼气，从而形成“植物生长—动物转化—微生物还原”的循环经济发展体系。

内蒙古亿利资源集团建立以聚氯乙烯、烧碱、电力、水泥等建材产为主，包括煤矸石发电、粉煤灰综合利用的生产体系，使基地生产项目形成高度关联的产业链，实现产品与废弃物互为资源充分利用，污水与固体废弃物零排放。整个园区的电、热、等能源动力均由工业垃圾煤矸石换取，形成了以煤炭、煤矸石为载体，以PVC为主线，以电力、建材为工业废弃物的主要承接体的能源化工循环经济体系。

内蒙古阿拉善经济开发区盐煤一体化循环经济模式，即企业、行业内部的资源循环利用、行业间耦合循环产业链的构建、公用设施的一体化，逐步形成开发区区域性的循环型产业体系。加强盐煤化工的一体化建设，以煤—电、焦炭—电石等煤化工产品生产PVC，以煤化工产品甲醇与盐化工金属钠耦合生产甲醇钠，以甲醇与天然气生产苯胺基乙腈用于打造靛蓝基地；配套建设固废利用、污水处理项目，在经济规模不断扩大的同时降低单位产值能耗、二氧化硫、COD排放量，实现废物的减量化、资源化。

中电投蒙东能源集团有限责任公司煤电化铝路港一体化可持续发展的循环经济创新模式。形成了三条产业链，即煤炭—电力—铝业产业链、煤炭—电力—建材产业链和煤炭—电力—化工产业链，充分利用矿区各类资源构建和完善产业链，发展以煤炭生产基地为中心的相关多元化产业，发挥产业协同和聚合作用，实现产业的有机互补和关联。

内蒙古蒙牛乳业（集团）股份有限公司以“草→牛→粪污→沼气发电（有机肥）→草”的循环生态经济模式为核心的“可再生资源综合利用项目”，基本形成节约能源资源和保护生态环境的产业结构、增长方式和消费模式，形成了乳品加工和废弃物利用两条静、动脉循环经济产业链。

锡林郭勒盟多伦新型工业化化工区以科学发展和可持续发展为目标，按照循环经济的基本理念和方法，在化工区内形成以煤化工和氟化工两大产业为实施循环经济的主体。通过引进和开发国内外先进的生产工艺技术和装备，工业区内相关联企业的集聚，提高资源的利用率，节约资源的使用量。在企业内部建立循环经济产业链，推行清洁生产，减少资源和能量的消耗量，实现污染物产生量的最小化；在化工区不同行业和产业之间，建立循环经济网络，注重企业间物质的循环和能量的梯级利用，把上游生产过程的副产品或废物用作下游生产过程的原料，形成企业间的工业代谢和共生关系。

内蒙古大唐国际（呼和浩特）资源综合利用基地根据各个项目产生的废弃物，进行综合平衡，建立新的物流关系，将电厂的粉煤灰、化工厂的电石渣作为提取氧化铝和铝硅初始合金的原料，副产的硅钙渣可以生产水泥，氧化铝生产液态铝，液态铝和铝硅初始合金生产铝硅钛合金，电厂外排污水经处理后回用所有的产业链项目。

四、今后主要工作

一是要继续扩大循环经济试点示范企业（园区）范围。二是着重抓好重化工业集聚区和工业园区发展循环经济，推进产业链延伸组合。三是全力抓好循环经济试点示范单位的跟踪、服务、指导和考核工作。四是将循环经济工作与节能减排、清洁生产、资源综合利用相挂钩，凡循环经济试点示范单位都必须按照国家和自治区要求进行能源审计和清洁生产审核；凡申报循环经济试点示范单位，必须先进行能源审计和清洁生产审核工作。五是全面开展循环经济发展规划的编制工作。六是加快再生资源和废旧物资的回收和循环利用。

国家循环经济试点省

辽宁省循环经济

辽宁省经济和信息化委员会

在2008年，辽宁省贯彻落实科学发展观，加快发展循环经济，推进节能减排，促进产业结构的优化与经济发展方式的转变，取得了显著成效。

一、主要主要指标完成情况

节能指标：2008年，辽宁省万元地区生产总值综合能耗1.617吨标准煤，同比下降5.11%；2007年全省万元地区生产总值综合能耗1.704吨标准煤，同比下降4.01%；2006年，全省万元地区生产总值综合能耗1.775吨标准煤，同比下降3.2%。"十一五"前三年，全省单位地区生产总值综合能耗累计下降11.3%，完成"十一五"节能目标的56.44%。全省万元工业增加值能耗2.426吨标准煤，同比下降8.42%，"十一五"前三年累计下降21.99%。全省万元地区生产总值电耗1223.81千瓦时，同比下降8.17%，"十一五"前三年累计下降11.74%。

节水指标：2008年，全省总用水量为142.78亿立方米，比上年减少0.09亿立方米；其中工业用水量24.66亿立方米，同比增加0.31亿立方米。据初步统计，全省万元地区生产总值用水量106.07立方米，比上年下降15%；万元工业增加值用水量47立方米，比上年下降6%。

污染物减排指标：2008年，全省SO_2排放量113.1万吨，同比减少8.34%；废水排放量21.2亿吨，比上年减少0.9吨；废水中主要污染物化学需氧量和氨氮排放总量分别为58.4万吨、6.4万吨，同比分别减少7.0%、7.24%。全省已建成污水处理厂51座，日处理能力为429.82万吨，城市污水处理率达到54%；启动了两年建成99座污水处理厂工程，项目建成后，全省城市污水处理率将达到86%，县城将达到82%。已建成投入使用的城市生活垃圾无害化处理场15座，无害化处理能力12367吨/日，城市生活垃圾无害化处理率已达到57%。

综合利用指标：2008年，全省工业固体废物产生量为15841.4万吨，综合利用量为7581.8万吨，综合利用率46.8%；比上年提高7.79个百分点；处置率40.2%，贮存率为14.7%，排放率0.01%。

鞍钢新2、新3号高炉

二、循环经济试点进展

（一）做好国家循环经济试点的相关工作

一是加强对我省4个第二批国家循环经济试点单位的工作指导。2008年1月，组织召开试点单位循环经济实施方案编制培训会，指导试点单位方案的编制工作；4月，组织召开全省4个第二批国家循环经济试点单位实施方案的预审会，指导试点单位进一步修订、完善实施方案，而后上报国家发改委。并先后通过了国家组织的专家评审；二是组织各市经委、循环经济试点单位赴青岛学习交流。10月23日至25日，国家发改委等部门与山东省政府、青岛市政府，在青岛市联合举办了“2008首届中国国际循环经济成果交易博览会”，大连市经济技术开发区、鞍山钢铁集团、铁岭煤业集团、抚顺矿业集团组团参展。博览会期间，省经委组织各市经委、循环经济试点单位70余人参观博览会，并参加了中日循环型城市论坛，学习省外、国外发展循环经济的经验，加强与外界的交流与合作，促进我省循环经济工作水平的提升；三是完成全省循环经济试点省建设进展情况的报送工作。

（二）推进重点领域循环经济试点工作

大连松木岛化工园区是辽宁沿海“五点一线”开发开放布局中的重要环节，按照循环经济产业链规划布局，重点发展合成气化工、海洋化工、石油化工、精细化工等产业。大化集团合成氨装置排放的二氧化碳除了供给联碱装置作纯碱生产原料，还供给BOC公司及大染等；大染再将氯碱电解副产品氢送给合成氨装置，合成氨装置再将精致氢气返供给大染、瑞泽等作为生产原料；气化炉排放的炉渣可送到建材厂作为生产水泥、混凝土等建材产品的生产原料。?目前，松木岛化工园区已引进项目38个，总投资86亿元，大化集团环保搬迁改造等25个项目已经开工建设。本溪市南芬循环经济区确立了由精深加工、资源再利用、生态环境改造三大体系四个板块，即“一园三区”（思山岭生态农业园、下马塘生态工业区、金坑生态工业区和石湖钢铁深加工区）的循环经济发展格局。宏达公司采用重选和磁选相结合的新工艺，对过去因无法利用而废弃的红铁矿渣重新“过筛子”，从中选出了优质铁精粉，年处理矿渣40余万吨，实现产值2000多万元。聘请荷兰专家对小庙沟3300亩已闭库尾矿库生态环境恢复进行规划设计，可造地1200亩，营造绿色农业产业区。目前，区内已入驻企业20多家，总投资6亿元。

三、资源综合利用

（一）大力开展资源综合利用

在开展资源综合利用认定工作中，认真执行《辽宁省鼓励资源综合利用认定管理办法》，对生产规模小于20万吨或窑径小于2.2米的机立窑等水泥生产企业，不再列入资源综合利用认定范围，全年预计认证企业230余户，认证产品260多种，企业可以享受减免税优惠5亿多元，推动共伴生矿、煤矸石、瓦斯、粉煤灰、油母页岩、采选矿废渣、冶炼废渣、工业炉渣、化工废渣废气、建筑垃圾、生活垃圾的综合利用。营口广大实业有限公司综合利用硼泥生产镁制品及建材产品项目，生产硼泥砖部分已经建成投产，年利用硼泥15万吨，年产硼泥砖2亿块；利用硼泥生产轻质碳酸镁等镁制品工程部分已完成主体厂房建设，目前外购和自制设备正在制作。铁岭煤业集团2乘300MW煤矸石发电机组于9月19日正式通过国家发改委核准，该项目的实施年可利用煤矸石约162万吨，解决了铁煤的煤矸石排放污染环境问题。盘锦远达公司含油污泥资源化处理项目已经投产运行，通过对辽河油田稠油和特稠油污水处理站所产生的浮渣进行处理，制成环保新型复合燃料，年处理利用6万吨浮渣。

阜新市已完成循环经济项目近400个，以循环经济为主要内容的企业达300余家，年实现产值近20亿元

（二）推进再生资源回收利用

一是开展废旧电池的回收利用。辽阳统一企业有限公司在辽宁环保产业静脉园建设全国第一个废旧电池无害化、资源化、工厂化处理示范项目，计划安装8条废旧电池处理生产线，同时每年制造废旧电池处理成套生产线25套，年处理废旧电池22000吨。目前，已经完成整体工程的80%，处理设备生产线加工制造完成85%。该项目工艺技术先进，流程合理，成果达到国际先进水平，填补国内空白,是一项拥有完全自主知识产权的专利项目。2008年底，企业又完成了废旧镍氢、镍镉电池无害化、资源化处理工艺的技术研发和处理设备研发，废旧锂离子电池无害化、资源化处理工艺技术及设备研发。为保证原材料供应，企业正在建立废旧电池回收体系，设立废旧电池回收箱，收集废旧电池，现已回收废旧电池2400多吨。

二是加快沈阳市再生资源产业基地建设。该基地位于沈阳市铁西新区，园区集进口的第三类、七类废料与国内的拆解、分类、初加工、深加工、再制造、科技开发、废旧金属材料贸易为一体，主要产品有铜、钢铁、铝、锌、翻新轮胎、精细胶粉、各种塑料制品等，初步形成资源再生利用产业链和产业网络，实现再生资源大规模的拆解、加工和利用。园区建设划分为近期（2007～2010）和中期（2011～2012）两个阶段，一期工程占地面积2500亩，拆解能力达450万吨/年。目前，一期工程基础设施和公用工程设施建设已经完成。

（三）铬渣综合利用

按照国家规划和铬渣污染综合整治方案，对全省2个历史堆存的铬渣及污染土壤进行了无害化处置。原沈阳新城子化工厂30万吨铬渣山无害化处理工程已于2008年建成；原锦州铁合金股份有限公司堆存铬渣山无害化处理工程分二步实施，第一步“烧结部分”工程已经建成，第二步“干法部分”正在着手组织实施。

四、清洁生产

推进重点企业清洁生产审核工作，全省累计完成223家重点企业强制性审核工作，共实施清洁生产方案1735个，实现经济效益3.65亿元，节水444万吨，节电1443万千瓦时，节约蒸汽49万吨，节煤12万吨。减排废水286万吨，减排化学需氧量2.63万吨，减排二氧化硫2283吨。加强清洁生产审核机构和审核队伍建设，与国家合作举办审核师培训班，培养40多名国家级清洁生产审核师和100多名企业内审员。全省共成立了24个清洁生产审核机构，培养了1377名清洁生产审核员，264人取得国家清洁生产审核师资格，已初步形成由清洁生产审核、技术和信息组成的清洁生产指导服务体系。与欧盟深入合作，提高清洁生产周转金使用效率，对东北制药集团等企业12个项目累计发放贷款1.35亿元人民币。在企业中优选推广使用《国家重点行业清洁生产技术导向目录》，包括干熄焦技术、含硫污水汽提装置扩能改造、合成氨原料净化精制技术（双甲新工艺）、碱法/硫酸盐法制浆黑液碱回收、转移印花新工艺等57项技术。在石化、冶金、化工、电力、建材、啤酒、医药7个行业建设了100个清洁生产示范项目；在电力、冶金、煤炭、石油开采和加工等行业创建了60多家废水“零排放”企业。

沈阳再生资源生态产业园模型

五、循环经济技术的应用与推广

（一）组织实施大石桥市镁产业综合节能技术集成创新示范工程

该工程被列为国家“十一五”科技支撑计划和省重大科技攻关项目，累计支持强度达1570万元。该工程分为关键技术攻关、示范工程应用、成果产业化三个阶段实施。在关键技术攻关阶段，针对营口大石桥地区电熔镁产业能耗高、污染重的问题，辽宁省组织专家多次到现场进行实地调研，认真分析查找问题，研究方案对策，组成由大石桥市镁产业综合节能技术实施工程中心、沈阳东大自动化有限公司、大石桥市华盛集团、辽宁群益集团、辽宁省生产力促进中心等单位参加的联合攻关小组，围绕重大耗能窑炉智能化控制系统、余热余能回收利用和密闭式电熔镁炉制备等开展攻关，攻克了自动化控制系统、无功补偿及短网改造、余热余能回收利用等关键技术。在示范工程应用阶段，选择了大石桥市华盛集团、辽宁群益集团、营口石佛等7家示范企业，重点推广耗能窑炉智能化控制系统、无功补偿及短网改造技术。截止目前，耗能窑炉智能化控制系统已在20余台电熔镁冶炼炉推广应用，取代了人工操作，解决了由人工操作造成的三相电流不稳、电耗过大的问题，使电熔镁吨耗电平均减少3－5%。示范企业通过应用无功补偿及短网改造技术，使电熔镁吨耗电平均减少8－10%。同时，示范企业与俄罗斯西伯利亚热力设计院签署了合作协议，计划年内引进一套“密闭式节能环保型电熔镁冶炼装备”，并通过消化吸引再创新，研制生产具有我国自主知识产权的新型电熔镁炉。在成果产业化阶段，拟将研发成果在全省电熔镁行业推广应用。辽宁现有电熔镁炉1100台，如果在80%的电熔镁炉上推广应用，预计到2010年，电熔镁产品电量单耗降低20%，每年可节电5亿千瓦时，提高优质产品产出率5%，由此而创造的直接经济效益每年将达4.5亿元。

（二）重点实施新能源和可再生能源技术推广示范

省能源研究所与丹东承天能源开发公司联合实施生物质能源气电联产示范工程，攻克了秸秆气化、固化和厌氧发酵技术，开发了秸秆循环流化床燃烧技术，实现了用秸秆替代煤、油、气等通用燃料，目前已在丹东、本溪、鞍山等市（县）20多个村，1000多农户推广应用，提高了废弃农作物的利用价值，带动了农民增收致富。特别是，结合本溪生物医药产业基地建设，2008年省能源所与本溪经济技术开发区签署了“本溪生物医药产业基地生态新村示范工程”建设协议，将开展以新能源综合利用、发展失地农民新兴产业为基本特点的生态新村和生态居民小区建设，主要内容包括被动式太阳能、清洁燃气生物质气化集中供气站、户用采暖系统，及以中药残渣、秸秆、树枝为原料的成型燃料生产厂、公共区域照明系统、集中种养殖生态园，建设辽宁（本溪）生物医药产业基地生态新村示范工程，为建设中国北方药谷、本溪生态新城服务。

六、循环型农业

到2008年末，全省共推广“一池三改”、“四位一体”为主要内容的农村户用沼气工程46.7万户、“高效预制组装架空炕连灶”（吊炕）374.1万铺、被动式太阳能房436.5万平方米、太阳能热水器119.7万平方米，建设大中型畜禽养殖场能源环境工程（大中型沼气工程）245处、生物质气化集中供气工程（秸秆气化工程）252处。此外，示范应用了太阳能路灯、太阳灶、小风机、生物质固化、生物质燃池、节能炉具等先进技术、设备。农村能源生态建设的多重功能日趋凸显。

省委、省政府高度重视农村能源工作，将农村能源建设纳入国民经济和社会发展规划，以及全省农业农村经济指标，直接扶持资金4110万元。省农委党组将农村能源列为全委为民办10件实事之一。省农委等12个厅局联合出台了《辽宁省生物质气化集中供气工程示范推广工作管理办法》（辽农发[2008]66

号）。开展职业技能培训鉴定。先后举办17期农村能源职业技能鉴定培训班，培训农村能源技术管理、推广、施工技术人员1600余人，有1497人获得国家级农村沼气生产工职业资格证书。在全国范围举办了“我心目中的农村能源有奖征文暨农村能源知识竞赛”；组织编写了农村实用技术丛书之《沼气工程技术问答》、《高效预置组装架空炕连灶技术与实用问答》和《太阳能与生物质能开发利用知识问答》，加强了科普宣传活动。

七、节能减排

（一）强化绩效考评

一是圆满完成国家对辽宁省2007年节能目标责任评价考核工作。2008年5月，国家节能目标责任评价考核工作组，对辽宁省节能降耗工作给予充分肯定，经过现场评价考核，确定辽宁省为全国6个超额完成等级的省份之一。二是层层建立节能目标责任制，各市已经普遍与县区、年用能5000吨标煤以上的企业签订了节能目标责任制，在市、县区全面推行“问责制”和“一票否决制”。深入开展“千家企业”节能行动，截至2008年底，辽宁58户“千家企业”共完成节能量842万吨标准煤，提前两年完成国家下达的“十一五”期间节能850万吨标准煤的任务，其中25家企业已超额完成“十一五”期间下达的任务量。三是进一步提高万元GDP能耗降低率在省政府对各市政府绩效考核体系中的权重，省政府目标考核办将万元GDP能耗降低率指标提升至第一档次指标，单项分为100分，可以占到考核权重的12%，强化了节能指标在政府目标考核体系中的重要地位，有效地发挥了节能考核的指挥棒作用。

（二）严把能效准入

一是修订发布了《辽宁省产业能效指导目录》（2008年本），针对现有企业、新建企业、改造企业3种生产条件下的主要产品单位能耗，标定出39个大类行业、150种重点用能产品以及31种用能设备的能耗限额指标，作为省市节能主管部门对投资项目进行能源消耗评价的主要依据，也作为开展节能监察执法和重点用能单位能效对标的标准。二是依据辽宁生产实际，组织制定了《工业废渣混凝土多孔砖》、《工业企业应用泵及附属设备节能降耗技术管理规范》、《工业企业应用炉窑节能降耗技术规程》、《点燃式轻型在用汽车排气污染物排放限值》、《热电联产能效能耗限额与计算》、《烧碱单位产品综合能耗、交流电消耗限额及计算方法》、《火力发电厂供电标煤耗限额与计算方法》、《炼油综合能耗限额与计算方法》等节能地方标准15项，初步建立起主要行业重点产品及工艺的地方节能标准框架。三是推行固定资产投资项目节能评估和审查制度。根据国家有关固定资产投资项目节能评估和审查的相关要求，加快了固定资产投资项目节能评估和审查工作进程，积极推进“能评”试点工作，沈阳、大连、鞍山、锦州、营口、朝阳等市相继制发了（工业）固定资产投资合理用能审核管理办法，确定“能评”资质单位，对重点工业项目固定资产投资开展用能评估与审核。2008年，全省共受理395个项目，否决12个项目，减少不合理用能36万吨标准煤。

（三）加强监察督导

一是加强节能监察队伍建设。辽宁省在全国率先组建专业化的“节能警察”队伍，现有1个省节能监察中心、14个地级市、13个县区级节能监察机构。在这些节能监察机构中，省中心和绝大多数市、县区中心都已经参照公务员管理，成为专业的行政执法机构，全省现有节能监察人员300多人，为全国机构最全，人数最多的省份之一。二是加强节能监察能力建设。2008年，全省安排部分节能专项资金，通过政府采购的形式，购买一批当前节能监察工作急需的检测、检验仪器设备，提升节能监察机构的装备水平。三是组织开展国家和辽宁省的“双千户企业”节能监察活动。在抓好年用能18万吨以上的国家千家企业的同时，2008年辽宁省进一步拓展了监管范围，将年能源消费量5000吨以上的985户重点用能单位，纳入省级监控体系，积极筹建全省节能监察信息平台，同各市联网、同重点用能单位联网，建立能源状况报告制度，全面监控重点用能单位的能源利用状况。积极开展节能专项监察，省节能监察中心对本钢等8家企业实施了节能监察；省质监局组织了成品油、建筑外加剂、防火阻燃材料、水泥等产品的专项检查，抽查了359家企业的363批次产品，抽查合格率为84.6%，对抽查不合格的企业加大查处力度，复检合格率达到100%；各市也相继开展了系列节能监察行动。如沈阳市组织开展“百户企业节能行动”，对157家企业进行节能监察，其中现场监察102户，查找问题400多条。

（四）加大财政激励力度

一是积极争取国家财政资金支持。紧紧抓住国家加大节能投入的有力时机，通过狠抓“项目储备、严格初审、重点推荐、跟踪管理”四个环节，加快实施国家十大重点节能工程，支撑全省重点领域节能技术改造和技术进步。2008年，全省共获得了28个节能以奖代补项目、17个国债项目，争取到中央财政补助资金4亿多元，项目数量和争取资金数量都有所增加。这些项目全部建成之后，年可节能190万吨标准煤。二是加大地方节能投入。2008年，省节能专项资金增加到5000万元，安排67个项目，这些项目竣工投产后，年可节能132万吨标准煤。全省14个市也都相应建立了节能专项资金。同时，省科技投入和技术改造财政贴息资金，也向节能项目方向进行倾斜，所有这一切都有力地推进了节能降耗工作。在加大节能减排政策扶持力度的同时，综合运用各种手段，严格控制高耗能高污染行业的过快发展，逐步建立落后产能退出机制。目前，全省列入淘汰计划的12个行业中，都按照工作进度完成了国家下达的阶段性淘汰任务，其中电力、水泥、炼铁、电石4个行业已提前完成“十一五”目标。

（五）总量控制与污染防治

严格企业环保准入，加强地区环境污染监督，建立实施辽宁省环境警戒制度、辽宁省上市公司环保核查工作制度和火力发电企业申办电力业务许可证环境保护核查制度等一系列环境管理制度和规范。进一步完善建设项目总量确认制度，对190余个建设项目实施总量确认，积极推动企业实施“以新带老”。进一步加强污染企业监督管理，向42家中直和省属企业下达了限期治理通知，向45家市属企业下达了减排治理任务。加强国际履约能力建设，完成全省持久性有机污染物调查工作，全面启动淘汰消耗臭氧层物质工作。制定实施《辽宁省奥运环境保障工作方案》，为全省在奥运期间提供了良好的环境保障。2008年，全省减排化学需氧量、二氧化硫分别为4.38万吨和10.31万吨。

（六）重点流域水污染防治

以辽河治理为重点，实施造纸厂关停整治、污水处理厂建设和生态治理三大工程。关闭造纸厂269家，停产整治148家。完善环境基础设施，67座污水处理厂开工建设。实施受污染河流清淤和“披绿工程”，对12条污染严重的主要支流进行了清淤，“乔、灌、草、水面”相结合完成河流生态治理面积达30万亩。全面启动景观化建设，沈阳、抚顺、本溪、营口、辽阳、盘锦市城市段景观化已初具规模。实施流域治理河（段）长制和跨界断面考核补偿制度，出台《辽宁省跨行政区域河流出市断面水质目标考核暂行办法》。开展“环保攻坚惠民”实践活动，在铁岭昌图县打井50眼，解决15个乡镇近10万人的饮水安全问题。

辽宁省一批污水处理厂投入运行，使辽河的污染明显好转

八、宣传培训

（一）大力推广高效照明产品

照明用电占全社会用电量的10%以上，采用高效节能灯替代普通白炽灯可节电60～80%，使用寿命提高4到6倍，国家已将绿色照明列入“十一五”十大节能工程。2008年，国家财政拨付专项资金补贴高效照明产品的推广应用，财政补贴的受益对象包括工矿企业、写字楼、医院、学校、宾馆、商厦、车站、机场、码头、道路等采用照明产品集中的场所等大宗用户和以社区或行政村为购买单位的城乡居民用户。积极利用国家优惠政策，组织召开了多次绿色照明产品财政补贴项目介绍会，通过大宗采购方式，重点在大连、鞍山、阜新、锦州、铁岭等地向工矿企业、公共机构以及城乡居民推广节能灯共计100万支，节能效果十分显著。

（二）开展节能环保家庭、社区行动知识电视大赛

节能周期间，我省组织印发了8000张节能宣传张贴画，发给省直各部门、各市经委，进行宣传；省节能监察中心、辽宁七星电视传媒集团共同举办了以“节能、保家、为国”的节能宣传月社区巡回展，从6月1日开始，先后走进沈阳市和大连市的22个社区进行宣传；大连市借助“科普之夏”广场平台，设置了节能科普知识普及、节能科技新成果展示、中小学生现场节能科技互动、农业节能新产品展示、节能科普知识大篷车和自主创新节能新成果展示等6个内容，吸引了众多市民参加。

（三）深入开展节能降耗全民行动

一是组织开展“骑车出行，健身节能”活动。9月22日（世界无车日），省经委与省财政厅、省政府机关事务管理局联合开展以“骑车出行，健身节能”为主题的节能减排全民行动，省经委组织向部分省直机关、大专院校、社区等捐赠1000辆自行车，供免费使用。意在鼓励大家多采用自行车出行，少开汽车，节约能源，进一步提高全民的节能意识，从我做起，从身边做起，将我省的节能减排工作不断引向深入。二是组织召开全省节能降耗及全民节能行动新闻发布会。10月21日，省政府公开办、省政府纠风办、民心网与省经委联合召开了全省节能降耗及全民节能行动新闻发布会。新华网、人民日报、光明日报、辽宁电视台、辽宁日报、辽沈晚报、东北新闻网、沈阳日报等媒体分别对此次新闻发布会予以宣传报道，社会影响较好。

（四）组织开展限制生产销售使用塑料购物袋的宣传活动

一是制发有关文件，对“限塑”工作进行部署。国务院限塑通知发布后，辽宁省认真贯彻落实。省经委、发改委、科技厅等9部门联合下发《关于落实国务院办公厅关于限制生产使用塑料购物袋的通知》，对辽宁省禁止生产、销售、使用超薄塑料购物袋，实行塑料购物袋有偿使用制度等项工作进行全面部署。二是组织召开省直有关部门、超市、商场、集贸市场及生产厂家代表参加的塑料购物袋限产限售限用座谈会，在沈阳乐购超市（皇姑店）联合举办辽宁省暨沈阳市“减少白色污染，倡导绿色消费”启动仪式，组织为环保布袋设计获奖者颁发证书，企业代表宣读“限塑”倡议书，现场发放环保布袋等活动，收到良好的宣传效果。

（五）加强节能专业知识的相关培训

6月16日至17日，省经委在沈阳市组织召开了全省节能监察工作现场经验交流会，推广沈阳市开展节能监察工作的经验；12月26－27日，省经委与省统计局在丹东市联合召开了全省能源统计工作暨经济普查能源程序培训会议；省节能监察中心先后三次举办了能源监察信息平台建设培训班。此外，沈阳、大连、营口等地分别举办能源审计、统计、监察等节能专业知识培训，全省参加培训人员达2300人次以上，提升了从业人员的业务水平。

吉林省循环经济

吉林省发展和改革委员会

吉林省委和省政府高度重视循环经济发展，按照国家循环经济发展战略，以科学发展观为指导，以优化资源利用方式为核心，以提高资源利用率和降低废物排放为目标，坚持走新型工业化道路，推动了循环经济的发展，促进了经济增长方式转变和经济结构调整，使吉林经济步入又好又快的发展轨道。

一、发展循环经济的措施和成效

(一)加强对循环经济工作的组织领导

为促进循环经济发展，加快建设资源节约型、环境友好型社会，吉林省成立了建设节约型社会领导小组，下设办公设，设在省发改委，负责组织协调全省节能、节水、资源综合利用、发展循环经济的工作。省政府年初召开了全省节能减排，发展循环经济的电视电话会议，部署全年工作任务，下达计划指标。还定期召开建设节约型社会领导小组工作会议，听取汇报，落实工作，明确各职能部门的分工和职责，增强了各级领导和职能部门做好循环经济工作的责任感和使命感，形成了齐抓共管的工作机制，强力推进了循环经济的发展。

（二）广泛开展宣传培训工作

推行循环经济，关键要转变观念，创新思维，树立科学发展观。吉林省在发展循环经济工作中注重开展循环经济培训和宣传工作，将循环经济理念贯彻落实到各项工作的综合决策与执行中，为发展循环经济创造了良好的社会氛围。2008年10月国家在青岛举办的“2008首届中国国际循环经济成果交易博览会”，省发改委认真部署周密安排，组织了白山金钢水泥集团等企业参展，宣传展示循环经济成果，并统一组织发改委系统近百人参观博览会，同时举办了全省“发展循环经济培训班”，培训期间还参观了海尔集团、青岛啤酒集团节能减排，发展循环经济的成果，使培训人员受益匪浅。省里每年都投入专项资金通过新闻媒体设立专版、专栏和专刊，开展建立节约型社会、发展循环经济等方面宣传教育，2008年在吉林日报、吉林电视台、吉林人民广播电台、人民日报《经济周刊》、《财经界》、《东南西北》、《经济视角》等省内外主要媒体刊登（播出）循环经济专栏、专版和专题节目40余期（版），取得了较好的宣传效果。

吉林省省长韩长赋（右二）在白山市调研时强调，切实推进白山市国家循环试点工作

（三）全面推行清洁生产

认真贯彻落实《清洁生产促进法》和《吉林省关于加快推行清洁生产的意见》，以节能、降耗、减污、增效为目标，广泛深入地开展清洁生产审核工作，使单位产品能耗、物耗、水耗及污染物排放量达到国家标准。同时积极引导和鼓励企业采用先进的工艺、技术和设备，改善生产和管理，减少或避免废弃物的产生，实现由末端治理向全过程控制资源消耗和环境污染转变。积极发展环保产业，注重开发减量化、再利用和资源化技术与装备，为资源高效利用、循环利用和减少废物排放提供技术保障。2008年省政府支持了31户重点企业开展清洁生产审核，共实施无低费方案705个，中高费方案151个，企业投入资金5.14亿元，通过审核，年节约标煤8.25万吨，节水1372万吨，减排COD4028吨、$SO_2$4342吨，有效带动了全省清洁生产审核工作的开展。

（四）循环经济试点工作取得成效

亚泰集团是国家第一批循环经济试点单位，按《吉林亚泰集团循环经济试点工作实施方案》要求，在推进和实施循环经济方面做了大量工作。亚泰集团双阳水泥公司2008年安排节能研发专项资金120万元，用来加快节能新产品的开发和应用。为实现循环经济发展目标，亚泰集团实施了多项改造项目，例如，改造原料磨热风系统，技术改造节电；改变炉渣烘干方式，降低电耗和煤耗；对排风机安装进相器，降低电耗；对供料车间电力室安装低压电容器，进行节电。通过开展节能、节水、资源综合利用等工作，亚泰集团每年节约标准煤12万吨，年处理粉煤灰等废弃物超过了300万吨，利用废旧塑料生产再生水泥编织袋，年综合利用废旧塑料1600吨、年可消耗镍渣24万吨、年回收处理污水70万吨，中水回用率已达到100%。

吉林市再生资源有限公司是国家第一批循环经济试点单位，按照循环经济“减量化、再利用、资源化”原则的要求，在试点工作中坚持再生资源回收利用体系建设与创建节约型社会相适应，与行业自身发展要求相适应，与城市发展目标相适应，努力实现再生资源行业发展观念的提高、城市环境保护水平的提高和资源利用能力的提高。2008年与省高速公路管理局合作，投资9000万元开展了利用废塑料生产高速公路塑料边沟的项目建设工作，目前该项目已完成了土地征用、厂房建设、设备安装、生产调试等各项工作，现已开始进行试生产，该项目正式投产后年可利用费塑料4000吨，产值可达5万元。与此同时，网络体系建设也取得了显著的阶段性成果，设置再生资源回收厅214个，建设再生资源分拣中心（市场5个）规范流动收入车3000台，配备网络运输及作业车5台，培训从业人员3000人，基本构建起了再生资源回收利用的保障体系和工作机制。

四平循环经济示范区是以农业为重点的国家循环经济试点园区。园区充分利用区域内丰富的农作物和种植业资源，发展农业循环经济，重点发展精准农业、精品畜牧业和特产养殖种植业。以巨丰实业有限公司、慧谷生态农业科技有限公司为龙头企业，投资1.8亿元，开发种、养、加循环链条，向前发展玉米、甜玉米的种植，玉米和甜玉米加工后的产品进入市场销售，加工后的余料供给饲料加工厂生产饲料，用于奶牛的饲养，调整了种植结构，改善生态环境；向后发展乳品加工和肉制品加工，养殖的废

2008年12月，中国一汽集团生产的12台新型混合动力客车交付大连公交集团

弃物进行无害化处理，生产有机肥和沼气，实现能源和资源的梯次循环和利用，形成了玉米（甜玉米）→玉米加工（甜玉米食品）→饲料→奶牛→乳制品（生物制约）→有机肥（沼气）→农作物种植的生态农业产业链。

白山市是国家第二批循环经济城市试点单位，白山市政府高度重视，成立了专职的循环经济试点工作领导小组办公室，制定了符合白山市实际的发展规划和实施方案，建立了一套具有白山特色的循环经济指标体系，并扎扎实实的开展了循环经济试点工作，努力打造具有白山特色的以资源型行业为主体的循环经济产业链。一是建立硅藻土多级利用循环经济产业链；二是建设“林纸一体化”特色循环经济产业链；三是构建“煤—电—化”循环经济产业链；四是进一步完善矿产冶金循环经济产业链。在打造产业链条的同时，积极推进重点项目建设，白山市选择了21个项目作为循环经济重点项目，总投资为109亿元，现已累计完成投资18.1亿元。截止到2008年底已建成了吉林东圣焦化有限公司利用焦炉剩余煤气年制取6万吨甲醇项目、金刚（集团）白山水泥有限公司日产4000吨新型干法水泥熟料生产线项目、临江东锋镁业有限公司炼镁还原炉改造及余热利用项目、白山市琦祥纸业有限公司利用废纸年产9万吨高强瓦楞原纸项目、吉电股份浑江发电分公司6号机组（20万千瓦）汽轮机通流及脱硫改造项目等5个循环经济项目，获国家扶持资金3420万元。累计实现销售收入79605万元，利润24818万元，税金5319万元。累计实现节能量16.28万吨标煤，节水量408万立方米，固体废物综合利用量25万吨，废纸综合利用量12万吨，焦炉煤气利用量1.7亿立方米，减排COD1000吨，二氧化硫3953吨，二氧化碳46164吨，烟尘1000吨。

吉林化学工业循环经济示范园区是吉林省循环经济发展重点园区。2008年10月，省政府正式批准在吉林市设立“吉林市化学工业循环经济示范园区”，出台了《加快推进全省石油化工产业发展的意见》，并与中石油签订了共同建设吉林化学工业循环经济园区的战略合作框架协议，还同步开始建设动力、热电、天然气管网、供水、污水处理以及专用场站、内港码头等基础设施，实现资源共享，为发展循环经济创造了有利条件。园区编制完成了循环经济发展规划，通过了专家评审，得到了省发改委批复，明确了以循环经济为核心，按照产业发展延伸化、产品加工精细化、原料路线多元化，环境安全生态化的园区发展方向和通过循环经济发展，将园区逐步建成国内一流、世界知名的综合性化工生产基地的发展目标。目前全省上下积极支持园区开展循环经济建设，省政府正在将园区申报国家循环经济试点，希望在国家的重点支持和指导下，按照循环经济的理念搞好园区的建设和发展，探索出化工园区发展循环经济的有效途径和模式，更好的发挥示范带动作用。

一汽纯电动客车

2008年5月，亚泰集团投巨资启动黑龙江千万吨水泥项目

（五）深化节能减排

淘汰落后产能，推动产业结构调整是实现节能减排目标最有力的措施，2008年吉林省继续推进产业结构调整和淘汰落后产能工作。首先对2007年列入淘汰落后产能计划的企业逐户进行现场核查，巩固2007年淘汰落后产能工作成果，并在全省开展电力、炼铁、炼钢、铁合金等十三个行业的产能现状调查，确定须淘汰的落后产能，在省政府批准后下发了2008年全省淘汰落后产能工作计划。按照计划2008年电力行业共淘汰18台落后发电机组，产能76.1万千瓦，铁合金行业淘汰落后产能0.5万吨，水泥行业淘汰落后产能244万吨，造纸行业淘汰落后产能4.4万吨，圆满完成了2008年淘汰落后产能工作任务，使全省产业结构得到进一步优化。2008年全省六大高耗能行业实现增加值589.67亿元，占全部工业增加值比重为23.67%。

部门联动，各负其责推进了重点领域节能减排工作。省工信厅积极推进“1111”工业节能行动计划，百户企业实现产值能耗同比下降14.14%，100项节能降耗项目全部开始实施，累计完成投资49.5亿元；省交通运输厅作为国家交通运输部“材料节约与循环利用专项行动计划”的主要承担单位，积极推广沥青路面现场冷再生和热再生技术应用，节约大量石油沥青资源，并在合理组织货运生产、推进营运客货车辆燃料消耗量限值标准方面开展了积极的工作；省商务厅狠抓了商务领域节能减排工作落实，抽调专人组成工作组，赴全省各地，对商贸流通企业节能降耗工作进行督察，并抓好招商引资项目的筛选工作，支持长春市、吉林市再生资源回收体系建设；省管局建立了省直机关节约能源工作联席会议制度，2008年组织了在省直机关开展节油、节电、节水、节约办公经费和行政经费活动、省直机关节能减排征文活动及百名厅局长签约活动。2008年实现省直机关耗油量、用电量、耗水量分别比2007年降低5%、3%、3%的目标；省住房和城乡建设厅2008年完成既有居住建筑供热计量及节能改造面积224万平米，实施了5个建筑上应用可再生能源的示范项目，2008年全省新建建筑设计阶段执行节能标准率达到100%，施工阶段达到99.7%；省农委通过新农村建设，促进农村节能减排，全省共改造农民住房12.28万户，建设农村户用沼气池1.55万户，在603个村开展清洁能源建设，覆盖农户1.42万户，使近20多万农民受益使用上清洁能源。

（六）提升资源综合利用水平

宣传贯彻国家有关资源综合利用的方针政策，落实国家相关税收优惠，减少资源消耗，提高资源利用率。2008年，吉林省全力支持综合利用重点项目建设，强化资源综合利用认证工作。2008年共认定资源综合利用企业109户，综合利用企业共利用固体废弃物资源2200万吨，同比增长12%，工业固体废物综合利用率比2005年提高了11个百分点。

（七）加快循环经济重点工程建设

循环经济重点项目是发展循环经济的重要载体，2008年吉林省多方争取资金，积极组织实施循环经济重点项目。通化宏信研磨材有限公司绿碳化硅微粉系统节能改造等41个项目获得国家节能技术改造财政奖励资金2.15亿元；吉林慧谷生态农业科

由吉林九新实业集团白城庭峰乙醇有限公司投资建设的秸秆燃料乙醇项目。项目建成后，每年可转化玉米秸秆23万吨，可生产秸秆燃料乙醇3万吨、秸秆饲料6万吨，并可通过燃烧秸秆废料生产蒸汽６４万吨、发电４８００万度

技有限公司干法沼气生物质循环利用示范工程、吉林德春米业集团有限公司年产6万吨稻壳炭棒等43个项目列入国债项目计划，获得中央预算内资金支持2.64亿元。省级建立节约型社会，发展循环经济专项资金也支持了84个重点节能减排，发展循环经济项目建设，投入专项资金4400万元。

2008年列入《松花江流域水污染防治规划》中的7个工业污染治理项目获得中央预算内资金支持3110万元，7个城镇污水处理厂建设项目获得资金支持4270万元。纳入规划的86个项目，已有33个建成，53个在建，全省累计落实投入资金30.64亿元。《辽河流域水污染防治规划》也获得了国家批复，纳入规划的26个项目，目前已有13个建成。

（八）把好项目环境保护关

吉林省在发展循环经济的工作中，注重环境保护工作，把工业污染治理、污水处理及再生水利用、饮用水源地污染防治、垃圾无害化处理、规模化养殖污染治理作为重点工作。在治理工作中，转变发展方式，突出源头治理，严把环境准入关。对向松花江排放一类污染物的项目一律不予审批，对拟在水源保护区内建设的项目一律不予审批，对松花江流域新建环境风险大的建设项目严格控制审批，对松花江流域新增COD排放的建设项目前置审批。2008年全省拒批高污染、高能耗的项目39个。同时开展环保专项行动，加大违法排污企业整治力度。2007年以来责令停产治理企业513户、限期治理808户、取缔关闭316户、搬迁34户、对579户企业实施了行政处罚、对12户企业实行省级挂牌督办、解决了一批环境违法突出问题。

2008年全省单位地区生产总值能耗为1.44吨标煤/万元，同比下降5.02%，节约标煤533万吨。全省化学需氧量排放量37.43万吨，同比减排2.57万吨，下降6.42%；二氧化硫排放37.75万吨，同比减排2.15万吨，下降5.38%，发展循环经济成效显著。

二、发展循环经济中存在的问题

吉林省循环经济发展虽然取得一定的成效，但距国家发展循环经济总体要求还存在很大差距，在发展过程中还存在不少困难和问题。一是对循环经济的认识存在局限性。受利益驱动和传统思维的影响，一些地方干部、企业领导片面追求GDP的增长，没有把节约资源、保护环境的问题提到应有的高度，对发展循环经济缺乏主动性；二是资源化水平需要有一个大的提升。吉林省再生资源量大，特别是农村秸秆、畜禽粪便量大，没有得到很好的利用，资源利用规模小，资源化水平低，不仅造成资源的浪费，而且造成严重的二次污染，成为城乡环境的一大隐患；三是发展循环经济的法规政策不配套，循环经济发展的激励机制还不完善，政府推动循环经济发展的力度还需加强；四是企业、产业间的关联度不高，相互协调、相互配套的关系比较松散，循环发展的能力不强；五是科技支撑作用不够，发展循环经济的关键与共性技术研发有待突破，适用技术的示范推广应当加速。

吉林四平淀粉废水处理系统

三、2009年发展循环经济的重点工作

（一）加强循环经济的宣传工作

继续在全省范围内组织开展多种形式的节能减

排，发展循环经济的宣传活动。利用省内外主要媒体大力宣传循环经济的法律法规、方针政策和节能、节水、资源综合利用知识、产品，对发展循环经济的先进经验给予宣传报道，对污染环境、浪费能源、浪费资源的行为予以曝光。在全社会普及生态文明，促进人们思维方式、生产方式和消费方式的转变，形成发展循环经济的浓厚氛围。

（二）深化循环经济试点示范

加强对列入国家循环经济试点单位工作的监督、检查、指导和资金扶持力度，按照国家批复的《循环经济试点工作实施方案》的要求，做好试点各项工作，加快落实方案中重点项目的建设，按期完成循环经济发展的各项指标，不断研究总结试点工作经验，创新思路，加快发展，向国家交上满意的试点答卷。同时加强对列入《吉林省发展循环经济“十一五”规划》内的试点城市、试点领域、重点行业、重点企业和优先重点建设项目的支持，积极探索不同层面发展循环经济的模式和有效途径，培养出一批符合循环经济发展要求的典型，发挥示范带动作用。重点抓好吉林化学工业循环经济示范园区的循环经济试点工作。

（三）全方位开展节能减排

加快产业结构调整和淘汰落后产能，按照淘汰落后产能年度计划，控制冶金、电力、建材等高耗能产业过快增长。2009年计划铁合金行业淘汰落后产能2.62万吨，水泥行业淘汰落后产能16万吨，玻璃行业淘汰落后产能4.5万重量箱，造纸行业淘汰落后产能1.5万吨。

继续推进节能减排标准体系、价格体系的建设，修订完善主要产品及设备能源消耗定额，探索天然气、水、热力等资源性产品价格改革方案，落实相关节能减排的税收政策。

积极推进全省清洁能源产业发展，重点开发与利用风能、水能、生物质能等清洁能源。加大财政资金投入，组织实施十大重点节能工程。

加强松花江等流域水污染防治工作，加快86个列入松花江流域“十一五”水污染防治规划项目的施工进度，确保在2010年底前全部建成投入使用，实现减排。

（四）促进全省资源综合利用水平提高

积极推进矿产资源、固体废弃物综合利用、再生资源循环利用、以及水资源循环利用，提倡和支持木材节约代用，组织开展资源综合利用认证工作，落实税收优惠政策。当前重点做好“百强镇”的秸秆综合利用工作，提倡和支持利用秸秆、畜禽粪便进行生物气化、热解气化生产沼气、发电等产业发展，促进全省资源综合利用率有一个大的提高。

（五）加快循环经济技术开发应用

科学技术是发展循环经济的重要支撑，要进一步研究制定政策，鼓励研究和开发循环经济技术，重点研究开发适应市场需求的节能、节水技术、资源深加工延长产业链的高新技术、生产过程中的清洁生产技术、废弃物再生利用的资源化技术、有利于消除污染物的环境工程技术以及零排放技术、有害材料替代技术、回收处理技术、绿色再制造技术等，要加快推广应用，依靠科技进步推动循环经济加快发展。

吉林石化污水处理厂

黑龙江省循环经济

黑龙江省发展和改革委员会

2008年是完成“十一五”节能减排目标，实现我省经济社会又好又快、更好更快发展的关键年。省政府按照省十一届人大一次会议部署，深入贯彻落实科学发展观，大力发展循环经济，加快经济发展方式转变步伐，积极调整优化产业结构和能源消费结构，各项工作取得积极进展。2008年全省全社会能源消费总量9979万吨标准煤，万元GDP综合能耗1.290吨标准煤，同比下降4.75%，超额完成年度目标0.25个百分点；化学需氧量排放量47.62万吨，同比下降2.42%，超额完成年度目标1.2个百分点；二氧化硫排放量50.63万吨，同比下降1.75%，超额完成年度目标1.35个百分点。

一、进一步加强对循环经济和节能减排工作的组织领导

黑龙江省政府高度重视发展循环经济和节能减排工作，2008年初将节能减排指标作为约束性指标纳入年度政府工作目标，把节能减排工作作为政府重点工作进行推进。制定了《2008年省直部门节能减排目标责任分解表》，明确了各部门节能减排工作任务和目标，加强对各部门的组织领导和统筹协调。省政府批转了《节能减排统计监测及考核实施方案和办法》，将能耗下降指标和污染物减排指标纳入各市（地）经济社会发展目标综合评价考核体系之中，并作为对市（地）级政府领导班子综合评价考核的重要依据，实行严格的问责制和“一票否决”制。

二、制定地方性法规、标准，强化政策调控

出台了《黑龙江省节约能源条例》和《黑龙江省松花江流域水污染防治条例》。全面贯彻中央关于加强宏观调控的一系列政策措施，制定并实施了《黑龙江省固定资产投资项目节能评估和审查管理暂行办法》，把能耗标准作为项目审批、核准的强制性门槛，遏制高耗能行业过快增长。发布了6项清洁汽油、柴油地方标准，进一步提高了能源产品的利用效率，减少了污染物的排放。强化建设项目污染物排放总量平衡，将总量控制作为环评审批的前置条件和项目竣工验收的重要内容。

黑龙江省副省长盖如垠调研鸡西矿业集团瓦斯发电

三、加大财政资金投入，积极推进重点工程实施

2008年，省政府加大对节能减排资金投入，设立节能专项资金专项用于支持重点节能项目建设和节能重点工作的落实。充分利用省级环保专项资金，对《松花江流域水污染防治规划》中已形成减排能力的工业治理项目，依据项目化学需氧量实际

削减量核定补助金额。全面掌握重点企业的投资动态，加强与项目建设相关部门的联系，形成推进项目建设的工作合力，加快组织实施节能减排重点工程。

四、强化对重点企业的监督管理

对全省纳入国家“千家企业节能行动”的企业和年耗能万吨以上标准煤的重点耗能企业，下达了节能监测计划，实行节能目标责任管理，依法强化对重点用能单位的监管。开展重点耗能企业节能计量检测服务，推动企业节能降耗增效。制定了重点污染源在线自动监控装置和监控系统建设实施方案、重点污染源监督性监测和减排项目核查监测方案。初步建立了污染源在线监控系统，省级和10个市级监控中心基本建成，并与部分重点企业实行联网，重点企业污水在线监测面达32%，废气在线监测面达31%，监测监控能力明显增强。

五、抓好重点领域工作落实

一是强化建筑领域节能减排。全面启动了既有居住建筑供热计量及节能改造工作。编制了《公共建筑节能设计标准黑龙江省实施细则》等十几个地方标准，建筑节能标准基本形成了体系。二是推进交通领域节能减排。制定了船舶能源消耗计划和船舶设备考核标准。加强道路运输车辆结构优化和技术管理工作，鼓励经营者发展和投入高等级、低能耗的运输车辆，优化运输组织结构，减少空驶率。严格道路运输市场准入，禁止技术等级低、能源消耗大的车辆进入运输市场。三是加强公共机构节能减排。制定实施了《黑龙江省省直机关资源节约工作目标管理考核暂行办法》和《黑龙江省省直机关资源节约考核奖励暂行规定》，将公共机构节能工作纳入省直机关党政工作部门责任制共性目标中进行考核。四是加快推进农村节能。制定下发了《黑龙江省农村能源发展规划(2008−2015年)》，确定了在全省74个县(市、区)实施大型农业机械更新项目的工作目标。探索沼气、太阳能、秸秆气化、发电和固化等农村能源发展新路。严格执行农业机械淘汰标准。大力推广以秸秆粉碎还田技术为重点的保护性耕作技术。

六、循环经济试点单位进展情况

我省以牡丹江国家级循环经济试点园区、七台河市、望奎县望奎镇、朗乡林业局、龙媒集团鸡西分公司等五家循环经济试点单位为依托，强力推进循环经济建设，积累经验，发挥循环经济试点单位示范带头作用。

牡丹江国家级循环经济试点园区于2005年10月获得国家批准。截至目前，园区五大产业链已初步形成：年产近百万吨的烧碱、树脂、电石、醋酸乙稀、聚乙烯醇、冰醋酸以及一氧化碳化工产品等系列产品的煤化工产业集群初具规模；造纸企业生产用水初步形成了闭路循环，掌握了把废水中含有的纤维、添加剂和污泥等作为原料生产箱板纸等中、低档纸产品的生产技术，解决了造纸企业的瓶颈问题，实现了造纸产业链的延伸；研制生产出抗冻融免烧煤粉煤灰砖，形成年1.5亿块标准砖的生产能力，年消耗粉煤灰30万吨，电石渣8万吨，其它废渣5万吨，基本上实现了废渣资源化的产业链；无机硅材料产业方面，则形成了以工业硅和树脂烧碱含氯氢尾气为原料生产有机硅油、硅橡胶、硅树脂等系列产品的生产能力，同时在积极谋划3000吨多晶硅、单晶硅片、太阳能电池、烟尘回收纳米级微硅粉，以及利用其副产品年产6000吨白炭黑项目；农林副产品产业链方面，形成了年产玉米淀粉20万吨、冰醋酸3万吨、酒精5万吨的年生产能力，木材及木制品加工能力达到了350万立方米，废弃物基本实现了循环利用，食用菌生产废弃料年产30万吨有机复合肥项目已建成投产。

2008年园区循环经济工作取得了积极成效，体现在：园区万元GDP能耗量由2005年的13.38吨标准煤/万元下降到2008年的9.2吨标准煤/万元；2005、2006、2007、2008年万元GDP取水量分别为150、

135、98、86.24立方米；固体废弃物利用率分别为20.5%、28.3%、52.6%、64.6%；废水重复利用率分别为30.5%、45.0%、60.1%、66.1%；废弃回收利用率分别为10.5%、15.3%、26.7%、30.5%。园区大气环境质量逐年在提高，2005年二级以上天数达到278天，2006年二级以上天数达到313天，2007年二级以上天数达到318天，2008年二级以上天数达到333天。

作为国家第二批循环经济试点单位，七台河市、望奎县望奎镇、朗乡林业局、龙煤集团鸡西分公司的循环经济试点实施方案已分别于2008年通过国家评审论证，循环经济试点工作开展顺利。

七台河市循环经济试点城市得到深入开展。2008年被七台河市确定为“循环经济推进年”，制定了《七台河市2008年循环经济推进年实施方案》，全力推进循环经济建设，取得了一定实效。

在煤化工方面，10万吨焦炉煤气制取甲醇项目、10万吨粗苯加氢等项目已建成投产；10万吨煤焦油加氢制取燃油、8万吨焦炉煤气制取甲醇等项目，宝泰隆、龙洋、乾丰等百万吨捣固焦工程正在积极谋划建设中。同时配套建设煤气制甲醇、煤焦油加氢和干熄焦工程。在电力方面，大唐七台河电厂二期3#、4#机组已开始投入运行，增加发电装机容量120万千瓦，七煤公司30万千瓦煤矸石发电项目、吉伟1.2万千瓦煤气发电项目正在建设中，全部建成后，全市发电总装机容量达到250万千瓦，每年消耗煤矸石和洗中煤近800万吨。在清洁生产方面，在全市企业中广泛开展了三废治理工作。通过改造热电厂燃料结构、洗煤厂进行优质高效煤炭洗选重介工艺改造、锅炉改造等措施，大幅度减少了原材料消耗，降低了污染物排放，提高了产品回收率。在资源综合利用方面，全市煤矸石年利用量新增150万吨，消耗总量达到360万吨，矿井水综合利用进一步加强，年处理能力可达600万吨。100万吨生物质型煤项目正在建设中。在农业及其他方面，编制了秸秆综合利用规划，大力发展秸杆青贮饲料，建设了农村沼气示范工程，家具制造、医药化工，机械制造等接续产业不断发展壮大。2008年，全市规模上非煤工业实现增加值4.9亿元,同比增长40.3%。

七台河市煤炭及相关产业循环经济体系具体如下图所示：

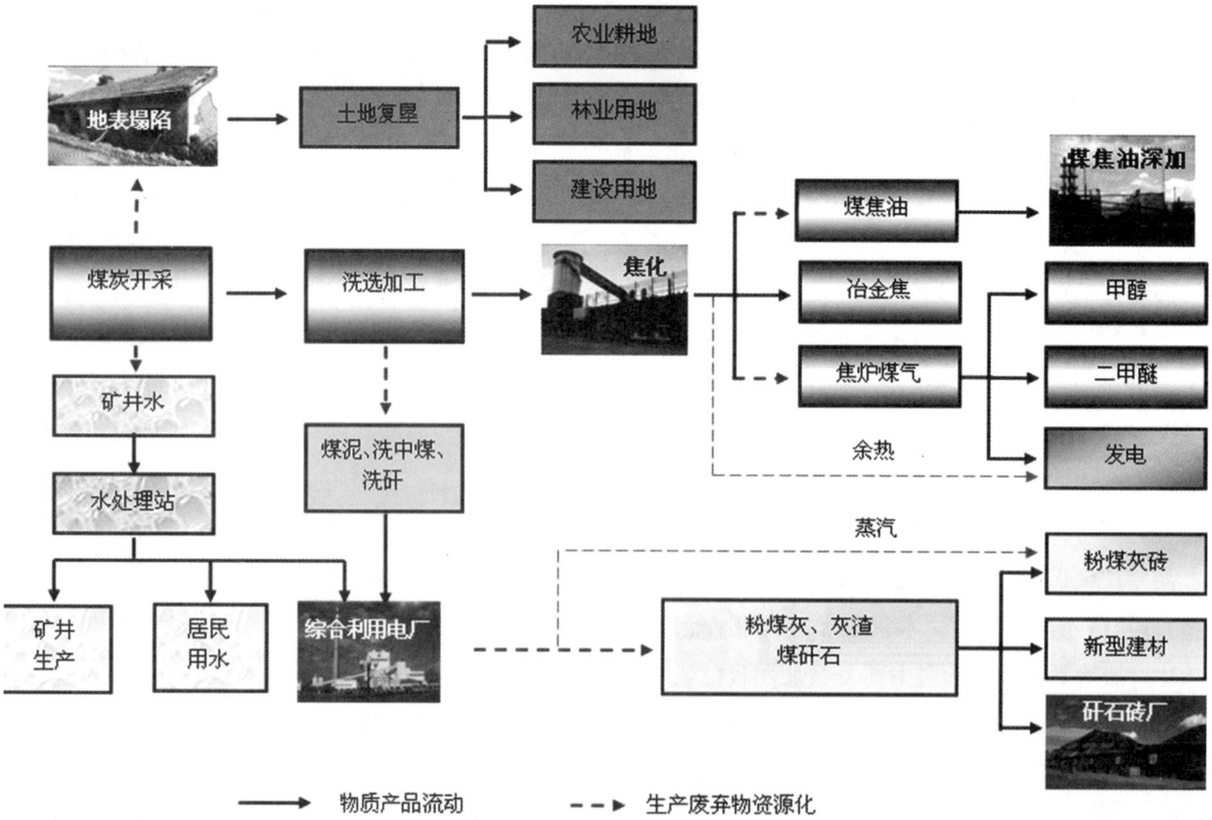

2008年全市实现GDP163.27亿元，全社会能源消费总量480.01万吨标准煤，万元GDP能耗2.94吨标准煤，同比下降7.3%，降幅比2007年提高1.6个百分点。规模以上工业单位增加值能耗为6.24吨标准煤/万元，同比下降10.27%。单位GDP电耗1110.28千瓦时/万元，同比下降9.2%。全年削减化学需氧量8373吨、二氧化硫7196吨。总投资1.8亿元的城市污水再生利用工程，投运后则可减排化学需氧量3500吨。

望奎县望奎镇按照循环经济试点方案确定的任务目标和总体框架，在农业循环经济示范区建设、优势产业基地建设、工业体系改造、资源综合利用、循环型社会建设以及构建循环经济与可持续发展保障体系等方面深入开展了农业循环经济试点工作。

望奎县望奎镇在突出地方特色的基础上，初步形成了以“533”工程为重点的发展循环经济的总体框架。依托重点项目和重点技术，初步构建起了5个循环经济产业链条。（如下图所示）

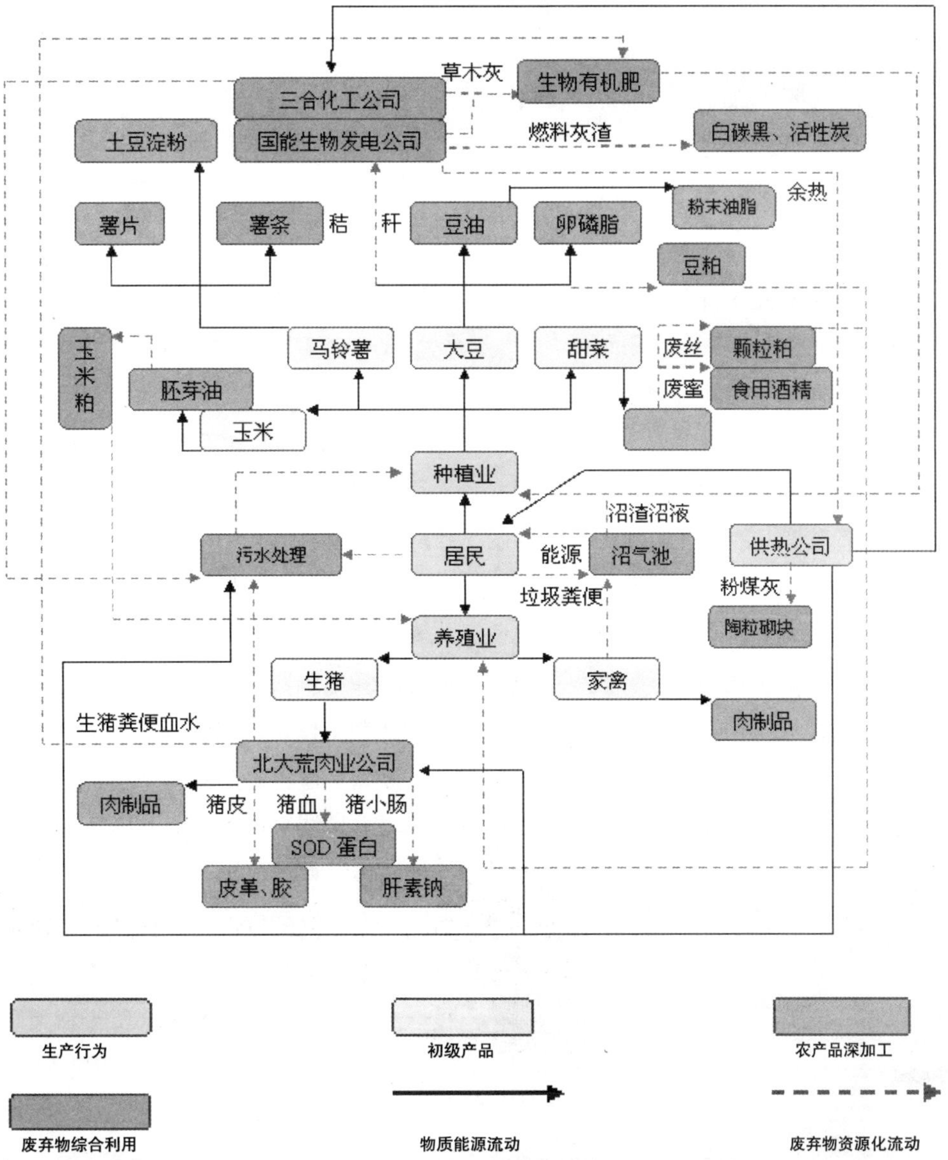

大唐七台河发电有限公司

牡丹江城市污水处理厂

望奎县望奎镇同时围绕生物有机肥、生物质燃料灰渣的综合利用和生猪副产品—猪血、猪皮、小肠深加工3个循环经济节点项目进行了广泛的招商引资，其中投资5200万元的双汇北大荒1万吨高温肉制品加工项目已于2008年10月建成投产，投资1.5亿元的年产12万吨生物有机肥项目也正在积极的运作中。

2008年望奎县望奎镇取得了较好的经济效益与社会效益，经济社会实现了较快发展，经济运行质量明显提升。全镇国内生产总值实现15.8亿元，农民人均纯收入实现3670元，三产比例由2005年的13：46：41调整到2008年的11：50：39，企业清洁生产率达到40%，比2005年提升了8个百分点。资源消耗指标继续下降，资源综合利用率显著提高；万元GDP能耗由2005年的0.905吨标煤/万元下降到2008年的0.855吨标煤/万元，万元GDP水耗由2005年的1.6立方米/万元下降到2008年的1.4立方米/万元。生态环境明显改善，大气、噪声和水的环境质量治理保护达到要求；二氧化硫排放总量下降至680吨，COD排放总量下降至1900吨，生活污水处理率和生活垃圾无害化处置率分别达到30%和35%。

朗乡林业局经过50多年的开发建设，已成为集营林生产、木材采运、林产化工、多种经营、文教卫生、商贸旅游于一体的大型综合性林业企业。通过转变经济发展方式,提高经济增长质量，在森林资源培育利用，废弃物资源化、再利用，生态环境保护等方面取得了初步成效，走出一条资源节约、环境友好、特色鲜明、生产发展、经济繁荣的发展林业循环经济之路，主要表现在以下几个方面：

一是建立和完善企业清洁生产机制和能源管理机制，把清洁生产机制贯穿于原材料投入、设备加工、废弃物回收再资源化和再利用的全过程，建立了完善的工作记录、统计、汇总上报制度，实施了从原料入厂到产品入库的数字化的科学管理，并根据原始记录和电脑数据，开展生产全过程跟踪和企业清洁生产审核。二是加快原料林基地建设，建立林业资源循环利用体系，使资源节约及综合利用水平不断提高。通过对产品生产技术的升级改造，提高了木材精深加工能力，提生了产品附加值，为实现木材精深加工体循环体系打下基础。三是实施节能减排，改善林区用能结构。围绕节能减排、资源综合利用及可再生能源利用，进行热能系统的节能改造、三废治理和林区生活用能结构和方式的改变。四是加强生态保护力度。把严格保护、大力培育、合理开发、综合利用林木资源作为发展经济的前提条件，把着眼点由资源采伐利用转向资源培育保护，强化采伐限额管理，加大营造林力度，使森林质量

国能望奎生物发电

大幅度提高，林区生态环境得到有效保护。

得力的措施保障加上较为科学的管理，朗乡林业局的循环经济工作呈现出良好的发展态势。相关数据如下表所示：

分类	指标名称	单位	2005年	2007年	2008年
资源产出指标	木材资源产出率	万元/立方米	0.1818	0.2007	0.2053
	能源产出率	万元/吨标煤	0.43	0.44	0.55
	土地产出率	万元/公顷	0.11	0.12	0.16
	水资源产出率	元/立方米	167	186	273
资源消耗指标	单位产值取水量	立方米/万元	60	53	36
	单位产值能耗	吨标煤/万元	1.11	0.86	0.84
	单位工业增加值能耗	吨标煤/万元	2.30	2.28	1.83
	单位工业增加值用水量	立方米/万元	60	53	36
资源综合利用指标	工业固体废物综合利用率	%	70	75	80
	工业用水重复利用率	%	45	45	45
废物排放指标	工业固体废物排放量	万吨	9	12	12
	工业固体废物处置量	万吨	9	6	8
	工业废水排放量	万立方米	61	61	61
	二氧化硫排放量	万吨	0.0156	0.0156	0.00763
	COD排放量	万吨	0.0405	0.0405	0.0405
其它指标	可再生能源所占比例	%	0	0	0.0003

为加快构建林业循环经济四大产业链和一个旅游带，形成以“林木资源循环开发、木材加工业之间相互带动、林下资源循环利用、多种经营全面发展、生态旅游相互促进、节能减排效果显著”的循环经济格局，将陆续实施4个相关项目，3个重点支撑项目。

龙煤集团鸡西分公司发展循环经济的总体框架是稳步做好原煤生产，开展高技术含量的选煤战略，发展煤化工产业，协调配置煤矸石发电厂的布局以及相关建材产业，大力发展煤层气发电，努力解决矿井水面临的市场问题，提高水资源的利用率。现阶段鸡西分公司，通过对煤炭单一经营模式和粗放经营方式的改变，初步形成了煤炭、煤化工、电力、建材、非金属材料等多产业协调发展的格局：

一是通过积极发展煤炭洗选，推进清洁生产，积极改造和建设选煤厂，提高煤炭质量，优化煤炭产品结构，减少环境污染，减少废弃物排放，增加煤炭产品附加值，实现企业经济效益、环境效益和社会效益的有机统一。二是以煤矸石发电技术为先导，完善和发展循环经济产业链，积极发展资源综合利用电厂和新型建材及土地复垦项目，就地消化煤矸石、煤泥和资源综合利用电厂产生的粉煤灰，实现矿区废弃物资源的综合利用，变废为宝，解决环境污染和废弃物压占土地等问题。三是积极开发煤层气资源利用，建立贮气罐、配气站、铺设管路及安全设施，初步实现各抽放矿区部分工业锅炉及居民区供热锅炉利用瓦斯。对抽放效果好、抽放量

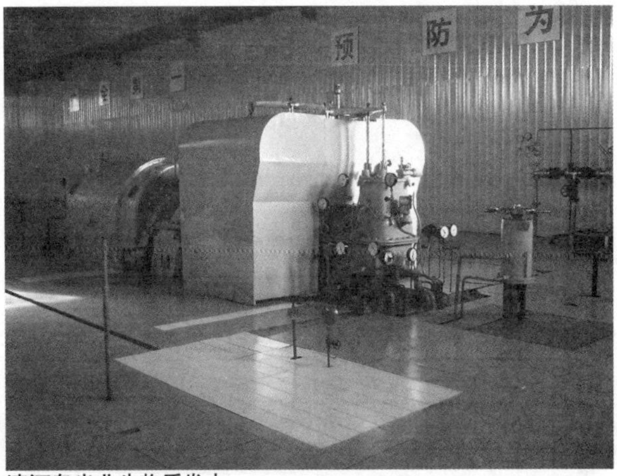

清河泉米业生物质发电

稳定的矿区实现小规模民用。四是开展矿井水资源化利用，促进矿区资源再生。鸡西分公司矿区各煤矿均建有矿井水处理站，根据复用水质的要求，采用相应处理工艺对矿井水进行处理。各煤矿经处理后的矿井水回用于井下消防洒水、生产系统用水或绿化用水等。五是设立专项资金，积极治理塌陷区土地，实现土地恢复利用，既恢复被破坏土地资源的利用价值，又使矿区生态环境得以恢复和重建。如下图所示：

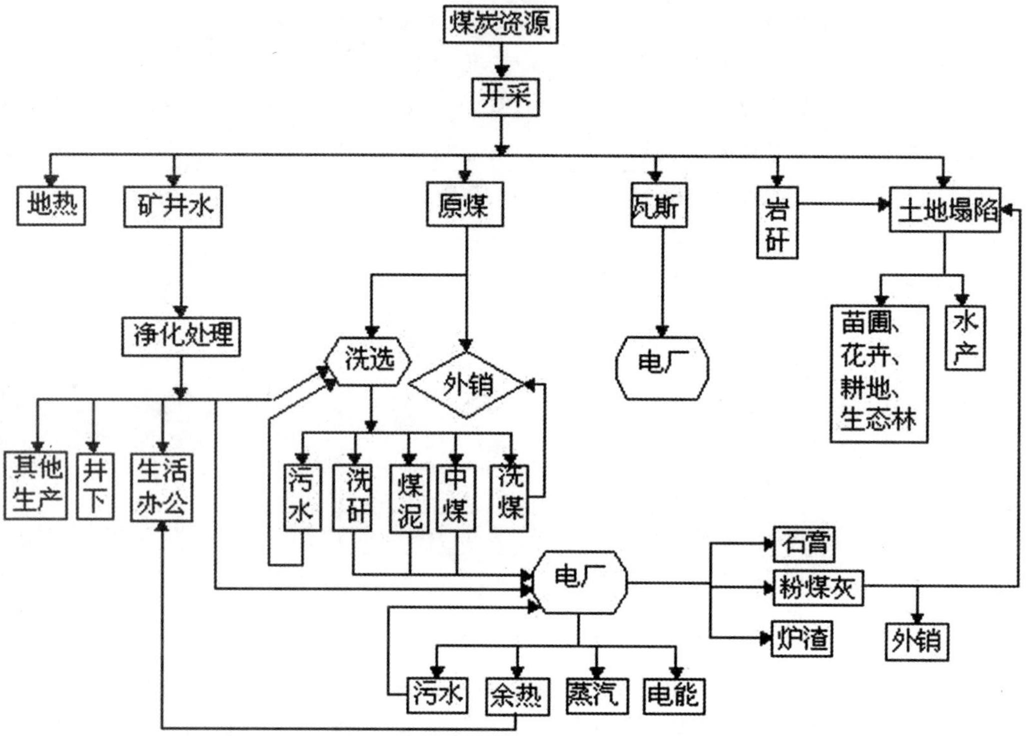

鸡西分公司通过发展循环经济，提高煤炭资源回收率、减少地表沉降和废物资源化利用，实现资源循环利用最大化、废物排放最小化，进而形成采煤-选煤矸石发电电一体化开发与“三废一沉”上下游资源综合利用的循环产业链。在未来3～5年内，鸡西分公司将主要依托科技进步，发展先进的生产力，优化产业结构，不断提高煤炭资源回收率，实现瓦斯、矿井水、煤矸石的资源化再利用，以尽可能小的资源消耗和环境成本，获得尽可能大的经济效益和社会效益，一个矿井一个小循环，一个矿区一个大循环，逐步建成煤（瓦斯、矸石）—电—建材—生态复垦产业链，从而构建具有鸡西特色的循环经济发展模式。

国家循环经济试点省

山东省循环经济

山东省经济和信息化委员会

山东省委、省政府对发展循环经济工作高度重视，把发展循环经济作为调整经济结构、转变发展方式的重要抓手，放在突出位置，不断加大工作力度。经过几年的循环经济试点省建设，循环经济逐步由理念变为行动，取得了明显成效。2008年，在全省GDP增长12.1%、地方财政收入增长16.8%的同时，全省万元GDP能耗下降6.47%，工业固体废物综合利用率达到92.6%，化学需氧量排放下降5.73%，二氧化硫排放量下降7.15%，在循环发展、科学发展的道路上迈出了新的一步。

一、搞好组织发动

省政府坚持每年专门召开循环经济方面的工作会，省政府领导主持，综合分析工作进展情况，部署具体推进措施。2008年10月，山东省委常委、副省长王军民在青岛主持召开了全省循环经济工作座谈会，总结交流发展循环经济工作情况，部署深入推动循环经济试点省建设的工作任务。通过深入发动、滚动推进，各级各有关部门和广大企业发展循环经济的理念逐步树立，多方采取措施推进循环经济发展，推动了《山东省循环经济试点工作实施方案》（鲁政发〔2007〕8号）的较快落实。同时，通过召开现场会等形式，及时总结推广先进经验。近几年来，分别在新汶矿业集团、济南钢铁集团、山水水泥集团召开了煤炭、冶金、建材行业发展循环经济现场会，推广了典型企业发展循环经济的理念和做法，推动了行业循环经济工作开展。

二、推进重点单位循环经济发展

突出抓好我省的循环经济试点单位工作，督导试点单位制定循环经济工作方案，落实循环经济项目，努力实现由试点到示范。督促进入省循环经济“123”工程的10个城市、20个园区、300家企业，不

潍坊滨海经济开发区以海洋化工、盐及盐化工为主导产业，经济开发区近年来投资10多亿元，实现了海水资源“一水六用”

兖矿集团与山东大学循环经济规划合作项目签字仪式

山东太阳纸业公司通过大力实施节能减排和清洁生产，目前平均吨纸耗水为10立方米以下，达到了世界领先水平

断完善循环经济工作措施，加强探索，在循环经济工作中先行一步，探索各具特色的循环经济发展路子，为全省的试点、示范、推广工作探索和积累经验。"123"工程涉及的各单位，根据各自的循环经济工作方案，积极开展了大量工作。例如，青岛市突出典型示范带动，着力构建循环经济体系，在铬渣污染治理、白泥治理、海水淡化、废旧家电回收处理、可再生能源开发利用等多个方面，进行了积极探索并取得了明显成效。烟台经济技术开发区重点发展8个产业链条、14个循环经济典型企业，加强上下游原料产品供应，区内企业各项能耗指标不断下降，集约发展迈出新步伐。济钢的"四闭路"（钢渣和含铁尘泥闭路利用、煤气闭路利用、工业用水闭路利用、余热蒸汽闭路利用），海化的"一水六用"（海水的养殖、放养卤虫、化工工艺冷却、提溴、制盐、制硫酸钾），新汶矿业集团的"以资源综合利用为方向，锻造循环经济产业链"等，已经成为企业发展循环经济的有效模式。

三、加大节能降耗工作力度

加快节能技术进步。组织各地和企业围绕实施10大节能工程和三个节能100项，组织推广了一批节能技术，实施了一批节能项目，技术节能的贡献率进一步提高。充分发挥节能专项资金作用，引导社会资金投向节能项目。2008年省节能专项资金以重大节能技术产业化、节能技术改造、太阳能集热为重点，组织实施了168个节能项目，落实补贴资金1.29亿元。据统计，各市利用国家、省、市节能专项资金共实施节能技改项目800余个，实现节能量近300万吨标准煤。推进重点领域节能。省经贸委、质监局下发了《关于加强能源计量与统计工作的通知》，强化重点用能企业能源计量器具配备和管理，在全国率先制定了《能源管理体系要求》地方标准。2008年，省考核的千户企业49项单位产品能耗指标中，有46项同比下降，占94%，实现节能量385万吨标准煤。建筑、交通、公共机构三个领域节能也在不断深入。

莱钢高炉矿渣微粉生产线

四、积极推行清洁生产

把清洁生产作为实现减量化使用、减量化排放的重要措施，制定了《山东省清洁生产审核验收暂行办法》（鲁经贸循字〔2008〕264号）、《关于开展清洁生产对标建设活动的通知》（鲁经贸循字〔2008〕427号）等规范性文件，完善了清洁生产审核、清洁生产审核验收、清洁生产企业建设的工作体系。公布了

专业开展清洁生产审核、培训、技术推广等工作的清洁生产咨询服务机构23家，筛选公布了山东省循环经济促进会、山东省清洁生产中心两家单位为专责清洁生产审核验收的清洁生产技术依托单位，确定了103名专家为我省首批清洁生产专家，形成了清洁生产审核－清洁生产技术推广应用－清洁生产水平确认“一条龙”服务的清洁生产专业服务格局。2008年，全省共组织验收通过了107家企业的清洁生产审核，这些企业共实施清洁生产项目454个，完成清洁生产投资9.68亿元，产生直接经济效益7.08亿元。企业通过实施清洁生产方案，年可削减COD排放3.02万吨，削减氨氮排放168.5吨，削减废水排放719万吨，削减固体废弃物25.2万吨，年节约新鲜水使用29.5万吨，节电53.2亿千瓦时，节约原煤34.9万吨，节约蒸汽52.5万吨，节约燃料油1501吨，节能、降耗、减污成效显著。根据行业清洁生产评价指标体系，2008年评定山东天发舜和商务酒店有限公司、青岛青食有限公司等15家企业为“清洁生产先进企业”。

五、不断扩大资源综合利用规模

重点推动了煤矿和非煤矿山企业开展共伴生矿产、残矿、尾矿及低品位矿产资源的开发利用，加大工业“三废”的综合利用力度，资源综合利用产业快速发展，煤矸石、粉煤灰、冶炼废渣、化工废渣等大宗工业废渣得到普遍利用。2008年，全省资源综合利用企业共利用工业固体废物5736.8万吨，利用废气124.3亿立方米，利用废水2080.2万吨，利用林业次小薪材及三剩物568.7万吨，利用河（渠）道泥沙101.1万吨，利用废钢铁、废玻璃、废纸、废塑料、废橡胶等共计149万吨，利用余热1806.7万百万千焦，开发生物质能（折标煤）44.6万吨。全省资源综合利用产业实现销售收入371.7亿元，同比增长20.6%。

六、加快发展再利用、再制造产业

一是积极推进再制造产业发展。省里下发了《关于组织做好再制造有关工作的通知》，允许再制造企业探索收购旧零部件用于再制造的途径，积极探索放开再制造产品流通，努力为再制造产业发展提供政策环境。省内有一定规模的再制造企业达到20多家，其中进入国家汽车零部件再制造试点的有济南复强动力公司、潍柴动力再制造公司两家。济南复强动力公司已经建立了完整的汽车发动机再制造生产工艺流程，2008年生产再制造发动机10800台，再制造产品通过中国重汽集团服务网络覆盖到20多个省区市，在社会上为再制造产品树立了示范效应。新矿泰山建能机械公司的矿山设备再制造、山东富美科技公司的激光硒鼓再制造等项目，也于2008年相继投产。

二是以废旧家电及电子产品为重点，加强了再生资源回收利用

济南复强公司汽车电机再制造生产线

2008滨州市“节能减排，绿在庭院”活动

省经贸委、科技厅、财政厅、环保局等13个部门联合下发了《关于认真做好废旧家电及电子产品回收处理管理工作的通知》（鲁经贸循字〔2008〕6号），对生产者责任延伸、市场化运作、回收体系建立、处理工厂建设等方面做了安排。随后，经省政府同意，省经贸委、财政厅、环保局等11个部门又下发了《关于在机关事业单位国有企业等开展废旧家电及电子产品集中回收处理工作的通知》（鲁经贸循字〔2008〕208号），要求各级机关、事业单位、国有企业将废弃的家用电器及计算机等电子产品，无偿交给在主管部门备案的回收处理企业，进行资源化、无害化处置。2008年，青岛新天地废旧家电及电子产品回收处理公司、烟台绿环再生资源公司两家企业，经省经贸委备案公布为山东省废旧家电及电子产品回收定点企业。两家企业积极延伸服务网点，提高回收处理能力，初步建立了全省废旧家电及电子产品回收处理体系。青岛新天地公司年处理60万台规模的拆解处理厂于6月份开工建设，破碎分选生产线已投入运行。该公司在省内17个市均设立了废旧家电及电子产品交投中心，回收站点达到127个，2006年以来已回收废旧家电及电子产品15万台。至2008年底，全省具有免税资格的再生资源回收经营单位3200余家，收购站点74000多处，完成再生资源备案10764家，从业人员440万人（其中75%为流动收购人员），全年实现再生资源经营额580亿元。

七、加快节能环保产业发展

把节能环保产业作为优先发展的新兴产业加以扶持。省政府安排对促进节能环保产业加快发展进行了专门研究，形成了指导意见，进一步完善政策措施，培育骨干企业，带动了整个产业的发展壮大。全省初步形成了节能、环境污染防治、“三废”综合利用等为主的环保装备制造、环保材料生产、技术开发、工程设计、咨询服务等相配套的产业体系，为发展循环经济、实现节能减排提供了一定的技术支持和物质基础。2008年，全省重点统计的79家环保产业企业实现销售收入114亿元。

安徽省循环经济

安徽省发展和改革委员会

安徽省虽然是资源能源大省，华东地区重要的能源原材料基地，但人均拥有资源量低于全国平均水平。特别是近年来，安徽经济社会进入了快速发展的关键时期，GDP增速维持在两位数之上，但经济在很大程度上是靠能源资源的高投入、高消耗拉动的，随着安徽省产业化结构重型化趋向和承接长江三角洲产业化转移以及工业化、城镇化步伐的加快，这种粗放型发展方式必将进一步加剧能源资源供求紧张状况，资源环境矛盾日益突出。发展循环经济则是从根本上缓解安徽省资源能源约束矛盾的必然选择。

2008年7月“发展循环经济加速安徽崛起”论坛举行，解振华、孙志刚、朱先发、方兆本、季昆森等出席

安徽省是全国较早启动循环经济工作的省份之一。为推动我省循环经济发展，2007年底，安徽省政府批准省发改委新设循环经济处，负责发展循环经济工作；2008年，安徽省继续加强规划引导，以节能减排为抓手，加大资源节约和综合利用推进力度，深化试点，全面推进，并取得初步成效。据统计，2008年安徽省在全年国内生产总值增长12.7%的情况下，万元GDP能耗下降4%；2008年全省主要污染物化学需氧量和二氧化硫排放量分别为43.29万吨和55.57万吨，分别比2007年下降4.01%和2.8%，实现连续两年双下降，首次超额完成年度污染减排任务；2008年工业固体废物综合利用率达到82.83%，比上年提高0.48个百分点；城市污水处理率达到77.2%，高于全国平均水平。

一、积极宣传、营造发展循环经济良好氛围

结合《循环经济促进法》的颁布实施，在安徽省循环经济联席会议各成员单位、各市、县（市）发展改革部门主管循环经济工作人员、国家和省级循环经济试点等单位开展了《循环经济促进法》及有关政策法规的学习；积极组织力量参加国家发改委举办的节能减排培训班、《循环经济促进法》电视大赛等活动；会同安徽循环经济研究会、铜陵市政府举办了“发展循环经济、加速安徽崛起”论坛，国家发改委副主任解振华、环资司司长赵家荣等领导出席了会议；在中国经济导报、安徽日报、安徽市场报、中安网、安徽电视台等媒体开展了专项宣传，营造发展循环经济、建设生态安徽的社会氛围；国家循环经济示范试点工作取得明显效果，国家发展改革委《环境与资源》简报（2008年第42期、48期）分别刊登了淮南矿业集团和安徽省界首市发展循环经济的做法，面向全国推广；8月份，国家发改委牵头在青

2008年10月第五届全国生态省论坛在安徽召开

岛举办的第一届国际循环经济博览会以及中日、中美、中欧论坛，安徽省负责循环经济的工作人员和试点单位均踊跃参会，100多人参加会议和商谈，铜陵、芜湖、阜阳等市还被国家发改委选中参加日中、德中循环经济和节能减排论坛，不仅学习了先进地区的经验，也较好的宣传了安徽；10月份，安徽省成功举办了生态省建设论坛。全国生态省论坛是两年一次的全国性总结交流论坛，2008年度论坛的主题是“生态文明与生态省建设”，全国14个生态省建设试点省领导、环保部等部委、安徽生态省建设领导小组各成员单位、全省17个省辖市有关负责同志参加了论坛；倪发科副省长出席会议并讲话。此次论坛，在全国取得较大影响，更好的宣传了生态文明建设。

二、继续做好试点示范，推动循环经济节能减排重大项目建设

2008年，安徽省马鞍山钢铁集团、皖北煤电集团、界首再生铅循环经济产业园、淮北市、阜南县等5个国家循环经济示范试点和江汽、奇瑞2个国家汽车零部件再制造试点单位的实施方案，通过专家评审并被国家发改委批准，为试点单位下一步循环经济发展奠定了基础；同时，省级111个循环经济试点工作进展顺利。2008年下半年，安徽省循环经济研究会组织省内外专家对部分循环经济试点单位实施方案开展了中期评估工作，各试点单位均按照实施方案推进循环经济工作。目前，这些国家和省级试点单位不仅仅成为节能减排的示范，也获得了较好的经济效益。特别是列入国家试点的单位，资源利用效率、节能减排指标、经济指标大部分进入全国先进行业，在企业、园区和社会等重点领域树立了循环经济典范。例如，奇瑞汽车有限公司树立“更安全、更节能、更环保”的造车理念，开发生产的发动机达到欧盟4号排放标准，“节能环保轿车”、“混合动力轿车”、“纯电动轿车”的研制取得实效；铜陵市和铜陵有色金属集团作为全国唯一的双试点单位，循环经济发展经历了由点(企业)到线(行业)再到面(园区或城市)的不断延伸，由单纯技术层面到一般政策层面再到发展战略层面的不断提高过程，铜陵市不仅制定了《铜陵市循环经济试点实施方案》、《发展循环经济暂行办法》、《铜陵市发展循环经济引导资金管理办法》等政策措施，而且市政府每年还拿出不少于500万元设立发展循环经济引导资金，不断将循环经济发展推向深入。近两年来，铜陵市节能减排指标、资源综合利用率均居全省前列。2008

奇瑞汽车有限公司总装车间

马鞍山钢铁股份有限公司干熄焦国家示范工程

年，铜陵市为把发展循环经济提高到更高层面，制定了《铜陵市国家循环经济示范城市建设总体规划》（2009–2015），并积极向国家申请列为循环经济示范城市。

2008年，继续以循环经济试点单位为依托，以节能减排为抓手，建设了一批循环经济节能减排重大项目：马鞍山钢铁有限公司20万吨/年含锌尘泥转底炉脱锌综合利用项目能够高效回收烟气余热和副产品锌金属，建成后年产金属化球团20万吨；淮北矿业集团建设了年产2.4亿标块煤矸石多孔烧结砖工程项目，年消耗煤矸石60万吨；安徽华鑫铅业集团再生铅及合金铅改造工程以废旧电瓶为原料，年产18万吨再生精铅，能耗降到120千克标煤/吨铅以下，再生铅总回收率大于98%，集团初步形成了"进去一个废电瓶，出来一个新电瓶"的循环经济链条；以阜南县农业循环经济为代表的阜阳陆林化工有限公司秸秆成型制碳项目、阜南健生源食用菌秸秆综合利用项目年消耗农林废弃物达到10万吨规模。该批项目的实施不仅为企业带来了一定的经济效益，而且也带来了显著的环境效益和社会效益。另一方面，进一步谋划一批循环经济重点项目：铜陵有色金属集团股份有限公司建设年回收40万吨废杂铜拆解资源综合利用项目，不仅拓延了铜陵发展循环经济的链条，而且减少了对矿藏的开采和对国外进口矿石的依赖；皖北煤电集团有限责任公司建设年产3亿标块煤矸石烧结砖项目，不仅解决了集团公司处理煤矸石的难题，而且节约了土地，实现了废弃资源的再生利用；淮南矿业(集团)有限责任公司通过改扩建新庄孜矿、李嘴孜矿等7个矿井的水处理及利用工程，年可综合利用矿井水资源2300万吨，基本实现矿区用水自给，减少了对地下水的开采，也避免了矿井水外排带来的环境危害；淮北矿业（集团）有限责任公司利用工业园区聚氯乙烯生产装置排放的电石渣、自备热电站排放的煤渣及粉煤灰、以及其他工业废渣为主要原料，建设水泥熟料生产线，项目建成后年消耗电石渣、电厂煤渣和煤灰及其他工业废渣234.43万吨等。目前，这些项目均完成了可行性研究报告的批复，进入建设阶段。

三、以循环经济为中心，推动生态安徽建设

（一）运用循环经济理念指导农业发展，建设社会主义新农村

农业畜禽养殖以沼气为纽带，开发"水上养鹅鸭，水里养鱼虾"的"塘口经济"，初步形成了"猪–沼–渔"、"猪–沼–菜"、"猪–沼–果"等立体种养模式；一些规模化养殖单位利用猪粪较多的优势，建立沼气池，使猪粪得到无害化处理，产生的沼气提供了能源，还利用沼渣、菌渣种植粮、菜，提供了优质安全的农产品。阜南县作为国家级农业循环经济试点县，结合当地资源，把农业和工业废弃物进行了循环利用、综合利用。用农产品废弃物麻秆生产活性炭，每年再生利用12万吨的麻秆，可替代50万立方米的木材，生产活性炭2.8万吨，价值16240万元，创利税1400万元，同时解决了4500人的劳动就业问题。此外，逐步扩大食用菌养殖规模，菌棒经蒸熟再用于黄牛养殖，畜禽

座落在山水园林之间的铜陵海螺水泥厂

粪便进入沼气池生产沼气和栽培食用菌，沼气用于农户用能，牛粪、沼渣、麦草（稻草）栽培草菇、双孢菇，菌渣作为有机肥料返田用于发展绿色蔬菜。2008年阜南县食用菌栽培面积达5000多亩，实现产值8000多万元，增加农民收入4000万元，转化秸秆27100吨，玉米芯11400吨，棉籽壳15700吨，锯末3150吨，牛粪6360吨，不仅使秸秆及牲畜粪便等资源得以充分利用，还可避免因焚烧作物秸秆及养殖场粪便随意排放而造成污染环境、影响交通的问题，大大有利于环保农业和区域经济的振兴与发展。自2004年来，全省利用生态省建设引导资金共支持试点市、县（区）43个，生态经济示范项目464个，资源保障示范项目12个，人居环境示范项目30个，生态文化示范项目11个，保障支持示范项目15个，投入资金约4000万元，取得了显著的社会效果和经济成效。其中2008年引导资金安排示范项目112个。

（二）落实国家节能减排产业政策

认真落实环境影响评价和可研节能评估，并继续将节能减排等作为科学发展的考核刚性指标。依据国家产业政策，加快淘汰落后产能进度。2008年，全省关停小火电机组179万千瓦，淘汰小煤矿350万吨，拆除机立窑32座，淘汰小水泥431万吨，112户小钢铁企业被拆除设备或转产。省发改委、电力公司等部门将电厂发电计划与SO2减排效果挂钩，鼓励脱硫设施正常运行的电厂多发电，对未安装脱硫设施或脱硫设施不正常运行的，实行限产限排。目前，全省1854万千瓦火电机组中，已有1361万千瓦机组安装了脱硫装置，占总装机容量的73.4%。其中2008年新建成投运999万千瓦机组脱硫设施，包括792万千瓦新建机组和207万千瓦老机组。

(三)加大清洁生产国际合作项目推进力度

安徽省将清洁发展机制（CDM）项目与节能减排、循环经济工作紧密结合，采取多种形式组织企业和国内外碳基金等买方机构联系，积极推荐清洁发展机制项目。截至2008年底，国家发展改革委共批准安徽省清洁发展机制项目35个，其中2008年共批复15个。淮南矿业、皖北煤电、淮北矿业、马钢、海螺、淮化等一批大中型企业获得支持，范围涉及余热发电、瓦斯气利用、生物质能源和小水电等领域，年减排二氧化碳550万吨，合同实施后每年减排收益5亿多元。

四、建立机制，强化保障

认真贯彻《循环经济促进法》等国家法律法规政策，在全省开展《循环经济促进法》学习活动，开展《安徽省循环经济实施条例》立法调研。2008年底，省政府同意设立发展循环经济引导资金，循环经济、资源节约和环境保护重大项目优先列入对外经济合作、利用外资和国内政策银行扶持范围。另一方面，在充分调研的基础上，省政府出台了《安徽省加快发展循环经济的若干意见》，提出了发展循环经济的思路、目标和工作重点。2008年，对《安徽省发展循环经济“十一五”规划》以及相关的子规划进行了评估与修订，明确要求各市、各部门在编制“十一五”规划纲要和专项规划中，将发展循环经济作为重要的指导思想。芜湖市编制完成了《芜湖市“十一五”循环经济发展规划》；蚌埠市起草了《蚌埠市建设节约型社会近期重点工作实施方案》和《蚌埠市加快发展循环经济的实施意见》；铜陵市建立了循环经济政策保障体系，制定了《铜陵市发展循环经济行动纲要》和《铜陵市循环经济示范企业示范项目认定管理办法》，出台了《铜陵市发展循环经济引导资金管理办法》；淮南矿业集团在循环利用方面先后制定了《淮南矿业集团循环经济实施方案》、《淮南矿业集团瓦斯治理及综合利用规划》等8项相关规划等。

国家循环经济试点省

江苏省循环经济

江苏省经济贸易委员会

2008年，江苏省的循环经济工作紧紧围绕到“十一五”末万元地区生产总值能耗比“十五”末下降20%，化学需氧量和二氧化硫排放总量比2005年分别下降15.1%、18%的节能减排目标以及循环经济实施方案确定的目标，以节能减排为抓手，加大资源节约综合利用和清洁生产推进力度，深化试点，全面推进，取得一定成效。据初步核算，2008年全省单位GDP能耗为0.803吨标准煤/万元，比2007年下降5.85%，超额完成了年初确定的下降4.4%的年度目标。按照“十一五”期间单位GDP能耗下降20%的总体目标以及2006年、2007年度实际降低率，江苏省“十一五”前三年单位GDP能耗累计降低率进度达到64.9%。在2008年度节能目标责任评价考核中，江苏省被国家确定为超额完成等级。2008年，全省COD和SO2排放量分别比2005年削减11.85%和17.68%，连续三年超额完成年度排放任务，已完成“十一五”计划目标的98.3%和78.5%。2008年全省万元地区生产总值用水量为183立方米，较上年下降14.1%，工业用水重复利用率为68%，比上年提高1个百分点；工业固体废弃物综合利用率达到98.72%，继续保持全国领先水平；城市污水处理率82.54%，比上年提高0.04个百分点，生活垃圾无害化处理率78.1%，比上年提高8个百分点。

一、以培育示范为载体，深入开展循环经济试点工作

在全面总结第一批试点工作的基础上，2008年江苏省又启动了第二批60家省级循环经济试点工作，选择资源能源消耗高、污染排放强度大、对实现节能减排目标有重要意义的冶金、化工、建材、纺织印染、食品等行业中有代表性、工作基础比较好、节能减排潜力大的重点企业以及资源综合利用领域稀贵金属再生利用、装备再制造，电子废弃物、废旧电池、秸秆资源化、产业化等有典型示范意义的相关企业和园区开展试点。指导苏州工业园等6家列入国家第二批循环经济试点单位和汽车零部件再制造试点的柏科（常熟）电机有限公司做好实施方案编制工作，上报国家论证。开展《江苏省发展循环经济绩效评价体系》课题研究工作。支持重点项目实施。运用省级发展循环经济专项资金支持102

2008中国（无锡）节能和循环博览会

南京化学工业园区围绕产业链布局企业，形成隔墙经济、循环经济，降低企业生产和交易成本，成为了园区在危机中的"生命线"

项示范意义较强的循环经济项目实施，积极推动资源在企业内部、企业之间以及产业之间的循环利用，推进试点向深度发展。通过试点，为全面推进循环经济发展提供了实践经验。沙钢集团综合运用能量梯级利用、余热余压利用、废弃物资源化、产业链生态延伸等技术，打造绿色钢城，累计取得直接经济效益近35亿元。苏州工业园区、苏州高新区GDP能耗、COD和SO2的排放量不断下降，生态环境明显改善，通过了国家环保部、商务部、科技部联合组织的考核验收，被命名为国家生态工业示范园区，在全国首批3家国家生态工业示范园区占2席。常州钟楼经济开发区以"零地"招商为手段，调整产业结构，积极构建园区生态网络，已被命名为首家省级生态工业园。

二、以提高资源利用效率为目标，积极推进减量化

一是大力实施节能减排重点工程。积极实施国家十大重点节能工程，突出冶金、化工、建材、纺织、电力等重点行业，围绕工业锅炉（窑炉）节能改造、电机系统节能改造、工业余热余压利用、能量系统优化等，加大力度组织实施重点节能改造项目。新型干法水泥窑纯低温余热发电技术、高炉TRT及煤气综合利用技术、电机变频调速技术等一大批节能技术和产品得到普遍推广。2006～2008年共组织实施730多项节能改造项目，可形成节能量710多万吨标准煤。

二是推进建筑、交通节能示范工程。全面实施民用建筑节能50%的标准，加快太阳能等可再生能源在建筑中的应用。加强机关办公建筑和大型公共建筑节能。2007年，江苏省及南京、常州市被建设部列为"加强国家机关办公建筑和大型公共建筑节能管理示范省市"。组织实施南通新城住宅小区、南京奥体新城小区等10个国家可再生能源建筑应用示范工程。在交通领域，苏州汽车客运集团有限公司燃油消耗考核统计、江苏金陵交运集团有限公司集约化经营、江苏高速客运有限公司客运班线公司化经营模式等3个项目被交通部列为"交通行业首批节能示范项目"。

三是以工业节水为重点，大力推行节约用水。"十一五"以来，创建节水型企业250多家。2008年，全省单位工业增加值水耗（不含火电）从2005年的65吨/万元，下降到36吨/万元，工业用水重复利用率比2005年提高了3个百分点。

三、以工业"三废"综合利用为重点，积极推进资源化

"十一五"以来，全省共有2603多家企业被认定为资源综合利用企业。2008年，工业固体废弃物综合利用量达7743万吨，综合利用率达98.72%，比2005年提高3.72个百分点，在全国处于领先水平。苏州高新区围绕电子废弃物回收处理，开发建设全国首家静脉产业园，已有日本同和矿业公司等4家企业建成投产。农村秸秆的综合利用量也在不断提高。仅秸秆发电一项，近年来江苏省已核准的发电项目23家，共38台机组，543兆瓦装机，这些机组投运后，将年消耗生物质资源约410万吨。

四、以建设再生资源基地为重点，积极推进再利用

以常州逸盛橡胶制品有限公司、南通回力集团公司、江苏春兴合金(集团)有限公司为骨架，分别建成全国最大的废旧轮胎翻新（28万条/年）、再生胶（10万吨丁基再生胶/年）、无污染再生铅（10万吨

/年）基地和以吴江市七都镇为中心的年回收利用和加工100万吨再生铜、再生铝、再生塑料等再生资源的国家级再生资源加工利用基地。

五、以节能降耗，减污增效为目的，大力推行清洁生产

制定实施《江苏省清洁生产“十一五”行动纲要》，围绕淮河、太湖、长江等重点流域和化工、印染、酿造等重点行业，加大清洁生产审核组织力度。做到年初下达审核计划，年中开展督促检查，年底组织考核验收，依法公布清洁生产审核合格企业名单，确保清洁生产审核真正落到实处。对全省4批400家污染较重企业实施强制性清洁生产审核，促进企业强化环境管理，加大治污力度。近年来，在全省先后组织4835家企业开展清洁生产审核。据统计，上述企业在开展清洁生产审核基础上，共实施6500多项中高费改造方案，投资58亿元，节能1200多万吨标准煤，企业主要污染物削减20%，增收节支70多亿元。加大政策支持力度。近年来，江苏省先后设立节能和发展循环经济、扶持民营经济发展等省级专项资金，都明确将清洁生产作为重点支持内容。多数省辖市和部分县级市也设立节能和循环经济发展专项资金。2004年以来，运用发展循环经济、污染防治、扶持民营经济发展等专项资金共安排1亿多元支持了800多个清洁生产先进技术、工艺改造项目的实施。

六、以科学发展为目标，积极推进产业结构不断优化升级

严格控制高耗能高污染产业过快增长。编制实施《江苏省工业结构调整指导目录》，发布12个行业规划，在节能减排等方面制定严于国家要求的行业标准。建立固定资产投资项目节能审查制度，2008年，全省共组织对585个固定资产投资项目进行节能评估和审查，42个项目因能耗过高遭否决。不符合节能规范的设计和设备选型得到整改。对全省火电行业实施严格的二氧化硫绩效指标管理，未获得二氧化硫排放指标的新建火电机组一律不予审批。对产业政策确定的限制类项目，其新增COD和二氧化硫总量实施“减二增一”。加快淘汰落后产能。截止2008年底，全省已淘汰落后钢铁产能696.2万吨，关停小火电机组553万千瓦，全省148家企业拆除水泥机立窑260台，淘汰落后水泥生产能力2500万吨左右，提前完成了“十一五”淘汰小水泥任务。深入开展化工生产企业专项整治，截至2008年底，全省累计关闭4326家小化工企业，提前一年完成关闭“小化工”三年计划。落实差别电价政策，提前实施国家规定的差别电价加价标准。加快淘汰落后用能设备。近两年共淘汰落后锅炉、变压器等用能设备4万多台。实施发电节能调度，2008年安排大机组替代小机组发电162亿千瓦时，

南京汽轮电机（集团）有限责任公司加紧生产1.5MW直驱式风力发电机定子。按照规划，到2010年，南汽轮的风力发电设备将达到10亿元的市场规模。

徐州丰县生物质发电厂车间

节能80万吨标煤。

七、以技术创新为手段，大力推进循环经济技术的开发应用

在资源减量化、废弃物资源化、清洁生产及环境友好材料等相关领域开展科技攻关，突破了一批关键技术。宜兴协联热电有限公司在火电厂烟气脱硫项目实施中，采用美国孟山都公司的“动力波洗涤技术”和荷兰帕克公司“硫生化回收技术”，以公司柠檬酸生产线产生的废水作为脱硫的营养源，将烟气中的SO2转变为具有经济价值的单质硫。实现“以废治废”，回收硫磺5764吨/年，属国内首创。江苏省交通科学研究院针对目前公路养护建设中出现的大量沥青路面旧料处理及恢复路面沥青材料性能和路用性能自主研发出高效沥青再生剂，这种沥青再生剂应用于路面的再生利用，能够节约大量的沥青和砂石材料，有利于处治废料、节省能源、保护环境，具有显著的经济效益和社会、环境效益。江苏省开发的陶瓷分离膜技术在支撑体制备技术和规模化、陶瓷微滤和超滤膜生产制备、陶瓷膜成套装备生产、陶瓷膜产品质量检测及工业化应用等核心技术方面取得了突破。开发的树脂法处理有毒有机化工废水技术在新型系列吸附树脂合成、吸附和解吸及回收物分离精制等核心技术上处于国内外先进水平。在技术应用领域，以减量化为重点，应用余热余压利用等技术实施技术改造，推动了循环经济共性技术的推广应用。在“十一五”前三年共实施了400多个项目。其中工业余热余压利用项目101项，能量系统优化（系统节能）项目95项，废弃物资源化项目125项。

八、以重点企业为龙头，积极推进重大项目的实施

2008年以来，江苏省紧紧围绕节能减排以及循环经济实施方案确定的目标任务，落实措施，扎实推进，实施了一批节能减排和发展循环经济的重点项目，主要任务和重点项目取得实质性进展。沙钢集团以建设绿色钢城为目标，重点推进5大项目建设：（1）总投资14亿元建设资源综合利用发电厂，共有6台5万千瓦的机组（其中2台是CCPP，燃气-蒸汽联合循环机组）每年回收利用高炉煤气发电18亿度。（2）总投资1.2亿元轧钢加热炉油改气项目。每年利用高炉煤气22亿m^3，每年可节约重油消耗18万吨。（3）投入5.6亿元建设水渣、钢渣综合利用项目。仅沙钢年产160万吨钢渣、340万吨高炉水淬渣将全部回收再利用，每年回收渣钢25万吨，年总制砖量2.25亿块，混凝土或沥青路面材料14.4万吨。（4）投资1亿元建设干熄焦余热发电项目。该项目余热发电系统可将多余汽量全部利用，每年可节煤90720吨。（5）回收转炉和烧结生产过程中产生的蒸汽，每年回收量达95万吨，用于园区内各企业的生产和生活。目前这些项目正在有序推进，部分已经投产见效。江苏春兴合金（集团）有限公司采用“机械化破碎分选预脱硫”技术，实施机械化废铅酸蓄电池破碎分选予脱硫项目，建设年处理废铅酸蓄电池12.5万

循环经济在身边

秸秆发电在江苏宝应县广泛应用

吨生产装置，项目建成后，减排$SO_2$5584吨/年，副产硫铵1万吨；减少煤耗1.7万吨/年；减少废渣2500吨，目前项目已竣工投产。该公司实施的从再生铅废渣中提炼二氧化二锑和锡工程，其生产工艺获得国家发明专利，投产后可年产锑白2300吨，开拓了我国工业化处理富锑渣的新路，解决了多年困扰再生铅行业铅锑渣难以利用的难题，具有高效、节能、无污染、综合利用高等优点，填补了国内空白。目前一期工程已竣工投产。

总体而言，在过去的2008年，江苏省发展循环经济工作取得了一定的成效，但我们也清醒地认识到，江苏省的资源利用率与国际先进水平比有较大差距，推进节能降耗和发展循环经济的法规和政策还需进一步完善。下一步，我们将以科学发展观为指导，认真贯彻落实国家和省委省政府关于发展循环经济的一系列部署，在加快产业结构优化升级、突出抓好能源资源节约、大力推进资源综合利用、全面推行清洁生产、扩大循环经济试点等方面加大工作力度，全面系统地推动江苏省循环经济工作的深入开展，为全省经济建设又好又快发展奠定坚实的工作基础。

浙江省循环经济

浙江省发展和改革委员会

2008年是浙江省循环经济试点省建设的启动年。一年来，浙江省认真贯彻科学发展观，将大力发展循环经济作为促进转型升级实现可持续发展的重要途径，以创建全国循环经济示范区为目标，发展循环经济“991行动计划”为载体，积极推动循环经济从工业为主向服务业、农业领域全面推进，从生产领域向消费领域、流通领域全面拓展，逐步实现了从启动到试点的转变，取得了可喜成效。

一、2008年循环经济工作回顾

(一)积极启动循环经济试点省建设

1.编制完成《浙江省循环经济试点实施方案》

按照国家循环经济试点工作的通知要求，浙江省在学习借鉴其他试点经验、省内外实地调研考察、专家咨询的基础上，编制完成《实施方案》。《实施方案》的主要内容包括浙江省基本情况、循环经济试点工作基础、试点建设的指导思想和目标、主要任务和重点工作、示范建设和区域循环经济发展、重点项目和关键技术建设以及保障体系等。《实施方案》着重在设计循环经济发展指标体系时注重体现试点示范要求，围绕浙江发展特色构建循环产业链，并落实了企业、园区、基地、项目等主要抓手，充分体现试点实施方案的可操作性。《实施方案》于2008底由浙江省人民政府上报国家发展改革委审查。在5月13日国家发改委组织的专家审查会上，《实施方案》得到了国家发改委领导及专家的高度称赞，认为该《实施方案》思路清晰、内容全面、基础扎实、重点突出、指标明确、特色明显，具有前瞻性、科学性和可操作性，是一个标杆性的方案文本，对其他省市试点方案具有很好的示范作用，是到目前为止论证过的国家循环经济试点方案中最好的之一。

2.有序推进国家循环经济单项试点创建工作

国家发改委副主任解振华在绍兴县滨海工业区调研循环经济

第一批国家循环经济试点单位的循环经济试点市宁波市和大地环保公司承担的废旧家电回收利用项目，基本按照试点方案计划顺利推进，并取得了阶段性的成果。第二批试点单位的巨化集团公司、绍兴滨海工业园区、金田铜业公司的试点方案已通过国家发改委组织的专家审查，相关循环经济重点项目已经启动建设。万里扬变速器股份有限公司被列为全国首批11家汽车零部件再制造试点单位之一，也编制了试点实施方案。

（二）加快建设循环经济示范工程

浙江省积极创新落实循环经济发展载体，推进循环经济在企业、园区、社会同步发展。2008年，浙江省继续深入落实发展循环经济“991行动计划”，积极推进循环经济重点项目建设，既取得了明显的资源节约和环境保护效益，也发挥了较好的示范和带动作用。

2008年11月15日，2008中国（杭州）国际循环经济产业博览会举办

1.推进循环经济“991行动计划”重点项目建设

编制印发了《浙江省发展循环经济“991行动计划”重点项目2008年实施计划》，共列入省级重点循环经济项目130个左右，省级财政安排1300万元，补助了其中实施情况较好、效益较明显的49个项目。2008年省发展循环经济专项资金共补助其中45个项目，共1300万元。

2.推进工业循环经济“4121”示范工程建设

“4121”示范工程即在浙江省范围内选择4个市、10个县、20个左右工业园区(块状经济)和100个左右企业作为工业循环经济试点。2008年“4121”示范工程的试点地区和单位已基本完成规划编制工作，进入试点实施阶段；22个试点园区中的69家强制性清洁生产审核企业和116家工业循环经济试点企业已基本完成清洁生产审核。

3.推进园区生态化建设和清洁生产项目建设

2008年，浙江省已有60%以上的国家级和省级开发区(工业园区)实施生态化建设和改造，培育和建设了一批体现循环经济理念的农业生态园区。在抓园区生态化改造的同时，积极推动企业开展生产审核。截止2008年底，浙江省已有造纸、纺织印染、医药等10余个行业的2200余家企业通过了清洁生产审核。324家企业通过省级绿色企业认定，涌现出杭钢、巨化、金田铜业、新安化工、镇海炼化、长三角建材等一批循环经济发展较好的企业。

（三）全面推进资源节约和综合利用

1.推进节能降耗

一是落实节能目标责任。制定了《浙江省单位GDP能耗考核体系实施方案》和《浙江省节能降耗实施方案》，明确了今后5年地方及部门的节能工作目标责任和任务分解推进计划，完善了考核实施办法和相关政策措施。在对全省重点用能企业和各市节能目标考核的基础上，按照国家考核实施方案要求，对全省节能工作进行了全面自查，通过了国家对我省2008年节能目标完成情况和节能措施落实情况的现场评价考核。

二是完善节能法规标准。省级有关部门共同起草了《浙江省超标准耗能加价管理办法（试行）》，拟对超限额标准用能的单位实行加价管理，以鼓励节能、约束能源浪费行为。2008年新制定15项能耗限额标准，涉及工业重点耗能行业以及大型商场、宾馆饭店、医院、学校及政府机关办公楼等领域。继续编制公布了第四批《浙江省节能技术、产品推广导向目录》，指导产业节能发展工作。

三是建设节能重点项目。2008年，结合“十百千”节能行动，省级层面集中扶持了总投资91亿元的308个节能技术改造项目，可实现节能约288万吨标煤。推动了高耗能行业开展工业锅炉（窑炉）改造、余热余压利用、水资源循环利用等技术改造，引导宾馆、商场和写字楼等大型公共建筑采用变频调速、冰蓄冷及绿色照明等节能新技术，从而使重点耗能企业能耗持续下降，节能改造成效不断显现。

四是加快可再生能源开发建设。推进可再生能源规模化发展试点省工作，积极实施列入国家可再生能源规模化发展的17个小水电项目。编制调整了浙江省风电发展规划，开展全省风能资源普查评价和风电场工程规划选址工作。建成投产岱山县衢山岛风电场项目等风电项目4个，总装机容量14.3万千瓦，浙江省风电装机容量年内可望达到18万千瓦。启动全省可再生能源（包括风能、生物质能及潮汐能等）资源详查和规划选址工作，推进了潮汐能示范项目和生物质能（农林废弃物、秸秆为原料）热电联产示范项目前期和建设工作。积极推动可再生能源装备产业发展，全省能源装备生产企业（单位）规模以上的共有150家，2008年总产值近360亿元。

2.深入开展节约用水

一是继续推进节水型社会建设。开展对《浙江省“十一五”节水型社会建设规划》的实施、执行和效果情况中期评估工作。继续推进我省岱山县、义乌市、玉环县3个节水型社会试点建设工作，推动余姚市、玉环县被水利部确定为第三批全国节水型社会建设试点。编制完成了《浙江省农业用水定额管理推广研究及方案编制》，在全省选择8个灌区开展农业灌溉节水计量管理工作；加快实施“千万亩十亿方节水工程”，推进重点灌区改造，全省灌区灌溉水利用系数稳步提高。

二是完善水资源有偿使用制度。深化取水许可和水资源有偿使用管理，促进节约用水工作、严格执行水资源论证制度和取水许可制度，进一步推进取水许可管理规范化、程序化。修改完善了有关水资源论证审批、取水许可审批的程序规定。认真做好水资源费征收工作，全省水资源费省级分成和直收总额为5100万元（其中省级直收新开征约800万元），全面铺开全省水资源实时监控系统建设

三是加强水资源保护。加强水功能区管理，组织完成《浙江省水功能区纳污能力核定成果报告》和《浙江省水功能区纳污能力核定技术报告》，开展了水功能区限制污染排放总量核定工作。积极开展水库水源地保护工作，编制完成了《浙江省百库饮用水水源地安全保障工程实施方案工作大纲》，开展全省水库水源安全保障试点工作，继续抓好沿海平原地下水禁限采工作。

3.节约和集约利用土地

一是推进城镇建设节地工程建设。全面加强了批而未供土地的消化利用和闲置土地的清理处置，建立健全了建设用地节约集约利用监管核查制度和机制，积极开展城市地下空间开发利用。

二是推进工业建设节地工程建设。大力推进多层标准厂房建设，组织开展了“省级标准厂房建设示范区”认定工作；积极引导企业开展挖潜节地活动；积极推进开发区（园区）节地活动，制订并印发了浙江省开发区土地集约利用评价工作方案和技术方案，组织开展了全省8家国家级开发区土地集约利用评价工作。

巨化集团热电厂演绎循环经济

三是推进住宅建设节地工程建设。全面加强经济适用房、廉租房以及拆迁安置房等政府保障性住房用地供应。切实推进住宅建设节地示范，制定出台《浙江省新建住宅节能省地发展指导意见》，推广住宅产业化基地项目，实施旧住宅区综合整治改造。

四是推进基础设施建设节地工程建设。积极开展基础设施项目用地标准修订工作，选择有代表性的基础设施建设项目开展了方案选

址、设计优化、定额控制、施工建设的集成创新综合示范。全面启动基础设施用地有偿使用，研究起草了《关于基础设施和社会事业用地实行有偿使用的实施意见》。着力推进存量基础设施改造利用，进一步研究了交通建设项目的节约集约利用土地的相关政策。

五是深入开展农村建设节地工程。组织开展了浙江省中心镇和中心村建设标准课题研究。进一步推进宅基地登记发证和农村数字地籍调查工作。

六是扎实推进土地开发整理工程。大力开展低丘缓坡开发利用。研究出台了《关于进一步做好低丘缓坡综合开发利用工作的通知》，推进滩涂围垦造地，提出了合理衔接海域使用权与建设用地使用权的政策意见。深入实施“千村示范、万村整治”工程，开展以宅基地整理为载体的农村建设用地整理复垦。

4.大力推进原材料节约

一是做好木材节约和替代工作。综合利用“三剩物”、次小薪材、农作物和竹类剩余物等，生产纤维板、细木工板、木塑等替木产品。我省湖州、衢州、丽水等地的废旧木材综合利用都已形成一定的产业规模。

二是推广使用散装水泥。实施《浙江省促进散装水泥发展办法》，巩固提高重点工程、城镇建设散装水泥使用率，积极拓展农村使用散装水泥市场，加快发展预拌混凝土，严格执行在城市城区全面禁止“现场搅拌”混凝土的规定。

三是积极发展新型墙体材料。继续实施《浙江省发展新型墙体材料条例》和“十一五”墙体材料发展规划，一批利用煤矸石、粉煤灰、脱硫石膏、污泥为原材料并具有高性能、高质量的新型墙体材料得以产业化生产并推广。开展粘土砖生产的整治工作，淘汰不符合国家产业政策的18门以下粘土砖瓦轮窑，限制毁田烧砖。全省建制镇以上城区禁止使用实心粘土砖，地级市市区及21个经济强县（市、区）逐步禁止生产实心粘土砖和粘土制品。

余气余热回收利用

宝新不锈钢2004投入1400万元，实施余气余热回收项目，该项目实施后，年节约LPG（液化石油气）14.6万m³，降低企业费用300万元/年。

宁波热电气动给水泵（余气利用）

宝新余气余热回收

高压电机变频节能

宁波热电有限公司实施节电改造，2003年购置2台高压引风机，实施高压变频改造，节电率30%，年节电200万度。

宁波热电

宁波热电总控室

宁波热电高压引风机

5.努力提高资源综合利用水平

一是抓好一批资源综合利用项目和企业。围绕冶金、电力、医药、石化、造纸、建材、轻纺等废弃物产生量大的重点行业，建设一批重点项目和企业，促进可再生资源和工业废弃物综合利用。如巨化股份公司电石渣利用、开元新墙材公司废弃尾矿砂利用、宏磊集团废杂铜利用等项目。

二是抓好区域资源综合利用产业发展。结合我省块状经济基础，推动区域资源综合利用产业发展。如台州路桥废旧金属利用产业、杭州富阳废纸再利用产业、宁波慈溪废塑料再利用产业等。

二是建立和完善废旧物资回收利用体系，重点抓好废旧家用电器与废旧电子产品回收利用、废旧轮胎和包装物等废弃资源回收利用。推进宁波、永康市两个国家级再生资源回收体系建设试点工作。主要是建立和完善再生资源回收管理机制，建立和规范再生资源回收体系，培育龙头企业，加强教育培训等方面工作。

（四）持续推进污染整治工作

1.着力推进重点环境问题整治。编制完成了11个省级督办的重点环境问题污染整治规划，实行省级有关厅局分区包干蹲点督查制度，扎实推进污染整治工作。

2.进一步深化重点流域污染防治。在抓好日常水环境监管、推进流域水系源头生态保护工作的同时，着重抓好太湖、钱塘江水污染防治。编制实施《浙江省太湖流域水环境综合治理实施方案》，加快钱塘江流域乡镇污水处理设施建设，加强饮用水源保护、县级以上集中式饮用水水源地水质达标率达到85%以上。

3.强化区域环境综合决策。严把建设项目环保审批关，对建设项目环境影响评价实行生态环境功能区符合性审查。积极探索排污权有偿使有和交易制度，制定了《浙江省排污权有偿使用和交易试点工作方案》在9个市和17个县(市、区)开展试点，试点工作取得了积极进展。

（五）加快推动应对气候变化工作

1.着手编制《浙江省应对气候变化行动方案》。根据国家气候办《关于贯彻落实应对气候变化国家方案的指导意见》，浙江省发改委（省气候办）组织编制《浙江省应对气候变化行动方案》，进一步明确工作的基本思路、主要目标、重点任务。

2.积极开展清洁发展机制项目活动。2008年，浙江省又有27个项目获国家发改委批准为CDM项目，年减排二氧化碳约252万吨，其中欠发达地区小水电项目17个。截止2008年底，浙江省已有60个项目获国家发改委批准为CDM项目，总的二氧化碳年减排量约3565万吨。

（六）继续完善循环经济保障机制

1.加大循环经济科技攻关力度

继续大力实施高效节能技术、再生能源利用技术、绿色化工技术、固体废物综合处置技术、海水淡化与海水综合利用技术等重大科技专项，坚持“减量化、再利用、资源化”的原则，努力减少资源消耗和废弃物排放。全年安排发展循环经济、推进节能减排各类科技项目120余项，省级财政科技经费投入达到1个亿，带动了全社会加大循环经济科技投入，节能减排示范效果显著。

浙江东盛印染有限公司油烟回收系统

2.落实国家有关税收优惠政策

省地税局制定了《浙江省地方税务局关于明确企业所得税减免税有关管理问题的通知》，及时贯彻落实国务院、财政部和国家税务总局出台的各项关于循环经济的所得税优惠政策，明确了有关循环经济企业可以享受的税收优惠政策及操作程序，规定纳税人符合税法规定的减免税条件的，只需向权限税务机关申请报备即可执行税务优惠政策，无须再进行审批，并且大大简化了报备资料。

3.出台完善资源价格政策

省级有关部门印发了《关于贯彻落实〈燃煤发电机组脱硫电价及脱硫设施运行管理办法（试行）〉的通知》，进一步强化对燃煤发电机组脱硫设施投运率及脱硫效率的考核，鼓励燃煤发电厂提高脱硫设施的投运率和脱硫效率。在全省69个市、县全部实行污水处理收费制度的基础上，及时上调了污水处理费标准。制定实施《关于加快建立和完善城乡生活垃圾处理收费制度的指导意见》，要求各地全面实施城乡生活垃圾处理收费制度，按照“先城镇后农村，先企事业单位后居民，先部分补偿后完全补偿”的步骤和方向，积极建立和完善垃圾处理收费制度

二、浙江省发展循环经济工作的主要成效

（一）资源节约型社会建设初显成效

1.节能方面

2008年全省万元生产总值能耗下降到0.782吨标准煤，比上年下降5.49%。“十一五”前三年累计下降达12.63%，完成“十一五”规划目标的60.5%（全国前三年GDP能耗下降10.1%，累计完成“十一五”目标的一半左右）。截止2008年底，全省累计建设沼气工程7000多处，年产沼气6000多万立方，推广太阳能353万平方米，农村清洁能源利用率达65%左右。2008年确定省级建筑节能示范项目770万平方米。

2.节水节材节地方面

全省万元GDP用水量下降到97立方米，工业用水重复利用率（规模以上）达到61.5%；灌溉水利用系数提高到0.54以上；县级以上城市污水处理率达73.12%。余姚市、玉环县被水利部确定为第三批全国节水型社会建设试点。全省新型墙体材料应用率达到70%，水泥散装率达70.9%，是全国第一个实现散装化（70%以上）的省区。万元GDP新增建设用地消耗量为9.6平方米，同比降低4.86%，土地资源利用居全国领先水平。

3.资源综合利用方面

资源综合利用领域逐步拓宽，从粉煤灰、冶金炉渣等传统的工业固废拓展到废旧家电、废旧轮胎等社会消费废弃物，从单一的固废利用向“三废”利用延伸。至2008年底，全省资源综合利用生产企业增加到500多家，年利用工业固废、生活垃圾、“三剩物”等固废5000多万吨。全省有19家垃圾焚烧发电企业投入运行，装机容量为26.7万千瓦，日处理生活垃圾1.13万吨。

（二）生态环境逐步改善

2008年，全省COD和SO_2排放量分别比2007年削减4.51%和7.08%，超额完成国家主要污染物年度减排计划。“十一五”前三年累计下降9.49%和13.89%，分别完成“十一五”减排任务的62.8%和92.6%。全省生态建设积

位于滨海工业区的污水处理中心

极推进，至2008年底，全省已有43个市、县（市、区）获得国家级生态示范区的验收命名，累计创建国家级环境优美乡镇138个，省级生态乡镇579个，国家级绿色学校49所，国家级绿色社区27个。

（三）加快淘汰落后生产能力

截止至2008年底，预计累计拆除水泥机立窑703条，率先完成水泥行业结构调整；关闭省内所有的造纸行业草浆生产线，并完成了国家下达的2008年淘汰2.64万吨造纸落后生产能力的任务；关闭了全省所有的味精生产企业的发酵车间；淘汰了近千家污染严重的化工和制革企业，整体关闭了黄岩黄西外东浦化工区、衢州沈家化工园区等一批化工园区；淘汰了制革行业3000多个转鼓；完成277多成千瓦小火电机组的关停任务，占“十一五”关停计划的85%以上。

浙江省2008年循环经济发展主要情况表

序号	指标名称	2008年	单位
1	能源产出率	1.28	万元/吨标煤
2	万元GDP新增建设用地	9.6	平方米/万元
3	万元生产总值综合能耗	0.782	吨标煤
4	万元生产总值取水量	97	立方米
5	农业灌溉水有效利用系数	0.54	—
6	农村清洁能源利用率	65	%
7	工业固体废弃物综合利用率	92.19	%
8	规模以上工业用水重复利用率	61.5	%
9	县以上城市处理率	73.12	%
10	城市生活垃圾无害化处理率	86.41	%
11	水泥散装率	70	%
12	新型墙体材料建筑应用比例	70	%
13	化学需氧量排放量比上年减少	4.51	%
14	二氧化硫排放量比上年减少	7.08	%

三、浙江省发展循环经济的主要模式

这几年来在国家发改委的支持和指导下，我省循环经济逐步实现从启动到试点的转变，循环经济模式也从单一的资源综合利用模式向多元化模式拓展。这里归纳了六种循环经济典型模式。

（一）企业集团式的循环经济发展模式

我省一些规模较大、基础较好的集团企业，依托原有主导产业，通过产业链接、补链等形式，实现工业“三废”的综合利用，形成了企业集团式的循环经济发展模式，既取得了经济和环保的双赢效果，又进一步提升了产业水平和企业形象。如巨化集团公司基本形成以氟化工为核心，石油化工加工为亮点，煤化工、盐化工为支柱，公用配套工程为保障的5大产业板块，并通过链生利用和衍生衔接，构成了相互共生、互为代谢的循环经济产业体系。浙江蓝星科技有限公司，依托于下属的上虞热电股份有限公司、浙江蓝星纸业有限公司、蓝星印染有限公司，形成了“印染–废水–热电厂用作烟气脱硫剂/锅炉冲渣用水–有色废水脱色回用”的水循环链，“回收废纸板–高强度低克重瓦楞原纸–废渣、废纸片–电厂燃料”的废纸产业链，“热电厂–废煤渣、煤灰与生化后产生的污泥–与煤搭配混烧”的产业链。

（二）资源综合利用的循环经济模式

浙江省资源综合利用企业已超过500家，主要是对生活垃圾、粉煤灰、污泥、废旧金属、尾矿、废旧木材、废弃油脂等量大、污染严重的废弃物进行综合利用。典型的有富春江环保热电公司（垃圾污泥处理）、绍兴中环能源再生公司（污泥焚烧）、台州齐合天地公司（废旧金属利用）、长三角建材公司（尾矿、粉煤灰、太湖淤泥利用）、德华集团控股公司（废弃木材综合利用）、浙江东江能源科技公司（废弃油脂再利用）等。这里特别是我省的海水利用产业发展。浙江省海水淡化发展起步较早，舟山、台州、宁波等地已经开始实施海水淡化工程，预计至2012年，全省海水淡化能力超出30万吨/日。同时，围绕海水淡化项目建设，我省已经形成了工程建设、技术研发、装备制造一体化发展的产业发展模式。

（三）农业园区循环经济发展模式

浙江省已经启动100个高效生态农业园区建设工程，积极推广设施栽培模式、生态养殖模式、立体种养模式、种养一体化模式、休闲农业模式。如浙江蓝天生态农业园在种猪养殖区、生态鳖养殖区、水草/牧草轮作区、湖羊养殖区和园外辐射区等5个功能区块的基础上，构建了“养猪–猪粪–养殖蚯蚓–养鳖”的产业链，“养猪–猪粪–果园/茶园/梨园（污水厌氧酸化后用作牧草田肥料）的产业链，“蚯蚓–甲鱼–甲鱼排泄物–鳙鱼–小螺蛳–甲鱼”的产业链，蓝天农业园已经成为我省、甚至全国农业园区建设的典型案例，目前还承担了农业部牵头的农业生态园区部分标准的制订工作。

（四）以工业园区生态化改造为载体的循环经济发展模式

浙江省早在2005年部署循环经济工作开始，即把工业园区生态化建设和改造作为循环经济9个一批示范工程的重要内容，出台指导意见，启动试点工程，编制实施方案。全省117家通过国家审核的工业园区（开发区）已近70%组织编制了园区生态化改造方案，通过实施园区生态化改造，既完善了集中供水、供热、中水回用、污水固废收集处理设施，又调整优化了产业布局和产业结构。目前我省在园区生态化改造的基础上，又进一步启动园区整合提升工作。

（五）以块状经济为基础的循环经济发展模式

典型的有台州模式、慈溪余姚模式、永康模式、富阳模式等。“零资源”经济、“再生资源利用”经济，是浙江块状经济发展的基础，也是浙江循环经济发展的雏形。浙江少铜、少铁，缺铬、缺镍、缺石油，却通过利用废铜、不锈钢废料，创造了一个又一个全国“第一”，成为全国最大的铜、铝、不锈钢加工基地，每年利用利用废塑料超出200万吨，废铜利用量为65万吨左右，利用再生铝50万吨，利用废钢铁超出100万吨，再生金属资源消耗占原料总量超过50%。在多年来利用废纸、废金属、废塑料、废五金等再生资源的基础上，我省逐步形成了富阳造纸业、永康五金业、余姚家电制造业、台州废旧金属拆解业等块状经济，继而又通过技术创新、设施配套、规范管理等手段，逐步形成了以资源再生利用为核心、以块状经济为基础的区域循环经济发展模式。

（六）以临港能源、石化产业为依托的循环经济发展模式

典型的有宁海模式、北仑模式。宁海利用得天独厚的临港区位优势，以国华电厂为龙头打造循环经济工业核心区，利用电厂粉煤灰生产水泥和粉煤灰加气砌块，利用电厂脱硫石膏生产石膏板，利用电厂余热集中供热，实施中水回用，实现相关产业链企业的集中布点；同时又在东海岸建设10万亩绿色农产品基地，在电厂东部海域规划建设旅游休闲度假区。宁海推行的一二三产资源混合型循环经济模式，成为县域循环经济发展的典型。北仑区以能源、石化、钢铁、电力、建材产业为基础，构建了“铁矿石–废铁冶炼–钢板–金属制品–钢板回收”、“电厂粉煤灰–脱硫石膏–水泥–新型墙材”等循环产业链。我省同样位于近海的象山、乐清等地也已开始设计发展这种以临港工业为主导的循环经济发展模式。

福建省循环经济

福建省发展和改革委员会

在省委、省政府的领导下，福建省各地、各部门和广大企业认真落实中央和省里的节能工作部署，围绕实现“十一五”循环经济发展目标，加大发展循环经济工作力度，推出了一系列强有力的政策措施，建立有效的工作体制和机制，有力地促进了能源利用率的提高。2008年全省单位GDP电耗为1098.56千瓦时/万元，比上年同期下降4.98%；规模以上工业万元增加值能耗为1.18吨标准煤，比上年同期下降10.05%；万元GDP能耗下降比上年下降3.5%，工业固体废物综合利用率达到70%，涌现了一批资源综合利用和循环利用的典型企业。循环经济的不断推进，促进经济与环境的协调发展，为建设海峡西岸经济区做出新贡献。

一、主要做法和成效

（一）推动产业结构战略性调整，促进产业结构优化升级

一是大力发展先进制造业，加快流通现代化步伐，积极发展生产性服务业，推进金融、保险、交通、物流、中介等各种服务业发展，进一步提高第三产业和高技术产业在国民经济的地位与比重，促进了福建省GDP综合能耗的降低；二是加快淘汰能耗高、污染重的落后设备、技术和工艺。认真开展水泥、小火电等行业的淘汰落后产能工作，2008年淘汰落后水泥产能709.1万吨、关停小火电102.6万千瓦、淘汰造纸落后产能15万吨；三是对电解铝、铁合金、水泥、钢铁等高耗能行业执行差别电价政策。目前，福建省共下达执行差别电价企业名单297家。四是积极推动水电、太阳能、风能、沼气、生物柴油等可再生能源建设，全省生物柴油产能达25万吨，风电装机容量达26万千瓦。

（二）积极推动示范试点，促进循环经济发展

2008年3月22日，“建设生态文明发展循环经济”高端论坛在福州举行

福建省认真组织编制和实施《福建省“十一五”循环经济发展专项规划》，大力推进循环经济示范企业试点工作，涌现出了一批资源综合利用和循环经济的产业、企业、工业园区、县市先进典型。如福建三钢集团积极探索资源高效利用和循环使用的循环经济发展路子，充分回收焦炉、高炉、转炉在生产过程中产生的大量煤气，实现资源优化配置，2008年全年回收焦炉、高炉、转炉煤气折合标煤100多万吨，还利用余压发电，引进高炉炉顶压差发电技术，建设高炉煤气余压透平发电装置，

取得了明显的经济和社会效益。三钢集团、福建凤竹纺织、厦门钨业、泉港石化工业园区被列为国家第二批循环经济试点单位，为全省循环经济发展提供示范。建立94家循环经济示范企业和14家国家和省级循环经济示范园区。经过部门推动和企业努力，示范试点工作取得了一定的成效，为加快全省循环经济发展提供借鉴。

国家循环经济试点单位泉港石化工业园区

（三）大力推行清洁生产，从源头上削减污染排放

认真贯彻落实“清洁生产促进法”，积极引导企业实施清洁生产。联合省环保局制定《福建省清洁生产审核实施细则暂行办法》，依法对污染物排放超标的企业，以及使用有毒、有害原料进行生产或生长中排放有毒、有害物质的企业，开展清洁生产审核。2008年全省共有36家企业通过清洁生产审核验收，目前，全省已有福建炼油厂、三钢、南纸、青纸、龙溪轴承、福人木业等207家企业开展清洁生产,其中125家已审核通过。全市有64家企业开展清洁生产审核工作，其中三钢集团、福建化纤、建福水泥、永安火电、青山纸业、福建三农、岩城水泥等7家企业已通过审核验收，共制定无、低费方案1171个，已实施735个，占62.8%;中高费方案119个,已实施65个,占54.6%,累计取得经济效益1.51亿元。

（四）积极开展资源综合利用和再生资源回收利用，提高资源利用率

认真落实国家对资源综合利用的优惠政策，鼓励企业积极开展资源综合利用。2008年有39家企业通过资源综合利用认定。目前，福建省已培育了一批资源综合利用的典型企业，资源综合利用规模不断扩大，技术水平不断提高，工业固体废物综合利用率达70%，竹木综合利用率达98%以上,走在全国的前列。年全省已有煤矸石、粉煤灰、炉渣、冶炼渣、化工废渣、窑灰、石灰渣以及各种尾矿渣等30多种废渣被广泛利用，综合利用产品涉及建材、化工、电力、森工等行业20几个品种。工业固体废物综合利用实现了产业化发展。

林业资源的循环利用取得明显的成效。全省竹木综合利用率达98%以上,居全国前列。2008年利用350多万立方米的“三剩物”——采伐剩余物、造材剩余物、加工剩余物以及次、小薪材，代替原木生产多种高附加值木制品，其中生产180万立方米人造板，年节约500万立方米木材，相当于少砍伐6.8万公顷森林。同时，利用林木、竹子加工废弃物锯屑生产活性炭达5万多吨，相当于节约75万立方米的木林。不仅变废为宝，还大大节约了森林资源，有效地支持了生态建设和环境优化。

再生利用工作取得新突破。其中废纸年利用量达200万吨，废纸制浆量占造纸总量60%以上，年节约木材600万立方米，每年废钢利用量300多万吨、废旧轮胎利用量12万吨。积极开展废旧家电回收利用，建立四家省级再生资源回收示范点。

（五）积极开发利用可再生能源，促进能源结构的调整

积极推动水电、太阳能、风能、沼气、生物柴油等可再生能源建设。组织规划和实施了《福建省太阳能产业发展行动方案》，启动了南安、莆田等地光伏电子产业基地、产业园区建设。组织实施了太阳能集中供热和太阳能路灯照明示范工程，推动太阳能利用产业化发展。加强水能、风能、生物质能、沼气等可再生能源基地化、规模化、集约化建设，大力推广使用可再生能源、清洁能源，支持了龙岩卓越能源公司产业基地等一批生物质能项目建设，支持了德化等县工业园区LNG项目的建设，促进能源利用向高效化、清洁化方向发展；推动陶瓷行业全面使用电能、柴油、煤气、天然气等清洁能源，减少了环境污染。

（六）加大资金投入，推动循环经济发展。

近几年，福建省各级财政在预算内都重点安排节能循环经济专项资金，对重点节能技术改造、循环经济项目给予补助，引导企业和其它社会资金向节能领域投资。省级财政设立了专项资金，对节水、节材、资源综合利用、清洁生产、再生资源回收加工利用等项目按资源节约利用效果分类给予资金补助，2008年共对60个循环经济项目安排补助资金2723万元。

二、存在的主要问题

福建省由于循环经济发展仍处于起步阶段，短期内仍无法改变传统“粗放型”经济增长模式。一是二氧化硫、烟尘、工业粉尘排放量对环境的污染仍很严重；资源利用率还较低。二是配套政策措施有待完善，实现节能减排目标仍需努力。虽制定了《福建省“十一五”循环经济发展专项规划》，确定了循环经济发展的目标，但由于缺少资金和具体政策落实的保障，直接影响节能减排目标实现和循环经济的发展。

三、加快发展循环经济采取的主要措施

（一）树立发展循环经济新观念，不断完善绩效考核体系

加强对发展循环经济工作领导和指导，进一步完善现有政府绩效考核体系，将单位主要产品能耗、节能减排、废弃物回收与处置、环境和生态保护情况等方面指标纳入考核范围，改变传统的政绩观。建立和完善促进循环经济发展的评价指标体系和科学考核机制，把循环经济工作纳入地方政府政绩考核的一项内容。健全循环经济责任制，把发展循环经济的责任纳入各工作岗位的职责中，纳入各单位日常管理和工作考核中。

福建省三钢（集团）130立方米烧结烟气脱硫系统

（二）推动循环经济示范试点工程建设

大力推进5家国家级循环经济试点单位和省级94家循环经济示范企业、14个循环经济示范园区的试点示范工作，组织省级示范企业、园区制定、实施循环经济方案，组织循环经济示范企业、园区的验收、授牌、观摩活动，通过示范试点，总结出重点行业、重点领域和工业园区发展循环经济的模式和经验，促进全省循环经济的发展。

（三）加快循环经济产业园区建设，推进县域循环经济试点

着力抓好福州青口汽车工业园区、龙岩紫金恒发循环经济工业园、漳平化工园区、福建梅列经济开发区、泉州市泉港石化工业园区、中泰（苏内）石材集控工业园区、福建德化陶瓷产业

园区、福建云霄县云陵工业开发区、莆田高新技术产业园区、秀屿国家级木材贸易加工示范区、邵武金塘工业园区、建瓯(中国）笋竹工业园区等14个循环经济产业园区的规划建设，选择德化、南安等作为循环经济的县域试点，使物质的综合利用、能源的梯级利用、污染物的减排在更大的区域范围内展开。

（四）加大节水、节约原材料工作力度

加强对火力发电、纺织、造纸、钢铁、石化、酒精、啤酒等高耗水行业的节水管理。加强工业废水综合治理，促进水循环利用，提高工业用水重复利用率。加强钢铁、有色金属、化工、建材、轻工、机械等重点行业的节约原材料工作，加快木材替代用品的研发与应用，限制使用一次性用品，禁止过度包装，

（五）进一步做好资源综合利用和再生资源回收利用工作

继续抓好现有政策的落实，特别是减免税优惠政策的落实，重点抓好固体废弃物的利用工作，支持鼓励煤矸石、粉煤灰、冶炼渣、化工渣、石材废渣等大宗工业固体废物的资源化利用，使煤矸石、粉煤灰的利用在总量和技术上有较大突破。推动废品回收试点，加大对废金属、废纸、废塑料、废旧轮胎、废旧电子产品的再生利用。支持建设废旧物资回收利用公共平台。

（六）积极推行清洁生产

抓好三明市清洁生产试点城市工作，在石化、电力、造纸、啤酒、钢铁、建材等高能耗、高物耗和高污染的行业以及漂染、电镀等重污染企业较为集中区域全面推行清洁生产。鼓励引导企业自愿开展清洁生产审核，依法对污染物排放超标的企业和使用有毒、有害原料生产中排放有毒、有害物质的企业强制推行清洁生产审核。引导企业采用先进的清洁生产工艺和技术，提高能源利用率和减少污染物排放。2009年计划100家企业通过清洁生产审核。

江西省循环经济

江西省发展和改革委员会

一、循环经济发展成效显著

（一）能源消耗明显降低

经国家统计局核定，2006年、2007年、2008年我省万元生产总值能耗分别下降3.2%、4.0%、5.53%，三年累计降低12.23%，完成了“十一五”万元生产总值能耗降低20%进度的58.3%，超过全国平均水平。2008年，列入国家“千家企业节能行动”的18家企业，万元产值（现价）能耗为1.07吨标准煤，比上年下降15.02%；绝大部分重点产品单位能耗出现下降，印染布下降40.35%、造纸下降1.79%、炼油下降2.81%、电力下降1.71%、烧碱下降4.72%、粗铜下降8.64%等。

（二）污染物减排取得积极进展

据初步核算，2008年化学需氧量排放量为44.52万吨，二氧化硫排放量为58.3万吨，分别比上年下降5.02%和6.1%左右，超额完成2008年的减排任务，比2005年化学需氧量排放量45.7万吨、二氧化硫排放量61.3万吨分别下降2.58%、4.89%，分别完成“十一五”削减5.1%、7%进度的50.59%、69.86%。废水排放状况改善。2008年，全省废水排放68681万吨，比上年减少2729万吨；工业废水排放达标率为92.98%,比上年下降0.91个百分点。形成了江铜集团、亚东水泥厂等一批省级清洁生产示范企业。

（三）资源综合利用水平稳步提高

2005年以来，全省认定的资源综合利用企业达到351家，实现销售收入127亿元。主要表现在：一是有色金属矿产资源综合利用走在全国前列。我省铜、钨、钽、铌、稀土等矿产资源丰富，有色金属矿产的采选、冶炼技术在全国领先；二是废旧物资回收取得明显成效。2008年，全省物资回收经营企业达到180家，回收生产性废旧金属200万吨，实现销售收入98亿元，回收拆解报废汽车2万辆，形成了一批年销售收入过亿元的综合回收利用基地。全省工业固体废物综合利用量3251万吨，比上年增加420.36万吨；工业固体废物综合利用率为39.63%，比上年提高3.27个百分点；工业固体废物处置量4153.22万吨，比上年增加47.46万吨。工业用水重复利用率达到74.75%，比上年提高0.28个百分点。

（四）生态园区创建试点稳步推进

坚持“生态立省、绿色发展”和“布局合理、用地集约、产业集聚”的战略原则，建设工业园区，园区的土地节约和资源综合利用水平显著提高。全省94家省级以上开发区70%以上的用地属于荒山、荒坡、荒滩和丘陵，依托园区办工业比过去分散建厂方式节省近6万亩土地。通过规划引导、政策扶持，一批工业园区在产业集聚基础上陆续形成比较完整的工业生态系统。2008年，我省经严格甄选，确定了南昌高新开发区、九江出口加工区、全南工业园区、宜春经济开发区、横峰工业园区、吉州工业园区、抚州金巢经济开发区、鹰潭工业园区、萍乡经济开发区、新余经济开发区等10个工业园区为首批省级创建生态工业园区试点单位。

（五）循环经济试点取得积极成效

我省的江铜集团、江西华春集团、萍乡市、永修云山经济技术开发区相继被列为国家循环经济试点单位。江铜集团作为一个传统资源型企业，每年要消耗大量的能源，产生大量的废物，资源、环保压力巨大。江铜大力发展循环经济，生产过程中产生的废物由‘包袱’变成了企业发展的‘财富’，企业实现了生产快速发展和环境保护的双赢。江西华春企业集团运用循环经济理论生产节能环保建筑材料，社会经济效益双丰收。萍乡市投资99.82亿元，推进55个（其中29个工业循环经济项目、12个城市循环经济项目、14个农业循环经济项目）循环经济项目，为实现资源枯竭型城市的转变迈出了坚实的一步。永修云山经济技术开发区以星火有机硅厂为核心企业，将其废弃物变成为下游企业的原料，形成园区内企业的循环链，吃干榨尽、变废为宝，资源得到充分回收利用，循环经济试点有声有色。

二、发展循环经济，建设绿色生态江西的主要措施

江西省从一开始就十分重视发展循环经济的科学性，将循环经济理念贯穿于经济社会发展的各领域、各环节，以节能、节水、节材、节地、资源综合利用为重点，通过资源利用方式从单向直线式过程向反馈循环式过程转变，使经济增长在经济结构不断优化、科技含量不断增加、质量效益不断提高的基础上逐步形成低投入、低消耗、低排放、高效率的经济增长方式。围绕实现“十一五”循环经济发展目标，着力抓了以下几方面的工作：

第一，加强组织领导，出台配套措施。一是成立机构。成立了江西省发展循环经济和建设节约型社会工作领导小组，常务副省长凌成兴任领导小组组长，副省长孙刚、洪礼和、省发改委主任姚木根、省经贸委主任涂勤华、省政府副秘书长朱希任领导小组副组长，领导小组会议由省政府分管领导召集，省发改委牵头，省各厅局、供销社、省总工会、团省委、省妇联等部门参加，领导小组下设办公室，设在省发改委。各设区市政府也相应成立了领导机构，明确责任分工。领导小组定期召开会议研究部署发展循环经济有关工作。二是制定规章制度。在发展循环经济和建设资源节约型、环境友好型社会方面，我省在全国较早出台了一系列法规、规章和制度，形成了有力的法制保障体系。针对循环经济，出台了《江西省循环经济“十一五”发展规划》、《江西省发展循环经济和建设节约型社会工作分工方案》、《江西省发展循环经济2006～2007年工作纲要》；针对节能，制定实施了《江西省实施“节约能源法”办法》和《江西省电力需求管理实施办法》；针对节材、节地，出台了《关于加快发展散装水泥工作的意见》、《促进发展新型墙体材料条例》和《关于进一步推进墙体材料革新和节能建筑的实施意见》；针对资源综合利用，出台了《江西省资源综合利用条例》、《江西省保护性开采的特定矿种管理条例》；针对政府机构节约，制定了《关于加强政府机构节约资源工作的实施意见》；针对环境保护，及时修订了《江西省建设项目环境保护条例》，通过了《关于加强东江源区生态环境保护和建设的决定》、《关于加强生活饮用水水源污染防治确保生活饮用水安全的决议》。三是下发了《关于加强铁矿、煤矿等矿产开发项目管理规定的

江西亚东水泥有限公司余热发电中控室

通知》和《江西省林产工业项目管理规定》，对全省矿产资源及竹木资源开发实行“项目核准和颁发许可证（采矿许可证）相结合的管理制度”。与此同时，省人大常委会多年来坚持不懈地开展环保赣江行活动，各地结合实施《江西省环境保护违法违纪案件移送暂行规定》、《江西省环境和资源综合利用行政执法暂行规定》，持续开展了整治违法排污企业、保障群众健康环保专项行动，组织了环境和资源综合利用工作的执法检查。通过加大立法、执法、监督的力度，有效增强了企业、居民、社会发展循环经济的自觉性。

第二，建立循环经济目标考核制度。一是实行能源消耗与污染物排放公报制度和督察考核制度。2008年和2009年年初，按照全省政府绩效六项考核评价体系工作要求，分别对2007年、2008年各县（市、区）资源节约和环境保护情况进行了考评和表彰；积极配合国家对我省2007年节能减排目标完成情况进行现场评价考核，并顺利通过了国家考评。制定下了《江西省节能减排统计、监测及考核实施方案和办法》，以规范和强化对节能减排工作的监督，探索建立公共机构节能考评制度。二是制定并分解落实节能减排目标。省市两级政府先后签定了“十一五”期间节能目标责任书、资源节约目标责任书、环境保护目标责任书和淘汰落后产能责任书，进一步细化和强化了节能减排目标责任。三是提出了“五个零排放”的工作要求。即：生活用水取水口保护区内污水零排放，江河干流源头保护区污水零排放，工业园区污水零排放，11个设区市未经处理的生活污水零排放，城市中心区有毒、有害气体零排放，为全省节能减排工作提出了更高的要求。

第三，有效加强产业准入管理。一是严格执行固定资产投资项目节能评估和审查制度。从2007年1月15日起，对未按要求进行节能分析的可行性研究报告和项目申请报告，省、市、县三级投资主管部门不予受理，节能分析评估、审查不过关的项目，不予审批或核准。二是建立省资源环保型工业项目联审工作机制。三是实行“四同步、三不准”制度。即：发展旅游业与保护景区生态景观同步进行，依法依规批准的产业项目与环保设施同步设计、建设和投产，道路建设与沿线植被保护同步推进，兴办养殖业与防止面源污染同步实施，坚决不准搞严重污染环境的项目，不准搞危害群众生命安全的项目，不准搞未经批准的开山采石等项目。2007年以来，省政府有关部门不予环评批复或核准备案的制铬、初级化工、小造纸、小印染、小电镀项目累计达到200多个。四是实施和强化环评“区域限批”制度。2008年，对1个设区市、8个县（区）实行了“区域限批”，对没有完成减排任务的企业，停止新建和改扩建项目审批，停止享受税收等优惠政策，银行停止对其金融支持，环保部门不通过其上市环保核查。

第四，着力抓好重点领域、重点行业的能源消耗。一是抓好重点领域的节能减排。在工业领域，着力抓好了100家高耗能企业节能和1000台工业锅炉（窑炉）改造，制定了省属企业节能减排工作的方

江西萍乡钢铁有限责任公司燃气发电及饱和蒸汽发电工程

案，推动千家高耗能企业开展能源审计、编制节能规划，实施了《重点耗能企业能效水平对标活动实施方案》，落实了《煤炭工业节能减排工作意见》。2008年，通过加强年耗能超过5000吨标准煤的重点耗能企业节能管理，推进节能技改项目建设，完成100多台落后工业锅炉（窑炉）改造，全年节能达200多万吨标准煤。在交通领域，重点是大力发展公共交通，鼓励发展低耗油机动车辆，依法淘汰老旧车辆，严格实施机动车尾气排放标准，对不符合排放标准的机动车辆强令改造和停用。在建筑业方面，重点是抓好100个房屋建筑节能试点示范工程，加强施工阶段执行建筑节能标准的监管，大力推广使用节能建材、太阳能热水器和节能灯，2008年已在全省推广200多万支节能灯，可实现年节电1.6亿度；加大“禁实”工作力度，新型墙材、散装水泥推广工作取得积极成效。同时，按照国家《关于加强政府机构节约资源工作的实施意见》要求，制定了《开展建设节约型政府机构试点工作方案》，确定10家省直单位进行试点，已取得初步成效，已准备在全省政府机构推广。二是大力推进循环经济发展。重点推进萍乡市、永修云山经济开发区、江铜集团公司、华春集团公司等四个国家循环经济试点单位试点，有针对性地探索钢铁、有色金属、煤炭、水泥、氯碱等行业以及各类工业园区循环经济发展模式；着力抓好100家资源综合利用企业、100家清洁生产企业、100家环保企业、100家再生资源回收和利用企业等循环经济典型企业，促进污染物减排。根据国家发布的火电、磷肥、铅、锌、轮胎、包装等24个行业清洁生产评价指标体系，积极指导各地开展清洁生产审核。2008年，100家重点资源综合利用企业利用废弃资源1000万吨以上，首批推进了南昌高新区、九江出口加工区等10家生态工业园区建设；积极推进清洁发展机制（CDM）项目在我省实施，争取到国家核准我省22个清洁发展机制项目，其中资溪县昌坪河和刘家山两个水电项目、景德镇开门子干熄焦技改项目在国际组织成功注册，全省通过清洁生产审核的企业总数超过50家。同时，在鹰潭市设立了我国内陆批准设立的第一家废弃机电产品集中拆解利用加工园区；建立了资源节约和循环经济项目库，入库项目总数超过500个、总投资超过1000亿元。三是全面推进节能减排重点工程实施。出台全省工业园区污水处理设施建设规划，分阶段有计划推进全省污水处理设施的建设工作；全省县（市、区）垃圾无害化处理场建设正在稳步推进，开工建设计划正在制定当中；已完成部分国家和省重点污染监控企业在线监控设施建设和联网任务，围绕推进鄱阳湖生态经济区建设，继续抓好鄱阳湖生态环境综合整治，尽快实现湖区污水全部达标排放。

第五，着力推进节水、节能和清洁生产。一是启动了城市生活污水治理工程建设。全面开展全省设区市未经处理生活污水零排放专项行动，截止到2008年底，全省11个设区市已有10个建有一个以上的污水处理厂，共有16座投入运行，设计日处理能力131.35万吨，其中：2008年新增6座，共设计日处理污水能力57万吨。加快县（市、区）污水处理设施建设，全省首批45个县（市、区）污水处理厂于2008年8月份开工建设，2009年8月将全部建成投运；第二批40个县（市、区）污水处理厂于2008年12月初全部开工建设，2009年12月建成投运；上述项目全部投入运营后，可新增日处理污水能力160多万吨，截污管网3000多公里，全省城镇污水处理率将达到70%以上。到2008年底，第一批有南昌县、樟树市等38个县（市）、第二批有余江县、临川区等10个县（市、区）配套管网已经开工建设。建立污水

江铜集团公司Gy-Lscj008硫酸车间废水处理系统

江西永修云山经济开发区107#硅橡胶生产车间

处理设施建设专项跟踪督查机制，实行“四定两保”，即定时间、定目标、定责任、定督查，确保顺利实施、确保取得实效。二是启动了十大节能工程建设。。三是启动了电厂脱硫工程建设。截止到2008年底，我省脱硫机组装机容量450万千瓦，占全省统调火电装机容量的55.3%。四是启动了七大专项整治行动。

第六，发挥专项资金引导和价格调节作用。从2008年起，省财政每年在2007年2000万元的基础上再增加专项资金3000万元用于减排；增设省级财政节能专项资金，重点支持工业、交通、建筑、社会等重点领域节能项目建设，当年已安排资金3000万元，推进江西长运公司公路客运综合节能、南昌公交公司公交系统节能改造、赛维LDK公司硅料余热利用等28个重大节能项目建设；2008年新增3500万元生态工业园区专项奖励资金，支持首批10个省级生态工业园区试点建设。被列入第一批全国循环经济试点的江铜集团，其万元工业产值能耗仅1.02吨标煤，处于世界铜行业先进水平；江西省清洁生产示范企业亚东水泥公司，每年利用余热发电8722万千瓦时，约占公司用电量的三分之一，相当于节约标煤2.93万吨、减少二氧化硫排放453吨、二氧化碳6万吨，国务院清理高耗能高污染行业检查组为此专门印发简报，向全国推广介绍其节能减排经验。

第七，淘汰影响循环经济发展的落后产能。到2008年底，按计划分别淘汰落后炼钢、水泥、焦碳、造纸等生产能力195万吨、493.8万吨、110万吨、17.8万吨，关停小火电机组129.51万千瓦；同时，实行淘汰落后工作进展情况定期报告和检查制度；建立健全落后产能退出机制，促进和支持有条件的地方安排资金支持淘汰落后产能。

第八，组织开展节能减排监督检查。一是组织开展全省节能减排专项督查活动。二是加强节能减排的计量、统计、监测和管理体系建设。2008年在省环保局设立了污染物总量控制办公室，在省统计局设立了能源统计处，全省11个设区市也相应建立健全了专门机构。三是健全节能监察机制，严厉查处各类违法行为。对于群众反映强烈的环境污染问题，进行挂牌督办，做到处理到位、整改到位、责任追究到位。对于重大环境违法案件，将公开曝光、挂牌督办，严肃追究责任。四是开展烟气脱硫工程后评估。五是加强对污水排放监督力度。对已建成的城市污水处理厂，在进、出水口位置安装24小时水质、水量在线监测装置，实现实时动态监控；严格控制农村面源污染，引导农民科学施用化肥、农药，禁止生产和使用含磷洗涤用品，加大畜禽养殖场管理和污染治理力度。

广东省循环经济

广东省经济贸易委员会

2008年，在坚决贯彻落实科学发展观、大力推进节能减排工作的形势下，广东省经济贸易委员会认真贯彻落实党中央、国务院有关部署，加强组织领导，采取有力措施发展循环经济、推进清洁生产，有效地推进企业实现节能降耗、减污增效的目标，加快构建资源节约型和环境友好型社会。

一、2008年循环经济工作情况

（一）积极推进循环经济政策法规体系建设

一是组织起草广东省循环经济条例，并结合国家《循环经济促进法》的出台，进一步的修改完善，形成了“条例”征求意见稿，力争列入我省立法计划。

二是编为规范清洁生产审核及验收的管理，广东省经贸委会同省科技厅、环保局组织编制《广东省清洁生产审核及验收办法》。2008年底完成了《广东省清洁生产审核及验收办法》送审稿，并报送省政府审批。此办法于2009年1月经省政府同意后，由广东省经贸委会同省科技厅、环保局联合颁布实施。

三是推动完成广东省循环经济发展总体规划编制工作。在中国社科院城市发展与环境研究中心及国务院发展研究中心和中国社会科学院作为指导顾问单位的努力下，已完成了第四稿的修改完善，并完成规划中指标体系相关数据的核查。

四是贯彻落实省领导重要批示精神，认真部署和积极研究促进我省再生资源产业发展的工作措施，尽快制定省推进再生资源产业发展意见和规划工作方案，力争2009年完成《关于加快发展广东省再生资源产业的意见》并上报省政府批准实施，2010年初将完成《广东省再生资源回收行业发展总体规划》的编制工作。

（二）循环经济试点工作有序开展

一是积极推进国家循环经济试点工作，全省有7家单位被列入国家循环经济试点单位和1家汽车零部件再制造试点。积极指导我省列入国家循环经济试点单位编制试点方案，组织专家对8个试点单位编制试点方案进行评审，协助企业赴京接受国家评审，除汕头贵屿镇外，其余试点单位均通过国家组织专家评审，部分项目资金已到位。

2008年11月28日，在日本东京举行的第三届中日节能环保综合论坛循环经济分论坛上，广东省与兵库县签订循环型城市合作协议

二是深化省循环经济试点工作，全

省第一批循环经济试点企业、园区、市（县）共84家。目前已完成了8家试点园区、1家试点县、东莞、广州两个试点城市的循环经济试点单位试点实施方案专家论证会。此外，启动我省第二批循环经济试点工作，完成了第二批省循环经济试点申报工作，汇总审查申报材料。

三是组织国家循环经济试点单位、有关协会和省直相关单位代表、地市经贸局代表共71人赴青岛参加2008首届中国国际循环经济成果交易博览会，以广东馆的形式展示我省循环经济成果，荣获组委会颁发的“优秀组织奖”和“优秀展示奖”。

（三）清洁生产工作取得新突破

一是创新清洁生产企业审核验收管理制度。首次对自愿实施清洁生产企业实施了分级管理，将清洁生产企业审核验收工作下放各地市，由各市负责本市企业的清洁生产审核验收工作，成绩突出的推荐到省级进行表彰。2008年，完成了94家企业的清洁生产现场验收工作，认定了第六批53家广东省清洁生产企业。落实了第五批省清洁生产企业及先进单位的奖励资金245万。

二是继续充实清洁生产咨询服务中介机构力量，甄选公布了第八、九批17家清洁生产技术依托单位，使全省清洁生产咨询服务机构达到67家。

三是建立普及性的、开放性的清洁生产培训体系。2008年举办了4期国家级、2期省级清洁生产审核师培训班，近700人通过培训；创新性地建立清洁生产审核员远程培训网络，利用广东省清洁生产网，为企业人员提供远程授课，集中考试。2008年举办了两期考试，共计60人获得审核员称号。

（四）鼓励企业开展资源综合利用

落实国家资源综合利用税收优惠政策，鼓励企业开展资源综合利用，提高资源利用效率。2008年共认定三批67家企业资源综合利用产品，实现总产值为53.56亿元。综合利用煤矸石、粉煤灰、锅炉灰渣、废石膏、硫酸渣、油页岩渣、造纸厂污泥、废铅酸蓄电池、废旧轮胎、林业加工三剩物、次小薪材、电镀厂废液等各种废料，利用量达695.7万吨，废气（烟气、火炬气、蒸汽）355.4亿m^3，实现利润1.6亿元。通过认证的相关企业共获得税收优惠达2.4亿元。组织认定22家企业共47台资源综合利用电厂（机组），装机容量达349.5MW，其中通过国家批准的有10家企业18台资源综合利用电厂（机组），装机容量共250MW。

（五）积极争取国家财政资金的支持

一是积极组织我省企业申报国家节能技术改造财政奖励和国债项目。2008年19家企业的节能技改项目得到国家财政奖励资金6800万元的支持，4家企业国债项目得到中央财政支持2280万元。二是落实全国推广高效照明产品推广任务，通过有效组织、制订方案、分解任务，按时完成国家下达广东的300万支任务。

（六）加强对外交流合作

一是加强与粤港两地政府在推进节能、清洁生产方面的合作。落实我委与香港环境局共同签署《关于推动粤港两地企业开展节能、清洁生产及资源综合利用工作的合作协议》的精神，2008年

4月，由我委与香港环境局共同启动了“粤港清洁生产伙伴计划”，香港政府将拨款9306万元港币，用5年时间，支持在粤港资企业开展清洁生产。二是开展中日循环型城市合作交流。开展与日本兵库县的循环型城市合作计划，在第三届中日节能环保综合论坛（东京）上我委代表省政府与日本兵库县签署循环型城市合作建设备忘录，推动与日本兵库县循环型城市建设的合作进入一个实质性阶段。

广州本田公司工业废物综合利用率达90%，危险废物处置率达100%

二、2009年循环经济工作要点

（一）完善政策法规体系

一是推进广东省循环经济立法工作。目前《广东省实施〈中华人民共和国循环经济促进法〉办法》已列入省十一届人大常委会立法规划第二类项目，下一步将根据省人大的立法规划要求，加快编制进程，尽快完善修改。二是加快推动出台《关于加快发展广东省再生资源产业的意见》，开展省内外相关调研，完成“意见”（送审稿）撰写，报送省政府，以指导我省再生资源产业的发展。

（二）编制循环经济三大规划

一是推动完成《广东省循环经济发展总体规划》编制工作，加大对总体规划编写工作的跟踪督导力度，指导编制单位尽快修改完善，形成送审稿报送省政府。二是组织编制我省《资源综合利用中长期规划》，落实资源综合利用税收优惠政策，推进资源综合利用技术服务体系、监督管理体系法制化规范化。三是编制《广东省清洁生产总体规划》，在前期调研取得成果的基础上，完成征求意见后报省政府颁布实施，加强对全省清洁生产工作的宏观指导。

（三）加大政策宣传力度

一是加大新法宣传力度；二是结合2009年节能宣传周的开展，邀请国家法律专家进行现场宣讲，调动社会各方面参与发展循环经济工作的积极性。

（四）推进循环经济试点工作

一是加快推进国家级循环经济试点工作；二是组织完成省循环经济试点城市实施方案论证工作；三是加快推进园区循环经济工作；四是指导、督促检查。

（五）实施循环经济重点工程

一是加大对试点工作的扶持力度；二是以现有循环经济试点单位、清洁生产企

中国石化茂名分公司积极开展三废综合利用，化害为利，变废为宝。目前，茂名石化三废处理率达到100%，2008年三废综合利用产值达11亿多元，获得广东省资源综合利用减免税

业为主体，实施一批循环经济重点工程，落实国家、省级财政资金的配套扶持；三是推进高效照明产品推广工作。

（六）全面推行清洁生产

一是加强清洁生产企业审核验收管理；二是完善实施清洁生产咨询服务体系；三是加大清洁生产宣传力度；四是完善清洁生产培训体系。

（七）完善资源综合利用制度建设

一是建立完善资源综合利用认定委员会制度；二是建立完善资源综合利用专家评审制度；三是建立完善资源综合利用企业现场审查制度。

（八）拓宽对外交流与合作

一是推进粤港“清洁生产伙伴计划”；二是推进中日循环型城市合作。

广西壮族自治区循环经济

广西壮族自治区发展和改革委员会

2008年，广西壮族自治区认真贯彻落实《中华人民共和国循环经济促进法》、《国务院关于加快发展循环经济的若干意见》等文件精神和自治区党委、政府的决策和部署，把发展循环经济作为调整经济结构、转变发展方式、实现节能减排目标的重要措施，大力开展资源节约利用活动，全面推进能源、原材料、水、土地等资源的节约和综合利用工作，在重点行业、企业以及工业园区加快推进循环经济发展，各项工作取得了积极成效。

一、广西循环经济发展概况

（一）节能降耗

2008年广西经济社会发展加快，在GDP持续较快增长的情况下，化学需氧量、二氧化硫排放，单位能耗持续下降。根据国家统计局核定数据，全区万元GDP能耗1.106吨标准煤，比2007年下降3.97%，“十一五”前三年，累计完成“十一五”万元GDP能耗下降目标任务的61.21%。规模以上万元工业增加值能耗2.335吨标准煤,同比下降10.35%。

（二）污染物减排

全区化学需氧量排放量101.28万吨，与2007年相比减少5.03万吨，下降4.73%；二氧化硫排放量为92.46万吨，比2007年减少4.93万吨，下降5.06%。

（三）资源综合利用

工业企业资源综合利用产值超110亿元；工业固体废弃物综合利用量3200万吨，综合利用率达到69%；废旧金属回收量150万吨，报废机动车回收15000辆以上；完成127户企业的资源综合利用认定（含再生资源回收）以及64户制糖企业的热电联产发电机组认定工作。

二、主要任务和重点项目推进

（一）制定重点行业循环经济发展规划

制定重点行业循环经济发展规划，研究制定“十一五”主要工业行业循环经济发展规划、广西制糖工业发展循环经济工作意见、广西林产工业发展循环经济工作意见、广西建材工业发展循环经济工作意见、广西化工行业发展循环经济工作意见、广西再生资源回收利用发展循环经济工作意见、广西工业园区发展循环经济工作意见等循环经济发展规划。通过制

中铝广西分公司循环经济发展全景

定工作规划，明确发展循环经济的基本思路、主要目标、重点任务、政策措施及重点项目，对各项工作的组织实施发挥了重要作用。

（二）加快农村生态建设步伐

广西把开展以沼气为纽带的生态农业建设作为为农民办实事、办好事的重要举措，在各级政府和广大农民的共同努力下，全区沼气发展迅速。到2008年底，广西累计建成沼气池334.4万座，沼气池入户率达41.8%，在全国各省区中排名第一。广西创造性地发展了农村户用沼气池，是“养殖—沼气—种植”三位一体的农村能源生态发展模式的发源地，是广西农村生态能源的一个伟大壮举。

（三）重点推进七大产业循环经济

重点推进冶金、有色、建材、电力、造纸、化工、制糖等七大重点行业循环经济发展。冶金工业，通过实施全熟料、全连铸、全精炼、全一火成材和喷煤粉等生产工艺，达到钢渣和含铁尘泥闭路利用，工业用水闭路利用，焦炉煤气、高炉煤气和转炉煤气闭路利用，余热蒸汽闭路利用，建成生态型钢铁工业发展模式。有色金属工业，大力推进尾矿、废石综合利用，加强共生、伴生矿的开发利用，使有色金属企业发展成为集探、采、选、冶、深加工为一体的综合型企业。水泥工业，以发展新型干法水生产工艺为主干，实现生产过程余热发电，综合消纳利用各类工业废弃物，形成节能、生态、环保三位一体的水泥工业循环经济体系。化学工业，引进国际先进水平的离子膜烧碱生产技术替代旧离子膜生产线和隔膜生产线，带动聚氯乙烯、液氯、盐酸等产品的技术创新，实现产品结构的优化和传统工艺技术的改进。造纸工业，采用声波吹灰技术，硫酸盐法制浆高浓臭气送碱回收炉燃烧处理技术，漂白硫酸盐木浆生产线环保技术和污水脱色技术等，实现热电联产，碱、污泥和白水回收的循环利用。制糖工业，建立“蔗田、制糖、酒精、造纸、热电联产、环境综合处理”等六大子系统，形成甘蔗→制糖→废糖蜜制酒精→酒精废液制复合肥以及甘蔗→制糖→蔗渣造纸→制浆黑液碱回收等两条主线循环产业链，并形成制糖滤泥→制水泥，造纸中段废水→锅炉除尘、脱硫、冲灰，碱回收白泥→制轻质碳酸钙，蔗髓替代部分燃煤，实现热电联产等副线循环产业链。

（四）抓好国家级循环经济试点工作

我区有贵糖集团等3家企业被国家列为循环经济试点单位。2005年，广西贵糖（集团）股份有限公司被国家发改委列为首批国家级循环经济试点单位。目前，贵糖已在蔗田系统、制糖系统、酒精系统、造纸系统、热电联产系统、环境综合处理系统六个系统之间，形成了多条工业生态链，其主导产品的能耗已达到全国领先水平，吨糖综合能耗374公斤标准煤，吨糖取水量48立方米，水重复利用率达68%；蔗渣、糖蜜、白泥等“废物”的利用率均达到100%，处于国际领先水平。除贵糖集团外，我区河池市南方有色冶炼有限公司、广西玉柴机器股份有限公司按照国家发改委《关于组织开展循环经济示范试点（第二批）工作的通知》要求，已顺利完成循环经济试点实施方案的编制工作，正在全面组织实施。

八一铁合金集团循环经济现场技术指导

（五）推进自治区级工业循环经济试点工程建设

在冶金、有色、建材、制糖等重点行业推进自治区级循环经济试点工程建设。重点选择广西柳州钢铁（集团）公司、广西八一（集团）有限责任公司、中铝广西分公司、广西金河矿业股份有限公司、柳州化学工业集团有限公司、广西维尼纶集团有限责任公司、广西鱼峰集团有限公司、南宁糖业股份有限公司、燕京啤酒（桂林漓泉）股份有限公司、南丹有色金属冶炼工业园区、北海市合浦东园家酒厂循环经济产业示范园等11个单位作为自治区级循环经济试点单位，开发、示范和推广应用了一批对行业有重大带动作用的共性和关键链接技术，以点带面、以块带面推动行业循环经济的发展。

（六）实施建筑节能工程，切实提高能源利用效率

重点在绿色照明工程、可再生能源技术应用推广工程、绿色建筑示范工程、低能耗建筑示范工程、太阳能光电建筑一体化工程、节能型校园及宾馆工程等领域开展节能试点工程。从2008年开始，我区所有新建住宅小区、大型公共建筑、学校、宾馆建筑至少使用浅层地能、太阳能等一种可再生能源。截至2008年底，全区累计使用浅层地能的建筑面积达89万平方米，使用太阳能的建筑面积约3200万平方米。

（七）加快城镇污水垃圾处理设施建设

2008年工开工41个污水垃圾处理设施项目，年内共建成污水处理厂7个，生活垃圾无害化处理厂3个，到2008年底，全区有10个设区市、1个县级市的污水处理设施以及13个设区市、4个县级市的生活垃圾无害化处理设施建成或投入使用，全区城镇污水集中处理率由上年的11.78%提高到20%，城镇生活垃圾无害化处理率由38.28%提高到46.7%。污水处理设施建设加快，推进了水资源循环利用，垃圾处理设施建设加快，强化了对固体废弃物的处置和监管。

三、构建循环经济保障体系

（一）出台一系列政策法规

出台《广西壮族自治区单位GDP能耗考核和主要污染物总量减排考核工作方案》，严格实行目标责任考核。制定新的《广西壮族自治区固定资产投资项目节能评估和审查管理办法》，于2008年5月1日开始实施，从源头严格把好项目节能降耗审批关。依据国务院《关于加快发展循环经济的若干意见》等相关规章，制定《工业循环经济试点工作暂行规定》。出台《广西可再生能源在建筑中推广应用专项规划》、《广西建筑太阳能热水系统一体化设计施工及验收规程》和《广西地源热泵技术规范》等一系列推广应用可再生能源的规范和文件。

（二）实施目标责任考核

分解下达“十一五”万元GDP能耗指标、工业节能目标、建筑节能目标、污染物减排指标等，根据广西节能减排指标体系、监测体系和考核体系方案，自治区人民政府有关部门组成节能减排目标责任评价考核小组，对全区14个地级市2007年节能目标完成情况进行了评价考核，向各市各部门进行了通报，对未完成任务的市级人民政府要求其深刻分析原因，采取整改措施，尽快扭转局面。开展对各市2008年工业节能进行专项检查考核，对各市节能目标完成结果和节能措施落实情况进行逐项评分，并公布考核结果。

鱼峰水泥余热发电技术交流会

（三）严格实行淘汰落后产能制度

根据2008年度淘汰落后产能任务，与各市签订淘汰落后产能责任书。全年淘汰落后水泥产能181.4万吨，造纸落后产能3.895万吨，酒精落后产能0.5万吨，铁合金产能28万吨。建立淘汰落后产能退出机制。制定《广西壮族自治区淘汰落后产能财政奖励资金管理暂行办法》，对钢铁、水泥、电力、造纸等13个承担淘汰落后产能任务的行业实行财政奖励制度。

（四）加大节能投入

2008年，自治区本级财政共安排节能专项资金9200万元，在冶金、有色、电力、制糖、建材、造纸等重点行业开展工业节能减排技术改造，在大型公共建筑能耗监管体系建设、绿色照明、可再生能源推广应用、节约型校园、低能耗建筑和建筑节能产业化基地等方面开展建筑节能工程。2008年，我区七个国家级和自治区级循环经济试点企业项目，总投资6.73亿元，获得4600万元的国债资金支持，进而加快了循环经济重点项目建设。

四、发展循环经济典型经验

全区把发展循环经济作为调整经济结构、转变发展方式、实现节能减排目标的重要措施，把抓好试点工作作为发展循环经济的突破口，大力推进循环经济试点工作。

广西贵糖（集团）股份有限公司——在蔗田系统、制糖系统、酒精系统、造纸系统、热电联产系统、环境综合处理系统六个系统之间，形成了一系列工业生态链，通过甘蔗制糖及相关产业带动，制糖废蜜利用率100%，酒精废液利用率100%，水循环利用率70%以上，每年利用甘蔗渣制浆14万吨，综合利用了制糖生产的废甘蔗渣55万吨，相当于节约58万M3的原木资源，少砍伐5.2万亩的森林。部分分厂单耗（如榨季制糖生产的百吨蔗耗标汽量、造纸厂的吨纸耗水量）达到国内领先水平，污染物排放大幅度削减。

河池市南方有色冶炼有限公司——以企业内部循环利用为核心，通过铅、锌、锑资源产业链耦合，通过资源综合利用、二次原料的利用以及节能、省料、节水，合理利用自然资源，减少废料和污染物的产生和排放，使企业铅、锌、锑冶炼技术和装备打到国内领先水平。

广西玉柴机器股份有限公司抓好技术攻关和先进适用技术推广应用，提升再制造所需要的拆解、清洗、加工、装配、检测等方面的技术装备水平，其裂纹焊补修复技术、渗补技术、喷油器再制造技术、曲轴再制造工艺、零件积碳清除技术、感应加热法拆除曲轴正时齿轮工艺等都是在创新实践中掌握的成功方法。

广西金河集团有限责任公司——硫化锌精矿常压富氧直接浸出技术，是目前世界上锌冶炼的新工艺技术。其节能减排效果主要体现在一是取消原有的焙烧、制酸工段，比传统热酸浸出—低污染沉矾除铁法进行渣处理的全湿法流程可减少大约1/3的耗能；二是浸出渣含锌<3%，锌总回收率大大提高；三是提升锌冶炼工艺的技术装备水平，实现无害化、清洁化生产，彻底解决有色冶炼行业的综合回收与环保治理等问题。

柳钢与台湾台泥集团合资建设的矿渣超细粉一期正在举行投产仪式，该项目年处理高炉水渣70万吨

广西八一（集团）有限责任公司——3.5万吨精炼锰铁技改项目，集成国内最先进的节能工艺的技术装备，生产高附加值产品，将使产品电耗下降70%，对全国同行业节能降耗起示范作用。余热发电项目采用BOT方式引进，

开创了半封闭冶炼电炉余热利用新途径，项目投产后年节能达3万吨标准煤，可大幅提高能源综合利用水平。

五、推进循环经济发展的政策措施

以科学发展观为指导，以降低资源消耗、减少废物排放和提高资源生产率为目标，以技术创新和制度创新为动力，逐步建立促进循环经济发展的法律法规体系、政策支持体系、技术创新体系和有效的激励约束机制，形成政府推动、企业实施、全社会共同参与的工作氛围。

（一）建立科技支撑体系

加大对循环经济和资源节约型社会建设的科技投入，支持企业、科研院校投入对循环经济和资源节约型社会建设的技术研究开发。组织各方面的科技力量，共同研究循环经济和资源节约中的共性和关键性技术问题。重点对有普遍推广意义的资源节约和替代技术、能量梯级利用技术、延长产业链和相关产业链接技术、“零排放”技术、有毒有害原材料替代技术、回收处理技术、绿色再制造等技术进行研究与试点开发，努力突破制约循环经济发展的技术瓶颈。在重点行业、重点领域、工业园区和城镇开展循环经济试点工作。

（二）加大政策支持力度

政府职能部门组织调查研究，制定有利于推行循环经济和资源节约型社会建设相应的规划、政策，综合运用财税、投资、信贷、价格等政策手段推进循环经济发展和资源节约型社会建设，通过法律法规及制度以确定循环经济和资源节约型社会建设在社会发展中的地位，明确政府、企业、公众在发展循环经济和资源节约型社会建设中的权利和义务。重点建立消费拉动、政府采购、政策激励的循环经济发展和资源节约型社会建设政策体系。建立和完善循环经济和资源节约型产品的标识制度，鼓励公众购买循环经济和资源节约型产品；在政府采购中，确定购买循环经济产品和资源节约型的法定比例，推动政府绿色采购；通过政策调整，使得节约利用资源、循环利用资源和保护环境有利可图，使企业和个人对环境保护的外部效益内部化。按照“污染者付费、利用者补偿、开发者保护、破坏者恢复”的原则，大力推进环境资源的有偿使用制度。在出台的政策中优先解决生态工业园区建设用地问题、资金问题。各级政府要建立循环经济发展基金。

（三）建立发挥市场机制的保障体系

明确资源的产权关系，实施资源产品有偿开采与使用。加快资源性产品价格的市场化改革进程，积极调整资源性产品与最终产品的比价关系，理顺资源及加工链条中的价格关系，完善自然资源价格形成机制，逐步用“需求为导向”的价格形成机制取代现行的“成本＋利润”的价格形成机制。通过水价、电价等价格政策的调整，更好地发挥市场配置资源的基础性作用。规范重点行业的环保、安全、能耗、水耗标准和产品技术、质量标准，完善市场准入制度，促进资源节约利用和环境保护。

（四）建立投融资支持体系

把发展循环经济和资源节约型社会建设作为投资的重点领域，加大资金支持。鼓励外商直接投资于先进环保设备制造、环保信息服务、重大生态建设和环境污染治理工程等方面项目，严格对招商引资项目管理，限制低水平、高消耗、高污染的项目进入。加强对社会资本投资活动的引导，使其资金更多地投资到资源节约和促进生态环境建设上来。对一些重大项目适当给予资金补助、贷款贴息的支持，积极向金融机构推荐有利于促进循环经济发展和资源节约的重点项目。

（五）加强宏观指导和规划编制，构建节约型发展体系

在研究制定国民经济和社会发展规划、编制城市规划和确定重大项目时，把资源节约、降低消耗列

为重要内容。加快研究建立以资源生产、资源消耗、资源回收、资源循环利用等为基本框架的循环经济评价指标体系及相关统计制度，并把主要指标逐步纳入国民经济和社会发展规划。

（六）完善法规建设，依法促进循环经济发展

根据国家发展循环经济法律法规，研究制定贯彻实施意见与配套地方法规。按照国家有关部门发布的循环经济评价指标体系，逐步建立符合广西发展实际的分行业循环经济标准体系；组织开展《节约能源法》、《清洁生产促进法》、《土地管理法》、《水法》和《节约能源条例》等有关法律法规的实施活动；依据国家的鼓励政策，搞好综合利用产品认证工作，建立节能节水器具、装置、设备认证制度；搞好用能平衡测试，实施计划用能、用水，科学定额管理，提高能源利用水平，加强对高耗能、高耗水项目的管理；组织监测机构分期分批对重点企业开展水平衡测试工作，定期开展资源节约专项检查。

湖南省循环经济

湖南省经济贸易委员会

湖南省缺油、乏气、少煤，是一个能源相对贫乏的中部内陆省份。当前又正处于加速推进新型工业化的跨越发展时期。因此，发展循环经济尤为重要。

发展循环经济是落实科学发展观的重要举措，是连接资源节约、环境保护与经济发展的最佳结合点，是减少污染物排放，提高资源利用水平，实现经济、社会和环境效益有机结合的重要途径，具有巨大的发展潜力。

发展循环经济是建设资源节约型和环境友好型社会的需要，是构建资源节约型和环境友好型生产方式的重要组成部分。

发展循环经济是加速推进新型工业化的重要手段，不仅能够促进污染防治，满足生态建设的需要，而且能够带动相关产业的发展。发展循环经济是构建工业生态产业链条的的重要环节，涉及到各行各业，前景广阔，必将逐步成为我省新的经济增长方式，成为湖南省加速推进新型工业化的重要抓手。

一、主要成效

通过大力发展循环经济、推进节能减排，2008年，全省万元GDP能耗和规模工业万元增加值能耗分别下降6.72%和11.84%，均超额完成了年度目标。全省三年累计完成“十一五”万元GDP能耗下降目标进度的66.9%。主要污染物指标二氧化硫排放量为84.05万吨，较2005年下降8.57%，完成“十一五”任务的95%；化学需氧量排放量为88.47万吨，较2005年下降1.15%。环境质量总体保持稳定，局部还有所改善，饮用水源安全得到有效保障，大气环境质量有所改善，酸雨污染有所减轻。

二、基本做法

（一）加强法规和标准建设

一是强化法制保障。2008年，组织制定了《湖南省实施<中华人民共和国清洁生产促进法>办法（草案）》，已经省政府常务会议讨论通过，提请省人大审议。已将修订《湖南省实施<中华人民共和国节约能源法>办法》和《湖南省民用建筑节能管理条例》列入立法计划。

泰格林纸集团90吨每日白泥回收：将制浆碱回收废弃物白泥回收精制成造纸填料——碳酸钙

二是强化标准体系。发布了水泥熟料、聚乙烯醇、烧碱、析出锌、机制纸板、金属电解锰等产品的能耗限额和《湖南省用水定额》等地方标准。组织制定了苎麻脱胶精干麻、合成氨、日用陶瓷、工艺陶瓷、高纯铋冶炼、锑冶炼、SKS炼铅等单位产品能耗限额地方标准。

（二）深化试点建设

一是继续抓好国家循环经济试点。通过研究扶持政策、扶持重点项目、搭建融资平台等措施，对6家国家循环经济试点单位加强了服务指导，试点单位在试点过程中根据自身的市场、资源、技术、文化等条件，积极探索适合本地发展循环经济的路径和模式，并取得了实质性进展。如：汨罗再生资源集散市场充分发挥物资集散功能，年回收100多万吨再生资源，就地催生一大批再生资源加工企业，成为当地经济发展的第一大亮点，被国家有关媒体称为“汨罗现象”；智成化工公司通过持续推行清洁生产，实现了“三废”的循环利用和综合利用，资源利用率和污染物排放指标达到了国内先进水平，探索出化工行业发展循环经济的“清洁生产”模式；近几年永兴县利用先进技术改造传统产业，并将冶炼回收行业适当集中到工业园区，实现集群式发展和集中式治污，创造了没有银矿的“中国银都”品牌，并被国内很多机构称为“永兴模式”；泰格林纸集团充分注重造纸资源消长的适度平衡以及造纸废弃生物质的综合利用，探索出“林纸一体化”发展模式；株洲冶炼集团通过引进国际先进技术，分步推动系列生产工艺升级，正在建立“铅锌联合冶炼”循环经济产业模式。

二是组织开展省循环经济试点建设。2008年，出台了《湖南省第一批循环经济试点工作方案》，在17家企业和7个园区启动省级循环经济试点，指导试点单位编制试点实施方案，并组织专家评审。对各试点单位的重大项目下达专项资金给予支持，积极探索和研究符合我省实际的循环经济发展模式。如，湖南省邵阳宝兴科肥有限公司采用美国第二代Prism膜回收技术，回收合成驰放气中的氢作燃料使用，日产氨提高5%，吨氨电耗下降50千瓦时，煤耗下降100kg左右，年节标煤4500吨；岳阳云溪工业园，初步与大厂对接形成了工业催化新材料、高分子材料加工、生物医药化工、环保溶剂、中间体产业和炼厂气体加工六条产业链，使园区及周边范围的原料、中间体、产品、副产品及废弃物做到互供和共享，实现了资源利用最大化。

（三）突出重点行业

2008年，重点在石化和建材行业积极探索循环经济的发展模式。石化和建材行业都属于传统的高耗能行业，资源消耗普遍较高，且容易造成环境污染。

石化行业，通过开展工业废弃物回收和再利用、推广新技术和新工艺，积极探索“资源—产品—废弃物再生资源”的产业链。许多化工企业从实际出发，将节能降耗、减污增效纳入发展规划，确定了资源循环利用的思路，初步形成了“资源—产品—废弃物—再生资源”的循环流程。如：中盐湖南株洲化工集团公司自主研发成功电石碴制水泥工艺路线，一次生料制备比原用石灰石为原料生产节煤25%以上，电石渣完全代替石灰石，变废为宝，减少环境污染。将水合肼副产盐渣经过洗涤，过滤等工序，再送烧碱厂作为烧碱生产的原料。

泰格林纸集团岳阳纸业股份有限公司日产550吨脱墨浆生产线，年回收利用废纸27万吨

建材行业，水泥工业的新型干法技术和纯低温余热发电技术快速发展，浮法玻璃生产工艺得到全面推广，建筑卫生陶瓷生产技术装备、产品装饰与造型设计配套能力不断提升，新型墙体材料先进技术得以广泛应用。目前全省已建成投产的新型干法

线达到30条，另有15条在建，已建成纯低温余热发电的有5条，总装机容量近30兆瓦，吨熟料发电30千瓦时以上，吨熟料节约标煤3.69千克，还有11座新型干法水泥纯低温余热发电站在建设中。湖南石门特种水泥有限公司以劣质资源为主要原料开发生产出优质特种水泥逾百万吨，已广泛用于三峡等国家重点工程；湖南精城特种陶瓷有限公司是我省自主研发高性能耐磨材料的企业，开发研制出一系列耐磨陶瓷管道，在水泥企业中广泛使用，节能效果显著。

2008年10月，先后组织召开石化和建材行业循环经济现场会，通过经验交流，探索和推介有效的循环经济发展模式。

（四）调整和优化产业结构

一是积极推进第三产业和高技术产业发展。2008年我省第三产业增加值占全省生产总值比重达到41.45%，比2007年提高1.73个百分点；规模工业高技术产品实现增加值1047.26亿元，占全省生产总值比重达到9.37%，比2007年提高0.2个百分点。

二是严格限制高耗能行业发展。通过源头把关和加大淘汰落后产能力度，严格控制高耗能行业发展。2008年，我省六大高耗能行业增加值占全省规模工业增加值的比重为41.2%，比2007年下降0.5个百分点。

三是加快淘汰落后产能。2008年，我省关停小火电机组50.5万千瓦，提前完成“十一五”关停目标；淘汰水泥落后产能600万吨；淘汰铁合金落后产能8.7万吨；淘汰味精落后产能0.3万吨；淘汰平板玻璃产能70万重量箱；开展了全省造纸企业污染整治专项行动，重点对非洞庭湖地区596家造纸企业实行关停整治，淘汰造纸落后产能85万吨。建立淘汰落后产能退出机制，安排资金1亿元，用于补偿湘江流域关停企业，2008年湘江流域已取缔关闭企业37家，淘汰退出企业18家，停产治理企业42家。

（五）推行清洁生产

2008年，重点在造纸、纺织等行业推广清洁生产示范，组织洞庭苎麻等多家企业开展清洁生产审核，通过资金扶持和政策引导，加大清洁生产项目的实施力度，推进企业清洁生产方案的实施。

（六）开展资源综合利用

进一步加强资源综合利用产品和资源综合利用发电及热电联产机组的认定工作，严格认定标准，规范认定程序，加强资源综合利用的后评价和监管，严格执行国家有关税收优惠政策，促进资源综合利用工作的开展。2008年，全省工业固体废弃物综合利用率近80%，综合利用产品产值近百亿元，落实国家税收优惠政策2亿元以上，认定的资源综合利用企业138家，认定的资源综合利用发电机组36台，装机容量近13万千瓦，通过开展资源综合利用，大大地减少了资源消耗，节约了能源。

郴州资兴焦电股份有限公司焦化分厂炼焦生产过程中产生的荒煤气全部回收用于发电，既节约了能源，又实现了废气零排放。图为焦炭出炉

白银精深加工设施

（七）大力推进节能降耗

一是加强节能目标责任考核。制订了年度节能目标，印发了《湖南省人民政府关于批转节能统计指标体系、监测体系、考核体系实施方案的通知》。2008年，对全省14个市州2007年度节能目标完成情况和节能工作进展情况进行了现场评价考核，并将考核结果进行了公告。

二是加强组织领导和综合协调。印发了《湖南省节能减排综合性工作实施方案部门分工》、《2008年节能减排部门工作安排》和《湖南省2008年节能降耗工作要点》，进一步明确了各部门工作责任。建立健全领导小组节能办公室工作制度，编发了《湖南节能简报》，及时通报全省及各市州、各部门节能工作进展情况。节能工作办公室先后两次召开各成员单位联络员会议，协调有关部门积极开展节能减排全民行动。

三是积极推进十大重点节能工程。建立十大重点节能工程项目库，2008年全省有87个重点项目获得中央预算内资金和节能量奖励资金支持；出台了《湖南省节能技术改造财政奖励资金管理办法》，218个项目获得省节能专项资金支持。项目建成后预计可实现年节能量300多万吨标煤。

四是加强节能管理和监察能力建设。2008年，我省在原省节能监测中心的基础上成立了省节能监察中心，落实了人员编制和工作经费，积极开展节能监察执法。长沙、常德、岳阳等市州也成立了节能监察中心，充实了技术力量，添置了技术设备，加强了能力建设。

五是加强能源管理力量和计量工作。建立了全省重点用能单位能源管理人员备案制度，对年综合能耗1万吨标煤以上的重点用能单位能源管理人员实行备案。编印了《湖南省能源计量与统计工作指南》，免费发放给重点用能企业。建立了重点用能企业执行《用能单位能源计量器具配备和管理通则》实施合格认可制度。

（八）开展宣传培训，营造舆论氛围

各级宣传部门和省内主流媒体加大建设节约型社会宣传力度，在重要版面、重要时段开展节能降耗系列报道；举办企业清洁生产、能源统计、能源审计、能源计量和节能技术等培训班；积极开展《节约能源法》宣贯和一年一度的节能宣传周活动；成功举办了2008中国长沙首届节能科技产品交易博览会和节能减排家庭社区行等活动，积极引导公众参与节能。

湖北省循环经济

湖北省发展和改革委员会

2007年底，武汉城市圈被国家正式批准为全国资源节约型和环境友好型社会建设综合配套改革试验区，标志着湖北省发展循环经济进入了一个新的阶段。

2008年是湖北省“两型社会”建设的开局之年。一年来，湖北省将发展循环经济作为“两型社会”建设的突破口，先试先行，撤除区划藩篱，打破经济壁垒，大力推进“五个一体化”建设，积极探索增长新模式，构建了以产业为链条的循环经济发展体系，产业格局和经济结构正在向资源节约和环境友好的“两型化”目标调整，循环经济发展取得显著成效。

2008年湖北省万元生产总值能耗为1.314吨标准煤，比上年下降6.29%，比2005年下降12.98%，完成“十一五”目标62.3%，超额完成“十一五”进度目标2.3个百分点，高于全国完成47.63%的平均水平，居于全国前5位；全省COD排放量58.57万吨，比2005年下降4.92%，累计完成“十一五”目标的97.2%；SO2排放量66.98万吨，比2005年下降6.69%，累计完成“十一五”目标的85%；万元工业增加值用水量231立方米,比2005年降低了32.6%，完成“十一五”目标的99.1%，工业固体废物综合利用率达到74.9%，全省污水处理率达到了67%，城市生活垃圾无害化处理率也大幅提高。

一、循环经济工作进展情况

（一）构建工作机制，建立健全了循环经济组织保障体系

根据试点工作的要求，各国家级、省级循环经济试点单位都相应成立了循环经济试点工作领导小组，组织、推动循环经济试点工作的开展。从纵向上，基本形成了“省—市—县—企业”四位一体的组织体系；从横向上，政府各部门之间基本建立了循环经济联系机制，做到了信息传递及时，沟通渠道畅通。同时，组织编制完成全省化工产业循环经济发展规划和再制造产业发展规划。

循环经济助推武汉两型社会试验区建设

（二）大力开展循环经济试点建设

一是积极争取国家试点。武汉市东西湖区、宜昌经济开发区、武汉市青山区、荆门市和湖北金洋冶金股份有限公司等先后成为国家循环经济试点单位，东风鸿泰控股集团公司、东风康明斯发动机有限公司成为国家汽车零部件再制

2008年4月，中国（武汉）青山循环经济高层论坛举行，国家发改委副主任解振华、国家环保部副部长吴晓青到会讲话

湖北省省委书记罗清泉（前右）在华山水产调研，强调大力发展农业循环经济

造试点单位，组织试点单位编制了实施方案并通过了国家发改委组织的评审。

二是扩大省循环经济试点规模。为补充和深化第一批试点，2008年6月开展了省第二批循环经济试点工作，确定了28家重点行业的试点企业、再生资源回收利用重点领域试点企业5家、8家循环经济试点园区以及黄石、潜江、枝江等3家循环经济试点城市。

（三）大力开展资源综合利用

组织开展资源综合利用产品（工艺）认定，共有166个产品通过认定可以享受相关优惠政策。目前全省认定有效期内的资源综合利用企业共有660家，年综合利用粉煤灰、炉渣、尾矿、磷石膏等废弃物4300万吨，实现产值175亿元。争取国家发改委审核认定湖北松源矸石发电有限公司2×25MW煤矸石发电机组为资源综合利用机组。截止2008年底，全省户用沼气池保有量209万户，年产沼气6.86亿立方米；农村省柴灶保有量981.82万户，节能灶保有量263.11万户，太阳能热水器使用面积125.24万平方米。

（四）产学研结合，搭建了循环经济技术支撑平台

湖北省科教优势明显，雄厚的技术研发、设备制造实力增加了环保产业的综合竞争力，为发展循环经济提供了强有力的技术支撑。钢铁、化工等行业是耗能、耗材、耗水大户，同时节约空间也很大。近年来，武钢以技术改造为契机，采用了一大批当代先进的节能降耗新工艺、新技术和新装备，先后完成了一系列的节能改造工程，为高炉节能提供了硬件基础。武石化在推行清洁生产过程中，注意采用新的生产工艺，对旧设备、旧装置进行技术改造。如污水汽提装置扩容，效益十分显著。

（五）营造发展循环经济的社会氛围

一是加大循环经济宣传力度。湖北日报、荆楚网、湖北电视台、楚天都市报等新闻媒体多次报道我省循环经济发展成果，引起了强烈反响。

二是组织参加循环经济系列活动。2008年4月，围绕武汉城市圈建设资源节约型、环境友好型社会综合配套改革试验区，成功举办了中国·武汉（青山）循环经济发展论坛，国家发展改革委副主任解振华、环保部副部长吴晓青出席并发表了演讲。2008年9月，在襄樊市承办了国家汽车零部件再制造工作座谈会。

二、探索重点行业、重点领域、园区、城市、区域层面的循环经济模式

（一）重点行业循环经济

冶金行业——5家试点企业对钢铁及有色金属工业企业发展循环经济作了有益的探索，形成了以湖北新冶钢公司节能技改，实施一火成材以及大冶有色金属公司天然气替代化石燃料、金属平衡管理等为

方向，开展了冶金行业节能减排、伴生资源回收、炉渣再选等循环经济关键技术攻关，探索了冶金行业循环经济发展模式。

化工（医药）行业——从化工试点企业看，通过资源、能源的综合利用，获得了良好的经济和社会效益，以围绕主导产品拓展产业链、综合利用副产品及三废为方向，形成了以湖北宜化、兴发集团为代表的磷化工循环经济模式，以双环科技、仙桥化工为代表的盐卤化工循环经济模式，以广济药业、美中能特为代表的通过技术进步延伸产品产业链、回收利用废弃资源的制药行业循环经济模式。

建材行业——试点单位的实践表明，建材行业除了自身的内部循环外，还能发挥“消纳器”的作用，消耗其他产业的固体废弃物以及生活垃圾，构建了以华新和葛州坝水泥为代表的水泥行业循环经济模式，以湖北基立环保板材股份有限公司为代表的绿色环保板材产业循环经济模式，以武汉广厦龙源墙体材料、东惠新型建材为代表的工业废渣综合利用发展新型墙体材料的循环经济模式。

电力行业——随着湖北省经济的快速发展，火力发电在电力工业中的主导地位在短期内难以改变。节约能源、资源与减少污染物排放是火电厂发展循环经济的重中之重。通过试点工作，构建了以鄂州电厂配煤掺烧、二氧化硫综合治理为方向的火电行业循环经济模式，以襄樊安能热电为代表的热电循环经济发展模式。

轻工行业——轻工业门类多、差别大，发展循环经济的重点不同。两批试点单位在不同的领域作出了探索，白酒行业形成了以湖北稻花香集团为代表的以白酒、饮料产业为主导、副产品深度加工、种养殖业相配套发展的循环经济模式；造纸行业构建了赤壁晨鸣纸业公司以减污为方向，以水循环利用、造纸污泥资源化为主要内容的循环经济模式；环保产业形成了以湖北绿世界环保科技股份为代表的以农业生物质为原料生产的全降解环保包装新材料的循环经济模式。

汽车行业——汽车工业发展循环经济的重点在于节能、节水以及原材料的节约。通过试点工作，构建了以东风铸造分公司的铸造废砂再利用、冷却水循环再利用为方向，与高校合作研发核心技术的循环

湖北稻花香农业循环经济产业链示意图（百亿产值规模）

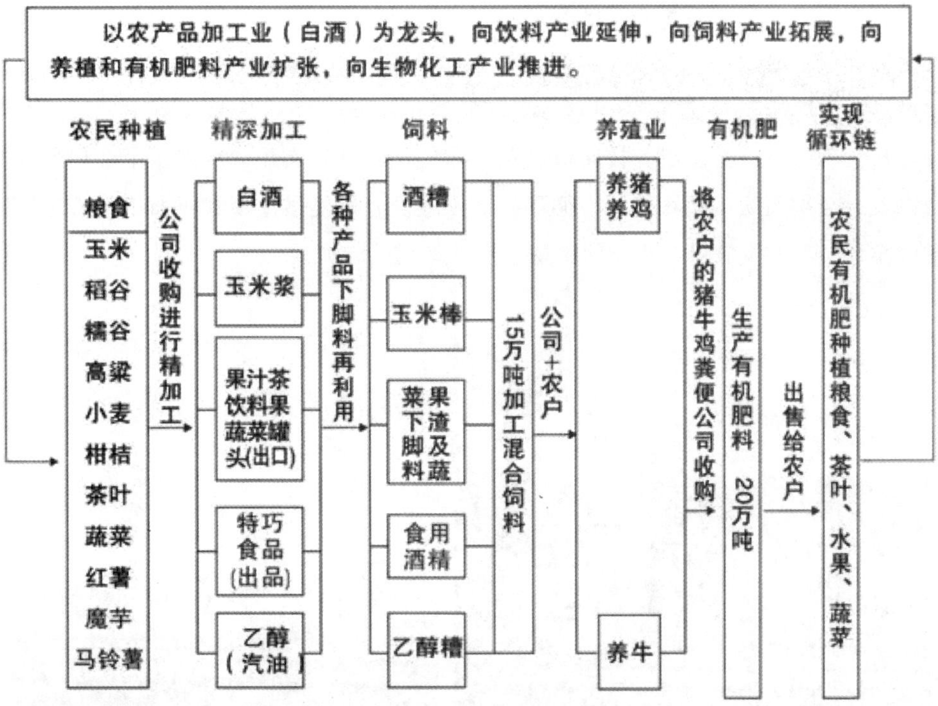

经济模式。

农业——农业循环经济重点在于延伸农产品的上下游产业链，废弃物综合利用、循环利用。通过试点工作，构建了以湖北京都农业科技开发有限责任公司奶牛养殖、良种繁育、饲料加工、有机肥生产销售、农业科技开发和推广为一体的奶牛产业循环性经济模式，中绿（天门）实业发展有限公司集农产品种植（养殖）、深加工、沼气、有机肥、饲料、旅游观光为一体的循环经济模式。

（二）重点领域循环经济

废旧资源回收利用是发展循环经济的重要领域，但同时也是容易产业二次污染的产业。通过试点工作，以格林美、湖北金洋冶金有限公司、湖北日报传媒集团建设废旧物资回收体系，核心技术攻关为方向，构建二次资源回收利用的循环经济模式。

（三）产业园区循环经济

两批试点的12个园区分属5个类型，构建了5种不同的模式：

——武汉东西湖区、黄冈龙感湖管理区围绕农产品加工主导产业，延伸生态种植、养殖产业链，建立了“尿液—污水处理同时产生沼气—居民使用”，“牛粪→菌种发酵→制有机肥”以及“牛粪(干燥处理)—生产蘑菇”，“秸秆-发电（草木灰）-有机肥-种植”等，构建了农业循环经济发展模式。

——荆州纺织印染循环经济工业园、荆门高新技术开发区着力引进高起点、高附加值、高科技含量、高市场占有率的“四高”项目，围绕资源综合利用做文章，建立了以新能源、新材料为方向的高效能现代化生态型工业园区循环经济模式；

——青山区、阳逻开发区、鄂州经济开发区、宜城大雁工业园作为资源消耗高、污染排放重的重化工业集聚区，以重点项目为支撑，围绕资源综合利用，构建以多种废弃物资源化集成为方向的重化工业园区循环经济模式；

——宜都工业园、宜昌开发区三峡磷化工产业区围绕磷资源优势做文章，引进关键企业和项目完善磷化工产业链，构建了以补链为方向的化工园区循环经济模式。

——谷城再生资源园区、随州环潭塑编工业园以再生金属、再生塑料为主导，打造中国中部地区再生资源回收循环利用基地。

（四）市、县循环经济

通过谷城县、荆门市、潜江市、枝江市、黄石市的循环经济实践，构建了企业内部小循环、企业之间共生耦合以及社会层面宏观循环的城市循环经济模式。特别是潜江市和黄石市，作为国家资源枯竭型城市，以发展循环经济为突破口，较好地实现了产业结构的转型。

谷城循环经济工业园奠基

襄樊电厂形成三废利用循环产业链

（五）区域循环经济

推动青山–阳逻–鄂州大循环经济示范区建设，以“武汉新港”的兴建为契机，紧扣青山、阳逻、鄂州三地区位优势、资源禀赋和产业基础，以长江为轴线、以产业为纽带，以循环经济理念推动“青阳鄂”产业结构调整和区域空间布局。整合青山、阳逻、鄂州等地钢铁、化工、电力、建材等产业资源，探索建立跨区域的重化工聚集区循环经济发展模式。

三、进一步推进循环经济发展的措施

湖北省循环经济试点取得了显著的成效，但也存在一些问题：一是各地各部门工作推进力度不够均衡。政府各职能部门对循环经济的认识水平还参差不一，工作体制不顺；一些地方存在等待观望现象，工作上缺乏紧迫性和责任感。一些职能部门的工作比较被动，主动拓展不够，办法和手段不多。二是循环经济建设目前仍处于探索、起步阶段，企业普遍面临着管理、人才、技术和资金方面的问题。产品间、企业间、产业间关联度不够高，互补、互用的能力不强，调整产业结构和布局的任务相当繁重。三是循环经济应用、经济政策、相关技术的研究，相关技术的引进和成果转化等投入不足，循环经济建设资金缺口较大。四是企业自身规模偏小，对于一些循环经济建设过程中的关键项目，由于投入较大，完全依托企业之力，实施进度上保障性不强，循环经济试点过程中企业积极性未能得到充分的调动等。下一步重点抓好以下几点工作：

（一）编制循环经济发展规划

按照循环经济发展规划编制指南的要求，组织编制全省循环经济发展总体规划及重点领域循环经济规划，指导各循环经济试点园区、城市及“青山–阳逻–鄂州”大循环经济示范区编制循环经济发展规划，积极申报国家试点。

（二）进一步深化循环经济试点和汽车零部件再制造试点

督促各试点单位落实好实施方案，及时发现问题，总结并推广经验，指导做好示范试点工作，以点带面，发挥循环经济试点的辐射作用，推广成功的循环经济典型模式，推进循环经济形成较大规模。

（三）完善配套政策

大力宣传贯彻落实《中华人民共和国循环经济促进法》，研究并组织编制《湖北省实施〈中华人民共和国循环经济促进法〉办法》，研究鼓励废物“零”排放政策，建立省级循环经济发展专项资金，支持国家及省循环经济试点单位发展循环经济的技术研发、示范推广、重大项目的实施、建设信息共享平台以及奖励等。研究建立“可量化、可操作、可考核”的循环经济统计制度，选择部分国家级和省级循环经济试点单位开展物质流分析。

（四）推进重点领域资源综合利用

继续组织资源综合利用产品（工艺），加强对生物质发电、煤矸石发电的认定和申报工作，围绕节能减排加大落实税收优惠力度；积极推进脱硫石膏、磷石膏、农作物秸秆等资源化重点建设工程，提高大宗工业固废综合利用率；扩大废金属、废塑料、废旧轮胎等再生资源产业化规模。建设统一规范的再生资源集散市场，形成“以城市社区回收站点为基础、集散市场为核心、加工利用为目的”的三位一体再生资源回收利用网络体系；以秸秆高效利用和禁烧管理为突破口，按照国家要求加快编制秸秆综合利用专项规划。

（五）加大清洁生产推行力度

重点抓好钢铁、有色、电力、化工、建材、轻工等重点行业开展清洁生产审核，加大审核力度，扩大审核数量和范围；加大重点流域工业污染防治力度，对三峡库区和丹江口库区等重点流域内的工业企业加快实施清洁生产技术改造，组织实施一批重点清洁生产项目。

河南省循环经济

河南省发展和改革委员会

2007年底河南省被国家列入第二批循环经济试点后，河南省高度重视，成立了省循环经济工作领导小组，积极编制《河南省循环经济试点实施方案》，并在加大产业结构调整力度，开展资源节约和综合利用，推动节能减排等方面做了一些工作。2008年，单位GDP能耗下降5.1%，COD、二氧化硫排放量分别削减5.5%、6.2%，工业固废综合利用率达到70%，比上年提高2.2个百分点；万元工业增加值用水量降到70立方米，比上年减少4立方米。2008年，河南省循环经济发展情况如下：

一、加强对循环经济工作的领导

为加强对循环经济工作的领导，省政府以豫政文[2008]96号印发了《关于成立河南省循环经济发展工作领导小组的通知》，成立了河南省循环经济工作领导小组，常务副省长任组长，省直16个厅局的一把手为成员，领导小组办公室设在省发改委。领导小组的成立为河南省循环经济试点工作的顺利推进提供了组织保障。

二、推进资源节约和综合利用

节能方面，制定了《河南省重点用能单位节能管理办法》，在重点耗能行业实施了“3515”节能行动计划，即在全省钢铁、有色、煤炭、电力、石油石化、化工、建材、纺织、造纸等能源消费量较大的行业中，通过抓好300家左右、年综合能耗5万吨标准煤以上企业的节能工作，实现“十一五”节能1500万吨标准煤的目标。

节水方面，全面实施计划用水管理，全省城市计划用水管理率达到70%以上。重点抓好火电、石油化工、造纸、冶金、纺织等高耗水企业节水改造示范工程，大力推进煤矿矿井水资源化利用。把第一用水大户农业作为节水重点，积极推广节水设备和节水灌溉技术，发展高效节水农业。

节地方面，近年来，河南省加大了保护耕地、禁止使用实心粘土砖和推广新型墙体材料的工作力度，截至2008年底，共拆除实心粘土砖瓦窑厂8060个，整理复垦土地32.46万亩。

资源综合利用方面，积极用好国家鼓励资源综合利用的各项优惠政策，加强共伴生矿、工业“三废”等资源进行回收再利用。截至2008年底，全省认定综合利用企业426家，年综合利用各类工业固体废弃物4800万吨。在广大农村，以农作物秸秆和畜禽粪便的资源化、减量化、无害化利用为重点，大力发展农村户用沼气和秸秆养殖、气化和发电。2008年全省新增农村户用沼气59.5万户，共达到295万户。通过开展资源节约利用和综合利用，大量废弃资源得到回收和再生利用，减少了环境污染，提高了经济效益。2008年，全省工业固体废弃物综合利用率达到70%。

三、遏制“两高”行业过快增长

坚持把节能环评审查作为项目建设的重要关口，积极支持先进的，坚决制止落后的，严格控制过热的项目建设，新建项目能耗指标必须达到全国先进或领先水平，必须少占和不占环境容量。制定并落实差别电价政策，确定了第一批20家限制类和69家淘汰类的差别电价企业分类名单；对限制类和淘汰类企业用电在正常电价的基础上，实行加收电价。按照国家统一要求，调整了河南省1271项高耗能、高排放、资源性产品的出口退税率，占出口总额的39.6%，平均出口退税率由6.18%调减为4.76%。实行了建设项目污染物排放总量核定制度，严格控制污染物排放增量。凡不符合国家产业政策的项目，一律不批；对没有环境容量的区域或没有经过环境容量置换的项目，一律不批；对饮用水源保护区等敏感地区产生重大不利影响的，一律不批；对未按期完成减排任务、超过总量指标、环境违法突出、主要控制断面不达标，以及没有完成淘汰落后产能的地方，一律区域限批。

四、大力淘汰落后产能

河南省把淘汰落后产能作为调整产业结构、提高资源利用效率的重要途径，强力推进。

关停小火电方面，在加快大型高效机组建设的同时，在全国率先提出关停小火电，通过试行优化发电调度、大机组补偿小机组、发电权交易等措施促进“上大压小”。截至2008年底，全省已累计关停小火电机组355台，合计关停容量668万千瓦，超额完成了2007年省政府与国家签订的“十一五”期间关停350万千瓦小火电机组的责任目标；全省火电机组平均每千瓦时供电标准煤耗从2005年的390克，比全国平均水平高16克，降低到2008年的345克，比全国平均水平低4克。

造纸业结构调整方面，关闭了省内所有石灰法草类纸浆生产线，出台了严于国家标准的造纸行业地方污染物排放标准，全省造纸企业由1360家减少到目前的350家左右，COD排放量由22.2万吨减少到11.7万吨，占工业COD排放量的比例由62%下降到42%。

关停粘土砖瓦窑厂方面，2008年重点对已拆除的粘土砖瓦窑厂加强了督查，防止死灰复燃，又拆除粘土砖瓦窑厂3449个。全省累计拆除实心粘土砖瓦窑厂8060个，占全省各类粘土砖瓦窑厂总量的87.6%，整理复垦土地32.46万亩，提前3年完成了省政府确定的“5年内关闭全省粘土砖瓦窑厂70%以上、减少占地约12.5万亩”的整治目标。

关停小煤矿、铝土矿方面，在全国率先提出对煤炭、铝土矿资源实施资源整合，推动矿产资源向重点企业集中，提高资源回采率。截至2008年年底，全省小煤矿由整合前的1569个减少到521个，减少了67%；小铝土矿由144个减少到51个，减少了65%。7大煤业集团与4大氧化铝企业占有全省煤炭、铝土矿资源分别达到70%和90%。此外，2008年河南省还淘汰焦炭、铁合金、酒精等落后产能80万吨、5.06万吨和7万吨。

五、以循环经济理念推进产业集聚区建设

省政府把产业集聚区建设作为优化经济结构、转变发展方式、实现节约集约发展的基础工程，在全省范围内确定了一批产业集聚区。省政府《关于加快推进产业集聚区建设的指导意见》中明确指出，要用循环经济的理念推进产业集聚区建设，在园区范围内围绕核心产业，发展上下游产业和关联产业，促进企业间废弃物交换，实现废弃物、副产物的资源化、循环利用和能源资源的多级利用，形成共享资源和互换副产品的企业共生组合。

六、加强循环经济技术研发和推广

2008年，河南省组织实施了节能减排科技工程，共征集到节能减排科技项目450多项，科技示范候

选企业126家，新建节能减排科技创新平台8家，认定首批30家省级节能减排科技创新示范企业。与省科技厅、省环保厅联合印发了《河南省节能减排科技创新示范企业认定和管理办法》。形成了河南省拥有自主知识产权的秸秆纤维乙醇、铝电解槽不停电检修、全石墨化阴极等一批关键节能技术。技术推广方面，水泥行业日产2000吨以上生产线全部建成余热发电装置，要求新建项目必须配套建设余热发电装置；化工行业重点推广了“三废混燃炉”、醇烃化代替铜洗等技术；铝工业行业推广了选矿拜耳法、强化烧结法、电解槽不停电检修技术等先进工艺；食品行业推广高浓度废水处理技术。目前，河南省电解铝行业整体技术水平处于全国领先地位，吨铝综合电耗低于全国平均水平250千瓦时。

七、开展省级循环经济试点工作

2008年，在总结第一批省级试点的基础上，又启动了第二批试点工作，围绕冶金、建材、化工、轻工等行业，重点选择了38家经济实力和自我发展能力强、特色突出、积极性高的园区、企业和区域，在全省更大范围内推进循环经济深入发展。目前，各试点单位循环经济工作进展良好，从整体上带动和促进了全省循环经济的发展。

海南省循环经济

海南省工业和信息化发展局

2008年是海南省建省20周年，生态省建设9周年，经济发展尽管受到国际金融危机的影响和冲击，却仍然实现了经济平稳较快增长，全省生产总值1459.23亿元，比上年增长9.8%。地方财政一般预算收入145亿元，增长33.9%。同时，全省环境空气质量总体优良，基本保持国家一级水平，水环境质量总体保持良好。“十一五”以来，海南省首次实现化学需氧量、二氧化硫指标双下降，下降幅度分别为0.69%、15.09%；2008年为“十一五”以来万元GDP能耗下降最多的年份，年下降率达到2.55%(以国家统计局公报数据为准)；全省工业废弃物综合利用率达到75%；森林覆盖率由1998年的50.9%增至2008年的58.48%。

2008年，海南省发展循环经济的主要做法：

一、推进循环经济发展模式

（一）工业循环经济

海南省昌江循环经济工业区被列入国家第二批循环经济示范试点以来，2008年完成试点实施方案的编制工作。

大力推进企业循环经济发展。推进昌江华盛水泥石灰石原料运输系统、永航不锈钢年产50万吨不锈钢综合节能改造等国家重点节能项目以及年产3000吨二氧化碳可降解塑料项目建设，实施情况顺利，2009年可建成投产。总投资4998万元的中石化海南炼化公司12MW余热发电项目于2008年11月建成运行；华能海口电厂4台125兆瓦机组脱硫完成改造并已正式运转，同时电厂完成冲灰水改造，实现废水零排放；海南万绿、广益多新型墙材公司综合利用电厂固体废弃物建设的新型墙材项目于2008年底投产，年可消纳粉煤灰、脱硫石膏3万吨；全省8家糖厂完成无滤布真空吸滤机工艺改造；金海浆纸厂一期100

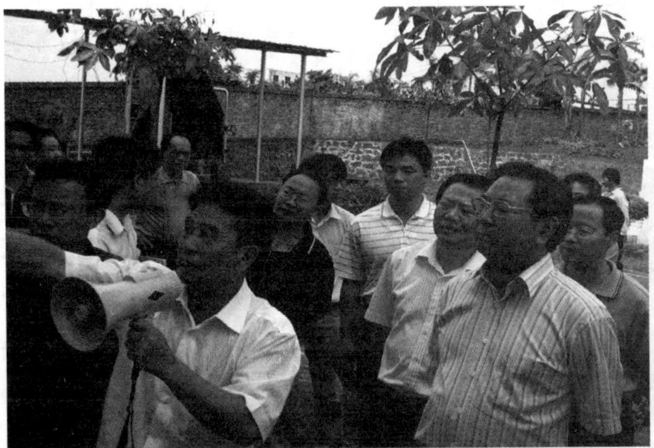

海南省委书记卫留成(右一)调研循环经济

农业部部长孙政才（右三）部长参观沼气工程

万吨造浆厂废水处理设施深度处理工程已于2008年4月竣工投入使用，且设施运行稳定，COD排放浓度大幅下降。全省工业废水治理设施处理能力38.66万吨/日，新增废水处理能力3610吨/日。

积极开展重点行业清洁生产。开展二氧化碳可降解塑料生产、污水处理厂污泥制有机肥生产、尾矿库尾矿回收技术、应用强磁—离心分离新技术从赤矿铁尾矿中回收铁精矿等清洁生产技术研发。2008年，启动我省5家企业（海南炼化、富岛化肥、海口华能电厂、海湾精细化工厂、海宇锡板厂）强制性清洁生产审核试点工作，其中，金海纸浆厂提交了清洁生产审核报告。全省共产生清洁生产方案105项，其中中、高费方案12项，无、低费方案93项。年内共投入资金54264万元，实施中高费方案9项，完成无低费方案71项。企业通过实施清洁生产方案，每年可获经济效益5.18亿元，减少水消耗290万吨，节约能源0.84万吨标煤，削减COD排放565万吨、SO2排放71吨、氮氧化物排放63吨。

加大企业资源综合利用的力度。海口火电厂粉煤灰和脱硫石膏等工业废弃物及林业枝杈材、椰壳等全部得到利用。年内有9家企业（项目）通过了资源综合利用认定，享受到资源综合利用税收优惠政策。至2008年底，全省共有23个资源综合利用企业（项目），全年工业固体废弃物综合利用率为75%，比上年提高了3个百分点。

（二）农业循环经济

2008年，我省编制实施了《海南省规模化畜禽养殖场污染防治和废弃物资源化综合利用技术指南》，建成3个养猪场污染治理与循环经济示范项目，筛选并确定4个养殖场污染治理与循环经济示范项目。2008年，全省新增农村沼气用户4.3万户，累计达到25.2万户。省市政府联手创建海南省海口市现代生态循环农业示范区项目，项目总投资59060万元，主要建设“猪—沼—作物”生态循环农业示范基地和以沼肥综合利用的设施农业示范基地。计划建设大中型沼气工程53处，每年净化畜禽粪污达140万立方米，提供沼肥40万吨，可为6300户居民集中供气，年节支增收达756万元；建设标准化生态循环农业示范基地4.6万亩，年提供优质安全果菜产品5万吨，每年为示范区内农民增加收入2250万元等。全省新增4个测土配方施肥项目市县，推广测土配方施肥技术面积达28.4万公顷。

中海化学公司以天然气为原料，生产加工成甲醇、化肥、二氧化碳可降解塑料、干冰等产品，促进了燃气化工产业链的形成。是国内化工业的典型循环经济示范企业

2008年12月9日，海南省昌江循环经济工业区《循环经济试点实施方案》评审会在京召开

（三）旅游及服务业循环经济

结合海南创建国际旅游岛目标，积极发展生态旅游，加快服务业的发展。努力构建较完善的景区废弃物分类、回收、处理系统，涌现出三亚南山、兴隆热带花园、亚龙湾、博鳌等一批以生态恢复、生物多样性保护和弘扬生态文化为主题的生态旅游区，建设了一批4A

级旅游景区。通过创建循环型旅馆和绿色宾馆酒店，鼓励采用合同能源管理模式，推广使用风光互补照明、实施太阳能供热系统改造等节能环保技术改造，实现资源的有效利用。积极推广集中供冷，三亚亚龙湾冰蓄冷项目加快了实施进度，亚龙湾区域内的天域、红树林、凯莱、喜来登、万豪、希尔顿和华宇皇冠等五星级以上知名连锁宾馆酒店均签订了冰蓄冷供冷协议。华宇皇冠二期、瑞吉酒店等在建项目明确不再自建制冷系统，直接使用冰蓄冷供冷方式。

（四）交通运输循环经济

积极推进城市公交汽车燃气化，海口市在全部出租车、60%公交车已实现燃气化的基础上，率先推广应用LNG汽车，2008年共有43辆LNG公交车投入运营。运输部门及运输企业积极推广班线车滚动发班，全省市、县际的客运车辆基本实现“滚动发班”，提高了实载率。海南通利船务公司2008年完成了对所属运输船队的节油技术改造，当年节油3800吨。开展“海南省沥青路面现场热再生技术应用研究”，在部分高速公路路段采用专用现场热再生设备，一次性实现对表面一定深度范围内旧沥青混凝土路面再生应用。该技术不仅在施工中对环境零污染，施工成本比传统施工方法节约20−30%。

（五）建筑领域循环经济

从建筑项目立项、规划报建等各环节严格执行国家建筑节能设计标准，2008年施工阶段执行节能设计标准的比例达到60%。全面推广太阳能热水系统与建筑一体化技术，制定了强制性规范标准，出台了建筑能耗统计、能源审计、能效公示等方面的管理办法，并组织开展政府办公建筑和大型公共建筑能耗统计、审计等工作，加快形成建筑节能的长效机制。加大“禁实”和发展应用新型墙体材料工作力度，组织召开全省墙体材料革新工作会议，提高了墙改基金征收标准，由建筑面积每平方米8元提高到10元，确定将琼海市列入国家第三批“禁实”城市名单。在文昌、琼海、陵水等市县禁止在城市主要城区现场搅拌混凝土，水泥散装率达到32.46%。

二、建立废品回收利用系统

2007年底开展废品“回收、加工、利用”一条龙的示范企业——海南绿保再生资源有限公司正式运营，项目计划投资1280万元；拟在全省建成1500个垃圾回收网点，并力争用5年时间，在全省建成较为完善的再生资源回收体系，实现再生资源主要品种回收率达80%；推动再生资源产业化，海南绿保再生资源有限公司已在海口设立57个便民回收站，年可回收废品超1万吨。

三、推进城镇污水和生活垃圾处理项目建设

相继出台《关于加快全省城镇生活污水处理设施建设的实施意见》、《海南省城镇污水处理厂运行管理标准》等相关规定，并将污水

海南矿业利用尾矿、贫矿生产铁精粉使矿产资源得到高效利用，是海南省省矿业方面的典型循环经济示范企业

海南国投水泥厂生产过程中开展资源综合利用、清洁生产、余热发电等是我省水泥行业的循环经济示范企业

海南省现代生态循环农业示范基地

处理设施建设纳入省、市（县）政府责任目标考核体系。2008年10月1日起，按照《海南省城镇污水处理费征收使用管理办法》，全省各市县政府所在城镇和经济开发区均开征了污水处理费，有力地推动了城镇污水处理设施建设。全省已开工建设的污水处理厂有26个，预计2009年底可竣工18个，计划2010年1月前全部竣工投产。海口市桂林洋污水处理厂整改工作和三亚市红沙污水处理厂升级改造均已完成，已建成的5个乡镇人工湿地处理生活污水工程运转正常，效果显著。2008年，我省积极推进21个生活垃圾处理场建设，海口建成18座小型垃圾收集站，三亚建成2座中型垃圾转运站和垃圾填埋场，儋州、白沙、洋浦、五指山、定安、临高、东方、屯昌等8个市县城镇垃圾处理及转运项目已开工建设。

四、大力发展可再生能源

6万吨生物柴油项目、装机容量为2兆瓦颜春岭垃圾处理沼气发电工程、总装机容量为19.8万千瓦的儋州峨蔓、华能文昌、东方四更、东方感城4个风电项目已开工建设，其中4.95万千瓦的华能文昌风电项目已竣工投产，10万吨燃料乙醇项目正在加快推进，国光滨海花园酒店公寓等5个可再生能源应用项目列入了国家可再生能源建筑应用示范项目。由省财政投资1700多万元，海南汇浦能源公司承建的“西沙永兴岛风光混合发电系统”中的100千瓦光伏发电装置已建成。

五、树立循环经济发展理念，调整优化产业结构

省政府把调整和优化产业结构作为发展循环经济的重要措施，努力转变发展方式。省委、省政府下发了《关于加快推进国际旅游岛建设的意见》，省政府下发了《海南省人民政府关于促进产业发展的指导意见》，出台了《海南省鼓励软件产业和电子信息制造业发展政策》等文件，促进了我省产业结构的调整。大力发展热带特色现代农业，加快推进医药产业、海洋产业和电子信息等新型工业项目建设的同时，积极推进国际旅游岛建设，引进国内外大企业、大集团，高起点规划、高水平建设博鳌亚洲论坛、石梅湾、海棠湾等旅游精品度假区和景区，促进旅游业发展从观光旅游为主向休闲度假旅游转变。

2008年，严格执行《进一步规范和加强建设项目环境保护管理的意见》，规范建设项目的环保审批和监管，建设项目环评制度执行率96.7%。按照《海南省固定资产投资项目节能评估和审查管理暂行办法》，对26个新上项目进行节能评估和审查，在提高能源利用效率和降低单位GDP能耗的源头上把好关。同时，建立落后产能退出机制。2008年初，省政府下发了《海南省“十一五”水泥工业产业结构调整实施方案》，确定了“十一五”淘汰落后水泥产能的目标和要求。省政府与三亚市、儋州市、澄迈县等10个市、县政府签订了淘汰立窑水泥产能责任书；继续巩固对废钢铁冶炼行业实施重组整合和拆除11套落后炼钢设备的成果。此外，整合农垦87家小橡胶厂为13家公司，海口电厂两台5万千瓦小火电机组正式关停退役，提高墙改基金征收标准，确保2008年度淘汰落后生产能力任务的完成。

六、强化节能减排措施

（一）建立和完善节能减排配套政策法规

2008年，海南先后出台了《海南经济特区限制生产运输销售储存使用一次性塑料制品规定》、《海

南省固定资产投资项目节能评估和审查管理暂行办法》、《海南省节能目标责任评价考核暂行办法》、《海南省主要污染物总量减排考核办法》、《海南省节能专项资金管理办法》等多个与发展循环经济相配套的政策法规。有关部门还分别制定并修改完善了《加快太阳能热水系统推广应用工作指导意见》、《海南省民用建筑能效测评机构管理暂行办法》、《关于在重点用能单位中设立能源管理岗位有关问题的通知》等多个指导意见、管理办法和有关规定，加强对建筑节能、可再生能源利用、重点用能单位管理工作。经过“十一五”前三年的努力，初步构建了我省节能减排政策法规体系的基本框架。

（二）强化节能减排基础工作

一是在省统计局增设能源统计处，设置3个能源统计岗位，加强能源统计体系建设，为领导科学决策提供依据。稳步推进第一次全国污染源普查工作，截至2008年底，全省共完成了38227家污染源(其中工业源2219家，农业源26820家，生活源9160家，集中式污染治理设施28家)普查工作。二是理顺了节能监测管理体制，8月份，海南省节能监察大队正式挂牌成立后，迅速完成了人员招考录用和领导班子配备。三是开展了对市县政府主要领导以及节能管理人员的培训。四是在节能宣传周期间，加强循环经济、节能相关知识的宣传和普及。五是从2008年起省政府设立节能专项资金，启动资金规模1000万元，以后逐年增加。

（三）加强节能减排监督管理

一是建立了定期向社会公布市、县和重点耗能企业能耗和污染物排放控制指标制度，定期向社会公布大型公共建筑物、政府机关建筑物等建筑节能情况。二是省政府对市县政府和重点耗能企业年度节能减排目标责任的履行情况进行考核，并对列入国家千家重点耗能企业的中海石油化学有限公司进行年度节能目标完成情况审计和考核。三是工业、发改、环保、建设、质量技术监督等部门和海南电网公司，对全省高耗能高污染行业的重点企业（生产线）的节能减排措施落实情况进行检查，对差别电价和国家产品能耗限额标准执行情况、能效标识使用情况、“禁实”和建筑节能措施落实情况等进行检查。按照国家有关规定，新成立的节能监察大队立即着手开展打击违法使用国家明令淘汰用能设备的行为，对政府机关办公区节能管理规定的执行情况进行了监督检查。

“十一五”前三年，全省节能减排、循环经济工作在建立组织领导体系、完善政策法规、加强考核监督方面做了大量基础性工作，并组织实施了一批重点示范工程。2009年，省政府将从加强领导、完善政策、调整结构、开展节能减排行动、推进技术进步、运用市场手段、加强管理和督查等方面采取措施。把节能减排、循环经济工作引向深入，扎实推进。

贵州省循环经济

贵州省发展和改革委员会

一、循环经济工作开展情况

“十一五”期间，贵州省坚持“规划引导、突出重点、示范推动、持续实施”的原则，从以下三个层面上推进：一是在企业内部，推行清洁生产，提高资源利用效率。通过原料替代、工艺改进和产品设计，加强管理，扩大规模，优先进行企业内部的物质和能量循环，提高资源、能源利用率，实现废物零排放；二是在企业之间，延伸产业链，进行企业间产品的耦合共生，进行更加充分的物质和能量交换，促进相关企业的产业整合，实现废物的回收和利用；三是在区域层面上，与社会、农业循环体系相衔接，使工业、社会所产生的废弃物经过再生返回生产、消费过程，形成物质的闭路循环，充分利用资源，减少废物排放。

（一）国家循环经济试点单位（企业）积极有效推进

2005年，贵州省贵阳市、贵州宏福实业有限公司、贵州开磷（集团）有限责任公司、贵州赤天化纸业股份有限公司等四个单位（城市）被批准为国家第一批循环经济试点单位（城市）。经过四年来的实践，贵州省试点单位（城市）试点工作稳步推进，在资源综合利用、清洁生产、污染治理、环境保护和节能减排等方面取得了明显成效，同时也为全省进一步扩大试点工作打下了较好的基础。2007年贵州茅台酒厂有限责任公司被批准为国家第二批循环经济试点企业，循环经济试点工作正加快推进。

贵阳市从2005年开始至今，按照《贵阳市循环经济生态城市建设总体规划》，开展了三批共59个试点项目的建设，这批项目总投资215010万元，预期销售收入380611万元，年利税82795万元。项目达产后，每年可利用工业固体废弃物243.8万吨，利用黄磷尾气9403万立方米，节约标煤26.2万吨，同时可向社会提供7000余个就业岗位。通过实施项目试点，利用工业固体废弃物开发了一大批建材新产品，煤碳化工、氟化工等新兴工业开始起步，一批高新技术开始推广应用，企业发展循环经济活动的规模不断扩大，为推动经济社会又好又快发展拓展了新的空间；按照规划，开展了“实现一个目标”，即建设循环经济生态经济市；“抓住两个关键”，即转变生产环节模式和消费环节模式；“构建三个核心系统”，即

孙国强副省长（右）在国家循环经济试点开磷集团调研

循环经济产业系统、城市基础设施系统和生态保障系统；“推进八大循环体系建设”，即磷产业循环体系、铝产业循环体系、中草药产业循环体系、煤产业循环体系、生态农业循环体系、建筑与城市基础设施产业循环体系、旅游和循环经济服务产业循环体系、循环消费体系。

贵州赤天化纸业股份有限公司自确定为全国首批循环经济试点单位以来，将循环经济发展作为企业的日常管理工作内容之一。经过几年的努力，公司在资源综合利用，贯彻清洁生产，技术支撑方面取得显著的成效。一是采用世界最先进的工艺和设备。在制浆蒸煮技术上采用克瓦纳公司最新开发的蒸煮技术，目前全世界使用该技术仅有4家；筛选、洗涤、漂白工段由世界著名制浆造纸商美卓公司提供设备并进行详细设计，整个系统都采用了封闭，使用水少、无流失。二是开展资源综合利用和节能减排，最大限度利用资源，减少废弃物的排放和最终处置。公司“废气综合治理和循环利用项目”每年可回收硫化碱2937吨，回收白泥5100吨，回用水53万吨，回收热量折算成标煤4218吨；“制浆生产固体废弃物回收综合利用项目”每年处理实物竹屑、实物浆渣、实物污泥总计约55658吨，“能量系统优化节能项目”年副产发电量2.006亿度，节约用电1280万度,共可节约标准煤4.84万吨；三是延伸产业链，探索环境保护与经济社会的协调发展。“黔北年产二十万吨林浆纸一体化工程”不但为公司提供原材料的保障，而且通过反哺林业，将形成围绕竹子栽植、加工、运输等一系列产业链，加快农业产业化进程。

开磷集团企业内部初步形成了“磷—煤—电—建材—环境友好”的生态工业产业链，不断提高企业对资源的综合利用水平，实现了资源优势向经济优势的转变，创造了现代企业应当具备的“资源—产品—再生资源—产品”的循环物质流动模式和内部循环经济体系运行模式。针对开阳磷矿缓倾斜，中厚矿体的赋存条件，开发了具有自主知识产权的“锚杆护顶分段空场采矿法”，使公司地下矿山开采技术达到国际先进水平，资源回收率由过去的不足50%提高到70%以上，贫化率由13%降低到6%以下，资源回收率提高20%以上。与中南大学合作，开展“西部磷矿资源生态环保型无废害开采综合技术研究”。即利用磷矿山地下开采废矸和磷化工生产固体物改性磷石膏等混合充填矿山采空区，在我国磷矿山地下开采中首家开发应用了“磷石膏充填法采矿”新工艺，使资源回收率在70%的基础上又提高了15%以上。磷石膏和工业黄磷炉渣综合利用项目开发建设了世界上首条以二水磷石膏和黄磷炉渣为主要原料的“一步法”生产高强耐水磷石膏砖的生产线和原料制备技术，解决了磷石膏的排放问题。2006-2008年，企业累计获得国家和贵州省财政投入循环经济和技术改造补助资金1.4亿元，带动企业循环经济项目投入资金31.5亿元。实施循环经济技改项目10余项，更新改造落后的生产装置与设备近百台(套)，并新建了具有经济规模、技术先进、节能效果显著的大型磷煤化工装置。通过循环经济和技改项目的实

国家循环经济试点企业茅台集团

施，使企业整个生产过程逐步发展成为无废、少废和绿色产品的生产过程。

瓮福集团从2005年到2008年，循环经济项目的投入资金达到9.81亿元。实施并完成了硫酸SO2主风机透平改造、磷酸循环水系统节能改造，高、低压电机变频节能改造、液氨冷量利用等一批投资大、节能效果显著的节能项目。公司863烟气脱硫项目、磷石膏防渗治理项目，酸性废水选矿项目等一批减排项目也相继投入使用。在磷矿伴生资源开发项目方面：磷矿石伴生氟回收生产4万吨无水氟化氢及氟的下游产品项目、磷矿石伴生碘资源回收及碘化工项目、磷矿石伴生镁资源回收项目、磷矿石中伴生钼、镍、钒各种有用元素的分离、提取和深加工技术项目等项目正在建设或中试。磷石膏、黄磷炉渣等资源综合利用项目建设步伐加快。

茅台集团循环经济以资源节约、清洁生产和废弃物的多层次循环利用为目标，以现代生物技术、环保技术为依托，运用自然生态规律和生物系统的方法，节能、清洁生产，再将生产茅台酒的废弃物作为原料，经生态处理后回到生态农业中实现资源循环和能量多级利用，形成茅台酒产业和生态农业之间的横向耦合，形成有机原料(高粱、小麦)——茅台酒生产(节能、环保、清洁)——酒糟综合利用(生物有机肥等产品开发)——回归土地——种植茅台酒有机原料(高粱、小麦)的纵向闭合的生态产业链。公司循环经济建设分为两个重点：一是老生产系统的节能减排改造、清洁生产；二是依托现代生物技术、环保技术，高起点、高标准新建新增产能及建设循环经济科技示范园，实现茅台从原料种植到废弃物加工，到回归原料种植的大循环。公司投入资金11.482亿元，重点建设茅台循环经济科技示范园、茅台镇茅台酒生产区及仁怀市周边地区实施6个项目，其中在茅台循环经济科技示范园实施3个项目，合计投资9.08亿元；在茅台镇茅台酒生产区和二合科技示范园共同实施2个节能减排改造项目，合计投资0.818亿元；在仁怀市周边地区实施茅台酒有机原料生产基地建设项目，投资1.584亿元。目前已在仁怀市、习水县建成了15块有机原料基地，种植面积达30多万亩。公司通过科研与生产试验，掌握了用工程蝇对酒糟进行生物转化的核心技术，处理了因茅台酒生产发展而不断增加的丢糟，解决了原料基地不断扩大所需有机肥的供给问题。即通过工程蝇对酒糟和锅底水等有机废物生物质的快速生态转化作用，将茅台酒生产的主要有机废弃物转化成为生产生物制品的新型原材料（昆虫蛋白），同时将酒糟熟化为含昆虫代谢有益活性因子的优质生物有机肥料。

贵州省绥阳循环经济型煤电化工业基地工艺流程示意图

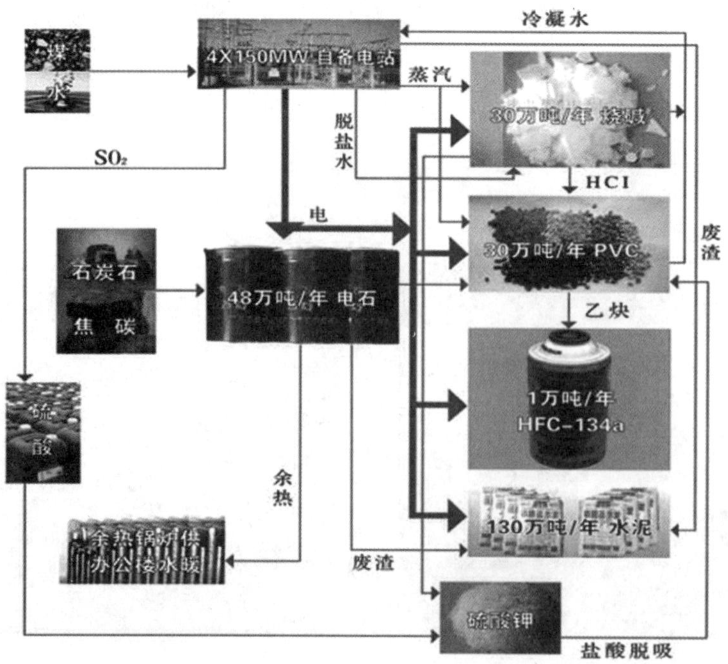

（二）全省循环经济基地建设步伐加快。

为有序推进贵州省循环经济基地的健康发展，按照“规划引导、突出重点、示范推动、持续实施”的原则，大力创新循环经济发展模式，在国家级循环经济试点的基础上，在省内有条件的地区建设一批循环经济示范基地。从2006年开始，我们先后组织编制了贵阳市开阳循环经济型磷煤化工生态工业基地、桐梓循环经济型煤化工生态工业基地、六盘水市老鹰山煤电化一体化基地、毕节地区毕节循环经济型煤化工生态工业基地、绥阳循环经济型重化工生态工业基地、黔西南州循环经济型安龙重化工基地、赤水市竹业循环经济基地、黔东循环经济工业基地等一批循环经济基地规划，并逐步予以批复，经过近3年的工作开展。目前这些基地均已开工建设，不久将形成新的产业集群。

二、发展循环经济的措施

（一）按照循环经济的理念和要求，认真编制规划

结合贵州省产业优势，以发展电力、煤及煤化工、磷及磷化工、铝及铝加工等优势产业为重点，编制了《贵阳市开阳循环经济型磷煤化工生态工业基地规划》、《桐梓循环经济型煤化工生态工业基地规划》、《六盘水市老鹰山煤电化一体化基地规划》、《绥阳循环经济型重化工生态工业基地规划》、《黔西南州循环经济型安龙重化工基地规划》、《赤水市竹业循环经济基地规划》、《黔东循环经济工业基地规划》等一批循环经济基地规划，为循环经济基地建设提供指导作用。

（二）实行分层次示范，积极做好试点示范引导。

重点支持贵阳市依照建设循环经济生态城市总体规划，搞好发展循环经济的示范建设工作。在省内有条件的工业园区和企业建立示范基地及项目，规划建设开阳、坪桥、桐梓、绥阳、瓮福、镇远、安龙、织金、普定等一批循环经济工业基地。将开磷集团、瓮福集团、赤天化集团、茅台集团、水钢集团、盘江煤电集团、水矿业集团等大型骨干企业作为试点，引导和支持企业内部资源的循环利用。通过试点，提出发展循环经济的重大技术和项目领域，完善促进再生资源循环利用、降低污染排放强度的政策措施，提出按循环经济模式规划、建设、改造工业园区以及建设资源节约型、环境友好型城市的思路，为发展循环经济提供示范。

（三）抓好循环经济发展的重点环节，提高资源综合利用水平

在资源开采环节，坚持“在保护中开发、在开发中保护”的原则，推进资源综合利用和发展循环经济的重大项目建设，合理开采和有效保护稀缺矿产与优势矿产资源；加强对矿山企业开采回采率、采矿贫化率和选矿回收率监管，提高资源综合回收利用率。在资源消耗环节，实行清洁生产并依法强制审核，鼓励节能降耗，着重降低能源原材料工业等重点产业及行业的能源、原材料、水资源消耗。在废物产生环节，强化上述重点行业的污染预防和全过程控制，实行生产者责任延伸，合理延长产业链，拓宽发展幅；重点实施煤渣、粉煤灰、煤矸石、脱硫石膏、磷石膏、炭石、尾矿渣、冶炼渣、煤矿瓦斯、烟气、二氧化硫、林木采伐剩余物等主要废弃物的综合利用项目，争取实现“零排放”；加快再生水利用设施建设，加强城镇垃圾等的减量化和再利用。在再生资源产生环节，加强回收系统建设，着重抓好贵

开阳磷矿基地

贵州省惠水县农民用上了沼气

阳市废旧物资回收网络建设和贵阳、遵义废旧物资回收市场试点；建设节水型城市，建立城市垃圾分类收集和分选系统。在消费环节，倡导有利于节约资源和保护环境的消费方式，鼓励使用能效标志产品、节能节水认证产品和环境标志产品；推行建筑节能，积极发展节能省地型建筑，推进中水回用；政府机构实行绿色采购。

（四）以能源原材料工业及骨干企业为重点，依法推行清洁生产。

从省情实际出发，认真贯彻实施《清洁生产促进法》和国家及贵州省的实施意见。开展清洁生产试点工作，实施企业清洁生产自愿行动计划，着重抓好对环境影响大的能源原材料等重点行业的清洁生产，防止高耗能、重污染的部分行业的盲目发展和低水平建设，防止高耗能、重污染的落后设备向贵州省转移，解决好“结构性污染”问题。坚持“积极主动、先易后难、持续实施”的原则，强化促进清洁生产法制建设，组织编制贵州省清洁生产指南技术手册和实施计划，指导和规范企业实施清洁生产。着力实施重点排污企业公告制度和强制性清洁生产审核制度，对污染物排放超过国家和地方规定的标准或者总量控制指标的企业，以及使用有毒、有害原料进行生产或者在生产中排放有毒、有害物质的企业，要依法强制实施清洁生产审核，实现由末端治理向污染物预防和生产全过程控制转变。依靠技术进步，提高清洁生产整体水平。建立和完善企业清洁生产责任制和协调机制，开展好创建清洁生产先进企业、环境友好企业活动。

三、关于发展循环经济的建议

（一）贵州省属西部欠开发、欠发达地区，产业结构大都以资源开采或初级产品加工为主，发展循环经济，保护生态建设文明，是贵州省和西部省区经济社会发展过程中急需解决的迫切问题。建议国家在支持西部省区循环经济产业发展中，在中央预算内部补助资金方面，考虑西部地区与经济发达地区的差别，加大对西部地区资金的补助力度和额度，以减少融资压力，推动循环经济产业更加有效的开展。

（二）我国西部大开发相关优惠政策，按现行政策规定，将执行到2010年截止。对此，政策将作何调整，应立即着手研究，并根据西部地区产业情况，确定享受优惠政策产业目录，同时对征收资源税的相关政策和征收额度作进一步调整，以减轻资源型企业的成本压力。

（三）进一步明确和完善循环经济产业项目的相关政策措施，加大政策落实的力度，避免在政策落实过程中的歧异，确保相关政策能真正落实到位，使推动循环经济产业发展的企业和地区能实实在在地享受国家相关明确的成果。

（四）循环经济项目的效益大都反映在企业成本和社会，环境效益过程中，往往社会效益大于经济效益，这就给循环经济项目融资带来了一定的难度。因此，建议相关部门制定循环经济项目的指标评价体系，并推动金融系统在项目贷款，企业融资等方面，按指标评价体系进行评估，以进一步理顺贷款，融资评估体系。

四川省循环经济

四川省发展和改革委员会

一、将循环经济理念与灾后重建有机结合，促进灾区在恢复中发展提高

“5·12”汶川特大地震给四川造成了极为严重的生命和财产损失，城乡居民住房遭到严重破坏，基础设施和公共服务设施大量损毁，基础产业损失惨重，生态环境遭到严重破坏，次生灾害隐患增多，重建任务异常艰巨。为推进灾区又好又快恢复，促进在重建中发展提高，我省以科学发展观为指导，坚持循环经济理念，根据灾区资源禀赋、地理特征、地质条件、经济状况、社会文化环境等，以优化产业布局，提升产业层次，提高资源利用效率，促进废弃物循环利用为主线，建设资源节约型和环境友好型社会，促进灾区经济、社会和环境全面、协调、可持续发展。

（一）用循环经济理念编制灾后重建规划

四川在编制《四川省灾后恢复重建总体规划》过程中，始终将循环经济理念作为重要指导原则，规划上报国家后，得到国家的肯定并采纳。

一是要坚持高起点、高标准谋划灾区恢复重建。提出要在充分考虑当地地质条件和资源环境承载能力的基础上，合理确定未来人口规模和产业结构，合理确定城镇布局、工农业生产布局和建设标准，在资源环境可承载的范围之内合理安排各类开发建设活动。

二是把建设资源节约型、环境友好型社会作为灾后重建重要原则。按照产业体系共生、基础设施共享、人居环境和谐的原则，根据当地资源禀赋及工业基础等实际情况，优化城乡产业结构和总体布局，重建高效、合理的产业链，完善供电、供水及污水、垃圾处理等基础设施，统一规划重大产业发展项目、基础设施项目、社会事业项目，进一步提高资源配置效率和城市基础设施的共享度。

三是坚持抓好节能减排和资源综合利用。抓好工业节能、节水、节地、节材，重点抓好高耗能企业节能减排，坚决淘汰或关闭不符合国家产业政策的落后产能和企业，对在地震中损毁的落后产能坚决不予恢复。推广清洁生产技术和工艺。加强废旧建筑材料、建筑垃圾等废弃物的综合利用。支持利用建筑垃圾、工业固体废弃物、煤矸石等开发环保建材产品，发展新型墙体材料。

2008年5月31日，国家发改委和中国资源综合利用协会组织的向四川地震灾区捐赠新型墙材生产装备仪式

四是注重循环经济产业聚集区的

示范带动作用。规划了在成都、德阳、绵阳、广元4个极重灾市建设循环经济产业聚集区，引导重点产业、重点企业入园集中集约发展，合理确定产业重建规模和布局，防止低水平重复建设，推进产业体系共生，并得到国家的批复。安排了省预算内资金支持极重灾市编制循环经济产业聚集区建设规划，并利用中央重建基金支持了聚集区基础设施建设。指导企业、企业间、园区通过生态设计实现源头减量，通过清洁生产实现过程节约，通过废渣、废气资源化、废水再利用实现综合利用、循环利用，减少废物产生和排放。

（二）突出抓好灾后废弃物处置及资源化利用

地震发生后，在国家发改委环资司及国家有关专家的指导下，四川省迅速拟定了推进建筑废弃物综合利用工作方案，出台了《汶川地震灾后建筑废弃物综合利用实施意见》和《四川省汶川地震建筑废弃物资源化实施指南》，明确“到2010年底前完成地震灾后建筑废弃物的清理、回收工作，建筑废弃物的综合利用率达到70%以上，处置率达100%”的目标及配套扶持政策和保障措施。为加快灾后恢复重建，我省安排了1亿元专项资金支持建材企业发展，选择典型企业召开了建筑废弃物综合利用现场会，鼓励和引导企业以资金、技术、设备等方式积极参与建筑废弃物处理项目，将循环经济理念融入灾后重建实践中。目前，都江堰、青川等10余个建筑废弃物资源化处理示范工程已建成投产，保障了灾后恢复重建，特别是城乡住房建设的建材需求。

（三）推行节能环保绿色建筑

灾后重建中，认真落实《四川省建筑节能管理办法》，严格执行建筑节能设计标准，实行建筑节能设计审查制度。禁止使用实心砖，推广新型墙体材料，积极推进地热可再生能源建筑应用，为全省推行节能环保绿色建筑提供示范。在农房重建中加大沼气、太阳能等可再生能源建设力度，推广清洁厕所，完善垃圾收贮运输配套设施，结合城乡环境综合整治，建设清洁、卫生、节能、环保的美好新家园。

二、培育和壮大循环经济产业，为加快四川发展培育新的经济增长点

（一）进一步认识发展循环经济的紧迫性和重要性

结合《循环经济促进法》的出台实施，利用电视、报刊等媒体广泛深入地开展各种宣传活动，加大对发展循环经济宣讲、宣传力度。省人大及省发改委等部门多次组织循环经济宣讲团深入阿坝重灾区、仪陇革命老区等地宣传《循环经济促进法》，结合四川省情、市县区情，讲解发展循环经济的必要性、紧迫性和重要性，国家有关方针、政策、法律、法规、标准和主要措施，减量化、再利用和资源化原则，循环经济的发展方向，以及各地发展循环经济的重点等，使广大干部群众认识到发展循环经济是实现“扩内需、保增长、调结构、促稳定”的重要措施，是摆脱经济困局，培育新的增长点，加快经济发

2008年11月，四川省乐山吉必盛气相法白炭黑成功点火投产

绵阳长鑫新材料发展有限公司成为西部规模最大的改性塑料生产基地

展的重要途径。

（二）出台规划和文件指导循环经济发展

省政府印发了《四川省“十一五”循环经济发展规划》，明确指出四川省发展循环经济的指导思想、目标任务、发展重点和主要措施，目前有关工作逐步启动实施。印发了《关于加快推进农作物秸秆综合利用的实施意见》，强调要把推进秸秆综合利用与农业增效和农民增收结合起来，提升秸秆等农林废弃物资源综合利用水平，推动农业循环经济发展。下发了《治理商品过度包装工作的通知》，明确了工作重点和部门责任与分工，进一步推动资源节约型和环境友好型社会的建设。

（三）继续深化循环经济试点示范

以试点园区、企业为重点推动循环经济发展，在抓好国家级循环经济试点（示范）园区和企业实施方案编制工作的同时，2006年至2008年确定了全省两批177个（户）循环经济试点县、企业和园区。一批资源利用水平高、污染排放明显减小的循环经济试点单位起到了初步示范效应。发挥科技资源集、产业基础、特色资源的优势，用先进适用技术改造传统产业，积极发展高技术产业，通过典型企业、园区的发展壮大，在磷化工、精细化工、汽车及零部件、食品等行业，构建和壮大企业之间、园区之间、地区之间的循环经济产业，在发挥集聚效应的同时，进一步促进了减量化、资源化和再利用，降低了企业经营成本，提高了效益。

（四）加快结构调整步伐

继续开展对12个行业高耗能、高污染企业的清理，加强电力节能调度和需求侧管理，严格实施差别电价政策。结合全省并联审批的实施，将固定资产投资节能评估审查作为项目审批、核准或开工建设的前置条件，从源头上把好节能准入关。依法淘汰落后生产能力，关停小火电59.5万千瓦、小煤矿产能194万吨，淘汰落后炼铁产能30.15万吨、炼钢产能8.9万吨、水泥产能365.28万吨。加快发展水电、太阳能、生物质能等清洁能源，努力提高可再生能源和清洁能源在终端能源消费比重。

（五）加强对节能减排和发展循环经济考核监督

出台了《四川省节能减排统计、监测及考核办法》，完善了节能目标责任评价考核制度，严格考核各级政府和重点企业节能目标完成情况，把发展循环经济、实施清洁生产等节能指标作为各市、州政府及企业经营业绩考核的重要内容，实行严格的问责制。开展了对各市、州2007年节能目标完成情况的考核，全面了解和掌握各地发展循环经济、开展节能工作的进展，查找了节能工作存在的薄弱环节和问题，推动各地加大节能力度，并将考核结果向社会公布，接受社会监督。

四川省南江县大力发展特色循环农之一，金银花深加工

四川绵阳市沼液处理循环经济模式

三、存在的主要问题

由于我省尚处于工业化加速发展期，高耗能、高污染的产业所占比重仍然偏大，轻重工业仍然维持1：6的结构，万元GDP能源消耗及主要污染物强度较高，产业结构重型化、发展方式粗放的格局没有根本改变，发展循环经济任重道远。

从工作层面上看，还存在以下问题。

一是重视程度不够。一些市、州政府和部门发展循环经济的责任感和紧迫感不强，执行国家、省发展循环经济相关政策措施的力度还不够。

二是体制机制和政策仍不完善。促进循环经济发展的激励和补偿机制尚未完全建立，各级投入发展循环经济的资金有限，且覆盖面不广。

三是能力建设亟待加强。循环经济管理基础能力建设与发展循环经济任务矛盾十分突出，能源和环境统计力量依然十分薄弱，节能监察和环保执法工作有待进一步强化。

四是受地震灾害和金融危机影响较大。灾后重建拉动水泥、钢铁等高耗能行业增长，清洁生产工程实施受到影响，部分节能措施落实不到位，产业结构调整步伐相对放缓。

五是金融危机带来负面影响。由于企业效益回落，投资行为更趋谨慎和短期化，对循环经济发展与清洁生产投入带来的长期回报认识不足，影响了清洁生产工程的实施。

四、下一步工作重点

一是加快贯彻落实《循环经济促进法》，加强循环经济地方性法规立法调研。

二是加快推进园区、重点行业、企业形成循环经济发展体系，促进清洁生产。

三是从源头把关，严格执行节能评估审查与环境影响评价，作为项目核准、审批或开工建设的前置条件。

四是积极发挥市场主体作用，探索实践“政府主导、企业主体、市场运作、全民广泛参与”的循环经济发展机制。

五是完善循环经济评价指标体系和各类标准。

六是大力组织循环经济试点、示范。

七是从价格、税收、投资、进出口贸易等方面，研究制定有利于促进循环经济发展的配套政策。

云南省循环经济

云南省发展和改革委员会

2008年，云南省委、省政府深入贯彻落实科学发展观，坚持生态立省和可持续发展战略，深入开展“七彩云南保护行动”，“全民节能·云南在行动”活动，有效推进九湖治理重点工程建设，启动实施滇西北生物多样性保护工作；各地、各部门结合实际积极研究并探索发展循环经济新路子，以《循环经济促进法》的出台为契机，大力推进以“减量化、资源化、再利用”为核心内容，以低消耗、低排放、高效率为基本特征的经济发展模式，在清洁生产、节能、节水、节材、资源综合利用等方面取得了新的成效。

一、主要做法

根据省委、省政府发展循环经济的战略构想，云南省在充分调研的基础上，提出了云南省发展循环经济思路。围绕并服务于云南省的总体发展战略，在生产、消费、回收综合利用等各个环节贯彻循环经济理念，在企业园区、区域和社会各个层面着力推进资源循环利用和节能减排，逐步构建生态工业、生态农业和生态旅游业等生产及消费循环系统，建立相应配套保障体系，形成资源节约型和环境友好型发展模式和经济社会结构。

（一）确立了发展循环经济的基本原则

1.坚持“减量化、资源化、再利用”的原则。在经济建设和社会建设中，坚持生产环节与消费环节并重，从源头上努力减少资源消耗和污染物排放。通过结构调整与产业结构升级，优先实施资源使用和废物产生的减量化，不断促进废弃物循环回用和再生利用，提高资源利用效率和生态效益。

2.坚持“政府推动与市场运作并举”的原则。现阶段在发展循环经济，政府仍是举足轻重的推动力量，政府要率先树立发展循环经济的新观念，加大政府对循环经济、节能减排的资金、投入和政策扶持，率先倡导绿色消费。市场是发展循环经济的基石，企业则是节能减排的主体，通过制度创新、深化体制改革，充分调动各方面积极性，按市场规律发展循环经济。

3.坚持“技术创新与制度创新并行”的原则。高度重视技术进步，充分发挥科技是第一生产力的作用，降低循环经济运行和节能减排成本，支撑可持续发展。要加快制度创新步伐，理顺价格机制，制定支持循环经济发展的财税、金融、管理和收费等政策。

4.坚持“统一布署和典型示范并进”的原则。通过科学规划做到“心中有全局，手中有典型”，在总体发展框架的基础上，确立优先领域和优先区域，确定重点行业和重点项目，以试点示范为突破，以点促线，以线带面，积极稳妥地推进全省循环经济和节能减排工作。

（二）构建了重点区域重点产业发展循环经济体系

1.构建了滇中、滇东为主要区域的工业循环体系由于资源禀赋和发展基础的不同，滇中、滇东是云南省工业集中分布的地区。主要以磷、煤、有色金属等资源加工型产业为主，普遍存在产业链短、资源消耗大、利用率低、生态环境破坏严重等问题。但滇中、滇东区域工业产业的集中分布为构建生态工业链及发展循环经济提供了基础，为以调整物质流动方向为特征的循环经济的发展提供了空间。主要立足当地的资源优势和产业优势，以提高资源利用效率和改善生态环境为目标，以产业结构调整及优化布局为主线，依托龙头企业和工业聚集区（工业园区）及特色产业基地，不断延伸产业链和资源再生链，形成一批生态共生产业集群，构建资源型产业发展的循环工业模式。

2.构建了高原湖区及重点河流区为主循环农业体系

云南省坝区、特别是湖盆区域由于地形平缓、土壤肥沃和水资源使用便利，是云南省社会经济发展的密集区域，尤其是农业发展的主要区域。这些区域普遍存在农业生产粗放、产业结构不合理、面源污染突出等问题，特别是农药、化肥残留物及垃圾、秸秆、畜群粪便等农村及农田废弃物污染严重，导致湖区水环境及生态环境质量下降，加剧了湖区经济发展与资源环境之间的矛盾。因此，这些区域是农业循环经济发展的重点区域。另外，在金沙江、珠江等重要河流的主要直接径流区，无论是坝区还是山区，也可有选择的开展农业循环经济示范区建设。农业循环经济示范区的建设以发展农业生产，提高经济增长质量为重点，以削减面源污染及保护水环境质量为目标，突出产业结构调整和提高资源利用效率，依靠科技进步，从农民家庭、村镇、生态园（区）、区域等四个不同层次构建农业循环经济发展模式。

3.构建了滇西北、滇东南生态旅游业循环经济体系

旅游业是云南省五大支柱产业之一，2008年旅游总收入占当年全省GDP的比重11.4%。旅游业已成为云南新的经济增长点，在国民经济中的地位日显重要。以滇西北旅游区、滇东南旅游区为优先区域，以生态旅游为优先领域，从空间格局（区域层次）、旅游服务业体系（产业层次）、旅游业基础设施（企业和产品层次）等方面构建旅游循环经济模式。

4.构建了重点城市再生产业循环经济体系

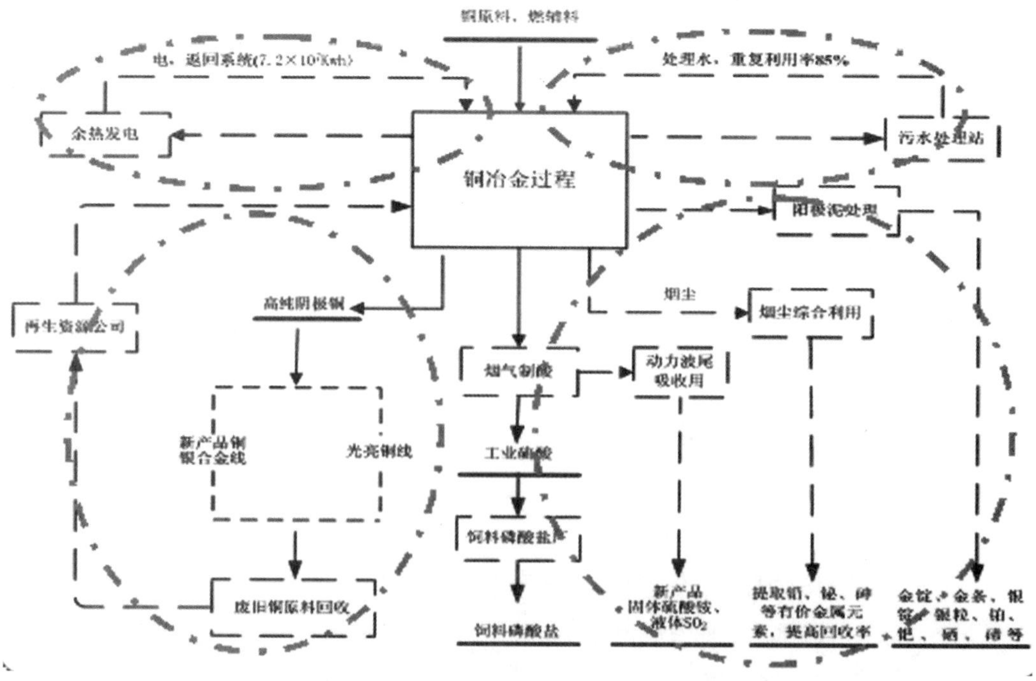

再生产业的发展是建立资源节约和循环型社会的重要途径。昆明、曲靖、玉溪、蒙自、大理是云南省委、省政府确定的五个重点发展的区域性中心城市，是社会消费、可再生废旧物资产生的主要区域。以重点城市作为再生产业发展的优先区域，构建再生产业循环经济模式，为再生资源回收、加工体系的完善及再生资源实体的建立提供了借鉴。

（三）主要措施

建立有利于循环经济发展的支撑保障体系，包括法律、法规、政策机制、市场融资、技术保障、宣传教育及公众参与等内容。具体包括建立先进适用的技术支撑体系，建立高效的约束、激励和协调机制，建立完善的法律法规支撑体系，建立政府引导、市场化运作的资金保障体系，建立和完善信息、服务支撑体系，建立鼓励循环经济发展的政策支持体系，开展宣传教育及公众参与等。通过有云南特色的循环经济发展模式的构建及实施，对推进经济结构的优化调整，改变资源利用及经济增长方式，实现人与自然的和谐发展。使全省资源利用率大幅度提高，废弃及污染物排放量显著减少，初步建立起云南省资源节约、环境友好、经济增长质量及效益显著提高的国民经济体系和循环经济型社会的雏形。

二、主要成效

（一）产业结构调整稳步推进

云南省“十一五”产业结构调整总体思路是突出特色，发挥优势，着力构建竞争力强大的工业产业群；构筑以烟草、现代能源、基础原材料、生物加工和装备制造五大产业为主体的现代产业体系，进一步做大烟草、电力和冶金三个主导产业，做强新能源、光电子、新材料和生物产业四个新兴产业，做优煤炭、化工、建材和轻工等传统产业，做精机械装备制造业。

2008年，云南进一步加大了产业结构调整的力度，通过打破所有制限制，加大技改贴息力度，进一步简化和规范产权交易过程等措施，推行了投资主体多元化进程，大力推进优势资源向优势产业集聚，优势生产要素向优势企业集聚，优势产品向优势品牌集聚，优势企业向重点园区集聚等“四聚集”，促进了劳动力、资本、资源和技术的有效结合，逐步形成集约化、集群化的产业发展优势，集中力量培育了一批具有一定国际竞争力的大公司、大集团。通过加快烟草辅料进口替代产品的开发，积极进行产品结构调整，巩固和加强了烟草支柱产业地位。有色冶金行业向着重点发展铅锌，积极发展铝，择优发展铜，深度开发锡，加快发展稀贵金属，优化钢材结构的“十五”基本构想发展。新型、轻型和柔性多功能建筑材料稳步发展；分步实施了糖和茶叶的深加工技术改造，精密数控机床、特种电缆、硅太阳能电池和多晶硅材料等机电产品产量逐年增加。

云天化集团国际化工硫酸生产低位热能回收项目

（二）资源综合利用得到加强

通过开展提高矿产资源开采回采率和共伴生矿产资源综合利用率，加强对废渣、废水、废气、余热、余压产生企业的综合利用监督管理，鼓励产业间、企业间积极开展利用工业排放废物为原料的生产活动，支持不同行业企业通过资源链、加工链和产品链的延伸耦合，实现资源—废弃物—资源的循环利用，以及社会化的废旧物资回收、再利用等一系列活动，云南资源综合利用率逐年提高。

2008年，万元生产总值用水量263立方米，比上年下降16.7%。万元工业增加值用水量109立方米，下降16.2%；全省资源综合利用率47.8%，同比增长5.0%。其中资源综合利用认定企业综合利用固体废弃物1275.0万吨，占全省综合利用工业固废量的56.0%，同比增长11.0%。综合利用煤矸石62.3万吨，同比增长15.8%。受金融危机影响，再生资源回收221.0万吨，同比下降34.1%；综合利用认定电厂利用煤矸石、高炉和焦炉煤气以及余热发电5.2亿千瓦时，同比下降1.9%；综合利用高炉、焦炉煤气和余热12.7亿立方米，同比下降11.2%。

（三）节能减排初见成效

2008年，在云南省委、省政府的正确领导下，全省工业结构进一步优化，高耗能、高污染行业增速得到有效遏制，高耗能产品单位能耗持续下降，全省节能指标超额完成年度控制目标。共关停火电机组80万千瓦。全省单位GDP能耗为1.562吨标准煤/万元，（按2005年可比价计算，下同）比上年下降4.79%。全年共实现节能量378.25万吨标准煤。全省规模以上工业万元增加值能耗为2.847吨标准煤，较上年下降9.78%。全省单位GDP电耗为1654.94千瓦时/万元，比上年下降2.92%。

随着全省直接投入环境保护的资金逐年增加，通过工程减排、结构减排和管理减排具体方案的实施，2008年全省减排工作在2007年的基础上，化学需氧量、二氧化硫排放量同比分别削减3.29%、6%。完成了减排年度目标，污染减排工作取得阶段性进展。城市污水处理率为68.2%，工业废水排放达标率为92.7%。

（四）清洁生产有新突破

实施清洁生产审核工作是企业实现节能减排的重要途径。至2008年底，全省有16个州市成立了推行清洁生产的领导和工作机构，启动和开展了清洁生产。几年来，全省以工业企业为主体，各级政府、有关部门和清洁生产中介机构组织的各种清洁生产培训在1000次以上，参加学习培训的人员在70000人次以上，省级已培训清洁生产审核师、审核员2000多人，清洁生产中介机构培训了企业内部审核员12000人。启动和实施清洁生产的企业超过1170家，涉及化工、建材、钢铁、冶金、造纸、轻工等20多个行业，分布在全省15个州市。全省已有230多家企业通过了清洁生产审核验收，30多家企业通过了强制性清洁生产验收。3家企业通过了清洁生产合格单位验收。

（五）循环经济试点有效推进

2006底，全省共选择了20家企业（单位）开展循环经济试点工作，为探索建立不同行业、不同领域、不同区域循环经济发展的有效模式发挥了试点示范作用。

马关县城市生活垃圾处置工程开工仪式

昆明钢铁控股有限公司截至2008年底投资2亿多元，完成节能减排项目29项。为强化管理，努力做好节能减排和循环经济工作，实施管理机构整合，优化组织结构，挂牌成立了昆钢节能减排中心。先后举办各级管理人员和工程技术人员参加的循环经济培训班25期，参培人数上千人。增强了广大员工的循环经济理念、环境忧患意识、节能减排责任感。

云天化集团有限责任公司建立完善了原材料及能源消耗能源收支平衡月报表报送、企业能源利用季度报告、定期上报环境资源利用、集团各生产企业的能源审计等一系列工作机制，有力地推进了循环经济发展。

临沧南华晶莹糖业有限公司制定出台了《云南临沧市晶莹糖业有限责任公司清洁生产审核工作实施方案》。八个糖业公司和一个纸业公司共实施完成清洁生产方案932个（其中无/低费方案890个，中/高费方案42个），并全部分别通过清洁生产强制和自愿审核验收。使各子公司生产管理中的节能、降耗、减污、增效水平明显提高。以蔗渣、废弃物和废糖蜜综合利用为特征的“三条循环经济链”建设，为我省蔗糖业发展循环经济做了积极探索。

开远市工业示范区积极开展循环经济，园区自然环境、社会环境大为改观。2008年与2003年相比，大气污染物二氧化硫排放量减少14.6%，烟尘排放量减少47.2%，工业粉尘排放量减少39.2%。

安宁市通过循环经济试点工作，2008年单位生产总值能耗下降5.8%，规模以上万元增加值能耗下降7.4%，淘汰落后水泥生产能力8万吨、炼铁生产能力3.5万吨、氟硅酸生产能力1.55万吨，依法清理并关停了26户“五小”企业，全面完成了年度节能减排任务。

祥云飞龙实业有限责任公司对铅锌冶炼固体废渣中的银、铅、锌、铟、镉等10多种有价金属元素进行综合回收，生产废水全部循环利用。实施“氧化锌矿出渣和高杂质氧化锌矿提锌技术”攻关项目，经专家组评审鉴定，成果为国内领先，国际先进。云铝公司推进技术创新，使原铝交电单耗达到13300kWh/t·Al以下，创造了全国最好指标和世界一流水平，被命名为“国家环境友好企业”。

三、积极探索发展循环经济新路子

在积极推进循环经济试点示范工作，建立能耗指标公报制度，完善能源统计体系，淘汰落后生产能力，促进节能降耗，扩大差别电价实施范围、加大差别电价实施力度，开展节约生产、清洁生产的基础上，我们倡导绿色消费，着力构建节约型消费模式。2008年，先后组织完成了《云南省发展循环经济，实现节能减排战略研究》、《云南省季度地区能源消费总量核算方案课题研究》、《云南省工业清洁生产发展战略研究》等课题，向省政府上报了《关于加快推进我省磷石膏粉煤灰资源化利用有关情况的报告》，不断探索云南特色发展循环经济新路子。

西藏自治区循环经济

西藏自治区发展和改革委员会

党中央、国务院一贯高度重视西藏工作，在西藏稳定、建设的各个历史时期都作出了一系列英明决策，《中共中央国务院关于进一步做好西藏发展与稳定工作的意见》（中发[2005]12号）要求：在保持经济社会较快发展的同时，不断优化经济结构，提高经济发展的质量和效益，注重发展社会事业，走出一条符合西藏实际、具有区域特色的生产发展、生活改善、生态良好、资源节约、全面协调可持续的发展道路。自治区党委、政府认真贯彻中央12号文件精神，以科学发展观为统领，把单位生产总值能耗和主要污染物排放降低等约束性指标作为宏观调控的重要目标，把提高资源综合利用作为重要抓手，认真贯彻落实国家各项决策部署，切实加强组织领导，积极调整产业结构，加快淘汰落后生产能力，切实抓好资源综合、循环利用的各项工作，大力推进节能减排技术进步，强化政府监督检查，在各级政府、有关部门及重点企业间形成了一级抓一级，层层抓落实的良好工作格局，2008年循环经济、节能减排取得积极进展，为全面完成我区“十一五”节能减排目标打下了坚实基础。

一、发展循环经济的主要做法

（一）加强领导，完善政策，落实责任

2008年，自治区人民政府制定下发了《西藏自治区节能减排综合性工作方案》，成立了西藏自治区节能减排工作领导小组及办公室，并制定了《西藏自治区节能减排领导小组工作职责》，明确了领导小组成员单位及职责。自治区政府还多次召开有关节能和环保方面的会议，全面推进我区的节能减排和循环经济工作。为进一步强化对全区节能减排工作的督促检查，确保节能减排各项工作落实到位，自治区人民政府根据与国家环境保护总局签订的《主要污染物总量削减目标责任书》，对主要污染物总量核算与分解到全区七地市和主要污染企业，并将推进节能降耗和主要污染物总量削减工作纳入督查程序，定期开展专项督查。同时，积极探索建立全区能耗统计监测制度。通过强化组织领导和完善政策，国家节能减排相关政策得到有效贯彻落实，推动全区循环经济工作不断取得新进展。

2008年12月1日，西藏高争建材股份有限公司二线扩建工程竣工并投入试生产

（二）调整经济结构，加强循环经济宏观管理

1.突出重点，进一步加大对重点监控企业的环境监管和节能力度。2008年启动了全区第一次污染源普查工作。确定将主要污染物排放量占全部工业排放总量85%以上的30家企业

（含3家国控企业）作为我区重点监控企业，明确羊八井地热电厂、西藏高争建材股份有限公司、西藏堆龙东嘎水泥厂等3家国家重点监控的企业，其中西藏堆龙东嘎水泥厂已经实现了达标排放，羊八井地热电厂尾水污染控制项目将于2009年实施，西藏高争建材股份有限公司湿法水泥生产线已经列入2010年关闭计划。

2.严格准入关，遏制高耗能、高排放行业和淘汰落后产能及技术。自治区成立了规划环境影响评价工作领导小组，按照《西藏自治区人民政府关于加强规划环境影响评价工作的通知》的要求，对我区30多个规划开展了环境影响评价。同时严格执行建设项目环境影响评价制度，对高耗能、高排放行业项目用地进行严格审查，在项目审批源头上控制高耗能、高污染建设项目。严把生产许可审查关，督促企业淘汰落后生产工艺及设备，重点加强水泥生产许可证管理，一方面严格控制申证换证，坚决淘汰落后的生产工艺、设备、设施；另一方面对不符合产业政策的水泥生产企业坚决不予受理和发放许可证。截止目前，对全区11家水泥生产企业实施了生产许可制度，共淘汰落后生产能力1.5万吨，节约标准煤6.95万吨、电5.46万度，油料1.5万吨，减少排放粉尘0.22万吨、二氧化碳0.54万吨、二氧化硫15.02万吨。

3.大力支持循环经济新技术的推广与运用，发展循环经济产业。我区在发展特色产业中，积极支持循环经济新技术应用和推广，形成了通过技术革新促进企业建设上档次的良好局面。如，自治区藏药厂通过节能减排技术应用成功实现了药材原材料筛选、分拣等前处理生产工序的清洁生产机制；西藏高争建材股份有限公司应用纯低温余热发电技术，改造现有两条水泥熟料生产线，利用余热产生低压过热蒸气进行发电，每年可节约标准煤约11377吨。自治区工商部门加大对经营范围涉及高能耗、高污染、高排放企业关、停、并、转工作的排查力度，对技术落后、破坏资源、污染环境等企业依法予以吊销和注销营业执照，并加强后续管理，防止反弹。

4.大力开展专项执法检查。在全区范围内开展了重点耗能企业能源计量调查工作，通过摸底调查弄清了全区高能耗企业分布状况，全区有年耗能1000吨标煤以上的重点耗能企业9家，年耗能5000吨标煤以上的重点耗能企业5家，确定了11家耗能企业为重点监督检查对象。积极引导11家重点监督检查企业按照要求合理配备能源计量设备，鼓励企业采用新技术、新设备，督促帮助企业建立能源计量数据库。开展了对使用“土锅炉”等高耗能非法特种设备的专项整治，及时对高耗能“土锅炉”进行清理。加大矿山地质环境保护与治理工作力度，2008年上半年完成了11个矿山迹地生态恢复项目的前期工作和施工设计，8月完成了其中9个矿山地质环境治理工程项目的招标工作。

（三）积极推广循环经济技术，推进资源综合开发利用

1.沼气菌种研究攻克难关，寻求突破。“农牧区薪柴替代能源研究示范”项目已经显示出良好的社会效益，应用前景广，推广价值大。通过示范带动，以太阳能、农村沼气为主的西藏新能源建设工程在农牧区成效显著。2006年，国家支持我区的农村沼气国债项目正式启动以来，至2008年底，全区已完成建设农村沼气61705座，30多万农牧民用上了清洁的沼气能源。近年来，广大农牧民千百年来用于取暖、做饭的柴炉和

羊八井地热电厂

国家投资1600多万元、装机容量达130千瓦的西藏措美县哲古镇光伏电站的建成，为海拔4000多米的哲古镇514户、近4000名牧民解决了用电难问题

牛粪灶，正在被太阳灶、太阳能沼气灶所取代。

为了在沼气发酵原理上进一步研究、探索，《高原地区沼气发酵原料配比研究—高原地区沼气优良菌种培育研究》通过对“秸秆和畜禽粪便最佳比例关系，最佳沼气发酵碳氮比”、“低温、高寒厌氧生境样品采集、菌种的选育”、“研究低温条件微生物菌群的营养需求”和“生长刺激因子”等四个方面的研究，提高了西藏太阳能沼气池的产气率。2008年该项目实施完成并且通过验收。

2.进一步强化水资源循环利用工作。西藏自治区专门成立了节约用水办公室，全区七地（市）所在县（镇）基本实现了水资源统一规划、统一配置和统一取水许可。加强水资源利用的相关规划工作，保障城乡饮用水水源地环境和水质，编制完成了《西藏自治区饮用水水源地环境保护规划》、《西藏自治区地下水污染现状调查报告》，正在制定《西藏节约用水管理若干规定》，截止2008年，全区建有集中供水系统的63个县（市、区）中，有46个县已划定、建成了集中式饮用水源保护区，占集中供水系统的73%；城镇集中式饮用水源86个，已划定、建成保护区的水源67个，占应建保护区的78%，城镇节水管理体制和运行机制逐渐完善。在全区新建的公益设施和民用建筑中大力推行节水型器具，新建建筑节水器具普及率已达60%。按照水利部和国家发展改革委发布《建设项目水资源论证管理办法》，对西藏自治区医药行业、轻工建材行业、矿山采选的供水和节水工程等项目进行水资源论证，综合考虑水资源承载能力，使产业布局和重大建设项目与当地水资源条件相适应，保障合理用水需求，提高用水的效率与效益。印发《关于创建节水型企业（单位）的通知》，组织开展企业节水评估论证，鼓励企业主动开展节水技术改造，积极创建节水型企业。加强农牧区节水灌溉定额、灌溉制度、机具适应性和先进灌溉技术的研究和成果试范，大力实施小型灌区节水改造工程，有力地推动了我区农牧业灌溉节水工作。

3.太阳能开发利用水平不断提高。由于西藏高原由大部分地区太阳能辐射年均达6000－8000兆焦耳／平方米，超过同纬度平原地区一倍左右，在太阳能的开发利用上具有绝对的资源优势。通过在便携式、可折叠的轻便太阳灶、室内太阳灶等技术上的研发与创新，在太阳能综合利用方面取得了显著的节能和社会效益。太阳能供暖是太阳能热利用产业发展的主要内容之一，通过对真空太阳能集热技术、平板集热技术、被动式太阳房等技术的推广和应用，不但在节能降耗上取得了显著的成果，同时提高了人们对可再生能源和清洁能源的认识，更有效的提高了居民的生活质量，改善了群众的生活环境，具有良好的经济效益、社会效益和环境效益。另外，自治区相继制定了《居住建筑节能设计标准》、《民用建筑采暖设计标准》，规范建筑节能减排的标准和要求，开展了太阳能供暖技术与西藏住宅建筑一体化示范研究项目研究，实施“可再生能源与建筑节能应用研究及技术示范”项目，将太阳能采暖设施纳入正在编制的全区寄宿制学校建设规划中，对太阳能等可再生能源在建筑上的应用起到积极的推动作用。截止2008年，西藏自治区共推广太阳灶约26万台，太阳热水器约35万平方米，被动式太阳房约42万平方米，太阳能温室约350万平方米。

4.风能资源有待进一步开发利用。为了进一步利用、研究开发西藏的风能资源，在前期工作的基础上，通过风–光互补发电技术、风力发电技术引进试验研究，解决西藏无电村的用电问题，研究示范低压风力发电/风-光互补发电并网技术，为下一步研究、开发利用西藏的风能资源提供技术支持，为推广风力发电/风-光互补发电技术奠定基础。

5.生活垃圾资源化利用技术有新突破。《高原缺氧地区生活垃圾资源化处理技术研究示范》项目是重点解决高原缺氧地区生活垃圾资源化利用的关键技术。通过高原缺氧地区生活垃圾资源化处理的研究，建立拉萨市生活垃圾生态化处理中试系统，解决拉萨市目前生活垃圾简填埋场简易堆填引发的渗滤液污染及温室气体排放问题，并通过垃圾产沼气发电供暖技术减少煤炭等化石燃料的使用量，以达到拉萨市生活垃圾处理的可持续化。目前，完成了现场调研、地质勘探等前期工作；完成了高原地区生活垃圾管理对策的研究和管理系统优化，并建立了信息系统；完成了高原缺氧地区生活垃圾厌氧消化处理技术的实验室研究；完成了中试工程设计。

6.交通运输领域循环经济初步发展。继续推进出租汽车“油改气”技术改造工程，鼓励使用液化天然气等清洁燃料，截至目前，已有893台出租车完成改造投入运营。

（四）加大循环经济资金投入，大力推进循环经济技术进步

2008年，自治区财政安排节能减排各种投入1000多万元，支持节能减排技术研究、产品推广、项目前期和规划工作。“可再生能源与建筑集成技术应用示范工程”已经列入自治区科技项目计划实施，“西藏彩虹湾生态园水源热泵工程”等37个项目，分别报送财政部、建设部申请可再生能源建筑应用示范和建筑节能项目资金支持。自治区发展改革委和区财政厅还联合向国家申请支持60万只高效照明产品推广项目。近年来，国家加大西藏太阳能光伏电站建设力度，截止2008年，国家共安排资金8.8亿元，建设太阳能光伏电站378座，全区光电设施总装机容量约7500千瓦，占全区总装机容量的1%。2008年，国家批准我区农村沼气建设规划，规划建设农村户用沼气20万座、400个沼气乡村服务网点建设、40个养殖小区集中供气沼气工程和100处生态校园建设任务，项目总投资8.7亿元，通过规划实施，不仅有效解决了项目区农牧民群众生活用能问题，改善了农牧民群众的生产生活条件，而且还促进了种养业的良性循环和农村的生态环境保护与建设，增加了农牧民收入。自治区各类金融机构积极支持节能减排信贷工作，中国人民银行拉萨市中心支行制定《西藏自治区2008年信贷指导意见》，明确提出要把生态环境保护和建设、节能环保和自主创新作为信贷支持重点。2008年，自治区农业银行批准西藏矿业发展股份有限公司最高授信额度1亿元，对西藏远征印刷物资有限公司发放“环保型再生纸”包装项目中长期项目贷款3000万元。

（五）加强循环经济宣传，提高全社会节能减排意识

2008年6月15日，自治区启动“依法节能、全民行动”为主题的节能宣传周活动，通过组织节能产品展示、节能问题咨询、发放宣传手册、节能知识竞赛等活动，以及电视台公益性广告播放、节能宣传短信发布等形式展开节能减排宣传。同月，自治区电力局还开展了“节约一度电，节能减排，从我做起”宣传活动，宣传节约用电的重要意义，展示工业节电技术以及家庭节电小窍门，现场为市民提供用电咨询、节能灯具使用、故障报修、节能诊断、赠送科学用电手册等服务。通过多样形式，内容丰富的宣传，进一步增强了广大群众的节能知识和节约意识。教育部门将节能减排教育贯穿到学

西藏宾馆500平方米太阳能工程

那曲地区安多县风力发电设施

校教学生活中，不少学校建立了“地球村”等小组织，积极开展“争当地球小卫士”、“我为节能献计策”等活动，组织评选“小小节能员”。在2008年的农业污染源普查中，农牧部门向基层发放污染源普查手册、致西藏自治区污染源普查对象的一封信、污染源普查文件汇编和培训教材，在有效展开普查的同时广泛传播环保理念。在每年的“世界水日”和“中国水周”及西藏“科普一条街”的宣传活动期间，水利部门广泛宣传节水知识和节水新技术、新产品。

二、存在的主要问题

2008年，西藏自治区循环经济工作取得了一定成效，但也存在着问题，一是基础工作薄弱；二是激励政策有待进一步完善；三是节能监管体系未建立；四是节能减排重点工程建设相对滞后等。

三、进一步推进循环经济发展的主要措施

加强组织领导和建立部门联动机制。一是加强对循环经济工作的领导和组织协调。各级政府、各有关单位一定要按照自治区党委、政府的部署和要求，切实落实循环经济相关政策法规，全面推进我区循环经济的发展。二是要建立部门间的联动机制，加强沟通、密切配合、形成合力。

建立健全循环经济工作长效机制。一是要加强法制建设。要尽快出台和完善加强循环经济、民用建筑节能管理等一批地方法规。要进一步加大节能环保执法力度。二是要加强标准体系建设，逐步建立覆盖全社会的循环经济标准体系。三是要多渠道增加资金投入。要尽快建立政府引导、企业为主、社会参与的循环经济投入机制。要抓住国家高度重视节能减排工作，不断加大相关资金规模的机遇，认真筛选项目，积极争取国家支持。同时要引导金融机构积极调整信贷结构，加大对循环经济、环境保护及节能减排技术改造项目的支持。

推进循环经济技术改造，加快重点项目实施进度。在鼓励和扶持我区重点耗能行业加强用能管理和节能技术改造工作的同时，继续加大循环经济重点项目的建设力度。

不断加大循环经济舆论宣传和培训力度。加强循环经济宣传和相关培训工作，是努力培养和不断增强全民节能减排意识的重要环节。要继续在全区范围内组织开展多种多样的循环经济宣传活动。要在企业中大力倡导与推广循环经济，总结推广实施循环经济的成功经验，并对循环经济的先进经验给予报道，对污染重、浪费能源的行为给予曝光，充分发挥舆论的监督作用，使循环经济、建设资源节约型社会成为全体社会成员的自觉行动。

陕西省循环经济

陕西省发展改革委员会

2008年，陕西加快循环经济发展，按照“资源循环式利用、产业循环式组合、区域循环式开发”的总体思路，进一步转变经济发展方式，实现资源利用率最大、环境保护质量最优和经济社会效益最佳的循环发展增长方式，走出了一条具有本省特色的循环经济发展路子。

一、主要工作成效

（一）万元GDP能耗连续下降。我省2008年的万元GDP能耗由2005年的1.48吨标准煤降到1.28吨标准煤，同比下降5.92%，创历年最好水平。“十一五”前三年年累计下降13.24%，超过全国下降10.1%的平均水平；完成目标进度的63.61%，超额完成了国家规定60%的目标进度，位列全国第四。

（二）污染物减排成效显著。2008年全省二氧化硫排放量和化学需氧量排放量实现双下降：二氧化硫排放总量88．94万吨，同比减少4．08%，化学需氧量排放总量33．21万吨，同比减少3．68%，超额完成了年初确定的双削减3%的目标任务。

（三）加大淘汰落后产能力度。2008年共关停小火电机组39.7万千瓦，交易小火电量19.2千万时，分别淘汰水泥、焦炭、钢铁、铁合金（包括电石）等落后产能756万吨、1294万吨、78万吨和10万吨，全面完成了淘汰落后产能的年度任务，节能量达260万吨标准煤，减排二氧化硫11万吨。

（四）综合利用水平大幅提高。2008年我省粉煤灰、煤矸石、尾矿等工业废渣综合利用率43%，较2005年提高20个百分点。煤层气、焦炉煤气等综合利用项目建设进入加快发展阶段。

（五）城镇污水处理步伐加快。截止2008年底，渭河流域规划的56个污水处理厂已有15个建成、36个开工，其中2008年新投运14个；陕北污水处理设施建设也明显加快，新投运5个污水处理厂。2008年全省新增污水处理能力65万吨/日，污水处理率增加到46%，比上年提高8个百分点。

省发改委组织召开的省循环经济试点单位现场会

（六）生态建设力度加大。秦岭和汉丹江流域的生态保护进一步加强，新增造林面积440万亩，新建“三化一片林”试点村300个，治理水土流失面积6300平方公里。

（七）循环经济试点工作进展顺利。国家级循环经济试点单位（一市，榆林市；两企：中钢集团西安重机有限公司、西安再生物资回收利用总公司）完成循环经济试点实施方案的编制，进入实施阶段。省内确定的24个循环经

陕西省发改委组织召开的省循环经济试点单位实施方案评审会

济试点单位实施方案编制基本完成，试点示范园区和试点企业的项目建设进展顺利，已初具规模。

（八）重点用能企业能耗持续下降。我省200户重点用能企业万元产值能耗同比下降了22%，其中近85%的企业单位产品能耗持续下降；58个主要单位产品能耗指标，有36个同比下降，重点耗能企业节约标准煤130万吨。

二、主要做法及措施

（一）以节能减排促循环经济发展

为有效推进节能减排目标责任考核，省政府下发了《陕西省节能减排统计监测及考核实施方案和办法的通知》（陕政发[2008]9号），建立了全省的单位GDP能耗统计、监测和考核体系，及时发布了2008年各市区单位GDP能耗公报。坚持把节能评估审查作为项目审批、核准和开工建设的前置条件，通过强化对年综合能源消费量3000吨标煤以上的固定资产投资项目节能评估审查，从源头上限制低水平、低附加值项目的准入和盲目扩张；同时加大了淘汰落后产能力度，加快了节能重点工程进度。西安、汉中等4市启动了“绿色照明工程”，完成100万支节能灯推广任务，累计节电6000万度，并向汉中地震灾区赠送节能灯24万只。加强了200户重点用能企业的考核，同时对电力、建材、化工等行业80户企业进行了能源审计和节能规划修订，举办了5次节能管理、统计培训及新技术、新产品推广会。省、市节能监察机构共出动400人次对全省80户重点用能企业进行了专项检查，对关中6市、区61户政府机关、超市商场空调冬夏季温控执行标准进行了监督检查，纠正了存在问题。省级17个部门联合举办了节能减排“一月一活动”，省发改委、建设厅、环保局、质监局联合举办了“2008陕西省首届节能减排博览会”，参会企业近3000余；举办了“依法节能，全民行动”节能宣传周活动，省委常委、常务副省长赵正永参加了启动仪式并作了重要讲话。

全省各地积极贯彻落实省委、省政府发展循环经济的一系列政策措施，把节能减排与发展循环经济放在突出位置，并做了大量卓有成效的工作。

铜川市积极研究经济发展中存在的资源利用率低、环境污染严重、产业结构单一的矛盾，组织编制了《铜川市循环经济发展规划》，用规划促进煤、电、铝、水泥循环经济产业链，改变传统的高消耗、废物高排放、资源利用效率低的粗放型发展方式，使产业之间的关联度更加紧密，实现煤炭优势资源的多层次转化，初步完成了从资源依赖型到循环经济的转变，取得了十分明显的综合效益。按照“上大关小、治旋关立、集中煅烧、分散研磨”的思路，调整水泥产业结构，实现了水泥产业的优化升级。先后建设了4条日产5000吨大型水泥熟料生产线和一批大型水泥粉磨站；淘汰了一批小水泥生产能力，关闭了39条机立窑和中空回转窑水泥

兰碳尾气全部通过2根这样的管道接入发电机组，年发电量2亿千瓦时

生产线。发展循环经济，转变发展方式，有力促进了铜川经济的又好又快发展。2008年，全市实现生产总值128.65亿元，比上年增长17.1%，增幅居陕西省第二位。二氧化硫减排844吨，COD减排399吨。

通过节能减排与发展循环经济，出现了一批典型企业。府谷县恒源煤焦电化有限公司、陕西北元化工有限公司，神木锦界天元化工有限公司等一大批企业成为我省引领行业清洁生产、节能减排、发展循环经济的带头羊。

陕西省循环经济研究会一届四次理事会在榆林神府开发区锦界工业园召开

坚持节能减排与发展循环经济，促进了全省经济社会的发展，我省全年实现生产总值6800亿元，增长15%以上。财政总收入1104.2亿元，增长23.7%。

（二）全力推进循环经济试点建设

2008年，我省始终把循环经济试点工作当做发展循环经济的抓手，使循环经济试点工作从整体上带动和促进全省循环经济的发展。

杨凌农业高新技术产业示范区、榆林神府开发区锦界工业园等循环经济试点园区及西安市物资回收利用总公司、陕西龙门钢铁（集团）有限责任公司等循环经济试点企业，在资源有效利用，生态环境建设上，显示出蓬勃发展的良好态势。对于全省转变发展方式，推动产业结构调整、改善生态环境、建设资源节约型、环境友好型社会及建设“生态陕西”发挥了十分重要的引导作用，循环经济试点建设已成为陕西发展循环经济的新标志、新亮点。

杨凌农业高新技术产业示范区是国家首批确定的循环经济试点，也是全国唯一的省级农业高新技术产业示范单位。把在研究一流成果上下功夫、加快产业发展上求突破、加大示范推广上见成效的目标与节能减排、发展循环经济紧密结合起来。不断地在农业领域，特别是在生态农业建设方面进行循环经济的实践，用实现农业产业内部的良性循环来增强区域农业可持续发展能力，以此构建面向循环经济的农业。示范区还把发展循环经济作为解决常规农业所面临的资源和环境问题的有效途径，作为解决西北“三农”问题的重要手段之一。同时以农业循环经济的发展带动相关涉农产业及其他工业循环经济的发展。示范区在实施“二次创业”战略中，通过大力推进循环经济，使经济结构得到调整和优化；第二、三次产业在地区国民经济中的比重逐步增大；产业内部、产业之间的关联进一步增强，经济增长质量和效益显著提高。通过发展循环经济，初步形成科技含量高、资源消耗少、环境污染小、经济效益好的新型农产品工业体系；酿造、绿色食品加工等产业循环体系的链网结构也得到进一步完善和延伸。通过发展循环经济，建立与食品加工业配套的优质高效、标准化食品工业原料基地，带动加工、储藏、运输等相关产业的发展，形成区域性的支柱产业，成为我国最大的以农业产业为主的循环经济园区。

西安市物资回收利用总公司是国家确定的第二批循环经济试点企业。2008年公司把循环经济试点工作纳入到总体工作目标责任制当中，出台了相关的规章制度，使试点工作取得了初步成效。公司在形成覆盖城市主要地区废旧物资回收系统以及集回收站、集散交易、分拣利用三位一体的再生资源网络体系的基础上，加快了循环经济方案的实施力度。该公司循环经济试点实施方案在通过国家发改委组织的专家论证的同时，循环经济项目也得到了国家、省市相关部门的大力扶持。规划投资2.1亿元，占地300

亩，建筑面积15万平方米的再生资源利用项目，包括再生资源信息中心，再生资源加工项目、再生资源交易市场、仓储物流中心等内容的循环经济试点工程，资金筹措及土地征用等工作进展顺利。此项目建成后，使西安市的废旧物资实现科学化和无害化的集中处理，对于提高城市再生资源利用率，防止环境二次污染，带动循环经济发展以及建设资源节约型环境友好型城市，全面提升西安城市功能和形象具有重要的作用。

榆林市是我省的能源大市，他们立足于优越的矿产资源，着力于构建资源节约型、清洁生产型、生态环保型的循环经济框架及资源再生、产业延伸的循环经济承载平台。使全市的经济增长方式明显转变，资源利用率大幅度提高。2008年，全市生产总值首次突破千亿元大关，达到1008.26亿元，同比增长23.0%，财政总收入达213.70亿元，同比增长36.7%；经济总量居全省第二位，增速连续七年居全省第一位。2008年二氧化硫及COD分别减排0.074万吨和0.195万吨。2008年4月编制的循环经济试点实施方案已通过国家审定，试点工作已进入实施阶段，各个项目进展顺利。

榆林神府经济开发区锦界工业园是我省确定的循环经济试点单位，也是我省实施能源“三个转化”战略和发展循环经济的示范园区。该工业园区利用环保优先、链条发展和绿色建设的发展理念，在能源开发的过程中利用科技创新的力量，把生态环境的建设放到了重要位置。突出煤电载能、煤制油、煤盐化工、油气化工四个产业链，强化产品之间的工艺联系，实现了废弃物的“资源化、减量化、无害化”。截止目前，园区内的煤电化工、载能、建材、煤焦化四个片区的循环经济产业链已基本形成，园区内的废气、废水、废渣都得到有效处置。锦界工业园坚持循环经济和可持续发展思想，打造以煤基化工为核心的循环经济发展模式，不仅为我省能源及重化工行业发展循环经济提供了成功的案例，也为我国资源富集区的资源开发、转换和深加工以及相关产业的发展积累了宝贵经验。

陕西龙门钢铁（集团）有限公司是我省钢铁企业的龙头，也是省级循环经济试点单位。始终坚持循环经济的理念，在创立废水、废气、废渣、粉（烟）尘“四闭路一循环”模式，构建综合利用工业废弃物的循环经济产业链的同时，先后投资建设了煤气综合利用、废水回收治理、余热（气）利用、污泥处理、耐火材料回收、钢渣综合利用、新型建材生产线、全燃煤气热电工程等一批资源综合利用、循环经济项目。加上高炉喷煤、蓄热式加热炉和高效连铸等清洁生产与节能技术的广泛采用，使企业的循环经济得以迅速发展且取得显著成效。2008年，该公司的煤气综合利用率达到100%，钢铁渣综合利用率≥90%，水循环利用率达到90%以上，水重复使用率达到99%以上，煤气及废水基本达到“零排放”，基本实现了“不向黄河排放一滴污水”的目标。2008年回收利用工业废弃物的产值达到了1.5亿元，仅余热（气）回收利用一项，年可节约标煤2万多吨，创收800多万元。

在组织开展企业、园区循环经济示范试点的同时，我省各设区市的循环经济试点工作也积极有序的进行着。

黄陵矿业集团总装机容量130MW的煤矸石热电厂

商洛市遵照省委、省政府提出的陕南突破发展的要求，践行科学发展观，坚持生态立市、循环经济、节能减排、可持续发展的观念；依托在资源、区位、自然、文化方面的优势，高起点、高水平、高质量地精心构建商州——丹凤循环经济园区，借以打造商洛市经济核心区域，推进商洛突破发展的进程。该市在2008年7月编制的《商丹循环工业经济圈规划方案》，以循环发展模式，以大企业入驻、大集团引领为目标及以盐化工、氟材料、锌材料、硅材料项目为重点。科学布局了相互支撑、协作配套、关联发展、综合利用的电→盐化工上下游产品、电→氟材料、电→锌材料、电→硅材料、煤电产业等6个循环产业链共19个项目，总投资176亿元。达产后，年可实现销售收入262亿元、利润43亿元、税金25亿元，工业废弃物利用率可达90%以上。商丹循环工业经济圈的建设，不仅为商洛市经济社会突破发展提供强有力的产业支撑，而且让商洛市发展循环经济跃入全省的前列。

中德合作“中国农业、养殖业和城镇有机废物的资源化”在陕项目启动会在西安市召开

2008年底，汉中市按照《国家汶川地震灾后恢复重建总体规划》中设立汉中循环经济产业集聚区的建设要求，结合汉中市地震灾后恢复重建、率先突破发展的区域发展战略和产业发展现状及资源禀赋，以引导产业合理集中布局，拓展并延伸产业发展链条，培育形成优势产业集群和产业、企业间关联发展的新的产业链为目标；以科学规划产业集聚区，调整优化产业结构为主要目的；按照循环经济理念，编制《汉中市循环经济产业集聚区规划》。以此加快汉中灾后重建和率先突破发展的进程。

（三）继续加强清洁生产审核

2008年对省内25家重点企业进行了清洁生产审核，产生审核方案1247项，可行性方案1191项，实施1104项。节约新鲜水2196.6万吨/年，节电3579.2万KWh/年，节煤8.3万吨/年，节约蒸汽5.3万吨/年。减少废水排放605万吨/年，削减COD1384.7吨/年，削减SO25195.8吨/年，减少烟尘、粉尘排放1.2万吨/年，减少NOX39吨/年，减少固废排放4.2万吨/年。共举办清洁生产、环境友好和ISO14001环境管理体系培训班总计20期，高层宣贯1100人次，培训内审员538人。同时举办了有110人参加的重点企业清洁生产审核培训班。在清洁生产审核中，通过联系企业实际、结合节能减排，讲解清洁生产理念、清洁生产审核方法和技巧，使企业提高了资源意识、生态意识、节能意识和环保意识，改善了环境行为。

（四）积极开展宣传活动

2008年，我省有关部门、新闻单位加大了对节能减排、循环经济宣传力度；特别是中央提出建设资源节约型、环境友好型社会及省委提出“建设西部强省，构建和谐陕西”的目标，通过各种媒体广泛宣传，全社会对发展循环经济重要意义的认识进一步提高，节约资源、保护环境正在变成全体公民的自觉行为，发展循环经济的良好社会氛围也正在形成。同时，绿色服务业，环境标志认证体系、绿色学校、绿色社区、政府绿色采购等发展循环经济的有效方式逐渐深入人心。

三、下一步工作目标及任务

围绕省委、省政府提出的关中率先发展，陕北跨越发展，陕南突破发展和建设陕北煤油气、关中高科技、陕南中草药、渭北优质果四大基地的战略部署，进一步落实发展循环经济的工作目标，把节能减排、循环经济作为夯实陕西经济根基的重要举措之一，作为实现科学发展观的基础工程和重大任务，并贯穿于建设西部强省的全过程，以推动全省经济快速、稳定、可持续发展。

（一）把节能减排、循环经济作为关中率先发展、陕北跨越发展和陕南突破发展进程中的基本原则。关中优先发展高新技术、先进制造业和现代服务业，坚决淘汰"五小"企业，严禁新上水泥等高耗能项目；陕南要依托自然资源，使绿色产业建立在节能减排、循环经济的基础之上；陕北在建设国内一流、国际知名的能源化工基地的同时，从发展规划、产业政策、项目安排等方面，着力发展循环经济和环保节能产业，催生新的经济形态，形成节能减排、循环经济型的产业格局。

（二）各级政府在制定经济发展规划时，把节能减排、循环经济作为优先考虑的因素之一。在进行项目策划、论证、建设时，把节能减排、循环经济作为优先考虑的条件之一；在实施统计、监测、考核、评优时，把节能减排、循环经济作为优先考虑的指标之一。让节能减排、循环经济成为各级政府和领导干部的基本施政理念，把节能减排、循环经济的成效作为衡量各级领导干部称职和优秀与否的标准。

（三）抓好重点区域环境整治工作。使渭河和汉江丹江流域、陕北能源化工基地、韩城龙门地区的环境保护等具有全局性的重点工程，尽快取得突破性进展。加快流域治理步伐，使渭河水质尽快好转。

（四）确保实现节能减排的目标。继续淘汰高能耗、高污染的落后生产能力，加快产业结构调整。完善节能和环保标准、加强烟气脱硫设施运行监管、强化城市污水处理厂和垃圾处理设施运行管理和监督、严格节能减排执法监督检查。

（五）强化发展循环经济的技术手段，经济手段，法律手段，行政手段，并综合运用这些手段确保循环经济的健康发展。集中必要的人力、物力和财力，对实现循环经济与节能减排的链接技术、关键技术和共性技术进行攻关。加快研究制定支持循环经济发展，推进节能减排的财政、税收、价格、金融、保险、投资、生态补偿等政策，用足、用好已有的政策。加强循环经济发展的宏观指导，督促各区市依法编制循环经济发展规划，制定符合陕西实际的《循环经济促进法实施办法》。在编制“十二五”规划的工作中，把发展循环经济放在突出的位置。

（六）继续抓好循环经济试点工作，抓紧成立陕西循环经济工程技术院，组织开展重点行业循环经济发展模式及重点资源循环利用体系专题研究。

国家循环经济试点省

甘肃省循环经济

甘肃省经济委员会

甘肃作为长江、黄河的重要水源补给生态功能区、资源能源大省、西部老工业基地和贫困多民族地区，迫切需要通过走循环经济道路来保证国家生态安全、找出资源型省份科学发展的突破口、实现老工业基地振兴和维护民族团结边疆稳定。发展循环经济是甘肃省转变经济发展方式，优化产业结构，提高经济增长的质量和效益，促进甘肃经济又好快发展的重要抓手，对甘肃省具有重要的现实意义和重大战略意义。

甘肃省发展循环经济起步较早，基础工作比较扎实。从2005年开始，甘肃省就开始编制循环经济发展规划。2007年12月，国家发改委将甘肃列为全国循环经济试点省，在国家各部门的精心指导和大力支持下，在省委、省政府的领导下，全省上下思想认识统一，发展循环经济势头强劲，试点工作全面展开，并取得了一定成效。

一、主要措施

甘肃省被列入国家循环经济试点省份后，省委、省政府高度重视，省委陆浩书记先后多次做出批示，明确要求要求结合我省实际，采取针对性措施，切实抓好落实，确保取得实效。近几年来，我们主要采取了以下措施：

一是加强组织领导。成立了全省发展循环经济工作领导小组，省政府主要负责同志任组长，省政府主管副省长为副组长，经委、发改委、财政、环保等19个省直有关部门的主要负责同志为成员，定期召开会议，研究决定循环经济发展的重大事项，协调解决存在的主要困难和问题。领导小组下设办公室，设在省经委，负责日常工作开展，督促领导小组决定重大事项的落实。省政府常务会议多次听取循环经济发展情况汇报，先后对循环经济总体规划、设立循环经济专项资金，对如何加大政策支持力度等重大问题进行了专题研究，有力地推动了全省循环经济工作发展。

二是全面部署动员。2008年9月3日，省政府在金昌市召开全省循环经济现场会，省委、省人大、省政协有关负责同志，全省各市州政府主要领导和分管负责人，省、市政府各20多个有关部门，中央在甘和地方重点企业的主要负责同志等共计400多人参加会议。省长徐守盛出席会议并讲话，对全省循环经济发展工作进行了全面动员部署。通过此次会议，全省上

正在加紧建设的金昌新材料工业园区新型干法水泥厂主厂房。该园区为金昌市循环经济和接续产业搭建起了发展平台。

下进一步统一了思想，提高了认识，增强了发展循环经济工作的责任感和紧迫感。

三是健全政策法规。在制定出台《甘肃省资源综合利用条例》、《甘肃省人民政府关于加强节能工作的意见》、《甘肃省人民政府关于落实科学发展观加强环境保护的意见》、《节能减排综合实施方案》、《甘肃省主要工业产品单位能耗限额指导目录》、《甘肃省节能减排全民行动实施方案》等有关政策法规的基础上，2008年我省又出台了《甘肃省人民政府关于加快发展循环经济的实施意见》，《甘肃省再生资源回收综合利用管理办法》已起草完成并计划近期出台，《甘肃省实施循环经济促进法办法》正在抓紧制定。通过健全政策法规，依法推进循环经济工作的发展。

四是强化监督管理。在对污染减排实行目标责任管理的基础上，从“十一五”开始，省政府将节能目标任务也纳入了目标责任书。每年初，省政府主要负责同志与各市州政府主要负责人签定工作目标责任书，明确目标任务，落实工作责任，年终进行评价考核并实行“一票否决制”。同时，加强日常督促检查，2008年7月，对节能目前任务完成情况达不到进度要求的，省政府主管领导给相关市州党委和政府的主要负责同志写信，要求进一步采取有力措施，确保全年目标任务的完成。在建立循环经济考评制度的基础上，对循环经济试点单位实行年度考评措施，考核结果纳入各级政府负责同志的政绩考核范围。对重点用能企业及重点用能设备用能情况和高耗能设备淘汰情况组织开展检查，制定淘汰落后产能申报审核办法，建立淘汰落后产能工作定期报告和检查制度。

五是加大支持力度。甘肃省被列为国家循环经济试点省份后，为有效促进全省循环经济发展工作，从2007年起省财政设立节能专项资金，每年安排2500万元支持节能减排；2008年，设立促进循环经济发展专项资金3000万元，主要用于支持循环经济示范试点、新能源可再生能源开发利用、资源综合利用新产品新技术推广、循环经济宣传、教育、培训和表彰奖励等，进一步调动了社会各方面发展循环经济的积极性。

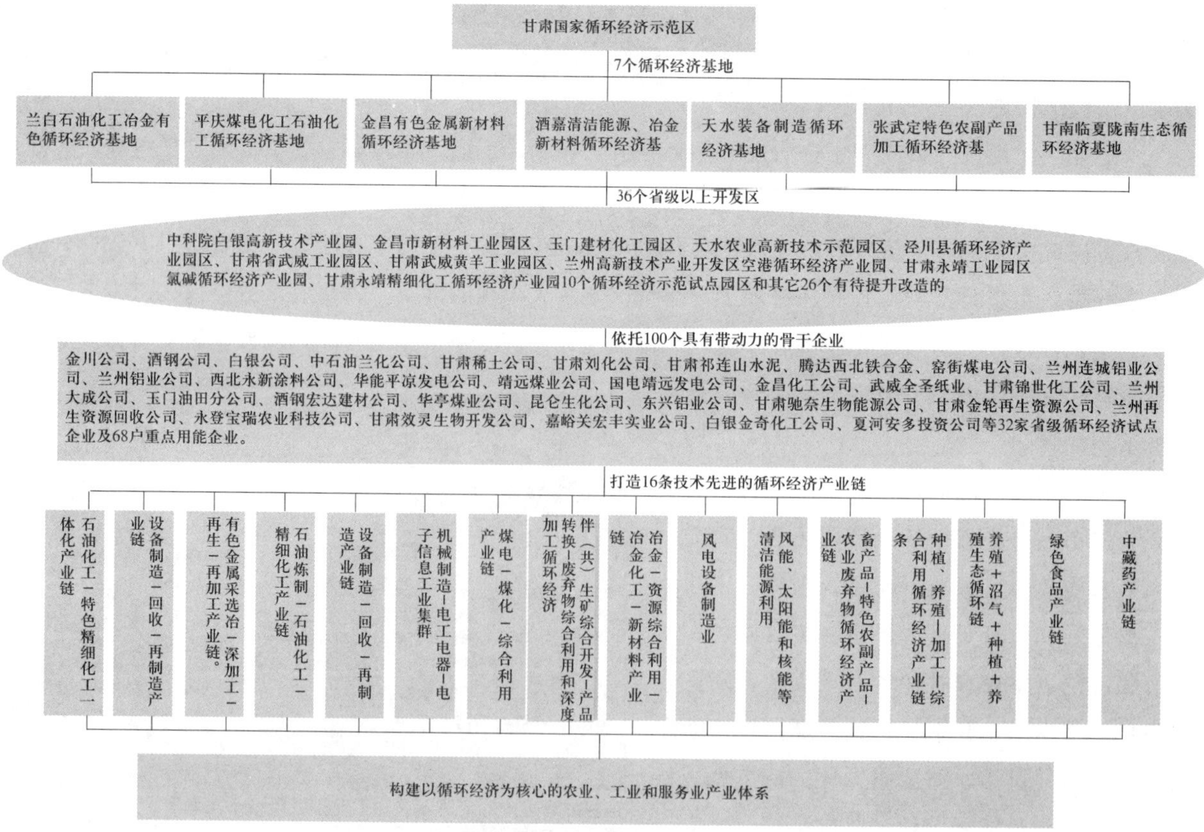

甘肃省循环经济体系

六是发挥示范带动。2008年以来，甘肃省选定金昌市、白银市、嘉峪关市、武威市、兰州西固区、平凉崆峒区等主要工业城市（区），金昌新材料工业园区、中科院白银高新技术产业园等10个工业园区，以及金川公司、酒钢公司、白银公司、兰州石化公司等32户重点企业为循环经济试点单位，在城市、园区和企业等不同层面组织开展循环经济试点工作，指导试点单位制定和实施试点方案，及时总结推广循环经济试点单位的典型经验和成功做法，充分发挥典型单位的示范带动作用。

七是开展宣传培训。一年来，甘肃省利用报纸、电视、杂志、网络等多种宣传媒体，开展多种形式的宣传活动，利用节能宣传周、世界环境日等活动组织开展集中宣传。省人大常委会办公厅、省政府办公厅、省委宣传部联合下发《关于贯彻实施中华人民共和国循环经济促进法的通知》，对循环经济宣传工作做出具体安排部署。通过开展广泛宣传，全社会对循环经济发展工作重要性的认识普遍增强，在国家发改委组织的“全国循环经济促进法网上知识竞赛”中，全国30个省市区共有5303人提交答卷，甘肃以1407人位列第一，占26.5%，比排名第二位的吉林省多883人。同时，甘肃省还通过组织党校培训、专题研讨、实地调研等形式，对省、市循环经济主管部门和试点单位的负责人进行循环经济知识培训，为实际工作开展提供人力保障。

二、进展情况

一是编制了《甘肃省循环经济总体规划》。规划的实施期限为（2009—2015年），共7年。总体目标是：到2015年把甘肃建设成为我国循环经济发展示范区。《规划》把循环经济理念贯穿到农业、工业以及第三产业的发展过程中，着力构建资源节约和环境友好型的产业体系；围绕把甘肃建成国家循环经济示范区的目标，重点打造16条循环经济产业链，培育100户骨干企业，改造提升36个省级以上开发区，逐步形成覆盖全省的各具产业特色的七大循环经济专业基地。温家宝总理、李克强副总理分别对我省《规划》作出重要批示。目前《规划》已由国家发改委牵头征求国家各部委的意见征求过程中，待经最后修改后，上报国务院。

二是大力推进清洁生产。成立了甘肃省清洁生产指导中心，制定了《加快推行清洁生产的实施意见》、《行业清洁生产技术要求》和《清洁生产指南》。2008年，先后多次召开清洁生产现场会。对冶金、有色、石化、食品、煤炭等行业的200户重点企业进行了清洁生产审核试点。加强清洁生产审核队伍建设，有近400人获得清洁生产审核师资格。

三是做好资源综合利用。2008年，全省有115户企业的产品通过了资源综合利用认证，资源综合利用实现销售收入40亿元，综合利用固体废弃物1200万吨。全省再生资源回收利用体系建设力度进一步加大，重点城市基本建立了废旧物资回收体系。

四是抓紧节水型社会建设。甘肃省先后出台了《甘肃省实施水法办法》、《甘肃省水资源费征收管理办法》、《甘肃省行业用水定额》等一系列法规。借鉴张掖市节水型社会试点建设经验，全省先后分两批设立了43个县市区作为省级节水型社会建设试点，试点面积覆盖了河西走廊全部县区。兴建了一大批大、中、小型水利工程，初步形成了以供水、灌溉、防洪、发电、水土保持、生态治理为主的水利体系。2008年，全省万元生产总值用水量387立方米，万元工业增加值用水量108立方米，较2007年分别下降15.87%和25%。

五是抓好重点项目建设。2008年，甘肃省利用国家支持循环经济发展、加大循环经济投资力度的有利时机，在重点行业、重点企业认真组织实施循环经济项目。在国家发改委的大力支持下，我省组织实施重点节能项目54项、资源节约和环境保护项目25项。目前，部分项目已建成投产并发挥效益，其他项目也在抓紧实施。据测算，项目建成投产后，每年可节约能源137万吨标准煤，节水1300多万吨，综合利用工业固体废物70多万吨。

六是鼓励重大关键技术开发和推广应用。通过加大循环经济新技术、新工艺、新产品的研究和开发力度，在重点行业、重点企业积极推广应用先进适用的技术工艺和产品，充分发挥技术进步对循环经济发展的强有力促进作用。金川公司通过采用新的选矿工艺，使贫矿选矿回收率达到96%，达到世界先进水平。兰州大成自动化工程有限公司研制的绿色镀膜技术，实现了清洁镀膜生产、根除电镀“三废”污染的目标，技术水平世界领先。兰州电机有限公司变速恒频风力发电系统项目的开发，为风能有效利用提供了强有力的支撑。

三、产生的资源环境效益

通过发展循环经济，甘肃省资源、能源利用有了较大优化。2005年至2008年甘肃省万元GDP能耗、万元GDP取水量、二氧化硫排放量、化学需氧量排放量降幅均达10%以上，同时资源产出率、能源产出率、工业固体废物综合利用率、废钢铁、有色金属、塑料、橡胶、纸的回收利用率、城市污水再生利用率、城市生活垃圾无害化处置率等都有10%以上的提高，事实证明，甘肃省通过发展循环经济大幅减少了资源、能源消耗和污染排放，使废旧资源得到了循环利用，取得了明显的经济和社会效益。

2002～2008年甘肃省万元GDP能耗和电耗情况

（以2005年不变价格计算）

指标 年度	能源消费总量（万吨标准煤）	电力消耗总量（亿千瓦时）	万元GDP能耗（吨标煤/万元）
2002	3174.23	342.33	2.57
2003	3525.08	398.33	2.52
2004	3907.74	452.00	2.31
2005	4367.67	489.48	2.26
2006	4743.05	536.33	2.20
2007	5109.29	614.74	2.11
2008	5373.06	677.76	2.01

四、发展循环经济的资金投入情况

甘肃在财政非常困难的情况下，对循环经济发展给予大力支持。2007年省财政设立节能专项资金，每年安排2500万元支持节能减排，2008年，决定再增加3000万元，作为促进循环经济发展专项资金，主要用于支持循环经济示范试点、新能源可再生能源开发利用、资源综合利用、新产品新技术推广、循环经济宣传、教育、培训和表彰奖励等，进一步调动了社会各方面发展循环经济的积极性。

五、循环经济关键技术及技术集成方面取得的进展、需要突破的领域及存在问题

（一）关键性技术在重点行业得到推广应用

在有色、冶金、建材、煤炭等重点行业，推广应用了一批共性和关键性链接技术。粉煤灰、煤矸石、冶炼废渣、化工废渣、采矿废石等工业固体废弃物实现了再利用，采用生物冶金技术提取金川公司贫矿和白银公司露天剥离废石资源中有价金属的工艺技术应用进展良好，新型干法水泥生产线纯低温余热发电、高炉炉顶压差发电、钢渣水淬再利用、高炉转炉煤气回收等一批资源再利用技术也得到广泛应用。金川公司新的选矿工艺使贫矿选矿回收率达到96%，居世界先进水平。兰州大成自动化工程有限公司研制的绿色镀膜技术，达到清洁镀膜生产、根除电镀“三废”污染的目标。兰州电机有限公司变速恒频风力发电系统项目的开发，为风能有效利用提供强有力的技术支撑。在农业领域，甘肃省在农作物制

种、节水灌溉、旱作农业技术等方面走在全国的前列。

（二）推广一批成熟的先进适用技术

近年来，甘肃省在有色、冶金、石化、建材等行业积极淘汰落后产能和技术工艺，大力推广应用成熟、适用、先进的新技术、新工艺和新设备，取得了显著的节能减排效果。甘肃省目前推广应用的部分先进技术如表所示。

（三）研发一批关键技术

在有色冶金、清洁能源、节水型社会建设等方面，甘肃省尚有一些提高资源利用效率、优化清洁能源结构、完善“五化农业”模式等方面的关键技术目前还不太成熟，需要加大研发力度。

1.羰基冶金技术及羰基镍产业化示范研究。羰基冶金工艺是气化冶金技术的重要分支，其原理是利用Ⅷ过渡金属与一氧化碳反应，生成易挥发的羰基化合物进行分离提取金属的一种方法。羰基镍粉、羰基镍丸产品广泛应用于军工、粉末冶金、化工、电子、能源、航天、通讯、汽车及其他特种行业。我国最大的镍钴生产企业——金川集团公司通过技术创新掌握了其核心技术，打破了加拿大等国对该项技术100多年的垄断和封锁。该课题旨在加快羰基镍的产业化进程，利用羰基冶金工艺技术生产羰基镍粉、羰基镍丸等上千种性能独特的高质量产品，并使与镍伴生的铂族贵金属的回收率提高10%，带动我国铂族贵金属产业整体水平的提升。

2.低品位、难选铜（镍）矿和锌矿的直接提取技术。通过近十年的研究，生物冶金技术在甘肃省有色金属低品位复杂难选矿的金属提取研究中取得了良好的成果。但针对甘肃省气候特点及矿产资源特性的生物冶金技术还未取得突破性进展，特别是高效、经济处理有色金属低品位矿的浸出-萃取-电积工艺（如生物浸出、堆浸、地下溶浸、搅拌浸出和溶剂萃取）等技术还未得到广泛应用。该课题旨在充分借助循环经济专题研究，以金川集团公司和白银集团公司等大型骨干企业为依托，采用先进的湿法冶金工艺，逐步实现工业化生产规模，使我国的铜、镍和锌资源得到充分有效的利用。

3.铜冶炼废渣资源化循环经济系统的关键技术集成研究及示范。依托白银有色集团铜业公司开展铜冶炼废渣资源化的技术研发，从铜冶炼工艺配套优化、熔融渣还原生产铁合金工艺及装备、含铜耐磨铸铁或高硅铸铁中硫的脱除技术、二次渣综合利用技术四个互为依托、高度关联的方面开展技术研发及工程示范，建立铜冶炼废渣资源化循环经济系统。

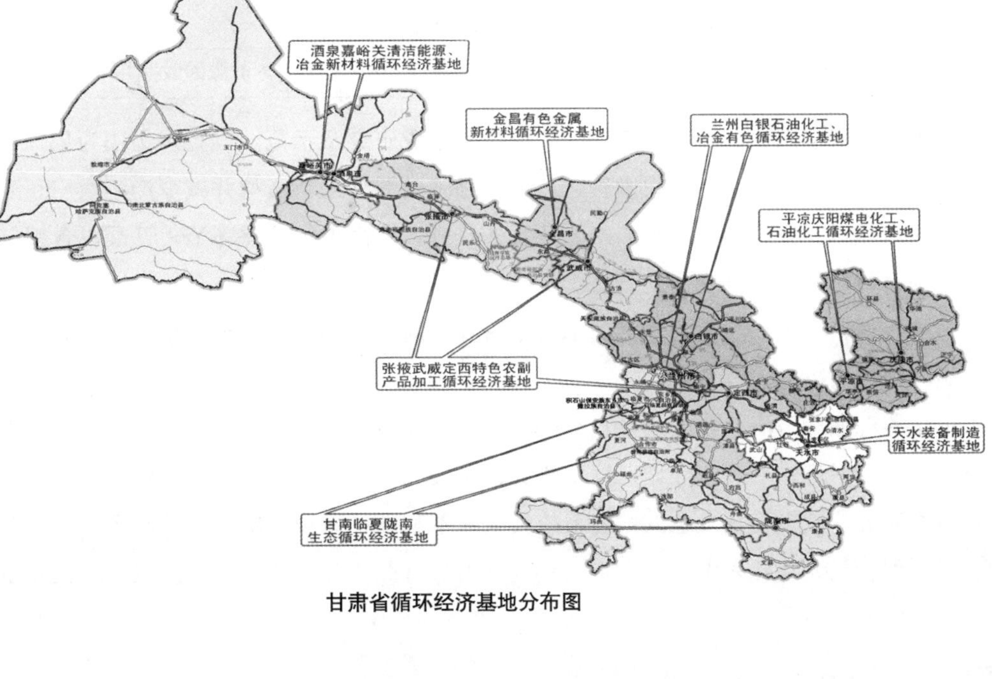

甘肃省循环经济基地分布图

4.节水型农业循环经济系统的关键技术集成研究及示范。节水工农复合循环经济技术模式及示范，在具备发展“五化农业”（规模化、设施化、有机化、品牌化、循环化）条件，农产品深度加工业有基础和发展前景的甘肃定西市，通过节水灌溉技术、规模设施化种养技术、沼气与太阳能集成技术、沼液高附加值利用技术、马铃薯淀粉深加工生物技术、加工有机废物资源化利用和废水循环利用技术等多种技术集成，建设定西节水型循环经济模式示范。

甘肃省推广应用的先进技术

行业	先进技术	关键作用
冶金有色行业	尾矿再选技术	回收尾矿
	生物冶金技术	贫矿资源的开发利用
	选冶药剂的绿色合成技术	污染防治、提高回收率
	冶炼废水治理及回用技术	水的处理、回用
石油化工行业	石棉湿法浮选改性工艺	资源再利用
	废旧轮胎低温粉碎制取精细胶粉的技术	资源化
	好氧生物处理高含盐废水技术	污水处理回收
	炼油污水回用技术、油田污水处理回注技术	工业废水回收利用
煤电化工行业	煤泥循环流化床燃烧固硫技术	三废治理
	煤矸石、煤泥综合利用技术	低热值能源利用
	热电联产技术	资源高效利用
	煤粉强化燃烧及劣质燃料燃烧技术	能源高效利用
建材及新材料行业	高掺量粉煤灰烧结空心砖（多孔砖）技术	粉煤灰利用
	节能型隧道窑焙烧技术	节能
	新型干法水泥生产技术	资源高效利用、节能
	新型干法水泥纯低温余热发电技术	余热利用
装备制造业	清洁能源开发与电网稳定性技术	清洁能源
	失效零部件修复和废旧机电设备再制造技术	节能、节材
	“电子垃圾”资源化单元技术与设备	资源回收利用
	绿色镀膜成套装备技术	污染防治
生态农业	“超声波-大孔树脂提取洋葱黄酮类物质技术”	节能、资源再利用
	农业节水技术集成模式建立和推广	农业节水
	厌氧发酵技术及大型沼气池“三沼”综合利用技术	资源回收利用及清洁能源开发利用

5.镍铜冶炼废渣资源化循环经济系统的关键技术集成研究及示范。以金川集团为依托，在产渣源头环节，开展镍铜冶炼工艺配套优化技术研究，选择利于资源化的新渣型并减少产渣量；在渣的初级资源化环节，开展熔融渣还原生产铁合金的工艺及装备研究；在高附加值化环节，开展以含镍、铜、钴、硅的铁水为基础材料生产新牌号合金钢产品、工艺及钢材深加工工艺研究；在二次废物处理环节，开展镍铜熔融渣还原生产铁合金后二次冶炼渣利用技术研究。通过各环节关键技术集成实现完整的镍铜冶炼废渣资源化循环经济系统。

6.可再生能源循环经济系统的风光互补关键技术集成研究及示范。开展大型风电场与大型光伏电场互补发电对电网的平稳输电和合理调度技术研究；开展在风电监控的平台上实现对光伏系统的监控、管理与维护技术研究，减少光伏发电的监控系统投入成本和维护管理成本；研发高效、环保、可循环利用的储能装置，配合风光互补发电上网。研究甘肃风力与日照资源分布，选择大型风光互补示范项目最佳实施地点，完成可行性研究报告和兆瓦级示范工程。

7.白银市太阳能综合利用研发、生产及应用示范。白银市年日照时数2659—3085小时，日照率为57.62%，重点研发光伏硅材料、晶硅太阳能电池、太阳能电池及组件制造装备等，建设研发试验及产业化示范基地。研发并推广为分散的气象台站、地震台站、公路道班、广播电视、公路铁路信号及太阳能阴极保护系统等提供电力的工业用光伏电源。太阳能研发成果产业化后，可实现产业转型，有利于资源枯竭型城市的可持续发展。

六、发展循环经济的主要经验

一是领导重视、组织落实，是推进循环经济发展的关键。甘肃省委省政府主要领导高度重视发展循环经济，建立由省经委牵头，省环保局等有关部门参加的推进循环经济发展协调工作机制，对推进循环经济发展中遇到的重大问题及时进行解决。各市州根据各自产业结构特点，提出了以循环经济为核心，推进接续产业发展的工作思路。发展循环经济，转变发展方式，在全省上下已形成共识。

二是制定科学的循环经济发展规划，是循环经济工作取得成效的前提条件。《甘肃省循环经济发展规划》和《甘肃省循环经济总体规划》，明确了全省发展循环经济的基本思路、主要目标、重点任务、政策措施及重点项目，对促进全省循环经济发挥了重要作用。

三是开发应用资源高效利用和循环利用的关键技术，是循环经济发展的重要支撑。酒钢公司和金川公司成功的试点经验表明，循环经济发展取得显著成效的企业往往是通过自主创新和引进、消化、吸收、再创新掌握了一些关键技术的企业。

四是项目建设，是发展循环经济的重要保障。2008年，省经委共获国家发展改革委节能减排、资源综合利用专项资金支持项目62项，共争取节能财政奖励资金3.15亿元，中央预算内投资1.86亿元，有力地推动了循环经济发展。

五是有效的激励政策和有利于循环经济发展的机制，是发展循环经济的重要基础。建立有效的激励政策，形成有利于循环经济发展的机制，才能做到既“循环”又“经济”，循环经济才能得到持续发展、长期巩固和不断提高。

七、发展循环经济的困难和有关建议

循环经济发展涉及各个产业，包括经济社会发展的诸多领域和各个方面，要成功推动循环经济发展，政府在起步阶段实行强有力的支持政策予以鼓励和引导是必不可少的。国家《循环经济促进法》对制定激励措施支持循环经济发展做出了明确规定，国内外的大量实践也充分表明了这一点。甘肃的循环经济发展面临着不少困难和问题，一方面，甘肃是一个典型的资源型省份，“两高一资”的结构特征明显，资源利用水平不高的问题突出，部分循环经济评价指标即使与全国平均水平相比仍存在不小的差距，循环经济发展示范工作量大面广，任务艰巨；另一方面，甘肃是一个欠发达省份，经济基础差，实力薄弱，财力非常有限。在这样的条件下发展循环经济，迫切需要国家在政策措施上给予强有力的支持。

甘肃省将建立健全政策措施，协调落实机制，对国家出台支持本省循环经济发展的政策措施认真研究，根据各项政策的具体内容，由牵头部门负责、相关部门配合，明确工作责任，制定实施细则，认真做好组织落实，充分发挥国家支持政策对循环经济发展实际工作的有力推动作用。对贯彻落实中存在的问题和困难，及时向国家有关部门提出解决措施的建议。

青海省循环经济

青海省发展和改革委员会

自2005年10月27日国家将柴达木列入首批循环经济试点产业园区以来，青海省在促进循环经济尤其是在柴达木循环经济试验区进行了积极探索和大胆实践，分别在建立组织机构、政策研究、规划指导、招商引资、资金支持和争取国家扶持等方面开展了卓有成效的工作，不断推动全省循环经济工作向纵深发展。2008年又取得重大进展与成效。

一、主要工作与成效

（一）成立试验区循环经济发展组织机构

继2005年省政府就成立了以主管副省长为组长的青海省柴达木循环经济试验区领导小组及海西州政府设立了试验区管理委员会后，2008年，西宁市政府成立了以副市长为组长的西宁经济技术开发区循环经济试点工作领导小组，办公室设在西宁经济技术开发区管委会和市发改委。柴达木循环经济试验区各市、县、行委分别设立了循环经济办公室，专门负责循环经济工作。

（二）积极开展向国家有关部委汇报衔接柴达木循环经济试验区优惠政策相关工作

为了因地制宜地发展柴达木特色循环经济，针对在政策、科技攻关、基础设施、资源配置等方面存在的困难，2008年上半年，在十一届全国人大一次会议期间，我省代表团向中央政治局常委、中纪委书记贺国强同志呈送了《关于青海省柴达木循环经济试验区发展情况的汇报》。对此，党中央、国务院领导同志高度重视，中央政治局常委、国务院副总理李克强，中央政治局常委、中纪委书记贺国强分别作了重要批示，尤权副秘书长做出具体的工作安排。

青海省委书记、省人大常委会主任强卫在2008中国青海柴达木循环经济试验区项目推介会暨盐湖城旅游文化艺术节开幕仪式上讲话

根据中央领导重要批示精神，按照省委省政府领导要求，各有关部门即向国家发改委、教育部、科技部、工业与信息化部、财政部、国土资源部、环境保护部、交通运输部、铁路部、水利部、商务部、国家税务总局、国家民航局、国家电网公司等14个部委进行汇报和衔接。同年7月23日，尤权副秘书长组织国家相关部委召开专题会议，副省长作了专题汇报，会后形成了国办会议纪要，李克强、贺国强同志分别做了重要批示。

为进一步贯彻落实中央领导重要批示精神，做好《柴达木循环经济试验区发展总体规划》编制工作，9月国家发改委副主任解振华专程来青调研柴达木循环经济发展情况，并要求抓紧总体规划编制工作，由国家发改委提请国务院批复。

2008柴达木循环经济试验区项目推荐会

6月底，全国政协副主席、中国农工民主党常务副主席陈宗兴来青就柴达木循环经济试验区发展情况进行了专题调研。9月4日，中共中央统战部向国务院办公厅专题呈送了中国农工民主党中央委员会《关于促进柴达木循环经济试验区又快又好发展的建议》，温家宝总理、李克强副总理分别作了重要批示。为了贯彻中央领导重要批示精神，国家发改委提出了任务分解工作方案，近期将协调国家有关部委研究落实。

2006、2007、2008年分别向国家发改委上报三批循环经济备选项目，积极争取国家资金支持。2007年，国家下达西部矿业高原铅锌矿原生电位调控浮选技术改造等4个项目，共计1750万元资金；2008年，国家下达青海盐湖年产一万吨碳酸锂项目、青海洁神餐厨垃圾处理项目、青海裕泰有机肥等项目，共1630万元资金支持。同时，正在积极进行国家2009年资源节约和环境保护备选项目的组织和遴选工作。

（三）加强规划指导，开展实施方案、规划编制和项目前期研究工作。

按照国家发改委关于编制第二批循环经济试点实施方案的要求，已编制完成《西宁经济技术开发区循环经济试点实施方案》，并通过国家发改委组织的评审。目前，已完成修改完善工作，将于近期上报国家发改委批复。

积极配合中咨公司开展《柴达木地区循环经济特色优势产业发展规划》和《柴达木国家级循环经济试验区总体发展规划》工作。目前，“产业发展规划”已基本完成，“总体发展规划”已完成送审稿，正在按照相关单位和专家的意见进行修改完善，将由国家发改委上报国务院批复。

相继组织开展了《海西州硅灰石资源开发利用规划》、《青海盐湖工业集团镁、钠资源综合利用启动项目》、《钴镍渣、铜镉渣、浸出渣的综合回收利用项目》等一批规划和项目的前期工作。

青海油田100亿立方天然气产能建设重点工程剪彩

（四）建立健全循环经济指标评价体系

按照国家发布的循环经济评价指标体系，结合我省资源开发特点，特别是柴达木和西宁经济技术开发区这两个试

参加2008中国青海柴达木循环经济试验区的嘉宾们在参观展馆和循环经济试验区成就展

2008中国青海柴达木镁产业发展论坛在格尔木市青海油田基地举行

点园区工业基础、产业定位和发展方向，坚持循环经济“3R原则”，围绕资源产出率、废物再利用和资源化水平、工业用水循环利用率等方面，我省正逐步建立健全循环经济指标评价体系。

（五）加大科技攻关力度

三年来，为搭建柴达木循环经济试验区科技创新平台，省政府与中科院共同成立中国柴达木循环经济研究院。研究院一手拉着企业，一手拉着科研院所，为试验区循环经济项目建设、产业融合发展、产业链延伸提供了有力的科技支撑。经过政府、科研院所、企业的共同努力，针对油气资源勘探、盐湖资源综合开发利用等重点产业发展的关键工艺技术进行集中攻关。在油气勘探开发和加工，盐湖提钾、提锂、提镁、提硼，有色金属采选以及废矿利用等方面取得科技成果57项，其中青海锂业吸附法提锂技术、东台吉乃尔湖卤水提锂工业性试验、青海盐湖100万吨钾肥加工系统、盐湖镁资源氨法制取高纯镁砂产业化技术等31项科技成果达到国际或国内先进水平，这些成果已在相关领域和行业成功应用，为循环经济项目建设、产业融合发展、产业链延伸提供了有力的科技支撑。

循环经济是创新型经济，必须依靠观念创新、技术创新、管理创新，特别是自主创新。盐湖集团、庆华矿业、中信国安、西部矿业、青海煤业、金峰实业、创新矿业等在循环经济发展中取得显著成效的企业往往是通过自主创新和引进、消化、吸收、再创新掌握了一些关键技术的企业。同时，中小企业也围绕综合利用、延伸产业链和提高竞争力，大力引进新技术、新工艺，特别是在资源吃干榨净和“三废”利用方面，突破了一批技术难题，建成了盐湖提锂、纯碱废液生产氯化钙、铅锌废渣生产硫酸等一批配套企业和装置，工业循环经济技术水平迅速提高。

（六）积极争取国家资金支持，加大资金支持力度

按照国家发改委环资司要求，及时组织上报一批项目争取国家资金支持。目前，国家已下达青海洁神环境能源产业有限公司餐厨垃圾资源再生项目、青海裕泰食品有限公司畜产品加工产业园2万吨生物有机肥生产项目等5个项目共2490万元投资计划。同时，还在积极争取青海康普生物科技股份有限公司沙棘籽粕资源综合开发项目、青海煤业集团有限责任公司鱼卡矿区矿井废水净化处理及节能等一批项目国家资金支持。

按照《青海省循环经济发展专项资金管理暂行办法》，2008年共下达两批循环经济专项资金投资计划共3000万元，其中第一批下达2543万元，共安排45项；第二批下达457万元，共安排9项，共计给予8000余万元的循环经济发展资金支持。循环经济专项资金主要用于支持我省具有示范性、导向性的重点循环经济项目；具有带动性、集聚性的循环经济产业规划、项目可研编制；促进循环经济发展的技术开发应用研究和技术改造；对经认定达到预期效果的循环经济项目的补助，以及开展循环经济其它工作经费。同时，鼓励有条件的地区相应建立地区循环经济发展专项资金，用于支持本地区开展循环经济相关工作。

（七）加大招商引资工作力度

为进一步宣传和推介国家循环经济试点，尤其是柴达木循环经济试验区，以“大美青海—香港行”、“青洽会”，“青岛项目洽谈会”、“广推会”、“柴推会”、“上海项目推介会”、“宁波项目推介会”等节会活动为平台，举办了一系列的新闻发布和项目推介洽谈、学术交流等活动，全面展示柴达木独特的资源优势和良好的投资环境，广泛宣传了柴达木循环经济广阔的发展空间和巨大的发展潜力，成效显著。

2008年6月28～30日，2008中国柴达木循环经济试验区项目推介会暨盐湖城旅游文化艺术节在格尔木市成功举办。在广泛展示三年来试验区试点成就的同时，结合国家产业政策和试验区优势产业发展思路，组织筛选了涉及化工、有色、矿产资源开发、农牧业产业化等领域108个重点招商项目，引起了与会客商的高度关注。通过洽谈，共签订项目55个，签约金额221.6亿元(比上届“柴推会”多11.6亿元)。其中签订合作协议47个，协议金额179.8亿元；签订投资意向8个，金额41.8亿元。

活动期间，围绕盐湖镁资源综合开发利用，主办了镁产业发展论坛，由国内知名专家和学者重点对试验区盐湖镁资源发展方向进行分析和研讨，为政府、科研院校和企业单位提供了一个高层次、高水平的镁产业发展信息与交流平台，成为此次节会的一大亮点。同时，政府、科研院所与企业签订科技项目合作协议，为试验区循环经济项目提供科技支撑。

（八）两个试验区建设顺利，循环经济发展模式基本成型

通过对先进科学技术的引进、消化、吸收和创新，积极推进产业结构调整，工业技术水平得以提高，主要行业如石油天然气化工、盐湖化工等技术水平与国内外先进技术的差距缩小，资源开发开始由单纯的出售资源向初加工和精深加工转变，工业产业链逐步延伸，产品的附加值逐步提高，资源开发利用逐步向规模化、产业化和综合利用方向发展，产业结构有所优化。已基本形成了以电力、石油、天然气和煤炭开采为主的能源工业；以盐湖开发为主的盐化工业；以有色金属和黑色金属采掘为主的冶金采选业；以焦化为主的煤化工业，以石棉、水泥生产为主的建材工业；以农副产品和中藏药材加工为主的农畜产品加工业等六大工业体系，并具备了较强的市场竞争能力。

通过各方面的积极努力，试验区建设取得了实质性进展，为全省经济发展做出了重要贡献。2005年、2006年、2007年、2008年柴达木循环经济试验区分别实现GDP134亿元、170亿元、202亿元、273亿元，分别比2004年增长13.4%、17.1%、20.2%、27.3%；工业增加值连年保持20%以上增速，总量占到全省的近一半。

格尔木炼油厂30万吨甲醇装置

2007年、2008年西宁经济技术开发区分别实现GDP65亿元、104.2亿元，工业增加值分别为42.3亿元、77.89亿元。

随着两个试验区一大批循环经济项

目逐步发挥效益，经济发展呈速度加快、后劲增强之势，已经发展成为全省经济的重要支撑。

二、主要做法与体会

（一）统一认识，树立科学、合理的可持续发展观念是发展循环经济的理论基础

三年多来，全省上下坚持统一认识，创新思路，破除了有项目就上、有回报就行的盲目发展观念，树立了科学编制规划、规范有序建设的理性发展观念；破除了有矿就开、有水快流的传统开发观念，树立了综合开发、循环利用的新型开发观念；破除了村村点火、户户冒烟的传统发展观念，树立了打破地区界限、全省一盘棋、建设各具特色的集约发展观念；破除了注重眼前、有商就招的观念，树立了围绕产业链条衔接和综合利用来招商、选商的观念；破除了只有原矿产才是资源的狭隘资源观，树立了废矿、废水、废气、废渣、荒地均是资源的新型资源观。为大力发展循环经济奠定了坚实的理念基础。

（二）领导重视是发展循环经济的关键

领导重视，组织落实，是推进循环经济发展的关键。省委、省政府领导高度重视全省循环经济发展工作，分管省长主抓循环经济安排部署及落实工作，总体上形成了分工明确、责任到人，一级抓一级、层层抓落实的工作格局，有力地推进了循环经济又好又快发展。

（三）科学规划是发展循环经济的基本前提

为了高规格、高起点、高标准推进循环经济发展工作，达到统筹规划、分步实施，我省尤其是两个试验区分别编制了总体规划、产业规划及相关配套规划。这些规划进一步明确了推进循环经济发展的基本思路、主要目标、重点任务、政策措施及重点项目，形成了较为系统、切实可行的工作方案和实施措施。

（四）政府推动是发展循环经济的根本保障

三年来，政府多次组织干部考察学习国内外循环经济园区发展经验，并邀请国内专家学者、政府官员和其他试验区的代表参加“柴达木循环经济试验区建设研讨会”、“柴达木循环经济发展论坛”等，通过政府引导，全社会对循环经济广阔的发展空间和巨大的发展潜力形成了统一认识。同时，政府在确保经济系统中各要素的“通畅”、“流动”、“活力”的前提下，识别区域发展阶段、产业结构、行业特征、企业性质等等，对不同企业分别采取措施进行引导，将循环经济发展与试验区建设的总目标通过具体活动与区内利益个体的自身发展战略有机结合，促使其自觉自愿参与试验区循环经济建设。通过市场化手段，以企业为主体大力开展资源整合工作，使循环经济中各个主体形成互补互动、共生共利关系，降低循环经济的运行成本，理顺循环经济的运行机制，实现循环经济的动态稳定和长效发展。正是政府的有效引导，全民资源意识和节能意识不断提高，社会、企业不断提高和改进发展循环经济的管理方法、生产工艺和先进设备，为地区大力推动节能降耗、建设节约型社会、发展循环经济营造了良好的氛围。

（五）科学技术是发展循环经济的重要支撑

三年来，我省以特色优势资源综合开发利用和循环经济发展中延长产业链和相关产业链接技术为重点，充分利用科技创新平台，集中国内外科研力量组织开展共伴生和尾矿综合利用技术，提高采矿回采率、选矿和冶炼回收率技术，能源节约和替代技术，能量梯级利用技术，新能源和可再生能源开发利用技术、特色生物资源高效利用技术、废弃物综合回收利用技术等技术研发，并加快科研成果转化为生产力的步伐，从整体上提升技术水平。

（六）必要投入是发展循环经济的有效措施

一方面，积极争取国家对我省循环经济项目国债资金支持；同时建立省循环经济发展专项资金，给

予约8000万元专项资金支持；一方面，鼓励有条件的地区设立循环经济专项资金。通过政府投入，重点支持我省具有示范性、导向性的重点循环经济项目，对循环经济项目建设进行引导，发挥“四两拨千斤”的作用。

（七）项目建设是发展循环经济的重要抓手

目前，碱业一期、庆华焦化一期等项目已建成投产；青海盐湖100万吨钾肥产品综合利用项目、年产一万吨碳酸锂基本建成；云天化复合肥一期、盐湖综合利用项目二期、中信国安西台吉乃尔盐湖钾锂硼资源开发项目、青海碱业二期、格尔木肯得可克铁矿采选正在建设；年产10万吨ADC发泡剂一体化工程、庆华焦化二期、昆仑碱业纯碱、西豫10万吨粗铅冶炼、海西宏文化工公司精制硫化碱项目、青海盐湖三元公司精制硫化碱项目、海西化建100万吨废渣干法水泥等项目已开工建设；盐湖镁、钠资源综合利用启动项目、云天化磷复肥项目二期、有机硅、镁盐等一批计划新开工项目前期工作正有序进行，项目建设呈现出建成一批、在建一批、规划一批的良好势头。

三、存在的主要问题

（一）循环经济发展的政策还不完善；

（二）产业集中度低，规模效益不高，产业布局不尽合理；

（三）科技创新能力不足，综合开发利用水平依然偏低；

（四）为循环经济项目配套的资源配置难度越来越大；

（五）人才缺口大，资金投入缺口大；

（六）两个循环经济试点产业园区基础设施依然薄弱。

宁夏回族自治区循环经济

宁夏回族自治区经济和信息化委员会

宁夏回族自治区是一个能源相对富集的省区，煤炭资源储量313亿吨，远景储量2029亿吨，分别居全国第6位和第5位。全国14大类煤种中，宁夏有11种，现年产煤能力4000万吨。宁东煤田是我国巨型煤田之一，已探明储量273亿吨，被列为国家13个重点发展的亿吨矿区之一。

2008年，宁夏自治区完成地区生产总值1070亿元，增长12%；地方财政总收入达到178.6亿元，其中地方一般预算收入达到95亿元，增长18.8%；城乡居民人均收入分别达到12932元和3682元，连续3年保持两位数增长。

2008年，全区能源消费量3188.25万吨，比上年增长4.62%，增速比2007年回落4.16个百分点。按可比价计算，2008年宁夏全区万元GDP能耗为3.686吨标准煤，比2007年的3.954吨标煤下降了6.79%，比计划目标多完成2.79个百分点。

2008年，宁夏主要污染物化学需氧量（COD）排放量为13.18万吨，计划削减幅度为3%，实际削减幅度为3.84%；二氧化硫（SO_2）排放量为34.83万吨，计划削减幅度为4%，实际削减幅度为5.81%。

2008年，宁夏19户“千家企业”实现节能量49.86万吨标煤，比计划目标多完成26.16万吨，三年累计实现节能量119.64万吨，完成“十一五”节能目标总量的98.88%，有5户企业提前3年完成“十一五”节能目标。

当前，宁夏作为能源和资源消耗强度大，污染物排放强度较大的省份，面临着节能降耗和减排的巨大压力。只有全面落实科学发展观，积极发展循环经济，才是实现节能降耗，污染减排的有效途径。

一、加强组织领导，完善政策法规

2008年，自治区召开全区节能工作会议，促进循环经济发展

（一）强化组织领导

自治区较早就成立了循环经济工作领导小组，负责全区循环经济的综合协调工作。2008年在原节能减排工作领导小组的基础上，成立了由自治区政府主要领导任组长、有关部门主要负责人为成员的“自治区应对气候变化及节能减排工作领导小组”，领导小组办公室设在自治区经信委，具体负责部署全区节能减排工作，研究、协调和解决工作中的重大问题。自治区各地市（县）和重点耗能企业也成立了由主要领导任组长的工作机构。自治区政府多次

2008年，宁夏自治区经贸委组织有关部门和专家对石嘴山市国家级循环经济试点城市试点实施方案进行评审

2008年，国家有关部委组织部分省（市、区）相关人员在宁夏银川召开上半年节能减排形势座谈会

组织召开政府常务会议，专题研究和部署循环经济和节能减排工作，主要领导亲自协调解决工作中存在的主要问题和困难。

（二）落实现行政策，制定和完善管理措施

坚决执行《清洁生产促进法》、《工业产品取水定额》、《节能监察管理办法》、《宁夏黄河水权转换实施细则》、《节约能源条例》、《推广应用新型墙体材料管理规定》、《发展散装水泥管理办法》、《水资源征收管理办法》、《加快推行清洁生产的实施意见》、《宁夏回族自治区循环经济发展“十一五”规划》、《宁夏回族自治区节能减排综合性实施方案》、《宁夏回族自治区实施＜国家鼓励的资源综合利用认定管理办法＞细则》和《固定资产投资项目节能评估和审查管理办法》等法规制度，促使社会各方面深入领会国家和自治区的方针政策，主动发展循环经济。2008年制定并印发了《宁夏回族自治区节能降耗考核及奖惩（暂行）办法》、《自治区人民政府关于进一步加强重点领域节能减排工作的实施意见》和《自治区人民政府关于进一步加强节油节电工作深入开展全民节能行动的实施意见》等政策法规和指导性文件。重新修订了自治区《主要工业产品能耗定额》，自治区经信委与发展改革委等12个部门联合下发了《关于贯彻实施中华人民共和国节约能源法的通知》，对贯彻《节约能源法》进行了部署。各市(县)也制定和出台了若干发展循环经济和节能降耗的文件规定，政策法规体系正在日趋完善。

二、创新发展理念，开展循环经济工作试点

（一）进一步推进国家循环经济试点

国家确定的循环经济试点单位中，宁夏有石嘴山市、宁东能源化工基地和金昱元化工集团有限公司。以上3家单位经过近几年的循环经济发展，取得了较好的效果。石嘴山市自2005年以来，选择确定了54户循环经济试点企业和3户试点园区，采取政策扶持、资金支持等办法，加快试点企业、试点工业园区的建设步伐，取得较好的成效。资源利用和产出效率、循环利用和废物减排水平明显提高，产业园区循环经济发展模式初步形成，节约能源资源和保护生态环境的产业结构、增长方式和消费模式逐步形成。目前正在建设的自治区“一号工程”宁东能源化工基地，规划项目投资2800亿元，实现工业增加值750亿元。到2020年，宁东基地的煤炭生产能力将达到1亿吨，成为全国重要的大型煤炭基地；电力总装机容量达到2600万千瓦，成为全国重要的煤电基地和西电东送通道的重要送端电源；煤化工生产能力达到1350万吨以上，成为全国重要的煤化工基地；发电煤耗控制在300克/千瓦时以内，单位工业增加值能耗达到国内

同行业先进水平，工业固体废弃物综合利用率达到95%以上，成为全国循环经济与资源综合利用高效示范区。宁夏金昱元化工集团有限公司投资建成了装机容量15万千瓦的热电装置；投资1.02亿元建成了60万吨/年电石泥渣制水泥生产线，分别解决了氯碱、PVC树脂用电、蒸汽和电石泥渣的污染等问题，形成了热电－烧碱－电石、PVC树脂－水泥联产的循环经济产业链。2008年与2005年相比，万元产值能耗下降26.06%，单位工业增加值用水量下降42.26%，工业用水重复利用率达到98.26%，工业固体废物综合利用率达到了98.37%，各项产品综合能耗大幅度下降。石嘴山市和宁东能源化工基地的《循环经济试点方案》均已通过国家发改委组织的专家评审，目前各项工作正在全面实施。

（二）积极组织实施自治区循环经济试点工作

2006年4月自治区确定第一批循环经济试点单位，全区共有11家，各试点单位严格按照试点实施方案逐步推进，按照“减量化、再利用、资源化”的原则，大力发展循环经济，以最少的资源消耗和尽可能少的环境代价，取得最大的经济产出和最少的废物排放，实现了经济、资源、环境和社会效益和谐发展。譬如宁夏赛马实业集团有限公司通过发展循环经济，2008年万元增加值综合能耗比上年同比下降28.57%，单位水泥综合能耗比上年同比下降11.72%。万元产值综合能耗下降31.44%。主要污染物粉尘、SO2排放完成了区、市环保部门下达的主要污染物排放控制目标，日常污染物排放达到国家环保标准。2008年底，自治区全面启动第二批循环经济试点工作。根据《工作方案》，全区有29家单位被拟定为自治区第二批循环经济试点，包括两个试点县、两个试点园区和25个试点企业。由我委制定的《自治区循环经济试点（第二批）工作方案》已由自治区人民政府于2009年3月印发全区执行。通过全面开展循环经济试点工作，大力推进循环经济发展。

（三）大力发展资源综合利用工作

2008年，在国家扶持政策的引导下，我区大力推进资源综合利用工作，精心组织，周密部署，狠抓落实，取得了显著效果。全区共有24家企业通过自治区资源综合利用认定委员会的认定，其中通过初次认定企业5家，复审企业19家。在认定的企业中，有水泥企业17家，新型墙材企业6家，冶金企业1家。所有被认定和复审企业均能严格执行国家资源综合利用的相关政策法规，积极推行先进的技术路线，不断拓展废渣利用的品种和数量，资源综合利用率得到进一步提高。2008年，获得资源综合利用认定和复审的企业共利用粉煤灰101.32万吨、煤矸石22.27万吨，其他废弃物168.65万吨，“三废”综合利用总量达292.24万吨。全年对通过认定和复审的资源综合利用企业共减免增值税12954万元，企业所得税2272万元。

三、开展节能减排，力促循环经济工作

正在建设中的宁东循环经济能源化工基地

（一）调整优化产业结构，淘汰落后生产能力

为进一步做好结构调整，按照《关于进一步加强重点领域节能减排工作的实施意见》有关要求，对传统产业提高准入门槛，合理规划生产能力，不再单纯发展能耗高、附加值低、产业链短的高耗能初级产品。一是认真贯彻落实《自治区党委、人民政府关于加快服务业发

展的意见》和《自治区党委、人民政府关于大力推进全民创业的意见》，积极推进全民创业，有力促进了第三产业的发展，2008年第三产业增加值达到397.16亿元，增长11%。二是积极推进装备制造业、新材料、特色农产品加工、高新技术和轻工业发展，对高耗能行业实行总量控制，强制推进节能改造，大力淘汰落后产能，电力、热力生产和供应业、黑色金属冶炼及压延加工业等6大高耗能行业增加值占地区生产总值比重呈逐年下降趋势，2006年至2008年3年的比重分别为56.73%、55.92%和52.99%。三是在前几年淘汰落后小炼铁、小炼焦、小造纸和小水泥的基础上，2008年把淘汰造纸、水泥落后产能作为重点，全年共淘汰了宁夏青铜峡水泥集团等9条落后水泥生产线共88万吨生产能力，宁夏金中源等5户共1.5万吨落后造纸生产能力。

宁夏将加快发展新能源产业，利用丰富风能资源，加快规模化风电开发步伐，到2010年全区风电总装机达100万千瓦

（二）加大节能资金投入，加快重点工程实施

一是节能资金不断增长。2008年，我区财政预算设立节能减排专项资金和节能减排奖励专项4600万元，比2007年增加15%，实际投入6510万元，比年初预算多支出1910万元。2009年，预算批复节能减排专项7000万元，计划3年达到1亿元。二是积极组织实施国家十大重点节能工程。2008年，全区共组织实施了宁夏大地冶金化工有限公司利用密闭电石炉炉气一期生产10万吨/年乙二醇节能技术改造项目、宁夏惠冶镁业有限公司双预热蓄热式还原炉节能改造项目、宁夏美洁纸业股份有限公司循环流化床锅炉替代链条锅炉节能技术改造项目、宁夏天净电能开发集团有限公司银川冶金分公司铁合金矿热炉纯低温余热发电工程及矿热炉节电技术改造项目、宁夏天元锰业有限公司循环冷却水及生产废水循环利用项目等33个国家节能重点工程，比2007年增加了16个。上述项目总投资21亿元，比上年增长16.7%。项目建成后，年可节约标准煤72.21万吨，节水1050万吨，减排二氧化硫9633吨。三是认真实施本地区重点节能工程。2008年，我区重点组织实施了大地冶金化工有限公司电石炉尾气回收生产合成氨项目等31项区重点节能减排工程，总投资约35.45亿元，比上年增加了28%。此外，积极推广高效照明产品，自治区在国家补贴的基础上，给予再补贴，2008年共拨付居民用户节能灯补贴59.9万元。

（三）推广节能先进技术，推行节能新机制

2008年，我区制定了《自治区适用工业节能技术和装备目录》，筛选了一批技术上成熟，节能效果显著，实用性强的节能新技术和新产品在全区范围内加以推广，主要包括矿热炉改造及二次低压补偿和消谐节能装置，国内外高低压节电技术、节电装置，大功率节能灯具及照明电器。积极推广应用外墙复合轻质保温板、混凝土多孔砖、复合型混凝土多孔保温砖和高品质的门窗材料等墙体自保温产品，加快了我区建筑节能产品更新换代。召开现场会在全区范围内推广锅炉、矿热炉余热发电综合利用技术，目前全区已有4家重点用能企业开始实施余热余压发电项目。其中青铜峡水泥股份公司6MW水泥纯低温余热发电机组已并网发电，年发电量达到2250万KWH。投入300万元资金，对多晶硅光伏试验电站、活化炉尾气循环利用节能等新技术进行了研发，比2007年的239万元增长了25.5%。加快建立节能新机制。我区与中国资源综合利用协会达成了自治区企业节能减排促进中心合作协议；与北京康得新能源科技公司签署了推进节能降耗合作协议，在全区推广合同能源管理新机制；与清华大学企业商学院发展中心就扩大节能减排合作进行了深入探讨，帮助宁夏培训节能管理人才，并对企业节能开展诊断。有关节能服务机构与宁夏医学院附属医院、青铜峡铝业股份有限责任公司和宁夏天净电能公司等企业通过合同能源管理模式，开始实施节能改造。

四、强化培训和宣传，大力推进全民节能

（一）加大节能培训力度

按照自治区政府的统一安排，自治区统计局举办专题培训班，对市、县（区）能源统计人员进行了培训；分地区对年耗能在5000吨标准煤以上的重点耗能企业举办了四期能源统计和能源审计培训班，对全区规模以上工业企业能源统计员分批进行了培训，同时举办了由全区市（县）长、经委主任和统计局长参加的能源统计知识讲座。自治区节能监察中心举办了全区年耗能5万吨标准煤以上83户重点企业运用互联网报送能源统计分析内容的培训班。

（二）加大节能宣传力度，及时报道全区节能工作先进典型

2008年，利用节能宣传周活动，组织各地开展了丰富多彩，形式多样的节能宣传系列活动，各有关部门、各地也在主要公共场所利用板报、厂报、广播等形式集中开展宣传活动。自治区总工会、经信委和环保局联合在全区举办了重点行业、重点企业职工节能减排活动暨优秀成果评选活动。逐步在全社会形成了有利用循环经济发展的新观念、新风尚。

新疆维吾尔自治区循环经济

新疆维吾尔自治区发展和改革委员会

新疆是资源大省，是我国重要的资源接替区，具有不可替代性。近年来，在自治区党委和自治区人民政府的领导下，新疆始终把可持续发展战略作为经济社会发展的重要指导原则，综合运用政策、法律、技术、宣传等手段，不断加强环境保护和资源节约综合利用工作，积极推进循环经济发展工作。但总体来看，新疆经济发展水平还很低，规模也很小，部分企业、行业和领域在发展循环经济方面尚处于试点和起步阶段，发展速度较慢，发展水平较低。

一、发展循环经济的主要做法

（一）加强宏观管理，建立循环经济发展协调领导机制

为加强循环经济工作的统一指导和协调，新疆自治区人民政府于2004年12月11日下发了《关于成立自治区循环经济工作领导小组的通知》，成立了由自治区常务副主席担任组长的循环经济领导小组，由自治区人民政府领导和15个相关厅局的领导组成，领导小组办公室设在自治区发展和改革委员会，办公室日常事务由自治区发展改革委地区经济发展处负责。通知明确了自治区循环经济工作领导小组各成员单位的职能分工和自治区循环经济工作领导小组办公室的职责，主要负责制定新疆自治区发展循环经济的方针政策、发展规划、资金保障、监督管理等工作，统筹协调循环经济发展过程中出现的新情况、新问题，为发展循环经济提供组织保障。

（二）抓好循环经济试点，推动资源节约工作有序开展

把发展循环经济作为调整经济结构、转变发展方式的重要抓手，继续推进3家国家级和21家自治区级循环经济试点工作，新疆有色工业(集团)稀有金属有限责任公司、中粮新疆屯河股份有限公司、库尔勒经济技术开发区3家单位列入国家级循环经济试点单位，循环经济实施方案通过国家论证。通过试点，从多层面多角度提出循环经济发展模式，对新疆循环经济发展起到示范性作用。同时，积极争取国家节能、节水、资源综合利用资金支持循环经济试点单位项目和资源综合利用、节能和节水项目建设，促进全区发展循环经济从理念认识向行动实施的转变，为全区发展循环经济工作奠定基础。

天业集团循环经济成就展

完成中央财政补贴高效照明节能灯的推广实施计划，为加快我区绿色照明工程的实施、

新疆自治区循环经济试点新疆中泰化学股份有限公司氯乙烯变压吸附尾气回收利用装置

增强全民节能意识提供示范。获得国家发改委批准清洁发展机制项目17个，如果完成交易，预计可减排1505万吨二氧化碳当量。

（三）积极推动农业领域发展循环经济

大力推进农村畜禽粪便、农作物秸秆、生活垃圾和污水向肥料、燃料、饲料的资源转化。重点实施国家农村小型公益农村能源项目、农村沼气国债建设项目和集中养殖场大中型沼气发电工程项目。2008年，全区农村沼气投资达到20000万元，推广户用沼气8万户，加之省柴节煤灶、太阳能房、太阳能灶、太阳能热水器、太阳能户用光伏、户用风光互补系统、小型风力发电机等的推广使用，年节能近200万吨标准煤。积极推广农村节水灌溉技术，推动我区农业发展循环经济。

（四）实施大企业大集团资源开发战略，提高资源利用率

全面整顿和规范矿产资源开发工作取得实效，7个重点矿区矿山企业由362个整合为100个；煤矿企业数由2000年的1001个减少到475个。“十一五”期间大企业集团的引入，新疆新上煤炭项目产能基本达到60万吨以上。宝钢、国投、神华等数十家大型企业集团进入新疆矿产资源勘查开发，矿山企业采选方法科技含量和装备水平大幅提高。煤矿开采回采率由30%提高到60%−75%，铁矿回采品位由45%下降到28%，石材荒料率由5%−20%提高到45%−60%。实施大企业、大集团矿产资源开发战略初见成效。

金属非金属矿产勘查开发共吸引大企业集团10多家。有色金属冶炼、加工等高耗能产业，鼓励大企业利用先进生产技术上大项目。开展清理整顿小冶金专项工作。落后冶金企业和产能2010年底前全部关停淘汰。

煤炭行业结构调整。1998年至2008年10年间，共关闭小煤矿1444个，煤矿数由原来的1798减少到354处，煤矿平均产能由原来不足2万吨提高到15万吨以上。煤田灭火取得成效，累计消除有毒有害气体（CO,SO_2）3900万吨，减排$CO_2$3.7亿吨。消灭森林火灾3处，治理污染河流8条，恢复植被861万平方米。

新疆电力行业采取“上大压小”，实行火电和水电结合上网，降低能耗。加大电网改造建设，扩大输电半径，解决网上负荷不配套，大幅节能降耗。2008年，和田地区纳入统一电网，新疆由7个独立电网形成统一电网联网，电网综合线损率从9.26%降低到8.83%。以较少占地，更大容量，实现高效、低损耗、远距离的电力输送，对新疆节能减排起到重要作用。

2008年，关停淘汰落后产能：焦炭62万吨，电力6.7万千瓦，炼钢23.8万吨，铁合金0.5万吨，水泥64万吨，造纸2.53万吨，味精1万吨，全部完成或超额完成计划.其中玻璃、造纸、味精3个行业提前完成“十一五”淘汰落后产能计划。

（五）积极开展清洁生产工作

一是加强宣传教育工作。主要是通过各种媒体向全社会宣传清洁生产，并通过各种培训班培养清洁生产方面的专门人才。二是继续做好以新疆八一钢铁集团有限责任公司、新疆天业集团等企业的清洁生产试点工作，在新疆清洁生产工作实质性的发展中起到良好的示范带动作用。2008年，对34家有资金、技术实力，资源消耗和排污大的企业进行清洁生产审核。

（六）制定循环经济相关政策，为发展循环经济奠定了基础

近年来，为促进新疆循环经济发展和资源节约综合利用，根据国家的法律、政策，新疆自治区人民政府和相关部门相继制定了《新疆维吾尔自治区资源综合利用项目(产品)认定办法》、《新疆维吾尔自治区加快推进清洁生产的实施意见》、《新疆维吾尔自治区关于做好建设节约型社会近期重点工作的实施意见》、《新疆维吾尔自治区清洁生产审核暂行办法》、《新疆维吾尔自治区建设节约型社会近期重点工作分工》、《关于贯彻落实国务院加快发展循环经济若干意见的实施意见》、《关于组织开展自治区循环经济试点工作的通知》等政策文件，这些相关政策性文件为新疆加强环境保护和资源综合利用工作，发展循环经济、建立资源节约型社会奠定了重要的政策法规基础。

（七）加大宣传力度，推进新疆循环经济发展

2004年以来，新疆围绕“大力发展循环经济，加快建设节约型社会”这一主题，开展了“资源节约行”活动，组织开展新闻媒体采访，集中宣传节约资源的先进典型示范，揭露和曝光浪费资源、严重污染环境的行为和现象。同时，在中小学校相继开展了“珍惜资源、从我做起”，在社区开展了“创建绿色社区”等活动。积极组织开展节能宣传周、节水宣传周以及世界水日、土地日、环境日等宣传活动和节水型社会建设公益广告和征文等活动。组织相关企业参加了全国发展循环经济，建设节约型社会的大型展览。通过采取的一系列宣传教育活动，提高了全社会对新疆发展循环经济重要性、必要性的认识。

二、新疆发展循环经济存在的问题

（一）节能减排工作任务艰巨

一是完成节能降耗任务难度大。“十一五”末我区万元GDP能耗下降目标为20%，即单位GDP能耗由2005年的2.11吨标煤下降到2010年的1.64吨标煤。2006～2008年，我区万元GDP能耗连续三年下降，下降幅度逐年增大，但降低进度仅为“十一五”节能降耗总目标的33%，基于前三年均没有完成下降目标，“十一五”后两年要超额完成节能降耗的困难很大。新疆单位GDP能耗2006年为2.092吨标煤，比上年下降1.06%，在全国排倒数第七位；2007为2.027吨标煤，比上年下降3.08%，在全国排倒数第一位。2008年单位GDP能耗据统计部门预测（下同）为1.963吨标煤，比2007年下降3.15%，完成年度节能目标下降4%的78.75%。

2006年、2007年规模以上工业增加值能耗与上年同比分别下降2.13%、5.18%。2008年规模以上工业增加值能耗2.999吨标煤/万元，比上年下降4.26%。

二是减排增效任务艰巨。2008年新疆区化学需氧量初步实现增减平衡，预计可完成目标任务。二氧化硫增速虽然减缓，但要完成“十一五”减排目标，形势不容乐观。2008年，新疆二氧化硫排放总量预计为56.45万吨，比2007年增长0.99%；2007年为55.9万吨，比2006年增长5.5%。2006年为52.99万吨，比2005年增长5.26%。2008年，化学需氧量（COD）排放总量预计为27.10万吨，比2007年削减0.83%。2007年、2006年化学需氧量排放总量分别比上年增长0.66%、5.76%。

新疆自治区循环经济试点单位玛纳斯澳洋科技有限责任公司废气回收利用系统

新疆油田使用CVJ56–3–26HY型抽油机，大大减少在采油中的能耗

（二）发展循环经济的认识程度不高

对新疆的资源家底不清，资源、环境形势认识不足、不到位。部分企业满足现状，对发展过程中所面临的资源节约、环境保护等问题缺乏有效的应对措施，发展循环经济的自觉性不高。社会公众对循环经济缺乏了解，循环经济理念淡薄，社会舆论氛围较弱。

（三）发展循环经济的资金匮乏

由于新疆自治区及各级政府财政资金有限，基本没有安排财政预算内专项资金用于资源节约和发展循环经济。在资源节约和综合利用、技术改造、环保产业发展等方面的资金投入少。新疆企业规模较小、积累少，加之先进的生产设备昂贵，许多企业不堪重负，不愿主动在生产工艺改进方面投入资金。投入资金的匮乏成为发展循环经济的重要障碍。

（四）促进循环经济发展的法规政策体系有待进一步完善

国际经验表明，发展循环经济应该立法先行、政策引导，最终形成政府推动、市场驱动、公众参与的有效发展机制。国家和新疆自治区在促进循环经济发展方面出台了一些鼓励性法律、政策和措施，但离循环经济发展要求的系统配套的法规政策体系还相差较远。目前对发展循环经济方面尚未系统立法，促进循环经济发展的配套政策还没有真正配套和完善，比如在产业、财税、投资、价格等方面没有明确的政策扶持，致使企业发展循环经济的内在动力不足，积极性不高。推动循环经济发展的外在动力和内在利益机制尚未普遍形成，影响了循环经济发展。

（五）科技水平低，创新能力不足

循环经济是建立在先进科技基础上的新型经济发展模式，缺少科技支撑，企业很难改进工艺、技术和设备，不能最大限度地将废弃物转化为产品，降低物耗和排放。新疆科研力量薄弱，科技投入少，科技水平较低，加之新疆企业普遍规模较小、实力较弱，技术开发、技术引进能力弱，对发展循环经济的重点技术的创新和推广应用步伐缓慢，成为新疆发展循环经济的“瓶颈”。

三、新疆发展循环经济的思路和目标

（一）发展思路

围绕新疆自治区“十一五”国民经济和社会发展目标，以科学发展观为指导，坚持经济、社会和环境和谐共赢的发展理念，以产业结构调整为主线，以节能降耗、减排增效为核心，以提高资源综合利用率和降低废弃物排放量为目标，以科技创新和制度创新为动力，以新型节能技术、节水技术为支撑，不断挖掘节能、节水潜力，提高中水回用和固体废弃物的综合利用水平，减少污染排放，提升经济效益。完善发展循环经济的法规体系、政策支持体系和激励约束机制，为有效促进新疆循环经济发展奠定基础。

（二）发展目标

至2010年，万元GDP能耗比2005年下降20%，二氧化硫排放总量控制在51.9万吨，化学需氧量排放总量控制在27.1万吨，工业固体废弃物综合利用率提高到55%，煤矿回采率达到65%以上，工业废水排放达标率达到86%，城镇污水集中处理率达到70%，城镇生活垃圾无害化处理率达到54%。

新疆生产建设兵团循环经济

新疆生产建设兵团发展和改革委员会

新疆生产建设兵团坚持可持续发展，高度重视资源节约和环境保护，始终牢记屯垦戍边卫士的光荣职责，又时刻不忘生态卫士的神圣使命。按照科学发展观的要求，运用循环经济理念，不断推进农业产业化、新型工业化进程，以国家第一批循环经济试点单位天业集团和国家第二批循环经济试点城市石河子市为示范，以创建节约型社会为契机，紧紧围绕节水、节煤等重点环节，积极在重点行业、重点企业推动循环经济发展，促进了兵团经济又好又快发展。

一、主要工作进展情况

（一）积极推进产业结构调整

近年来，兵团各级积极落实科学发展观，精心谋划发展思路，采取综合措施，大力调整产业结构，突出延伸产业链建设，促进了产业调整和升级，三次产业结构由2005年的29：32：39调整到35：31：34。认真制定并完成淘汰落后生产能力年度目标，电石、水泥等行业的产业整合和结构调整工作取得新进展，2005年以来，共关停、取缔、淘汰了28家落后企业及生产线，已淘汰落后煤炭产能18万吨、水泥产能32万吨，新型干法水泥产能已占兵团水泥生产能力的80%以上。水电、风能、太阳能等可再生能源不断发展，用能结构得到优化。高技术产业继续保持快速发展，企业自主创新能力得到加强。

（二）认真抓好循环经济试点工作

在兵团党委的大力支持下，通过与国家发改委等相关部门的沟通衔接，先后争取将新疆天业集团和农八师石河子市列入国家循环经济试点单位。

农八师石河子市作为兵团对外开放的重要窗口，被联合国授予改善人类居住环境良好范例奖。近年来，石河子市把发展循环经济作为经济增长方式、建设资源节约型和环境友好型社会的重要战略举措，认真谋划，强力推进，初步探索出一条切合自身实际的发展之路。2007年11月被国务院批准为全国第二批循环经济试点单位，成为新疆第一个循环经济试点城市。编制了《石河子市循环经济发展规划》（2006年—2015年），提出了发展循环经济的指导思想、目标任务、总体框架及重点领域，并于2008年底顺利通过了国家发改委组织的评审。成立了石河子循环经济试点城市领导小组，出台了《关于做好八师石河子市工业经济领域发展循环经济建设节约型社会工作的实施意见》、《八师石河子市清洁生产专项资金使用管理办法》等文件，把石河子市循环经济试点工作列入师市党委议事日程，为发展循环经济提供了制度保障。石河子市抓住循环经济试点城市的有利机遇，以重化工业为主的北工业园区和以氯碱化工为主的天业集团作为试点，坚持科技创新，不断突破循环经济的关键技术，实现吃干榨尽，废水、废气、废渣得到综合利用，构建了园区和企业层面的循环经济发展模式。围绕天业循环经济试点单位、天富千家节能企业和三家自治区循环经济试点等企业，通过多渠道、多方位的争取资金，实施了一批带动作用强、辐射范围大的循环经济项目，目前已实施14个项目，完成投资13.45亿元。

新疆天业集团依托优势资源转化战略，充分利用新疆的煤、盐、石灰石等资源优势，用循环经济的理念发展煤电一体化产业，使传统高污染、高能耗的电石法聚氯乙烯生产工艺发生了根本性的变革。2005年被列为全国第一批循环经济试点单位以来，在发展循环经济的道路上更是走在了同类企业的前列，通过产业间的“大循环"和产业内部“小循环”有机结合，大力推行清洁生产、创新发展循环经济关键支撑技术等措施，效果显著。生产过程中形成的电石渣，全部用于生产水泥；自备电厂产生的粉煤灰，用于生产粉煤灰蒸压砖，替代粘土实心砖；对电石炉尾气进行余热利用，既降低了排烟温度，又生产了工业蒸汽。对化工生产中的尾气，运用变压吸附、吸收解析等技术回收利用氯乙烯、乙炔和氢气、氯化氢等资源；对于化工生产中产生的废水，采用生化、膜过滤等方法进行处理回用，使单位产品的耗水量得到明显降低。与2005年相比，2009年废水排放量下降70%、COD下降16%、二氧化硫下降4%、电石渣综合利用率100%、废旧滴灌带回收利用率85%、主导产品能耗平均下降10%以上。

（三）大力推进节能减排工作

近年来，新疆生产建设兵团在走现代农业和走新型工业化道路的过程中，始终把节能减排工作摆在重要位置，采取有力措施，以节能减排为突破口，发展循环经济。

一是加强组织领导。兵师各级高度重视节能减排工作，节能减排工作领导机构到位，落实专人负责工作。兵团领导多次做出重要批示，召集专题会议研究部署，把节能减排工作摆到重要议事日程。召开节能减排电视电话会议，对全兵团的节能减排工作进行了总体动员和部署。各师领导深入一线调查研究，与企业一道探讨节能减排措施。兵师发改、工业、环保等部门加强督察，帮助企业解决实际问题。企业明确专人，明确项目，重点攻关。主要领导亲自抓，分管领导重点抓，各部门相互配合，一级抓一级、层层抓落实的良好局面初步形成。

二是目标责任制逐步确立。兵团相继出台了《兵团节能减排综合性工作方案》、《兵团2008年节能减排工作措施及部门分工》、《关于进一步加强兵团主要污染物总量减排工作的通知》等一系列文件，明确了各级、各部门的工作措施、工作职责和分工。兵团与各师，师与重点企业、团场层层签订节能减排目标责任书，明确各自的目标责任，实行节能减排目标考核评比，加大了责任，也调动了团场、企业节能减排工作积极性。各师结合自身实际相继出台了一系列政策措施，将节能减排目标分解落实并纳入团场、企业领导班子绩效考核范围。兵对师，师对团、企业逐级考核，责任落实，为完成年度节能减排目标创造了条件。

三是重点工程实施力度加大。工业节能减排项目实施力度加大，围绕燃煤锅炉改造、能量系统优化、电机系统节能、余热余压利用、污染减排等认真实施节能减排技术改造，在节约能源资源的同时，削减了COD等污染物排放量，生态效益明显；建筑节能工程大力推进，新建建筑节能50%强制性标准全面实施，公共机构节能工作不断加强。各级机关认真执行《新疆生产建设兵团关于开展增收节支工作的意见》和《节能产品政府采购清单》，严格公务用车管理，控制室内空调温度，减少电梯使用，在节能降耗工作方面起到了示范带动作用。高效照明产品推广工作取得成效。发改委、妇联等单位密切配合，共推广节能灯45万只，对提高职工群众的节能减排意识具有重要意义。

四是基础性工作得到加强。加强对建设项目的管理，严把项目审批关，把环境影响评价作为项目审批的前置条件，从源头上控制能耗的过快增长和污染物的超标排放。严格对工作人员素质能力的管理，打造让社会放心的监管队伍，开展人员培训，摸清兵团能源消耗现状，提高监管能力，能源统计和计量工作取得实效。企业能源审计和节能规划编制工作有序开展。加强对节能减排政策法规体系的建设，从制度上保证工作的健康推进。《兵团节能减排专项资金管理暂行办法》、《新疆生产建设兵团清洁生产审核实施细则》等一批规范性文件，推进了节能减排制度建设。

（四）大力推进节水型社会建设

农业节水灌溉是兵团农业的主要特色，经过兵团几代人的努力，节水灌溉技术在兵团已经得到大力推广和全面应用，对加强水资源保护，提高水资源的利用率具有重大意义，2009年兵团高新节水面积累计达到900万亩。利用农业节约的水，种草种树，发展草业和畜牧业，植树造林，建设绿洲三级林网，降低风沙化危害，初步性成了“高效节水一植树种草一发展畜牧业一生态重建”的有序绿洲循环经济生态链，实现了绿洲农业生态化。

认真开展节水型社会建设试点工作，积极向国家申请，农八师石河子市和农十二师三坪农场被水利部批准列为第一批省级节水型社会建设试点，农六师五家渠市被水利部确定为国家“十一五"第二批全国节水型社会建设试点，三坪农场被国家列入第三批全国节水型社会建设试点，这标志着兵团建设节水型社会的工作又向前迈出了一步。

随着兵团新型工业化进程的加快，工业用水量占总用水量的比例逐年上升，针对部分工业企业用水设备、工艺落后，用水效率不高的问题，兵团依托工业节水项目的组织申报与实施，积极为企业开展节水工作创造有利条件。在制糖、食品、纺织、电力、化工等行业狠抓节水降耗，加大节水项目实施力度，大力推进节水技术改造，先后实施了一批节水重点工程项目，节水效果明显，2009年兵团万元工业增加值用水量为170立方米，工业重复用水率达到85%。

（五）认真做好资源综合利用工作

一是农业领域。认真开展秸秆资源综合利用工作，将秸秆粉碎直接还田和用于青贮转化为牲畜饲料，目前兵团秸秆资源综合利用率达到90%以上；编制了《新疆生产建设兵团“十二五”秸秆综合利用规划》，进一步提高兵团秸秆综合利用水平和效益。二是工业领域。以龙头企业发展带动为支撑点，整合企业资源，促使废渣产生企业与水泥厂联合，利用硫酸钙、电石渣、粉煤灰等废渣生产水泥，加大对工业“三废"处理和综合利用力度，着力解决工业“三废”问题，推进产业内部资源综合利用。目前，共有17家企业40个产品获得资源综合利用认定，每年利用电石渣、粉煤灰等工业废弃物354万吨，享受减免增值税近亿元。

（六）不断加大宣传力度

积极组织开展节能宣传周、节水宣传周以及世界水日、土地日、环境日等宣传活动，并以此为契机，大力宣传循环经济的新典型、新经验、新办法，营造大力发展循环经济、积极参与节约型社会建设的浓厚氛围。组织相关企业参加了全国发展循环经济、建设节约型社会的大型展览。通过采取的一系列宣传教育活动，提高了全社会对发展循环经济重要性和必要性的认识。

二、下一步工作安排

继续坚持以科学发展观为指导，进一步转变经济发展观念，坚持资源节约和环境保护基本国策，加快循环经济发展步伐。

（一）加强组织领导，编制循环经济发展规划

进一步加强对循环经济发展工作的组织领导，确定专门的机构和专人负责，做到层层有责任，逐级抓落实。组织编制《“十二五”循环经济发展规划》，并纳入经济社会发展的总体规划，促进循环经济有序开展。

（二）加大宣传教育，形成发展循环经济的社会氛围

结合兵团实际，开展形式多样的宣传教育活动，提高社会各方面对发展循环经济重大意义的认识。

（三）推进试点范围，促进循环经济试点工作开展

充分发挥好石河子市和天业集团这两家国家级循环经济试点单位的示范带动作用，争取国家支持，在兵团其他企业选择一批基础工作牢、资源禀赋好的师和企业，开展循环经济试点，不断扩大循环经济覆盖面。进一步完善石河子市循环经济实施方案，围绕电力、水泥、造纸、煤化工等重点行业，组织实施一批对发展循环经济起关键作用的示范项目，推进节能减排工作深入开展，带动全兵团循环经济上水平、上档次。

（四）继续做好节能减排，作为促进循环经济发展的重要抓手

（五）全面推行清洁生产，从源头上节约能源和治理污染

青岛市循环经济

青岛市发展和改革委员会

近年来，青岛市社会经济保持平稳较快增长，特别是在2008年成功举办了有特色、高水平的奥运会帆船比赛和残奥会帆船赛之后，城市基础设施建设逐步完善，公众节能环保意识明显加强，经济社会发展水平全方位提高，节能减排和循环经济发展工作得到强化。

青岛市委、市政府高度重视循环经济发展，将大力发展循环经济作为促进经济发展与节能降耗及环境保护的关键措施，按照《循环经济促进法》及国务院《关于加快发展循环经济的若干意见》、《关于印发节能减排综合性工作方案的通知》等文件要求，制定了《关于贯彻实施〈中华人民共和国循环经济促进法〉的意见》，通过加强政策引导、发挥企业主体作用、号召社会全员参与等措施，积极开展节能减排，大力推进清洁生产，深入开展资源节约与综合利用，着力构建循环经济体系，取得了积极进展。与2007年相比，2008年全市万元GDP能耗下降5.97%，二氧化硫和化学需氧量的削减率分别为7.06%和6.80%，均超额完成了年度工作任务，为实现“十一五”节能减排目标打下坚实的基础。

一、积极促进三大产业生态化调整

（一）循环型工业发展

一是优化经济结构，积极构建节约型、环保型产业体系。加快发展高附加值、高科技、低消耗、低排放的先进生产能力，努力实现节能减排和又好又快发展双赢，推动石化、汽车、机车、船舶等四大支柱产业和高技术产业带动工业转型，高速动车组、液晶背光模组等技术攻关实现突破。中科院生物能源与过程研究所建成，一批新能源和可再生能源项目落户青岛。

二是完善制度建设，配套政策措施，狠抓节能管理。积极完善全市节能减排政策支撑体系和节能减排目标责任考核制度，印发青岛市委、青岛市人民政府《关于进一步加强节能减排工作的意见》，明确所辖区市及重点用能企业的节能工作重点，完善节能目标责任，实行“一票否决”，做到责任、措施、投入“三到位”。印发青岛市人民政府《关于进一步加强节油节电工作的意见》，将节油节电工作开展情况纳入年度节能目标任务，强化责任考核。落实《青岛市节能奖励办法》，评出节能突出贡献、先进单位、企业，以及优秀节能成果，并给予表彰奖励。印发《关于加强和规范新开工项目合

2008首届中国国际循环经济成果交易博览会在青岛举行，青岛市以强大阵容参展

理用能管理的通知》，2008年对部分综合能耗超过1万吨标准煤的项目进行合理用能审核。印发《青岛市节能技术改造财政奖励资金管理暂行办法》，对年节约标准煤2000—10000吨的节能项目，实行每节约1吨标准煤给予200元的奖励政策。积极筹建重点用能单位能耗动态监测系统，对110户重点用能企业的能源消费品种、分品种能源消费量、用能设备的运行情况进行实时监测。建立重点用能企业能源管理岗位设立及能源管理人员聘任情况备案制度，强化重点用能企业节能基础管理工作。设立了节能和循环经济专项资金，初步建立了“增量增多少，存量减多少”的能源消耗增量调控机制。荣获2006-2007年度山东省节能突出贡献单位的荣誉称号。

三是落实减排责任，加大污染控制力度。组织编制《青岛市主要污染物减排计划》，将减排责任层层分解到目标责任单位和企业。加快重点污染减排项目进度，开展燃煤电厂、大中型燃煤锅炉脱硫设施建设，燃煤发电机组脱硫率达到了98%；全市城市污水集中处理能力由2005年的59万吨/日增至123.5万吨/日，城镇生活污水处理率由2005年的63%提高到了80%。认真落实环境影响评价和环保“三同时”制度，对未完成减排任务以及超过主要污染物排放总量控制指标等重要目标的企业和区市，实施“企业限批”和“区域限批”，突出抓好污染源头控制。大力推进在线监测监控网络建设，基本建成市、县两级环境监控中心；加大环境监察监测频次，开展部门联合执法，组织环保专项行动，对重点污染问题实施挂牌督办。全市环境质量保持良好，荣获2008年“中华宝钢环境奖”。

四是推进清洁生产，建立清洁发展长效机制。制定《青岛市2008年清洁生产工作指导意见》，编辑、出版《清洁生产理论与实务》，形成了由专业服务机构、国家和省市级专家组成的服务体系，清洁生产指导和服务体系进一步完善。截止2008年底，全市共有283户企业通过清洁生产审核，其中131家重点企业通过了强制性清洁生产审核；403家企业通过了ISO14001环境管理体系认证。形成了9家服务机构、12名国家和省级专家、近100名市级专家的服务体系，清洁生产指导和服务体系进一步完善。2008年全市有64家企业通过清洁生产审核（其中自愿行动企业29户），实施无/低费方案1600项，中高费方案170项，完成投资1.3亿元，实现直接经济效益2亿元，一批大企业示范带动效应大，海尔集团自2003年就开始从事清洁生产工作，截止到2008年，所属39个生产性事业部全部通过清洁生产审核。青岛啤酒股份有限公司在集团内50余个工厂推行循环经济发展技术，大力开展清洁生产、节能技改、废弃物综合利用等工作，初步形成了特色鲜明、行业领先的循环经济发展模式，取得了显著的经济效益。青岛啤酒二厂通过开展循环经济试点，2008年同比，节电125万千瓦时，节煤3000吨，节水4.5万吨，年节约资金达2400万元，有力地提高了企业的核心竞争力。

国家废旧家电及电子产品回收处理试点——青岛新天地生态循环科技有限公司废旧家电拆解生产线现场

五是加大科技研发力度，促进高技术产业加快发展，加快循环经济技术研发和示范推广，为循环经济发展提供科技支撑。在先进装备制造领域，高值化旧轮胎翻新技术与关键装备项目研发取得新成果，已申请发明专利；在生物工程领域，生物柴油生产关键技术取得突破，试产产品指标均达国家标准，原料转化率居国内领先水平。加强废旧家电和废旧橡胶塑料的资源化应用研究，积极支持“废旧CRT显示器资源化综合利用技术研究与应用”、“废旧烯烃基复合材料与制品开发产业化”、“废旧氟橡胶的资源化应用研究”等项目开展工作。加大生物能源新技术的研究开发力度，先后组织实施了“生物质热解液化燃用油技术”、“废矿物油再生研究与应用”、“生物柴油生产关键技术及产业化研究”，为青岛市生物产业基地的形成和发展提供技术支持。

（二）循环型服务业发展

一是推进生态旅游业发展。加快旅游业绿色系列认证，在各旅游区推行ISO14000环境管理体系认证、清洁生产审核、生命周期评价和绿色开发与消费等活动。加强风景旅游区污染控制设施建设，完善景观与生态保护宣传、环境保护标识、废物分类收集等设施，实现固体废弃物减量化、资源化管理和无害化处理。建立统一的旅游信息平台和网络，对全市重点景区进行统一协调管理，有效控制景区游客密度，坚持旅游开发、生态环境保护和建设同步规划、同步实施。发展绿色酒店，开展绿色旅游服务，提倡一次性用品的减量循环利用，改进能源供应结构，积极发展海洋能、太阳能的应用，推广酒店中水系统，实现水资源有效利用。截至2008年，青岛市全部中高档旅游宾馆达到绿色宾馆标准。

二是推进以绿色消费为主导的商贸流通业发展。优化商业布局，建立起开放、高效、畅通、统一的绿色商品流通体系，加快推进现有商贸业向循环型现代商贸业转变。组织绿色有机产品货源，通过绿色采购、绿色服务引导绿色消费，鼓励开设“绿色商店”、“绿色超市”，不断扩大绿色产品在消费市场中的份额。倡导绿色包装和绿色消费，全面禁止销售含磷洗涤剂、一次性不可降解的发泡塑料餐具、塑料袋等塑料制品。商业企业推广变频设备、使用高效节能灯具等措施，以降低电能消耗，对于流通企业产生的生活垃圾、废弃包装物进行分类收集、资源化利用。

三是大力发展环境服务业。坚持“社会化、企业化、市场化、产业化”原则，发展环保产业服务体系，重点发展环境认证和环境保护、节能节水和清洁生产、研发中介服务机构，建设以资金融通、工程建设、设施运营、技术咨询、信息服务、人才培训等为主要内容的环境服务体系，提高环境服务业在环保产业中的比重。鼓励企业建立资源回收利用体系，进一步规范区域内废物资源的交换与贸易，培育面向全国的可再生资源废物交换贸易市场。

（三）循环型农业发展

以人、畜禽粪便和农作物秸秆的资源利用为突破口，大力推广农村生物质能利用，积极发展农村户用沼气、大中型沼气工程、秸秆气化集中供气工程、“四位一体”（集大棚-种植-养殖-沼气为一体）生态大棚以及发展秸秆固化成型生物质炉等生态能源模式，技术创新不断取得突破。截至2008年，全市累计建设户用沼气池5.1万户，年度总气量1500万立方米，年处理废弃物50万吨；建设大中小型沼气工程79处，总容积达2.15万立方米，年总产气量达217万立方米。推广生态大棚1170座，对产生的“三沼”（沼气、沼液、沼渣）进行综合利用；建设秸秆气化集中供气站14处，年供气量597万立方米，年利用农作物秸秆4000余吨，使2700户农民用上了清洁、干净、优质燃气。推广农作物秸秆固化成型燃料生物质炉2200户。农村使用沼气

国内首座实用性循环经济生态大厦——青岛天人环境工程有限公司天人大厦

等清洁能源普及率占全市适宜农户的10%以上。

二、全面推进特色领域循环经济发展

（一）建设废旧家电电子回收处理体系示范工程

青岛作为国家发改委确定的全国废旧家电回收处理试点省市之一，废旧家电及电子产品回收处理体系建设正在加快推进。项目实施单位青岛新天地生态循环科技有限公司分两期开展了废旧家电处置设施项目建设，总投资1.07亿元，占地100亩。目前，建设了具有自主知识产权技术的11条废旧家电及电子产品处理处置线，处理能力达到60万台（套）/年。主要处理处置废冰箱、废洗衣机、废空调、废电视、废电脑、废小家电及办公用电器以及废线路板、废电线电缆等废弃电器电子产品。拆解处理工厂内回收信息系统已经建成，位于市区的1个分信息中心和3个回收站已经开始试运行，全市范围初步实现网络信息系统回收；覆盖全省范围的回收网络体系正在加快推进，16个地市的交投中心和137个回收站点基本建成。全国废弃电器电子回收处理座谈会推广了青岛市经验。

（二）海水淡化示范项目取得重要进展

2008年全市海水淡化生产能力约为2万立方米/日，全年海水淡化量约为195万立方米。华欧集团先后投产运行拥有自主知识产权的3000吨/日低温多效、3000吨/日和10000吨/日反渗透海水淡化装置，目前日产淡化海水规模为13000吨。青岛碱业股份有限公司和华电青岛发电有限公司分别建设了海水淡化项目，用于企业生产，其中碱业公司海水淡化产生的浓盐水还作为化盐水应用于企业生产工艺。西班牙百菲萨公司与青岛市海润自来水集团公司、青岛碱业股份有限公司合作成立了青岛百发海水淡化有限公司，采用反渗透淡化工艺处理海水，计划2011年建成通水，设计总规模为10万吨/日，是我国目前最大的中外合作建设的海水淡化项目。

（三）资源综合利用成效明显

青岛市工业固体废物综合利用率已达到98%，城市生活垃圾无害化处理率为100%。2008年完成城市污水处理及再生水回用配套管网30余公里，小涧西城市生活垃圾焚烧项目于2008年11月开工，项目投产后年处理垃圾55万吨/年。继2007年对青岛市堆存的21万吨铬渣进行资源化利用完毕后，铬渣渗滤液资源化处理方面又取得了新突破。青钢集团将铬渣渗滤液用于烧结生产工序，将含铬渗滤液替代清水喷洒在烧结料上，可以实现烧结造粒，同时又充分利用了渗滤液所含的铬等有益元素，实现了铬渣渗滤液的资源化和无害化处理，2008年累计利用铬渣渗滤液约7000吨。采用生产纯碱产生的碱渣(以下称为白泥)与二氧化硫双向治理技术进行锅炉脱硫的项目又有新进展，作为白泥产生厂家——青岛碱业股份有限公司的7号、8号燃煤锅炉于2008年4月投入运行。这是继2007年5月在黄岛发电厂发电机组实现白泥脱硫技术获得成功以来，青岛在白泥与二氧化硫双向治理方面取得的又一重要成果，开辟了一条实现纯碱行业白泥资源化利用的最有效途径。经过对锅炉脱硫装置的改造，青岛碱业公司现有的5台锅炉均已实现白泥与二氧化硫双向治理。据测算，以上5台锅炉全部使用白泥脱硫后，每年可消耗白泥约3万吨，削减二氧化硫1.46万吨。与石灰法脱硫技术相比较，可节约生石灰1.6万吨，或石灰石

青岛奥帆中心风力发电设备

2.9万吨；与使用纯海水脱硫技术相比较，节约海水用量2.2亿立方米，相当于节电2200万千瓦时，折合费用1672万元。

（四）全国首家静脉产业生态工业园初具规模

借鉴国外静脉产业发展经验，规划建设集生活垃圾处理和危险废物、医疗废物、废旧电池和废旧轮胎资源化利用等六大类固体废弃物回收利用中心，年处置能力达到4万吨。目前医疗废物处置中心已形成0.3万吨/年处理能力，废旧轮胎资源化利用中心建成1万吨/年热裂解能源化生产线。固体废弃物信息交换中心加快构建覆盖全省的信息交换体系，固体废物填埋中心向300多家单位提供固体垃圾处置服务。

三、不断深化各级循环经济试点工作

青岛市全面推进国家、省和市三级循环经济试点工作进展顺利。一是青岛市及青岛天盾橡胶有限公司、青岛凤凰印染有限责任公司分别作为国家城市、重点领域和重点行业循环经济试点，青岛市试点实施方案进正在修改完善中，凤凰印染实施方案获国家批准实施，天盾橡胶实施方案通过专家评审。二是列入山东省循环经济“123”重点工程的青岛市以及青岛高新区市北新产业园等2个产业园区和青岛啤酒集团等23个重点企业的试点工作方案获省批准实施。三是分两批开展青岛市级循环经济试点，组织3个城区、20个产业园区和100余个重点企业和单位编制了循环经济试点实施方案，并根据方案提出的试点工作目标、主要任务、重点项目和保障措施开展工作。在热电、化工、钢铁、建材、玻璃、酿酒等重点行业涌现了一批发展循环经济的先进典型，农业循环经济试点取得可喜成绩。

各级试点单位坚持“减量化、资源化、再利用”原则，结合实际情况，抓住循环经济发展机会，扎实推进节能减排和资源综合利用，提高了能源、资源利用率，降低了生产成本，增强了可持续发展能力。以试点企业为点，通过延长循环经济产业链，带动所在行业的整体发展，进而推动所在区域企业、行业间的循环经济互动发展，获得了经济效益、环境效益和社会效益的多赢，呈现出了循环经济工作在点、线、面互利共赢的良好局面，为推动青岛市循环经济工作向纵深化发展打下良好基础。

四、首届中国国际循环经济成果交易博览会影响深远

经国务院批准的由国家发展改革委等8部委和山东省、青岛市联合主办的首届中国国际循环经济成果交易博览会于2008年10月在青岛市成功举办。博览会汇集了31个省（市、自治区）、15个副省级城市、大部分国家循环经济试点单位以及近500家中外企业，展示规模近3万平方米，系统展示了国内外在发展循环经济方面的重要成果和先进技术，突出表现了我国近几年来落实科学发展观，发展循环经济所取得的成就。博览会期间，400多家国内外企业参加对接洽谈项目，1000多人参加了中日、中德、中美论坛，10多位省部级领导到会视察参观，参加各种活动人数接近2000人，接待参观总人数超过5万人。中央和省市主流媒体对博览会进行了连续报道，社会各界反响热烈，促进了循环经济发展的交流，加深了社会各界对循环经济的认识，对于宣传循环经济理念，推进循环经济技术、项目合作对接，促进循环型社会建设发挥了积极作用。

宁波市循环经济

宁波市发展和改革委员会

2008年8月15日宁波市循环经济工作领导小组第三次全体（扩大）会议

2008年是很不寻常、很不平凡的一年，面对国际金融危机的严峻挑战、冰冻雨雪灾害的严重影响，在市委、市政府的领导下，全市循环经济工作紧紧围绕资源节约和环境友好两大主题，重点突出“要素集约、资源循环、生产无害、城乡生态”循环经济四条主线，取得循环经济的进一步发展，节能减排、生态市建设、清洁生产等工作不断向前推进。

一、循环经济发展概况

（一）推进资源节约，提高资源利用效率

以提高资源利用效率为核心，从观念引导、结构调整、技术推进、循环利用、管理促进等各个方面，全面推进资源节约，取得显著成绩。

1.能源利用效率不断提高。初步测算数据显示，2008年，宁波市万元GDP（2005年价，下同）综合能耗为0.87吨标准煤，与2005年相比下降7.4%左右，“十一五”三年累计节能约536万吨标准煤；2008年全市万元GDP电耗为1093千瓦时，同比下降4.8%；万元工业增加值电耗为1739千瓦时，同比下降6.6%；规模工业万元产值综合能耗为0.278吨标煤，同比下降7.3%。在城区全面推广建筑节能，新建居住建筑和公共建筑严格实施节能50%的设计标准。政府机关和事业单位采取多种形式带头节能。

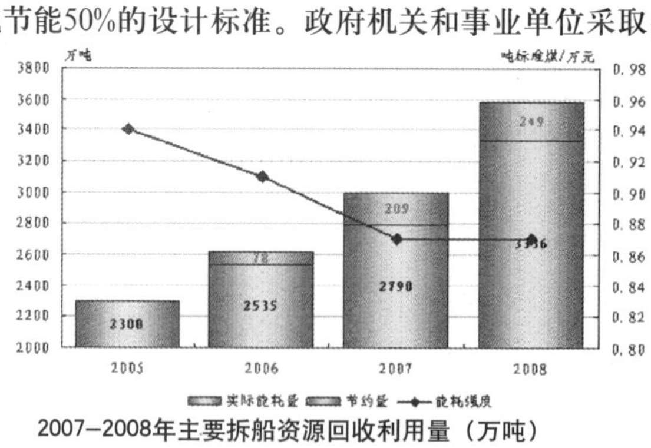

2007–2008年主要拆船资源回收利用量（万吨）

2.水资源利用效率大幅度提高。2008年，万元GDP综合用水量约降到60m3，与2005年相比累计下降27.1%，已经完成“十一五”规划任务的90%，三年累计节约用水量约15.46亿m3，其中农业节水占30%左右，工业节水占25%左右。农业节水灌溉大力推广，全市耕地节水灌溉面积已达228万亩，占有效

灌溉面积的83%，其中喷滴灌面积15万亩。工业企业用水重复利用水平不断提高，节水工艺技术推广加快。

3.土地集约利用水平进一步提高。2008年，全市继续推进农用地流转，农业土地规模经营率超过40%，农业产业化基地建设全面启动。已分级建立测土配方施肥示范方或示范点126个，示范面积18.28万亩，施用配方肥59800吨，施用面积118万亩，农用耕地的土壤品质不断提高。工业园区集中率和单位土地工业产出不断提高。工业园区单位土地工业产出由2005年的6.27亿元/平方公里，提高到2008年的7.2亿元/平方公里。2008年全市共有38家企业实施低效厂房改造，新增建筑面积140.9万平方米，容积率由0.65提高到1.16。

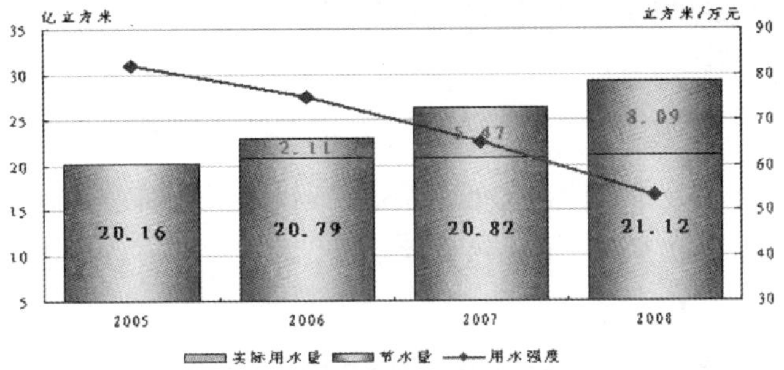

注：根据宁波市水资源公报数据整理
宁波水资源消费总量和节约量

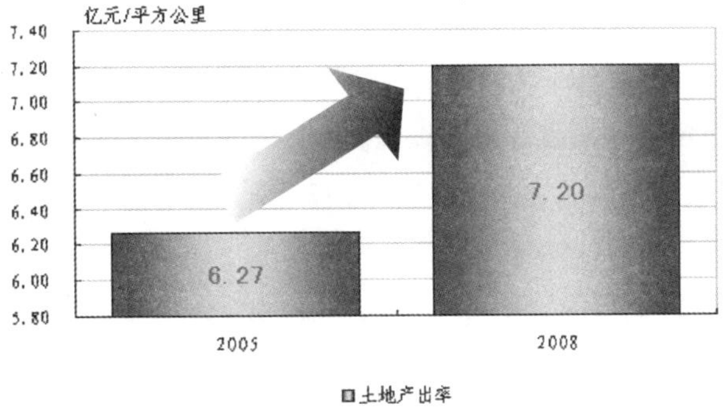

工业园区单位土地工业产出变化

（二）延长产业链条，促进资源循环利用

1.农业资源循环利用成效显著。2008年我市秸秆有机肥还田130万亩，秸秆综合利用率达到82%，有机肥施用达到170万亩，占我市播种面积的34.5%。截至2008年底，全市省级或国家级有机、绿色、无公害农产品总数分别达到15个、187个、340个，分别比上年增加2个、102个、88个，总数比上年增加192个。种养产业链亮点突出，种草、秸秆、稻田养殖畜禽等多种种养结合模式不断涌现，经济效益明显，有机肥、沼液、沼气等农业资源开发利用加快，资源化利用和环境保护相结合，促进生态农业的发展。稻鸭共育、茭鳖共育、鸡瓜共育等种养结合的生态种养模式不断得到推广，农业资源的利用效率不断提高。

2.工业资源综合利用深入开展。2008年，全市工业企业总共产生固废935.42万吨，综合利用801.73万吨，处置41.58万吨，储存92.18万吨，排放315吨，处置利用率90.15%。工业园区生态化改造稳步推进，完成6个工业园区的生态化改造，重点完成了182家铸钢企业的污染治理。宁波化学工业园区、大榭开发区化工园区、象山经济开发区、象山水产品加工园区等工业循环经济规划已通过评审。工业循环经济链条逐步延长，在石化、钢铁、造纸、纺织、机电、建筑、农产品加工等行业，初步构筑起废弃物资源化利用产业链；目前已形成了“电厂—粉煤灰—水泥”、“电厂—粉煤灰—新型墙材”、“垃圾—垃

2008年4月12日宁波市循环经济宣传活动启动仪式

圾发电—炉底渣—新型墙材”、“污水处理厂—污泥—热电厂循环流化床焚烧—发电”、“钢铁—污泥—稀有金属—化工”的废物循环链；粉煤炭、脱硫石膏、回收废纸、废铜、废塑料等固废综合利用成效明显。

3.资源回收再生体系逐步建立。社区回收站建设顺利推进，截至2008年底，市中心城区（海曙、江东、江北、鄞州四区）累计建成统一制式的社区回收站94家，完成规划到2010年设立114家回收站目标任务的82.5%。已建成并通过综合验收的回收站投入运营，为一定区域的社区居民提供了规范化服务。交易集散中心项目选址和建设用地进入衔接落实阶段，各县（市）域再生资源回收工程全面启动。

（三）控制污染排放，改善生态环境

1.约束性减排任务完成出色。全市各县（市）、区加快污水处理工程规划建设进度。中心城区各类排水工程建设进展顺利，市区排水出水水质达到国家二级排水标准，通过了国家环保局甲级环境污染治理设施运营资质评审。到2008年底，全市建成集中式污水处理厂22座，污水日处理总能力达到107万吨/日，其中市区共有生活集中污水处理厂7座，日处理能力达59万m3，城市生活污水集中处理率达到80.34%。全市共有245个村建设了生活污水处理设施。

全市环境自动监测监控系统网络基本建成。2008年，全市化学需氧量（COD）净削减量为0.44万吨，实际排放量比上年下降8.43%，比2005年下降8.92%。

2008年，全年共关停小火电机组14万千瓦、小锅炉314座、不并网柴油机组21.45万千瓦。北仑发电厂的5台发电机组脱硫工程全部竣工投入使用，镇海电厂两台发电机组脱硫工程竣工正式投运，另两台发电机组脱硫工程正在建设中。全年工业SO2排放显著下降，净削减2.5万吨，实际排放量比上年下降15.46%，比2005年下降28.72%。

2.清洁生产全面推进。各种农业清洁生产种植方式和清洁高效养殖方式得到推广。2008年我市共推广“高浓度污水易地肥化沼气工程”132处，新增厌氧发酵装置10910立方米。推广“低浓度污水就地净化沼气工程”11处，新增厌氧发酵装置容积2290立方米。2008年完成省“811环境污染整治”治理任务30家，包括市确定的治理任务74家，总共完成104家规模化畜禽养殖场污染治理任务。全市猪年存栏300头以上、牛年存栏30头以上的所有规模牧场都得到了治理，规模化畜禽养殖场的粪尿综合利用率达到了91%。

工业清洁生产工作顺利推进，各县（市）、区全面开展清洁生产审核。全市有300家左右的企业通过清洁生产的审核。其中鄞州区开展了铸造行业落后产能的整治淘汰专项行动，与159家中小铸造企业签订协议，126家规模小、难以达到环保标准的生产铸件企业主动选择关闭转产，退出铸造行业。在重点区域的环境整治方面，7个重点行业整治区域全部通过了整治方案，其中高新区、梅墟工业区等在前两年的工作基础上通过了验收，镇海临港工业区、北仑临港工业区等污染整治工作都取得了阶段性成效；全市17个省级以上开发区、工业园区的环境整治工作全面启动，其中作为首批整治重点的宁波望春工业园区和宁波化学工业区都通过了实际验收。

2008年9月20日举办宁波循环经济与节能减排国际论坛

3.垃圾无害化处理率显著提高。全市基本建成了“村收集、镇清运、县填埋（或焚烧）”的三级垃圾处理网络，各县（市）及中心镇生活垃圾无害化处理率在98%以上。垃圾集中处置村2557个，覆盖率达96.5%。已经有两座城市垃圾焚烧发电厂投入运营，城区垃圾无害化处理率达100%，已经超额完成“十一五”规划提出的目标。2008年，城市生活垃圾产生量78.39万吨，其中焚烧处理量49.94万吨，无害化填埋处理28.45万吨，无害化处理率达到100%，焚烧发电的年上网电量18752.21kw.h，垃圾处理资源化利用率达到63.71%。

4.绿色家园创建活动取得显著成效。全市生态村镇建设全面推进。到2008年底，累计获得全国环境优美乡镇13个，省级生态乡镇42个，市级生态乡镇92个，市级生态村538个，累计获得国家级绿色单位和家庭12个，全国环境友好企业2家、省级绿色单位314个，省级生态监护站20个，省级“保护母亲河号”单位23个、省级环境教育基地7个。

二、发展循环经济主要做法

（一）加强组织领导

健全的组织机构和完善的工作机制是推进循环经济发展的关键。自2005年以来，在市委、市政府的高度重视下，我市先后成立了宁波市发展循环经济建设节约型社会工作领导小组、宁波生态市建设工作领导小组和宁波市节能减排工作领导小组等领导机构，并多次召开相关领导小组会议。同时，分别建立起由各部门主要领导为组长的总量控制和主要污染物减排工作领导小组、市商贸流通服务业节能工作领导小组、宁波市可再生资源回收实事工程领导小组办公室等组织领导机构，并分别从横向、纵向上建立起与其他职能部门及下属单位之间的沟通联络机制，配备了专门人员，细化了责任分工。各县（市）、区也分别根据自身实际，建立起自上而下的组织领导体系和工作网络体系，建立并完善了相关的工作机制。全市基本形成了全市发展循环经济的组织领导体系和比较健全的发展循环经济建设节约型社会工作网络体系。

2008年，召开了全市循环经济工作领导小组第三次全体（扩大）会议，印发了《宁波市发展循环经济建设节约型社会工作任务书（至2010年）》，明确了市级有关部门发展循环经济建设节约型社会的主要目标，分解了各自的工作任务。部分县（市）、区完善了节能、减排、生态建设等相关统计监测体系，建立了相应的考核机制，并将任务分解到各镇（乡）、街道及园区，将考核结果与工作目标考核挂钩，促进各地、各部门形成合力，从不同层面促进循环经济和节约型社会的进一步深入发展。

（二）重视规划指导

根据国务院、省政府有关文件要求，积极落实相关规划任务，推动我市的循环经济发展。实施《宁波市发展循环经济建设节约型社会总体规划》和《宁波市循环经济试点城市实施方案》，并出台了《宁波市加快发展循环经济建设节约型社会实施意见》等政策文件，形成了我市发展循环经济建设节约型社会的总体思路，制定了行动计划，明确了主要目标、重点领域和工作任务，为今后我市发展循环经济指明了方向。2008年组织编制了《宁波市循环农业发展规划（2008—2015）》，出台了《关于加快我市循环农业发展的若干意见》和《宁波市循环农业示范项目暂行管理办法》，实施6个循环农业示范项目，总投资近4000万元，其中市财政补助900万元。

各县（市）、区在发展循环经济建设节约型社会的过程中，也都非常重视规划及相关政策的引导作用。在各地区发展循环经济建设节约型社会领导小组的组织指导下，各县（市）、区都针对其自身资源禀赋、发展特点及制约瓶颈，制定了具有地方特色的规划或相关实施意见、实施方案，并出台了相配套的工作方案和政策措施，尤其是在节能减排方面上加大政策扶持力度，为有效推动各地循环经济的发展奠定了坚实基础。

（三）完善政策法规

建立完善的政策体系是确保循环经济发展的基础。2008年，根据国家和浙江省相关政策、文件精神，结合宁波实际情况，我市不断完善循环经济发展领域的政策。

经济结构调整是我市发展循环经济的切入点之一。按照优化经济结构、转变发展方式的要求，我市出台了《关于宁波优势产业和新兴产业投资导向目录》、《关于<关于加快推进新兴产业和特色优势产业基地建设的实施意见（试行）>》（甬政发〔2008〕110号）等政策，引导全市产业的结构调整。

资源节约利用是我市发展循环经济的重点工作领域。为加快我市在节能、节地、节水等方面取得更好的成效，出台了《关于进一步加强节油节电的通知》（甬政发〔2008〕85号）、《转发市经委关于宁波市高耗能产业差别电价实施意见的通知》（甬政发〔2008〕262号）、《关于加强工业用地管理优化产业结构的意见》（甬政办发〔2008〕221号）、《关于实推进节约集约利用土地的实施意见》（甬政发〔2008〕72号）、《节能工作目标责任考核暂行办法及单位GDP能耗统计指标和监测体系实施方案》、《关于印发宁波市主要污染物总量减排考核等三个办法的通知》（甬政发〔2008〕17号）等政策，为我市推动资源能源节约提供了依据。

在污染物减排方面，市政府下发了《宁波市主要污染物总量减排监测办法》、《宁波市主要污染物总量减排统计办法》、《宁波市主要污染物总量减排考核办法》、《关于印发宁波市淘汰消耗臭氧层物质工作方案的通知》（甬政发〔2008〕67号）、《关于印发宁波市“811”环境保护新三年行动实施方案的通知》（甬政发〔2008〕38号），确保减排各项工作的顺利推进。

（四）强化推广宣传

2008年初，研究制定《2008年宁波市循环经济系列宣传活动总体方案》。根据活动方案，精心编辑制作了循环经济宣传展板、挂图和《循环经济知识问答》宣传册，并进行发放。先后组织了循环经济宣传启动仪式暨万人支持循环经济广场签名活动、循环经济宣传进企业进社区巡回展活动、可再生资源回收利用宣传进小区活动、循环经济与节能减排国际论坛，并在科技日报、浙江日报和宁波日报上以整版篇幅作了循环经济专题报道。成功组团参加由国家发改委等七部委主办的青岛2008首届中国国际循环经济成果交易博览会，并获得组委会授予的优秀组织奖和优秀参展奖。成功承办由国家发改委、建设部、商务部联合主办的全国城市废弃物资源化利用现场交流暨研讨会，向全国大力宣传推广城市餐厨废弃物处置的“宁波模式”。编制发布了《宁波市循环经济发展报告（2007）》，及时向全社会发布我市循环经济发展现状。

各县（市）、区政府也在相关总体规划的基础上，制定了部门职责分工、年度工作计划等，促进了责任分工的明确和目标任务的分解。同时，制定了符合当地循环经济发展和产业特色实际的扶持（或专项）资金使用管理办法，有效地鼓励和引导企业开展节能降耗减排工作。

三、循环经济工作措施

（一）紧抓重点工作，推动循环经济发展

在市发展循环经济建设节约型社会领导小组的领导下，在按照《宁波市发展循环经济建设节约型社会总体规划》，市发改委、经委、城管、建委、环保、国土、水利和供销社等部门，立足宁波实际，结合自身职能，全面推动节能、节水、节地、资源综合利用、污染物减排等方面的重点工作，取得了初步成果。

1. 链接企业，促进资源综合利用。

以完善产业连接为抓手，用循环经济的理念指导废物资源化利用。以粉煤灰利用为重点，建立“电厂-粉煤灰——水泥”、“电厂-粉煤灰-新型墙材”、“垃圾-垃圾发电-炉底渣-新型墙材”、“污水处理厂-污泥-热电厂循环流化床焚烧-发电”、“钢铁-污泥-稀有金属-化工”等废物循环链，促进资源综合利用；以建立资源综合利用统计制度为契机，梳理我市资源综合利用基本情况，为相关工作开展奠定基础。农业领域重点抓好畜禽生态小区建设，积极利用沼气技术治理畜牧业污染，推动规模化养殖场的畜禽粪便处理和资源化利用，紧密链接农牧业生产，变废为宝。2008年，全市生猪存栏300头以上、牛年存栏30头以上的所有规模牧场都得到了治理，规模化畜禽养殖场的粪尿综合利用率达到了91%。

在生活领域，按照2010年规划目标要求，加快社区回收站建设，目前已完成目标任务的82.5%，提高了社区资源回收服务的规范化水平；发布《宁波市中心城回收人力三轮车管理规范》，对回收车辆资源配置、车辆设计制作、车辆使用、行业规范等提出管理要求，明确职责分工，较好实现了回收车辆的规范管理；加强回收从业人员管理，实施从业人员上岗培训制度，通过对相关从业人员进行法律法规、服务规范、业务知识等内容的教育，提高从业人员素质；推进交易集散中心项目衔接工作，通过与相关部门、相关规划的衔接、落实，交易集散中心项目鄞州片选址在姜山镇和益村，江北片选址纳入江北市场园区控制性详细规划；强化资源回收利用监督管理，开展再生资源回收利用地方立法的调研论证工作和全市再生资源回收经营者备案工作，同时完成为期二个月的全市废旧金属收购业专项整治行动工作，规范相关市场行为；餐厨垃圾管理已经初步形成了“政府引导、法制管理、集中收运、专业处理、市场化运作、资源利用”的餐厨垃圾管理模式，自2006年12月1日《宁波市餐厨垃圾管理办法》实施以来，餐厨垃圾综合利用成效显著。

2.多管齐下，全面推进节能工作。

主要做了五个方面的工作。一是抓责任落实。建立和完善节能目标责任考核制，进一步明确了各地、各相关部门的节能减排及循环经济工作目标任务和责任，分别与重点用能单位签订了责任书，并根据实际情况扩大了节能目标考核范围，在省内率先实施了节能目标考核办法，将考核结果通过新闻媒体向全社会发布，奖励先进、鞭策落后；二是抓重点整治。着力抓好重点企业、重点行业的节能工作，加快淘汰落后生产能力，实施了关停小火电机组、小锅炉、以及不并网的柴油发电机组，开展了全市不锈钢行业专项调研和落后产能调查认定工作，我市鄞州区还政府出资2亿多元，开展了铸造行业落后产能整治淘汰专项行动，取得了很好的效果。三是抓项目建设。2008年实施节能项目300多项，总投资25亿元，预计年可节能40多万吨标煤。商业部门上千家商贸企业投入资金10多亿元进行节能技术改造，力促全市商贸行业万元增加值综合能耗同比下降8%以上。实施国家绿色照明节能工程，2008年共推广节能灯119万只，超额完成国家下达我市节能灯推广工作任务，年可节电8600万度（折3万吨标煤）。建成49.5MW风电场和并网发电工程，年总发电量可超过1亿千瓦时（折3.5万吨标煤）。2008年全市新开工

2008年10月23～25日中国国际循环经济成果交易博览会宁波展馆

建设的商品住宅和公共建筑全部达到节能50%以上的设计要求，并积极推动建筑节能向65%目标迈进。四是抓监督管理。建立了市、县（区）两级的节能监察队伍，开展了节能减排专项检查、夏季空调温度设置情况突击检查和能效标识执法专项检查。完成了对200多家市重点用能企业的能源审计，180家企业的清洁生产审核工作，形成了对建筑节能的全过程监管体系，并从扩初、设计、审图、督查和验收五个阶段抓好建筑工程项目的节能。五是抓宣传推广。配合全国节能宣传周，组织各项节能宣传活动，并将我市的节能宣传扩展为“节能宣传月”。成功举办了以节能为主题的“2008中国（宁波）节能产品（技术）博览会暨宁波市节能成果展”。充分利用各类平台，2008年共举办了12场（每月一场）行业性的节能技术（产品）推介活动，受到企业好评。创立了全国首家节能减排主题公园；编辑发行了《宁波节能降耗简报》，提高全社会节能意识。

3.推动再生水利用，全面开展节水工作。

进一步巩固我市节水型城市创建成果，加强各方面的节水管理，推进节水工作。一是推动再生水利用。2008年10月投资1.28亿元的宁波岩东再生水厂工程及其配套管网工程建成投运，处理规模10万吨/日，供北仑地区大型临港工业项目。其他规模较大的污水处理厂，也都实施了不同规模的中水回用工程，再生水利用规模不断扩大。二是继续加大节水宣传力度。围绕全国城市节水宣传周活动，以社区为单位，开展各种形式的节水活动，发放“节水宣传册子”等宣传资料，向市民们广泛宣传节水知识、节水经验、节水措施与方法。三是开展节水技术推广活动。通过推广会、展示会，在相关行业、领域推广节水技术。四是加大节水监管力度。联合有关部门，通过检查大型建材市场是否销售国家明令淘汰的用水器具和卫生洁具，从源头上做好节水管理工作。

4.挖掘潜力，推动土地的集约利用。

一是积极完善节约集约用地政策。2008年，研究出台了《关于切实推进节约集约利用土地的实施意见》和《关于加强工业用地管理优化产业结构的意见》，召开了全市节约集约利用土地工作会议，加快推进了全市节约集约用地工作。各地也研究出台了适合当地实际的节约集约用地的政策和措施。二是充分挖掘存量建设用地潜力。综合运用法律、经济和行政等手段加大对闲置土地的处置力度，鼓励企业实施低效厂房改造和新标准建造新厂房，大幅提高土地容积率，并较好地缓解了中小企业的用地供需矛盾。市场配置土地资源的基础性作用得到发挥，全市以招标拍卖挂牌出让方式供应的土地有18400亩，占出让土地供应总量的96%。三是不断强化土地利用计划管理。在积极向上追加规划指标和年度建设用地计划指标，努力拓展用地空间的同时，我市实行新增建设用地指标分级管理，综合考虑节约集约用地因素，调整市统筹和下达指标比例，强化年度土地利用计划考核和动态管理调剂，加强项目储备库建设，确保用好用足建设用地指标。四是矿产资源管理水平逐步提高。认真做好第二轮矿产资源规划修编工作，全面开展矿产资源开发整合工作，并于2008年底顺利通过省政府考核验收。整合全市建筑用石料矿山，大幅压缩矿山数量，布局结构趋于优化。矿山规模化、集约化程度显著提高。同时，切实加强废弃矿山生态环境治理工作，绿色矿山创建工作稳步推进。

5.加强监督，切实减少污染物排放。

从生产领域看，我市继续以清洁生产为抓手，对化工、电力、建材、家电、铸造、纺织、印染等行业的重点企业开展清洁生产审核工作，同时通过政策倾斜、资金扶持、聘请专家等方式，鼓励企业技术创新，转变发展思路，真正实现污染防治从末端治理向全过程控制转变。

在基础设施建设方面，以工程减排为切入点，通过加快城市生活污水处理设施及配套管网建设，加大内河整治、水体调控力度。建立乡镇垃圾处理体系并加大城镇垃圾无害化处理工作力度，生活垃圾处理从无害化逐步向资源化利用转变，全市已建成三座垃圾焚烧发电厂。加快公交车技术改造和车辆更新，实现废水、废气等污染物减排，改善河网水质，提高空气质量。

在监督管理方面，根据《“十一五”期间宁波市主要污染物排放总量控制计划》和《2007年主要污染物减排计划》，将主要污染物排放总量和削减任务细化分解，明确工作任务，制定年度工作计划，同时通过制定管理规范、实施污染源减排监测制度、完善污染源台帐建设、建立污染物减排考核体系等减排体系建设，夯实基础，使污染物减排工作真正得到落实。

（二）依托项目推动，把循环经济发展落到实处

项目是循环经济发展的载体，项目的落实和推动是循环经济发展的根本落脚点。北仑作为全省重大项目规模最大、密度最高、产业配套较完善的临港大工业产业基地，以发展工业循环经济项目为重点，实施工业循环经济项目达到78个，缓解北仑资源、环境的双重压力；镇海区狠抓重点工程，制订了2007～2008年重点推进的20项重点工程项目，在污水处理、河道整治、垃圾无害化处理及化工区生态化改造等领域，有效推动了当地循环经济的发展；鄞州区制定实施循环经济六项行动计划及55个示范项目，提出工业循环经济“1331”工程，为发展具有地方特色的循环经济奠定了基础；江东区以重点工程为依托，加大水污染治理、城市污水处理厂管网配套、燃煤锅炉SO2治理、重点污染源在线监测监控系统改造等工程治理力度，有效促进节能减排；宁海县以实施“2133”工程为载体，打造临港循环经济试点区和浙江东海岸生态农业循环示范区、推进10大类循环经济重点项目建设、创建30家清洁生产示范企业、培育3类资源综合利用企业，大力推进循环经济发展；象山县实施了“1030”循环经济行动计划，重点围绕10个产业基地和30多项重点项目建设，全面推进象山县循环经济发展；余姚、江北等县（市）、区也根据市相关部门下达的有关文件精神，通过建设以清洁生产为主的重点项目，有力推动工业循环经济的发展。

国债项目不断推进。在积极做好宁波经济技术开发区岩东污水处理中水回用项目、宁波市可再生资源利用体系工程项目等2007年度国家发改委资源节约和环境保护项目后续推进工作的同时，扎实做好2008年度资源节约和环境保护项目申报工作，已有宁波天安集团、埃美圣龙机械公司、宁波开诚生态技术公司、宁波金田冶炼公司等企业的4个项目获得国家发改委批准，进展顺利。

（三）加强示范建设，不断探索新模式

在确立循环经济发展重点的基础上，我市各地、各部门积极运用循环经济理念，由点及面，通过加强示范试点建设，探索具有地方特色的循环经济发展模式。目前，镇海炼化、北仑电厂、宁波化工区、金田铜业等企业、园区为市级循环经济试点单位，其中金田铜业成为国家第二批循环经济试点单位。

1.推进农业循环经济示范区建设。经过多年探索，我市的农业循环经济示范区逐步形成。宁海县以浙江东海岸生态农业循环经济示范区为重点，优化农业区域布局，发展立体、循环型种养模式，形成生态农业发展体系；奉化以鱼贝藻立体综合养殖等试验区为重点，尝试“鱼贝藻综合养殖”、“蟹虾藻综合养殖”、“贝虾藻综合养殖”和“竹园养鸡”等循环经济利用模式；象山以晓塘生态农业园为示范，创新运行机制，完善生态农业发展模式，建成种、养、加、销协调发展，废弃物循环再生，生产、生活、生态整体提升的生态高效农业基地；北仑以现代农业开发区沿山园区为龙头，梅山绿色蔬菜、柴桥西洋杜鹃两个宁波星火示范基地为两翼，建设集绿色无公害、农业科研、休闲一体化的农业生态示范园；镇海区按照循环经济发展规划，巩固现有无公害蔬菜基地，提升产品竞争力，因地置宜发展畜牧业，有效控制畜禽污染，计划逐步建立以沼气为中心的循环农业模式，力争将九龙湖镇建成全市循环农业示范镇。

2.加快工业园区生态化改造，推动工业循环经济的发展。镇海以建设省级循环经济试点园区宁波化工区为重点，推进纵向、横向两条循环经济产业链，以“炼油乙烯”项目为支撑、以液体化工码头为依托，采取油头化尾、顺流而下与逆流而上相结合的模式，促进工业废弃物综合利用；宁海在推动临港循环经济试点区建设过程中，编制实施《临港循环经济试点区空间发展规划》，按照“整体规划、梯度推进、产业联动、循环开发”的原则，以浙江国华宁海电厂为龙头，着力推进资源循环式利用、产业循环式组合，实现企业间上下游物质和能量逐级传递的共生耦合；象山县依托水产、针织、电力三大产业，分别以石浦、爵溪、西周为中心，形成以水产加工企业间上下游物质和能量逐级传递为特色的水产品加工园区，以清洁生产、中水回用和集中供热为特色的针织企业集聚园区，以及以乌沙山电厂为龙头的电厂资源综合开发区，为全县循环经济发展起到良好的示范效应。

3.围绕静脉产业链建设，发展服务业循环经济。慈溪市把再生资源回收产业作为发展循环服务业的重点，并大力开展服务业结构的战略性调整，使服务业循环经济在较高起点上加速起步；宁海县以生态休闲旅游为重点，依托象山港区域海、陆、岛三位一体的组合优势，按照“观临港大工业、游东方金海湾、品绿色真海鲜”的旅游开发思路和区域性联动开发的要求，积极推进宁海湾生态旅游度假区建设，同时，开发整合其他旅游资源，逐步形成“一带、两区、多点”的生态休闲旅游发展大格局。

此外，各地、各部门通过新闻媒体、文艺宣传、讲座培训、公益宣传广告牌等多种形式，宣传发展循环经济的意义和相关政策法规，交流推广循环经济相关示范试点的成功经验，发挥示范效应，促成全社会推动循环经济发展的良好局面。

（四）推进技术创新，寻求发展的支撑

技术创新是循环经济发展的动力所在。在发展循环经济的过程中，各地、各部门始终把促进循环经济相关技术发展，作为一项重点工作加以推进，通过技术引进、消化吸收、科研攻关，为循环经济发展提供有力支撑。

在农业循环经济方面，沼气和畜禽粪便无害化处理技术、海水内循环养殖技术、农作物间种套作技术、灌溉水循环利用技术、农作物害虫无害化综合防治技术等农业循环经济先进技术的推广。推进生态农业建设，防治农业面源污染。对规模化禽畜养殖场实行污染整治，大幅提高规模化禽畜养殖场粪尿综合利用率；推行测土配方施肥，减少不合理施肥；推广有机肥料与生物农药应用，补助有机肥料销售，提高秸秆综合利用率；继续开展农村生活污水肥化沼气工程和低浓度污水净化沼气工程建设。为我市形成具有地方特色的生态农业开发模式创造了良好的技术环境在工业循环经济方面，各地区以推进节能降耗减排和清洁生产为契机，通过制定相关优惠政策，加大技术投入力度，鼓励企业引进国内外先进生产设备，加快节能、节电、节煤等技术改造；并通过与相关研究机构合作，搭建循环经济技术创新服务平台，促进循环经济项目关键技术的新突破；同时，探索创新管理模式，通过备案管理、合同能源管理等方式，推进工业循环经济技术的不断发展。

国家循环经济试点市

深圳市循环经济

深圳市发展和改革委员会

一、速度与效益协同，经济与环境并举

经济总量持续快速增长。2008年全市生产总值达到7806.5亿元，人均GDP高达13153美元。深圳经济总量相当于国内的一个中等省份，位居全国大中城市的第四位，是中国大陆经济效益最好的城市之一。全市形成高新技术产业、金融服务业、现代物流业、文化产业四大支柱产业。

经济发展质量进一步提升。2008年，全市万元GDP能耗0.544吨标准煤/万元，比上年下降2.90%，超额完成年度万元GDP能耗降低指标；万元工业增加值能耗0.530吨标准煤/万元，比上年下降4.40%；单位GDP水耗23.7立方米/万元，比上年下降10.65%，相当于全国平均水平的1/10；全市每平方公里土地产出GDP达4亿元，比上年提高0.52亿元。

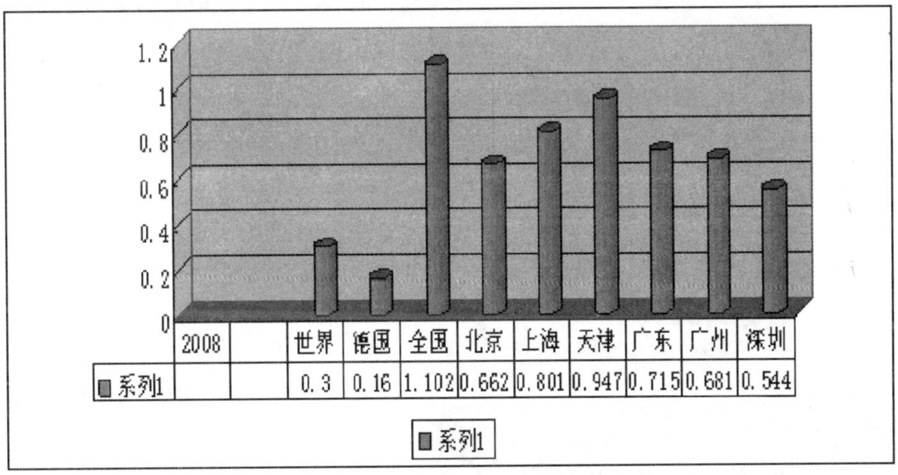

2008年国内外主要城市万元GDP能耗比较

环境质量进一步改善。深圳市环境质量总体保持良好水平。空气环境质量符合国家二级标准，主要饮用水源水质符合国家标准要求，环境辐射处于安全状态。

2008年全市环境空气质量达到国家一级（优）和二级标准（良）的天数共计364天，占全年的99.5%，比上年增加3天。全市二氧化硫和化学需氧量排放量比2007年度减排0.35万吨和0.40万吨，分别下降9.3%和6.8%。

二、建立和完善政策规章，加强宏观引导

（一）2008年2月，市政府颁布实施《深圳市节能中长期规划》。该规划提出深圳节能中长期总体目标为：到2010年，深圳万元GDP能耗降至0.51吨标准煤/万元（2005年可比价），比“十五”末期

下降13%；“十一五”期间，年均节能率达到2.75%，2010年比2005年节能720万吨标准煤，相当于减排二氧化碳1794.6万吨，二氧化硫54万吨，氮氧化物27万吨。万元工业增加值电耗下降7%，年均下降1.44%，初步建立起节能法规标准体系、政策支持体系、监督管理体系和技术服务体系。到2020年，万元GDP能耗在2010年能耗的基础上再下降15%，力争达到0.43吨标准煤/万元，年均节能率为1.69%。形成与市场经济相适应的节能体制与机制，使深圳成为节能型城市。

同时，规划还提出工业、交通运输、建筑、宾馆酒店、大型公建、写字楼、政府机构、道路照明、居民生活等重点领域能耗显著下降指标以及重点用能单位和主要产品能耗指标。提出燃油工业锅炉（窑炉）改造工程、分布式供能、交通节能和替代石油工程、建筑节能、电机系统节能等十大节能工程。

（二）2008年3月12日，市政府颁布了《深圳市建设项目用水节水管理办法》，规定新建、改建、扩建建设项目使用城市供水的，除建设城市自来水供应管道系统外，还应当按节水规划配套建设中水、海水和雨水利用管道系统等。

（三）2008年10月7日市政府公布了《深圳市单位GDP能耗统计指标体系实施方案》和《深圳市单位GDP能耗监测体系实施方案》，标志着深圳市基本建立起一套科学、完整、统一的节能统计、监测体系。

（四）2008年12月颁布了《深圳市节能减排综合性实施方案》，提出节能减排的总体要求和具体目标以及以调整和优化产业结构促进节能减排、严格建筑节能管理、强化交通运输领域节能减排、积极推进能源结构调整等8个方面的具体节能指标和具体任务、牵头单位、进度安排等内容。

（五）《深圳市固定资产投资项目建筑领域循环经济产品（技术）推广导向目录（第一批）》发布，工程建设严格按照《深圳经济特区循环经济促进条例》的要求施工。政府投资项目（包括使用政府扶持资金的建设项目）、循环经济示范项目（含建筑节能和绿色建筑示范项目）都将优先采用列入《目录》的产品（技术），而社会投资项目，则鼓励优先采用列入《目录》的产品（技术）。

（六）2008年12月颁布了《深圳市工业能耗指引》，分析全市规模以上、分布在34个大类行业和155个中类行业中的工业企业5125家能耗情况，对企业数量较多的行业（企业数≥30）按照行业内企业产值能耗分布区间确立“五级”产值能耗等级指标，对企业数量相对较少的行业（数量＜30）按照不同等级产值能耗平均值逐级递减的原则确立“五级”产值能耗等级指标。

三、举办各类展览论坛，加大宣传力度

第四届国际智能、绿色建筑与建筑节能大会暨新技术与产品博览会深圳展馆

2008年，深圳进一步加大宣传力度，同时，创新发展循环经济新思路，深圳主办或参与了多个循环经济展览和论坛，一方面宣传、展示深圳发展循环经济成果；另一方面，来自国内外的官员、专家、学者和企业家共同探讨循环经济新途径，为发展循环经济献计献策。

（一）第四届国际智能、绿色建筑与建筑节能大会暨新技术与产品博览会于3月31日至4月2日在北京国际会议展览中心隆重举行。深圳市由40多家单位、120多人组成庞大展团，在市委常委、副市长吕锐锋的率领下参加了展会。住房与城乡建设部部长姜伟新在开幕式后

来到深圳展团参观，寄望深圳成为绿色建筑建设典范。深圳是建设部确定的三个大型公共建筑和国家机关办公建筑能耗监测示范城市之一，不仅有绿色建筑的32个示范点，而且由线到面，在建筑材料、建筑智能技术、太阳能等再生能源利用、节能改造和节能服务等产业链条上迅速发展。此外，住房与城乡建设部与深圳市人民政府共同签署了《关于建设光明新区绿色建筑示范区合作框架协议》。该协议提出，要以绿色建筑为基础，将光明新区建设成为建筑与人、城市与环境和谐发展的绿色建筑示范区，成为建设生态文明和落实科学发展观的典范，成为全国乃至全世界发展绿色建筑的典范，为全国发展绿色建筑探索经验。

（二）第二届中国（深圳）国际科学生活博览会在深圳会展中心举行。本届科博会，循环经济成为展会的突出亮点：深圳市发展循环经济领导小组办公室、深圳市发展和改革委员会主办的“循环经济产品（技术）长廊暨循环经济示范项目”展区，引起各级领导和嘉宾热情关注；同时，还举办了“深圳市循环经济产品（技术）高峰论坛暨循环经济示范项目交流会”、“循环经济高峰论坛”等系列配套活动。循环经济高峰论坛以“发展循环经济，共建和谐深圳”为主题，重点围绕循环经济的发展趋势，循环经济知识、法规及政策，循环经济示范项目技术与成果，以及循环经济与绿色城市建设等议题展开讨论，对继续推进深圳循环经济建设，助益良多。

（三）2008年6月16日，深圳市委市政府在市民中心隆重召开节能宣传动员大会，正式启动2008年节能宣传周活动。市委常委、常务副市长许勤出席了会议并作了重要讲话。深圳节能宣传周举办了丰富多彩的系列活动，主要有“深圳市2008年推荐节能产品授牌仪式暨2008节能黄页新闻发布会”。深圳市推荐节能产品的评审结果在此次发布会上被正式发布并授牌；会上重点推介了《2008节能黄页》，这是国内首本节能行业工具书。“深圳市重点耗能企业节能考核现场核查会”也是重点活动之一，核查的对象是年综合能源消费量超过1万吨标准煤的企业，有28家企业参加了现场核查。此外，还举办了中央空调蓄冷与智能节电技术论坛、提高供电质量与节能措施研讨会等活动。

（四）“2008深港澳节能减排论坛”于7月上旬在深圳市龙岗区开幕。论坛共邀引了来自深圳、香港、澳门等地近300名政府和企业界的代表参与。论坛以“发展循环经济、推进节能减排、建设生态文明”为主题，积极探索

第二届中国（深圳）国际科学生活博览会

2008深港澳节能减排论坛

“2008首届中国国际循环经济成果交易博览会”展台

深港澳三地在共建绿色国际都会过程中，节能减排领域的重大合作机遇和合作方式，以“节能减排在深港澳”作为深港澳合作的新内容和切入点，并以此凸现深港澳合作的深度和广度，为城市合作与文化交流提供新的合作思路和共赢平台。

论坛还通过了《深港澳节能减排产业服务联盟组建草案》和《深港澳节能减排产业孵化基地筹建草案》。

（五）“2008首届中国国际循环经济成果交易博览会”10月23—25日在青岛举行。深圳以市政府名义组团赴青岛参加此次盛会，深圳展区位于青岛国际会展中心2号馆中心位置，与北京、上海、天津、重庆展区毗邻，是国家、省市领导重点参观的展区之一。深圳展区取得了较好成绩，受到广泛好评。博览会组委会授予深圳市“优秀组织奖”和“优秀展示奖”。

（六）2008年11月21日，“节能减排、绿色经济”节能服务创新论坛举行，来自政府、企业、研究机构、金融机构、中介机构的官员、专家、学者、企业家等和数百名业内人士就节能减排的形势、目标及金融服务创新等课题进行了面对面的交流。

（七）12月6日，2008深圳可再生能源技术与投资国际研讨会（RETI）在深圳市民中心召开，活动的主题是“引领未来的低碳经济—金融危机背景下的可再生能源产业发展对策”。本次会议是国际可再生能源领域技术和投资专家云集的开放式大型国际活动，国内外政府机构能源政策代表、可再生能源领域的知名大学和研究机构以及著名企业代表、相关投融资机构和中国新能源网等行业新闻媒体，出席了本次年度盛会。

四、强化示范先导，建设试点城市

2007年11月，深圳被批准为国家循环经济试点城市，按照要求，深圳市发展和改革局组织编制了《深圳市循环经济试点城市实施方案》，提出试点期间循环经济发展总体目标为：到2012年，基本形成推进循环经济发展的政策法规体系、技术创新体系、生态产业体系、静脉产业体系和生态保护体系，产业结构进一步优化，居民绿色生活方式进一步普及，建立有利于循环经济发展的体制、机制与社会风尚；建设一批循环经济示范项目、示范企业

和示范园区，推广循环经济应用技术，逐步形成点（企业）、线（产业链）、面（园区、社区和城区）有机结合的循环经济发展格局，努力把深圳打造成为发展循环经济的先锋城市和低碳经济示范城市，逐步形成具有深圳特色的循环经济模式，为我国循环经济发展探索又好又快之路。

2008深圳可再生能源技术与投资国际研讨会（RETI）

“实施方案”提出软环境、资源产出、资源消耗、资源综合利用、废弃物处置和污染物排放6大类别指标24项具体指标。

重点任务为：围绕一条主线，构建五大体系、四大制度和三大平台，完成三个“一批”，实现“二升二降”。即：围绕转变经济发展方式，提高资源能源利用效率，建设资源节约型、环境友好型社会这条主线，构建有利于循环经济发展的政策法规体系、技术创新体系、生态化产业体系、静脉产业体系和生态保护体系；建立清洁生产审核制度、生产者责任延伸制度、标准准入和认定制度、示范与推广制度；搭建循环经济信息交流平台、技术研发平台和公共服务平台；完成一批循环经济项目、示范企业，建成一批循环经济园区，推广一批循环经济应用技术；达到资源能源利用水平和城市可持续发展能力明显提升，废弃物产生量和污染物排放量明显下降，通过重点项目示范和推广，推动循环经济全面深入发展。

“实施方案”重点在于“六个突出”，即突出软环境建设、突出产业生态化调整、突出节能减排、突出静脉产业、突出技术研发与应用、突出循环经济特色区。“实施方案”还提出循环经济发展的具体实施途径。即首先要建立健全有利于循环经济发展的政策法规、标准制度体系和技术创新体系，在两大要素体系支撑的基础上，根据深圳资源能源禀赋、产业结构特点和社会形态特征，以清洁生产、循环经济基础设施、能源和再生能源利用、生态修复和循环型社区为重要抓手，以产业生态化、资源综合利用、能源高效利用、生态建设和绿色消费为重点突破领域，以循环经济特区特色区为重要载体，通过示范项目先行先试，不断总结经验，逐步应用推广，达到以点带面，全面推进循环经济的目的，为最终实现资源节约型和环境友好型城市（社会）奠定坚实基础。

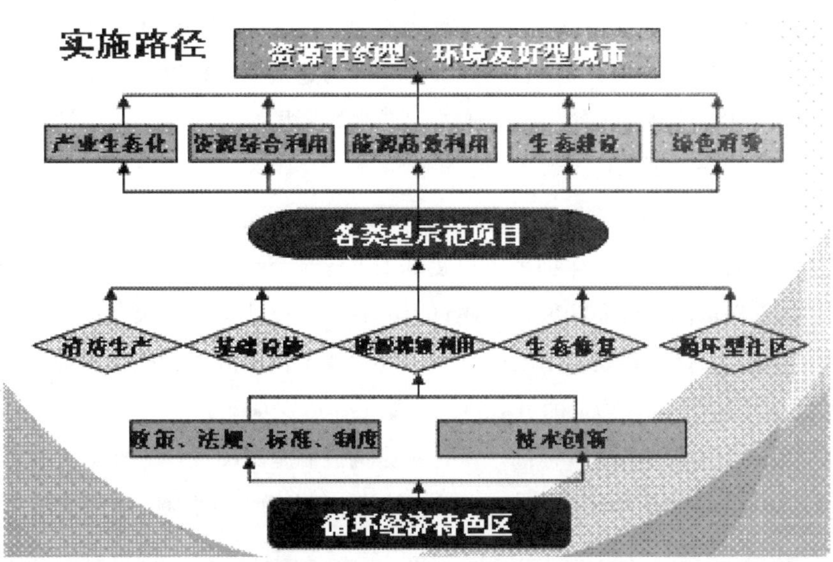

此外，根据《关于印发＜2009年市政府主要工作责任制一览表＞的通知》（深府[2009]60号）要求，市循环经济办组织开展了《深圳市全面推进循环经济发展近期实施方案（2006–2008）》落实情况的总结评估工作。针对《近期实施方案》规定的33项重要工作完成情况及76项具体措施实施情况进行了逐项检查评估，总体结果表明，各区、各有关部门对《近期实施方案》高度重视，把落实《近期实施方案》作为推进我市循环经济发展，加快经济结构调整的重大举措来抓，取得了明显的效果，60%的任务已基本完成或正在较好开展工作，还有一部分工作仍需加大推进力度。同时，总结了近年来循环经济发展的经验和问题，提出今后发展目标和方向。此次评估工作，为今后深圳更好地开展循环经济试点工作奠定了基础。

五、强化重点领域，突出节能减排

为落实全国和全省节能减排目标和责任，市政府与各区及部分重点耗能企业签订了节能降耗责任书，制定了“十一五”期间污染减排责任书，明确各责任单位应完成的减排任务和减排措施。同时，通过加强重点用能企业节能工作、开展电力需求侧管理、编制《产业能耗标准》，引入合同能源管理（EMC）节能新机制加强工业节能；通过建立建筑节能监管体系、推进建筑节能与绿色建筑示范项目建设、探索既有建筑节能改造工作、推进绿色建筑领域自主创新等加强建筑节能；通过稳妥、有效地开展了欧（国）Ⅲ排放标准公交车的推广使用工作、落实节能目标责任制加强交通节能。

（一）绿色建筑和加大宣传力度

全市新建建筑全面实行节能新标准，既有建筑节能改造迈上新台阶，可再生能源利用范围逐步扩大，示范项目建设充分发挥先导效应，建筑节能减排法规制度体系日趋完善。国家建设部派出检查组对深圳市建设领域节能减排工作进行了专项检查，检查组对深圳市建设领域节能减排工作给予充分肯定和高度评价，认为深圳市建设领域节能减排工作在法规、制度、监管方式等方面都做了大量基础性、创新性的工作，政府敢于动真格、肯投入，是节能减排的创新基地，是建设部节能减排的一面旗帜

1.编制发布《深圳市建筑节能“十一五”发展规划》，已于2007年发布实施。根据规划，“十一五”期间要达到所有新建建筑全面严格执行节能50%的建筑节能标准，其中10%的新建建筑要达到节能65%的标准，每年10%的新建建筑要建设成为绿色建筑，同时每年完成既有建筑节能改造总建筑面积不少于110万平方米。

2.进一步完善建筑节能法规和技术标准体系。《深圳经济特区建筑节能条例》于2006年11月1日起正式实施后，2008年，又先后制定了《深圳市民用建筑工程建筑节能专项验收行政许可办法》、《深圳市住宅建筑太阳能集热条件认定暂行办法》、《建筑节能施工图设计文件抽查办法》、《建筑节能条例行政处罚量罚标准》等配套文件，将建筑节能的有关法规、技术标准渗透到施工图抽查、施工许可、质量监督、竣工验收等过程以便监管，为全面开展建筑节能工作奠定基础。

3.所有新建建筑全面执行建筑节能新标准。一是对建筑节能施工图设计文件进行抽查。其中35个项目因存在各种节能问题须整改后才可通过审查。二是开展建筑节能专项验收。到目前，全市共有253个项目、878万平方米建筑通过建筑节能专项验收，中央电视台“新闻30分”栏目曾以《深圳：节能条例

向高耗能建筑亮剑》为题，对深圳在新建建筑中实行建筑节能“一票否决”的做法进行了专题报道，在社会上引起了很大的反响。三是开展建筑节能大检查。市政府建设主管部门还对全市2003年10月1日以来开工的居住建筑和2005年7月1日以来开工的公共建筑进行“地毯式”大检查，总建筑面积2000万平方米，深圳市已有1400万平方米民用建筑符合建筑节能标准。按居住建筑年节约15度电、公共建筑按年节约28度电计算，累计节省用电5.5亿千瓦时。

4.有计划有步骤地推进建筑用能管理和节能改造。一是推进用能管理。对全市153栋政府机关办公大楼和公共建筑空调温度进行了检查，并将检查结果向社会通报。通过检查，进一步提高全社会的节能意识，提倡科学用能、合理用能。

二是开展建筑能耗统计。针对不同类型的大型公共建筑，开展了能耗统计、节能诊断与节能改造工作的技术研究与实践工作。对其中大型的重点建筑，开展建筑能耗数据的统计。三是深圳市已被建设部和财政部列为全国首批国家机关办公建筑和大型公共建筑节能监测示范城市之一。现已完成对1139栋国家机关办公建筑和大型公共建筑的基本情况调查，并对能耗情况进行统计和分析，同时筛选出重点建筑600多栋，正在做能耗监测的前期准备工作。

5.太阳能等可再生能源利用取得新突破。深圳太阳能热利用在建筑中的应用平均年增长率超过37%，家庭型太阳能热水器的安装用户约1.8万户。深圳在未来五年内太阳能热利用建筑面积将达到1600万平方米以上。深圳市已有10个项目列入建设部与财政部可再生能源与建筑集成技术应用示范工程，有4家正在申报建设部可再生能源建筑应用产业化基地，建立了4个太阳能产业示范基地。

6.深入推进绿色建筑领域自主创新。深圳市先后发布了《深圳市建筑节能产品目录》、《2007年建设科技立项和建设科技成果推广转化指南项目（第一批）》等文件。在建筑装饰材料废弃物循环利用、废水处理、建筑节能、自然通风、遮阳技术、节能检测以及计算机模拟技术等方面均取得了重要进展，为循环经济发展提供了强大的技术动力。深圳的建筑工业化水平处于国内领先，如万科集团一直致力于建筑工业化的研发和推广应用，推出了“神州计划”，其产品现已升级至“神州四号”。

（二）交通节能

1.推广循环用水洗车技术。特区内600家具有洗车功能的机动车维修企业均按要求配备并使用循环洗车机设备。

2.公交企业提前更新使用欧（Ⅲ）排放标准公交车辆。至2008年，已有9045辆公交车辆达到欧（国）Ⅲ排放标准，占全市公交车总数的93.52%，提前完成了公交车辆更新使用欧（Ⅲ）排放标准车型工作。

3.开展节能与新能源汽车示范推广工作。一是推动混合动力公交大巴试运行。2008年，20辆混合动力大巴车辆开展试运行工作。二是推动天然气（LNG）公交大巴试运行。三是开展节能与电动汽车示范推广。四是积极推进港口节能降耗技术改造。

大连市循环经济

大连市发展和改革委员会

大连市自然资源禀赋相对较弱，生产所需的能源和原材料多从外埠购进，随着经济的快速发展，水、能源、土地等资源瓶颈的制约影响日趋显现。为化解资源供需矛盾，大连市委、市政府以科学发展观为指导，以实现经济增长方式转变，加快资源节约型和环境友好型社会建设为中心，以循环经济政策法规体系建设为基础，全面贯彻落实《国务院关于加快发展循环经济的若干意见》和《国务院办公厅关于印发2008年节能减排工作安排的通知》精神，大力发展循环经济和推进资源节约型社会建设。

2008年大连市万元地区生产总值能耗比上年下降4.2%；万元工业增加值能耗比上年下降5.2%；万元地区生产总值用水量比上年下降13.8%；城市污水集中处理率90.4%；中水回用率35%；城市生活垃圾无害化处理率达100%；2008年主要污染物平均削减率为7.65%。

2005～2008年循环经济主要指标情况表

指标名称 \ 数值 \ 年份	2005年	2006年	2007年	2008年
万元地区生产总值能耗（吨标煤／万元）	1.01	0.96	0.92	0.88
万元工业增加值能耗（吨标煤／万元）	1.64	1.56	1.46	1.38
万元地区生产总值用水量（立方米／万元）	51	45	39	33
万元工业增加值用水量（立方米／万元）	34	26	22	22
中水回用率（%）	16	22.7	32	35
城市污水集中处理率（%）	70	80.4	81.1	90.4
城市生活垃圾无害化处置率（%）	81.8	84.4	93.3	100
工业固体废弃物综合利用率（%）	74.9	78.7	91.1	95.7
粉煤灰综合利用率（%）	68	75.4	79.3	83.6
主要污染物平均削减率（%）	COD：6.01万吨 SO_2：11.8万吨	2.2	3.84	7.65

一、2008年推进循环经济工作概况

2008年4月25日，召开了大连市节能减排和循环经济工作会议，会议总结了2007年工作，对2008重点工作进行了布署和明确。同时，启动了市级循环经济试点建设工作。7月上旬组织有关专家对申报市级循环经济试点的项目进行了评审。2008年在向国家推荐的资源节约和环境保护类项目中，有5个项目获得国家3310万元资金支持。

2008年3月14日，《海王九岛生态规划》通过了专家评审。该规划的总体目标是，争取利用约20年时间，将海王九岛建设成为空间布局合理，基础设施完善，自然系统服务功能强大，生态经济发达，生态环境优美，生态人居和谐，生态文化繁荣，具备发达的现代生态产业体系、适宜于居住、适宜于创业的现代生态海岛。2008年12月24日，《大连市发展循环经济政策法规框架建设研究》通过了专家论证。

2008年6月23日，大连市总工会、发改委、经委和环保局联合下发了《关于建立职工节能减排义务监督员的通知》；2008年10月10日，大连市妇联和发改委联合命名表彰了100个大连市节能环保家庭和20个节能减排示范社区（村屯）。

2008年12月16日，大连市节能减排工作领导小组办公室印发了《关于进一步贯彻实施中华人民共和国节约能源法的指导意见》；大连市节能监察支队于2008年11月20日正式成立。

2008年10月17～20日，在星海会展中心举办了“2008中国（大连）国际建筑节能减排展览会”；2008年底，大连市节能与新能源汽车工程被国家正式列入“863”计划专项和科技部重点支持城市。

二、试点园区与重点领域节能

（一）大连经济技术开发区和松木岛化工园区是国家循环经济第一与第二批试点园区

2008年，大连经济技术开发区用于循环经济相关项目上的投资已达8亿元以上，污水处理、中水回用、海水淡化、能源综合利用以及废弃物处理等循环经济项目建设进展顺利。万元GDP能耗为0.76吨标准煤，比上年下降3.7%。万元GDP水耗为15.8立方米，污水集中处理率100%。为全面推进开发区循环经济建设，率先在全市成立了由45个会员单位参加的开发区循环经济（生态工业园）促进中心。12家外资企业发起成立了环保自律行动委员会，主动承担起保护环境的社会责任。10月下旬，组织27个企事业及科研单位参加了在青岛举办的首届中国国际循环经济成果交易博览会。

2007年11月，松木岛化工园区被国家列为第二批循环经济试点单位。目前，园区已与35家企业签订了投资协议，协议投资额达100多亿元，其中26家企业已经开工建设。《大连松木岛化工园区循环经济实施方案》已于2008年10月通过了国家发改委组织的专家评审。

（二）工业

加强统计制度建设。建立和完善了规模以上工业、交通运输业、住宿业等能源消费统计制度，目前，第一产业、规模以下工业、居民生活等方面的能源统计工作正在进一步完善和规范之中；加大节能监督监察力度。进一步加大对重点用能企业的用能审计，完成了16家重点用能单位监测、审计；建立了目标责任考核体系。将节能降耗指标作为各地经济社会发展综合评价和年度考核内容，并与各相关单位签订了2008年度节能目标责任书；积极推进重大节能技术推广和示范项目建设，投入专项支持资金2000余万元。

（三）农业

加快农村新能源和林业生态建设。市政府2008年投入2000万元专项资金，支持农村能源生态建设。全市共建设户用沼气8014个，大型沼气工程37处，推广太阳能热水器5200平方米，太阳能暖房450栋，建设高效组合架空炕1.2万铺。经测算，2008年新增农村能源项目年可生产沼气308万立方米，可折合节约标准煤1.6万吨。

（四）建筑

推进建筑领域节能。完成了20栋国家机关办公建筑和大型公共建筑的能耗统计，并进行了能耗公示。组织了5项环境友好型住宅示范工程建设，总建筑面积105万平方米，太阳能热水器、太阳能光电照明、污水处理、中水回用、雨水收集、供热分户计量、垃圾处理、成品住宅等先进技术得到广泛应用。

高层住宅太阳能热水器应用示范工程已经启动，新增太阳能热水器约4000户。对638栋透寒住宅进行了维修改造，面积达74万平方米。既有公共建筑节能改造工作取得进展，完成节能改造面积近8万平方米。全年生产散装水泥575.56万吨，供应量首次突破500万吨大关，可节约标煤4.49万吨（折算），节电4144万千瓦小时（折算）。

（五）交通

2008年，在公路大中修和改造工程中，有23公里应用沥青路面再生技术，既减少了废弃路面材料排放、运输，又节约了能源和资源；积极申报国家863计划“节能与新能源汽车”示范运营城市，12辆混合动力和3辆纯电动客车已在市内及开发区部分公交线路上投入运行；严格控制高油耗、高污染机动车从事营运，全年更新班线客车78台，城市公交客车204台，出租汽车914台，淘汰老旧车辆1000余台。

（六）其他

合理规划220千伏变电所，改造老旧66千伏线路，综合线损率比上年同期下降0.41个百分点，少损电量近7000万千瓦时；LED产品应用市场进一步拓展，大连路明集团和长城光电生产的LED节能产品被12个奥运比赛场馆采用。大连九久光电科技有限公司生产的LED节能路灯已在瓦房店市全面使用，平均节电65−70%左右；大连友谊集团春柳商场、北京街农贸市场等7家商场采用合同能源管理模式，完成了照明系统节能技术改造；市城建管理部门在中山路、人民路等主要路段安装了单灯控制器700余套，节电率达20%。全年改造路、街破旧及老化灯具2000余套；市区及部分乡镇已安装太阳能路灯、太阳能景观照明灯近300盏。2008年，捕捞业减船397艘，可节约燃油7500余吨，全市已经采用柴油节油添加剂和燃油节能器技术的捕捞渔船已达2196艘，年可节约燃油约1500吨。

三、减排工作

（一）严格落实责任

大连市政府对全市2008年至2010年污染减排主要工作任务进行了层层分解，并与各区、市（县）政府签订了《主要污染物总量控制目标责任书》。

（二）调整产业结构

2008年全市已关闭年产1万吨以下造纸企业共计35家，污染严重的制革、果蔬加工等企业也已关闭，大化集团除电厂外已全面停产搬迁。2008年结构减排化学需氧量2164吨，二氧化硫5638吨。

（三）减排设施建设

2008年建设污水处理厂10座，目前，已有3座污水处理厂建成投运，预计可减排化学需氧量共计3484吨，另有5座污水处理厂预计可于年底完工。庄河电厂等3个脱硫项目已完成工程建设，预计可减排二氧化硫2.2万吨；大连热电集团东海热电等3个脱硫项目目前已进入调试阶段。中国石油天然气股份有限公司大连分公司对原油加工的副产品干气进行脱硫处理，设备已于9月正式运行。2008年工程减排化学需氧量共计5181吨，二氧化硫共计22264吨。

2008年8月14日大连经济技术开发区循环经济促进中心成立

（四）强化管理措施

2008年为6家城市污水处理厂安装废水在线监测系统12套，为4家电厂安装烟气在线监测系统13套。对22家企业在线监测系统进行了验收，并与市环保局监控中心联网，有效控制企业违法排污行为。

（五）清洁生产审核

2008年，对燃煤电厂等32家重点企业实施了强制性清洁生产审核，已实施清洁生产方案705个。同时，继续开展电镀行业强审工作，有效地控制了各类污染物的排放。

四、生态环境保护

一是以调整和优化产业结构为契机，实施了大化集团、大连水泥集团第一水泥厂、东北特钢大连基地等一批工业企业的搬迁改造工作，减轻了城市环境压力。

二是加大拆炉并网、集中供热力度，2008年拆除锅炉155台，拆除烟囱110根，城市集中供热率已达87%。

三是扩大城乡绿化覆盖面积，构筑城市生态屏障。实施了海防林、绿色通道、生态河和水源涵养林等生态系统建设，2008年，全市完成造林面积40万亩，植树1亿多株，道路绿化892公里，河流绿化425公里，恢复矿山植被730亩。

四是加强农村生态建设。启动了长海县大长山镇三官庙污水处理厂、旅顺南路小孤山污水处理厂、金州区石河镇生活污水处理厂等治理工程建设。

五、节水工作

（一）基础管理工作

2008年9月颁布实施了新的《大连市引水供水工程设施保护条例》；加强对涉水事项的执法检查。开展了“建筑工地施工用水”、“洗车场用水”、“
违法案件276起。对11项水工程项目实施了全过程督
水源工程1161项，新增调蓄水量560万立方米；完成
73万亩。

大连马栏河污水处理厂二期工程

（二）非常规水资源利用

中石油大连石油化工公司海水淡化项目、污水回
点示范集雨工程35项，新增调蓄水量200多万立方米，

（三）水资源管理

完成了水资源实时监控系统建设，并通过了国家验收；制订并颁布实施了《大连市取水许可证换发工作实施方案》，基本完成了对全市原有取水许可证逐一核查、重新核定水量的工作，核定水量9387万立方米，相对削减许可水量875万立方米。

（四）水环境治理

全年完成水土流失综合治理面积28万亩，营造水土保持林13.6万亩。对水源地周边62家污染企业实施了限期治理和关闭。

庄河市东方农庄大型中温沼气工程

大连金科生态园艺场利用沼液为无土栽培蔬菜提供有机营养液

六、可再生资源与资源综合利用

（一）沼气发电

毛茔子生活垃圾填埋场沼气发电项目是我市在联合国EB组织成功注册的第一个CDM项目，一期工程已经于2008年11月7日成功试点火，二期工程将配套建设沼气发电机组，预计2009年投入使用，日产沼气约4.8万立方米，年发电量1400万千瓦时。

（二）余热及水源热泵利用

大连热电集团有限公司香海热电厂实施的低真空供暖一期工程项目顺利完成，供热面积达110万平方米。水源热泵项目年内完工1项，新增供热供冷面积23.78万平方米。

（三）风电建设

大连土城风电场总装机容量4万千瓦，已完成装机容量3万千瓦的一期工程建设。由中电投集团投资２８亿元，我市规模最大的风力发电项目大连驼山风电场也已开工建设，一期工程计划装机容量5万千瓦，预计2009年12月并网发电，项目规划装机总容量30万千瓦，年生产电能7亿千瓦时。

（四）粉煤灰综合利用

2008年，全市12家电厂及企业自备电厂和集中供热锅炉房粉煤灰产出总量约306万吨，综合利用总量约为256万吨，粉煤灰综合利用率为83.6%。

（五）再生资源回收

大连系民再生资源回收连锁有限公司中心城区第一批21个清洁回收网点已经建成，并已投入运营，全年收购各类废旧物资7.9万吨，实现销售收入1.2亿元；第二批清洁回收网点选址工作已经完成，明年将开工建设。

厦门市循环经济

厦门市发展循环经济工作领导小组办公室

2008年，在中共厦门市委、市政府的领导下，全市认真贯彻党的十七大、十七届三中全会，全面落实省委、省政府的重大决策部署，主动融入海峡西岸经济区建设；深入贯彻科学发展观，落实中央宏观调控政策，积极应对国际金融危机，采取一系列有力的政策措施，大力发展循环经济，全市经济保持稳定增长。再次以总分第一通过全国文明城市复评。

2008年，厦门市全市生产总值1560亿元，同比增长11.1%；规模以上工业总产值2929.6亿元，增长10%。二氧化硫排放量削减20.34%，化学需氧量削减4.88%，完成单位生产总值能耗降低2.52%的预期目标。

厦门市环境空气质量优良率为96.7%，优级率为33.3%；区域环境噪声平均值为56.0分贝，交通干线噪声平均值为68.4分贝；集中式饮用水水质达标率100%；第一次全国污染源普查全面实施阶段工作圆满完成；突发性环境事件应急预警体系基本建立；城市环境基础设施不断完善。厦门市生态文明城市建设稳步推进。全市二氧化硫排放总量为4.667万吨，比2007年的5.302万吨减少了11.95%；其中工业二氧化硫排放量为4.578万吨，比2007年的5.210万吨减少了12.13%；工业二氧化硫达标率为99.98%。烟尘排放量为1530.51吨，比2007年减少了64.15%；其中全市工业烟尘排放量为1398.51万吨，比2007年减少了66.12%；工业烟尘排放达标率为99.89%。全市工业粉尘排放量285.37吨，比2007年的447.79吨减少了36.27%；工业粉尘排放达标率为99.91%。

一年来，我们主要做了以下工作：

一、抓住重点领域，开展百家工程

组织开展了全市“百家企业污水回用和节水工程”、“百家企业清洁生产审核”、“百家企业ISO14001环境管理体系认证”、“百家规模化畜禽养殖场生态型养殖”，从而在废物的综合利用、水的再利用、节能降耗和清洁生产等方面树立了一批循环经济示范项目。2005年和2006年我市公布两批123家实施清洁生产审核企业名单，从环保专项资金中安排200万元支持企业开展清洁生产审核，到2008年底45家企业通过清洁生产现场验收。全市有201家企业通过ISO14001环境管理体系认证，新建40个污水回用“零排放”工程，134家规模化生猪养殖场污水实现“零排放”。至2008年底，我市有200余家企业通过ISO14001环境管理体系认证，思明区政府、湖里区政府、集美台商投资区、大嶝镇都建立了区域性的ISO14001环境管理体系。

二、加强污染减排，建设环境友好型社会

厦门市委、市政府高度重视污染减排工作，将污染减排作为全面贯彻落实科学发展观、加快建设资

源节约型和环境友好型社会的重要举措。市政府成立了节能减排工作领导小组，减排办公室设在环保局。市政府先后出台了《厦门市主要污染物排放总量削减计划及实施意见》、《厦门市人民政府关于进一步加强主要污染物总量减排工作的实施意见》，明确了各区、各市直相关部门的减排工作职责，确定工程项目、结构调整、监督管理三大减排措施，提出使用污染治理适用新技术、加快农村污染治理促进减排的新思路，组织全市全面实施污染减排工程，强化污染源监管监控。抓住重点工业污染源，有效实施二氧化硫减排工作。重点推进“燃煤电厂和热电厂二氧化硫治理”工程的实施；加强对二氧化硫排放量较大企业的二氧化硫减排工程监督管理的力度，二氧化硫排放总量控制在4.667万吨，较2007年减排二氧化硫0.9434万吨，净削减量占全省净削减量的37.8%。改变能源结构，继续推广使用清洁能源。积极推行热电联产、集中供热。建成4家热电厂和1家自备电站，已替代144家企业中小燃煤锅炉。在上述5个热电厂（站）服务区范围外的现有燃煤、燃重油锅炉逐步进行改造，推广使用水煤浆，有条件的改用电、用气锅炉。2008年，主要污染物减排工作成效明显，减排绩效综合得分全省第一。

废钨回收生产线（除杂、萃取、过滤）

三、开展对《发展循环经济的决定》实施情况执法检查工作

厦门市人大于2005年10月颁布实施《发展循环经济的决定》。2008年3月至8月，由市人大常委会副主任任检查组组长，部分市人大常委会委员、市人大城建环资委委员为成员的检查组对厦门市近年来发展循环经济工作进行全面的执法检查。检查组对市政府认真贯彻实施《决定》，积极宣传法律法规，建立健全管理机制，大力推广应用新技术新工艺，开展节能减排及取得的初步成效给予充分肯定。认为这为我市在发展循环经济抓示范、树榜样上开了好头。几年来，我市可持续发展和推动新一轮跨越式发展的战略高度，积极作为、主动作为、有效作为，认真落实科学发展观，把发展循环经济作为我市调整经济结构、转变发展方式的主要抓手，发展循环经济各项工作取得了积极进展，成效明显。

四、提倡中水回用，节约水资源

2003至2008年，市环保专项资金共安排废水深度处理再利用和“零排放”项目78项，补助金额约4100万元。2008年又在企业、学校和社区等新建了一批示范项目，有力地推动了我市的中水回用，使工业用水重复利用率达到了93.9%的高水平。瑞景公园生活小区、杏林金海湾、厦门理工学院、厦门海洋学院、厦门软件职业技术学院、厦门宇钢工业有限公司均实现了污水处理回用零排放目标；狐尾山污水上山扩建工程、石胄头污水处理厂尾水利用一期工程（总投资3299万元，供水规模为2.4万吨/日，绿化浇地面积739公顷，供水管道总长为67公里）竣工，大大削减了排入海域水体中的污染物总量。实践证明，污水资源化为解决“水体富营养化、山体贫瘠化”的矛盾及园林绿地行道树的需水找到了新路子，具有显著的经济效益、社会效益和环境效益。

五、开展清洁生产，推广洁净能源

针对厦门市清洁生产工作开展以来的实施情况及存在的有关问题，召开了一场全市重点企业清洁生产宣贯大会，举办了2期清洁生产审员培训班，101家企业的有关负责人173人全程参加培训学习，其中，经考试合格后，148人取得企业清洁生产内审员资格证书。制定清洁生产的审核验收规程。截止2008年12月，在已公布的123家实施清洁生产审核企业中已经开展实施清洁生产审核的企业共有45家，其中属于强制性清洁生产审核的企业18家，属于自愿性清洁生产审核的企业有27家。通过清洁生产现场验收的企业共投入清洁生产资金10多亿元，实施清洁生产方案1335个。

水煤浆是一种新型的煤基燃料，可用于锅炉代油、代气燃烧，科学合理地燃用水煤浆可以有效降低二氧化硫排放，有利于我市的节能减排任务的完成。我市已建2家水煤浆生产企业，为在岛外大力推广应用水煤浆，下发了《关于推广应用水煤浆技术的通知》，并即将制定《推广应用水煤浆技术指导意见》和《推广应用水煤浆项目环境保护专项资金补助申请指南》。为控制机动车尾气污染，从2006年至2008年环保专项资金共补助公交总公司1954万元用于尾气治理和公交车更新，公交集团共报废443辆高排放的老旧公交车，更新378辆达到国III排放标准的公交车；更新和新增的2604辆出租车，全部采用双燃料（汽油/液化石油气）国III排放车型。

六、推广循环经济适用性技术，建立项目评估机制

近年来，通过市有关部门的共同努力，已初步建立了促进循环经济发展的政策法规和管理机制，储备了一批循环经济适用性技术。为规范和加速适用性技术的推广应用，首次开展“厦门市首批循环经济项目示范性评估”，通过制定工作与方案、招标评估工作承担单位、筛选评估项目、开展评估工作，验收评估成果等环节，顺利地实施了这项具有首创性的工作。通过对包括物资综合利用、废物资源化、水的梯级利用、节能降耗和清洁生产等的循环经济项目进行科学的评估，探索出一套较科学的评估模式。将被评估企业发展循环经济的成功经验提炼为可借鉴和可操作的技术性资料，促进了示范项目典型经验的推广应用。

厦门钨业股份有限公司具有自主知识产权的钨二次资源的回收利用项目成功地开发了“选择性电溶离解提取法”、“强氧化熔炼法”来离解和提取块状或粉状的钨废料、“碱性体系离子交换法钨钒分离”及“溶剂萃取法”分离提纯钨、钴、“还原沉淀法除钨酸钠溶液中的铬”及“络合沉淀法生产低松比草酸钴”；引进“从钨酸盐溶液中沉淀钼、砷、锑、锡的方法”。该公司已建成世界最大的废钨回收工厂，依靠废钨回收技术的创新，使钨资源得以循环使用，确保钨产业的持续发展。开展钨二次资源回收工作以来，总共处理废钨1315吨，实现销售收入7115万元，利润总额近1000万元，综合效益良好。项目执行5S现场管理制度，管理模式先进、有效、规范。项目获2005年度福建省科技进步二等奖。本项目钨的回收利用率达99.7%，且产出高纯的氧化钨，质量达到或优于国标O级，符合发展循环经济的要求，处理各种含钨废料技术达到国际先进水平，在同类行业的循环经济实践中走在全国前列。

该项目2006年生产三氧化钨922.546吨；生产综合草酸钴559.33吨；回收钴27.573吨；回收金属镍18.968吨；回收金属铜18.78吨。

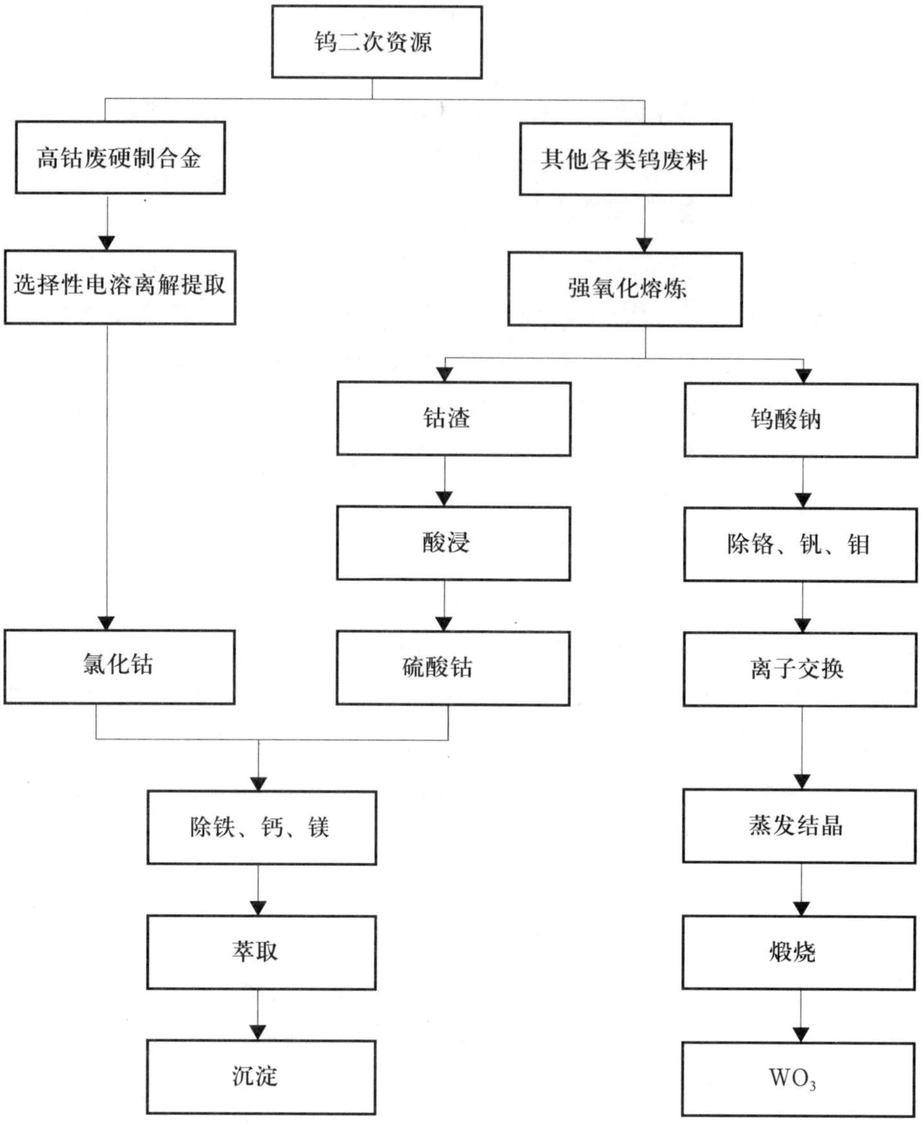

钨二次资源处理流程图

该项目具有良好的示范性，值得大力推广。通过对全市循环经济项目的评估，将厦门钨业股份有限公司申报为国家第二批循环经济试点企业。

七、创建绿色家园，营造人人参与的良好氛围

大嶝和新圩两镇已经获得国家级环境优美乡镇，2007年又启动了同安区内厝镇、汀溪镇创建环境优美乡镇工作，目前完成了基础资料调查，成立了领导小组和办事机构，制定了规划方案，完成了规划编制。为配合新农村建设，编制了《翔安生态区规划》和《翔安区农村小康环保计划》，并启动了创建国家级生态示范村工作，培育12个文明生态村。进近年来，一直持续开展创建绿色社区、绿色学校的活动，全市有市级以上绿色社区27个、市级以上绿色学校82所。

随着农村经济快速发展，农村生活污水、垃圾、农业生产及畜禽养殖废弃物排放量增大，许多环境问题日益凸现。我市岛外各区均加大了农村环保工作的力度。海沧区海沧街道的石塘村，新阳街道的新村、霞阳村，东孚镇的莲花村被列入市家园清洁行动重点村，鳌冠村、芸美村被列入家园清洁行动区级重点村，其余各村均按照我市家园清洁行动环境卫生达标村验收标准，开展各项工作。

但在发展循环经济过程中，我们感到在政策法规、监督管理和科学技术等方面还面临着一些亟待解

决的问题。面临的主要问题有：

一是政策法规体系不够健全。发展循环经济必须建立健全有效的政策法规体系，不仅要有综合性法规，还要有若干单项法规和相关政策、标准，以及有效的监督管理和执法机制。

二是经济杠杆作用难以体现。在“产品高价、原料低价、资源无价”的现状下，一些废旧物品和废弃物转化为有用资源的再生成本比购买新资源价格相对要高，在资源再生利用扶持政策乏力的情况下，企业为了获取最大利润，多选择废弃而不循环利用。由于市场机制的不健全，一些工业废渣、边角料等废物的产生者不仅不付费，而且还向处理企业收费，大大提高了资源再生利用的成本，使综合利用企业只有“微利可图”。另外，排污收费制度也存在缺陷，最大的问题是收费标准过低，一方面污染治理企业收不抵支，另一方面收费额又低于排污企业自行治理成本，使得一些企业宁可缴费而不愿意投资防治污染。“违法成本低、守法成本高”这一国内环保软肋的普遍现象在厦门也同样存在，难以有效地制约企业负外部性的行为。

三是相关领域技术水平较低。生态工业园关键的生态工业衔接技术；再制造与资源化技术还比较落后，尤其是废旧机电装备和“电子垃圾”的再制造与资源化方面还没有相应的产业和技术；新能源的开发利用严重滞后，我市虽然拥有丰富的海洋能、太阳能、风能等绿色能源，但对这些可再生能源的研究方面还几乎是空白。

四是回收管理机制尚未建立。对回收网点的管理未进行符合循环经济要求的科学规范，有效资源没有得到充分利用。

五是循环经济发展后劲不足。我市循环经济人才培养不足，研发能力较低。目前还没有针对循环经济技术储备的研发机构和科研院所，相关咨询服务等中介机构力量也很薄弱。涉及循环经济领域的技术服务主要是清洁生产审核、合同能源管理、环境影响评价几方面，没有建立起一套行之有效的对国内外循环经济信息技术收集、筛选、吸收、试验、示范、推广的工作机制。

八、下一步的工作计划和意见

（一）节能

积极推广使用电、天然气、水煤浆和脱硫乳化重油等清洁能源，2009年底前淘汰所有中小型燃煤和重油锅炉，大力开发可再生能源，建设城市新能源基础设施，推广海水热泵、空气热泵等节能减排技术。

（二）节水和污水处理利用

1.政策引导，疏堵结合。鼓励和扶持对污水、再生水、海水以及雨水等的开发、利用，促进再生水利用管网和配套设施的建设。制定和实施鼓励污水处理回用零排放的优惠政策。

2.开展污水处理和回用工程建设。力争“十一五”期间城市污水截流率达到90%以上，2009年要达到80%以上。完成鼓浪屿污水零排放示范工程。

3.加强农业节约用水和农村中水回用。积极调整农作物布局，优化种植结构，发展高效节水农业和生态农业。建立农业节水技术试验基地、技术指导体系和农业节水技术标准体系，推广应用农业节水灌溉技术和设备。培育和推广优质高效的耐旱作物品种，加速灌区渠系改造和配套。大力推进立体农业山地水利工程和节水灌溉工程建设，按照“相对集中、就近处理、方便回用”的原则，推行农村生活污水处理和回用。2009年选择1–2个村作为试点，力争到“十一五”末期实现村村中水回用的目标。

4.大力推进海水利用。加强海水利用技术科技攻关，建立海水淡化、海水直接利用和海水化学资源利用示范工程，逐步实现海水资源的综合利用。

（三）固体废弃物处置利用方面

加强工业固废和危险废物的管理，建立集中处置利用场所；强化生活垃圾处理；积极推进垃圾处理场渗滤液处理；建立对餐厨垃圾的监管机制，促进资源化利用。

（四）清洁生产方面

加快清洁生产审核步伐，列入强制性清洁生产审核的企业在2009年完成审核任务，公布第三批清洁生产审核企业名单；促进工业企业节能减排；加强对重点污染源的治理和监管；把好环境准入关，落实环评和环保“三同时”制度，强化排污许可证的监督管理，建立统一、规范、完整的排污许可证动态数据库，及时掌握企业排污情况，制定《各区和重点企业污染物排放总量减排考核办法》，建立减排工作责任制和问责制。

（五）循环经济科技支撑方面

1.加强科技研究开发体系建设。组织高等院校和科研院所围绕循环经济领域中的重点、难点问题，进行科技攻关，以解决我市循环经济发展中的共性和关键技术为重点，引进、消化、吸收和创新国外循环经济核心技术，在重点行业、重点企业组织一批示范工程。

2.完善科技服务体系。建立循环经济信息系统和技术咨询服务平台，及时向社会发布有关循环经济的技术、管理和政策等方面的信息。充分发挥行业协会、节能技术服务中心、清洁生产中心等中介机构和科研单位的作用，开展信息咨询、技术推广、宣传培训等。

3.加大科技扶持力度。加快建立和完善以开展清洁生产为重点的工业污染综合防治模式，对从事环保节能型专用设备的企业按高新技术产业有关优惠政策予以扶持。

4.加强重点领域循环经济的科技发展。

制造业。提高装备设计制造能力，组织开发有重大推广意义的制造业资源节约和替代技术、能量梯级利用技术、延长产业链和相关产业链接技术、“零排放”技术、有毒有害原材料替代技术、可回收利用材料和回收处理技术，用以信息技术为代表的高新技术对制造业进行改造和嫁接。

农业。大力发展将农业生产、农村经济和生态环保、资源高效利用融为一体的新型综合农业技术体系，即生态农业。

能源。把节能和提高能效放在优先的战略地位。常规能源优先主题为：煤的高效、清洁的利用技术，先进可靠的电力输配系统；新能源和再生能源优先主题为：太阳能、风能、波浪能、生物质能、地源（海水源）热泵的利用技术。

水资源。着重发展和推广节水技术、污水再生利用技术、污水“零排放”技术和水污染防治技术，注重实施水资源优化配置和防洪减灾的综合措施。

土地资源。重点发展农用地保护技术、城市建设用地集约利用技术，保障我市土地有效供给；发展土地资源调查与检测技术，提高基础信息对科学决策和宏观调控的支持能力；发展土地评价与规划技术，保障土地资源的科学配置和高效利用。

海洋资源。重点发展海水综合利用技术、海洋生态环境修复技术、渔业高新技术、海洋高新技术产业化，推进“数字海洋”建设。

国家循环经济试点市

贵阳市循环经济

贵阳市循环经济领导小组

自2006年贵阳市被国家发改委等六部委确定为国家循环经济试点城市以来，在国家有关部委的指导和支持下，在市委、市政府的正确领导下，按照国家对循环经济试点单位的要求，分年度对循环经济各项工作强力推进，加快发展循环经济，努力实现建设生态文明城市的目标。现将贵阳市近年来发展循环经济的情况总结如下：

一、试点工作开展基本概况

近年来，贵阳市坚持开展以循环经济为重点的生态文明城市建设，实施重点项目59个。节能减排、清洁生产取得新成效，截止2008年共关停和淘汰落后产能企业77户，实行严格的项目环评审批政策，拒绝289个能耗高、效益低、污染重的投资项目，涉及投资金额300多亿元。资源节约和综合利用取得明显成效，工业用水重复利用率和工业固体废物综合利用率大幅提高。2008年，贵阳市空气质量优良率为94.81%；全市工业固体废物产生量888.07万吨，其中,综合利用420.66万吨，综合利用率46.29%；工业废水排放量从2007年的3944.6万吨下降到2008年的2403.7万吨,工业用水重复利用率也从2007年的76.8%上升到2008年的89.93%，污水集中处理率从2007年的36.05%上升到2008年的37.41%；2008年贵阳市全年实现国内生产总值811.05亿元，比2007年增长13.1%。

扎实推进南明河全流域综合治理，治理水土流失面积100余平方公里。深入开展打击违法占用林地专项行动。矿产资源开发向规模化、集约化方向发展，土地节约集约利用和建筑节能等工作取得新进展。实现三年完成累计建成农村户用沼气池27万多套，覆盖全市总农户的57.97%，受益农民约100万人的建设目标，解决20万农村群众的饮水安全问题。生态农业建设有序推进，启动乡村清洁示范工程23个。

二、循环经济指标完成情况

（一）节能减排任务完成情况

2008年以来，贵阳市加大了对现有耗能工艺、设备的技术改造力度，关闭浪费资源、污染严重的企业，淘汰落后的生产工艺和设备。加强重点行业、企业的能耗、物耗管理，建立清洁生产绩效评估制度，积极推进钢铁、有色、化工、建材、电力等重点耗能行业和企业的节能。严格控制大气污染物的排放，全面启动机电车为其监测工作。加快危险品及固体废弃物处置中心等项目建设。大力推进农村环境保护，大力推进农村生产生活污染治理，切实防治农业面源污染。

（二）循环经济评价指标完成情况表

循环经济评价指标完成情况表（省市）

类别	指标名称	单位	2005年	2007年	2008年
资源产出指标	*资源产出率	元/吨			
	*能源产出率	亿元/万吨	0.485	0.719	
	*土地产出率	万元/公顷	6.542	8.635	
	水资源产出率	元/立方米			
资源消耗指标	*单位国内生产总值取水量	立方米/万元	0.0116	0.0027	
	*单位国内生产总值能耗	吨标煤/万元	2.17	1.27	
	*单位工业增加值能耗	吨标煤/万元	6.10	3.96	
	*单位工业增加值用水量	立方米/万元	0.082	0.048	
	农业灌溉水有效利用系数				
资源综合利用指标	*工业固体废物综合利用率	%	44.11	48.39	
	*工业用水重复利用率	%	68.3	69.8	
	*城市生活垃圾无害化处置率	%	8385	90.62	
	城市生活垃圾资源化利用率	%			
	城市污水再生利用率	%			
	废旧资源综合利用量（含进口）	万吨			
	废钢铁回收利用率	%			
	废有色金属回收利用率	%			
	废纸回收利用率	%			
	废塑料回收利用率	%			
	废橡胶回收利用率	%			
废物排放指标	工业固体废物排放量	万吨			
	工业固体废物处置量	万吨			
	工业废水排放量	万立方米			
	*二氧化硫排放量	万吨	31.41	16.83	
	*COD排放量	万吨	5.77	5.13	
其它指标	可再生能源所占比例	%			

注①资源产出率中的资源消耗量指初始资源投入总量，单位为吨，不分品种；产值为2005年不变价。

三、主要任务和重点项目进展情况

（一）稳步推进市级循环经济试点项目

2005年至2008年，贵阳市开展了三批共59个试点项目的建设，总投资215010万元，预期销售收入380611万元，年利税82795万元。项目达产后，每年可利用工业固体废弃物243.8万吨，利用黄磷尾气9403万立方米，节约标煤26.2万吨，同时可向社会提供7000余个就业岗位。通过实施项目试点，利用工业固体废弃物开发了一大批建材新产品，一碳化工、氟化工等新兴工业开始起步，一批高新技术开始推广应用，企业发展循环经济活动的规模不断扩大，为推动经济社会又好又快发展拓展了新的空间。

（二）大力推动工业园区生态化建设工作

近年来，贵阳市大力推动清镇煤化工示范基地、开阳磷煤化工（国家）生态工业示范基地、息峰磷复肥基地、白云铝及铝加工基地、修文医药园区的生态化建设工作，实施了一大批循环经济重点项目，产业园区循环经济发展模式初步形成。

开阳磷煤化工（国家）生态工业示范基地开阳磷化工公司年产3万吨甲酸钠项目，一期1.5万吨生产线已投产；贵州青利集团有限公司7万吨甲酸钠项目，目前已试车；贵州开阳新强化工有限公司利用黄磷尾气生产20000吨甲酸项目建成投产，5000吨/年甲酰胺项目已开工建设；贵州开阳紫江水泥有限公司磷渣综合利用年产120万吨熟料项目，目前已开工建设；贵阳国华天成磷业有限公司50万吨/年微粉项目正进行基础设施建设；开阳县万家乐养殖发展有限公司2万吨有机肥加工项目已开工建设；贵州台农种养殖有限公司中型沼气工程，项目已建成投产。

息烽磷复肥基地开磷集团公司30万吨合成氨联产车用液化甲烷项目已开工在建；息烽信科环化公司年产1.5万吨氯化钡配8000吨硫脲的技术改造项目已进入试生产阶段；开磷磷业有限责任公司1亿块磷渣标砖项目已投产；贵州开磷（集团）有限责任公司副产氟硅酸制无水氟化氢项目正进行中试；息烽县生物质颗粒燃料技术项目，目前已建成投产。

清镇煤化工示范基地结合两湖保护，积极调整生产力布局，按照循环经济和生态化工业园区的要求，编制完成了《清镇循环经济生态工业基地综合发展规划》；贵州正和加气混凝土有限公司年产30万立方米蒸压加气混凝土项目二期生产线也已建成；贵州兰花水泥厂二期项目的土建工程、熟料（半成品）设备安装等已完成，正在进行相关设备的调试工作；贵州天骄高技术有限责任公司清镇市市政照明节能监控系统工程进入实施阶段；贵州华能焦化60万方/日煤气项目已开始建设。

白云铝及铝加工基地针对该基地内赤泥污染问题，制定完成了“赤泥综合利用工作方案”，相关工作协调机制也建立完成，将适时启动实施一批试点项目；贵州源隆新型环保墙体材料有限公司加气混凝土生产项目建成投产；贵州立创新科合金有限公司炼铁、炼钢高炉废弃烟尘中锌和铁的回收利用项目正在进行基础设施建设；贵州众成商品混凝土有限责任公司40万吨/年超细磷矿渣粉磨站项目，目前已完成可研报告的编制工作；贵阳市废旧物资交易市场项目正在进行前期工作。

修文医药园区建设工作园区委托贵州省化工医药规划设计院编制了《贵州修文医药产业园集中供热方案设计》；园区内有3家企业启动了零排放项目。

（三）大力扶持城市再生资源回收利用体系建设

1.编制完成了《贵阳市再生资源回收体系建设实施方案》。根据商务部要求再生资源回收利用体系建设试点城市编制实施方案的要求，2007年3月19日贵阳市的《贵阳市再生资源回收体系建设实施方案》顺利通过专家评审，并于2007年4月收到了商务部的正式批复。

2.编制完成了《贵阳市再生资源回收利用体系规划》。贵阳市于2006年委托贵州省化工医药规划设计院编制了《贵阳市再生资源回收利用体系规划》，经多次讨论修改，现已通过专家评审。

3.加强领导，成立领导小组。根据贵阳市项目工作的实际，贵阳市人民政府成立了由分管副市长任组长、市有关工作部门领导任副组长和成员的“贵阳市再生资源回收利用体系建设领导小组”，领导小组下设办公室在市商务局，负责处理日常工作。项目实施单位根据工作实际，也同时成立了项目推进办公室，明确专人负责，协助行业协会开展行业调研、培训、协调、备案登记等工作,有效的组织实施项目体系建设。

4.开展了社区绿色回收站的规范建设。2006年4月至今，贵阳市共建成再生资源绿色回收站210个。这些站点经培训后设置统一标识，实行“六统一、四规范”管理；充分发挥行业协会连接政府和会员单位的桥梁纽带作用；建立跟踪服务工作机制，明确专职人员不定期到社区和再生资源绿色回收站试点，了解居民看法以及回收站试点经营情况。

5.开办了全省首家收废网站——贵阳收废网（www.gysfw.com）和贵州再生资源网(www.gzrrw.cn)。市民只需通过电话和网页留言，就有工作人员上门回收。通过宣传,网站的点击率逐步提高，达150次/日,交废业务也有所进展，达5单/日。目前，网站得到市民支持，并逐步向省内延伸。

6.配套设施的建设。贵阳市废旧金属市场、贵阳市报废汽车拆解中心、贵阳再生资源交易中心陆续建成。

2006年4月至今，通过贵阳市再生资源行业协会和龙头骨干企业已建成再生资源绿色回收站210个，建设收废网1个，配备流动回收箱式货车15辆，新建了总占地面积20000平方米的贵阳金恒再生资源交易中心。落实了贵阳市再生资源集中分拣市场选址工作，对再生资源加工利用产业进行了调研，完善了废旧金属市场和贵阳报废汽车拆解中心，再生资源循环利用体系建设已见雏形。

（四）积极探索生活垃圾资源化利用工作

对贵阳市的生活垃圾资源化综合利用进行探索，对下游开发利用相应产品的企业进行重点指导与扶持。贵阳市于2007年起草完成了《贵阳市餐厨垃圾管理暂行办法（草案）》。同时，扶持了下游废油脂生产生物柴油企业贵州中京生物能源发展有限公司进行2万吨/年绿色环保生物柴油项目建设。项目总投资3822万元，以酸化油、地沟油、泔水油、小油桐为原料采用碱催化法和固相催化法生产生物柴油。项目达产后，每年可处理酸化油、地沟油和泔水油等废弃油脂2万吨，现已建成投产。完成了《贵阳市生活垃圾资源化利用工作方案》，与德国IFAS研究所合作编制完成了《贵阳市生活垃圾综合利用可行性研究报告》。

（五）积极推进建筑节能和墙体材料改革

2006年以来，贵阳市出台了《加快推进建筑节能和墙体材料革新的意见》，并开始制定相关规定。目前已选择金阳新区和一些大型的楼盘进行试点，将根据试点取得的成绩和经验，扩大试点范围和领域。稳步推进建筑节能和墙体材料改革，选定了贵阳市小河区的“兴隆珠江湾畔建筑节能示范工程”作为2006−2007年的循环经济试点项目，该项目在2006年4月已被贵州省建设厅确定为“贵州省2006年建筑节能试点示范工程（小区）”，并予以公布。

（六）大力推进覆盖农村100万人口沼气工程

为加强农村基础设施建设，改善农民生产生活条件，市委、市政府将“四改一气”农村生态能源作为社会主义新农村建设的首要抓手，以沼气工程为纽带，使农业生产的废弃物资源循环利用和能源建设工程紧密结合，达到既利用了废物，又改善了农民的生活环境的目的。2000年起，贵阳市将“四改一气”(改厕、改圈、改灶、改路、建沼气池)农村生态能源建设项目作为探索农村循环经济模式的核心项目，按照循环经济生态城市建设总体规划及建设内容，推行“畜、草、果(药)、沼、水、路(多位一体)”的农村循环经济发展模式。保护和改善了农业、农村环境，改善了农民生产和生活条件，促进了农村经济社会的加快发展。截止2008年底，贵阳市已完成累计建成农村户用沼气池27万多套，覆盖全市总农户的57.97%，受益农民约100万人的建设目标，解决20万农村群众的饮水安全问题。

此外，贵阳市还积极探索农村户用沼气清洁发展机制，经过一年多的调研和准备，2008年8月，贵阳市将开阳县2006年以前建成投用的10402口沼气池打捆为一个自愿减排项目向芝加哥气候交易所提交认证申请，并于11月获该机构批准。经专家现场审查，正式减排报告已于2009年6月1日获芝加哥气候交易所签发，并于2009年7月26日在CCX（美国芝加哥气候交易所）成功注册，并获得减排量签发。该项目将是全球首例农村户用沼气打捆进入芝加哥气候交易所交易。

（七）依靠科技进步，抓好秸秆综合利用

长期以来，农作物秸秆均作牛羊等家畜饲草、肥料、燃料等初级利用，利用方式较为粗放，利用率较低，全市秸秆综合利用率仅为30%左右，相当一部分被作为废弃物随意遗弃或焚烧，不仅造成资源的极大浪费，而且严重污染了环境。随着生态文明建设的不断推进，贵阳市更加重视秸秆综合利用工作，认真贯彻国务院办公厅《关于加快农作物秸秆综合利用的意见》。贵阳市围绕“十一五”期间实现农业秸秆综合利用率达到80%的目标开展工作。做到“三个明确”。一是明确了工作职责。农作物秸秆综合利用工作领导小组根据各成员单位职能和管理权限，明确了乡企、农业、发改等牵头部门及乡镇、涉及企业的工作职责；二是明确了利用方向。根据长期以来的使用情况，明确了秸秆作为饲料、燃料、肥料、原料等利用方向；三是明确了跟踪服务人员。从乡企、农业、各乡（镇）农业服务中心抽派联络员，驻点开展指导和服务工作。目前，秸秆综合利用的各项试点项目正有序开展。

（八）大力实施水资源综合利用

贵阳属典型的缺水型城市。水资源总量为45.2亿立方米，城区的人均水资源占用量仅为690立方米，仅是全国人均值的三分之一，远低于国家公布的1700立方米的警戒线。贵阳市按水资源总量控制和定额管理的原则，建立行业用水定额管理体系，减少废污水排放量，加大大型灌区建设和城区供水管网的改造力度，提高水资源综合利用率。

一是坚持依法管理、重视综合利用、实现依法节水。先后出台了《贵阳市城市节约用水管理实施规定》、《关于对建设项目节水“三同时”的管理规定》、《节水统计制度》及《节水专项投入制度》等规章制度，加强和规范全市的用水管理，缓解供水形势严峻的现状。二是加强宣传教育，发动全民参与。利用全国城市节水宣传周、世界水日、中国水周以及环境日等开展定期及日常节水宣传活动，调动了全市广大群众的积极性，营造创建国家节水型城市的工作氛围。三是明确节水责任，强化目标管理。贵阳市严格按照国家节水型城市的标准制定创建目标，与各责任单位签订工作责任书，层层落实创建目标。四是实事求是，科学预测，统筹安排用水。五是推广使用节水型器具，加大基础设施建设力度，抓好节水源头管理。六是推广节水新技术，提高水资源重复利用率。贵阳市以创建节水型城区活动为契机，通过历年努力，至今贵阳累计节水和减少污水排放量均超过2亿立方米，工业用水重复利用率也从2007年的76.8%上升到2008年的89.93%。贵阳市将继续努力，实现2010年底把贵阳市建设成为国家节水型城市，实现城市新增用水量的一半靠节约用水解决的总目标。

（九）广泛开展对外交流合作

2004年初，贵阳市被联合国环境规划署列为循环经济试点城市，得到了联合国环境规划署、联合国人居署、欧盟、德国应用物流管理研究所等国际机构的大力支持和帮助。

在2003年底与贵阳市初次合作项目“可持续生产与消费地方政府能力建设”取得成功以后，2006年又开启了“建设环境友好、对社会负责经济发展模式政策执行项目”的合作。2006年8月在贵阳举办了“循环经济政策能力高级培训班”，并由欧盟、联合国环境规划署、国家环保总局和贵阳市政府向培训合格的学员联合授予证书。

召开了联合国人居署“可持续城市计划”贵阳城市咨询大会，此次大会于2006年6月上旬在贵阳市顺利召开，并达到预期效果。

贵阳市和德国茨吾思公司、德国应用物流管理研究所及德国可持续能源系统研究公司的名义共同向德国复兴信贷银行申请的小额资助合作编制完成了《贵阳市城市生活垃圾和有机废弃物综合利用”可行性研究报告》。

2007年，向国家外专局申报了比利时专家来筑指导实施磷化工技改项目，并实现。

2008年8月，气候组织、能源基金会和克林顿基金会三家机构代表来访，与贵阳市探讨合作开展生态城市低碳示范项目相关事宜。经多次讨论、修改，袁周市长代表贵阳市政府与上述三家机构联合签署了合作框架备忘录。

四、循环经济保障体系建设

（一）体制政策保障

2005年2月，贵阳市委办公厅印发了《中共贵阳市委、贵阳市人民政府关于加快生态经济市建设的决定》，同年制定印发了《贯彻落实〈中共贵阳市委、贵阳市人民政府关于加快生态经济市建设的决定〉工作方案》。2006年初，出台了《贵阳市人民政府关于做好建设节约型社会近期重点工作的实施意见》。同年还出台了《贵阳市关于进一步推进墙体材料革新和推广节能建筑的实施意见》，由此一批新型墙体材料生产企业迅速发展起来，呈现良好的发展势头。2007年4月，印发了《中共贵阳市委、贵阳市人民政府关于加快发展循环经济的决定》；同年8月下发了《贵阳市人民政府关于印发＜贵阳市循环经济试点工作实施方案＞的通知》，该《实施方案》提出了贵阳市试点工作期间发展循环经济的总体思路、指导思想、基本原则和发展目标，明确了发展循环经济的主要任务与发展重点，强调了抓好示范试点工作和重点工程建设，现贵阳市循环经济工作正按《实施方案》稳步推进。2007年12月，《贵阳市节能减排综合工作方案》正式施行。该《方案》明确提出了贵阳市“十一五”期间节能减排的指导思想及主要目标，是指导当前和今后一段时期节能减排工作的指导性文件，具有较强的可操作性。同月，中共贵阳市委八届四次全会审议通过了《中共贵阳市委关于建设生态文明城市的决定》，提出了把贵阳建设成为生态文明城市的目标。为确保建设生态文明城市的各项工作任务落到实处，达到预期目标，贵阳市委还对《决定》进行了责任分解，明确了负责人、责任单位以及完成时限。2008年8月发布了配套的《贵阳市建设生态文明城市指标体系及监测方法》。循环经济成为了提升、改造贵阳市资源型产业的重要途径。2008年1月贵阳市还印发了《贵阳市创建国家节水型城市活动实施方案》，通过实施一系列措施发展节水型经济，实现贵阳市新增用水量的一半靠节约用水解决的目标，力争用6年时间把贵阳建成节水型城市。2008年5月，为了使《中华人民共和国循环经济促进法》得到有效的落实，更好的推动贵阳市的循环经济发展以及生态文明城市建设，市委、市政府决定将市循环经济办公室并入市发改委。由发改委在更高的层次和更宽的领域内统筹全市循环经济发展并依法推进，完善了政府管理体制。

（二）法律法规保证

2004年11月，贵阳市颁布实施我国首部循环经济地方性法规《贵阳市建设循环经济生态城市条例》。因国家循环经济法于2009年1月1日正式施行，贵阳市2007年开始就已将修订《贵阳市建设循环经济生态城市条例》纳入贵阳市人大常委会立法调研计划，至今共开展了三次调研活动。目前，正在继续开展下一步的调研修订工作。

五、市开展循环经济试点的基本经验

（一）建立健全推进体制及运行机制

自作出建设循环经济生态城市的决定以来，市委、市政府始终高度重视，从工作机制建设方面保证循环经济工作的稳步推进。2002年4月贵阳市人民政府成立了“贵阳市循环经济生态城市建设领导小组”，下设办公室。在随后的建设历程上，领导小组不断完善自身的工作功能，大力推进贵阳市循环经济的发展。同时，贵阳市所辖的各区市县根据自身条件和实际情况按照市委市政府的要求，切实发展当地的循环经济，各区县市还成立了循环经济办公室，从组织机构上保证了发展循环经济工作落到实处。

（二）科学规划，整体推进

2003年，贵阳市人民政府委托清华大学编制了《贵阳市循环经济生态城市建设总体规划》，该规划明确了贵阳市发展循环经济的整体框架："实现一个目标"，即建设循环经济生态经济市；"抓住两个关键"，即转变生产环节模式和消费环节模式；"构建三个核心系统"，即循环经济产业系统、城市基础设施系统和生态保障系统；"推进八大循环体系建设"，即磷产业循环体系、铝产业循环体系、中草药产业循环体系、煤产业循环体系、生态农业循环体系、建筑与城市基础设施产业循环体系、旅游和循环经济服务产业循环体系、循环消费体系。

（三）政府对于循环经济试点项目的引导性投入

贵阳市2008年循环经济项目专项补助资金计划，补助资金共计935万元，分二批对试点企业进行补助。2009年，贵阳市同样安排了1000万元的循环经济专项资金用于支持循环经济发展。此举比《循环经济促进法》的要求提前了一年，进一步增强了企业发展循环经济的积极性。

（四）加大了相关技术的创新力度，大力开发循环经济新技术和新产品

黄磷尾气净化提纯、湿法磷酸节能降耗萃取工艺、工业废渣制建材等一批先进适用技术得到应用，一批成熟的农业循环经济技术在农村得到推广应用。建成了国内首套利用黄磷尾气生产甲酸装置，现已投产并为下一步扩能作准备；正在开发尾气生产甲酰胺、草酸脂等技术。因为发展循环经济，一个贵阳历史上没有的一碳化工产业正在兴起。完成了利用生产湿法磷酸过程中产生的氟硅酸生产无水氟化氢中试，正在筹建产业化装置，新兴的氟化工产业也在规划中。

（五）出台各项相关政策，推动循环经济建设发展

将循环经济建设纳入政府目标管理和干部考核，制定和实施《贵阳市优秀环保产品和建设项目奖励办法》、《市委、市政府关于振兴工业经济的若干政策的意见》等循环经济发展政府专项奖惩制度，对做出突出贡献的单位和个人要给予奖励，对工作不力对全局造成重大不利影响的单位和个人实行问责。

（六）加强循环经济在社会各个层面的宣传教育，扩大公众参与

近几年，贵阳市围绕大力发展循环经济主题，开展了形式多样的系列宣传教育活动，各类媒体加大了循环经济理念、实践和先进典型经验的宣传力度。2003年8月，由贵阳市政府与新华社贵阳分社联合创办的贵阳循环经济专业网站(http:www.gyce.cn)正式开通，成为我国第一个专业宣传循环经济的网站。先后编写发放了《贵阳市中学生循环经济知识读本》、《贵阳市建设循环经济生态城市市民必读》，与贵阳电视台合作制作并播出了"循环经济在林城"专栏。通过论坛、培训、展览会和普及宣传等形式，使循环经济理念逐步深入人心，社会氛围愈加浓厚。

六、存在的问题及困难

(一)自身的问题和困难

1.保障体系方面：贵阳市发展循环经济活动管理体制和运行机制还不够健全，政策还不够配套，法规、标准相对滞后。全社会，尤其是广大干部的科学发展观还需要进一步确立，可持续发展能力仍需要增强。

2.技术需求方面：由于高层次专业技术人才短缺，技术支撑与服务体系不健全，自主创新能力不强，许多关键技术尚未突破，急需解决大宗固体废弃物如赤泥、磷石膏等综合利用以及延长产业链的的关键技术。

3.企业能力建设方面：作为发展循环经济重要主体的企业普遍规模较小，市场抗风险能力、投资能力较弱。

(二)需要进一步改善宏观环境

在金融信贷政策、税收政策、资源配置政策和管理制度、循环经济科技开发补助等方面要有更为有效的措施出台，加上生产者责任延伸制度和更为严格的环保执法，使发展循环经济的制约因素得以消除，企业内在动力得到加强。

七、下一年推动循环经济试点工作计划

(一)进一步完善发展循环经济的工作推进体制

各区、县(市)要按照《中华人民共和国循环经济促进法》的要求，参照市的做法，结合本地实际，建立和完善循环经济推进和管理体制，依法有序开展各项工作。

（二）大力宣传《中华人民共和国循环经济促进法》

要运用广播、电视、平面媒体等方式广泛宣传；运用培训、讲座、现场会等方式加强教育；使各级政府和企业明确自己的责任，社会各界和群众了解自己的权利和义务。

（三）推进《贵阳市建设循环经济生态城市条例》修订

成立专门的修订起草领导小组和工作小组，在以《中华人民共和国循环经济促进法》为上位法作为参考的基础上，结合贵阳市实际，由工作小组牵头进行调研，广泛征求各方面意见，并聘请有关法律、循环经济等方面的专家参与此项工作。争取在2009年底前完成《贵阳市建设循环经济生态城市条例》的修订初稿，2010年底前完成全部修订工作。

（四）继续围绕国家循环经济试点工作要求和本市的《实施方案》年度推进计划开展工作

按照国家循环经济试点工作要求及实施方案中的年度推进计划，对前三年的国家试点工作进行总结归纳，找出工作中的不足抓紧弥补，确保完成试点工作任务。对前三批项目试点进行总结评价，对取得的创新成果进行推广，进一步扩大循环经济向经济工作的现有领域和环节渗透，使循环经济形成较大规模。争取逐步建立起一个比较完善的运行机制和保障体系，努力形成发展循环经济、建设节约型社会的长效机制，全面完成国家试点工作。

（五）深化项目试点工作

根据《中华人民共和国循环经济促进法》，县级以上人民政府要建立本地循环经济发展专项资金，各地建立和使用循环经济专项资金的情况将纳入年目标考核。要用好国家政策和各级发展循环经济专项资金，从新技术、新产品开发，清洁生产和节能降耗，城市节水和可再生资源回收利用，大宗工业废弃物的综合利用和生态农业等方面策划、选择合适的项目纳入市、县两级试点，及时总结推广。抓住国家扩大内需机遇，组织一批重点循环经济项目向国家发改委等有关部门申报，以争取国家投资支持，加快全市循环经济建设步伐。

（六）继续大力推进工业园区生态化建设和转型工作

通过以实施项目为载体，继续大力推进工业园区生态化建设和转型工作。整理建设“开阳磷煤化工生态化工业基地”、“息烽磷复肥生态工业基地”、“清镇煤化工生态工业基地”和“修文生态化医药园区”的工作思路，建立约束力更强的工作目标和更有效的工作机制。完善各类规划、方案的编制和项目库建设工作，确保园区建设的有序发展。

（七）继续加大扶持城市再生资源回收利用体系建设工作力度

努力规范、完善基础回收环节工作，搭建集中分拣和交易平台，建立规模化、集约化的再生资源加工利用产业。通过实施再生资源分拣中心建设、社区绿色回收站（亭）建设、电子废弃物回收利用、城市生活垃圾资源化利用等项目，争取在再生资源加工、回收利用方面有所突破。实施好国家发改委和国家商务部批准的再生资源回收利用体系建设试点项目，确保各项工作顺利完成。

国家循环经济试点市

鹤壁市循环经济

鹤壁市循环经济领导小组

鹤壁市位于河南省北部，1957年建市，辖两县三区和经济开发区，总面积2182平方公里，总人口148万人。鹤壁是典型的依煤而建的资源型城市。主要矿产资源有煤炭、石灰岩、白云岩。长期的高开采、高消耗、高污染、低效益的粗放型经济发展方式，不仅造成资源的很大浪费，而且给经济社会发展和生态环境建设带来很大压力。2005年被国家确定为第一批循环经济试点市以来，鹤壁市按照科学发展观的要求，把发展循环经济作为走新型工业化道路、转变经济发展方式的重要战略，采取一系列措施，大力推进，初步探索出一条速度效益统一、节能环保并重的新型工业化路子。2006年11月，吴邦国委员长视察鹤壁时，对鹤市壁市循环经济发展给予充分肯定，并希望“为全国发展循环经济树立标杆”。鹤壁市的主要做法是：

一、抓政策和体制机制完善，着力营造有利于循环经济发展的良好环境

为使循环经济发展既有长远目标，又立足当前扎实推进，坚持把科学规划作为发展循环经济的先导，把体制机制创新作为发展循环经济的重要保障，高标准、高起点编制了循环经济发展规划和试点《实施方案》，建立了推进循环经济发展的目标责任、评价考核和奖惩机制，制订了鼓励循环经济发展的若干政策规定，在资金、税费、土地等方面给予倾斜。制定了循环经济标准体系表，出台了实施循环经济标准化工作的意见，并通过了专家论证。成立了循环经济协会、循环经济工程技术服务中心，开设了循环经济网站，鼓励支持重点企业与大专院校、科研单位联合，加大技术研发和产品开发力度，重点突破循环关键链接技术和节能降耗技术。成功承办了“第七届中国粉煤灰、矿渣及煤矸石加工与利用技术交流大会”，为深入推进循环经济发展创造了良好的环境。

二、抓资源和废弃物综合利用，着力提高效益保护环境

针对鹤壁市主导产业，通过拉长产业链条、推动产业间相互衔接、围绕废弃物开发新产品、创新生产工艺等措施，使资源得到充分利用，初步形成了煤电化材、食品工业、金属镁等循环经济产业链。

一是煤电化材产业方面，围绕煤炭的转化升值，发展坑口电站和煤化工。3年连续新上总投资78亿元的3个电厂，全市总装机容量达到260万千瓦，成为河南省重要的火力发电基地之一，

2008年8月12日，全国节能项目工作座谈会在鹤壁市召开，循环经济成为主题之一

国家循环经济调研组在大用公司听取循环经济发展情况介绍

每年可就地转化原煤500多万吨。正在建设中的年产100万吨甲醇项目建成后，每年可转化原煤200万吨。围绕煤电生产过程中产生的煤矸石、粉煤灰、煤层气、矿井水等废弃物利用，建设的综合利用热电厂，不但每年可消耗煤矸石、煤泥、劣质煤112万吨，而且替代小锅炉集中供热后，年节约标煤15万吨，减排二氧化硫400多吨。该电厂所产生的72万吨灰渣全部制成陶粒沙及砌块，可减少灰场占地300亩。建设的8个大型煤矸石烧结砖和粉煤灰制品项目，年产10亿块标砖，年消耗90万吨煤矸石和40万吨粉煤灰，不仅消耗掉全市当年产生的煤矸石和部分粉煤灰，每年还可多利用往年堆存的煤矸石30万吨左右。在矿区规划建设的22台瓦斯发电机组项目，已建成14台，全部建成后年可抽采瓦斯2338万立方米，发电6600万度，使全市90%的煤层气实现综合利用。建设的年处理3290万吨矿井水综合利用项目，可全部处理全市煤矿当年产生的矿井水，并基本满足3座电厂冷却水的需要。所建电厂全部建设脱硫设施，年可减排二氧化硫3万吨，脱硫后伴生的7万吨硫酸钙和亚硫酸钙，用于生产水泥和高品质石膏。淘汰水泥立窑生产线，连续投资12亿元建设了年产400万吨的新型干法水泥生产线，成为河南省重要的水泥生产基地。与煤电产业相衔接，利用电厂粉煤灰、废渣作为新型干法水泥企业的掺和料，年消耗粉煤灰和废渣50万吨。同力水泥公司利用水泥煅烧过程中的余热，建设的2×0.9万千瓦发电厂，可满足自身用电量的40%左右，年节约标煤5.6万吨。2008年，全市工业固体废物综合利用率达到87%。

二是食品工业方面，围绕畜牧养殖业和食品加工业产生的粪便、下脚料等废弃物综合利用，建设了19家有机肥厂、4个大型沼气站和6座沼气发电站，年产有机肥28万吨、沼气25万立方米，年发电2200万度。全市132家规模化畜禽养殖企业全部完成“无害化和资源化利用”工程，其中绿佳公司一期1000立方米沼气站已向周边300家农户集中供气，二期奶牛场和5个养殖小区共计7000立方米的沼气发电工程主体均已完工，配套设备正在订购。大用公司利用鸡血生产的血源性生物活性蛋白项目，综合利用鸡血1万吨，可消化周边150公里范围内屠宰生产线产生的鸡血。大用公司和永达公司利用鸡骨生产的骨素蛋白生物制品项目，年综合利用鸡骨4万吨，大大提高鸡骨利用价值。围绕种植业废弃物利用，建设了年消耗20万吨玉米秸秆的生物发电厂，并以诺华美生物制品、泰新秸秆科技、恒隆泰等企业为重点，利用玉米芯和玉米秸秆分别提取醣清、低聚木糖，开发环保型造纸原料、新型有机肥。通过采取以上有效措施，全市农业废弃物综合利用率达到80%。

电厂循环经济示意图

三是金属镁产业方面，关闭62家年产1000吨以下的小金属镁厂，将全市金属镁企业整合为5家龙头企业。维恩克公司利用工业废水生产水煤浆，用于金属镁企业冶炼，节能达到50%以上，年

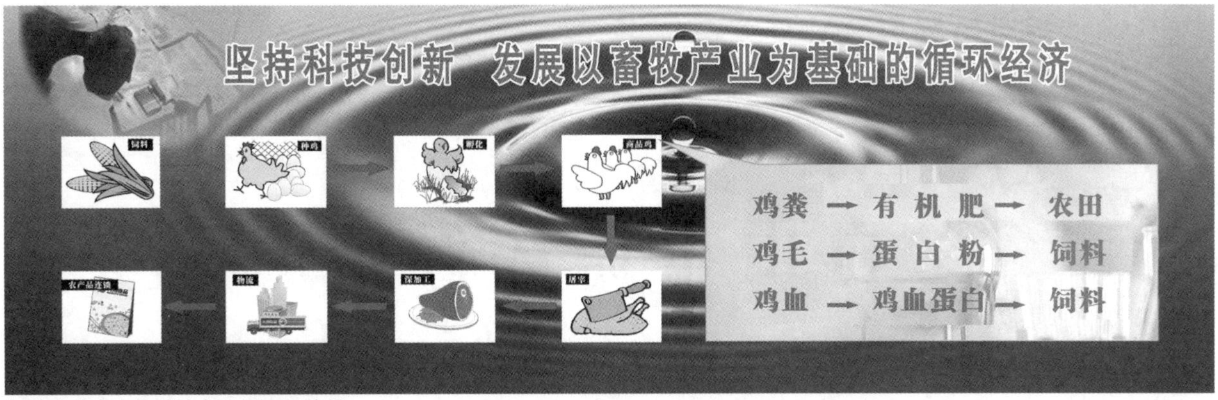

鹤壁普乐泰生物科技有限循环经济链

节约标准煤3.6万吨。河南东大高温节能材料有限公司利用冶炼金属镁所排出的废渣—镁渣和煤矸石等废料生产高性能新型环保陶瓷滤料，年回收利用金属镁冶炼废渣和煤矸石等废料10万吨，使金属镁产业循环链条得到进一步完善。

三、加强示范企业和示范区建设，着力发挥示范带动效应

围绕企业节能降耗、资源综合利用、产业链延伸，坚持抓示范企业和示范园区建设，建设了一批循环经济试点企业和循环经济试点园区，鹤煤热电厂、维恩克公司、大用公司、绿佳公司等企业在同行业中发挥了很好的示范引领作用；鹤煤集团被确定为河南省第二批循环经济试点企业。遵循产业布局相对集中、上下游产品连接紧密、资源能源循环利用、废物排放最少的原则，合理构建循环经济产业链，实现资源共享和副产品互换的产业共生组合，进一步提升循环园区发展层次和水平。淇县畜牧业循环经济产业区和牟山工业循环园区被确定为河南省循环经济试点园区，正按试点园区方案有序推进。今年，重点加快推进宝山循环经济产业集聚区建设，初步形成煤、电、煤化工、新型建材等产业相对集中、聚集发展的新格局，打造全省一流的循环经济示范园区。同时积极推进节能环保产业园建设，大力培育发展环保产业。3年来共谋划推进了总投资80亿元的63个循环经济重点项目，截至目前，已竣工项目45个，在建16个，累计完成投资53亿元。

四、抓节能降耗和污染减排，着力推进资源消耗和污染物减量化

坚持把节能降耗和污染减排作为发展循环经济的核心内容来抓，采取引进推广节能技术工艺等措施，实现资源的最低消耗和污染物的达标排放。

一是强化政府责任。把节能减排目标作为各级政府不可推卸的责任，作为衡量各县区发展循环经济成效的主要标志，建立政府节能减排工作责任制和问责制，明确政府主要领导是第一责任人，逐级分解目标任务，实行“一票否决”制。高规格举办了2008年全国节能项目座谈会。

二是强化企业主体责任。把企业作为节能减排的主体和重点，采取目标考核、清洁生产、能源审计、全程监测等方法，全方位加强监督和管理。

三是积极推进城市节能和生活节能。把循环经济的理念拓展到城市建设和居民生活的各个领域，努力构建资源节约型、环境友好型社会。严格建筑节能管理，城市新建住宅全面执行节能65%的设计标准，公共建筑全面执行节能50%的设计标准，建筑工程新型墙体材料设计使用量不低于70%。建立生活垃圾分类回收系统和主要废旧物资回收系统，推进污水处理、雨水收集、中水回用等工程建设。

循环经济的快速推进，使鹤壁市经济社会保持了又好又快的发展势头，一些领域实现了突破，不少工作形成特色和亮点。2008年全市工业固体废物综合利用率提高到87%，化学需氧量和二氧化硫排放量分别削减9.76%和17.08%；全市饮用水源地水质达标率为100%；市区环境质量优良天数达到338天，创历史最好水平。

白山市循环经济

白山市人民政府

白山市是一个典型的资源型城市。1959年设置浑江市，1985年升格为地级市，1994年更名为白山市。建市以来，白山一直是以煤炭、林业、铁矿石生产为主的资源型经济结构。随着已探明矿产资源的日渐枯竭，加之国家实施天然林保护工程所造成的木材采伐量的锐减，林、煤、矿产等资源型主导产业原料不足的矛盾日益突出，并且由于矿产资源的多年开采，产生了大量粉煤灰、煤矸石、铁矿尾矿等固体废弃物，全市现已堆存粉煤灰3000万吨、煤矸石6000万吨、铁矿尾矿3000万吨，对区域生态环境造成了较大影响。随着国家对资源节约和环境保护重视程度的逐步加深，白山市历史形成的“两高一资”的产业格局，给全市的经济发展带来极大压力。近年来，白山市先后被国家列为国家可持续发展综合实验区和综合性资源型城市经济转型试点市。为了实现资源型城市经济转型的奋斗目标，推动区域经济的可持续发展，保护长白山生态系统的完整性，白山市提出了大力发展循环经济的发展战略，并于2007年12月被国家列为第二批循环经济试点示范城市。

一、主要工作及成绩

（一）循环经济产业链初步构建，资源利用效率逐步提高

两年来，我市以调整优化煤、林、矿产等传统资源型产业结构为核心，积极培育以新型建材为重点的规模化静脉产业体系，大力发展矿泉水、硅藻土等特色产业，初步构建了煤—电—建材、采煤—洗煤—炼焦—煤化工、硅藻土加工—二三级土再利用、林木种植—造纸和林木加工—新型木制型材—地板家具深加工等循环经济产业链条，循环经济框架基本形成。在企业层面，主要工业企业以减量化、再利用、资源化为原则，通过技术创新和管理创新拉长产业链，探索新的增长模式，开展企业内部“小循环”。白山市琦祥纸业有限公司、白山市虹桥纸业有限公司等企业开展水净化处理，实现中水回用；

浑江发电公司新建2×30万千瓦机组

吉林东圣焦化6万吨甲醇项目厂区

吉林东圣焦化有限公司利用生产焦炭剩余煤气生产甲醇及液氨、金刚（集团）白山水泥有限公司利用水泥生产线产生的余热配备纯低温余热发电装置、天达玻璃有限公司利用曙光焦化厂产生的剩余煤气对玻璃窑炉实施技术改造，实现能源梯级利用。在园区层面，白山循环经济示范区按照工业生态学原理，规划新型建材、煤化工、林木深加工、生态农业医药食品等特色循环经济产业园，不断完善集中供汽、供水和排水系统。在社会层面，以解决废旧资源的回收、处理和再生利用为重点，构筑社会层级的“大循环”，着力推进白山市琦祥纸业有限公司废纸回收利用项目建设，通过建立覆盖东三省的废纸回收利用体系，使废纸资源得到充分利用。

浑江发电公司1号冷却塔爆破现场

（二）调整、优化产业结构，产业规模效应初步显现，实现了“四个由小变大”

实现小火电变成大火电，对浑江电厂4台总计25万千瓦小机组予以关停拆除，新上电厂五期工程60万千瓦机组；实现小焦炭变大焦炭，清理整顿了12家不符合国家产业政策的小焦炭，新上东圣焦化90万吨煤炭深加工项目，依托化学工业第二设计院的先进技术，对剩余焦炉煤气进行综合利用，生产甲醇及液氨；实现小造纸变大造纸，由香港鼎元公司对虹桥纸业公司进行整体收购整合，新上30万吨林纸一体化项目；实现小水泥变大水泥，金刚水泥集团对天成水泥厂进行收购，淘汰落后水泥熟料生产能力28万吨，新上年产124万吨新型干法水泥熟料生产线。

2008年，全市万元工业增加值单耗同比下降3.06%。化学需氧量减排1854吨，完成全年任务的103%；二氧化硫减排11437吨，完成全年任务的135%。

二、基本做法及措施

（一）培育以新型建材为重点的规模化静脉产业体系

长期粗放式的发展使得我市的矿渣和工业固体废弃物在长期积累下成为了可贵的地上“资源库”，存量大、可利用性强、种类丰富是其区别于其他地区的重要特点，主要包括煤矸石、粉煤灰、铁矿尾矿、电厂脱硫石膏等。发展思路是：以煤矸石、粉煤灰的综合利用为突破，推进新型建材体系发展，实现资源的深度转换和开发，促进产品更新换代，推动新型墙体材料和利废建材产业化示范，形成新的经济增长点，将新型建材产业体系发展成为我市产业共生网络体系重要连接点，促进我市动脉产业和静脉产业的良性循环。

主要工业固体废物的综合利用途径包括：

利用煤矸石、粉煤灰生产水泥熟料。目前我市共有10户水泥熟料生产企业，全部生产资源综合利用产品。2008年，金刚（集团）白山水泥有限公司新上的日产4000吨新型干法水泥熟料生产线，年可利用粉煤灰、煤矸石达20万吨。

生产烧结砖。以煤矸石、粉煤灰为主要原料，经过成型和焙烧等工艺生产高品质的高掺量工业固废烧结砖。产品不仅耐候性、耐久性好，且符合国家关于新型建材发展政策。目前全市共有44户制砖企业为资源综合利用产品。根据国家“禁实”规定，已对市直9户实心粘土砖生产企业予以关闭。

生产粉煤灰轻质板材。白山市千合轻质板材有限公司以粉煤灰为主要原料，生产国家大力推进的新型墙材——轻质板材。该项目年可生产轻质板材60万平方米，年可消耗粉煤灰3.6万吨，节约粘土资源

10万吨。

利用煤矸石生产欧式瓷瓦。吉林鸿源瓷业有限公司利用煤矸石、滑石和瓷瓦尾矿年产720万平方米欧式瓷瓦。

利用粉煤灰生产玻璃微珠、无机质纤维纸浆及FA无机质纤维板。吉林隆德集团股份有限公司积极引进粉煤灰玻璃微珠改性及无机质纤维除渣等专利技术，利用粉煤灰生产玻璃微珠、无机质纤维纸浆、无机质纤维板等高附加值产品，年可利用粉煤灰50万吨。

（二）开展以结构调整、技术创新、制度保障相结合的节能减排

调整和优化产业结构，逐步实现结构性节能减排，加快技术开发与推广，增强节能减排技术创新能力，以项目为载体，积极推进浑江电厂5、6号火电机组汽轮机通流节能改造及脱硫改造、鼎元（白山）实业有限公司污水处理厂、吉林临江镁业集团东锋有色金属有限公司皮江法炼镁还原炉改造及余热利用、吉林东圣焦化有限公司利用剩余焦炉煤气年产6万吨甲醇、白山市天达玻璃有限公司玻璃窑炉节能技术改造、白山市琦祥纸业有限公司生产过程能量系统优化等一批节能减排示范工程建设；强化责任，严格执法监管，加强节能减排管理。2008年共对33户（总计70户）综合能源消费量在5000吨标煤以上的企业实施了节能监察，对15户企业进行了能源平衡测试，对1户企业实施了节能审计，对3户企业实施了清洁生产审核。

（三）完善以资源型行业为主体的循环经济产业链

1.建立硅藻土多级利用循环经济产业链。白山市硅藻土资源储量3.9亿吨，探明储量7851万吨，占全国储量的56%，现有矿山企业18户，设计生产能力100万吨，硅藻土加工企业31户，目前主要产品为助滤剂。发展思路是：大力开发高附加值的硅藻土产品，优化硅藻土加工业的产业结构、提高硅藻土加工产品的档次、提升硅藻土加工业的经济效益。生产超细二氧化硅、硅藻精土和硅藻土负载纳米TiO_2光催化新材料等高附加值产品，将资源优势转化为经济优势，提高硅藻土产业的经济效益。本着“吃干榨净、闭路循环”原则，开展低品位硅藻土资源的综合利用。有效利用中低品位硅藻土生产保温砖、硅藻土塑料添加剂、水处理添加剂、沥青路面改性剂等产品，还可以利用硅藻土选矿后的尾矿生产轻质墙体材料，实现资源多级利用。

2.建设“林纸一体化”特色循环经济产业链。白山市现已形成较为完整的林产加工产业体系，全市林产工业每年消耗木材108万立方米，占全市木材生产总量的80%，全口径林产加工业产值48.4亿元。全市共有林产工业企业396户，规模以上企业21户，其中产值超亿元的3户，产值超1000万元的12户，产值超500万元的6户。白山市邦田塑料制品有限公司依托长白山区的木材剩余物、参用废旧薄膜和矿泉饮料塑料包装剩余物的资源优势，以废木屑、废旧塑料等为主要原料新上一条年产1.2万吨以汽车、列车内饰板和厨卫地板为主导的新型木塑材料系列产品的生产线。白山市琦祥纸业有限公司依托东三省丰富的废纸资源，新上2条10万吨利用废纸生产高强瓦楞原纸生产线，目前第一条生产线已经建成，第二条生产线正在建设。该项目建成后，白山市琦祥纸业有限公司将成为吉林省同类产品最

琦祥纸业废纸回收项目原料堆场

大的生产企业。该项目年可回收利用废纸24万吨，回收网络遍及长春、沈阳、哈尔滨等周边地区。鼎园（白山）实业有限公司新上30万吨林纸一体化项目，借鉴国际上林业发达国家发展模式，打破林纸分割的管理体制，实行“以纸养林、以林促纸、林纸结合”的产业化新格局。同时，该公司采取BOT的运营模式，参与我市城市污水处理厂的建设，对市区生活污水与生产污水进行混合处理，降低生产和治污成本。

3.构建“煤—电—化”循环经济产业链。白山市煤炭产业已经具备一定的规模和基础，但是煤炭产业链未能得到有效的延伸，原煤开采和销售的附加值较低。因此，白山市积极探索走“煤—电—化”相结合的资源效益型煤化工道路，全力打造八宝循环经济工业园区，建设吉林省煤化工产业基地。八宝循环经济工业园区是吉林省煤炭工业“十一五”发展规划的重点项目，整个工业园区总投资44.62亿元，包括八宝井改扩建、矸石发电、粉煤灰利用、铁路改线四项工程。八宝井改扩建工程已于2007年7月正式开工，预计2009年末竣工投产，届时，八宝井的生产能力将由目前的120万吨/年提高到300万吨/年。与此同时，配套建设一座年入洗量为240万吨的洗煤厂；矸石发电项目是以洗煤厂排出的副产品为发电原料，建设一座2×30万千瓦的矸石电厂，此项目已于2007年11月与华能吉林发电有限公司举行签约仪式，完成了初可研论证，目前各项前期准备工作正在有序进行中，预计2011年建成发电；粉煤灰综合利用项目是利用矸石电厂排出的粉煤灰建设一座年产4.2亿块免烧砖厂；铁路改线工程是将八宝井北翼采区上部国铁改变线路，改线全长4.802公里，可解放下压煤炭3370万吨，延长八宝井服务年限22年，改线工程已于2007年8月开工。为了进一步延伸煤化工产业链条，2008年初，吉林东圣焦化有限公司投资1.8亿元建设利用剩余焦炉煤气年制取6万吨甲醇项目，该项目目前已基本建设完成，设备已进行联合试运转，预计实际生产能力可达到8万吨。同时，公司计划利用甲醇合成装置产生的驰放气（主要为氢气）和甲醇空分装置产生的氮气为原料，建设年产3万吨液氨项目。此外，为进一步整合区域资源，公司计划利用企业自产的3万吨煤焦油和收购其他焦炭企业产生的煤焦油，建设15万吨煤焦油深加工项目，生产轻油、脱酚酚油、粗酚、工业萘、炭黑油等高附加值产品。近期，江源区120万吨煤炭深加工项目和临江市90万吨煤炭深加工项目也正在积极的进行前期工作。

4.完善矿产冶金循环经济产业链。坚持多保护、精开发、规模化、高效益的发展方针，依托白山优势矿产资源，建设矿产冶金生产基地，实现矿产采、选、炼、加工一体化；开展冶金废渣综合利用，实现产业横向关联；促进产品高附加值化，实现产业纵向延伸。建立镁矿和硅石精深加工链，即白云岩—金属镁—精镁—镁合金—镁合金坯—镁合金压铸件—镁合金板材—各种专用产品，硅石—工业硅—多晶硅—单晶硅—单晶硅后续产品等。继续稳

甲醇项目3级精馏塔

定板石沟铁矿、大栗子铁矿铁矿石生产，围绕铁矿石—钢铁—铸件产业链，调整产品结构，促进汽车配件等高附加值产业的发展。2008年，临江东锋镁业集团对炼镁还原炉实施节能改造，采用煤气发生炉，配备余热发电装置，并新上2条以炼镁废渣为原料的砌块生产线。为了大力发展单晶硅及太阳能产业，白山市正在规划建设白山市光伏产业园，建设地点位于白山循环经济示范区（省级）内。目前白山市已与国内第二大单晶硅生产企业锦州阳光能源有限公司达成初步协议，由该公司投资建设利用废旧高纯硅料年产1000吨单晶硅和年产100兆瓦单晶硅太阳能电池项目。

（四）推进以特色产业为载体的产业结构升级

1.打造长白山生态旅游品牌。以长白山为龙头，打造“松花江、鸭绿江、环城区”三大旅游板块，构建“依山、沿江、环城、跨国”旅游产业框架，发展集自然风光、红色旅游、民族风情、跨国旅游、科考探险等多功能为一体的长白山旅游产业带。

2.建设长白山天然矿泉水特色产业园。目前，我市天然矿泉水及系列饮品生产能力已经达到180万吨，矿泉水产业正逐渐发展成为全市乃至全省的重要新兴产业。规划到“十一五”期末，全市矿泉水系列产品生产能力达到500万吨，成为我国重要的矿泉水生产基地。

3.建设长白山中药特色产业园。依托长白山地区丰富的药材资源，打响“天然、纯正、独特”的长白山中药品牌，拉长中药GAP标准种植基地—GMP标准医药产业—GSP标准市场产业链，构建集保护、种植、生产、科研为一体的医药产业体系。

（五）开展以矿区恢复与水污染治理为重点的生态环境建设

1.加大矿山地质环境恢复治理力度。2005年以来，白山市共实施板石国家矿山公园、临江市浑江金矿尾矿治理、白山市新宇煤矿地下开采塌陷层综合治理、通化矿区矿山地质环境治理等矿山地质环境恢复治理项目20余项，累计投入资金5亿元。其中，板石国家矿山公园是2005年经国土资源部批准取得建设资格的28家国家矿业公园之一，于2007年8月正式揭牌开园，是全国第三家开园的国家矿山公园，也是吉林省首家国家矿山公园，总占地面积为104平方公里。2008年，通钢集团板石矿业公司计划继续投入资金1.9亿元，以废旧矿山恢复为主，建设生态良好的矿山旅游环境。目前可研、环评、规划、用地等手续已经完成，计划2010年全部建成。

2.按计划推进松花江流域水污染防治。白山市涉及两个行政区域县，即：抚松县和靖宇县，列入松花江流域水污染防治规划项目5项，其中抚松县4项：抚松县万良大方铁矿尾矿污染治理工程、抚松县铅锌矿污染治理工程、抚松县大蒲春河及万良生活饮用水源地保护工程和抚松县城市污水处理工程；靖宇县1项：靖宇县饮用水污染治理工程。按照省政府《吉林省人民政府关于落实〈松花江流域水污染防治规划（2006—2010年）〉的实施意见》（吉政发[2007]22号）要求，5个项目都取得了积极进展。

三、典型项目建设及成效

白山市在编制循环经济试点实施方案的过程中，选择了21个项目作为实施重点，总投资为109亿元，现已累计完成投资18.1亿元。截止到2008年底，已建成项目5个，总投资为10.9亿元，其中：国家扶持资金3420万元，企业投资105713万元。累计可实现销售收入79605万元，利润24818万元，税金5319

万元。累计可实现节能量16.28万吨标煤，节水量408万立方米，固体废物综合利用量25万吨，废纸综合利用量12万吨，焦炉煤气利用量1.7亿立方米，减排COD1000吨，二氧化硫3953吨，二氧化碳46164吨，烟尘1000吨。（见附表）

（一）吉林东圣焦化有限公司利用焦炉剩余煤气年制取6万吨甲醇项目。该项目总投资18000万元，于2008年12月竣工。预计年实际甲醇生产能力可达到8万吨，年综合利用焦炉煤气1.7亿立方米，年节约标煤6万吨，减排二氧化硫1053吨，减排二氧化碳6164吨。

（二）金刚（集团）白山水泥有限公司日产4000吨新型干法水泥熟料生产线项目。该项目总投资59000万元，熟料生产线于2007年11月投产，纯低温余热发电装置于2008年4月并网发电。2008年共生产水泥熟料120万吨，发电4200万度。共实现节能量1.3万吨标煤，综合利用煤矸石、粉煤灰等工业固体废物20万吨，减排二氧化硫500吨，减排二氧化碳40000吨。实现销售收入34000万元，利润7300万元，税金3100万元。

（三）临江东锋镁业有限公司炼镁还原炉改造及余热利用项目。该项目总投资10013万元，于2008年10月竣工。年可实现节能量6万吨标煤，综合利用炼镁废渣5万吨，年产砌块20万立方米，减排二氧化硫400吨。

（四）白山市琦祥纸业有限公司利用废纸年产9万吨高强瓦楞原纸项目（一期工程）。该项目总投资15000万元，于2007年12月竣工投产。2008年实现销售收入22525万元，利润3004万元，税金962万元。建有日处理能力1.2万吨的污水处理厂，年节约用水408万吨，废水全部循环利用，达到废水“零排放”。年减排COD1000吨。年回收利用废纸12万吨，回收网络遍及长春、沈阳、哈尔滨等周边地区。目前该公司二期工程（9万吨/年）正在建设中。

（五）吉电股份浑江发电分公司6号机组（20万千瓦）汽轮机通流及脱硫改造项目。该项目总投资7000万元，通流改造工程于2007年11月份竣工，脱硫改造于2008年9月份竣工。年可节约标煤2.98万吨，减排二氧化硫2000吨，减少烟尘排放1000吨。

附表

重点项目资金投入和取得的效益

序号	项目名称	资金投入（万元）		效益									
				节约资源与能源			资源综合利用			减少污染排放			
		国家投资	企业投资	指标名称	数值	贡献率（%）	指标名称	数值	贡献率（%）	指标名称	数值	贡献率（%）	经济效益（万元）
1	吉林东圣焦化有限公司利用剩余焦炉煤气年制取6万吨甲醇项目	1500	16500	节能（万吨标煤）	6	75	固体废物综合利用量（吨）			COD（吨）			销售收入19200万元 利润10628万元 税金1072万元
				节水（万吨）			废水循环利用量（吨）			SO_2（吨）	1053	100	
				其它			剩余焦炉煤气利用量（亿立方米）	1.7	50	CO_2（吨）	6164	60	
2	金刚（集团）白山水泥有限公司	1000	58000	节能（万吨标煤）	1.3	50	固体废物综合利用量（万吨）	20	50 100	COD（吨）			销售收入34000万元 利润

	日产4000吨水泥熟料项目（配纯低温余热发电装置）			节水（万吨）			废水循环利用量（吨）			SO_2（吨）	500	50	7300万元、税金3100万元
				其它			余热利用（千焦/小时）	8536		CO_2（吨）	40000	100	
3	临江东锋镁业有限公司炼镁还源炉改造及余热利用项目	800	9213	节能（万吨标煤）	6	70	固体废物综合利用量（万吨）	5	100	COD（吨）			销售收入3880万元、利润3886万元、税金185万元
				节水（万吨）			废水循环利用量（吨）			SO_2（吨）	400	50	
				其它			其它			其它			
4	白山市琦祥纸业有限公司利用废纸年产9万吨高强瓦楞原纸项目	120	15000	节能（万吨标煤）			固体废物综合利用量（吨）			COD（吨）	1000	50	销售收入22525万元 利润3004万元 税金962万元
				节水（万吨）	408	50	废水循环利用量（万吨）	408	50	SO2（吨）			
				其它			废纸综合利用量（万吨）	12	50	CO2（吨）			
5	吉电股份浑江发电分公司6号机组（20万千瓦）汽轮机通流改造及脱硫改造项目		7000	节能（万吨标煤）	2.98	30	固体废物综合利用量（万吨）			COD（吨）			
				节水（万吨）			废水循环利用量（吨）			SO2（吨）	2000	20	
				其它			其它			烟尘（吨）	1000	15	
合计	5个项目	3420	105713	节能（万吨标煤）	16.28 408		固体废物综合利用量（万吨）	25		COD（吨）	1000		销售收入79605万元、利润24818万元、税金5319万元
				节水（万吨）			废水循环利用量（万吨）	408		SO2（吨）	3953		
				其它			废纸综合利用量（万吨）	12		CO2（吨）	46164		
							剩余焦炉煤气利用量（亿立方米）	1.7		烟尘（吨）	1000		
							余热利用（万kj/h）	8536					

国家循环经济试点市

七台河市循环经济

黑龙江省七台河市循环经济领导小组

黑龙江省七台河市委、市政府将2008年确定为“循环经济推进年”，制定了《七台河市2008年循环经济推进年实施方案》，全力推进循环经济建设。

一、发展循环经济取得的主要成绩

煤转焦方面，全市现有焦化企业14户，焦炭生产能力500万吨（按照年初计划，2008年底淘汰了5户企业的7座焦炉，淘汰落后产能共计98万吨）。煤化工方面，10万吨焦炉煤气制取甲醇项目、10万吨粗苯加氢等项目已建成投产。10万吨煤焦油加氢制取燃油、8万吨焦炉煤气制取甲醇等项目正在建设中。宝泰隆、龙洋、乾丰等百万吨捣固焦工程正在建设，同时配套建设煤气制甲醇、煤焦油加氢和干熄焦工程。

电力方面，大唐七台河电厂二期3号、4号机组已开始投入运行，增加发电装机容量120万千瓦，七煤公司30万千瓦煤矸石发电项目、吉伟1.2万千瓦煤气发电项目正在建设中，全部建成后，全市发电总装机容量达到250万千瓦，每年消耗煤矸石和洗中煤近800万吨。

清洁生产方面，在各企业中广泛开展了“三废”治理工作。通过改造热电厂燃料结构、洗煤厂进行优质高效煤炭洗选重介工艺改造、锅炉改造等措施，大幅度减少了原材料消耗，降低了污染物排放，提高了产品回收率。

资源综合利用方面，宏源公司和七煤公司1.2亿煤矸石空心砖扩建项目、七煤公司30万千瓦煤矸石发电项目正在建设，项目建成后，七台河市煤矸石年利用量新增150万吨，消耗总量达到360万吨。粉煤灰综合利用率得到提高，七煤公司30万吨煤矸石发电项目配套项目粉煤灰制水泥项目正在建设中。部分矿井水得到了综合利用，年处理能力600万吨。隆鹏100万吨生物质型煤项目正在建设中。

大唐七台河电厂装机规模突破7000千瓦

在农业领域，发展秸秆青贮饲料，建设了农村沼气示范工程。在社会消费领域，大力倡导绿色消费。鼓励使用能效标识产品，大力推广高效照明产品。2008年，推广节能灯8万只。资源型城市转型速度不断加快，家具制造、医药化工，机械制造等接续产业不断发展壮大。2008年，规模上非煤工业实现增加值

4.9亿元,同比增长40.3%。

二、节能减排任务完成情况

市委、市政府始终高度重视节能工作，把节能减排作为转变经济发展方式、优化产业结构的重要措施，大力推广节能技术，积极发展循环经济，坚决淘汰落后产能，全面强化能耗监管，较好地完成了省政府下达的节能目标。2008年，全市实现GDP163.27亿元（按2005年可比价计算），全社会能源消费总量480.01万吨标准煤，万元GDP能耗2.94吨标准煤，同比下降7.3%，降幅比2007年提高1.6%，超额完成了年初制定的节能目标。以2005年万元GDP能耗3.45吨标准煤为基数，按照“十一五”末万元GDP能耗下降25%的总体目标，2008年末万元GDP能耗累计降低进度为55.91%。全市规模以上工业企业17个行业中有10个行业的万元现价工业总值综合能耗下降。规模以上工业单位增加值能耗为6.24吨标准煤/万元，同比下降10.27%。单位GDP电耗1110.28千瓦时/万元，同比下降9.2%。

减排方面，2008年七台河市共实施了25个减排项目，其中18个形成减排能力,经省厅确定上报削减化学需氧量8373吨、二氧化硫排放量7196吨。总投资1.8亿元的城市污水再生利用工程，已于2008年12月23日正式开工建设，投运后可减排化学需氧量3500吨。

三、主要任务和重点项目的进展情况

（一）主要任务和重点工作落实情况

1.两大工业循环经济产业链初步形成。2008年，原煤产量1850万吨，入洗原煤1600万吨，生产焦炭400万吨，产生的16亿立方米焦炉煤气有一半得到回收利用，用于发电、提取粗苯、制取甲醇。随着宝泰隆、乾丰、吉伟、美华公司焦炉煤气综合利用项目的建设，焦炉煤气将全部得到回收利用。煤焦油得到回收利用，年加工能力10万吨。目前，七台河市正在整合煤焦化资源，上大压小，宝泰隆、凯博达、聚丰公司百万吨焦化工程已经得到批复，正在做开工前的准备工作。正在筹建20万吨二甲醚工程。龙洋焦电96万吨焦炉、吉伟60万吨焦炉、宝泰隆10万吨焦炉煤气制取甲醇、兴盛5万吨粗苯加氢项目建成投产，圣迈焦油加氢、万昌粗苯加氢项目已开工建设。结束了七台河有焦无化的历史，解决了七台河市焦化“小、散、乱”的现状，整合煤焦化资源，提高煤炭资源利用率。

煤—电—建材产业链初步形成。煤转电方面，随着大唐七台河电厂二期工程的投入运行，以及七煤公司30万千瓦煤矸石发电项目的开始建设，待全部建成后，全市发电总装机容量可达到250万千瓦，每年消耗煤矸石和洗中煤近800万吨。新型建材得到了快速发展。在2005既有的1.2亿煤矸石空心砖的生产能力基础上，目前有4个合计生产能力达5.6亿块的煤矸石空心砖项目正在扩建和新建中。全部建成后，七台河市新型建材每年可以消耗煤矸石约190万吨。

宝泰隆煤气制甲醇

2.循环经济示范园区建设科学有序。按照《方案》中确定的循环经济工业示范园区规划，各区、县政府积极对辖区内试点方案所确定的示范园区进行资源整合、科学规划，省规划设计院等部门在发改委的协调下也参与了此项工作。目前区、县政府对循环经济高度重视，相关工作有序进行。新兴煤焦化工业示范园区内的宝泰隆98万吨焦化工程2号炉已经投产，全部工程于10月份完成并全部投产，20万吨煤气制甲醇、20万吨煤焦油加氢制取油品项目将随之配套建设；凯博达百万吨焦化工程已开工建设；隆鹏百万吨焦化工程正在积极筹备中；兴盛5万吨粗苯加氢制取纯苯和二甲苯项目已经投入生产；万昌5万吨粗苯加氢项目也将于近期内试生产。茄子河煤电建工业示范园区内的大唐七台河电厂二期工程已投入运行；龙洋焦电余热电厂项目已经完工，干熄焦工程正在建设中；吉伟焦化公司焦炉煤气发电项目已建成投产，8万吨煤气制甲醇项目正在建设，预计10月末建成投产；北方2亿块煤矸石空心砖项目正在积极建设，预计10月份建成投产。勃利东岗焦电化工业示范园区内正在规划建设鲁龙、恒煤两个百万吨焦化工程；亿达信公司煤气制甲醇项目正在建设中。

以发展非煤接续替代产业为主的经济开发区（金河工业园区）已完成控详规划，正在进行给排水、供电、通讯、道路及绿化等基础设施建设。目前开发区内中韩合资黑龙江盛昌农产品加工有限公司投资1.3亿元的蔬菜加工项目正在建设，预计8月份投产。中外合资瑞安光裕针织有限公司投资5.4亿元年产5万吨煤系针状焦项目已经签订投资协议，即将开工建设。由中国（香港）国际产业园投资有限公司投资的生物医药医疗器械产业园项目正在洽谈中。

3.接续替代产业发展已具备了一定基础。七台河市紧紧抓住国家促进资源型城市可持续发展，实现经济转型的政策机遇，把发展接续产业提高到可持续发展的战略高度，做大做强木制品加工业、机械制造业、医药制造业、农畜产品加工业和新型建材业等五个接续替代产业，目前已具备了一定的基础和规模。2008年，家具生产能力150万件套，农用机械生产能力3万台套。肉鸡加工能力3000万只。煤矸石空心砖生产能力2亿块。粉煤灰加工能力24亿立方米。其中双叶公司成为全国家具行业龙头企业，双叶牌实木家具被评为中国名牌产品。勃农公司成为全国农机具行业龙头企业，精播机等产品处于全国技术领先地位。规模上非煤工业实现增加值4.9亿元，同比增长40.3%。

经过近几年的产业结构调整，2008年，第一、二、三产业增加值分别实现17.5亿元、109.9亿元和59.6亿元，分别比2007年增长9.9%、39.8%和12.2%。

4.农业循环经济取得进展。一是大力发展棚室蔬菜生产。2008年新建棚室388栋、面积22.5万平方米，其中温室75栋、面积2.9万平方米。二是大力发展畜牧业，推广秸秆养畜技术。三是利用局部地带特有优势，充分挖掘自然优势有利条件，大力推广节约型农业技术。重点推广"测土配方施肥技术"，全市测土施肥面积达到60万亩。推广"集中深施肥技术"、"精量点播和育苗移栽技术"以及节水、蓄水技术。温室、大棚等设施农业要普及滴灌节水技术、"三旱作业技术"。四是实施资源再利用工程。推广生物质环保节能炉，2008年试点增长到了210台。积极推广农村沼气工程，在2007年已完成1800个沼气池建设的基础上，2008年又新增1800个。推广以秸秆为主要原料的食用菌生产技术，达到资源多次再循环利用。全市食用菌生产面积已经达到了120亩。

（二）重点项目进展情况

1.节点项目建设取得进展。结合循环园区规划及循环产业链条延伸对节点项目的需求，确定了粉煤灰特种纤维、生物质型煤替代散烧锅炉和再生资源回收利用等节点项目。目前，部分节点项目的业主已落实，北京雄才集团等公司已来我市对生物质型煤项目进行考察，技术转让、合作开发等相关事宜正在洽谈中；市发改委、桃山区政府、商务局对再生资源回收利用园区进行研究和规划，并已上报市政府；宝泰隆等多家企业对粉煤灰特种纤维项目表示关注，技术转让、合作开发等事宜正在洽谈中。

2.重点项目进展顺利。《试点方案》确定的大唐七台河电厂二期、宝泰隆98万吨焦化、宝泰隆干熄焦发电、宝泰隆圣迈煤焦油加氢、万昌苯加氢、兴盛化工苯加氢、泓辰木糖醇等循环经济重点项目已开工建设。其中，大唐七台河电厂二期工程截止2008年底已完成投资32亿元。宝泰隆98万吨焦化项目已完成投资2000万元。亿达信已完成设备定购5000万元。

宝泰隆10万吨焦炉剩余煤气制甲醇工程。该工程是东北三省第一家建设焦炉煤气制甲醇项目，工程总投资2.5亿元，年销售收入3亿元，年可回收2.4亿立方米煤气，实现净节能10万吨标准煤，减少二氧化硫排放320吨。该工程已于2007年10月投产运行，生产稳定，经济效益突出，节能效果显著。

圣迈公司煤焦油加氢工程。利用本地煤焦油资源及甲醇工程的弛放气建设煤焦油加氢工程。该技术为宝泰隆圣迈公司与设计单位合作开发专利项目，工程总投资1.6亿元，年实现销售收入3.5亿元，年节能量为4万吨标准煤。该工程已于2008年11月投产。

宝泰隆公司干熄焦热电工程。利用干熄焦余热发电，发电后的泛汽冬季供给100万平方米的欣源小区供热，同时供应生产单位的蒸汽需求，实现热电联产。该工程已于2008年10月全部投产。年实现净节能6万吨标准煤。减少污染物排放1500吨，节水30万吨。

宏源煤矸石空心砖项目。在原有6000万块生产能力基础上，扩建1.2亿块煤矸石空心砖生产线。项目建成后，每年可消纳煤矸石32万吨。该项目目前已建成投产。

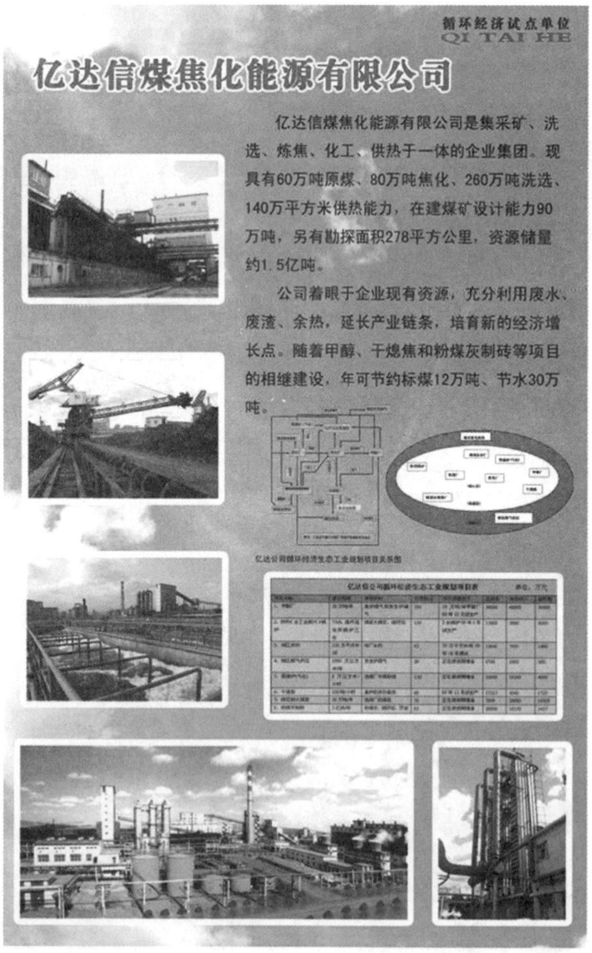

大唐七台河电厂供热机组改造和电机变频改造项目。这两个项目分别对现有2×350兆瓦供热机组汽轮机抽汽部分以及循环水泵的电机系统实施改造，达产后，每年实现节能量分别为3万吨和1.2万吨。目前这两个项目均已改造完毕，发挥了显著的节能效应。

（三）淘汰落后产能情况

七台河市根据国家产业政策，不断加大淘汰落后产能工作。2007年，淘汰落后焦化企业一户，淘汰落后小焦炉2座，淘汰落后产能30万吨。2008年，根据年初七台河市淘汰落后焦化产能计划，淘汰5户焦化企业落后焦炉，淘汰落后产能121万吨。

四、发展循环经济保障体系建设情况

（一）加强组织领导，建立组织管理体系

按照国家的产业政策和发展方向，结合城市特点，七台河市委、市政府提出了“发展循环经济，建设龙江强市”的发展战略。加强领导，成立了以市长为组长、相关副市长为副组长的循环经济领导

小组，在市发改委设立了循环经济办公室，统一负责全市循环经济建设工作。多次召开会议，安排部署全市的循环经济工作。将2008年作为循环经济推进年，制定了年度循环经济推进计划，落实各部门的工作责任，各部门按照责任分工，各司其职，各尽其责，全力开展循环经济各项工作，形成了组织到位、上下联动的工作机制。

（二）科学规划，建立政策保障体系

贯彻执行国家出台的《节能中长期专项规划》、《国务院关于加快发展循环经济的若干意见》（国发[2005]22号）、《资源综合利用专项规划》和《“十一五”节水规划》等相关法律法规及规划，制定了《七台河市“十一五”节能规划》、《七台河市煤矸石利用专项规划》、《七台河市“十一五”节能减排综合性工作方案》、《七台河市市区节水规划报告》、《区域热电联产规划》、《“十一五”期间七台河市主要污染物排放总量控制计划》和《“十一五”期间七台河市主要污染物排放总量控制工作实施方案》以及《加快新型工业化进程提高循环经济发展水平的实施意见》等系列政策措施，并组织实施。

（三）加大扶持，建立资金保障体系

七台河市政府为支持循环经济示范企业和项目的发展，设立了循环经济发展专项资金，每年列支1000万元，列入财政预算内，并逐年增加支持额度。市发改委与财政局联合制定了《循环经济专项资金使用管理办法》，规范专项资金使用。2007年，七台河市用于循环经济项目支持资金达1000余万元。2008年用于循环经济项目专项资金支持额度1320万元。

另外循环经济企业和项目享受我市的招商引资优惠政策。政府积极为企业搭建投融资担保服务平台，拓宽企业投融资渠道，发挥企业在发展循环经济中的主体作用。

（四）强化责任，建立节能减排“三个体系”

发展循环经济的主要目的是保证节能减排目标的实现。为了实现这个目标，七台河市循环经济办组织市发改委、统计局、经委、环保局联合制定了七台河市节能减排统计、监测及考核实施方案和办法，建立科学、完整、统一的节能减排统计体系、监测体系和考核体系。逐步完善节能减排统计制度，按规定做好各项能源和污染物指标的统计和监测，将能耗降低和污染物减排完成情况作为领导干部综合考核评价和企业负责人业绩考核的重要内容，实行严格的问责制。加强“三个体系”的基础能力建设，保证资金和人员到位以及各项措施的落实。强化政府和企业责任，确保节能减排目标的实现。

龙洋焦电

大唐七台河电

五、循环经济试点的初步经验

（一）整合焦化资源，发挥产业集聚优势，打造煤焦化电新格局

七台河市政府以循环经济试点工作为契机，对全市的焦化产业做出了结构性调整，科学规划了几个工业示范园区，在加大淘汰落后焦化产能的基础上，在园区内建设宝泰隆、凯博达、普能、鲁龙和恒煤5个百万吨焦化工程，以工业园区建设作为发展循环型工业的切入点，利用行业与产业间的依存与共生关系，形成发展区域循环经济的重要支撑点和着力点。目前这5个百万吨焦化工程均已得到批准建设。其中宝泰隆98万吨焦化工程焦炉基础工程已完成50%，凯博达98万吨焦化工程已完成基础工程建设，其他3个百万吨焦化工程也已经确定了开工日期。同时加大淘汰落后焦化产能力度，在2007年淘汰3户落后焦化产能的基础上，2008年淘汰5户落后焦化企业，淘汰落后产能121万吨。

随着这些百万吨焦化工程的开工建设投产，将随之配套建设干熄焦余热发电、煤焦油深加工、焦炉煤气综合利用制取甲醇、二甲醚、焦油加氢制取油品等项目，在七台河市形成优质焦炭生产能力800万吨，煤焦油深加工30万吨，煤气制甲醇120万吨，二甲醚60万吨和500万千瓦清洁电能的煤焦化电新格局，形成七台河优质炼焦煤生产基地、优质炭制品生产基地、煤焦油深加工系列产品生产基地和清洁能源生产基地，使产业链得以不断延伸，资源综合利用率明显提高，真正发挥煤焦化电发展的示范带头作用。

（二）确立重点，塑造典型，打造试点明星企业

在试点期内，七台河市确立了四家循环经济示范企业。其中大唐七台河电厂和宝泰隆煤化工股份有限公司作为清洁生产和资源综合利用的试点企业，在发展循环经济方面作了大量的工作，起到了积极的示范作用。

大唐七台河电厂。大唐七台河发电公司靠节能减排创绿色企业，在实际工作中不断强化“注重科技、保护环境”的发展理念，通过科技创新等多种手段促进节能减排，使发电厂用电率5年中下降1.41%，少燃用标煤60余万吨，单位发电油耗在国内同类型机组中位居前列。

宝泰隆煤化工煤炭有限责任公司。公司充分利用煤炭资源，大力发展循环经济，其中150万吨洗煤厂主要担负了对原煤分选加工的任务，将150万吨原煤分成75万吨精煤、50万吨中煤、25万吨煤泥煤矸石、75万吨精煤于外购少量精煤送入60万吨炼焦炉内进行炼焦，红热焦炭经干熄焦工程实现余热回收发电，产品焦炭直接外销，剩余焦炉煤气输送到10万吨甲醇厂合成甲醇，甲醇厂产生的驰放气经变压吸附产出高纯氢气入煤焦油加氢工程，最终生产出轻质燃料油外销。洗煤厂产出的煤泥、煤矸石与干熄焦产出的高温高压蒸汽输送到干熄焦矸石电厂共同发电，电厂产出的低温蒸汽供给100万平方米欣源小区冬季供热及生产单位生产用汽，实现了热电联产，电厂产出的粉煤灰送给40万立方米空心砌块工程，空心砌块能有效地减少建筑上的热量损失，实现了建筑节能。在整个公司内部形成了一套完整连贯的资源综合利用产业链条。

国家循环经济试点市

萍乡市循环经济

萍乡市发展和改革委员会

近年来，萍乡市委、市政府高度重视循环经济工作，《萍乡市国民经济和社会发展“十一五”规划》将发展循环经济作为贯穿始终的理念，就“建设节约型社会，大力发展循环经济”作出规划部署，明确提出要按照“减量化、再利用、资源化”的原则，探索发展循环经济的有效模式。2007年，萍乡市被确定为全国第二批循环经济试点城市；2008年11月《萍乡市循环经济规划实施方案》已经通过国家发改委评审，同时还制定了《萍乡城市水资源可持续利用规划报告（2000～2050）》、《萍乡市环境保护“十一五”规划》和《萍乡市节水型社会建设规划》等相关规划。

一、循环经济开展情况及成效

萍乡市发展循环经济起步较早，开展了大量卓有成效的工作，突出地表现在以下方面：

（一）不断加大对发展循环经济的组织推动力度，引导、督促全社会增强发展循环经济的主动性和自觉性

萍乡市委、市政府站在贯彻落实科学发展观、建设资源节约型和环境友好型社会的战略高度，明确要求各级党委、政府把发展循环经济作为调整经济结构、转变经济发展方式的突破口和检验执政能力的重要标志，列入重要的议事日程，认真抓好贯彻落实。

为了加强组织领导和综合协调，市政府建立了建设节约型社会联系会议制度，由市发改委、市经贸委为牵头部门，环保、财税等5个部门为成员单位，定期召开例会，通报情况，分析形势，部署工作。2008年元月16日，萍乡市委、市政府专门召开了全市启动国家循环经济试点工作动员大会。

为了引导和督促全社会增强发展循环经济的自觉性，市政府将主要能耗指标作为考核经济发展的重要内容，与县区签订了资源节约目标责任书。还积极向上争取循环经济或节能减排项目，通过国家和省级政府的重点支持项目，带动企业加快发展循环经济，实现节能减排。随着创建文明城市、提倡建设节约型社会等工作的开展，群众对循环经济的认识不断提高。

2008年1月16日，萍乡市启动国家循环经济试点工作动员大会

（二）以重点行业、重点企业、重点领域为突破口，加大节能减排、清洁生产的推动力度

1.突出加大工业领域节能节水减排工作的推进力度。突出抓好钢铁、煤炭、电力、化工、建材等高耗能工业的节能减排工作，大力引导循环

经济的发展。自2006年起，还突出推动重点能耗企业的节能降耗工作，将万元GDP能耗等7项指标作为考核经济发展的一项重要内容。萍乡钢铁厂、安源钢厂、萍矿集团总公司、萍乡发电厂、萍乡正大水泥厂、萍乡兰丰水泥厂、萍乡日江水泥厂等节能降耗试点企业的能耗指标显著降低，工业用水循环利用率达到85%以上。2008年，全市每万元生产总值能耗和电耗分别达到2.5956吨标准煤和1094.23千瓦时，分别较2007年下降6.5%和4.4%；每万元工业增加值能耗达到4.59吨标准煤，较2007年下降10.86%。

此外，萍乡市还把积极淘汰落后产能和加快重点行业的技术改造，作为推进节能减排工作的重要途径。到2007年底，全市水泥企业基本完成了治理改造任务，各水泥企业基本做到了达标排放，即将窑尾烟气颗粒物浓度控制在50毫克每标立方米以下、“两磨”排放颗粒物浓度控制在30毫克每标立方米以内。从2007年开始，萍乡市已关停拆除全市电瓷、陶瓷行业倒焰窑56座，改为科技含量高、工艺较先进的、环保的梭式抽屉窑和隧道窑，并且全部实现煤改气工程，节能、节电、节水效果显著。近年来，市政府工作报告明确提出要坚决关闭非法小煤窑和不具备开采条件的矿山企业。面对巨大的关停压力和节能减排的严峻形势，全市各级政府迎难而上，措施坚决，各项工作正有序进行。

2.大力加强城市和产业的节水工作。鉴于萍乡严重缺水的状况，萍乡市大力加强城市和产业的节水工作，积极组织实施“节水型社会建设试点城市”的工作，显著提高了全市节水水平。到2007年底，萍乡市所有的工业企业都采取了用水计量制，萍乡钢铁厂、安源钢铁厂、萍乡电厂等大型企业的工业用水循环利用率都达到85%以上。与此同时，萍乡市还积极推进农业和城市节水。在科学调整农业种植结构，加强灌溉用水管理的同时，萍乡市通过加固渠道、渠道表面硬化和推广农田灌溉薄露技术、喷灌技术等，加快建设农业节水灌溉工程。为了加强用水计划管理，萍乡建设局还专门成立了节水办公室，对全市用水大户企业实行定额用水制。2008年，全市总用水量6.79亿立方米，较2007年减少5.4%；其中生活用水减少1.3%，工业用水减少12.1%，农业用水减少2.9%；人均用水量40.11立方米，较2007年减少1.3%。

3.稳步推进城市和建设行业的节能减排工作。近年来，萍乡市严格实行含硫控制，已连续几年实施了城市产业布局和燃料含硫量控制，重点改造了主城区燃煤蒸气锅炉，拆除城市周边燃煤砖瓦窑炉，2008年全年化学需氧量（COD）排放量19850吨，比2007年下降5.48%；SO_2排放量46397吨，下降2.32%。围绕墙体保温隔热、可再生能源应用等，萍乡市开展了大量扎实的基础工作。如大力推广家庭太阳能热水器，组织有关设计部门开展了建筑节能设计专项工作，举办了建筑节能专题技术讨论。市政府还成立了专题办公室，负责全市墙体材料革新工作，制定并组织实施了“禁实（实心粘土砖）”方案，加大工程实施阶段的监督和执法检查力度。目前，市内高层框架结构的墙体材料均采用了新型保温隔热空心砖。全市还积极推进钢结构新型建筑结构材料体系和新型建筑材料，促进建设新技术的推广和使用，基本形成了新型建材的生产和应用体系。

萍乡钢铁有限责任公司燃气发电及饱和蒸汽发电工程节约能源利用余热，实现工业废弃物循环利用，减少环境污染

4.不断加大清洁生产的推行力度。萍乡市认真贯彻《清洁生产促进法》，指导企业从源头治理污染，全面推行清洁生产。积极推动企业开展清洁生产审核，目前已有冶金、电力、机械制造、化工、制药等10余个行业的15家企业完成了

规范的清洁生产审核，总结宣传了萍乡发电厂、萍乡钢铁厂等清洁生产示范企业的经验做法。据对萍乡市15多家推行清洁生产企业的统计，万元产值废物排放量普遍减少20%～30%。

（三）涌现了一批发展循环经济的先进典型，在企业、行业、园区或区域层面分别形成了一批发展循环经济的典型模式

1.工业方面。萍乡钢铁厂、安源钢铁厂、萍乡发电厂、萍矿集团总公司等在发展循环经济方面走在全市乃至全省前列，有力地带动了全市循环经济的发展。

煤炭行业：萍矿焦化厂、萍钢焦化厂选用工艺先进的TJL4–5型焦炉，并配备备煤、干法熄焦等公用及辅助工程设施，回收焦油、硫磺、硫铵、粗苯等化工产品，进行废气、废水和固体废物处理。废气处理的除尘效率达到99%以上，SO_2排放量也大大减少。同时，焦化厂充分利用冶金焦煤气用于城市居民生活供气，陶瓷工业园区、电瓷工业园区的工业用气。废水经沉淀后，循环使用，生产废水不外排。固体废物均送煤场备煤掺混炼焦。

高坑矿、安源矿、白源矿煤矸石砖厂按照节能、节地和保护环境的需要，坚持走产品和生产工艺高起点的道路，发展煤矸石烧结砖。这些煤矸石砖厂在西安墙体材料研究设计院研究超热焙烧窑炉余热系统的基础上，建造了超热焙烧窑炉余热系统，不仅能保证正常焙烧的需要，还将多余热量用于厂区车间、办公楼和住宅楼采暖，使煤矸石热量得到充分利用。

水泥行业：水泥生产对热能和电能的消耗都比较大。每吨水泥约消耗90～115千瓦时电能，每吨水泥熟料消耗的燃料可折合100～115千克标准煤。在水泥熟料的煅烧过程中，由窑尾预热器、窑头熟料冷却机等排掉的400℃以下低温废气余热，其热量约占水泥熟料烧成总耗热量的30%以上，由此形成的能源浪费现象比较严重。将这些低温废气余热转换为电能，并回用于水泥生产，可使水泥熟料生产的综合电耗降低60%，或使水泥生产的综合电耗降低30%以上。萍乡市正大水泥等企业实施余热发电项目，仅正大水泥的余热发电装机容量就达4500千瓦。项目建成后，不仅可以大大降低水泥生产的能耗，避免将水泥窑废气余热直接排入大气造成热岛现象；还可通过减少社会发电厂或水泥生产企业自备电厂的燃料消耗，减少CO_2等燃烧废物的排放量，从而促进环境保护。

钢铁行业：萍钢公司提高转炉煤气外供量，每吨钢的转炉煤气回收量，由原来的35立方米提高到现在接近60立方米。萍钢公司还在新厂建成一套3000千瓦TRT煤气差压发电机组，并从2006年10月开始发电；第二套6000千瓦机组于2007年5月15日投产，燃气发电已动工建设。萍钢公司实施的TRT发电和煤气发电工程，从2007年底开始产生节能效果。萍钢公司正在着手加大转炉的回收利用。

2.农业方面。近年来，萍乡市积极按照发展循环经济的理念，探索农业发展的新模式，开始形成了湘东区明鑫农场的“畜—沼—果”、“畜—沼—菜”，上栗县福田镇的“猪—沼—鱼—果林”一体化生态示范基地模式，芦溪县的“养殖—沼气—种植”等循环经济模式，并积极推广秸秆、畜禽粪便综合利用技术。省级农业产业化龙头企业——江西银河杜仲开发有限公司，以杜仲资源的开发利用为核心，形成了杜仲茶—杜仲酒—杜仲饲料—杜仲猪—杜仲食品加工等农业循环经济模式，实现了杜仲由以前单纯的取皮做药，向叶、皮、花、果等综合利用的转变。2008年，萍

萍乡市龙发实业有限公司新型隧道窑陶瓷生产线余热利用设备

萍乡市浮法玻璃厂浮法玻璃生产线。使用萍乡水煤浆公司生产的改性合成炭粉替代重油、煤焦油、天然气等，可大幅降低燃料成本，节约昂贵的燃料油或天然气，具有良好的经济效益和社会效益

乡市被纳入民生工程目标管理的农村沼气工程建设，实施进度和完成质量都名列全省前茅。

3.园区方面。依据循环经济理念和工业生态学原理，初步建立起一批起点较高、具有较完整生态工业产业链（网），一群拥有园区资源一体化经营、生态化管理体系的产业园区。萍乡市陶瓷工业产业基地、芦溪电瓷工业园、萍乡市安源区经济转型产业基地、市高新技术工业园等，初步探索了发展循环经济的新路子，如安源区经济转型产业基地利用冶金焦煤气、陶瓷废渣生产建设材料，取得了较好的经济效益和社会效益。湘东区已被批准为“中国工业陶瓷之都”，该区建设的陶瓷产业基地，首期规划面积4.5平方公里，开发建设3000亩，园区景貌已初具雏形。该基地在引进企业时，不仅注意技术含量，还将能否实现节能减排、是否有利于发展园区循环经济作为优先考虑的内容；注意在基地内通过产业衔接和企业间的互补，达到节能和实现废水、废渣零排放的目标。现各园区正在进行生态工业园区的申报工作。

4.城镇方面。按照“减量化、再利用、资源化”原则，在建设循环经济型企业和园区的基础上，建立有效的废旧物资再生利用体系，构建城镇循环经济体系，实现更大范围内物质和能量的循环。以城市为单元的循环经济工作正在起步。逐步构筑第一、二、三产业间的物质和能量流动体系。全市已经启动了生态示范乡镇和生态示范村的试点。2006年，全市已经完成城市污水截流管铺设工程，2007年开工新建城市污水处理厂，2008年初城市污水处理工程已投入使用。此外，目前萍乡市城市垃圾无害化处理厂已投入使用，无害化垃圾处理率达到80%。但总体上，在城市这样大的区域发展循环经济工作刚刚起步。

（四）发展循环经济成效不断显现，节能减排和废水、废渣、废气处理开始取得积极进展

1.主要资源和能源利用效率不断提高。与2007年相比，2008年，萍乡市每万元生产总值能耗减低6.5%、每万元生产总值电耗下降1.6%、每万元工业增加值能耗减低10.86%、每万元生产总值用水量下降8.7%、每万元工业增加值用水量下降8.1%，表明相关的资源和能源利用效率均有所提高。

2.工业废水、废气、废渣的排放量开始减少，增速有所下降。最近两年来，萍乡市在工业增加值迅速增长的同时，工业烟尘排放量、工业粉尘排放量、工业废水排放总量开始出现减少趋势；工业二氧化硫排放量、工业废气排放总量、工业固体废物产生量虽然仍呈增加趋势，但在大多数年份，其增长速度明显慢于工业增加值的增长速度。与此同时，工业二氧化硫去除量、工业烟尘去除量在大多数年份均呈不断增加的趋势；工业固体废物综合利用率增长势头更为强劲。近年来，萍乡市主要河流断面优质水率也较以前有明显提高，从2007年的90.9%提高到2008年的97.6%。2008年，全市工业锅炉49台、1359.7蒸吨，100%实现了烟尘排放达标。

二、发展循环经济存在问题和今后努力方向

近年来，萍乡市发展循环经济虽然取得了积极进展，但仍然存在不少问题。我们将继续全面落实科学发展观，坚持减量化、再利用、资源化原则，实现以经济发展方式的根本转变为目标，以技术创新和制度创新为动力，形成政府推动、市场主导、企业主体、公众参与的循环经济发展新格局，加快建设资源节约型、环境友好型社会。

国家循环经济试点市

石河子市循环经济

石河子市发展和改革委员会

新疆石河子市地处天山山脉伊连哈比尔尕山北麓，古尔班通古特沙漠南缘，面积7762平方千米，总人口63.61万人，其中少数民族人口占5.5%。新疆石河子垦区管辖14个团场，两个河系管理处，1300余家工交建商企业。石河子水土光热资源丰富，是新疆最早引进种植棉花的地方，“银力”牌棉花畅销国内外。石河子市是全国大面积推广现代节水灌溉的示范区，农业机械化程度达到85%以上，同时，大力发展畜牧业和果蔬园艺业，已建成了优质奶牛养殖基地，绿色蔬菜基地和优质葡萄基地。工业企业的创新能力和市场开拓能力不断增强，化工、棉纺、食品、建材、农业技术装备、能源六大支柱产业格局业已形成，天业集团已经成为全国的氯碱化工企业之一。

2008年石河子市实现生产总值122.01亿元，比2007年增长12.9%。

2008年，城市建成园林绿地面积973公顷，绿地率达到42%。石河子市地下水水质评价指数为0.73，属优良（I类）水质；石河子空气综合污染指数为1.39，环境质量状况良好，城市空气质量2级以上天数占全年的98.62%。石河子市先后荣膺联合国改善人类居住环境良好范例奖、首届中国人居环境奖、全国卫生城市、园林城市等荣誉，并成为新疆唯一的“红色旅游区”。它以优美的环境、独特的文化、璀璨的文明被世人誉为“戈壁明珠”。

一、石河子市循环经济试点取得的成效

发展循环经济是国家经济社会发展的一项重大战略，八师石河子市（以下简称师市）的循环经济试点工作，在中央、自治区和兵团党委的正确领导下，全面落实科学发展观，努力克服严峻困难和不利影响，抓住石河子市进入国家级循环经济试点城市的有利机遇，大力发展循环经济，实施节能减排，促进资源循环利用，全社会节约资源、保护环境的意识明显提高。2005年新疆天业集团成为全国第一批循环经济试点单位；新疆天富热电股份公司被列为全国“千家节能企业”，成为兵团唯一一家千家节能成员单位。2006—2007年新疆宏新生物科技有限公司、新疆西部牧业和石河子北工业园区成为新疆自治区循环经济试点单位。2007年12月新疆石河子市被国务院批准为全国第二批循环经济试点单位，成为新疆第一个循环经济试点城市。近年来试点工作进展顺利，取得了显著的成效，其主要在以下几个方面：

（一）师市党委高度重视，把城市试点工作作为一项重要的任务来抓

成立了石河子循环经济试点城市领导小组，师长任组长。师市党委和政府把石河子市循环经济试点工作列入师市党委议事日程，做到主要领导亲自抓，分管领导经常抓，一级抓一级，层层抓落实，上下联动，形成合力，为试点城市的开展起到了强有力的支撑作用。

（二）各相关部门积极配合，编制了切实可行的循环经济发展规划和实施方案

在争取列入国家第二批循环经济试点城市前期，师市领导多次召集会议协调、安排部署，师市发改

委牵头，相关部门紧密配合，精诚协作，结合石河子市的实际情况，编制了具有方案实、可操作性强的循环经济发展规划和实施方案，为争取国家级循环经济试点城市和开展好循环经济打下坚实基础。2008年12月10日由国家发改委组织院士和专家对《石河子市循环经济实施方案》进行了评审，并顺利通过。

（三）出台了多项发展循环经济的相关政策，采取多渠道的融资方式

师市党委、市政府相继出台了节能减排、清洁生产等发展循环经济的一系列政策文件。出台了《关于做好八师石河子市工业经济领域发展循环经济建设节约型社会工作的实施意见》、《八师石河子市清洁生产专项资金使用管理办法》、《关于八师石河子市12户重点耗能企业节能考核与企业领导班子年薪挂钩的决定》、《关于表彰2007年度师市工业企业节能工作先进单位的决定》等。在资金筹措上，积极争取国家、自治区和兵团的扶持，主动搭建银企沟通的平台，建立金融机构与师市企业合作新机制，进一步缓解试点企业贷款难、融资难的问题。

（四）注重发挥循环经济重点项目的带动作用

2008～2012年石河子计划实施循环经济建设项目34个，项目总投资69亿元。其中，循环经济重点项目12个，项目总投资19亿元。在循环经济重点项目实施中，结合编制的循环经济发展规划和实施方案，优先安排节能减排作用大、产业联动性强、经济环境效益好的循环经济重点项目；在实施产业化项目时，同步实施以“三废”治理及综合利用为重点的配套的循环经济项目，做到产业化项目与配套的循环经济项目同步策划、同步建设、同步投产。近年来，八师石河子市抓住循环经济试点城市的有利机遇，主要围绕天业循环经济试点单位、天富千家节能企业和三家自治区循环经济试点等企业，通过多渠道、多方位地争取资金，实施了一批带动作用强、辐射范围大的循环经济项目。目前已经实施14个项目，完成投资13.45亿元，其中，争取国家资金4260万元，兵团资金220万元。

在资源综合利用方面：主要实施了天业集团废旧滴灌带回收及再生利用项目、天业集团年产24万吨聚氯乙烯资源化综合利用、天业集团日产2乘2000吨电石渣水泥、天业集团年产1亿块粉煤灰蒸压砖。

在节能减排方面：主要实施了天富热电股份有限公司节能降损新技术应用工程项目、天富南热电有限公司电机系统节能改造项目、天富热电股份有限公司供热系统节能项目、天业30000千伏安密闭式电石炉尾气节能技改项目、天宏纸业股份有限公司长网纸机节能改造项目、金天阳纺织有限公司节能技术改造项目、天宏股份公司40万吨黑液资源化综合利用生产木质素和高效碱水剂、天业集团电厂4×135兆瓦电石渣脱硫及天富南热电2×125兆瓦、天富西热电250兆瓦烟气脱硫等一批循环经济重点项目建设。

（五）初步建立了企业和园区循环的发展模式

新疆天业立足新疆丰富的煤、石灰石和原盐优势，发展PVC产业，创新了传统的乙炔法制PVC的工艺路线，使生产成本大幅降低，产品具有较强的竞争优势，资源综合利用程度较高。对生产过程中形成的电石渣，全部用于生产水泥。对自备电厂烟气实施电石渣湿法脱硫改造，减少二氧化硫的排放，所得到脱硫废渣全部用于生产水泥。对自备电厂产生的粉煤灰，用于生产粉煤灰蒸压砖，替代粘土实心砖。对电石炉尾气进行余热利用，既降低了排烟温度，又生产了工业蒸汽。对化工生产中的尾气，运用变压吸附、吸收解析等技术回收氯乙烯、乙炔和氢气、氯化氢等资源，回用到生产过程中，提高生产能力。对于化工生产中产生的废水，采用生化、膜过滤等方法进行处理，回用到生产过程中，使单位产品的耗水量得到明显降低。天业集团和北工业园区循环的发展模式初见成效。

（六）抓好试点，以点带面

把以重化工业为主的北工业园区和以氯碱化工为主的天业集团作为试点，坚持科技创新，不断突破循环经济的关键技术，实现“吃干榨尽”，废水、废气、废渣得到综合利用，构建了园区和企业层面的循环经济发展模式。率先在天富千家节能企业实施锅炉小油量汽化点火、变电站无功补偿、热网系统节能、电机系统和能量系统优化、供热系统节能、电厂脱硫等一系列节能减排工程，带动了全社会的循环经济发展。石河子市目前拥有新疆天业集团、宏新生物科技公司、西部牧业公司、石河子市北工业园区及天富千家节能企业等一批发展循环经济的先进企业，为全市发展循环经济起到了示范带头作用。

（七）突出特色，抓节水农业

对石河子市而言，水是相对短缺的资源，地表水基本上已全部利用。地下水已开采了3.06亿立方米，占总储量的70%以上，部分地方已经超采。农业是石河子用水大户，占总用水量的93%左右。针对石河子垦区水资源短缺，农业耗水量大，供需矛盾突出的问题，师市自1996年以来就开始实施“棉花大田膜下滴灌节水灌溉技术的“研究开发”，经过十几年艰辛努力，取得了举世瞩目的成就，至2007年，新疆生产建设兵团已推广570万亩，其中石河子市推广了200多万亩。天业集团已经成为全国最大的节水器材生产基地，开发了质优价廉、适合国情的一次性可回收滴灌带和滴灌带回收再生产技术，把废旧滴灌带作为资源再利用，进一步降低了滴灌成本，使世界上这一先进的农业节水灌溉技术从“贵族农业”逐步过渡至普通农民都能使用的“大众农业”，为新疆优质棉花基地建设做出了突出贡献。该项技术使棉花种植灌溉用水从每亩400立方米左右降低至每亩275立方左右，节水率30%以上。石河子市每年农业滴灌一项可节水2亿立方米，使干涸了近半年的玛纳斯河又重现生机。目前在普及棉花滴灌的基础上，逐步普及小麦、酱用番茄、葡萄等节水灌溉技术，发展高效节水型农业，把发展循环经济与推进现代农业建设结合起来，不断提高农业生产水平和质量，减少环境污染。

（八）淘汰落后产能，实施“蓝天工程”

一是加大对规模小、能耗高的企业淘汰力度。先后淘汰了石河子新兰水泥建材有限公司、新疆天宏纸业股份有限公司等落后产能共计4万吨；对南山水泥厂进行了产业整合，淘汰落后的南山水泥厂产能，禁止使用粘土实心砖，天业新型干法水泥生产线投入使用，积极开展和推广适合本地应用的新型墙体材料。

二是拆除了一百多座老城区的“老、小、散’’采暖锅炉。实行集中供热，安装总站凝结水回送系统、5个换热站凝结水回送系统、10个汽水混合站改纯水换热站、蒸汽换热站改水换热站等，石河子城市供热的凝结水回水及热能全部得到综合利用。

三是开发了清洁能源，有效地改善城市环境。率先开展在石河子大学第一附属医院老年病科和中医院综合楼建筑面积1.08万平方米采用地源热泵技术集中供热的试点工作。全市实现天然气入户6.58万户，市区公交车、出租车100%使用天然气，改善了城市和居民的生活环境。

四是坚决关停污染大户。采取强有力的措施，关停了污染大户天宏纸业的制浆车间，投资7200万元，实施了年产40万吨黑液资源化综合利用项目，大幅度地降低COD的排放量，市废水中COD_{cr}排放量减少35%左右，改善了下游团场的周边环境，提前完成了自治区给我市下达的2010年污染物排放指标任务。

二、创建石河子循环经济示范城市

石河子已经成为国家级的循环经济试点城市，今后要打造成循环经济示范城市，标准更高，任务更重。

（一）建立比较完善的促进循环经济发展的政策支撑体系，加大宣传力。

要把创建循环经济示范城市工作，纳入国民经济和社会年度发展计划，将发展循环经济作为编制国民经济和社会发展计划的主要指导思想。

（二）建立社会层面、高层次的循环经济发展模式

打造石河子北工业园区、经济技术开发区和西工业园区3个循环经济型工业示范园区，形成氯碱化工、煤化工、生物化工、热电联产、纺织、食品、造纸、塑料制品、建材等九大循环经济产业链。建立生态工业园区，产业园区企业的固、液、气废弃物合理利用，形成企业间代谢和共生关系的社会层面或区域层面上的、高层次的循环经济发展模式，提高资源、能源高效利用，使经济效益和环境效益协调发展。

（三）开辟第二水源地工程，加强对地下水资源的保护，为师市经济的可持续发展创造有利条。

（四）加快构建符合循环经济的产业体系

1.在第一产业：农业方面。

一是发展节水农业、生态农业、高效农业，推行标准化生产。在普及棉花滴灌节水灌溉的基础上，大力示范推广小麦、番茄、葡萄等节水滴灌技术，进一步扩大节水灌溉面积和实施自动控制滴灌技术。

二是推进植物秸秆综合利用，提高废旧地膜和废旧滴灌带的利用程度。大力发展新疆天业集团利用棉花秸秆、废旧地膜和废旧滴灌带建设年产2.5万吨木塑复合异型材项目，用于木塑托盘，番茄酱包装箱以及建筑模板等。

三是在大力发展畜牧业的同时，加快牲畜粪便处理，发展生物有机肥和沼气工程。加快宏新生物科技有机肥的建设，推进西部牧业公司、121团、134团、141团、144团、石河子总场、148团、149团、150团等沼气工程项目的实施，构建畜牧业循环经济。

2.第二产业：工业、交通、建筑业方面。

一是工业要加大调整结构力度，加快发展高新技术产业和节能环保、新能源、资源综合利用等相关产业，用高新技术和清洁生产技术改造提升农用机械、化工、食品、纺织、建材支柱产业，大力推广节水、节能技术，提高工业废弃物的综合利用程度，推行清洁生产机制，构建煤炭、电力、煤化工、盐化工等循环经济。积极推进新疆天业集团电石渣日产3000吨新型干法水泥生产线、新疆天业集团年产100万吨电石法聚氯乙烯化工园区节水技术改造示范项目、新疆天富煤业有限公司塔西河煤矿矿井水开发利用项目、新疆天辰化工有限公司40万吨／年PVC清洁生产技术改造干法乙炔装置等项目的实施。

二是交通运输要引导和鼓励更新高效低耗的新型客车和中高级客车，加速淘汰能耗高、排放超标的老旧车型。

三是建筑业要继续加大既有居住和公共建筑节能改造的力度，建立大型公共建筑节能运行监管体系，推广绿色照明，加快地源热泵技术的试点工作的开展等。

3.加快发展与资源节约综合利用相关的第三产业。

积极发展物流业、再生资源回收利用产业等占用资源少、污染小、附加值大、有利于减少资源浪费、提高资源利用效率的现代服务业。积极推进石河子垃圾处理厂、新疆中宇生物能源有限公司利用油脂加工厂生产的棉籽油、油皂脚、酸化油，宾馆、饭店产生的餐饮废油、地沟油等原料建设5万吨／年生物柴油示范工程项目的实施。

通过各个产业之间与资源再生循环利用，实现物质流、能量流、信息流的集成，初步形成产业之间的协调、耦合发展的共生网络体系的循环经济发展模式。

（五）进一步优化能源结构，开发和推广清洁能源和生物质能源

加快推进总投资16.29亿元的肯斯瓦特100兆瓦瓦水利枢纽工程项目的实施。新疆石河子光热资源丰富，石河子147团利用荒漠戈壁滩招商引资积极发展光伏电站；石河子121团抓住国家“金太阳工程”的实施机遇，与裕坤和集团签订了10兆瓦太阳能光伏发电站，已经上报国家财政部。石河子147团利用地源热泵技术，正在抓紧建设30万平方米的居民供热小区。

重点行业和重点领域循环经济

钢铁行业循环经济

中国钢铁工业协会

2008年是我国钢铁行业发展过程中极不寻常、很不平凡的一年。这一年，我国钢铁行业经历了一些难以预料、历史罕见的重大挑战与考验，尤其是世界金融危机直接间、接冲击，致使我国钢铁生产大起大落，产品价格暴涨暴跌，部分企业陷入停产、亏损的窘境。但在国家宏观调控指引下，靠转变经济发展方式，拉动内需支持；靠发展循环经济、节能减排、降耗增效支持；靠广大职工解放思想，不断创新支持，终于攻克一个又一个难关，使全行业总体上实现平稳较快发展，不仅全年钢的总产量创造了历史最高水平、产业结构调整也有了新的进展，资源能源利用效率上了新台阶，特别是企业积极抗震救灾，履行社会责任，维护社会稳定，对构建和谐社会做出了重大贡献。

一、钢铁行业循环经济工作进展情况

2008年钢铁行业发展循环经济，主要是结合行业、企业中心任务推进的，重点抓了以下各项工作。

（一）切实转变发展观念，以循环经济、节能减排作为促进科学发展的重要抓手

2008年初，中国钢铁工业协会理事扩大会议分析认为，2008年我国钢铁行业面临的国际国内环境严峻，美国次贷危机影响在扩大，钢铁生产成本压力在上升，潜在风险在增加，必须全面贯彻党的十七大和中央经济工作会议精神，落实科学发展观，加快转变经济发展方式，着力提高自主创新能力，推进产业结构优化升级，开创钢铁工业又好又快发展的新局面。与会同志通过学习讨论，提高了对转变经济发展方式重要性、紧迫性的认识，纷纷提出要切实转变发展观念，在缓解资源能源压力方面，坚决按党的十七大报告提出的“循环经济形成较大规模”和中央经济工作会议提出的“节能减排作为推进科学发展的重要抓手”的要求，切实把资源、能源、环境对钢铁工业发展的制约，转变为降低消耗、循环利用、生态保护，使制约因素转变为推进钢铁工业发展方式转变的动力。

2008冶金节能宣传周暨冶金循环经济发展论坛在首钢召开

（二）认真履行企业社会责任，加大钢铁行业发展循环经济和节能减排的动力

2008年1月4日，国资委发布《关于中央企业履行社会责任的指导意见》，要求中央企业从坚持依法经营、诚实守信，不断提高持续盈利能力，切实提高产品质量和服务水平，加强资源节约和环境保护，推进自主创新和技术进步，保障生产安全，维护职工合法权益，参与社会公益

莱芜钢铁集团参加循环经济展

事业等八个方面履行社会责任，并建立社会责任报告制度，有条件的企业要定期发布。宝钢、鞍钢、武钢、攀钢等央企认真学习贯彻“指导意见”的同时，许多重要钢铁企业和民营钢铁企业，如首钢、太钢、包钢、沙钢、莱钢、新钢、宝钢、津西钢铁、国丰钢铁等也都积极主动地履行社会责任。他们的负责人纷纷表示，履行社会责任是一项义不容辞的崇高使命，不论国企还是民企，也不论是大企业还是中小企业，都是社会企业公民，都有责任关心社会大家庭，保护好地球——人类的家园，对子孙后代负责，做一个优秀企业公民。它们及时把企业履行社会责任的情况向社会发布，自觉地接受社会公众和各级政府部门的监督和检查。2008年4月14日武钢遵循国际社会公认的商业伦理，向社会发布了《2007年社会责任报告》白皮书，内容包括战略与管理、社会责任、资源与环境三部分，约5万多字，其中提到由于模范履行社会责任，获得了全国绿化模范单位、中国最诚信企业等众多荣誉，今后要再接再厉，并每年定期发布社会责任报告白皮书，获得普遍好评。这种用白皮书形式把企业责任制度化的做法，不仅大大推动了钢铁企业落实科学发展观，转变发展方式，加强自主创新能力，提高企业核心竞争力，走可持续发展道路的工作，而且大大增加了钢铁企业发展循环经济的动力，加强了清洁生产、节能减排、保护环境等多项工作的力度，加快了创建资源节约型、环境友好型钢铁企业和构建和谐社会的步伐。

（三）抓紧抓好循环经济试点工作，积极探索钢铁企业发展循环经济模式研究

2005年10月开始，在做好鞍钢、攀钢、包钢、济钢、莱钢等第一批国家循环经济试点工作的基础上，2007年12月又启动了宝钢、太钢、马钢、福建三钢、重钢等第二批国家循环经济试点工作。与此同时，各、省、市自治区确定并启动了泰尔钢铁、大连金牛、新抚钢、北台钢铁、营口中板、凌钢、青钢、鲁宝钢管、潍坊钢铁、石横特钢、日照钢铁、石钢、邯钢、唐钢、宣钢、邢钢、承钢、紫山特钢、南钢、锡兴钢铁、兴澄特钢、沙钢、杭钢、三安钢铁、韶钢、珠钢、联众不锈钢、柳钢、新冶特钢、昆钢、吴城钢铁、安钢、济源钢铁、达钢、川威钢铁、峨眉山铁合金、贺兰山铁合金、滕达西北铁合金、龙门钢铁、酒钢、八钢等40多家钢铁企业发展循环经济试点工作。这些钢铁企业大都编制并实施了发展循环经济规划，确定了发展循环经济的目标、任务、重点和措施，加强了发展循环经济的组织领导、专项管理、技术开发和推广，普遍取得了较好成效，并积累了一些经验，初步探索出钢铁企业发展循环经济的多种模式。中国钢铁工业协会在调查研究的基础上，于2008年组织编写出版了《钢铁企业发展循环研究与实践》一书，其中的长流程、短流程钢铁企业发展循环经济模式研究，以及冶金矿山企业发展循环经济模式研究，已在钢铁企业中广泛传开，推动着许多钢铁企业的循环经济工作向纵深发展。

（四）广泛组织开展节能降耗对标竞赛和评比清洁生产环境友好企业活动，引领广大职工以实际行动参与发展循环经济

2008年以来，中国钢铁工业协会与中国机冶建材工会，紧密围绕钢铁企业实现节能减排目标，组织开展了“全国重点大型耗能钢铁生产设备节能降耗对标竞赛”活动，各钢铁企业工会高度重视并热

包钢集团热电厂

烈响应，认真策划，宣传发动广大职工积极参与，取得了很好效果。如武钢工会以“个、百、千、万”为内容的竞赛，即开展了“六个一节约”（指节约一度电，一滴水、一滴油、一块布、一斤煤、一张纸），“百项生产经营重点”、“千项技术攻关”和“万条合理化建议”的竞赛，引领职工向技术和管理要能源、要环保、要效益，形成了浓郁的“比学赶帮超”氛围，涌现出一大批节能减排能手和创新功臣，取得了可喜的成绩，2008年与2007年相比，全公司万元产值能耗降低17.73%，吨钢耗新水降低6.13%，吨钢SO_2排放量降低19.66%，吨钢COD排放量降低20.56%，共创效益6亿多元。2008年6月，中国钢铁工业协会按照《中国钢铁工业清洁生产环境友好企业审定与奖励办法》组织评审，宝钢股份有限公司、济南钢铁股份有限公司、首钢总公司（北京地区）被授予“2007年度中国钢铁工业清洁生产环境友好企业”的荣誉称号，并号召各会员单位向他们学习，努力做好清洁生产、环境保护、节能减排等有关工作，加快发展循环经济，促进钢铁工业又好又快的发展。

（五）组织召开国际钢铁大会，推动钢铁企业走绿色发展之路

2008年6月2日，中国钢铁工业协会在上海组织召开了第五届中国国际钢铁大会，主题是绿色钢铁。当今国内外都十分关注资源和环境问题，迫切需要钢铁工业与生态环境友好相处，发展绿色钢铁，走可持续发展之路。与会国内外专家就如何发展绿色钢铁，共建人类最好家园，展开了热烈讨论，并交流了已开发出的绿色技术、绿色产品以及可供借鉴的经验。德国蒂森克虏伯钢铁集团董事长科勒介绍了他们生产过程中的环境保护和产品的环境表现，由于综合利用热能、水以及厂内废物，已成为世界上能源使用效率最高的联合钢铁企业之一；在产品上，采用的方法就是减小体积，提供更高的强度和不降低原有的成形性的钢材，同时满足安全性和可循环性的要求。宝钢董事长徐乐江介绍了他们始终坚持绿色发展的理念，采用先进高效的节能环保工艺技术和装备，持续优化能源与环境管理体系，吨钢综合能耗已达到世界先进水平，清洁生产已获得“国家环境友好企业”称号，以高强钢、高耐腐蚀钢等高效钢材为代表的绿色产品已批量生产，减少了用户的钢材使用量，延长了钢材使用寿命，徐乐江还希望推进行业联合重组，实现中国钢铁工业的绿色发展。全国人大环境与资源保护委员会副主任、中国钢铁工业协会顾问蒲海清在会上发言说，我国大力发展绿色钢铁，关键是要加强技术进步和技术创新的步伐，提高自主创新能力，加快转变发展方式。在这次会议的带动下，鞍钢、包钢、太钢、马钢、重钢、沙钢等都提出要大力发展循环经济，坚持节能减排，实现生态文明，为发展绿色钢铁而努力。

（六）组织开展专项课题调查研究工作，引导钢铁企业循环经济持续健康发展

鉴于国家有关部门不断加大节能减排工作力度，对钢铁行业和企业提出更加严格的要求，中国钢铁工业协会主动安排《钢铁行业节能规划目标及节能潜力分析》、《钢铁行业污染防治减排目标落实及潜力分析》、《中国主要钢铁企业CO_2排放现状研究》等专项课题调查研究工作，并在适当时间向会员单位发布，供各钢铁企业研究参考，以利于制订好有关节能减排、环境保护、循环经济等方面的规划，明确工作目标、重点及应采取的措施，包括技术改造、技术创新的方向和任务，以尽快提高全行业生产技术水平，加快发展方式转变，深化循环经济发展。

二、2008年钢铁行业发展循环经济取得的成效

（一）提高了钢铁产品的制造水平

用循环经济理念优化和提升钢铁企业产品制造功能，主要是以满足用户不断变化的需求为中心，用尽量少的资源消耗，生产出尽可能好的产品，即多生产性能好、质量好、技术含量高、附加值高、使用寿命长、与环境友好的高效钢材和绿色钢材，不断推动钢材产品结构的优化升级，并以此促进国民经济相关部门的科学发展和产业升级。如作为国家硅钢工程研究中心的武钢，加大了冷轧硅钢的研发力度，突破国外技术封锁，全面掌握了HiB的一整套核心技术，销量大幅度提升，并有效地取代进口份额，2005年～2008年武钢生产取向硅钢91.8万吨，替代进口37万吨，为国家节约外汇20多亿美元；2008年武钢产销冷轧硅钢134万吨，即一年可为国家节约电134亿千瓦时，相当于节约546.51万吨标煤，减排$SO_2$8.64万吨，减排$CO_2$1366.46万吨。又如大力发展绿色钢铁的太钢，自主开发出铁路专用不锈钢材，用于铁路货车制造，已有8000辆奔驰在大秦线上，与用碳钢制造的车皮相比，可减轻车体重量15%到20%，车皮使用寿命提高2倍以上，日常维护成本降低10%以上。这些案例说明，钢铁企业发展循环经济，着力于生产高效钢材、绿色钢材，是提高资源利用效率的重要途径，又是对铁矿资源和能源的最大节约。

（二）提高了资源与能源的利用效率

钢铁行业发展循环经济的一个主要目标，就是实行资源、能源的高效利用和循环利用。钢铁企业高效利用资源能源的具体表现形式很多，除上述提高钢材质量性能，减少使用量，延长使用寿命之外，主要是对铁元素、能源、水和固体废弃物等四大类物质的循环利用。钢铁企业发展循环经济以来，这几方面的进步都很大，以吨钢综合能耗为例，已由2000年的920千克标煤/吨降至2006年的632千克标煤/吨，下降了31.3%。在这样大幅度下降的基础上，2008年又有进步。据统计，2008年与2007年相比，重点钢铁企业吨钢综合能耗，又由628.22千克标煤/吨降至626.92千克标煤/吨，下降0.21%；吨钢耗新水量由5.36立方米/吨降至5.09立方米/吨，下降5.0%；高炉渣利用率由90.23%升至92.77%，提高了2.29%个百分点；钢渣利用率由90.23%升至92.77%，提高了2.54个百分点；尘泥利用率由98.38%升至98.41%，提高了0.03个百分点；焦炉煤气利用率由97.85%升至97.86%，提高了0.01个百分点；高炉煤气利用率由93.18%升至95.05%，提高了1.87个百分点；转炉煤气利用率由92.97%升至94.70%，提高了1.73个百分点；水重复利用率由96.13%升至96.45%，提高了0.32个百分点。其中参加国家循环经济试点的钢铁企业，资源能源利用效率还高于全国重点钢铁企业的平均水平，如宝钢、济钢、莱钢的高炉渣、转炉渣、尘泥的利用率均为100%，焦炉煤气、高炉煤气、转炉煤气基本上无放散，水重复利用率达到97%以上，均进入世界先进水平的行列。

首钢京唐钢铁联合有限公司

（三）提高了清洁生产、环境保护水平

钢铁行业发展循环经济的另一个主要

目标是，维护好生态环境。钢铁行业发展循环经济以来，清洁生产，环境保护水平已有很大提高。钢铁企业已改变了过去那种“先排放、再治理”的做法，大都从源头削减开始，加强整个生产过程的控制，对生产过程中产生的副产品和废弃物进行回收利用，力争实现零排放，对最终排放的污染物进行无害化处理，做到达标排放。在这个基础上，2008年继续进步。据统计，2008年与2007年相比，重点钢铁企业吨钢烟尘排放量由0.43千克/吨降至0.40千克/吨，下降6.9%；吨钢粉尘排放量由0.94千克/吨降至0.82千克/吨，下降10.6%；吨钢SO_2排放量由1.95千克/吨降至1.85%千克/吨，下降5.1%；吨钢COD排放量由0.15千克/吨降至0.10千克/吨，下降33.3%；吨钢外排废水量由3.15立方米/吨降至2.19立方米/吨，下降30.5%。其中参与国家循环经济试点的钢铁企业和一些大型钢铁集团，清洁生产和环境保护水平还好于全国重点钢铁企业的平均水平。如吨钢烟粉尘排放量，宝钢、济钢和首钢分别为0.61kg、0.59kg和0.48kg；吨钢SO_2排放量，这三家分别为1.53kg、0.94kg和0.76kg；吨钢COD排放量，这三家分别为0.025kg、0.086kg和0.007kg；吨钢外排废水量，这三家分别为0.78立方米、1.32立方米和0.22立方米，因此被中国钢铁工业协会授予“2007年度中国钢铁工业清洁生产环境友好企业”的荣誉称号。

（四）提高了企业经济效益、环境效益和社会效益

钢铁企业发展循环经济，优化和提升了企业功能，从原来仅有产品制造功能，拓展到拥有产品制造、能源转换、生产排泄物资源化和社会废弃物消纳无害化处理等四大功能，有机地把企业的经济效益、环境效益和社会效益结合起来起来，并不断提高。如宝钢通过提高产品制造水平，开发出无铬家电板，吨材附加值提高了，企业的经济效益随之增长了；用无铬家电板生产家电产品，成为无公害环保家电，社会效益、环境效益双提高，并达到欧盟标准，出口创汇。又如济钢完成了“铝厂废弃物——赤泥资源化开发利用”的项目研究，赤泥中分解的三氧化二铝由铝厂回收利用，提取的铁元素由钢厂回收利用，最后的尾矿被制成免烧砖用作建材，并已通过山东省技术鉴定，还获得了三项发明专利，正与信发铝电集团合作，建设一个年处理赤泥160万吨的工厂，除可改善环境外，每年为铝厂减少赤泥堆存费4000万元，为钢厂增加效益4000万元，减少占地160亩。又如，全国重点钢铁企业2008年与2007年相比，钢铁渣综合利用率由92.62%升至95.01%，2008年钢铁渣产量为1.6亿吨，按90.01%计，利用量达到1.52亿吨，每吨产值约600元，创造价值达912亿元，比上年增加60亿元；每吨盈利约80元，创造利润121亿元，比上年增加8亿多。从全国重点钢铁企业来看，2008年与2007年相比，钢材品种结构优化了，钢材市场占有率提高了，如低合金钢比由32.88%升至33.18%，合金钢比由6.85%升至7.16%，板材比由35.2%升至37.3%，管材比由7.49%升至8.29%，钢材国内市场占有率由96.8%升至97.1%，平均吨材销售收入由4042元升至5035元，全年生产钢材37604万吨，共增加销售收入3734亿元，大大提高了企业的经济效益，相应地提高了环境效益和社会效益。

鞍钢钢鲅鱼圈

三、钢铁行业发展循环经济面临的问题和努力方向

尽管钢铁行业发展循环经济的形势较好，面临的问题依然较多。如钢铁产能过

剩，特别是存在着大量落后产能，资源、能源消耗高，环境污染重；行业结构不尽合理，产业集中度偏低；自主创新能力不强等，影响到钢铁企业发展循环经济新技术的普及，以及技术支撑体系的完善。

为了应对这种局面，钢铁行业必须按照党中央、国务院的部署，进一步贯彻执行党的十七大精神，全面落实科学发展观，认真实施《钢铁产业调整和振兴规划》，切实转变经济发展方式，从深入发展循环经济来说，要着重抓好以下四项任务：

（一）进一步贯彻落实《循环经济促进法》，坚持走可持续发展的道路

各钢铁企业要抓紧时机，对贯彻实施《循环经济促进法》的情况，进行一次系统性检查，以利于进一步贯彻落实《循环经济促进法》。要按照《循环经济促进法》确立的基本制度和政策框架，结合企业实际，制订、修订好企业发展循环经济的规划，确定目标、采取措施、明确责任、接受监管、严格考核、完善机制，使企业从减量化、再利用和资源化中受益，真正迈上可持续发展的轨道。

（二）进一步加强节能减排工作，坚持创建资源节约型和环境友好型钢铁企业

钢铁行业必须进一步加强节能减排工作，按《钢铁产业调整和振兴规划》提出的2011年节能减排要达到的指标，采取过硬措施、加倍努力、坚决实现、力争超过。具体地说，节能减排工作重点要围绕优化能源网络、建设能源管理中心、推进装备大型化、提高二次能源利用率、提高“三废”利用率，减少温室气体和污染物排放等方面进行，严格按照节能减排指标体系、考核体系、监测体系狠抓落实，取得成效，坚持创建资源节约型和环境友好型的钢铁企业。

（三）进一步提高自主创新能力，大力提升企业核心竞争力

一方面要大力推进管理创新，完善资源回收、责任制度、激励机制、考核评价等四个体系；另一方面要大力推进技术创新，加大科技人才和研发经费的投入，发挥团队精神，限期或超前攻克节能减排的关键技术，并及时加以推广应用。

（四）进一步推进循环经济试点工作，努力建设生态工业园区

到目前为止，参加国家循环经济试点和省市区循环经济试点的钢铁企业，共有50多家，其中被批准进行生态工业园区试点的极少。要组织力量帮助钢铁企业制订出以钢铁企业为核心的生态工业园区的专项规划以及需要开发的技术支撑体系和管理支撑体系，并创造条件加以实施。

有色金属行业循环经济

中国有色金属工业协会

有色金属产业是重要的基础原材料产业，产品种类多、应用领域广、产业关联度高，在经济建设、国防建设、社会发展以及稳定就业等方面发挥着重要作用。2008年虽然遭遇国际金融危机的严重冲击，有色金属工业循环经济仍得到发展，为应对金融危机风险，推动产业稳定发展作出了积极贡献。

一、国家产业调整和振兴规划把发展循环经济放在重要位置

2008年11月26日，国务院第37次常务会议决定，制定和组织实施钢铁、汽车、轻工、纺织、装备制造、造船、石油化工、有色金属、电子信息以及物流业等10个产业调整和振兴规划，作为应对金融危机，确保经济平稳较快发展，推动产业升级的重大举措。

国家有色金属产业调整和振兴规划高度重视循环经济发展问题，把发展循环经济摆在产业发展的重要位置。在规划的指导思想中指出：着力抓好再生利用，大力发展循环经济，提高资源保障能力，促进有色金属产业可持续发展。

规划的基本原则强调，坚持资源开发与节约利用相结合，合理开发利用国内有色金属资源，大力发展循环经济，提高资源再生利用水平，加强资源节约和综合利用。

规划提出了2009年～2011年期间我国有色金属产业循环经济发展的具体目标：节能减排取得积极成效，重点骨干电解铝厂吨铝直流电耗下降到12500千瓦时以下，粗铅冶炼综合能耗低于每吨380千克标准煤、硫利用率达到97%以上，余热基本100%回收利用，废渣100%无害化处理。每年节能约170万吨标准煤，节电约60亿千瓦时，减少二氧化硫排放约85万吨。再生铜、再生铝占铜、铝产量的比例分别提高到35%、25%，比2008年分别提高6%和4%。

在产业调整和振兴的主要任务中提出，发展循环经济，搞好再生利用。支持采用先进适用技术，开发利用铜铅锌低品位矿、共伴生矿、难选冶矿、尾矿和熔炼渣等，提高资源综合利用水平；制定煤铝共生资源利用专项规划，抓好高铝粉煤灰利用示范工程；搞好铜铅锌冶炼余热利用；推广废渣、赤泥等固体废弃物的应用，实现生产零排放。加快建设覆盖全社会的有色金属再生利用体系，支持具备条件的地区建设有色金属回收交易市场、拆解市场。支持有条件的企业采用高效、低耗、低污染的工艺装备，建设若干年产30万吨以上的再生铜、铝等生产线，促进资源化利用上规模、驾驶上水平、产品上档次，减少矿产资源消耗。

有色金属产业调整和振兴规划的政策措施包括：修订完善产业政策和严格执行节能减排淘汰落后产能问责制，特别提出根据产业发展状况，修订完善《产业结构调整指导目录》及相关产业政策；重点提高技术装备、能耗、水耗、污染物排放、资源利用率等准入条件，严格用地标准，制定深加工产品分类细则等；严格执行节能减排淘汰落后问责制，对未完成节能减排、淘汰落后产能任务的地区，暂停投资

项目的核准和审批。

有色金属产业调整和振兴规划把发展循环经济放在重要位置，将对今后几年有色金属产业循环经济发展起到积极推动作用。

二、发展循环经济，建设资源节约型和环境友好型产业的主要工作

（一）循环经济试点进一步展开

在国家第二批循环经济试点单位中，包括了宁波金田、山东金升、湖北金洋等3家再生金属企业，以及天津子牙、安徽界首等5个再生金属园区。这既是国家对再生金属产业在循环经济发展中地位的肯定，也是对再生金属事业发展的鞭策，对推动再生金属产业升级具有积极推动作用。

2008年再生金属行业有14个重点项目被列入“国家资源节约和环境保护专项”，共获得国债支持资金1亿元以上。

（二）以能效对标工作为重点，积极推进全行业节能工作

2008年有色金属工业重点用能企业能效对标活动成为推进有色金属工业节能工作的重点任务和主要抓手。在重点耗能企业开展能效水平对标活动，充分挖掘企业节能潜力，对促进企业节能工作上水平、上台阶，提高企业能源利用效率，增强企业竞争力，确保实现“十一五”节能目标具有十分重要意义。

1.制定了有色金属工业重点用能企业能效对标工作方案。根据国家发展改革委《关于印发重点耗能企业能效水平对标活动实施方案的通知》精神，中国有色金属工业协会制定了《有色金属工业重点耗能企业能效水平对标活动工作方案》，明确了先期开展铜、铝、铅锌冶炼行业重点用能企业能效对标活动。主要工作内容包括：制定对标指标体系和统计口径，确定标杆值选取原则；收集国内外先进工艺技术水平、装备规模、能效水平等信息，并及时充实和更新对标信息数据库；定期分析和汇总本行业内企业能效水平对标活动情况，发布最佳节能实践等信息；组织开展与国内外同行业能效先进企业的对标交流；组织专家审核企业提交的指标数据、分析报告；按要求向国家发展改革委提供有色金属行业开展能效水平对标活动的相关资料，包括国内外同行业企业能效指标的平均水平和先进水平；向省（区、市）节能主管部门定期提供其所属地有色金属企业的对标相关资料；举办能效水平对标培训班，加强对相关人员的培训。

2.成立有色金属工业重点用能企业能效对标专家工作组。为使有色金属工业重点用能企业能效对标活动更好地开展，中国有色金属工业协会成立了铜、铝、铅锌三个对标专家工作组。专家组由行业、企业、科研院所专家组成。专家组的主要职责是就对标工作的重点问题提出意见和建议，如制定对标指标体系、确定标杆企业的选取原则、审核企业提交的报告等。

3.制定了铜、铝、铅、锌对标指标体系和能效对标工作指南。中国有色金属工业协会组织有关专家，分别制定了铜、铝、铅、锌对标指标计算方法，并确定了口径和编写了能效对标工作指南。铜冶炼指标有：单位铜冶炼综合能耗、单位粗铜冶炼综合能耗、单位阳极铜综合能耗、单位阴极铜综合能耗、粗铜电单耗、粗铜油单耗、粗铜煤单耗、铜电解直流电单耗等8个。电解铝指标有：铝液直流电单耗、铝液交流电单耗、单位重熔用铝锭综合能耗、电解槽平均电压、铝液电流效率、阳极效应系数等6个。矿产铅和再生铅的指标主要有：单位粗铅综合能耗单位铅精炼综合能耗；单位铅冶炼综合能耗；析出铅直流电单耗、粗铅焦炭单耗、单位再生粗铅综合能耗、单位再生铅精炼综合能耗单位、再生铅冶炼综合能耗等8个。火法炼锌和湿法炼锌指标：单位蒸馏锌综合能耗、单位精锌冶炼综合能耗、析出锌直流电单耗、单位电锌冶炼综合能耗（有浸出渣处理）、单位电锌冶炼综合能耗（无浸出渣处理）等5个。

4.召开了全国有色金属工业重点用能企业能效对标启动大会。2008年9月，中国有色金属工业协会

与国家发展改革委、工业和信息化部在云南昆明联合召开了“全国有色金属工业重点用能企业能效对标活动启动大会”。

会议的主要任务是：深入贯彻落实党中央、国务院关于节能减排工作的一系列方针政策，落实国家发展改革委《重点用能企业能效水平对标工作方案》，全面启动有色金属工业重点用能企业能效对标活动；交流企业在节能减排和能效对标工作中的先进经验，推进节能减排工作深入开展。

工业和信息化部苗圩副部长、国家发改委环资司何炳光副司长代表国家发展和改革委员会副主任解振华、中国有色金属工业协会会长康义在会上作了重要讲话。全国有色金属工业重点用能企业能效对标活动启动大会的召开标志着有色金属行业对标活动正式启动。截至目前，协会已经与有关企业和部门签订了对标工作协议41项，部分企业已填报了对标指标数据和对标报告。

（三）积极推进建设有色金属工业节约型产业的基础工作

为了积极推进资源节约型和环境友好型建设，有色金属工业做了大量基础工作。主要有：

制订的铜、铝、铅、锌等10项有色金属产品国家强制性能耗限额标准，2008年6月10项有色金属产品国家强制性限额标准正式实施。

组织召开电解铝行业节能减排技术与经验交流会，有色重金属冶炼企业污水处理现场经验交流会，推广铝电解过程中节能减排技术的研发成果，总结有色重金属冶炼企业节能减排工作中的经验，进一步推动有色金属工业节能减排工作。

（四）编制了有色金属工业节能技术推广专项规划

中国有色金属工业协会组织有关单位和专家，在认真分析研究有色金属产业发展中面临的产业结构矛盾突出、能源消费总量快速增长，节能技术创新能力不足、关键技术有待突破，淘汰落后工艺任务艰巨等重大问题的基础上，制定了《有色金属工业节能技术推广专项规划》，有17项重大节能技术列入该规划。一是新型阴极结构高效节能铝电解技术与装备工程；二是铝电解系列不停电停（开）槽技术与装备；三是高效节能与深度环保的金属镁生产成套示范工程；四是氧气底吹熔炼—鼓风炉还原炼铅新工艺及成套装置；五是氧气顶吹炼铅新工艺；六是氢氧化铝稀相流态化焙烧高效节能炉窑关键技术；七是有色冶炼烟气余热利用项目；八是铜材料短流程生产技术；九是P204有机溶剂萃取锌技术；十是稀土金属及合金节能、环保产业化技术及装备；十一是有色重金属冶金流态化焙烧节能减排热能新技术；十二是高效选别装备节能技术；十三是高效粉磨装备节能技术；十四是矿山采矿设备节能技术；十五是高效湿法冶金装备节能技术；十六是高压水无酸清洗与除磷技术与装备；十七是有色重金属火法冶金炉窑节能新技术。随着这些节能技术的全面推广应用，有色金属工业节能工作将上一个新台阶。

（五）推进电解铝阳极效应（PFC）减排

早在20世纪90年代中期，针对中国160千安预焙槽主要技术经济指标与国外先进水平存在的差距，国内就开始了降低阳极效应系数、缩短熄灭时间的研究，开发了铝电解过程智能控制系统，并实现了产业化应用，建立了一套基本适合于中国预焙槽特点的“四低一高”（低分子比、低温、低氧化铝浓度、低阳极效应系数、高设定电压）为主要特征的工艺技术条件。

进入21世纪以来，中国电解铝企业高度重视PFC排放问题，先后投入巨资开发并推广应用了以能量平衡和物料平衡为基础的“双平衡”技术以及以氧化铝浓度、初晶温度和过热度优化为基础的“三度寻优”等技术。大型铝电解槽低阳极效应技术研究开发及工业应用取得了电解槽阳极效应系数从0.25次/槽日降低到0.03次/槽日，吨铝减少当量二氧化碳排放量1.5吨的减排效果。

亚太清洁发展和气候伙伴合作计划集合了7个主要亚洲及太平洋地区国家——澳大利亚、加拿大、中国、印度、日本、韩国和美国。伙伴计划确定了8个包括公私企业的工作组，以制定和实施行动计划。工作组涉及5个能源密集的行业——铝业、建筑与电器业、水泥业、煤矿业和钢铁业，以及3个提供能源的行业清洁化石能源业、可再生能源与分散式发电业、发电与输电业。铝业是所有伙伴成员各行业发展最快的行业之一，也在发展中国家迅速增长。

根据中国有色金属工业协会与国际铝业协会合作开展中国PFC检测工作，对国内5家铝厂进行PFC检测，并在此期间对测试工作进行学习。通过对已检测的5家中国电解铝厂PFC排放数据与国外众多企业的数据进行初步对比分析，可以得出中国电解铝企业PFC排放总体情况较好。但已检测的15条中国电解铝生产线中有一部分始终都存在PFC排放占生产线总排放量的10%～30%的情况，这必须引起高度重视。

三、有色金属产业循环经济取得积极进展

有色金属工业是以开发利用矿产资源为基础的产业，为了实现可持续发展，必须把建设节约型产业放在突出地位，当前节能减排是促进经济结构调整、转变生产方式的重要抓手。

（一）有色金属工业单位产品能源消耗进一步降低

2008年有色金属工业主要产品单位能耗大幅下降，一些主要的技术经济指标接近或达到世界先进水平（见表1）。

铝锭综合交流电耗明显下降，远低于国际铝协制定的2010年14600千瓦时/吨的节能目标，整体基本达到世界先进水平。2008年我国铝锭综合交流电耗14323千瓦时/吨（快报数，下同），与2007年快报数相比下降163千瓦时/吨，节电约21.7亿千万时。氧化铝综合能耗稳步下降，2007年氧化铝综合能耗817.0千克标煤/吨，与2007年快报数相比下降了5.4%。

铜冶炼综合能耗下降明显，铜冶炼骨干企业综合能耗已接近或达到国际先进水平。随着铜冶炼骨干企业不断进行技术改造和扩建，骨干企业生产所占份额不断扩大，能耗水平不断降低。

铅锌冶炼综合能耗均呈下降趋势。2008年我国铅锌行业技术进步取得重要进展，铅锌冶炼综合能耗均呈下降态势。2008年铅冶炼综合能耗降到472.9千克标煤/吨，与去年快报数相比下降了5.6%。

表1　　近年来我国主要有色金属生产能耗指标

	单位	2001年	2004年	2005年	2006年	2007年	2008年
铜冶炼综合能耗	千克/吨	1079.5	1056.2	733.1	594.8	485.8	429.8
氧化铝综合能耗	千克/吨	1180	1023.4	998.2	802.7	868.1	817.0
铝锭综合交流电耗	瓦时/吨	15470	14795	14575	14697	14441	14323
铅冶炼综合能耗	千克/吨	685.4	633.4	654.6	542.3	551.3	472.9
电解锌综合能耗	千克/吨	2050.2	2013.1	1953.1	1247.5	1063.3	973.9
锡冶炼综合能耗	千克/吨	2489.3	2531.3	2444.6	2380.7	1813.0	2451.6
锑冶炼综合能耗	千克/吨	2294.8	2138.5	1646.3	2071.7	2080.3	1110.0
铜加工材综合能耗	千克/吨	925.1	958.9	719.9	531.4	565.1	—
铝加工材综合能耗	千克/吨	1111.8	985.0	746.2	538.8	450.6	—

注：2008年数据为快报数。

电解锌综合能耗首次降到1000千克标煤/吨以下。2008年电解锌综合能耗973.9千克标煤/吨，与2007年快报数相比下降了17.2%。

锡冶炼综合能耗基本稳定。2008年锡冶炼综合能耗为2451.6千克标煤/吨，与207年快报数相比下降了1.3%。

锑冶炼综合能耗维持了去年同期水平。2008年锑冶炼综合能耗1110.0千克标煤/吨，维持了去年同期水平。

表2　2001～2008年我国有色金属主要资源利用指标

	单位	2001年	2004年	2005年	2006年	2007年	2008年
1、选矿回收率							
铜选矿回收率	%	88.3	87.9	87.5	87.6	87.6	86.9
铅选矿回收率	%	87	88.8	86.5	84.7	85.0	86.2
锌选矿回收率	%	87.9	87.2	87.9	87.6	88.9	90.3
镍选矿回收率	%	85.7	85.2	84.1	84.0	83.9	82.6
锡选矿回收率	%	68.9	66.8	66.0	66.2	65.5	66.8
锑选矿回收率	%	87.1	83.3	83.6	81.3	88.5	85.4
钨选矿回收率	%	83.8	83	82.4	80.6	81.7	83.5
钼选矿回收率	%	86.5	85.4	85.5	84.5	86.4	87.0
2.铜冶炼回收率	%	96.3	96.5	95.9	96.3	96.9	97.2
3.铝冶炼							
氧化铝碱耗	千克/吨	69	71.6	73.8	88.7	107.2	
氧化铝总回率	%	89.6	88.9	88.3	87.9	83.8	
原铝氧化铝单耗	千克/吨	1941	1932	1933	1932	1930	1922
原铝炭阳极单耗	千克/吨	525	520	522	514	513	
原铝氟化盐单耗	千克/吨	93	94	94.3	94.3	25.6	
4.铅冶炼总回收率	%	92.7	92.5	92.6	90.5	94.3	94.8
5.电锌冶炼总回收率	%	94.9	94.4	94.5	94.7	93.0	93.9
6.镍冶炼总回收率	%	88.4	90.4	91.5	92.3	92.8	93.2
7.锡冶炼总回收率	%	93.8	94.7	94.7	95.6	96.8	97.2
8.铜材综合成品率	%	66.4	63.7	64.7	70.1	66.8	52.6
9.铝材综合成品率	%	67.8	72.4	70.6	71.7	75.4	64.8

注：2008年为快报数

（二）部分资源利用指标创历史最好水平

2008年部分指标创历史最好水平，有些技术经济指标已接近世界先进水平，特别是铜选矿回收率等关键性指标不断得到改善，大大提高了有色金属工业的国际竞争力（见表2）。

（三）再生金属和资源综合利用取得新进展

2008年前三季度中国再生金属产业保持了持续快速发展的良好态势，9月份以来，受金融危机影响，再生金属行业发展受到了一定程度的冲击。2008年中国再生金属总产量约为502万吨，其中再生铜约190万吨、再生铝约260万吨、再生铅约44万吨、再生锌约8万吨。再生金属总产量比2007年减少28万吨，降幅为5.28%。2007年中国再生金属产业相对原生金属节能2846万吨、节水16.86亿吨、减少固体废物排放9.2亿吨、减少SO_2排放45.8万吨。

再生金属园区的快速发展，进一步提高了产业集约化水平和环境保护水平。首批5家定点园区（台州、宁波、天津、太仓、全通）的再生资源处理量已经占中国进口废金属总量的40%～50%，2008年新增5家定点园区（烟台、文安、肇庆、江门、梧州）建设顺利，企业陆续进驻。

再生金属的生产工艺持续改进，技术装备水平进一步提高。再生铜方面，竖平炉和倾动炉的出现，不仅能源利用效率可提高15%～30%，而且环境污染得到了彻底治理，劳动环境卫生条件大大改善。再生铝领域，组合式熔炼炉组得到广泛推广和应用，合理控制铝液温度，节能效果可提高15%～20%。再生铅方面，河南豫光金铅集团10万吨再生铅综合利用项目引进意大利CX废旧蓄电池集成系统，工艺设备设计合理、能耗低；8万吨粗铅熔池熔炼工程采用氧气底吹炉加鼓风炉炼铅工艺，具有能耗低、原料适应性强等优点。

技术装备水平的提高，进一步提高了产品质量，扩大了市场需求，促进了行业的健康持续发展。

（四）技术创新取得新成果

2008年一批自主研究开发和创新的先进技术和装备用于生产，为有色金属工业循环经济发展提供了有力支撑。

铜冶炼方面，山东祥光铜业有限公司引进芬兰奥托昆普闪速熔炼和闪速吹炼双闪速炉炼铜技术，总设计能力40万吨，其中一期20万吨建设投产，2008年9月通过行业专家鉴定并获得中国有色金属工业协会科学技术一等奖。2008年4月烟台鹏晖铜业有限公司和中国恩菲工程技术有限公司共同研发完成的10万吨“富氧侧吹熔池熔炼工艺”项目建成投产。该项目针对落后的鼓风炉炼铜传统工艺，结合自身特点和优势，在行业内率先自主研发成功“富氧侧吹熔池熔炼—电热沉降分离—侧吹连续吹炼”铜冶炼新工艺，是一种节能环保的现代强化熔池熔炼新工艺，该项目的研发成功为淘汰落后的传统炼铜工艺、提升铜冶炼技术水平起到示范作用。2008年10月金川集团有限公司冶炼厂富氧顶吹镍熔炼项目竣工投产，新增镍冶炼能力6万吨，通过回收冶炼烟气年产硫酸73万吨，是目前全球最大的镍富氧顶吹熔炼和单系列冶炼烟气制酸系统。2008年12月山东东营方圆有色金属有限公司10万吨/年氧气底吹造锍捕金新工艺项目建成投产，为我国铜冶炼提供了先进的、具有自主知识产权的规模化成套工艺技术和设备。

铝冶炼方面，新型阴极结构高效节能铝电解技术取得重大突破。东北大学冯乃祥教授发明并在铝电解工业生产试验成功的新型阴极结构高效节能铝电解技术与同系列的其他铝电解槽相比，吨铝电耗同比降低1100千瓦时以上。中国有色金属工业协会组织专家现场鉴定认为，该技术具有自主知识产权，属国内外首创，其铝电解槽新型阴极结构这一核心技术是铝电解发展史上的一次重大技术革命。该技术的推广应用将使我国铝电解工业生产技术和能耗指标位居世界领先水平，该技术具有重大推广意义和应用前景。青铜峡铝业集团有限公司和浙江华东铝业有限公司等准备采用该技术并结合电解槽大修进行节能技术改造。中国铝业兰州分公司和沈阳铝镁设计研究院研制的400千安大型预焙阳极槽，是当今世界系列生产电流强度最大、单槽产量最大、综合指标最先进并具有自主知识产权的电解槽。

铅锌冶炼方面，旋涡柱闪速炼铅技术采用一台熔炼炉实现一步炼铅，不仅缩短流程，而且彻底解决目前国内外先进的氧气顶（底）吹熔炼—鼓风炉还原的两步炼铅工艺中，顶（底）吹炉排出的液态高铅渣需冷却、铸块再送鼓风炉还原的热能损失技术难题。云南冶金集团总公司所属云南澜沧铅矿有限公司准备采用该技术对现有的能耗高、污染严重的传统烧结—鼓风炉炼铅系统进行技术改造。中金岭南有色金属有限公司建设的氧压浸出和株洲冶炼集团公司建设的常压富氧直接浸出锌等项目建设，将为我国有色金属工业节能减排工作上水平、上台阶创造条件。

在再生金属利用方面，随着赣州江钨集团和天津大无缝钢管的紫杂铜直接生产铜杆项目的建成投产，我国杂铜直接利用的技术和环保水平得到迅速提升，产品质量大幅度改善。在再生铝生产中，通过自动控制和燃烧系统的改进，合理控制铝液温度，节能效果可以提高15%～20%，同时金属回收率进一步得到提高。河南稀土金属材料研究院的废旧铅蓄电池回收处理技术使铅回收率达96%以上，基本实现了资源化和无害化。再生金属领域技术装备水平的提高，保证了产业的可持续发展，促进了产业的良性发展。

煤炭行业循环经济

中国煤炭工业协会

2008年，我国循环经济有了较大发展，全国能源产出率为9056元/吨标准煤，比2005年提高10%；工业固体废弃物综合利用率已达64.9%，比2005年提高8.8%。

我国能源面临的最大挑战是以煤炭为主的能源结构。长期以来，煤炭占我国一次能源生产与消费总量的70%以上，2008年我国原煤产量达27.93亿吨，占我国一次能源生产总量的76.7%，占我国一次能源消费总量的69%，全国发电总量的80%以上来自于火力发电，因此要实现可持续发展，优化能源结构势在必行，必须开发和利用面向未来的清洁能源。中国已经相继颁布《可再生能源法》、《可再生能源中长期发展规划》等法律法规政策，明确了优化能源结构的目标和方向，国家确立了发展可再生能源和新能源的重要性，但在相当长的一段时期，煤炭仍然是我国的主要能源，发展煤炭行业循环经济是解决中国能源问题行之有效的途径，而煤炭行业循环经济关键又是清洁高效地利用好煤，做好煤炭及其相关资源的综合利用。

一、2008年煤炭行业发展循环经济概述

加快循环经济发展，探索发展循环经济的有效模式，是煤炭行业可持续发展的必要条件。在11家循环经济试点单位的带动下，2008年，煤炭行业循环经济充分发挥各行业专家的群体优势、技术优势、知识优势，总结循环经济试点工作经验，帮助试点单位提高技术和管理水平，宣传典型经验，促进循环经济形成较大规模，增强了发展的信心，寻找到新的经济增长点。

发展煤炭行业的循环经济，合理有效利用煤炭资源，对于实现煤炭行业可持续发展，缓解我国的能源压力意义深远。从建设节约型社会的角度来看，我国煤炭资源开采中的浪费现象十分严重，存在采易弃难等问题，工艺粗放，主要耗能设备效率低于国外先进水平，系统运行效率低于国外先进水平。2008年，煤炭行业以循环经济“3R”原则为指导，在“以矸换煤”绿色开采技术、高效煤粉锅炉技术、矿山设备再制造技术、余热利用、资源综合利用、煤矸石制砖、淘汰落后设备、油母页岩利用、煤层气利用等方面有了积极进展。如以煤—电—材和煤—焦—化产业链为重点的“西山模式”，新汶矿业的“资源循环利用、企业循环生产、产业循环组合”，以及抚顺矿业集团以油母页岩炼油为核心产业拓展等，为行业循环经济向纵深领域发展打下了基础。

2008年8月第十一届全国人民代表大会常务委员会第四次会议通过的《循环经济促进法》对煤炭行业循环经济发展有明确的规定：国家对钢铁、有色金属、煤炭等行业年综合能源消费量、用水量超过国家规定总量的重点企业，实行能耗、水耗的重点监督管理制度；国家鼓励和支持企业使用高效节油产品。企业必须在国家规定的范围和期限内，以洁净煤、石油焦、天然气等清洁能源替代燃料油，停止使用不符合国家规定的燃油发电机组和燃油锅炉；煤炭企业应当按照国家规定，对生产过程中产生的粉煤

灰、煤矸石、尾矿、废石、废料、废气等工业废物进行综合利用；企业应当采用先进或者适用的回收技术、工艺和设备，对生产过程中产生的余热、余压等进行综合利用。建设利用余热、余压、煤层气以及煤矸石、煤泥、垃圾等低热值燃料的并网发电项目，应当依照法律和国务院的规定取得行政许可或者报送备案。电网企业应当按照国家规定，与综合利用资源发电的企业签订并网协议，提供上网服务，并全额收购并网发电项目的上网电量；对利用余热、余压、煤层气以及煤矸石、煤泥、垃圾等低热值燃料的并网发电项目，价格主管部门按照有利于资源综合利用的原则确定其上网电价；电网企业拒不收购企业利用余热、余压、煤层气以及煤矸石、煤泥、垃圾等低热值燃料生产的电力的，由国家电力监管机构责令限期改正；造成企业损失的，依法承担赔偿责任。

《循环经济促进法》推动煤炭行业循环经济的发展，对于解决目前煤炭行业存在的高消耗、高排放、低利用的经济增长模式所带来的资源约束和环境压力有重要作用。

二、循环经济试点企业情况

（一）国家第一批煤炭循环经济试点单位

山西焦煤集团、新汶矿业集团、抚顺矿业集团、淮南矿业集团、平顶山煤业集团作为全国煤炭行业发展循环经济的首批5家试点单位，4年来，根据自身的特点进行了有针对性的循环经济发展，为循环经济模式在煤炭行业的推广提供了宝贵的经验。

1.山西焦煤集团。

山西焦煤西山煤电集团公司是全国最大的炼焦煤生产企业，注重提高资源开采水平和洗选效率，以延伸煤—电—材和煤—焦—化产业链为重点，以传统矿区节能降耗、废弃物利用和新建矿区综合开发、资源转化为方向，快速推进古交矿区煤电一体化建设，实现了古交矿区原煤高效开采、洗精煤外销、中煤及其他劣质煤发电、矿井水及生活废水处理后回用、粉煤灰及煤矸石合理开发的煤炭矿区资源高效循环产业链，减少了废弃物排放和环境污染，提高了矿区资源综合利用水平，成为极具示范效应的矿区循环经济发展模式，被有关领导和专家赞誉为“西山模式”。

2.新汶矿业集团。

近年来，面对矿区资源萎缩、生产和生态环境压力越来越大的严峻现实，新矿集团创新发展思路，牢固树立“延长循环经济产业链条就是延长企业生命线”、“循环经济是清洁经济、高效经济、可持续发展经济”的新理念，以建设资源节约型、环境友好型企业为目标，按照“资源循环利用、企业循环生产、产业循环组合”的思路，大力拓展以煤为基础，电、化、建综合利用为支撑的循环经济链条，努力

全国煤炭行业第一个循环经济园区——大同煤矿集团塔山循环经济园区

山西省阳泉市南煤集团投资2.4亿元建成年产2.6亿块煤矸石免烧砖厂，以煤炭工业废料煤矸石为主要原料，无需燃料，利用煤矸石自燃烧制成砖，每年可消耗煤矸石30余万吨

转变经济增长方式，企业逐步进入资源综合利用、能源高效转化、经济快速增长、效益稳步提升的良性发展轨道。

新矿集团发展循环经济的主要做法有：整合煤炭资源；大力开展“以矸换煤”工程，努力提高矿区资源回采率；横向拓展产业链，实现资源高效循环利用；纵向延伸产业链，实现产品结构调整优化；加强能源审计和规划工作，促进矿区节能减排；加强技术创新，支撑矿区循环经济发展；积极开展对外输出技术与服务，延长环保产业链；加强融资力度，铸造企业核心竞争力。

重点国债投资项目进展情况及主要成效。通过一系列创新性工作，新汶矿业2008年1～11月份完成精煤产量417.36万吨；原煤生产综合能耗11.29千克标煤/吨，同比降低3.08%；万元产值能耗0.8819吨标煤；万元产值取水量10.2105吨；工业用水重复利用率提高到94%；矿井水利用率达到58%；煤矸石利用率120%；全年预计实现节能量9万吨标煤，超额完成省政府下达的节能量化指标；烟尘排放总量同比降低4%；二氧化硫排放总量同比降低3%；公司所有建设项目的环境影响评价执行率达到100%，“三同时”执行合格率达到100%。

3.抚顺矿业集团。

近年来，在国家、省、市有关部门的正确领导下，抚矿集团通过加强组织领导、加大投入，把循环经济发展与抚矿集团的转产转型结合起来，不断延长循环经济产业链，促使抚矿集团得到快速发展。页岩油生产规模增加了15万吨/年，页岩烧结砖新增生产能力6000万块/年，骨干项目均取得实质性进展，产业链结构日趋完善，抚矿集团经济总量保持稳定快速增长，在商品煤产量减少的情况下，经营总收入、非煤收入、资产总额及员工收入均有大幅提高。

循环经济体系建设方面，抚矿集团主要工作包括：加强组织管理体系建设；强化宣传、教育和培训；加强国际交流与合作；加强科研开发；加快信息化系统建设；积极筹集建设资金。2008年循环经济主要工程包括：东露天矿恢复工程；页岩炼油厂扩建工程；页岩干馏剩余瓦斯发电；循环经济重点项目1.8亿块废渣烧结制砖工程；加强省级工程技术研究中心建设；油母页岩产业链延长——油母页岩热电厂、页岩油深加工项目；机械厂技术改造工程。

4.淮南矿业集团。

2006年，淮南矿业《淮南矿业（集团）有限责任公司循环经济试点实施方案》通过。集团认真落实《实施方案》提出的目标和重点，在原有工作的基础上，进一步探索符合淮南矿区实际的循环经济发展模式：对煤电开发形成的“三废一沉”（废气、废水、废渣和采煤沉陷）进行综合治理与利用，构建内部小循环；同时，主动融入区域经济社会发展，实施社会责任发展战略，统筹解决好资源枯竭矿区环境修复、淮河水系治理和大面积的采煤沉陷搬迁，开放式、大空间尺度治理环境，构建大循环，在更深、更高层次上落实科学发展观。2007年，淮南矿业被评为“中华环境友好煤炭企业”，2008年，被安徽省命名为“高新技术企业”，并获得安徽省循环经济突出贡献奖。

西山煤电全国电厂首家冷却循环水全部采用城市污水再生水

淮南矿业发展循环经济主要做法有：

（1）创新资源环境理念，按“一先进三保护”模式建设新型能源基地。

（2）坚持大循环与小循环的统一，构建矿区循环经济产业链。在产业体系大循环的框架下，将矿区瓦斯气、矿井水、煤矸石作为循环经济原料，实现“减量化、再利用、资源化”，一个矿井形成一个小循环，实现节能、降耗、减污、增效，做到大循环与小循环的统一。（3）坚持大环境与小环境的统一，市矿统筹共建环境友好矿区：泉大资源枯竭矿区环境修复与开发、矿区绿色工程、统筹矿区新村镇建设、对淮河及其水系进行统筹，建设平原水库。（4）组建煤矿环境保护国家工程实验室。目前，淮南矿业集团正以国家循环经济试点企业为依托，积极组建、申报煤矿生态保护国家工程实验室，总结和探索煤矿生态环境保护的工程实践和技术，进行技术的原始创新、集成创新，服务于全行业。

5.平顶山煤业集团。

平煤集团认真贯彻落实科学发展观，以循环经济理念为指导，提出了“以煤为本、相关多元”的发展战略，借助国家把平煤列入循环经济试点企业的机遇，逐步探索和构筑了符合煤矿实际的“3+2”循环经济发展模式，实现了又好又快发展。“3”是指：以独立项目或矿点为基础的“点循环”，以相关产品或产业链延伸为主体的“线循环”，以园区多项目综合布局、集中循环利用为平台的“面循环”。“2”是指：一是树立新型资源观，注重无形资源的开发利用，实现无形资源与有形资源的最优配置；二是依托实业创造性地实施煤炭企业资本运营，为企业发展循环经济搭建人才、技术、资金、市场和规模平台。

平煤集团发展循环经济的主要经验除了“3+2”外，还有：用新型资源观作指导，注重各类资源的开发、配置和有效利用，为发展循环经济提供良好的资源条件；依托实业创新资本运营，为发展循环经济提供资金、人才、技术、市场和资源支撑。

（二）国家第二批煤炭循环经济试点单位

2007年11月，国家启动了第二批循环经济试点，煤炭行业选择了山西潞安矿业集团、内蒙古伊东煤炭集团、内蒙古庆华集团、辽宁铁法煤业集团、黑龙江鸡西公司和安徽皖北煤电集团公司共6家企业作为试点单位。

1.山西潞安矿业集团。

2008年，潞安矿业集团煤炭资源采区回收率为83%，万元产值水耗为33立方米，万元产值能耗为1.21吨标煤。潞安在发展循环经济过程中，主要抓好以下重点领域和工作：全面推行绿色开采和清洁生产，降低资源消耗和污染物排放水平；从减排和降耗入手，补建和扩建资源回收利用环节；狠抓废弃物资源化和环境综合治理工程，主要包括固体废弃物和废水的综合利用、矿井瓦斯的综合利用，矿井水利用率73%以上，现有两座煤矸石电厂装机容量540兆瓦，年消耗煤矸石260万吨；完善现有三条产业链，搞好四大产业园建设，实现园区生态化；实施煤层气综合抽采及利用工程、煤矸石制砖项目、煤矸石山生态重建与景观恢复项目、煤矸石综合利用电厂项目；坚持绿色开采，提高资源利用率、采用洁净煤技术，发展洗选加工。

2.内蒙古伊东煤炭集团。

内蒙古伊东煤炭集团公司座落在素有“塞外宝库”美称的鄂尔多斯市准格尔旗境内，是全国民营企业500强。伊东循环经济产业基地依托周边丰富的煤炭资源，按照“配套关联、协调发展”的原则进行产业定位，延长煤炭深加工的产业链，提升支柱产业和主导产品的规

抚顺矿业集团页岩炼油厂第二代干馏装置

模。通过产业链的链接，实现以“资源—产品—再生资源”为特征的“基地大循环、企业小循环”循环经济发展模式。

3.内蒙古庆华集团。

内蒙古庆华集团公司是一个集采矿、选矿、煤化工、冶金产业为一体的综合大型矿产资源开发企业。制定“致力于传统能源的循环利用和绿色发展”战略，转变产业发展模式，由资源开采企业转为资源开发与循环利用企业。重点建设“煤焦化零排放工程”，发展冶金—化工综合利用产业，逐步形成“煤—焦—化产—蒸汽—冶金—化工—建材”产业链。

4.辽宁铁法煤业集团。

近年来，铁煤集团全面贯彻落实科学发展观，紧紧抓住国家振兴东北老工业基地和促进煤炭工业健康发展的战略机遇，充分发挥资源、管理和技术装备优势，以构建和谐矿区为目标，以资源开发和综合利用为重点，坚持依托煤、延伸煤、超越煤的发展理念，大力发展循环经济，通过管理创新、体制创新和科技创新，加快产业结构调整和优化升级，初步摸索出了一条具有铁煤特色的、可持续发展的循环经济发展之路。为了进一步做好循环经济工作，铁煤集团成立了由董事长、总经理任组长的循环经济领导小组，编制了《循环经济实施方案》，并于2008年7月通过国家发改委专家组的评审。铁煤集团循环经济的发展已经初具规模，由过去“资源—产品—废弃物”的单向直线模式转向为“资源—产品—再生资源”的综合性循环经济发展模式，尤其是物质资源在“煤—电—建”、“煤层气综合利用”的转换中实现了最大限度的有效利用。

2008年铁煤集团主要任务和重点项目的进展情况：

（1）提高资源回收率。2008年，铁煤集团继续引进了第四套全自动化刨煤机系统。通过薄煤层刨煤机的引进，使被传统技术放弃开采的薄煤层得以回收，大大提高了矿井煤炭资源回收率，延长了矿井服务年限。

（2）提高瓦斯开发利用水平。到2008年末，铁煤集团拥有6个储气站，大小储气罐10个，总储气能力达21.75万立方米，地面输、储、配管路近180公里。共有铁岭、开原、清河和矿区15万户居民使用了煤层气。

（3）实施废水零排放战略，提高废水回用率。针对多余矿井水处理后外排这一状况，2006年铁煤集团提出了废水“零排放”的战略。即将矿井涌出水经过处理后，复用到井下的除尘、灭火、注浆等方面。大平矿和小康矿污水处理系统2008年1月投运，效果良好，小康矿、大平矿全年同比分别节水18万吨。

（4）提高煤矸石、煤泥、粉煤灰和灰渣资源利用率。2008年铁煤集团又投资1亿元，在大兴矿外兴建了年产1.6亿块空心砖生产线，该生产线建成后将使铁煤集团年产煤矸石空心砖生产规模到达2.2亿块，年消耗煤矸石50万吨，保护耕地220亩，节约1.76万吨标准煤，节水7000吨。

（5）加大矿区塌陷区土地治理和复垦力度。2008年，新复垦塌陷区土地380亩，维修加固了鱼塘、排水沟渠等基础设施。

5.黑龙江鸡西公司。

黑龙江龙煤矿业集团公司是东北地区最大的煤炭工业企业，鸡西分公司2007年生产原煤1290万吨，产品以主焦煤、1/3焦煤和动力煤为主。鸡西分公司按照循环经济的基本要求，调整优化产业结构，彻底改变粗放开发、低效利用、污染环境的增产路子，实施煤电一体化战略，将现有煤炭资源做精做细，提高资源回收利用率，配套发展与煤炭关联程度较高的电力、建材等相关产业，延长煤炭产业链，提升企业综合竞争力，实现矿区的持续发展和长期稳定。充分发挥矿区煤矸石、煤泥和瓦斯资源等优势，积极延长煤炭产业链，实现了热电联产、余热利用、梯级利用和循环利用，使煤炭、电力等产业的附加值逐级提高，实现了经济效益、社会效益和环境效益三者的有机统一。2008年单位产值能耗5.5吨标煤／万元，比2006年8.33吨标煤有大幅下降，单位工业增加值能耗9.93吨标煤／万元。万元工业增加值用水量798.95立方米。主要产品（原煤）单位综合能耗36.87吨标煤／吨。2008年工业固体废弃物综合利用率33.6%，工业用水重复利用率达80%。

6.安徽皖北煤电集团公司。

皖北煤电集团公司是安徽省属国有特大型煤炭工业企业。在2005年出台《关于皖北煤电集团发展循环经济‘十一五’工作方案的报告》、《皖北煤电集团公司关于加快发展循环经济的若干意见》的基础上，2008年出台了《关于请求审查循环经济实施方案的报告》、《关于印发皖北煤电集团公司节能工作指导意见的通知》。通过对煤炭单一经营模式和粗放经营方式的改变，确立实施了“整合上下游资源，做大主业；延伸煤炭产业链，做强企业”的发展战略。充分发挥企业人才、资金、资源、技术等优势，加快了以煤炭为依托，发展煤化工、电力等产业，逐步形成了煤炭、煤化工、电力、建材、非金属材料等多产业协调发展的格局。2008年，皖北煤电集团循环经济项目共实现直接产值2.5283亿元，直接利润6652万元，并于当年荣获“中华环境友好企业”和“安徽省节能先进企业”称号。2008年万元产值综合能耗为1.032吨标准煤，和集团公司2008年节能目标1.051吨标准煤相比，实现节能率1.79%；与2007年同期相比，实现节能率28.8%。2008年，该集团煤矸石利用量达93.87万吨，综合利用率达到80%以上。其中，煤矸石发电5.29亿千瓦时，实现年产值1.79亿元；煤矸石砖实现销售收入2444万元。祁东煤矿瓦斯发电厂2008年累计发电1097万千瓦时，实现销售收入679万元。皖北煤电年产生矿井水600多万立方米回收利用率可达到80%以上，每年还可以为集团节约水资源费、排污费等费用300多万元。

三、煤炭行业节能降耗进展

《国民经济和社会发展第十一个五年规划纲要》中，明确提出了2010年单位GDP能耗比“十五”期末降低20%左右的约束性节能指标。“十一五”以来，各地区、各行业认真落实党中央、国务院的决策部署，“十一五”前三年全国单位GDP能耗累计下降10.1%，节能量达2.9亿吨标准煤，完成了“十一五”目标任务的一半。近年来煤炭行业节能成效显著，吨原煤平均生产能耗从2005年的19.5千克标煤，下降到2008年的12.35千克标煤，吨原煤平均电耗从2003年的33.2千瓦时下降到2008年的21.26千瓦时。

煤炭行业原国有重点煤矿能耗指标

年份	煤炭产量（万吨）	总产值（现行价格，万元）	产值能耗 吨标煤/万元	原煤生产电耗 千瓦时/吨	原煤生产综合能耗 千克标煤/吨
2000	53574	8996998	5.06	33.04	20.90
2005	102421	33257499	3.20	33.20	19.50
2006	111957	41354857	1.69	22.56	13.35
2007	121491	53112724	1.24	21.58	12.62
2008	133994	89357234.7	0.92	21.26	12.35

注：2008年总产值数为大型企业总产值数，国有重点煤矿数根据掌握的材料大致为7790亿。

煤炭产业节能主要工作：节能管理体系，煤炭工业节能技术服务中心和煤炭工业节能监测中心下设

工业污水处理

节能技术服务站26个，节能监测中心6个，形成了行业节能工作网络体系；节能管理基础工作，完善能源计量手段，建立能源消费统计报表制度，健全能源定额考核制度；完善能源法规制度；改革煤炭开采方法、生产工艺，实施规模化集中生产，可以降低煤炭产品单耗，节约能源；积极利用矿区低热值燃料和矿井瓦斯，节约能源；积极组织节能技术开发和攻关。

四、资源综合利用

2008年11月环境保护部发布的煤炭采选业清洁生产标准指标涵盖了生产工艺与装备要求、资源能源利用指标、产品指标、污染物产生指标（末端处理前）、废物回收利用指标、矿山生态保护、环境管理要求。清洁生产技术是用来进行无废少废生产的技术，通过此技术实现生产过程的零排放和制造产品的绿色化，它们在环境无害化技术体系中占据着核心位置。煤炭产业清洁生产技术包括清洁的开采技术、洁净煤技术和节能减排技术等。

截至2008年，全国煤炭系统建成煤矸石综合利用电厂近400座，装机容量2000多万千瓦时，年燃用煤矸石、煤泥等达2亿吨；经处理处置的矿井水，供生产、生活用水，缓解水资源短缺制约经济发展的问题，近年来，煤炭生产矿井水排放量稳步上升，矿井水利用率稳步提高，2008年我国煤矿矿井水排放量超过48亿立方米，利用量大约为27亿立方米，利用率不足60%，按照国家发改委《矿井水利用专项规划》的目标，“十一五”期末矿井水排放量为50亿立方米，利用量35亿立方米，利用率达到70%，还需要进一步加大力度；煤层气用于民用和工业锅炉燃料，2008年煤层气排放量为140亿立方米，抽采65亿立方米，利用25亿立方米；全国约有60万公顷塌陷农田土地，煤矸石地面堆积约45亿吨，占用土地2万多公顷，造成大型矿区、煤炭资源城市严重的环境污染和生态破坏。

电力行业循环经济

中国电力企业联合会

2008年，全国发电装机容量达到79273万千瓦，同比增长10.37%。其中，水电装机容量达17260万千瓦，同比增长16.44%；火电装机容量60286万千瓦，同比增长8.41%；核电装机容量仍为885万千瓦；风电并网运行容量达839万千瓦，同比增长99.76%。

2008年，全国全口径发电量完成34510亿千瓦时，同比增长5.72%。其中，水电发电量5655亿千瓦时，同比增长19.98%；火电发电量28030亿千瓦时，同比增长3.03%；核电发电量692亿千瓦时，同比增长10.11%；风电发电量131亿千瓦时，同比增长129.01%。

一、中国电力企业联合会推进循环经济工作情况

2008年，中国电力企业联合会加强了以热电联产、脱硫脱硝等工作，推进全行业循环经济的发展。

2月，中国电力企业联合会领导随国家发改委副主任、国家能源局局长张国宝一行对全国首个煤电一体化电厂——安徽省淮南矿业集团田集电厂，瓦斯综合利用创新成果——潘一热电冷站等单位进行了调研。

6月，中电联协助国家发改委赴浙江、江苏两省开展了热电联产企业调研。

7月，中国电力企业联合会标准化中心在苏州举办了《火电厂烟气脱硫工程调整试运及质量验收评定规程》标准宣贯会。

9月，中国电机工程学会热电专业委员会在湖南省长沙市召开热电专业委员会年会暨第五届海峡两岸热电联产学术交流会。会议介绍了当前海峡两岸热电联产企业面临的形势，分析了当前发展热电联产存在的困难和问题，交流热电联产发展经验，对下一步热电联产产业的健康发展提出了许多宝贵的意见。

华能北京热电

黄岛发电厂2X140MW机组烟气脱硫技改工程

11月，2008年全国电力行业脱硫脱硝技术协作网年会暨技术研讨会在贵阳召开。会议讨论并通过了《全国电力行业脱硫脱硝技术协作网年会工作报告》。脱硫公司重点汇报试点工作进展情况、存在问题及解决的建议，讨论安排了下一步的重点工作及分工。举行了全国电力行业脱硫脱硝技术协作网第一届委员会第三次会议，并研究了协作网2009年的重点工作。在技术研讨会上，宣贯、介绍了《火电厂烟气脱硫工程施工质量验收及评定规程》等六个个标准。

二、2008年相关电力循环经济的法规政策

（一）《中华人民共和国循环经济促进法》施行

2008年8月29日，第十一届全国人民代表大会常务委员会第四次会议通过《中华人民共和国循环经济促进法》（以下简称《促进法》），自2009年1月1日起施行。该法为促进循环经济发展、提高资源利用效率、保护和改善环境、实现可持续发展提供了法律保障，同时也在多个方面为电力行业发展循环经济指明了方向。

在资源综合利用方面，《促进法》规定：企业应当按照国家规定，对生产过程中产生的粉煤灰、煤矸石、尾矿、废石、废料、废气等工业废物进行综合利用。企业应当采用先进或者适用的回收技术、工艺和设备，对生产过程中产生的余热、余压等进行综合利用。建设利用余热、余压、煤层气以及煤矸石、煤泥、垃圾等低热值燃料的并网发电项目，应当依照法律和国务院的规定取得行政许可或者报送备案。电网企业应当按照国家规定，与综合利用资源发电的企业签订并网协议，提供上网服务，并全额收购并网发电项目的上网电量。对利用余热、余压、煤层气以及煤矸石、煤泥、垃圾等低热值燃料的并网发电项目，价格主管部门按照有利于资源综合利用的原则确定其上网电价。电网企业拒不收购企业利用余热、余压、煤层气以及煤矸石、煤泥、垃圾等低热值燃料生产的电力的，由国家电力监管机构责令限期改正；造成企业损失的，依法承担赔偿责任。

在节能减排方面，《促进法》对节能、节水、节地、节材、资源综合利用等项目都城作了明确规定。

在产业结构调整方面，规定电力等企业，必须在国家规定的范围和期限内，以洁净煤、石油焦、天然气等清洁能源替代燃料油，停止使用不符合国家规定的燃油发电机组和燃油锅炉。规定电力等企业未在规定的范围或者期限内停止使用不符合国家规定的燃油发电机组或者燃油锅炉的，责令限期改正或处罚。

（二）其他相关法规政策

2008年4月1日，新修订的《中华人民共和国节约能源法》开始施行；2008年2月28日，《中华人民共和国水污染防治法》修订通过，自2008年6月1日起施行。与此同时，2008年，针对电力行业，国务院及国家有关部委印发了《关于煤矸石综合利用电厂项目核准有关事项的通知》、《国家酸雨和二氧化硫污染防治“十一五”规划》、《关于2007年10月至2008年6月可再生能源电价补贴和配额交易方案的通知》、《国家重点节能技术推广目录（第一批）》（国家发展改革委2008年第36号公告）、《关于印发可再生能源发展“十一五”规划的通知》等，对推动电力循环经济的发展起到重要作用。

三、2008年中国电力循环经济发展成效

（一）关停小火电机组情况

经国家能源局核实，2008年全国关停小火电机组1669万千瓦，超额28.4%完成当年小火电关停任务。“十一五”以来，全国已累计关停小火电机组3421万千瓦，占“十一五”全国关停小火电机组目标的68.4%。这些小火电机组关停后，每年可节约原煤4300万吨，减少二氧化硫排放73万吨，减少二氧化碳

排放6900万吨。

2008年各省（市、区）关停小火电机组情况见表1，五大发电集团公司关停小火电机组情况见表2，全国按季度关停小火电机组情况见图1。

表1　　2008年各省（市、区）关停小火电机组情况一览

省份	关停机组总容量（万千瓦）	省份	关停机组总容量（万千瓦）
北京	0	浙江	184.6
天津	2.5	安徽	108
河北	79.0	福建	40.2
山西	34.4	河南	240.6
山东	110.8	湖南	21.6
内蒙古	7	湖北	20
辽宁	93.1	江西	54.5
吉林	42.5	四川	46.6
黑龙江	0	重庆	7.7
陕西	39.7	广东	240.2
甘肃	24.7	广西	21.2
青海	0	海南	0
宁夏	0	贵州	2.4
新疆	7.9	云南	81.2
上海	55.2	西藏	0
江苏	103.8	合计	1669.1

表2　2008年五大发电集团公司关停小火电机组情况一览

集团公司名称	关停容量（万千瓦）
中国华能集团公司	59.1
中国大唐集团公司	198.9
中国华电集团公司	120.6
中国国电集团公司	116.4
中国电力投资集团公司	152.0
合计	647.0

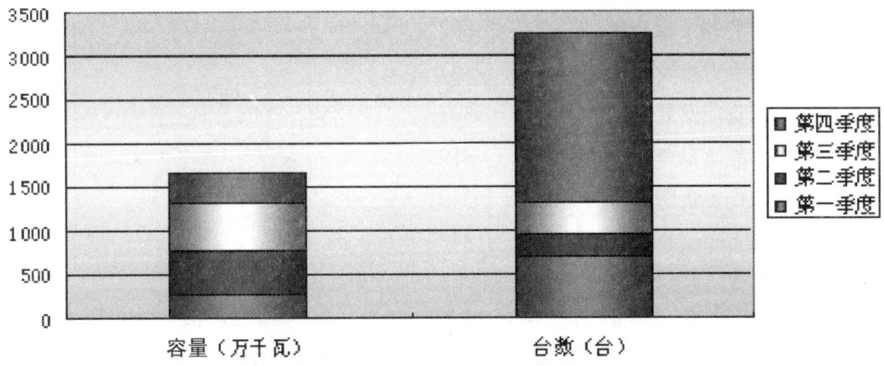

图1　2008年全国按季度关停小火电机组情况（二）资源节约

1．供电煤耗。

（1）全国情况。2008年，全国6000千瓦及以上火电机组平均供电标准煤耗为345克/千瓦时，比

2007年降低11克/千瓦时，相当于节约标准煤约2800万吨，相应减排二氧化硫约60万吨。

1978年～2008年我国火电机组平均供电标准煤耗变化情况见图2。

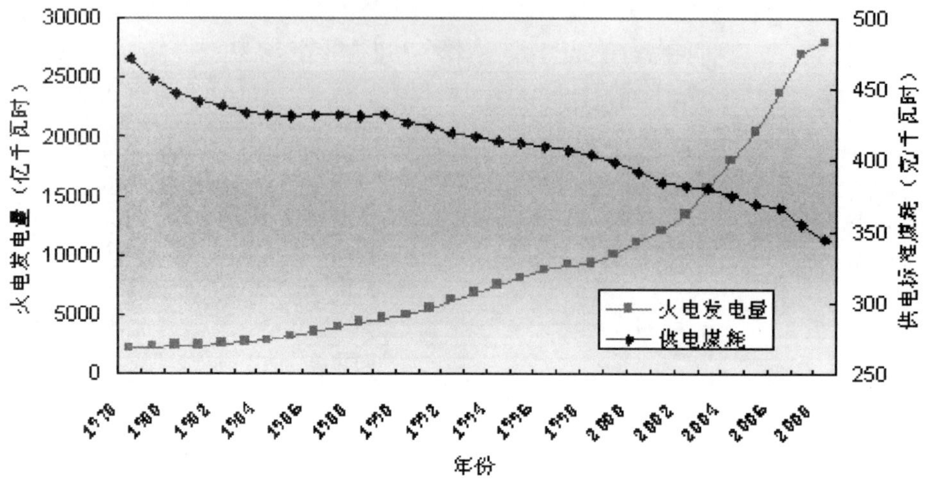

图2　1978～2008年火电机组平均供电标准煤耗变化情况

（2）主要发电集团公司情况。2008年，五大发电集团公司平均供电标准煤耗340克/千瓦时，比上年降低6克/千瓦时，比全国供电标准煤耗的平均水平（345克/千瓦时）低5克/千瓦时。2008年部分发电集团公司供电标准煤耗情况见表3。

表3　　2008年部分发电集团公司供电标准煤耗一览表

集团公司名称	供电标准煤耗（克/千瓦时）	与全国平均水平比较（克/千瓦时）
中国华能集团公司	334	−11
中国大唐集团公司	335	−10
中国华电集团公司	340	−5
中国国电集团公司	341	−4
中国电力投资集团公司	350	+5
中国神华能源股份有限公司	325	−20
广东省粤电集团公司	333	−12
浙江省能源集团公司	330	−15
国家开发投资公司	332	−13
华润电力控股公司	337	−8
山东鲁能发展集团公司	331	−14
北京能源投资（集团）公司	319	−26
河南投资集团公司	349	+4
河北省建设投资公司	342	−3

（3）60万千瓦级机组能效对标情况。根据《火电企业能效水平对标活动工作方案》和《全国火电行业60万千瓦级机组能效水平对标技术方案（试行）》，中电联组织开展了全国火电60万千瓦级机组能效指标对标工作。继2008年首次发布2007年全国火电60万千瓦级机组能效指标对标结果后，2009年5月，中电联第二次发布了2008年全国60万千瓦级机组的主要能效指标的标杆值和标杆机组（见表4、表5）。

表4　　2008年全国火电60万千瓦级机组能效水平标杆值

能效指标	分类条件	统计台数	平均值	最优值	前20%先进值	前40%先进值
供电煤耗俄（克/千瓦时）	（东欧）制机组	8	328.68	322.09	—	—
	空冷机组	23	346.98	334.70	336.86	338.60
	超超临界机组	9	300.18	293.10	—	—
	超临界机组（湿冷）	81	315.14	299.77	306.04	313.18
	亚临界机组（湿冷）	68	324.19	311.35	316.89	318.83
厂用电率(%)	湿冷机组	166	5.18	3.24	4.31	4.56
	其中：闭式机组	81	5.27	4.19	4.50	4.69
	开式机组	85	5.10	3.24	4.14	4.45
	空冷机组	23	7.50	4.62	4.87	5.81
	其中：汽泵配置	8	5.53	4.62	—	—
	电泵配制	15	8.56	8.1	—	—
油耗(吨)	全部	189	550.55	0.00	36.66	107.83
水耗（千克/千瓦时）	闭式循环冷却机组	81	2.06	1.05	1.18	1.53
	开式直流冷却机组	85	0.33	0.085	0.15	0.20
	空冷机组	23	0.38	0.22	0.23	0.26

表5　　2008年全国火电60万千瓦级机组能效水平对标供电煤耗标杆先进机组

机组类型	电厂简称	机组编号	供电煤耗（克/千瓦时）实际值	修正值
亚临界机组	沧东	2	311.35	306.70
	滇东	2	321.5	307.66
	沧东	1	313.03	308.36
	韩城二	1	321.1	310.12
	邯峰	2	320.59	310.73
	台山	2	314	312.28
	托克托	2	319.2	312.85
	韩城二	2	323.94	312.87
	邯峰	1	322.85	312.94
	台山	5	318	313.10
	滇东	3	326.41	313.16
	滇东	1	327.11	313.78
	托克托	1	320.2	313.83
	河曲	2	319.03	314.26
	河曲	1	319.06	314.29
	珠海	2	316	314.39
	珠海	1	316.15	314.54
	宁海	4	318.96	314.78
	宁海	3	317.68	315.10
	定洲	2	320	315.22
	台山	1	317	315.26

机组类型	电厂简称	机组编号	供电煤耗（克/千瓦时）	
			实际值	修正值
亚临界机组	邹县	5	320.05	315.27
	大唐盘山	3	322	315.59
	大唐盘山	4	322	315.59
	岱海	1	320.88	316.08
	台山	4	318	316.26
	平圩	2	321.03	316.64
	定洲	1	321.6	316.79
超临界机组	沁北	2	306	292.46
	沁北	1	305.91	293.85
	华润首阳山	2	304.61	295.90
	外高桥二	6	299.77	296.09
	外高桥二	5	299.99	296.31
	洛河	6	306.78	298.72
	王曲	2	312.4	299.58
	王曲	1	311.05	299.80
	常州	1	304.4	300.02
	常州	2	304.48	300.10
	洛河	5	308.25	300.15
	湘潭	3	313.93	301.55
	石洞口二	2	304.7	301.66
	华润常熟	3	307.9	301.78
	沁北	3	317.08	302.98
	沁北	4	317.98	303.84
	华润常熟	1	308.9	304.30
	淮南田集	1	311.72	304.36
	镇江	5	308	304.92
	阜阳华润	1	313.48	305.40
	潍坊	4	317.28	305.54
	三门峡	4	313.48	305.69
	潍坊	3	317.58	305.74
	平圩	4	312.62	305.76
	鹤壁丰鹤	1	321.6	305.96
	乌沙山	3	308.67	306.02
空冷机组	阳城二	7	338.67	328.71
	阳城二	8	342.01	330.29
	托克托	5	334.7	331.35
	托克托	6	335.9	332.54
	托克托	7	337.67	332.61
	国华锦界	3	337.37	334.00
	托克托	8	339.52	334.43

2．厂用电率。

（1）全国情况。全国发电厂用电率为5.9%，比2007年上升0.07个百分点。其中水电为0.36%，比2007年下降0.06个百分点；火电为6.79%，比上年上升0.17个百分点。1978年～2008年全国厂用电率变化情况见图3。

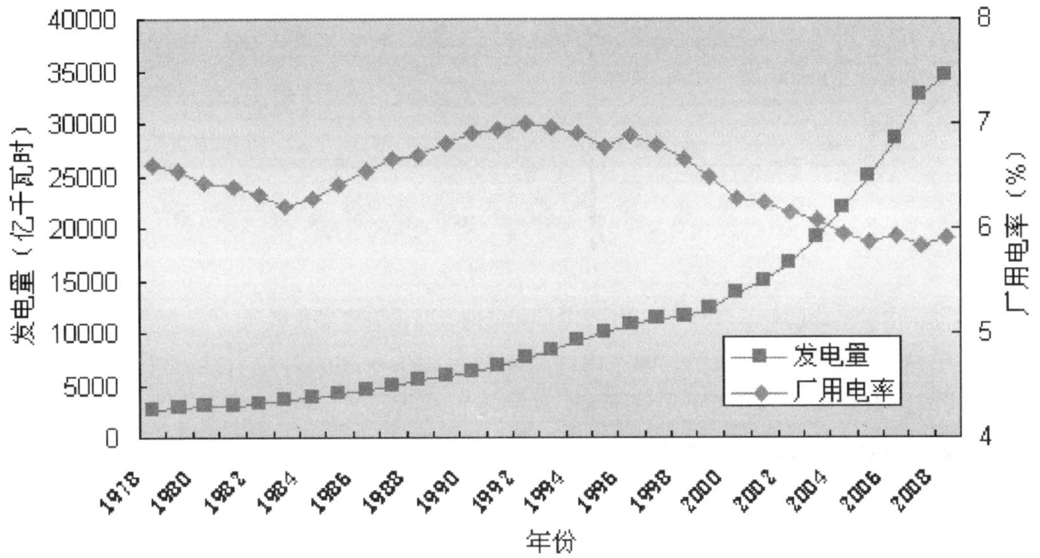

图3　1978～2008年发电厂厂用电率变化情况

（2）主要发电集团公司情况。2008年，大唐集团公司厂用电率低于全国平均水平；华能集团公司厂用电率与全国平均水平基本持平；华电集团公司、国电集团公司、中电投集团公司厂用电率高于全国平均水平。其中，中电投集团公司主要因新投产的机组中空冷机组比例高，增加了厂用电率。

与2007年相比，2008年大唐集团公司、华电集团公司、国电集团公司厂用电率有所下降；华能集团公司厂用电率略有升高；中电投集团公司厂用电率升高0.12个百分点。2008年五大发电集团公司发电厂用电率情况见表6。

表6　　2008年五大发电集团公司发电厂用电率情况一览表

集团公司（百分点）	发电厂用电率（%）		2008年比2007年变化
	2008年	2007年	
华能集团	5.9	5.88	0.02
大唐集团	5.52	5.68	−0.16
华电集团	5.95	6.15	−0.2
国电集团	6.07	6.23	−0.16
中电投集团	6.26	6.14	0.12

3．线路损失率。

（1）全国情况。2008年，全国电网线路损失率为6.79%，比2007年下降0.18个百分点。1978～2008年全国电网线路损失率变化情况见图4。

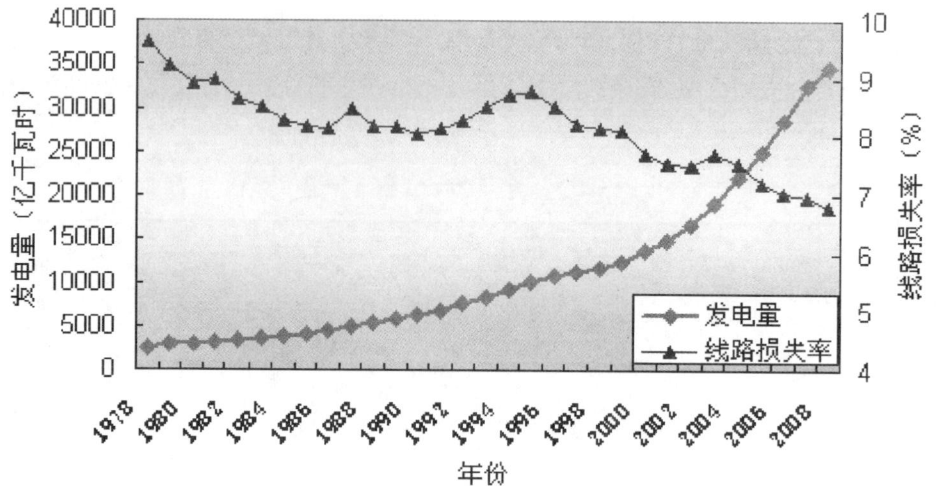

图4　1978～2008年发电量和电网线路损失率变化情况

（2）两大电网公司情况。2008年，国家电网公司线路损失率为6.1%，比上年下降0.19个百分点；南方电网公司线路损失率为6.68%，比2007年下降0.22个百分点。

2002～2008年，国家电网公司、南方电网公司线路损失率降低情况见图5。

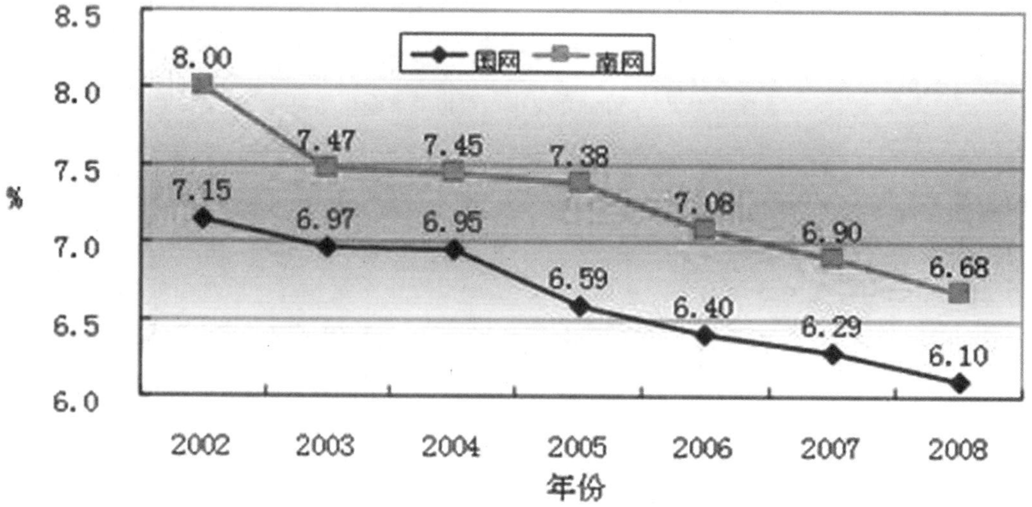

图5　2002～2008年国家电网公司、南方电网公司线路损失率降低情况

山西兴能集团年产5.6万吨成品的粉煤灰分选系统

4．发电用油。

2008年，全国6000千瓦及以上电厂发电及供热消耗燃油681.11万吨。其中，发电消耗燃油613.11万吨，供热消耗燃油68万吨。在全国各省（市、区）中，广东省发电消耗燃油最多，达到450.3万吨，占全国发电消耗燃油的73.4%；其次为：上海（29.58万吨）、浙江（24.44万吨）、辽宁（16.18万吨）、北京（13.97万吨）、河北（12.79万吨）。

（三）火力发电厂的污染物排放与控制

1．大气污染物排放与控制。

（1）烟尘。

2008年，我国首台60万千瓦级燃煤电厂袋式除尘器在山西漳山发电有限责任公司投运。该项目采用具有我国自主知识产权的大型分室定位反吹袋式除尘器，是目前国内电力行业采用的规模最大的袋式除尘器。

2008年，在全国火电装机容量比2007年增长8.4%、火电发电量比上年增加3.0%的情况下，全国火电厂烟尘平均排放绩效值1.2克/千瓦时，比2007年下降了0.1克/千瓦时；烟尘排放总量330万吨，比2007年下降5.7%。2001～2008年全国火力发电厂烟尘排放情况见图6。

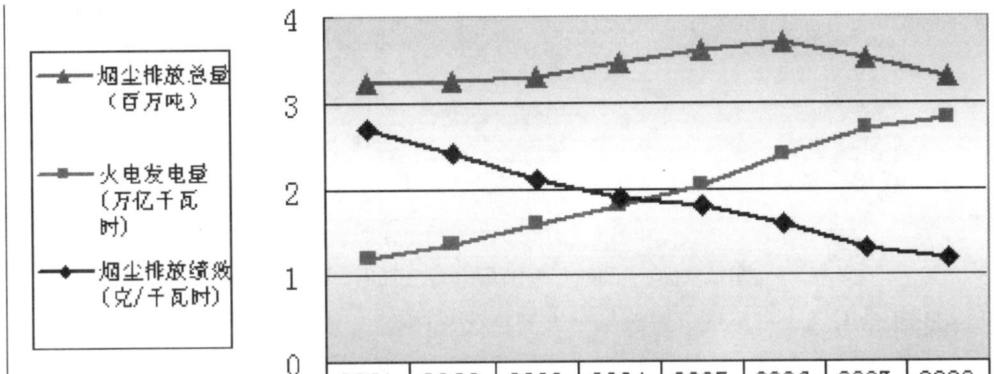

	2001	2002	2003	2004	2005	2006	2007	2008
烟尘排放总量（百万吨）	3.22	3.24	3.3	3.46	3.6	3.7	3.5	3.3
火电发电量（万亿千瓦时）	1.20	1.35	1.58	1.81	2.04	2.37	2.70	2.80
烟尘排放绩效（克/千瓦时）	2.7	2.4	2.1	1.9	1.8	1.6	1.3	1.2

年份

注：烟尘排放量来源于电力行业统计分析，统计范围为全国装机容量6000千瓦及以上火电厂。

图6　2001～2008年全国火力发电厂烟尘排放情况

（2）二氧化硫。

①二氧化硫排放情况。全国二氧化硫排放总量自2007年开始下降之后，2008年又比上年下降了5.95%，全年二氧化硫排放总量约为2321.2万吨。到2008年底，全国二氧化硫排放量在2005年的基础上下降了8.95%，首次实现了任务完成进度赶上时间进度，为实现“十一五”二氧化硫减排目标奠定了坚实的基础。

2008年，电力二氧化硫排放量继续下降。根据中电联统计分析，2008年，全国电力二氧化硫排放量约1050万吨，比上年下降12.5%，降幅超过全国二氧化硫排放总量降幅6.55个百分点；占全国二氧化硫排放量的比例由2007年的48.6%下降到45.2%，减少3.4个百分点；二氧化硫排放绩效值由2007年的4.4克/千瓦时下降到3.8克/千瓦时，减少0.6克/千瓦时。与2005年相比，2008年电力二氧化硫排放量下降了19.2%，为全国二氧化硫总量减排做出了突出贡献。2001～2008年全国及电力二氧化硫排放情况见图7。

②二氧化硫治理情况。2008年，全国新增燃煤脱硫机组容量9712万千瓦；截至2008年底，全国脱硫机组装机容量达到3.63亿千瓦，装备脱硫设施的火电机组占全部火电机组的比例由2007年的48%提高到

60%。

截至2008年底，我国已投运的30万千瓦循环流化床锅炉机组达到13台，在建与拟建的30万千瓦循环流化床锅炉机组达到了50多台，超过了中国之外世界其他各国的总和。

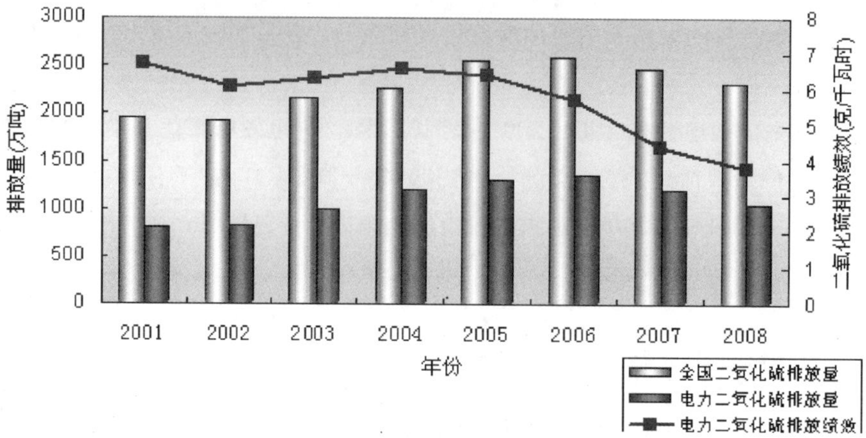

注：全国二氧化硫排放量来源于全国环境状况公报，电力二氧化硫排放量来源于电力行业统计分析。

图7　2001～2008年全国及电力二氧化硫排放情况

2005～2008年全国燃煤电厂烟气脱硫机组发展情况见图8。

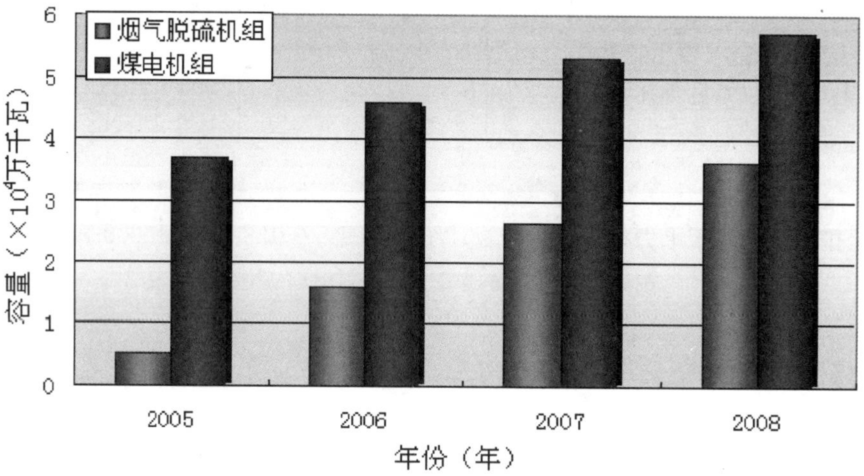

图8　2005～2008年全国燃煤电厂烟气脱硫机组发展情况

截至2008年底，全国已投运的10万千瓦级、20万千瓦级、30万千瓦级、60万千瓦级及以上烟气脱硫机组容量分别占已投运的10万千瓦级及以上烟气脱硫机组容量的6%、9%、39%、46%。采用石灰石-石膏湿法工艺的烟气脱硫机组容量占已投运10万千瓦级及以上烟气脱硫机组容量的91%，采用海水法的占3%，采用烟气循环流化床的占3%，其他占3%。

③脱硫产业发展情况。

一是脱硫公司业绩持续增长。根据中电联的专项调查，2008年，全国签订烟气脱硫工程合同容量约1亿千瓦。截至2008年底，约13家脱硫公司签订的脱硫工程合同容量超过1000万千瓦，约30家脱硫公司具备单机20万千瓦及以上的烟气脱硫工程投运业绩。2008年累计合同容量排名前20名的脱硫公司签订的脱硫工程合同容量约占全国的90.8%；累计投运容量排名前20名的脱硫公司投运脱硫工程容量约占全国的78.3%。

二是火电厂烟气脱硫特许经营试点项目进入实施阶段。2008年4月1日，大唐国际托克托发电有限责任公司烟气脱硫特许经营试点项目正式进入实施阶段，北京国电清新环保技术股份有限公司收购该厂全部脱硫设施资产，顺利完成烟气脱硫设施运行和维护管理的交接工作。截至2008年底，已有4个项目、共计792万千瓦转为烟气脱硫特许经营模式，交由脱硫公司运营。这4个项目分别是：大唐国际托克托电厂6×60万千瓦机组、国电电力大同第二发电厂二期2×60万千瓦机组、国电电力大同第二发电厂三期2×66万千瓦机组、大唐淮南洛河电厂2×30+2×60万千瓦机组。

2008年11月24日，火电厂烟气脱硫特许经营试点工作组正式成立。针对特许经营试点中的共性问题，中电联组织北京博奇电力科技有限公司、北京国电龙源环保工程有限公司、北京国电清新环保技术有限公司、大唐集团科技工程有限公司、福建龙源环保股份有限公司、浙江浙大网新机电工程有限公司、中电投远达环保工程有限公司、中国华电工程（集团）有限公司等单位共同开展研究。

三是火电厂烟气脱硫后评估有序进行。2008年，根据国家发展改革委办公厅《关于下达2008年火电厂烟气脱硫工程后评估计划的通知》（发改办环资[2008]3217号）要求，中电联对25家电厂烟气脱硫工程进行了后评估。截至2008年底，22家电厂的烟气脱硫工程通过了后评估。

（3）氮氧化物。着燃煤发电装机和发电量的快速增长，电力氮氧化物排放量呈逐年缓慢上升趋势。根据中电联统计，截至2008年底，全国已投运的烟气脱硝机组约1957万千瓦，规划及在建的烟气脱硝机组约1亿千瓦。其中，以新建机组为多，且大部分采用SCR工艺。火电厂烟气脱硝已步入实施阶段。

我国的烟气脱硝产业与烟气脱硫产业一样，呈现迅猛发展态势。目前，我国部分锅炉厂和10多家环保工程公司分别引进了美国、德国、日本、意大利、丹麦等国家的烟气脱硝（SCR、SNCR）技术。由于SCR装置核心脱硝反应器一般安装于锅炉省煤器后、空预器前，部分锅炉厂在新建机组的初步设计之中将锅炉设计与脱硝工程设计一并考虑，锅炉厂成为新建机组烟气脱硝工程的主要总承包商。

2．火电厂废水排放与控制.

2008年，全国火电厂单位发电量耗水量2.8千克/千瓦时，比上年降低0.1千克/千瓦时；废水排放绩效指标0.6千克/千瓦时，比2007年降低0.1千克/千瓦时。

2001～2008年全国火电厂单位发电量水耗和废排水情况见图9。

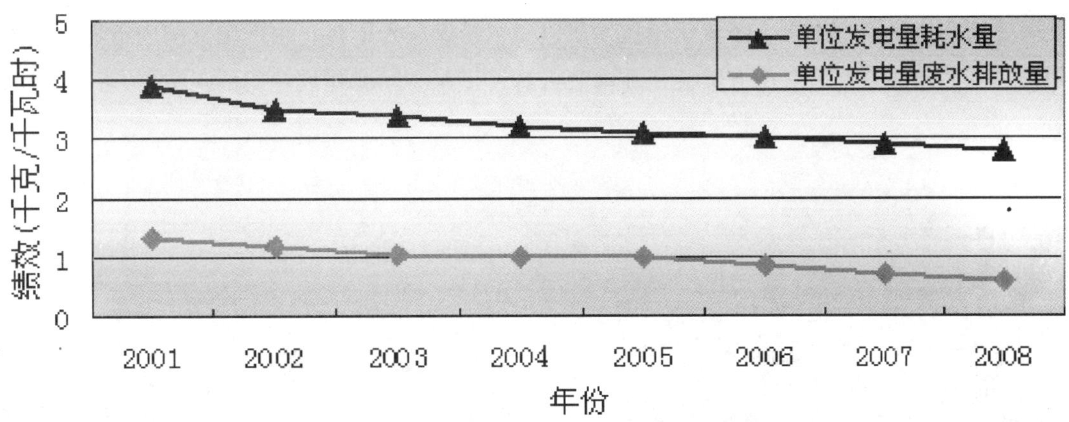

图9　2001～2008年全国火发电厂单位水耗和废排水情况

3．固体废弃物排放与综合利用

（1）粉煤灰。2008年，全国燃煤电厂发电及供热消耗原煤约14.6亿吨，产生粉煤灰约3.9亿吨，比2007年增长2.6%；燃煤电厂粉煤灰综合利用率为67%，与2007年持平；粉煤灰综合利用量达到2.6亿吨，比2007年增长4.0%。

2001～2008年粉煤灰产生与综合利用情况见图10。

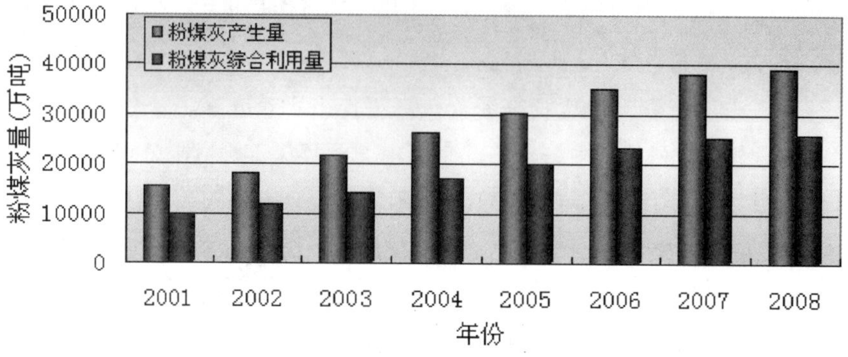

图10　2001～2008年粉煤灰产生与综合利用情况

（2）脱硫副产品。据统计，2008年，全国燃煤电厂采用石灰石—石膏湿法烟气脱硫等工艺产生的副产品石膏约3500万吨，比2007年翻一番。据初步估算，目前脱硫石膏综合利用率约45%，大部分火电厂的脱硫石膏主要采取灰场堆放或填海处理。随着脱硫机组的大规模投运，脱硫石膏产量逐年提高，脱硫石膏的综合利用问题应引起相关部门的高度重视。

四、2008年中国电力循环经济发展典型案例

电力行业是我国发展循环经济的重点行业之一。自2005年和2007年，重庆发电厂、天津北疆发电厂、河北西柏坡发电有限责任公司、江苏宜兴协联热电有限公司、深圳南山热电股份有限公司等五家电力企业先后被列入第一批和第二批国家循环经济试点以来，电力行业循环经济发展成果显著，为促进节能减排发挥了重要作用。

华能集团拥有全国第一个大型煤电一体化项目，采用煤、电闭合式、一体化生产经营管理；率先提出并联合国内发电、煤炭等企业启动“绿色煤电”计划，大幅度提高煤炭发电效率，努力使煤炭发电实现污染物和二氧化碳的近零排放；2008年7月，国内首座燃煤电厂烟气二氧化碳捕集示范工程在华能北京热电厂投产，年回收二氧化碳3000吨。

大唐集团利用高铝粉煤灰生产氧化铝技术，以高铝粉煤灰为原料，生产国际国内市场紧缺的铝硅钛合金等产品。大唐国际发电股份有限公司在内蒙古建设了年产3000吨氧化铝的示范厂。该项目的实施不

内蒙古达拉特旗电厂是国内装机容量最大的煤矸石电厂，建成后每年可利用当地煤矸石等低热值燃料360万吨

2008年8月霍林河坑口发电公司2×600MW机组投产运营

山东邹县发电厂通过发展循环经济，每年节水400万吨，日处理废水2.4万吨，粉煤灰利用率达72%

仅开拓了粉煤灰综合利用途径，而且可以缓解我国天然铝土矿资源不足。大唐黄岛发电厂利用电厂低压低温蒸汽为热源进行海水淡化，成本低廉、水质优良，即可作为生活饮用纯净水，又可作为工业锅炉补充软化水，有效节约了淡水资源。

华电集团按照“资源—产品—再生资源”的链式循环经济模式，不断提高粉煤灰综合利用成效。华电潍坊发电有限公司投资4500万，建设了加气混凝土砌块生产线和粉煤灰液压砖机，成立了新型建材有限公司，每年可利用粉煤灰近20万吨，年销售收入达3000万元。华电集团在水处理方面确立了废水“零排放”目标。华电国际邹县发电厂为两台百万千瓦级超超临界机组配套了全国最大的中水深度处理工程，每小时可处理中水4200吨，相当于建造了一座能够满足47万人生活用水的中型水库，大大缓解了水资源的短缺。

国电集团高度重视发展可再生能源。截至2008年底，国电集团风电装机已达到288万千瓦，继续在全国保持领先。温岭江夏潮汐试电站装机容量3200千瓦，是目前世界装机容量第三、亚洲装机容量第一的潮汐发电站。国电集团自主设计生产的空冷系统，机组冷却水耗量不到湿冷机组的1/5。

中电投2008年1月成立了中电投蒙东能源集团公司。蒙东能源集团公司实施以煤为基础、电为支撑、有色金属冶炼和煤化工为延伸、铁路和港口为保证的循环发展战略，煤、电、化、铝、路、港六大产业相互依托、相互促进、协调发展。用煤发电、用电炼铝、以铝带电、以电促煤、化工延伸、路港保障，以煤炭转化带动产业结构调整，以铁路、港口为物流保障加快产业协同，延伸开拓外部市场。

石油和化工行业循环经济

中国石油和化工行业协会

石油和化学工业是国民经济的重要基础产业和支柱产业，与国民社会经济发展和国防建设的关系极为密切。以现价计算，2008年石油和化学工业全行业实现产值6.58万亿元，同比增长24%；销售收入6.46万亿元，同比增长23.3%；进出口贸易总额4261亿美元，同比增长33.3%；实现利润4990亿元，利润下降主要是受2008年第四季度国际金融危机的影响。

石油和化学工业主要产品的生产能力大幅增长，化肥、农药、纯碱、烧碱、染料等20多种主要产品产量位居世界前列，乙烯、合成树脂、合成橡胶等石化产品自给率也有很大提升（2008年主要产品产量见表1）。通过建立以企业为主体的技术创新体系，推进科技进步，行业整体技术水平进一步提高；推动结构调整，加快产业结构和产品结构向高技术、高功能方向转移，行业竞争能力不断增强；加快化工园区建设，促进集约化生产和经营，产业集聚效应开始显现；融入国际市场步伐加快，进出口贸易快速增长，实施“走出去”战略，实现进口资源多元化取得了可喜的成绩。石油和化工产品在满足了国民经济发展的需要，对农业的稳产增产，汽车、电子、通信等产业的进步发挥了积极的作用。

表1　　2008年石油和化学工业主要产品产量

产品	单位	2008年	同比增长率（%）
原油	亿吨	1.897	2.3
天然气	亿立方米	761	12.3
原油加工	亿吨	3.42	3.7
乙烯	万吨	1025.6	−2.1
合成树脂	万吨	3129.6	1.5
合成橡胶	万吨	238.3	9.2
化肥	万吨	5868	1.4
化学农药	万吨	190.2	12.0
烧碱	万吨	1852	1.4
纯碱	万吨	1881	6.4
甲醇	万吨	1126.3	6.4
轮胎	亿条	5.46	6.7

数据来源：中国石油和化学工业协会《中国石油和化工经济数据快报》。

石油和化学工业在为国家和社会创造大量财富的同时，也消费了大量的能源，是我国主要的能源消费行业之一。2008年，全国石油和化学工业综合能源消费量为4.3亿吨标煤，比2007年增长2.1%，全行业能源消费量占全国总量的15.1%，占工业能源消费量的20.5%。石油和化学工业是能源消费大户，也是废水、废气和固体废弃物生产大户。2007年，全行业规模以上企业排放工业废水46.3亿吨，工业废气4.76万亿立方米，产生工业固体废弃物1.48亿吨，分别占全国工业规模以上企业"三废"排放总量的20.9%、12.3%和9.0%，分别位居第1位、第4位、第5位。另外，全行业排放主要污染物COD67.7万吨，氨氮化合物14.6万吨，二氧化硫196.8万吨，烟（粉）尘130.1万吨，排放量均位居工业部门前列。

一、主要工作进展

为了推动行业循环经济的实施，2008年各级政府部门、中国石油和化学工业协会及专业协会、石油化工企业主要开展了以下工作。

（一）参与制订法律法规，贯彻落实循环经济政策

石油和化学工业的社团和企业积极参与相关法律法规的制订，如《循环经济促进法》、《能源法》、《节约能源法》修订、《石油天然气法》等，提出了行业的意见。中国石油和化学工业协会在2006年制订的《石油和化学工业加快发展循环经济的若干意见》基础上，组织编制了《"十一五"化学工业循环经济发展规划》；先后主持编制了行业节能、节水和污染防治等三个规划意见，提出了建立化工行业污染物排放标准体系的建议，并编制了纯碱、农药、铬盐等行业污染物排放标准，以及纯碱、氯碱、铬盐等行业清洁生产指标体系，推动行业发展循环经济。

（二）调整产业产品结构，提高资源综合利用水平

多年来，我国石油和化学工业还存在很多规模较小的生产企业，如小炼油、小化肥、电石企业等。2008年，石油和化学工业结合开展清洁生产与发展循环经济，继续大力推行产业结构调整，通过参与制订《产业结构调整指导目录（修订）》，明确行业准入条件，淘汰落后产能，提高新建企业规模等措施，使我国石油和化学工业产业集中度有较大提高。目前，总体来看，我国石油和化学工业达到经济规模的大、中型企业的产能约占总产能的70%，新建装置基本达到了国际先进水平。行业淘汰落后的步伐加快，例如，中石化已关停1620万吨落后炼油能力，计划2010年前再关停722万吨。南化公司通过淘汰落后产能每年减少废水排放800万吨、化学需氧量排放800吨、二氧化硫排放1800吨；内蒙古、山西等省区按照国家的要求，积极淘汰落后的电石产能，到2008年底，全国已淘汰电石落后产能200多万吨，提前实现了"十一五"淘汰落后200万吨的目标。

（三）加强行业经验交流，宣传贯彻循环经济理念

中国石油和化学工业协会成立了行业循环经济工作协调领导小组，组织行业力量，积极开展发展循环经济经验交流活动。2008年5月，中国石油和化学工业协会在宁波召开了石油和化工行业节水现场交流会，200余名企业、地方政府、协会的代表与会，交流了节约用水、废水处理回用的经验，并现场参观了中石化镇海炼化公司。10月，中国石油和化学工业协会在南京召开了全国石油和化学工业节能减排促进大会，近300名代表出席会议，交流了节能减排经验。这些节能减排工作的开展，有力地促进了石油和化工行业循环经济事业。

巴斯夫聚四氢呋生产线喃

（四）组织开展专题研究，制订循环经济发展规划

中国石油和化学工业协会组织开展了《石油和化工行业发展循环经济的技术方向和政策研究》、《高能耗产业节能潜力分析与措施研究》、《化

上海化学工业区

工行业发展循环经济的途径与方法研究》。还开展了化工行业节能、节水与废水再生利用、危险废物管理等专题研究。这些研究成果为相关政府部门、企业发展循环经济提供了科学依据。

中国石油和化学工业协会组织石油和化学工业规划院编制了《“十一五”循环经济发展规划》，同时各主要行业、重点企业也编制了各自的《“十一五”循环经济发展规划》。例如，中国石油天然气集团公司把发展循环经济作为实现公司持续有效较快协调发展的动力，制订了立足生态设计、着力清洁生产、倡导绿色消费的循环经济技术政策体系，采用系统工程的思想和方法，制订了发展循环经济的相关技术政策和发展规划，建立了激励约束机制，完善内部优惠政策，为循环经济的推行创造良好条件。

（五）发挥化工园区作用，推进循环经济试点示范

近几年来，石油和化学工业初步形成了以上下游产业一体化、原料减量化、废物再利用和资源化为基本思路，以化工园区为基本载体，大力发展循环经济的模式。国家发改委先后2批将25家石油和化工企业及园区列入循环经济试点单位，涌现出一批先进典型。山东海化集团积极探索海(卤)水合理开发、梯次综合利用的新路子，逐步实现了“一水六用”，形成了以碱系列、溴系列、苦卤化工系列、精细化工系列等四大产业链，建立起上游下游产品接续、关联产品复合成龙、资源循环综合利用为特色的海洋化工生态工业体系。新疆天业集团构筑资源加工综合产业链大循环，通过资源转换和排放物综合利用，在完成资源深加工的同时，实现了生产过程排放物的资源化、再利用，已建成的年产70万吨聚氯乙烯及配套项目，体现了煤电化一体化循环经济理念。湖北兴发化工集团股份有限公司把产业链上游的废弃物或副产品转变为下游的原料，将产业链下游的废物或副产品经过加工转变为上游的原料，以黄磷为母体发展精细磷化工，通过工艺间的物料封闭式循环，形成了25个主导产品的循环经济生产链。

磷肥行业在磷石膏再利用方面取得了很好效果。山东鲁北集团年产40万吨磷石膏制酸联产60万吨水泥装置，不仅把自产磷石膏全部“吃光用尽”，还消化了周边部分磷石膏、盐石膏和脱硫石膏。重庆一些企业正在建设石膏制酸装置。云南一些企业正在开发石膏制酸窑外分解技术。开磷集团的磷石膏制砖项目每年可消化磷石膏20万吨，制砖1亿块，计划两三年后形成年消化磷石膏200万吨、产砖10亿块的规模。

（六）大力开展技术创新，开发推广先进实用的循环经济技术

科技创新和技术进步对于石油和化学工业实施循环经济有着巨大的推动作用。2008年，石油和化工行业积极采用节能减排、循环经济技术。例如，中化集团十分重视节能减排先进技术的推广应用，山东肥业实现了产量增加29%而生产过程无废水排放，中化涪陵在产量大幅增加的同时，COD排放量降低17.5%。氯碱行业推广的干法乙炔技术，有效地解决了电石渣浆污染、占地问题，实现了乙炔的连续生产，提高了装置的自动化和安全性，该项技术已在全国推广38套。低汞触媒技术是氯碱行业污染减排的重大突破，使触媒氯化汞含量由原来的10%以上降到6%以下，汞的消耗量和排放量也大幅度下降。此外，盐酸合成炉尾气回收、氯资源二次利用等一系列创新技术的应用，使氯碱行业的能源消耗和污染物

排放都有显著下降，促进了行业的可持续发展。

不少石油化工企业通过技术创新，实现了多种化工产品联产，提高了资源利用效率；通过产品组合和技术组合，在各产业链内部和产业链之间建立良性共生关系，实现了资源的整合和综合利用。山东兖矿国泰化工有限公司将甲醇生产每年排放的18万吨二氧化碳集中回收，转化成一氧化碳用作生产醋酸的原料。子午胎企业采用充氮硫化代替传统的热水恒温硫化、胶料破碎代替烘胶等技术，节能效果明显。复合肥行业以高塔造粒代替转鼓和喷浆造粒，降低了能耗，提高了产品质量。青岛碱业股份有限公司开发的白泥与二氧化硫双向治理技术，实现了“绿色氨碱”的目标。同时，各行业加快了节能减排共性技术的应用，溴化钾吸收式制冷机组目前已在氮肥、炼油、氯碱领域普遍应用，变压吸附技术已在氮肥、聚氯乙烯生产中广泛推广。

二、石油和化工行业发展循环经济的成效和经验

（一）石油和化学工业主要的节能减排指标情况

近两年来，石油和化学工业能源消费量的增长率均低于全国总的增长率，2007年我国石油和化学工业综合能源消费量比2006年增长9.0%，比全国总的增幅低2.63个百分点，2008年则低1.9个百分点。同时，石油和化学工业产值增长率要高于能源消费量的增长率。2007年产值增长率比能源消费量增长率高13.6个百分点，2008年高21.9个百分点。多数重点耗能产品能源单耗连续下降。据国家统计局统计，原油加工每吨产品消耗标煤，2007年同比下降2.3%，2008年同比又下降1.9%；乙烯每吨产品消耗标煤，2007年同比下降1.1%，2008年同比又下降2.2%；合成氨吨产品消耗标煤两年中分别下降了4.1%和2.4%；烧碱分别下降了2.8%和4.0%；纯碱分别下降了1.0%和5.0%。

同时，经过全行业的努力，污染物减排工作也取得了一些明显效果。2007石油和化学工业废水排放达标率为94.9%，工业用水重复利用率为90.9%，二氧化硫排放达标率为84.7%，烟尘排放达标率为90.5%，粉尘排放达标率为96.1%，工业固体废物综合利用率为74.4%，均比“十五”末期有所提高。

（二）发展循环经济的主要模式和经验

石油和化学工业具有的产业衔接紧密、产品关联度强的特点，为建立化工园区、形成产业集群、发

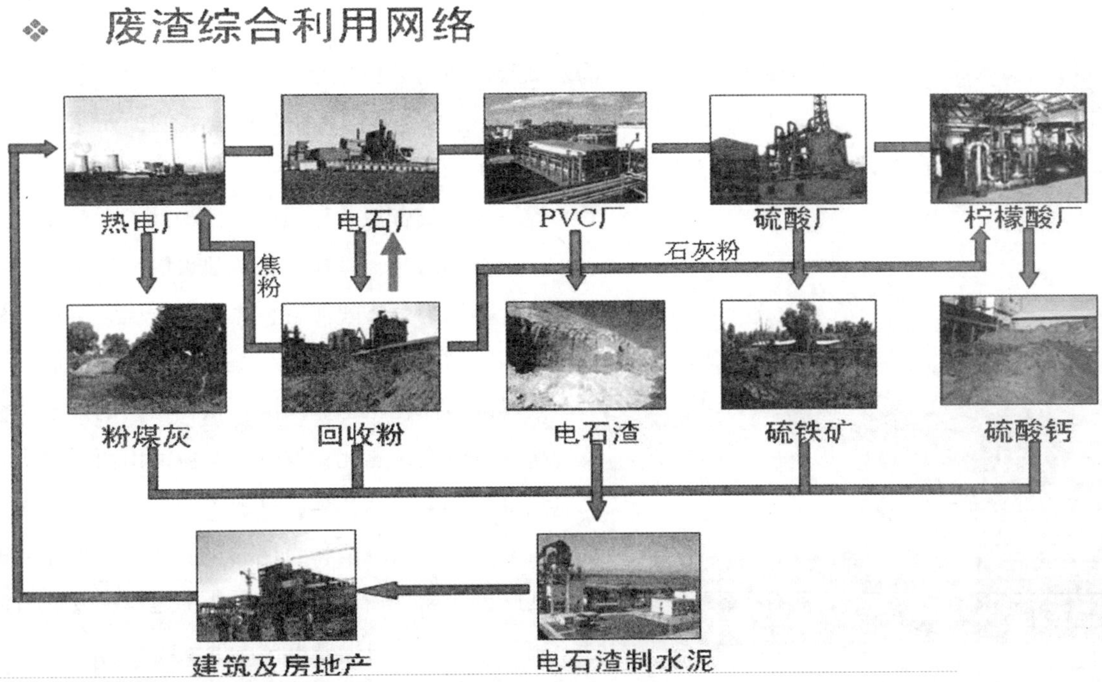

废渣综合利用网络图

展循环经济提供了极为有利的条件。发达国家建立化工园区已有几十年的历史，并积累了许多成功的经验。近年来，我国化工园区发展势头迅猛，目前经省级以上人民政府批准设立的化工园区已达70个。各地化工园区在探索中发展，也创造了不少新的经验。上海化学工业区按照“一体化”循环经济理念，构建企业自身、园区内部及园区周边三个循环圈，使园区及周边范围的原料、中间体、产品、副产品及废弃物做到互供和共享，实现了资源利用最大化，园区万元产值能耗1.2吨标准煤、水耗33吨，只占同行业平均水平的1/2和1/5，与企业自建公用工程相比能耗下降30%投资成本降低近半。化工园区的建设和发展，在推动行业形成规模经济、培育提升产业竞争优势，及带动区域经济发展起到重要作用的同时，也对促进循环经济的发展，实现资源的综合利用和优化配置，起到了示范和引领作用。

经过多年实践，石油和化工循环经济生态园区已初步形成多种模式，主要有：

第一种模式：依托大型石化企业为龙头建设的石油和化工循环经济生态园区。以大炼油，大乙烯为龙头，根据地域经济的特点和优势，选择产业链向下游延伸，逐步形成了园区企业之间的原料、产品互供、资源共享的一体化关系。如上海化学工业区已建立起由上游赛科90万吨乙烯，中游上海联合异氰酸酯、拜耳聚碳酸酯等项目，下游德固赛精细化工项目组成的化工生产关联体系，实现了集聚生产和循环利用。惠州大亚湾石化工业区的开发建设引入了世界大型化工区的“一体化”园区管理理念，为投资者提供了最佳的投资环境。目前，已有阿托菲纳公司、日本三菱丽阳股份公司、美国杜邦公司、燕山石化股份公司、中国海洋石油总公司等石化巨头投资其上中下游产品项目。

第二种模式：充分利用沿江丰富的水资源及深水码头的优势，建设的石油和化工循环经济生态园区。由于长江三角洲和珠江三角洲地区经济的迅速崛起，这些地区将逐步成为世界瞩目的制造业基地。分布在长江三角洲和珠江三角洲一带的石油和化工生态园区依靠沿江邻海得天独厚的地域环境和相对雄厚的经济基础，利用汽车制造、电子、医药、轻纺、服装等加工业产业的集聚效应，发展为其配套的高附加值的精细化工产品，还吸引了许多境外企业包括跨国公司前来投资，大大刺激了当地石油化工的发展。

第三种模式：以城市企业搬迁改造为主建设的石油和化工循环经济生态园区。以产业集聚、资源共享和“三废”处理与综合利用为目的，结合城市化工企业搬迁改造，建成了各有特色的化工生态园区。

第四种模式：依托资源优势而建设的石油和化工循环经济生态园区。中西部各省区利用当地的煤炭、石油天然气、化学矿等资源优势，借鉴发达地区建设化工生态园区的经验，贯彻科学发展观，遵循循环经济的发展理念，按照“基地化、集中化”的发展思路进行总体规划，建设了一批具有较高水平的化工生态园区。如，集煤化工、天然气化工、石油化工三者为一体的协调互动发展的泸州“西部化工城”，以青海盐湖资源和柴达木石油天然气资源为寄托的海西州青海化学工业基地，充分利用当地的煤炭、天然气资源，建设的陕西榆林重化工基地，依托丰富的煤炭、煤层气资源建设的集发电、焦化和综合利用为一体陕西昝村煤化工业园，瞄准当地石油和天然气资源兴建的新疆库车石化工业园区、克拉玛依石油化工工业园区；依托丰富的煤炭资源，建设集煤炭、焦化、发电为一体的山西吕梁市汾阳三泉焦化工业园区等。目前中西部地区正在充分利用国家的优惠政策和当地的资源优势，抓住当前的良好机遇期，加速发展，中西部建设和发展石油和化工生态园区的优势正在逐步显现。

热电联供

（三）一批企业、园区发展循环经济典型

2008年中国石油天然气集团公司进一步细化和落实所属企业——冀东油田、大连石化、兰州石化三家循环经济试点企业的工作目标和技术措施，加快推进循环经济试点项目。冀东油田提出了建设绿色油田的目标，坚持“整体探明，整体开发”的原则，大力推进水平井、丛式井为主的钻井方式，节约土地和能源；加强伴生气的回收、利用，开展二氧化碳驱采先导性实验，实现清洁生产；结合曹妃甸工业园建设，实施采油污水深度处理工程，实现区域废水循环利用。兰州石化积极建设环境友好型企业，充分发挥一体化优势，对炼化装置全面进行清洁生产审核，对高耗能、高污染、规模小的33套装置逐步关停和淘汰；实施污水回用工程，提高水资源循环利用率，对达标的石化污水进行氧化塘深度再处理并用于绿化，2010年将实现外排污水全部生态利用。大连石化努力建设生态工业园区，结合2000万吨炼油产能的扩建工程，在国内首家采用全加氢的生产工艺，油品全部达到欧Ⅲ、欧Ⅳ标准；大规模进行海水淡化，利用城市污水深度处理作为工业用水，每天利用量可达3万吨，实现区域水资源梯级利用。大连石化回用水装置在回用规模和等级上，都处于国内污水回用的前列，成为推进循环经济和建设节约型企业的示范工程。

中国石化大力发展循环经济，积极推进“三废”综合利用工作，减少污染物排放、变废为宝。2008年中国石化安排环保专项治理资金3.4亿多元，进一步整治企业存在的突出环保问题，累计项目110余项。项目实施后，提高了企业“三废”排放的达标率，也有效改善了企业和地方及社区的关系。2008年中国石化没有发生重大环境污染事件，废水排放量同比减少5.6%，外排废水COD同比减少4.3%，外排二氧化硫同比减少8.2%，外排废水达标率大于96%，工业水重复利用率保持在96%左右。万元产值二氧

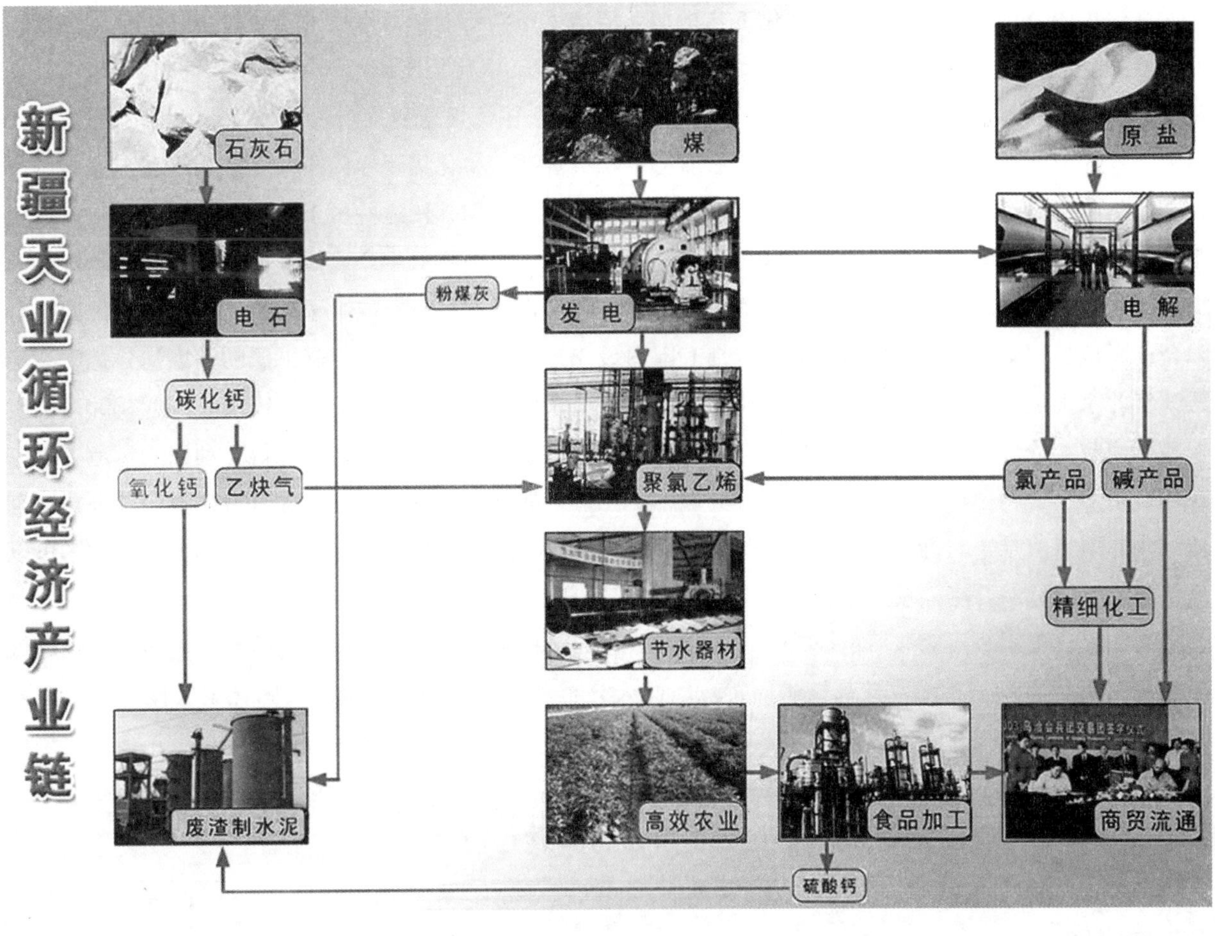

污水处理厂

化硫排放量、COD排放量和废水排放量逐年下降。

中国昊华化工（集团）总公司推出“中国化工零排放”品牌，认真落实节能减排和“零排放”战略，加快推进以节能减排和降耗，发展循环经济为重点的技术改造项目，采用先进技术提升节能降耗水平。在项目建设上，严格坚持一票否决。用较大投入，重点支持“零排放”试点企业技改，如西南公司氯碱废弃物综合利用项目，骏化合成氨节能降耗、淮河流域治污和氮肥行业能量优化项目，四平昊华公司系统能量优化项目等。通过小发明、小创造、小改革、小设计、小改造群众性的“五小”创新创效活动，推动节能减排和“零排放”普遍开展。全系统参加该项活动总人数高达6100人次，创经济效益近亿元。其中湖南湘维公司蒸汽管道结垢及凝结水回收利用技术、昊华辛化平利化工有限责任公司蒸发系统改造项目分获集团公司一等奖，年可为企业节约成本数百万元。加大科技开发力度，发挥9家科研院所和企业科研力量，顺应主业调整和国家产业发展，围绕发展循环经济，提高主业创新能力，推动节能减排和零排放。2008年取得科研成果31项，开发新产品150多个。其中，由西南化工研究设计院和四川天一科技股份有限公司提供专利技术和工程设计的国内首套大型10万吨/年粗苯加氢精制装置成功运行，有效地降低蒸发过程的聚合结焦堵塞，保证装置长期稳定生产；在能量利用方面，加氢部分充分利用反应热，精镏部分采用加压精镏，提高蒸汽的利用率，降低装置能耗和无三废排放。

中化集团公司加快技术改造，优化工艺，加大清洁生产、节能和节水技术革新投入，提高“三废”处理能力，减少企业生产经营活动对环境的影响。2008年，中化集团新建污水处理装置5套、废气处理装置7套、固废处理装置1套，严格执行环境保护的有关法律及规章制度，没有发生较大以上环境责任事故，并在节能、节水、发展循环经济方面取得了积极进展。中化集团专门邀请专家为下属三家参股焦化企业员工进行煤炭种类性质、配煤炼焦及钢铁冶炼方面的培训，使这些员工更好地掌握焦炭生产过程中不同煤种的合理配比利用以及节能减排技术，不但有利于合理降低生产成本，而且减少了污水废气的排放量。中化集团下属的中化塑料进入塑料产品循环资源再生产行业，成立了北京盈创再生资源回收有限公司。该公司专业经营废旧塑料回收，拥有国内最先进的回收分拣中心。其下属的韩家川分拣中心于2008年北京奥运会开幕之前建成并投入使用，承担了国家体育场、奥林匹克公园等核心区近3000万个废饮料瓶回收和处理工作，为“绿色奥运、科技奥运”作出了贡献，并被作为资源再生利用的示范工程，在北京市乃至全国推广。同时，为完善产业链，中化塑料战略入股盈创再生资源有限公司，该公司拥有亚洲和中国目前唯一的再生食品包装原料制造装置，具备3万吨/年再生瓶级聚酯切片的生产能力，可以每年节约石油32.4万吨，减排二氧化碳17.28万吨，节煤10.8万吨。

浙江巨化集团公司硫酸厂积极探索硫酸生产效益的新模式，形成了以使用高硫高铁矿为主掺烧磁铁矿的原料保供机制。针对高硫高铁矿的特点，深入分析和研究新的焙烧机理，固化工艺操作指标，为优化沸腾炉生产“把脉问诊”。在2008年大修期间，对两台沸腾炉进行技术改造，经过半年多的焙烧生产，硫酸成本大幅下降，“三废”利用率大大提高。同时，对沸腾炉后室低热冷却水进行回收利用。

三、石油和化工行业循环经济发展面临的问题与前景

（一）当前石油和化学工业循环经济发展面临的问题

一是石油和化工行业整体工艺技术水平落后，发展循环经济的技术支撑体系还不完善。目前，在整个石油和化学工业体系中，高新技术产业所占比重偏低，传统产业仍居主导地位。我国石油和化工经济总量位居世界前列，但拥有自主知识产权的先进成套技术很少，出口产品大多是低档的初级原料，而且以重污染、高耗能为代价。从化工行业的状况看，大批高能耗、高物耗、高污染的落后工艺和设备还在运行；环保投入少，设施落后，生产过程缺少控制；资源再生、能源回收利用技术较少，产品深度开发力度小。虽然有了一批比较成熟的能源节约、清洁生产和“三废”综合利用的新工艺和新技术，但总体上讲数量比较少，水平也比较低，特别是缺乏关键共性技术，难以形成发展循环经济的有力支撑。

二是结构不合理，行业发展与资源、环境的矛盾十分突出。据统计，目前石油和化工行业炼油、乙烯、氮肥、纯碱、烧碱、电石、黄磷等高耗能产业的能耗，约占行业总能耗的60%。这些高耗能产业，单位产品能耗与国外平均水平比都有较大的差距，在消耗大量能源的同时，又产生大量的“三废”，给环境造成严重的危害。产业结构、产品结构和能源消耗结构的不合理造成的巨大浪费和环境压力，进一步加剧了行业发展与资源环境的矛盾。

当然，受经济危机的影响，投入减少也会对行业循环经济的发展带来一定的影响。2008年爆发于美国的金融危机已经逐步演变成了全球性的经济危机，对我国石油和化工行业的影响还在继续深化。在过去的2008年里，全行业经济呈现出先高后低的态势，前8个月经济运行保持两位数增长，9月开始，受金融危机的影响，增速大幅下滑，11月份增长接近零点，12月份出现负增长，全行业景气周期由10年来的高增长转为下行通道。随着金融危机的蔓延和加深，国内外需求下降导致石油和化工生产持续下滑，价格大幅下降，企业库存大增，效益骤减，很多企业生产经营陷入困境，发展形势十分严峻。而循环经济工作的开展则需要包括资金在内的各方面投入，因此将对开展循环经济工作带来一定的影响。

（二）发展石油和化工产业循环经济的前景与政策取向

1.开发和应用先进技术.对于氮肥行业，应采用先进的水煤浆气化、干粉煤气化、灰熔聚粉煤气化等技术替代固定层气化装置，或替代以油和天然气为原料的合成氨生产装置，调整原料结构，从根本上降低氮肥生产成本，减少环境污染；对于磷肥行业，要大力推广磷石膏渣综合利用技术，如磷石膏制硫酸联产水泥、磷石膏制建材等；对于氯碱行业，要继续鼓励离子膜法烧碱的发展，积极推广干法乙炔技术，电石渣废液治理要大力推广电石渣制水泥，电石渣上清液回用于生产技术；对于纯碱行业，纯碱生产的蒸氨废渣要采用废清液综合利用制氯化钙和再制盐，废液晒盐或掺兑晒盐，废渣制钙镁多元复合肥，废渣制工程土，蒸氨废渣制水泥或建筑胶凝材料，废渣制脱硫吸收剂，废渣制抹灰砂浆等技术进行处理；对于铬盐行业要推行无钙焙烧工艺，逐步淘汰有钙焙烧工艺；对于染料行业，一是用先进的化工机械来装备染料行业；二是采用清洁生产技术，如相转移催化技术、金属化合物催化技术、分子筛催化技术等；三是开发新的染料商品剂型，以满足用户在自动化和环保等方面的要求，如可发低粉尘的颗粒型染料和液体染料；对于农药行业，要开发低毒、可降解的新品种，开发生物杀虫剂、除草剂等；对于橡胶工业，要大力推广动态脱硫法再生胶生产技术和废旧轮胎的常温粉碎技术。

2.建设大型工业园区。根据循环经济理念建设大型化工园区，是解决资源环境发展矛盾的理想模式。一是规范石油和化工园区管理，引导园区按照循环经济模式进行规划、建设和改造。石油和化工园区的建设要通过对区内产品项目、公用辅助、物流运输、环境保护和管理服务的整合，做到专业集成、投资集中、资源集约、效益集聚。二是积极探索总结园区循环经济实践模式，园区建设除要求入园企业物料、废物实现内部循环外，还要促进园区内上下游企业之间副产品或废产物的相互利用，通过企业间的物质集成、能量集成和信息集成，形成产业间的代谢和共生耦合关系，使一家工厂的废气、废水、废渣、废热、废弃物和副产品成为另一家化工厂的原料和能源，有效提高企业和企业之间资源循环利用和污染综合防治的水平，大大提高经济效益。三是要组织经验交流，积极开展咨询服务，不断提高园区技术水平和管理水平，促成园区各个企业共享资源和互换副产品的产业组合形式，形成园区实现物质闭环循环、能量多级利用的模式，逐步实现公用辅助一体化、物流运输一体化、环境保护一体化和管理服务一体化。四是要制定严格的石油和化工园区环境保护政策，采取切实可行的措施来促使石油和化工园区的负责部门改善园区的环境。五是要鼓励和支持吸引中小企业入驻的石油和化工园区。中小型石油和化工企业本身的资金限制，很难独自建立起一套生产的基础设施，如供气、供暖、“三废”处理等。

3.采取优惠政策引导，鼓励化工废渣的综合利用。化工行业每年仅磷石膏渣、电石渣、氨碱废渣的产生量近5000万吨，综合利用这些废渣，符合循环经济、可持续发展原则。若国家从税收方面给予支持，鼓励企业利用废渣，将大幅度减少废渣的堆存量，增强产品在市场的竞争力，创造良好的社会效益。

4.加强执法。对遵守法规要求的企业给予奖励，对没有遵守法规的给予惩处，体现法规的尊严。同时要通过宣传教育提高广大人民群众、企业法人循环经济的意识。

建材行业循环经济

中国建材联合会

建材是我国工业领域中较早地开展发展循环经济研究的部门，并且在理论和行业实践的结合上做出了许多有益的实践，取得了比较显著的成果。2008年，建材工业总能耗为2.09亿吨标煤，其中煤炭消耗量为2.2亿吨，电力消耗量为2000亿千瓦时，固体废料利用量达到5.70亿吨，二氧化硫排放量为165万吨，烟、粉尘排放量则为230万吨。2008年，我国建材行业粉煤灰的综合利用量占全国的30%以上，煤矸石的利用量占全国的50%以上，利用固体废弃物达到5.7亿吨，是2000年的2倍多。水泥工业已建成纯低温余热发电机组263条，总装机容量1662兆瓦，年发电能力111.4亿千瓦时，相当于年节约409万吨标准煤，减排二氧化碳1062万吨。

建材行业在资源循环利用、节能减排中做了许多工作。占建材工业生产总量42%的技术玻璃、玻璃纤维及制品、增强塑料、水泥制品、建筑用石等行业为代表的低能耗、低排放深加工产品得到快速发展，产品价值和使用价值得以拓展，其万元增加值综合能耗低于全国工业平均水平。但建材行业目前消耗的资源和能源总量还比较大，节能减排的潜力也比较大。

事实表明，建材工业正在朝着资源消耗低、环境污染少的资源节约型、环境友好型产业的绿色发展方向迈进，已经成为国民经济体系中资源综合利用的关键环节和消纳固体废弃物的主要工业部门之一，而水泥工业和墙体材料工业则是建材全行业发展循环经济的重点。

一、继续推进建材行业循环经济发展

2008年1月12日，胡锦涛总书记视察安徽海螺集团。胡锦涛总书记在视察过程中强调，水泥工业完成结构调整的任务还很艰巨，但是水泥工业是一个环保型的产业，发展循环经济大有可为。这既是对近年来水泥产业发展和结构调整取得成绩的肯定，也是对行业发展的期许。

2008年里，建材行业加大力度，从多方面推进本行业循环经济发展。

2008年1月16日至17日召开的中国建材联合会四届二次会长全体会议，将循环经济与节能减排列为主要议题。会议强调，要把智慧和力量凝聚到实现十七大提出的目标和任务上来，以节能减排为中心，积极推动行业结构调整和优化，大力发展循环经济，实现建材行业又好又快发展。参会代表围绕着党的十七大提出的“建设生态文明”的要求，结合行业和企业的发展，针对建材行业在节能减排工作面临的问题和要求，探讨建材企业和行业形成节约能源资源和保护生态环境的产业结构、发展方式、消费模式的对策与措施。中国建材联合会提出了《关于加强建材工业节能减排工作的意见》，就“十一五”期间建材工业发展循环经济、节能减排的目标、实现目标的主要途径、节能减排的工作重点和措施提出意见和建议。

《意见》提出建材行业节能减排的重点工作和主要措施：一是以节能减排为中心，加快产业结构调整。到“十一五”期末，力争实现我国新型干法水泥比重达到70%以上，浮法玻璃占总能力的比重达到90%以上，平板玻璃深加工率大于30%，玻璃纤维池窑拉丝比例达到70%，新型墙体材料产量比重达到50%以上。争取用5～10年时间，基本完成我国建材行业主要产业的结构调整任务。二是加快淘汰落后生产能力。力争“十一五”期间完成淘汰落后小水泥2.5亿吨，小玻璃3000万重量箱的目标。三是完善促进产业结构调整的政策措施。四是深化循环经济试点，总结推广典型经验。五是以科技为支撑，加快建材节能减排技术的开发和推广。六是深化千家企业节能行动，着重抓好重点耗能建材企业的节能工作。七是加强行业节能减排标准及统计等基础性工作。八是加强宣传，提高认识，发挥好各级各类行业协会和新闻媒体在节能减排工作中的作用。

2008年中，中国建材联合会会长张人为等领导深入到北京、浙江有关省市和企业，重点围绕建材企业的兼并重组、水泥产业在一些地域的过度发展、淘汰落后生产能力等热点问题展开调研，及时向政府部门和行业反馈情况，提出建议，跟踪和指导重点耗能建材企业的节能工作，进一步加强与企业间相关信息的沟通、交流，积极支持企业战略重组，推动节能减排工作向深入开展。

2008年1月，国家发改委工业司和中国水泥协会联合主办了“中国水泥工业节能减排和清洁发展国际培训研讨会”。

2008年2月，国家发改委发布我国建材工业经济形势分析报告，明确了2008年建材行业的三大发展重点：一是着力推进技术进步和自主创新，加快产业结构调整，加快用先进生产力取代落后生产力；二是以节能减排为中心，大力发展循环经济，努力实现又好又快发展；三是加快产品升级换代，节约能源资源。到“十一五”期末，实现我国新型干法水泥比重达到70%以上、浮法玻璃比重达到90%以上、玻璃纤维池窑拉丝比重达到70%、新型墙体材料比重达到50%以上以及企业规模化水平和行业集中度明显提高等目标。

2008年4月30日，为鼓励电石渣综合利用，促进循环经济发展，国家发改委发出《关于鼓励利用电石渣生产水泥有关问题的通知》，对全部利用电石渣替代天然石灰石生产水泥项目的规模和工艺放宽限制。2008年6月1日，修订的《水泥单位产品能源消耗限额》标准实施。

2008年7月7日，国务院总理、国务院节能减排工作领导小组组长温家宝主持召开节能减排工作领导小组会议，国务院明确淘汰水泥、平板玻璃等行业落后产能。2008年7月14日，国家发改委表示继续严格控制建材工业新上扩大产能项目，加大淘汰落后工作，推动节能减排。

2008年9月1日起，环境保护部的《水泥工业除尘工程技术规范》开始实施，促使水泥企业必须更严格地控制生产过程中的粉尘(烟尘)排放，改善环境质量，促进水泥工业的技术进步和可持续发展。

2008年10月17日，2008中国水泥除尘技术高峰论坛将在杭州举行，这也是行业内首次针对水泥厂除尘技术的专项研讨会。

二、水泥行业节能、降耗和环保技术有了重大的发展

2008年，我国水泥技术发展趋势以节能、环保和资源高效利用为中心，实现水泥工业的清洁生产；利用水泥回转窑处理包括有毒、有害的无机及有机废料成为重要的环保利废措施之一。利用各种工业废弃物和城市垃圾作为原料和燃料来制造水泥是世界水泥工业研究和发展的重要课题。

（一）新一代烧成节能技术

天津水泥工业设计研究院开发的以5000吨/天为代表的低热耗低排放的六级预分解系统、二档短

窑、行进式稳流冷却机组成的烧成系统生产线，整体满足焚烧处理废弃物的要求，留有处置废弃物的接口。该生产线已在“国家新型干法水泥熟料生产节能减排示范线”河北燕赵水泥公司投产，对我国水泥行业发展循环经济，实现节能减排产生了积极的推动作用。

北京金隅红树林环保公司建成了我国第一套自主研发、拥有自主知识产权的水泥回转窑处理有毒有害废弃物生产线，实现了对危险废弃物的无害化处理。该生产线可实现化工废液、煤粉、飞灰、替代燃料的同时燃烧，填补了我国利用回转式焚烧炉处理有毒有害废弃物的空白。该项工程可处理的危险废弃物种类涵盖了《国家危险废弃物名录》中列出的包括废酸碱、化学试剂、有机溶剂、矿物油、涂料染料、有机树脂等47类中的28类。此工程的年处理和综合利用危险废弃物能力为8～10万吨。中国科学院生态环境研究中心和北京市环境保护监测中心对该项工程的连续监测表明，在废弃物处理过程中，无机废物中重金属元素被固化于水泥熟料晶格体系中不再逸出，有机危险废弃物的焚烧率超99.99999%以上，烟气中有毒有害物质含量远远低于国家标准，多项指标达到欧洲排放标准。此项结果标志着国内首家“无害化处置示范工程”在北京成功运行。

（二）工业废渣与副产物资源化技术

天津水泥工业设计研究院等单位开发了国产矿渣辊磨机，解决了钢渣本身的粉磨问题，实现了钢渣的资源化和有效利用。以合肥水泥研究院为代表的科研单位将电石渣资源化，为我国年排放量超千万吨的电石渣找到了出路。

（三）水泥工业发展循环经济的典型案例

1．广州探索建设大型环保水泥产业基地。2009年3月9日，国内最大规模利用水泥窑“规模化、无害化、资源化”处置污泥项目在广州市越堡水泥有限公司投入试运行。这是目前国内最大的水泥窑协同处置污泥项目，设计处置能力达每年18.6万吨（日处置量为600吨）。广州市目前产生市政污泥的50%以上可通过该项目实现无害化、规模化处理。这对传统水泥产业结构的调整升级、城市生态环境的治理改善具有重要意义，标志着广州探索建设大型环保水泥产业基地迈出了重要的第一步。

越堡水泥公司在具备一定的废弃物处置能力与实践经验基础上，启动了利用水泥窑处置市政污泥和工业污泥的工业试验，投资7000多万元，配套建设了越堡水泥窑处置污泥项目，利用水泥窑的废气余热烘干污泥，干化后的污泥进入水泥窑焚烧处理，既可替代部分原料和燃料，又可实现污泥的彻底无害化处置。被广东省环保局列为广东省水泥窑协同处置固体废弃物试验的试点示范工程，并被国家“十一五”科技支撑计划列为工业及城市废弃物在水泥窑中的处置技术及装备研究攻关项目，同时也是中德双方在工业和环保领域的技术合作交流项目。

2．北京建设首家水泥工业循环经济试点企业。北京市发展和改革委研究制定了《北京市循环经济试点工作实施意见》，有24家单位被列为首批循环经济试点，政府将对试点单位给予政策、资金、税收、土地申请、政府采购等多方面支持。北京市琉璃河水泥有限公司被列为首批循环经济试点企业。

多年来，北京市琉璃河水泥有限公司一直致力于发展循环经济，大力推进节能减排工作。该公司具有自主知识产权的创新型低温余热发电技术，利用窑头、窑尾排放的废气余热发电，将水泥生产的综合热利用率从60%左右提高到90%以上，取得了良好的经济效益和社会效益。该项新技术获得了国家实用新型技术专利和国家发明专利，自投入运行以来各项经济技术指标处于国际领先水平。

北京市琉璃河水泥有限公司以打造生态友好型企业为目标，利用自身人才、技术优势，紧密结合首都城市功能定位和经济社会发展的新要求，在利用水泥窑资源化、无害化处置城市生活垃圾和处理水厂污泥的新技术方面进行了积极的探索。2009年，该公司将实现水厂污泥处置产业化，建立污泥处置示范线。公司利用水泥窑处置生活垃圾筛上物项目已被国家发改委选中，目前正在进行项目立项等前期工作，处置垃圾焚烧发电厂飞灰的飞灰中试线也即将投入运行。

琉璃河水泥公司坚持清洁生产，充分利用水泥窑高温焚烧消解废弃物的优势，2008年消纳火力发电厂粉煤灰15.9万吨、脱硫石膏8.2万吨、矿山石灰石废石31.6万吨、砂岩废渣13.8万吨、钢铁企业冶炼废渣3.8万吨、水渣31万吨、铁矿废渣3.6万吨，处置化工企业污染土1.1万吨。这不仅为其他企业解决了废弃物积压、清运、处置的难题，实现了废弃物的循环使用，节约了资源，还极大地降低了水泥生产成本，提高了产品的市场竞争力。

3．山东榴园水泥有限公司制定循环经济规划。由山东大学可持续发展研究中心和山东省清洁生产中心编制的《山东省榴园水泥有限公司循环经济规划》在枣庄通过专家评审论证，这是山东省水泥行业的首个循环经济规划。该规划通过实施循环经济和新上配套项目及技术改进措施，到2010年企业能够节能增效5847万元，2015年能够节能增效11755万元；年可减少粉尘排放50万吨以上，实现二氧化硫、氮氧化物达标排放；年节煤10万吨、节电6000万度、节水16万立方米，年节省土地850亩，节约矿产资源200万吨。到2015年，仅新上项目就可以年创利润达到两亿多元。

4．水泥行业清洁生产评价指标体系和水泥工业清洁生产标准发布。国家发展和改革委员会公告2007年第41号，发布《水泥工业清洁生产评价指标体系》。该体系将水泥工业清洁生产指标分为污染物排放、能源消耗、资源综合利用、产品品质和清洁生产管理5大类40个子项进行考核，并提出了各项指标的评价基准值。该指标体系依据综合评价所得分值将企业清洁生产等级划分为两级，即代表国内先进水平的“清洁生产先进企业”和代表国内一般水平的“清洁生产企业”。

环境保护部批准《清洁生产标准・水泥工业》2009年7月1日起实施。该标准分为三级，一级代表国际清洁生产先进水平，二级代表国内清洁生产先进水平，三级代表国内清洁生产基本水平。随着技术的不断进步和发展，该标准将适时修订。该标准将水泥工业清洁生产指标分为6类，即生产工艺与装备要求、资源能源利用指标、产品指标、污染物产生指标、废物回收利用指标和环境管理要求。

三、新型墙体材料

我国墙体材料的基本产品结构为烧结建筑制品类、建筑砌块类及板材类。到目前为止，我国墙体材料的主导产品仍然是烧结建筑制品，约占墙体材料总量的85%（据统计，进入21世纪以来，每年砖瓦产量8100亿块，其中粘土实心砖4800亿块以上，空心砖和多孔砖1700亿块以上，煤矸石、粉煤灰等多种废渣砖1600亿块以上），其次为各类建筑砌块，约占墙体材料的12%，建筑墙板材约占2%，其他为各种非烧结砖等。通过不断消化吸收国外先进技术，我国墙体材料工业的科研、开发、设计能力有了很大的提高，工艺技术和机械装备水平部分已经接近和达到国外同类水平。以烧结制品为例，开发设计了适合我国实际的大型平吊顶隧道窑和干燥室，开发生产出了一系列适合各种规模的成套设备和自动化控制系统，满足了我国大规模综合利用废渣（煤矸石、粉煤灰）生产烧结空心砖生产的需要，烧结墙体材料空心化工艺技术日趋成熟，生产设备向大型化、生产向规模化、生产过程向自动化发展，劳动生产率大幅度提高；设计兴建了一大批机械化自动化程度高、技术先进、生产规模大、产品空心化程度高、质量好、综合利用废渣生产墙体材料的清洁化生产线，其中一些是与电力工业、煤炭工业按生态链共生的高掺量粉煤灰烧结空心砖生产线、粉煤灰加气混凝土砌块生产线、煤矸石烧结空心砖生产线或全煤矸石烧结空心砖等生产线，形成一个与电厂、煤矿相互依存的工业生态循环系统。充分利用电厂排出的粉煤灰和煤矿排出的煤矸石工业废渣作为生产墙体材料的原料。不仅降低了电厂、煤矿治理污染的费用，而且降低了墙体材料生产的成本，减少了工业废渣对环境产生的影响（见表1）。

随着我国墙体材料行业实施循环经济战略，要不断淘汰落后技术、工艺和产品，淘汰和改造实心粘土砖生产企业，大力发展空心制品，实施墙体材料的清洁化生产，走新型工业化道路。

表1　　我国用于生产墙体材料的主要废弃物

原料种类	原料名称	储量（亿吨）	年产量（万吨）	国内分布	主要产品
工业废渣	粉煤灰	50	16000	全国各地	烧结制品与非烧结制品
	煤矸石	45	25000	全国各煤矿区	烧结制品
	脱硫石膏	1.0	2000	全国各电厂	非烧结制品
	赤泥	20	1000	全国各地铝厂	烧结制品
	金属尾矿	80	30000	各金属矿区	烧结制品为主
	磷石膏	2.0	3000	各地磷酸类工厂	非烧结制品
城市废弃物	建筑垃圾	–	0.5	全国各地	烧结制品与非烧结制品
	生活垃圾	60	1.5	全国各地	
	城市淤泥	–	1.0	全国各地	烧结制品

（一）大同煤业建设2.4亿块煤矸石烧结砖及高岭土项目

该项目由大同煤矿实业总公司具体承建与管理。工程于2008年4月开工建设。这一项目的竣工投产不仅为煤炭生产“吃干榨尽”，减少废物排放，提高了资源利用率，实现了动态煤炭产品的转型升级，也为煤炭企业实现经济节约与绿色环保走出了具有里程碑的新路。

大同煤矿同塔建材有限责任公司利用煤矸石烧结砖。该项目由山西省经委批准立项，年总投资投资1.8亿元，首期投资9000万元人民币；于2008年7月破土奠基。设计能力为年产煤矸石烧结砖2.4亿块一期1.2亿块。两个项目的投资建设，标志着我们用一流设备、一流技术，构建起了完整的循环经济产业链条，标志着全煤系统第一个真正意义上的循环经济工业园区将在此诞生。

（二）脱硫石膏变墙体砖

北京金隅集团在燃煤热电厂对烟气脱硫工艺的参数进行了优化，形成了支撑我国脱硫石膏综合利用、具有世界水平的技术体系，制订了我国第一个化学石膏建材标准，即《烟气脱硫石膏》行业标准。热电厂排出的固体废弃物最终变成了绿色建材产品——加气混凝土砌块。北京金隅集团建设和改造了7条综合利用脱硫石膏生产建材制品的示范线，形成了包括脱硫石膏原料、水泥调凝剂、建筑石膏粉、石膏墙体材料等在内的石膏建材产业链。2008年，金隅集团仅这些绿色建材产品的销售额就达到8000万元，净利润达到了3000万元，同时还帮助相关企业完成了节能减排的任务。

（三）金洲公司尾矿综合利用项目获“山东省循环经济十大示范工程”称号

金洲公司尾矿综合利用生产砌块、蒸压砖工程获“山东省循环经济十大示范工程”称号，这是山东省黄金行业唯一获此殊荣的企业。为最大限度地开发废弃的尾矿资源，实现资源效益最大化，该公司投资3000多万元新上了尾矿综合利用项目。该项目包括尾矿堆浸生产线、加气混凝土砌块生产线和6000万块蒸压砖生产线，先采用堆浸技术回收提取尾矿中的金、银，回收后的尾矿再用于制造加气砖和蒸压砖。

（四）潍坊市三建集团以建筑垃圾为主料年产1.5亿块新型建材工程

潍坊三建滨海建筑材料有限公司从国外引进两条全自动以建筑垃圾为原料生产新型建材的生产线，可大量消化建筑垃圾以及多种工业废弃物，产品可全面替代粘土实心砖。

潍坊三建滨海建筑材料有限公司产品均符合GB/T21144–2007和JC/T446–2000等国家和行业标

准，并获得山东省新型墙体材料节能认定证书。凭借良好的信誉、精良的技术设备和优良的产品及强大的生产能力，在全省乃至全国积极开展建筑垃圾生产新型建材企业的筹建，逐步在全国形成建筑垃圾综合循环利用产业链，实现产业化、精细化、系统化建筑垃圾产业。

四、陶瓷工业

建筑卫生陶瓷工业积极顺应新形势，按照科学发展观的要求，加大节能减排和降耗利废的力度，发展循环经济。

（一）德化建设海西首个全国循环经济示范县

德化县通过不断调整经济结构、优化产业布局、综合利用资源，德化县已形成了经济社会生态循环、产业间循环、产业内循环、企业内部循环以及社会废旧资源处置再生利用和绿色消费的“4+1”循环经济模式，实现了经济、社会、生态三赢发展，成为福建省首个县域循环经济试点县。

陶瓷业是德化县的支柱产业，全县现有各类陶瓷企业1000多家。近年来，当地政府积极引导陶瓷企业走“资源—产品—消费—再生资源”的循环经济发展之路，为推动陶瓷产业的转型升级，德化县积极引进和消化国内外先进的节能降耗、清洁生产技术，突出企业的创新主体作用，开展循环经济关键技术研发攻关。采取回收利用废瓷品、废泥料、废水、窑炉余热等措施，进行资源的再生循环使用，从而增强了企业抵御国际金融危机的“底气”，实现了陶瓷产业平稳较快发展。2008年，德化县工业总产值110.7亿元，增长14.2%，其中陶瓷业产值68.96亿元，增长18%。

（二）景德镇市向循环经济型城市转变

在经过千年的挖掘之后，景德镇人赖以自豪的陶瓷原料高岭土已经濒临枯竭。千年瓷都景德镇终于挤入了资源枯竭城市之列。国家对资源枯竭城市的优惠政策，以及江西省关于鄱阳湖生态经济区建设的即将落实，将促使陶瓷产业实现“资源枯竭型城市”向“循环经济型城市”的转变，使景德镇陶瓷产业发展迎来另一重天。

景德镇市计划五年内总投资规模50亿元，形成一地八区的完整规划布局。即景德镇国际陶瓷文化艺术创意产业基地，以及基地范围内的文化艺术创意及工业设计园区、科技创新园区、中小企业创业园区、国际陶瓷文化艺术会展交流园区、历史文化遗址保护园区、国内外陶瓷贸易交易展示物流区、历史文化名城。

轻工行业循环经济

中国轻工业联合会

一、2008年轻工主要行业发展循环经济基本情况

轻工行业造纸、发酵、制糖、制革、家用电器、塑料加工、电池、照明电器、日用玻璃、日用陶瓷等在生产过程、产品使用、废物排放及产品回收等不同层面上，建立资源循环链，形成了一批开展清洁生产、资源综合利用的企业；建成了一批具有示范作用的生态工业园区和发展循环经济新亮点；还制定了一系列相关政策、标准和管理制度，积累了经验。

（一）造纸业

造纸行业是具有循环经济和可持续发展特点的典型产业。目前行业遇到的最突出的问题是造纸行业COD的排放量约占全国工业排放总量的1/3，废水排放量约占全国工业废水排放总量的18%，大力削减造纸行业的化学需氧量，是实现“十一五”水污染物减排目标的关键。据环境保护部统计，在“十五”期间在纸及纸板年均增产12.9%的情况下，COD排放量年均降低11.1%。

造纸行业对环境欠账多的是小型制浆造纸企业，其数量多（占企业总数87.3%），产量小（占总产量21.8%），污染重（占COD排放总量57.7%）。造纸行业总的思路是“管理好增量，调整好存量，上大压小，扶优劣汰”。即调控好增产，对现有的存量要淘汰落后产能，对于符合现代产业要求、达到经济规模的先进企业和优秀产品要扶持，对于消耗高、污染大的落后的“小造纸”要淘汰。

继续实施《全国林纸一体化工程建设“十五”及2010年专项规划》，加快重点项目建设。完成了行业污染物产排放系数核算课题验收、配合全国第一次污染源普查、行业节能降耗节水减排调研等工作；完成了《造纸行业节能减排政策研究报告》。

（二）发酵业

2008年，为了配合首次全国污染源普查工作的展开，圆满完成了发酵行业产排污系数核算课题，并组织专门人员继续配合全国第一次污染源普查相关部门开展咨询服务。完成了“轻工重点行业(造纸、发酵、皮革)节能减排政策研究课题”的发酵部分以及开展编写了科技部“十一五”科技支撑项目《发酵行业污染物减排与资源化利用关键技术及示范》，以此通过行业的共性问题的研究和开发，形成一批具有创新性的技术成果，加速其应用推广，为行业的节能减排工作提供强有力的科技保障。

组织专家积极开发、推广应用发酵工业循环经济支撑技术，深入企业开展相关调研工作，进一步修改和完善《中国发酵工业循环经济支撑技术选编》，提高我国发酵工业发展循环经济的技术支撑能力，提高整个行业的水平。

协会积极配合国家有关部门进行2008年度味精和柠檬酸行业淘汰落后产能的工作任务。对国家环保

总局新出台的《味精工业清洁生产标准》和《味精工业水污染物排放标准》（征求意见稿），《柠檬酸工业水污染物排放标准》（征求意见稿），《酵母工业水污染物排放标准》（报批稿）向行业企业宣传解读，及时反馈意见，为促进行业生产工艺和污染治理技术的进步，规范行业发展积极发挥作用。

（三）酿酒业

根据中国酿酒工业协会初步统计，酿酒行业年总取水量约10亿吨、废水产生量约9.5亿吨、废水排放量约4.5亿吨、COD产生量约700万吨、COD排放量约18万吨、氨氮约2万吨。

以推广实施循环经济为主线，在资源投入、企业生产、成品消费及其废弃的全过程中，把清洁生产、资源及其废物综合利用、生态设计和可持续消费等融为一体，使经济系统和谐地纳入到自然生态系统的物质循环，将传统的“资源—产品—废弃物排放”的开环式经济转变为“资源—产品—废弃物—再生资源”的闭环式经济，从而实现经济活动的生态化，达到节约能源、资源，保护环境的目的。

为了配合首次全国污染源普查工作的展开，完成了酿酒行业产排污系数核算课题，并组织专门人员继续配合全国第一次污染源普查相关部门开展咨询服务。

（四）日用陶瓷业

完成了国资委下达的《资源消耗与产业结构调整政策研究》课题。参与国家环保总局下达的《陶瓷工业污染物排放标准》制定、审议工作。标准的制定和课题的研究对陶瓷工业实现清洁生产提供了依据。积极推进节能减排设备的应用。

（五）家用电器业

承担了国家发改委“中国电子产品可回收利用率现状及发展趋势”课题，研究了电冰箱、空调器、洗衣机、电视机、电脑等5种电子电器的回收利用现状和回收利用发展趋势。课题成果为《废旧电子电器产品的回收处理管理条例》提供了强有力的技术支撑，为电子电器行业的绿色设计，绿色制造、废旧产品的回收处理，环境影响和可持续发展能力提供评价参考依据；积极加强国内和国际间的技术交流与合作，开展各种技术交流活动，以推动行业的节能技术的进步。重点推广节能的“新产品、新材料、新设计、新技术、新发明”，引导企业技术更新。

（六）制革业

配合完成《制革污水排放标准》的制定，新的《皮革及毛皮加工工业污染物排放标准》力求科学、合理。目前根据环保部的要求，又增加中性盐和总磷。

配合环保部总量办制定十一五制革业污染减排（COD）计划，2006年到2007年，通过地方整改和推广清洁化技术，已经完成了减排5%的目标；2008年，通过继续推行地方整改和推广清洁化生产技术，争取在年底完成减排2%的目标。

引导制革企业开展污染治理技术改造，以适应新的环保要求，以前，由于国家对污染指标如氨氮、中性盐和总磷等没有要求，但随着环保形势德变化，国家将把这些指标列入标准要求。几年来，我协会一直在引导制革和毛皮加工企业及早准备，对污染治理进行技术改造。

根据皮革行业的发展现状以及广大企业的要求，中国皮革协会组织“全国重点制革区域专家考察组”，从综合环境、产业链、资源、环保等方面对全国多个地区进行了考察。通过考察，协助地方政府建立真正意义上的制革专业区域，从根本上解决制革污染，保证皮革行业健康发展。

为了推动国家“十一五”节能减排目标的实现，促进企业自主创新，采用科学先进、经济合理的节能减排技术，推动皮革行业可持续发展，2008年中国皮革协会与中国财贸轻纺烟草工会在全行业开展节能减排环保创新奖工作，2008年9月推出了首批7个获奖项目。

（七）制糖业

中国糖业协会出台了《十一五糖业发展规划》和《全国糖业循环经济发展思路》，明确了行业发展循环经济的指导思想、基本原则、目标和实现目标的主要措施。在此基础上，通过全体理事扩大会议形成了《关于进一步开展节能减排、发展循环经济的决议》，号召全行业遵循“减量化、再利用、资源化”的原则，努力建设“资源消耗少、环境代价低、经济效益高”的新型制糖企业。

全国制糖企业围绕行业存在的突出问题如延长产业链，提高资源利用率，最大限度地降低废物排放数量和排放浓度以及提高单厂加工规模，加大糖料基地建设和科技资金投入等做了大量的工作。以甘蔗糖厂为例：从甘蔗—制糖—废糖蜜制酒精—酒精废液制复合肥或从甘蔗—制糖—废糖蜜－味精—味精废液制复合肥，以及从甘蔗—制糖—蔗渣造纸—制浆黑液碱回收两条甘蔗深加工循环利用产业链已经形成。

（八）塑料加工业

中国塑协专门成立了塑料可持续发展委员会，联合业内有责任心的企业宣传塑料这种环境友好材料；进一步推动在节能、节材、节水、阻燃、循环利用等绿色塑料应用；加强废弃塑料回收再生利用，做好行业循环经济、节能减排工作；积极推动降解塑料发展，与国际化学品制造商协会共同成立塑料可持续发展论坛，合作印刷了可持续发展宣传册，在政府有关部门、展览会、各种研讨会发放。

塑料加工行业通过不断提升产业技术水平，采用先进技术得到降低能耗、材料消耗的目的，增强产品市场竞争能力。

召开降解塑料国际论坛、塑料回收再生大会、塑料可持续发展研讨会、中国合成革行业循环经济研讨会，组织企业参观行业中在环保型、节约型合成革材料的应用的先进单位，交流使用水性聚胺脂对于减少环境污染排放的交流研讨。

参与起草、制定、组织专家讨论，征求意见等工作，《合成革/人造革环境污染排放标准》、《人造革合成革清洁生产标准》起草制定审核；目前正在研究提出和研究“行业基地的生态园区建设标准”工作。

（九）罐头业

2008年1月份完成了“罐头行业工业污染源排污系数核算项目”成果的验收。根据第一次全国污染源普查工作办公室的各项要求，先后完成了《污染物产排污系数使用手册》出版前手册数据的核实、校对以及本行业产排污系数的小类产品相关数据以及产生和排放污染物浓度等相关数据补充。积极配合第一次全国污染源普查工作实施。自2008年3月份开始为期四个月时间，组织专门人员继续配合全国第一次污染源普查相关部门开展咨询服务。

为落实《国家环境保护“十一五”规划》，实现节能减排目标，引导工业行业选择有效的污染防治技术路线，积极配合环保部门开展的污染防治重点技术筛选试点工作。组织企业以及相关的科研院所，针对水果罐头去皮工艺的技术提升、水果和蔬菜去皮残渣的综合利用、杀菌冷却循环再利用等关键技术，进行了研讨及项目申报等工作。

二、主要做法和取得的成效

（一）广泛宣传，提高认识

充分利用行业年会和技术交流会以及现场会，并在轻工行业主流报刊《消费日报》、中国轻工业信息网站、中国轻工业联合会各种会议，各行业协会在自己的专业报刊、杂志、会议上进行广泛宣传，统一思想，使节能减排、循环经济思想深入人心。

完善季度行业经济运行分析例会制度，加大对行业节能降耗、环境保护、结构调整、科技贡献率、品牌贡献率方面的综合分析。加强对国家发改委、财政部、商务部等信息报送工作，重点反映发展中的问题和建议。

（二）找准症结，有的放矢

在了解行业现状的情况下，通过广泛的调研，找到行业存在的共性及关键技术问题。以科技创新为支撑，搭建行业技术转移平台，通过产学研的结合，达到优势互补，对行业内的共性及关键技术进行联合攻关，提高节能减排的技术支撑能力，使整个行业的技术创新步伐扎实稳步地向前推进。

（三）全面推进，用面带点

在全行业开展调研工作，摸清行业重点企业的基本排污情况，分步骤地有序推进节能减排、发展循环经济的工作。配合国家有关部门做好发酵行业相关产业政策的制定、宣传、贯彻落实，继续推动重点行业淘汰落后生产能力工作，促进和带动重点企业推进节能减排的工作开展，促进促使企业走循环经济的道路。

（四）示范效应，以点促面

在行业内树立开展循环经济的示范企业，广泛宣传和推荐示范企业的先进技术和先进经验，充分发挥其模范作用，成为带动行业深入开展节能减排工作、走循环经济道路的重要动力，促进全行业在节能减排和循环经济上取得更大的成果。

（五）积极参与国家相关政策及法规的制定

组织和会同相关行业协会参加《轻工行业调整和振兴规划》的起草、讨论，在起草讨论阶段积极反映行业节能减排意见和建议，推进行业节能减排。

（六）主动引领轻工行业、企业围绕节能减排，开展工作

1.完成了原国家环保总局的“轻工行业产排污系数核算”课题，第一批14个行业顺利通过了项目组组织的专家验收，得到了与会专家的好评；第二批家电、塑料、电池3个行业又顺利通过了专家验收。课题总体组与17个行业协会、8所高校和6个研究机构团结协作、共同努力、付出超常劳动，各项指标全面超额完成了任务，取得了令人满意的成果。2008年2月至6月积极配合全国污染源普查工作，组织各相关行业值班，积极解答各地方普查工作中对涉及轻工17个行业产排污系数应用中的问题，对手册中进行及时修改上报。课题成果产排污系数手册已用于2007年12月31日起开展的第一次全国污染源普查之中，在使用过程中得到了完善和进一步验证，受到了普查办的好评。

2.配合国家发改委等，组织制定洗涤用品、日用玻璃行业清洁生产评价体系，两个行业已将完成的最后稿件上报工信部，待征求意见后发布实施。对促进行业清洁生产将会起到积极的推动作用。

3.针对轻工行业节能减排任务重、压力大，配合国家发改委组织重大技术开发项目指南编制工作，包括造纸、发酵、皮革、电池四个行业清洁生产指南，四个行业重大专项指南经国家发改委发布，进行公开申报，并协助国家发改委对各地上报的项目组织了专家评审，落实了9个项目。这些关键技术问题的解决和推广将会对4个行业的节能减排工作迈上一个新的台阶起到积极的推动作用。

4.完成国家发改委、财政部委托的《轻工重点行业节能减排政策研究》课题，摸清了造纸、发酵和皮革三个行业能耗、水耗、污染物排放等情况，分析了三个行业面临的形势、任务等，向国家提出了推进节能减排工作的政策建议。协助工信部召开《产业结构调整指导目录（2008年本）》（征求意见稿）专家论证会。2008年10月组织召开部分行业协会节能减排工作座谈会，探讨进一步推进工业节能减排的政策措施建议。

5.组织行业配合全国人大对《中华人民共和国清洁生产促进法》的执法情况提出了意见和建议；对国家环保部《造纸行业污染物排放标准》、《味精行业污染物排放标准》、《柠檬酸行业污染物排放标准》及国务院法制办公室《中华人民共和国能源法（送审稿）》提出意见与修改建议。

6.配合国家发改委组织了轻工业粮食消耗调查，摸清了轻工行业用粮的总体情况与各分行业用粮情况，为国家制定粮食安全等政策提供了依据。

7.推动科技创新，组合产学研创新团队，攻克发展循环经济中的共性关键问题。组织造纸、发酵、皮革、电池等重点行业召开各有关行业协会、大专院校、研究院所、重点企业专家研讨会，集中各方面智慧，专门就行业在节能减排、发展循环经济中需解决的共性的关键技术问题进行凝练，组织产学研团队进行攻关。完成了“造纸发酵行业污染物减排与废弃物高值化利用关键技术与示范”、“皮革行业污染物减排与废弃物高值化利用关键技术与示范”和“制糖行业糖能联产与产业升级”三个科技支撑项目建议书并上报科技部。

8.加强队伍建设。初步建立了轻工行业节能减排、发展循环经济方面的专家队伍，形成了积极有效的“产学研”相结合的新型技术创新体系。“产学研”专家充分发挥各自的特长，针对企业和行业的3R技术问题联合创新，为轻工行业、企业发展循环经济提供咨询、指导、培训、评审等服务，在行业节能减排工作中发挥了重要作用。

三、基本经验

首先，领导重视是关键。中国轻工业联合会领导十分重视，自2006年即开始组织“建设资源节约型、环境友好型社会和创新型国家”方面的专题调研，并将节能减排、发展循环经济确定为“十一五”轻工行业重中之重的工作。在各个环节都要把节能减排、发展循环经济工作放在突出位置，开展深入的调研活动，了解行业发展动态，确立主攻方向，明确工作重点。

第二，以自主创新为支撑，突破技术瓶颈。坚持引进技术与消化、吸收、创新相结合，加强节能减排和循环利用技术的科技攻关及产业化。加快资源节约新技术、新产品和新材料的推广应用，积极支持对节约资源、发展循环经济的重大项目和技术开发、产业化示范项目的支持力度。

第三，发挥市场的引导作用。通过实施绿色产品认证、能效标识等方面管理，积极引导消费者购买无污染或环境污染小、耗能低的产品。

第四，充分发挥协会、行业管理部门、大专院校、科研院所和企业的积极性，产、学、研各方面联动起来，共同努力，推进行业循环经济发展。

四、今后工作

（一）调整结构，转变发展方式

通过淘汰落后产能，调整结构，推动节能减排工作向纵深发展。继续组织造纸、酿酒、发酵三个行业协会配合政府相关部门加强淘汰落后产能指标研究工作。建立落后产能淘汰机制，完善和落实关闭企业的配套政策措施。继续做好相关行业节能降耗、节水减排评价体系，行业准入条件的制定发布工作，促进结构调整和技术创新。

（二）推广循环经济试点企业成功经验，促进行业节能减排、发展循环经济工作深入开展

要把企业作为节能减排的主体，大力发展循环经济，作为加快转变轻工经济发展方式的主要途径，大力开展循环经济试点。推广成功经验与先进技术。同时大力推动新技术、新产品在行业中的广泛应用，以此促进实现全行业的节能降耗、节水减排目标和任务。

（三）加大科技支撑力度

组织行业专家和有关工程技术人员共同研讨行业关键技术发展方向，并组织力量进行攻关。要在节能降耗等清洁生产技术上取得突破，促进轻工行业生产方式优化，重点加强水污染的控制、治理技术，在轻工重点行业建立循环经济发展模式。在轻工一些主要行业如造纸、酿酒、皮革等大力研发和采用节约资源、保护环境的清洁生产和循环经济技术；在食品发酵、洗涤剂、化妆品等行业要积极研发生物技术等，通过技术推广带动整个行业节能减排技术进步。组织好重点行业节能减排国家专项资金的申报、立项工作，争取科技部、国家发改委、环保部等部门资金支持。

（四）做好相关重点工作

（五）积极发挥协会的重要作用

住宅产业循环经济

建设部住宅产业促进中心

随着我国经济的持续增长，逐步步入小康社会，人们对居住的环境品质提出了更高的要求，城镇的住房从满足基本需求的数量型向质量型转变，高品质、低消耗的新住宅伴随着国家建设节约型社会的战略悄然兴起。住宅产业面临的主要问题和特点是：

一是中国城市化水平提高带来的住宅市场的巨大需求。2001年中国城镇人口比例达到37.5%，2015年将会上升到50%。中国社会步入小康后的消费结构和水平将发生变化，住房消费已经成为居民消费的热点。

二是传统建房方式资源能耗高。我国住宅建设用钢量占全国用钢量的20%，住宅建设平均用钢量为55千克/平方米，水泥用量221.5千克/平方米。与发达国家相比，钢材消耗高10%～25%，每拌合1立方米混凝土要多消耗80千克水泥，城市污水回用的比例仅为发达国家的1/4。

三是工业化水平低。我国建筑材料、部品的工业化水平还较低，尚未形成系列化、规模化配套生产体系。在标准化、通用化方面更是严重滞后。行业内普遍的建房产业化程度水平在8%～10%，近两年有些项目组装百分比可以达到20%的水平，而国际先进的产业化程度可以达到80%。

四是科技进步贡献率低。我国科技进步对住宅产业的贡献率为31.8%，不到50%，仍然是一种粗放型发展的方式。住宅产业化程度集中体现科技进步对住宅产业发展的贡献率。

五是市场提供的毛坯房的比例还是较高，为住宅质量和管理留下了较多隐患。

发展循环经济，是在住宅产业领域中“省地、节能、节水、节材”，研究开发推广应用建筑新材料、新技术、新产品、新工艺，提高住宅的科技含量，解决目前存在的问题，实现住宅产业可持续发展的一条基本路径。

一、住宅产业循环经济推进情况

自2004年中央经济工作会议和国家发改委循环经济工作会议以来，有关部门和地方政府积极制定政策措施，健全法规和标准，开发应用新技术、新材料，发挥试点项目的示范带动作用，大力发展住宅产业循环经济，省地节能环保型住宅建设。

2008年3月31日，“第四届国际职能绿色建筑与建筑节能大会暨新产品与新技术博览会”在北京国际会议中心隆重召开，住房和城乡建设部部长姜伟新致辞

（一）法规和政策的引导与调控

1. 国家相关法律和节能标准（见表1）。

表1 **法规与标准**

	法规名称	发文字号	发布日期	实施日期	效力级别
法规	中华人民共和国建筑法	主席令[第91号]	1997.11.01	1998.03.01	法律
	中华人民共和国节约能源法	主席令[第90号]	1997.11.01	1998.01.01	法律
	建设工程质量管理条例	国务院令[第279号]	2000.01.30	2000.01.30	行政法规
	民用建筑节能管理规定 建设部关于新建居住建筑	建设部令[第76号]	2000.02.18	2000.10.01	部门规章
	严格执行节能设计标准的通知	建科[2005]55号	2005.04.15	2005.04.15	部门规范性文件
标准	标准名称	编号	级别	施行日期	强制条文
	《夏热冬暖地区居住建筑节能设计标准》	JGJ75–2003	行业标准	2003.10.1	第4.0.4、4.0.5、4.0.6、4.0.7、4.0.10、4.0.11、6.0.2、6.0.6条
	《夏热冬冷地区居住建筑节能设计标准》	JGJ134–2001	行业标准	2001.10.1	第3.0.3、4.0.3、4.0.4、4.0.7、4 .0.8、5.0.5、6.0.2条
	《民用建筑节能设计标准（采暖居住建筑部分）》	JGJ26–95	行业标准	1996.7.1	第4.2.1、5.2.10、5.2.11、5.3.3、5.3.5条
	《建筑照明设计标准》	GB50034–2004	国家标准	2004.12.1	第6.1.2、6.1.3、6.1.5、6.1.6、6.1.7条
	《公共建筑节能设计标准》	GB50189–2005	国家标准	2005.7.1	第4.1.2、4.2.2、4.2.6、5.1.1、5.4.2（1、2、3、4、5、6）、5.4.3、5.4.5、5.4.8、5.4.9条（款）

国家还制定了《节能中长期专项规划》、《国务院关于做好建设节约型社会近期重点工作的通知》（国发[2005]21号）、《国务院办公厅关于进一步推进墙体材料革新和推广节能建筑的通知》（国办发[2005]33号）、《民用建筑节能管理规定》（建设部令143号），为建筑节能的进一步发展提供保障。根据各项促进建筑节能、住宅产业循环经济发展的有关规定，中央财政2007年安排建筑节能专项资金16亿元，2008年预算25亿元。国家发改委等部门在426个城市禁止使用实心粘土砖，推广应用新型墙体材料，在全国强制关闭大批粘土砖厂。目前全国采用新型墙材的城镇新建建筑比重已占57.6%，累计节约土地180多万亩。

2. 中央有关部门制定的规章和政策（见表2）。

表2　　部门规章和政策

序号	发文机构、文件编号	文件名称
1	国务院转发建设部等八部委 国办发〔1999〕72号	国务院办公厅转发建设部等部门关于推进住宅产业现代化提高住宅质量若干意见的通知
2	建设部、发改委等 建质[2005]119号	关于加快建筑业改革与发展的若干意见
3	国务院转发发改委等12部委文件 国办发[2005]58号	国务院办公厅转发发展改革委等部门关于加快推进木材节约和代用工作意见的通知
4	建设部 建质[2006]174号	关于进一步加强建筑业技术创新工作的意见
5	发改委等八部委 发改环资[2006]1457号 建住房[2006]171号	关于印发“十一五”十大重点节能工程实施意见的通知
6	建设部 建科[2006]315号	关于发布《建设事业“十一五”重点推广技术领域》的通知
7	建设部 建住房[2006]150号	关于印发《国家住宅产业化基地试行办法》的通知

（二）执行和推进情况

在中央的政策指导下，各地不断加强住宅产业化发展工作和省地节能环保型住宅的建设和推广工作。上海市制定了《新建住宅节能省地发展指导意见》，明确了部门责任和时间进度。通过分离装修款的办法，合理确定开发企业税额，鼓励建设全装修住宅。目前全装修住宅已占新建商品住宅的35%，计划2010年达到60%～70%。江苏省制定了《新建住宅全装修试点工作实施意见》、《关于加强太阳能热水系统推广应用和管理的通知》等一系列办法。南京市对既有住宅旧钢窗节能改造，给予每平方米100元的补贴。大连市制定了《节约型建筑实施方案》和《环境友好型住宅示范工程建设标准》，并把发展省地节能型住宅作为土地出让的前置条件。深圳市第四届人民代表大会常务委员会第五次会议于2006年3月14日通过的《深圳经济特区循环经济促进条例》明确规定：“大力发展节能省地型住宅，积极推进住宅产业现代化。”

二、住宅产业发展循环经济初步成效

（一）试点项目初步成效

各地省地节能试点项目取得了明显成效。大连市“大有怡园”住宅小区，运用省地节能环保的开发理念和成套技术，实现节能68%、节水40%、节电30%、生活垃圾减排95%、生活污水减排100%。上海“三湘四季花城”、南京“天泓山庄”积极推进“四节一环保”技术集成应用，成效显著。常熟多层轻钢结构住宅楼，具有抗震保温耐久性能好、资源节约程度高、有效使用面积多、施工周期短、

2008年11月20日，第七届中国国际住宅产业博览会在北京举行

山东力诺建筑太阳能一体化

环境影响小等优点。从试点项目看，住宅建安造价提高约200～250元/平方米，可实现节能55%～65%、节水20%～40%、提高土地利用率25%以上，房屋性能有了很大的提升，比较效益明显。

（二）节能减排上台阶

1.2003年我国只有1%的既有建筑和5%的新建筑达到了国家规定的节能标准。2005年后新建筑达到节能标准的比例有了显著提高。目前，全国城镇已累计建成节能建筑面积为21.2亿平方米，占城镇既有建筑总量的11.7%，全国新建建筑形成1000万吨标准节能能力。

2.设计发挥了建筑节能的龙头作用。2005年统计数据表明，我国新建建筑设计执行节能标准的比例为59%（其中北方供暖地区达80%～90%，夏热冬冷地区为20%，夏热冬暖地区仅为10%），发展极不平衡。但到2007年底，情况有了较大变化，设计阶段执行节能标准的比例已达97%，比2006年提高了1个百分点。

3.施工质量保障建筑节能。2005年调查表明，施工阶段执行节能标准的比例为：北方地区50%，夏热冬冷地区20%，夏热冬暖地区不足10%。到2007年底，这个比例已提高至71%，比2006年提高了17个百分点。各地建设主管部门在建筑节能方面突出重点、狠抓监督落实，比较圆满地完成了节能工作目标。

4.北方采暖地区供热改革进展顺利，实现了3000万平方米住宅的分户热计量改造。并按照国务院的部署“启动北方采暖区既有居住建筑供热计量及节能改造1.5亿平方米”的工作任务，并将该任务分解到北方15个省市加以落实。

5.城乡人居环境进一步改善。城市人均绿化面积普遍增加，区域水污染有所控制，全国城市生活垃圾无害化处理率，平均提高到80%以上。污水处理率由2003年的42.39%提高到2006年的55.67%。政府和企业对环境保护的意识普遍加强。

（三）住宅产业化推进工作取得新进展

自国办发[1999]72号文件《关于推进住宅产业现代化提高住宅质量若干意见的通知》（以下简称72号文件）下发后，特别是在党中央、国务院提出建设资源节约型和环境友好型社会，走循环经济的发展道路，建设省地节能环保型住宅等一系列政策后，我部与各地政府部门都在逐步落实72号文中的各项工作，引导我国住宅建设走上了可持续发展的道路，住宅产业化工作在不断向前推进。住宅建设初步实现了系列化开发、商品化供应，工业化、信息化程度有所提高。各地政府都加强了组织建设，基本明确了推广住宅产业化的主管单位，有13个省市先后成立了住宅产业化促进中心等工作机构，探索

万科水晶城保温隔热外墙

推进住宅产业现代化的工作机制和政策框架。深圳市率先成为“国家住宅产业现代化综合试点城市”，依托行业龙头企业建立“国家住宅产业化基地”，带动全行业的发展，迄今住房和城乡建设部已经批准万科、北京建材等12个住宅产业化基地；国家康居示范工程的实施工作取得了可喜成绩，并得到社会的广泛认同，迄今正式列入国家康居示范工程实施计划的项目为183个，已有70个通过达标考核验收；建立和实施了住宅性能认定制度，迄今共有460多个项目通过住宅性能认定预审，有180多个项目通过住宅性能认定终审，有效地促进了省地节能环保型住宅的建设和成套技术的推广；住宅部品认证制度取得进展，“康居认证”中心已对多项建筑部品给予了认证，确保了住宅部品的质量和应用的可靠性。

（四）中国住宅产业化的整体水平有所上升

1.住宅产业化技术集成系统有所完善。随着节能省地环保型住宅的大量建设，住宅产业化技术逐步由单项推广向集成化、系统化推广转变。系统化推广应用技术的前提是技术技术体系的建立。近几年建设主管部门及科研设计单位相继推出了一系列技术标准、指南和导则，为产业化实施提供了技术支撑。住房和城乡建设部住宅产业化促进中心和中国建筑科学研究院、中国建筑设计研究院组成技术小组，共同编制《节能省地环保型住宅“四节一环保”技术体系框架》，为广大开发企业提供了一个整合产业化技术的平台，上海市房地局、广西省建设厅也发布了针对本地区的10项产业化成套技术，在许多开发项目中应用。此外，“绿色建筑技术导则”、“生态建筑技术导则”等，也对住宅产业化技术推广产生了积极的作用。

2.工业化住宅建筑体系有所突破。我国新型工业化住宅建筑体系开发推广几起几落，最终走出低谷，初步走向规模生产，特点是在多层和高层住宅中，工业化建筑体系有长足的进步。2001年，住房和城乡建设部发布《钢结构住宅产业化技术导则》、《钢结构住宅设计规程》后，钢结构住宅在上海、北京、山东都有大面积的应用。山东莱钢在青岛建设的钢结构高层住宅，除楼板采用现浇混凝土外，其他构件都为预制安装，室内精装修到位。轻钢结构住宅已突破3层高度向多层住宅发展。自保温承重、工厂预制、现场组装式的板块结构体系住宅推广应用的范围扩大，有的已远销海外。万科集团经“三代工业化”住宅的实验，正把第四代产品推向市场，他们开发的“预制化装配式钢结构混凝土结构”体系，已在上海、广东的工程中应用，计划2年时间里，用这个体系建造的住宅占到本企业开发面积的30%。北京华丽联合建筑体系有限公司采用轻型钢结构镶嵌式集成建筑体系，每年建设的面积达20万平方米以上，而且还供不应求，目前正在银川、沈阳开办分厂，扩大生产能力。

3.建筑装修一体化普及率提高。“建筑装修一体化”是住宅产业化的重要组成部分。住房和城乡建设部于2002年7月印发了《商品住宅装修一次到位实施导则》，已成为各地建设主管部门制定地方相关文件的依据。上海市、江苏省、山东省、大连市、深圳市等地区结合本地情况，提出了实现全装修住宅的近期和远期的目标，并在实际工程项目中认真实施。虽然各地全装修住房的发展水平不平衡，但总体上讲，普及率在提高，住宅装修生产的工业化水平也在提高。据统计，北京全装修住宅达到25%、上海达到35%、广州达到近50%，随着中

2008年9月，我国首座碳零排放节能大楼——宁波诺丁汉大学可持续能源技术研究中心大楼投入使用。据测算，未来25年，该大楼可节约448.9吨煤和减少1081.8吨碳排放

小户型的放量和广大消费者对全装修房的需求增加，加快建筑装修一体化工作势在必行。

4.住宅部品的标准化的基础工作得到加强。过去5年住房和城乡建设部批准发布的国家标准183项、行业标准548项、地方标准914项。为落实“四节一环保”要求，开展了100多项标准的制定。其中，有多项是针对住宅建设的标准。作为住宅产业化推进过程中的关键环节，厨房、卫生间的标准化研究取得突破。2006年6月住房和城乡建设部发布建筑工业行业标准，《住宅整体卫浴间》和《住宅整体厨房》。这两项标准主要解决了如何实现建筑业和制造业的衔接，建立了厨卫空间与设备空间的模数协调体系。这不但有助于厨卫生产工业化、规模化的发展，也带动其他住宅产品标准化工作的开展，为形成住宅部品的系列化开发、配套供应提供了技术保障。

5.制造业逐步进入住宅建设领域，产业集群的趋势明显。制造业进入住宅建设领域是产业化发展的必然趋势，也标志着这个产业发展的水平。日本生产工业化住宅的厂家大部分都是由制造和施工企业转入的。中国的制造业也开始在房地产领域大显身手，青岛海尔集团已进入住宅装修行业，并成为领军人物。长沙远大集团开始加入工业化住宅的生产行列，并建成钢结构示范楼盘。山东莱阳钢厂推广的钢结构住宅也在不断扩大建设规模。2007年8月，在北京由143家企业成立了“中国钢结构住宅产业战略联盟”，将钢结构住宅产业发展的各个环节联系起来，形成完整的产业链，并发挥产业集群的优势，促进我国钢结构住宅产业的成长壮大。

三、进一步发展住宅产业循环经济的重点工作

（一）完善立法，进一步推动住宅产业发展循环经济

1. 明确浪费资源的法律责任。修改《建筑法》，切实贯彻循环经济理念，对建筑住宅“四节”做出具体明确的规定。在《城市节约用水管理规定》的基础上制定《节约用水条例》，硬性规定新建、扩建、改建建设项目的节水设施与主体工程同时设计、同时施工、同时投入使用。对于浪费水的行为要规定严格的法律责任。制定《建筑节材管理条例》，严格限制毁田烧砖，禁止使用实心粘土砖，禁止填埋可利用的建筑垃圾，强化住宅建筑施工中的节材和材料的重复利用。修改《民用建筑节能管理规定》，制定《建筑节能管理条例》，明确政府、企业及公众在住宅建筑节能方面应承担的责任。

2. 健全相关技术规范和标准。要尽快制定《住宅节能设计标准》、《建筑能效测评与标识技术导则》及《住宅节能工程施工验收规范》，建立起具有我国特色的能耗标识体系。逐步建立节水标准体系，加强对节水设施和产品及其生产企业的管理和认证。

上海世博会伦敦“零碳馆”

3．完善监督管理体制。在《建筑法》、《建筑节能管理条例》、《建筑节材管理条例》及《节约用水条例》等相关立法中，明确规定节水、节能、节材、节地方面的监督管理机构以及监管机构的具体职责及履行程序。各监管部门应依法定期组织住宅“四节”标准的实施情况检查，从设计、图审、施工监理、检测、质量监督、竣工验收、房屋销售许可、物业管理等环节加强监管。对不执行住宅“四节”强制性标准的单位，通过当地主要报纸、电视等新闻媒体予以披露，并依法处罚。

4．完善配套的优惠政策措施。将住宅节能率列入考核地方政府的绿色GDP指标体系中，并且鼓励地方政府制定利于节能住宅发展的税收等财政政策。

（二）大力发展钢结构住宅

钢结构房屋是指以钢作为建筑承重梁柱的住宅建筑体系，其优点是自重轻，安全可靠度高，抗震、抗风性能较好，质量可靠，安装方便，便于标准化及推广使用；钢材是可回收再利用资源，符合循环经济的3R原则。目前，我国建筑钢材数量、品种和质量基本能满足钢结构住宅建筑的需要。近几年，国家加强了对钢结构住宅的政策指导和支持，钢结构住宅技术日益发展，已具备了发展钢结构住宅的条件。

（三）开发建筑废弃物的低成本回收再利用技术，建立社会回收系统

建筑废弃物的回收与再利用是实现住宅产业循环经济的一个重要环节。目前，我国建筑垃圾的数量已占到城市垃圾总量的30%～40%。据测算，我国每年仅施工建设所产生和排出的建筑废渣就有4000万吨。要建立一个社会回收系统，尽可能让一些与住宅相关的产业介入报废住宅的回收工作，形成资源的循环流动。

(四)抓好试点示范和加强建筑节能技术的推广工作

纺织行业循环经济

中国纺织工业协会

“十一五”期间，我国纺织行业的重点工作是加快结构调整，提高科技贡献率和品牌贡献率，加速产业升级。其中节能降耗、保护环境、实现行业可持续发展是结构调整工作的重要内容，积极发展循环经济是必不可少的途径。2008年以来，纺织工业发展的外部环境发生了较大变化，特别是国际金融危机全面爆发使行业经济形势出现明显下滑趋势，自身发展中长期积累形成的矛盾也越发明显，这对循环经济发展提出了更高的要求。在应对金融危机挑战的同时，纺织行业2008年推进循环经济的工作不但没有放松，而且更有紧迫感。主要做了以下几项工作：

一、对“十一五”规划相关约束性指标的中期评估

2008年11月，受工业信息化部的委托，纺织工业协会对《纺织工业“十一五”发展纲要》进行了中期评估。发展目标中包括有关循环经济的若干约束性指标（见表1）：

表1　　《纺织工业“十一五”发展纲要》发展目标中的约束性指标

指标	2010年	属性
节能指标	吨纤维耗电量比2005年降低10%	约束性
降耗指标	单位产值的纤维使用量比2005年降低20%，	
吨纤维耗水量比2005年降低20%	约束性	
环保指标	单位产值的污水排放量比2005年降低22%	约束性

评估结果显示，根据《纺织工业统计年报》数据，2007年行业主要大类产品中仅有吨纱耗电量同比下降0.56%，其他产品单位产量耗电量均没有下降，其中涤纶短纤、涤纶长丝吨纤维耗电量同比分别增长了0.91%和0.03%，百米布耗电量同比增长2.01%。近年来，随着行业技术升级和设备更新，设备的自动化程度不断提高，单机耗电量不断上升；与此同时，设备升级使得单机生产效率不断提高，单机产量也明显增加。综合两方面因素，单位产量的耗电量基本上保持稳定，没有明显的下降。以目前的技术装备水平看，预计在2010年以前，行业吨纤维耗电量仍将基本保持稳定，不会有明显的下降或上升。随着纺织行业在国家有关政策的支持下将节能空调系统逐步推广应用，预计在“十二五”期间，吨纤维耗电量将开始逐步下降。节能指标完成进度相对滞后一方面反映出行业的节能任务依然艰巨，

2008年9月，全国纺织印染行业节能减排优秀技术创新成果评审会

但是同时也必须注意到，技术升级和设备更新带动了产品附加值的提升和人力资源的节约，单位耗电量所创造的价值实际上还是在不断提升的。

在降耗方面，随着行业技术、管理水平的提高，单位产品的原材料消耗在不断减少。同时，随着产品附加值不断提升，单位产值的纤维消耗量下降明显。根据相关统计数据测算，2008年，纺织全行业万元产值纤维消耗量约为664吨，比2005年减少约150吨，即单位产值纤维消耗量3年累计下降18.5%，年均下降6.6%。预计到2009年底即可完成单位产值纤维消耗量下降20%的目标。

在水耗方面，自2006年起，纺织企业普遍采用冷凝水、冷却水回收技术，可使单位产量耗新鲜水量下降约10%。部分地区优势企业采用清浊分流分质处理以及末端处理回用技术，使耗水量可再降低20%，纺织行业节水成效比较明显。根据《中国环境年鉴》数据，2006年，统计中的7000多户纺织企业单位产值耗新鲜水量同比下降10%。按照统计数据折合为全行业吨纤维耗新鲜水量，同比下降5%以上。预计到2010年底全行业吨纤维耗水量可比2005年下降20%～25%。

在环保方面，2006年，纺织行业单位产值污水排放量同比下降了9%。2007年以后的统计数据尚未公布，但预计在国家加大对工业污水排放控制力度的政策作用下，行业单位产值污水排放量将进一步下降。估计到2008年底，单位产值污水排放量比2005年降低22%的目标即可全部完成。

二、配合国家推进《印染行业准入条件》的实施

2008年2月，国家发展改革委会同有关部门制定的《印染行业准入条件》（国家发改委公告2008年第14号，以下简称《准入条件》），纺织工业协会配合做了大量的宣传和贯彻工作。

《准入条件》从2008年3月1日起实行，适用于我国境内各类所有制的印染企业，具有印染能力的毛纺织、麻纺织、丝稠、色织、针织等企业，对新建或改扩建的印染项目在节能环保方面提出了更高的要求。

在工艺与设备方面，《准入条件》规定，新建或改扩建的印染项目应采用先进的工艺技术，采用节能环保的设备，主要设备参数应实现在线检测和自动控制，禁止采用列入《产业结构调整指导目录》限制类、淘汰类的落后生产工艺和设备，限制采用使用年限超过5年的二手前处理、染色设备。新建印染企业应具有一定的经济规模，棉、麻、化纤、丝绸机织物印染设计年生产能力应≥2000万米/年，毛机织物印染设计年生产能力应≥200万米/年，针织或纱线印染设计年生产能力应≥2000吨/年。新建或改扩建印染生产线总体水平应接近或达到国际先进水平[棉、化纤及混纺机织物印染项目设计建设应执行《印染工厂设计规范》（GB50426-2007）]；新建或改扩建印染项目应优先选用高效、节能、低耗的连续式处理设备和工艺。

在资源消耗方面，《准入条件》规定，新建或改扩建印染项目应按照规定进行节能评估，单位产品能耗和新鲜水取水量应达到相应规定。现有印染企业应加快技术改造，印染单位产品能耗和新鲜水取水量也要达到相应规定要求。

2008佛山市纺织服装业节能减排论坛7月25日在高明举行

在环境保护与资源综合利用方面，《准入条件》规定，首先，新建或改扩建印染项目环保设施要按照《纺织工业企业环保设计规范》（GB50425-2007）的要求进行设计和建设，执行环保设施与主体工程同时设计、同时施工、同时投

产的“三同时”制度；其次，新建或改扩建印染项目要按照环境友好和资源综合利用的原则，选择可生物降解（或易回收）浆料的坯布；使用生态环保型、高吸尽率染化料和助剂；建设冷却水、冷凝水及废水回收装置；第三，印染企业要大力推行清洁生产，鼓励企业进行清洁生产审核评估和能源审计，改进生产技术和装备，从生产的源头控制污染物产生量，降低生产和末端治理成本。

《准入条件》在企业布局、社会责任等方面也提出了要求，新建或改扩建印染项目必须符合这些准入条件。对不符合准入条件的印染项目，《准入条件》规定投资管理部门不得备案；土地管理部门不得办理土地审批手续；环保部门不得办理环保审批手续；建设部门不得办理建设开工手续；安全监管部门不得办理安全许可；融资部门不得提供任何形式的授信支持。

三、推进行业科技进步

2008年，中国纺织工业协会根据行业发展情况修订和细化《纺织工业科技进步发展纲要》，确定行业科技进步的重点领域和关键技术，作为全行业科技工作的指导性文件，引导企业、地方、国家及社会各方面力量支持纺织行业的科技进步。该纲要已经成为制定行业相关的科技计划必须参考的纲领性文件，并通过各相关政府部门的科研、开发计划逐步落实，一批关键技术获得突破，取得了可喜成效。其中确定了循环经济相关的主要技术领域：

（一）节约能源技术

1．供热、供电、供水、空调设备的改造。

供热系统的改造。目前已有不少单位由热电厂供应蒸汽。但还有不少单位采用锅炉供汽，其热效率低，污染严重，要根据不同条件进行改造，其改造原则为：凡24吨/小时热效率低于65%，≥10吨/小时热效率低于70%的锅炉都必须进行改造，并需配备必要的热工监测计量仪表、除尘设备等。同时采取如下技术措施，有条件的单位可安装蒸汽蓄热器可提高效率5%～10%。全厂冷凝水如能回用到锅炉作进水可提高效率8%～12%，采用空气预热装置可提高效率3%～8%，进行低氧燃烧控制，可节煤5%左右，采用省煤器，可提高效率4%～6%，上述措施加起来可提高效率30%左右。

供电设备方面的改造。如变压器负载率低于30%，电动机负载率低于40%就应更换调整。因此要提高变压器和电动机的运行效率就要抓好变压器和电动机的经济运行。由于变压器的效率是随功率因数提高而提高的，因此要按变压器的技术经济特性来合理分配负荷，采取提高用电设备的功率因数，调换容量过大的变压器，减少变压器的空载运行时间等措施来减少变压器有功和无功的损耗。

空调和供水设备方面的改造。主要是风机和水泵的改造，目前染整行业的风机和水泵的效率与国外同类产品水平相比风机要低10%～20%，水泵要低5%～10%。要尽快研发和推广高效节能型的风机和水泵，把风机效率能提高到80%以上，把水泵的效率能提高到70%以上。

宁波市北仑纺织企业检查废水处理回收自用

2．工艺设备改造。

变频节电技术。棉纺织、印染设备能耗高、热效率低，具有巨大的节电潜力和空间。对重点用能设备进行改造，效果非常明显。例如，在纺织染整设备上推广采用交流变频调速传动技术。据有关资料介绍在染整厂推广后已取得了10%～30%的节电效果，降低停台率达90%以上，减少日常电气维修费用达5倍以上，取得了较好的经济效益。

采用节能的新技术、新工艺、新设备。例如，采用高效轧车以降低织物的轧余率，来节约能源。采用高效水洗机来提高水洗效率，水力式冲洗的动态高效洗涤，从而缩短了水洗流程，效果显著。提高热定形机和焙烘机的效率，改造烘房布局，提高余热回收率，加强测试手段。采用低温等离子体新技术来替代传统的前处理工艺，该技术仅对纤维材料表面改性，对材料本体不产生破坏也不造成污染，耗能少。采用数码喷墨印花新技术来替代传统的印花技术，将数字化技术处理过的图像输入计算机以CAP（电脑印花分色系统）编辑后，再由专用软件（RIP）控制喷墨印花系统将专用色料直接喷印到织物上形成设计要求的印花系统。

推广计算机在线监控技术。例如，对印染从前处理到后整理的生产主要设备加装在线检测和自动控制系统，及时监控设备的运行状况，精确高效地使用设备，改善染整质量，降低能耗，达到较高的重演性和工艺稳定性。

（二）节约水资源技术

1．工业用水重复利用技术。

大力发展循环用水系统、串联用水系统和回用水系统。推进企业用水网络集成技术的开发与应用，优化企业用水网络系统。鼓励在新建、扩建和改建项目中采用水网络集成技术。发展和推广蒸汽冷凝水回收再利用技术。优化企业蒸汽冷凝水回收网络，发展闭式回收系统。推广使用蒸汽冷凝水的回收设备和装置，推广漏汽率小、背压度大的节水型疏水器。优化蒸汽冷凝水除铁、除油技术。发展外排废水回用和“零排放”技术。鼓励和支持企业外排废（污）水处理后回用，大力推广外排废（污）水处理后回用于循环冷却水系统的技术。在缺水以及生态环境要求高的地区，鼓励企业应用废水“零排放”技术。

2．冷却节水技术。

发展高效冷却节水技术是工业节水的重点。发展高效换热技术和设备。推广物料换热节水技术，优化换热流程和换热器组合，发展新型高效换热器。鼓励发展高效环保节水型冷却塔和其他冷却构筑物。优化循环冷却水系统，加快淘汰冷却效率低、用水量大的冷却池、喷水池等冷却构筑物。推广高效新型旁滤器，淘汰低效反冲洗水量大的旁滤设施。发展高效循环冷却水处理技术。在敞开式循环间接冷却水系统，推广浓缩倍数大于4的水处理运行技术；逐步淘汰浓缩倍数小于3的水处理运行技术；开发应用环保型水处理药剂和配方。发展空气冷却技术。在缺水以及气候条件适宜的地区推广空气冷却技术。鼓励研究开发运行高效、经济合理的空气冷却技术和设备。在加热炉等高温设备推广应用汽化冷却技术。应充分利用汽、水分离后的汽。

3．热力和工艺系统节水技术。

工业生产的热力和工艺系统用水分为锅炉给水、蒸汽、热水、纯水、软化水、脱盐水、去离子水等，其用水量居工业用水量的第二位，仅次于冷却用水。节约热力和工艺系统用水是工业节水的重要组成部分。推广生产工艺（装置内、装置间、工序内、工序间）的热联合技术。推广中压产汽设备的给水使用除盐水、低压产汽设备的给水使用软化水。推广使用闭式循环水汽取样装置。研究开发能够实现“零排放”的热水锅炉和蒸汽锅炉水处理技术、锅炉气力排灰渣技术和“零排放”无堵塞湿法脱硫技术。发展干式蒸馏、干式汽提、无蒸汽除氧等少用或不用蒸汽的技术。优化蒸汽自动调节系统。优化锅炉给水、工艺用水的制备工艺。鼓励采用逆流再生、双层床、清洗水回收等技术降低自用水量。研究开发锅炉给水、工艺用水制备新技术、新设备，逐步推广电去离子净水技术。

4．洗涤节水技术。

在工业生产过程中洗涤用水分为产品洗涤、装备清洗和环境洗涤用水。推广逆流漂洗、喷淋洗涤、汽水冲洗、气雾喷洗、高压水洗、振荡水洗、高效转盘等节水技术和设备。发展装备节水清洗技术。推广可再循环再利用的清洗剂或多步合一的清洗剂及清洗技术；推广干冰清洗、微生物清洗、喷淋清洗、水汽脉冲清洗、不停车在线清洗等技术。发展环境节水洗涤技术。推广使用再生水和具有光催化或空气催化的自清洁涂膜技术。推广可以减少用水的各类水洗助剂和相关化学品。开发各类高效环保型清洗剂、微生物清洗剂和高效水洗机。开发研究环保型溶剂、干洗机、离子体清洗等无水洗涤技术和设备。

5．工业给水和废水处理节水技术。

推广使用新型滤料高精度过滤技术、汽水反冲洗技术等降低反洗用水量技术。推广回收利用反洗排水和沉淀池排泥水的技术。鼓励在废水处理中应用臭氧、紫外线等无二次污染消毒技术。开发和推广超临界水处理、光化学处理、新型生物法、活性炭吸附法、膜法等技术在工业废水处理中的应用。发展纺织生产节水工艺。推广使用高效节水型助剂；推广使用生物酶处理技术、高效短流程前处理工艺、冷轧堆一步法前处理工艺、染色一浴法新工艺、低水位逆流漂洗工艺和高温高压小浴比液流染色工艺及设备；研究开发高温高压气流染色、微悬浮体染整、低温等离子体加工工艺及设备。鼓励纺织印染加工企业采用天然彩棉等节水型生产原料，推广天然彩棉新型制造技术。

四、重点行业推动经济的发展

化纤行业是纺织工业发展循环经济的重点行业。化纤工业协会2008年6月份召开会议，提出要着力推动资源替代技术、综合利用及再利用技术的发展，加强生物质工程技术研发；加大企业的环保投入、清洁生产投入以及再生资源利用的研发投入；加快粘胶行业废气回收技术的推广应用；突出重点、扶优扶强、以点带面、有效开展循环经济试点工作，将有条件化纤企业纳入国家及地方循环经济试点单位；鼓励聚酯回料纺生产企业技术水平的提升，推动行业良性有序发展（见表2）。

表2　化纤工业循环经济发展重点内容

利用环节	主要任务	主要内容
资源使用	使用可再生、可降解的生物质资源	生物法多元醇等化工产品（如生物法丙二醇、乙二醇、四氢呋喃等）； 聚乳酸纤维（包括L-乳酸、聚合、纺丝及非纤生产技术的研发）； 蛋白纤维及制品（如大豆、玉米等植物蛋白及废毛绒、角蛋白、牛奶、蚕蛹等动物蛋白纤维）； 再生多糖纤维：甲壳素纤维； 竹纤维、麻纤维、兰桉、玉米秸秆等速生农林资材再利用
节能降耗	提高资源利用效率	降低水、电、汽、风的消耗，减少跑冒滴漏，做好公用公程的管网平衡
清洁生产	使用环保助剂	各类环保型催化剂、改性剂、新溶剂、添加剂等的研发和使用
	环保回收技术	“废水废气废渣”治理新技术、由终端治理向过程监控技术转变；加强粘胶行业废气回收治理、粘胶用浆粕的黑液治理；干法及湿法纺丝溶剂循环使用
资源回收	回收资源再利用	应用废聚酯、废丝生产聚酯短纤再生纺
	包装物回收	提高托盘、筒管等包装物使用次数、使用可回收包装物、减少过度包装。

五、生态纺织产品开发

2008年，纺织企业加快了生态纺织品产品开发的步伐。

湖南省沅江市明星麻业有限公司苎麻生物脱胶技术并实现产业化，摒弃高耗能、高污染的化学脱胶工艺；淄博兰雁集团有限责任公司将新产品开发与节能减排相结合，开发喷射润湿节水面料；华纺股份有限公司新型冷轧堆染色产品；泉州海天轻纺有限公司再生涤纶面料；山东滨州亚光毛巾有限公司环保型无捻产品；江苏霞客环保色纺股份有限公司开发彩色纤维、无染彩纱、无染彩线、抗菌彩纱，从源头解决污染排放，为清洁生产奠定基础；愉悦家纺有限公司强调环保材料和节能工艺应用，开发X-Static抗菌银/棉混纺面料、SeaCell海洋生物活性纤维面料等；上海安诺其纺织化工股份公司研发环保染料，开发L型低温固色活性染料、记忆性纤维安诺可隆PTT黑染料、高耐晒家纺及汽车专用分散染料HRD系列产品。

六、加强标准化建设

在产品质量标准和物品编码方面，协会2008年依托各专业协会组建的产品质量标准委员会，对行业标准体系进行建设。标准计划项目的执行和实施进一步优化了纺织行业标准体系，有利于稳定和保证产品质量，更有效地起到规范纺织品生产和贸易行为，为促进产业升级和结构调整提供了标准化技术支撑作用。其中“生态纺织品标准”和“有关婴幼儿、儿童服装安全与标签标识及纺织机械安全标准”是行业发展循环经济的有力保证。2006～2008三年纺织行业标准共立项627项，其中国标339项，行标288项（见表3）。已制定完成和发布370多项，国标完成率超过85%，行标完成率30%。

表3　标准立项分类情况

序号	类别	数量
1	纺织新材料及相关产品、检测方法标准	73
2	生态纺织品标准	20
3	功能性纺织品标准	39
4	有关婴幼儿、儿童服装安全与标签标识及纺织机械安全标准	15
5	行业重点研发和市场急需的产品及配套基础、方法标准	469

各标准化技术机构利用网络、报刊杂志等平台加强标准宣传，开展强制性标准、重大产品和方法标准、纺织品安全、生态纺织纺织品、国外技术法规与标准等的培训。并逐步建立纺织标准资源网，建立纺织标准物质资源库和纺织标准化技术信息库，收藏国内外标准、标准物质及标准化相关技术资料，开展对委员单位和广大企业的咨询服务，提升服务能力。

七、企业社会责任体系实施推广

“十一五”期间，纺织企业社会责任工作得到了广大企业的积极响应。研究制订了国内制造业届首部企业社会责任管理体系——中国纺织企业社会责任管理体系（CSC9000T），2008年发布《中国纺织服装行业社会责任资源库——法律法规及标准库》，它是国内第一个社会责任领域的信息资源系统。当年还推出了《中国纺织服装企业社会责任报告纲要》，以指引和规范企业社会责任报告的编写。其间与联合国工业发展组织（UNIDO）、国际劳工组织（ILO）、欧盟世贸项目（EUCTP）、荷兰政府、阿姆斯特丹大学、欧洲外贸协会（FTA）等国家政府和国际组织以及国际品牌商、零售商等开展了广泛合作与交流，使CSC9000T的国际推广取得积极成效，进一步改善了我国纺织行业在国际上的形象。

CSC9000T的实施推广取得明显进展，对上千家中小纺织服装企业进行社会责任普及工作。至今已有近200家纺织企业跟进CSC9000T体系建设，1000多家中小企业近20000名管理者与员工代表接受培训。

通过CSC9000T的试点实施，促进了企业管理观念的转变，使企业落实以人为本，资源环境等因素得到重视，改变了过去被动应付验厂，追求短期效益的做法，企业从管理和国际贸易两方面已经获益。

橡胶行业循环经济

中国橡胶工业协会

2008年是“十一.五”实施的关键一年。面对自然灾害、橡胶等原材料价格暴涨暴跌、国际金融危机等多种不利因素的冲击和影响,全行业认真学习科学发展观，坚持把推进循环经济与科学发展、名牌战略紧密的结合起来，与时俱进，奋力开拓，赢得了全行业平稳较快发展的局面（见表1）。

表1 2005-2008年中国主要橡胶产品产量

年份	2005	2006	2007	2008
轮胎（万条）	25000	28000	33000	35000
其中子午胎（万条）	14850	17860	23000	26365
摩托车胎（万条）	8500	10000	12000	13200
力车胎（万条）	41165	47500	52000	60076
输送带（万平米）	13702	15357	17000	24490
V带（万A米）	86600	91623	99000	138889
胶管（万标米）	37827	51181	55000	88889
胶鞋（万双）	127475	159089	217176	212833

备注：以上数据中，胶鞋数据为国家统计局提供，其他数据为中国橡胶工业协会推测。

一、2008年橡胶工业循环经济基本特点

2008年，我国橡胶工业循环经济发展呈现出三大特点：

（一）我国是橡胶消耗第一大国，特别注重废橡胶的循环再生利用

2008年，我国橡胶耗胶量已达到550万吨，占世界橡胶消耗总量的25%，耗胶量已连续7年居全球第一（见表2）。随之而来的是进口和保护环境问题。2008年总计进口344.14万吨橡胶，占国内消耗量的63%,废旧橡胶产生量约740万吨，其中废旧轮胎约有1.3亿条。据预测，到2020年我国橡胶消耗将上升为占世界橡胶消耗总量的29%，达800多万吨，进口必然会同步增加，废旧橡胶的产生量也将达到950多万吨，资源紧缺和环境保护的形势将更加严峻，废旧橡胶的治理和综合利用更加引起全行业的高度重视。

表2 2005-2008年中国橡胶消耗量

年份	2005	2006	2007	2008
天然橡胶NR（万吨）	190	210	235	253
合成橡胶SR（万吨）	210	240	270	297
合计（万吨）	400	450	505	550

（二）橡胶工业循环经济链条继续完善，低消耗、低排放、高效率的基本特征进一步显现

几十年来，伴随我国政府历来倡导勤俭建国方针，我国橡胶工业的发展已基本形成循环经济产业链，并且在不断完善。即：围绕橡胶资源开发—橡胶产品制造—经销—使用—翻新修补—报废—回收—再资源化（生产再生胶、胶粉）等8大环节循环运行。2008年，橡胶行业坚持遵循“减量化、再利用、资源化”三大原则，进一步完善循环经济产业链。一是生产高质量的绿色橡胶产品，提高新产品合格率，减少资源浪费；二是清洁生产，节能降耗；三是对能源和资源的循环利用，循环经济的基本特征进一步突出。

（三）废旧橡胶治理向综合利用、深加工发展，以提高利用率，产生更大的附加值

三胶（天然橡胶、合成橡胶、再生胶）并用，是橡胶行业行之有效的宝贵经验。近年来，继南京金腾、唐山兴宇等公司开始用自产的再生橡胶深加工成工业用橡胶板、汽车垫带、内胎、屋面防水材料和运动场地面胶垫等各类橡胶制品后，更多的再生胶企业拓宽产业链，由原料型生产向橡胶制品制造发展，有效地突破发展瓶颈，促进了行业健康发展。2008年南京金腾公司自产的环保型橡胶产品成功进入北京奥运会，据不完全统计，该公司向乒乓球、游泳、射击、网球、田径等比赛场馆及场地共提供各种体育场地用橡胶板、橡胶垫面积达91000平方米左右，直接经济效益263万元。

二、深入推进橡胶工业循环经济

2008年，行业围绕循环经济，重点抓了三项工作。

（一）废旧橡胶的综合利用

1．进展状况。

当前，我国废旧橡胶综合利用的主要方式有轮胎翻新、生产再生胶和胶粉三种（见表3）。废橡胶综合利用生产能力超过300万吨/年，其中再生橡胶产量约占73%，已成为世界上最大的再生橡胶生产国。再生胶企业数量达1000余家，主要集中在河北、山西、江苏、浙江、山东、河南、四川等地。据统计，2008年全国再生橡胶、胶粉产量已达到270万吨，并且产品种类呈系列化，无臭味再生胶、浅色再生胶、彩色再生胶、乳胶再生胶、卤化丁基再生胶、丁腈再生胶、三元乙丙再生胶和高强力再生胶等，除满足国内使用外，还远销世界几十个国家和地区。再生橡胶的生产与利用，已成为橡胶再生利用的主力军。

2008年，我国共产生废旧橡胶约730万吨。处理和利用废旧橡胶约520万吨。从表4可以看出，胶粉生产利用约40万吨，利用率占总量的7.7%；轮胎翻新利用约50万吨，利用率占总量的9.6%；热裂解利用约50万吨，利用率占总量的9.6%；再生橡胶制造利用约380万吨，利用率占总量的73.0%，再生橡胶制造是废旧橡胶再生利用的绝对主体。

表3　　2003～2008年三种工业化方式产品产量

年度	再生橡胶	硫化橡胶粉	翻新轮胎
2003年	120万吨	18万吨	700万条（35万吨）
2004年	130万吨	22万吨	800万条（40万吨）
2005年	145万吨	22万吨	920万条（46万吨）
2006年	170万吨	22万吨	960万条（48万吨）
2007年	220万吨	25万吨	1200万条（60万吨）
2008年	245万吨	25万吨	1000万条（50万吨）

注：从表3可以看出，再生橡胶制造是废旧橡胶循环利用的主体。2006年比2005年增长15%；2007

年增长27.6%；2008年虽然遭遇国际金融风暴影响，仍然增长11%以上。

2．节能环保，再生胶加工能力相对集中。

—节能环保，开发有中国特色的再生橡胶生产新技术。20世纪90年代我国自主研发的“废橡胶动态脱硫新工艺技术”在国内成功推广，2008年我国生产245万吨再生橡胶，其中至少90%以上采用了该工艺。仅2008年，用该工艺生产的再生橡胶与原来的水油法工艺相比节水6072万吨，节煤89.98万吨，节电104676万千瓦时，直接节约成本5.27亿元（按1992年价格计算）。

表4　　2008年四种工业化方式利用率比较

废旧橡胶利用		其中			
项目	总量（万吨）	再生橡胶（万吨）	硫化橡胶粉（万吨）	轮胎翻新（万吨）	热裂解（万吨）
废旧橡胶利用数量	520	380	40	50	50
占回收利用率%	100	73.0	7.7	9.6	9.6
产出产品数量		245	25	1000万条	40
回收钢丝纤维		135	15	0	5
备注（产品用途）		替代生胶的二次原料	沥青改性、橡胶制品添加等	重复使用	燃料油、裂解炭黑等

2008年，由江西国燕高新材料科技有限公司设计的国内第一条程序控制再生橡胶生产线一年内完成土建、设备安装，并进入试生产阶段。该生产线从粉碎再生后加工，环保配套实现了全程微机调控，实现了智能化的设计过程，生产高强力再生橡胶的技术代表着本专业内国际先进水平的创意。

—研制新型再生橡胶生产设备，安全、高效。为替代传统的导热油热传导及电阻传导方式再生罐，由成都天利民橡胶有限公司研制成功新型感应加热装置，并已应用于不同规格的再生罐体上。该感应加热方式比导热油加热方式可降低投资90%，节省操作工3人，降低维修费用8万/年，比电热传导方式装机功率降低30%，吨再生橡胶加热功耗降低60%，实际耗能仅为60千瓦时，且避免了由于电加热局部过热产生的罐体变形的弊端。经成都市技术监督局和地方环保机构现场考评，该装置无环境幅射和其他污染源发生。该装置已在山东、河北、河南等再生橡胶企业应用。

—调整产品结构，着力研发环保型再生橡胶新产品。随着市场需求和行业环境意识的提高，继上海肖友橡胶公司之后，无臭味、无迁移污染、采用植物助剂生产的再生橡胶产能进一步提升。该品种实际产能2008年达到了35万吨，比2007年28万吨提高了25%，产量已占再生橡胶总量的14%。

—当前，我国生产再生橡胶能力超过500万吨/年，生产集中度进一步提升，已成为世界最大的再生橡胶生产国。再生橡胶企业数量达1000余家，区域性规模生产能力基本都达到10万吨左右。如，河北主要集中在唐山、沧州、保定；山西主要集中在平遥、汾阳；江苏集中在南通、泰州、宿迁、徐州；浙江集中在温州、宁波、杭州；山东集中在莱芜、济南、潍坊、青岛、泰山；河南集中在焦作、温县、新乡；四川集中在都江堰、雅安、隆昌等。

据不完全统计，再生橡胶产量规模在1万吨以上100余家，生产能力约200万吨；规模在0.5万吨以上500余家，生产能力约200万吨；再生橡胶生产企业除西藏、澳门外，遍布全国各省、市、自治区。

世界最大的再生橡胶研发、生产制造企业——南通回力橡胶有限公司

表5　　2008年1-12月份再生橡胶产量排行榜

序号	企业名称	再生橡胶产量（吨）
1	南通回力橡胶有限公司	58711
2	南京金腾橡塑有限公司	42995
3	福建环科化工橡胶集团有限公司	38162
4	莱芜市福泉橡胶有限公司	35429
5	金轮橡胶（海门）有限公司	34871
6	宁波华星轮胎有限公司	33621
7	京东橡胶有限公司	32150
8	四川隆昌海燕橡胶有限公司	23800
9	江西亚中橡塑有限公司	22812
10	唐山兴宇橡塑工业有限公司	22000

根据2008年产量统计排列，南通回力橡胶有限公司、南京金腾橡塑有限公司等10家再生胶生产企业产量占全国总产量14%以上，产量相对集中（见表5）。

3．硫化橡胶粉应用和轮胎翻新工作得以加强。

—抓好硫化橡胶粉在路面改性沥青中的应用。历经多年的市场培育，伴随国家对该产品标准的立法完善，硫化橡胶粉在公路沥青中应用已日趋成熟。据对国内13家较大规模的公路设计院及道路改性材料施工集团统计，2007年用于公路改性沥青的胶粉，已由年2.2%递增速率提高到8%，2008年行业生产的25万吨专用胶粉中16%用于路面沥青改性。胶粉用于基质沥青改性后，产生的良好降低噪音、防湿滑、低成本特性，已为交通设计专家认可，特别是江苏燕宁公司使用该改性材料在公路应力吸收层中的数据，更是受到公路施工公司的赞许，效果好、经济效益明显。

—强化了轮胎予硫化冷翻工艺。轮胎翻新是新轮胎制造的延伸，是轮胎循环利用的重要组成部分。予硫化冷翻工艺是轮胎翻新制造业的发展方向，较之热翻工艺有着诸多优势。北京圣宝橡胶制品有限责任公司引进多贝力公司整套生产线，可使翻新次数由传统的一次翻新提高到二次或三次翻新，使用寿命达到或接近新轮胎时限寿命。

（二）节能降耗成为全行业的共同行动

1．不断提高轮胎产品质量，研发和生产了优质轻量化轮胎。

轮胎是橡胶工业的第一大产品。继2004年、2007年两次评审，10家民族轮胎企业的全钢子午胎被评为中国名牌产品之后。2008年1月，三角集团和天津赛橡科技股份有限公司合作开发的巨型工程子午胎成套生产技术和设备荣获2007年度国家科学技术进步一等奖，打破了国外大轮胎公司垄断局面，解决

我国自主研发的“国燕”再生橡胶工业尾气净化装置和双塔旋转雾化喷淋废气吸收净化装置

了在恶劣路面及重载高速行驶时对巨胎安全性、牵引性、操纵性、磨耗性的极高要求,形成了我国高质量、系列化、规模化巨型工程子午胎生产体系。

2008年6月，北京首创轮胎有限责任公司和北京射线应用研究中心共同承担的“核辐射技术在橡胶轮胎生产中的应用开发”取得成功，通过项目验收,并填补了国内技术空白。

华南橡胶轮胎有限公司成功研制出28″Y级（300km/h）高性能轿车轮胎，成为国内首家、全球第8家能够生产此规格的轮胎厂家。

2008年以来，双钱集团生产的全钢子午线轮胎，在优质轻量化方面和同等规格品种的世界轮胎名牌产品相比，差距已较小。为了在确保轮胎质量的前提下，进一步降低产品橡胶单耗，双钱集团又提出要从设计理念、装备精度、员工操作熟练程度等方面着手，加快研发优质轻量化轮胎，以赶超世界先进水平。

2．力车胎行业不断扩大再生胶合理应用。

橡胶在力车胎生产成本中，占的比重最大。在力车胎生产过程中，长期掺用适当比例的再生胶，替代天然橡胶、合成橡胶，不仅降低产品成本，而且改善了胶料加工性能，提高了生产效率。近年来，随着精细再生胶、高强力再生胶、无味再生胶等再生胶新产品的增加，掺用再生胶比例已达到30%～35%，部分企业研究使用再生丁基橡胶掺用于生产丁基内胎，有的企业还生产出全再生丁基橡胶的力车内胎。

据测算，力车胎行业每年耗胶（含天然胶、合成胶）约40万～50万吨，2008年，生产力车胎产品全年至少少用天然胶、合成胶15万吨以上，既降低了成本，节约了外汇支出，又提高了产品质量，产品出口赚取了外汇，可谓一举几得。

3．加快治理废水、污水，节约水资源。

风神轮胎在生产过程中，每年消耗约400万吨清洁水。为节约水资源，并治理水污染，风神轮胎2005年年底开工建设总投资3075万元的水资源综合利用项目，对原有工厂达标排放的生产废水、生活污水及流经企业的城区生活污水和热电联产项目产生的废水，选用先进的物化、生化和软化工艺，采用在国际上广为流行的曝气生物滤池（BAF）工艺进行处理。该工艺具有很好去除SS、COD、BOD、硝化、脱氟、除磷、去除AOX的作用。项目整体工艺协调优化，污水处理与污泥处理同步进行。处理后的中水质量稳定，可作为热电联产项目循环冷却补充水和公司生产生活辅助用水（如浇树、浇花、浇草，喷洒道路，打扫卫生等），这不仅可节约清洁水，实现企业污水“零排放”，也可减少市区生活污水的排放；污水处理排出的污泥可作为肥料供树木、花草使用，不再造成二次污染。该项目已顺利通过了环保验收。2008年，通过该项目投入运行，年节约用水350万立方米，节约水费876万元。2008年，大型轮胎企业几乎100%实现了

中国自主研发的再生橡胶动态脱硫罐生产基地——淮南市石油化工机械设备有限公司车间

子午线轮胎生产车间一角

全国轮胎行业首家水资源综合利用项目

清洁明亮的再生胶车间

水的循环利用。

水的循环利用已经在橡胶行业得以普及，例如，炭黑行业，龙星化工股份有限公司新建成的3600立方米/天中水深度处理回用项目，于2008年3月投入运行，每年可处理生活污水36.1万立方米、工业废水约93.9万立方米，生产清水约130万立方米，回用于炭黑生产工艺等生产生活辅助用水。该项目2008年实现产生回用清水约95万立方米，产生经济效益253.23万元（其中节省排污费91.2万元），既节约了大量水资源，又保护了生态环境。公司被评为“河北省环境友好企业”。

4．炭黑行业治理尾气，使热能得到充分利用。

炭黑行业的尾气主要用于尾气发电。2008年，全行业生产能力为359万吨，配置尾气发电能力为20万千瓦时，按8000小时计算，每年能发电160000万千瓦。

江西黑猫目前共有四个生产基地，炭黑总产能达到40万吨/年，现有三个基地配置了炭黑尾气发电（一个基地直接将炭黑尾气送入焦炉，给焦炉提供热量，未设置发电机组），总发电机组容量为38500千瓦时。其中，2008年，新配置了2台（6000千瓦时、15000千瓦时各一台）21000千瓦时，都将于2009年投入使用。

河北大光明实业集团有限公司是一个以炭黑、玻璃为主导产业的企业集团，年产炭黑11万吨，玻璃1000万重量箱，共配有炭黑尾气发电能力10500千瓦时，所发电力扣除炭黑生产线自用电后，还可外供。2008年全年总发电量5292万千瓦时，直接节约电费2800多万元。

龙星化工股份有限公司年炭黑产能19万吨，2008年8月新建一条4.0万吨新工艺炭黑生产线同时新建一套，总装机容量21兆瓦。2008发电装置总发电量14603万千瓦时，公司自用8090万千瓦时，输送电网外供6513万千瓦时，实现经济效益8352万元。

（三）坚持清洁和环保产品生产，减少产品危害，降低社会治理成本

2008年，我国橡胶助剂年产量占全世界50%以上，在全球具有举足轻重的地位;其主要品种，如防老剂4020、促进剂NS及防焦剂CTP、硅烷偶联剂si—69等产品在全球名列前茅。

助剂行业通过对中间体RT—培司清洁工艺的技术突破，使防老剂4020基本实现“零排放”，不仅降低了成本，提高了质量，还使产量扩大为世界第一，也使绿色防老剂产量占到总产量的87.2%。

2007年，橡胶助剂行业有毒有害的大宗产品促进剂NOBS的生产出现负增长，并且产量比重下降至同类产品的5%以下，被绿色产品促进剂NS取而代之。

2008年促进剂NOBS和防老剂D列入国家环保部高环境风险产品目录，使替代有毒有害产品从政策法规上获得保证。这一法规的出台，必将进一步促进橡胶助剂行业的产品结构调整，实现橡胶助剂产品的绿色化。

废钢铁回收利用

中国废钢铁利用协会

2008年我国废钢铁资源消耗总量继续增长，受粗钢增长幅度减缓的影响，吨钢废钢单耗结束了连续7年下滑之后，小幅回升。国内废钢产生量有所增加，但废钢资源的供需形势仍然维持供不应求的格局。废钢进口市场在经历了一场大起大落之后，倒挂价格开始返正，低迷了3年的进口市场开始复苏，前景看好。

一、2008年我国废钢铁资源消耗总量持续增长，废钢单耗有所回升

（一）钢铁产量继续平稳增长，增幅放缓

2008年上半年，我国经济持续稳步快速发展，钢材市场供需两旺。粗钢产量基本保持5000万吨/年左右的增长量，但增长速度放缓。

2008年8月份以后受世界金融危机的影响，钢材市场大幅下滑，钢铁企业大幅减产，全年粗钢产量基本维持上年水平，略有增长。

2008年我国粗钢产量为50049万吨，同比增加559万吨，增长1.13%，增幅回落14.5个百分点（见图1）。

生铁产量为47067万吨，同比减少74万吨，下降0.16%。

进入21世纪以来我国的粗钢产量平均以每年5600万吨的涨幅递增，平均年增长幅度为21.12%（见表1）。从2006年开始增幅逐年放缓，2008年处于踏步状态。粗钢产量增长幅度的放缓，对缓解我国废钢资源供不应求的紧张局面、促进吨钢废钢单耗的回升起到了决定性的作用。

表1　2000～2008年我国粗钢产量统计表

年份	2000	2001	2002	2003	2004	2005	2006	2007	2008
产量（万吨）	12850	15103	18225	22234	27279	35579	42102	49490	50049
增幅（%）	–	17.53	20.67	21.99	22.69	30.42	18.33	17.5	1.13

（二）废钢铁消耗总量继续大幅提高，废钢铁单耗小幅回升

2008年废钢铁消耗总量7200万吨，同比增长350万吨，增长5.1%，大于粗钢产量的增长幅度，促进了废钢单耗的增加（见表2）。随着社会废钢积蓄量的增长和地下小钢厂争夺废钢资源势头的减弱，炼钢废钢供应不足的局面有所减缓。

吨钢废钢铁平均单耗为144千克/吨钢，同比上升了4千克/吨钢，增长2.9%（见图3）。结束了从2001年开始的7年连续下滑的态势，开始小幅度回升，出现了可喜的转机，这意味着我国钢铁工业在发展循环经济、节能减排的战略调整中、炼钢原料正逐步步入科学配置的发展轨道。

上半年吨钢废钢铁平均单耗达到145千克/吨钢。2008年8月份之后受世界金融危机的影响，废钢资

源供应迅速下降，导致已经回升的废钢单耗，再次下滑。

表2　　2000～2008年我国废钢铁消耗统计表

年份	2000	2001	2002	2003	2004	2005	2006	2007	2008
废钢消耗总量(万吨)	2920	3440	3920	4820	5400	6330	6720	6850	7200
增长率（%）	–	17.81	13.95	22.96	12.03	17.22	6.16	1.93	5.1
废钢单耗（kg/T）	227	226	215	217	191	178	160	140	144
增长率（%）	–	–0.44	–0.44	0.9	–11.98	–6.8	–10.11	–12.5	2.9

二、2008年我国废钢资源产生量略有增加，资源缺口依然很大，废钢供应依然紧缺

我国废钢铁资源的来源分三个部分：钢铁企业自产废钢、国内社会废钢和进口废钢，进口废钢主要用于补充国内废钢资源的不足。这次世界金融危机对这三块资源均有不同程度的影响（见表3、图4）。

（一）钢厂自产废钢量

2008年钢铁企业自产废钢量（其中包括生产线上产生的废钢和设备检修产生的废钢）为2860万吨，同比增长160万吨，增长5.93%，占粗钢产量的5.7%，同比略有增长。8月份以后钢企大幅减产，很多企业提前停产检修或扩大检修范围，提供了自产废钢率的提高。

（二）社会采购废钢量

全年社会采购废钢总量为4200万吨，同比减少110万吨，下降2.55%。主要原因是由于下半年受金融危机的影响，市场萧条。尤其是9、10、11、12四个月市场冷清，交易量大幅降低，废钢采购困难。

（三）进口废钢量

全年进口废钢359万吨，同比增加20万吨，增长5.9%。用于炼钢的废钢约260万吨，四季度进口市场开始复苏，由于时间较短，进口总量仍没有太大的增长，但市场发展趋势出现了良好的转机。

（四）废钢资源供需平衡情况

按照上半年的废钢消耗水平测算，2008全年废钢需求总量为7250万吨，国内废钢资源量为7060万吨。加上钢企自产废钢中废次材的外销，铸造业设备制造业对废钢消耗，及小钢厂对废钢资源的争夺等因素，全年废钢资源供应缺口仍为1000万吨左右。由于进口废钢市场复苏较晚，废钢资源缺口仍然未能得到充分的补充，延续了21世纪以来供不应求的基本格局。

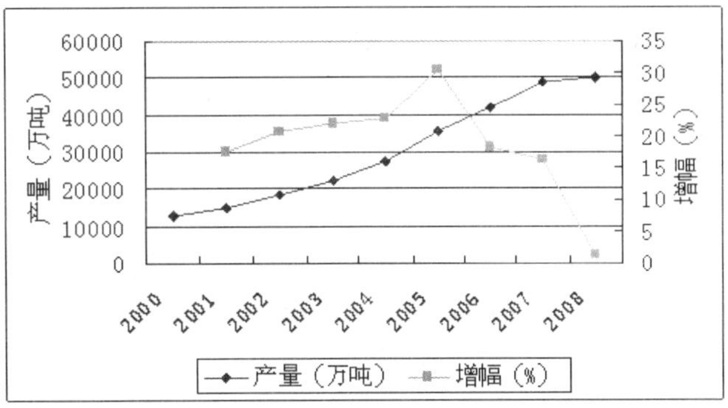

图1　2000～2008年我国粗钢产量增长走势图

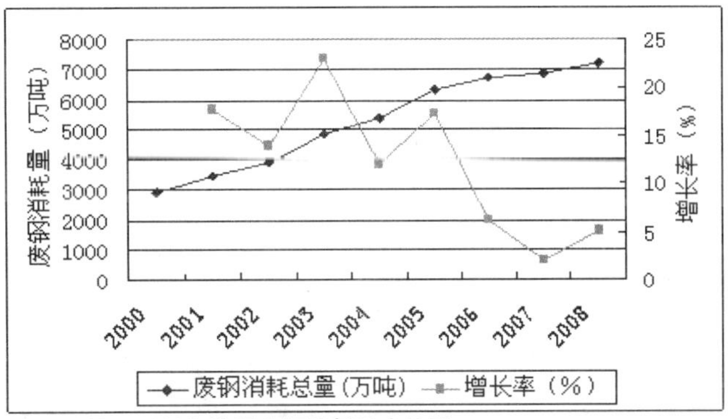

图2　2000～2008年我国废钢消耗量走势图

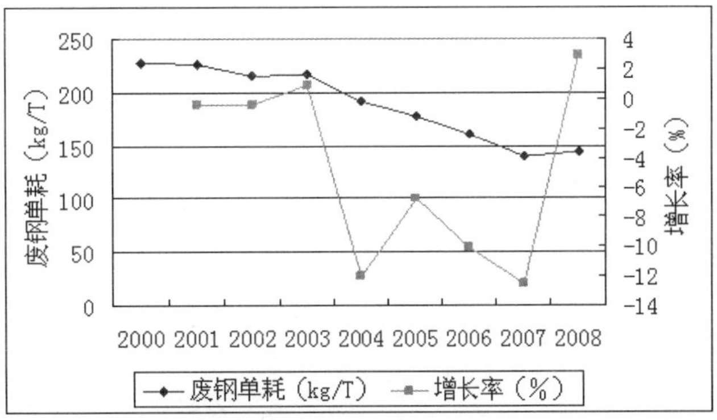

图3　2000～2008年我国废钢单耗走势图

表3　　2000～2008年我国废钢资源产生量统计表

年份	2000	2001	2002	2003	2004	2005	2006	2007	2008
自产废钢	1299	1334	1344	1530	1700	2220	2750	2700	2860
社会采购	1788	1897	2284	3216	3300	3675	3800	4310	4200
进口废钢	510	979	785	945	1023	1014	538	339	359
进口海绵铁	–	70	130	168	156	75	31	33	60

三、2008年我国钢铁市场价格大起大落，经历了过热—过冷—低迷三个不平凡的阶段。

（一）2008年1～7月份我国废钢铁市场价格大幅上扬，增长过热

我国废钢铁市场价格经历了2006年至2007年连续两年逐月攀升的运行轨迹之后，随着钢产量的持续快速增长和进口矿石价格暴涨，2008年1～7月份继续维持上扬的发展态势，涨幅过大，增长过热（见图5、表4）。

1．废钢铁市场。

以重废为例，元月份全国平均到厂价为2908元/吨，7月份涨至3937元/吨，增长1029元/吨，增长35.39%，同比增长69.77%，价位和增长幅度都是历史新高。

2．生铁市场。

炼钢生铁元月份到厂价为3656元/吨，7月份涨至4683元/吨，增长1027元/吨，增长28.1%，同比增长74.48%。进口铁矿石的暴涨对生铁价格的上扬起着主导作用。

（二）2008年8～12月份废钢铁市场价格急转直下，快速下滑，直至谷底

8～12月份，我国钢材市场受世界金融危机的影响大幅下滑，废钢市场迅速跟进，急转直下，一跌再跌，11月份进入谷底，市场低迷，曾经出现了一个低价购不进、高价卖不出、交易量甚微的尴尬格局。部分钢企停止采购，降库保产，部分废钢供应企业关门歇业，坐观后市，市场寒冷，直到11月份才逐步小幅回暖（见图5、表4）。

1.废钢铁市场。7月份为全年最高价位，以重型废钢为例，平均到厂价3937元/吨，11月初为最低价位，平均到厂价为1967元/吨，下降1970元/吨，下降幅度为50%。大于上半年的增长幅度，低于去年同期价格。

2.生铁市场。炼钢生铁7月份平均到厂价4683元/吨，11月初为2461元/吨，下降2222元/吨，下降47.45%，大于上半年增长幅度，低于去年同期价格。

3.进入11月份，国内废钢市场降幅放

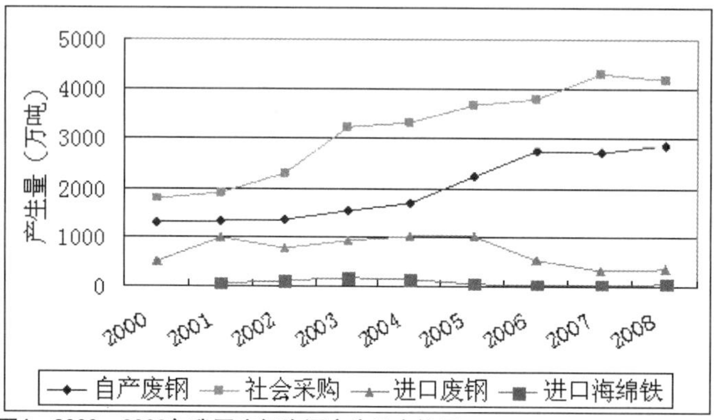

图4　2000～2008年我国废钢资源产生量走势图

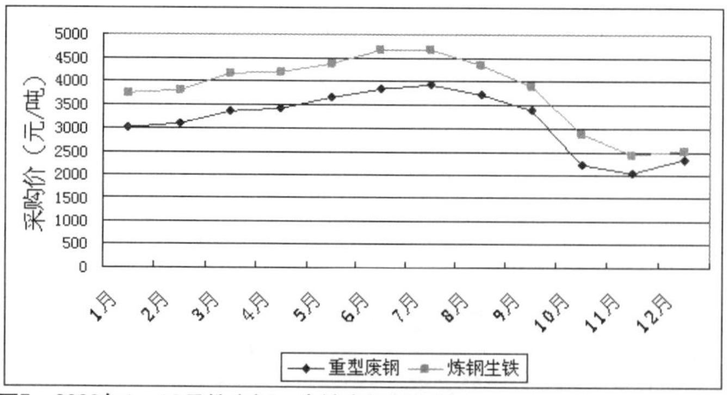

图5　2008年1～12月份废钢、生铁市场运行图

缓，部分钢企开始小幅提价采购，价格止跌回升，炼钢生铁跟随开始上扬，市场逐步稳定。

表4　　2008年1～12月份废钢、生铁市场价格统计表　　单位：元/吨

月份	1月	2月	3月	4月	5月	6月	7月	8月	9月	10月	11月	12月
重型废钢	2984	3079	3341	3426	3666	3844	3937	3705	3375	2226	2037	2343
涨幅（%）	--	3.1	8.5	2.5	7	4.8	2.4	-5.9	-9.1	-34	-8.5	15
炼钢生铁	3749	3814	4149	4201	4374	4668	4 683	4351	3902	2871	2423	2507
涨幅（%）	--	1.7	8.8	1.3	4.1	12.1	-0.3	-7.1	-10.3	-26.4	-15.7	3.5

总之，我国废钢铁市场价格2008年在世界金融危机的冲击下，经历了一场进入21世纪以来从未发生过的大起大落。升幅之高，降幅之大，升降速度之快都是罕见的，令人始料不及。在这场起伏中供需双方都遭受了不同程度的损失。灾难已经过去，如何在重创中反思，吸取教训，加强行业自律，进一步规范市场，增强行业调控市场、稳定市场的能力，寻求新的发展机遇，才是最重要的。

四、2008年我国进口废钢铁市场经历了一场大起大落之后，年底开始复苏

（一）2008年1～9月份进口废钢持续高价位运行，涨幅放缓

1～9月份进口废钢市场延续了2007年价格月月上扬、进口量逐年下跌的基本态势。但是价格的增长幅度和进口量的下跌幅度明显减弱，价位基本到了顶线。

2008年元月份普通废钢的平均到岸价为510美元/吨，9月份平均为718美元/吨，上涨208美元/吨，增长40.78%，同比增长35.98%，但涨幅小于国内废钢，价格差距在逐步缩小（见表5）。

（二）9月份之后随着世界钢产量的减少，废钢进口价格大幅下滑

从相关统计看9月份到岸价格继续上扬，考虑到受30～45天的交货影响期，实质上从8月份已开始降价。11月初到岸价降到160美元/吨，低于国内的价格。10月末日本废钢协会访华后，成交量迅速增大，价格分品种波动在160～250美元/吨左右，市场开始复苏，进口量逐步增加（见表5）。

（三）2008年进口废钢量同比略有增加

全年废钢进口总量为359万吨，和2007年339万吨进口量相比，增加了5.9%。2006年进口量比2005年下降47%，2007年比2006年下降37%。2008年结束下滑，开始增长，意味着我国进口市场逐步走向复苏（见表6）。

表5　2008年普通废钢进口量及价格统计

月份	普废进口量（万吨）	均价（美元/吨）
1月	23.44	510
2月	14.66	578
3月	27.1	543
4月	24.22	586
5月	17.04	627
6月	17.81	666
7月	26.39	680
8月	23.82	685
9月	23.42	718
10月	19.59	645
11月	39.38	431
12月	61.32	324

表6　　2001～2008年我国进口废钢铁（普废）统计表

年份	2001	2002	2003	2004	2005	2006	2007	2008
普废进口量（万吨）	950.74	773.56	906.09	995.54	982.63	506.43	288.21	359
均价（美元/吨）	104.2	110	148.7	207.8	236.1	288.3	467.9	541.8

（四）我国不锈钢废钢进口状况

1.进口量：2001年到2007年不锈钢废钢进口量逐年增加，2001年进口8.89万吨，2008年进口30.8万吨，7年增长246.46%，2007年进口40.6万吨，2008年度同比减少24%（见表7）。

2.2001～2007年进口价格逐年上涨，2002年平均到岸价520.6美元/吨，2007年均价2313美元/吨，5年增长334.81%，增幅远大于其他品种废钢，显然增长过热。

3.2008年四季度受世界金融危机影响不锈钢废钢大幅降价，12月份平均到岸价为1062.7美元/吨，同比降低54%，使全年平均价同比降低20%。

4.不锈钢废料进口市场没有随普通废钢进口市场价格逐年上涨、进口量逐年下降的规律运行，而是随着进口价格的上涨，进口量同步大幅增长。一是显现了我国废不锈钢资源的严重缺乏。二是显现了不锈钢产品市场增长过热。三是显现铬、镍等合金价格增长过热。专家认为，降低合金成本，多吃普通废钢，改革冶炼工艺，寻求新的廉价合金替代品，是缓解不锈钢废钢资源不足和增长过热的有效途径。

表7　　2001～2008年进口不锈钢碎料统计表

年份	数量（万吨）	全年均价（美元/吨）	当年12月价格（美元/吨）
2001	8.89	541.6	—
2002	7.73	515.2	520.6
2003	7.52	480.8	444
2004	13.8	919.3	1134
2005	20.11	1233.4	1233.2
2006	21.8	1677.5	2292.9
2007	40.6	2780.3	2313
2008	30.8	2211.5	1062.7

我国废钢进口市场经历了三年的持续下滑之后，经历了这次世界金融危机的冲击，获得了新生，我们要珍惜这一发展机遇，进一步规范市场，建立新的市场调控和统筹采购机制，促进市场的科学稳定发展。

进口废钢市场的复苏有利于国内废钢资源的补充，有利于国内废钢市场的稳定和协调，有利于废钢资源的均衡供给，有利于缓解铁矿石进口市场的被动局面，有利于钢铁工业的持续发展。

五、我国废钢铁行业发展面临的市场环境

（一）废钢供需市场的基本格局不会大幅改变

我国粗钢产量的增幅将持续，但废钢资源供不应求的基本格局仍不会出现大的改变。

资源偏紧：由于我国全面淘汰”平炉+模铸“，实现了”转炉+全连铸“的生产工艺，综合成材率大幅提高，自产废钢的比率则相应大幅减少。进入21世纪我国粗钢产量快速增长，废钢需求量大幅增加。而我国国内废钢资源的产生量受社会废钢积蓄量及设备报废周期的限制，目前还没有进入废钢高产期，废钢的产生量远远不能满足应用的需求，因此我国的废钢市场仍处在供不应求的时代。

废钢比偏低：我国近年来应用废钢比维持在14%～23%的极低水平，世界平均水平为40%～45%，转

炉用废钢比可达30%，需求空间很大。预计废钢资源供不应求的基本格局将继续维持10年左右。受外部环境的影响，废钢市场阶段性升降不可避免，但我国废钢铁资源紧缺的市场总体格局将不会改变。

（二）进口铁矿石大幅降价有诸多变数

2008年底我国进口铁矿石现货价格从最高的200美元/吨，下降到70美元/吨，但2009年降价幅度难以预测。2005～2008年进口铁矿石长协价分别上涨71.5%、19%、9.5%、96.5%。即使回归到2007年的价位再谈降价，仍处于高价位状态。

从成本的角度来看，铁矿石价格过高就要多吃废钢，多吃废钢有利于抑制铁矿石价格的上扬。有利于节能减排，降低综合成本。

2009年的进口矿石谈判，将是一个更加艰难的过程。我们期待着进口铁矿石价格的大幅下降，待进口矿石的价位明朗之后，生铁市场、废钢市场、钢材市场在市场的调节下都将保持一个相对合理的价位。根据近几年的价格规律，废钢应该在线材的六成位线上波动。

（三）生铁市场价位偏高，将力挺废钢市场维持在相对合理的价位

在进口矿石大幅涨价前的2004年底，全国炼钢生铁平均到厂价为2399元/吨，重型废钢为2326元/吨，价差为73元/吨，价位相对合理。

近几年由于废钢资源紧缺，采购困难，炼钢生铁的价格增长幅度高于废钢，2008年11月初的生铁和废钢价格为近几年的最低价位。炼钢生铁到厂价为2461元/吨，重废到厂价为1967元吨，价差为494元/吨，远远大于2004年的价差，而且下降趋势不明显，因此生铁市场将托扶着废钢市场稳步运行。虽然低价应用废钢的时代已经过去，但在相当长的时期内回升到2008年上半年的高价位也是不可能的。

（四）精品废钢市场将拉动废钢需求

随着钢铁工业的技术升级，炼钢工艺发生了重大的变革，淘汰了平炉炼钢工艺之后，把冶炼周期从3个半小时，缩短到30分钟左右。短暂的冶炼时间和高品位的钢种要求采用铁水入炉前的脱硫处理、脱碳前的脱磷吹炼和钢水出炉后的炉后精炼等先进的冶炼工艺，以确保钢水的内在质量。因此入炉的废钢也必须要求是纯净的、内在成分符合要求的精品废钢。

其实冶炼过程就是一个钢水净化和成分调配的过程，精料入炉，有利于节能降耗，提高钢水内在质量，缩短冶炼时间，降低成本，减少排放，提高环保水平。国产一级废钢粉碎料，金属收得率可达到95%～98%，在钢铁企业越来越受到青睐，近几年我国废钢破碎料生产线由2005年前的两条，猛增到目前的25条左右，且发展势头不减。

我国专业化废钢加工配送公司的兴起将促进精品废钢的生产和精料入炉方针的实施，精品废钢所产生的经济效益和环保效益将拉动废钢需求的增加。

（五）新的废旧物资增值税政策将给废钢市场注入新的活力

随着经济改革的深入和市场多元化的发展，从2001年开始实施的废钢铁回收利用“两免一抵扣”的税收政策已无法适应市场发展的需要，出现了“虚开虚抵”、“偷税漏税”、“地方限制”、“开票公司”孳生等各种弊端，市场失去了公平，运作混乱无序，制约了废钢市场的发展。

国家相关政府部门经过调研，充分听取了企业的诉求，采纳了行业的建议，报经国务院批准，决定恢复征收17%的增值税，两年过渡，先征后返。2009年返70%，2010年返50%，2009年1月1日实施。

新的税收政策将促进税收的公平和税制的规范；提高回收利用企业的积极性和地方政府的积极性，改善企业发展环境；促进废钢市场的规范，促进再生资源行业的科学健康发展。尽管在“先征后返”会计核算等方面还存在诸多问题，相信随着后续配套政策的完善和管理上的规范，会很快步入正常轨道。

（六）进口废钢市场有望复苏

受世界金融危机的影响，日、韩、及台湾地区钢产量下降幅度在20%～30%，将促使日本、菲律宾、澳大利亚等主要废钢供应国年富余600万吨以上的废钢进入中国市场。同样，受其影响，西方各主要产钢国家粗钢产量大幅下降，据报道，2009年一季度，欧盟同比下降45.9%，独联体同比下降46.9%，北美同比下降51.2%，减产幅度大于亚洲地区。欧美钢企的不景气增加了废钢资源的富余，欧美废钢供应商转而看好中国市场。

废钢进口市场的复苏有利于补充和稳定国内市场，有利于缓解进口铁矿石市场的被动格局，抑制进口铁矿石的暴利倾向。

（七）行业协会逐渐成熟，为稳定市场提供了有力保障

在国家政策的支持下，协会得到了健康发展。协会对市场的协调和自律功能逐步成熟，在引导企业走上科学发展的轨道促进废钢市场逐步规范、稳定、有序，发挥着较好的桥梁和纽带作用，为市场的健康发展奠定了基础。

几年来，协会致力于引导从业者更新经营理念，树立产业链意识、品牌意识，以优质的废钢产品和优良的服务创造效益；引导企业，淘汰落后工艺，加快技术进步，提高装备水平，提高废钢产品质量，走科学发展之路，进而向境外发展，走跨国公司之路；引导行业加快技术升级，改革机制，规范市场，调控市场，调整发展战略，落实科学发展观。这都将为2009年我国废钢铁市场的健康发展起到很好的促进作用。

（八）我国废钢铁积蓄量逐年提高，发展前景看好

一个国家年度废钢铁产生量的多少是由钢铁产量和废钢积蓄量所决定的。废钢积蓄量是由历年的钢材和钢铁制品消费量的积累所形成。而每年社会废钢的产出量又直接受到钢铁设备及钢铁设施的报废周期和钢材加工的综合利用率高低的影响。

1．我国是一个废钢铁资源相对贫乏的国家，自产废钢不能自给自足，资源缺口有赖于进口补充，也是一个废钢净进口国。

2．我国是一个发展中国家，废钢资源的增长有着强大的后劲。在2000年以前，我国的钢铁产量及表观消费量都比较低，1949年我国的钢产量在100万吨左右，1978年改革开放，钢产量达到3000万吨。到1996年首次突破1亿吨大关，2003年迈过了2亿吨的台阶，2005年突破3亿吨，2006年超过了4亿吨，2008年达到5亿吨钢。

可见，我国的废钢积蓄量是在进入21世纪以后才得到大幅积累。按照常规测算，钢材使用后报废变成废钢需要8～30年。预计我国在10年之后才能逐步进入废钢高产期，逐步走上自给自足之路。

据测算，2008年我国的废钢社会积蓄量约16亿吨，应产生废钢4600万吨左右；2009年约17.7亿吨，应产生废钢5100万吨左右；2010年可达到19.5亿吨左右，产生量约为8100万吨，按67%废钢产生率测算，可产生废钢5700万吨左右，将对废钢资源的供应不足有所缓解。世界废钢产出率平均水平在80%以上，很多国家达90%。随着科技的快速发展和设备更新速度的加快，我国的社会废钢产出率将有所提高，市场有着强大的发展后劲。

（九）铁矿石资源开采形势严峻

1．我国是一个铁矿石相对比较贫乏的国家，且品味偏低，开采形势严峻。

到2004年我国已探明的铁矿资源基础储量为219.7亿吨，可开采保有储量118亿吨。我国铁矿石每年开采量超过6亿吨，照此推算，在现行开采技术条件下，我国的铁矿石开采期只有20～40年，形势十分

严峻。

2．世界铁矿石资源有限，开采前景不容乐观。

到2001年世界已探明的可开采铁矿石资源储量约为1400亿吨，储存量基础3100亿吨。全球铁矿石开采量每年在10亿吨以上，2008年全球粗钢产量13亿吨，消耗铁矿超过15亿吨，可供开采100～200年，前景备受世界关注。

随着世界探矿技术和采矿技术的提高，将会继续发现新的资源。但铁矿石毕竟是原生资源，采后不可再生，终有采尽之时。同时世人还要为子孙后代着想，不能一采而尽，要做到计划开采，细水长流。矿产的危机和开采的节制将促进废钢行业的快速发展。

（十）废钢铁资源应用市场发展前景广阔

1．废钢铁是再生资源，可无限循环利用。

废钢铁是一种再生资源，从钢材—制品—使用—报废—回炉炼钢，每8～30年左右一个轮回不断积蓄，不断产生，无限循环使用，且自然耗损很低，利用率极高，所以废钢铁又是一种重要的战略资源。

2．废钢铁是一种载能资源，用废钢铁炼钢可以节约能源。

废钢铁是一种载能资源，用废钢铁炼钢可以节约大量能源。在大型钢铁联合企业，从采矿、选矿、烧结、焦化、炼铁到炼钢、轧钢，能源消耗和污染排放主要集中在炼钢工序之前。研究表明，用废钢直接炼钢和用矿石炼铁后再炼钢相比可节约能源60%，节水40%。

3．废钢铁也是一种环保资源，用废钢铁炼钢可以减少废物排放。

用废钢直接炼钢比用铁矿石炼铁炼钢可减少废气86%，废水76%和废渣97%，有利于清洁生产和排废减量化。

因此，“逐步减少铁矿石比例和增加废钢比重”，减少原生资源的开采，增加再生资源的利用，实现资源科学配置，这是实现钢铁工业可持续发展的重大战略决策。因此，“少吃矿石，多吃废钢”是历史发展的必然，也是循环经济发展的必由之路。

再生有色金属回收利用

中国有色金属工业协会再生金属分会

中国再生有色金属产业2008年前三季度保持了持续快速发展的良好态势，但自9月份金融危机全面爆发以后，受到了较大冲击。总体上看，2008年是中国再生有色金属行业在调整中发展的一年，产量与2007年基本持平，产业发展政策环境进一步优化，产业结构被动中得到了调整。

一、2008年中国再生有色金属产业发展概况

（一）再生有色金属产量与2007年基本持平

2008年，中国再生有色金属产业前三季度持续快速发展，第四季度受金融危机影响，行业减产、停产现象严重。整体上看，2008年中国再生有色金属总产量与2007年基本持平，约为530万吨，其中再生铜约190万吨、再生铝约260万吨、再生铅约70万吨、再生锌约8万吨（见表1）。

表1　近年来中国再生有色金属产量　单位：万吨

	再生铜	再生铝	再生铅	再生锌	总产量
2002年	88	130	17	4	239
2003年	93	145	20	5	263
2004年	116	166	24	8	314
2005年	142	194	28	8.5	373
2006年	168	235	39	11	453
2007年	200	275	45	9.7	530
2008年	190	260	70	8	530

资源来源：中国有色金属工业协会再生金属分会（CMRA）

与利用矿石生产原生金属相比，2008年中国再生有色金属产业相当于节能2846万吨，节水16.86亿吨，减少固体废物排放9.2亿吨，减少SO_2排放45.8万吨。

（二）废金属进口与2007年基本持平，国内回收降幅较大

2008年中国共进口废有色金属773.69万吨，其中含铜废料557.64万吨、含铝废料215.43万吨、含锌废料0.62万吨，进口总量与2007年的771.75万吨基本持平（见表2）。

表2　近年来中国废有色金属进口数量　单位：实物量，万吨

	2002年	2003年	2004年	2005年	2006年	2007年	2008年
含铜废料	308	316	396	482	494	558	558
含铝废料	45	65	120	168	177	209	215
含锌废料	5.1	6.7	7.0	7.6	7.2	4.2	0.6

资料来源：中国海关。

浙江、广东、天津地区的含铜废料进口量分别为278.99万吨、192.77万吨和66.32万吨，三地进口量占中国进口总量的96.49%（见图1）。

广东地区含铝废料进口量达156.14万吨，占中国进口总量的72.48%（见图2）。

国内回收领域受金融危机冲击，进入第四季度后出现大幅减少，甚至完全停产状态，全年回收废有色金属约198万吨（金属量），其中废铜约60万吨、废铝约86万吨、废铅约70万吨。

图1：2008年中国进口含铜废料地区分布图

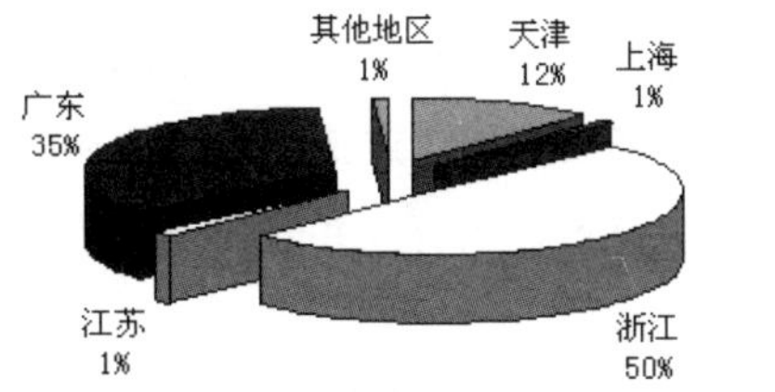

图2：2008年中国进口含铝废料地区分布图

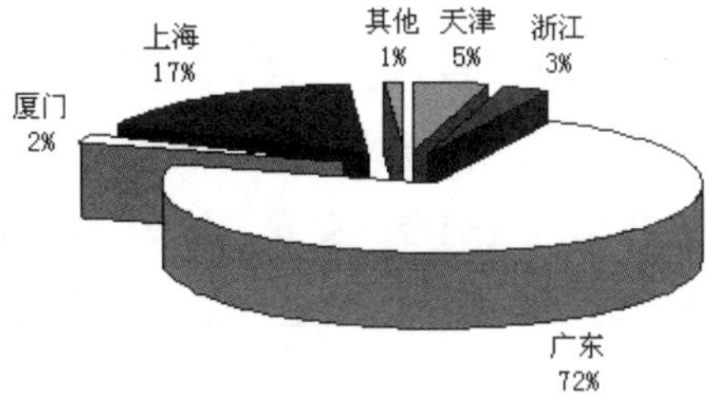

（三）生产工艺持续改进，技术装备水平进一步提高

再生铜领域，竖平炉和倾动炉的出现，改变了以前固定式反射炉一统天下的局面。不仅能源利用效率可提高15%～30%，而且环境污染得到了彻底治理，劳动环境、卫生条件大大改善。特别是在紫杂铜直接利用领域，随着赣州江钨和天津大无缝紫杂铜直接制杆项目的建设和投产，中国杂铜制杆行业的技术装备和环保水平将得到迅速提升，产品质量大幅度提高。

再生铝领域，组合式熔炼炉组得到广泛推广和应用，同时，通过自动控制和燃烧系统的改进，合理控制铝液温度，节能效果可进一步提高15%～20%，同时金属回收率进一步提高。

再生铅领域，湖南稀土金属材料研究院的废旧铅酸蓄电池回收处理技术使铅回收率达96%以上，基本实现了资源化和无害化。河南豫光金铅集团10万吨再生铅综合利用工程通过专家组评审，该工程引进意大利CX废旧蓄电池集成系统，工艺设备设计合理，自动化水平高，能耗低、环境效益好；8万吨粗铅熔池熔炼工程采用氧气底吹炉加鼓风炉炼铅工艺，具有能耗低、原料适应性强、自动化水平高等优点。

技术装备水平的提高，保证了产业的可持续发展，同时产品质量的提高进一步扩大了市场需求，促进了行业的良好循环发展。

（四）行业政策法规和标准体系进一步完善

2007年国家先后发布了《铅锌行业准入条件》和《铝行业准入条件》，2008年6月再次发布了铜等10种有色金属单位产品能源消耗限额标准。至此，从规模、选址、工艺装备、资源综合利用、环境保护和能源消耗等方面国家已对再生有色金属项目设置了相对完善的行业准入规定。

在2008年9月1日起，实施的新版《电工用铜线坯》标准中，首次把杂铜制杆纳入其标准范围，这既是承认了杂铜制杆的合法性，同时又是约束其科学规范生产，促使提高产品质量和环境保护的要求。

《循环经济促进法》2008年8月29日经第十一届全国人大常委会第四次会议审议通过，于2009年1月1日起施行。《循环经济促进法》，特别是相关配套政策措施的出台，必将为规范和推动再生有色金属产业发展起到深远意义和影响。

（五）循环经济试点取得新进展，一批示范项目得到国家资金扶持

在2007年11月底召开的循环经济试点工作会议上，宁波金田、山东金升、湖北金洋3家再生有色金属企业和天津子牙、安徽界首等5家再生有色金属园区被确定为国家第二批循环经济试点单位。这一方面是国家对再生有色金属行业在发展循环经济中的作用寄予的厚望，同时也是对再生有色金属行业近几年的发展成果给予的充分肯定，对于推动再生有色金属产业升级和更大发展将起到巨大促进作用。2008年上述企业的循环经济试点实施方案已基本通过国家发改委组织的评审。

2008年再生有色金属行业共有14个重点项目被列入“国家资源节约和环境保护目”，共获国债支持资金超过1亿元。

（六）再生金属园区蓬勃发展

再生金属园区的发展主要体现在两个方面：一是国内再生资源回收交易市场在逐步规范的同时，进一步向深加工方向发展；二是进口再生资源加工园区的数量、规模进一步扩大，管理和配套服务设施日臻完善，已经成为中国再生金属产业的原料基地和市场的晴雨表。

首批5家定点园区（台州、宁波、天津、太仓、全通）的再生资源处理量已经占中国进口废金属总量的40%～50%，海关、商检、金融、担保、物流等配套监管和服务设施进一步完善。

新增5家定点园区（烟台、文安、肇庆、江门、梧州）建设顺利，企业陆续进驻，在2008年4月10日环境保护部公布的新增62家七类定点企业名单中，烟台、文安和肇庆3个园区内的新增七类定点企业达到42家。

再生金属园区的蓬勃发展，进一步提高了产业集约化水平和环境保护水平，方便了政府部门的监管，也有效规范了以前行业发展过程中的一些不规范行业。

（七）国内外合作交流进一步加强

2008年11月，由再生金属分会承办的“第八届再生金属国际论坛”在北京召开，共有来自全球40个国家和地区的800余位代表出席。本届论坛是在全球金融危机愈演愈烈、有色金属市场急转直下的背景下召开的一次重要会议，7个国家部委的10位领导、国际回收局（BIR）和美国废料回收工业协会（ISRI）代表均亲临论坛现场。通过专题报告、行业展览、座谈会、现场考察等形式，论坛在行业宣传与展示、政企交流、国际交流与合作、宣传与推广先进技术和装备等方面取得了圆满成功。

在第八届再生金属国际论坛上，由再生金属分会发起，再生金属分会、国际回收局（BIR）和美国废料回收工业协会（ISRI）三方共同举办召开了“全球金融危机下的再生金属进出口贸易交流会”，共有国内外近30家大型企业代表参加。会议对金融危机下国内外再生金属行业面临的形势与问题、规范再生金属进出口贸易秩序、加强行业自律、密切国际交流与合作进行了充分探讨和沟通，在避免行业恐慌和促进行业平稳发展方面发挥了重要作用。

（八）金融危机给行业发展造成较大冲击

面对此次百年不遇的金融危机，少数再生有色金属企业采取了套期保值等办法，如浙江海亮集团、宁波世茂铜业等，有效规避了市场风险，企业目前仍处于正常的生产经营状态。不仅如此，由于同类企业减产和停产影响，这些企业的订单甚至还实现了一定的增长。部分企业虽然没有套期保值，但由于对市场变化有所预判，提前采取了减少库存、买入原料采取延期定价等方法，如宁波金田、东营方圆、山东金升、汇美鸿发、兴奇金属等，虽然企业都遭受了损失，但并不严重。但仍有相当数量企业，主要是大部分中小企业，由于市场认识不足、库存量大，以及产业链和生产周期相对较长、反应迟钝、停产速度慢等因素影响，蒙受巨额经济损失，少数企业已经倒闭，大部分企业处于停产、半停产状态。

据再生金属分会2008年11月底的调研，在加工利用领域，再生精炼铜85%以上的产能处于停产状态，废杂铜直接生产铜材产能的70%以上处于停产状态；再生铝和再生铅的停产产能也达50%以上。直接经济损失亿元以上的企业达数十家，90%以上的企业存在裁员现象。

在国内再生资源回收领域，一些以前熙熙攘攘、热火朝天的集散交易市场如今大门紧闭，难觅人影，甚至完全处于停止状态。进口方面，再生金属分会调研了宁波镇海再生金属资源加工园区。宁波园区共有拆解加工企业64家，据初步统计，9月底时园区库存货物总价值约16亿元，由于大部分货物未能及时出售，已倒闭企业2家，按目前价格计算，园区整体损失至少在8亿以上。结合对其他园区的调研和了解，目前从事废金属进口拆解的企业约20%已经倒闭，50%处于停产状态，仍在坚持生产和半生产的约占30%。根据再生金属分会的调研和测算，中国再生有色金属行业在此次金融危机中的损失至少在300亿元以上。

总体看，金融危机不仅使大部分再生有色金属企业遭受了不同程度的经济损失，生产经营受到严重影响，增加了社会不安定因素。即使对少数仍正常生产经营的企业也带来了不少影响，主要表现在两个方面：一是原料采购方面，由于市场形势不好，毁约事件时有发生，导致采购原料的预付款比例由以前的20%左右提高到50%以上，大大增加了企业的流动资金压力；二是产品销售方面，虽然目前有色金属价格已处于低位，但仍在剧烈波动，同时，受消费者持币观望心态影响，市场订单整体萎缩，造成“价格越低、产品越卖不出去”，企业销售难度加大。

二、中国再生有色金属行业面临的问题和建议

（一）产业集中度过低，产能利用率低，重复建设，投资浪费；技术研发和环保投入跟不上；原料和产品市场的恶性竞争，在国际市场上交易量很大，但没有话语权

（二）政策法规和标准体系建设滞后，技术装备良莠不齐

再生铜领域，固定式反射炉得到了行业的普遍认可和广泛应用，但这种炉子大都不是由专业的设备企业生产，而是由企业根据自身经验自行设计建造居多，没有行业的统一标准，彼此之间在形状、规格尺寸、能源消耗、能源利用率、污染排放等方面差异很大。

再生铅领域的情况更加严峻，目前再生铅领域还没有得到行业普遍认可和广泛采用的预处理设备和熔炼炉，彼此之间在形状、规格尺寸、能源消耗、能源利用率、污染排放等方面的差异更大。

再生铝领域的情况稍好，双室炉、组合式熔炼炉组得到了广泛应用，且国内专业生产此类设备的企业较多。但在炉子的建造标准方面仍然比较缺失。

标准建设滞后，造成企业之间技术装备水平差距较大，给产业升级带来了很大阻力。

（三）再生金属加工园区产能严重过剩

据初步统计，目前中国已建成和在建的各类再生金属加工园区多达20余家，拟建园区至少5家。目前中国每年进口的各类有色金属废料实物量基本在770万吨左右，国内回收废有色金属含量约在200万吨，而已建成和在建园区总处理能力已达2000万吨左右，相当于全球的废金属产业量。目前中国再生金属加工园区产能严重过剩，且仍处于盲目建设状态，亟待国家予以规范。

（四）行业整体抗风险能力差

中国再生有色金属行业抗风险能力差主要包括两个方面：一是行业抗政策风险能力差；二是行业抗市场风险能力差。

汽车零部件再制造

中国汽车工业协会

2008年3月2日，国家发改委在北京钓鱼台国宾馆召开汽车零部件再制造试点启动会，国家发改委副主任解振华在会上讲话

再制造是实现循环经济“减量化、再利用、资源化”三原则中“再利用”原则的重要途径，也是实现旧机电产品循环利用的关键举措。

汽车零部件再制造既是节约资源的先进制造，又是保护环境的绿色制造。在建设资源节约、环境友好型社会的进程中，发展汽车零部件再制造产业是一条重要途径。

一、2008年开展的主要工作

2008年是我国汽车零部件再制造工作正式启动与推进的重要一年。

2008年1月1日，国家《循环经济促进法》（以下简称《促进法》）正式实施，为汽车再制造提供了强力支持与保障。“促进法”第四十条明确规定：国家支持企业开展机动车零部件、工程机械、机床等产品的再制造和轮胎翻新。将汽车零部件首先列入再制造支持范围，必将促进我国汽车行业再制造的产业化进程。在汽车行业中，目前国内尚不能进行整车再制造，只能进行部分零部件再制造，从事零部件再制造业的企业很少，能够形成规模、具备再制造技术特点的企业只有五、六家，零部件再制造试点期间的产品范围也仅限于汽车发动机、变速器、发电机、起动机、转向器等产品。随着法律法规及相关标准的不断完善和再制造技术、装备水平的提高，汽车零部件再制造产品品种范围也必将随之扩大。

为贯彻落实科学发展观，推进循环经济发展，加快建设资源节约型、环境友好型社会，根据国务院领导批示精神，我们研究提出了《汽车零部件再制造试点方案》，并报请国务院领导同意。2008年3月2日，国家发展改革委办公厅发出《关于组织开展汽车零部件再制造试点工作的通知》（以下简称《通知》），同时公布了包括一汽在内的4家整车企业和11家零部件企业名单，印发了《汽车零部件再制造试点管理办法》（以下简称《办法》）。

国家发改委的《通知》确定了汽车零部件再制造试点工作的总体目标是：通过2～3年试点，探索推进汽车零部件再制造产业发展的政策、管理制度和监管体系，开展国内旧汽车零部件交易和再制造产品销售等方面相关经验及应对措施研究，为相关管理政策和法规的调整提供依据，为建立再制造相关技术标准、市场准入条件、流通监管体系等积累经验。

试点工作的范围和主要内容是：开展再制造试点的汽车零部件产品范围暂定为：发动机、变速箱、发电机、起动机、转向器五类产品。试点工作拟在汽车制造行业选择有代表性的整车（机）生产企业和具备再制造基础的零部件生产企业开展，探索旧零部件回收、再制造生产以及再制造零部件产品流通等方面的相关经验及监管措施。

2008年9月2日，由国家发改委环资司主办、中国汽车工业协会承办的汽车零部件再制造座谈会在湖北襄樊市召开

《办法》指出，试点企业将在全国率先实现废旧汽车零部件的再生制造，政府加快制定鼓励汽车零部件再制造产业发展的财税政策，调整有关产业政策，支持和引导汽车零部件再制造产业良性发展。通过2至3年试点，探索推进汽车零部件再制造产业发展的政策、管理制度和监管体系，开展国内旧汽车零部件交易和再制造产品销售等方面相关经验及应对措施研究，为相关管理政策和法规的调整提供依据，为建立再制造相关技术标准、市场准入条件、流通监管体系等积累经验。

2008年3月21日，国家发改委在北京钓鱼台国宾馆召开了汽车零部件再制造试点启动会。会上宣布了一汽等14家试点企业，14家试点企业分别签署了试点承诺书；国家发改委解振华副主任在会上强调，今后推动再制造产业发展，关键是政府有关部门要做好协调服务，一是要加强组织协调，二是要完善法律法规，三是要做好汽车零部件再制造产业发展规划；四是要支持企业开展技术研发、推广与应用，五是要研究制定鼓励政策，六是要广泛宣传再制造，七是要建立汽车零部件再制造标识制度，八是要加大监管力度。

2008年8月，中国汽车工业协会申报的“汽车零部件再制造技术培训”已作为第三批现代制造领域（“653工程”）继续教育项目通过了国家人力资源和社会保障部的审核批准，并在其网站上向社会公开发布。“653”工程即国家人力资源和社会保障部2005年推出的专业技术人才知识更新工程，计划于2005～2010年6年时间在现代农业、现代制造、信息技术、能源技术、现代管理5个领域开展专项继续教育活动，重点培训300万中高级专业技术人才。中国汽车工业协会将按要求有组织/有计划地开展汽车零部件再制造技术培训活动，做好我国汽车零部件再制造试点工作。

2008年9月2日，由国家发改委环资司主办，中国汽车工业协会承办，在湖北襄樊市（试点企业东风康明斯公司所在地）召开了汽车零部件再制造座谈会。14家试点企业、有关省市发改委、经委代表和部分要求开展再制造的企业负责人参加了会议。国家发改委环资司何炳光副司长总结了试点以来的进展情况。原机械工业部部长、试点工作专家组顾问何光远，中国工程院院士、试点工作专家组首席专家徐滨士，中国汽车工业协会副秘书长熊传林，各省市发改委经委、试点企业代表都发了言；在会上还召开了中国汽车工业协会再制造分会筹备会议。

2008年9月17～19日，国家发改委环资司组织召开汽车零部件再制造试点实施方案评审会，以中国工程院院士徐滨士为组长，中国国际工程咨询公司、中国汽车工业协会等单位8位专家为成员的专家组，对14家汽车零部件再制造试点企业的试点实施方案进行了评审，评审采取企业汇报、专家提问、专家组内部讨论相结合的形式，专家组一致认为，14家企业试点实施方案总体思路可行，准予通过评审。

2008年10月23日，中国汽车工业协会组织部分试点企业参加了由国家发改委等10部委主办的国际青岛循环经济展览。在展览会上中国汽车工业协会还举办了两场再制造技术交流会。

2008年10月23日，中国汽车工业协会组织部分试点企业参加了由国家发改委等10部委主办的中国国际循环经济成果交易博览会

2008年10月，为尽快建立全国统一的汽车零部件再制造产品标志，便于消费者识别汽车零部件再制造产品，规范市场行为，保护消费者利益，推进汽车零部件再制造试点工作，国家发展改革委环资司决定面向社会公开征集汽车零部件再制造产品标志设计方案。欢迎专业人士与公众积极参与征集活动。

二、我国汽车零部件再制造现状

（一）企业现状

我国第一家汽车零部件再制造企业是现在的江苏柏科（常熟）电机有限公司，成立于1986年，办厂于深圳蛇口，再制造汽车发电机和启动机。

在试点前有6家汽车零部件再制造企业。2008年3月国家批准了一汽集团等14家汽车零部件再制造试点企业，东风、上汽、奇瑞、江淮等整车企业也在试点行列。

在试点期间，国家对汽车零部件再制造企业实行资质管理。

（二）产品范围

汽车零部件再制造产品选定的原则要求是:必须遵循节能、节材、环保、节约成本的原则；应是采用高新技术,先进装备，实现“绿色制造”及产业化生产方式；其产品性能、产品质量应达到原产品要求。

在推行试点前，再制造产品有发动机、变速器、发电机和启动机。按照汽车零部件再制造产品的选定原则，结合我国现有汽车零部件再制造企业生产的产品品种以及掌握的再制造技术，拥有再制造装备的情况，在试点期间，国家规定再制造产品范围是：发动机、变速器、转向机、发电机和启动机。同时规定不允许再制造安全气囊系统、安全带系统和排气后处理系统。

（三）生产规模

目前产值10亿元，到2010年产能将达到：再制造发动机10.5万台；再制造变速器6万台；再制造发电机51万台；再制造启动机51万台；到2010年预计产值达到23亿元。

（四）旧件来源

这是发展再制造产业的基础。目前主要有5五个渠道，即再制造企业或委托方自身销售服务网络、维修企业、再制造企业新品生产线上不合格品、国外进口（只允许发电机、启动机）和散户。

（五）市场流通

由于现在处在试点期间，按试点企业试点管理办法的规定，目前只能在本企业或委托方销售服务网络流通，暂不允许再制造产品流向社会。

（六）再制造技术

这是汽车零部件再制造发展的关键。我国再制造技术的支撑单位是国家再制造重点实验室；首席再制造专家是中国工程院院士、国家再制造重点实验室主任徐滨士。再制造新技术包括：旧件剩余寿命评估技术、旧件高效无损拆解技术、环保清洗技术、纳米电刷镀技术、高速电弧喷涂技术、等离子熔覆技术、激光熔覆再制造技术、微脉冲电阻焊技术等。

汽车零部件再制造技术的特点：一是再制造技术的特殊性。由于报废汽车在服役期的使用环境、工作年限、失效形式、载荷状态、材质等条件不同，再制造的零部件损伤的程度、部位、失效的状态各不相同，必须针对这种特点，研发出从绿色拆解到再制造成品检验等一系列不同于传统加工技术的适于再制造的工艺和装备。二是再制造技术的不断创新性。旧零部件再制造产业是一个正在不断发展、成长、完善、壮大的新兴产业，是全球贯彻循环经济、可持续发展的必然趋势，它所使用的技术和装备是我国和全球的创新成果，是建立在当代高新技术基础上的应用技术，如：纳米自动化电刷镀技术、激光熔覆和激光清洗技术、剩余寿命评估技术等等。这些高新技术在全球尤其是在我国目前汽车零部件再制造实践中随着再制造产业不断发展而不断创新完善的过程中。三是汽车零部件回收、拆解、再制造技术的绿色性。当前，国内汽车报废、拆解、回收、利用、再制造等环节比较分散，还没形成完整的体系和技术规范，虽然我国报废汽车回收拆解企业从20世纪80年代初已得到初步发展，到目前已有1000多家回收拆解企业，其中具有初步规模的约700多家，规模都较小且分散，年回收拆解100辆汽车以下的占70%左右，很难形成规范的绿色作业；零部件再制造企业基本处于起步阶段，汽车生产大企业刚开始重视筹划工作。基于此状态，在将要制订的该产业一系列标准和管理制度中，把环境认定纳入报废汽车及再制造整个流程中，以保证产业运行的绿色性要求。

中国汽车工业协会在中国国际循环经济成果交易博览会上举办两场再制造技术交流会

（七）再制造的政策法规环境

目前，指导和制约再制造产业发展的政策法规主要有：

一是《中华人民共和国循环经济促进法》，第四十条规定：“国家支持企业开展机动车零部件、工程机械、机床等产品的再制造和轮胎翻新。销售的再制造产品和翻新产品的质量必须符合国家规定的标准，并在显著位置标识为再制造产品或者翻新产品。”同时还规定，“国家实行有利于循环经济发展的政府采购政策。使用财政性资金进行采购的，应当优先采购节能、节水、节材和有利于保护环境的产品及再生产品。”

二是2008年3月2日国家发改委颁布了《汽车零部件再制造试点管理办法》，对再制造试点企业的资质条件及其管理，可再制造旧件的管理、再制造产品及市场流通的监督管理等都做了详尽的规定和阐述。

三是2005年国家发改委出台了《汽车产品回收利用技术政策》，在该技术政策的第14条、第20条、第24条、第25条和第34条都对汽车零部件再制造的有关问题进行了技术政策指导。

四是《报废汽车回收管理办法》（国务院第307号令）。该办法规定报废的发动机、方向机、变速器、前后桥和车架必须回炉，不允许拼装车。国家有关部门正在修订此办法，将此办法修订为《报废机动车回收管理条例》，修订后的条例将允许“五大件”用于再制造。

三、发展汽车零部件再制造大有可为

汽车零部件再制造不论从技术成熟性、经济性还是从产业规模来看，都具有良好的发展基础和潜

2008年2月18日，东风康明斯与美国康明斯签订再制造项目合作协议书，双方将在发动机再制造业领域展开合作

力。中国已是汽车生产大国，2008年汽车产量达到934万辆，今年有望冲击1000万辆大关。到2010年汽车保有量可能攀高6300万辆，按理论报废量计算，可能超过400万辆，回收、利用、再制造工作量大，按每辆1000元备件考虑，到2010年需求是630亿元，其中5%采用再制造产品，也需31.5亿元再制造产品，而我们再制造产品的现状不足10亿元，发展潜力很大。

几年前美国汽车零部件再制造产值就已达到500亿美元，而我们才3亿多美元，相比再制造发达国家（如美国）差距甚远。

无论从市场需求，还是缩小与发达国家的差距，发展再制造产业大有可为。

四、试点单位进展概况

济南复强动力有限公司——专门从事发动机再制造的中英合资企业，外资方为英国LISTER集团，其控股的英国桑德威尔公司是英国较大的专业化发动机再制造公司。该公司以国家再制造重点实验室的表面工程关键技术为技术支撑，全套引进欧美各国再制造专用设备，严格按照国际标准建立技术、生产、供应和营销体系，坚决贯彻ISO9002质量标准，整个再制造过程完全按照制造标准严格要求，是一家高起点、专业化的具有国际水准的汽车发动机再制造公司。所生产的再制造发动机质量不低于新品，价格只有新品的一半。2005年10月，复强公司被国家发展和改革委员会等六部委确定为国家循环经济首批示范单位。目前已经具备包括康明斯、斯太尔、大柴6110、朝柴6102、桑塔纳、奥迪等十几个系列20多个品种2万台发动机的年再制造能力。

广西玉柴机器集团——国内最大的独立发动机供应商，2006年下半年，再制造零部件价值约1500万元，2007年约3600万元。2006年，启动了发动机再制造项目，并成立发动机三厂及再制造项目部，厂房总面积约9000平方米，制定和完善了各种零部件的再制造作业指导书，汇总各种零部件的技术状态表，先后改造、引进了大批设备，并形成了较为规范的工艺流程。制定实施《发动机再制造试点工作实施方案》及开展再制造工艺技术应用、验证，夯实基础，努力提高零部件的回用率。2008年12月，国家发改委批准2008年第8批“国家资源节约和环境保护项目”资金支持项目，“玉柴再制造项目”获中央预算内投资1000万元的支持。目前，配套柴油机的九大总成件的供应商都已经开展了再制造业务，并培育了一批成熟的发动机零部件再制造配协企业，并形成了年整机拆解和发动机再制造10000台的能力，零件再制造能力15000台套的能力，具备了较完善的发动机再制造条件。

东风鸿泰公司——2007年6月，东风公司发布《汽车资源循环再利用规划》提出，整车生产单位负责在产品设计阶段的可拆解性、可回收利用性及相关数据库的研究，东风鸿泰负责回收拆解和零部件再制造与销售服务业务。东风鸿泰公司以东风系列品牌车的营销网络，实现报废汽车及旧件的回收和修复件、再制造件的市场化，以及资源再利用产品的售后服务。到2009年，东风将达到1万台报废车处理、3万件（套）零部件再生、4万吨材料回收处理能力。

中国人民解放军六四五六工厂——2007年专门成立了一家汽车发动机再制造专业厂。为响应国家循环经济的号召，投资7000万元新上汽车发动机再制造项目，拥有国内外专业再制造设备195台、发动机试验站一座，现已正式投产运行。

上海大众联合发展有限公司——上海唯一一家由上海大众汽车有限公司正式授权定点生产、销售再制造发动机的企业。早在1998年，上海大众联合发展有限公司便通过对德国大众Kassel发动机再制造工厂的考察和学习，在上海大众汽车有限公司的支持下，自筹资金，开始发展发动机再制造项目。上海大众联合发展有限公司动力总成分公司制造的桑塔纳JV系列、AFE电子喷射、AJR电子喷射三种型号再制造发动机，通过国家内燃机质量监督检验中心的检测，已投放市场。同时，形成单班年产3000台的生产能力，年实际销量2500台。目前，企业已通过ISO9002质量体系认证，被上海大众正式授权定点生产再制造发动机，并作为上海大众纯正配件，纳入上海大众汽车有限公司的销售和维修服务网络。

东风康明斯发动机有限公司——2004年就启动了发动机零部件的再制造项目，开始了发动机再制造的前期准备与技术研究工作。该企业目前具有年再制造3000台发动机的能力，可根据需求将产能最大扩充到1万台。其自2001年起销售的发动机已陆续进入报废或大修的高峰期，每年多达5万台。遍布全国的409家服务站和34家零部件分销中心，也将形成再制造发动机的销售、服务网点。再制造零部件价格一般是新件价格的一半左右，但质量均能达到新件要求，而且提供与新产品相同的保修标准。2008年8月，武汉东风鸿泰控股集团在武汉经济技术开发区成功注册了一家分公司，专业从事“零部件再制造”业务，使用的原料将是第一代东风神龙富康汽车的废旧发动机、变速箱、发电机、起动机、转向器。东风公司计划投资2亿元，用3年时间新建一个占地300亩的汽车零部件再制造试点基地。试点基地建成后，预计每年可以回收和处理废旧车辆5万辆，废旧材料10万吨，再制造10万套零部件。

潍柴动力（潍坊）再制造公司——于2008年4月成立后，加快开展发动机再制造业务。公司按照国家发改委《汽车零部件试点管理办法》，制订实施了《潍柴动力汽车零部件再制造试点工作实施方案》。通过潍柴动力的销售服务渠道回收旧机，公司利用潍柴615柴油机厂地进行再制造研发和试生产，再制造发动机通过潍柴动力销售渠道销售到选定的地区。自今年6月销售出第一批再制造发动机开始，公司建立了质量跟踪体系，产量逐月提升。公司投资建设的新厂房2008年年10月竣工，建筑面积27000平方米，2008年年底达到年产再制造发动机5000台的能力。二期设备将于2009年年底前实现年产再制造发动机2万台的能力。潍柴主要对七大类机型和产品进行再制造：一是作为主营业务的正常再制造发动机；二是市场上的“三包机”；三是主机厂改制机型；四是潍柴过去的一些积压库存产品；五是维修站的教学机；六是整机；七是零部件的再制造业务。

拆 船 业

中国拆船协会

拆船业是对废旧船舶按照安全环保的要求进行回收拆解加工、综合利用、变废为宝的资源环保型产业。在冶金业—造船业—航运业—拆船业—冶金业的循环产业链中，拆船业是不可缺少的链节。在国际上拆船业被誉为“无烟冶金工业”和“船舶再循环工业”。

一、我国拆船业发展循环经济概述

中国拆船始于20世纪60年代，发展于20世纪80年代的改革开放初期。近30年来，中国拆船业一直把国内外可再生资源（废船）的循环再利用作为重点，按照国家的有关安全环保拆船的规定，在国家一系列政策支持下，中国拆船业的发展纳入了有组织、有计划发展的轨道。截至到2008年底，中国拆船行业共拆解2400余艘国内外废船，回收了2100万吨钢铁资源和20余万吨有色金属材料，为节约国内矿产资源、弥补钢铁资源不足,发挥了应有的作用。同时，拆船业为修船业、小五金业以及安排农村富余劳动力、扩大就业、带动区域经济的发展做出了贡献。目前，中国拆船业已初步形成了以珠江三角洲和长江三角洲为主，部分沿江沿海地区少量拆船厂为其补充的合理布局，产业集中度较高。在拆解规模、机械装备、工艺技术、安全生产、环境保护和工人健康等方面都取得了令人瞩目的成绩；所建成的拆船场地、拆解设备及环保设施在国际上处于领先地位。目前已有13家大中型拆船企业获得ISO14001、OHS18001管理体系认证，有1家企业被列入国家第一批发展循环经济试点单位。中国拆船企业已经掌握了拆解除核动力船舶外的所有类型船舶的全部技术。企业拆解设施设备比较完善，机械化程度较高。

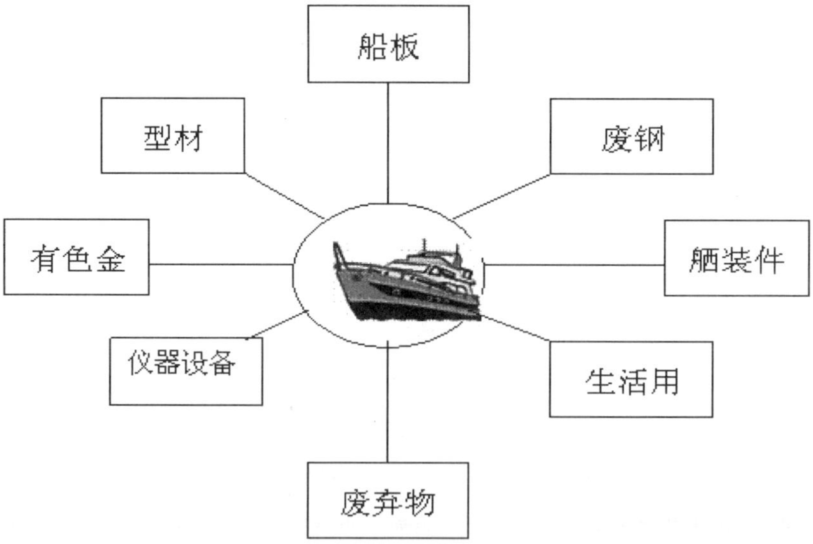

图1　废船拆解产生各类物资示意图

在环保安全职工健康方面进行了大量的投入，较好地解决了石棉、PCBs(多氯联苯)及其它有害物质的处理。船舶拆解采用码头和船坞拆解法，禁止冲滩拆解。工人获得良好培训，安全健康、劳动保护、保险均得到保障。目前全行业废船年拆解能力达到350万轻吨以上。

拆船是造船的逆过程。退役船舶经拆解后，可以回收大量钢材、有色金属和可利用的机器设备等再生资源，废弃物约占废船总吨位的2%，资源再利用率较高。

废船拆解的主要物资是废船板和废钢（见图1），由于大部分废船板其材质比较好，可直接加工用作铺路板、法兰盘，也可轧制成小扁钢、方钢、圆钢制成钢家具和五金工艺制品；废铜螺旋浆，直接再重铸成各种型号的螺旋浆用于渔船、民用船；拆船废钢是优质的炼钢炉料，部分企业利用废钢铸造成集装箱箱角等，经加工后外销。据测算，拆解1轻吨（1轻吨=1.016吨）废船，可回收金属0.9吨以上，其中拆船板约占49%、型钢约占25%、废钢约占20%、有色金属约占1%、机电设备约占5%。这些金属资源可直接再利用或加工后循环利用（见图2）。

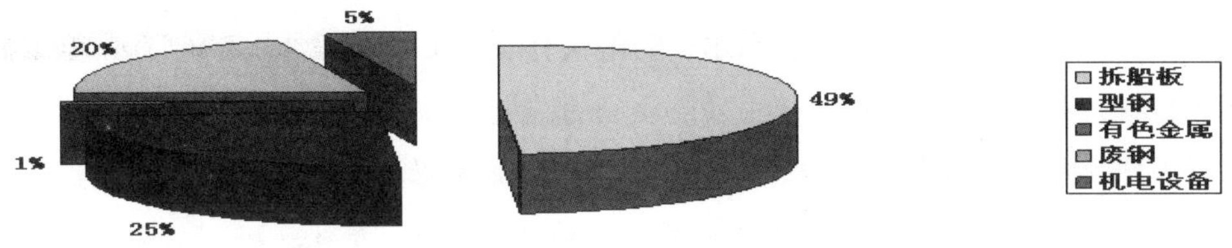

图2　船舶再生资源回收值比例

我国是一个铁矿石资源相对贫乏的国家，每年需要进口大量的铁矿石，以满足钢铁生产的需要。2008年进口铁矿石3.8亿吨，占我国铁矿石应用总量的50%以上，对外依存度很高。

废钢是铁矿石的唯一替代品，是缓解铁矿石进口紧张局面的重要途径。与以铁矿石为起点的传统金属冶炼相比，进口废钢船经过拆解、分选、冶炼前预处理、粗炼、精练成金属，省去了繁杂的开采冶炼过程，不仅有效地节约了自然资源，节省了大量基建投资，大幅度降低能耗与生产成本，而且大大减少了二氧化碳的排放量。具体而言，用拆船废钢代替矿石炼钢，可减少气体污染86%，水污染76%，耗水量40%，同时减少采矿废弃物97%（见图3）。

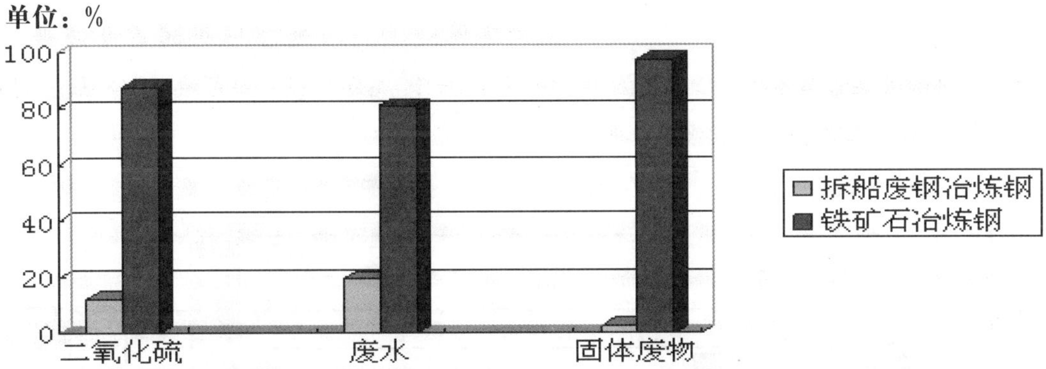

图3　拆船废钢与铁矿石炼钢产生污染物对比表

废钢是一种优良的再生资源和载能资源，其品质优于原生资源，且可永续循环使用。经测算用废钢炼钢所需的能量仅为矿石炼钢的1/3左右，而矿石炼钢，仅矿石还原成生铁所需化学能，就约占整个钢厂能耗的2/3。因此，废钢作为钢铁工业的降耗、节能和环保因素，越来越得到冶金专家的青睐。我国

《钢铁产业发展政策》明确指出，要“逐步减少铁矿石比例和增加废钢比重”，减少原生资源的开采，增加再生资源的利用，实现资源科学配置。在我国循环经济、可持续发展呼声日渐高涨的今天，利用拆船废钢的炼钢以其巨大的环境和经济效益优势，必将获得快速的发展。

二、国家发展拆船业的政策和措施

随着中国拆船业的兴起和发展，国家逐步加大了对拆船业的管理和政策指导，1983年，国家成立了拆船领导小组，实施对拆船行业的领导和管理。1988年，国务院颁布了《防止拆船污染环境管理条例》；原国家物资局颁布了《拆船业安全生产与环境保护工作暂行规定》，并对拆船企业进行安全环保检查和整顿。1991年，中国拆船协会成立，承担拆船行业的组织、协调、行业管理和服务工作，协助原国家环保总局等部门管理和监督拆船企业在拆船过程中安全生产和环境保护工作。协会在原国家环保总局的指导下，提出了绿色拆船的发展理念和创建绿色拆船厂的目标，组织颁布了《防止拆船污染环境技术导则》，以指导拆船企业在符合安全生产和环境保护的标准下拆解废船。2002年，国家经贸委将发展拆船列入《再生资源回收利用“十五”规划》。2005年，国家发改委批准了协会制定的《绿色拆船通用规范》行业标准。同年，广东江门市新会双水拆船钢铁有限公司被国家列入第一批开展循环经济的试点单位。2007年涉及拆船业的行业标准、技术导则等分别被列入国家发展改革委委员会和原国家环保总局的规划中。2008年，全国人大常委会审议通过的《中华人民共和国循环经济促进法》，对报废船舶拆解和再利用作了相关规定。

1998年至2008年给予拆船业进口废船增值税了先征后返的优惠政策。2008年12月，财政部、国家税务总局关于再生资源增值税政策的通知中，已明确报废船舶拆解企业适用销项增值税先征后返的政策。

三、2008年拆船业循环经济运行概况

2008年，我国拆船行业始终把发展循环经济作为工作重点，按照“减量化、再利用、资源化”的基本原则，以绿色拆船为宗旨，注重提升废船资源的综合利用。

2008年，是世界经济起伏巨大的一年，也是国内外拆船业出现转机的一年。金融危机的爆发,严重影响了世界经济发展,一些实体经济遭受沉重的打击。特别是进入第四季度以后，航运业颓势明显,老旧船舶退出营运市场的数量陡增,给低迷长达4年之久的拆船业带来了商机。

2008年，我国主要拆船企业共计采买并拆解利用各类废钢船162艘69.4万轻吨，其中进口废船127艘62.14万轻吨，国内废船35艘7.26万轻吨。2008年采买拆解废船吨位及贸易额分别比2007年增长142%和117%。

2008年，拆解废钢船循环利用金属资源63.46万吨，其中,拆船板材31.1万吨，型材及废钢28.56万吨，各类机电设备3.17万吨，有色金属0.63吨（见图4）。

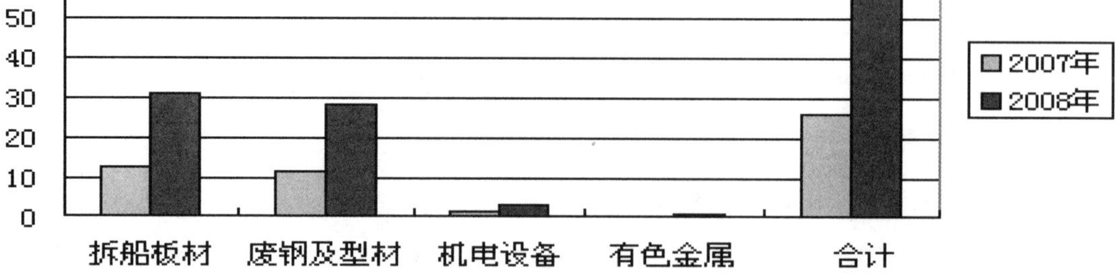

图4　2007—2008年主要拆船资源回收利用量（万吨）

经初步估算，仅2008年拆船所得再生资源比利用原生资源节约铁矿石184.6万吨，节约标准煤27.76万吨，减少废水排放714.82万吨，减少固体废物排放349.78万吨，减少二氧化硫排放1.39万吨。此外，2008年我国主要拆船企业工业总产值约30亿元。全行业上交国家税费约1.39亿元，比2007年增长110%。

2008年，在遭遇金融海啸的严峻冲击下，江门拆船业仍逆势飘红，实现稳定快速发展。据海关统计，2008年江门口岸共进口废船34艘，价值4323万美元，比2007年同期分别增长21.4%和77.7%，占同期广东省废船进口量的75.6%。2008年江门进口的废船主要来自欧盟、香港和日本。拥有“拆船大王”之称的新会双水拆船有限公司2008年进口废船24艘，价值3277万美元，分别占江门口岸废船进口量值的70.6%和75.8%。

江阴夏港长江拆船厂目前年拆解船舶能力达100万吨，已成为全球拆解规模最大、拆解能力最强的一家现代化大型专业拆船厂。金融危机爆发以来，江阴港废钢船进口量出现井喷，2008年10月～12月进口废钢船14艘，可拆解废钢近20万轻吨，超过了2007年中国拆船协会会员单位全年的总拆解量。“绿色拆船”已经成为江阴市的一张“名片”。

四、国家循环经济试点情况

江门拆船业与双水拆船江门市新会双水拆船钢铁有限公司作为国家循环经济第一批试点单位，近年来公司把拆船产业作为船舶在循环产业链的重点，纳入到公司总体发展规划中去。2008年，江门市新会双水拆船钢铁有限公司在“绿色拆船”理念的指导下，积极推进拆船物资的循环利用，充分利用拆船废钢资源，深化企业内部生产，在技术改造的基础上，成功开发了铸造集装箱角、轧制型材和精制钢管等一系列高附加值产品，从单一化的拆船转变成为集拆船、铸造箱角、轧制型材和精制钢管于一体的综合性企业，生产了大批集装箱配件和大型船舶构件。

双水拆船钢铁有限公司按照国家发改委批准的《循环经济试点工作实施方案》，开展重点项目建设，项目包括充分利用拆船废钢资源，增加关键配套设施设备，加强安全、环保管理，新增集装箱特殊箱角30万套／年，形成100万套/年生产能力，该项目总投资额为6000万元。

此外，双水拆船钢铁有限公司与广东省循环经济试点企业——韶关钢铁集团已结成战略合作伙伴，发挥双方优势，较好地解决双方推行循环经济中的技术链接问题。即：拆船钢铁公司保障韶钢集团所需优质废钢资源；韶钢集团利用拆船废钢制造船板材等，供应给拆船钢铁公司合作组建的船舶工程公司，组成了金属资源的循环经济模式。

五、拆船业发展循环经济存在的问题和建议

作为补充我国废钢铁资源不足、循环利用废船资源的拆船业与其它行业相比起步较晚，行业发展基础尚较薄弱，需要国家有关方面的指导和大力支持。为促进拆船业健康发展，特提出如下建议：

（一）加快立法立规，强化行业管理

一是建议国家有关部门制定《报废船舶回收拆解与循环利用管理办法（或条例）》和《拆解利用处置废船污染环境防治办法》。二是建议国家有关部门制定《报废船舶交易行为规范》。明确航运企业、船东以及其他拥有废船所有权者，必须将废船交售或委托有专业资质的拆船企业,实行定点拆解。

（二）加强报废船舶流向监管，突出源头治理

为从源头制止私拆乱拆老旧船舶，建议国家推行船舶更新报废和补贴制度，并在强制淘汰老旧船舶的基础上，规范老旧船舶流向，制定老旧船舶强制拆解规定。

(三)建立拆船基金，促进绿色拆船

社会应建立国家拆船基金，资助拆船业的技术进步、职工培训、课题研究等工作，调动拆船企业的

积极性，引导并促进绿色拆船工程建设。

（四）继续给予废船税收优惠政策

借鉴世界有关国家对拆船业采取政府补贴、免税、减税或利用差别税率限制钢材和废钢进口，鼓励拆船等多种方式的扶持政策，建议国家对拆船业给予长期的扶持政策。

六、拆船业发展循环经济的目标

（一）在“十一五”后半期乃至“十二五”期间，按照“减量化、再利用、资源化”为原则，继续重点推进发展循环经济，提高全行业的资源利用率和废船拆解的回收率

（二）大力开展清洁生产，推行环境友好型生产方式

“十一五”期间，继续推进《绿色拆船通用规范》的实施，开展创建绿色拆船厂活动；在拆船企业中普遍建立环境管理体系、职业安全健康管理体系和质量管理体系的综合运行模式，使环境、安全、健康、质量达到全过程、全因素的规范管理。到2010年，主要拆船企业的废水循环利用率达到100%，废污水回收处理率达到100%。力争50%的中、大型拆船企业获取环境、职业安全健康、质量管理体系的资格认证，成为符合标准的绿色拆船厂。

（三）进一步提高废船拆解回收利用技术水平

拓宽生产、加工拆船产品新用途，培育新市场。不断改进工艺、研发和吸收、引进国内外先进技术和方法，在增强拆船企业自主创新能力，以及对拆船物资进行深加工、综合利用和延长产品链等方面，要有新突破、新发展，力争开发出1～3个新的拆船产品。

（四）加快拆船业发展循环经济的步伐

总结推广发展循环经济试点工作的经验，研究确定国内拆船业发展循环经济的基本模式；建立考核拆船企业发展循环经济水平的指标评价体系，研究制定拆船领域节约再生资源、降低能耗、水耗等标准和相关指标体系。

曹妃甸新区

曹妃甸新区位于河北省唐山市南部沿海，2008年10月由河北省委、省政府批准组建，2009年3月14日正式揭牌成立。规划面积行政区划1943.72平方公里。所辖曹妃甸工业区、曹妃甸生态城、南堡开发区和唐海县。

按照既定的发展规划，曹妃甸工业区是曹妃甸新区的核心区和龙头带动区，位于曹妃甸新区南部，已被国家列为循环经济示范区。产业结构以钢铁、煤化工、盐化工、石油化工和装备制造业为核心，按照资源化、减量化、再利用的原则，打造以主导产业为主体，相关工业成组布局的循环经济产业体系。

曹妃甸生态城是曹妃甸新区未来的政治、文化、科技、金融、商贸中心，位于曹妃甸新区西部，规划面积150平方公里，人口规模将达到100万人。这里将建成京津唐地区重要的海滨城市。随着新开工建设的京津唐城际高速铁路建成运行，曹妃甸生态城将纳入以北京为中心的45分钟经济圈，为京津唐地区提供金融、科研、人居、旅游、高端文化服务的功能。

南堡开发区是曹妃甸新区以盐化工为主的海洋化工基地，位于曹妃甸新区西部，面积约412平方公里，拥有亚洲最大的南堡盐场和国家大型化工企业三友集团，是曹妃甸循环经济的重要组成部分。

唐海县不仅是曹妃甸新区开发建设的城市依托，也是生活保障基地，位于曹妃甸新区北部，区划面积960平方公里，是我国北方重要的水稻和水产养殖基地。

党中央、国务院对曹妃甸地区的开发建设极为重视。从2005年至2008年，有40多位党和国家领导人亲临曹妃甸视察指导工作。2006年7月29日，胡锦涛总书记视察曹妃甸时指示："曹妃甸是一块黄金宝地，是唐山和河北发展的潜力所在，在我国生产力布局中占有重要地位，对环渤海地区发展具有十分重要的意义；要高起点、高质量、高水平把曹妃甸规划好，建设好，使用好，使之成为科学发展示范区。"

2007年5月1日，温家宝总理视察曹妃甸时指出，把曹妃甸建成一流的国际大港，建成环渤海地区的耀眼明珠。

国务院于2008年1月25日批准了曹妃甸循环经济和科学发展规划。按照这一规划，曹妃甸将建成我国北方重要的能源、矿石等大宗货物的集疏大港、以重化工业和装备制造工业为核心建成新型工业化基地、商业性能源储备基地、国家级循环经济示范区。

按照国务院批准的发展规划，曹妃甸新区将建成以重化工业为主体，以循环经济为特征的新型工业化基地；引进国内外先进技术，以钢铁工业、煤化工、盐化工、石油化工和装备制造业为主体，实施循环产业，节能减排，清洁生产，环境保护的有效措施，构建起循环经济的产业体系；同时建立起现代物流产业，以港口建设带动铁路、公路、管道、仓储等综合储运设施的发展，构建起以陆海交通，运输仓储一体化的物流服务业，建成服务"三北"地区，沟通国家南北经济联系的能源原材料物流中心。

钢铁产业链：建设具有21世纪国际先进水平的大型精品钢铁基地，主要生产汽车板、桥梁板、造船板、硅钢板等高附加值板材。远期形成3000万吨生产能力。

化学工业(石油化工和海洋化工)产业链。其中石化产业链，建设1500万立方米原油储备基地，1000万吨炼油和100万吨乙烯大型石油炼化一体工程和精细化工、日用化工及其下游产品。海洋化工——发展氯碱、烧碱、聚氯乙烯及其延伸产品，逐步建成以盐化工为主的大型海洋化工基地。煤化工——利用钢铁工业的焦炭加工和煤制气，发展煤焦油和甲醇的深加工，苯酚精制深加工产品。

装备制造产业链：建设船舶、港口机械、石油钻探机械、冶金设备、工程机械等大型、重型装备制造项目，逐步形成中国北方地区钢材与装备相互依存发展的临港装备制造基地。

曹妃甸还将建成一座具有国际示范意义的滨海生态城市，借鉴和吸收国际城市现代化建设的优秀成果，打造世界一流、中国气派、滨海风貌、唐山特色的国际示范城。城区产业以科技研发、休闲会展、金融贸易、技术咨询、文化教育、生态旅游、社会服务为主体。到2010年曹妃甸生态城起步建成区面积达到12平方公里，人口达到6万人；到2020年，建成区面积达到74平方公里，人口达到80万人。

目前，曹妃甸大规模建设已全面展开，从2005年至2008年，已完成1000多亿元投资。2座30万吨进口矿石码头建成投产；30万吨进口原油码头投入运营；年运量5000万吨的北煤南运工程联动试车；5－10万吨的通用码头建成12座；迁曹铁路和唐曹高速公路建成通车；220千伏和110千伏供电体系基本建成；供水工程、无线通讯、光纤宽带均已开通；首钢京唐钢铁一期工程500万吨精品钢铁生产能力具备投产条件；香港华润2×30万千瓦发电厂已并网运行。所有这些项目的完成，都为曹妃甸更大规模的产业聚集，打下坚实的基础。

曹妃甸新区将紧紧抓住本世纪头20年重要战略机遇期，牢记重托，以只争朝夕的精神、敢为人先的勇气、创新务实的作风，抢抓机遇，加快发展，在打造唐山湾“四点一带”和建设河北沿海经济社会发展强省中发挥核心和龙头作用，成为拉动环渤海地区乃至全国经济发展的新引擎。

青山国家级循环经济试点园区

武汉市青山区是全国闻名的钢铁基地，是武汉“两型社会”建设理想的试验田。2007年底，青山区成为全国第二批循环经济示范试点单位。

一、青山区发展循环经济的主要成效

2008年，青山区创新区域发展战略，将循环经济理念运用于青山的实践，将循环经济作为一种新的增长模式。通过政企共驻共建，启动国家循环经济试点，推动全区经济又好又快协调发展。全区经济在不断增长的同时，资源、能源消耗以及污染物的排放等呈现稳定甚至减少的趋势。

一是资源能源利用率不断提高。2008年，全区工业固体废物综合利用率为93.95%，工业用水重复利用率为90%，较上年分别增长1.33%、0.39%。全区万元GDP能耗下降至3.92吨标煤，比上年下降4.5%；

二是区域环境质量整体提升。2008年，地区两项主要污染物排放总量继续双降，二氧化硫排放量同比下降3.7%，化学需氧量排放量同比下降13.4%；地区空气质量优良天数达到283天，为历史最好水平；空气质量优级天数达到36天，比上年增加17天；全区绿地率38%，绿化覆盖率达到47.9%，人均公共绿地面积达8.13平方米；

三是延伸产业循环链条，生态工业区建设初显成效。1.技术改造提速，企业内部循环逐步深入。武钢发挥龙头示范作用，投入节能改造资金20多亿，实施烧结烟气脱硫、焦炉干熄焦改造、北湖污水处理回用等24项资源回收和节能节水重大工程建设，一批主要技术装备水平达到世界一流水平，吨钢综合能耗和万元产值能耗均达到了国家同行业先进水平。2.促进互利共生，企业间循环耦合逐步加强。钢电股份与冶建院脱硫石膏综合利用、武石化与保华公司催化油浆综合利用等一批资源循环利用项目建成投产，武石化与热电厂热电联供、武钢废钢渣深加工等资源耦合项目启动建设。3.加大技术攻关，企业创新能力不断增强。组织企业科研人员开展“武钢污染源调查及潜在风险分析与对策研究”等多项科研工作，完成高炉炉前除尘系统“电改袋”新技术开发研究成果鉴定，在国内率先将蓄热式燃烧技术应用于钢包烘烤器和辐射管烧嘴，并将其推广到轧钢加热炉和锻造热处理炉。开发的转炉煤气回收新技术，武钢3个炼钢厂全部实现负能炼钢。

四是大力推进清洁生产，节能减排取得明显成效。2008年，青山区在全市率先启动了“清洁生产审核3年行动计划”，正式实施清洁生产审核工程，计划通过3年的努力，武钢、石化、461等33家地区重点耗能企业通过清洁生产审核。2008年11月，启动了武钢、石化等8家企业清洁生产审核工作。2008年，先后关闭了青山热电厂2台小火电机组，总容量2.4万千瓦；爆破拆除武汉叠峰水泥公司年产60万吨水泥生产线；关停武汉三磊水泥公司年产40万吨水泥生产线；2008年，青山区强化企业节能减排的主体责任，在工业领域大力推进燃煤工业锅炉（窑炉）改造工程、区域热电联产工程、余热余压利用工程、电机系统节能工程、绿色照明节能工程、“三废”综合利用、再生资源回收利用、大气治理和废水排放治理工程等重大技术改造项目的实施。启动武钢烧结烟气余热回收利用、武石化硫磺回收等10项重点节能减排工程建设。

二、继续批进循环经济试点

2008年，青山区抓住循环经济试点机遇，按照“政府主导、企业主体、政策推动、市场运作、项目支撑、社会参与”的工作原则，把试点作为促进科学发展的动力和平台，政企联动，大胆实践，突出抓好四项重点工作。

2008年，青山区把循环经济发展纳入“十一五”发展规划，先后完成了《青山区循环经济发展总体规划》、《青山区循环经济试点实施方案》和《武汉市青山生态城区建设规划》等规划及实施方案的编制工作。2008年4月12日，我区成功举办了“中国·武汉（青山）循环经济发展论坛”，解振华、吴晓青、陆钟武、金涌等国内循环经济知名专家和领导应邀为青山区发展循环经济建言献策。2008年底，《青山区循环经济试点实施方案》率先通过国家发改委专家评审。

发挥青山政企共驻共建的优势，建立政企联动机制，成立有地区大企业领导、循环经济专家等参加的循环经济试点领导小组、地区资源节约综合利用协会等组织机构，定期、不定期地对循环经济试点工作进行协调会商，形成推进合力，为循环经济试点提供了组织保障。加强政策引导，认真落实和争取国家、省、市促进循环经济发展的相关优惠政策，建立了8大类、80个、总投资206亿元的循环经济项目库，并将保华催化油浆综合利用、北湖武钢废弃物加工中心等一批循环经济重点项目上报到国家发改委。2008年底，全区共上报国家扩需项目18项（含大企业直报项目）。制定青山区《关于全面推进循环经济发展的若干意见》等8个配套文件，设立500万元的区循环经济发展专项资金，对循环经济重点项目进行重点支持和引导。发挥政府服务职能，积极搭建金融部门与企业间的融资平台和服务体系 探索建立投资融资机制，为循环经济企业筹集资金创造条件。利用BOT、DBO等新的投融资模式，促成中钢安环院与青山船厂、工人村都市工业园建设污水处理工程等项目的建设。

（三）企业主体，推进企业内部循环利用。以武钢、石化、热电厂等企业为重点，支持引导企业提升循环利用水平。一是支持企业高起点技术改造，提升整体装备水平；二是引导企业优化生产工艺，鼓励企业瞄准同行业先进指标，挖掘节能潜力，加强先进节能工艺技术的研发和推广应用，提高能源利用效率；三是抓好企业内部的固体废弃物、余气、余压、工业废水等循环利用，武钢北湖污水处理厂、100万吨钢渣利用、转炉煤气回收、烧结厂烟气余热回收利用项目和热电公司12号发电机组通流改造、471厂炉窑系统整体改造等循环利用项目建成投产，提高了二次资源综合利用的水平。2008年，全区工业固体废物综合利用量723.05万吨，工业固体废物综合利用率达到93.95%。

（四）产业延伸，推进企业间资源耦合。以钢铁、石化、电力、建材等行业为重点，支持企业用高新技术和先进适用技术改造提升传统产业，提高产业集中度，延伸产业链，促进产业间的相互融合。通过与大企业的产业、产品链接，提高产业配套能力，建设钢材深加工、钢渣综合利用、石化副产品深加工等项目，推动闭合循环的工业共生骨干链条的完善，二次资源利用企业群初具规模。依托工人村都市工业园、北湖工业园等工业园区，着力培育和引进循环经济重点企业和链接项目，促成循环利用项目和中小企业集聚园区。

（五）主动作为，营造发展循环经济良好环境。通过在全区范围内建立工作责任制和问责制，把循环经济试点任务完成情况作为全区各部门和各级领导班子绩效考核目标，将相关任务、指标层层分解，落实到相关部门和企业，并与绩效目标考核奖惩挂钩，形成有效的激励和约束机制。积极构建工作支撑平台，促成武汉循环经济研究院依托武汉安全环保研究院落户青山，成立青山资源综合利用协会，建立循环经济网站。

大连经济技术开发区

大连经济技术开发区自2005年11月被确定为国家循环经济第一批示范试点产业园区后，根据已颁布实施的《大连开发区“十一五”规划纲要》和国家发改委批复《大连经济技术开发区发展循环经济试点工作实施方案》提出的目标，通过和落实33项主要项目和24项主要措施，并将这些项目和措施分解到具体单位和具体负责人。

到2008年底，开发区万元GDP能耗为0.75吨，完成了总目标的74%；水耗为15.8吨/万元，完成了水量控制目标的90%；再生水回用率达到了32%以上，实现目标的47%；工业固体废物综合利用率达到了75%，是总目标的94%。

一、发展循环经济的保障体系建设

2008年5月大开发区设立了“大连开发区循环经济（生态工业园）促进中心”作为大连开发区循环经济试点领导小组办公室的常驻办事机构。促进中心成为政府和企业之间五种交流平台即：信息交流平台、技术推广平台、政策咨询平台、交流学习平台和项目管理平台。

二、发展循环经济的法规建设和政策扶持

2008年底，大连开发区循环经济试点领导小组办公室开始起草《大连开发区循环经济发展促进办法》。大连开发区制订并出台发展循环经济产业鼓励政策，将设立“开发区循环经济发展专项基金”。同时，开发区将分批发布《大连开发区循环经济、节能降耗、环境保护重点鼓励项目名录》，针对不同的项目，确定具体的鼓励措施。尤其注重对高效节能、环境保护、资源再利用的高科技企业和高技术项目的支持，安排科技发展资金，以无偿资助和贷款贴息的方式，重点支持国家省市规定支持的项目，并按国家省市要求落实配套的资金额度，以地价优惠、贷款贴息、资金支持等方式给予扶持。2007～2008年节能减排、循环经济列入国家省市级重大科技计划项目共记25项，列入开发区科技计划项目5项。

三、发展循环经济加强国内、国际交流

在发展循环经济过程中，开发区特别重视加强同国内和国际交流合作。在2007～2008年期间大连开发区同大连理工大学、日本国立环境研究所和德国莱比锡大学、台湾经济研究院等机构建立了交流与合作关系。与此同时开发区举办和参加多项国内、国际交流活动。

四、调整产业结构促进循环经济发展

2007～2008年开发区在招商引资中取得了世人瞩目的成绩，美国英特尔公司2007年3月26日正式公布投资25亿美元的300毫米晶圆厂落户大连开发区，这是跨国公司在中国质量最高的项目投资。英特尔的落地，带动一大批芯片制造产业链上游、中游和下游企业投资大连，吸引更多的集成电路硅片制备、设计、制造、封装测试和整机项目跟进投资。据测算，集成电路产业、ＩＴ产业和金融服务业等方面外商在大连的投资，在未来 5 年间将达到50亿至100亿美元的规模。

与此同时，已经开工建设的园区所属路美光产业园和金石IT产业园是开发区光产业和IT软件产业的重要集聚区，是开发区优化产业结构、提升产业水平的重要支撑极，极大地改变了开发区以石化、装备制造业高耗能的产业结构局面，对我区、大连市乃至东北三省的产业结构优化产生重要影响。

五、积极推进发展循环经济和节能减排

开发区在推进循环经济、节能减排工作上，一是落实节能减排工作责任制，健全工作监督和奖惩制度，鼓励开发和推广节约、替代、循环利用和治理污染的先进适用技术；二是建设科学合理的能源资源利用管理体系，重点加强水、大气、土壤等污染防治，抓好能耗大户企业管理，搭建以重点企业为核心固体废弃物处理平台，发展资源再生利用产业；三是落实减排工作要求，提高全区污水处理能力，优先选择污染物产生量少、产值高的清洁项目，从源头控制污染物总量减排；四是大力发展环保产业，加大节能环保投入，加大环境监测及执法力度，对企业开展环境保护信用等级评定工作。

2006年以来，园区以西太平洋石化、齐化化工、国力电力开发区热电厂等为代表的企业，率先加大投资，在现有生产装置上进行设备和工艺流程改造，减少污染物排放，降低水资源和能源消耗。2008年工业新鲜水耗水量比去年同期下降了4%，工业总产值耗电量由2007年的169千瓦/万元，下降到157千瓦/万元，下降7%。

六、发展循环经济的关键技术开发和推广

这些技术包括：废有机溶剂回收、再生及无害化处理技术，复印机废弃墨粉处理工艺，高压液固高效分离方法及装置，废催化剂无害化处理及综合利用技术。葆光（大连）节能研究所股份公司先后申请国家专利20多项，开发出钎焊板式水源热泵机组、壳管式水源热泵机组、余热回收式热泵机组、原生污水源热泵系统、土壤源热泵系统、海水源热泵系统等。2008年原生污水源热泵系统通过大连市科技局的科技成果鉴定，在全国推广使用面积达300万平米。模块化燃气热力机组项目和气候补偿式中央供热系统项目为替代进口产品，已经推广使用供暖面积200万平米。551曝气生物滤池技术为核心的再生水生产技术工艺等。

七、循环经济重点建设项目

根据《实施方案》的要求，2008年开发区已建立循环经济项目储备库，主要包括基础设施源点项目、资源回收利用项目、节能减排项目等，目前储备项目已达50多项。纳入储备的项目，开发区积极帮助企业争取国家和省市地资金支持。截至2008年，开发区已获得国家省市各类循环经济专项资金支持的项目6个，资金总额度为4895万元；包括2008年底国家发改委批准下达的1000万元中央扩大内需专项资金，用于开发区污水处理与综合利用项目。

开发区在循环经济相关项目投资，自2005年试点工作以来，在2008年累计已完成相关投资额达37亿元，占开发区“十一五”期间循环经济试点项目总投资的61%。包括：大连东泰产业废弃物处理有限公司大连市危险废物处置设施扩建项目，大连开发区小窑湾污水处理再生水利用综合利用系统项目，大连恒基新润水务有限公司大孤山再生水循环利用系统等。

牡丹江国家级循环经济试点园区

牡丹江国家级循环经济试点园区于2005年10月，被国家批准为首批13个循环经济试点园区之一。2006年9月，试点工作实施方案通过了国家专家评审组批准，试点园区正式启动建设。

2008年园区发展循环经济取得新的进展和成效。园区的废水、废气和废渣综合利用率，由2005年的30.5%、10.5%和20.5%，分别提高到2008年的66.1%、31%和64.6%；煤电化企业年节煤30万吨；造纸企业水循环利用率由75%提高到90%，年减排废水800万吨，年减少COD排放1700吨，年减少纸浆流失500吨。

一、试点工作进展情况

（一）初步形成了具有牡丹江特色的循环经济发展模式

一是推动传统企业向循环经济企业转型。在2004年园区成立前，园区实有工业企业280户，工业增加值不足18亿元，利税总额不足2.6亿元，2008年园区工业企业减少到136户，工业增加值却达到32亿元，利税达到9.9亿元。工业企业主要集中在造纸、煤化工、能源三大行业，引导企业产品梯次延伸、相互吃配，促进了产业链的延伸。

二是推进五大产业链整合延伸壮大龙头企业。以龙睿集团为龙头，企业形成煤化工产业链；以恒丰、大宇为龙头，企业形成造纸产业链；以金刚钻公司为龙头，企业形成硅（硼）材料产业链；以中远集团为龙头，企业形成工业废渣产业链；以高效微生物公司为龙头，企业形成农林副产品生物产业链。

三是形成主导产业链带动园区发展的新格局。在五大产业链中，重点发展煤化工、造纸两大产业链。2004年煤化工、造纸工业总产值分别为13.34亿元、12.9亿元，利税分别为0.53亿元、0.29亿元。工业产值比重分别占园区工业总产值的25.4%、24.5%，利税比重分别占园区利税总额的22.8%、12.5%。到2008年，煤化工、造纸工业产值分别达到45.56亿元、36.83亿元，利税分别达到3.29亿元、2.85亿元，工业产值比重分别占园区工业总产值的37.9%、30.6%，利税比重分别占园区利税总额的33.4%、28.9%。

二、园区五大产业链初具规模

一是煤化工产业链。园区引入了香港龙睿集团战略投资者，并依托牡丹江区域10亿吨的煤炭储量和周边煤城资源优势，形成煤化工产业集群，使烧碱、树脂、电石、醋酸乙稀、聚乙烯醇、冰醋酸以及一氧化碳化工产品等系列产品相互吃配，龙睿集团正在建设的5万吨VC项目、30万吨电石项目、树脂烧碱“双十六”万吨项目等全部达产后，年可新增税金10亿元，并可进一步衍生出聚乙烯醇、聚醋酸乙烯和乙烯共聚酸酯等系列产品，能够进一步延伸煤化工产业链。

二是造纸产业链。实现了牡丹江市大安纸业公司生产用水直接利用大宇公司排放的废水，大安纸业公司生产用完的废水，再回到大宇公司污水处理厂，处理后的中水再返回到大安纸业公司进行生产，初步形成了水的闭路循环。同时，在循环过程中利用废水中含有的纤维、纸浆和添加剂，作为造纸原料，经技术处理后再生产箱板纸或中、低档纸产品。初步测算，用此项生产技术和大宇、恒丰的2.5万吨闲置造纸废水处理能力，不需要增加新取水量，就可再增加50万吨中、低档纸制品，实现了水资源的充分利用。

三是废渣资源化（能源）产业链。全市把二电厂、热电公司、佳日热电公司三个热电厂的粉煤灰进行资源化利用。2008年，三户企业发电能力分别为102万、5.8万、2.7万千瓦，发电量分别为54亿、3.3亿、1.5亿千瓦时，消耗原煤分别为330万、60万、30万吨，这三户电厂为牡丹江市供热2324万平方米，粉煤灰总量已经达到110万吨。针对不断增加的粉煤灰现状，从2003年开始，牡丹江中远集团组织有关专家研究利用粉煤灰生产建材产品，到2008年，经过5年的攻关，该企业实现了以粉煤灰、电石渣和造纸废泥为原料，年产免烧粉煤灰标砖1.5亿块的生产能力。

四是硅（基）硼产业链。牡丹江市对国家批复的“方案”中无机硅产业链进行了调整，改为硅（基）硼产业链。在园区内重新规划了以有机硅及下游系列产品加工为主导，兼顾发展碳化硅、高纯硅产业链的高新技术产业园。以现有年产3.1万吨工业硅、2.6万吨碳化硅微粉为原料，规划延伸10个项目，即：年产20万吨有机硅、2万吨硅橡胶、2万吨氟硅橡胶、1万吨硅油、2000吨硅烷偶联剂、5000吨气相白炭黑、1000吨5.8N太阳能级高纯硅、“双十六”万吨烧碱树脂、3000吨高纯多晶硅、5万吨工业硅等项目。

五是农林副产品深加工产业链。以高科生化公司为主，形成20万吨玉米淀粉、3万吨冰醋酸、5万吨酒精的年生产能力。2009年争取实现VC5000吨生产能力；木材及木制品的年加工能力达到100万立方米；利用食用菌废弃料年生产有机复合肥30万吨；柞蚕工业化养殖取得突破性进展。

三、循环经济重大节点项目实施情况

—华电能源牡丹江第二发电厂投资25.54亿元上大（2×300MW供热机组）压小（淘汰4×100MW落后机组）节能项目。2008年开工建设，目前已完成总投资额的40%，预计2010年10月竣工投产。届时，发电煤耗将由400克标准煤/千瓦时，下降到300克标准煤/千瓦时，年可节约标准煤近50万吨。

—牡丹江东北高新化工公司化工废水处理及资源综合利用工程项目。现已列入国家2008年第一批资源节约和环境保护计划，国家下达计划总投资为1.67亿元，其中，中央预算内投资1000万元，项目完成后，年节水756万立方米，节约资金3524万元，同时节省水源投资3000万元左右。目前，项目已开工建设，年底前完成投资2000万元，实现日处理废水能力5000吨。

—牡丹江中远集团利用粉煤灰等工业废渣生产新型墙体材料取代传统粘土砖项目。产品分为粉煤灰混凝土砖和粉煤灰混凝土多孔砖。该项目总投资1.4亿元，其中中央预算内补助资金1000万元，建设6条生产线，年生产2亿块标准砖，年销售收入可达4400万元，利税333万元。该项目能够为社会提供100个就业岗位，还可以带动社会运输、机器制造等相关产业的发展，大大缓解牡丹江的灰渣堆存压力和粉煤灰带来的环境污染，实现牡丹江市区内全面禁止粘土实心砖目标。

—园区基础设施土地整理项目。项目总投资26亿元，可腾出土地2.13平方公里。园区综合环境实施统一规划，集中建设。

—核反应堆用碳化硼材料项目。列入国家“863”计划的核反应堆用碳化硼项目于2008年竣工投产，填补了我国核反应屏蔽和控制材料产品技术领域的空白。该企业节能改造后比改造前年新增利润1272万元，在国内为碳化硼材料节能环保、清洁生产起到了示范作用，创建了国标。

西宁经济技术开发区

西宁经济技术开发区（国家级）下辖东川工业园区、甘河工业园区、生物科技产业园区、南川工业园区，2007年12月，开发区被国务院批准为国家循环经济第二批试点园区。各工业园区主要依托青藏高原丰富的矿产、能源及特色动植物优势资源，按照不同的功能划分和产业发展定位，大力发展特色经济，初步形成了有色金属冶炼加工、太阳能光伏硅材料、有色金属新材料、生物技术、中藏药、毛纺藏毯、食品（保健品）等为主的特色优势产业，在促进对外开放、优化经济结构、加快产业融合发展、促进就业等方面发挥了重要的积极作用。

2008年开发区万元GDP能耗由2005年的3.470吨标准煤下降到1.1吨标准煤，降低了68.3%；2008年开发区万元工业增加值COD排放强度由2005年的5.91×10−3吨下降到1.86×10−3吨，较2005年下降68.5%；万元工业增加值SO2排放强度由2005年的14.8×10−3吨下降到3.22×10−3吨，较2005年下降78%；万元工业增加值废水排放强度由2005年的10.16吨下降到3吨，较2005年下降70%；万元工业增加值烟尘排放强度由2005年的2.11×10−3吨下降到0.4269×10−3吨，较2005年下降80%；万元工业增加值粉尘排放强度由2005年的30.8×10−3吨下降到3.55×10−3吨，较2005年下降88%。

开发区编制完成了《西宁经济技术开发区循环经济试点实施方案》，并通过国家发改委等国家有关部委专家组审核。按照产业链发展和资源综合利用的原则，先后建成了1万吨锌粉、10吨铟等回收利用项目，做到了铅、锌废渣全部综合回收利用；建成了餐厨垃圾资源再生项目，并和2万吨生物有机肥项目、马铃薯淀粉废水综合利用项目列入国家资源节约和环境保护备选项目。

加强工业节能减排，突出抓铝、硅、铝合金、化工等重点行业的节能减排管理工作，以强化污水处理为重点，对所有企业实行企业内部达标排放，对冶炼、化工等污染物总量负荷较高以及有严重污染隐患的企业，依法实施强制生产审核，加强对硅铁、水泥、有色金属和化工等行业的大气污染监控治理力度，鼓励企业进引废气、烟尘等设备装置，确保二氧化硫、烟尘、工业粉尘等稳定达标排放。

在建立节能减排科技支撑体系方面，加大了节能技术开发和节能技术改造推广，如推广采用了污染物减量技术、资源的回收利用技术、污水生物处理新技术、生活污水低能耗回用处理集成技术；工业废水高效絮凝、催化氧化等预处理技术；集成处理技术、高浓度难降解新型生物处理技术、高效节水型清洁生产工艺、工业废水深度处理回用集成技术；高效低耗烟气脱硫、脱硝技术；有机固体废物利用、处理等技术，逐步淘汰消耗和排放量大的落后生产工艺技术、设备，提高了开发区节能减排的效果。

开发区在未来的几年建设发展过程中，重点围绕打造有色金属产业链、化工循环经济产业链、纺织循环经济产业链、晶体硅太阳能电池循环经济产业链、废渣资源化产业链、农林工一体化产业链，形成铅锌冶炼—化工—建材产业共生模式，纺织加工企业间共生模式，农产品—精深加工——饲料—养殖—有机肥共生链三条共生链模式。强化开发区内各工业园之间的产业循环。

有色金属产业链：锌业产业链——以锌精矿为源头产出锌锭和副产品硫酸，同时产出锌浮渣和铜铬渣、一浸渣，分别转入氧化锌回收系统、镉回收系统、铟回收系统，目前已经建成了6000吨锌、15吨铟回收生产装置。铅产业链——铅精矿先进入粗铅冶炼系统，产出铅锭；同时分离出氧化硫烟气经过硫酸生产系统产出硫酸供化肥生产；高铅渣进一步提炼粗铅，生产电解铜。海绵钛产业链——工业盐—金属钠—氯气—四氯化钛—海绵钛产业链。

化工行业循环经济产业链：氯碱化工产业链——电石生产过程中产生CO尾气，回收用于烧制石灰，后产生的二氧化碳净化回收后生产化肥；电石生产过程中的电石渣用于水泥或免烧砖生产。铬盐化工产业链——铬渣用于建材颜料，铬黑的生产，废气余热回收产生蒸汽供生产装置及生活用气。

晶体硅太阳能电池循环经济产业链：硅渣可提纯为渣铁再次利用，工业硅生产过程中产生的烟尘回收超细硅粉和精品石英砂，余热可发电再次利用。

废渣资源化产业链：电石渣、铅锌渣冶炼的尾渣用于生产免烧砖、水泥，铬渣用于建材颜料——铬黑的生产。

农林工一体化产业链：沙棘系列产品产业链——沙棘果汁、沙棘维生素P、沙棘冰酒、沙棘口服液、沙棘果醋等；果泥生产黄酮和果油；沙棘籽生产果油；沙棘渣生产饲料；沙棘页制作茶叶和黄酮；修剪后的树枝育苗。亚麻籽系列产品产业链——亚麻籽种植，亚麻籽进行壳仁分离，壳生产亚麻胶，仁生产亚麻酸、亚麻油，亚麻饼粕提取蛋白食品，剩余饼粕渣作饲料。

开发区重点循环经济项目：西宁经济技术开发区循环经济试点工作实施方案提出了27个项目，其中重点循环经济项目8个，涉及水污染防治及水资源化、固体废物资源化、尾气利用、再生能源、清洁生产等方面。主要有：利用锌冶炼尾渣年产10000吨电炉锌粉项目、锌铟冶炼废渣综合循环回收项目、青海西部铅业股份有限公司有色金属综合回收项目、青海摩尔氯碱化工有限公司节能及综合利用气烧石灰窑装置项目、硅铁冶炼烟气余热发电项目、金属钠产生的氯气回收利用生产四氯化钛项目、蛋白质纤维超临界CO_2无水染色技术。

马鞍山钢铁股份有限公司

马鞍山钢铁股份有限公司是特大型联合企业，A+H股上市公司。2008年底，总资产超过700亿元，具备1500万吨钢配套生产规模。拥有世界先进的冷热轧薄板、镀锌板、彩涂板、高速线材、热轧H型钢和车轮轮箍生产线，形成了独具特色的“板、型、线、轮”产品结构。2008年马钢股份公司生产铁1247.84万吨、钢1350.28万吨、钢材1263.89万吨，实现销售收入700亿元；吨钢综合能耗724千克标煤

/吨（电折标煤系数0.404）；吨钢耗新水7.26立方米/吨，水循环率96.12%；SO_2排放量2.03千克/吨钢，COD排放量0.250千克/吨钢；固体废弃物综合回收利用率95.4%。

马钢发展循环经济理念为指导，实现钢铁生产的经济与环境“双赢”，实现“少投入、多产出、低污染、零排放、高效益、可持续发展”的战略目标，实现企业和社会、人与自然相协调，实现企业效益、社会效益和环境效益相协调统一。

马钢发展循环经济的主要作法是：

一、能源消耗减量化

加快淘汰落后。先后淘汰了一批热烧结机、小高炉、平炉、炼钢小电炉、初轧机、复二重线材轧机、燃煤小锅炉等落后、高耗能工艺和装备，累计淘汰落后轧钢产能200余万吨。2007年，又淘汰了5座国家钢铁产业发展政策允许生产到2010年的300立方米高炉，淘汰炼铁产能200万吨/年。对消耗高的铁产品积极采用大型、节能型工艺和装备，先后建成400平方米烧结机、4000立方米高炉和300吨级以上转炉、薄板坯连铸连轧（CSP）生产线等。一大批如燃气-蒸汽联合循环（CCPP）机组、现代化能源中心（EMS）、220t/h全烧高炉煤气锅炉、大型干熄焦、烧结余热发电、饱和蒸汽发电、高炉炉顶TRT发电、蓄热式加热炉、转炉煤气回收等节能项目在马钢落户。

积极开展二次能源综合利用。“以气代煤”改造燃煤锅炉，提高煤气掺烧利用量。马钢先后对热电厂三台220吨/小时煤粉锅炉进行改造，使三座煤粉锅炉具备掺烧6万立方米/小时的能力。建成三座220吨/小时全烧高炉煤气锅炉，煤气利用水平逐年提高。

大力回收余热余能。一是回收利用焦碳余热。马钢干熄焦项目是国家首座大型干熄焦装置国产化示范工程，国产化率达90%以上，干熄率达97%以上，目前，马钢已全部配备干法熄焦；二是大力开发连铸坯红送热装技术和连铸机与轧机之间热衔接技术；三是利用烧结机冷却低温废气（烟气）余热，开创国内烧结废气余热利用的先河；四是在轧钢加热炉上推广应用蓄热式燃烧技术，建成五座蓄热式加热炉；五是利用高炉炉顶余压发电（TRT），马钢1000立方米以上高炉已全部配套余压发电装置；六是利用富裕饱和蒸汽发电，建成一套饱和蒸汽发电机组。

大力发展连铸工艺，提高连铸坯热装温度和热装率。公司连铸比由1997年的66.44%迅速提高至2002年100%，在此基础上，公司采取措施使钢轧生产线全面实现热送热装。目前，公司平均热装率在80%以上，热装温度在600℃左右，不仅回收利用大量钢坯显热，而且有效地释放系统产能。

二、资源节约与综合利用

铁素资源利用。一是对含铁品位较低的含铁尘泥（瓦斯灰、瓦斯泥）回收，进入烧结配料。转炉污泥可造球，返回转炉作为造渣剂。二是高炉渣全部回收销售，部分进行深加工，制成超细粉，作为其他生产的重要原料；钢渣采用粒化新工艺处理后，回收利用。三是轧钢氧化铁皮全部回收，经分选后利用，优质氧化铁皮用于做磁性材料（粉末冶金原料），其余返回生产系统。

新区同步建设在线钢渣和废耐火材料破碎、磁选处理生产线：工程成功处理的固废种类有：铁水脱硫前扒除的渣（高炉渣）、铁水脱硫渣、转炉渣、无组织干渣、钢包渣、钢包衬废耐火材料等。

矿渣微粉生产线建设。将高炉瓦斯灰作为烧结工序原料，还对高炉瓦斯泥再利用进行技术攻关实验，成功的将瓦斯泥分解成铁精矿、炭精粉、尾泥等三种产品。马钢与香港嘉华公司合资，引进先进的生产线，新建年产60万吨的矿渣微粉生产线，对高炉水渣进行再加工利用。

钢渣处理和综合利用生产线建设。马钢投资3000万元对原三钢渣线进行了改造，建成了年处理能力80万吨的热泼工艺的钢渣处理和综合利用生产线，年回收钢渣15.5万吨。

氧化铁皮高附加值利用。建成了万吨级的还原铁粉生产线，不仅为粉末冶金行业提供了优质原料，同时提高了氧化铁皮的利用附加值，其余部分返回烧结利用。

电厂干灰回收系统建设。在建成热电厂电除尘Ⅲ电场干灰回收系统后，公司又投资1600万元建设Ⅰ、Ⅱ电场干灰回收系统，形成年回收12万吨干灰的能力，将湿排灰全部改为干排灰，回收用作水泥原料，节约了用水。

A—S硫磺回收新工艺。改造了煤焦化公司化产回收工艺，采用A—S循环洗涤生产硫磺新工艺，荒煤气经脱硫脱氰后，年回收硫磺2400多吨。

在水资源综合利用方面，积极提高水的循环利用率。先后建成一铁区域220万吨规模技术改造工程高炉冷却水循环系统、二厂区循环水系统、制氧机循环供水系统、二铁总厂区域循环系统、三钢区域转炉设备冷却循环系统、轮箍厂循环水处理系统、二轧钢集中水处理系统、焦化循环水系统工程等。2008年，工业水循环率提高到96.12%，吨钢耗新水降至7.26m^3/。马钢还自筹资金，兴建综合污水处理厂，届时吨钢耗新水降至5立方米/吨以下。

马钢在“十一五”期间，力争实现吨钢综合能耗降低到660千克标准煤/吨左右；自发电比例≥70%，高炉煤气放散率≤0.5%，转炉煤气回收≥100立方米/吨；吨钢新水耗量降低到5立方米/吨钢以下的目标。

福建省三钢（集团）有限责任公司

福建省三钢（集团）有限责任公司前身为福建省三明钢铁厂，历经50多年的建设发展，三钢已成为拥有炼焦、烧结、炼铁、炼钢、轧钢全套生产流程，以及动力、运输、机械制造、建筑安装等配套设施齐全的大型企业集团。2008年，集团本部累计生产钢400万吨，实现销售收入186.9亿元，首次突破100亿元大关。历经50年发展，三钢集团已形成年产钢500万吨钢规模和以钢铁业为主、集多元产业并举的跨行业、跨地区、跨所有制的大型企业集团，是福建省最大的钢铁生产基地和化肥生产基地。

2005年以来，三钢坚持科学发展观，走内涵集约型发展道路，把优化品种结构、抓好节能减排、推动循环经济作为企业发展优先战略，在节能减排、循环经济方面累计投入75388亿元，建成项目35个，促进了“含铁物料、余热、工业用水、副产煤气”的内部闭路循环。为攻克烧结机烟气脱硫技术难关，公司欧阳元和董事长及陈军伟总经理独辟蹊径，在2号180平方米烧结机脱硫工程中，率先提出集取烧结机大烟道中段风箱部位二氧化硫浓度超高的烟气进行脱硫处理的独特工艺思路，是目前国内具有首创性的环保优化方案。项目于2007年10月实施后，SO_2浓度从平均2000～4000毫克/标准立方米降到400毫克/标准立方米以下，年可削减二氧化硫排放量近4000吨，粉尘浓度降到小于50毫克/标准立方米。国家环保污染减排核查组确认三钢2007年度完成削减二氧化硫排放量2616.38吨，三钢被评为“2007年度福建省主要污染减排先进企业”。2008年2月，三钢“烧结机烟气选择性脱硫技术”顺利通过福建省科技成果鉴定，并荣获由中国环境保护产业协会授予的“2008年国家重点环境保护实用技术示范工程”称号。

三钢集团遵循循环经济的减量化、循环化、资源化原则，以三钢集团为龙头主体，串接三化公司、闽光冶炼公司、明光新型材料公司、马尾中钢、潘洛铁矿、阳山铁矿以及相关水泥企业，共同打造以三钢为核心的循环经济工业区。

三钢集团作为第二批国家循环经济试点单位通过大力发展钢铁冶金、钢铁产品深加工、建材、发电等关联产业，完成一批如矿渣微粉、煤气发电等循环经济项目。2008年4月底按计划编制完成《三钢集团循环经济试点实施方案》，2008年5月方案通过省发改委、省经贸委组织的专家评审，2008年7月又原则通过国家发改委组织的国家级专家评审。

三钢找准循环经济发展切入点，提出将自然生态体系引入企业发展战略，将资源—生产—社会作为“动脉系统”，将废弃物—再生利用—再资源化作为“静脉系统”，实行工艺流程再造。

铁矿石—铁精矿—烧结矿—铁—钢—钢材产品深加工循环的钢铁产业主链。目前三钢已形成了从铁矿石到钢材生产的完整流程工艺及配套辅助设施。

煤炭—焦碳—焦炉荒煤气—煤化工副产品（硫铵、纯苯、甲苯等）煤化工产业链。依靠三钢煤化工公司的焦氨分离系统、喷淋饱和器、电捕焦油器、粗苯蒸馏系统等新技术、新装备，焦炉煤气中的化产副产品得到回收和深加工。2008年1～11月粗苯、纯苯、硫氨、焦油的产量分别达到了0.88万吨、0.48万吨、1.05万吨、3.60万吨，实现销售收入13889万元，同比增长11.36%，实现利润6942万元，同比增长10.31%。

炼钢→转炉污泥→含铁烧结原料或煤气脱硫剂转炉烟气除尘废物资源化生态链。转炉除尘污泥是转炉烟气经处理后产生的污泥，大部分送往烧结回收利用，2008年1～11月份回收量约6.56万吨，同比增加经济效益608万元。此外，将转炉除尘污泥取代铸铁屑作为脱硫剂，送往三明市煤气公司用于民用煤气脱硫使用，以废治废，既减少了二氧化硫污染，每年又可节约生产成本180万元。

煤炭—焦炭—焦炉煤气—电力；冶炼原料→高炉、转炉煤气→电力二次能源转换生态链。从煤炭开采到炼焦，再到炼铁和炼钢，煤炭及冶炼原料通过冶金流程转换为副产煤气。2008年1～11月份，共回收焦炉煤气、高炉煤气、转炉煤气共计64.25亿立方米，折合标煤104.35万吨。通过对冶炼及焦化系统煤气的回收利用，依托三钢集团、三化集团对三明市区工业企业实行集中供气，区内企业的供热锅炉、烧结机点火、轧钢系统加热炉、气烧石灰窑全部实现煤气化，做出了“大气”文章。此外，通过三明市煤气公司向市区居民供应三钢优质廉价煤气，不仅成倍提高了民用煤气热值，还有效解决了千家万户的燃煤污染。三钢现已建成包括锅炉燃烧产生蒸气发电、转炉及中板余热发电、高炉炉顶压差发电（TRT）在内的5台发电机组，发电装机容量5.2万千瓦时，仅此项2007年同比增加经济效益约1.4亿元。

拓展新的生态产业链。根据三钢主导产业的副产品与废物特点，结合当地资源与技术优势，形成了铁矿石—铁精矿—烧结矿—水渣—高性能建材原料高炉水渣资源化拓展的产业链。三钢在搞好厦门矿渣微粉厂生产销售以及中联建材公司生产线的达产、达效的同时，投资1800万元建成闽光建材水渣微粉项目，积极开发生产绿色建材，拉长生态产业链，每年可处理12万吨水渣，实现效益720万元。2008年6月24日，在沿海漳州地区，目前正与当地合作投入8000万元建设年产60万吨的现代化矿渣微粉生产线。

抚顺矿业集团有限责任公司

抚顺矿业集团有限责任公司是集煤炭开采、油母页岩开采、页岩油炼制、机械制造、火工产品生产、工民建筑、房地产开发等为一体的综合性集团公司，主要经营煤炭开采、油母页岩开采与开发、页岩油生产、机械及配件制造和加工、电机车和准轨车辆修造、火工产品、木材、大型工民建筑施工、房地产开发、电铁运输、转供电、通信、医疗卫生等项目。

一、发展循环经济情况

2005年10月27日，经国务院同意，国家发改委、环保总局等六委部局将抚矿集团列为国家循环经济试点单位（第一批）。抚矿集团根据国家发改委办公厅印发的（发改办环资［2005］2441号）文件《关于循环经济试点实施方案编制要求的通知》的要求编制了《抚顺矿区循环经济实施方案》，全面开展循环经济体系建设。

几年来，在国家、省、市有关部门的指导下，抚矿集团按照实施方案的安排，通过加大资金投入、加强组织领导、建立循环经济培训体系、加强国际交流与合作等措施，骨干项目均取得实质性进展，循环经济产业链得到了进一步的完善，资源的综合利用水平、社会效益、经济效益得到了很大的提高。通过大力发展循环经济，在煤炭产量减少的情况下，经营总收入、非煤收入、资产总额及员工收入等均有大幅提高。

循环经济的骨干项目基本建成。循环经济龙头项目——东露天矿恢复工程正式投产开发；循环经济核心项目—页岩炼油厂扩建工程按计划稳步实施；利用页岩干馏剩余瓦斯发电水平进一步提高；油母页岩烧结砖厂规模不断扩大；专门从事油母页岩开发利用技术研究的省级工程技术研究中心成立，为循环经济的发展提供了技术支撑；对原有油母页岩干馏技术进行了多次升级，研究出新一代的干馏技术，并应用于生产实践，效果非常明显。

节能减排任务成效明显。抚矿集团是全国千家节能企业和全国第一批循环经济试点单位之一。在国家、省、市有关部门的指导下，大力开展节能降耗工作，取得了一定成效，有力地促进了产业结构优化升级。2006年工业产值能耗比2005年下降了8.6%，较国家规定4.4%还低4.2个百分点；2007年工业产值能耗比2007年下降了14.12%，比国家规定的低9.72个百分点；2008年工业产值能耗比2007年下降了8%，比国家规定的低3.6个百分点。

二、循环经济产业链构建

抚矿集团循环经济产业链主要是结合战略转型，以油母页岩为核心而构建。具体包括：以油母页岩为原料炼制页岩油；以油母页岩和煤矸石为燃料建设热电厂；以页岩油为原料进行化工深加工生产化工产品及清洁燃料油；以页岩炼油厂和热电厂产生的废渣和煤矸石为原料生产水泥、烧结砖；开发利用煤层气资源等。上述骨干项目是一个以东露天矿恢复为龙头、以油母页岩和煤层气开发利用为主，充分利用现有资源，上下游产业衔接紧密，减量化、资源化、再利用为原则，符合“资源—产品—资源”的循环经济发展模式，可产生较好经济效益和社会效益的综合利用产业链。

为构建科学、适合本企业实际的循环经济产业链，我们加强了循环经济保障体系建设。

一是加强组织管理体系建设。抚矿集团成立了以董事长兼总经理尹亮为组长的实施循环经济方案领导小组，下设办公室负责规划项目实施工程中的日常管理工作。

二是强化宣传、教育和培训。形成制度，落实专人，开展系统教育和培训，提高全体员工的环保参与意识，强化生态意识，将循环经济和生态工业的理念融入到企业文化当中。

三是加强国际交流与合作。积极通过产品推介、合作研究、联合开发等方式，不断提高抚矿集团的国际知名度和影响力。大力开展国际科技交流与合作，高起点引进国外先进技术和设备，消化吸收，提高公司研发水平和产品质量，不断开拓国内外市场。

四是加强科研开发。建立了以油母页岩开发利用为主的工程技术研究中心，加强油母页岩、页岩油、煤层气、废渣、机加工等项目和高效环保型技术的研究、开发和产业化进程。特别是开发高附加值、高技术含量的产品，以及各种清洁生产技术和废弃物资源化技术，为发展循环经济提供坚实的技术支撑。

五是加快信息化系统建设。建立抚矿集团信息网和信息服务中心；建立抚矿集团信息管理系统；建立资源回用信息网络；发挥信息系统培训和教育功能。

三、循环经济重点项目

东露天矿恢复工程。该工程是循环经济和战略转型的龙头项目。从2005年开工建设，到目前为止，该项目已基本建设完成，开始为页岩炼油厂供应油母页岩富矿。

页岩炼油厂扩建工程。对原有干馏装置的进行了新建、扩建，以及引进海外技术等，尤其是2008年建成投产的E部干馏装置是经过技术改造后全新的第二代抚顺式干馏炉，生产能力、环保指标、各项经济技术指标都将有明显提升，使我国页岩干馏技术达到现代水平和国际先进水平，抚矿已成为全球最大的页岩油生产商。

页岩干馏剩余瓦斯发电。为充分利用页岩干馏生产过程中产生的低热值剩余瓦斯，投资建设了页岩干馏剩余瓦斯发电项目。该项目所生产的电力，在满足本企业用电的基础上，尚有部分余量供集团公司其它企业使用。

油母页岩烧结制砖。已完成了二期工程建设，目前抚矿集团页岩烧结砖生产能力达到1.2亿块/年。

加强省级工程技术研究中心建设。形成以油母页岩综合利用为核心，集采矿、炼油、建材、发电、机械制造等多学科为一体的实用科学研究机构，两年来，兴建了多个实验中心与实验装置。

油母页岩产业链延长——油母页岩热电厂、页岩油深加工项目。为了进一步提高资源利用率，延长循环经济产业链，抚矿集团筹划利用低品位油母页岩、煤矸石为燃料建设热电厂项目。为了延长页岩油的产业链，提高产品附加值，抚矿集团正在着手规划建设页岩油化工深加工示范项目，规划建设页岩油深加工装置，生产化工产品。

油母页岩成套干馏技术装备产业化项目。充分利用抚矿集团的油母页岩干馏技术优势，建设高效环保型油母页岩成套干馏技术装备加工制造项目，形成技术研发、工艺设计、装置制造为一体的产业化项目，为我国油母页岩产业提供成套的技术装备。

潞安集团公司

潞安集团是山西五大煤炭集团之一，现有资产总额536亿元，员工5.5万人，29个子公司，在全国500强企业中荣列第137位。两次获得全国“五一”劳动奖和国家级企业技术进步奖。围绕做大做强，建设大集团、大公司，制定并实施了“三步走”发展战略。在山西省率先实施“走出去”战略，面向全国配置资源，兼并重组新疆哈密煤业公司，组建了潞安新疆煤化工公司。2008年，潞安集团煤炭产量达到4209万吨，销售收入352亿元，实现利润43亿元。煤炭产量和实现利润两项核心指标双双名列国有大型煤炭企业第8位。

在战略发展过程中，潞安坚持以循环经济的发展理念打造“科技潞安”、“绿色潞安”和“生态潞安”，努力追求资源效益最大化和社会环境效益最优化。2007年12月潞安被确定为国家第二批循环经济试点企业。

一、循环经济发展的基本情况

潞安不仅在煤炭的技术、工艺、效率、效益上发展优势明显，而且坚持“立足煤、延伸煤、超越煤”，致力做好“煤文章”。

（一）实施煤炭安全集约高效和绿色生产，夯实发展基础

一是绿色开采技术形成体系。从生产源头抓起，研发了处于世界领先水平的潞安矿区绿色开采关键技术及配套装备，自主创新大采高综采放顶煤为核心的绿色开采技术；二是资源回收率大幅提高。特别是成功研发的煤炭锚杆支护成套技术，攻克了5米厚小煤柱开采技术，使采区回收率较传统开采方法提高了5%～8%，煤炭资源采区回收率达到83.2%。三是新井新模式。新建矿井取消露天储煤场，全部建设圆筒仓，配套建设综合利用电厂，实现了煤不见天、煤不见风。四是产品创新为煤炭清洁利用奠定基础。公司所属各矿生产的原煤全部入选加工，特别是自主研发了“潞安贫煤、贫瘦煤高炉喷吹技术研发与应用”技术，荣获国家科技进步二等奖。潞安喷吹煤产品性能指标成为国标的基准。目前，潞安喷吹煤占全国市场份额的1/3，被中国冶金协会授予“中国喷吹煤基地”称号。

（二）拉长产业链条，建设循环经济园区，促进转型发展，进一步拓宽战略发展空间

潞安把发展循环经济作为战略发展的主要内容，以发展战略为导向。2008年，煤基多联产销售收入达到172亿元，占到总销售收入的48%。

潞安煤油循环经济园区。这是最成功、循环经济特征最明显的一个园区。园区内主要包括：年产800万吨的余吾煤业及配套模块选煤厂、2×13.5万千万余吾热电厂、16万吨/年煤基合成油示范厂。潞安16万吨/年煤基合成油是国家“863”、“973”高新技术示范项目，总投资39.97亿元。潞安煤基合成油核心技术具有自主知识产权，有40多项国家发明专利。潞安成为世界上唯一拥有两种催化剂工艺出油的煤制油企业；

潞安电化循环经济园区。主要由余吾热电厂、容海电厂、五阳热电厂，40万吨聚氯乙烯、5000吨/年高纯度多晶硅、万吨级工业硅项目，2×30MW太阳能电池生产线项目等组成。潞安的硅产业链包括5000吨/年高纯度多晶硅项目、万吨级工业硅项目、2×30兆瓦太阳能电池生产线项目，现在已经全部开工，被列为重点工程的“一号工程”。

潞安煤电循环经济园区。主要由800万吨/年高河煤矿、一期2×60万千瓦和二期2×100万千瓦的高河电厂等组成。园区流程是：煤矿实行上组煤、下组煤联合布置，统一开采，掺和发电，实现变输煤为输电。

潞安焦化循环经济园区。主要包括：潞安环能煤焦化、王庄世纪焦化、五阳弘峰焦化、60万吨甲醇、40万吨二甲醚等项目。在已经具备500万吨焦炭产能的基础上，用排空的焦炉煤气联产60万吨甲醇项目已建成投运，40万吨二甲醚项目正加紧建设。正筹备800万吨/年7.63米炉型新型焦炭项目。

（三）实施废弃物资源化和环境综合治理工程

煤层气综合抽采及利用项目。目前，公司所属常村矿、五阳矿和余吾煤业三个高瓦斯矿井，集团分别建立了瓦斯立体抽采泵站。五阳矿2008年利用低浓度瓦斯发电414万千瓦时，瓦斯利用165万标准立方米，实现瓦斯资源的"吃干榨尽"。余吾煤业装机2.5兆瓦低浓度瓦斯电站建成发电，年利用瓦斯504万标准立方米，年发电1500万千瓦时，年可节约5400吨标准煤。

煤矸石制砖项目。潞安建成了1.3亿标块/年单线规模全国最大的煤矸石砖厂，年消耗煤矸石30万吨。2008年5月集团又投资1500万元，建设年产6500万块烧结砖（一期工程）的郭庄矸石砖厂，年消化煤矸石15万吨。1.95亿标块煤矸石砖年可节约2.27万吨标准煤。

煤矸石山生态重建与景观恢复工程。潞安一直致力于矸石山的治理和绿化、美化工作。2008年共投入资金5206万元，完成了矸石山治理和生态重建工程。

坚决淘汰落后产能。继公司2007年对生产能力24万吨的漳村煤气化厂关停之后，2008年又关停了发电厂8号、4号炉（配套3×6000千瓦机组），关停后年节约中煤15万吨，减少SO_2排放600吨，烟尘排放500吨。目前，潞安工业固体废物综合利用率达到100%，工业用水复用率达到100%。整个矿区的大气污染物排放全面达标，大气环境质量稳定在国家环境质量二级标准。公司先后荣获"中国节能减排功勋企业"、"中国能源绿色企业50佳"等荣誉称号。

二、全面加强循环经济发展的保障体系建设

组织保障：

把发展循环经济作为"一号战略工程"、"一把手工程"，成立了以董事长为组长的公司循环经济试点工作领导小组，由集团一名副总经理具体指导循环经济试点工作；下设了循环经济办公室，具体负责日常工作的组织和协调，确保工作落实。

制度保障：

建立了循环经济发展指标考核体系和激励机制，并将其作为对各单位及领导班子绩效考核的重要内容。建立完善了多项制度，确保了循环经济工作经常化、制度化。

科技保障：

公司在发展循环经济方面的科研投入逐年加大，成立了国家级企业技术中心；与中国矿大、河南理工大、太原理工大等多家科研院所和大专院校签订了全面技术合作协议，建立了长期稳定的合作关系。

人才保障：

采用多种方式，吸引国际国内尖端人才。聘请100多名国内外知名的煤炭、煤化工、煤基合成油、多晶硅及金融贸易等方面专家组建了潞安专家决策体系；成立专业研究机构，建成博士后工作站。

资金保障：

潞安构建了"六渠道一公司"的融资模式，潞安环能股票成功实现A股上市；组建了山西第一家、也是唯一一家企业财务公司。目前正在增资扩股引进战略投资人，与世界500强中煤化工企业或有煤化工投资背景的大银行、大财团合作，拓宽融资渠道，实现强强联合，快速推进循环经济发展。

2008年12月，潞安集团作为山西省特邀代表企业参加了由国家发改委、全国人大环资委和环境保护部主办的“学习《循环经济促进法》电视大赛”活动，被评为这次活动的优秀组织单位。

瓮福（集团）有限责任公司

瓮福集团是由核心企业瓮福（集团）有限责任公司、7家控股子公司、11家参股公司和其他成员企业共同组成的企业法人联合体。其核心企业——瓮福（集团）有限责任公司是经国务院批准的政策性债转股大型企业——贵州宏福实业开发有限总公司改制组建，注册资本40.89亿元。为国家“八五”、“九五”期间建设的五大矿肥基地之一。现已在磷矿采选与加工、湿法磷酸生产与净化以及伴生资源综合利用、废弃物资源化利用、能量梯级利用、节能减排等方面形成了四十余项国际国内领先的技术创新成果，具备超过5年以上的技术储备。

瓮福集团公司提前5年完成省委省政府下达的关于用10年左右的时间实现年销售收入达100亿的目标；5年来，瓮福还创造了污水回用率达到100%、磷矿资源总回收率和共伴生矿综合利用率分别提高5%的业绩。

分类一、循环经济指标完成情况		单位	2005年	2006年	2007年	2008年
资源产出指标	*资源产出率	万元/吨	479.45	509.91	583.24	772.85
	*能源产出率	万元/吨标煤	5510.37	6016.39	6843.30	8590.57
	水资源产出率	元/立方米	0.017	0.020	0.026	0.042
资源消耗指标	*单位产值取水量	立方米/万元	57.76	49.60	38.28	21.07
	*产位产值能耗	吨标煤/万元	1.07	1.07	0.86	0.54
	单位工业增加值能耗	吨标煤/万元	4.43	4.00	2.95	2.74
	单位工业增加值用水量	立方米/万元	244.97	184.31	130.82	118.35
	主要产品DAP单位综合能耗	吨标煤/吨	0.13596	0.13576	0.13158	0.1276
	主要产品SMAP单位综合能耗	吨标煤/吨	0.11968	0.11934	0.11590	0.1118
	主要产品GMAP单位综合能耗	吨标煤/吨	未生产	0.16784	0.15096	0.1437
	主要产品DAP单位水耗	立方米/吨	0.7720	1.4830	1.0432	0.6238
	主要产品SMAP单位水耗	立方米/吨	0.5575	0.4278	0.4853	0.3782
	主要产品GMAP单位水耗	立方米/吨	未生产	0.4944	0.5525	0.2305
资源综合利用	*工业固体废物综合利用率	%	9.24	11.27	12.00	18.24
	*工业用水重复利用率	%	68.85	70.03	75.27	91.23
废物排放指标	工业固体废物排放量	万吨	341.22	385.27	413.63	292.99
	工业固体废物处置量	万吨	341.22	385.27	413.63	292.99
	工业废水排放量	万立方米	343.48	277.20	151.38	48.01
	*二氧化硫排放量	万吨	0.35	0.37	0.34	0.32
	*COD排放量	万吨	0.007370	0.007207	0.007811	0.002398

发展循环经济的实践及成果：

中低品位磷矿选矿技术及伴生资源综合利用。2008年公司科学制订表外矿石回采及夹层矿回收方案，成功回收符合送选、贸易矿要求的夹层矿石。投入300多万元建成了稀有金属开发选矿中试装置，选矿试验了得突破性进展。“尾矿再选工业化示范装置”2008年12月30日建成投用，二次选矿以后，尾矿中的磷含量降到3%以下、MgO2%以上，不仅提高了磷的回收率，还为镁资源的利用奠定了基础。

湿法磷酸净化替代热法磷酸生产精细化工产品节能项目。湿法净化磷酸产品广泛推广到电镀、食品等行业，在国内、外市场成功取代了热法磷酸。湿法磷酸净化产品将取代高能耗高污染热法磷酸市场，湿法净化酸每吨能耗1.028吨标准煤与热法净化酸每吨能耗2.50吨标准煤相比较，能耗大大降低。湿法净化磷酸产品生产电子级磷酸，成功的完成了小试，制备出了纯度极高的产品，该成果放大到20吨/年中试装置2007年9月建成并产出合格产品。

磷矿伴生氟硅资源综合利用精细化工项目。引进瑞士DPT公司先进工艺技术自主创新，截至2009年7月共计生产AHF产品8579吨，产生了良好的经济效益。用含氟SiO_2渣生产1万吨/年白炭黑并副产6000吨/年氟化铵项目已开工建设，实现磷矿石中伴生资源氟、硅的综合利用。

酸性废水选矿项目。利用自主开发的的具有自主知识产权的WF—01选矿工艺和WFS选矿工艺成功嫁接，将该技术用在处理原矿40万吨/年的选矿厂工业试验装置上进行了验证后，形成了对瓮福及全国大部分矿种都适应的自主知识产权的选矿技术。年处理原矿350万吨/年的选矿装置将于2009年2月建成投用，酸性废水使用200立方米/小时以上，公司瓮福磷肥厂实现了“废水”零排放，选矿磷回收率从90%提高到95%。

磷矿中伴生碘资源回收利用项目。2006年9月，碘回收中试装置通过了72小时性能考核并稳定运行的基础上，开始筹建50吨/年工业装置；2007年9月，2×50吨/年碘回收工业装置一套装置已建成投产，通过摸索和技术攻关，该装置实现达产达标。

磷铵工厂能源转化与综合利用项目。继“863磷铵尾气低位热能项目”投用后，公司完成了二铵装置反应、造粒系统改造，实现了管式反应器和预中和联合开车，使得系统生产能力有较大提高，产品消耗降低，操作控制更加稳定。同时还进行了管式洗涤器改造，使得磷铵雨现象明显减少，取得较好的环保效果。对粉状MAP二期装置进行扩能改造，使料浆生产能力由24万吨/年提升到36万吨/年，装置采用863计划成果“磷肥清洁生产关键技术（2003AA647040）”作为核心技术，节能效果达到39%。料浆扩能成功后，磷酸一铵装置形成了24万吨/年粉状MAP、24万吨/年粒状MAP的生产能力。完成了磷铵生产体系中的尾气能源利用的产业转化，完成了国家“863项目”——“高浓度磷肥生产清洁生产工艺”中试及装备开发任务。

热电联产节能降耗综合利用技改项目。充分利用我公司、威顿公司80万吨/年硫酸装置副产蒸汽和10万吨/年净化磷酸配套的130吨锅炉的蒸汽，新增汽轮机一台，公司余热发电装机能力达到4.2万千瓦时。2008年8月14日硫酸A、B系列二氧化硫风机先后改造完成并投入运行。二氧化硫风机改造成功，年节电1156万度，年能耗从2.17万吨标煤降至1.01万吨标煤。

磷石膏资源化综合利用开发项目。一是利用利用磷石膏制粉体建材，如磷石膏作制砖，代替传统的烧结砖，减少砖厂对资源的破坏；二是采用先进的技术，利用石膏制肥，如硫酸、硫铵等。

其它“三废”利用。黄磷生产废弃物主要有炉渣和磷铁，5万平方米/年磷渣微晶玻璃装饰板项目2008年11月建设试车成功投入运行；10万吨/年磷渣超微粉项目已建成。第一套燃煤锅炉烟气活性焦脱硫装置运行平稳，回收尾气中SO_2送到硫酸装置生产硫酸，产生了良好的经济效益。烟气粉尘治理取得阶段性成效，MAP装置烟气粉尘已实现排放达标，DAPA/B系列尾气烟囱改旋流实现了烟气排放达标。“电除尘声波吹灰”技术在硫酸A系列取得成功。天福公司30万吨/年合成氨装置产生的硫化氢气体传统工艺流程是将气体烟烧进入废水后进行处理，为实现资源回收利用；瓮福（集团）公司和天福公司攻克了硫化氢气体输送技术难题，硫化氢气体将引入到硫酸装置焙烧炉内燃烧，这将又是硫资源回收利用又一示范。

二、发展循环经济的经验体会

一是耦合能力大幅提高、产品链延长；二是逐步走出对磷资源的过度依赖；三是资源利用率提高；四是工业“三废”得到有效治理；五是矿区生态环境逐步修复；六是水资源高效、梯级利用；七是技术储备和高技术人才发挥重要作用；八是加大投入，集中资金解决关键问题；九是始终坚持走实施循环经济要经济可行的道路；十是充分依靠地方政府，加强企业间、产业间、地区间资源优化配置。

贵州开磷(集团)有限责任公司

贵州开磷(集团)有限责任公司是我国重点投资建设的三大磷矿石生产基地之一，是我国较为典型的以“磷煤结合、矿肥结合、矿化结合”为核心业务的大I型磷化工企业集团。2005年被国家发改委确定为全国首批循环经济工作试点单位。

一、循环经济试点进展情况

“十一五”以来，开磷集团在发展循环经济方面与企业主业发展相结合，以资源的高效利用和循环利用为核心，在企业内部初步形成了“磷—煤—电—建材—环境友好”的生态工业产业链，不断提高企业对资源的综合利用水平，实现了资源优势向经济优势的转变，创造了现代企业应当具备的“资源—产品—再生资源—产品”的循环物质流动模式和内部循环经济体系运行模式。

2006～2008年，企业累计获得国家和贵州省财政投入循环经济和发展项目技术改造补助资金1.4亿元，带动企业循环经济和项目投入资金31.5亿元。实施循环经济和发展技改项目10余项，更新改造落后的生产装置与设备近百台(套)，并新建了具有经济规模、技术先进、节能效果显著的大型磷煤化工装置。企业通过循环经济和技改项目的实施，使企业整个生产过程逐步发展成为无废、少废和绿色产品的生产过程。

一是认真贯彻落实科学发展观，按照建设生态文明的要求，大力推进循环经济工作的开展，为合理开发，高效利用矿产资源，针对开阳磷矿缓倾斜，中厚矿体的赋存条件，开发了具有自主知识产权的“锚杆护顶分段空场采矿法”，使公司地下矿山开采技术达到国际先进水平，资源回收率由过去的不足50%提高到70%以上，贫化率由13%降低到6%以下，资源回收率提高20%以上。

二是以保护生态环境为目标，投资23000万元开展了“西部磷矿资源生态环保型无废害开采综合技术研究”，在我国磷矿山地下开采中首家开发应用了“磷石膏充填法采矿”新工艺，使资源回收率在70%的基础上又提高了15%以上。该项目的实施，每年可利用磷石膏204万吨，矿山开采废矸73万吨，为磷石膏等工业固体废弃物综合利用开辟了一条经济，可行的途径。可延长矿山服务年限15年，按开磷集团现有资源储量计算,可增加资源开采储量6000万吨以上,价值180亿元以上，每年可减少磷石膏排放运行费用5000余万元。通过充填技术的运用,既可防止和减少工程地质灾害,有利于保护生态环境,也可大量减少工业固体废弃物堆存占地,减轻矿山尾矿库的压力,实现安全、清洁生产。该项目获2008年全国化工科技进步一等奖，2009年国家科技进步二等奖。

三是加强磷石膏和工业黄磷炉渣的开发研究及综合利用，利用高浓度磷肥和黄磷生产副产品“磷石膏和黄磷炉渣”投资28881万元开发建设了世界上首条以二水磷石膏和黄磷炉渣为主要原料的“一步法”生产高强耐水磷石膏砖的生产线和原料制备技术，建设了年产2×5亿块磷石膏砖生产线。项目每年可综合利用磷石膏165万吨，黄磷炉渣75万吨，工业废水40万立方米，减少SO_2排放量42.12吨，减少CO_2排放43000吨，节约标准煤2.8万吨。该产品被称为攻克了二水磷石膏直接利用的世界性难题。突破了国际国内行业中公认的工业二水磷石膏不能直接生产高强耐水建筑材料的技术瓶颈，成为我国行业内典型的创新性、革命性资源综合利用开发项目。

四是投资13200万元新建和改造了工业废水处理系统，实现了工业废水集中处理，循环利用不外排。一部份经处理后的工业废水返回生产系统使用，一部份用于厂区、生活区景观喷泉用水和用于养花、种草种树、养鱼。每年可循环利用工业废水1100万立方米，节约取水费和排污费1600万元。

五是在化工生产余压余热能量梯级开发利用方面，投资6800万元建成了硫酸余热回收系统和2×12兆瓦发电机组，每年可发电1.7亿度，为企业实现节能减排奠定了坚实的基础。

六是投资14859万元组织实施了剑化公司合成氨系统优化节能技改和环境综合治理工程。通过完善工艺设施，环保设施，调整产品产能和结构，实现废水循环利用和工业废气减排。使改造后的剑化公司合成氨生产能力由7.5万吨/年提高到10万吨/年，新增1.8万吨精甲醇，15万吨/年高塔造粒硝基复合肥。全年节能达8.9万吨标准煤，节约原料煤6.07万吨标准煤，循环利用废水3570万立方米，从根本上改善剑化公司的生产经营状况和环境条件。

七是配合贵阳市“循环经济型生态城市建设试点工作”，用循环经济的新范式，投资22亿元建设了全国第一个“开阳磷煤化工（国家）生态示范工业基地”。按照基地规划“延长产业链，拓宽产业幅，壮大产业群”的要求，在大水工业园120万吨/年DAP配套建设2×20万吨/年MAP项目的建设中，积极引入和采用现代化的共生耦合技术、循环利用技术、节能技术等，最大限度地采用废物交换，工业共生等先进手段，实现有计划地进行物质的能量转换，达到高效分享资源，寻求资源，能源消耗最小化，废物产生最小化，结合地质灾害治理，移民搬迁等工程措施，使基地建设与自然生态系统保持协调和谐，传统的工业发展模式向生态化方向发展，成为资源节约型、环境友好型的典范，促进区域经济社会的可持续发展。

八是针对传统的磷酸二铵生产方法改进工艺，在行业内首家创造性地开发生产出符合绿色产品发展趋势，不需染色剂的本色精品磷酸二铵，使每吨产品降低成本40～50元，同时在施用后避免了染色剂等有机物对土壤的污染。

九是投资3000万元完成了国内第一条利用磷肥生产含氟废气吸收液年产1000吨无水氟化氢国产化中试装置生产线的设计，并组织了项目的实施。为我国磷肥生产工业氟资源的综合利用开辟了一条适合中国氟化工产业发展的新的原料路线，并为项目放大设计，实现工程应用创造了条件。

十是投资2000万元建设投产的6000万块/年矿渣砖生产线，年综合利用矿山开采废矸15万吨以上，达到了节约土地资源，变废为宝，化害为利的目的。

十一是投资3200万元攻克了磷矿矿浆浓密工艺技术中的重大技术难题，建成了具有清洁、环保、节能特点的磷矿浆新型管道输送系统，每年可降低运输成本6000万元以上，节约运输用汽、柴油3000余吨。

二、循环经济指标完成情况

序号	指标名称	指标值	2005年实际值	2008年实现值	完成情况
1	资源回收率	提高5%以上	69.92%	82.3%	+12.38%
2	吨磷矿石资源产出率	提高25%以上	832元	1334元	+60.33%
3	每万元工业增加值综合能耗	下降20%	2.56吨标煤	1.16吨标煤	−54.69%
4	每万元工业增加值取水量	下降150M^3	352M^3	171M^3	−181M^3
5	工业固体废弃物综合利用率	80%	10%	48.7%	+38.7%
6	黄磷尾气（CO）综合利用率	100%	12%	72%	+60%
7	废水循环利用率	100%	65%	100%	+35%
8	生产废气、粉尘排放达标率	100%	92%	100%	+8%

山东海化集团有限公司

山东海化集团有限公司于1995年8月由原潍坊纯碱厂和山东羊口盐场联合组建而成，是山东省重点培植的大型骨干企业集团之一。资产总额180多亿元。主要产品40多种，其中合成纯碱、两钠、原盐、溴素、溴化物等7种产品产量居全国首位，有中国名牌、山东名牌产品7个，是全国重要的海洋化工生产和出口基地。企业先后获得全国“五一”劳动奖状、全国化工环保先进单位、中国石油和化学工业协会节水先进单位、省节能突出贡献企业、省资源综合利用先进单位等多项荣誉符号，并被国家六部委确定为全国首批循环经济试点单位之一。

海化集团积极探索以资源合理开发、节约综合利用为重点的循环经济发展模式，走出了一条资源利用率高、生态环境好、经济效益显著的可持续发展之路，实现了经济效益和环境效益的“双赢”。主要做法是：

一、坚持高点定位，实现卤水资源立体开发

海化集团依据循环经济原理，积极探索海(卤)水合理开发、梯次综合利用的新路子，逐步实现了海(卤)水的“一水六用”，提高了海(卤)水资源的集约化利用程度和生态经济综合效益。“一水六用”即：用制卤海水放养贝类、鱼虾等海产品，初级卤水放牧卤虫，中级卤水先送纯碱厂、硫酸钾厂，供工艺冷却，为化工工艺冷却的同时吸收了化工废热的中级卤水送溴素厂吹溴，吹溴后的卤水送到盐场晒盐，晒盐后的老卤生产硫酸钾、氯化镁等产品。至此“吃干榨尽”了目前技术可实现的有用成分，提高了卤水资源综合利用效率，最大限度地避免了制溴废液和制盐母液外排对海域生态的破坏影响。

二、围绕资源循环利用，不断延伸产业发展链条

在“一水六用”的基础上，加大了系列产品的研发和投入力度，不断进行产业结构调整，形成了以碱系列、溴系列、苦卤化工系列、精细化工系列为主的四大产业链条，即以原盐为原料生产纯碱、烧碱；以纯碱为原料深加工生产小苏打、硝酸钠、亚硝酸钠、泡花碱、白炭黑等；以制碱废液为原料生产氯化钙、氯化钠；以制盐苦卤为原料生产硫酸钾、氯化镁等；以溴素为原料生产氢溴酸、十溴二苯醚、四溴双酚A、溴化钾等溴化物产品，建立起上下游产品接续成链、关联产品复合成龙、资源循环综合利用为特色的海洋化工生态工业体系，分别实现了产品及其废弃物在体系内的再资源化。年产2万吨硫酸钾、42万吨氯化钙、2000万块墙体材料、电石泥综合利用、石化分公司二氧化碳气体回收利用项目，较好地利用了纯碱、原盐、氯碱、热电、石化生产中产生的废渣、苦卤、废液和废气，实现了资源的循环利用，既节约了资源，又避免了环境污染，并产生了良好的经济效益。

三、大力开发循环经济实用技术，综合利用“三废”资源

海化集团围绕资源循环综合利用，重点对“三废”资源进行研发创新，开发了部分专有实用技术，成效明显。一是制盐苦卤制硫酸钾技术。2008年综合利用制盐苦卤112万方，实现产值14926万元，利润1068万元；二是利用纯碱蒸氨废液制氯化钙技术，2008年利用蒸氨废液635万方，实现产值14523万元；三是电石泥综合利用技术。2008年综合利用电石泥161万方，实现产值15883万元，利润3598万元；四是石化分公司干气制氢项目。该项目已于2008年5月份完成并达产达效，年利用干气4800万标准立方米，减少干气外排4800万标准立方米，年节约8.4万吨标准煤，增加效益5600万元；石化分公司二氧化碳气体回收利用项目。为充分利用现有资源，减少二氧化碳排放该项目已于2008年10月份投料试车成功，年回收二氧化碳16万吨，年利润为275万元。

四、积极推行清洁生产，努力从源头减少污染

目前，已有10家企业通过了省环保局组织的清洁生产审计，2家企业的清洁生产审核工作正在进行过程中。从2003年4月份开始实施清洁生产审核至2008年10月份，共提出清洁生产方案440个。其中：无/低费方案325个，已全部实施，实施率100%；无/低费方案共投入资金430.6万元，产生经济效益2923.8万元。中/高费方案115个，已完成114个，有1个正在实施中，完成率99.1%；中/高费方案共投入资金31391.1万元，产生经济效益16595.8万元。同时，我们积极推行ISO14001环境体系认证工作，现有10家企业通过了ISO14001环境管理体系认证，环境管理体系运转正常。

五、狠抓关键措施落实，提高能源、淡水利用效率

2008年，海化集团突出抓好技术进步、强化管理、调整结构和全员参与四个关键措施的落实，提高了能源、淡水综合利用效率，节能节水成效显著。

在节汽方面。石化分公司实施的催化装置外取热器改造项目，通过提高催化装置加工量，增大外取热器负荷，每小时可增产蒸汽9吨，全年增产蒸汽约7万吨；50万吨焦化装置再生塔重沸器热源改造项目，每小时节约蒸汽4吨，年节约蒸汽约3万吨。氯化钙厂实施的四车间五效加热室改型项目，每吨氯化钙可降低300千克蒸汽消耗，年节约蒸汽3.6万吨。硫酸钾厂实施的光卤石回兑卤工艺改造，年可节约蒸汽2.5万吨，节电47万千瓦时。

在节电方面。热电分公司实施的7号机循环水泵改造，年可节电100万千瓦时；动力公司海水加压站实施的加压泵改造，每台加压泵年可节电100万千瓦时。盐场的制卤场电机节电技改项目，年节电72万kwh。溴素厂实施的风机变频改造项目，年节电100万千瓦时。

在节煤方面。热电分公司实施的6号-10号炉碎煤机系统改造，年可节约标准煤约4592.7吨；老厂130吨/小时锅炉省煤器改造项目实施后，降低了排烟温度，提高了锅炉效率，每台锅炉可节约标准煤3110.8吨。石化分公司和热电分公司共同实施的火炬气回收项目，年可节约标煤约8400吨。白炭黑厂的4号煤气炉更新改造项目，每吨水玻璃可降低煤耗30千克，年节煤1350吨。

在节水方面。氯碱树脂公司于2008年4月份投资49万元，对聚合干燥工段离心母液进行回收，作为乙炔发生用水和配次氯酸钠用水重新利用，每年节约淡水64万立方米，节约水费184万元，同时减少了废水的排放。该公司实施的清净水系统平衡改造每小时节约淡水200立方米，年节约淡水约144万立方米。石化分公司2008年上半年对南区清水池的污水回用进行技术改造，作为原料装置用水，每年节约淡水4万立方米；将催化装置排污水改至北区焦化除焦水池，作为除焦用水，每小时3立方米，每年节约淡水2.4万立方米。

新疆天业（集团）有限公司

新疆天业集团有限公司是新疆兵团农八师控股的大型国有企业集团，是全国第一批循环经济示范试点企业。有800兆瓦热电、100万吨电石、70万吨聚氯乙烯树脂、60万吨离子膜烧碱、150万吨电石渣水泥、600万亩塑料节水器材、8万吨番茄酱、1.6万吨柠檬酸生产能力。2008年公司总资产150亿元，实现销售收入76亿，利税12亿元。

一、发展循环经济的主要做法

新疆天业在循环经济试点工作方面，坚持"四个结合"：

一是坚持大循环与小循环相结合。大循环结构建成两个产业链，一是资源（石灰石、盐酸、煤）—发电—电石—聚氯乙烯—节水器材—高效农业—食品加工—农业产业化；二是排放物的综合利用，既粉煤灰、电石渣—水泥、制砖—建筑。这两个产业链在完成产品深加工的同时，实现生产过程排放物的资源化、再利用。小循环是要构筑技术与管理、企业与社会结合的立体循环体系。在工艺的各个环节，实现资源有效利用，实现节能减排。

二是坚持专业科研平台与群众性创新相结合。天业集团坚持专业科研平台与群众性创新相结合，依托国家节水灌溉工程技术研究中心，博士后科研工作站，国家认定的企业技术中心、天业化工研究院等企业平台、通过"产、学、研"联合，初步建立了"绿色技术"体系。

三是坚持关键技术突破与整体技术水平提高相结合。天业在关键技术取得突破的同时，在整体技术水平上紧盯世界一流，按照循环经济的发展要求，工艺技术、装备水平、信息化程度均为国内领先。关键技术的突破与整体水平的提高相结合，成为循环经济的有力支撑。

四是坚持经济效益与社会效益相结合。公司连续11年主要经济指标保持在40%以上增速，资产由1.58亿增长到150亿元，天业通过循环经济发展的带动，已成为石河子经济发展的中流砥柱，推动了整个城市人力、物力、资源的循环，达到了生态文明，促进了区域经济和社会的整体发展。推广节水滴灌，年实现节水3亿方以上，降低滴灌成本，全年为农民节约4亿多元。

二、循环经济重点项目

在农业节水领域——发展一次性可回收滴灌带，既实现了农业节水的目标，又通过了循环经济的模式，从根本上解决了农业环境污染问题，截至2008年，天业一次可回收滴灌系统已经在新疆成功推广600万亩，已开发出具有自主知识产权的膜下滴灌系统及配套的成套装备，为中国节水型农业的发展做出了突出成绩。

在氯碱化工领域——1.24万吨聚氯乙烯综合节能技术项目。实现聚氯乙烯生产能力增加4万吨/年，能耗降低8%以上，年节水40万吨，年减排废气600万立方米，经济和社会效益显著；2.干法乙炔几配套电石渣干法水泥技术的开发。在国内率先开发采用了与40万吨聚氯乙烯规模相配套的干法乙炔装置，配套日产2000吨水泥熟料新型干法电石渣水泥装置，这是国内第一套大规模连续运行的干法乙炔及配套的干法水泥装置。目前该技术在国家发改委有关产业政策的鼓励支持下，在国内氯碱行业开始得到迅速推广；3.10万吨/年大型氯乙烯流化床反应器。该技术的成功开发，对国内大型电石法聚氯乙烯装置发展具有巨大的推广价值；4.40000千伏安密闭电石炉及炉气综合利用技术。这是国内迄今为止容量最大的密闭式电石炉，年生产能力规模达到7万吨，初步测算电炉电耗≤3050千万时/吨；5.大型热电机组电石渣烟气脱硫技术开发。这是国内第一套大型热电机组电石脱硫装置，脱硫率≥95%，脱硫废渣资源化利用率100%，国产化率100%，脱硫运行成本仅为国内目前普遍使用的石灰石膏法脱硫技术的50%，这种通过循环经济模式建立的烟气脱硫技术，不仅为电石渣的综合利用找到了新的途径，也在国内脱硫领域具有巨大的推广前景；6.废盐酸零解析技术。2006年率先在国内建成含汞废盐酸深度解吸工业化试验装置，将常规解析18%−22%的含汞废盐酸，进一步深度解析后浓度可降至2%以下的含汞酸性废水，解吸出的氯化氢可回收利用。目前新疆天业已在70万吨聚氯乙烯生产装置中全部采用了该技术，该成套技术已经在氯碱行业开始得到快速推广；7.粉煤灰制砖项目。

三、发展循环经济取得成效

自新疆天业2005年20月被列入全国发展循环经济试点单位以来，公司按循环经济发展要求，计划在减量化、资源化、提高二次资源利用效率方面加大工作力度，大幅度减少工业废水的排放量、实现工业废气、废渣高效循环利用。

在废水利用方面，承担了国家科技支撑项目——“氯碱企业高效节水技术集成与示范”，并建立了国内第一套干法乙炔、聚合母液水生化处理、上清液闭路循环、含汞废酸零解析等示范装置，推广到国内聚氯乙烯行业，每年节水1亿方以上。

在废气利用方面，创建性开放出天然气制氢联产PVC，变压吸附尾气回收、组合吸收等新工艺，不仅很好地解决了废气排放问题，而且还改变了传统氯碱平衡，实现了在不增加配套烧碱产能的条件下，将聚氯乙烯生产能力提高20%。

在废渣利用方面。自主研发先进的干法工艺，建成120万吨电石渣水泥装置，试点项目粉煤灰制砖已建成投产，各类废渣在天业成为“香喷喷”的原料，环保治理装置同时变成了原料收集装置，不仅将自己企业的废渣“吃干榨尽”，还消耗其他企业的部分废渣。

试点工作带动了整个集团的节能减排，年废水排放量下降70%，COD下降16%，二氧化碳下降4%，电石渣综合利用率100%，废旧滴灌带回收利用率85%，聚氯乙烯产品能耗下降20%左右。

2009年度，新疆天业将全面加强循环经济试点工作，逐步建立符合企业和行业发展要求的循环经济技术及指标评价体系，积极推动行业循环的发展工作，成为循环经济示范企业的典范。

贵州茅台酒股份有限公司

贵州茅台集团公司具有悠久历史，是中国白酒行业中唯一的国家一级企业、国家特大型企业。公司把循环经济建设作为重点项目进行建设，公司被列入国家第二批循环经济建设试点企业。

一、发展循环经济情况

茅台循环经济以资源节约、清洁生产和废弃物的多层次循环利用为目标，以现代生物技术、环保技术为依托，运用自然生态规律和生物系统的方法，节能、清洁生产，再将生产茅台酒的废弃物作为原料，经生态处理后回到生态农业中实现资源循环和能量多级利用，形成茅台酒产业和生态农业之间的横向耦合。形成有机原料(高粱、小麦)—茅台酒生产(节能、环保、清洁)—酒糟综合利用(生物有机肥等产品开发)—回归土地—种植茅台酒有机原料(高粱、小麦)的纵向闭合的生态产业链。

（一）发展循环经济的做法

一是成立领导小组，建立健全相关组织机构。

二是通过推进循环经济科技示范园建设，以点带面改造老系统。公司投入资金11.482亿元，重点建设茅台循环经济科技示范园、茅台镇茅台酒生产区及仁怀市周边地区实施6个项目（见下表），其中在茅台循环经济科技示范园实施3个项目，合计投资9.08亿元；在茅台镇茅台酒生产区和二合科技示范园共同实施2个节能减排改造项目，合计投资0.818亿元；在仁怀市周边地区实施茅台酒有机原料生产基地建设项目，投资1.584亿元。目前已在仁怀市、习水县建成了15块有机原料基地，种植面积达30多万亩。

三是学习借鉴先进技术与经验，加快循环经济建设步伐。掌握了用工程蝇对酒糟进行生物转化的核心技术，处理了因茅台酒生产发展而不断增加的丢糟，解决了原料基地不断扩大所需有机肥的供给问题。即通过工程蝇对酒糟和锅底水等有机废物生物质的快速生态转化作用，将茅台酒生产的主要有机废弃物转化成为生产生物制品的新型原材料（昆虫蛋白），同时将酒糟熟化为含昆虫代谢有益活性因子的优质生物有机肥料。

现已完成部分产品企业标准的备案登记，取得产品生产批准证件，具备产业化条件。

（二）循环经济的组织实施

推行清洁生产，保护生态环境。公司在项目建设中严格实施环保“三同时”(防治污染设施与主体工程同时设计、同时施工、同时投入运行)制度，确保新增污染物得到有效治理。制定了严于国家排放标准的企业环保内控标准，进一步减少污染物排放总量。投入上亿元资金开展污染治理，逐步完成了公司废水处理系统、锅炉脱硫除尘处理系统、固废处置场、职工医院污水处理以及锅炉冲渣水循环处理系统等污染治理设施，全面实现了“三废”的达标排放工作，污水排放指标居行业领先水平。积极利用先进科学技术，提高企业环境管理水平。先后建立了厂区空气质量自动监测系统和废水排放自动监测系统，2008年公司排放化学需氧量56吨、二氧化硫540吨，均在仁怀市2008年污染物总量控制指标范围内。

强化基础管理。一是将节能减排工作纳入董事会方针目标，并以此作为相关单位的考核指标。二是建立和完善计量管理体系，制定了制酒车间吨酒耗电、耗水、耗汽等指标，装表计量、严格考核，并纳入班组绩效考核。三是应用新型、适用技术，推广使用节能减排技术，加强节能降耗管理。四是重视对生产废弃物的处理工作，目前茅台酒丢糟以生产中级酱香基酒为主要产品进行再利用，年产值达到3.5亿元。锅炉煤渣提供给当地砖厂和水泥厂作为生产原料，废稻草无偿提供给种植基地农户作为养牛饲料。五是将老系统的污水排放系统纳入改造。将茅台酒厂生产、生活污水纳入仁怀市城镇污水处理系统。具体方案是利用已建成的茅台镇城镇污水处理厂实际处理量不足、富余量大的情况(设计规模日处理量1万吨，现实际日处理量3000吨)，将公司生活污水引入城镇污水管网，新增生产废水预处理后进入城镇污水处理厂治理达标后排放。一方面避免了重复建设，节约了公司发展用地；另一方面提高城镇污水处理系统的运行效率，达到了资源共享、互惠双赢目的。

发展循环经济项目总表

序号	实施地	项目名称	建设期	项目建设内容	项目投资
1	茅台循环经济科技示范园(二合)	茅台酒酒糟生物转化项目	2008～2010年	建设生产、辅助生产设施和配套的公用工程。	4.57亿元
2		茅台酒酒糟资源化处理项目	2008～2010年	建设生产、辅助生产设施和配套的公用工程。	4.13亿元
3	茅台循环经济科技示范园（二合）/茅台镇茅台酒生产区节能减排项目	冷却水循环利用及锅底水处理项目	2005～2010年	建成生产、生活废水的收集输送管线和缓冲池，建设锅底水输送系统；利用地形、高差，分车间建设冷却水循环系统。	0.538亿元
4		节能设施改造项目	2005～2010年	各生产车间设置并完善能耗、水耗监控设施；车间改用节能灯照明；建设企业管理信息平台；改造各生产车间生产高耗能设备。	0.28亿元
5	茅台酒原料生产区	有机农作物种植基地项目	2007～2020年	在仁怀市及周边地区建成茅台酒原料基地54万亩以上。	1.584亿元
6	茅台循环经济科技示范园（二合）	生物技术工程研发中心建设项目	2008～2010年	配置4条中试生产线。	0.38亿元
合计					11.482亿元

建设循环经济科技示范园。2008年，茅台酒生产产生各种固体废物约11万吨，其中酒糟约10万吨、锅炉煤渣、废稻草等共计约1万吨。为了实现废弃物的综合利用，走上循环发展之路，依托现代生物技术和环保技术，拟投资10亿元左右，在距茅台镇20公里的二合镇征地近600亩，规划建设茅台循环经济科技示范园。

循环经济科技示范园主要项目：

茅台酒酒糟生物转化项目——年生物转化茅台酒酒糟15万吨。年产复合有机肥6万吨、饲料幼虫蛋白400吨、饲料成虫蛋白165吨、食用昆虫蛋白830吨、食用壳聚糖17吨、昆虫蛋白保健食品1300吨。总建筑面积11万平方米。项目总投资4.57亿元。

茅台酒酒糟资源化处理项目——年处理酒糟12万吨，年产酱香型基酒4800吨。总建筑面积7万平方米。项目总投资4.13亿元。以上两个项目以生物转化技术为核心，有效地解决了茅台酒生产发展带来的丢糟不断增加和酒糟的资源化利用问题，以及茅台酒可持续发展日益增长的原料需求问题和茅台酒生产的生态环境保护问题。特点是将逐步形成酿造业带动农业种植业和畜牧业发展，种植业又促进酿造业发展的生态链；形成工业与农业相结合，企业内部小循环与区域大循环相结合的循环经济模式。对公司按照循环经济基本方针发展具有关键作用，对全国白酒行业循环经济的发展具有典型的示范作用。

冷却水循环利用及锅底水处理项目——老生产系统与二合在冷却水的处理上要达到日处理能力3400立方米，日锅底水处理能力400立方米，项目投资0.54亿元。项目完成后，利用锅底水饲养昆虫，年节约昆虫养分基质3000吨，每年可降低昆虫养殖成本1200万元，锅底水不外排，达到保护环境和资源利用的目的；2012年与2005年比，年取水量将减少约96万吨，减少了取水量，就达到了节水的目的，对保护赤水河流域生态环境起到积极的作用。

贵州赤天化纸业股份有限公司

贵州赤天化纸业股份有限公司是贵州赤天化集团有限责任公司的控股子公司，年产20万吨硫酸盐漂白竹浆板，主营纸浆、纸和纸制品的生产销售。全国第一家经过国务院审定、国家发改委核准的竹浆林纸一体化重点项目——“黔北年产二十万吨林浆纸一体化工程”项目的实施单位。2005年10月，公司被国家发改委确定为国家循环经济第一批试点单位。

一、试点工作开展基本概况

（一）采用世界最先进的工艺和设备，向国际先进水平看齐

公司做项目从最开始的咨询、调研、可行性论证开始，高起点、高标准，瞄准国际、国内领先水平就是建设项目的重要指导思想。在科学发展指导下，力求工艺设计和设备选型体现先进性和超前性、低消耗、低污染、高效率。一是制浆蒸煮采用克瓦纳公司在本世纪开发的最新蒸煮技术——“compactcookingtm”紧凑蒸煮第二代技术，赤天化是中国唯一使用该技术的单位，目前全世界使用该技术也仅有四家。二是筛选、洗涤、漂白工段由世界著名制浆造纸商美卓公司提供设备并进行详细设计，整个系统都采用了封闭工艺，使用水少、无流失。该漂白流程既能生产轻ECF（Q-OP-D/Q-PO）又能生产全无氯TCF（Q-OP-Q-PO）的漂白浆，符合国际环保高端标准，代表着世界上纸浆清洁生产漂白工艺的发展方向。三是洗涤流程中采用美卓的Twin Roll双辊置换压榨洗浆机作为洗浆设备，黑液提取率高，流失少。

（二）开展资源综合利用和节能减排，最大限度利用资源，减少废弃物的排放和最终处置。公司“废气综合治理和循环利用项目”每年可回收硫化碱2,937吨，回收白泥（折成石灰）5100吨，回用水53万吨，回收热量折算成标煤4218吨；“制浆生产固体废弃物回收综合利用项目”每年处理实物竹屑、实物浆渣、实物污泥总计约55658吨（绝干约36720吨），相当于节约1.44万吨标准煤；“能量系统优化节能项目”年副产发电量2.006亿千瓦时，节约用电1280万千瓦时，共可节约标准煤4.84万吨；“碱回收”和“余热热电联产”两清洁发展机制项目2008年分别获国家发改委批准，更是开创了制浆造纸行业的先河。

（三）延伸产业链，探索环境保护与经济发展和谐进步

“黔北年产二十万吨林浆纸一体化工程”项目是在国家“退耕还林”、“西部大开发”、“农业产业化”政策的大背景下应运而生的。40万亩林基地的建设，不但为公司提供原材料的保障，而且通过反哺林业，将形成围绕竹子栽植、加工、运输等一系列产业链，加快农业产业化进程。

公司以林基地建设为中心，积极推进产业带动。自2004年开始，公司通过采取合作制、租赁土地自建、股份合作制、扶持大户等几种基地建设模式，直接受益农户达22万户以上，每户每年可获得200－3000元不等的收入。林基地的建设为广大农户增收找到了一条切实可行的路子，为建设社会主义新农村进行了有益的探索。

二、循环经济项目进展情况

（一）废气综合治理和循环利用项目

2006年7月21日，国家发改委办公厅以发改办环资[2006]1546号文将该项目列为“2006年第五批资源节约和环境保护项目”，并下达220万元中央预算内专项国债资金。贵州省也给予80万元的专项资金。该项目采用国际先进臭气燃烧回收工艺，减少排放烟气中粉尘含量，对烟气进行多级处理，达到小于50毫米/标准立方米的世界先进水平。项目与20万吨竹浆纸一体化工程主生产线实行同步设计、同步施工、同步运行。2008年4月3日，公司制浆生产线全线贯通，进入试生产阶段。该项目经过一年半的建设也正式建成，并投入使用。项目完成总投资3,083万元，专项资金300万元全部用于设备购买。

（二）制浆生产固体废弃物回收综合利用项目

2008年4月18日，国家发改委将该项目列为“2008年第一批资源节约和环境保护项目”，同意下达中央预算内投资280万元；同年8月22日，省发改委、省经贸委、省财政厅联合转下达了该项目的中央预算投资。该项目主要是新建一台50吨/小时的循环流化床废渣锅炉及其相配套的辅助系统，将制浆生产过程中产生的竹屑、浆渣、污泥等废弃物送入循环流化床锅炉中燃烧而产生蒸汽，达到资源的回收综合利用。原初步计划是：2008年8月确定最终技术方案，2008年12月完成招投标工作，确定最终供货厂家，2009年年底建成投产。

湖南泰格林纸集团有限责任公司

湖南泰格林纸集团有限责任公司是集制浆造纸、林业开发、轻机制造、港口贸易、房地产开发、小化工等于一体的国有大型一类企业，前身为岳阳造纸厂，2004年更名为泰格林纸集团。集团下辖岳阳纸业、骏泰浆纸、湘江纸业、沅江纸业和洪江纸业等生产基地，是中国国有造纸企业的旗舰。集团现拥有总资产187亿元，年商品浆、纸及纸板产能190万吨，林业控制面积500多万亩。国家林纸一体化战略规划重点企业、国家第二批循环经济试点单位，获得“全国五一劳动奖状”。

泰格林纸集团倡导“循环经济，绿色制造”，坚持走“林纸结合，和谐发展”之路，致力于大规模植树造林，实现单纯消耗绿色资源向生产绿色资源的根本转变，还大自然一片青山；致力于加强过程控制和末端治理，实现达标排放，还大自然一片蓝天、一湖碧水；致力于循环经济与清洁生产的建设，通

过自身示范彻底改变过去人们心目中造纸业就是环境污染代名词的负面形象，将泰格林纸集团建设成为资源节约型、环境友好型企业。

2007年11月，以吴佳林为董事长的新一届领导班子上任后，提出了“举艰苦创业之旗，走求真务实之路”的发展理念，做好了“管理创效、节约增效”的文章，2008年集团公司生产纸及纸板商品浆100万吨，同比增加12.97万吨，增长15%；实现主营业务收入为57.60亿元，同比增加1.17亿元，增长2.06%；实现利润总额1.46亿元，上交税金4.20亿元，经受住了金融危机的巨大冲击。

一、推行“林纸一体化”

我国是一个缺林少林国家，造纸企业又是林木资源消耗大户，在2000年，泰格林纸业就提出了“结合洞庭湖综合治理，拓展林纸发展空间”的战略，将企业的第一车间建立在山头和滩地，在源头上营造资源。至今，泰格林纸集团已经在全国创造了四个第一：企业造林面积全国第一、苗圃面积全国第一、基因库建设全国第一、企业建林业科研中心全国第一。如今我公司已拥有林业基地182万亩，苗圃13000亩，主要分布在湖南、湖北共24个基地。据林业专家介绍，182万亩速生林可吸收CO_2为329万～364万吨，按世界银行生物碳基金的碳汇价格每吨CO_2约为20欧元计算，则182万亩速生林每年生长的林木蓄积量碳汇价格达6580万～7280万欧元（折合人民币约7亿元）。这不仅有力地改善了气候环境，还能为企业形成较大的经济效益。

二、制造绿色纸张，倡导绿色消费

公司自行研发废纸浆、高得率浆抄造高档纸张的技术，成功推出低定量涂布纸、超级压光纸、轻型纸、高温热压垫层纸等含废纸浆、高得率浆的资源节约型纸张，深受客户欢迎，在市场上形成了绿色纸张消费热。另外，公司在现有基础上，针对废纸制浆的绿色纸业理念，在全国主要大中城市建立起废纸分类打包点（厂），在废纸综合利用上迈出实质性步伐，将下属的华泰公司打造成国内最大的废纸回收企业，现正在申报“100万吨废纸回收网络及循环利用体系建设项目”。

三、奉行资源节约，促进变废为宝

节水攻关。公司节水、治水、循环水并举，不断开展节水攻关与节水管理，实现了浆纸产量翻三番，工业新鲜水用量反而下降的巨大成效。在产能继续增加的情况下，用水量没有增加，而污染负荷又进一步降低。

节约纤维。引进国际上最新的制浆与造纸工艺与技术，如APMP和PRC－APMP高得率制浆技术、废纸脱墨浆技术、不断优化生产工艺，使植物纤维原料制浆得率不断提高；建设废纸浆脱墨生产线，开发废纸浆配抄的绿色纸张，同时优化湿部化学技术及填料添加技术，降低吨纸纸浆消耗量。

变废为宝。公司先后建成了9套碱回收系统，对公司制浆黑液进行全面处理及回收碱。建成粉煤灰综合利用工程，利用粉煤灰生产水泥，年生产能力达到30万吨，年综合利用粉煤灰12万吨。对部分草浆制浆黑液进行资源化处理回收木质素，回收的木质素经磺化改性生产生态有机复合肥和土壤改良剂，开发意大利杨、芦苇专用复合肥等，用于“哺苇育林”。建设白泥回收系统，将碱回收的废弃物“白泥”精制成“轻钙”，回用于造纸生产过程。

清洁生产。公司于2006年在四家制浆造纸子公司内开展了清洁生产审核工作，进行了一系列的清洁生产技术改造。目前，泰格林纸集团公司纸机装备水平都处于国内一流，其中机台产能70%以上达到国际一流水平。这些项目引进了当今国际先进可靠的低固形物连续蒸煮、无元素氯漂白和高效碱回收技术，黑液提取率高达98%以上，蒸煮用碱100%自给；水循环利用率≥90%；白泥经洗涤过滤后送石灰窑煅烧循环再用，年均减少固废外排近25万吨，减少碱流失3000吨；生产过程产生的树皮、木屑、浆渣及污泥送生物质锅炉燃烧供热，废气集中处理后作为燃料送碱炉燃烧，正常生产时不需补充燃煤，有效减排CO2和SO2；热电除满足系统需要外，每小时还有两万度以上的绿色电能外送，造福于民。废水严格实现轻污分流，经三级处理后COD、BOD和SS仅相当于国家排放指标的十分之一，达到当今欧盟先进水平。

四、规划目标

企业发展目标：到2010年，发展成拥有15万公顷林业基地、5万公顷芦苇基地，年产商品浆、纸及纸板180万吨（其中商品浆45万吨、纸及纸板135万吨），年产值95亿元，年利税7亿元，在湖南省工业企业中具有支撑作用的大型企业集团。到2015年，发展成拥有44万公顷林业基地、11万公顷芦苇基地，年产商品浆、纸及纸板360万吨（湖南省内商品浆45万吨、纸及纸板265万吨，省外浆纸50万吨），实现销售收入约250亿元、利税35亿元，跻身世界造纸50强，成为国际一流的现代化绿色生态纸业集团。

原料结构调整目标：到2010年，公司原料结构（本省）中芦苇浆、木浆、废纸浆三者比重调整到11：67：22。

节能降耗目标：在2008年基础上，到2010年，集团各浆纸公司桨板、纸和纸板平均单位产品综合能耗降低10%，即吨产品平均综合能耗≤765千克标准煤；显著提高水的重复利用率，白水重复利用率达到80%以上；平均取水量自制草浆≤60立方米/吨、化学机械浆≤17立方米/吨、漂白化学木浆≤50立方米/吨、新闻纸≤20立方米/吨、印刷书写纸≤35立方米/吨、包装用纸和纸板≤25立方米/吨。浆、纸和纸板取水量达到或超过《取水定额第五部分：造纸产品》GB/T18916.5-2002标准要求。

伟翔环保科技发展（上海）有限公司

伟翔环保科技发展（上海）有限公司是专业的电子废弃物处置厂，拥有国际一流的电子废弃物再生技术，是现阶段国内最优化的电子废弃物处置商之一。伟翔（中国）在上海、北京、苏州设有电子废弃物处理厂，在广州、香港、台湾设有服务中心，服务网络横跨两岸三地，辐射京、津、苏、浙、沪地区及广东等地。

2005年9月，伟翔在上海的年处理电子废弃物10000吨的电子废弃物环保处理工厂——伟翔环保科技发展（上海）有限公司投入运营。这是目前中国唯一具有完善物理处理系统、化学处理系统、热固性塑料成型系统、环境保障系统全段工艺的专业电子废弃物环保处理处置企业。

伟翔不仅有独立的研发机构，还掌握世界最新技术水平和行业动向，拥有多项自主创新的核心处理技术及管理方法。在当今世界同行业中，处于国际一流水准。

2006年，伟翔被上海市环保局列入2006-2010年度“十一五”环保发展规划项目上海市2009年-2011年环境保护和建设三年行动计划示范单位。

2007年，作为电子废弃物回收示范企业被国务院新闻办指定为境外媒体采访线环保事业发展采访点之一

2007年，伟翔被国家发改委等六部委联合审批通过，成为“国家第二批循环经济试点单位”

2008年，伟翔被成为上海市世博局确定为上海市电子废弃物处置示范基地科技专项示范工厂。

2008年，伟翔获上海市经委、上海市推进清洁生产办公室评定为上海市“清洁生产试点企业”

随着科技发展的突飞猛进，专业处理电子废弃物的环保、经济价值也会日益凸现。伟翔的清洁生产、系统管理、企业公民责任都处在行业的领先水准。伟翔希望通过循环经济实践，开拓出一条既与国际接轨、又适应中国市场的“电子废弃物—再生材料—新型产品”的绿色之路。

目前，伟翔已研制成功三条热固性PCB粉成型流水线。2007年已生产20000个热固性塑料栈板，并已投放市场。这是国内首个热固性环氧树脂粉得到应用的系统。通过该系统，伟翔可将多种塑料废料重新制粒，还原成塑料原料。然后利用这些塑料原料生成新型复合材料——木塑材料（WPC-WoodPlasticComposites）和环保型物流产品——托盘。伟翔的再生塑料托盘作为标志性环保产品受邀在2007年度中国工业博览会上作了展示。

废弃锂电池是一种新生的电子废弃物，因其处理处置过程的高危险性，成为电子废弃物处理的又一新的课题。伟翔与国内著名高校及科研院所联合开发了废弃锂电池的处理方法。该方法预计年处理量可达300吨，已推广至伟翔集团设在世界各地的处理工厂，现伟翔已成为DELL公司指定的废弃锂电池处理商。

伟翔将要通过循环经济建设在现有基础上进一步完善收集物流网络。通过完善的回收网络及物流体系确保客户的电子废弃物及时安全的运输至指定处理地点，并得到最科学合理的处置，符合国家相应的环保标准及客户的需要。

为加强电子废弃物的处理处置技术，提高公司实力。伟翔决定在现有基础上，加强上海工厂的建设，将其升级改造为电子废弃物处理处置中心。新基地将于2010年末建成，2011年正式投入使用。

黑龙江省望奎县望奎镇

近几年来，望奎县以中心城镇望奎镇为试点，按照科学发展观要求，遵循“减量化、资源化、再利用”的循环经济发展理念，根据《循环经济试点方案》确定的任务目标和总体框架，扎实推进了农业循环经济试点工作，取得了良好的经济效益与社会效益。

一、科学编制工作方案，着力构建以“533”工程为重点的循环经济总体发展框架

《望奎县望奎镇发展循环经济试点实施方案》于2008年7月通过了国家发改委组织的专家评审。该方案依托望奎镇原有的经济基础和发展方向，初步构建了以“533”工程为重点的循环经济总体发展框架。具体包括5个发展循环经济的产业链：即粮食种植—生猪养殖—沼气—生物有机肥—粮食种植产业链；粮食种植—生猪养殖—生猪加工—副产品和废弃物加工—粮食种植产业链；玉米种植—秸秆发电（供热）—生物有机肥—种植业产业链；玉米种植—玉米芯（秸秆）—化工产品—生物有机肥—种植业产业链；大豆、玉米种植—豆粕、玉米粕（豆油、玉米胚芽油）—饲料加工—生猪养殖—沼气和有机肥—种植业产业链。3个循环经济示范区：即以厢红五村、正兰五村、正兰后四村、厢红六村为主体的生态农业示范区，以望奎镇工业园区为载体的循环经济工业示范区，以望奎镇建成区为基础的绿色社区。3个循环经济重点建设项目：即生物有机肥项目，生物质燃料灰渣综合利用项目和生猪副产品加工项目。

二、加大项目研发力度，全力推进循环经济工业示范园区建设

近几年来，望奎县以国家产业政策为指引，结合自身的结构调整和产业布局，围绕循环经济产业链条，不断加大项目研发力度，新上了一批既符合国家产业政策又能实现可持续发展的重点项目。规划建立了望奎镇循环经济工业示范园区，总投资3.5亿元的以农作物秸秆为主要原料的国能生物质发电项目，已于2008年初并网发电，全年发电量1.4亿度，实现产值7000万元，消耗秸秆20万吨,促进基地农户增收2000万元。总投资7600万元的国能生物质发电燃料灰渣综合利用项目，可利用燃料灰渣生产白碳黑和活性碳4000吨，实现了企业废弃物的资源化再利用，大幅度地提高了企业的经济效益，目前该项目已得到国家发改委的初步认可，并将给予资金扶持。总投资5.3亿元的双汇北大荒肉制品加工项目，目前年屠宰生猪150万头，年产高温熟食制品3.3万吨。总投资2.6亿元的龙实薯业年产5万吨淀粉加工项目，目前厂区建设已接近完成，该项目投产后将进一步完善我县的马铃薯产业链条。博天糖业、三合化工、利达尔生物等农产品深加工企业也实现了资源的循环再利用，提高了企业附加值。目前，入园企业已达15户，2008年，园区工业总产值实现11.2亿元。

三、推广农业清洁生产模式，全力推进生态农业示范园区建设

在望奎镇厢红五村、正兰五村、正兰后四村、厢红六村辟建了生态农业示范园区，在园区内全面推广农业清洁生产模式，实施化肥的减量与精量使用，用生物农药替代化学农药，实现投入品的减量化，逐步降低农业的各类污染。大力发展绿色种植业和规模养殖业，按照“四位一体”和“一池三改”模式开发建设农村户用沼气项目，推进“民用新型高效节能炉灶”的研究与应用，发展日光节能温室、太阳能保温畜禽舍，形成了规模辐射的生态农业。厢红五村示范户付成和，为自己的“四位一体”日光温室生产的纯绿色优质香瓜注册了“刀搂子”牌商标，畅销省内外。截止目前，园区辐射全县已累计推广使用“四位一体”沼气池6000户，年产沼气180万立方米，年可节约能源1800吨标煤，年产优质沼肥6万吨。同时，广泛推广了太阳能的综合利用，高标准建设了4处生态家园示范小区，建设太阳能保温房5万平方米，太阳能保温猪舍15.3万平方米，其中，望奎镇厢红五村被评为全国生态家园建设先进村。

四、努力改善人居环境，积极促进绿色社区建设

以望奎镇建成区为基础建设绿色社区，不断加大城镇硬化、绿化、香化、亮化、美化、净化进程，努力提升园林式生态宜居城镇建设水平。几年来，共投入城市建设资金10多亿元，修建城内白色路面50多公里，并配套了排水管线；铺装巷道20多公里，五环以内全部实现硬化；绿化植树8万多株；修建各类场园8处，总面积近60万平方米，广场绿化率达到30%；栽花2000多万株，种草近10万平方米；安装路灯1300多盏。同时，全力推进“三供两治”项目建设，投资1.25亿元新建了城镇集中供热项目，供热能力达到140万平方米，共拆除分散供热小锅炉50处，减少烟尘排放量400吨，减少二氧化硫排放量80吨，年节约标煤1万吨，有效改善了城区生态环境、提高了能源综合利用率。投资4679万元启动实施了日处理能力2万吨的城市污水处理厂建设项目，投资3359万元启动实施了城市排水管网建设项目，2010年9月可建成并投入使用。投资5000万元的垃圾处理场项目前期工作正在有序进行。

五、加强领导，完善机制，健全循环经济与可持续发展保障体系

几年来，县委、县政府一直把发展循环经济作为全县经济社会发展的重中之重来抓。成立了由县长任组长，各分管副县长任副组长，39个单位主要领导为成员的县循环经济试点工作领导小组。积极组织推进《望奎县望奎镇循环经济试点实施方案》的实施，研究制定了《望奎县节能减排综合性工作意见》。连续几年组织开展了“节能减排”宣传周活动，累计印发宣传品18000份，发放环保购物袋12000个，组织专题演讲会20场，播放宣传片2600分钟，宣传教育面达6.5万人次。县电视台开辟了“节能减排”专栏，播出《发展循环经济企业展播》等节目，县政府主管领导发表了电视讲话，倡导消费者转变消费观念，减少一次性消费品的使用。

通过几年来的努力，望奎镇在循环经济试点工作上取得了明显的成效：一是经济社会实现较快发展，经济运行质量明显提升。2008年，望奎镇国内生产总值实现15.8亿元，人均生产总值实现1.58万元，农民人均纯收入实现3670元，三产比例由2005年的13：46：41调整到2008年的11：50：39，企业清洁生产率达到40%，较2005年提升了8个百分点。二是资源消耗指标继续下降，资源综合利用率显著提高。万元GDP能耗由2005年的每万元0.905吨标煤下降到2008年的每万元0.855吨标煤，万元GDP水耗由2005年的每万元1.6立方米下降到2008年的每万元1.4立方米。耕地生产率达到每公顷21200元，节水农业比重达到50%，畜禽粪便利用率达到45%，秸秆利用率达到85%，农膜回收利用率达到85%，工业固体废物综合利用率达到90%，工业用水重复利用率达到48%，清洁能源利用率达到50%。三是生态环境明显改善，大气、噪声和水的环境质量治理保护达到要求。二氧化硫排放总量下降至680吨，COD排放总量下降至1900吨。生活污水处理率达到30%，生活垃圾无害化处置率达到35%，饮用水达标率100%。森林覆盖率达到18%，水土流失治理率达到80%，人均公共绿地面积达到1.5平方米。化肥施用强度为每公顷380公斤，农药施用强度为每公顷6千克，土壤有机质含量达到4.8%，绿色食品种植率达到65%。

奇瑞汽车股份有限公司

奇瑞汽车股份有限公司成立于1997年，由5家安徽地方国有投资公司投资。公司位于国家级开发区芜湖经济技术开发区。

奇瑞公司自成立以来，经过10年来的跨越式发展，奇瑞公司已拥有整车及关键零部件的自主研发能力、自主知识产权和核心技术，其中发动机、变速箱加工设备、检测、试验手段工艺技术名列世界前茅。奇瑞公司已成为我国最大的自主品牌乘用车研发、生产、销售、出口企业。具备年产整车65万辆、发动机65万台和变速箱30万套的生产能力。投放市场的整车有QQ3、QQ6、A1、瑞麒2、旗云、开瑞3、A5、瑞虎3、东方之子、东方之子Cross等10个系列数十款产品。2008年奇瑞公司以35.6万辆居全国乘用车销量排行榜第五名，连续8年蝉联自主品牌销量冠军。

一、2008年发展循环经济情况

2006年12月，奇瑞汽车股份有限公司和合肥工业大学共同成立汽车绿色技术研究中心，专门从事汽车环保材料使用和零部件再制造技术的研究。

2008年奇瑞汽车股份公司与合肥工业大学共同申报的安徽省科技攻关项目《变速箱差速器再制造性能分析和面向回收设计项目》正式实施。

本项目主要研究内容包括三个方面：一是针对汽车变速箱和差速器进行再制造回收性能分析。研究变速箱和差速器的高效、环保拆解方法技术体系，开发快速拆卸工艺技术；对变速箱和差速器进行再制造工艺体系和装备研究，开展适合国情的汽车回收利用成套技术等的研究；在提升资源回收利用的同时，减少回收过程中的二次污染。二是针对汽车变速箱和差速器进行面向回收的设计技术的研究进行易拆卸机构的设计和优化技术；对变速箱和差速器进行再制造性能分析设计；以及对材料进行选择和优化处理，最大化减少对环境带来不利因素。三是针对变速箱和差速器的再制造回收性能分析和面向回收的设计，购买相关的硬件设备，包括表面检测、内部探伤和应力检测和寿命分析等仪器，从而实现获得准确的实验数据。

2008年3月，奇瑞汽车公司被列为国家第一批开展汽车零部件再制造试点企业，决定实施年产20000台再制造发动机和2000台再制造变速箱项目。

二、循环经济产业链构建

汽车零部件再制造项目生产的产品是奇瑞公司自主知识产权的汽车发动机和变速箱再制造产品。围绕形成年产20000台再制造发动机和2000台再制造变速箱的生产能力，利用原有的生产厂房，同时新建轻钢结构联合厂房并配套新增生产、辅助设施。对于再制造的关键工序如拆解、清洗、修复、加工、装配、检测等，设备选型力求稳妥、可靠、先进，加工中心、磨床设备以进口为主，以提高工艺装备水平及再制造产品质量档次。

本项目属再制造工程，再制造工程与先进制造技术具有同样的目的、手段、途径及效果，它已成为先进制造技术的组成部分。

汽车零部件再制造项目总投资6585万元，其中：固定资产投资6124万元，铺底流动资金461万元，通过企业自筹筹集。项目建成达产年销售额为12120万元(不含税)。

本项目生产纲领定为年产20000台再制造发动机和年产2000台再制造变速箱。

本项目新增工艺投资4434万元，2009年1月至2011年6月完成总投资。

工艺设备估价包括设备购置费、运杂费和安装费。对于再制造的关键工序如拆解、清洗、加工、装配、检测等，设备选型力求稳妥、可靠、先进，加工中心、磨床设备以进口为主，以提高工艺装备水平及再制造产品质量档次。新上的主要设备有：表面及止推面自动化粉末熔覆设备、缸孔及连杆再制造纳米涂层设备、机器人控制自动化曲轴和缸体再制造设备、加工中心、磨床、卧式珩磨机、检测设备等。

科技支撑

国家发展改革委公布《国家重点节能技术推广目录（第一批）》的公告

2008年　第36号

为贯彻落实《中华人民共和国节约能源法》、《国务院关于加强节能工作的决定》和《国务院关于印发节能减排综合性工作方案的通知》，加快重点节能技术的推广普及，引导企业采用先进的节能新工艺、新技术和新设备，大幅度提高能源利用效率，我们组织编制了《国家重点节能技术推广目录（第一批）》。现予公布。

本目录涉及煤炭、电力、钢铁、有色金属、石油石化、化工、建材、机械、纺织等9个行业，共50项高效节能技术。

附件：《国家重点节能技术推广目录（第一批）》

中华人民共和国国家发展和改革委员会

二〇〇八年五月二十九日

附件：

国家重点节能技术推广目录（第一批）

序号	节能技术名称	适用范围	主要技术内容	技术条件	典型项目投资额	预计“十一五”期间推广比例	节能量		
							单位节能量	项目节能量	节能潜力
1	煤矿低浓度瓦斯发电技术	煤炭行业矿井抽放瓦斯发电	以矿井抽放的低浓度瓦斯为燃料，通过低浓度瓦斯发电机组进行过氧燃烧发电。	2500-4000 kW	1200-2000 万元	30%以上	400t 标煤/台年	2000-3000t 标煤/年	到 2010 年瓦斯气利用量达到 20 亿立方米，相当于节约 195 万 t 标准煤
2	矸石电厂低真空供热技术	煤炭行业矿山民用及办公建筑采暖	将汽轮发电机正常凝汽温度由 40℃提高至 80℃，通过热交换形成 55-60℃的循环水，从而实现低真空供热。	3MW 汽轮发电机组	1170 万元	20%	4226t 标煤/120 天采暖期	4226t 标煤/120 天采暖期	年节 240000t 标煤以上
3	选煤厂高效低能耗脱水设备	煤炭行业大中型选煤厂	用隔膜压滤机代替过滤机分离煤泥中的水分，节省电力。	选煤厂的脱水设备	300 万元	我国有 2000 多台真空过滤机和园盘真空过滤机需要更新换代	2.5kWh /t 原煤	1700 万 kWh	年节 5 亿 kWh 以上
4	矿山提升机变频调速节电技术	煤炭行业矿山提升机(仅用于高压)	采用变频器调速控制提升过程，减少起动电阻，避免通电线圈耗电。	矿井上下高低压提升机	45 万元	50%以上	24 万 KWh/年	24 万 KWh/年	年节 3.92 亿 kWh 以上

国家重点节能技术推广目录（第一批）

序号	节能技术名称	适用范围	主要技术内容	技术条件	典型项目投资额	预计"十一五"期间推广比例	节能量		
							单位节能量	项目节能量	节能潜力
5	汽轮机通流部分现代化改造	电力行业各种容量(50MW-600MW)和形式（纯凝、抽汽、空冷）的汽轮机	采用先进的汽轮机三维流场设计，结合四维精确设计对汽轮机通流部分及汽封系统进行优化改进。	200MW及以上的各种汽轮机组	3850万元	应进行改造机组的80%	供电煤耗率下降15－20g/kWh	供电煤耗下降20g/KWh；额定工况发电热耗率下降7926kJ/kWh；各缸效较改造前有较大幅度的提高	现役300MW-600MW汽轮机组在今后相当长的时期内是我国火力发电的主力机组，目前效率偏低、机组供电煤耗率偏高，通过通流部分改造提高经济性是一种重要手段
6	汽轮机汽封改造	电力行业火电厂汽轮机	在机组并网带初始负荷，主蒸汽压力达到一定值时，克服汽封内的弹簧力，使汽封关闭，使运行中汽封漏汽量减少，提高汽轮机的缸效率。	125-600 MW汽轮机	每台机组约500万元	采用叶顶可退让汽封、蜂窝式汽封和接触式汽封等技术进行改造，均为推荐采用技术，可解决存在汽封问题机组的60%以上	高压缸效率可提高2%-3%，中压缸效率可提高1%-2%	全厂6台机组年节约标煤2万t	根据不同的汽轮机结构，在关键的几个部位，采用弹性可调汽封结构，均有利于改善和提高机组性能，并获得明显经济效果
7	燃煤锅炉气化微油点火技术	电力行业适用于干燥无灰基挥发分含量高于18%的贫煤、烟煤、褐煤的锅炉	利用压缩空气的高速射流将燃料油直接击碎，雾化成超细油滴进行燃烧，用燃烧产生的热量对燃料加热。	135-600MW机组	250万元	30%-40%	节油在80%以上，烟煤节油率在95%以上	以4×300WM机组计算，节油量为2800t/年	按2004年国内发电及供热用油量计算，若燃煤锅炉有1/3采用此技术，每年可节油200万t，节约80亿元

国家重点节能技术推广目录（第一批）

序号	节能技术名称	适用范围	主要技术内容	技术条件	典型项目投资额	预计“十一五”期间推广比例	节能量		
							单位节能量	项目节能量	节能潜力
8	燃煤锅炉等离子煤粉点火技术	电力行业煤粉锅炉	等离子发生器是利用空气作等离子的载体，用直流接触引弧放电的方法制造功率达 150kW 的等离子体，同时采用磁压缩及等离子体输送至需要进行点火的部位，完成持续长时间的点火和稳燃。	机组容量包括 50、100、125、135、150、200、330 和 600MW 各等级的机组锅炉	1000 万元	应采用此类点火装置锅炉的 90%	某 600MW 机组节油 80%	2×600MW 机组年节燃油 980t	采用等离子点火装置可以节约机组的燃料成本，特别是调峰机组节油效果也十分明显
9	凝汽器螺旋组带除垢装置技术	电力行业火力发电机组	螺旋组带除垢装置具有自动除垢和强化换热作用，在凝汽器内安装后节煤、节水、减少污染物排放。	凝汽器冷却水系统正常条件	200MW 机组投资约 600 万元	25%~40%（五年）	减少发电煤耗3-8g/kwh，节水 10%	200MW 机组年节煤 4000 吨标煤以上，节水 252000 吨	全国 200MW 机组以上700台，年节煤 210 万吨，节水 1.264 亿吨
10	热力系统及疏水系统完善化改造	电力行业所有火电、核电热力系统及疏水系统	合理利用工质有效能；取消冗余系统，优化联接方式，消除外漏，尽可能减少内漏；完善改进配套辅机性能，优化冷端系统；优化运行方式。	火电、核电热力系统及疏水系统	1075 万元	疏水回收率低电厂的 60%	4X300MW 机组发电煤耗率可下降 5g-15g/kWh	4×300MW 机组，发电煤耗降低 14.9g/kWh，厂用电下降 255kW。	200-600MW 汽轮机组在今后相当长时期内是我国火力发电的主力机组，提高其技术性能有重要的经济效益和社会效益。

国家重点节能技术推广目录（第一批）

序号	节能技术名称	适用范围	主要技术内容	技术条件	典型项目投资额	预计“十一五”期间推广比例	节能量		
							单位节能量	项目节能量	节能潜力
11	干式TRT技术（高炉炉顶余压余热发电）	钢铁行业高炉炉顶余压发电	利用高炉炉顶煤气的余压余热导入透平膨胀机驱动发电机发电。	$400m^3$以上高炉（国家重点支持$1000m^3$以上高炉）	2000万元-1.5亿元	TRT达到100%，干式TRT达到60%	50kWh/t铁	2000万kWh-1.6亿kWh	40亿kWh
12	（高压）干熄焦技术（余热利用）	钢铁行业钢铁生产企业焦化工序	惰性气体将吸收红焦的热量传给干熄焦余热锅炉产生蒸汽而发电和供热。	熄焦能力2×140t/h及以上	约2亿元	10%—20%	75kWh/t焦	1.5亿kWh/年	30亿kWh
13	钢铁行业烧结余热发电技术	钢铁行业建材行业（水泥窑）	利用钢铁行业的低温（200-400℃）废烟气产生蒸汽发电。	200-400℃的低温烟气	1.7亿元	10%—20%	12kwh/t烧结	1.4亿kWh/年	12亿kWh
14	转炉煤气高效回收利用技术	钢铁行业	采用电除尘净化转炉运转时的热烟气，并回收煤气，收集的除尘灰，进行热压快后又回到转炉中，作为转炉的冷却剂。转炉煤气干法烟气除尘处理、煤气回收及可以部分或全部补偿转炉炼钢过程中的能耗。	大、中、小型转炉	1亿元	我国现有大型转炉企业19家，中型转炉企业42家，预计2010年将有一半企业应用该技术	9.1kwh/t钢	年节电1200多万kW·h	500万吨标煤

国家重点节能技术推广目录（第一批）

序号	节能技术名称	适用范围	主要技术内容	技术条件	典型项目投资额	预计“十一五”期间推广比例	节能量		
							单位节能量	项目节能量	节能潜力
15	蓄热式燃烧技术	钢铁行业	高温空气燃烧技术把回收烟气余热与高效燃烧及NOX减排等技术有机地结合起来，达到节能减排的目的。	通过蓄热系统对空气（煤气）预热，使进气温度提高到1000度以上，实现高效燃烧	3200万元	2006-2010年每年可改造40座加热炉，到2010年改造200座加热炉	热回收率达80%,可节能30%以上	每年节约100万t标准煤	到2010年改造200座加热炉，实现节能约500万t标准煤
16	低热值高炉煤气燃气—蒸汽联合循环发电	钢铁行业企业自发电	合理、高效、无污染地利用钢铁厂剩余的低热值高炉煤气发电和供热。	150MW发电机组	56200万元	10%左右	1KW/1立方米高炉煤气	9.4亿kWh/年	20亿kWh
17	能源管理中心技术	钢铁行业联合大型企业	在钢铁生产全过程中对各类能源介质进行全面监视，分析并及时调度处理，及时进行能源使用情况分析、能源平衡预测，系统运行优化、专家系统运行、高速采集数据和反馈，实现能源系统的集中管理控制。	有遥测、遥控的全套仪表、自动控制装置以及大量的电缆及桥架等，能源供应系统及所有用能设备必须配备有效准确的一次和二次检测装置，需要大量功能齐全的信号传输设施及计算机处理和集中控制中心	6000万元至1亿元	在未来5至8年内，选择10家条件成熟的大中型企业建设能源中心	吨钢综合能耗每年平均降低1.6%	每年节能约8.8万吨标煤。每年约折合人民币5000万元。	年节能1%即为6.5万吨标准煤

国家重点节能技术推广目录（第一批）

序号	节能技术名称	适用范围	主要技术内容	技术条件	典型项目投资额	预计“十一五”期间推广比例	节能量		
							单位节能量	项目节能量	节能潜力
18	大型铝电解系列不停电（全电流）技术及成套装置	有色金属行业 所有电解铝企业，小容量单台设备也适合电解铜企业	采用大电流分流及大电流通、断技术控制电解槽大电流转移动态过程，完成电解槽在全电流状态下电流回路的切换，实现不停电大修。	25万t 320KA电解槽铝电合一系列	500—800万元	100%	降低吨铝直流电耗40kwh以上，减少自备电厂重油消耗3000t以上	年节电1000万kWh以上	节电8—15亿kWh，减少自备电厂重油消量5—15万t
19	大型高效充气机械搅拌式浮选机	有色金属、钢铁、非金属等资源开发行业	采用高比转数后倾叶片叶轮，循环量大、压头低，可显著降低浮选机的功率强度；采用低阻尼直悬式定子，定子悬空区域大，降低了运转功耗。	大、中型选矿厂	1000~2000万元	大、中型企业达80%以上	功耗降低**15%~20%**	年节电1000万kWh以上	节电2亿kWh以上
20	冶炼烟气余热回收--余热发电技术	有色金属、钢铁、水泥等行业	利用强制循环余热锅炉回收冶炼烟气余热，实现热电联产，最大限度提高余热蒸汽利用效率。	大、中型冶炼厂	1000-5000万元	**10%**-15%	降低吨铜（或其他金属）能耗310kg	根据冶金炉的容量而定，如铜熔炼，回收能量2-3t汽/t粗铜	年节45万t标煤
21	氧气底吹熔炼技术	有色金属行业 年产粗铅8-12万t企业	采用氧气底吹熔炼技术取代铅烧结工艺，实现自热熔炼，冶炼强度大大提高，显著节省能耗。	大中型矿山企业	1000-2000万元	大、中型企业可达85%以上	吨铅生产能耗降低150Kg标煤	年节1.2万t标煤	年节19.5万t标煤

国家重点节能技术推广目录（第一批）

序号	节能技术名称	适用范围	主要技术内容	技术条件	典型项目投资额	预计“十一五”期间推广比例	节能量		
							单位节能量	项目节能量	节能潜力
22	水泥窑纯低温余热发电技术	建材行业大中型水泥窑余热的回收和利用	利用水泥窑低于350℃废气的余热生产0.8-2.5MPa的低压蒸汽，推动汽轮机作功发电。	大中型新型干法水泥生产线	5600万元	40%	32-40kWh/t.cl余热发电能力	年节22000t标煤	年节300万t标煤
23	玻璃熔窑余热发电技术	建材行业浮法玻璃熔窑	将玻璃熔窑排放的余热转换为电能。	浮法玻璃窑	5000万元	每年推广5条线，“十一五”末达12%	节能8%	年(7200小时)发电4000万kWh	年发电1.44亿kWh
24	全氧燃烧技术	建材行业玻璃纤维和玻璃窑炉	以纯氧代替空气，经过调压后，以一定的流量送入窑炉，与燃料进行燃烧。	6万t玻璃纤维池窑	1000万元(纯氧系统)	“十一五”末达到10条线	节能50%	1000万标方天然气/年	12000万标方天然气/年
				浮法玻璃熔窑	1亿元(耐火材料及纯氧系统)	浮法玻璃窑试点线	节能20%—30%	5000t重油	年节能5000t重油
25	辊压机粉磨系统	建材行业水泥生产线	采用高压挤压料层粉碎原理，配以适当的打散分级装置，明显降低能耗。	水泥生产线	2000万元	80%	同比采用球磨机，节电30%以上(约8-10kWh/t水泥)	年节电1600万kWh	年节电8亿kWh
26	立式磨装备及技术	建材行业水泥、冶金等的物料粉磨领域	采用料床粉磨原理，有效提高粉磨效率，减少过粉磨现象，降低能耗。	粉磨领域	1800万元	50%	比球磨系统节电30%	年节电840万kWh	年节电5亿kWh
27	富氧燃烧技术	建材行业工业窑炉*	用富氧代替空气助燃，可改善产品质量、降低能耗、减少污染。	500t/日浮法窑	100万元	每年推广10条线，“十一五”末达25%	节能3—5%	年节约1000t重油	每年推广10条线，“十一五”末达25%，年节约4万t重油

*：有关数据以浮法玻璃熔窑为例。

国家重点节能技术推广目录（第一批）

序号	节能技术名称	适用范围	主要技术内容	技术条件	典型项目投资额	预计“十一五”期间推广比例	节能量		
							单位节能量	项目节能量	节能潜力
34	合成氨节能改造综合技术	化工行业中小型氮肥装置	通过对原装置进行改造，实现能量的梯级利用，并采用先进成熟、适用的综合技术降低能耗。	10万t/年合成氨企业	3000-6000万元	50%（估计值，各个氮肥生产企业的具体情况不一样，所需要采取的技术数量也不完全相同）	200-400kWh/t氨	2000-4000kWh/年	80亿kWh/年
35	燃煤催化燃烧节能技术	化工行业各种工业用燃煤锅炉	通过提高炉内燃煤燃烧速率，使燃烧更充分，达到节能目的；优化燃煤颗粒的表面性能，促进煤中灰分与硫氧化物反应，达到脱硫作用；有效减少燃煤锅炉焦垢的生成并除焦、除垢、改善燃烧器工作状况。	2.5L/h-5L/h喷雾计量系统	2万元	50%（估计值）	锅炉作为通用供热装置，用于大量种类的产品生产。一般节煤率约为8-15%	节煤率8-15%（35-130t/h循环硫化床锅炉、煤粉炉），二氧化硫减排率25%左右	适合于所有循环硫化床、煤粉炉、链条炉等各种锅炉或工业窑炉

国家重点节能技术推广目录（第一批）

序号	节能技术名称	适用范围	主要技术内容	技术条件	典型项目投资额	预计“十一五”期间推广比例	节能量		
							单位节能量	项目节能量	节能潜力
36	塑料动态成型加工节能技术	轻工行业主要应用于塑料制品加工领域。	将振动力场引入塑料塑化成型加工全过程，变传统塑料纯剪切稳态塑化输运机理为振动剪切动态塑化输运机理，达到缩短热机械历程、降低能耗、提高质量的目的。	改造传统塑料加工设备为塑料动态加工设备	改造费用2080万元	30%	每加工1kg塑料薄膜可节省0.35度电；每加工1kg注塑制品可节电0.3 kWh	2600台改造后的塑料加工设备台，年节电16275万kWh	节电20.63亿kWh
37	高浓度糖醇废水沼气发电技术	轻工行业淀粉糖生产企业及生产过程中产生大量有机废水的行业。	淀粉糖生产过程中产生的有机废水在进行厌氧处理过程中产生大量沼气，利用沼气发电，同时燃气发电机组产生的余热可以带动余热锅炉热水或蒸汽，组成热电冷三联供系统。	8台功率为500kW的燃气发电机组	1387万元（沼气发电部分）	<40%	每除去1KgCOD可产生0.35m^{3}甲烷，发电0.58kWh	年创经济效益1504万元，年节约燃煤1.2万t，减排2.5万t CO_2	发电2.4亿kWh/年
38	高效节能玻璃窑炉技术	轻工行业适合日用玻璃行业	蓄热室由箱式蓄热室改进为多通道蓄热室；玻璃窑炉自动控制系统；采用池底鼓泡技术；余热回收利用。	年产23万t玻璃窑炉生产线改造后达到年产26万t	2500万元	30%	90公斤标煤/吨产品	2万t标煤	30万t标煤

国家重点节能技术推广目录（第一批）

序号	节能技术名称	适用范围	主要技术内容	技术条件	典型项目投资额	预计“十一五”期间推广比例	节能量		
							单位节能量	项目节能量	节能潜力
39	锅炉烟道气饱充技术	轻工行业精炼糖厂、甘蔗糖厂和甜菜糖厂	利用锅炉烟气中的CO_2与糖汁中的石灰反应生成$CaCO_3$沉淀吸附非糖份，代替石灰窑煅烧石灰石。	6500t 甘蔗糖厂	150 万元	计划推广 30%	每榨季(120天）节约800t 标煤/年	每年新增利润 80 万元。节约标煤800t	总节约 340 万 t 标煤
40	管束干燥机废汽回收综合利用技术	轻工行业玉米淀粉生产企业	将淀粉副产品烘干过程中产生的大量废汽，用于玉米浆浓缩生产。	年产 15 万 t 玉米淀粉	350 万元	＞40%	日节蒸汽80t(折合标煤 10.3t）	年节约蒸汽24000t（折合标煤3090t）	总节约蒸汽280 万 t，折合标煤 36 万 t
41	棉纺织企业智能空调系统节能技术	纺织行业大中型纺织企业的风机水泵系统	用计算机模糊控制理论研发的智能软件对电器的运行效率曲线做出控制，结合各类检测设备，使系统合理运行。	10 万锭产能规模棉纺企业	600 万元以内	15%（约 1000 万锭产能，全行业产能约在 6000 万锭以上）	节电174kWh/t 纱，3KWh/百米	460 万 kWh/年	4.6 亿 kWh
42	染整企业节能集热技术	纺织行业棉印染、针织染整、毛染整、丝印染、麻染整等各类染整企业	染整企业建筑设计风格有利于企业利用太阳能对工艺用水进行升温，从而减少各类染整企业对蒸汽的依赖。	各类染整企业	1400 万元	丝印染行业推广10%（该行业 05 年丝织品产能77.7 亿米)。如果推广到其它行业效果将更加显著	节标煤13kg/百米丝织品（2400 万米年生产能力）	每年节 3133 吨标煤	约 10 万吨标煤

国家重点节能技术推广目录（第一批）

序号	节能技术名称	适用范围	主要技术内容	技术条件	典型项目投资额	预计“十一五”期间推广比例	节能量		
							单位节能量	项目节能量	节能潜力
43	变频器调速节能技术	通用技术 电力、市政供水、冶金、石油、化工、采矿、煤炭、造纸、建材等。产品电压等级包括3kv、6kv、10kv以及油田专用潜油电泵使用的1600v-2400v产品	对电动机有矢量、磁场、直接转矩控制；有滑模变结构，模型参考自适应技术；有模糊控制、神经元网络，专家系统和各种各样的自优化、自诊断技术等。	低压变频器：电压范围为交流1KV以下输入侧变频为50Hz或60Hz负载侧频率达600Hz高压变频器：电压范围为交流1KV-35KV输入侧频率50Hz或60Hz负载侧频率达600Hz	中压变频调速装置用于抽水泵站一台价格约60万元人民币，用户一般可在10-14个月内收回投资	随着国产大功率节能系统产品的开发及市场条件逐步趋于成熟，行业推广比例达30%左右	变频调速机术的主要功能就是提高电机效率减少网络冲击，降低电损耗	我国现有各种泵类、风机负载约4700万台，总装机容量1.3亿千瓦，年耗电量约占全国发电量的40%左右，其中约60%的设备需要调节流量，中压高性能变频调速装置节能可达40%左右	国内急需节能调速改造的风机、水泵机械用的电动机总装机容量约4000万kw，按年平均运行4000小时，节电率20-25%计算，节电潜力为年320-400亿kw.h。急需进行节能调速的电动机，节电总数为年500亿kw.h
44	锅炉防腐阻垢水处理技术	通用技术 工业、采暖锅炉以及中央空调、工业冷却循环水处理	采用向循环水系统投加防腐阻垢剂的技术，除去系统原有老垢老锈，在锅炉壁表面形成保护膜，阻止氧化腐蚀，有效防止人为失水。	适宜所有工业、采暖锅炉及中央空调、工业冷却循环水的水质处理	在供热采暖系统每10万m^2年投资约2万元；工业锅炉5000元/蒸吨/年；中央空调和工业冷却循环水系统40元/kw/年	60% 推广应用达到15亿平方米；在中央空调和工业冷却循环水系统可覆盖全国约10%的单位	平均每平方米供暖面积每采暖年度节煤≥5kg；节电≥20%；节盐50-90%，在中央空调和工业冷却循环水系统节能≥20%，节水1-3倍，减排1-3倍	一个采暖年度：节煤80万（2000吨煤），减少再生用盐3.5万元（70吨），节约热力除氧可耗蒸汽600吨，8万元，节电5万元，减少设备运行维修并延长使用寿命	目前全国工业及供暖锅炉54万台，且以每年1万台的速度增长．本技术可达到节能20-30%；减少锅炉废水污染排放量90%以上

国家重点节能技术推广目录（第一批）

序号	节能技术名称	适用范围	主要技术内容	技术条件	典型项目投资额	预计“十一五”期间推广比例	节能量		
							单位节能量	项目节能量	节能潜力
45	聚氨酯硬泡体用于墙体保温配套技术	建筑行业 建筑墙体保温	通过在建筑物墙体上整体喷涂导热系数低的聚氨酯硬泡体，降低建筑物整体使用能耗。	建筑面积100万平方米	200万元	30%	厚50mm聚氨酯保温层相当于：80mmEPS、90mm矿棉、100mm软木、280mm木板、760mm混凝土的节能量	以北京地区为例：每年100万平方米聚氨酯硬泡（厚30mm）保温体系相当于节约4.55万吨标煤、30万KWh电力、1.5万吨水泥、0.56亿块普砖，减少排放0.546万吨灰渣、59.1吨烟尘，0.132万吨二氧化碳和二氧化硫	全国每年新增房屋面积约20亿平方米，保守计算按5亿平方米使用聚氨酯保温；全国还有400亿平方米旧建筑需要保温改造，如10%采用聚氨酯就是40亿平方米。这些数据证明，推广聚氨酯保温节能潜力巨大
46	热泵节能技术	建筑行业 建筑物的采暖供冷	利用地下浅层地热，可供热又可制冷的高效节能系统。	地源热泵新建办公、宿舍楼配套	1000万元	10%以上	45kWh/平方米年	310万kWh/年	91亿kWh/年
			热泵技术是利用地下浅层水源和地表水源中的低温热能，实现低位热能向高位热能转移的一种技术。	水源热泵	11080.47万元	淡水源热泵技术在建筑中规模化应用的示范城市1个，海水源热泵技术在建筑中规模化应用的示范城市1个	再生水热泵比常规空调系统节能25%以上，比分体家用空调（即空气源热泵）节能40%以上	每年替代标煤8000余吨	水源热泵技术的建筑累计400万平方米

科技部发布科技支撑经济社会发展先进适用技术和产品汇编目录（选录）

科学技术部

（二〇〇八年十二月）

能源领域

近海型风电机组大型叶片
太阳能光伏并网逆变器
双馈式变速恒频风电机组集中及远程监控技术
风力发电机用齿轮箱
兆瓦级风机变流器
大型直驱风电机组并网变流器
金风1.5MW直驱永磁风力发电机组
XE72－2000直驱型永磁风力发电机组
1.5MW、2MW双馈风力发电机
双馈式1.5兆瓦变速恒频风电机组
MW级近海风力发电机组
NES5412（2MW）直驱风电机组变流器、NES5430风电机组主控装置
风电场电压无功综合控制系统
风电场综合监控系统
适应陆地环境的风电机组大型叶片
2MW直驱式永磁单轴承风力发电机
适应陆地环境的风电机组大型叶片研制及产业化
太阳能热发电技术研究及系统示范
跟踪式高效太阳能平板/聚光型光伏发电系统
四氯化硅再回收利用系统
太阳能级多晶硅提纯设备
太阳电池片缺陷红外检测仪
太阳电池组件缺陷红外检测仪
光伏建筑一体化系列组件
生物质裂解液化技术
金属氢化物氢源系统
高浓度有机废水生物制氢
立体分级燃烧低NOx排放系统
超细化煤粉再燃低NOx排放系统
燃煤电厂烟气CO_2捕集及处理
两段式干煤粉加压气化技术
IGCC发电系统仿真机
多喷嘴对置式水煤浆气化技术
高效煤粉工业锅炉成套装备
煤直接液化高效催化剂
低阶煤水煤浆高效添加剂
联合脱硫脱硝活性焦产品
MHJ－40－Ⅲ型40kg新型炼焦实验焦炉
MJF－Ⅱ型国内新一代焦炭热反应性和反应后热强度测定装置
高压煤浆输送泵
高压差减压阀
高效水煤浆超细磨机
高细破碎机
水煤浆旋风燃烧器
环保型水处理剂及油田水处理剂
工业锅炉专家诊断系统
1000MW超超临界汽轮机
DSA发电厂电气综合自动化系统
DSA系列保护监控一体化系统
基于标准化平台的电网调度自动化集成系统OPEN－3000

PI3000电力业务基础软件平台
电网广域监测分析保护控制系统(WARMAP)
用于燃料电池的轻型金属氢化物储氢器的开发
湿法ZH-JH-G除尘、脱硫、脱硝、脱水、低阻一体化装置
冶金炼焦炉加热优化控制系统
下吸式固定炉排生物质成型燃料热水锅炉
等离子节能点火设备
燃料电池控制器
旋转脉冲燃气吹灰装置
矿山安全生产综合决策支持系统

先进制造领域

草浆造纸中段废水深度处理技术及回用设备
组合式油水井作业平台及回收处理装置
多维电极电催化污水处理装置
镀镍废水资源化技术与设备
难降解腈纶废水治理技术的开发和应用
冷水机组热回收系统
数字化高效节能照明管理系统
矩阵式电机变频节电器
高效节能三相稀土永磁同步电动机

新材料领域

超大型焦炉高温高压CDQ技术
炼铁高炉喷吹焦炉煤气技术
超大型高炉煤气干法除尘TRT技术（即干法TRT技术）
超大型高炉系统工艺技术
转炉炼钢节铁降耗新工艺技术开发
钢铁厂含铁固体废弃物高效回收处理技术
钢铁企业综合能源管理技术
环保型橡胶填充油
可降解性高吸水性树脂
多喷嘴对置式水煤浆气化技术
煤气化发电与甲醇联产系统关键技术的研发与示范
替代光气、氯化亚砜等有毒有害原料的绿色化学技术开发及推广应用
无机膜精制氯碱工业盐水技术
尾气封闭循环的磷铵节能新工艺
粉煤气化低水/气耐硫变换新工艺
催化裂化吸收稳定系统集成节能技术
煤层气制CNG/LNG技术与脱氧催化剂
煤层气制甲醇新技术3
焦炉气制甲醇技术
工业凝结水除油除铁及回用成套技术
化学废弃物等离子体处理装置
膜法海水淡化技术及装备
新型高效废水处理技术与设备
印染废水深度处理及回用关键技术
高效袋式除尘器
促进剂NS和M的清洁工艺技术
啤酒生产废水深度处理关键技技354
空调余热回收技术

交通领域

长安混合动力乘用车
东风混合动力城市客车

一汽混合动力城市客车
京华纯电动低地板公交客车
清源纯电动微型轿车
春兰动力镍氢电源系统
纯电动车用锂离子蓄电池
混合动力电动车用镍氢电池
电动汽车用锂离子动力电池
混合动力汽车用永磁磁阻ISG电机及其控制系统
混合动力轿车用ISG电机
电动汽车驱动电机系统
重型商用车用燃气发动机
重型载货汽车专用CNG发动机
车用LNG焊接绝热气瓶系列产品
高精度燃气喷嘴
奇瑞混合动力轿车
车用高功率锂离子电池
质子交换膜燃料电池发电系统
质子交换膜燃料电池发动机
燃料电池轿车动力控制单元
燃料电池城市客车
串联式混合动力客车

资源与环境领域

高浓度糖醇废水沼气发电技术
管束干燥机废汽回收综合利用技术
环保型可控光降解地膜
ASND技术处理发酵高浓度废水关键技术产业化与示范工程
酶法氮素生物循环高值玉米加工副产物关键产业化技术
发酵行业生产用水阶梯式循环利用技术
糖蜜原料生产高活性干酵母废水治理及综合利用
新型膜用于氨基酸清洁生产新工艺
塑料动态成型加工节能技术
锅炉烟道气饱充精制糖浆新技术
糖厂污染物减排及资源化利用技术
非木材化学制浆黑液挤压—扩散置换集成提取技术
化工废水有机毒物高效复合催化反应器
氮肥生产污水零排放综合治理技术
替代光气、氯化亚砜等有毒有害原料的绿色化学技术开发及推广应用
工业废气中氮氧化物（NOx）的治理及资源化利用新技术
高纯度二氧化氯
甲醛废水的治理及资源化利用新工艺
高浓度有机废水集成处理技术
洗车水循环利用装置
黄磷尾气净化提纯CO技术
大型深凹露天矿陡坡铁路运输系统
大型高效节能粗粒湿式磁选机
井下多级机站通风监控与节能技术
荷电水雾振弦栅高效除尘技术及设备
多功能破碎清塞机
地质资源环境综合探测技术
风动射流风幕除尘风机除尘技术
湿式振弦纤维栅除尘技术
泡沫除尘剂除尘技术
降尘剂除尘技术
采煤工作面自然发火综合防治技术
采煤工作面综合防尘技术
均匀广谱伪随机电磁仪
震损水库大坝隐患探测与安全评价技术
地下无轨采矿设备
束状深孔大规模高效采矿技术
低品位矿产资源原地溶浸采矿成套技术
金属矿山井下废石就地高效充填的采矿技术
金属矿山岩体重大灾害监测预警技术
金属矿连续采矿及散体处理技术与设备
地下采空区顶板诱导崩落技术

难采矿体导流放矿技术
低品位伴生有价组份的综合回收技术
多流道矿浆粒度浓度在线分析产品
高效节能浮选机
磁选技术装备
粉碎技术与设备
重选技术及装备
脱水技术及装备
复杂铅锌矿原生电位调控浮选技术
复杂多金属硫化矿原生电位调控浮选分离技术
低品位铜、镍硫化矿生物提取新技术
铝土矿浮选新技术
铜铅锌锡矿细粒浮选新技术
新型选矿药剂——烷基黄原酸甲酸酯
低品位铜、镍、钴矿资源生物堆浸提取冶金技术
硫酸焙烧－萃取法冶炼包头稀土精矿工艺技术
电解还原法制备高纯氧化铕工艺
稀土金属及合金产业化制备技术及关键装备
石墨页岩钼镍矿全湿法冶金技术
钴硫精矿综合利用技术
BK992高效铜萃取剂
高效冶金还原窑
湿法制取的微细镍粉
KYM锌基耐磨合金
炼铁原料烧结、球团新技术
铁精矿煤基回转窑直接还原新工艺
铝电解常温固化TiB_2可润湿性阴极涂层技术
锌冶炼污酸废水治理技术
有色金属矿山废弃物堆场生态修复技术
矿山和选矿厂污水循环技术和固体废弃物综合利用技术
难采矿体导流放矿技术
新型选矿药剂——烷基黄原酸甲酸酯
KYM锌基耐磨合金
湿法制取的微细镍粉
射频超导腔用高纯铌材
高比容铌粉生产技术
电容器用高比容钽、细直径钽丝技术
年产600万吨综采成套技术与装备
大型煤矿快速建井关键技术
反井钻井技术
窄型短壁机械化开采成套技术与装备
高效煤粉工业锅炉成套技术
煤基吸附剂联合脱硫脱硝技术
低阶煤制高浓度水煤浆及应用技术
环保水处理技术
油田水处理技术
低挥发煤（石油焦）浆制备与燃烧技术
全矿井综合自动化成套技术与装备
矿区污水处理利用技术与装备
采煤塌陷区土地利用与生态建设技术
城市污水氧化沟处理工艺的核心技术与设备
大型膜生物反应器组器系统
智能化小型污水处理系统
水处理紫外线消毒装置
高温纺织印染废水处理回用技术与成套设备
生物造粒流化床污水处理技术与设备
环境微生物菌剂及其应用
厌氧颗粒污泥膨胀床(EGSB)技术
复合金属氧化物除砷技术与成套设备
处理微污染水源水的粉末活性炭－超滤膜集成化净水装置和系统
处理微污染水源水的臭氧－活性炭深度处理技术和系统
钢铁企业综合污水处理与再生利用技术
钢铁企业外排污水综合处理与回用集成技术
污水生物–生态工程处理集成技术与设备成套化
武汉市汉阳地区水环境质量改善技术
受污染城市水体修复集成技术
汉阳地区城市面源污染控制技术与工程示范
城市污水生物/生态协同处理集成技术
多酶水解淀粉膜法预分离技术
水解原液膜集成回收盐酸与淀粉糖技术
盐酸法皂素废水物化、生化组合处理技术
三阶段厌氧工艺处理硫酸法皂素废水技术

再生水景观水体生态修复与强化生态净化成套技术
再生水景观河道生态修复与水质净化工程构建系统技术
复合生物—生态强化水面流湿地净化系统技术
水体富营养化的生态操控技术
富营养化水体沉积物磷释放抑制剂
菌丝体表面分子印迹吸附剂
太湖水污染控制与水体修复技术
河网区面源污染控制成套技术
重污染水体底泥环保疏浚与生态重建技术
城市河网水动力分级循环控制技术
园林水体修复的水动力循环/生物净化组合技术
一体化生物脱氮除磷技术及设备
生态护坡面源控制与水质净化技术
耐低氧鱼类控藻技术
焦化废水综合处理集成技术
有色冶金复杂废水综合处理集成技术
大生活用海水膜生物反应器处理技术
千吨级海水循环冷却技术
万吨级海水循环冷却技术
10000吨/日低温多效海水淡化装置
有色大型矿山节水治污优化集成技术
厌氧复合循环颗粒污泥床反应器
化学—生物絮凝组合技术与设备
大中型燃煤工业锅炉烟气脱硫技术及设备产业化（双碱法）
燃煤电厂锅炉烟气微细粒子高效控制技术与设备
汽油车超低排放控制技术
轻型柴油车污染控制技术
摩托车污染控制技术
机动车排放污染控制装置公共检测技术
重型柴油车污染控制技术
室内空气净化技术
旋流型循环氢气脱硫工艺技术
湿法烟气脱硫集成技术
利用烟气循环流化床干法脱硫技术进行烟气污染物治理
大型湿式氨法烟气脱硫成套技术及产业化
IOCFB半干法烧结机烟气脱硫技术
直通均流式袋式除尘器
袋式除尘器脉冲阀性能检测装置
燃煤电厂锅炉烟气微细粒子高效控制用过滤材料
电—袋复合式除尘器
城市污水处理剩余污泥堆肥处理技术
生活垃圾生态填埋成套技术
工业危险危险废物及医疗废物回转窑焚烧设备及系统
大型钢铁联合企业资源循环利用关键技术
锰锌软磁废料循环利用技术研究
含钒铬工业废渣的高值化清洁利用技术
废弃电路板多级破碎—多级旋风分离—高压静电分选成套设备
利用制革废弃胶原生产新型吸附（环保）材料
化工生产过程废碱液防治绿色工艺技术
酒精发酵工艺中基于废糟液直接循环使用的清洁生产技术
利用炼厂尾气中乙烯氢甲酰化合成丙醛的清洁生产技术
非木材纸浆高效高白度清洁漂白技术与装备
大气成分差分吸收光谱(DOAS)在线监测系统
被动差分吸收光谱(MAX-DOAS)在线监测系统
紫外差分法烟气排放连续监测系统(CEMS)
道边机动车尾气监测系统
水体藻类浓度的原位在线监测系统
利用ELISA试剂盒法检测蓝藻微囊藻毒素
三峡水库消落带与移民安置区生态环境监测与预警技术
高寒退化草地治理技术
半干旱黄土丘陵沟壑区水土流失防治技术
半干旱退化山区生态农业建设技术
四川盆周低山丘陵区水土流失综合治理技术
干热河谷生态系统重建技术
印楝农药原料林优质丰产栽培技术

干旱荒漠区生态保育与生态产业关键技术
四川阿坝退化草地治理技术
喀斯特（岩溶）峰丛洼地生态重建技术
喀斯特（岩溶）高原生态治理技术与示范
滩涂生物资源恢复技术
滩涂人工湿地清洁生产技术
西北干旱区绿洲边缘荒漠植被与人工植被的生态融合技术
干旱荒漠区绿洲防护生态安全保障体系建设技术模式
水库消落带生态治理的植被构建模式与技术
海水淡化实用技术
海水循环冷却技术
高效、低毒农药二溴磷
海水卤水钙法制取氢氧化镁技术
卤水法生产高纯度硫酸钙技术
高温助熔剂工艺制备硼酸镁晶须
新型高效多用途氯化溴的制备技术
大生活用海水技术
聚丙烯中空纤维微孔膜及其系列产品研发与应用
TH系列高性能防腐涂料
膜法处理高浓度氨氮废水
基于光纤检波器的海上拖缆地震采集系统
滩浅海地区高精度地震勘探技术
低功耗、大动态高频数字海底地震仪
钻井中途油气层测试技术
渤海油田深部调驱提高采收率技术
海上油田聚合物驱提高采收率技术
适合海上油田驱油用疏水缔合聚合物
自动控制调剖注聚一体化注入设备
新型平台抗冰振技术
正压冲固平台技术

生物质利用与生物能源

固体超强酸催木糖化制备糠醛
微波辅助快速水解农作物秸秆制备木糖
农林废弃物制造环保型再生能源——成型炭
竹业科技的新成果—竹炭
化学法制造活性炭
高性能碳质吸附新材料制备技术
农林资源高效利用清洁生产制浆技术
银杏叶提取物制备技术
银杏叶聚戊烯醇精制技术
液体燃料：生物质气化合成二甲醚
无色松香系列产品研究与开发
松节油合成无公害农药增效剂产业化技术
松节油合成香叶醇橙花醇系列产品的清洁生产技术
松节油合成萜烯基丙酮类高级香料生产工艺技术
国产玫瑰深加工产品技术开发与推广
能源树种麻疯树、文冠果加工剩余物的高值化利用
户外电气绝缘环氧树脂的合成制备技术
迷迭香精油和迷迭香抗氧化剂综合提取技术
超临界CO_2萃取沙棘油技术研究及产业化
玉米芯酶法制备高纯度95%低聚木糖
环保无毒生物质增塑剂–环氧脂肪酸甲脂
农作物秸秆同时制取炭、气、液产品的技术
小径（杂）竹重组竹结构材与装饰材生产技术
棉花秸秆/木材混合制备纤维板技术
麦秸中密度纤维板生产技术
无醛麦秸软质板制造技术
环保型葵花秸秆人造板制造工艺技术
低值柳杉、水杉木材高值化利用技术
玉米秸秆全生物量利用制造人造板与饲料技术
松树、杨树采伐及加工剩余物高附加值资源化利用技术
食品级精制漂白虫胶产品开发
昆虫卵营养保健价值的研究

白蜡虫同地产虫产蜡新型生产技术
胭脂虫繁养及色素提取技术
集成式生物质多重闪速热解液化生产生物燃油新技术
小麦秆快速还田与水稻丰产高效栽培技术
麦秸机械还田轻简稻作技术
稻草免耕还田技术
大型高效秸秆粉碎还田机
秸秆深槽好氧发酵肥料化利用技术与装备
秸秆高效转化珍优食用菌及菌糠发酵生产有机肥关键配套技术
农作物秸秆制作生物有机肥料技术
秸秆速腐还田技术
玉米秸秆青贮利用技术
覆膜槽（MCT）干法秸秆沼气技术与装备
稻草粉碎沼气发酵装置
太阳能辅热型农村高效沼气设备工程化技术
秸秆沼气生产技术与设备
秸秆高效产沼气和产蘑菇技术
户用沼气内燃机及其发电装置
秸秆连续沼气发酵新工艺及高效反应器
低压双膜干式贮气装置
沼气发酵产气、贮气一体化装置
沼气生物脱硫装置
农村户用小型沼气发电机组
复合菌剂预处理秸秆产沼气成套技术
城市有机垃圾高效均衡厌氧消化技术
高浓度厌氧消化技术
产甲烷促进剂
复合材料户用沼气池
便携式沼气分析仪
潜污破碎式沼气池出料机
农业生物质厌氧发酵制取沼气技术与装备
秸秆气－沼气集成供气技术
车载移动式沼气除杂提纯与高值利用集成化示范装置
先进固体发酵（ASSF）技术生产甜高粱乙醇
木糖废渣生产纤维乙醇技术
酶法清洁生产木糖新工艺联产酒精技术
酶解植物纤维工业废渣生产乙醇工艺技术
木薯、甘蔗非粮食原料生产燃料乙醇技术
玉米芯、玉米秸秆制备木糖（醇）、残渣生产纤维乙醇
麻类等纤维质酶降解生产燃料乙醇技术
高效低排放生物质成型燃料半气化锅炉技术
秸秆气化技术
秸秆气化供气技术
曙光2000秸秆气化机组
SR系列秸秆气化燃气成套装备
生物质气化燃气制取醇醚燃料工艺技术及应用
秸秆中型和大型气化技术及设备
农村村镇生物质及可燃垃圾气化技术
5MW生物质气化与有机废弃物燃烧联合发电系统
生物质气化供气供热发电技术
中等规模生物质气化发电技术
生物质气化发电关键技术与设备
微藻异养发酵生产生物柴油技术
生物柴油与化工产品综合制备技术
生物柴油制造技术
生物质快速热解生产液体燃料油的新技术
秸秆热解液化技术
颗粒成型燃料技术
大型平模式秸秆颗粒成型机
生物质颗粒燃料设备系统
生物质固体成型燃料
能量自给型城镇生活垃圾综合处理利用系统
生物质热解制氢与燃料电池集成发电技术
村镇农林剩余物高效直燃发电成套技术与工程

关于印发《国家先进污染防治技术示范名录》（2008年度）和《国家鼓励发展的环境保护技术目录》（2008年度）的通知

环发[2008]91号

各省、自治区、直辖市环境保护局（厅）：

为贯彻落实《国务院关于落实科学发展观加强环境保护的决定》（国发[2005]39号）、《国务院关于印发节能减排综合性工作方案的通知》（国发[2007]15号）以及《国务院办公厅关于印发2008年节能减排工作安排的通知》（国办发[2008]80号）精神，加快节能减排技术产业化示范和推广，引导环保产业发展，我部组织编制了《国家先进污染防治技术示范名录》（2008年度）和《国家鼓励发展的环境保护技术目录》（2008年度）。

《国家先进污染防治技术示范名录》所列的新技术新工艺在技术方法上具有创新性，技术指标具有先进性，均为我国当前迫切需要的节能减排技术和工艺，并已基本达到实际工程应用水平。鼓励各地对名录中的新技术新工艺进行工程示范和推广。中央和地方环境保护专项资金安排污染防治新技术新工艺推广应用项目应当符合本名录的要求。

《国家鼓励发展的环境保护技术目录》所列的技术是经工程实践证明了的成熟技术，国家鼓励企业优先采用目录所列的污染防治技术。

现将《国家先进污染防治技术示范名录》（2008年度）和《国家鼓励发展的环境保护技术目录》（2008年度）印发你们，请在实际工作中参考。2007年发布的《国家先进污染治理技术示范名录》和《国家鼓励发展的环境保护技术目录》同时废止。

附件：1．2008年国家先进污染防治技术示范名录

2．2008年国家鼓励发展的环境保护技术目录

二〇〇八年九月二十六日

附件1：

2008年国家先进污染防治技术示范名录

序号	技术名称	技术指标	适用范围	发展状况	解决的技术难题
一、城市污水、污泥、垃圾渗滤液处理及水体修复技术					
1	交替式活性污泥法生活污水处理技术	该技术采用改进的UNITANK工艺，三池之间水力连通，每池都设有曝气系统，边池设有出水堰及剩余污泥排放口，作为曝气池和沉淀池交替运行。通过调整系统的运行，形成好氧、厌氧或缺氧条件，以适应不同处理目标的要求。COD去除率为83.6%，NH_3-N去除率为87.4%，TP去除率为81.5%。若采用该技术建日处理能力2万吨、出水达一级排放标准的污水厂，总投资约2000万元，运行成本345万元/年；与普通SBR法相比，设施占地面积和工程建设投资可降低20～30%，能耗和运行成本可节省30%。	城镇污水和水质相近的工业废水处理	完成工业化试验并正在进行工程应用	解决与工艺相配套的高效、低能耗的成套设备及系统自动化控制问题。
2	污水好氧生物脱氮技术	该技术在好氧环境下，实现生化、硝化、反硝化同时进行，通过加入复合菌群和工艺条件控制，使处理装置可以承受更高的进水浓度。应用该技术处理COD和NH_3-N分别为5500～7000mg/L和800mg/L的渗滤液时，出水COD和NH_3-N可达500～800mg/L和15mg/L以下，吨水运行费用不足10元；当出水COD和NH_3-N达到200mg/L和5mg/L左右时，吨水运行费约15元。	高含氮废水处理	有少量工程应用	解决低碳氮比下废水同时生化/硝化/反硝化工艺中存在的技术难题。

序号	技术名称	技术指标	适用范围	发展状况	解决的技术难题
3	垃圾渗滤液处理技术	（1）该技术采用固定化微生物-曝气生物滤池技术处理垃圾渗滤液，将变异菌和酶制剂固定在大孔网状载体（比表面积约 $120m^2/g$）上，使其生物负载量达 18～40g/L，最大容积负荷为 16 $kgBOD_5/m^3 \cdot d$ 和 3.6 kg $NH_3\text{-}N/m^3 \cdot d$，不需要反冲洗，污泥量是传统生物处理工艺的 3～5%，吨水投资 3～4.8 万元，运行费用<15 元/m^3。 （2）该技术采用“絮凝沉淀+MBR +特种膜集成分离”组合工艺，先通过絮凝沉淀去除部分重金属离子和悬浮物，然后进入序批式好氧/缺氧膜生物反应器，出水经特种集成膜分离设备达标排放或回用，浓水进入干燥池强化风干。该技术应用于 $150m^3/d$ 的垃圾渗滤液处理工程时，入水 COD≤50000mg/L、$NH^3\text{-}N$≤1500mg/L 的情况下，出水 COD≤90mg/L、$NH^3\text{-}N$≤10mg/L，吨水运行成本 28 元。 （3）该技术采用“电解+UASB+MBR”组合工艺系统处理垃圾渗滤液。其中电解工艺可选择性去除毒害性有机物，使 BOD_5/COD 值从原水的 0.26 增加到 0.54，VFA 含量增至 16.2%；UASB 工艺将 90%以上的有机物转变为可降解物质；MBR 的膜截留作用可延长大分子物质及有效微生物在生物反应器中的停留时间，提高对污染物的降解能力。日处理 $12m^3$ 的中试系统 COD 去除率为 99.6%，$NH_3\text{-}N$ 去除率为 97.3%。经测算，吨水投资约 3 万元。	垃圾渗滤液等高浓度氨氮有机废水的处理	工艺（1）已有小型工程应用 工艺（2）已有少量工程应用 工艺（3）完成工业化试验	工艺（1）解决规模扩大问题。 工艺（2）解决垃圾渗滤液等高浓度有机废水的处理中膜污染及清洁、运行稳定性、降低运行费用等问题。 工艺（3）解决电解作为预处理工艺费用高，对特种污染物选择性差的问题。

序号	技术名称	技术指标	适用范围	发展状况	解决的技术难题
4	城市污水厂污泥的水热法稳定化—重力浓缩—机械脱水—半干法处理技术	该技术采用以水热处理为核心的污泥处理组合工艺，先通过水热处理将难脱除的细胞水转化为自由水，难降解的大分子有机物水解为小分子；然后经重力浓缩和机械脱水，使泥饼含水率降低为50%；最后采用厌氧发酵法处理脱水废液产生沼气回收热能。本技术可使污泥实现稳定化，污泥总 COD 溶解率≥20%，SS 溶解率≥30%，污泥减容率≥90%；进料污泥含水率 90～95%，出料为 50%，呈半干化状态，可直接焚烧。日处理污水 5 万 t 的污水处理厂（日产含水率为 80%的污泥 30t），污泥处理设施建设投资 20 万元/t，运行成本 65 元/t；平均电耗 55 万 kWh/年。	城市污水厂污泥以及石化等工业废水处理产生的剩余污泥处理	完成中试	提高水热处理单元固体负荷、污泥自身潜在生物质能的利用率、污泥输送设备运行稳定性和污泥换热器换热效率，减少换热器结垢结焦；提高整套水热干化处理系统的一体化、自动化、智能化水平。
5	城市污水处理厂污泥干化焚烧技术	（1）该技术采用雾化干燥与回转式焚烧集成技术，将胶态磨研磨、破碎、压力雾化后的脱水污泥，经高温焚烧烟气直接干化进入回转式焚烧炉充分燃烧。污泥减容率≥95%，污泥中的有机物99%以上被焚烧，排放的烟气经过布袋除尘、喷淋塔脱酸和生物除臭后，符合《生活垃圾焚烧污染控制标准》（GB18485-2001）。日处理为 50t 脱水污泥（含水率为 80%）的项目投资 350 万元，吨运行费用 180 元。 （2）该技术将含水率约 75～85%的污泥直接送入循环流化床锅炉燃烧，泥煤掺烧比例约 20%～30%。焚烧烟气经除尘后，二噁英测试浓度＜0.004ITEQng/m^3；铅、镉、汞分别小于 0.155mg/Nm^3、0.0035mg/Nm^3和 0.004mg/Nm^3，符合《锅炉大气污染物排放标准》（GB13271-2001）及《生活垃圾焚烧污染控制标准》（GB18485-2001）的相关规定。每小时掺烧 1t 污泥的循环流化床锅炉（20t/h）改装投资约 2.5 万元/t 污泥，污泥焚烧直接运行成本约 63 元/t。	城市污水处理厂污泥处置	有少量工程应用	（1）解决烟气干化、焚烧成套设备的国产化及降低运行费用问题。 （2）解决污泥储存、运输和降低污泥含水率，尾气处理问题。

序号	技术名称	技术指标	适用范围	发展状况	解决的技术难题
6	太阳能、高温双热源热泵污泥干燥技术	该技术采用太阳能集热器供热系统和热泵循环供热系统相结合对污泥进行干燥处理，两供热系统彼此独立，既可单独循环供热，也可组合供热。10t/d 的工业性试验表明，污泥含水率从 80%降到 20%，太阳能集热器热效率 60%，热泵输出气体温度约 100℃，干燥机内温度 80℃，建设投资 31 万元/t，运行成本 56 元/t。	城市污水处理厂污泥干化	完成工业化试验	解决太阳能与热泵的耦合技术、热源稳定技术、自动控制系统及系统优化技术。
二、工业废水处理、回用与减排技术					
7	糖蜜酒精废液烟气直接浓缩焚烧技术	本技术采用耐热渗透酵母菌以间接加热蒸溜的方式生产糖蜜酒精，并对糖蜜酒精废液进行回用，可提高废液排放浓度，减少废液量，使每吨酒精产生 9t 20oBx 的废液。将废液浓缩到 60oBx（低位热值 7000J/kg）后焚烧，可提供浓缩工艺所需能量的 120%，实现浓缩工艺的能量自给。焚烧炉渣的钾含量达 15%，可用于制造复合有机肥或加工成硫酸钾，日产 50t 的酒精厂可因此获利 250 万元/年。	甘蔗制糖副产品和酒精生产废液的处理	完成工业化试验	解决浓缩工艺的能量和热量平衡问题。
8	马铃薯淀粉废水治理及综合利用工程技术	（1）该技术采用高效凝聚、吸附、膜分离和无害化絮凝剂的集成技术，先回收纤维、蛋白、植酸、肌醇等副产品，然后对混合高浓度淀粉废水（COD10000～30000mg/L）采用绒毛状生物膜接触氧化深度处理，COD 去除率＞99%，NH_3-N 去除率＞98%。日处理 1200 t 的项目投资约 5200 万元，年运行费用 60 万元，年盈利 900 万元，6 年可收回投资。 （2）该技术对马铃薯淀粉生产中产生的三种废水进行分类处理：即马铃薯冲洗废水采用二级沉淀池串联沉淀处理后回用；淀粉提取废水沉淀处理后回用；蛋白质液采用物化、生化和生物组合处理技术，提取饲料蛋白和生产饲用活菌剂后，作为冲洗水循环利用。蛋白质液经综合利用后，COD 降低 75.5%，SS 降低 95.2%。该技术可节约用水 75%。年生产淀粉 5000t，可生产蛋白液 25000t，饲料蛋白 637t，微生物制剂 91t，利润 103 万元。	工艺（1）适用于年产量 3 万吨以上的淀粉生产企业 工艺（2）适用于年产量 5 千吨以上的马铃薯淀粉生产企业	完成工业化试验	工艺（1）解决投资、运行费用高，能耗高，且运行效果不稳定的问题。 工艺（2）解决生产废水的清污分流及工程化技术的集成；马铃薯蛋白与饲用活菌制剂的动物喂养。

序号	技术名称	技术指标	适用范围	发展状况	解决的技术难题
9	高浓度、难生化废水湿式催化氧化处理技术	（1）采用湿式催化氧化法处理有毒高浓度有机废水，开发出的新型催化剂使废水中的高分子有机物在催化剂作用下直接氧化降解为无机物或小分子有机物。COD 去除率>90%，总有机碳去除率>85%，有机硫去除率>85%。处理 COD 为 80000mg/L 的乙基氯化物废水时，催化剂制备成本<60000 元/t，吨水处理费用<52 元，每公斤 COD 处理费用<0.7 元。 （2）该技术采用高温、高压湿式催化氧化技术，将高浓度、难生物降解有机废水中的有机物、氨氮、氰化物等分解为二氧化碳、氮气和水等。当处理原水中 COD>30000mg/L、NH_3-N>3000mg/L、TN>10000mg/L 时，在 200～300℃的反应温度和 5～10MPa 的反应压力下，COD、NH_3-N 和 TN 的去除率>99%。	农药、染料、焦化、石化等行业高浓度、难降解的有机废水处理	（1）已完成工业化试验 （2）已有小规模工程应用	工艺（1）解决应用过程中能耗高的问题，提高处理效率，减少运行费用。 工艺（2）解决在高温、高压下高浓度有机废水和氨氮废水的处理难题。
10	焦化、煤化工难降解有机废水高效菌处理技术	该技术采用新型微电解装置、块状催化剂和必要介质的预处理工艺，投加高效菌剂，通过 UASB 工艺处理焦化、煤化工难降解有机废水，其 COD 从 3000～3500mg/L 降至 40～60mg/L；酚类从 150～100mg/L 降至 0.5～0.8mg/L；NH_3-N 从 140～200mg/L 降至 2～3mg/L，处理出水可达到回用要求。该处理工艺建设费约 1000 元/t，运行费用约为 4～5 元/t。	焦化、煤化工、军工、等难降解废水处理	完成中试	解决菌群选育与最佳配比，菌群粉末化等技术问题。
11	电镀废水处理技术	（1）该技术通过超滤、反渗透法和离子交换法，提取废水中的重金属离子，重新应用于电镀生产过程。重金属基本全部回收，过滤回收水 65%左右。吨水运行成本 3～4 元。 （2）利用纳滤除去废水的部分一价盐类，并对镍离子进行预浓缩，经纳滤预浓缩后的含镍料液再经反渗透浓缩后回收。电镀废水经处理后，水回用率≥95%。膜法处理电镀含镍废水设备投资费用的回收期≤1 年。	电镀行业废水处理	完成中试	解决水资源再利用，实现闭路循环；进一步降低废水中的有害物质浓度；提高重金属回收率。

序号	技术名称	技术指标	适用范围	发展状况	解决的技术难题
三、烟气脱硫、脱硝技术					
12	烧结机烟气循环流化床多组份污染物干法净化工艺	该技术采用“烟气循环流化床干法脱硫+布袋除尘器除尘+选择性脱硫”的工艺方案，针对烧结机各风箱的 SO_2 排放浓度不同，对 SO_2 排放浓度高的风箱进行选择性脱硫，适合烧结机短时间内开停频繁的运行工况。当入口 SO_2 浓度为 3000～5000mg/Nm^3 时，SO_2 排放浓度可控制在 400mg/m^3 以下，脱硫效率达到 90%以上，粉尘排放浓度可控制在 30mg/m^3 以下。180m^2 烧结机机头烟气净化工程总投资为 3000 万元，运行费用为 650 万元/年。	烧结机烟气脱硫	有少量工程应用	解决脱硫灰湿度大、烟气含氧浓度高的情况下，物料循环系统防堵塞、袋除尘器滤料防氧化、糊袋等问题。
13	回收硫铵的燃煤电厂氨法湿式烟气脱硫技术	该技术采用具有自主知识产权的氨法脱硫工艺，以氨为吸收剂，在与 SO_2 反应的同时，与空气中的氧作用，将亚硫酸铵氧化成硫酸铵，经浓缩、结晶提纯或蒸发后生产硫铵肥。SO_2 去除率＞95%，氨的逃逸浓度＜5ppm。2×50MW 机组每年可副产硫酸铵肥 4.5 万 t，实现销售收入 3000 万元。	具有氨吸收剂条件、燃料硫含量＞1.5%的大型工业锅炉和电站锅炉的烟气脱硫	在 100MW 燃煤机组上应用	解决脱硫系统优化设计及工程设备成套化，提高系统及设备可靠性，降低回收系统能耗等问题。
14	改进型石灰石/石灰－石膏法烟气脱硫技术	该技术采用具有自主知识产权的 U 型平流式吸收塔工艺，烟气进出口在塔的同一侧。与常规石灰石－石膏法比较，具有系统布置简洁、占地小、投资省、运行能耗较低等特点。脱硫效率≥95%、脱硫系统阻力≤2000Pa、钙硫比＜1.03、工程造价≤150 元/kW、运行电耗≤7.5kW/MW 机组容量，与常规石灰石/石灰－石膏法相比，电耗降低约 20%，装置可用率≥98%、石膏纯度＞90%。	燃煤电站锅炉的烟气脱硫	有少量工程应用	解决现役机组的系统布置问题，进一步降低运行能耗，提供系统的技术经济性能参数。
15	半干半湿法烟气脱硫除尘技术	该技术采用石灰和循环脱硫灰作为脱硫剂，利用蒸汽输送的方式消化、活化脱硫剂；烟气在烟道内增湿降温后，通过烟气分布器在塔内与水雾、脱硫剂、脱硫灰充分接触，达到较高的脱硫效率；利用烟气自动补偿管道的自动控制系统，保证脱硫效率与锅炉工况的匹配性。采用袋式除尘或电－布袋组合除尘技术，除尘效率达 99.9%；蒸汽输送脱硫灰过程中 90%以上的亚硫酸钙氧化为硫酸钙。220t/h 锅炉脱硫工程总投资 1900 万元，运行成本约 550 元/h。	大中型燃煤工业锅炉、中小型电站锅炉	有少量工程应用	解决系统性能参数优化和连续稳定运行问题。

序号	技术名称	技术指标	适用范围	发展状况	解决的技术难题
16	大型燃煤电站SCR烟气脱硝技术	该技术采用具有自主知识产权的选择性催化还原脱硝技术处理火电厂烟气，以氨为还原剂，在催化剂的作用下将氮氧化物还原成氮气和水。脱硝效率80～90%，氨逃逸率＜3ppm，SO_2氧化率＜1%，催化剂运行寿命＞16000h。	大型燃煤电站锅炉烟气脱硝	有少量工程应用	解决系统集成优化问题，减少烟气含尘量对SCR反应器的影响，实现国产催化剂的应用。
四、工业废气治理、净化及资源化技术					
17	水泥窑尾废气中二氧化碳气体回收及综合利用技术	该技术采用变压吸附从水泥窑尾气中分离提纯回收二氧化碳，在稀土催化剂作用下，与环氧丙烷发生聚合反应，经后处理生成降解速度可调节的聚酯塑料。生产过程中没有废物排出，共聚物中二氧化碳含量＞42%，聚合物数均分子量＞120000。回收1t二氧化碳及生产1t全降解二氧化碳共聚物，水耗9元，电耗1073元。	水泥窑尾废气中二氧化碳的综合利用	有3000t/年的中试生产线	解决项目产业化建设中的工程化技术问题。
18	黄磷尾气利用技术	（1）该技术采用变温变压吸附黄磷尾气中的一氧化碳，利用羰基合成技术生产甲酰胺等系列产品。净化后黄磷尾气中磷、硫、砷、氟化物杂质含量＜1ppm，一氧化碳回收率＞85%。5000t/年黄磷尾气制甲酰胺项目总投资5350万元，年均利润893万元，投资回收期5.5年。 （2）该技术利用催化氧化净化工艺，去除黄磷尾气中的磷硫化合物，使一氧化碳浓度＞98%，而硫、磷、砷、氟杂质降到ppm级，一氧化碳经变换制氢、催化合成甲醇。5000万Nm^3/年的黄磷尾气净化项目可生产甲醇20000t/年，项目总投资7235万元。	黄磷生产企业尾气治理	（1）已完成50Nm^3的工业试验 （2）已完成中试	（1）解决变温变压吸附高效回收一氧化碳操作工艺参数的确定问题。 （2）解决黄磷尾气的深度净化、还原气氛下催化剂的使用寿命、催化剂的高效再生、工业化装置的放大关键技术等问题。

序号	技术名称	技术指标	适用范围	发展状况	解决的技术难题
19	硅铁粉尘治理与硅粉回收技术	该技术采用分室离线脉冲喷吹及混风冷却和二次引射互补腔清灰技术，回收高品位硅微粉体。脉冲喷吹压力：0.2～0.35MPa；喷吹频度：20～30min；除尘效率≥99.5%；粉尘排放浓度≤50 mg/Nm^3。烟气处理量 60000m^3/h 的工程土建费 5.5 万元，设备购置费 220 万元。	硅铁冶炼企业冶炼过程中的粉尘治理	有少量工程应用	解决成本过高问题。
五、固体废物处理、村镇生活污染控制及土壤修复技术					
20	垃圾焚烧飞灰药剂稳定化—卫生填埋技术	采用 DTC 类高分子螯合剂使飞灰达到强化化学稳定化，经捏合及养护，重金属元素被捕集，生成交联网状结构的螯合物，最终实现飞灰的高效稳定化。经处理后的飞灰（Pb＜3mg/L，Cu＜50mg/L，Cr＜0.3mg/L，Zn＜50mg/L，Cd＜10mg/L）对填埋场环境的影响可降至一般废物的污染水平，而后进入卫生填埋场处置。吨飞灰投资 8～30 万元，运行费 222 元，水耗 0.25t，电耗 25 kW·h，药耗<0.03 t。	垃圾焚烧飞灰的处理	完成工业性试验	解决飞灰稳定化关键技术的工程化及飞灰中二噁英的稳定性问题。
21	村镇生活污染综合治理技术	采用源头分离实现生活污水黑灰水分离，粪尿分离以及垃圾的分类收集处理。粪便经过粪尿分离生态厕所，粪便进入储粪箱混合添加物脱水、堆肥利用；尿液流入储尿罐稀释农用；厨余等有机垃圾混合粪便堆肥。水冲厕所黑水则同厨余等有机垃圾厌氧消化产生沼气。灰水分离后采用人工湿地处理，补充景观用水。处理后出水 COD≤30mg/L，BOD_5≤10mg/L，达到《地表水环境质量标准》（GB3838-2002）三类水标准；厨余垃圾及固体粪污进行堆肥处理，实现废物资源化。	农村地区的粪便、生活污水、固体垃圾等污染物的处理、处置	有少量工程应用	解决高固含量的厌氧处理技术和具有脱氮除磷功效的微型湿地关键技术的工程化应用。

序号	技术名称	技术指标	适用范围	发展状况	解决的技术难题
22	重金属污染场地土壤固化稳定化治理技术	采用药剂对污染土壤中重金属污染物进行处理，使污染物浸出浓度大大降低。对汞、铅、镉、铜、锌、铬、镍浸出毒性浓度超标50倍以下和砷浸出毒性超标8倍以下的污染土壤处理后，主要重金属污染物浸出毒性浓度降低80%～98%，小于《危险废物鉴别标准 浸出毒性鉴别》（GB5085-2007）中规定值的50%。在治理土壤量达到50000m^3以上时，设备投资≤15元/m^3，药剂成本35～50元/m^3，施工及管理成本为25～30元/m^3，电耗≤0.3kW·h/m^3，水耗≤0.001t/m^3。	受重金属污染的工业场地治理修复	完成54m^3土壤的中试	解决大规模作业过程的工程化及固化、稳定化的问题。
23	石油污染土壤生态修复技术	采用了以植物－微生物联合为主，辅以物理化学措施的生态修复技术体系；利用固定化方式建立外源微生物的保护机制，辅以合理的作物品种、种植结构、污染物活化及农田管理措施，进一步强化污染土壤处理效果，最终完成生态修复过程。土壤中石油类污染物在第一个生长季中的降解率即可达55～70%，平均在60%以上。以原位修复耕层土壤（0～20cm）为目标，按照1～2%的固定化菌剂接种量，每公顷污染土壤的修复费用为1000～2000元。	石油污水灌区的土壤生态修复	完成工业化试验	解决单一修复技术难以实现预期目标、生物修复中外源微生物生存能力差、生物量难以维持及土壤中游离微生物的传质性差等问题。

序号	技术名称	技术指标	适用范围	发展状况	解决的技术难题
七、清洁生产和资源综合利用技术					
25	蛋白质纤维微悬浮体节能环保染色技术	采用自行研制的微悬浮体化助剂，使微悬浮体化后的染料颗粒达到纳米级，从而对纤维的吸附能力显著加强，可提高固色率 10～30%，缩短染色时间 1/3～1/2，减少染料用量 10%左右。	毛用活性染料、酸性染料、中性染料及酸性络合染料对蛋白质纤维的染色加工	完成工业化试验	解决各种蛋白质纤维染料的微悬浮体化，提高染料对纤维的吸附率，实现了体系中各种相关参数的优化。
26	涤纶织物的无助剂免水洗清洁染色工艺	该技术使用自主研发的微胶囊化分散染料，配合专用的染料萃取器，对传统的高温高压染色工艺和设备实施改造，缩短了聚酯纤维制品染色工艺流程，可使染色用水单耗下降 70%，热能消耗降低 1/3。在染色品质不低于传统染色工艺的前提下，染色后排出废水的色度、COD 和 BOD_5 达到或接近国家一级排放标准；经简单处理的染色废水可 100%回用。采用该技术的染色设备（400kg 容量）改造费每台 10 万元，每日减少废水 180t，需处理的固体废物仅为织物重量的 2%左右。	适用于对疏水性纤维（涤纶、锦纶）及涤/棉等混纺织物的染色加工。	完成工业化试验	解决产业化过程中各种织物的微胶囊材料技术开发的问题，并使工艺优化，提高系统稳定性。
27	色谱法提取柠檬酸新工艺	该技术用热水作洗脱剂、以树脂色谱分离技术替代现行的钙盐法生产柠檬酸，消除了二氧化碳废气、硫酸钙等废渣排放；废糖水循环发酵，回用水达到 200 次以上。柠檬酸收率＞98%，固定相利用率提高 2～5 倍，降低生产成本达 10%～15%，产品浓度提高 5%～15%。	有机酸生产行业	有少量工程应用	解决其它有机酸行业的应用问题，扩大柠檬酸行业规模。

序号	技术名称	技术指标	适用范围	发展状况	解决的技术难题
28	废弃印刷电路板的处理及资源化技术	采用物理方法，先拆除废弃电路板上的部分元器件，再将废弃电路板破碎后经脉动气流分选、磁选、分级、电选和高效离心分选，实现金属和非金属的有效解离，可得到回收率高于90%的金属富集体，金属富集体中的主要金属铜以单体存在，品位高于65%；部分贵金属及其它金属以金属富集体形式存在，回收率＞85%。	电子废弃物处理	完成中试	解决废弃印刷电路板的处理处置及二次污染问题。使废弃物最终达到资源化。
29	废蓄电池资源化利用技术	采用自主开发的自动破碎分选技术和铅膏预脱硫-电解沉积工艺，将硫酸、铅膏和栅板、塑料、胶木等有效分离，并电解得到最终产品电铅。年处理万吨废蓄电池投资规模为3900万元，脱硫率＞97%，铅回收率＞95%，电流效率＞96%，电耗＜700kWh，电铅质量＞99.99%。	年处理规模10000吨以上的废蓄电池回收利用	完成生产性试验	解决蓄电池铅膏脱硫技术和电解沉淀技术生产电解铅的生产规模扩大和工业化问题。
30	用清水作工作介质的环保单体支柱	采用多元素合金沉积法对煤矿采煤工作面用于支护的单体液压支柱进行防锈处理，代替传统使用的乳化液防锈。工作介质采用清水以后，防止了乳化液在支柱回收时排入采空区而污染地下水。防锈处理使每根支柱生产成本上升30元，但整个行业每年可节约乳化剂费用1.4～2.1亿元。	煤矿井下采煤工作面用单体液压支柱支护顶板	完成工业化试验	解决了乳化液污染地下水资源的问题。
31	燃煤烟气脱硫副产物资源化利用技术	利用燃煤电厂石灰石/石灰－石膏法烟气脱硫后产生的脱硫石膏副产物改良盐碱地，实现燃煤烟气脱硫副产物的资源化利用。改良区域出苗率达50%以上，籽粒产量增加60%以上。	电厂燃煤烟气脱硫副产物的利用	有少量工程应用	解决快速测定盐碱地的pH值、全盐含量、碱化度等指标，推算燃煤烟气脱硫副产物和改良剂的具体施用量问题，以及更加简易的灌溉问题。

序号	技术名称	技术指标	适用范围	发展状况	解决的技术难题
32	制革固体废弃物资源化利用	该技术以废皮屑为原料，开发废皮屑-单宁-双官能团交联剂“共价交联”固化单宁和“有机蒙囿”固化 Fe^{3+}、Al^{3+}、Zr^{4+}、Ti^{4+}等的制备技术；制备的两种新型吸附材料，分别用于工业废水中有毒重金属离子的吸附和无机阴离子、染料、有机物等的吸附。年产 1000t 吸附材料的项目总投资 1096 万元，可实现总产值 960 万元/年，投资平均利润率为 45%。	制革废物资源化利用	有少量工程应用	解决单宁固载量与固化牢度的矛盾，固化 Fe^{3+}、Al^{3+}、Ti^{4+} 时易发生沉淀，及如何增加金属离子载量以提高吸附容量和工程放大问题。
33	环保节能干法乙炔制备技术	该技术用略多于理论量的水，以雾态喷在电石粉上使之水解生产乙炔。反应温度气相为 90～93℃，固相为 100～110℃，水与电石的比例约为 1.2：1，电石水解率＞99%，电石渣含水率低，乙炔收率＞98.5%。提高了生产安全性，工艺水循环使用。生产密闭进行，消除大气污染。无须沉降和压滤处理，节省投资和占地面积，年产 10 万 t PVC 节约成本 810 万元。	乙炔生产行业	有少量工程应用	解决乙炔制备工艺的节能减排问题。
34	磷石膏制取建材产品、硫酸技术	磷石膏主要成分是二水硫酸钙，加热脱出部份结晶水后再加水重结晶时可生成具备一定机械强度的建材产品。该技术可使磷石膏的分解温度由通常的 1060℃降低到 900℃以下，掺入的改性剂和复合激发剂消除了磷对磷石膏制品性能的不良影响。磷石膏在更高的温度及还原剂的作用下，可分解成出二氧化硫和氧化钙，二氧化硫经净化、催化氧化及吸收可制得硫酸，氧化钙在高温下与其中的二氧化硅、氧化铁、氧化铝发生反应生成水泥熟料。	磷石膏处理利用	有少量工程应用	解决了资源化利用磷石膏的问题。

序号	技术名称	技术指标	适用范围	发展状况	解决的技术难题
35	钢渣热闷自解处理技术	该技术充分利用钢渣余热，生成蒸汽消解 f-CaO、f-MgO，使其稳定。钢渣中废钢回收率高，尾渣中金属含量<1%，基本无粉尘和污水排放。钢渣粉比表面积在 $420m^2/kg$ 以上，吨产品主机电耗 32kW·h，技术指标达到《用于水泥和混凝土钢渣粉》（GB/T20491-2006）。年处理钢渣 168 万吨项目投资 12600 万元，单位产品成本 23 元/t，电耗 6.8 kW·h/t，水耗 $0.27m^3/t$，利润 103 元/t。年生产钢渣粉 80 万吨项目投资 8800 万元，单位产品成本 75 元/吨，电耗 38kW·h/t，水耗 $0.12m^3/t$，利润 65 元/t。	冶炼钢渣处理	有少量工程应用	解决 1650℃钢渣直接热闷提高粉化率、消除喷水产生的爆炸、热闷装置内压力和温度自动化控制等问题。

附件2：

2008 年国家鼓励发展的环境保护技术目录

序号	技术名称	技术内容	适用范围
一、城镇污水、污泥处理及水体修复技术			
1	AAO 城市污水处理技术	采用分离池型的反应池，单独设立缺氧池（除磷时还应设厌氧池）及好氧池，并采取内部循环的混合液回流，使用鼓风微孔曝气或射流曝气方式。COD 的去除率≥85%，BOD_5 的去除率≥95%，NH_3-N 的去除率≥90%，TN 的去除率≥75%，SS 的去除率≥95%，处理出水达到《城镇污水处理厂污染物排放标准》（GB18918-2002）一级标准。	5～150 万 m^3/d 生活污水或水质类似的工业废水处理
2	悬挂链曝气污水处理成套技术	（1）该技术采用经防渗处理的土地结构为一体化生物处理反应器，悬浮富氧曝气机或悬浮曝气链为充氧设备，形成曝气池中多级 AO 交错的污水处理单元。与常规活性污泥工艺相比，可降低工程投资 40%以上， SS 去除率≥87%，COD 去除率≥67%，BOD_5 去除率≥83%，TP 去除率≥67%，NH_3-N 去除率≥73%。用于城镇污水处理时，其出水水质可达到《城镇污水处理厂污染物排放标准》（GB18918-2002）一级 B 类标准。 （2）以悬挂链曝气技术为核心的多级 AO 工艺，在保证脱氮除磷效果的前提下使能耗降到最低；通过优化污泥的回流比，保证氮磷的高效去除。对城镇污水处理，出水水质 COD＜50 mg/L，BOD_5＜20 mg/L，SS＜20 mg/L，NH_3-N＜8 mg/L，TP＜0.5 mg/L，去除率分别达 98%，93.3%，95%，75%，60%。该技术在中小城镇污水集中处理和工业园区污水集中处理的领域有独特的优势。	城镇生活污水及啤酒、食品加工等行业废水的处理
3	氧化沟活性污泥法污水处理技术	该技术采用环形廊道反应池和延时曝气，曝气设备可采用鼓风微孔曝气方式，也可以采用表面曝气方式。COD 去除率≥85%，BOD 去除率≥95%，NH_3-N 去除率≥90%，TN 去除率≥75%，SS 去除率≥95%，出水可达到《城镇污水处理厂污染物排放标准》（GB18918-2002）一级标准。	大中型生活污水或水质类似的工业废水处理

序号	技术名称	技术内容	适用范围
4	序批式活性污泥法污水处理技术	该技术在一个或多个带有选择器、平行运行、且反应容积可变的池子中完成生物降解和泥水分离过程。每次工艺操作按进水/曝气→进水/沉淀→滗水→闲置（视具体运行条件而定）进行，在曝气阶段完成生物降解过程，在非曝气阶段完成泥水分离，在滗水阶段出水并排出剩余污泥。COD 的去除率≥85%，BOD 的去除率≥95%，NH_3-N 的去除率≥90%，TN 的去除率≥75%，SS 的去除率≥95%，处理出水达到《城镇污水处理厂污染物排放标准》（GB18918-2002）一级标准。	2～10 万 m^3/d 生活污水或类似水质的工业废水处理
5	好氧生物流化床污水处理技术	该技术采用以内循环三相生物流化床技术为原理的生物反应器，填充高强度轻质载体以降低流化过程的动力消耗，迷宫式载体分离器结构保证载体的年流失率＜10%，进水有机负荷 5～15kgCOD/m^3·d，COD 去除率 80～90%，出水达到《城镇污水处理厂污染物排放标准》（GB18918-2002）中一级 B 标准。	工业园区集中式污水处理和中小城镇生活污水处理
6	膜生物反应器污水处理技术	采用放置中空纤维超滤膜或微滤膜的生物反应器（曝气池），在反应器内同时实现微生物对污染物的降解和膜对污染物的过滤，出水达到《城镇污水处理厂污染物排放标准》（GB18918-2002）一级 A 标准。	生活污水的深度处理
7	复合厌氧法生活污水处理装置	该技术由圆筒形结构的钢混管件和钢制罐体组装成型，采用厌氧—好氧法处理生活污水，厌氧区投放填料利于微生物附着挂膜，同时在厌氧段和好氧段投加高效菌种，使其对污水降解能力比普通活性污泥效果提高 20%～30%。出水 COD＜45mg/L、BOD_5＜8.5mg/L、SS＜10mg/L，对 NH_3-N、COD、浊度的去除率均≥90%。	村镇、乡村低浓度常规生活污水处理
8	高效生物曝气滤池用于污水回用技术	污水进入生物絮凝池后，经沉淀池去除大部分的 SS 和有机物，改善后续高效曝气生物滤池的工况条件、降低负荷。再经高效曝气生物滤池和消毒处理后排放，满足《污水再生利用工程设计规范》（GB50335-2002）中规定的再生水用作城镇杂用水或循环冷却系统补充水等的水质控制指标。	要求回用的城市生活污水处理
9	特效菌生物接触氧化污水处理技术	采用特效微生物菌剂，以复合填料作为生物载体，通过对曝气及微生物反应过程的调控，实现对生物接触氧化技术的优化。该技术应用于处理城镇污水时，其出水水质可达《城镇污水处理厂污染物排放标准》（GB18918-2002）一级 B 标准，具有占地少、投资省、运行费用低和操作管理简便的特点。	中小型城镇污水处理厂

序号	技术名称	技术内容	适用范围
10	硅藻土药剂混凝物化和改进型曝气生物滤池联合处理技术	采用硅藻土药剂混凝物化和改进型曝气生物滤池联合处理技术，其复合型硅藻土药剂用量是碱式氧化铝（PAC）处理同类废水的1/4；在改进型曝气生物滤池中使用硅藻土烧制的滤料，可提高生物附着性、反冲效率和处理负荷。该技术应用于城镇污水处理，其出水水质可达《城镇污水处理厂污染物排放标准》（GB18918-2002）一级A标准。	城镇污水和工业园区废水处理，以及中水回用和小型水体修复
11	水生植物法湖泊生态修复技术	该技术以水生植被恢复/重建为核心进行研发与集成，将水质和底质改善技术有机结合，为水生植物的恢复创造条件；通过对种类筛选与定植技术的研究与应用，促使水生植物恢复，重建湖泊生态系统，恢复生态系统功能。该技术成功地在高氮、高磷、低透明条件下，使湖泊逐步恢复以沉水植物为主的水生植被，在生态修复与水环境改善方面取得了较好的效果，使湖泊主要水质指标达到Ⅳ类水体水平，氮磷去除率可分别达到30%和60%。	城市景观水体和自然湖泊生态系统的恢复
12	生态填料土地处理系统	该技术利用薄膜在地下围成一个生物滤池，利用透气性土壤作为好氧填料，将厌氧化的生活污水引进草坪下，通过由干管、支管组成的布水系统，均匀地由透气性土壤向下渗滤，污水滞留到厌氧砂盘后，再通过表面张力作用上升，越过砂盘的堰之后，再通过虹吸作用连续地向下层土壤渗透并流出生物滤池。在上述渗滤过程中，水与污染物分离，污染物通过物理化学吸附作用被截留在土壤中，由土壤中的好氧微生物降解，其降解物再由草坪等植物所利用，出水作为中水回用。	生活污水、餐饮污水处理
13	人工湿地污水处理与回用技术	该技术采用预处理与人工湿地组合的工艺，针对北方冬季特点进行了抗寒保温设计，可保障污水处理设施在低温条件下正常运行，具有占地面积小，负荷高等特点。用于城镇污水处理，对各类污染物去除率：COD 80%，BOD_5 84%，SS 87%，NH_3-N 58%，TP 73%，出水水质达到《城镇污水处理厂污染物排放标准》（GB18918-2002）一级B标准。	北方有土地资源地区的城镇生活污水处理，以及河道的水质改善与生态环境修复
14	生活污水回用膜处理技术	经过粗过滤的水进入配水渠道，流入装有大量超滤膜元件的膜池，超滤膜的过滤孔径为0.02μm，平均通量为23 $L/m^2\cdot h$，出水可达《城市污水再生利用景观环境用水水质》（GB/T18921-2002）要求。	生活污水回用

序号	技术名称	技　术　内　容	适　用　范　围
15	污泥高温好氧快速发酵节能技术	采用好氧发酵技术，综合考虑污泥好氧发酵周期、腐熟度、能耗、运行成本等指数，分别设定发酵初、中、后期三阶段的曝气参数（曝气量、曝气时间、曝气频率），提高了堆肥效率。堆肥周期夏季10天、冬季 15天以内；发酵后污泥含水率＜35%，各项指标符合《城镇污水处理厂污染物排放标准》和《粪便无害化卫生标准》，可作园林绿化、植被恢复、回填土等用途或制成有机肥。	污水处理厂污泥的稳定化处理
16	污泥稳定化处理技术	（1）污泥厌氧消化技术：在密闭的消化槽内，温度保持 30℃以下，贮停 15～20 d，定期排泥，当 VSS/SS 比值在 45±5%时，污泥经厌氧消化达到稳定。 （2）污泥高温好氧消化技术：曝气池中 MLSS 的 BOD_5 负荷一般在 0.05kg/(kg・d)左右，污泥龄在 25 d 以上，pH 值保持 7～8，污泥自身需氧量为 0.0015～0.06m^3/(m^3・min)。 （3）自热式高温好氧消化技术：pH 值保持在 7.2～8.0，有机物的代谢速率达到 70%，污泥停留时间 5～6 d。	污水处理厂污泥的稳定化处理
二、工业废水处理、回用与减排技术			
17	生物增效技术	本技术通过添加具有特定分解代谢活性的菌株来促进原有微生物菌群的作用，提高微生物的抗负荷波动能力和对难处理成分的降解能力，COD 和 NH_3-N 总量可以进一步削减10～40%。针对有机物去除的产品菌落数含量≥50 亿・cfu/g；针对 NH_3-N 的去除率≥500mg 氨氮/kg 产品・h。处理量 3000m^3/d 以下系统的投加量为 0.4～1.0mg/L；3000m^3/d 以上系统的投加量为 0.2～0.5mg/L。	石化、造纸、食品酿造等行业工业废水的生物处理
18	酒精废水处理技术	该技术采用“进水－固液分离－废水中和处理－高效沉淀－上清液再利用”的工艺流程，上清液送入生产酒精的前道工序再利用，经固液分离机分离出的酒糟作饲料，高效沉淀后的沉淀物送入厌氧罐制沼气。日处理 1000 t 废水需投资 100 万元，可回收再利用废水 1000 t，每吨废水电耗和药剂费用与回收利用所节约的水费基本持平。	以玉米为原料生产酒精的企业
19	厌氧颗粒污泥床废水处理技术	该技术采用厌氧颗粒污泥悬浮床反应器，针对不同的进水水质，培养具有特定功能的自固定化颗粒污泥或固定在颗粒载体上的厌氧生物膜，在高效厌氧反应器内处理淀粉及各类高、中浓度工业有机废水。对于高浓度易降解有机废水，在设计条件下厌氧反应器负荷可达 40 kgCOD/(m^3・d)；对于难降解有机废水，负荷可达 15 kgCOD/(m^3・d)，在 10～12℃温度范围内，负荷≥8 kgCOD/(m^3・d)。产生的沼气可用于发电。	玉米淀粉及各类高、中浓度工业有机废水的处理

序号	技术名称	技术内容	适用范围
20	改进型高效折板厌氧反应系统	该技术是在折流厌氧反应器（ABR）的基础上，根据屠宰、制药废水的特性，对 ABR 的配水、隔室宽度、填料筛选和安装位置进行改良和优化，增设中间池，在中间池进行出水沉淀和预曝气，将沉淀污泥回流。改进型高效折板反应系统容积负荷在处理屠宰废水时为 6.0kgCOD/（m^3·d），在处理中药制药废水时为 4.5 kgCOD/m^3·d，HRT 在 18～24h 之间， COD 去除率达 85%～87%，与 UASB 相比投资节省 30%。	屠宰、制药废水
21	抗生素废水处理技术	先分别采用加药絮凝和气浮的方法对庆大废水和麦白废水进行预处理，回收丝蛋白和溶媒。然后采用“UASB+SBR”工艺处理混合废水，将内循环三相流化床和拼装搪瓷罐成功应用于制药废水，能有效进行 SBR 反应池程序控制，使出水 COD≤150mg/L，BOD_5≤50mg/L，SS≤80mg/L，去除率均达 99%。达到国家排放标准。	微生物发酵生产庆大霉素等抗菌素企业的废水治理
22	废纸造纸废水零排放技术	该技术以厌氧-好氧生化处理为核心技术，在厌氧-好氧过程中使钙盐和镁盐在污泥中沉积，以控制废水循环中的盐累积；按照按质用水的原则分配各生产用水单元的水量和水质，组成闭路循环使用模式，提高水循环利用率；产生的沼气可用于造纸干燥过程。应用该技术可降低吨纸用水量，实现废水零排放；生物处理后水的碳酸钙硬度为 3.5～4.5mmol，剩余污泥产量为纸产量的 1～2%；厌氧生物反应器负荷为 8～12 kgCOD/m^3·d，污泥浓度为 25～35 g/L；好氧生物反应器污泥浓度为 2～4 g MLSS/L，出水溶解氧为 2～3mg/L。	以废纸为原料的本色纸生产和涂布白板纸生产过程中造纸废水的处理
23	制革废水处理技术	对混合废水采用“废水－隔栅－调节池－水解酸化－好氧活性污泥处理－二沉池－出水”的工艺流程，对鞣革废水，先经筛网流入贮存池，进行化学沉淀后，进混合废水处理系统的调节池，铬泥经脱水后回收。好氧段污泥龄为 30d、MLSS 为 3500～4000mg/L、污泥负荷 0.080～0.010kgBOD/kgMLSS·d，水力停留时间 30～36h，COD、BOD_5、SS 的去除率分别为 97%、98%、95%。以 1200m^3 /d 的废水处理规模为例，总投资 180 万元，处理成本 2.0 元/ m^3废水，日运行费 1440 元。	制革企业的废水处理

序号	技术名称	技术内容	适用范围
24	印染工业园区废水集中处理技术	（1）该技术对各排放废水企业分别设输送泵站，送至集中污水处理厂，经预处理系统提高水质水量的稳定性，然后采用物化与生化处理（调节池、水解酸化池等）→生化处理→化学处理工艺，使出水水质：pH 6.5～8.5、COD 40～70、BOD_5 8～12、SS 10～20、色度 5～10，削减率均≥80%，污泥经贮池、脱水后外运。 （2）该技术采用水解酸化和活性污泥法为主体工艺，脉冲布水系统布水均匀稳定，确保废水与活性污泥的充分接触和混合，泥、水、气三相分离效果好，无需设置单独的布水或搅拌设备，操作维修方便，可实现不停产检修。出水水质达到《污水综合排放标准》（GB8978-1996）的一级标准。 （3）该技术采用清浊分流，重污染的废水先经厌氧处理后与轻污染废水混合，以“水解＋接触氧化＋强化生物滤池”为主体工艺进行处理后排放。在进水 COD1800～2000 mg/L 时，出水 COD≤60mg/L，NH_3-N≤5mg/L。	印染工业园区废水集中处理
25	印染废水回收利用技术	（1）对印染废水进行清污分流后，采用“废水－水质水量调节－生化处理－混凝沉淀－过滤－活性炭吸附－软化－出水回用”的工艺，对染色残液及初次漂洗水进行处理，处理后水质优于纺织印染生产行业用水水质标准，回用于生产。中和调节停留时间为 4.6h，生化处理时间 3.8h，沉淀池表面负荷 2.4m^3/m^2·h，过滤滤速 7m/h，软化器滤速 20m/h。吨水投资 1050 元，运行费用≤0.5 元/m^3。 （2）该技术采用清浊分流，轻污染水（COD≤300mg/L）经“生物接触氧化－生物滤池－复合反应器－陶瓷膜处理”后回用，回用率约 70%；陶瓷膜过滤浓水与其他废水合并，处理达标后排放。污染物削减 75%以上，出水透明度＞30，色度＜25，高锰酸盐指数≤20mg/L，pH6～9，总体回用率 50%，吨水处理费 1.5 元。	印染行业废水回用处理

序号	技术名称	技术内容	适用范围
26	染料废水的处理回用技术	（1）对含 8～10%以上硫酸酸度的染料母液及中间体酸性废水进行四级多效浓缩，浓缩到硫酸浓度为 40～50%后，有机杂质可析出；过滤除杂后，过滤液中加入氯化纳置换出氯化氢，制成工业盐酸、氯磺酸和硫酸钠。硫酸钠纯度达到 98%，可作为添加剂应用于染料生产，结晶母液可循环回用。废渣采用焚烧处理。 （2）在染料生产过程中，采用膜处理技术代替原盐析和压滤工艺，提高染料的回收率，并对滤后水进行催化氧化及 pH 调节、沉淀和膜处理。出水 COD180mg/L，$BOD_5$30 mg/L，色度 80，NH_3-N25mg/L，pH6～9，含盐量 1～2%，达到工业用水的水质要求。减少染料中精盐用量 1.5t/t，降低生产成本 1.2 万元/t，处理成本为每吨废水 12 元，比传统喷雾干燥工艺节约了近 90%。 （3）采用纳滤膜技术和喷雾干燥技术进行染料后加工，大大削减废物和废水产生量。主要工艺及技术参数：喷雾干燥设备主要参数：塔径 6000mm、塔高 49000mm、进口温度 220℃、出口温度 85℃、水分蒸发量 1100kgH_2O/hr；纳滤膜设备主要参数：分子量 350、面积 800m^2、通透量 1.1～2.0t/h。	适用于染料、印染行业废水处理及回用
27	羽绒废水处理及羽绒回收利用技术	该工艺采用不锈钢楔形筛网过滤原水，出水流入多级生物接触氧化池进行生物处理，然后通过后端无阀过滤器的净化处理及二氧化氯消毒机的氧化消毒，达到生产回用水的水质要求。出水水质 COD≤40mg/L， SS≤15mg/L，LAS≤1mg/L，各类污染物削减率均≥90%。	羽绒水企业废水处理
28	高浓度含盐有机废水生化处理技术	该技术采用“折流厌氧+好氧生物气浮+折流缺氧+好氧生物膜”的工艺，以牡蛎壳为载体，富集并固定耐盐菌（氯化物），处理高含盐量（10000～24000mg/ L）有机废水。处理出水 pH 为 6～9，SS≤20mg/L，BOD_5≤20mg/L，COD≤60mg/L。	使用海水做生产用水企业产生的高含盐量有机废水处理

序号	技术名称	技术内容	适用范围
29	焦化废水处理技术	（1）该技术通过硝化、反硝化菌的生物作用将污水中的氮转化为氮气，从而达到去除氨氮的目的。以废水中有机物作为反硝化碳源和能源，不需补充外加碳源，废水中的部分有机物通过反硝化作用去除，减轻了后续好氧段负荷，降低了动力消耗；反硝化产生的碱度可部分满足硝化过程对碱度的需求，降低了化学药剂的消耗。出水氨氮排放浓度≤15mg/L。 （2）该技术筛选、固定高效脱酚菌，制成生物强化剂用于焦化废水的处理，提高了原有水处理系统的稳定性和抗水力冲击负荷能力，提高功能菌群的比例，提高降解有机物的能力。在进水 COD 为 1600～2400 mg/L，进水酚为 340～600 mg/L 时，出水COD≤500mg/L，挥发酚≤0.5mg/L。	焦化废水处理
30	高氨氮废水处理技术	该技术是双污泥系统，“初曝池＋初沉池”构成一个独立污泥系统，“兼（缺）氧池＋好氧池＋二沉池”构成一个独立污泥系统。在每一段污泥系统中，微生物制剂结合生物载体将传统的活性污泥法和生物膜法有机结合起来；初曝池根据工艺需要降解进水COD和有毒有害物质（如焦化废水中的酚、氰等），A/O系统实现脱氮并进一步去除COD和其他污染物。作为双污泥工艺，其抗冲击性能较强；使用的微生物制剂菌群能较完全地分解底物，产泥量仅为常规活性污泥法的 1/10。在进水COD800～4500mg/L，NH_3-N100～650mg/L，挥发酚≤1000mg/L，氰化物≤70mg/L，BOD_5/COD为0.1～0.3的情况下，出水COD＜100mg/L，NH_3-N＜15mg/L。	煤化工（焦化）行业和化工行业高氨氮废水处理
31	化工园区工业废水处理新技术	该技术是包含点源预处理、集中污水处理、过程监控管理和污泥处理处置的集成技术。开发了以电解催化氧化为核心的点源预处理、以适应难降解化工废水的多重循环生物强化技术（包括厌氧水解、缺氧、预曝、初沉、高效好氧（MBBR+活性污泥）、二沉池）为核心的集中污水处理技术、基于关键控制污染因子计算机动态监控管理的水质在线监测系统和基于 Bayesian 统计学原理收费机制的化工园区系统处理技术。点源预处理出水指标满足接管标准要求；MBBR 负荷为 3.0～4.0kgCOD/m^3·d，水力停留时间 2.5～4.0h。集中处理出水满足国家《污水综合排放标准》一级标准。	高浓度、难降解、有毒有害的化工废水处理

序号	技术名称	技术内容	适用范围
32	糠醛工业废水综合利用技术	采用现代双效蒸发技术处理糠醛废水，处理出水回用于锅炉补充水及锅炉烟气脱硫除尘补充用水；残余有机污染物及醋酸钙镁集中处理，无害化后可取代食盐作为生产融雪剂的工业原料。出水水质为：COD_{Cr}≤100mg/L，SS≤70 mg/L，BOD_5≤30 mg/L，pH6～9，去除率均≥95%。	糠醛废水处理
33	采油污水处理技术	以生化工艺为主，以定向转化方法、过程调控技术、絮凝去除难降解 COD 为关键技术，建立低成本、高效率的采油污水集成处理技术。采油污水经处理后，COD 去除率 60～80%，石油类去除率≥90%，SS 去除率≥60%，达到《污水综合排放标准》。	石油行业采油污水特别是稠油污水的处理
34	膜法炼化污水处理回用成套技术	该技术采用“污水－调节池－初级生物曝气滤池－气浮池－清水池－精密滤器（高分子挂膜）－除氨器（天然改性除氨剂）－活性炭滤器（免再生、多腔双功能）－回用水池－用户”的工艺路线。处理后出水达到中石油、中石化集团公司规定的工业冷却水回用指标。	炼化废水回用
35	钢铁乳化含油废水微生物处理技术	该技术采用特种高效联合菌群、无机中空纤维陶瓷膜和生物曝气滤池对钢铁废水进行处理和回用。工艺路线为：浓含油废水－过滤－膜分离－稀含油废水；稀含油废水－初沉池－pH 调节池－生物反应池－斜板除油池－生物曝气滤池－回用或排放。主要工艺及技术参数：浓含油废水 COD20000～100000mg/L、油 5000～10000mg/L；稀含油废水 COD≤2000mg/L、油≤1000mg/L、SS 200～400mg/L，pH2～13。污染物削减率为：油≥96%、COD≥90%、SS≥90%、BOD_5≥90%。	冶金与金属制品行业含油废水处理
36	钢铁企业综合污水处理及回用技术	该技术以强化预处理为基础，以高效澄清池和滤池为核心，以反渗透膜法脱盐进行深度处理并辅以回用水含盐量控制技术，最终回用于工业循环冷却水系统作为补充水，实现钢铁企业废水零排放。该处理工艺 V 型滤池出水 SS＜5mg/L，COD＜30mg/L，油＜2mg/L，平均去除率为：SS 70.4%，COD 70.5%，石油类 66%。V 型滤池部分出水（1/4～1/3）进除盐水系统进行膜法脱盐，其脱盐率可达 98%，产水回收率可达 75%，脱盐系统的出水返回生产系统循环使用。关键设备已实现国产化，自控系统为自主开发，设备投资为国外同类设备的 1/7，占地面积为常规工艺的 1/6。	钢铁工业废水处理

序号	技术名称	技术内容	适用范围
37	大型矿业节水综合集成技术	采用“节水优化管理一复杂酸性废水处理一废水回用”全过程优化集成技术，提高利用效率，减少废水产生量，金属矿山废水回用率达到90%以上；采用高浓度泥浆法处理矿山酸性废水，与石灰法相比处理能力提高50%以上，运行费用降低15%以上，减少污泥输送费用20%以上，减少管道设备腐蚀。	矿山酸性废水处理及回用
38	火电厂烟气脱硫系统脱硫废水处理技术	该技术采用“脱硫废水→氧化→pH调节→混凝反应→沉淀分离→最终处理→排放”的工艺路线。各项污染物的削减率：悬浮物≥99%、COD≥50%、氟化物≥50%，重金属离子全部达到《污水综合排放标准》。处理量为2～40m^3/h，混凝剂投加量为30～50mg/L、金属离子沉淀剂投加量为0.2～0.5mg/L、絮凝剂投加量为0.2～0.5mg/L，pH为9～10。	脱硫废水处理
39	电子、电镀废水处理及回用技术	该技术通过对电子、电镀废水分流进行分类设计，并针对废水的不同性质制订相应的单元处理工艺；采用化学混凝沉淀一生物接触氧化一反渗透膜产水回用处理工艺处理电镀废水。以10000t/d废水计，年可削减Cu^{2+}240t，COD770t；出水COD稳定在60～80mg/L，氨氮浓度稳定保持在8mg/L左右。经反渗透处理后的电镀废水回用率≥60%。	电子、电镀企业废水处理
三、脱硫、脱硝、除尘技术			
40	石灰石/石灰一石膏法烟气脱硫及关键设备制造技术	该技术采用石灰石/石灰浆液洗涤烟气，SO_2与烟气中的碱性物质在不同结构形式的吸收塔中发生化学反应生成亚硫酸盐和硫酸盐；新鲜石灰石/石灰浆液不断加入，浆液中的固体（包括燃煤飞灰）连续地从浆液中分离出来并排往沉淀池，从而脱除烟气中的SO_2。主要工艺及技术参数：脱硫效率≥95%、钙硫比≤1.03、脱硫装置电耗<1.5%、石膏中$CaSO_4 \cdot 2H_2O$含量>95%、$CaCO_3$的含量≤3%。	单台装机容量>300MW的燃煤电站锅炉烟气脱硫
41	烟气循环流化床干法脱硫技术	（1）该技术采用消石灰粉作为吸收剂喷入脱硫吸收塔内，并通过吸收剂的内外多次循环，实现高效脱硫，脱硫后气体中的固体颗粒物通过布袋除尘器收集可进一步综合利用。系统没有废水产生，系统烟道和设备不需要防腐；SO_2脱除率可达85～93%；SO_3、HCl、HF的脱除率达99%。 （2）该技术采用两级分离、内外双重循环的循环流化床烟气悬浮脱硫装置，利用流化床原理，将脱硫剂流态化，烟气与脱硫剂在悬浮状态下进行脱硫反应。脱硫剂及灰循环利用，提高脱硫塔内的脱硫剂浓度。钙硫比1.2～1.3，脱硫塔效率80～90%，系统效率75～85%，脱硫装置阻力1200～1500Pa，投资为200元/kW（或5万元/蒸吨）。	300MW及以下机组烟气脱硫

序号	技术名称	技术内容	适用范围
42	循环悬浮多级增湿半干法烟气净化技术	该技术是使锅炉烟气进入设有多级增湿喷雾器的反应塔，高活性吸收剂、飞灰和循环灰在塔内发生激烈碰撞、磨蚀，有效脱除多种污染物。脱硫效率达 90%，脱硝率可达 40%，HCl 脱除率达 60%，二价汞脱除率达 80%，二恶英脱除率达 99%，吸收剂利用率＞60%。	垃圾、危险废物焚烧处理的烟气净化
43	锅炉喷钙脱硫成套技术与装备	该技术采用炉内喷钙、炉后增湿活化脱硫技术，将石灰石粉喷射到锅炉炉膛上部、炉膛温度为 900～1000℃的区域，受热分解成 CaO，CaO 与 SO_2 反应生成 $CaSO_4$。烟气中未反应的 CaO 进入后部活化器，与雾化水反应生成 $Ca(OH)_2$，$Ca(OH)_2$ 与烟气中剩余 SO_2 的反应生成亚硫酸钙，最后氧化成 $CaSO_4$。对于层燃炉和煤粉锅炉，当 Ca/S＜2.0 时，系统脱硫率≥75%、SO_2 排放浓度≤500mg/m³；对于循环流化床锅炉，当 Ca/S＜2.5 时，系统脱硫率≥90%、SO_2 排放浓度≤300mg/m³。	大型电站锅炉烟气脱硫
44	大型燃煤工业锅炉内循环多级喷动流态化烟气脱硫技术	该技术在循环流化床烟气脱硫技术上采用多级喷动的塔体结构、顶部中心内凹出口结构和倒“V”型的倒流装置，在尽量省略或者简化脱硫塔外部分离设备的同时，增加塔内颗粒浓度和内循环倍率。吸收剂和脱硫产物呈干态，无废水产生，Ca/S 等于 1.2～1.3 时，脱硫效率达到 90%，SO_2 排放浓度≤900mg/m³，适当增加钙硫比可达到 500 mg/m³ 以下。	大型燃煤工业锅炉的烟气脱硫
45	大型燃煤工业锅炉烟气袋式除尘湿法脱硫技术	该技术为负压袋式除尘正压湿式脱硫烟气净化技术，对锅炉烟气的净化采用一级袋式除尘，有效去除烟气含尘 PM_{10} 以下可吸入颗粒物，其副产物密闭输送，不会造成二次污染；除尘后烟气进入二级湿式镁法脱硫，有效去除 SO_2 和粉尘后达标排放。除尘效率＞99.9%，脱硫效率＞95%，设备阻力≤2200Pa。	大型燃煤工业锅炉的除尘脱硫
46	冶炼行业烟气脱硫与回收利用技术	该技术采用自主知识产权的“氨法吸收－氧化”一体化工艺，用氨水（NH_3：8%～10%）吸收烟气中的 SO_2，吸收液蒸发浓缩回收硫酸铵。SO_2 吸收率＞95%，亚硫酸铵氧化率＞90%。脱硫副产物硫酸铵达到《硫酸铵产品》（GB535-1995）一级标准。	冶炼行业高浓度 SO_2 烟气脱硫

序号	技术名称	技术内容	适用范围
47	百万千瓦燃煤发电机组电除尘技术	该技术采用电除尘器，通过对装置极配型式、振打方式、配套高压供电电源选型和控制方式等的改进和完善，使其处理能力达到百万数量级烟气量，并保证设备大型化后每室烟气量分配均衡、气流分布均匀、减少系统阻力。在入口含尘浓度≤50g/Nm^3时，出口排放浓度：≤50mg/m^3，除尘效率≥99.5%，设备阻力＜300Pa。	100万千瓦燃煤发电机组烟气除尘
48	大型燃煤电厂袋式除尘技术	该技术对大型袋式除尘器进行结构优化，降低了设备阻力，保证高效落灰；系统还采用耐高温高效过滤材料，实现微细粒子的高效控制，PM_{10}以下微粒稳定综合捕集效率＞99.8%、设备阻力＜1200Pa、烟尘排放浓度＜30mg/Nm^3。	燃煤电厂锅炉烟气粉尘治理
49	电袋复合除尘技术	该技术采用电除尘和布袋除尘的组合技术，实现除尘效率99.9%，排尘浓度＜30mg/Nm^3，设备阻力600～1000Pa，过滤速度≥1.2m/min，滤袋寿命＞4年。特别适用于现役机组除尘系统改造和工业炉窑除尘。	电力、建材、冶金等行业燃煤锅炉烟气除尘
50	大室大灰斗、长袋脉冲除尘技术	该技术通过改造喷吹导管的结构、加长滤袋等，可提高长布袋除尘技术的性能。滤袋长度可达9m，过滤风速1.2～1.5m/min，出口粉尘浓度10mg/m^3，系统阻力1200～1500Pa。	各种工业炉窑除尘
51	电炉冶炼烟气除尘技术	利用高温烟气的热抬升动力捕集烟气，解决现有技术难以捕集加料、出钢时产生的二次烟尘的问题。通过除尘装置后除尘效率≥98%，岗位粉尘浓度≤10mg/m^3。	冶金行业电炉的烟尘治理
52	高浓度煤粉的袋式捕集技术	采用具有防爆性能好、清灰能力强、收尘效率高的袋式除尘装置，在煤粉制备及输送系统中捕集高浓度煤粉。当入口含尘浓度＞500g/Nm^3时，排尘≤10mg/Nm^3，设备阻力≤1100Pa。	燃煤锅炉和燃煤窑炉的煤粉制备系统和输煤系统除尘
53	高炉煤气袋式除尘技术	采用袋式除尘系统净化高炉煤气。除尘系统采用组合式筒体分筒离线清灰技术，克服了“粉尘再附”，保证高效清灰的同时提高了单阀喷吹的过滤面积及滤袋长度（袋长可达7m以上），减少了占地面积和设备重量。系统还具备在线检修功能，实现与高炉100%的同步率。除尘后，出口烟尘排放浓度＜5mg/m^3，除尘效率＞99.99%，滤袋使用寿命＞3年。	高炉煤气除尘

序号	技术名称	技术内容	适用范围
54	焦炉烟气净化技术	（1）在焦炉装煤、出焦两个环节，将烟气导入除尘地面站系统中，经过处理进入袋式除尘器后排入大气，除尘器回收的粉尘送到储灰仓中。烟尘捕集率≥95%，烟尘净化率≥99%，经处理后的烟尘含尘浓度＜50 mg/m^3；苯可溶物≤0.7mg/m^3；苯并芘≤0.00016mg/m^3。 （2）采用燃烧法和布袋除尘相结合的全干式除尘工艺，烟尘经捕集后，采用立体配风燃烧和冷却，燃烧消解其中的可燃物、苯并芘，烟尘排放浓度＜50mg/m^3。 （3）在装煤时利用落煤口上的侧吸管，将溢出的荒煤气导入炭化室，在该室及相邻炭化室桥管承插处采用高压氨水喷射并结合螺旋给煤、顺序装煤和小炉门密封技术，控制烟气均匀排放。烟气捕集率≥91%，烟尘排放浓度＜50mg/m^3。	（1）适用于钢铁和炼焦行业烟气净化 （2）适用于焦炉烟气净化 （3）适用于各种大中型机焦炉装煤、推焦烟气净化
55	转炉煤气净化回收技术	（1）转炉烟气经移动裙罩、冷却烟道和蒸发冷却器降温和初除尘，进入电除尘器净化，净化后进入切换站切换至焚烧放散塔或煤气冷却器，经煤气冷却器冷却后进入煤气柜。处理后粉尘浓度＜10mg/Nm^3，每吨钢回收 20kg 含全铁 70%的干灰尘，回收 CO 含量为60%的转炉煤气约 100 m^3，无二次污染。 （2）转炉烟气经汽化烟道、冷却塔冷却并除去大颗粒灰尘，经过“OG”环隙除尘器净化。净化的烟气经过煤气引风机，合格煤气被输送到气柜，其余达标点火放散。本技术与传统湿法工艺相比节能 20～25%，节水 30%，投资仅为同类进口设备的 20～30%，运行维护工作量小。主要技术指标：处理烟气量为 10000～300000m^3/h、压力损失＜20000Pa、除尘效率＞99.95%、粉尘排放量＜50mg/m^3。	炼钢转炉烟气净化及煤气回收
56	水泥窑尾布袋除尘技术	该技术采用分室结构、离线清灰（可根据工况自动变为在线清灰）的长袋低压喷吹脉冲袋除尘器，选择口径大、压力低、喷吹风量足、使用压力＜0.3Mpa、3 英吋的低压淹没式脉冲阀，整体为钢结构设计。窑尾粉尘排放浓度＜30mg/Nm^3。	6000～10000t/d 水泥熟料生产线回转窑或类似风量的其他工业粉尘治理
57	低氮燃烧技术	该技术利用分级燃烧原理使煤粉内的化学能逐步释放，降低燃烧区域的烟气温度；利用高浓度煤粉气流形成还原性气氛，使生成的部分 NOx 还原为 N_2；在适当缺氧条件下燃烧，使热量得不到充分的释放，降低燃烧温度，从而降低热力型 NOx 的生成。以墙式燃烧方式的低 NOx 燃烧技术，应用于老机组改造，对燃用烟煤的机组 NOx 排放浓度控制到 300mg/m^3；对燃用贫煤的机组 NOx 排放浓度控制到 400mg/m^3。以切圆燃烧方式的低 NOx 燃烧技术，对燃用烟煤的机组 NOx 排放浓度控制到 250mg/m^3；对燃用贫煤的机组 NOx 排放浓度控制到 320mg/m^3。	悬浮燃烧的各种燃煤锅炉和工业窑炉含氮烟气治理。

序号	技术名称	技术内容	适用范围
四、工业废气治理、净化及资源化技术			
58	硫酸工业烟气酸洗净化技术	该工艺是将沸腾炉出口的烟气经过余热锅炉、旋风除尘器、电除尘器后、进入两级洗涤器进行降温除尘，最后烟气进入电除雾器除去酸雾。第一级洗涤器排出的稀酸经斜管沉降器固液分离后循环使用，第二级洗涤器排出的稀酸经板式换热器移走热量后循环使用。电除雾器排出的稀酸和第二洗涤循环系统多余稀酸串入第一洗涤循环系统，由斜管沉降器固液分离后，一部分循环使用，一部分经脱气塔吸收后外排。与水法净化技术相比较，酸洗净化产生的污水量仅为水法净化的 1/80～1/100。	硫铁矿制酸和有色金属冶炼、石化工业产生的含硫废气的治理
59	不稳定排放硫化氢气体资源化利用	该技术针对硫化氢气体流量不稳定，对副产器硫化物质量要求高的场合，通过喷射泵吸收、二级双填料塔吸收、活性炭除臭对硫化氢气体进行四级吸收，出口处的硫化氢含量低于《恶臭污染排放标准》（GB14454）中无组织排放的二级标准，副产品硫化钠的一级品率可达 99.5%。	天然气开采、石化、化工等行业硫化氢废气治理
60	蓄热式热力焚化技术	该技术将待处理的有机废气引入蓄热室的陶瓷介质层，吸热升温后进入氧化室；在氧化室中有机废气升温至 760℃以上，设计停留时间为 1.0s，使废气中的 VOC 氧化分解成为 CO_2 和 H_2O；净化后的高温气体离开氧化室进入另一个蓄热室，将热量“贮存”到蓄热体后排放。处理废气风量 40000 Nm^3/h、VOC 浓度 500～1000mg/Nm^3、VOC 净化率 95～99%。	大风量有机废气净化
61	活性炭有机废气高效吸附回收装置	（1）该技术在传统活性炭吸附技术的基础上，采用颗粒活性炭和纤维活性炭组合吸附方式，开发了长流道延迟式连续油水分离技术，改进了传统的吸附、脱附工艺，污染物削减率≥96%，回收的有机溶剂纯度可直接回用于生产，排放浓度符合《大气污染综合排放标准》二级标准。吸附材料使用寿命≥2 年，装机容量为 50～185kW，占地面积为 90～200m^2。 （2）该技术采用颗粒活性炭床层净化有机废气，床层吸附饱和后通入蒸汽，对活性炭进行解吸再生，对产生的有机气体冷凝回收利用。污染物削减率≥95%，排放浓度达到《大气污染物综合排放标准》（GB16297）二级标准。	石油化工、人造革、纺织印染、制鞋、油漆涂料、橡胶、塑料、制药、电子、化纤、机械等行业的有机废气处理以及苯、甲苯、二甲苯、环已烷、二硫化碳等有机溶剂的回收

序号	技术名称	技术内容	适用范围
62	恶臭气体的微生物治理技术	（1）该技术采用以国产化生物填料塔为主的除臭系统，利用微生物处理恶臭气体。对于含硫化氢为主的恶臭气体，在 NH_3≤15mg/m³，H_2S≤40mg/m³时，去除率达到 99%以上，恶臭去除达到《恶臭污染物排放标准》的一级标准。以处理 10000m³/h 的设备为例，水耗为 80～125kg/h，电耗为 10kW·h。 （2）该技术采用自主知识产权的废气生物净化技术，废气经带有填料的生物滴滤床或生物滤床，被微生物分解，空床停留时间≤30s，易降解性有机物去除率≥95%，可降解类物质去除率≥85%，难降解性有机物去除率≥65%，H_2S、恶臭去除率≥90%。	各类恶臭气体的治理
63	压缩冷凝式油气回收技术	该技术在装油时将压力 0.1MPa、温度近 30℃油气从油罐（汽车油罐、火车油罐）中置换出来，通过油气集输管线进入液环压缩机，恒温从 0.1MPa 压缩到 0.3MPa 后，进入第一级冷箱从 30℃预冷到 3℃，将油气中水和重组分冷凝成液体（约 60%），流入油水分离器，剩余油气进入第二级冷箱从 3℃冷到-30℃，此时约 90%的油气已被冷凝成液体进入集油箱，剩余油气（浓度约 100g/m³）进入第三级冷箱从-30℃降到-70℃～-85℃，排放油气浓度≤25g/m³。	石化厂油库及城市中储油库油品装卸过程中的油气回收
64	工业固定源挥发性有机化合物的吸附浓缩一催化净化技术	采用分子筛作为吸附材料，解决含炭吸附剂再生过程中的着火问题。处理风量 10000～100000m³/h，废气沸点 50～160℃，废气浓度＜1000mg/m³。排放浓度：苯≤12mg/m³，甲苯≤40mg/m³，二甲苯≤70mg/m³。	工业固定源挥发性有机化合物的净化

序号	技术名称	技术内容	适用范围
五、固体废物处理、村镇生活污染控制及土壤修复技术			
65	填埋场气体利用技术	（1）该技术采用数学模型对填埋气体产生量及收集量进行预测，设计出适用于新建、正在运行和封场垃圾填埋场的填埋气体导排井、集气管网、排水井、监测井、抽气风机、燃烧器、发电机组等，将收集的填埋气经过预处理后通入装机容量为 500kW 以上的沼气内燃机组燃烧发电，使填埋场气体能源化，减少温室气体排放。 （2）该技术先对气体进行脱水、脱硫、多级过滤等预处理后，保证系统和设备的安全稳定运行，再利用变压吸附技术将甲烷气体和其他气体分离，最后经脱氧、深度脱硫、深度干燥等深度处理，使产品稳定并达到国家车用天然气相关标准。 （3）采用常压多胺法净化填埋场气体，收集的填埋气经过煤气风机的加压后进入净化塔，在净化塔内，填埋气与吸收液进行化学反应，使其 CO_2 含量从 37.5%降到 2%以下，CH_4 含量从 54%提高到 96%以上。净化后的气体性能同二级天然气，经过加压至 25MPa，可送汽车加气站。吸收液经解吸后可循环利用。	累计容量达到 100 万 m^3 以上，垃圾填埋堆体厚度＞10m 的生活垃圾填埋场气体处理及规模＞$100Nm^3/h$ 的厌氧产沼气处理
66	医疗废物非焚烧处理技术	采用高温蒸汽、微波或其组合消毒技术处理医疗废物，实现医疗废物的消毒、灭菌和毁形，无二次污染。对繁殖体细菌、真菌、亲脂性/亲水性病毒、寄生虫和分枝杆菌的杀灭对数值≥6，对枯草杆菌黑色变种芽孢（B. subtilis-ATCC 9372）的杀灭对数值≥4。	10t/d 以下的医疗废物集中处置
67	生活垃圾焚烧处理系统技术	采用炉排炉结构，实现垃圾稳定而充分地燃烧，并对垃圾焚烧产生的余热进行利用，通过汽轮机发电机组转化为电能。灰渣送去填埋处理，烟气经半干式烟气处理装置除去有害气体和粉尘后排放。喷雾塔、除尘器收集下来的飞灰与烟气处理系统的残余物收集到灰仓，经固化后进行危险废弃物填埋处理。单台处理能力 300t/d 以上，炉膛设计可确保烟气在 850℃的停留时间≥2s。	低位热值＞5000kJ的城镇生活垃圾焚烧处理
68	PCBs、农药等污染土壤的间接热脱附处置技术与装置	该技术将污染土壤做预处理后，在 500℃以上进行热脱附，使土壤中 PCBs 和农药的含量低于相关标准，土壤排渣经工业循环废水冷却和水化后排放。污染气体部分经除尘后通过湿法洗涤，洗涤后气体经过滤、冷凝、吸附等过程达标后排放；洗涤废水经中和、沉降、分液后循环利用，对污染物进行固态分离后进行异地焚烧终端处理。	受到 PCBs 和农药污染土壤的处理

序号	技术名称	技　术　内　容	适　用　范　围
69	赤泥堆场生态修复技术	该技术通过选择适宜的、抗逆性好且逆生的植被品种，对赤泥堆场进行生态修复。该技术不需要覆土，实施无土植被恢复，人工改善基质，植被覆盖率＞80%，减少水土流失和扬尘 85%以上；可显著减少流域水体和土壤的酸碱、重金属污染。治理成本约 5～50 元/m^2，运行费 3～10 元/ m^2。	同类尾矿库及类似废弃物堆场治理
六、噪声与振动控制技术（略）			
七、清洁生产和资源综合利用技术			
75	无汞糊式锌锰电池技术	采用以氯化镁和氯化铵为主，辅以少量氯化锌的三组分电解液体系，以 PVA 与 $B(OH)_3$ 合成物辅以季胺盐形成复合型缓蚀剂，制成电池，防止和延缓锌的腐蚀。改进电解液操作工艺，同种电解液可供拌粉和配电糊使用，简化工艺、节约场地、提高生产效率。经检测其汞含量为 0.03ppm，达到有汞缓蚀剂的电池质量要求。	电池生产行业
76	废蓄电池资源化利用技术	在废旧铅蓄电池回收工艺中引入了破碎分选技术、铅膏脱硫技术、短窑密闭燃烧技术和铅基合金深度脱氧技术等。铅回收率＞95%，锑回收率≥90%，资源综合利用率达到 98%，铅膏脱硫后物料含硫＜0.5%。固体废弃物排放率下降 70%，减少到 7.5%以下；废渣含铅率下降 75%，达到 2%以下；烟尘排放浓度降低 98%；尾气含铅量降低 90%；工业用水循环重复利用率达 95%；排放的废液、废气、废渣达到国家排放标准。	废蓄电池处理
77	化纤碱减量废水综合利用技术	该技术提取化纤碱减量废水中的对苯二甲酸，对其粗品进行规模化生产利用，大幅削减废水的有机负荷，保障后续废水处理达标。对苯二甲酸提取率达到 85%～90%，总回收率达到 65%～70%。	化纤碱减量废水中对苯二甲酸的回收利用
78	湿法磷酸生产用水多次串级循环使用技术	该技术在湿法磷酸生产中将工艺水经过 5～7 次的串级和循环使用，达到节约用水和减少排污的效果。工艺水逐级由轻污染到重污染，最后转变成磷酸。工艺水消耗定额从原来的 7～11m^3/tP_2O_5减少到 3～4m^3/tP_2O_5，污水排放量从原来的 1.5～2.0m^3/tP_2O_5减少到接近于 0m^3/tP_2O_5，30 万 t/年磷酸装置可减少污水排放量 45～60 万 m^3/年。	磷酸生产工艺的节水改造

序号	技术名称	技术内容	适用范围
79	废碱焚烧中熔融碳酸钠固体回收技术	该技术采用汽液动雾化加饱和溶液载送的工艺流程，将废碱焚烧产生的熔融碳酸钠经喷流雾化区、冷却、碎化后进入导流筒，经碳酸钠饱和溶液冷却后顺流推送至刮板机，进行含渣液的固液分离，清液溢流至中间槽，再由循环泵进行循环；固渣经螺旋机分水和筛网沥水脱湿，干燥后得到粗碳酸钠产品。该技术解决了环己酮生产中排放含碳酸钠废水的问题，使污水中碳酸钠排放削减率达 99.96%，同时可回收碳酸钠 1 万 t/年（以 7 万 t/年环己酮产量计）。	环己酮生产行业
80	冶炼烟气洗涤废酸处理技术	该技术采用硫化剂与烟气洗涤废酸中砷、铜等重金属离子反应，生成难溶的硫化物沉淀，从而实现砷、铜等亖金属离子的脱除。通过对硫化反应进行精确控制，可有选择性的回收重金属和砷。滤液经过后续废水处理后达标排放。脱铜率＞98%，脱砷率＞98%，废水排放含铜＜0.2mg/l，含砷＜0.02mg/l，符合《污水综合排放标准》(GB8978)。与中和法相比，具有重金属离子去除率高，副产品可回收的特点。	冶炼烟气洗涤废酸的处理利用
81	湿法三氧化砷生产技术	采用湿法生产工艺，由置换浸出、氧化浸出、还原晶析、产品干燥包装、硫酸铜制备、蒸发浓缩、系统环保七个工序组成。置换率 95%，砷直收率 72.4%，铜浸出率 90%，处理后废气中 SO_2浓度为 128.96mg/Nm^3，满足《大气污染物综合排放标准》(GB16297）二级标准要求。	砷滤饼的回收利用
82	还原靛蓝生产中氨气回收再利用技术	该技术将反应过程中压力在 0.25Mpa，温度 230℃状态下间歇式排放的氨气经过降温冷却、过滤、干燥，经过氨压缩后形成氨液，再作为原料用于生产。项目实施后，80%的废氨气回收再利用，有效降低大气污染，同时降低生产成本。	精细化工行业氨气回收再利用
83	松香酸析脱色回用技术	该技术将蜡染废水酸化后，再经过对废松香采用松香酸析脱色处理，有效去除了杂质，回收的松香可直接回用于生产，回用率达 100%，剩余的废渣可作为制造橡胶的添加剂。废水中 COD 含量由 10000mg/L 降低到 900mg/L，色度由 900 倍降到 500 倍，回收松香的色度可达到国家二级标准，酸度为 160 以上，软化点在 74℃以上。每年可回收旧蜡 7500t，每年可削减 COD 外排量 1000t，减少废水排放量 70 万 t。总投资 324 万元，运行费用为 700 元/t 松香。	印染行业中的蜡染企业

序号	技术名称	技术内容	适用范围
84	环保型水剂硫化黑应用技术	该技术将水、氢氧化钠及其它助剂混合，在一定温度下加入硫化黑，混合均匀后缓慢加入环保复合型还原剂，升温、保温，使硫化黑充分还原，全部转变为硫化黑的隐色体。实现在染色过程中大量减少使用或不用染色助剂硫化碱，有效减少染色中含硫废水和硫化氢对环境的污染。	染料、印染行业
85	冷冻法处理卤水中硫酸盐技术	该技术在卤水代盐生产烧碱工艺中，将富集硫酸盐的高芒母液与原卤混合后进行冷冻，经沉降分离出十水芒硝，去除了卤水中的硫酸根离子，与传统的化学沉淀法相比，年减排硫酸钡盐泥 8 万 m^3。分离出的十水芒硝再经蒸发、干燥得元明粉，实现排放废物的综合利用。	用卤水或部分卤水制碱的氯碱企业
86	二乙二醇浓缩再利用技术	该技术采用压滤机将捏合物料打浆水进行回收，用蒸发器进行浓缩，用离心机进行固液分离。使二乙二醇年排放量从 500t 降低到 25t；污水中 COD 的含量由治理前的 2000mg/kg 降低到 150mg/kg。	精细化工行业二乙二醇回收再利用
87	竹浆高效高白度清洁漂白技术	该技术采用氧气和过氧化氢为主要漂白剂取代全氯漂白剂，通过活化处理提高过氧化氢漂白效果，漂后浆白度达到 85%ISO。与传统全氯漂白比较，有效氯用量减少 70%、AOX 产生量减少 70%以上、清水用量减少 60%以上、漂白废水排放量减少 60%以上。	造纸行业纸浆漂白生产线的新建和旧全氯漂白生产线的改造
88	碱回收白泥制备轻质碳酸钙技术	该技术采用专用砂磨机对白泥进行定向研磨，解絮规整，使其细度和微观结构满足造纸加填的需要，过筛后生产轻质碳酸钙。白泥轻质碳酸钙细度 500 mesh，白度 90%，D98 粒径 25μm，沉降体积 3.0mL/g；100t 的碱回收炉，投资约 200 万元，回收成本约 190 元/t 碳酸钙，每吨比商品重质碳酸钙节约 100 元以上。	木浆生产企业（5 万 t/年）的碱回收白泥的综合利用
89	啤酒废酵母利用技术	（1）该技术以啤酒废酵母为原料，将其中的核糖核酸经酶解、离子交换树脂分离、纯化等工艺生产 4 种单核苷酸，降解率稳定在 80%以上，产品纯度≥95%，每年可减少废酵母液（COD：10 万～20 万 mg/L）排放 1.6 万 t 左右。 （2）该技术将啤酒废酵母经除杂除苦后，采用自行研发的胞壁溶解酶和磷酸二酯酶实现破壁自溶，干燥后得到粗产品酵母精，而细胞壁残渣则利用酶膜反应器制备甘露糖蛋白及水溶性葡聚糖。年生产啤酒 100 万 t，可利用废酵母 1500t，项目可每年新增产值 3000 万元。	啤酒废酵母综合利用与处理

序号	技术名称	技术内容	适用范围
90	啤酒低压煮沸等工艺中麦汁真空蒸发节能及减少不良气体排放技术	采用低压煮沸等工艺（低压煮沸、动态煮沸、循环煮沸）缩短麦汁煮沸时间30～50%。低压或常压回收麦汁煮沸产生的二次蒸汽；热麦汁冷却过程采用真空蒸发技术回收瞬间真空产生的二次蒸汽。将回收二次蒸汽的热量用于预热麦汁或作为热水用于投料、洗涤等。与普通的常压煮沸相比，减少蒸汽用量30～60%。对于年产30万t冷麦汁的糖化生产线，每年减少原煤消耗量2200t，减排SO_2 5.4 t，烟尘0.54 t，并减少7000 t二次蒸汽直接排入大气。	啤酒厂糖化工艺的节能降耗、减少二次蒸汽排放改造
91	啤酒麦糟资源化开发和利用	该技术是利用酶技术和膜分离工艺从麦糟中提取功能性膳食纤维和蛋白质，作为食品配料应用于各类健康食品中，并采用挤压改性技术开发麦糟膳食纤维方便食品，由此可达到无污染物排放，提高麦糟的经济附加值。酶解温度 55～60℃ ，酶解时间 4～5h，膳食纤维回收率90%以上（以干基计）。年生产10万t啤酒，投资2000万元，利用麦糟可生产1250t膳食纤维，5000t挤压膳食纤维食品，销售收入8750万元。	啤酒麦糟资源化利用
92	酿酒底锅黄水生产乳酸及乳酸钙技术	该技术充分利用酿酒底锅黄水中的有机酸、残糖、残淀等有益成分，运用现代生物工程技术接种黄水中的乳酸菌发酵，再经过中和、沉降、结晶、干燥酸解、除杂、真空浓缩等工序，生产出符合国家食品标准的乳酸和乳酸钙。提取乳酸和乳酸钙后的废水再进入废水站处理可确保达标排放。	酿酒底锅黄水处理
93	丢弃酒糟无害化、效益化处理技术	该技术采用2000m^3大窖，以酿酒丢弃酒糟为原料，加入糖化酶和固体酵母生产复糟白酒；生产复糟白酒后的丢糟经烘干后作为锅炉燃料生产蒸汽；燃烧后的酒糟灰再采用沉淀法（低压液相法）生产水玻璃，进而生产白炭黑。使酿酒丢弃酒糟资源化、减量化、无害化，实现了固态酿酒清洁生产。	酿酒行业丢糟处理
94	秸杆燃烧发电技术	利用农作物秸秆代替石化燃料在循环流化床内燃烧，产生的蒸汽可用于发电，并将汽轮机的余热外供工业生产用热。锅炉容量20～220t，锅炉热效率≥85%，发电机额定功率15MW。炉膛温度控制在900℃左右，采用炉内喷钙法，当钙硫比为2时，脱硫效率便可达到90%，污染物排放达到《火电厂大气污染物排放标准》。	农业废弃物利用

序号	技术名称	技术内容	适用范围
95	秸秆制人造板技术	该技术以农村废弃物农作物秸秆（稻草）为主要原料，以国产异氰酸酯为胶粘剂，将秸秆（稻草）经过粉碎干燥、纤维分选、拌胶、高温热压、冷却、砂光等类似于木质刨花板的生产工序，生产中密度稻草板。产品甲醛释放量为 0，其性能介于普通刨花板与中密度纤维板之间，与生产木质人造板相比，可节约用水和用电。	农业废弃物利用
96	生物质热解气化技术	该系统是将由热解系统产生的燃气进入焦油初分离器，然后经冷却分离器除去冷凝液，继而进入中和净化器，采用循环除焦液清洗中和，除去燃气中的醋酸等酸性物质。三级净化的燃气经气液分离器后进入罗茨鼓风机加压，通过深度净化系统进一步净化后被送入储气柜中，经燃气输配系统送至用户。	农业废弃物利用
97	废旧橡塑材料与天然纤维高效资源化技术	该技术将废旧橡胶和塑料粉碎干燥后加入一定量的木质纤维填料〔稻草、秸秆、锯末等〕和各种加工助剂如稳定剂、改性剂、润滑剂等，利用高速混合机混合后，经专用造粒挤出机脱气、混炼制备颗粒，最后使用成型挤出机、模具挤出型坯，经冷却定型模板拉伸冷却校正后切割成一定规格的塑料木制品。对废轮胎、废农膜、废地膜、废弃食品包装袋、秸秆、锯末、杂木等的回收再利用率达到 90%以上。	废轮胎、废农膜、秸秆、锯末等的处理
98	废橡胶轮胎深加工利用技术	该技术将废橡胶轮胎经过粗破机、粉碎磁选、纤维分离，再通过机械和化学方式使硫化橡胶分子中的硫化学键打开，而后再经过捏炼、精炼最后制成高品质再生胶。断硫过程中产生的废气冷凝后经生物净化达标排放。捏炼、精练过程中产生的废气经吸收后达标排放。	废橡胶轮胎深加工技术
99	农畜产品、下脚料、废弃物生产蛋白质技术	该技术是利用自主生产的复合蛋白酶，将屠宰场、肉联厂、皮革厂生产的废弃物、啤酒厂生产的酵母泥，淀粉加工厂废水提取物经过加工，生产蛋白质系列产品。剩下的骨渣、肉渣、皮渣可作为饲料添加剂，油可作为化工原料；废水经处理后回收用于生产，清洗设备、生产场、原料用水，经分化沉淀变成清水达标排放，沉淀下来的污泥可作为肥料使用。	屠宰厂、肉联厂、皮革厂生产的废弃物、啤酒酵母泥的处理
100	磷石膏制水泥缓凝剂	该技术包括原料磷石膏的预处理、煅烧、收尘和成球。磷石膏先经过洗涤净化、过滤等预处理，降低其中的有害杂质，并降低含湿量；加入一定比例的添加剂后，部分原料送去煅烧制半水石膏，煅烧烟气中的粉尘经布袋收尘后，与另一部分原料混合送去成球。	磷肥企业

序号	技术名称	技术内容	适用范围
101	氮肥生产企业减排技术	（1）该技术采用洗涤回收技术，将尿素造粒塔尾气中的尿素粉尘含量从 100mg/Nm^3 以上降到 30mg/Nm^3 以下，氨含量由 50 mg/Nm^3 以上降到 10mg/Nm^3 以下。采用大型吹风气余热集中回收技术、三废流化混燃技术、全燃渣循环流化床锅炉、循环流化床锅炉技术等回收造气吹风气、合成放空气、弛放气、造气炉渣、煤灰、无烟煤末、煤矸石等的余热，副产 3.82MPa 及以上压力等级的蒸汽。蒸汽发电后供生产使用，实现能量的梯级利用。每生产 1 吨合成氨可副产 3.82MPa、350℃蒸汽 1980kg，发电 220kW·h。减少造气炉渣排放量 210kg，减少吹风气中 CO 排放量约 150 m^3。锅炉炉渣用于生产水泥等建材。 （2）该技术将反渗透脱盐水作为循环水系统的补充水，在保证循环冷水水质的前提下，大大提高循环水的浓缩倍数，使循环冷却水做到基本不排放。吨氨循环冷却水排放量可由 10～50m^3 减至 2.0m^3 以下。该技术与清洁生产工艺改造、闭路循环改造、末端治理回用和在线监测管理相结合，可实现氮肥企业的生产污水零排放和废水的超低排放。每生产 1 吨氨可减排 NH_3-N 3.4kg、COD 7.29kg、氰化物 0.05kg、SS 9.73kg、石油类 0.49kg、挥发酚 0.01kg、硫化物 0.05kg，节约用水 10～50t。	（1）适用于采用自然通风造粒塔的尿素企业以及以无烟煤为原料采用固定床间歇式制气工艺的氮肥企业 （2）适用于氮肥企业污水减排
102	畜禽养殖场粪污处理和利用技术	采用固、液分别处理。液体经厌氧 UASB 或 USR 反应器降解后，产生的沼气存入贮气柜；沼液作为液体有机肥料利用或经过好氧生物处理后达标排放；沼渣和固体粪便高效堆肥，堆肥时间一般在 5～7d，USR 厌氧反应器内水力停留时间一般为 7～10d，COD 负荷为 8～10kg/m^3·d；UASB 反应器 COD 负荷为 2～5kg/m^3·d。对 NH_3-N、TN 去除率分别达 99%和 93%，出水水质满足《污水综合排放标准》（GB8978）二级标准。	规模化畜禽养殖场粪污和废水的处理
103	微生物降解生态免冲水厕所	该技术将一定优化配置的降解菌种置入产品的主处理器中，当降解菌种与主处理器中排泄物混合后，菌种逐渐呈对数式繁殖，在繁殖过程中降解菌种摄取排泄物中的有机物，从而达到消化降解，最终变成生态有机肥。	厕所污染物处理

统计数据资料

2008年各省、自治区、直辖市单位GDP能耗等指标公报

国家统计局　国家发展和改革委员会　国家能源局

（2009年6月30日）

现将2008年各省、自治区、直辖市单位GDP能耗、单位工业增加值能耗、单位GDP电耗公布如下：

	单位GDP能耗		单位工业增加值能耗		单位GDP电耗	
	指标值（吨标准煤/万元）	上升或下降（±%）	指标值（吨标准煤/万元）	上升或下降（±%）	指标值（千瓦时/万元）	上升或下降（±%）
全　国	1.102	−4.59	2.189	−8.43	1375.29	−3.30
北　京	0.662	−7.36	1.037	−12.68	719.61	−5.10
天　津	0.947	−6.85	1.053	−13.85	910.42	−10.49
河　北	1.727	−6.29	3.315	−14.33	1492.81	−5.50
山　西	2.554	−7.39	4.885	−9.33	2288.87	−10.03
内蒙古	2.159	−6.34	4.190	−14.12	1887.32	−10.20
辽　宁	1.617	−5.11	2.426	−8.42	1223.81	−8.17
吉　林	1.444	−5.02	1.979	−6.96	885.93	−7.45
黑龙江	1.290	−4.75	1.895	−6.63	865.90	−4.69
上　海	0.801	−3.78	0.958	−5.05	884.13	−3.28
江　苏	0.803	−5.85	1.265	−10.35	1149.44	−5.89
浙　江	0.782	−5.49	1.182	−9.19	1202.08	−3.60
安　徽	1.075	−4.52	2.338	−9.92	1106.81	−0.86
福　建	0.843	−3.70	1.180	−10.05	1098.56	−4.98
江　西	0.928	−5.53	1.941	−14.12	942.16	−5.13
山　东	1.100	−6.47	1.698	−10.24	1001.08	−6.30
河　南	1.219	−5.10	3.079	−10.83	1266.23	−2.77
湖　北	1.314	−6.29	2.679	−12.72	1103.90	−5.63
湖　南	1.225	−6.72	1.983	−11.84	975.49	−9.92
广　东	0.715	−4.32	0.869	−11.32	1085.49	−6.17
广　西	1.106	−3.97	2.335	−10.35	1254.15	−1.92
海　南	0.875	−2.55	2.609	−1.91	979.24	−2.12
重　庆	1.267	−4.97	2.106	−10.41	1090.19	−5.04
四　川	1.381	−3.55	2.477	−5.46	1156.37	−6.15
贵　州	2.875	−6.11	4.323	−11.59	2452.21	−7.89
云　南	1.562	−4.79	2.847	−9.78	1654.94	−2.92
陕　西	1.281	−5.92	2.009	−11.48	1256.02	−6.28
甘　肃	2.013	−4.53	4.050	−5.66	2539.00	0.09
青　海	2.935	−4.18	3.243	−6.53	4061.64	−2.67
宁　夏	3.686	−6.79	7.130	−12.23	5084.09	−10.91
新　疆	1.963	−3.15	2.999	−4.26	1331.24	4.49

国家发展改革委关于各省自治区直辖市节能目标完成情况的通告

2009年　第13号

根据《国务院批转节能减排统计监测及考核实施方案和办法的通知》（国发[2007]36号），国家发展改革委会同国务院有关部门，对全国31个省、自治区、直辖市2008年节能目标完成情况和节能措施落实情况进行了评价考核。现将2008年各地区节能目标责任评价考核结果公告如下：

北京、天津、河北、辽宁、江苏、山东、云南7个省（市）考核结果为超额完成等级；山西、内蒙古、吉林、黑龙江、上海、浙江、安徽、福建、江西、河南、湖北、湖南、广东、广西、重庆、贵州、陕西、甘肃、宁夏19个省（区、市）考核结果为完成等级；海南、西藏、青海3省（区）考核结果为基本完成等级；四川、新疆2个省（区）因地震灾害影响等原因没有完成当年节能任务，考核结果为未完成等级。

“十一五”节能目标完成进度超过60%的有北京、天津、湖南、陕西、江苏、湖北、河北、广西、福建、广东、浙江11个省（区、市）；完成进度50%–60%的有山东、重庆、江西等16个省（区、市）；完成进度低于50%的有四川、海南、新疆、青海4个省（区）。

附表：2008年各省自治区直辖市节能目标完成情况

地　区	2008年万元GDP能耗降低目标	2008年万元GDP能耗降低率	万元GDP能耗累计降低率	“十一五”节能目标完成进度
北　京	5.0	7.36	17.53	86.37
天　津	4.5	6.85	14.94	72.53
河　北	4.5	6.29	12.83	61.54
山　西	4.4	7.39	13.32	57.52
内蒙古	5.0	6.34	12.79	55.09
辽　宁	4.0	5.11	11.83	56.44
吉　林	4.2	5.02	12.22	52.47
黑龙江	4.5	4.75	11.43	54.37
上　海	3.6	3.78	11.67	55.60
江　苏	4.4	5.85	13.04	62.60
浙　江	4.0	5.49	12.63	60.51
安　徽	4.0	4.52	11.59	55.20
福　建	3.5	3.70	10.05	60.77
江　西	3.6	5.53	12.20	58.32
山　东	4.5	6.47	13.81	59.80
河　南	5.1	5.10	11.71	55.82
湖　北	4.4	6.29	12.98	62.30
湖　南	4.0	6.72	13.88	66.95
广　东	3.5	4.32	10.05	60.74
广　西	3.5	3.97	9.47	61.21
海　南	1.0	2.55	4.46	35.70
重　庆	4.6	4.97	12.30	58.82
四　川	4.2	3.55	9.76	46.04
贵　州	4.1	6.11	11.51	54.78
云　南	4.4	4.79	9.97	56.36
西　藏	2.5	2.50	7.13	57.88
陕　西	4.0	5.92	13.23	63.61
甘　肃	4.5	4.53	10.82	51.34
青　海	4.0	4.18	4.79	26.37
宁　夏	4.0	6.79	10.98	52.12
新　疆	4.0	3.15	7.13	33.16

注：1.2008年万元GDP能耗降低目标依据各省、区、市人民政府确认函；

2.2008年万元GDP能耗降低率依据国家统计局核定数（西藏自治区2008年万元GDP能耗降低数据由西藏自治区提供）。

2008年国家统计局统计数据（选录）

国家统计局提供

一、自然资源

1-1　自然状况

项　目		2008
国土		
国土面积	（万平方公里）	960
海域面积	（万平方公里）	473
海洋平均深度	（米）	961
海洋最大深度	（米）	5377
岸线总长度	（公里）	32000
大陆岸线长度		18000
岛屿岸线长度		14000
岛屿个数	（个）	5400
岛屿面积	（万平方公里）	3.87
气候		
热量分布	（积温≥0℃）	
黑龙江北部及青藏高原		2000–2500
东北平原		3000–4000
华北平原		4000–5000
长江流域及以南地区		5800–6000
南岭以南地区		7000–8000
降水量	（毫米）	
台湾中部山区		≥4000
华南沿海		1600–2000
长江流域		1000–1500
华北、东北		400–800
西北内陆		100–200
塔里木盆地、吐鲁番盆地和柴达木盆地		≤25
气候带面积比例	（国土面积=100）	
湿润地区	（干燥度<1.0）	32
半湿润地区	（干燥度=1.0–1.5）	15
半干旱地区	（干燥度=1.5–2.0）	22
干旱地区	（干燥度>2.0）	31

注：1.气候资料为多年平均值。
2.岛屿面积未包括香港、澳门特别行政区和台湾省。

1-2 土地状况

项　目		面积	占总面积(%)
总面积	**（万平方公里）**	**960**	**100.00**
按地形分：	（万平方公里）		
山地		320	33.33
高原		250	26.04
盆地		180	18.75
平原		115	11.98
丘陵		95	9.90
按地高分：	（万平方公里）		
500米以下		241.7	25.18
500-1000米		162.5	16.93
1000-2000米		239.9	24.99
2000-3000米		67.6	7.04
3000米以上		248.3	25.86
按特征分：	（万公顷）		
耕地		12172	12.68
森林		17491	18.21
内陆水域面积		1747	1.82
草地		40000	41.67
#可利用草地		31333	32.64
其他		24590	25.61

注：1.本表数字多为过去清查数。
　　2.耕地面积数据来源于国土资源部。

1-3 主要河流基本状况

名　称	流域面积（平方公里）	河长（公里）	年径流量（亿立方米）
长　江	1808500	6300	9513
黄　河	752443	5464	661
松花江	557180	2308	762
辽　河	228960	1390	148
珠　江	453690	2214	3338
海　河	263631	1090	228
淮　河	269283	1000	622

1－4　主要矿产基本储量

项　目		2008
石油	（万吨）	289043
天然气	（亿立方米）	34049.62
煤炭	（亿吨）	3261.44
铁矿	（矿石，亿吨）	226.4
锰矿	（矿石，万吨）	23439.5
铬矿	（矿石，万吨）	577.08
钒矿	（万吨）	1276.57
原生钛铁矿	（万吨）	23294.5
铜矿	（铜，万吨）	2891.04
铅矿	（铅，万吨）	1359.58
锌矿	（锌，万吨）	4281.69
铝土矿	（矿石，万吨）	73513.99
镍矿	（镍，万吨）	286.56
钨矿	（WO_3，万吨）	235.12
锡矿	（锡，万吨）	145.95
钼矿	（钼，万吨）	435.53
锑矿	（锑，万吨）	74.31
金矿	（金，吨）	1868.4
银矿	（银，吨）	40531
稀土矿	（氧化物，万吨）	1773.19
菱镁矿	（矿石，万吨）	191951.88
普通萤石	（矿物，万吨）	4464.77
硫铁矿	（矿石，万吨）	177189.63
磷矿	（矿石，亿吨）	35.64
钾盐	（KCl，万吨）	36367.66
盐矿	（NaCl，亿吨）	1734.28
芒硝	（$Na2SO_4$，亿吨）	90.39
重晶石	（矿石，万吨）	9658.84
玻璃硅质原料	（矿石，万吨）	143841.4
石墨	（矿物，万吨）	5748.88
滑石	（矿石，万吨）	12118.97
高岭土	（矿石，万吨）	64186.4

注：本表资料由国土资源部提供。其中，石油和天然气的数据为剩余技术可采储量(下表同)。

1-5　各地区主要能源、黑色金属矿产基础储量

地　区	石油 (万吨)	天然气 (亿立方米)	煤炭 (亿吨)	铁矿 (矿石,亿吨)	锰矿 (矿石,万吨)	铬矿 (矿石,万吨)	钒矿 (万吨)	原生钛铁矿 (万吨)
全　国	289043.00	34049.62	3261.44	226.40	23439.50	577.08	1276.57	23294.50
北　京			6.69	3.08			0.24	7.05
天　津	3607.00	314.20	2.97			6.90		
河　北	24707.00	303.90	60.59	43.65	4.80		18.06	478.30
山　西			1061.51	5.92	12.90			
内蒙古	7751.00	5635.41	789.07	14.59	544.68	169.44		
辽　宁	15734.00	197.41	44.64	69.87	1370.18			
吉　林	17778.00	690.33	12.48	1.82	0.40			
黑龙江	57474.00	1366.30	72.44	0.47				
上　海								
江　苏	2522.00	22.47	14.73	1.84			5.65	
浙　江			0.49	0.13				
安　徽	161.00	0.04	85.91	10.13	9.50		19.38	
福　建			4.42	3.60	78.25			
江　西			7.67	1.81			2.16	
山　东	33496.00	349.43	84.11	10.27				
河　南	5183.00	98.83	115.87	1.79	0.41			
湖　北	1210.00	4.19	3.30	3.82	891.48		49.84	
湖　南			19.57	1.52	6186.05		226.08	
广　东	8.00	0.31	1.89	1.44	217.66			
广　西	187.00	3.41	8.24	1.10	8010.14		171.49	
海　南	17.00	4.40	0.90	0.29				
重　庆	56.00	1558.82	20.66	0.01	1844.95			
四　川	338.00	6061.60	49.76	28.96	29.55		692.18	22761.45
贵　州		4.53	150.06	0.51	2496.74			
云　南	12.00	2.63	78.65	4.39	886.83	0.10	0.07	
西　藏			0.12	0.27		217.90		
陕　西	23047.00	5709.24	278.46	4.05	302.56	1.10	1.25	
甘　肃	9114.00	106.13	60.48	7.46	119.42	126.30	90.01	
青　海	3959.00	1418.49	20.20	0.06		0.84		
宁　夏	211.00	2.18	58.15	0.01				
新　疆	43643.00	7543.69	147.41	3.54	433.00	54.50	0.16	47.70
海　域	38837.00	2651.68						

1-6 各地区主要有色金属、非金属矿产基础储量

地区	铜矿（铜，万吨）	铅矿（铅，万吨）	锌矿（锌，万吨）	铝土矿（矿石，万吨）	菱镁矿（矿石，万吨）	硫铁矿（矿石，万吨）	磷矿（矿石，亿吨）	高岭土（矿石，万吨）
全国	2891.04	1359.58	4281.69	73513.99	191951.88	177189.63	35.64	64186.40
北京			2.59	2.30				
天津								58.30
河北	15.33	16.90	165.93	393.80	886.06	1802.96	2.29	160.20
山西	273.01	1.46	1.26	11549.73		1996.80	0.95	433.30
内蒙古	255.15	290.67	791.39			11721.12	0.07	
辽宁	13.67	13.24	40.67		163603.14	2875.44	0.81	525.00
吉林	24.03	10.34	47.67		1.10	1339.55		51.58
黑龙江	119.61	5.38	21.65			48.20		
上海								
江苏	8.38	17.26	29.84			456.70	0.24	1215.76
浙江	12.71	41.20	72.66			936.59		667.60
安徽	209.38	5.55	25.05			30712.47	0.37	222.35
福建	86.36	21.07	42.48	65.01		1023.00	0.04	5681.80
江西	729.00	34.47	45.80			13886.84	0.75	3296.75
山东	30.54	7.03	2.43	407.28	27230.87	392.00	0.67	528.35
河南	8.00	28.30	33.65	20344.57	2.12	7506.29	0.07	16.74
湖北	129.76	1.05	3.25	244.20		4509.27	7.37	420.53
湖南	39.81	113.06	191.16	176.10		6369.28	2.80	2113.13
广东	58.61	115.56	210.83			30597.14		28103.33
广西	9.45	19.13	157.78	13508.50		4642.06		18278.58
海南	2.62	1.15	0.61				0.04	1872.60
重庆		3.94	14.78	3639.10		1907.10		
四川	83.17	71.97	220.40		178.69	40485.94	3.25	56.10
贵州	0.33	5.98	14.74	20485.80		5706.40	7.17	10.40
云南	244.09	276.33	1406.69	1971.30		7581.70	7.93	392.90
西藏	220.49	18.47	1.25					
陕西	15.97	13.51	63.35	726.30		577.62	0.21	81.10
甘肃	176.93	101.87	452.17			1.00		
青海	50.54	92.56	133.12		49.90	96.80	0.60	
宁夏							0.01	
新疆	74.10	32.13	88.49			17.36		
海域								

二、能　源

2-1　生活能源消费量

能源品种	1990	1995	2000	2004	2005	2006	2007
合计　（万吨标准煤）	15799	15745	15965	21281	23450	25388	26790
煤炭　（万吨）	16700	13530	7907	8173	8739	8386	8101
煤油　（万吨）	105	64	72	27	26	23	19
液化石油气　（万吨）	159	534	988	1350	1329	1456	1608
天然气　（亿立方米）	19	19	32	67	79	103	133
煤气　（亿立方米）	29	57	89	138	145	156	161
热力　（万百万千焦）	8972	12637	23234	41395	51744	56948	57689
电力　（亿千瓦小时）	481	1006	1672	2465	2825	3252	3623

2-2　人均生活能源消费量

年份	平均每人生活消费能源（千克标准煤）	煤炭（千克）	电力（千瓦小时）	煤油（千克）	液化石油气（千克）	天然气（立方米）	煤气（立方米）
1983	106.6	127.7	13.4	1.2	0.6	0.1	1.5
1984	113.5	134.9	15.3	1.4	0.6	0.5	1.5
1985	127.5	149.6	21.3	1.2	0.9	0.4	1.3
1986	127.3	148.3	23.2	1.3	1.1	0.7	1.3
1987	132.1	152.1	26.4	1.2	1.1	0.7	1.6
1988	141.0	159.1	31.2	1.1	1.2	1.4	1.5
1989	139.3	152.4	35.3	1.1	1.4	1.5	2.4
1990	139.2	147.1	42.4	0.9	1.4	1.6	2.5
1991	138.1	142.0	46.9	0.8	1.7	1.6	3.1
1992	133.4	126.1	54.6	0.7	2.0	1.8	4.4
1993	130.6	120.5	61.2	0.6	2.5	1.4	4.5
1994	129.3	109.5	72.7	0.6	3.2	1.7	6.3
1995	130.8	112.3	83.5	0.5	4.4	1.6	4.7
1996	145.5	118.3	93.1	0.5	5.8	1.6	3.9
1997	133.1	99.5	101.8	0.5	6.0	1.7	4.9
1998	115.9	71.5	106.6	0.5	6.2	1.9	6.0
1999	121.4	67.1	118.2	0.6	7.0	2.1	9.3
2000	126.4	62.6	132.4	0.5	7.8	2.6	10.0
2001	130.3	61.6	144.6	0.6	7.9	3.5	9.4
2002	136.9	59.4	156.3	0.4	9.1	4.0	9.8
2003	153.9	63.4	173.7	0.4	10.0	4.4	10.2
2004	164.2	63.1	190.2	0.2	10.4	5.2	10.7
2005	179.9	67.0	216.7	0.2	10.2	6.1	11.1
2006	194.7	64.3	249.4	0.2	11.2	7.9	12.0
2007	203.3	61.5	274.9	0.1	12.2	10.1	12.2

注：按年平均人口数计算。

2－3 各地区农村可再生能源利用情况

地 区	沼气池产气总量（万立方米）	#大中型沼气工程	太阳能热水器（万平方米）	太阳房（万平方米）	太阳灶（台）	生活污水净化沼气池（个）
全 国	1184340.0	45507.8	4758.7	1590.5	1356755	163719
北 京	2245.4	1852.9	67.1	25.1	3043	2
天 津	833.0	64.8	30.2	1.0	1700	8
河 北	86751.6	1214.2	492.0	155.3	6373	137
山 西	18236.8	1545.4	401.9	0.4	2115	51
内 蒙	8047.3	664.3	40.2	162.7	19374	
辽 宁	12637.8	491.2	121.0	461.1	1109	2
吉 林	2228.9		21.4	254.8	490	2
黑龙江	7597.2	434.4	33.8	237.8	396	
上 海						120
江 苏	14372.6	2080.1	434.9	5.0	15	27197
浙 江	12290.8	6254.6	360.9			45417
安 徽	18288.9	329.4	307.5	0.2		1188
福 建	24821.6	4206.8	34.7			1922
江 西	46116.4	2005.7	61.6			1648
山 东	52992.0	4733.6	724.8	14.8	14456	99
河 南	112585.6	3587.0	213.0	1.4	30	1426
湖 北	75261.9	517.5	163.0	0.4		1082
湖 南	88435.7	1303.1	96.7		5	1782
广 东	21556.3	4161.7	5.3	0.7	24	3738
广 西	134993.8	541.5	30.1			630
海 南	22105.3	3084.5	392.7			21
重 庆	30061.4	470.4	2.8			16586
四 川	156626.3	5131.2	39.9	0.5	125128	58725
贵 州	76756.8	74.2	290.4			1577
云 南	97990.4	54.5	173.1			111
西 藏	1520.0				5864	
陕 西	27604.4	207.0	97.3	12.6	11313	233
甘 肃	15426.7	101.2	54.8	195.3	757764	15
青 海	2886.0		2.4	43.1	204366	
宁 夏	4899.9	395.9	20.7	8.9	201028	
新 疆	8169.4	0.8	44.5	9.4	2162	

资料来源：农业部。

三、人民生活

3－1 城镇居民家庭平均每百户年底耐用消费品拥有量

项 目		1990	1995	2000	2007	2008
摩托车	(辆)	1.94	6.29	18.80	24.81	21.39
洗衣机	(台)	78.41	88.97	90.50	96.77	94.65
电冰箱	(台)	42.33	66.22	80.10	95.03	93.63
彩色电视机	(台)	59.04	89.79	116.60	137.79	132.89
组合音响	(套)	10.52	22.20	30.20	27.43	
照相机	(架)	19.22	30.56	38.40	45.06	39.11
空调器	(台)	0.34	8.09	30.80	95.08	100.28
淋浴热水器	(台)		30.05	49.10	79.52	80.65
家用电脑	(台)			9.70	53.77	59.26
摄像机	(架)			1.30	6.17	7.12
微波炉	(台)			17.60	53.39	54.57
健身器材	(套)			3.50	4.39	3.95
移动电话	(部)			19.50	165.18	172.02
固定电话	(部)				90.52	82.01
家用汽车	(辆)			0.50	6.06	8.83

3－2 城乡新建住宅面积和居民住房情况

年份	城镇新建住宅面积（亿平方米）	农村新建住宅面积（亿平方米）	城市人均住宅建筑面积（平方米）	农村人均住房面积（平方米）
1986	2.22	9.84	12.4	15.3
1987	2.23	8.84	12.7	16.0
1988	2.40	8.45	13.0	16.6
1989	1.97	6.76	13.5	17.2
1990	1.73	6.91	13.7	17.8
1991	1.92	7.54	14.2	18.5
1992	2.40	6.19	14.8	18.9
1993	3.08	4.81	15.2	20.7
1994	3.57	6.18	15.7	20.2
1995	3.75	6.99	16.3	21.0
1996	3.95	8.28	17.0	21.7
1997	4.06	8.06	17.8	22.5
1998	4.76	8.00	18.7	23.3
1999	5.59	8.34	19.4	24.2
2000	5.49	7.97	20.3	24.8
2001	5.75	7.29	20.8	25.7
2002	5.98	7.42	22.8	26.5
2003	5.50	7.52	23.7	27.2
2004	5.69	6.80	25.0	27.9
2005	6.61	6.67	26.1	29.7
2006	6.30	6.84	27.1	30.7
2007	6.88	7.75		31.6
2008	7.60	8.34		32.4

注：城市人均住宅建筑面积由住房和城乡建设部提供，2007和2008年数据暂缺。

3－3 城市公用事业基本情况

本表各项指标按全社会范围计算。

项 目		1990	1995	2000	2007	2008
城市建设						
城区面积	（平方公里）	1165970	1171698	878015	176065.5	178110.28
建成区面积	（平方公里）	12856	19264	22439	35470	36295
城市建设用地面积	（平方公里）	11608	22064	22114	36352	39140
城市人口密度	（人/平方公里）	279	322	442	2104	2080
城市供水、燃气及集中供热						
全年供水总量	（亿立方米）	382.3	481.6	469.0	501.9	500.1
#生活用水	100.1	158.1	200.0	226.4	228.2	
人均生活用水	（吨）	67.9	71.3	95.5	65.1	65.0
用水普及率	（%）	48.0	58.7	63.9	93.8	94.7
人工煤气供气量	（亿立方米）	174.7	126.7	152.4	322.4	355.8
#家庭用量	27.4	45.7	63.1	37.4	35.3	
天然气供气量	（亿立方米）	64.2	67.3	82.1	308.6	368.0
#家庭用量	11.6	16.4	24.8	66.2	78.0	
液化石油气供气量	（万吨）	219.0	488.7	1053.7	1466.8	1329.1
#家庭用量	142.8	370.2	532.3	728.0	629.3	
供气管道长度	（万公里）	2.4	4.4	8.9	22.1	25.8
燃气普及率	（%）	19.1	34.3	45.4	87.4	89.6
集中供热面积	（亿平方米）	2.1	6.5	11.1	30.1	34.9
城市市政设施						
年末实有道路长度	（万公里）	9.5	13.0	16.0	24.6	26.0
每万人拥有道路长度	（公里）	3.1	3.8	4.1	6.6	7.0
年末实有道路面积	（亿平方米）	10.2	16.5	23.8	42.4	45.2
人均拥有道路面积	（平方米）	3.1	4.4	6.1	11.4	12.2
城市排水管道长度	（万公里）	5.8	11.0	14.2	29.2	31.5
城市排水管道密度	（公里/平方公里）	4.5	5.7	6.3	8.2	8.7
城市公共交通						
年末公共交通运营数	（万辆）	6.2	13.7	22.6	34.8	37.2
每万人拥有公交车辆	（标台）	2.2	3.6	5.3	10.2	11.1
出租汽车数	（万辆）	11.1	50.4	82.5	96.0	96.9
城市绿化和园林						
城市园林绿地面积	（万公顷）	47.5	67.8	86.5	170.9	174.7
人均公园绿地面积	（平方米）	1.8	2.5	3.7	9.0	9.7
公园个数	（个）	1970	3619	4455	7913	8557
公园面积	（万公顷）	3.9	7.3	8.2	20.2	21.8
城市环境卫生						
生活垃圾清运量	（万吨）	6767	10671	11819	15215	15438
粪便清运量	（万吨）	2385	3066	2829	2506	2331
每万人拥有公厕	（座）	3.0	3.0	2.7	3.0	3.1

注：1.2006年以前年份“城区面积”为“城市面积”。
2.2006年以前年份人均和普及率指标均按城市人口计算。
2006年修改为按城区人口与城区暂住以公安部门的户籍统计人口之和计算，和暂住人口统计为准。

3-4 建筑房屋建筑面积

单位：万公顷

地 区	土地调查面积	农用地	#园地	#牧草地	建设用地	工矿用地居民点及	交通运输用地	水利设施用地
全 国	95069.3	65687.6	1179.1	26183.5	3305.8	2691.6	249.6	364.5
北 京	164.1	109.6	12.0	0.2	33.8	27.9	3.3	2.6
天 津	119.2	69.3	3.5		36.8	28.1	2.2	6.5
河 北	1884.3	1308.2	70.5	79.9	179.4	154.5	12.0	12.9
山 西	1567.1	1014.3	29.5	65.8	86.9	77.3	6.3	3.3
内蒙古	11451.2	9523.0	7.3	6560.9	149.2	123.9	16.0	9.3
辽 宁	1480.6	1122.8	59.6	34.9	139.9	115.9	9.2	14.8
吉 林	1911.2	1639.3	11.5	104.4	106.5	84.2	6.7	15.6
黑龙江	4526.5	3792.4	6.0	220.8	149.2	116.1	11.9	21.2
上 海	82.4	36.7	2.1		25.4	23.0	2.1	0.2
江 苏	1067.4	671.6	31.6	0.1	193.4	161.0	13.1	19.3
浙 江	1054.0	867.2	66.1		104.9	81.7	9.5	13.8
安 徽	1401.3	1119.0	33.9	2.8	166.2	133.4	10.1	22.7
福 建	1240.2	1073.1	62.9	0.3	64.7	50.7	7.9	6.1
江 西	1668.9	1416.4	27.8	0.4	95.4	67.5	7.5	20.5
山 东	1571.3	1156.6	100.7	3.4	251.1	209.3	16.3	25.5
河 南	1655.4	1228.1	31.4	1.4	218.7	188.3	12.2	18.2
湖 北	1858.9	1465.2	42.4	4.4	140.0	100.9	9.2	30.0
湖 南	2118.5	1789.8	49.0	10.4	139.0	108.8	10.4	19.8
广 东	1798.1	1489.1	100.8	2.7	179.0	145.7	12.1	21.1
广 西	2375.6	1786.6	53.9	71.6	95.4	71.0	8.8	15.5
海 南	353.5	282.3	53.2	1.9	29.8	22.3	1.4	6.1
重 庆	822.7	692.0	24.0	23.7	59.3	48.9	4.8	5.5
四 川	4840.6	4239.8	71.6	1371.1	160.3	136.6	13.5	10.2
贵 州	1761.5	1524.6	12.1	159.8	55.7	45.7	6.1	4.0
云 南	3831.9	3176.0	84.2	78.2	81.6	62.8	10.0	8.8
西 藏	12020.7	7760.6	0.2	6444.1	6.7	4.2	2.4	0.1
陕 西	2057.9	1847.8	70.6	306.4	81.7	71.0	6.6	4.0
甘 肃	4040.9	2387.9	20.0	1261.3	97.7	88.2	6.6	2.9
青 海	7174.8	4372.4	0.7	4034.7	32.7	24.7	3.2	4.8
宁 夏	519.5	417.4	3.4	226.4	21.2	18.6	1.9	0.7
新 疆	16649.0	6308.5	36.4	5111.4	124.0	99.3	6.3	18.4

四、土地利用

4-1 各地区土地利用情况

单位：万公顷

地区	土地调查面积	农用地	#园地	#牧草地	建设用地	居民点及工矿用地	交通运输用地	水利设施用地
全国	95069.3	65687.6	1179.1	26183.5	3305.8	2691.6	249.6	364.5
北京	164.1	109.6	12.0	0.2	33.8	27.9	3.3	2.6
天津	119.2	69.3	3.5		36.8	28.1	2.2	6.5
河北	1884.3	1308.2	70.5	79.9	179.4	154.5	12.0	12.9
山西	1567.1	1014.3	29.5	65.8	86.9	77.3	6.3	3.3
内蒙古	11451.2	9523.0	7.3	6560.9	149.2	123.9	16.0	9.3
辽宁	1480.6	1122.8	59.6	34.9	139.9	115.9	9.2	14.8
吉林	1911.2	1639.3	11.5	104.4	106.5	84.2	6.7	15.6
黑龙江	4526.5	3792.4	6.0	220.8	149.2	116.1	11.9	21.2
上海	82.4	36.7	2.1		25.4	23.0	2.1	0.2
江苏	1067.4	671.6	31.6	0.1	193.4	161.0	13.1	19.3
浙江	1054.0	867.2	66.1		104.9	81.7	9.5	13.8
安徽	1401.3	1119.0	33.9	2.8	166.2	133.4	10.1	22.7
福建	1240.2	1073.1	62.9	0.3	64.7	50.7	7.9	6.1
江西	1668.9	1416.4	27.8	0.4	95.4	67.5	7.5	20.5
山东	1571.3	1156.6	100.7	3.4	251.1	209.3	16.3	25.5
河南	1655.4	1228.1	31.4	1.4	218.7	188.3	12.2	18.2
湖北	1858.9	1465.2	42.4	4.4	140.0	100.9	9.2	30.0
湖南	2118.5	1789.8	49.0	10.4	139.0	108.8	10.4	19.8
广东	1798.1	1489.1	100.8	2.7	179.0	145.7	12.1	21.1
广西	2375.6	1786.6	53.9	71.6	95.4	71.0	8.8	15.5
海南	353.5	282.3	53.2	1.9	29.8	22.3	1.4	6.1
重庆	822.7	692.0	24.0	23.7	59.3	48.9	4.8	5.5
四川	4840.6	4239.8	71.6	1371.1	160.3	136.6	13.5	10.2
贵州	1761.5	1524.6	12.1	159.8	55.7	45.7	6.1	4.0
云南	3831.9	3176.0	84.2	78.2	81.6	62.8	10.0	8.8
西藏	12020.7	7760.6	0.2	6444.1	6.7	4.2	2.4	0.1
陕西	2057.9	1847.8	70.6	306.4	81.7	71.0	6.6	4.0
甘肃	4040.9	2387.9	20.0	1261.3	97.7	88.2	6.6	2.9
青海	7174.8	4372.4	0.7	4034.7	32.7	24.7	3.2	4.8
宁夏	519.5	417.4	3.4	226.4	21.2	18.6	1.9	0.7
新疆	16649.0	6308.5	36.4	5111.4	124.0	99.3	6.3	18.4

4－2 各地区耕地面积

单位：万平方米

年 份 地 区	房屋建筑面积 施工面积	 竣工面积	#国 有 施工面积	 竣工面积	#集 体 施工面积	 竣工面积
1985	35491.8	17072.7	19295.8	8563.1	16196.0	8509.6
1990	37923.0	19552.5	20303.2	9361.7	17619.7	10190.9
1991	41054.2	20256.3	21395.4	9566.2	19658.8	10690.1
1992	51885.4	24045.5	25896.1	10968.0	25989.3	13077.5
1993	65374.2	28684.8	32118.1	12085.4	32724.1	16379.0
1994	78032.2	32383.3	39445.8	14143.0	37004.4	17674.0
1995	89862.8	35666.3	44562.9	15182.4	41829.5	19262.0
1996	129087.0	60047.9	48372.8	17491.3	74668.4	39827.3
1997	128680.3	62244.0	48830.1	18507.5	70795.3	39859.3
1998	137593.6	65682.6	45866.9	17577.4	71597.6	39338.0
1999	147262.5	73924.9	47055.7	19868.6	70590.4	39949.1
2000	160141.1	80714.9	46237.5	20145.0	68112.3	38515.5
2001	188328.7	97699.0	46627.5	20338.2	61239.2	36115.1
2002	215608.7	110217.1	44567.3	19628.2	52564.4	30071.3
2003	259377.1	122827.6	46803.7	18774.1	50488.9	26727.6
2004	310985.7	147364.0	52397.9	20552.5	42858.3	23393.3
2005	352744.7	159406.2	56308.8	20505.7	42257.4	21750.4
2006	410154.4	179673.0	62253.8	20014.4	40872.5	21019.3
2007	482005.5	203992.7	68768.4	20539.5	42119.6	21300.9
2008	530518.6	223591.6	65633.7	19853.2	39247.8	19224.8
北 京	19537.1	4802.9	5091.9	1147.7	814.7	216.5
天 津	5947.6	1643.7	1932.0	275.3	282.3	131.8
河 北	15909.4	7009.9	1782.9	588.8	540.6	311.7
山 西	5716.7	2320.7	2361.2	762.0	290.3	138.9
内蒙古	5277.4	3238.7	267.4	105.1	56.0	44.5
辽 宁	14616.8	6707.5	1473.5	524.5	1088.5	622.8
吉 林	5435.7	3378.1	333.6	187.9	119.7	114.7
黑龙江	5480.6	2414.5	1040.8	339.2	740.7	289.9
上 海	18055.0	5723.9	1868.3	513.1	534.0	288.7
江 苏	90434.4	40735.8	1545.4	800.7	6473.3	3276.7
浙 江	92568.1	37339.0	585.1	200.9	1618.3	722.4
安 徽	16782.9	7874.2	3261.3	1026.0	720.6	391.5
福 建	20028.3	7637.8	2436.2	693.1	1227.9	434.5
江 西	10668.9	5238.6	2100.3	796.1	3323.1	1502.1
山 东	34106.0	15540.9	1982.9	677.3	4315.7	2354.7
河 南	21966.4	10394.3	1115.5	427.1	1892.3	1068.6
湖 北	18272.9	9152.5	2776.7	722.3	885.2	566.1
湖 南	21463.0	9077.5	5774.7	1585.3	1937.2	1081.8
广 东	30295.7	10913.8	8158.5	2481.6	5074.5	2031.8
广 西	8511.3	3142.2	3422.8	965.5	1606.1	748.4
海 南	962.8	340.7	584.1	168.3	187.7	88.7
重 庆	15618.9	6485.3	1541.2	516.4	593.8	307.2
四 川	23862.2	9853.9	5925.2	1878.8	2132.6	1059.6
贵 州	4223.6	1211.0	2874.4	597.3	312.4	160.1
云 南	6671.9	3336.7	887.5	389.8	574.9	355.7
西 藏	255.9	128.3	38.7	7.8	32.5	14.7
陕 西	7741.1	3020.1	2611.0	743.7	1215.2	548.6
甘 肃	3791.5	1842.8	513.7	202.3	520.3	266.6
青 海	404.5	189.2	65.6	33.3	20.4	13.4
宁 夏	1677.3	741.2	541.4	179.9	66.2	36.7
新 疆	4234.7	2156.0	739.7	316.2	50.9	35.2

4－3 各地区土地利用情况

年 份 地 区	水资源总量 (亿立方米)	地表 水资源量	地下 水资源量	地表水与地下 水资源重复量	人均水资源量 (立方米/人)
2000	27700.8	26561.9	8501.9	7363.0	2193.9
2001	26867.8	25933.4	8390.1	7455.7	2112.5
2002	28261.3	27243.3	8697.2	7679.2	2207.2
2003	27460.2	26250.7	8299.3	7089.9	2131.3
2004	24129.6	23126.4	7436.3	6433.1	1856.3
2005	28053.1	26982.4	8091.1	7020.4	2151.8
2006	25330.1	24358.1	7642.9	6670.8	1932.1
2007	25255.2	24242.5	7617.2	6604.5	1916.3
2008	27434.3	26377.0	8122.0	7064.7	2071.1
北 京	34.2	12.8	24.9	3.5	205.5
天 津	18.3	13.6	5.9	1.2	159.8
河 北	161.0	62.4	136.3	37.7	231.1
山 西	87.4	51.3	78.9	42.8	256.9
内蒙古	412.1	274.8	235.1	97.9	1710.3
辽 宁	266.0	226.8	105.4	66.2	617.7
吉 林	332.0	276.6	99.6	44.2	1215.2
黑龙江	462.0	341.9	247.8	127.7	1208.0
上 海	37.0	30.0	10.2	3.3	197.5
江 苏	378.0	280.9	111.3	14.2	494.1
浙 江	855.2	839.9	198.1	182.8	1680.2
安 徽	699.3	651.9	178.1	130.7	1141.4
福 建	1036.9	1035.7	303.9	302.7	2886.3
江 西	1356.2	1335.7	370.3	349.8	3093.5
山 东	328.7	229.0	180.6	80.8	350.0
河 南	371.3	259.1	188.3	76.1	395.2
湖 北	1033.9	1003.7	282.0	251.8	1812.3
湖 南	1600.0	1593.1	386.2	379.4	2512.8
广 东	2206.8	2197.3	506.9	497.3	2323.8
广 西	2282.5	2282.5	504.8	504.8	4763.1
海 南	419.1	414.1	97.9	92.9	4933.5
重 庆	576.9	576.9	88.4	88.4	2040.3
四 川	2489.9	2488.3	598.2	596.6	3061.7
贵 州	1140.7	1140.7	265.0	265.0	3019.7
云 南	2314.5	2314.5	801.6	801.6	5111.0
西 藏	4560.2	4560.2	1054.3	1054.3	159726.8
陕 西	304.0	285.0	107.6	88.6	809.6
甘 肃	187.5	179.3	114.3	106.2	715.0
青 海	658.1	640.0	298.5	280.4	11900.5
宁 夏	9.2	6.6	23.2	20.6	149.8
新 疆	815.6	772.5	518.5	475.3	3859.9

五、水资源利用

5－1　水资源情况

年份 地区	供水总量 (亿立方米)	地表水	地下水	其他	用水总量 (亿立方米)	农业	工业	生活	生态	人均用水量 (立方米/人)
2000	5530.7	4440.4	1069.2	21.1	5497.6	3783.5	1139.1	574.9		435.4
2001	5567.4	4450.7	1094.9	21.9	5567.4	3825.7	1141.8	599.9		437.7
2002	5497.3	4404.4	1072.4	20.5	5497.3	3736.2	1142.4	618.7		429.3
2003	5320.4	4286.0	1018.1	16.3	5320.4	3432.8	1177.2	630.9	79.5	412.9
2004	5547.8	4504.2	1026.4	17.2	5547.8	3585.7	1228.9	651.2	82.0	428.0
2005	5633.0	4572.2	1038.8	22.0	5633.0	3580.0	1285.2	675.1	92.7	432.1
2006	5795.0	4706.8	1065.5	22.7	5795.0	3664.4	1343.8	693.8	93.0	442.0
2007	5818.7	4723.9	1069.1	25.7	5818.7	3599.5	1403.0	710.4	105.7	441.5
2008	5910.0	4796.4	1084.8	28.7	5910.0	3663.5	1397.1	729.3	120.2	446.2
北　京	35.1	5.8	22.9	6.3	35.1	11.4	5.2	15.3	3.2	210.8
天　津	22.3	16.0	6.3	0.1	22.3	13.0	3.8	4.9	0.7	194.9
河　北	195.0	37.8	156.2	1.1	195.0	143.2	25.2	23.4	3.2	280.0
山　西	56.9	21.8	35.1		56.9	32.9	13.5	9.8	0.7	167.3
内蒙古	175.8	89.1	86.4	0.3	175.8	134.1	20.5	14.7	6.5	729.5
辽　宁	142.8	73.6	66.6	2.6	142.8	90.9	24.7	24.6	2.7	331.5
吉　林	104.1	63.5	40.6		104.1	69.3	19.3	13.3	2.2	381.0
黑龙江	297.0	169.6	127.4		297.0	218.2	57.6	18.8	2.5	776.6
上　海	119.8	119.5	0.3		119.8	16.7	79.6	22.4	1.1	639.5
江　苏	558.3	548.7	9.7		558.3	287.3	209.4	49.5	12.1	729.7
浙　江	216.6	211.0	5.3	0.3	216.6	98.7	61.0	36.3	20.5	425.6
安　徽	266.4	242.4	23.5	0.5	266.4	151.9	85.4	27.4	1.6	434.8
福　建	198.0	192.4	5.0	0.7	198.0	99.3	75.4	21.9	1.4	551.3
江　西	234.2	223.7	10.5		234.2	148.9	59.9	23.4	2.0	534.2
山　东	219.9	115.7	101.2	3.0	219.9	157.6	24.7	33.9	3.7	234.1
河　南	227.5	92.7	134.4	0.5	227.5	133.5	51.4	34.8	7.8	242.2
湖　北	270.7	261.6	8.4	0.7	270.7	142.8	97.0	30.8	0.1	474.5
湖　南	323.6	303.6	20.0		323.6	193.2	82.0	45.1	3.4	508.2
广　东	461.5	439.5	21.1	1.0	461.5	227.7	137.2	89.8	6.8	486.0
广　西	310.1	296.1	11.5	2.6	310.1	202.9	51.7	50.0	5.5	647.1
海　南	46.9	43.3	3.6		46.9	35.6	4.9	6.3	0.1	552.0
重　庆	82.8	80.9	1.9		82.8	18.9	46.0	17.4	0.5	292.7
四　川	207.6	191.1	14.4	2.1	207.6	113.6	57.7	34.5	1.8	255.3
贵　州	101.9	93.5	7.9	0.5	101.9	51.6	33.8	16.1	0.5	269.7
云　南	153.1	145.1	5.1	3.0	153.1	105.1	22.1	22.3	3.7	338.2
西　藏	37.5	35.0	2.6		37.5	33.9	1.3	2.3		1314.5
陕　西	85.5	50.2	34.4	0.9	85.5	57.7	12.9	14.0	0.9	227.6
甘　肃	122.2	92.5	27.7	2.0	122.2	96.9	13.1	9.2	2.9	465.9
青　海	34.4	24.1	10.1	0.1	34.4	22.4	7.9	3.3	0.8	621.3
宁　夏	74.2	69.0	5.1		74.2	68.0	3.3	1.6	1.2	1208.1
新　疆	528.2	447.8	79.9	0.6	528.2	486.2	9.8	12.2	20.1	2499.9

注：生态用水仅包括部分河湖、湿地人工补水和城市环境用水。

5-2 供水用水情况

地　区	废水治理设施数（套）	工业废水排放总量（万吨）	#直接排入海的	工业废水排放达标量（万吨）	工业废水中化学需氧量排放量（万吨）	工业废水中氨氮排放量（万吨）	生活污水排放量（万吨）	生活污水中化学需氧量排放量（万吨）	生活污水中氨氮排放量（万吨）
全　国	78725	2416511	158702	2233986	457.58	29.69	3300290	863.12	97.28
北　京	514	8367		8221	0.49	0.04	104892	9.63	1.14
天　津	875	20433	460	20413	2.78	0.34	40796	10.53	1.09
河　北	5822	121172	982	115699	24.87	1.74	113525	35.61	3.85
山　西	2797	41150		35229	14.36	1.13	65761	21.53	3.06
内蒙古	836	29167		24092	13.01	0.32	41254	15.00	3.06
辽　宁	1822	83073	24600	73544	23.56	0.96	128948	34.84	5.47
吉　林	629	38353		33443	15.21	0.34	69428	22.22	2.69
黑龙江	990	38910		33768	13.18	0.93	72086	34.45	4.05
上　海	1790	41871	9727	41364	2.77	0.24	181880	23.91	3.11
江　苏	6469	259999	368	253940	25.47	1.40	249702	59.67	5.61
浙　江	7630	200488	12952	182094	24.27	2.03	149889	29.59	2.65
安　徽	1795	67007		64438	12.69	1.47	101663	30.60	3.31
福　建	4196	139997	67540	137825	8.44	0.69	96272	29.38	2.31
江　西	1767	68681		63863	10.02	0.63	70228	34.50	2.81
山　东	4590	176977	7850	174953	25.73	1.59	181934	42.13	5.44
河　南	3211	133144		126308	30.30	2.88	176049	34.78	4.75
湖　北	2050	93687		87753	14.99	1.68	165187	43.58	5.30
湖　南	3149	92340		85057	23.72	2.51	157991	64.74	5.96
广　东	9968	213314	6788	191413	21.11	1.03	464038	75.26	11.21
广　西	2552	205745	24394	176290	56.03	2.13	139610	45.24	3.45
海　南	293	5991	3040	5674	1.08	0.05	30197	8.98	0.80
重　庆	1550	67027		62648	10.12	0.83	78086	14.05	1.50
四　川	4757	108700		103191	24.77	1.67	153643	50.13	4.52
贵　州	1798	11695		8386	1.37	0.11	44171	20.81	1.66
云　南	2032	32996		30574	9.19	0.36	50869	18.86	1.68
西　藏	13	924		274	0.08		2496	1.46	0.15
陕　西	2780	48477		47132	13.25	0.64	56406	19.96	2.53
甘　肃	747	16405		9670	4.78	0.88	31065	12.27	1.34
青　海	148	7098		3767	3.73	0.16	12899	3.73	0.53
宁　夏	380	20448		17884	10.17	0.42	17500	3.01	0.35
新　疆	775	22875		15078	16.03	0.48	51825	12.68	1.91

六、废水排放及处理利用

6－1 各地区废水排放及处理情况（2008年）

地 区	废水治理设施数(套)	工业废水排放总量(万吨)	#直接排入海的	工业废水排放达标量(万吨)	工业废水中化学需氧量排放量(万吨)	工业废水中氨氮排放量(万吨)	生活污水排放量(万吨)	生活污水中化学需氧量排放量(万吨)	生活污水中氨氮排放量(万吨)
全 国	78725	2416511	158702	2233986	457.58	29.69	3300290	863.12	97.28
北 京	514	8367		8221	0.49	0.04	104892	9.63	1.14
天 津	875	20433	460	20413	2.78	0.34	40796	10.53	1.09
河 北	5822	121172	982	115699	24.87	1.74	113525	35.61	3.85
山 西	2797	41150		35229	14.36	1.13	65761	21.53	3.06
内蒙古	836	29167		24092	13.01	0.32	41254	15.00	3.06
辽 宁	1822	83073	24600	73544	23.56	0.96	128948	34.84	5.47
吉 林	629	38353		33443	15.21	0.34	69428	22.22	2.69
黑龙江	990	38910		33768	13.18	0.93	72086	34.45	4.05
上 海	1790	41871	9727	41364	2.77	0.24	181880	23.91	3.11
江 苏	6469	259999	368	253940	25.47	1.40	249702	59.67	5.61
浙 江	7630	200488	12952	182094	24.27	2.03	149889	29.59	2.65
安 徽	1795	67007		64438	12.69	1.47	101663	30.60	3.31
福 建	4196	139997	67540	137825	8.44	0.69	96272	29.38	2.31
江 西	1767	68681		63863	10.02	0.63	70228	34.50	2.81
山 东	4590	176977	7850	174953	25.73	1.59	181934	42.13	5.44
河 南	3211	133144		126308	30.30	2.88	176049	34.78	4.75
湖 北	2050	93687		87753	14.99	1.68	165187	43.58	5.30
湖 南	3149	92340		85057	23.72	2.51	157991	64.74	5.96
广 东	9968	213314	6788	191413	21.11	1.03	464038	75.26	11.21
广 西	2552	205745	24394	176290	56.03	2.13	139610	45.24	3.45
海 南	293	5991	3040	5674	1.08	0.05	30197	8.98	0.80
重 庆	1550	67027		62648	10.12	0.83	78086	14.05	1.50
四 川	4757	108700		103191	24.77	1.67	153643	50.13	4.52
贵 州	1798	11695		8386	1.37	0.11	44171	20.81	1.66
云 南	2032	32996		30574	9.19	0.36	50869	18.86	1.68
西 藏	13	924		274	0.08		2496	1.46	0.15
陕 西	2780	48477		47132	13.25	0.64	56406	19.96	2.53
甘 肃	747	16405		9670	4.78	0.88	31065	12.27	1.34
青 海	148	7098		3767	3.73	0.16	12899	3.73	0.53
宁 夏	380	20448		17884	10.17	0.42	17500	3.01	0.35
新 疆	775	22875		15078	16.03	0.48	51825	12.68	1.91

6－2 工业按行业分废水排放及处理情况（2008年）

行　业	汇总工业企业数(个	工业废水排放总量(万吨))	工业废水排放达标量(万吨)
行业总计	110373	2173775	2021532
煤炭开采和洗选业	4103	72209	66868
石油和天然气开采业	227	11209	10856
黑色金属矿采选业	1208	16859	15624
有色金属矿采选业	1644	42764	37480
非金属矿采选业	833	9309	8859
其他采矿业	90	926	691
农副食品加工业	6949	157770	128430
食品制造业	3626	47833	42416
饮料制造业	2743	70840	62889
烟草制品业	157	2917	2734
纺织业	8111	230362	218406
纺织服装、鞋、帽制造业	1411	15244	14903
皮革毛皮羽毛(绒)及其制品业	1601	26112	23238
木材加工及木竹藤棕草制品业	1516	4653	4169
家具制造业	289	1825	1774
造纸及纸制品业	5759	407675	375124
印刷业和记录媒介的复制	557	1702	1603
文教体育用品制造业	278	1273	1067
石油加工、炼焦及核燃料加工业	1334	70496	66296
化学原料及化学制品制造业	10038	301935	284485
医药制造业	2835	47960	45879
化学纤维制造业	344	48087	46519
橡胶制品业	899	6447	6229
塑料制品业	1433	4842	4232
非金属矿物制品业	22001	35840	33643
黑色金属冶炼及压延加工业	3705	144104	137398
有色金属冶炼及压延加工业	2635	30175	28684
金属制品业	5928	28252	27027
通用设备制造业	3390	14291	13113
专用设备制造业	1223	10513	9974
交通运输设备制造业	2440	28524	27542
电气机械及器材制造业	1515	9927	9327
通信计算机及其他电子设备制造业	1788	31862	31182
仪器仪表及文化办公用机械制造业	525	5756	5620
工艺品及其他制造业	995	3357	3222
废弃资源和废旧材料回收加工业	256	649	575
电力、热力的生产和供应业	3689	181627	178960
燃气生产和供应业	110	2605	2537
水的生产和供应业	283	27495	26969
其他行业	1905	17550	14988

6－3 主要城市工业废水排放及处理情况（2008年）

单位：万吨

城市	工业废水排放量	工业废水排放达标量	工业废水中化学需氧量排放量(吨)	工业废水中氨氮排放量(吨)	废水治理设施数(套)	本年运行费用(万元)
北京	8367	8221	4918.3	443.9	514	40183.8
天津	20433	20413	27838.2	3440.1	875	87263.5
石家庄	20957	20795	53345.4	4192.8	547	40320.4
太原	2468	1994	4725.0	364.1	310	38454.9
呼和浩特	2977	2802	4552.6	246.6	74	7325.2
沈阳	7332	6706	9213.1	1355.1	352	11989.1
长春	5487	5181	19288.6	460.1	103	6003.7
哈尔滨	3620	3367	16520.1	2435.5	156	17277.6
上海	41871	41364	27653.2	2428.0	1790	223072.3
南京	39363	36606	26708.6	1038.6	701	75335.1
杭州	75585	63889	89624.1	2902.3	1051	74488.5
合肥	2093	2011	2944.8	117.8	170	8879.2
福州	5659	5429	5975.6	564.8	367	16667.5
南昌	10118	9471	18826.2	1143.5	198	9351.1
济南	4749	4693	5854.4	545.1	208	16955.4
郑州	12700	12696	10627.9	308.1	388	18341.3
武汉	23844	23603	24388.9	874.5	248	26705.2
长沙	4176	3679	4966.9	210.7	289	4904.5
广州	34475	33045	19388.7	915.4	1161	77114.2
南宁	15731	12696	76665.4	1834.2	367	15034.5
海口	481	481	374.4	12.2	35	1441.2
重庆	67027	62648	101230.9	8331.2	1550	48918.1
成都	20698	20421	62609.5	8724.4	1759	40864.5
贵阳	2404	2244	2091.3	97.7	385	10167.4
昆明	4425	4405	4145.1	249.5	546	23204.2
拉萨	666	267	586.6	6.8	11	225.0
西安	18304	17862	42057.2	1568.9	414	11174.2
兰州	3737	2311	2204.5	205.3	73	72133.9
西宁	4140	3443	13290.1	1143.3	123	2353.6
银川	4935	4923	14630.7	1415.5	106	10904.2
乌鲁木齐	5766	4564	7934.6	1793.2	103	17735.1

七、废气排放及处理利用

7-1 各地区废气排放及处理情况（2008年）

地区	废气治理设施数(套)	工业废气排放总量(亿标立方米)	燃料燃烧	生产工艺	工业二氧化硫排放量(万吨)	生活二氧化硫排放量(万吨)	工业二硫氧化去除量(万吨)	工业烟尘排放量(万吨)	生活烟尘排放量(万吨)	工业烟尘去除量(万吨)	工业粉尘排放量(万吨)	工业粉尘去除量(万吨)
全国	174164	403866	229535	174331	1991.4	329.9	2286.4	670.7	230.9	30542.8	584.9	8471.2
北京	2547	4316	2737	2579	5.8	6.5	11.2	2.0	2.8	199.9	1.5	108.4
天津	3052	6005	21478	2737	21.0	3.0	22.1	5.8	1.2	307.9	0.7	119.3
河北	12998	37558	9643	21478	115.9	18.6	92.8	39.6	17.2	2158.3	50.7	741.8
山西	9216	23180	6471	9643	105.8	25.0	108.7	54.5	20.6	2102.5	45.2	306.7
内蒙古	4406	20190	10385	6471	125.9	17.3	141.1	42.8	15.0	2358.2	21.0	236.2
辽宁	10247	40219	2002	10385	100.1	13.0	89.1	47.0	22.3	1520.4	26.7	675.3
吉林	2983	6155	1531	2002	31.3	6.4	8.9	25.6	11.8	885.5	6.9	293.5
黑龙江	4396	7796	6397	1531	44.1	6.5	4.1	37.1	9.8	1133.3	12.0	107.0
上海	3839	10436	9072	6397	29.8	14.8	24.0	4.1	6.6	524.4	0.8	103.4
江苏	11365	25245	6143	9072	107.4	5.7	177.2	30.7	2.8	2117.3	20.5	295.3
浙江	13600	17633	8881	6143	71.6	2.5	128.6	16.5	1.0	1297.2	17.1	475.7
安徽	4669	15749	3833	8881	50.3	5.3	133.4	24.2	4.9	1097.2	32.2	321.0
福建	6833	9150	3248	3833	40.9	2.0	29.7	7.5	4.2	485.8	17.1	226.9
江西	3786	7456	15344	3248	51.1	7.2	130.6	15.8	2.6	1058.9	29.9	497.5
山东	11453	33505	8912	15344	146.6	22.6	222.2	32.7	11.7	2683.2	26.1	614.0
河南	8225	20264	7367	8912	128.1	17.1	134.6	53.2	8.1	2382.3	28.7	585.0
湖北	4921	11558	5064	7367	56.2	10.7	71.8	19.1	3.8	781.3	21.7	362.1
湖南	4884	9249	7308	5064	67.5	16.5	70.4	30.7	7.1	816.1	55.5	295.9
广东	13876	20510	5721	7308	109.7	3.9	108.8	28.2	4.4	1108.6	20.1	609.3
广西	5687	11643	241	5721	87.0	5.4	56.8	29.1	1.3	503.9	35.8	248.6
海南	401	1345	3588	241	2.1	0.1	4.0	0.8	0.1	68.6	0.9	9.6
重庆	2978	7351	6367	3588	62.7	15.5	65.3	10.1	8.3	279.8	15.3	41.7
四川	6811	12997	2943	6367	96.9	17.9	61.7	21.9	10.7	1006.9	14.0	239.3
贵州	2708	6842	4370	2943	74.1	49.4	80.2	14.6	18.1	1015.1	12.9	143.9
云南	5267	8316		4370	42.0	8.2	114.4	15.2	5.3	817.6	12.2	373.7
西藏	39	13	3797		0.1	0.1		0.1		0.1	0.1	
陕西	4036	9706	2488	3797	80.7	8.3	36.4	16.3	11.2	440.6	20.9	190.7
甘肃	2734	5685	2549	2488	41.2	8.9	139.1	8.8	4.9	327.5	8.6	84.0
青海	771	3237	1949	2549	12.6	0.9	1.1	5.4	2.2	139.1	7.6	66.8
宁夏	1259	4403	1924	1949	31.9	2.9	13.3	10.1	1.5	495.7	3.6	37.7
新疆	4177	6154	2579	1924	51.0	7.5	4.6	21.3	9.3	429.8	18.4	61.1

7－1　工业按行业分废气排放及处理情况（2008年）

行　　业	工业二氧化硫排放量（万吨）	工业二氧化硫去除量（万吨）	工业烟尘排放量（万吨）	工业烟尘去除量（万吨）	工业粉尘排放量（万吨）	工业粉尘去除量（万吨）
行业总计	1839.18	2286.39	604.45	30542.82	534.37	8471.22
煤炭开采和洗选业	14.87	9.16	9.99	185.48	13.66	16.87
石油和天然气开采业	3.14	4.92	1.14	4.78		
黑色金属矿采选业	5.31	1.66	2.33	17.70	4.01	63.16
有色金属矿采选业	15.39	41.38	1.41	6.80	1.11	22.26
非金属矿采选业	6.34	2.60	3.45	40.35	3.92	4.07
其他采矿业	0.16	0.01	0.22	0.39	0.07	0.14
农副食品加工业	16.33	6.34	12.14	116.28	0.39	16.05
食品制造业	12.08	3.97	5.53	86.46	0.22	4.16
饮料制造业	11.21	4.41	6.68	384.33	0.10	0.13
烟草制品业	1.56	0.65	0.77	5.76	0.11	1.93
纺织业	26.38	10.03	12.83	118.94	0.28	0.66
纺织服装、鞋、帽制造业	1.19	0.63	0.66	8.65	0.03	0.05
皮革毛皮羽毛(绒)及其制品业	1.73	0.30	1.03	7.39	0.02	0.01
木材加工及木竹藤棕草制品业	3.56	0.68	3.26	10.97	1.15	23.44
家具制造业	0.24	0.08	0.37	0.80	0.05	0.92
造纸及纸制品业	46.30	20.16	23.99	297.81	0.80	8.74
印刷业和记录媒介的复制	0.37	0.06	0.18	0.67		
文教体育用品制造业	0.09	0.02	0.06	0.16	0.03	0.16
石油加工、炼焦及核燃料加工业	62.92	195.02	25.52	288.62	21.51	59.34
化学原料及化学制品制造业	103.54	97.66	46.94	746.72	12.50	87.24
医药制造业	7.63	2.35	4.57	29.99	0.06	0.18
化学纤维制造业	11.70	5.19	2.71	86.51	0.05	1.84
橡胶制品业	3.82	2.97	1.82	23.21	0.06	0.69
塑料制品业	2.42	0.55	1.14	6.85	0.03	0.16
非金属矿物制品业	168.06	35.94	98.53	705.64	355.26	4770.58
黑色金属冶炼及压延加工业	160.75	58.63	57.04	1276.71	88.71	2777.25
有色金属冶炼及压延加工业	66.88	693.70	13.49	407.90	8.51	435.95
金属制品业	4.23	0.76	2.30	9.96	1.10	27.17
通用设备制造业	4.76	1.18	3.28	12.18	3.22	17.25
专用设备制造业	2.10	0.97	1.20	13.60	0.41	2.56
交通运输设备制造业	4.21	1.78	2.94	38.01	2.98	15.25
电气机械及器材制造业	1.42	0.57	0.82	9.27	0.07	0.17
通信计算机及其他电子设备制造业	1.14	0.62	0.56	5.64	0.26	5.45
仪器仪表及文化办公用机械制造业	0.18	0.05	0.06	0.29	0.01	0.09
工艺品及其他制造业	0.37	0.06	0.20	0.77	0.98	0.76
废弃资源和废旧材料回收加工业	0.19	0.05	0.04	0.91	0.37	0.28
电力、热力的生产和供应业	1059.94	1078.22	250.36	25495.36	0.61	1.37
燃气生产和供应业	2.82	1.33	2.13	74.08	0.35	0.15
水的生产和供应业	0.04	0.01	0.08	0.24		
其他行业	3.84	1.70	2.68	16.64	11.36	104.75

八、废气排放及处理利用

8－1 各地区工业固体废物产生及处理利用情况（2008年）

地 区	工业固体废物产生量(万吨)	#危险废物	工业固体废物综合利用量(万吨)	工业固体废物贮存量(万吨)	工业固体废物处置量(万吨)	工业固体废物排放量(吨)	"三废"综合利用产品产值(万元)
全 国	190127	1357	123482	21883	48291	7817522	16213662
北 京	1157	12	835	39	748	876	117525
天 津	1479	15	1471		27		113838
河 北	19769	12	12757	1537	5853	608352	1339373
山 西	16213	4	9214	983	5918	2323858	411687
内蒙古	10622	31	5242	2001	4138	395544	218529
辽 宁	15841	91	7582	2334	6373	11630	423803
吉 林	3415	49	2053	1356	30		298591
黑龙江	4472	58	3299	825	425	7098	474109
上 海	2347	49	2242	15	90		169560
江 苏	7724	115	7625	140	131	5	2139398
浙 江	3785	48	3498	223	181	16657	2409843
安 徽	7569	8	6326	451	862	15	576974
福 建	5371	10	3930	89	1373	26495	253523
江 西	8190	7	3251	802	4153	123088	390935
山 东	12988	228	12173	454	526	803	1650124
河 南	9557	15	7124	254	2479	26397	716717
湖 北	5014	91	3853	292	1023	58239	648622
湖 南	4520	55	3633	611	334	290168	596282
广 东	4833	92	4184	161	549	119897	601479
广 西	5417	28	3381	420	1853	96154	457779
海 南	220		204	15	6	60	41309
重 庆	2311	8	1851	271	73	1488357	238383
四 川	9237	41	5696	1348	2228	134045	515723
贵 州	5844	69	2339	1446	2126	555853	197467
云 南	7986	53	3827	1688	2463	394239	652348
西 藏	6			2		42789	426
陕 西	6121	9	2466	1019	2626	263058	125382
甘 肃	3199	22	1124	988	1223	116261	211219
青 海	1337	76	416	922	4	17504	46890
宁 夏	1143		717	174	267	49908	58510
新 疆	2438	60	1169	1024	208	650174	117314

8－2　按行业分工业固体废物产生及处理利用情况（2008年）

行　　业	工业固体废物产生量(万吨)	＃危险废物	工业固体废物综合利用量(万吨)	工业固体废物贮存量(万吨)	工业固体废物处置量(万吨)	工业固体废物排放量(万吨)	“三废”综合利用产品产值(万元)
行业总计	177721	1356.95	114932	20247	45776	697	16213662
煤炭开采和洗选业	19571	1.08	13880	1234	5127	247	242857
石油和天然气开采业	145	9.19	82	6	58		71375
黑色金属矿采选业	22424	0.01	5620	4325	12423	65	43944
有色金属矿采选业	23589	128.41	7289	5154	11391	66	94008
非金属矿采选业	1388	72.98	717	339	387	7	27975
其他采矿业	46		24	12	10		1084
农副食品加工业	2005	0.07	1959	14	32	3	427341
食品制造业	533	0.21	508	17	7	1	177255
饮料制造业	881	0.05	862	4	10	5	265874
烟草制品业	50		44		5		3783
纺织业	790	15.69	739	1	47	2	255176
纺织服装、鞋、帽制造业	65	0.40	62		3		5785
皮革毛皮羽毛(绒)及其制品业	66	3.23	53	1	12	1	16108
木材加工及木竹藤棕草制品业	170	0.05	168		1	1	67883
家具制造业	18	0.13	16		1		7010
造纸及纸制品业	1800	10.75	1631	37	131	5	1744148
印刷业和记录媒介的复制	11	1.07	10		1		10403
文教体育用品制造业	4	1.30	2		1		1602
石油加工、炼焦及核燃料加工业	4439	127.29	3945	138	315	51	1013074
化学原料及化学制品制造业	12064	470.14	8136	1516	2564	21	1370313
医药制造业	353	23.08	321	2	28	3	116739
化学纤维制造业	339	31.85	323	3	16		127869
橡胶制品业	115	0.53	112		2		35150
塑料制品业	83	2.72	79		4		84593
非金属矿物制品业	3944	3.29	4261	31	91	38	3702031
黑色金属冶炼及压延加工业	31459	57.73	26439	1538	3555	53	3139082
有色金属冶炼及压延加工业	7197	188.13	2944	826	3474	25	1182554
金属制品业	322	26.02	297	1	24		176482
通用设备制造业	392	9.96	353	1	38	2	88689
专用设备制造业	124	3.54	109	3	12	1	152023
交通运输设备制造业	524	14.07	473	1	49	2	231150
电气机械及器材制造业	69	8.77	63		6		58000
通信计算机及其他电子设备制造业	160	70.65	120	1	39		211955
仪器仪表及文化办公用机械制造业	41	14.69	35		6		24820
工艺品及其他制造业	10	0.48	9		1		4760
废弃资源和废旧材料回收加工业	44	0.13	23		22		103924
电力、热力的生产和供应业	41726	51.96	32590	5004	4802	95	587221
燃气生产和供应业	156	0.30	104	39	13		11110
水的生产和供应业	60	4.81	13		47		21055
其他行业	546	2.15	521	1	1023		22461

8－3　主要城市工业固体废物产生及处理利用情况（2008年）

单位：万吨

城　市	工业固体废物产生量	#危险废物	工业固体废物综合利用量	工业固体废物排放量	工业固体废物综合利用率(%)
北　京	1157	11.53	835		66.4
天　津	1479	14.79	1471		98.2
石家庄	1106	6.13	1043		90.8
太　原	2532	3.08	1202	19	47.4
呼和浩特	684	0.04	263		38.1
沈　阳	479	8.09	461		92.3
长　春	339	1.26	337		99.4
哈尔滨	1150	1.61	860		74.8
上　海	2347	49.28	2242		95.5
南　京	1383	18.91	1282		92.4
杭　州	585	7.98	557		95.1
合　肥	244	1.19	242		99.2
福　州	380	0.73	375		96.0
南　昌	158	0.12	143		90.5
济　南	1076	8.87	1028		94.4
郑　州	1077	0.24	841		78.1
武　汉	1094	1.34	1007		89.6
长　沙	184	0.14	165	3	88.6
广　州	662	16.38	606		91.2
南　宁	410	18.77	370		90.2
海　口	2	0.07	2		94.7
重　庆	2311	8.08	1851	149	79.1
成　都	725	0.79	713		98.3
贵　阳	888	1.31	421		46.3
昆　明	1989	1.29	790	10	39.7
拉　萨	3			2	5.2
西　安	220	0.67	215		97.8
兰　州	372	17.36	291		78.1
西　宁	235	3.47	178		73.8
银　川	136	0.16	137	1	88.6
乌鲁木齐	530	2.13	356	6	67.3

九、生活垃圾处理利用

9－1　各地区城市生活垃圾清运和处理情况（2008年）

地　区	生活垃圾清运量（万吨）	无害化处理厂数(座)	#堆肥	#焚烧	无害化处理能力（吨/日）	#堆肥	#焚肥	无害化处理量（万吨）	#堆肥	#焚烧	粪便清运量（万吨）	粪便处理量（万吨）	生活垃圾无害化处理率(%)
全　国	15437.7	509	14	74	315153	5386	51606	10306.6	174.0	1569.7	2330.7	903.9	66.8
北　京	656.6	18	2	1	12148	600	600	641.6	27.0	15.7	206.8	171.1	97.7
天　津	173.8	7		2	7600		1800	162.5		49.4	25.5		93.5
河　北	662.8	21	3	2	12522	1400	1200	378.8	33.0	43.1	182.9	110.5	57.2
山　西	354.1	13		1	11678		600	168.1		19.5	95.1	2.0	47.5
内蒙古	358.1	13			5829			196.9			104.3	24.2	55.0
辽　宁	796.7	13	1	1	11695	600	400	476.3	21.9	14.6	176.3	40.2	59.8
吉　林	563.6	7		1	5173		450	183.8		16.4	132.8	45.8	32.6
黑龙江	898.6	15		2	8901		500	237.5		8.7	184.1	39.0	26.4
上　海	676.0	13	1	3	10415	1000	2575	502.8	39.0	112.7	220.0		74.4
江　苏	934.5	37		8	27985		6833	848.9		204.5	159.9	105.9	90.8
浙　江	806.8	43		16	25416		11685	722.6		310.7	85.1	45.1	89.6
安　徽	426.9	14		1	7347		600	230.3		10.6	57.2	6.6	54.0
福　建	399.0	18	1	5	9546	116	4950	350.9	9.5	146.2	14.8	2.2	88.0
江　西	249.2	12			5330			198.7			65.3	2.9	79.7
山　东	991.4	44		3	26247		2750	787.0		88.9	131.7	89.8	79.4
河　南	757.0	32	2	2	17568	270	1150	509.4	20.1	30.8	58.9	48.9	67.3
湖　北	680.8	18			7534			360.7			47.2	2.0	53.0
湖　南	542.8	12			9430			323.1			37.3	6.6	59.5
广　东	1868.4	37		16	33510		12093	1193.3		406.2	127.1	52.7	63.9
广　西	248.5	15	2	3	6390	600	1000	204.6	9.7	25.5	22.6	7.3	82.3
海　南	84.8	3		1	1620		120	54.9		3.0	9.6	0.2	64.7
重　庆	225.2	13		1	6265		1000	199.0		36.4	71.5	15.3	88.4
四　川	551.0	30	1	4	15081	200	800	444.3	1.9	25.6	26.6	32.7	80.6
贵　州	190.5	9			2835			146.3			7.2	3.9	76.8
云　南	283.7	13			8640			226.8			23.3	16.4	80.0
西　藏	23.0										0.8		
陕　西	319.7	10		1	7922		500	219.1		1.3	24.3	9.0	68.5
甘　肃	262.4	11			3224			84.7			22.3	17.3	32.3
青　海	63.6	3			1200			47.8					75.2
宁　夏	95.7	3			892			54.1			2.9	1.3	56.5
新　疆	292.6	12	1		5210	600		152.1	11.9		7.4	5.0	52.0

中国循环经济大事记

中国循环经济大事记

（2008）

1月3日　国务院发出《国务院关于促进节约集约用地的通知》。《通知》主要内容包括：大力提高建设用地利用效率；健全节约集约用地长效机制；稳步推进农村集体建设用地节约集约利用；全面落实节约集约用地责任。

1月7日　国家发展和改革委办公厅印发《发改委关于煤矸石综合利用电厂项目核准有关事项通知》。

1月18日　国家发展改革委、国家质检总局、国家认监委发布公告，公布国家发展改革委、国家质检总局和国家认监委组织制定的《中华人民共和国实行能源效率标识的产品目录（第三批）》、《自镇流荧光灯能源效率标识实施规则》、《高压钠灯能源效率标识实施规则》、《中小型三相异步电动机能源效率标识实施规则》、《冷水机组能源效率标识实施规则》和《家用燃气快速热水器和燃气采暖热水炉能源效率标识实施规则》，自2008年6月1日起实施。

1月18日　国家发展和改革委、国家环保总局在北京举行了火电厂烟气脱硫特许经营试点项目签约仪式。国家发展改革委解振华副主任、国家环保总局张力军副局长出席并讲话。

1月29日　国家发展和改革委副主任张晓强在全国电力工业关停小火电机组工作会议上宣布，2008年全国计划关停淘汰高耗能、高污染的小火电机组1300万千瓦。2007年，中国关停小火电机组553台，装机容量1438万千瓦，提前并超额完成了全年关停1000万千瓦目标。

2月19日　国家发展和改革委副主任解振华主持召开推进塑料购物袋限产限售限用工作安排座谈会，听取了各有关部门对《报告》意见，并针对《通知》发布以来社会各界的反响，研究进一步推进相关工作的措施。

2月19～20日　科技部“863计划”资源环境技术领域工作会议召开。会议通报了“863”资源环境技术领域的总体部署和进展，加强“863”计划资源环境技术领域项目和课题的管理，促进各项目和课题管理经验的交流，研讨本领域工作重点。会议还就2008年资环领域的主要工作进行了部署。

2月26日　国家发展和改革委、国家环保总局发布关于淘汰落后造纸、酒精、味精、柠檬酸生产企业的公告。

2月28日　《中华人民共和国水污染防治法》由第十届全国人民代表大会常务委员会第三十二次会议修订通过，国家主席胡锦涛签署第八十七号令，将修订后的《中华人民共和国水污染防治法》公布，自2008年6月1日起施行，循环经济成为该法的重要指导思想和原则。《中华人民共和国水污染防治法》

1984年5月11日第六届全国人民代表大会常务委员会第五次会议通过，根据1996年5月15日第八届全国人民代表大会常务委员会第十九次会议《关于修改〈中华人民共和国水污染防治法〉的决定》修正，2008年2月28日第十届全国人民代表大会常务委员会第三十二次会议修订。

3月12日　《天津市生活废弃物管理规定》颁布。《规定》采取有利于生活废弃物综合利用的经济、技术政策和措施，提高生活废弃物治理的科学技术水平，鼓励对生活废弃物实行充分回收和循环利用。

3月21日　国家发展和改革委在钓鱼台国宾馆举行汽车零部件再制造试点启动仪式。首批在14家企业开展汽车零部件再制造试点工作。国家发展和改革委副主任解振华出席并讲话。山东省经贸委、上海大众联合发展有限公司、中国汽车工业协会的代表就如何做好试点工作做了发言。试点企业签署并宣读了《汽车零部件再制造试点工作承诺书》。

3月2日　国家发展和改革委办公厅发出《关于组织开展汽车零部件再制造试点工作的通知》。《通知》提出了试点工作的总体目标、试点工作的范围和主要内容、试点基本原则、试点工作有关要求和组织领导。通知公布了14家汽车零部件再制造试点企业名单和《汽车零部件再制造试点管理办法》

3月5日　国务院总理温家宝在十一届全国人大一次会议在人民大会堂开幕上的政府工作报告中提出：开发和推广节约、替代、循环利用资源和治理污染的先进适用技术，实施节能减排重大技术和示范工程。开发风能、太阳能等清洁、可再生能源。鼓励和支持发展循环经济，促进再生资源回收利用。全面推行清洁生产。完善能源资源节约和环境保护奖惩机制。增强全社会生态文明观念，动员全体人民更加积极投身于资源节约型、环境友好型社会建设。

3月28日　国家环保部发布《关于公布全国城镇污水处理设施和燃煤电厂脱硫设施的公告》，公布截至2007年底全国投运的城镇污水处理设施和燃煤机组脱硫设施名单。

3月29日　国务院印发《国务院2008年工作要点》。《要点》提出：加大节能减排和环境保护力度。抓好重点企业节能，加快十大重点节能工程实施进度。提高城镇污水处理能力。加大科技支撑力度，开发和推广节约、替代、循环利用资源和治理污染的先进适用技术，实施节能减排重大技术和示范工程。全面推行清洁生产。完善能源资源节约和环境保护奖惩机制。坚持最严格的耕地保护制度。

3月　底我国首家水资源保护公募基金会——上海水资源保护基金会在沪挂牌。这是我国第一个以水环境保护为主题的专项公募基金会。

3月　2008年国家财政部安排270亿元专项资金支持推动节能减排和循环经济，其中包括10大重点节能工程奖励资金75亿元。

3月31日　以“推广绿色建筑，促进节能减排”为主题的第四届国际智能、绿色建筑与建筑节能大会暨新技术与产品博览会在北京举行。会议指出我国的绿色建筑评价标识将很快被实施和推广，试点工作即将全面启动，绿色建筑标识，将首先被应用于公用建筑的强制性评价。

4月2日　国家环保部发布杂环类农药工业水污染物排放标准（GB21523—2008），自2008年7月2日起实行。

4月8日　国家环保部发布清洁生产标准制订技术导则（HJ/T425-2008）、清洁生产标准钢铁行业（烧结）（HJ/T426-2008）、清洁生产标准钢铁行业（高炉炼铁）（HJ/T427-2008）、清洁生产标准钢铁行业（炼钢）（HJ/T428-2008）、清洁生产标准化纤行业（涤纶）（HJ/T429-2008）、清洁生产标准电石行业（HJ/T430-2008），自2008年8月1日起实施，

4月12日　由湖北省发展和改革委员会、湖北省环境保护局、武汉市人民政府等部门联合举办的

"中国.武汉（青山）循环经济发展论坛"在武汉举行。国家发展和改革委副主任解振华、环境保护部副部长吴晓青、湖北省委副书记杨松出席论坛并发表了讲话。

4月16日　商务部第五次部务会议审议通过《商品零售场所塑料购物袋管理办法》。5月15日，商务部、发展和改革委、工商总局发布《商品零售场所塑料购物袋管理办法》，自2008年6月1日起施行。5月16日商务部召开《塑料购物袋有偿使用工作会议》，国家发展和改革委环资司、工商总局市场司有关领导就《办法》的实施工作提出要求。

4月30日　国家发展和改革委办公厅发出《关于鼓励利用电石渣生产水泥有关问题的通知》，国家将对全部利用电石渣替代天然石灰石生产水泥项目的规模和工艺放宽限制，鼓励电石渣综合利用，促进循环经济发展。

4月28日　国家发展和改革委同山西省人民政府联合召开了山西省循环经济发展规划论证会。会议邀请相关领域的院士、专家为山西省循环经济发展规划建言献策。国家发展和改革委副主任解振华，山西省省长孟学农、副省长牛仁亮出席会议并讲话。

5月6日　中国国际循环经济成果交易博览会组委会第一次会议在北京钓鱼台国宾馆召开。国家发展改革委、环保部、住房城乡建设部、农业部、商务部、国务院国资委、中国贸促会和青岛市人民政府以及中国中小企业协会的有关领导出席会议。国家发展改革委副主任、博览会组委会主任解振华在讲话中指出，各部门要高度重视，全力支持，形成良好的合作机制，为建立该展会的长效机制打下良好的基础。

5月9日　国家主席胡锦涛于日本访问，到川崎环保城参观钢铁株式会社，详细了解了发展循环经济特别是再利用技术。

5月12日　商务部办公厅发出《关于2007年全国散装水泥工作情况的通报》。随着城市禁止现场搅拌砂浆工作的开展和农村散装水泥物流体系建设步伐的加快，散装水泥工作领域不断拓展，逐步形成了散装水泥物流、预拌混凝土、预拌砂浆为主体的"三位一体"的工作新格局。

5月13日　国家发展和改革委发布《关于将超薄塑料购物袋列入淘汰类产业目录的公告》。从2008年6月1日起，在全国范围内禁止生产、销售、使用厚度小于0.025毫米的塑料购物袋。

5月15日　商务部、国家发展和改革委、工商总局联合公布《商品零售场所塑料购物袋有偿使用管理办法》，自2008年6月1日起施行。

5月19日　国家发展和改革委、教育部、科技部、工业和信息化部、环境保护部、住房城乡建设部、交通运输部农业部、商务部、国资委、广电总局、国管局、全国总工会、共青团中央联合发出《关于2008年全国节能宣传周活动安排意见的通知》。

5月20～21日　环境保护部、商务部、科学技术部在天津经济技术开发区召开国家生态工业示范园区建设工作会议。会议总结了国家生态工业示范园区建设的成果和经验，研究部署了下一阶段工作。中纪委驻环境保护部纪检组组长傅雯娟，商务部副部长马秀红以及科技部副部长曹健林出席会议，并为已获批准的苏州工业园区等首批国家生态工业示范园区进行了授牌。会议提出，三部门将共同在全国国家级经济技术开发区、国家高新技术产业开发区和其他工业聚集区加快推进生态工业园区建设。

5月29日　国家发展和改革委为加快重点节能技术的推广普及，引导企业采用先进的节能新工艺、新技术和新设备，大幅度提高能源利用效率，公布了《国家重点节能技术推广目录（第一批）》。

6月4日　国家发展和改革委批准启动中国石油等3个以小桐子为原料的生物柴油产业化示范项目。这是我国首批主要以小桐子为原料的生物柴油产业化示范项目。

6月17日 国务院新闻办举行新闻发布会。国家林业局介绍，为积极发展林业生物质能源，国家林业局制定了林业生物质能源发展规划，规划到2020年培育油料能源林8000万亩。

6月19日 国家发展和改革委环资司、中国工业设计协会和中国经济导报社在北京人民大会堂召开了第二届全国节能减排(建设节约型社会)方圆有色杯主题招贴设计大赛新闻发布会，《珍惜那一点绿/蓝》、《理想减排》等63幅作品获奖。

6月19日 农业部和亚洲开发银行在北京联合举办“2008中国农村生物质能源国际研讨会暨东盟加中日韩生物质能源论坛”。中国农学会会长、农业部副部长危朝安表示，今后，中国将按照“因地制宜、多能互补、综合利用、讲求效益”的工作方针，大力推进以畜禽粪便、秸秆等农业农村废弃物资源为重点的生物质能源开发利用。

6月23日 国家发展和改革委环资司在北京组织召开了苏州工业园区循环经济示范试点实施方案论证会。会议邀请国务院参事冯之浚等循环经济专家为苏州工业园区循环经济发展建言献策。

6月25日 环保部发布制浆造纸工业水污染物排放标准（GB3544–2008）、电镀污染物排放标准（GB21900–2008）、羽绒工业水污染物排放标准（GB21901–2008）、合成革与人造革工业污染物排放标准（GB21902–2008）、发酵类制药工业水污染物排放标准（GB21903–2008）、化学合成类制药工业水污染物排放标准（GB21904–2008）、提取类制药工业水污染物排放标准（GB21905–2008）、中药类制药工业水污染物排放标准（GB21906–2008）、生物工程类制药工业水污染物排放标准（GB21907–2008）、混装制剂类制药工业水污染物排放标准（GB21908–2008）、制糖工业水污染物排放标准（GB21909–2008）等11项国家污染物排放标准.

6月26日 国家发展和改革委环资司组织召开专家座谈会，专题研究了积极推进墙体材料的生产及震后建筑垃圾的综合利用。与会专家围绕地震灾区大量建筑垃圾的现状，如何分门别类进行科学安全的资源化利用和无害化消纳，以及如何举全国之力，以合资、投资等方式支持灾区的墙体材料生产，满足重建需要等问题进行了认真的研讨。

6月30日 国家发展和改革委同甘肃省人民政府在京联合召开了《甘肃省循环经济试点实施方案》论证会。会议邀请相关领域的院士、专家为甘肃省循环经济发展建言献策。国家发展和改革委副主任解振华，甘肃省省长徐守盛、副省长石军出席会议并讲话。

6月 国家发展和改革委环资司向国务院提出了《用循环经济理念指导灾后重建工作的建议》。建议包括：用循环经济理念指导编制灾后重建总体规划；突出抓好灾后废弃物处置及资源化利用；建设资源节约型基础设施；着力建设生态产业体系；全面推行节能环保绿色建筑；加快推进人居环境和谐。

7月1日 国务院总理、国务院节能减排工作领导小组组长温家宝主持召开节能减排工作领导小组会议。会议指出，为实现今年节能减排的目标任务的工作重点之一是：加快推进循环经济发展。组织编制重点行业和重点领域循环经济发展规划，研究制定鼓励循环经济发展的政策，建立健全循环经济统计制度。

7月2日 国务院同意并由国务院办公厅转发的国家发展改革委《关于2008年深化经济体制改革工作的意见》提出，2008年深化经济体制改革工作之一是：建立健全资源节约和环境保护机制。健全资源环境价格形成机制。建立健全资源有偿使用制度和生态环境补偿机制。健全节能减排体制机制。

7月3日 财政部、环保部发出《关于调整环境标志产品政府采购清单的通知》。

7月3日 国家发展和改革委环资司在济南召开汽车零部件再制造现场经验交流会。国家发展改革委环资司以及国家技术监督总局、国家标准化委员会等有关部门的同志，14家汽车零部件再制造试点企业负责人，以及试点企业所在省（区、市）发展改革委、经贸委（经委）的同志约60人参加了会议。

7月3日　国家林业局《林业生物质能源发展战略研究报告》在京通过专家论证。

7月4日　商务部办公厅、国家发展和改革委办公厅、工商总局办公厅印发《商品零售场所塑料购物袋有偿使用有关问题的处理意见》。

7月10日　林业碳汇与生物质能源中心在国家林业局林产工业规划设计院成立。

7月11日　国家发展和改革委办公厅发出《关于进一步做好贯彻落实〈国务院办公厅关于限制生产销售使用塑料购物袋的通知〉有关工作的通知》，要求认真落实禁止生产销售使用超薄塑料购物袋政策；认真落实塑料购物袋有偿使用政策；做好限产限售限用塑料购物袋政策的宣传工作；加强对限产限售限用塑料购物袋政策有关问题研究。

7月23日　国务院第18次常务会议通过《公共机构节能条例》，自2008年10月1日起施行。

7月23日　国务院第18次常务会议通过《民用建筑节能条例》，自2008年10月1日起施行。

7月25日　由安徽省发改委、省循环经济研究会和铜陵市人民政府共同举办的举行的“发展循环经济，加速安徽崛起”论坛在安徽铜陵市举行。国家发展和改革委副主任解振华出席并发表了题为《落实科学发展观大力发展循环经济》的讲话指出，要继续加快立法进程，加强规划指导，继续深化示范试点，加快建立技术创新体系，完善政策机制，夯实循环经济基础，逐步建立健全“可量化、可操作、可监督、可考核”的循环经济统计制度和评价考核体系。

7月30～31日　第六届中国粉煤灰、矿渣及煤矸石加工与利用技术交流大会在包头市包头召开。本届大会主题是：粉煤灰、磨细矿渣及煤矸石加工和应用技术交流与探讨、循环流化床脱硫粉煤灰处理利用技术交流，企业与产品展示。

8月1日　国务院办公厅发出《关于深入开展全民节能行动的通知》。全民节能行动的主要内容包括开展能源紧缺体验、每周少开一天车、严格控制室内空调温度、减少电梯使用、控制路灯和景观照明、普及使用节能产品、使用节能环保购物袋、减少使用一次性用品、夏季公务活动着便装、培养自觉节能习惯。

8月1～2日　国家发展和改革委环资司组织中国建筑科学研究院、中国建材规划院、清华大学、昆明理工大学等单位及专家赴四川地震灾区调研。专家们冒着6.1级余震，深入都江堰市、绵竹汉旺镇、遵道镇鹏花村等重灾区实地调研。调研组就循环经济理念融入总体规划、重建与产业结构优化、灾后废弃物资源化、城镇绿色建筑、新农村建设等方面与有关部门交换了意见。

8月1日　国务院发出《国务院关于进一步加强节油节电工作的通知》，重点抓住汽车、锅炉、电机系统、空调、照明等应用面广、潜力大、见效快的关键设备和产品，采取综合配套措施，形成有效的激励和约束机制，加快高效节能产品和技术的推广应用，提高用油用电效率。

8月11日　国家质检总局、国家发展和改革委发出通知，联合开展能源效率标识专项执法检查。

8月11日　国务院机关事务管理局、中共中央直属机关事务管理局发出《关于中央和国家机关进一步加强节油节电工作和深入开展全民节能行动具体措施的通知》

8月15日　国家发展改革委、中共中央宣传部、商务部、工商总局、质检总局联合下发了《关于进一步规范月饼包装节约资源保护环境的通知》，要求各有关部门通力协作、密切配合，加强对月饼过度包装的整治。

8月20日　财政部、国家税务总局、国家发展和改革委发出《关于公布节能节水专用设备企业所得税优惠目录(2008年版)和环境保护专用设备企业所得税优惠目录(2008年版)的通知》，自2008年1月1日起施行。

8月25日　国家发展和改革委、科技部、工业和信息化部、财政部住房城乡建设部、交通运输部、商务部、税务总局、质检总局、国管局、国务院法制办联合发出《关于贯彻实施<中华人民共和国节约能源法>的通知》。

8月26日　商务部召开新闻发布会，就商务部开展“适度包装，节约资源”专项工作情况进行了通报。中国商业联合会、中国轻工业联合会、中国包装联合会、中国保健协会、中国消费者协会联合发出倡议。

8月29日　第十一届全国人民代表大会常务委员会第四次会议通过《中华人民共和国循环经济促进法》。《中华人民共和国循环经济促进法》分总则、基本管理制度、减量化、再利用和资源化、激励措施、法律责任和附则共七章。这是我国颁布的首部循环经济法。

8月30～31日　“2008中国生物质能源技术路线标准体系建设论坛”在上海召开。与会代表围绕生物质能源的重要战略地位、生物质能源的开发利用以及生物质能源技术标准体系的建设等问题展开了热烈讨论。

8月　中国人民银行营业管理部、北京市发展和改革委、北京市环保局、银监会北京监管局4部门日前联合发布《关于加强“绿色信贷”建设支持首都节能减排工作的意见》。

9月1日　水泥工业除尘工程技术规范（HJ434–2008）、钢铁工业除尘工程技术规范（HJ435–2008）、环境标志产品技术要求建筑装饰装修工程（HJ440–2008）施行。

9月2日　国家发展和改革委环资司在湖北襄樊召开了汽车零部件再制造工作座谈会。原机械工业部部长何光远、中国工程院院士徐滨士等出席了议。各汽车零部件试点企业代表及所在省、自治区、直辖市发展改革委、经贸委（经委）有关负责同志等近80人出席了座谈会。

9月3日　甘肃省循环经济工作现场会在金昌召开，省长徐守盛出席会议的并讲话。

9月5日　工业和信息化部印发《落实国务院〈2008年节能减排工作安排〉进一步加强工业和通信业节能减排工作的意见》提出，加快推进工业循环经济发展，开展清洁生产先进企业创建活动。一是组织编制重点行业推进循环经济发展规划，组织实施循环经济高技术产业化重大专项，创建一批工业企业循环经济先进典型。二是研究制定相关产业发展的鼓励政策。三是支持国家各类工业园区和工业集中区、生态工业示范园区开展节能、清洁生产、综合利用示范工程。四是组织编制《工业清洁生产审核指南编制通则》，行业的清洁生产评价指标体系，开展清洁生产先进企业创建工作。

9月5日　住房和城乡建设部印发《关于做好2008年建设领域节能减排工作的实施意见》提出加快推进建设领域循环经济发展。一是推进节水型城市创建工作；二是大力提倡水资源节约项目实施。

9月17日　第二届中国国际新型墙体材料技术装备及产品展览会在广州国际会议展览中心开幕。展会汇聚了众多国内外知名墙材企业，展示的墙材产品和装备，代表了墙体材料领域较高的技术装备和水平。展会期间还举办了“重建家园信息交流会暨墙体材料新技术新设备发布会”。举办“新型墙材节能减排及建材工业利废研讨会”和“建材工业利废论坛”，聚焦四川震后建筑废弃物处理利用。

9月17～19日　国家发展和改革委环资司组织召开汽车零部件再制造试点实施方案评审会，14家汽车零部件再制造试点企业的试点实施方案通过了评审。

9月18～19日　以“资源开发与文明发展　高技术战略展望”为主题的“2008年资源高技术论坛”在长沙市召开。就我国油气和固体矿产资源的开发和利用相关技术发展作出战略性展望。

9月19日　国务院发出的《国务院关于印发汶川地震灾后恢复重建总体规划的通知》提出：《恢复重建总体规划》要厉行节约，保护耕地。要体现资源节约、环境友好的要求。坚持节约和集约利用土地，严格保护耕地和林地。生态重建区功能定位为以保护和修复生态为主，建成保护自然文化资源和珍贵动植物资源、少量人口分散居住的区域。加强对污染源和环境敏感区域的监督管理，做好水源地和土壤污染治理、废墟清理、垃圾无害化处理、危险废弃物和医疗废弃物处理。

9月18～20日　国家发展和改革委环资司会同中咨公司组织专家对《天津市循环经济试点实施方案》进行了现场调研。调研组首先听取了天津市发展改革委对《实施方案》的介绍，对天津临港工业区、天津经济技术开发区（泰达）、中新生态城、华明示范小城镇以及天津子牙再生资源工业园进行了现场考察。

9月中旬　商务部商贸服务司领导分别率队赴天津、安徽、贵州、云南、海南等地对适度包装、节约资源专项工作进行检查。检查结果表明，今年月饼包装回归简朴，搭售之风和过度包装明显减少，奢侈浪费现象得到有效遏制。

9月21日　环保部印发《"十一五"国家环境保护模范城市考核指标及其实施细则（修订）》。规模以上单位工业增加值能耗，单位GDP用水量，单位工业增加值主要工业污染物排放强度，36个大城市污水集中处理率，重点工业企业污染物排放，城市清洁能源使用率，生活垃圾无害化处理率，工业固体废物处置利用率等补列为主要考核指标。

9月23～25日　由国家发展和改革委、国资委、科技部、环保部及上海市人民政府支持的、中国资源综合利用协会主办的"2008'中国节能减排与资源综合利用论坛"在上海新国际展览中心举办。来自国家发展改革委、国家环保部、水利部、国资委、国家银监会、国家电监会等相关部委领导各省市行业协会和相关企业的近千名代表出席了本次论坛。围绕贯彻落实节能减排与资源综合利用的相关政策、法规，国家发展改革委、科技部、环保部、水利部、银监会、电监会等部委有关负责同志就社会和企业关注的重点问题进行了解读和诠释。

9月23日　农业部决定在全国范围内组织开展"节能减排农村行"活动，把节能减排作为学习实践科学发展观活动的一项具体内容。活动以农业部确定的辽宁省阜新市等10个循环农业示范市为重点，在全国范围内开展宣传推广节能减排技术。9月23日在辽宁阜新举行了"节能减排农村行"活动。

9月25日　"中国国际循环经济成果交易博览会"组委会第二次会议在国家发展改革委召开。国家发展和改革委副主任、博览会组委会主任解振华，青岛市市长、组委会执行副主任夏耕，以及科技部、环境保护部、住房城乡建设部、农业部、商务部、国务院国资委、中国贸促会和山东省人民政府以及中国中小企业协会的有关领导出席会议。

9月26日　国家环保部印发《国家先进污染防治技术示范名录》（2008年度）和《国家鼓励发展的环境保护技术目录》（2008年度）。

9月27日　国务院总理温家宝主持召开国务院常务会议，审议并原则通过《汶川地震灾后恢复重建总体规划》。会议提出了灾后恢复重建的主要任务。一是根据资源环境承载能力，科学安排恢复重建的空间布局，将规划区的国土空间划分为适宜重建、适度重建、生态重建三类，并分别明确这三类重建区城乡、产业布局和人口安置的基本原则。

9月27日　环保部发布《中国环境标志使用管理办法》。

9月27日　国家环境保护部发布石油炼制业（沥青）（HJ443–2008）、味精工业（HJ444–2008）、淀粉工业（HJ445–2008）清洁生产标准。

10月6日　神华集团公司所属亿利能源公司4×200MW煤矸石电厂经过一个月满负荷试运行后，近日进入连续正常运行阶段。该电厂是目前国内总装机容量最大的煤矸石电厂，实现了废矸石100%再循环利用。

10月12日　中国共产党第十七届中央委员会第三次全体会议通过《中共中央关于推进农村改革发展

若干重大问题的决定》。决定提出，健全农业生态环境补偿制度，形成有利于保护耕地、水域、森林、草原、湿地等自然资源和农业物种资源的激励机制。促进农业可持续发展。按照建设生态文明的要求，发展节约型农业、循环农业、生态农业，加强生态环境保护。积极培育以非粮油作物为原料的生物质产业，推进农林副产品和废弃物能源化、资源化利用。推广节能减排技术，加强农村工业、生活污染和农业面源污染防治。

10月16日　农业部举行节能减排进展新闻发布会上，农业部发言人称，当前和今后一个时期内，农业部将继续加大农业农村节能减排工作力度，加快构建节约型生产生活方式，提高资源利用效率；大力开发可再生能源，发展以村庄、农户为单元的循环农业；大力推广节水、节肥、节药、节农膜等资源节约型技术，防治农业面源污染；切实推进农机、渔船节油节能，促进农业节本增效；大力推广农村废弃物资源化利用技术，走出一条中国特色的生物质能发展道路，促进农业和农村经济又好又快发展。

10月22日　“中德环保技术和循环经济工作组会议”在青岛召开。本次会议是国家发改委与德国经济和技术部《关于在中德经济技术合作框架下成立环保技术和循环经济工作组的框架协议》（以下简称《框架协议》）签署以来，召开的第一次工作组会议。

10月23～25日　经国务院批准，由国家发展和改革委、科学技术部、环境保护部、住房城乡建设部、农业部、商务部、国务院国资委、中国贸促会和山东省人民政府、青岛市人民政府共同主办的2008首届中国国际循环经济成果交易博览会在青岛举办，取得圆满成功。

博览会汇集了31个省（市、区）、15个副省级城市、大部分国家循环经济试点单位以及近500家中外企业，系统展示了国内外在发展循环经济方面的重要成果和先进技术，突出表现了我国近几年来落实科学发展观，发展循环经济所取得的成就。各省、市政府纷纷组团，参加各种活动人数接近2000人。博览会期间参观总人数累计接近10万人次。博览会期间还举办了中日循环型城市论坛、循环经济与绿色供应链专题论坛、境内外企业合作对口洽谈会等活动。

10月　国务院新闻办公室发布《中国应对气候变化的政策与行动》强调，中国政府注重经济结构的调整和经济发展方式的转变，制定和实施了一系列产业政策和专项规划，将降低资源和能源消耗作为产业政策的重要组成部分，推动产业结构的优化升级，努力形成“低投入、低消耗、低排放、高效率”的经济发展方式。

10月30日　财政部发出通知，颁布《秸秆能源化利用补助资金管理暂行办法》。

10月30日　11月1日出版的《求是》杂志发表中共中央政治局常委、国务院总理温家宝《关于深入贯彻落实科学发展观的若干重大问题》的长篇文章。文章指出，实现科学发展，关键要在转变发展方式、提高国民经济整体素质和国际竞争力方面取得实质性进展。要坚持走中国特色新型工业化道路。必须坚持资源节约和环境保护的基本国策，增强可持续发展能力。

11月1日　环保部发布公告，清洁生产标准石油炼制业（沥青）（HJ443–2008）、清洁生产标准淀粉工业（HJ445–2008）施行。

11月5日　国务院总理温家宝主持召开国务院常务会议，会议确定当前进一步扩大内需、促进经济增长的十项措施中，包括加大农村沼气建设，加快城镇污水、垃圾处理设施建设和重点流域水污染防治，加强重点防护林和天然林资源保护工程建设，支持重点节能减排工程建设。

11月5日　国家发展和改革委、国家林业局、环保部、农业部、水利部联合发布了《汶川地震灾后恢复重建生态修复专项规划》。

11月5日　由国家外国专家局、陕西省人民政府、以色列农业与乡村发展部共同主办的主题为“农业科技与现代农业”的“2008中以农业合作周”于11月5日在杨凌国际会展中心启动。共同探讨中以双方在循环农业理论与发展模式、循环农业与环境、生物能源与循环农业、循环农业发展政策等方面的新思路、新举措。

11月6～7日　全国工业节能与综合利用工作会议在上海召开。会议要求，把抓好工业节能环保工作作为践行科学发展观的重要支撑和抓手，认真落实党中央、国务院关于节能减排的一系列工作部署，推动工业节能环保工作迈上新台阶。国家发展改革委、环境保护部、国家统计局等有关部门，各地经（贸）委、发展改革委，有关行业协会等100多人参加了会议。工业和信息化部副部长苗圩、上海市副市长艾宝俊出席会议。苗圩作了题为“全面贯彻落实科学发展观，开创工业节能减排工作新局面”的报告。苗圩提出，做好新形势下的工业节能环保工作，关键是要抓住四个重点：一是要大力抓好工业节能、节水、节地、节材，提高能源资源利用效率；二是要树立新的资源观，抓好资源综合利用和“二次”资源循环利用，缓解资源供需矛盾；三是切实加强工业“三废”综合利用和重点工业污染源治理，减少工业污染排放；四是要全面推行清洁生产、大力发展循环经济，逐步形成新的工业发展模式。

11月7日　国家发展和改革委办公厅、全国人大环资委办公室、环境保护部办公厅发出《关于举办学习〈循环经济促进法〉电视大赛的函》，通知定于2008年11月～12月举办学习《循环经济促进法》电视大赛活动。

11月10日　为加强水资源费征收使用管理，促进水资源节约、保护和合理利用，财政部、国家发展改革委、水利部颁布《水资源费征收使用管理办法》。

11月12日　国务院副总理李克强在中国环境与发展国际合作委员会2008年年会开幕式上的讲话中强调，加强环境保护，需要加大生态环境建设力度。我们将进一步增加节能环保投入，加快城镇污水处理设施、垃圾处理设施、污水管网和重点流域水污染防治工程建设，加强重点防护林和天然林保护工程建设，加强国家十大重点节能工程、循环经济和重点流域工业污染治理工程建设，推动环境保护不断取得新成效。

11月13日　国家发展和改革委办公厅发出《国家发展改革委办公厅关于请报送循环经济试点进展情况暨开展2008年度总结工作的通知》。

11月13日　甘肃省人民政府印发《关于加快发展循环经济的实施意见》，提出了甘肃省发展循环经济的总体思路、基本原则和总体目标。到2012年，甘肃省将初步建成节约型循环社会。

12月16日　我国目前最大的煤矸石电厂——黄陵矿业集团2×300兆瓦煤矸石电厂在黄陵县双龙镇开工奠基，总投资30亿元，建设期为2年。该工程建成运营后，将成为延安南部电网有力的电源支撑点，年产值可达到10亿元以上。

11月21日　环保部发布煤炭采选业（HJ446−2008）、铅蓄电池工业（HJ447−2008）、制革工业（牛轻革）（HJ448−2008）、合成革工业（HJ449−2008）、印制电路板制造业（HJ450−2008），清洁生产标准,自2009年2月1日起实施。

11月26日　天津市人民政府印发《2008−2010年天津生态市建设行动计划》提出推动循环经济发展的行动目标、重点任务、重点工程项目和保障措施。

11月27日　环保部公布《清洁生产标准电镀行业》（HJ/T314−2006）修改方案。

11月28日　国家发展和改革委副主任解振华率团参加在日本东京举办的第三届中日节能环保综合论坛，并做主旨发言。会上，解振华副主任与日本经济产业省资源能源厅长官石田澈签署了《中华人民共和国国家发展和改革委员会与日本国经济产业省关于加强节能人才培养合作框架的备忘录》。

11月29日　中共中央总书记胡锦涛在中共中央政治局进行第九次集体学习时指出，实现科学发展，关键是要确立和实施科学发展方式。我们必须把加快转变发展方式、增强发展可持续性作为一项紧迫的战略任务切实抓紧抓好。

11月　科技部副部长李学勇称，当前农业科技创新的重点任务之一是：把提高资源利用率、拓展资源范围作为依靠科技提高农业综合生产能力的重要内容，加快资源保护利用、农业节水、节能减排、应对气候变化和防灾减灾等关键技术开发，发展资源节约、环境友好型农业。加强农村住宅、生产生活废弃物处理和循环利用等关键技术的开发，推广沼气、秸秆利用、小水电、风能、太阳能、生物质能等可再生能源技术，加快城镇发展技术在农村社区发展中的应用，改善农村生活环境和条件。

12月3～5日　由中国可再生能源学会、中国生物质能专业委员会主办的2008生物质能源技术国际会议暨展览会（ICBT2008）在广州白云国际会议中心隆重举行。4个分会场分别就主题为“麻风树和生物柴油”、“生物质气化和热裂解”、“燃料乙醇和生物法制氢”、“工业化和其它利用技术”作了特邀主题报告。

12月9日　经国务院批准，财政部、国家税务总局出台《关于资源综合利用及其他产品增值税政策的通知》，决定调整和完善部分资源综合利用产品的增值税政策，同时对现行相关政策进行整合。对既定产品分别实行免征增值税政策、劳务免征增值税、增值税即征即退的政策、增值税先征后退等政策。

12月8～10日　中共中央总书记、国家主席胡锦涛在中央经济工作会议发表重要讲话。会议指出，要全面加强节能、节水、节地、节材和资源综合利用工作，突出抓好节能减排、生态环境保护重点工程建设。

12月10日　科技部部长万钢称，大力发展低碳经济和循环经济，发展新能源和环保技术，加大节能减排技术攻关和推广应用力度，解决国家发展的重大瓶颈制约。

12月10～13日　国家发展和改革委委托中国国际工程咨询公司组织召开了10城市循环经济试点实施方案评审会。会议邀请了冯之浚等近20位国内循环经济领域知名专家参加，为这10个城市的循环经济发展建言献策。至此，国家第二批循环经济示范试点96家单位中，除了浙江省、河南省和深圳市、青岛市四个省市循环经济试点实施方案还未论证外，其余均已完成评审，第二批循环经济试点工作进入全面实施阶段。

12月12日　国家发展和改革委员会主任张平在“全国发展改革工作会议”上作了题为《认真贯彻落实中央经济工作会议精神，促进国民经济平稳较快发展》的报告中强调，扎实推进节能减排和生态环保工作。加大重点工程实施力度，支持一批节能减排、生态环境保护等重大工程和节能减排管理能力建设。促进电力、水泥、钢铁、铁合金、焦炭、造纸、酒精、大豆油脂和乳制品加工等行业落后生产能力有序退出。深化第二批国家循环经济示范试点，支持建设一批循环重点项目。完善政策法规，严格节能目标责任考核。积极做好应对气候变化工作。

12月14日　中共中央政治局常委、国务院副总理李克强在北京在全国发展和改革工作会议闭幕会上指出，要继续抓好节能减排、污染治理和循环经济工作，有效提高我国经济的可持续发展能力。

12月16～17日　农业部在湖南常德召开“全国循环农业建设现场经验交流会”，总结交流成功经验和做法，安排部署当前和今后一段时期的重点工作。农业部副部长张桃林，湖南省副省长徐明华到会并讲话。来自各省、自治区、直辖市及计划单列市农业环保和农村能源主管部门负责人以及循环农业示范市的代表参加了会议。与会代表还参观了桃源济庆农牧公司、桃源县茶庵铺镇上高坪循环农业建设示范村和湘鲁万福农业开发有限公司。

12月19日　科技部副部长刘燕华在循环经济促进法实施座谈会上表示，按照《国家中长期科学技术发展规划纲要（2006—2020）》部署及循环经济发展的科技需求，科技部不断加大对发展循环经济关键与共性技术攻关支持力度，仅“十一五”前三年，在这一领域的科技投入约为40亿元.

12月19日　全国人大环资委、法律委、法工委会同国家发展改革委等国务院有关部门召开《中华人民共和国循环经济促进法》实施座谈会，学习、宣传和推动《循环经济促进法》的贯彻实施。全国人大常委会副委员长陈至立出席会议并讲话，会议由全国人大常委会委员、全国人大环资委主任委员汪光焘主持，国家发展和改革委副主任解振华、科技部副部长刘燕华、财政部副部长李勇、环境保护部副部长李干杰、国务院法制办副主任张穹分别在会上发言。

陈至立副委员长在讲话中强调，要深入学习宣传《循环经济促进法》，尽早出台《循环经济促进法》的配套法规，抓紧编制循环经济发展规划，健全监督管理制度，建立循环经济评价考核指标体系，完善财政、税收、金融、价格和政府采购等方面的政策措施，坚持依靠科技进步和科技创新，努力调整产业结构和产品结构，依法推进循环经济发展。

12月22日　国务院副总理李克强在雅加达召开的2008年中国—印尼第三次能源论坛上的致辞中说，将继续加强节能减排和生态环境建设，推进重点节能工程，实施循环经济重大示范项目，并将其作为下一步政府投资的重点。

12月24日　环保部发布葡萄酒制造业清洁生产标准，自2009年3月1日起实施。

12月26～27日　国家发展和改革委员会、住房城乡建设部和商务部在浙江省宁波市共同召开“全国城市餐厨垃圾资源化利用现场交流暨研讨会”。会上，宁波、北京、上海、西宁市分别介绍了餐厨垃圾管理与资源化利用经验及面临的问题。与会人员就餐厨垃圾管理模式、源化利用技术路线与发展趋势，以及相关配套政策等进行探讨。与会人员现场考察了宁波市餐厨垃圾收集运输与资源化利用系统及运行情况。

12月25日　工业和信息化部节能与综合利用司在京组织召开铅酸蓄电池行业发展座谈会。

12月29日　农业部副部长张桃林在2008年全国农业科教工作会议上强调，坚持走中国特色生物质能发展道路，推进农业废弃物能源化、资源化利用，尤其要加快沼气建设，强化技术服务和安全管理；积极发展循环农业，实施农村清洁工程，加强农业面源污染防治和农产品产地环境监测。

12月31日　环境保护部发布《环境影响评价技术导则大气环境》。

12月31日　到2008年底，环保部已在全国批准建设27个国家生态工业示范园区。其中2008年批准建设上海金桥出口加工区国家生态工业示范园区、南京经济技术开发区国家生态工业示范园区、天津新技术产业园区华苑产业区国家生态工业示范园区和昆明高新技术产业开发区国家生态工业示范园区。

12月工业信息化部组织对《全国林纸一体化工程建设“十五”及2010年专项规划》中期评估工作。

12月　国家发改委与联合国开发计划署（UNDP）、全球环境基金（GEF）合作共同开展“中国逐步淘汰白炽灯、加快推广节能灯”项目，启动《中国逐步淘汰白炽灯、加快推广节能灯行动计划》编制工作。

12月中旬　财政部、国家税务总局发布了《关于再生资源增值税政策的通知》(财税〔2008〕157号)，决定从2009年1月1日起调整再生资源回收与利用增值税政策。调整后的再生资源增值税政策的主要内容包括两个部分：一是取消原来对废旧物资回收企业销售废旧物资免征增值税的政策，取消利废企业购入废旧物资时按销售发票上注明的金额依10%计算抵扣进项税额的政策。二是对满足一定条件的废旧物资回收企业按其销售再生资源实现的增值税的一定比例2009年为70%，2010年为50%实行增值税先征后退政策。

附　录

国家及部委试点名录

国家循环经济试点单位（第一批）

国家发展和改革委员会　国家环境保护总局
科学技术部　财政部　商务部　国家统计局
（二〇〇五年十月二十七日）

一、重点行业

（一）钢铁

鞍本钢铁集团　攀枝花钢铁集团有限公司　包头钢铁集团有限公司　济南钢铁集团有限公司　莱芜钢铁集团有限公司

（二）有色

金川集团有限公司　中国铝业公司　中州分公司　江西铜业集团公司　株洲冶炼集团有限责任公司　包头铝业有限责任公司　河南省商电铝业集团公司　云南驰宏锌锗股份有限公司　安徽铜陵有色金属（集团）公司

（三）煤炭

淮南矿业集团有限责任公司　河南平顶山煤业集团有限公司　新汶矿业集团公司　抚顺矿业集团　山西焦煤集团　西山煤矿总公司

（四）电力

天津北疆发电厂　河北西柏坡发电有限责任公司　重庆发电厂

（五）化工

山西焦化集团有限公司　山东鲁北企业集团有限公司　四川宜宾天原化工股份有限公司　河北冀衡集团公司　湖南智成化工有限公司　贵州宏福实业有限公司　贵阳开阳磷化工集团公司　山东海化集团有限公司　新疆天业（集团）有限公司　宁夏金昱元化工集团有限公司　福建三明市环科化工橡胶有限公司　烟台万华合成革集团有限公司

（六）建材

北京水泥厂　有限责任公司　内蒙古乌兰水泥厂有限公司　吉林亚泰集团股份有限公司

（七）轻工

河南天冠企业集团公司　贵州赤天化纸业股份有限公司　山东泉林纸业有限公司　宜宾五粮液集团有限公司　广西贵糖（集团）股份有限公司　广东省江门甘蔗化工(集团)股份有限公司

二、重点领域

（一）再生资源回收利用体系建设

北京市朝阳区中兴再生资源回收利用公司　石家庄市物资回收总公司　吉林省吉林市再生资源集散

市场　湖南汨罗再生资源集散市场　广东清远再生资源集散市场　深圳报业集团

（二）废旧金属再生利用

天津大通铜业有限公司　上海新格有色金属有限公司　河南豫光金铅集团有限责任公司　江苏春兴合金集团有限公司　深圳东江环保公司　广东新会双水拆船钢铁有限公司

（三）废旧家电回收利用

浙江省　青岛市　广东贵屿镇

（四）再制造

济南复强动力有限公司　北京金运通大型轮胎翻修厂

三、产业园区

天津经济技术开发区

苏州高新技术产业开发区

大连经济技术开发区

烟台经济技术开发区

河北省曹妃店循环经济示范区

内蒙古蒙西高新技术工业园区

黑龙江省牡丹江经济技术开发区

上海化学工业区

江苏省张家港扬子江冶金工业园

湖北省武汉市东西湖工业园区

四川西部化工城

青海省柴达木循环经济试验区

陕西省杨凌农业高新技术产业示范区

四、省市

北京市　辽宁省　上海市　江苏省　山东省　重庆市（三峡库区）

宁波市　铜陵市　贵阳市　鹤壁市

国家循环经济试点单位（第二批）

国家发展和改革委员会　国家环境保护总局

科学技术部　财政部　商务部　国家统计局

（二〇〇七年十二月十三日）

一、重点行业

（一）钢铁

宝山钢铁股份有限公司　太原钢铁（集团）有限公司　马鞍山钢铁股份有限公司

福建三钢（集团）有限责任公司　重庆钢铁（集团）有限责任公司

（二）有色

葫芦岛有色金属集团有限公司　广西河池市南方有色冶炼有限责任公司　云南铜业股份有限公司

云南锡业集团（控股）有限责任公司　新疆有色工业(集团)稀有金属有限责任公司

（三）煤炭

山西潞安矿业（集团）有限公司　内蒙古伊东煤炭集团有限责任公司　内蒙古庆华集团有限公司

铁法煤业（集团）有限责任公司　黑龙江龙煤矿业集团有限责任公司（鸡西分公司）

安徽皖北煤电集团有限责任公司

（四）电力

江苏宜兴协联热电有限公司　深圳南山热电股份有限公司

（五）化工

山西丰喜肥业（集团）股份有限公司　山西安泰集团股份有限公司　浙江巨化集团公司

广东云浮硫铁矿企业集团公司　云天化集团有限责任公司

（六）建材

江西华春企业集团公司　四川国栋建设股份有限公司

（七）造纸

湖南泰格林纸集团有限责任公司

（八）纺织（印染）

河北唐山三友集团化纤有限公司　青岛凤凰印染有限责任公司

四川宜宾丝丽雅集团有限公司　福建凤竹纺织科技股份有限公司

（九）机械制造

中钢集团西安重型有限公司

（十）农产品加工

内蒙古塞飞亚集团有限公司　江苏省南通鑫缘茧丝绸集团股份有限公司

山东菱花集团有限公司　山东香驰粮油有限公司

贵州茅台酒厂有限责任公司　中粮新疆屯河股份有限公司

（十一）农业（林业）

北京市密云县　十里堡镇　黑龙江省望奎县望奎镇　安徽省阜阳市阜南县

河南省沈丘县付井镇　黑龙江伊春市朗乡林业局

二、重点领域

（一）再生资源加工利用基地

天津子牙工业园　河南省大周镇再生金属回收加工区　辽宁省沈阳市再生资源产业基地

江苏省吴江市再生资源回收利用有限公司　江苏中再生投资开发有限公司　安徽省界首市田营循环经济工业区

湖南省郴州市永兴县　陕西省西安市物资回收利用总公司

（二）再生金属回收利用

宁波金田铜业股份有限公司　山东金升有色集团有限公司　厦门钨业股份有限公司

（三）废电子、废轮胎、废电池回收利用

伟翔环保科技发展（上海）有限公司　青岛天盾橡胶有限公司

深圳市格林美高新技术有限公司　湖北金洋冶金股份有限公司

（四）包装物回收利用

盈创再生资源有限公司　四川绵阳长鑫新材料发展有限公司

三、产业园区（重化工集聚区）

天津市临港工业区　大连松木岛化工园区　吉林省四平循环经济示范区

上海莘庄工业园区　苏州工业园扬州经济开发区　浙江绍兴滨海工业园区

福建泉港石化工业园区　江西永修云山经济开发区　湖北宜昌经济开发区

湖北武汉市青山区　湖南株洲市清水塘工业区　广州经济技术开发区

广东银洲湖纸业基地　海南省昌江循环经济工业区　四川成都市青白江工业集中发展区

重庆长寿化工产业园区　青海省西宁市经济技术开发区

宁夏宁东能源化工基地　新疆库尔勒经济开发区

四、省市

天津市　山西省　浙江省　河南省　甘肃省　青岛市

深圳市　邯郸市　阜新市　白山市　七台河市

淮北市　萍乡市　荆门市　榆林市

石嘴山市　石河子市

汽车零部件再制造试点企业

国家发展和改革委员会

（2008年3月2日）

一、汽车整车生产企业

中国第一汽车集团公司

安徽江淮汽车集团有限公司

奇瑞汽车有限公司

二、零部件再制造试点企业

上海大众联合发展有限公司（上海大众汽车有限公司授权）

潍柴动力（潍坊）再制造有限公司（潍柴动力股份有限公司授权）

武汉东风鸿泰控股集团有限公司（东风汽车公司授权）

广州市花都全球自动变速箱有限公司（东风悦达起亚汽车有限公司等授权）

济南复强动力有限公司（中国重型汽车集团有限公司授权）

广西玉柴机器股份有限公司

东风康明斯发动机有限公司

柏科（常熟）电机有限公司

陕西法士特汽车传动集团有限责任公司

浙江万里扬变速器有限公司

中国人民解放军第六四五六工厂

国家生态工业示范园区

国家环保部

（截至2008年12月31日）

一、通过验收批准命名的国家生态工业示范园区

苏州工业园区国家生态工业示范园区(2008年3月31日)

苏州高新技术产业开发区国家生态工业示范园区(2008年3月31日)

天津经济技术开发区国家生态工业示范园区(2008年3月31日)

二、批准建设的国家生态工业示范园区

贵港国家生态工业（制糖）建设示范园区(2001年8月14日)

南海国家生态工业建设示范园区暨华南环保科技产业园(2001年11月29日)

包头国家生态工业（铝业）建设示范园区(2003年4月18日)

长沙黄兴国家生态工业建设示范园区(2003年4月29日)

鲁北国家生态工业建设示范园区(2003年11月18日)

抚顺矿业集团国家生态工业建设示范园区(2004年4月26日)

大连经济技术开发区国家生态工业建设示范园区(2004年4月26日)

烟台经济技术开发区国家生态工业示范园区(2004年11月22日)

贵阳市开阳磷煤化工国家生态工业示范基地(2004年11月29日)

潍坊海洋化工高新技术产业开发区国家生态工业示范园区(2005年3月31日)

郑州市上街区国家生态工业示范园区(2005年4月21日)

包头钢铁国家生态工业示范园区(2005年12月8日)

山西安泰国家生态工业示范园区(2006年5月18日)

青岛新天地工业园（静脉产业类）国家生态工业示范园区(2006年9月11日)

张家港保税区暨扬子江国际化学工业园国家生态工业示范园区(2006年10月24日)

昆山经济技术开发区国家生态工业示范园区(2006年10月24日)

福州经济技术开发区国家生态工业示范园区(2006年10月24日)

无锡新区国家生态工业示范园区(2006年11月22日)

绍兴袍江工业区国家生态工业示范园区(2006年12月4日)

日照经济开发区国家生态工业示范园区(2006年12月29日)

上海市莘庄工业区国家生态工业示范园区(2007年1月19日)

青岛高新区市北新产业园国家生态工业示范园区(2007年5月16日)

扬州经济开发区国家生态工业示范园区(2007年5月16日)
上海金桥出口加工区国家生态工业示范园区(2008年8月25日)
南京经济技术开发区国家生态工业示范园区(2008年8月25日)
天津新技术产业园区华苑产业区国家生态工业示范园区(2008年8月25日)
昆明高新技术产业开发区国家生态工业示范园区(2008年8月25日)

循环农业示范市

农业部
(2008年)

河北邯郸市　山西晋城市
辽宁阜新市　山东淄博市
河南洛阳市　湖北恩施市
湖南常德市　江西吉安市
广西桂林市　甘肃天水市

再生资源回收体系建设第一批试点单位

商务部
(2006年4月21日)

北京市（朝阳区中兴再生资源回收利用公司）
天津市
河北省石家庄市（石家庄市物资回收总公司）
山西省太原市
辽宁省沈阳市
吉林省吉林市（吉林市再生资源责任有限公司）
黑龙江省哈尔滨市
上海市
山东省济南市
江苏省南京市
浙江省宁波市
浙江省永康市

福建省福州市

江西省南昌市

河南省郑州市

湖北省武汉市

湖南省汨罗市（汨罗市团山再生资源市场）

广东省清远市（清远再生资源集散市场）

广西区南宁市

重庆市

四川省成都市

云南省昆明市

陕西省西安市（西安市物资回收利用总公司）

新疆区乌鲁木齐市

循环经济标准化试点单位

国家标准化管理委员会

浙江蓝天生态农业开发有限公司

大连经济技术开发区

沈阳东北制药集团公司

重庆三峡库区

广东省清远市华清循环经济产业园区

苏州高新区

江苏泰兴金江化学工业有限公司

河南省鹤壁市重庆市

四川省成都市

云南省昆明市

陕西省西安市（西安市物资回收利用总公司）

新疆区乌鲁木齐市

地方试点名录

北京市

一、区县类

海淀区

延庆县

二、城镇类

昌平区马池口镇

房山区长阳镇

通州区西集镇

三、园区类

北京市朝阳区垃圾无害化处理中心

密云县水源保护区循环农业区

海淀区六里屯循环经济产业园

用友软件园

四、重点领域类

北京格林雷斯环保科技有限公司

北京恒通创新木塑科技发展有限公司

北京青龙河经济技术开发有限公司

北京奥宇可鑫表面工程技术有限公司

北京市华京源再生资源回收市场有限公司

五、企业类

北京太空板业股份有限公司

北京嘉捷博大汽车节能公司

北京燕京啤酒股份有限公司

北京归原生态农业发展有限公司

北京德青源农业科技股份有限公司

北京市琉璃河水泥有限公司

北京御香苑畜牧有限公司

北京古杉生物能源有限公司

北京神雾热能技术有限公司

密云冶金矿山公司

上海市

一、区县

宝山区、青浦区

二、园区

上海金桥出口加工区

上海金山工业园区（金山第二园区块）

庄行综合试点站

老港固废综合处置与资源化基地

长江生态循环农业园区（长江农场）

上海实业东滩园区

三、企业

上海通用汽车有限公司

上海富士施乐有限公司

上海三菱电梯有限公司

上海烟草（集团）公司

绿色工艺编结有限公司

上海电子废弃物交投中心有限公司

金山区畜禽粪便处理中心

新金桥工业废弃物管理有限公司

国际会议中心

申瑞家具有限公司（宜家）

锦江金门大酒店

上海智慧广场

新世界股份有限公司

四、社区

同济大学

崇明县竖新镇前卫村

平和学校

万科朗润园

四平路街道

华师大一附中

寿祥坊小区

天津市

第一批

一、园区

天津经济技术开发区

天津子牙工业园

天津临港工业区

天津华苑产业区

二、企业

天津北疆发电厂

天津大通铜业有限公司

天津挂月集团有限公司

三、小城镇

天津东丽区华明示范镇

第二批

一、冶金

天津天铁冶金集团有限公司

天津荣程联合钢铁集团有限公司

天津友发钢管集团有限公司

二、化工

蓝星（天津）化工有限公司

天津市凯威化工有限公司

天津市腾飞化工总厂

天津联博化工股份有限公司

天津渤大硫酸工业有限公司

天津云海裕森科工贸有限公司

天津长芦汉沽盐场有限责任公司

三、造纸

玖龙纸业（天津）有限公司

四、医药

天津市津康制药有限公司

五、水泥

天津市雍阳减水剂厂

六、食品

天津盘山啤酒厂

七、建筑

天津市津南区建设开发公司

八、建材

裕川建筑材料制品有限公司

九、环保

天津合佳威立雅环境服务公司

十、工业园区

空港加工区

十一、农业园区

天津市青水源生态循环农业示范园区

天津市超跃畜牧养殖有限责任公司

天津市凯润淡水养殖有限公司

天津市水高庄农业科技示范有限公司

宝坻区新开口镇循环农业园

台头镇万亩立体循环农业示范项目

静海县双塘镇西双塘村委会

宁河县农业局种猪场

十二、小城镇

蓟县许家台乡示范小城镇

小城镇　　蓟县邦均镇

小城镇　　天津市汉沽区茶淀镇孟家瞿村

十三、服务业

天津老板娘水产食品物流有限公司

天津市东丽湖地热开发有限公司

重庆市

一、试点区县

涪陵区

二、试点园区

重庆经济技术开发区

永川工业园区（港口组团）

三、试点企业

重庆市涪陵榨菜（集团）有限公司涪陵区农工循环经济产业链、产品链

重庆桂楼食品股份有限公司涪陵区农工循环经济产业链、产品链

重庆三峡果业集团有限公司万州区农工循环经济产业链、产品链

重庆市太白酒厂万州区农工循环经济产业链、产品链

重庆业兴实业集团渝北酒厂渝北区农工循环经济产业链、产品链

南川市绿态丝厂南川区农工循环经济产业链、产品链

重庆天运生物液体燃料有限责任公司忠县农工循环经济产业链、产品链

铜梁县沙心生态食品有限公司铜梁县农工循环经济产业链、产品链

重庆星星套装门有限责任公司开县农工循环经济产业链、产品链

重庆石柱宏达畜产品有限公司石柱县农工循环经济产业链、产品链

中化重庆涪陵化工有限公司涪陵区工业废弃物综合利用

重庆长寿化工有限责任公司长寿区工业废弃物综合利用

重庆松藻煤电有限责任公司綦江县煤炭、电力、煤层气

重庆市邵新煤化有限公司梁平县煤炭、电力、煤层气

重庆同兴垃圾处理有限公司北碚区垃圾资源化发电

重庆拉法基水泥有限公司南岸区余热回收利用发电

重庆长江造型材料有限责任公司北碚区铸造废砂回收加工利用

重庆超科实业发展有限公司南岸区废旧橡胶回收加工利用

重庆顺搏铝合金有限公司璧山县废铝回收加工利用

双钱集团（重庆）轮胎有限公司双桥区橡胶制品

山西省

一、试点市

长治市运城市

二、试点县

清徐县永济市新荣区

朔城区河曲县介休市

交城县平定县高平市

潞城市洪洞县

三、试点社区

太原市小店区亲贤社区

新荣区社区管理中心循环经济社区

朔州市禹丰社区

忻州市忻府区长征街办事处社区

吕梁市离石区凤山社区

晋中市榆次区东阳镇

运城市荟萃小区

阳泉市城区新华东街社区

长治市城区演武社区

晋城市城区泰昌社区

临汾市尧都区平阳社区

四、试点园区

太原不锈钢产业园区
同煤集团塔山工业园区
大同医药工业园区
交城经济开发区
太原高新技术产业开发区
武乡县蟠洪循环经济工业园区
金海洋工业园区
夏县庙前镇万亩高效生态农业示范园
山西凤凰山生态植物园区
侯马北方轻工城

五、试点企业

阳泉市南庄煤炭集团有限公司
山西沁新煤焦股份有限公司
山西焦化集团有限公司
山西安泰集团股份有限公司
山西东辉煤焦化集团有限公司
山西天脊煤化工集团有限责任公司
山西合盛工贸有限公司
晋城无烟煤矿业集团有限责任公司
太原化学工业集团有限公司
山西泰尔钢铁有限公司
山西闻喜银光镁业集团有限责任公司
临汾同世达实业有限公司
山西潞宝焦化有限公司
山西兰花煤炭实业集团有限公司
山西三佳煤化有限公司
山西阳泉铝业股份有限公司
平朔煤炭工业公司
山西锌业集团
偏关县晋电化工有限公司
山西省中阳荣欣焦化有限公司
美锦能源集团
高平市兴高焦化有限公司
山西华翔实业（集团）有限公司
山西三联技术产业集团有限公司
中国蓝星集团总公司
运城市鑫源骏达木业有限公司
山西古城乳业有限公司

内蒙古自治区

第一批

内蒙古亿利资源集团
内蒙古黄河工贸集团
内蒙古阿拉善经济开发区
棋盘井工业园区
通辽市科尔沁工业园区（含开鲁园区）
内蒙古托克托工业园区

第二批

中电投蒙东能源集团有限责任公司
乌海市君正科技产业集团公司
鄂尔多斯电力冶金股份有限公司
中盐吉兰泰盐化集团有限公司
华能伊敏煤电有限责任公司
赤峰大吉药业（集团）有限公司
巴彦淖尔紫金有色金属有限公司
内蒙古蒙牛乳业（集团）股份有限公司
内蒙古汇能煤化工工业园区
赤峰市喀喇沁旗锦山工业园区
包头稀土高新技术开发区希望工业园区
丰镇高科技氟化学工业园区
锡林郭勒盟东乌旗乌里雅斯太工业园区
锡林郭勒经济技术开发区

第三批

赤峰市红山经济开发区
巴彦淖尔市青科乐工业园区
锡林郭勒盟多伦新型工业化化工区
锡林郭勒盟白音华能源化工园区
乌海市经济开发区乌达园区

内蒙古齐华矿业有限责任公司
内蒙古大唐国际（呼和浩特）资源综合利用基地
内蒙古山路煤炭集团
通辽市霍林郭勒工业园区
包头市石拐工业园区

辽宁省

一、重点行业

冶金石化电力煤炭建材镁硼

二、重点城市

沈阳市大连市
营口市盘锦市
葫芦岛市

三、重点县（区）

瓦房店市法库县
海城市南芬区
振安区黑山县
灯塔市调兵山市
凌源市大石桥市

四、重点园区

沈阳化学工业园区
大连长兴岛临港工业园区
抚顺李石生态工业园区
桓仁县农村高效能源示范区
东港经济开发区
锦州经济技术开发区
营口经济技术开发区
阜新城南工业园区
盘锦经济技术开发区
葫芦岛煤炭工业园区

五、重点企业

（一）冶金：
大连金牛有限责任公司
鞍山宝得集团
抚顺新抚钢责任有限公司
北台钢铁（集团）有限责任公司
锦州沈宏集团公司
五矿营口中板有限责任公司
凌源钢铁集团
葫芦岛有色金属集团有限公司

（二）石化：
沈阳化工股份有限公司
中石油大连石化分公司
大化集团有限责任公司
中石油抚顺石化分公司
中石油锦州石化分公司
营口三征有机化工股份有限公司
中国石化辽阳分公司
辽河石油勘探局
辽宁华锦化工集团有限责任公司
中石油锦西石化分公司

（三）电力：
沈阳新北热电有限责任公司
华能大连电厂分公司
大连市热电集团有限公司
铁岭发电厂

（四）煤炭：沈阳煤业（集团）有限责任公司
阜新矿业集团
铁法煤业（集团）有限责任公司
丹东市海珠煤炭销售有限公司

（五）建材：
辽宁工源水泥（集团）有限责任公司
本溪市福星现代建材有限公司
阜新大鹰水泥制造有限责任公司
朝阳华龙企业集团

（六）镁硼：
海城西洋集团
辽宁中兴矿业集团有限公司
辽宁辽科东达化工有限责任公司

（七）轻工：
中新印染有限责任公司

辽宁华福印染公司
（八）机械：
沈阳重型机械集团有限责任公司
大连重工起重集团有限公司
（九）医药：
东北制药集团有限责任公司
（十）再生资源：
沈阳华瑞钒业有限公司
沈阳秋实物资回收有限公司
大连东达环境工程有限公司
大连东泰产业废弃物处理有限公司
兴城市中兴工业有限公司
凤城化工集团有限公司辽阳统一企业有限公司
（十一）农业：
丹东大鹿岛海兴集团公司
辽宁田园实业有限责任公司
辽宁乌兰山生物技术有限公司
盘锦鼎翔集团
（十二）其它：
沈阳市奥德燃气有限公司

山东省

一、城市
济南市青岛市
淄博市东营市
烟台市潍坊市
济宁市威海市
日照市临沂市
二、园区
济南高新技术产业开发区
青岛畜牧科技示范园
青岛市市北区胶州湾新产业基地
淄博高新技术产业开发区
枣庄市经济开发区
枣庄市高新技术开发区
东营市经济开发区
烟台经济技术开发区
烟台资源再生加工示范区
山东潍坊滨海经济开发区
济宁高新技术产业开发区
泰安华丰循环经济工业园
威海经济技术开发区
日照经济开发区
山东鲁北高新技术开发区
德州晶华集团粉煤灰综合利用工业园
山东东阿工业园区
临沂高新技术开发区
临沂金升有色金属产业基地
菏泽交通集团工业园区
三、企业
（一）济南市
山东山水水泥集团有限公司
中国石油化工股份有限公司济南分公司
济南力诺玻璃制品有限公司
济南二机床集团有限公司
山东黄台火力发电厂
济南玫德铸造有限公司
济南市琦泉热电有限责任公司
济南化肥厂有限责任公司
山东明水化工有限公司
章丘日月化工有限公司
中国重型汽车集团有限公司章丘华明水泥有限公司
济南市北郊热电厂
济南啤酒集团总公司
济南复强动力有限公司
济南佳宝乳业有限公司
山东建工集团公司
济南锅炉集团有限公司
济南卷烟厂
济南趵突泉酿酒有限公司
（二）青岛市
青岛碱业股份有限公司

青岛钢铁控股集团有限责任公司
青岛啤酒股份有限公司
海尔集团公司
华电青岛发电有限公司
山东黄岛发电厂
青岛琅琊台酒业集团股份有限公司
中国石化集团青岛石油化工有限责任公司
胶南易通热电有限责任公司
青岛胶南明月海藻工业有限责任公司
青岛热电集团有限公司
青岛新天地生态循环科技有限公司
青岛万福集团股份有限公司
青岛东方化工股份有限公司
青岛市城阳区金合养殖有限公司
青岛酒厂有限公司
青岛凤凰印染有限公司
青岛美高集团有限公司
青岛市宝荣水产科技发展有限公司
青岛港（集团）有限公司
青岛正大有限公司
青岛海晶化工有限公司
青岛华东葡萄酿酒有限公司

（三）淄博市

山东铝业公司
淄博矿业集团有限责任公司
中国石化集团齐鲁石油化工公司
山东玻璃总公司
山东东岳化工股份有限公司
山东博汇纸业股份有限公司
山东宝山生态建材有限公司
淄博嘉周热电有限公司
山东东佳集团有限公司
山东联合化工有限公司
山东鲁阳股份有限公司
山东瑞阳制药有限公司
淄博兰雁集团股份有限公司
山东贵和纸业集团有限公司
山东东大化学工业有限公司
南金兆集团有限公司
淄博科丰化工有限公司
淄博市周村同森木业有限公司
淄博博丰复合肥有限公司
淄博万昌集团有限公司
淄博市华联矿业有限责任公司
淄博市临淄鲁恒建材有限公司

（四）枣庄市

山东榴园新型水泥发展有限公司
鲁南中联水泥有限公司
兖矿鲁南化肥厂
枣庄八一水煤浆热电有限责任公司
枣庄华润纸业有限公司
华电国际十里泉发电厂
枣庄矿业集团有限责任公司
山东丰源煤电有限公司
山东大宗集团公司
山东鲁南牧工商联合公司
山东神工化工股份有限公司

（五）东营市

华泰集团有限公司
正和集团股份有限公司
万达集团股份有限公司
东营市天信纺织有限公司
山东利华益集团股份有限公司
山东垦利石化有限责任公司
山东石大科技集团有限公司
山东华星石油化工集团有限公司
山东海科化工有限公司
山东金岭集团公司
利津力能热电有限公司
东营胜动机械有限责任公司
山东胜通集团股份有限公司
东营鑫大地化工有限公司
东营方圆有色金属有限公司
山东德仕化工有限公司

（六）烟台市

烟台万华合成革集团有限公司

烟台氨纶集团公司
山东百年电力发展股份有限公司
龙口矿业集团有限责任公司
山东丛林集团公司
烟台鲁宝钢管有限责任公司
正海集团有限公司
招远金宝电子有限公司
山东玲珑橡胶公司
山东九发集团公司
烟台恒邦集团有限公司
烟台巨力化肥有限公司
烟台张裕集团有限公司
烟台绿环再生资源有限公司
烟台首钢东星（集团）公司
山东国大黄金股份有限公司
招金矿业股份有限公司金翅岭金矿
蓬莱市金冶纳米材料有限公司
蓬莱市海洋生物有限公司
蓬莱市黄金（集团）总公司
山东富尔达空调设备有限公司
山东黄金矿业股份有限公司新城金矿

（七）潍坊市

潍坊亚星化学股份有限公司
山东潍坊发电厂
山东恒联投资有限公司
山东晨鸣集团股份有限公司
山东省联盟化工集团有限公司
山东奥宝化工集团有限公司
潍坊钢铁集团公司
潍柴动力股份有限公司
山东海化集团有限公司
诸城市良丰化学有限公司
孚日家纺股份有限公司
山东昌邑石化有限公司
鲁丽集团有限公司
山东景芝酒业股份有限公司
潍坊新方矿业集团有限公司
寿光蔡伦申兴精细化工有限公司
山东乐化集团有限公司
山东青州云门酒业（集团）有限公司
山东省高密市天恒化工有限公司
颐中烟草（集团）有限公司青州卷烟厂
潍坊汇源实业有限公司

（八）济宁市

菱花集团公司
兖矿集团有限公司
山东里能集团有限公司
山东雪花生物化工股份有限公司
山东太阳纸业股份有限公司
山东鲁抗医药集团有限公司
山东金鲁城有限公司
山东华金集团有限公司
山东昊福集团有限公司
山东民生煤化有限公司
兖矿峄山化工有限公司
济宁矿业集团有限公司
济宁金威煤电有限公司
山东省微山湖矿业集团公司
济宁中银电化有限公司
山东如意科技集团有限公司
兖州银河橡塑集团有限公司
济宁碳素工业公司
山东凯赛里能生物高科技有限公司

（九）泰安市

新汶矿业集团有限责任公司
肥城矿业集团有限公司
山东泰和东新股份有限公司
泰山玻璃纤维股份有限公司
山东石横特钢有限公司
肥城阿斯德化工有限公司
山东飞达化工科技有限公司
山东惠普矸石电力股份有限公司
山东岱银纺织集团股份有限公司
山东瑞星化工有限公司
泰山水泥集团有限公司
泰安华丰顶峰热电有限公司
泰安鲁珠水泥有限公司
山东鑫国煤电有限责任公司
泰开电器集团有限公司
山东泰山复合材料有限公司

泰山集团股份有限公司
肥城富源工贸公司
泰安海化新星肥业有限公司
泰安华泰建材有限公司
泰安华新石膏制品有限公司
（十）威海市
三角集团有限公司
华能威海发电有限责任公司
威海热电厂
山东蓝星玻璃集团有限公司
好当家集团有限公司
威海啤酒集团有限公司
威海恒信水泥工业有限公司
成山集团有限公司
威海市第二热电厂
天润曲轴有限公司
乳山市大业金矿
山东威高集团有限公司
文登市第二橡胶厂
山东鸿洋神水产科技有限公司
（十一）日照市
山东日照发电有限公司
日照钢铁控股集团有限公司
山东亚太森博浆纸有限公司
山东洁晶集团股份有限公司
山东日照焦电有限公司
五莲县阳光热电有限公司
海汇集团有限公司
日照鲁信金禾生化有限公司
山东尧王酒业集团有限公司
日照三木木业股份有限公司
山东宝山矿业有限公司
日照海通丝业有限公司
山东永发石业有限公司
山东日照酒业有限公司
（十二）莱芜市
莱芜钢铁集团有限公司
莱芜市泰山阳光电力有限公司
莱芜钢铁集团粉末冶金有限公司
新汶矿业集团有限责任公司鄂庄煤矿
莱芜市泰山阳光水泥有限公司
莱芜泰钢热电有限公司
莱芜钢铁华威工程有限公司
山东鲁碧建材有限公司
莱芜钢铁银山工业有限公司
（十三）临沂市
山东恒通化工股份有限公司
山东金沂蒙集团有限公司
山东阜丰发酵有限公司
山东沂州水泥集团总公司
山东临沂盛能集团股份有限公司
青援食品有限公司
山东省鲁洲食品集团有限公司
山东银麦啤酒股份有限公司
山东冠鲁工业集团公司
山东绿润食品有限公司
山东华丰集团公司
山东宏艺科技有限公司
山东新光股份有限公司
山东正义纺织集团有限公司
山东利丰集团有限公司
山东德利再生资源置业有限公司
泓达生物科技有限公司
山东清华同方鲁颖电子有限公司
临沂新程金锣肉制品有限公司
山东新时代药业有限公司
华盛江泉集团有限公司
沂水大地玉米开发有限公司
（十四）德州市
德州晶华集团有限公司
山东贺友集团总公司
德州沪平永发造纸有限公司
山东德齐龙化工集团有限公司
山东正大纸业有限公司
山东华鲁恒升集团有限公司
山东德棉集团有限公司

山东照东方纸业集团有限公司
华能国际电力有限公司德州电厂
禹城市兴达建材有限公司
山东通裕集团有限公司
山东龙力生物科技有限公司
山东华泰新材料有限公司
禹城福田药业有限公司
皇明太阳能集团有限公司
山东古贝春有限公司
希森三和集团有限公司
（十五）聊城市
山东泉林纸业有限责任公司
山东时风集团有限责任公司
山东凤祥有限责任公司
东阿东昌水泥有限公司
山东省高唐蓝山集团总公司
山东齐鲁味精食品集团有限公司
山东聊城热电有限责任公司
银河纸业有限责任公司
冠州集团股份有限公司
山东东阿阿胶股份有限公司
山东信发铝电集团有限公司
山东聊城鲁西化工集团总公司
阳谷祥光铜业有限公司
高唐县金兴人造板有限公司
山东新嘉华实业集团有限公司
山东科瑞特生物工程有限公司
临清三和纺织集团有限公司
山东三山集团有限公司
（十六）滨州市
山东鲁北企业集团总公司
山东西王集团有限公司
山东滨化集团有限责任公司
山东魏桥创业集团有限公司
山东京博石油化工有限公司
山东齐星集团有限公司
山东滨州渤海活塞股份有限公司
华纺股份有限公司
惠民县光明热电有限公司
山东香驰豆业集团有限公司
山东渤海油脂工业有限公司
山东众和新型墙材有限公司
滨州愉悦家纺有限公司
山东埕口盐化有限责任公司
山东沾化海明化工有限公司
山东省阳信金缘纺化有限公司
山东基德生态科技有限公司
山东万德酒业有限公司
山东珍贝瓷业有限公司
山东沾化海洋化工有限公司
山东明珠集团有限公司
（十七）菏泽市
山东菏泽发电厂
东明县石化集团有限公司
菏泽锦江环保能源有限公司
成武大地玉米开发有限公司
山东银香伟业集团有限公司
菏泽鲁宏水泥有限公司
青岛啤酒（菏泽）有限公司
单县有机化工有限公司
菏泽绿源食品有限公司

河北省

一、城市

（一）地级市

石家庄市邯郸市
唐山市廊坊市
秦皇岛市

（二）县及县级市（区）

遵化市平泉县
涞源县武安市
邯郸市峰峰矿区
张家口市察北管理区

二、重点行业

（一）钢铁

石家庄钢铁股份有限公司
邯郸钢铁集团有限责任公司
唐山钢铁集团有限责任公司
宣化钢铁集团有限责任公司
邢台钢铁有限责任公司
承德新新钒钛股份有限公司

（二）化工

河北沧州大化集团有限责任公司
河北盛华化工有限公司
河北粤华化工有限公司
唐山三友集团有限公司
河北华煜化工股份有限公司
河北景化化工有限公司
冀州市银海化肥有限责任公司

（三煤炭

邯郸市紫山特钢集团有限公司
峰峰集团有限公司
开滦（集团）有限责任公司

（四）电力

国电河北龙山发电厂

（五）建材

冀东水泥股份有限公司
武安市新峰水泥有限公司

（六）轻工

秦皇岛骊骅淀粉股份有限公司
河北衡水老白干酿酒（集团）有限公司
张家口长城酿造（集团）有限责任公司
承德避暑山庄集团有限责任公司

（七）畜牧业

河北省景县津龙良种猪养殖有限公司

三、重点领域

大城县有色金属循环经济试点基地
京东橡胶股份有限公司再生橡胶利用
文安县再生资源回收利用基地

四、产业园区

沧州临港化工园区
石家庄循环经济示范产业基地
廊坊龙河循环经济示范园
保定高新技术产业开发区
秦皇岛经济技术开发区
河北省鸡泽县冀泽生态园
沧州阳光循环经济科技示范园
秦皇岛集发农业生态园
滦县司家营重化产业园
河北西柏坡发电有限责任公司
曹妃甸循环经济示范区
河北冀衡集团有限公司

安徽省

铜陵有色金属集团控股有限公司
淮南矿业（集团）有限责任公司循环经济试点
安徽丰原集团循环经济试点
马鞍山钢铁股份有限公司循环经济试点
安徽海螺集团公司循环经济试点
安徽山鹰纸业股份公司循环经济试点
安徽氯碱化工集团循环经济试点
合肥市城市循环经济试点
马鞍山市城市循环经济试点
芜湖市鸠江区循环经济试点
宁国市县级市循环经济试点
淮南市毛集区循环经济试点
界首市再生铅循环经济产业园试点
安庆大观民营经济开发区循环经济产业园试点

合肥市庐阳循环经济产业园
临泉县“林、草、牧、沼、菌”农业循环经济试点
合肥市循环经济示范园区（肥东）
宿州市循环经济示范园
五河经济开发区沫河口工业区
安徽省阜阳循环经济园区
阜阳颍上循环经济园区
铜陵农业循环经济试验区
安徽池州东至香隅化工产业园
马鞍山市慈湖经济开发区
舒城县循环经济园

江苏省

一、城市

（一）省辖市
南京市无锡市徐州市苏州市
南通市常州市镇江市
扬州市
盐城市
（二）县级市
张家港市常熟市江阴市丹阳市
海门市泰兴市

二．产业园区

南京化学工业园区
南京经济技术开发区
苏州高新技术产业开发区
江苏扬子江国际冶金工业园
江苏扬子江国际化学工业园
昆山经济开发区
无锡高新技术产业开发区
宜兴环保科技工业园
常州高新技术产业开发区
常州东南经济开发区
南通经济技术开发区
江苏省镇江经济开发区
连云港市化学工业园区
宜兴市昌兴生态型循环农业园区
宝应湖有机农业开发园区

三．企业

（一）冶金
南京钢铁联合有限公司
宝钢集团上海梅山有限公司
江苏锡兴集团有限公司
江阴兴澄特种钢铁有限公司
江苏沙钢集团有限公司
常州市兴昌盛合金制品有限公司
南通宝钢新日制钢有限公司
江苏淮钢集团有限公司
（二）电力
江苏华电扬州发电有限公司
金坛加怡热电有限公司
铜山县新汇热电有限公司
宜兴协联热电有限公司
无锡益多环保热电有限公司
江苏太阳雨太阳能有限公司
南京绿色资源再生工程有限公司
（三）化工
中石化股份有限公司金陵分公司
中石化扬子石油化工股份有限公司
南京红宝丽股份有限公司
江苏北方氯碱集团
江苏灵谷化工有限公司
宜兴市军达化工厂
常熟市江河天绒丝纤维有限责任公司
双狮(张家港)精细化工有限公司
江苏华昌化工股份有限公司
苏州天马医药集团天吉生物制药有限公司
江苏福昌化工残渣处理有限公司
江苏盈天化学有限公司
江苏江东化工股份有限公司
江苏金坛康达有限公司

南通江山农药化工股份有限公司
江苏飞亚化学工业有限责任公司
南通醋酸纤维有限公司
南通文凤化纤有限公司
中石化仪征化纤股份有限公司
江苏联环药业集团有限公司
江苏群发化工有限公司
江苏扬农化工集团有限公司
宝胜集团有限公司
江苏丹化集团有限责任公司
江苏索普（集团）公司
镇江江南化工有限公司
洪泽银珠化工集团有限公司
江苏天士力帝益药业有限公司
江苏安邦电化有限公司
江苏淮河化工有限公司
金湖县国祥工贸有限公司
连云港海水化工有限公司
赣榆县金山化工有限公司
姜堰市化肥有限责任公司
江苏梅兰化工集团公司
江苏陵光股份有限公司
江苏江山制药有限公司
扬子江药业集团有限公司
大丰市劲力化肥有限公司
江苏永林油脂化工有限公司
盐城双昌化工有限责任公司
江苏绿陵化工集团有限公司

（四）轻工

江苏花厅酒业有限公司
东海粮油工业（张家港）有限公司
太仓新太酒精有限公司
江苏昆山协孚人革制品集团有限公司
苏州市相城区江南化纤集团有限公司
常熟市汽车饰件有限公司
鑫缘茧丝绸集团股份有限公司
江苏汤沟两相和酒业有限公司
盐城市华泰纸业有限公司
金东纸业（江苏）有限公司
泰州市东方印刷版材有限公司
江苏三泰啤酒有限公司
江苏洋河酒厂股份有限公司
江苏丝绢集团有限公司

（五）建材

南京三龙水泥有限公司
江南小野田水泥有限公司
中联巨龙淮海水泥有限公司
江苏胜阳实业股份有限公司
无锡海联橡塑五金制品有限公司
江阴泰山石膏建材有限公司
苏州天丰新型建材有限责任公司
中国高岭土公司
江苏华尔润集团有限公司
江苏大亚装饰材料有限公司
仪征市宏图新型建筑材料有限公司
江苏大盛板业有限公司
江苏太平洋玻璃有限公司
江苏太湖巨豪人造板有限公司

（六）再生资源

江苏春兴合金集团有限公司
江苏省物联再生资源有限公司
南京凯燕电子有限公司
南京金泽金属材料有限公司
徐州浩通新材料技术有限公司
江苏万宝铜业集团有限公司
苏州同和资源综合利用有限公司
怡球金属（太仓）有限公司
南通回力橡胶集团有限公司

（七）其他

徐矿集团公司
大屯煤电（集团）有限责任公司
无锡蓝海污泥处理有限公司
无锡华宏生物燃料有限公司
江苏船山矿业股份有限公司
涟水绿壮无公害农产品有限公司

浙江省

一、工业循环经济试点市

湖州市

台州市

嘉兴市

绍兴市

二、工业循环经济试点县（市、区）

杭州市　萧山区

杭州市　滨江区

宁波市　镇海区

宁波市　宁海县

温州市　龙湾区

温州市　乐清市

金华市　永康市

衢州市　龙游县

丽水市　云和县

舟山市　定海区

三、工业循环经济试点园区（块状经济）

杭州经济技术开发区

杭州建德大洋工业功能区（马目）

宁波再生金属资源加工园区（废旧金属再生利用）

宁波宁海工业园区

温州扶贫经济开发区

嘉兴工业区大桥产业组团（化工）

嘉兴桐乡市州泉工业区（化纤、橡胶等4个专业区块）

绍兴市袍江工业区（医药、建材、热电）

绍兴诸暨市山下湖镇珍珠产品加工园区

绍兴诸暨市大堂袜业产业区（袜业）

绍兴诸暨市店口镇循环经济试点区域（五金产业）

绍兴县绿色食品工业园区（食品）

金华市工业园区（冷轧、医药、化工）

金华东阳横店集团控股有限公司（电子、医化企业群）

湖州安吉县竹产业科技创业中心（竹制品、竹木机械）

台州市金属再生工业基地（废旧金属再生利用）

台州国家级浙江省化学原料药基地（临海区块）

衢州经济开发区东港工业园区（化工、造纸）

衢州龙游县经济开发区（化工）

衢州巨化片区循环经济实验区（巨化、市高新园区、开发区等）

丽水经济开发区水阁园区（合成革、革基布）

舟山海洋食品工业产业园区（水产加工）

四、工业循环经济试点企业

（一）杭州市

杭州卷烟厂

杭州胡庆余堂投资有限公司

佑康食品集团有限公司

浙江海穆钢铁服务有限公司

杭州欣达混凝土有限公司

杭州西湖啤酒朝日（股份）有限公司

正大青春宝药业有限公司

浙江省南都电源动力股份有限公司

杭州电化集团有限公司

杭州龙山化工有限公司

杭州高新（滨江）水务有限公司

浙江永泰纸业集团有限公司

杭州富春江化工有限公司

浙江鑫富生化股份有限公司

浙江蜂之语蜂业有限公司

杭州杭联热电有限公司

建德市大洋化工有限公司

浙江新安化工有限公司

淳安县千岛湖新安矿产有限公司

杭州锦江集团杭州大地环保有限公司

(二)宁波市
北仑发电有限公司
中华纸业有限公司
宁波阿克苏诺贝尔化学有限公司
宁波牡牛纸业有限公司
金轮集团
浙江杭州湾印染有限公司
宁波中集物流装备有限公司
奉化市茂森竹业有限公司
（三）温州
温州冶炼总厂
伟明集团有限公司
华仪电器集团有限公司
浙江圣雄皮业有限公司
金狮啤酒集团有限公司
（四）嘉兴
民丰特种纸股份有限公司
平湖景兴纸业
浙江新都水泥公司
嘉兴市芽芽水泥有限公司
浙江华友钴镍材料有限公司
浙江京马电机有限公司
嘉兴市富林化纤厂
嘉兴市振申绝热材料厂
浙江大华包装集团公司
海宁宝圆染化有限公司
嘉兴市中华化工有限公司
民丰集团秀州纸业有限公司
桐乡福利造纸厂
浙江振大水泥有限公司
（五）湖州
浙江超威电源有限公司
浙江美欣达印染集团股份有限公司
长兴金泉米业有限公司
浙江山鹰建材集团
德华集团控股股份有限公司
湖州狮王精细化工有限公司
升华集团控股有限公司
浙江五龙化工股份有限公司
安吉圣氏生物制品有限公司
浙江久立集团股份有限公司
浙江欧美环境工程有限公司
浙江长三角建材有限公司
湖州世纪清固体废物处置中心
浙江长广集团水泥分公司
（六）绍兴
浙江绿环橡胶粉体工程有限公司
浙江新和成股份有限公司
浙江蓝星科技有限公司
海亮集团有限公司
上峰集团有限公司
绍兴第二印染有限公司
绍兴爱德新型建筑材料有限公司
绍兴振亚纺织集团
绍兴新民热电
绍兴中成热电有限公司
浙江阮仕珍珠股份有限公司
浙江盾安集团有限公司
上虞热电有限公司
（七）金华
兰溪大明化工厂
浙江武义神龙浮选有限公司
浙江华莱氨纶有限公司
横店集团家园化工有限公司
浙江普洛化学有限公司
金华立信医药化工有限公司
义乌市义南纸业有限公司
浙江金华康恩贝生物制药有限公司
浙江兴达钢带有限公司
（八）衢州
浙江虎山集团有限公司
浙江江山化工股份有限公司
浙江龙游绿得农药化工有限公司
浙江绿源木业股份有限公司衢州分公司
衢州衢通废弃资源回收公司
江山虎霸集团

浙江红火实业集团有限公司

（九）舟山

舟山兴业有限公司

金鹰股份有限公司

（十）台州

台州发电厂

台州市椒江热电有限公司厂浙江联化科技股份有限公司

台州齐合天地金属有限公司

浙江仙居车头制药有限公司

浙江仙琚制药股份有限公司

浙江石梁啤酒有限公司

玉环县海洋化学生物有限公司

浙江佳诺水泥有限公司

浙江海正药业股份有限公司

浙江中环物资再生利用公司

（十一）丽水

浙江松寿堂中药有限公司

丽水市南平革基布有限公司

浙江利马革业有限公司

浙江众发实业有限公司

浙江奇尔茶叶有限公司

浙江宏庆祥铜业有限公司

燕京啤酒浙江丽水有限公司

浙江省云和县振鹏实业有限公司

浙江省坤骏纸业有限公司

浙江欧科木业有限公司

（十二）省属企业

杭州钢铁集团公司

巨化集团公司

福建省

福建炼油化工有限公司

福建省三钢(集团)有限责任公司

厦门翔鹭化纤股份有限公司

柯达(厦门)有限公司

厦门华夏国际电力发展有限公司

紫金矿业集团股份有限公司

厦门钨业股份有限公司

福建省南纸股份有限公司

福建省青山纸业股份有限公司

福建石化集团三明化工有限责任公司

福建纺织化纤集团有限公司

厦门通士达照明有限公司

福建省东南电化股份有限公司

福建省南平嘉联化工有限公司

永安智胜化工有限公司

福建省邵武化肥厂

福建水泥股份有限公司炼石水泥厂

福建龙麟集团有限公司

福建建明建材集团三明市新型建材总厂

福建华意新型建材有限公司

泉州市建友新型墙材有限公司

泉州市泉堡新型墙材开发有限公司

厦门万里石板材有限公司

麦特（福建）新型建材有限公司

福建福人木业有限公司

福建省光泽沪千人造板制造有限公司

福建省建阳武夷味精有限公司

三明市环科化工橡胶有限公司

福建省圣农实业有限公司

厦门如意集团有限公司

森宝（龙岩）实业有限公司

福建凤竹集团有限公司

福建众和股份有限公司

福州华冠针纺织品有限公司

福建糖业股份有限公司

龙岩卓越新能源发展有限公司

福建省闽南能源发展有限公司

福建省平潭长江澳风电开发有限公司

福建省石狮热电有限责任公司

晋江创冠环保资源开发有限公司

福建省三安钢铁有限公司
福建宏玮鞋塑有限公司
石狮市华宝海洋生物化工有限公司
福建雪津啤酒有限公司
福建电气硝子玻璃有限公司
福建吴航不锈钢制品有限公司
屏南鑫磊晶体有限公司
龙海市多棱锯条有限公司
莆田市华港制油有限公司
莆田市三江化学工业有限公司

江西省

江西永修云山经济开发区
南昌高新技术产业开发区
江西丰城工业园区
江西信丰工业园区
江西黎川工业园区
江西宜黄工业园区
江西莲花工业园区

广东省

一、重点行业

（一）机电

广州丰田汽车有限公司
广汽丰田发动机有限公司
广东省海丰县机械工业总公司
广东风华高新科技股份有限公司
广东四会互感器厂有限公司

（二）轻工

广州珠江啤酒集团有限公司
青岛啤酒(珠海)有限公司
金威啤酒(东莞)有限公司
肇庆蓝带啤酒有限公司
广州珠江钢琴集团有限公司
广东志诚冠军集团有限公司
茂名市凯利环保热能设备有限公司
广州造纸集团汕头市龙湖区鑫隆纸类制品厂
广东鼎丰纸业有限公司
清远市威利邦木业有限公司
阳东绿源人造板有限公司
广州白云山制药股份有限公司
广州白云山化学制药厂
广东肇庆星湖生物科技股份有限公司海丰肉联厂
海丰县海发食品贸易公司
海丰县溢盛针织厂有限公司
佛山市南海稳德福无纺布有限公司
开平市花皇淀粉厂有限公司
广东省丰收糖业发展有限公司
广东大华糖业有限公司
安利（中国）日用品有限公司
荷力胜（广州）蜂窝制品有限公司

（三）能源

广州明珠C厂发电有限公司
广州保税区广保电力发展有限公司
广州红鹰能源科技有限公司
广州热力有限公司
广州大学城能源发展有限公司
广州市旺隆热电有限公司
广州恒运东区热力有限公司

（四）有色金属

兴宁市金雁电工有限公司
广东高要河台金矿
广东凌丰集团有限公司

（五）石油化工

中国石化股份有限公司茂名分公司
广州珠江轮胎有限公司
广州珠江化工集团有限公司广州制漆厂

广州市康明硅橡胶科技有限公司
珠海得米化工有限公司
广州市粤首实业有限公司
云浮市宝利硫酸有限责任公司
（六）建材
广东塔牌集团蕉岭县鑫达旋窑水泥有限公司
蕉岭县龙腾旋窑水泥有限公司
茂名市油城牌水泥有限公司
云浮市粤云新型石材有限公司
云浮市亨达利水泥制品有限公司
潮州绿环陶瓷资源综合利用有限公司
（七）钢铁
广东省韶关钢铁集团有限公司
广州珠江钢铁有限责任公司
联众（广州）不锈钢有限公司
广东省韶铸集团有限公司
（八）其它
广州广信江湾新城大酒店
广东省第二工人医院

二、重点领域

（一）再生资源回收利用体系建设
广州番禺绿由工业弃置废物回收处理有限公司
广州广汽丰绿资源再生有限公司
肇庆市鼎湖区莲花镇经济发展总公司
江门市长优实业有限公司
广州市万绿达物资回收有限公司
广州天河奥特农化新技术有限公司
东莞市方达环宇环保科技有限公司
广东建航电池连锁有限公司
（二）建筑节能
招商地产广州金山项目　广州世贸中心大厦、深圳振业城
（三）环保产业
东莞市博海环保资源开发有限公司

三、产业园区

广州开发区
东莞石龙（始兴）产业转移工业园
石龙信息产业园
广东银洲湖纸业基地
中山火炬高新技术产业开发区阳西工业园
肇庆市亚洲金属资源再生工业基地
佛山市南海国家生态工业示范园区
广东西樵纺织产业示范基地

四、区（县）

云浮市云安县

五、试点城市

广州　深圳　佛山　东莞　江门　汕头

广西壮族自治区

广西柳州钢铁（集团）公司
中铝广西分公司
广西鱼峰集团有限公司
柳州化学工业集团有限公司
南宁糖业股份有限公司
燕京啤酒（桂林漓泉）股份有限公司
广西八一（集团）有限责任公司
广西金河集团有限责任公司
南丹县吉朗矿冶有限责任公司
广西维尼仑股份有限公司
和来宾河西工业园区
南丹有色金属冶炼工业园区
北海市合浦东园家酒厂循环经济产业示范园

湖北省

一、重点行业

（一）冶金

大冶有色金属公司

湖北新冶钢公司

鄂州吴城钢铁有限公司

（二）化工

湖北宜化集团有限责任公司（包括湖北楚星化工股份有限公司、枣阳化工工业有限公司、浠水县福瑞德化工有限责任公司）

湖北楚源精细化工集团股份有限公司

沙隆达集团公司

武汉有机实业股份有限公司

武汉青江化工股份有限公司

湖北省黄麦岭磷化工集团公司

宜昌兴发集团有限责任公司

湖北祥云化工股份有限公司

湖北洋丰股份有限公司

湖北三新磷酸有限公司

湖北?男腔　び邪拊鹑喂　？

荆州市博尔德化学有限公司

湖北开元化工科技股份有限公司

利安隆生物化学有限公司

竹溪创艺皂素有限公司

潜江市仙桥化学制品有限公司

湖北益泰药业有限公司

（三）建材

葛洲坝股份有限公司水泥厂

华新水泥股份有限公司

湖北基立环保板材有限公司

（四）电力

鄂州发电有限责任公司

（五）轻工

华润雪花啤酒（武汉）有限公司

武汉远东绿世界集团有限公司

赤壁晨鸣纸业有限责任公司

安琪酵母股份有限公司

湖北稻花香集团

（六）汽车

东风汽车股份有限公司铸造分公司

二、重点领域

（一）废旧金属再生利用

湖北金洋冶金股份有限公司

荆门市格林美新材料有限公司

（二）再生资源回收利用体系建设

湖北衡德环保设备制造有限公司

湖北鑫丰再生资源有限公司

荆州市物资再生利用管理总公司

三、产业园区

武汉市东西湖工业园区（国家第一批试点单位）

武汉市青山区环保产业基地

宜昌经济技术开发区三峡磷化产业区

荆门市高新技术产业开发区

四、市、县

荆门市

谷城县

河南省

第一批

安钢集团

平煤集团

天冠集团

安阳化工

安阳高新技术产业开发区

三门峡湖滨农业生态园区
义马市

第二批
一、城市
三门峡市
巩义市
二、园区
沈丘付井镇农业产业发展区
大周镇再生金属回收加工区
淇县畜禽产业园区
上街区铝工业园区
新郑市煤炭综合开发区
鹤壁市山城区牟山工业集中区
桐柏碱硝化工产业园区
新乡（七里营）纸制品工业园
三、企业
（一）煤炭
鹤壁煤业（集团）有限责任公司
永城煤电集团有限责任公司永夏矿区
河南超越企业集团
（二）电力
郑州裕中能源有限责任公司
（三）冶金
伊川电力集团总公司
济源市金马焦化有限公司
河南济源钢铁（集团）有限公司
灵宝市金源矿业有限责任公司
灵宝豫赣多金属综合回收有限公司
（四）化工
中国神马集团有限责任公司
河南省中原大化集团有限责任公司
河南骏化发展股份有限公司
河南金鼎化工有限公司
河南省世纪金源化工有限责任公司
（五）建材
郑州新登企业集团有限公司
（六）制药
辅仁药业集团有限公司
河南天方药业股份有限公司
开封制药（集团）有限公司
（七）造纸漯河银鸽实业集团有限公司
（八）农产品加工
河南漯河双汇实业集团有限公司
北徐集团有限责任公司
（九）农业
河南省内乡县牧原养殖有限公司
河南省黄泛区实业集团（农业）
河南省花花牛集团
河南恒友牧业有限责任公司
灵宝市生源农业有限责任公司
（十）领域
郑州市污水净化有限公司
安阳市龙悦湾玉花苑住宅小区

四川省

一、试点市
成都绵阳
攀枝花　泸州
广安内江
二、试点县
成都：邛崃市　金堂县　青白江区
绵阳：涪城区　江油市　三台县
德阳：绵竹市　什邡市
乐山：井研县　五通桥区
内江：威远县　隆昌县
眉山：洪雅县　彭山县
攀枝花：仁和区　西区
南充：顺庆区　蓬安县
资阳：简阳市　乐至县
雅安：名山县　天全县
遂宁：射洪县　船山区

自贡：富顺县
广安：广安区　岳池县
宜宾：翠屏区　长宁县
泸州：叙永县　龙马潭区
凉山州：冕宁县　甘洛县　盐源县
广元：剑阁县　苍溪县
达州：大竹县　万源县
巴中：通江县　南江县

三、试点企业

川化集团公司（化工）
攀钢集团成都钢铁有限公司（钢铁）
四川国栋建材集团有限公司（建材）
四川高宇集团有限公司（化工）
四川星河建材有限公司（建材）
四川天赐医药科技有限公司（化工）
安县纸业有限公司（轻工）
翰通生物能源有限公司（化工）
剑南春集团公司（轻工）
林辰实业集团公司（化工）
宏达股份有限公司（建材）
金路集团公司（化工）
广安发电有限责任公司（电力）
广能集团公司（煤炭）
爱众投资控股集团有限公司(化工、建材)
恒立化工有限公司(化工)
华威建材有限公司(建材)
银泰控投有限公司（建材）
川威集团公司（钢铁）
内江天科化工有限责任公司(化工)
长安化纤有限股份公司(化工)
五粮液集团公司(轻工)
宜宾天原公司(化工)
丝丽雅集团公司(化工)
泸州老窖集团公司(轻工)
合江蜀能电力有限责任公司
攀钢集团公司(钢铁)
成洪磷化工有限责任公司(化工)
金象冶金化工股份有限公司（化工）
眉山丰华纸业有限公司（轻工）
中国南车集团资阳机车厂（机械）
四川省阆洲醋业有限公司（轻工）
达州钢铁集团公司（钢铁）
川投峨眉山铁合金（集团）有限公司（钢铁）
永丰纸业股份有限公司（轻工）
川沱曲酒股份有限公司（轻工）
普宁化纤科技有限公司（化工）
美丰股份有限公司
宝兴微纳粉体有限公司（有色）
川北玻璃厂（化工）
南江矿业集团有限公司（有色）
宏旺实业有限公司（建材）
科瑞德新材料有限责任公司（有色）
鸿鹤化工股份有限公司（化工）
四川雪宝乳业公司
顺庆区农业开发有限公司
嘉陵区农业科技开发公司
岳池县九龙公司
万千集团公司
天华农业科技发展有限公司
德富隆实业有限公司
青川川珍实业有限公司
蒙顶山皇茶茶业有限公司

四、试点园区

（一）工业集中区

绵阳经济技术开发区（绵阳市）
遂宁城南工业集中区（遂宁市）
五粮液工业生态园区（宜宾市）
泸州老窖罗汉基地生态园区（泸州市）
隆昌县工业集中区（内江隆昌县）
华蓥市工业集中区（广安市）
自贡市工业集中区（自贡市）
眉山市工业集中区（眉山市）

（二）农业生态园区

绵阳科技城现代农业科技示范区（绵阳市）
成都金堂农业生态园区（成都金堂县）
敦煌科技农业生态园区（成都都江堰市）

龙泉驿区生态园区（成都龙泉驿区）
南充顺庆农业科技示范园区（南充顺庆区）
南充凤垭农业科技示范园区（南充嘉陵区）
雁江农业生态示范园区（资阳市）
资中县农业生态示范园区（内江资中县）
岳池县农业生态示范园区（四川广安市）
罗江县天马山农业生态园区（德阳市罗江县）

云南省

昆明钢铁控股有限公司
云南驰宏锌锗股份有限公司
云南铝业股份有限公司
云南铜业股份有限公司
祥云县飞龙实业有限责任公司
云天化集团
云南云维集团有限公司
国电阳宗海发电有限公司
云南壮山实业股份有限公司
云南云景林纸股份有限公司
临沧南华晶莹糖业有限公司
昆明高薪技术开发区
云南省楚雄经济开发区
云南省华坪经济开发区
曲靖市
安宁市
开远市（工业）
丘北县普者黑旅游循环经济示范区
洱源县农业循环经济示范区
丽江滇西北再生资源回收利用中心

陕西省

一、试点园区

西安经济技术开发区
韩城龙门生态工业示范区
神府经济开了区锦界工业园区
宝鸡高新技术产业开发区

二、试点企业

神东神华电力有限责任公司
陕西三秦能源有限公司
陕西正元粉煤灰综合利用有限责任公司
陕西龙门钢铁（集团）的限责任公司
陕西东岭集团股份有限公司
韩城黑猫焦化有限责任公司
汉中八一锌业有限责任公司
陕西旬阳鑫业矿业有限公司
青岛啤酒西安汉斯集团有限公司西安公司
蒲白矿务局
黄陵矿业有限公司
彬县煤业总公司
韩城黑猫炭黑有限公司
北元化工有限责任公司
陕西城化股份有限公司
榆林炼油厂
镇安县秀山水泥有限责任公司
陕西秦岭水泥（集团）有限责任公司
陕西福天宝科技有限公司
西安市物资回收利用总公司

甘肃省

嘉峪关市
金昌市
武威市
白银市

兰州市西固区
平凉市崆峒区
金川集团有限公司
酒泉钢铁（集团）有限责任公司
白银有色金属（集团）有限责任公司
兰州西固石化工业科技园
兰州高新技术产业开发区空港循环经济产业园
金昌市东部化工园区
中科院白银高技术产业园
中石油兰州石化分公司
甘肃稀土集团有限责任公司
甘肃刘化（集团）有限责任公司
甘肃祁连山水泥集团股份有限公司
腾达西北铁合金有限责任公司
窑街煤电公司劣质煤热电厂
兰州连城铝业有限责任公司
西北永新涂料集团公司
甘肃华能平凉发电有限责任公司
天水星火机床有限公司
靖远煤业有限责任公司
国电靖远发电有限公司
金昌水泥（集团）有限责任公司
甘肃金昌化工（集团）有限责任公司
武威市全圣实业集团纸业有限责任公司
甘肃锦世化工有限责任公司
中国核工业总公司四〇四厂

宁夏回族自治区

第一批

石嘴山市
银川望远工业园
宁夏沙湖纸业有限公司
宁夏煤业集团太西洗煤厂
宁夏赛马实业股份有限公司
宁夏中卫市万国企业有限责任公司
宁夏新型墙材集团公司(昌鑫)
宁夏金昱元化工集团公司
宁夏贺兰山铁合金有限公司
宁夏万胜生物工程有限公司
金汇草业有限公司

第二批

宁夏启元药业有限公司
大荣实业集团
宁夏紫金花纸业有限公司
宁夏昊丰伟业钢铁有限公司
宁夏兴平精细化工股份有限公司
宁夏银川热电有限责任公司
宁夏昊盛纸业有限公司
宁夏兴尔泰化工有限公司
宁夏博宇焦铁集团有限公司
中冶美利纸业股份有限公司
宁夏伊品生物工程股份有限公司
宁夏房地产开发集团有限公司
宁夏太西电力有限责任公司
宁夏庆华煤化有限公司
宁夏供销社再生资源有限公司
宁夏中节能新材料有限公司
宁夏惠冶镁业有限公司
中卫美利区工业园
英利特化工公司
固原佳立淀粉公司
开元丰友化工股份有限公司
宁夏大地冶金化工有限公司
青铜峡铝业集团有限公司
宁夏鲁西化工化肥有限公司
青铜峡水泥厂
石嘴山工业园区
中宁县
平罗县

新疆维吾尔自治区

一、试点园区

米东化工园区（化工乌昌地区）

石河子北化工园区（化工石河子市）

二、试点企业

新疆八一钢铁股份有限公司（钢铁乌鲁木齐市）

稀有金属有限责任公司（有色阿勒泰地区）

新疆阿希金矿（有色伊犁州）

艾维尔沟煤矿（煤炭乌鲁木齐市）

中国国电集团新疆红雁池发电有限责任公司（电力乌鲁木齐市）

新疆天山电力股份公司玛纳斯发电分公司（电力昌吉州）

中国石油天然气股份有限公司独山子石化分公司（化工克拉玛依市）

新疆中泰化学股份有限公司（化工乌鲁木齐市）

新疆天山水泥股份有限公司（建材乌鲁木齐市）

新疆青松建材化工（集团）股份有限公司（建材阿克苏地区）

新疆特变电工股份有限公司（机电昌吉州）

新疆众和股份有限公司（机电乌鲁木齐市）

新疆博湖苇业股份有限公司（轻工巴州）

新疆四方糖业有限责任公司(轻工伊犁州)

新疆天山纺织（集团）有限责任公司(纺织昌吉州)

新疆金纺纺织股份有限公司(纺织乌鲁木齐市)

新疆金业报废汽车回收（拆解）有限公司(贸易乌鲁木齐市)

新疆中太肉联有限公司(贸易克拉玛依市)

新疆制药厂(医药乌鲁木齐市)

新疆维吾尔药业有限责任公司(医药乌鲁木齐市)、

青岛市

一、市南区

园区：青岛软件基地产业园

企业：青岛市团岛污水处理厂

解放军第4808工厂

二、市北区

企业：青岛三元集团股份有限公司

三、四方区

企业：青岛华钟制药有限公司

青岛泰能燃气集团有限公司

四、李沧

企业：一汽解放青岛汽车厂

五、崂山区

城区：崂山区

企业：

崂山玻璃有限公司

青岛天人环境工程有限公司

青岛晓阳工贸有限公司

六、黄岛区

城区：

黄岛区

园区：

青岛西海岸出口加工区

黄岛区电镀工业园

企业：

青岛金晶股份有限公司

青岛国风药业股份有限公司

青岛中达化纤有限公司

七、城阳区

城区：

城阳区

企业：

青岛南车股份有限公司

青岛喜盈门集团有限公司

青岛青特集团有限公司

青岛安邦炼化有限公司

山东山水水泥集团青岛分公司

青岛颐安泰科技有限公司

八、即墨市

园区：

即墨经济开发区

企业：

山东即墨黄酒厂

九、胶州市

园区：

胶州经济开发区

企业：

青岛龙发热电有限公司

十、胶南市

园区：

胶南经济开发区、青岛临港经济开发区

企业：

青岛胶南荏原电力有限责任公司

隆海·海之韵国家大生活用海水示范小区

十一、平度市

园区：

平度经济开发区

企业：

山东黄金集团平度黄金有限公司

青岛百乐食品有限公司

青岛北苑胜利家具有限公司

十二、莱西市

园区：

莱西经济开发区

莱西新天地资源再生产业基地

企业：

青岛九联集团股份有限公司

莱西市孙受镇蒲湾泊村

十三、青岛保税区和青岛保税物流园区

宁波市

一、县（区）：

宁海县镇海区。

工业园区：

浙江余姚工业园区

宁海临江开发工业园区

鄞州投资创业中心（园区）

宁波化工园区。

二、乡镇（街道）：

小曹娥镇黄家埠镇

莼湖镇强蛟镇

爵溪街道云龙镇

集仕港镇慈城镇

九龙湖镇小港街道。

三、企业：

宁波舜江水泥有限公司

宁波华林橡胶工业有限公司

浙江华鑫化纤集团公司

浙江杭州湾纺织品有限公司

宁波众茂杭州湾热电有限公司

宁波华星轮胎有限公司

重啤集团宁波大梁山有限公司

宁波海山纸业有限公司

浙江东亚线缆有限公司

宁波万冠熔模铸造有限公司

宁波格兰特制冷设备制造有限公司

宁波国泰科技发展有限公司

宁波恒泰草制品有限公司

宁波雅戈尔日中纺织印染有限公司

宁波东海集团有限公司

金田铜业

宁波乐金甬兴化工有限公司

宁波德泰化学有限公司

申洲织造有限公司

宝新不锈钢公司。

地方循环经济有关政策法规目录

文件名称	文　号	发布期	执行期
北京市			
《北京市实施中华人民共和国水法办法》	北京市人民代表大会常务委员会公告第18号	2004.5.27	2004.11.1
《北京市人民政府办公厅转发市发展改革委关于本市开展资源节约活动实施方案的通知》	京政办发〔2004〕46号	2004.7.13	2004.7.13
《关于再生水管理有关问题的通知》	京水务法〔2004〕35号	2004.12.17	2004.12.17
《关于北京工业开发区（基地）建设项目节约土地和资源的意见》	京工促发〔2005〕22号	2005.1.12	2005.1.12
《北京市节约用水办法》	北京市人民政府令第155号	2005.3.15	2005.5.1
《北京市人民政府关于发布本市第十一阶段控制大气污染措施的通告》	京政发〔2005〕3号	2005.3.30	2005.3.30
《北京市人民政府办公厅关于转发市发展改革委加快发展循环经济建设节约型城市规划纲要及2005年行动计划的通知》	京政办发〔2005〕27号	2005.6.20	2005.6.20
《关于建设以节水为中心的高标准农田的意见》	京水务农〔2005〕74号	2005.6.30	2005.6.30
《关于严格取水管理工作的通知》	京水务法〔2005〕19号	2005.6.30	2005.6.30
《北京市再生资源集散市场建设专项资金管理实施办法》	京财经〔2005〕1478号	2005.9.14	2005.9.1
《关于进一步加强滑雪场用水管理的通知》	京水务节〔2005〕26号	2005.10	2005.10
《关于加强小区中水设施管理的通知》	京水务节〔2005〕30号	2005.11	2005.11
《关于加强建设项目节约用水设施管理的通知》	京水务节〔2005〕29号	2005.11.21	2005.11.21
《北京工业能效水效指南》		2006.3.2	2006.3.2
《北京市人民政府关于发布本市第十二阶段控制大气污染措施的通告》	京政发〔2006〕5号	2006.3.13	2006.3.13

关于印发北京市《清洁生产审核暂行办法》实施细则的通知	京发改〔2006〕364号	2006.4.6	2006.4.6
《关于印发北京市新农村污水治理技术要求（试行）的通知》	京水务农〔2006〕24号	2006.5.31	2006.5.31
《北京市节能监察办法》	北京市人民政府令第174号	2006.6.20	2006.7.20
《关于印发北京市农村雨水利用工程建设技术要求（试行）》的通知》	京水务农〔2006〕44号	2006.7.27	2006.7.27
《北京市人民政府办公厅关于转发市发展改革委加快发展循环经济建设资源节约型城市2006年行动计划的通知》	京政办发〔2006〕49号	2006.7.27	2006.7.27
北京市推进循环经济试点城市建设实施方案		2006.8.16	2006.8.16
关于印发《关于推进北京市再生资源回收体系产业化发展试点方案的实施意见》的通知	京商交字〔2006〕52号	2006.8.17	2006.8.17
《关于下达北京市2006年环境保护计划的通知》	京发改〔2006〕1403号	2006.8.18	2006.8.18
《北京市人民代表大会常务委员会关于发展循环经济建设节约型城市的决议》	第十二届人民代表大会常务委员会第三十二次会议通过	2006.11.3	2006.11.3
《北京市人民政府贯彻国务院关于落实科学发展观加强环境保护决定的意见》	京政发〔2006〕45号	2006.11.24	2006.11.24
北京市“十一五”时期循环经济发展规划		2006.12.12	2006.12.13
北京市人民政府贯彻落实国务院关于加强节能工作决定的意见	京政发〔2007〕3号	2007.1.18	2007.1.18
《北京市发展和改革委员会关于印发北京市加强节能工作实施方案的通知》	京发改〔2007〕154号	2007.2.1	2007.2.1
《北京市人民政府关于发布本市第十三阶段控制大气污染措施的通告》	京政发〔2007〕7号	2007.3.28	2007.3.28
《关于下达2007年北京市环境保护计划的通知》	京发改〔2007〕609号	2007.4.4	2007.4.4
北京市“十一五”时期生活垃圾处理设施建设规划实施方案	京发改〔2007〕462号	2007.4.10	2007.4.10
《北京市人民政府办公厅关于转发市发展改革委加快发展循环经济，建设资源节约型环境友好型城市2007年行动计划》	京政办发〔2007〕30号	2007.4.27	2007.4.27
《北京市支持清洁生产资金使用办法》	京财经〔2007〕156号	2007.5.9	2007.6.8
《北京工业能耗水耗指导指标（第一批）》	京工促发〔2007〕90号	2007.7.3	2007.7.3

《北京市开发区开展生态工业园建设的意见（试行）》	京工促发〔2007〕128号	2007.7.20	2007.7.20
关于发布北京市清洁生产审核验收暂行办法和北京市清洁生产审核咨询机构管理办法（暂行）的通知	京发改〔2007〕1379号	2007.7.25	2007.7.25
关于印发《北京市清洁生产专家管理暂行办法》的通知	京发改〔2007〕1760号	2007.9.20	2007.9.20
《北京市关于加快退出高污染、高耗能、高耗水工业企业的意见》	京工促发〔2007〕123号	2007.9.26	2007.9.26
《关于鼓励退出“高污染、高耗能、高耗水”企业奖励资金管理暂行办法》	京财经〔2008〕44号	2008.1.10	2008.2.9
《北京市人民政府关于发布本市第十四阶段控制大气污染措施的通告》	京政发〔2008〕4号	2008.2.16	2008.2.16
《关于开展十家大型公建试点空调温度监测工作的通知》	京发改〔2008〕329号	2008.2.28	2008.2.28
《北京市人民政府办公厅转发市规划委市国土资源局关于加强北京市城市建设节约用地标准管理若干规定的通知》	京政办发〔2008〕19号	2008.3.24	2008.3.24
《北京市人民政府办公厅关于转发市发展改革委加快发展循环经济，建设资源节约型环境友好型城市2008年行动计划》	京政办发〔2008〕23号	2008.4.11	2008.4.11
《北京市人民政府关于批转节能减排统计监测及考核实施方案和意见办法的通知》	京政发〔2008〕10号	2008.4.15	2008.4.15
关于印发北京市2008年节能节水减排技术推广计划的通知	京发改[2008]660号	2008.4.18	2008.4.18
《北京工业能耗水耗指导指标（第二批）》	京工促发〔2008〕76号	2008.6.5	2008.6.5
《北京市商场、超市节能改造资金管理实施办法》	京财经〔2008〕1115号	2008.6.19	2008.7.19
关于印发北京市“十一五”时期餐厨垃圾收集处理建设实施方案的通知	京发改〔2008〕1231号	2008.7.14	2008.7.14
北京市贯彻落实国家鼓励的资源综合利用认定管理办法实施细则	京发改〔2008〕1101号	2008.8.1	2008.8.1
《关于推进供热系统节能技术改造的通知》	京政管发〔2008〕258号	2008.8.19	2008.8.19
《北京市供热系统节能技术改造财政奖励资金管理暂行办法》	京财经一〔2008〕1756号	2008.8.20	2008.9.19

《关于印发北京市供热系统节能技术改造项目管理暂行办法的通知》	京政管发〔2008〕270号	2008.8.28	2008.9.27
《北京市人民政府关于发布本市第十五阶段控制大气污染措施的通告》	京政发〔2008〕38号	2008.9.27	2008.9.27
《北京市污染物减排奖励暂行办法》	京财经〔2008〕2243号	2008.10	2008.11
《北京市节能减排专项资金管理办法》	京财经〔2008〕2772号	2008.12	2009.1
上海市			
上海市建筑节能管理办法	上海市人民政府令第50号	2005.6.13	2005.7.15
上海市废旧金属收购管理规定	上海市人民政府令第52号	2005.10.17	2005.10.17
关于加强本市工业节约集约用地的指导意见	沪经区〔2005〕405号	2005.10.11	2005.10.11
关于本市巩固节水型城市创建成果加强节水型社会（城市）建设的实施意见	沪府发〔2006〕15号	2006.6.6	2006.6.6
上海市节能减排工作实施方案	沪府发〔2007〕25号	2007.8.7	2007.8.7
上海市固定资产投资项目节能评估机构管理暂行办法	沪发改发〔2008〕7号	2008.6.2	2008.6.2
上海市节能减排专项资金管理办法	沪府办发〔2008〕18号	2008.6.3	2008.6.3
关于本市进一步开展国家生态工业示范园区建设的通知	沪环保科〔2008〕261号	2008.7.8	2008.7.8
天津市			
批转市计委环保局关于推进燃煤锅炉改燃和拆除并网工作实施意见的通知	津政发〔2004〕66号	2004.6.22	2004.6.2
批转市经委拟定的天津市深入开展资源节约活动实施方案的通知	津政发〔2004〕79号	2004.8	2004.8
天津市发展散装水泥管理办法	津政令92号	2005.7.18	2005.9.1
批转市经委市财政局市国税局市地税局拟定的天津市资源综合利用（含电厂）认定暂行管理办法的通知	津政发〔2005〕101号	2005.9.29	2005.9.29
批转市经委市环保局拟定的天津市清洁生产审核实施办法（暂行）的通知	津政发〔2005〕102号	2005.10.9	2006.1.1

天津市关闭严重污染小化工企业暂行办法	津政令94号	2005.11.4	2005.12.15
天津市电磁辐射环境保护管理办法	津政令96号	2005.11.24	2006.2.1
节水型企业（单位）标准	节水办〔2006〕5号	2006.4	2006.4
节水型居民生活小区标准	节水办〔2006〕5号	2006.4	2006.4
关于加强市级党政机关节约资源工作的意见	津发改地区〔2006〕221号	2006.5.10	2006.5.10
批转市发展改革委市经委市环保局关于发展循环经济建设节约型社会近期重点工作实施意见的通知	津政发〔2006〕58号	2006.6.19	2006.6.19
天津市建筑节能管理规定	津政令107号	2006.11.14	2007.1.1
批转市水利局拟定的天津市节水型社会试点建设实施方案（2006-2008年）的通知	津政发〔2007〕1号	2007.1.4	2007.1.4
转发市发展改革委拟定的天津市试点小城镇循环经济发展指导意见的通知	津政办发〔2007〕13号	2007.2.16	2007.2.16
转发市发展改革委拟定的天津市试点园区企业循环经济发展指导意见的通知	津政办发〔2007〕15号	2007.2.17	2007.2.17
转发市发展改革委拟定的天津市发展循环经济工作部门分工意见的通知	津政办发〔2007〕21号	2007.2.25	2007.2.25
关于加强节能工作的决定	津政发〔2007〕32号	2007.4.25	2007.4.25
关于印发《天津市发展循环经济专项资金管理办法》的通知	津财企一〔2007〕21号	2007.6.25	2007.6.25
转发市商务委关于加快我市再生资源回收体系建设指导意见的通知	津政办发〔2007〕79号	2007.9.10	2007.9.10
天津市生态市建设规划纲要		2007.9.12	2007.9.12
关于印发天津市节能减排工作实施方案的通知	津政发〔2007〕88号	2007.12.10	2007.12.10
天津市污水综合排放标准	DB12/356-2008	2008.1.18	2008.1.18
天津市生活废弃物管理规定	津政令1号	2008.3.12	2008.5.1
天津市城市管理规定	津政令2号	2008.4.25	2008.6.1
天津市照明设施管理标准（试行）	津容政〔2008〕164号	2008.5.25	2008.5.25
批转市水利局拟定的天津市超计划用水累进加价水费征收管理规定的通知	津政发〔2008〕57号	2008.6.3	2008.7.1
部门能源供应统计调查方案	津考办〔2008〕8号	2008.6	2008.6
天津市土地开发整理管理规定	津政令第9号	2008.8.5	2008.10.1
关于印发《天津市城镇建设用地增加与农村建设用地减少相挂钩试点项目区实施规划编制审批办法》的通知	津国土房规〔2008〕730号	2008.8.24	2008.8.24

关于进一步明确农用地转用土地征收和出让程序的通知	津国土房资〔2008〕885号	2008.11.3	2008.11.3
天津市餐饮废弃物管理实施细则（试行）	津容废〔2008〕371号	2008.11.27	2008.11.27
关于印发《天津市土地开发整理项目管理实施细则》的通知	津国土房资〔2008〕1137号	2008.12.28	2008.12.28
重庆市			
《关于发展循环经济的决定》	政府令〔2005〕179号	2005.4.22	2005.4.22
《重庆市中长期科学技术发展规划纲要(2006–2020年)》	渝府发〔2006〕42号	2006.4.27	2006.4.27
《重庆市第十一个五年节约能源规划》	渝府发〔2006〕103号	2006.8.8	2006.8.8
《重庆市"十一五"再生资源专项规划》	渝发改市〔2007〕1号	2006.12.31	2006.12.31
《锶盐工业污染物排放标准》	DB50/247–2007	2007.1.1	2007.2.1
《重庆市第十一个五年发展循环经济规划》	渝府发〔2007〕32号	2007.2.15	2007.2.15
《重庆市节约能源条例》	人大2007第24号公告	2007.9.28	2007.11.1
《关于切实加强节能工作的实施意见》	渝府发〔2007〕123号	2007.10.8	2007.10.8
《重庆市节能目标责任评价考核办法》	渝办发〔2007〕294号 渝办发〔2009〕273号	2007.10.25	2007.10.25
《重庆市建筑节能条例》	人大2007第34号公告	2007.11	2008.1.1
《重庆市燃煤电厂大气污染物排放标准》	DB50/252–2007	2007.12	2008.7.1
《重庆市水泥工业大气污染物排放标准》	DB50/251–2007	2007.12	2008.7.1
《关于加快全市再生资源回收体系建设的意见》	渝府发〔2008〕16号	2008.2.3	2008.2.3
《重庆市固定资产投资项目节约能源评估和审查办法》	渝办发〔2008〕64号	2008.3.19	2008.3.19
《重庆市超限额使用能源加价收费管理办法》	渝办发〔2008〕160号	2008.5.19	2008.5.19
《关于促进水泥工业结构调整实施意见的通知》	渝办发〔2008〕353号	2008.12.15	2008.12.15
河北省			
河北省人民政府办公厅转发河北省加快清洁生产的实施意见的通知	冀政办〔2004〕9号	2004.4.3	2004.4.3

河北省人民政府关于印发《河北省深入开展资源节约活动方案》的通知	冀政〔2004〕35号	2004.6.20	2004.6.20
河北省人民政府关于深化水价改革促进节约用水保护水资源的实施意见	冀政〔2005〕66号	2005.8.3	2005.8.3
河北省人民政府关于合理利用土地资源促进经济社会可持续发展的通知	冀政〔2005〕67号	2005.8.8	2005.8.8
河北省人民政府关于做好建设节约型社会近期重点工作的实施意见	冀政〔2005〕72号	2005.9.1	2005.9.1
河北省人民政府关于加快循环经济的实施意见	冀政〔2006〕19号	2006.3.23	2006.3.23
河北省人民政府办公厅关于印发河北省钢铁工业发展循环经济实施方案的通知	冀政办函〔2006〕20号	2006.3.27	2006.3.27
河北省节约能源条例	河北省第十届人代会常务委员会公告第57号	2006.7.1	2006.7.1
河北省人民政府关于加强节能工作的决定	冀政〔2006〕90号	2006.11.6	2006.11.6
河北省人民政府关于印发节能减排综合性实施方案的通知	冀政〔2007〕82号	2007.8.14	2007.8.14
河北省人民政府关于推进节能减排工作的意见	冀政〔2008〕11号	2008.1.25	2008.1.25
河北省人民政府关于印发河北省30个重点县（市、区）和30家重点企业节能减排目标考核实施方案的通知	冀政函〔2008〕17号	2008.2.29	2008.2.29
中共河北省关于印发《体现科学发展观要求的设区市党政领导班子和主要领导干部工作实绩综合考核评价实施办法（试行）》的通知	冀字〔2008〕5号	2008.3.21	2008.3.21
中共河北省委关于建立和完善设区市党政领导班子和主要领导干部综合考核指标体系的意见	冀发〔2008〕3号	2008.3.21	2008.3.21
河北省人民政府关于印发节能减排统计监测及考核实施方案和办法的通知	冀政〔2008〕50号	2008.4.24	2008.4.24
山西省			
《山西省人民政府关于加强建筑节能工作的意见》	晋政发〔2005〕22号	2005.7.31	

《山西省人民政府关于贯彻落实〈国务院关于做好建设节约型社会近期重点工作的通知〉的实施意见》	晋政发〔2005〕27号	2005.9.2	
《山西省人民政府关于加快发展循环经济的实施意见》	晋政发〔2006〕49号	2006.12.27	
《山西省建设资源节约型社会行动纲要》	晋政发〔2006〕50号	2006.12.27	
《山西省循环经济发展规划》	晋政发〔2006〕51号	2006.12.27	
《山西省人民政府关于加快发展新型墙体材料的实施意见》	晋政发〔2007〕20号	2007.7.29	
《山西省人民政府关于推进水价改革、实行"差别水价"和"阶梯式水价"政策促进节约用水的实施意见》	晋政发〔2007〕30号	2007.9.13	
《山西省节能减排综合性工作方案》	晋政发〔2007〕32号	2007.9.27	
山西省人民政府办公厅关于印发《山西省节能专项资金管理办法》和《山西省淘汰落后产能专项补偿资金管理办法》的通知	晋政办发〔2008〕50号	2008.5.28	
《山西省人民政府批转节能降耗统计监测及考核实施方案和办法的通知》	晋政发〔2008〕16号	2008.6.24	
《山西省人民政府办公厅关于全省各级行政机关积极参与全民节能行动的通知》	晋政办发〔2008〕78号	2008.9.19	
《山西省加快推进社会领域节能工作实施方案》	晋政办发〔2008〕80号	2008.9.19	
《山西省人大常委会关于加快发展循环经济的决定》	山西省第十一届人民代表大会常务委员会第六次会议通过	2008.9.25	
内蒙古自治区			
《内蒙古自治区人民政府办公厅关于成立自治区工业循环经济示范区工作领导小组的通知》	内政办字〔2006〕142号	2006.2.17	2006.2.17
《内蒙古自治区人民政府关于建设工业循环经济示范区的指导意见》	内政字〔2006〕142号	2006.5.15	2006.5.15
《内蒙古自治区人民政府办公厅关于公布自治区第一批工业循环经济示范园区和企业名单的通知》	内政办发〔2007〕8号	2007.2.5	2007.2.5

《内蒙古自治区人民政府办公厅关于确定自治区经济委员会为全区节能重点工程和工业循环经济示范试点工程组织实施责任主体的通知》	内政办发〔2007〕25号	2007.3.15	2007.3.15
《转发关于印发循环经济评价指标体系的通知及近期全区工业循环经济工作安排》	内经发〔2007〕80号	2007.9.5	2007.9.5
《内蒙古自治区人民政府办公厅关于公布自治区第二批工业循环经济试点示范企业和园区的通知》	内政办发〔2008〕3号	2008.1.3	2008.1.3
辽宁省			
辽宁省固体废物污染环境防治办法	辽宁省人民政府令第134号	2001.12.30	2002.3.1
辽宁省新型墙体材料开发应用管理规定	辽宁省人民政府令第142号	2002.3.6	2002.5.1
《辽宁省城市供热管理办法》	省政府令2003（152号）	2003.1.12	2003.3.1
辽宁省医疗废物管理实施办法	辽宁省人民政府令第184号	2005.3.17	200.5.4.15
辽宁省节约能源条例	辽宁省第十届人民代表大会常务委员会第二十三次会议通过	2006.1.13	2006.3.1
关于做好建设节约型社会重点工作的通知	辽政发〔2006〕4号	2006.1.25	2006.1.25
辽宁省人民政府办公厅转发省建设厅关于推进建筑节能工作意见的通知	辽政办发〔2006〕34号	2006.5.24	2006.5.24
辽宁省财政厅辽宁省经济委员会关于印发《辽宁省专项节能资金管理暂行管理办法》通知	辽财企〔2007〕476号	2007.7.17	2007.7.17
辽宁省节约能源监察办法	辽宁省人民政府令第216号	2007.11.29	2008.2.1
关于印发《辽宁省建筑节能和供热计量实施方案》的通知	辽建发〔2008〕18号	2008.3.5	2008.3.5
中共省委、省政府办公厅关于印发《辽宁省党政机关节能减排方案》的通知	辽委办发〔2008〕10号	2008.4.3	2008.4.3
辽宁省人民政府关于促进节约集约用地的实施意见	辽政发〔2008〕21号	2008.7.3	2008.7.3
辽宁省人民政府办公厅转发省建设厅关于推进城市集中供热工作意见和关于推广地源热泵等可再生能源技术意见的通知	辽政办发〔2008〕48号	2008.7.31	2008.7.31
辽宁省人民政府关于印发辽宁省节能减排综合性工作方案的通知	辽政发〔2008〕25号	2008.8.4	2008.8.4

吉林省			
吉林省工业节水管理办法	吉政办发〔2004〕70号	2004.9.6	2004.9.6
吉林省人民政府关于批转省发展改革委制定的《吉林省建设节约型社会实施方案》的通知	吉政发〔2005〕25号	2005.8.17	2005.8.17
吉林省人民政府办公厅关于转发吉林省节水型社会建设规划纲要的通知	吉政办发〔2005〕49号	2005.11.26	2005.11.26
吉林省循环经济发展“十一五”规划	吉政发〔2006〕20号附件4	2006.5	2006.5
吉林省人民政府办公厅转发省发展改革委等部门《关于加快推进木材节约和代用工作实施意见》的通知	吉政办发〔2006〕22号	2006.5.23	2006.5.23
吉林省节能“十一五”规划	吉发改环资字〔2006〕648号	2006.6.19	2006.6.19
吉林省人民政府关于全面推进循环经济加快发展的实施意见	吉政发〔2006〕28号	2006.7.5	2006.7.5
吉林省人民政府批转省发展改革委《关于进一步加强节能工作实施方案》的通知	吉政发〔2007〕47号	2006.12.11	2006.12.11
关于印发《吉林省节水型社会建设“十一五”规划》的通知	发改环资〔2007〕236号	2007.1.25	2007.1.25
吉林省工业节能降耗工作实施意见	吉政办明电〔2007〕24号	2007.2.5	2007.2.5
吉林省资源综合利用“十一五”规划	吉发改环资字〔2007〕212号	2007.3.27	2007.3.27
落实松花江流域水污染防治“十一五”规划的实施意见	吉政发〔2007〕22号	2007.6.1	2007.6.1
关于印发《吉林省固定资产投资项目节能评估和审查管理办法》的通知	吉发改环资联字〔2007〕732号	2007	2007
吉林省人民政府关于印发《节能减排综合性工作方案》的通知	吉政发〔2007〕38号	2008.1.10	2008.1.10
吉林省人民政府关于促进节约集约用地的实施意见	吉政发〔2008〕12号	2008.4.24	2008.4.24
吉林省人民政府关于进一步加强节油节电工作的实施意见	吉政发〔2008〕34号	2008.11.4	2008.11.4
黑龙江省			
中共黑龙江省委办公厅、黑龙江省人民政府办公厅《关于切实加强当前省直机关资源节约工作的通知》	黑政发〔2005〕25号	2005.5	2005.5
黑龙江省人民政府《关于加快建设节约型社会近期重点工作的实施意见》	黑政发〔2005〕83号	2005.7	2005.8

《黑龙江省人民政府关于加强节能工作的实施意见》	黑政发〔2006〕95号	2006.4	2006.4
《黑龙江省矿井水利用规划》		2007.4	2007.4
关于印发《黑龙江省节约能源专项规划的通知》	黑发改资环〔2007〕1270号	2007.5	2007.5
关于印发《黑龙江省循环经济发展规划纲要的通知》	黑发改资环〔2007〕860号	2007.6	2007.6
黑龙江省人民政府《关于印发黑龙江省节能减排综合性工作方案的通知》	黑政发〔2007〕70号	2007.7	2007.7
《黑龙江省节约能源条例》		2008.9	2008.9
《黑龙江省节能奖励暂行办法》	黑节能减排〔2008〕16号	2008.12	208.12
山东省			
山东省人民政府关于发展循环经济建设资	鲁政发〔2005〕83号	2005.6.17	
源节约型社会的意见 山东省人民政府关于印发山东省循环经济试点工作实施方案的通知	鲁政发〔2007〕8号	2007.1.23	
山东省经济贸易委员会、山东省公安厅、	鲁经贸循字〔2007〕426号	2007.11.15	2007.12.11
山东省工商行政管理局关于组织做好再制造有关工作的通知			
安徽省			
《安徽生态省建设总体规划纲要》		2004.1	
《安徽省加快发展循环经济的若干意见》	皖政〔2005〕86号	2005	
《安徽省建设节约型社会近期重点工作实施方案》	皖政办〔2005〕48号	2005	
《安徽省循环经济试点工作方案》 《安徽省节约能源条例》	发改环资〔2006〕155号	2006.2 2006	2006.7.1
《再生铅及铅合金锭标准》	GB/T21181—2007	2008.6	
《安徽省发展循环经济“十一五”规划和2010年目标纲要》		2008	

江苏省			
江苏省循环经济发展规划	苏政发〔2005〕37号	2005.4.22	
关于加快建设节约型社会的意见	苏发〔2006〕10号	2006.4.5	
推进节约型社会建设若干政策措施	苏政发〔2006〕60号	2006.5.4	
关于坚持环保优先促进科学发展的意见	苏发〔2006〕16号	2006.7.20	
关于加强节能工作的意见	苏政发〔2006〕152号	2006.12.20	
江苏省节能减排工作实施意见	苏政发〔2007〕63号	2007.6.7	
关于进一步加强节能减排促进可持续发展的意见	苏发〔2008〕9号	2008.7.9	
浙江省			
浙江省人民政府关于严格土地管理切实提高土地利用效率的通知	浙政发〔2004〕37号	2004.10	2004.10
浙江省沼气开发利用促进办法	浙江省人民政府令第186号	2005.2	2005.4
浙江省人民政府关于加强节约用电工作的意见	浙政发〔2005〕15号	2005.2	2005.2
浙江省人民政府关于加强工业节水工作的通知	浙政办发〔2005〕59号	2005.7	2005.7
浙江省人民政府办公厅关于加强建筑节能工作的通知	浙政办发〔2005〕63号	2005.7	2005.7
浙江省委办公厅、省政府办公厅关于在省级机关深入开展资源节约活动切实加强节约型机关建设的意见	浙委办〔2005〕65号	2005.7	2005.7
《浙江省循环经济发展纲要》	浙政发〔2005〕39号	2005.8	2005.8
浙江省人民政府贯彻国务院关于建设节约型社会重点工作的实施意见	浙政发〔2005〕340号	2005.8	2005.8
浙江省人民政府办公厅关于加强工业循环经济发展的意见	浙政办发〔2005〕70号	2005.8	2005.8
浙江省人民政府办公厅关于加快发展新型墙体材料的通知	浙政办发〔2005〕89号	2005.10	2005.10
浙江省人民政府办公厅关于加强原材料工作的通知	浙政办发〔2005〕94号	2005.10	2005.10
浙江省人民政府办公厅转发省发改委关于浙江省发展循环经济“991行动计划”工作方案的通知	浙政办发〔2005〕100号	2005.11	2005.11

浙江省人民政府关于加强节能降耗工作的通知	浙政发〔2006〕35号	2006.6	2006.6
浙江省人民政府关于建设节约型社会的意见	浙政办发〔2006〕122号	2006.9	2006.9
浙江省循环经济发展专项资金暂行办法	浙财建字〔2006〕158号	2006.10	2006.10
浙江省资源节约和综合利用"十一五"规划的通知	浙发改规划〔2007〕144号	2007.2	2007.2
浙江省人民政府办公厅关于进一步加强节能工作的实施意见	浙政办发〔2007〕17号	2007.3	2007.3
浙江省固定资产投资项目节能评估和审查暂行办法	浙发改投资〔2007〕419号	2007.4	2007.4
浙江省"十一五"发展循环经济建设节约型社会总体规划的通知	浙政发〔2007〕36号	2007.6	2007.6
浙江省发展新型墙体材料条例	浙江省人民代表大会常务委员会公告第72号	2007.7	2008.1
浙江省"十一五"节水型社会建设规划的通知	浙发改规划〔2007〕571号	2007.8	2007.8
浙江省建筑节能管理办法	浙江省人民政府令第234号	2007.8	2007.10
浙江省节约用水办法	浙江省人民政府令第237号	2007.8	2007.10
浙江省人民政府关于印发节能减排综合性工作实施方案的通知	浙政发〔2007〕63号	2007.11	2007.11
浙江省人民政府关于切实推进节约集约利用土地的若干意见	浙政发〔2008〕3号	2008.1	2008.1
浙江省人民政府批转节能减排统计监测及考核实施方案和办法的通知	浙政发〔2008〕42号	2008.6	2008.6
浙江省人民政府办公厅转发省质量技监局等部门关于推进锅炉等高耗能特种设备节能减排工作意见的通知	浙政办发〔2008〕48号	2008.7	2008.7
浙江省人民政府关于印发资源节约与环境保护计划的通知	浙政发〔2008〕52号	2008.8	2008.8
福建省 福建省人民政府办公厅关于印发2005-2006年全省加快发展循环经济工作方案的通知	闽政办〔2005〕157号	2005.9.16	2006.12.31

福建省经贸委、发改委关于《福建省十一五循环经济发展专项规划的通知》	闽政文〔2006〕522号	2006.12.3	2010.12.31
福建省经贸委、财政厅关于做好节约能源和循环经济专项资金申报和管理工作的通知	闽经贸资源〔2005〕157号	2007.9.19	2009.12.31
福建省经贸委、环保局关于印发《福建省清洁生产审核实施细则（试行）的通知	闽经贸资源〔2008〕826号	2008.11.13	至今
江西省			
江西省人民代表大会常务委员会关于加强东江源区生态环境保护和建设的决定		2003.8.1	2003.8.1
江西省促进发展新型墙体材料条例		2004.5.27	2004.9.1
江西省保护性开采的特定矿种管理条例		2004.11.26	2005.1.1
江西省人民代表大会常务委员会关于加强生活饮用水水源污染防治确保生活饮用水安全的决议		2004.11.26	2004.11.26
江西省电力需求侧管理实施办法（试行）		2005.5.15	2005.6.15
江西省发改委、省国土资源厅关于加强铁矿、煤矿等矿产开发项目管理规定的通知	赣发改工业字〔2005〕613号	2005.6.13	2005.6.13
江西省人民政府办公厅关于加快发展散装水泥工作的意见	赣府厅发〔2005〕45号	2005.8.5	2005.8.5
关于印发《江西省林产工业项目管理规定》的通知	赣发改工业字〔2005〕977号	2005.10.1	2005.10.1
江西省环境保护违法违纪案件移送暂行规定	赣环发〔2005〕21号	2005.11.1	2005.11.1
江西省人民政府办公厅关于印发进一步推	赣府厅发〔2005〕66号	2005.12.26	2005.12.26
进墙体材料革新和推广节能建筑实施意见的通知			
江西省国民经济和社会发展第十一个五年规划纲要		2006.2.12	2006.2.12
江西省关于加强政府机构节约资源工作的实施意见	赣发改工业字〔2006〕339号	2006.4.12	2006.4.12
江西省人民政府办公厅关于印发江西省发展循环经济和建设节约型社会工作分工方案的通知	赣府厅字〔2006〕114号	2006.8.22	2006.8.22

江西省人民政府办公厅关于印发江西省发展循环经济2006－2007年工作纲要的通知	赣府厅字〔2006〕115号	2006.8.22	2006.8.22
江西省人民政府关于加强节能工作的实施意见	赣府发〔2006〕24号	2006.10.23	2006.10.23
关于印发江西省循环经济“十一五”发展规划的通知	赣发改工业字〔2006〕1346号	2006.11.17	2006.11.17
江西省环境和资源综合利用行政执法暂行规定	赣经贸办发〔2006〕4号		
江西省人民政府关于全面落实科学发展观加强环境保护的若干意见	赣府发〔2006〕30号	2006.12.26	2006.12.26
江西省人民政府关于全面落实科学发展观加强资源节约的若干意见	赣府发〔2006〕33号	2006.12.30	2006.12.30
江西省人民政府关于2007年深化全省经济体制改革的意见	赣府发〔2007〕13号	2007.5.28	2007.5.28
江西省人民政府关于继续实施山江湖工程推进绿色生态江西建设的若干实施意见	赣府发〔2007〕17号	2007.7.30	2007.7.30
关于“十一五”期间各设区市单位生产总值能耗降低指标计划的批复	赣府字〔2007〕52号	2007.9.11	2007.9.11
关于转发《国家发改委、国家环保总局、国家统计局关于印发循环经济评价指标体系的通知》的通知	赣发改工业字〔2007〕1173号	2007.9.17	2007.9.17
江西省人民政府关于印发江西省节能减排综合性工作方案的通知	赣府发〔2007〕31号	2007.10.24	2007.10.24
江西省人民政府办公厅关于认真做好2007年度六项考核评价有关工作的通知	赣府厅字〔2008〕34号	2008.2.19	2008.2.19
关于印发2007年全省节能减排工作进展及2008年工作要点的通知	赣府厅发〔2008〕44号	2008.7.16	2008.7.16
江西省人民政府批转节能减排统计监测及考核实施方案和办法的通知	赣府发〔2008〕19号	2008.11.8	2008.11.8
江西省人民政府办公厅关于贯彻实施《公共机构节能条例》的通知	赣府厅字〔2008〕229号	2008.12.18	2008.12.18
广西壮族自治区			
广西壮族自治区人民政府办公厅转发自治	桂政办发〔2004〕104号	2004.7.1	2004.7.1起
区经委等部门关于我区加快推行清洁生产意见的通知			

广西主要高耗电产品电耗限额	桂经资源〔2004〕227号	2004.7.19	2004.7.19日起
关于印发广西“十一五”时期淘汰落后产能实施方案的通知	桂经资源〔2007〕670号	2007.12.19	2006至2010
关于做好我区工业循环经济示范试点工作的通知	桂经资源〔2008〕89号	2008.2.27	2008.2.27日起
广西工业贯彻落实节能减排统计监测及考核体系建设的实施方案	桂经资源〔2008〕112号	2008.3.14	2008.3.14
广西壮族自治区节能技术改造财政奖励资金管理暂行办法	桂财企〔2008〕85号		
广西壮族自治区淘汰落后产能财政奖励资金管理暂行办法	桂财企〔2008〕115号		
固定资产投资项目节能评估和审查管理办法	桂发改投资〔2008〕336号		2008.5.1日起
工业循环经济试点工作暂行规定	桂经资源〔2008〕449号	2008.10.7	2008.10.7
广西主要工业行业循环经济评价指标体系	DB45/T-2009	2009.10.	2009.10日起
湖南省			
中共湖南省委、湖南省人民政府关于大力发展循环经济建设资源节约型和环境友好型社会的意见	湘发〔2006〕14号	2006.7.18	2006.7.18
湖南省人民政府办公厅关于支持汨罗循环经济试点有关政策措施的通知	湘政办函〔2007〕167号	2007.9.14	2007.9.14
湖南省人民政府办公厅关于印发湖南省“十一五”节约型社会建设规划的通知	湘政办发〔2007〕62号	2007.10.18	2007.7.18
湖南省人民政府办公厅关于印发湖南省“十一五”循环经济发展规划的通知	湘政办发〔2007〕74号	2007.12.19	2007.12.19
湖南省人民政府办公厅关于支持永兴循环经济试点有关政策措施的通知	湘政办函〔2008〕年115号	2008.10.14	2008.10.14
湖南省人民政府办公厅关于转发省经委等	湘政办发〔2009〕36号	2009.5.12	2009.5.12
湖北省			
湖北省人民政府关于加快循环经济发展的实施意见	鄂政发〔2006〕18号	2006.3	2006.3
省人民政府关于加强节能工作的意见	鄂政发〔2006〕57号	2006.5	2006.5

湖北省发展改革委等部门关于组织开展循环经济试点（第一批）工作的通知	鄂发改环资〔2006〕614号	2006.6.15	2006.6.15
关于印发湖北省资源综合利用产品（工艺）认定办法的通知	鄂发改环资〔2007〕217号	2007.4.17	2007.4.17
关于成立湖北省节能减排（应对气候变化）工作领导小组的通知	鄂政发〔2007〕56号	2007.9.17	2007.9.17
湖北省节能中长期规划	鄂政发〔2008〕13号	2008.2	2008.2
湖北省节能“十一五”行动计划	鄂政发〔2008〕13号	2008.2	2008.2
省人民政府批转湖北省节能降耗统计监测及考核体系实施方案和办法的通知	鄂政发〔2008〕14号	2008.3	2008.3
湖北省人民政府办公厅关于转发省机关事务管理局省直机关节能工作实施方案的通知	鄂政办发〔2008〕40号	2008.6.14	2008.6.14
关于印发湖北省环境保护“十一五”规划的通知	鄂政发〔2008〕36号	2008.6	2008.6
财政厅、发改委关于印发《湖北省节能专项资金暂行办法》的通知	鄂财建发〔2008〕115号	2008.8.5	2008.8.5
湖北省发展改革委等部门关于组织开展循环经济试点（第二批）工作的通知	鄂发改环资〔2008〕850号	2008.8.18	2008.8.18
湖北省人民政府办公厅关于转发省财政厅等部门湖北省2008年环境保护专项治理财政奖励资金管理暂行办法的通知	鄂政办发〔2008〕57号	2008.8.25	2008.8.25
省人民政府关于印发《湖北省主要污染物排污权交易试行办法》的通知	鄂政发〔2008〕62号	2008.10.27	2008.10.27
省人民政府关于批转湖北省主要污染物总量减排统计及监测实施办法的通知	鄂政发〔2008〕70号	2008.11.26	2008.11.26
河南省			
《河南省企业能源审计方法》	DB41/T270—2001	2001.8.1	2001.9.1
《河南省节约用水管理条例》	河南省人民代表大会常务委员会公告第14号	2004.5.28	2004.9.1
《河南省居住建筑节能设计标准（寒冷地区）》	豫建设标〔2005〕36号	2005.4.28	2005.7.1
关于开展循环经济试点工作的通知	豫发改资源〔2005〕902号	2005.7.11	发布之日起
《河南省人民政府办公厅关于进一步加强我省小火电机组关停工作的通知》	豫政办〔2005〕82号	2005.9.28	发布之日起

《河南省人民政府关于加快节约型社会建设的通知》	豫政〔2005〕55号	2005.12.15	发布之日起
河南省人民政府关于治理整顿粘土砖瓦窑厂加快发展新型墙体材料的通知	豫政〔2005〕54号	2005.12.22	发布之日起
《河南省节约能源条例》	河南省人民代表大会常务委员会公告第61号	2006.3.29	2006.6.1
《河南省人民政府关于加快发展循环经济的实施意见》	豫政〔2006〕38号	2006.7.6	发布之日起
《河南省“十一五”煤化工产业发展规划》、《河南省“十一五”铝工业发展规划》、《河南省“十一五”汽车及零部件产业发展规划》、《河南省“十一五”食品工业发展规划》、《河南省“十一五”纺织工业发展规划》、《河南省“十一五”装备制造业发展规划》和《河南省“十一五”高新技术产业发展规划》	豫政〔2006〕39号	2006.7.13	发布之日起
《河南省人民政府贯彻国务院关于加强节能工作决定的实施意见》	豫政〔2006〕71号	2006.9.29	发布之日起
《河南省人民政府关于促进产业结构调整的实施意见》	豫政〔2006〕77号	2006.10.23	发布之日起
河南省人民代表大会常务委员会关于加快发展循环经济的决定		2006.12.1	发布之日起
《河南省节能减排实施方案》	豫政〔2007〕46号	2007.6.14	发布之日起
《河南省单位生产总值能耗统计指标体系实施办法》、《河南省单位生产总值能耗监测体系实施办法》、《河南省单位生产总值能耗考核体系实施办法》、《河南省主要污染物总量减排考核办法(试行)》、《河南省主要污染物总量减排监测办法(试行)》、《河南省主要污染物总量减排统计办法》	豫政〔2008〕8号	2008.1.23	发布之日起
中共河南省委河南省人民政府印发《关于实行节能减排目标问责制和“一票否决”制的规定	豫发〔2008〕3号	2008.1.23	发布之日起
关于组织开展河南省循环经济试点（第二批）工作的通知	豫发改资源〔2008〕359号	2008.3.27	发布之日起
《河南省合成氨工业水污染物排放标准》	DB41/538—2008	2008.8.4	2009.1.1

《单位单位产品能源消耗限额编制通则》	DB41521-2008	2008.9.1	2009.1.1
《氧化铝产品能耗限额》	DB41522-2008	2008.9.1	2009.1.1
《电解铝产品能源消耗限额》	DB41523-2008	2008.9.1	2009.1.1
《铝加工产品能源消耗限额》	DB41524-2008	2008.9.1	2009.1.1
《铝用碳素阳极产品能源消耗限额》	DB41525-2008	2008.9.1	2009.1.1
《铅冶炼产品能源消耗限额》	DB41526-2008	2008.9.1	2009.1.1
《锌冶炼产品能源消耗限额》	DB41526-2008	2008.9.1	2009.1.1
海南省			
海南省人民代表大会常务委员会关于批准《海南省人民海南省生态省建设规划纲要（2005年修编）》的决定		2005.5.27	
海南省人民政府关于印发《海南省发展应用新型墙体材料管理规定》的通知	琼府〔2006〕29号	2006.6.30	
海南省统计局关于建立海南重点能耗工业企业节能降耗监测制度的有关通知	琼统〔2006〕62号	2006.8.1	
海南省人民政府关于印发海南省建设节约型社会近期重点工作实施方案的通知	琼府〔2006〕42号	2006.8.25	2006.8.25
海南省人民政府关于印发海南省新型墙体材料专项基金征收和使用管理办法的通知	琼府〔2006〕65号	2006.11.21	2006.11.22
海南省建设厅关于建立建筑节能目标责任制和考核制度的通知	琼建设〔2006〕265号	2006.12.5	
海南省国土环境资源厅关于开展“小康环保示范村”创建工作的通知	琼土环资自字〔2006〕14号	2006.12.6	2006.12.6
海南省人民政府办公厅关于下达十一五期间市县单位生产总值能源消耗降低指标计划和重点耗能企业能源消耗降低指标计划的通知	琼府办〔2006〕102号	2006.12.20	
海南省建设厅关于推广广泛应用太阳能热水系统与建筑一体化技术的通知	琼建设〔2006〕243号		
海南省人民政府办公厅关于加强建筑节能工作的通知	琼府办〔2007〕29号	2007.3.27	
关于执行高耗能行业差别电价有关问题的通知	琼发改价格〔2007〕420号	2007.4.30	
海南省人民政府办公厅关于成立海南省应对气候变化及节能减排工作领导小组的通知	琼府办函〔2007〕114号	2007.6.25	

海南省人民政府关于印发海南省节能减排综合性工作方案的通知	琼府〔2007〕48号	2007.7.23	2007.7.27
海南省人民政府办公厅关于严格执行公共建筑空调温度控制标准的通知	琼府办〔2007〕84号	2007.8.17	2007.8.23
海南省国土环境资源厅关于开展环境优美乡镇、文明生态集镇创建活动的通知	琼土环资自字〔2007〕9号	2007.9.12	2007.9.12
海南省建设厅关于实施《民用建筑能耗统计报表制度》的通知	琼建设〔2007〕187号	2007.9.27	
海南省国土环境资源厅关于开展重点企业清洁生产审核工作的通知	琼土环资监字〔2007〕103号	2007.10.9	2007.10.9
关于实施《海南省碧海行动计划》的通知	琼府函〔2007〕172号	2007.11.15	2007.11.15
海南省建设厅关于印发《海南省建筑节能分部工程质量验收工作程序》的通知	琼建监〔2007〕240号	2007.12.6	
海南省国土环境资源厅关于贯彻落实《主要污染物总量减排核算细则（试行）》的通知	琼土环资控字〔2007〕28号	2007.12.29	2007.12.29
海南省发展与改革厅海南省建设厅关于印发加快太阳能热水系统推广应用工作指导意见的通知	琼发改交能〔2008〕28号	2008.1.10	
海南省建设厅关于加强建筑节能检测工作的实施意见	琼建监〔2008〕11号	2008.1.15	
关于印发《海南省农村小康环保行动计划》的通知	琼府〔2008〕8号	2008.1.25	2008.1.25
海南省人民政府办公厅关于印发“十一五”水泥工业产业结构调整实施方案的通知	琼府办〔2008〕13号	2008.1.30	
海南省建设厅关于开展海南省国家机关办公建筑和大型公共建筑节能监管试点工作的通知	琼建设〔2008〕59号	2008.3.12	
海南省工业经济与信息产业局关于在重点用能单位中设立能源管理工作岗位有关问题的通知	琼工信科环〔2008〕73号	2008.3.27	
海南省国土环境资源厅关于做好养猪场污染治理循环经济示范项目申报工作的通知	琼土环资自字〔2008〕16号	2008.5.14	2008.5.14
海南省国土环境资源厅关于开展主要污染物总量减排核查工作的通知	琼土环资控字〔2008〕13号	2008.5.27	2008.5.27
海南经济特区限制生产运输销售储存使用一次性塑料制品规定	省人大常委会公告1号	2008.5.30	2008.10.1

海南省国土环境资源厅关于进一步加强秸秆禁烧工作的通知	琼土环资察字〔2008〕42号	2008.6.6	2008.6.6
海南省国土环境资源厅关于印发《海南省规模化畜禽养殖场污染防治和废弃物综合利用技术指南》的通知	琼土环资函〔2008〕587号	2008.6.13	2008.6.13
关于印发《海南省市县经济和社会发展主要指标考核办法》的通知	琼办发〔2008〕16号	2008.6.18	
海南省人民政府办公厅关于加快推进全省城镇生活垃圾处理设施建设的实施意见	琼府办〔2008〕97号	2008.7.22	
海南省建设厅关于进一步禁止使用实心粘土砖工作的通知	琼建监〔2008〕173号	2008.8.5	
海南省人民政府关于印发海南省固定资产投资项目节能评估和审查管理暂行办法的通知	琼府〔2008〕53号	2008.8.15	印发起实施
关于印发海南省主要污染物总量减排考核办法的通知	琼府〔2008〕121号	2008.9.7	2008.9.7
关于印发海南省节能目标责任评价考核暂行办法的通知	琼府办〔2008〕129号	2008.9.12	
海南省建设厅关于印发《海南省民用建筑能效测评机构管理暂行办法》的通知	琼建设〔2008〕203号	2008.9.16	
海南省建设厅关于印发《海南省民用建筑能效测评标识管理暂行办法》的通知	琼建设〔2008〕204号	2008.9.16	
海南省人民政府办公厅转发省发展和改革委员会省建设厅省科技厅关于推动海南省太阳能规模化利用实施意见的通知	琼府办〔2008〕135号	2008.9.25	
海南省建设厅关于印发《海南省建筑节能材料和产品认定管理暂行办法》的通知	琼建设〔2008〕228号	2008.10.9	
海南省建设厅关于印发《海南省建筑节能检测管理办法》的通知	琼建设〔2008〕227号	2008.10.14	
海南省建设厅关于印发《海南省民用建筑项目节能评估和审查管理暂行办法》的通知	琼建设〔2008〕225号	2008.10.14	
海南省机关事务管理局关于在省直机关深入开展节能活动的通知	琼事管发〔2008〕27号	2008.10.21	
海南省机关事务管理局关于印发《省机关大院办公楼节能降耗管理暂行办法》的通知	琼直服发〔2008〕3号	2008.11.1	
海南省工业经济与信息产业局海南省财政厅关于印发海南省节能专项资金管理办法的通知	琼工信科环〔2008〕259号	2008.11.11	

海南省人民政府关于促进产业发展的指导意见	琼府〔2008〕80号	2008.11.29	
海南省建设厅关于印发《海南省建筑节能工程质量监督工作内容及程序》的通知	琼建设〔2008〕275号	2008.12.16	
海南省建设厅关于印发海南省国家机关办公建筑和大型公共建筑能效公示管理办法（试行）的通知	琼建设〔2008〕280号	2008.12.17	
海南省建设厅关于印发海南省国家机关办公建筑和大型公共建筑能源审计管理办法（试行）的通知	琼建设〔2008〕279号	2008.12.17	
海南省发展和改革委员会关于调整峰谷电价政策的通知	琼发改价格〔2008〕2414号	2008.12.26	
海南省建设厅关于印发海南省国家机关办公建筑和大型公共建筑能耗统计管理办法（试行）的通知	琼建设〔2008〕278号	2008.12.27	
海南人民政府办公厅关于建立海南省公共机构节能工作联席会议制度的通知	琼府办〔2008〕192号	2008.12.29	
贵州省			
《贵阳市建设循环经济生态城市条例》	市人大字〔2004〕13号	2004.9.26	2004.9.26
《贵州省推进清洁生产的实施意见》	黔府办发〔2004〕87号	2004.10.25	2004.10.25
《关于贯彻落实科学发展观进一步做好新形势下人口资源环境工作的意见》	黔党发〔2005〕12号	2005.8.5	2005.8.5
《关于加快推进节约用水和水价改革促进水资源可持续利用的意见》	黔府发〔2006〕39号	2006.11.17	2006.11.17
《贵州省地质环境管理条例》	贵州省第十届人民代表大会常务委员会公告（第5号）	2006.11.24	2007.3.1
《关于促进循环经济发展的若干意见》	黔府发〔2007〕24号	2007.7.16	2007.7.16
《贵州省节能减排综合性工作方案》	黔府发〔2007〕25号	2007.7.17	2007.7.17
云南省			
云南省人民政府关于大力推进我省循环经济工作的通知	云政发〔2005〕63号		

云南省人民政府关于贯彻国务院建设节约型社会近期重点工作实施意见的通知	云政发〔2005〕116号		
云南省人民政府关于加快发展工业循环经济的意见	云政发〔2006〕53号		
云南省法改委、省环保厅、省经委、省财政厅关于开展我省发展循环经济是点（第一批）工作的通知	云发改环资〔2007〕1021号		
关于进一步实施我省差别电价政策有关问题的通知	云发改价格〔2007〕338号		
关于公布第一批实施我省差别电价政策行业企业装置名单的通知	云经能源〔2007〕198号		
云南省节能目标考核办法	云政办发〔2007〕145号		
云南省节能监察办法	云政办发〔2007〕145号		
云南省节能奖励办法	云政办发〔2007〕145号		
云南省固定资产投资项目节能评估和审查管理办法 云南省清洁生产促进条例	云政办发〔2007〕145号	2006.5.25	2006.9.1
云南省清洁生产审核实施办法（暂行）	云经资源〔2004〕444号		
云南省节约能源条例		2005.5.26	2005.5.26
云南省工业产品用水定额（试行）		2006.10.1	2006.10.1
云南省主要工业产品能耗限额（试行）	云经资源〔2006〕268号		
云南省资源综合利用认定管理实施细则（暂行）	云经资源〔2007〕236号		
云南省人民政府关于进一步加强节能减排工作的若干意见	云政发〔2007〕141号		
云南省加快工业企业资源综合利用行动计划	云经资源〔2006〕206号		
云南省人民政府关于进一步加强环境影响评价管理工作的通知	云政办发〔2007〕169号		
西藏自治区			
《西藏自治区人民政府关于加强节能工作的意见》	藏政发〔2007〕35号	2007.5.29	2007.5.30
《西藏自治区人民政府关于印发西藏自治区节能减排综合性工作方案的通知》	藏政发〔2008〕16号	2008.2.3	2008.2.3

甘肃省			
甘肃省实施〈中华人民共和国节约能源法〉办法		2004.6.4	
甘肃省行业用水定额的通知	甘政发〔2004〕80号	2004.11.11	
甘肃省人民政府关于加强节能工作的意见	甘政发〔2006〕71号	2006.8.30	
甘肃省人民政府关于落实科学发展观加强环境保护的意见	甘政发〔2006〕73号	2006.9.9	
甘肃省资源综合利用条例		2007.5.31	2007.7.1
甘肃省加快推行清洁生产的实施意见	甘经资〔2007〕334号		
节能减排综合实施方案	甘政发〔2007〕70号	2007.8.30	
甘肃省主要工业产品单位能耗限额指导目录		2007.12.21	
甘肃省节能减排全民行动实施方案	甘经能〔2007〕505号	2007.12.24	
甘肃省经济委员会关于组织上报循环经济试点工作实施方案的通知	甘经资〔2008〕75号	2008.2.27	
甘肃省经济委员会关于公布全省循环经济试点单位名单的通知	甘经资〔2008〕238号	2008.6.25	
甘肃省人大常委会办公厅甘肃省人民政府办公厅中共甘肃省委宣传部关于贯彻实施《中华人民共和国循环经济促进法》的通知		2008.10.8	
甘肃省人民政府《甘肃省人民政府关于加快发展循环经济的实施意见》	甘政发〔2008〕70号	2008.11.14	
青海省			
海西州统计局关于发布海西州各地区单位GDP能耗等指标的通知	西政统〔2008〕57号	2008.5.14	2008.5.15
海西州人民政府办公室关于印发海西州中小企业资金支持服务平台管理办法的通知	西政办〔2008〕76号	2008.6.26	2008.6.26
海西州人民政府办公室关于成立柴达木循环经济试验区管理委员会的通知	西政办〔2006〕56号	2008.6.29	2008.6.30
海西州城镇饮用水水源保护（暂行）办法	西政办〔2008〕83号	2008.7.9	2008.7.9
海西州企业供用水考核（暂行）办法	西政办〔2008〕84号	2008.7.9	2008.7.9
海西州人民政府办公室关于印发《海西州循环经济专项资金管理暂行办法》的通知	西政办〔2008〕126号	2008.10.21	2008.10.21

海西州人民政府办公室关于印发《节能减排考核统计监测实施方案》的通知	西政办〔2008〕45号	2008.12.17	2008.12.18
海西州建筑节能管理暂行办法			
海西州建筑节能规划方案			
宁夏回族自治区			
自治区人民政府办公厅关于成立自治区循环经济工作领导小组的通知	宁政办发〔2005〕23号	2005.2.16	
自治区人民政府办公厅关于召开全区循环经济工作会议的通知	宁政办发〔2005〕20号	2005.2.17	
关于召开自治区循环经济工作领导小组第一次会议的通知	宁循经办〔2006〕1号	2006.2.14	
自治区人民政府办公厅关于调整自治区循环经济工作领导小组成员的通知	宁政办发〔2006〕29号	2006.3.3	
宁夏回族自治区节能监察办法	自治区政府令第88号	2006.3.1	2006.4.1
自治区人民政府办公厅关于印发《自治区循环经济试点工作方案》的通知	宁政办发〔2006〕91号	2006.5.29	
自治区人民政府办公厅转发自治区经委统计局《关于加强重点用能单位节能工作的意见》的通知	宁政办发〔2006〕103号	2006.6.7	
自治区人民政府办公厅转发国务院办公厅关于严格执行公共建筑空调温度控制标准的通知	宁政办发〔2007〕110号	2007.6.25	
关于印发"主要工业产品能耗定额"的通知	宁经能监发〔2006〕331号	2006.11.3	
自治区人民政府关于进一步加强节能工作的决定	宁政发〔2006〕151号	2006.12.6	
关于印发《宁夏回族自治区建筑节能"十一五"专项规划》的通知	宁建（科）字〔2007〕1号	2006.12.31	
自治区人民政府关于印发《宁夏回族自治区循环经济发展"十一五"规划》的通知	宁政发〔2007〕47号	2007.3.27	
自治区人民政府关于贯彻落实温家宝总理在全国节能减排工作电视电话会议上讲话精神的通知	宁政发〔2007〕73号	2007.5.8	
自治区人民政府关于印发宁夏回族自治区"十一五"太阳能资源开发利用规划的通知	宁政发〔2007〕139号	2007.10.11	
关于我区开展国家级循环经济示范试点第二批有关事项的通知	宁循经办〔2008〕1号	2008.1.7	

自治区人民政府关于印发宁夏回族自治区节能降耗考核及奖惩（暂行）办法	宁政发〔2008〕26号	2008.2.5	
自治区人民政府关于印发单位GDP能耗统计指标体系实施方案和单位GDP能耗监测体系实施方案的通知	宁政发〔2008〕45号	2008.3.10	
新疆维吾尔自治区			
新疆维吾尔自治区实施〈中华人民共和国节约能源法〉办法	新疆维吾尔自治区第十届人民代表大会常务委员会第五次会议通过	2003	2003
关于印发〈新疆维吾尔自治区实施民用建筑节能管理规定细则〉的通知	新建法〔2003〕1号	2003	2003
新疆维吾尔自治区民用建筑节能外墙外保温工程验收及监督要点	新建标〔2003〕4号	2003	2003
关于新疆维吾尔自治区开展资源节约活动的实施意见	新政发〔2004〕53号	2004	2004
关于成立自治区循环经济工作领导小组的通知	新政办发〔2004〕167号	2004	2004
认真贯彻落实国务院关于做好建设节约型社会近期重点工作通知的实施意见	新政发〔2005〕87号	2005	2005
关于贯彻落实国务院加快发展循环经济若干意见的实施意见	新政发〔2005〕101号	2005	2005
关于印发〈新疆维吾尔自治区清洁生产审核暂行办法〉的通知	新发改地区〔2005〕800号	2005	2005
关于我区节能工作实施方案的报告	新政发〔2006〕73号	2006	2006
转发国家发展改革委等三部委关于建立GDP能耗指标公报制度的通知	新发改地区〔2006〕176号	2006	2006
关于成立自治区节能减排工作领导小组的通知	新政办发〔2007〕108号	2007	2007
关于组织开展自治区循环经济试点工作的通知	新发改地区〔2007〕46号	2007	2007
关于公开选聘新疆维吾尔自治区第一批清洁生产审核咨询机构的通知	新发改地区〔2007〕260号	2007	2007
关于印发〈新疆维吾尔自治区清洁生产审核验收暂行办法〉的通知	新发改地区〔2007〕261号	2007	2007
关于自治区循环经济试点单位实施方案的批复	新发改地区〔2007〕1980号	2007	2007

转发国家发改委办公厅关于进一步做好贯彻落实国务院办公厅限制生产销售使用塑料购物袋有关工作的通知	新发改地区〔2008〕1348号	2008	2008
转发国家发展改革委等部委关于开展限制生产销售使用塑料购物袋专项检查的通知	新发改环地〔2009〕991号	2009	2009
转发国家发展改革委关于印发2009年治理商品过度包装工作安排及部门分工的通知	新发改环地〔2009〕1226号	2009	2009
青岛市			
青岛市废金属回收利用管理暂行规定	青岛市人民政府令第171号	2004.9.29	2004.9.29
青岛市人民政府办公厅印发关于开展资源节约活动实施方案的通知	青政办发〔2004〕85号	2004.9	2004.9
青岛市新型墙体材料应用与建筑节能管理规定	青岛市人民政府令第179号	2005.5.18	2005.7.1
中共青岛市委青岛市人民政府关于做好建设节约型社会重点工作的通知	青发〔2005〕19号	2005.7.28	2005.7.28
青岛市人民政府关于发展循环经济的意见	青政发〔2006〕5号	2006.1.20	2006.1.20
关于印发废旧家电及电子产品回收处理试点暂行办法的通知	青发改环资〔2006〕150号	2006.4.21	2006.4.21
青岛市人民政府关于进一步加强节能降耗的意见	青政发〔2006〕34号	2006.8.30	2006.8.30
青岛市人民政府办公厅关于印发青岛市发展循环经济近期重点工作责任分工的通知	青政发〔2006〕76号	2006.8.30	2006.8.30
青岛市建设项目合理用能审核暂行办法	青发改环资〔2007〕142号	2007.4.15	2007.4.15
青岛市人大常委会关于进一步加强节约能源工作的决定	青人发〔2007〕16号	2007.5.15	2007.5.15
青岛市人民政府关于印发青岛市节能减排综合性工作实施方案的通知	青政发〔2007〕17号	2007.8.16	2007.8.16
青岛市发展和改革委员会关于严格控制新建能耗较高项目的通知	青发改环资〔2007〕525号	2007.11.2	2007.11.2
青岛市人民政府办公厅关于印发青岛市超标准耗能加价管理暂行办法的通知	青政办字〔2007〕141号	2007.12.4	2007.12.4
青岛市人民政府办公厅关于印发青岛市循环经济试点工作实施方案的通知	青政办发〔2008〕10号	2008.1.18	2008.1.18
青岛市人民政府办公厅关于印发青岛市节能减排奖励办法的通知	青政办发〔2008〕7号	2008.2.4	2008.2.4

青岛市发展和改革委员会关于贯彻落实青政办发明电〔2008〕1号文件加强和规范新开工项目合理用能管理的通知	青发改环资〔2008〕51号	2008.2.15	2008.2.15
青岛市财政局青岛市发展改革委员会关于印发青岛市节能技术改造财政奖励资金管理暂行办法的通知	青财基〔2008〕25号	2008.5.7	2008.5.7
青岛市委青岛市人民政府关于进一步加强节能减排工作的意见	青发〔2008〕10号	2008.5.27	2008.5.27
青岛市人民政府关于进一步加强节油节电工作的意见	青政发〔2008〕53号	2008.11.26	2008.11.26
青岛市发展改革委员会关于开展循环经济试点工作（第二批）的通知	青发改环资〔2008〕684号	2008.12.22	2008.12.22
宁波市			
《关于成立宁波市发展循环经济建设节约型社会工作领导小组的通知》	甬党〔2005〕14号	2005.9.16	2005.9.16
《关于推进宁波市可再生资源回收实事工程建设的实施意见》	甬政发〔2005〕115号	2005.11.23	2005.11.23
《关于进一步加强节约集约用地工作的通知》	甬政办发〔2005〕259号	2005.12.9	2005.12.9
《关于进一步加强建筑节能工作的意见》	甬政办发〔2005〕263号	2005.12.12	2005.12.12
《宁波市各县（市）区政府耕地保护责任目标考核办法》	甬政办发〔2006〕183号	2006.8.10	2006.8.10
《宁波市餐厨垃圾管理办法》	宁波市政府令第140号	2006.8.28	2006.12.1
《关于进一步加强节能工作的意见》	甬政发〔2006〕75号	2006.9.14	2006.9.14
《关于进一步加强土地管理和调控工作的通知》	甬政发〔2006〕94号	2006.10.30	2006.10.30
《关于全面实行工业用地招标拍卖挂牌出让的实施意见》	甬政办发〔2007〕81号	2007.4.28	2007.4.28
《关于印发宁波市节能工作目标责任考核暂行办法的通知》	甬政办发〔2007〕138号	2007.7.19	2007.7.19
《关于加快发展循环经济建设节约型社会实施意见》	甬党办〔2007〕25号	2007.8.13	2007.8.13
《关于印发宁波市发展循环经济建设节约型社会总体规划的通知》	甬党办发〔2007〕77号	2007.8.14	2007.8.14
《关于印发宁波市节能减排综合性工作方案的通知》	甬政发〔2007〕67号	2007.8.22	2007.8.22

《批转市经委市统计局关于节能工作目标责任考核暂行办法及单位GDP能耗统计指标和监测体系实施方案的通知》	甬政发〔2008〕16号	2008.2.19	2008.2.19
《关于印发宁波市主要污染物总量减排考核等三个办法的通知》	甬政发〔2008〕17号	2008.2.20	2008.2.20
《关于切实推进节约集约利用土地的实施意见》	甬政发〔2008〕72号	2008.8.20	2008.8.20
《关于加强工业用地管理优化产业结构的意见》	甬政办发〔2008〕221号	2008.9.8	2008.9.8
《关于深入贯彻落实科学发展观加快转变经济发展方式的决定》	甬党〔2008〕7号	2008.9.28	2008.9.28
《关于进一步加强节油节电工作的通知》	甬政发〔2008〕85号	2008.10.21	2008.10.21
《转发市经委关于宁波市高耗能产业差别电价实施意见的通知》	甬政办发〔2008〕262号	2008.11.27	2008.11.27
深圳市			
《深圳市资源综合利用条例》		2003.5.28	2003.8.1
《深圳市节约用水条例》	深圳市人大常委会公告第121号	2005.2.2	2005.3.1
《深圳经济特区循环经济促进条例》	市四届人大第五次常委会通过	2006.3.22	2006.7.1
《中共深圳市委深圳市人民政府关于全面推进循环经济发展的决定》	深发〔2006〕9号	2006.4.20	2006.4.20
《深圳市全面推进循环经济发展近期实施方案（2006－2008）》	深发〔2006〕64号	2006.4.20	2006.4.20
《深圳经济特区建筑节能条例》	市四届人大第七次常委会通过	2006.7.26	2006.11.1
《深圳市循环经济“十一五”发展规划》	深发改〔2007〕120号	2006.11.29	2007.1.26
《深圳市循环经济示范项目认定办法（试行）》	深府〔2007〕269号	2006.12.30	2006.12.30
《深圳经济特区建设项目环境保护条例》	市四届人大第七次常委会通过	2006.7.26	2006.11.1
《深圳市计划用水管理办法》	深府〔2007〕166号	2007.5.8	2007.7.1
《深圳市循环经济统计与核算管理办法》	深府办〔2007〕83号	2007.5.25	
《深圳市产业结构调整优化和产业导向目录（2007年本）》	深发改〔2007〕1292号	2007.7.31	2007.7031
《深圳市餐厨垃圾管理暂行办法》	深府〔2007〕172号	2007.9.2	2007.10.1
《深圳市节能中长期规划》	深发改〔2008〕396号	2008.2.29	2008.2.29
《深圳市建设项目用水节水管理办法》	深府〔2008〕183号	2008.3.12	2008.5.1

《深圳市节能减排综合性实施方案》	深府办〔2008〕132号	2008.12.29	
《深圳市工业能耗指引》	深贸工源字〔2008〕164号	2008.12.2	2008.12.2
大连市			
大连市人民政府办公厅关于限期拆除市区分散燃煤锅炉等污染设施的通知	大政办发〔2004〕45号	2004.4.7	2004.4.7
大连市水资源管理条例		2004.7.7	2004.10.1
大连市人民政府关于加强重点企业环境保护工作的通知	大政发〔2005〕21号	2005.3.16	2005.3.16
大连市人民政府关于建设节约型机关的通知	大政发〔2005〕73号	2005.3.27	2005.3.27
大连市粉煤灰综合利用条例		2005.6.8	2005.7.1
辽宁省大连市人民政府关于修订《大连市扶持农村能源生态建设暂行办法》的通知		2006.4.11	2006.4.11
大连市人民政府办公厅关于印发大连市节约型建筑建设工作实施方案的通知	大政办发〔2006〕48号	2006.4.20	2006.4.20
大连市推进工业循环经济发展专项资金管理暂行办法	大财企〔2006〕366号	2006.7.4	2006.7.4
大连市工业固定资产投资工程项目合理用能审核暂行办法	大经发〔2006〕106号	2006.7.28	2006.7.28
大连市建筑节能“十一五”规划		2006.7	2006.7
关于印发大连市百家企业节能行动实施方案的通知	大经发〔2006〕118号	2006.8.22	2006.8.22
大连市人民政府关于印发大连市生态环境保护“十一五”规划的通知	大政发〔2006〕90号	2006.9.15	2006.9.15
中共大连市委大连市人民政府关于落实科学发展观加强环境保护的决定	大委发〔2006〕20号	2006.9.30	2006.9.30
大连市人民政府办公厅关于印发大连市“十一五”主要污染物总量控制计划的通知	大政办发〔2006〕152号	2006.10.14	2006.10.14
关于印发《大连市乡镇生活污水和垃圾管理体系建设及示范工程实施导则》的通知	大环发〔2006〕171号	2006.11.23	2006.11.23
大连市人民政府关于进一步加强节能工作的决定	大政发〔2006〕117号	2006.12.11	2006.12.11
大连市城市饮食娱乐服务企业污染防治管理办法	市政府令第85号	2007.1.6	2007.3.1

关于印发《大连市资源综合利用认定实施细则》的通知	大经发〔2007〕30号	2007.2.16	2007.2.16
大连市人民政府关于促进循环经济发展的意见	大政发〔2007〕37号	2007.4.4	2007.4.4
大连市重点工业园区产业项目贴息资金管理暂行办法	大财企〔2007〕296号	2007.5.23	2007.5.23
大连市人民政府关于印发大连市“十一五”污染物减排重点项目实施计划的通知	大政发〔2007〕68号	2007.6.7	2007.6.7
大连市人民政府办公厅关于印发大连市城市供热改革与建筑节能规划的通知	大政办发〔2007〕77号	2007.6.15	2007.6.15
大连市人民政府办公厅关于严格执行公共建筑空调温度控制标准的通知	大政办发〔2007〕98号	2007.7.18	2007.7.18
连市人民政府关于印发大连市节能减排工作实施方案的通知	大政发〔2007〕87号	2007.8.4	2007.8.4
大连市人民政府办公厅关于建立政府强制采购节能产品制度的通知	大政办发〔2007〕153号	2007.11.10	2007.11.10
关于印发大连经济技术开发区循环经济标准化试点工作实施方案的通知	大开管办发〔2008〕1号	2008.1.8	2008.1.8
大连市人民政府关于加强废弃食用油脂管理的通告	大政发〔2008〕16号	2008.2.20	2008.2.20
关于印发《大连市百万职工节约环保行动实施方案》的通知	大工发〔2008〕20号	2008.3.24	2008.3.24
大连市人民政府关于加速淘汰消耗臭氧层物质的通告	大政发〔2008〕44号	2008.5.14	2008.5.14
关于在建设工程中限期禁止现场搅拌砂浆的通知	大建委发〔2008〕123号	2008.6.16	2008.6.16
大连市人民政府关于广泛开展机关节能工作的通知	大政发〔2008〕57号	2008.7.1	2008.7.1
关于建立职工节能减排义务监督员队伍的通知	大工发[〔2008〕53号	2008.7.17	2008.7.17
大连市人民政府关于加强土地管理促进节约用地的通知	大政发〔2008〕60号	2008.7.21	2008.7.21
大连市人民政府办公厅关于印发市政府机关节约节能工作实施方案的通知	大政办发〔2008〕130号	2008.8.8	2008.8.8
大连市2008-2010年污染物减排重点项目实施计划	大政办发〔2008〕152号	2008.9.22	2008.9.22